tourguide südafrika

Helmut Hermann
Bettina Romanjuk

REISE KNOW-HOW®

tourguide südafrika

Helmut Hermann
Bettina Romanjuk

Helmut Hermann
Bettina Romanjuk

Tourguide Südafrika

erschienen im

Reise Know-How Verlag

ISBN 978-3-89662-505-2

1. Auflage 2013

www.reise-know-how.de

eMail-Adresse des Verlags:
verlag@rkh-reisefuehrer.de

Gestaltung und Herstellung
Konzept: Carsten Blind
Inhalt: Carsten Blind
Karten: Helmut Hermann
Druck: mediaprint, Paderborn
Fotos: siehe Anhang

Dieses Buch ist erhältlich in jeder Buchhandlung in
Deutschland, Österreich, Schweiz, Niederlande und Belgien.
Bitte informieren Sie Ihren Buchhändler über
folgende Bezugsadressen:

D: PROLIT GmbH, Postfach 9, 35461 Fernwald, www.prolit.de
(sowie alle Barsortimente)
CH: AVA-Verlagsauslieferung AG, Postfach 27, 8910 Affoltern, www.ava.ch
A: Mohr Morawa Buchvertrieb GmbH,
Sulzengasse 2, 1230 Wien, www.mohrmorawa.at
NL, B: Willems Adventure, www.willemsadventure.nl

Wer im Buchhandel trotzdem kein Glück hat, bekommt
unsere Bücher auch über unsere Büchershops im Internet (s.o.).

Welcome – Sanibona
Herzlich willkommen in Südafrika!

Liebe Reisefreunde,

schon immer war die unglaubliche Vielfalt Südafrikas der Grund, der dieses Land zum führenden Reiseziel des ganzen afrikanischen Kontinents werden ließ: Außergewöhnliche Landschaften, eine grandiose Tierwelt mit Big-Five-Safaris, Traumstrände, Wildnisabenteuer, afrikanische Traditionen, Südafrika-Kulinarik und Wein, Kapstadt und für jeden Besucher ganz neue Sinneseindrücke … kurz: ein großartiges, wunderschönes Reiseland mit gastfreundlichen, herzlichen Menschen.

Dieser **Tourguide Südafrika** wendet sich in erster Linie an Reisende, die Südafrika mit einem Mietfahrzeug auf eigene Faust entdecken möchten. Grundlage ist unsere jahrelange Reiseerfahrung in Südafrika und unsere Begeisterung für Land und Leute. Der Tourguide ist nach Reiserouten konzipiert, nicht nach südafrikanischen Provinzen.

Nach den beiden einführenden Teilen „Reisevorbereitungen" und „Land und Leute" mit vielen Tipps und Informationen zur optimalen Reisedurchführung finden Sie im Reiseteil **9 Reiserouten** durch Südafrika, die alle bekannten Sehenswürdigkeiten des Landes zwischen Johannesburg und Kapstadt berühren. Je nach persönlichem Zeitrahmen und Ihren Vorlieben ist die Gesamtroute verkürz- oder erweiterbar und lässt sich auch anders als im Buch beschrieben zusammensetzen. Abstecher führen zu weniger bekannten Sehenswürdigkeiten, wie landschaftliche Kleinodien, kaum besuchte Wildparks oder zu außergewöhnlichen Unterkünften mit „Out of Africa"-Feeling und entsprechenden Restaurants (wir haben uns für Sie aber auch immer nach Preiswertem umgesehen).

Bei der Erstellung der Texte der Routen achteten wir darauf, dass diese sich auch in entgegengesetzter Richtung befahren lassen. Sie können Ihre Tour also statt in Johannesburg ebenso in Kapstadt, Durban oder in Port Elizabeth beginnen. Schnellen Zugriff auf die Routen 1–9 ermöglichen die Griffmarken rechts an der Buchkante. Zur Übersicht und Planung steckt in der hinteren Umschlagklappe eine Südafrika-Faltkarte.

Faszination Südafrika. Sie werden in einem Land unterwegs sein, in dessen unglaublicher Weite und Größe eine Reise eigentlich niemals zu Ende ist, und in das Sie gerne wieder einmal zurückkehren möchten. Der „Tourguide Südafrika" ist umfangreich genug, um Südafrika dann noch intensiver kennenzulernen.
Wir wünschen eine tolle, erlebnisreiche Südafrika-Zeit,

Helmut Hermann & Bettina Romanjuk

HAMBA KAHLE

(Zulu, möge es Dir gut gehen)

TEIL I: Reisevorbereitungen

TEIL II: Land & Leute

EXKURSE

TEIL III: Reiseteil – On the Road
Auf 9 Reiserouten durch Südafrika

Südafrikas Top-Attraktionen

1. Kapstadt, Tafelberg und das Kap der Guten Hoffnung (s.S. 581)

Kapstadt unter dem 1086 m hohen Tafelberg ist eine der schönstgelegenen Städte der Welt. Die Aussicht von dem Wahrzeichen der Stadt ist unvergleichlich. Und die gut 150 km lange Rundtour um die Kap-Halbinsel über den *Chapman's Peak Drive* bis zum Kap der Guten Hoffnung im *Table Mountain National Park* ist die schönste Tagestour Südafrikas.

2. Krüger Park (s.S. 201) und Safari in einem Private Game Reserve

Südafrikas „Kruger National Park" ist die weltberühmte Ikone und „Arche Noah" des Landes, Lebensraum für unzählige Tierarten, darunter 1500 Löwen, 1000 Leoparden, 12.000 Elefanten, 2500 Büffel und 5000 Breit- und Spitzmaulnashörner. Ein Aufenthalt in einem der vielen privaten Wildschutzgebiete ist ein nicht gerade preiswertes, dafür aber ein unvergessliches Erlebnis mit Übernachtung in luxuriösen Lodges, Game Drives in offenen Geländewagen mit garantiert hautnahen Tiersichtungen und fast immer hervorragender Küche (All-inclusive-Preise).

3. iSimangaliso Wetland Park (s.S. 343)

Dieser Park mit seiner besonderen Flora und Fauna entlang des Indischen Ozeans ist UNESCO-Weltnaturerbe und neben dem Hluhluwe-Imfolozi Park und den Drakensbergen das dritte Reise-Highlight KwaZulu-Natals mit Seen, Stränden und Dünenlandschaften. Zentrum ist die kleine Stadt St Lucia.

4. uKhahlamba Drakensberg Park (s.S. 418)

Das bis zu 3000 Meter hohe und zerklüftete Bergmassiv in KwaZulu-Natal ist das spektakulärste Gebirge Südafrikas. Das Vorland mit vielfältiger Fauna und Flora ist ideal für Wanderer, die auf vielen Trails Schluchten, Gipfel und Bergwiesen erkunden können. Naturschutzgebiete bieten Wildtieren Raum, wie Bartgeier, Bergriedbock oder Elen-Antilope. Berühmt sind die zahllosen Felszeichnungen der früheren einheimischen San. Seit 2000 sind die Drakensberge Weltnaturerbe.

5. Garden Route (s.S. 500) und Tsitsikamma

Die Garden Route ist ein Küstenkorridor entlang der N2 östlich von Kapstadt, wo sich auf 200 km Länge Urwälder, Flüsse, Berglandschaften, Strände und Fynbos-Vegetation konzentrieren. Viele kleine nette Orte laden zum Verweilen ein, Höhepunkt ist die Tsitsikamma Section mit großem Aktivitätenangebot, darunter einige der besten Wanderwege Südafrikas wie der Otter Trail.

6. Weinland und Weinproben (s.S. 641)

Südafrikas Rot- und Weißweine genießen einen erstklassigen Ruf. Hauptanbaugebiet ist das Weinland nordöstlich von Kapstadt. Dort findet man zahlreiche Traditionsgüter, die Verkostungen, erstklassige Restaurants und stilvolle Unterkunft anbieten. Zentren sind Franschhoek, Paarl und Stellenbosch.

Südafrika-Highlights

Kimberley 11

9 Johannesburg

Cederberge 12

Weinland 6

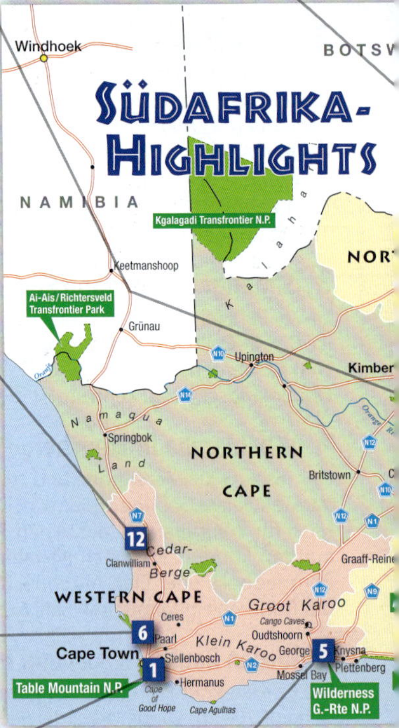

Kapstadt 1

5 Garden Route

Limpopo 10

2 Krügerpark

7 Panorama-Straße

8 Hluhluwe-Imfolozi N.P.

Drakensberge 4

3 iSimangaliso N.P.

7. Blyde River Canyon (s.S. 253) und Panorama Route (s.S. 246)

Einer der spektakulärsten grünen Canyons Afrikas an der berühmten Panorama Route, an der Grenze vom Hoch- zum Tiefland mit vielen Wasserfällen, historischen Goldgräberorten und privaten Game Reserves westlich des Krügerparks.

8. Hluhluwe-Imfolozi Park (s.S. 350)

Der 960 km^2 große Hluhluwe-Imfolozi Park (sprich: Schlu-schlui) ist das drittgrößte Wildschutzgebiet Südafrikas und einer der Höhepunkte KwaZulu-Natals. Bereits 1895 proklamiert, zählt er zu den ältesten Afrikas. Der vielbesuchte Big-Five-Park ist bekannt für seine großen Bestände beider Nashornarten.

9. Johannesburg (s.S. 123)

Südafrikas größte Stadt mit ihren bizarren Reich-Arm-Gegensätzen erfindet sich täglich neu. Sie bietet eine Menge Museen, viel Grün und im Südwesten liegt die Schwesterstadt Soweto.

10. Limpopo (s.S. 166)

Südafrikas weite Nordprovinz ist touristisch nur wenig erschlossen mit noch kaum entdeckten landschaftlichen, kulturellen und historischen Attraktionen.

11. Kimberley (s.S. 730)

Die alte Diamantenstadt wurde vor allem durch ihr „Big Hole" bekannt, das tiefste je von Menschenhand gegrabene Minenloch. Die Diamantenzeit lebt im „Mine Museum" wieder auf.

12. Cederberge (s.S. 711)

Ein kaum entdecktes landschaftliches Kleinod mit schroffen Bergformationen, Wandertrails, historischen Missionsstationen und Buschmannszeichnungen.

13. Außergewöhnliche Aktivitäten

Südafrika bietet Gelegenheiten zu unzähligen Aktivitäten: Bungee-Jumping, z.B. von stillgelegten Kühltürmen in Johannesburg oder der 216 m hohe Sprung von der Bloukrans-Brücke an der Garden Route, Mountainbiken, Paragliden, Golfen, Rafting, Abseiling, Haikäfigtauchen, Surfen und alle anderen Wassersportarten am Indischen Ozean, Bergsteigen, Walbeobachtungen, Ausritte, Wanderungen in allen Längen und Schwierigkeitsgraden, Wellness-Kuren und vieles mehr sind möglich.

14. Südafrikanische Lebensart

Der **Sundowner** ist Südafrikas meistzelebriertes Ritual: Sich vor der Dämmerung mit Freunden und Picknickkorb an schönen Aussichtspunkten oder Plätzen treffen und mit kaltem Bier, Weiß- oder Rotwein der meist wunderschön untergehenden Sonne zuprosten (siehe Foto rechts). Desgleichen ein fester Programmpunkt bei nachmittäglichen Pirschfahrten in privaten Game Reserves. Ein **Braai,** das gesellige Grillen mit kühlem Bier und dicken Steaks, ist gleichfalls fester Bestandteil südafrikanischer Lebensart.

Unsere Wahl der Besten in zehn Kategorien

Nationalparks / Tiere

- Kruger National Park
- Hluhluwe-Imfolozi Park
- Addo Elephant Park
- Kgalagadi Transfrontier Park

Strände

- Plettenberg Bay, Garden Route
- Umhlanga Rocks, Durban North Coast
- Nahoon Beach, East London
- Sunset Beach, Muizenberg, Kap-Halbinsel
- Jeffrey's Bay, Eastern Cape

Politisch-kulturelle Highlights

- *Robben Island*, Kapstadt: Mandela war hier gefangen
- *Hector Peterson Museum*, Soweto: Gedenkstätte zum Schüleraufstand 1976
- *Apartheid Museum*, Johannesburg: hier steht das alte Südafrika wieder auf
- *Constitution Hill*, Johannesburg: historisches Gefängnis und neues Verfassungsgericht
- *Voortrekker Monument*, Pretoria: Erinnerung an den Großen Trek der Buren

Museen

- *South African Museum*, Kapstadt: mehr also eine Million wissenschaftliche und historische Exponate, www.iziko.org.za
- *Apartheid Museum*, Johannesburg: Apartheid in Südafrika, www.apartheidmuseum.org
- *Bartolomeu Dias Museum*, Mossel Bay: die Entdeckung Südafrikas durch Seefahrer, www.diasmuseum.co.za
- *Museum Africa*, Johannesburg
- *Kimberley Mine Museum*, Kimberley: eine historische Stadt zur Zeit des Diamantenrausches
- *Worcester Museum*, Worcester: historisches „Living Museum", www.worcestermuseum.org.za

Sundowner vor der Kulisse der Drakensberge

Kunstgalerien

- *South Africa National Art Gallery,* Kapstadt, www.iziko.org.za
- *Johannesburg Art Gallery,* über www.joburgculture.co.za
- *Pretoria Art Museum,* über www.tshwane.gov.za

Shopping Malls

- *V&A Waterfront* und *Canal Walk,* Kapstadt
- *The Mall,* Rosebank, Johannesburg
- *Sandton City,* Johannesburg
- *Menlyn Park,* Pretoria
- *Gateway World of Shopping,* Durban
- *The Bridge,* Port Elizabeth.

Weinrouten und -güter (Western Cape)

- Stellenbosch Wine Route
- Paarl Wine Route
- Franschhoek Wine Route
- Worcester Winelands
- Robertson Wine Valley
- Helderberg Wine Route
- Santam Swartland Wine & Olive Route
- Historische Weingüter: Groot Constantia Manor House, Vergelegen und Boschendal

Gartenanlagen, Parks

- *National Botanical Gardens,* Kirstenbosch/Kapstadt
- *Skilpad Wildflower Reserve* und *Namaqua National Park*) und West Coast National Park (Western Cape, alle Wildblumenblüte im August/September)
- *Harold Porter National Botanical Barden* (Western Cape, Kapflora)

Welterbestätten Südafrikas – World Heritage Sites

- Südafrika besitzt acht Welterbestätten, drei Natur-, vier Kultur- und eine gemischte, den uKhahlamba Drakensberg Park (KwaZulu-Natal, 2000)
- iSimangaliso Wetland Park (KwaZulu-Natal, 1999)
- Robben Island (Western Cape, 1999)
- Cradle of Humankind (Gauteng, 1999 und 2005)
- Mapungubwe Cultural Landscape (Limpopo 2003)
- Cape Floral Region (Western Cape, 2004)
- Vredefort Dome (Free State/North West, 2005)
- Richtersveld Cultural and Botanical Landscape (Northern Cape, 2007)

TEIL I
REISEVORBEREITUNGEN

TEIL I: Reisevorbereitungen

Die „Klassische Reiseroute" Johannesburg – Kapstadt

Route durch Südafrika

Der „Tourguide Südafrika" begleitet Sie auf 9 Teilrouten von Johannesburg bis Kapstadt.

Sie können die neun Routen durch Nebenstrecken und Ausflüge aber auch „strecken" oder abkürzen, je nach Vorliebe und Zeitrahmen. Kilometer- und Fahrzeitangaben komplettieren die Planung. Bei jedem Beginn einer Route ist deren Verlauf auf einer Südafrika-Provinzkarte farbig hinterlegt.

Die vorgestellten Gästehaus- und B&B-Unterkünfte werden mit den nötigen Kontaktdaten sowie einer kurzen Beschreibung über die individuelle Ausstattung aufgeführt. Wer mit einem Camper unterwegs ist, kann die hier aufgeführten Campingplätze ansteuern. Desgleichen wird in den Bereichen Sehenswürdigkeiten, Nationalparks, erlebenswerte Orte, Ausflüge, Aktivitäten

und Restaurants eine vielfältige Auswahl geboten. Wanderer, ob Fitte oder Faule, finden in allen Regionen eine Fülle an Wanderwegen und dazugehörende Infoquellen. Für Golfer werden die interessantesten Golfplätze und Golf-Resorts aufgeführt.

Anreise & Reiseplanung

ASA

Die ASA („Anerkannte Spezialisten für Afrika-Reisen, www.asa-afrika.de) ist ein Zusammenschluss unabhängiger Reiseveranstalter, die neben Pauschalreisen auch Selbstfahrertouren durch Südafrika auf festgelegten Routen mit vorgebuchten Unterkünften organisieren. Beachten Sie bitte die Reiseveranstalter-Anzeigen am Schluss des Buches.

Einreisebestimmungen

Deutsche, Österreicher und Schweizer Touristen benötigen für die Einreise kein Visum, aber natürlich einen gültigen Reisepass, der über den Rückflug oder den Ausreisetermin hinaus noch sechs Monate gültig sein muss. Der Pass muss mindestens noch zwei leere Seiten haben, und zwar zwei gegenüberliegende! Maximale Aufenthaltsdauer ist 90 Tage. Kindereinträge im Reisepass eines Elternteils sind seit dem 2012 nicht mehr gültig. Jedes Kind benötigt ein eigenes Ausweisdokument. Minderjährige, die nur mit einem Elternteil reisen, müssen eine schriftliche Zustimmungserklärung des anderen Elternteils mitführen.

Weitere Auskünfte erteilt die südafrikanische Botschaft in Berlin, Tel. 030-220730, Fax 030-22073190 oder sind auf der Botschafts-Website www.suedafrika.org nachzulesen. Beim Weiterreisen in die angrenzenden und für Deutsche nicht visapflichtigen Nachbarstaaten **Swaziland, Lesotho, Namibia** und **Botswana** erhalten Sie den Einreisestempel direkt an der Grenze.

Mozambique verlangt ein gebührenpflichtiges Visum, das vor der Einreise bei einer Auslandsvertretung Mozambiques eingeholt werden muss. Deutsche Südafrika-Touristen mit Mietwagen erhalten es aber auch an den Haupteinreisepunkten Komatipoort/Ressano Garcia, Kosi Bay//Ponta do Ouro sowie an den Grenzpunkten Giriyondo und Pafuri im Krügerpark. Desgleichen bei der Ausreise aus **Swaziland** nach Mozambique über die Grenzpunkte Lomahsha/Namaacha und Goba.

Die Einreise muss der Autovermieter vorher genehmigen und Sie erhalten ein Permit, das gleiche gilt für Botswana. An der Grenze erhält man dafür einen Passierschein für das Auto, der bei Ausreise wieder abgegeben werden muss. Beim Grenzübertritt nach Mozambique muss der Mietwagen nochmal versichert werden. An der großen und immer brechend vollen Grenze von Ressano Garcia sprechen Versicherungsverkäufer die hilflos herumstehenden Touristen in Englisch an und helfen gegen ein kleines Entgelt, ebenso beim Grenz-Papierkrieg. Weniger nervenstrapazierend ist der Übergang an einer kleinen Grenze. Eine Einreise in die anderen der oben aufgeführten Staaten ist problemlos.

Klima, Reisezeit und touristische Saisonzeiten

Bekanntermaßen liegt Südafrika auf der südlichen Hemisphäre und demzufolge sind die Jahreszeiten den unseren entgegengesetzt (sofern man in Südafrika überhaupt von „Jahreszeiten" in unserem Sinn sprechen kann).

Die ideale **Reisezeit** für Südafrika sind der Südfrühling und die Südfrühsommerzeit, also die Monate **September, Oktober und November** sowie die Herbstmonate **März, April** und **Mai.**

April und Mai sind gewöhnlich die schönsten Reisemonate, da dann die Zeit der Niederschläge im Sommerregengebiet beendet ist und die Regenzeit im Winterregengebiet noch nicht richtig angefangen hat. Die Temperaturen bewegen sich in diesen Monaten zwischen etwa 25 °C bis 30 °C, in einigen ariden oder niedrig liegenden Landesregionen, wie z.B. in der Karoo-Halbwüste oder im Krüger-Nationalpark, auch über 30 °C. Die südafrikanischen Sommermonate **Dezember, Januar** und auch **Februar** sind mit Temperaturen oft weit über 30 °C sehr heiß.

Die südafrikanische Winterzeit von Juni bis August mit stahlblauem, klarem Himmel ist sehr gut für Wildbeobachtungen geeignet, weil dann kein dichtes Grün oder zu hohes Gras die Sicht behindert.

Wollen Sie mehr oder weniger stationär einen Badeurlaub am Meer verbringen, so gilt der Grundsatz: je nördlicher die Küste, also um Durban in KwaZulu-Natal, desto wärmer wird infolge des warme Agulhas-Stroms aus den Äquatorbreiten das Meerwasser. Richtung Kapstadt kühlt es wegen des antarktischen Benguela-Stroms immer mehr ab.

Das riesige südafrikanische Binnenhochplateau zeichnet sich aus durch ein gemäßigtes, sonnenreiches Hochlandklima. In KwaZulu-Natal ist es entlang der Küste tropisch-heiß und im Vorland der Drakensberge mild, wie auch an der Südküste entlang der Gartenroute. Dort herrschen ganzjährig milde Temperaturen. Südafrikas Südwesten mit der Kap-Halbinsel wird durch mediterranes Klima geprägt. Doch eigentlich gibt es das ganze Jahr hindurch immer eine südafrikanische Region die Sie ohne Wetterbeeinträchtigungen besuchen können. In den Reisekapiteln weisen wir vorab auf regionale Klima-Besonderheiten hin.

Wer es einrichten kann, sollte Südafrika nicht während der **südafrikanischen Haupturlaubszeit** von Anfang/Mitte Dezember bis Ende Januar bereisen. Dann steigen nicht nur die **Preise,** sondern viele Unterkünfte können ausgebucht sein. Weitere südafrikanische Hauptreisezeiten sind die Schulferien in der Kar- und Osterwoche, die Winterferien Ende Juni bis Mitte Juli und die Frühjahrsferien von der letzten Septemberwoche bis in die erste Oktoberwoche (s.a. „Feiertage und Ferienzeiten". S. 38).

Wettervorhersage im Internet: Der *South African Weather Service* hat auf seiner Website www.weathersa.co.za eine Vorhersage für zwei Tage und nach Registrierung für sieben Tage. Eine sehr gute Seite mit Wettervorhersagedaten für südafrikanische Regionen und Städte kommt aus der Schweiz, www.meteoblue.com. Auch auf www.wetteronline.de können Sie Temperaturen und die Wetterlage in Südafrika nachsehen. Überdies bietet *South African National Parks* für seine Nationalparks eine 7-tägige Vorhersage, www.sanparks.org.

Flüge nach Südafrika ✈

Südafrikas nationale Airline **South African Airways (SAA)** ist Marktführer bei Flügen von Europa ins südliche Afrika. Zum **Drehkreuz Johannesburg** gibt es von Frankfurt täglich um 20.45 Uhr Nonstop-Übernachtflüge, ab München täglich um 21.55 Uhr (Apr–Okt) und 20.50 Uhr Nov–März. In Johannesburg müssen Sie, auch bei Weiterflügen, ihr Gepäck durch den Zoll bringen und dann, z.B. nach Kapstadt, wieder einchecken. Rückflüge von Südafrika gleichfalls über Nacht, von Johannesburg nach Frankfurt um 20.30 Uhr (Apr–Okt) und 21.25 Uhr Nov–März, nach München 20.40 Uhr (Apr–Okt) und 19.30 Uhr Nov–März. Zeiten können sich ändern. Flugzeit Deutschland – Südafrika ±12 Stunden. Die Flotte besteht durchweg aus modernen und komfortablen Airbussen. Mit dem *South African Explorer Airpass* von SAA kann man von Südafrika günstig in die Nachbarstaaten fliegen. Der Airpass kann nur außerhalb Südafrikas erworben werden. Innersüdafrikanische Flüge s.S. 46.

Internationale Flughäfen in Südafrika sind Johannesburg, Cape Town und Durban, letztere zwei werden aber von Deutschland nicht direkt angeflogen, man steigt in Johannesburg auf Anschlussflüge um, wie auch z.B. nach Port Elizabeth oder zum Kruger International Airport bei White River/Nelspruit bzw. beim Krügerpark. Der Flughafen von Johannesburg heißt *OR Tambo International Airport* (ORTIA) und liegt 22 km östlich von Johannesburg, s.S. 127. Kapstadt: *Cape Town International Airport* (CTIA), 22 km östlich der Innenstadt an der N2, s.S. 606. Durban: *King Shaka International Airport* (KSIA), etwa 35 km nördlich der Stadt, s.S. 365.

Zubringerflüge in D: Durch die SAA-Mitgliedschaft bei „Star Alliance" sind die SAA-Flugzeiten optimal auf innerdeutsche Lufthansa-Zubringerflüge abgestimmt mit der Möglichkeit, das Gepäck bis Johannesburg durchchecken zu lassen (aber nicht zu anderen Flughäfen innerhalb Südafrikas).

Rail&Fly ist in den Preisen, je nach Tarif, inbegriffen. **Hochsaisonzeiten** (leicht variabel): 21. September bis 16. November, 21. bis 28. Dezember und 27. März bis 9. April (letzteres Datum hängt von Ostern ab).

Gepäckbestimmungen: SAA-Economy-Passagiere dürfen nur noch **ein Gepäckstück,** das höchstens **23** Kilogramm schwer ist, aufgeben (32 kg in der Business Class). Für Koffer, die deutlich mehr als 23 Kilogramm wiegen, wird ein pauschaler Zuschlag von 100 Euro erhoben. Koffer über 32 Kilogramm werden nur als Fracht akzeptiert – gegen entsprechende Gebühren. Business-Passagiere können zwei Gepäckstücke mit jeweils 32 Kilogramm mitnehmen. Handgepäck: Ein Gepäckstück mit 8 kg (Economy) und zwei Gepäckstücken mit jeweils 8 kg in der Business Class. Maße: Länge max. 56 cm, Breite max. 36 cm, Höhe max. 23 cm. Sportgepäck bis maximal 15 Kilogramm fliegt auf allen internationalen SAA-Flügen sowie auf innersüdafrikanischen SAA-Anschlussflügen kostenlos mit. Informieren Sie sich auf einer deutschen Flughafen-Website über den neuesten Stand der Sicherheitsbestimmungen für das Handgepäck (keine Flüssigkeiten etc.) Weitere Infos und Preise für Fahrräder, Surfbretter, Tauchausrüstung u.a. bei South African Airways, euhelp@flysaa.com, www.flysaa.com

Alle weiteren Informationen auf der Website von South African Airways, www.flysaa.com, oder bei South African Airways, Darmstädter Landstr. 125, 60598 Frankfurt, Tel. 069-29980320, Fax 069-29980355, euhelp@flysaa.com.

Andere Airlines nach Südafrika

Weitere Nonstop-Verbindungen ab Deutschland bei der *Lufthansa* (www.lufthansa.de), die mehrmals wöchentlich von Frankfurt nach Johannesburg und saisonal von November bis April von München nach Kapstadt fliegt. Die Schweizer Lufthansa-Tochter *Edelweiss Air* fliegt gleichfalls saisonal von München nach Kapstadt, desgleichen hat der Ferienflieger Condor Kapstadt in seinem Winterprogramm (nonstop hin ab November dienstags und samstags, rück mittwochs und sonntags, www.condor.com). Andere internationale Airlines, wie z.B. KLM/Air France, Emirates u.a. offerieren Umsteigeverbindungen über ihre jeweiligen Heimatflughäfen nach Südafrika, Emirates auch nach Durban und Kapstadt.

Internet-Flugbuchungen

Hier einige Reise- und Buchungsportale:

- www.swoodoo.de,
- www.opodo.de,
- www.expedia.de,
- www.start.de,
- www.travelchannel.de,
- www.mcflight.de,
- www.flug.de u.v.a.

Tipp: Unter der Woche fliegen, günstige Tarife sind an Wochenenden so gut wie nicht verfügbar. Günstige Spezial- und Studententarife bieten auch Südafrika-Touranbieter bzw. Reiseveranstalter an.

Südafrika mit Mietwagen

Südafrika bereist man am besten individuell mit Mietwagen oder Campmobil, weil die öffentlichen Verkehrsmittel durchs Land für Touristen so gut wie unbrauchbar sind. Nur als Selbstfahrer können Sie Land und Leute richtig kennenlernen, und nur mit eigenem Wagen ist es z.B. möglich, in die öffentlichen Wildschutzgebiete zu gelangen.

Welche Wagenkategorie?

Wählen Sie nicht das kleinste Modell, sondern eine Kategorie höher. Bei kleinen Wagen haben Sie meist schon Mühe, zwei Reisekoffer im Kofferraum zu verstauen. Sie sollten darin das Gepäck immer verschlossen halten. Kombis mit für jedermann sichtbaren Gepäckstücken könnten Langfinger einladen. Klimaanlage ist selbstverständlich. Ein teurerer Geländewagen bzw. ein Allrad-Fahrzeug (Four wheel drive, 4WD) ist nur nötig, wenn Sie vorhaben, auch abseits asphaltierter Straßen unterwegs zu sein. Ein dazu gemietetes Dachzelt kann wiederum Übernachtungskosten reduzieren.

Führerschein / Papiere

Für die Anmietung eines Wagens ist eine Kreditkarte und Ihr Führerschein obligatorisch. Südafrika verlangt den internationalen, allerdings gilt dieser nur zusammen mit Ihrem nationalen. Für die Anmietung eines Wagens genügt der nationale. Das Mindestalter beträgt 21 Jahre (es gibt aber auch Firmen, die ab achtzehn Jahren vermieten). Falls Sie in eines der Nachbarländer Südafrikas fahren wollen, nach Namibia, Botswana, Lesotho, Swaziland oder Mozambique, so informieren Sie vorab Ihren Autovermieter, damit er Ihnen evtl. erforderliche Papiere ausstellt („Overbord Pass").

Routenberechner und Navi-Geräte

Mit einem Online-Routenplaner, wie z.B. www.maps.google.de, lässt sich vorab gut die Distanz und ungefähre Fahrzeit zum Tagesziel berechnen. Ein Straßennavigationsgerät ist vor allem in Ballungszentren wie um Johannesburg, Durban und Kapstadt sehr hilfreich, um sich nicht zu verfahren. Wer sein Navigationsgerät von zu Hause mitbringt, sollte vorher eine Straßenkarte von Südafrika freischalten bzw. erwerben. Sehr gut ist z.B. der „City Navigator Southern Africa NT" von Garmin (auf Micro-SD Karte oder direkt von www.garmin.de), der auch alle möglichen nützlichen POIs wie Hotels, Tankstellen, Restaurants etc. enthält. GPS-Geräte in Mietwagen enthalten schon die nötigen Karten.

Die Karten für Südafrika oder das südliche Afrika von Garmin oder tracks4africa sind nicht gerade preiswert. Ein neues Garmin „Nuevi"-Navigationsgerät, wo die Garmin-Karte für das komplette südliche Afrika schon draufgespielt ist, ist nur geringfügig teurer. Zu kaufen z.B. bei Cape Union Mart, Outdoor Warehouse, Kapstadt, www.capeunionmart.co.za. Für Touristen, die mehrere Länder im südlichen Afrika mit dem Auto bereisen, bietet die Navigationssoftware „Tracks4Africa" Koordinaten und Routen von zahllosen Strecken, Campingplätzen, Lodges, Tankstellen u.v.m. Auch diese Kartensoftware ist in allen großen Outdoor-Läden in Südafrika erhältlich oder online bei www.tracks4africa.co.za.

Wo den Wagen mieten?

Erst in Südafrika oder noch vor dem Flug im Heimatland? Beides hat Vor- und Nachteile. Lokalvermieter in Südafrika sind etwas günstiger, andererseits haben Sie bei einem hier abgeschlossen Vertrag etwas bessere Rechtssicherheit und man kann bei etwas Glück ein Upgrade erhalten, wenn der gebuchte Wagen nicht mehr vorrätig ist. Für einen ersten Überblick listen die Homepages oder die Kataloge von Südafrika-Reiseveranstaltern Mietwagenfirmen und nennen Preise. Vorbuchungen übers Internet sind in der Regel preisgünstiger als vor Ort. Die südafrikanische Firma www.car-rental.co.za ist ein sog. „Carbroker“, die mit allen großen Autovermietern zusammenarbeitet. Für eine monatelange Südafrika-Reise könnte man auch einen Wagen mit Rückkaufgarantie kaufen. Es empfiehlt sich der Abschluss einer Vollkasko-Versicherung. Erhöhte Kosten fallen an bei einer One-Way-Anmietung.

Vermietfirmen

In fast allen Flughäfen Südafrikas sind sämtliche großen internationalen Autovermieter vertreten, z.B.

- Avis, www.avis.co.za
- Budget, www.budget.co.za
- Europcar, www.europcar.co.za
- First Car Rental, www.firstcarrental.co.za
- Hertz, www.hertz.co.za

u.a.

Örtliche südafrikanische Firmen sind z.B.

- AfriCamper (Geländewagen, Camper, dt.-südafrikanisch), www.africamper.com
- Aroundaboutcars, www.aroundaboutcars.com
- Atlantic Car Hire, www.atlanticcarhire.co.za

u.a.

Wenn örtliche Firmen kein Büro am Flughafen haben, bringen sie das Auto bei Ihrer Ankunft direkt zum Flughafen oder später auch zu Ihrem Stadthotel in Johannesburg, Kapstadt, Durban oder Port Elizabeth. Vereinbaren Sie dann zugleich das Prozedere der Rücknahme.

Wohnmobil-Vermieter:

- African Autos Camper Hire, www.aacamperhire.co.za
- AfriCamper, www.africamper.com
- Bobo Campers, www.bobocampers.com (Webseite auch auf Deutsch)
- Britz 4x4, www.britz.co.za
- Campers Corner, www.campers.co.za
- Drive Africa, www.driveafrica.co.za • u.a.

Preisvergleiche auf www.south-africa-motorhomes-and-campervans.com. Über die deutsche Seite www.camperboerse.de, einem Vermittler von Wohnmobilen, können Sie gleichfalls Camper mieten und Preisvergleiche anstellen.

Buy back-Fahrzeuge:

Bei Drive Africa, www.driveafrica.co.za, auch Wohnmobile. Gebrauchte Wohnmobile verkauft www.campersales.co.za.

Übernahme-Inspektion

Lassen Sie sich bei der Übernahme des Wagens ausführlich einweisen, auch wenn dies dauern kann, z.B. bei einem Wohnmobil oder Geländewagen mit 4x4-Zuschaltung. Bevor Sie durch Unterschrift bescheinigen, dass der Wagen in Ordnung ist, geht der Vermieter mit Ihnen eine Checkliste durch. Achten und kontrollieren Sie vor allem folgende wichtige Punkte:

- Zustand und Profiltiefe der Reifen, gleiche Reifen-Größenangaben, Existenz und Zustand (Luftdruck!) des Reserverads und wie man es ausbaut
- Bordwerkzeug und ist gesetzlich Notwendiges vorhanden (funktionierender Wagenheber, Radkreuz, Warndreieck, Verbandskasten, evtl. Abschleppseil)
- Sind im Handschuhfach alle wichtigen Papiere, wie Zulassung, Bedienungsanleitung, Notrufnummer des Vermieters, Tel.-Nrn. von Pannenhilfen (Automobilclub AA)?
- Bedienung des Navi-Geräts
- Sind alle Scheiben ohne Sprünge (Haarrisse)?
- gibt es sichtbare oder versteckte Karosserie-Beschädigungen und Lackschäden? Wenn ja, sie fotografieren und in der beiliegenden Skizze der Checkliste markieren
- funktioniert die Klimaanlage?
- vierradangetriebene Fahrzeuge ausführlich erklären lassen, evtl. eine Proberunde drehen
- bei Campmobilen die Funktion der Betten, der Küche, der Toilette etc. prüfen
- checken Sie die Füllstände des Motorenöls, des Kühl- und Scheibenwischwassers und der Bremsflüssigkeit
- funktionierende Beleuchtungsanlage/Bremslichter/Blinker

Südafrika mit Wohnmobil

Südafrika ist kein so typisches und perfektes Wohnmobil-Reiseland wie die USA oder Australien, obwohl es dafür in den Nationalparks und mit mehr als 800 öffentlichen Campingplätzen – denen zumeist ein Caravanpark angegliedert ist – eine entsprechende Infrastruktur gibt. Die allgemeinen Sicherheitsbedenken überwiegen jedoch, festzumachen daran, dass es relativ wenige Anbieter und Vermieter von Wohnmobilen gibt und dass wildes Campen oder übernachten im Wohnmobil in freier Natur in Südafrika untersagt ist.

Für Fahrten in abgelegene Gebiete sind neben der üblichen Wohnmobil-Ausstattung zusätzlich erforderlich: Abschleppseil, Luftpumpe, Schaufel, Spaten, Axt, Wasserkanister, Sicherungen, allgemeine Reparaturhilfen. Auf den Homepages von Wohnmobil-Vermietern stehen meist praktische Tipps für unterwegs, schöne Reiseziele und Strecken sowie Verzeichnisse von Caravan Parks, z.B. auf www.britz.co.za.

Alles über Caravan- und Campingplätze und deren Webseiten s.S. 52.

Sicherheit, Verkehr und Straßen

Auch wenn dieses Kapitel etwas umfangreich geworden ist – freuen Sie sich auf geringen Verkehr außerhalb der Städte, ein hervorragendes Straßennetz und entspanntes Fahren durchs Land – trotz des Linksverkehrs.

Linksverkehr!

In Südafrika und seinen angrenzenden Nachbarstaaten herrscht Linksverkehr. Es bedeutet für den Fahrer nicht nur auf der linken Fahrbahn zu fahren, er sitzt außerdem rechts und muss mit der linken Hand schalten. Den Blinkerhebel werden Sie anfänglich des Öfteren mit dem Scheibenwischerhebel verwechseln. Die Ausfahrten von den Schnellstraßen sind links. Prinzipiell wird auf der linken Fahrspur gefahren und auf der rechten überholt. Besonders aufpassen muss man beim Losfahren an Ein- und Ausfahrten und beim Abbiegen, damit man da nicht unbewusst nach rechts rübersteuert. Der Beifahrer sollte immer „mitfahren“ und auf Schilder, Ampeln und Fußgänger achten.

Überholen: Straßen haben in Südafrika, anders als bei uns, fast immer einen sehr breiten Seitenstreifen. Es ist gängige Praxis, bei langsamerem Reisetempo auf den linken breiten Seitenstreifen auszuweichen, um schnellere Fahrzeuge überholen zu lassen. Der Überholende bedankt sich anschließend mit der Warnblinkanlage.

Auch als Fußgänger muss man sich umstellen, weil man beim Überqueren einer Straße zur Kontrolle herannahender Autos den Kopf nun zuerst nach rechts und in der Straßenmitte nach links wenden muss!

Wagen-Sicherheitstipps

Den Wagen beim Verlassen immer komplett abschließen, auch wenn man sich nur ein paar Meter von ihm entfernt. Und nie den Motor laufen lassen und sich vom Auto entfernen. „Car hijacking“, das Auto dem Fahrer zu entrauben, kommt in Südafrika vor. Die Fenster geschlossen halten und die Türen verriegeln, auch während der Fahrt, insbesondere in Städten. Handtaschen, Fotoapparate u.a. nicht sichtbar im Auto liegen lassen, vor allem nicht in einem geparkten Wagen. Das Tagesziel noch bei Helligkeit erreichen (ca. 18 Uhr). Unterwegs nicht an dubiosen Orten und Plätzen anhalten. Bei einem Stopp an einer Ampel die Umgebung im Auge behalten, notfalls bei Rot weiterfahren. Vorsichtig sein an einsamen Aussichtspunkten und Straßenrastplätzen, aus dem Auto heraus zunächst die Umgebung prüfen. Bei einem Überfall die Anweisungen des Angreifers befolgen, ein Menschenleben ist in Südafrika nicht viel wert. Generell ist man im Wagen immer in größerer Sicherheit als außerhalb.

Vor offensichtlich aufgebauten Straßenhindernissen oder vor liegengebliebenen Wagen nie anhalten und aussteigen. Straßensperren durch Polizei und Militär werden als solche vorher angekündigt, Polizeiwagen stoppen Autofahrer mit Warnblinklichtern. Nehmen Sie keine Anhalter mit.

Bei einer Motorpanne versuchen, das nächste Auto anzuhalten. Besser: mit dem Handy Hilfe anfordern. Dazu die südafrikanischen Notrufnummern parat haben, die auf vielen Straßen auf braunen Hinweistafeln stehen. Hat man selbst einen Unfall verursacht, keine Unfallflucht begehen, die Polizei anrufen.

Weitere Sicherheitstipps auf der Webseite des Automobilclubs, www.aa.co.za, und auf der interessanten Seite www.arrivealive.co.za mit vielen speziellen Links, z.B. zu Straßenzuständen, Versicherungen, Toll Roads etc.

Straßen

Das Straßennetz in Südafrika ist über 65.000 km lang, darunter über 7000 km Nationalstraßen. Nationalstraßen haben ein vorangestelltes „N", normale Straßen ein „R" (Regional), Landstraßen ein „D" (District). „M-Roads" sind Metro- oder „Motorway"-Straßen in Städten. Grüne „Road Signs" weisen auf normale Straßen hin, blaue auf Nationalstraßen, braune auf Sehenswürdigkeiten oder Unterkünfte. Zwei konzentrische Kreise leiten zum Stadtzentrum.

Einige Abschnitte der Nationalstraßen sind gebührenpflichtig und werden als **„Toll Route"** mit einem „T" in gelbem Kreis indiziert. Die Gebühren werden vorher angezeigt und sind nicht teuer. Ein „A" in einem gelben Kreis bedeutet, dass man sich entweder auf einer kostenlosen Alternativroute zur Mautstrecke befindet, oder man kann auf diese Alternative ausweichen. Mautzahlstellen heißen *Toll Plazas* oder *Toll Ramps,* Ausfahrten *Off Ramps.*

Die erlaubte Höchstgeschwindigkeit beträgt auf Autobahnen (Freeways) 120 km/h, auf Landstraßen 100 km/h, in Ortschaften 60 km/h, wenn kein anderes Limit angegeben wird. Radarfallen („speed traps") oder Geschwindigkeitskontrollen per Radarpistole sind nicht selten und kosten beim Überschreiten Bußgeld, das in jedem Falle nur im Polizeirevier gegen Quittung gezahlt werden sollte. Vorhanden sind gelegentlich auch Straßenabschnitte mit zwei durchgezogenen und einer mittleren gestrichelten Linie. Diese Markierung darf auf gar

keinen Fall berührt werden, wer beim Nichtbeachten erwischt wird, zahlt Strafe.

Rechnen Sie unterwegs immer mit Unerwartetem: Mit sehr langsam fahrenden Lkw, rasenden Sportwagen, plötzlich haltenden Minibus-Taxis, Fahrradfahrern, unachtsamen Fußgängern, spielenden Kindern, alkoholisierten Autofahrern (vor allem an Wochenenden!), streunendem Vieh und vielleicht auch mal einem Hippo – selbst auf der Autobahn. Achten sie auf *speed bumps,* Huckel auf der Straße und meist vor Ortschaften, damit Autos ihre Geschwindigkeit reduzieren.

Wichtige Verkehrsregeln

Es herrscht Gurtpflicht. Die Alkoholgrenze beträgt 0,5 Promille. Ampeln (robots) stehen in Südafrika meist hinter der Kreuzung. Eine weitere Besonderheit sind an Kreuzungen „4-Way-Stops", angezeigt durch eine Verkehrstafel: Jeder muss anhalten, danach fährt derjenige als Erster los, der zuerst angekommen ist, dann der zweite usw. Ist ein STOP-Schild nicht mit dem Zusatz „4-way" versehen, muss man auf jeden Fall anhalten und warten, bis alle Fahrzeuge der Vorfahrtsstraße vorbeigefahren sind. Linksabbiegen ist trotz roter Ampel an vielen Kreuzungen erlaubt. Telefonieren im Auto ist nur mit einer Freisprechanlage gestattet. Bei Straßenbauarbeiten regeln oft flaggeschwenkende Arbeiter den Verkehr.

Parken

In Städten am besten einen bewachten Parkplatz aufsuchen, das Ticket beim Parkwächter lösen. Außerdem gibt es Parkplätze mit Schrankeneinlass. Eine durchgezogene rote Linie am Straßenrand bedeutet Parkverbot. Ein Halteverbotsschild erkennt man an einem durchgestrichenen „S", ein Parkverbotsschild an einem durchgestrichenen „P". Ein „B" bedeutet „Halten nur für Busse". Jugendliche wollen sich für das Aufpassen auf (Touristen-)Wagen einige Rand verdienen. Geben Sie ihnen eine kleine Anzahlung und versprechen Sie den Rest nach der Rückkehr. Manche Parkwächter tragen eine gelbe Weste. Er spricht Sie an und überreicht einen Zettel mit seinem Namen. Bei Rückkehr zum Wagen gibt man dem Wächter den Zettel mit Trinkgeld zurück. Restaurants heuern für ihre Kundschaft oft Parkwächter an. Manchmal wird während Ihrer Abwesenheit auch eine Autowäsche aus dem Eimer angeboten.

Tankstellen

Auch *garage* genannt, weil sie meist über eine Werkstatt verfügen. Das Tankstellennetz ist nicht allzu dicht, immer rechtzeitig auffüllen. Tankstellen entlang der Nationalstraßen haben alltäglich 24 Stunden geöffnet, haben einen Shop, Restaurant oder Café, Geldautomaten und Toiletten. In Südafrika gibt

Mautstelle

es noch den Tankwart, der Sie fragt, wieviel Sprit er reinfüllen soll. Zum Bezahlen brauchen Sie nicht aussteigen, der Tankwart nimmt Ihr Geld entgegen und bringt das Rückgeld. Mit Kreditkarte (Visa) geht manchmal auch, aber nicht überall, evtl. dann mit Aufschlag. Fürs Scheibenputzen und den Ölcheck gibt man ein Trinkgeld.

Automobilclub

Der „AA" (Automobile Association of South Africa) ist das südafrikanische Pendant zum deutschen ADAC.

Hauptsitz ist in Johannesburg, Tel. 011-7991000, Fax 011-7991960, www.aa.co.za.

- Landesweite 24-Stunden-AA-Notrufnummer (Rescue Service Number): 083-84322 (merkbar als 083-THE AA)
- Gebührenfreie AA-Pannenhilfe-Nummer 0800-10101,
- „Roadside assistance" Tel. 0861-000-234.
- Medizinische AA-Notrufnummer 0800-033007.

ADAC-Mitglieder erhalten in den AA-Geschäftsstellen unter Vorlage ihres Mitgliedsausweises kostenloses Kartenmaterial.

Weitere praktische Reisehinweise

Starten Sie möglichst früh. Fragen Sie Ihre Übernachtungs-Gastgeber nach den Straßenverhältnissen zu Ihrem nächsten Ziel. Kalkulieren Sie den Zeitbedarf für das anvisierte Etappenziel großzügig. Nachtfahrten vermeiden. Sonnenaufund Sonnenuntergang sind die „deadlines" der Park Gates, im Sommer wie im Winter. An langen Reisetagen kann der Lunch schon mal ausfallen, Wegzehrung gibt es an Tankstellen und preiswert in größeren Supermärkten an Food-Theken. Sind Sie in abgelegenen Gegenden unterwegs, wo man sich verfahren kann, verschiedene Leute besser zwei- oder dreimal nach der Richtung zu Ihrem Zielort fragen.

Webseiten fürs Autofahren in Südafrika

- www.aa.co.za – Südafrikas Automobile Association AA
- www.arrivealive.co.za – mit vielen speziellen Links zum Autoverkehr in Südafrika
- www.routes.co.za – Routen & Travel-Infoportal
- www.nra.co.za – Südafrikas National Road Agency
- www.weathersa.co.za – Südafrikas nationaler Wetter-Service

Wissenswertes für unterwegs

Geld und Kreditkarten

Zehn Rand entsprechen derzeit etwa **einem Euro.** Nehmen Sie mit: Einige Euro-Noten, Ihre **BankCard** (girocard bzw. Maestro-Karte) und/oder eine (besser zwei verschiedene) **Kreditkarten.** In Südafrika sind zum Zahlen und zum Geld abheben am verbreitetsten *VISA* und *MasterCard* (die V-Pay Karte von VISA funktioniert nur in Europa!). Details wie Notsperrung bei Verlust auf www.visa.de und www.mastercard.com. An allen Geldautomaten mit dem VISA-Logo funktioniert auch die „SparCard 3000 plus" der Postbank. Ihre persönlichen Geheimzahlen (PIN) wissen Sie ja.

Südafrikas **Währung** heißt **Rand** (ZAR = Zuid Afrika Rand). Tauschen Sie Euroscheine erst in Südafrika (es dürfen pro Person nicht mehr als 500 Rand eingeführt werden) bzw. lassen Sie erst dort Randscheine aus Bankautomaten. In den Flughäfen Johannesburg, Kapstadt und Durban haben Bankschalter zur Ankunft eines jeden internationalen Fluges geöffnet. Geldscheine gibt es in den Werten von 10, 20, 50, 100 und

200 Rand, Münzen in den Werten von 5, 10, 20, 50 Cent sowie zu 1, 2 und 5 Rand. Ganz genaue Rand-Kurse und Kursentwicklungen z.B. auf www.goyax.de, www.xe.com, www.oanda.com u.a.

Geldautomaten, sogenannte ATM (Automatic Teller Machine), gibt es in Südafrika an allen öffentlichen Orten mit Publikumsverkehr, vor allem in Einkaufszentren (Malls), aber auch z.B. an Tankstellen und Läden. Je nach Bank und Standort kann man bis zu maximal 3500 Rand abheben („Withdrawal" wählen, dann „Credit"). An den Mini-ATMs an den Tankstellen erhält man nur max. 1000 Rand. Geldabhebungen sind bezüglich der Sicherheit an den Automaten in **Banken** während der Schalterstunden die beste Wahl. Die größten Banken mit einem dichten Netz an Filialen sind *ABSA, Standard Bank, First Rand, First National Bank* und *Nedbank*. Öffnungszeiten in Städten: Mo–Fr 9–15.30 Uhr, Sa 8.30–11 Uhr. In ländlichen Regionen haben die Banken Mo–Fr meist von 9–12.45 und von 14–15.30 Uhr geöffnet. Hoher Andrang herrscht teils an Freitagen und am Monatsanfang, wenn die Leute Löhne und Gehälter abheben!

Auch „Rollende Geldautomaten" gibt es

Bezahlen und Geld abheben

Plastikgeld ist in Südafrika weithin gebräuchlich, fast jedes Geschäft – aber **nicht jede Bed&Breakfast Unterkunft!** – akzeptiert Kreditkarten. Kreditkartenbetrug ist in Südafrika verbreitet, deshalb die Karte zur Bezahlung nie aus den Händen geben, sondern der Abbuchen beiwohnen. Lassen Sie sich an Geldautomaten nicht ansprechen, ablenken oder „helfen". Brechen Sie die Aktion ab, wenn Ihnen etwas nicht geheuer vorkommt und unterlassen Sie Geldabheben bei Warteschlangen, bei Nacht oder an einsamen Orten.

Verlorene oder gestohlene Karten sofort sperren, diesbezügliche Telefonnummern Ihrer Kartenorganisation mitführen oder im Internet nachsehen, z.B. auf www.mastercard.com oder auf www.visa.de. Die deutsche Telefonnummer des zentralen Sperr-Annahmedienstes für nahezu alle Karten rund um die Uhr und aus dem Ausland bzw. von Südafrika ist 0049-1805-021021 (minimal gebührenpflichtig, per Sprachcomputer; Sie benötigen Ihre Kontonummer und die Bankleitzahl). Eine andere zentrale Sperr-Nummer für nahezu alle Karten ist die 0049-116116. Bei www.kartensicherheit.de kann man einen SOS-Infopass runterladen, außerdem gibt es dort zusätzliche Hinweise zur Diebstahl-Prävention, zu Schadensfällen und richtiger Kartensperrung.

Preisniveau in Südafrika

Südafrika ist für Euro-Touristen ein preiswertes, aber kein billiges Reiseland, zumal der Rand derzeit schwächelt. So kosten z.B.:

- Ein Doppelzimmer in einem B&B, je nach Ort und Komfort: ab R600
- Ein Liter Superbenzin: R12,80
- Krüger-Nationalpark Eintritt p.P. und Tag R248
- Preise in gutem Durchschnitts-Restaurant ersichtlich z.B. auf www.sirocco.co.za
- Glas Wein im Restaurant: ab R18, eine 0,7-l-Flasche ab R80
- Grillhähnchen fertig gegrillt und warm: R50

Selbstversorger:

- Milchprodukte sind im Vergleich zu Deutschland teurer, da es keine Subventionen gibt. Fleisch, Obst und Gemüse ist dagegen billiger.
- Fertige Salate an der Supermarkt-Salatbar: R63/kg
- Käse (Gouda/Cheddar): ab R6/100 g
- Salami/Schinken: ab R16/100 g
- Brötchen: R1 Stück
- Butter: R35/500 g
- Marmelade: R27/Glas
- Nescafé: R50/500 g
- Tiefkühlpizza: R40/390 g
- Fertig Lasagne Tiefkühlware: R40
- Nudeln: R12/500 g
- Rumpsteak: R83/kg
- Hühnerbrustfilet: R62/kg
- 6 Dosen Cola/Softdrink: R40
- 1 l Mineralwasser: R7,50

Mit Kindern nach Südafrika

Südafrika ist besonders kinderfreundlich und für eine Familienreise sind alle neun Provinzen ideal. Vielfältige Aktivitäten mit Kindern sind möglich an den endlosen Sandstränden des Landes mit sicheren Gezeitenpools, in großen Wasser- und Funparks sowie in vielen Nationalparks, der Krüger-Nationalpark ist dafür ideal. Kinderprogramme gibt es in großen Shopping Malls oder z.B. an der Waterfront in Kapstadt. Beim Übernachten bezahlen Kinder in kinderfreundlichen Häusern bis zu 12 Jahren meist nur die Hälfte des Preises und Kleinkinder gar nichts. Zudem gibt es auf Kinder ausgerichtete Ferienresorts und spezielle Unterkünfte, wie z.B. die *African Family Farm* bei Kapstadt. Andererseits akzeptieren vielfach B&B's, Gästehäuser und einige Lodges wegen ungesicherter Bereiche z.B. am Pool oder anderer Gefahren Kinder erst ab 12 Jahren. Auch in Big Five-Gebieten sind Kinder aus Sicherheitsgründen erst ab zwölf Jahren beim Game Drive zugelassen. Erkundigen Sie sich auf der Homepage einer Unterkunft, ob was für Kinder geboten wird, z.B. Babysitting oder Kinderprogramme. Auch in südafrikanischen Restaurants werden die jungen Gäste umsorgt und es gibt Kindermenüs. Außerdem gibt es Webseiten mit speziellen kindergerechten Reise- und Ausflugszielen, wie z.B. www.jozikids.co.za, www.kznkids.co.za, www.capetownkids.co.za.

Fair Trade Tourism

Südafrika erleben und gleichzeitig einen Beitrag für Land und Leute leisten kann man beim Besuch von Unterkünften und Einrichtungen der Mitglieder der Non-Profit-Organisation „Fair Trade Tourism", FTT. Die teilnehmenden Unternehmen haben sich umweltbewusstem und sozialem Verhalten verschrieben, entlohnen ihre Angestellten gerecht, fördern mit lokalen Partnern gemeinsam die afrikanische Kultur oder unterstützen alternative Community-Projekte. Die Homepage www.fairtourismsa.org.za listet diese Betriebe auf, die sich zuvor zertifizieren lassen müssen und deren Zahl ständig steigt. Darunter findet man auch Angebote für Township-Touren, adrenalinfördernde Sportarten oder Whale watching Cruises. In diesem Reiseführer haben wir darauf hingewiesen, wenn eine Fair Trade-Mitgliedschaft vorliegt, wobei die Spannweite bei Unterkünften von Backpackern bis zu 5-Sterne-Lodges reicht. Alles in allem eine positive Sache für fairen Tourismus.

Kommunikation und Information

Telefonieren

Nach Südafrika telefonieren: die internationale Landesvorwahl **0027** für Südafrika wählen, danach die Vorwahl der Stadt – ohne die in Südafrika vorauszuwählende „0", z.B. 21 für Kapstadt statt 021 –, dann die Teilnehmernummer. Rufen Sie vom Ausland eine südafrikanische Handynummer an, so müssen sie bei der Rufnummer gleichfalls die „0" weglassen (Funknetz-Vorwahlen s.u.)

Von Südafrika: Country Code für Deutschland ist 0049 (Schweiz 0041, Österreich 0043), dann die Vorwahl der Stadt wählen – ohne die vorangestellte „0", z.B. 89 für München – und anschließend die Telefonnummer des Teilnehmers.

Innerhalb Südafrikas telefonieren: Selbst in kleinen Orten findet man öffentliche Telefonzellen bzw. Telefonsäulen oder man kann von der Post aus anrufen. Die blauen Telefone nehmen nur Münzen an, die grünen nur Telefonkarten (sobald sich der Gesprächspartner gemeldet hat, TALK-Knopf drücken). Telefonkarten gibt es zu 10, 20, 50, 100 und 200 Rand in Einkaufszentren, Postämtern, in den Filialen der Zeitschriften- und Bücherkette CNA, Schreibwarenläden und anderen mehr. Alle größeren Hotels haben Direktwahl-Telefone, doch fragen Sie vorher nach den Kosten.

Das südafrikanische Telefonnetz arbeitet mit einem Zehn-Zahlen-System. Nicht nur von außerhalb, auch innerhalb eines Orts muss grundsätzlich die Ortsvorwahl (area code) vorgewählt werden, z.B. 031 für Durban oder 011 für Johannesburg, gefolgt von der siebenstelligen Rufnummer.

Mit einem Handy ist immer die Vorwahlnummer zu wählen.

Nummern-Kennziffern: Kostenlos ist der Anruf einer Tel.-Nummer mit Zahlenbeginn 0800 – aber nur im Festnetz („landline"), nicht von einem Handy. Viele Geschäfte, Hotels und Firmen haben spezielle 08er-Nummern: 0860, 0861 usw. Eine 0860-Nummer kostet z.B. nur den Ortstarif, 0861 steht für einen „flat rate"-Tarif.

Auskunft: Die nationale Auskunft erreicht man unter Tel. 1023, die Yellow Pages findet man auf www.yellowpages.co.za. bzw. man kann unter Tel. 10118 anrufen.

Funktelefon / Handy

Ein Handy heißt in Südafrika *Cellular phone* („Cell phone") oder *Mobile phone*. Mieten oder kaufen Sie sich für die Zeit Ihrer Südafrika-Reise eines mit prepaid-Funktion („airtime"), sie sind nicht teuer, z.B. bei der Drogerie-Kette Clicks (oder Ihr Autovermieter stellt Ihnen eines beim Mieten des Wagens zur Verfügung). Ein Cell phone ist sinnvoll, nicht nur wenn Sie in einsameren Gegenden reisen, Sie können damit von unterwegs ein Hotelzimmer oder einen Restaurant-Tisch reservieren. Wiederaufladbare „Airtime" gibt es in jedem Supermarkt, wie z.B. bei SPAR, an Automaten und an vielen Tankstellen.

Handy mitbringen: Fragen Sie Ihren Mobilfunk-Provider, wie Sie Ihr deutsches Handy in Südafrika einsetzen können und welche (teure!) Roaming-Gebühren dabei anfallen. Sowohl D- als auch E-Netz funktionieren in vielen Regionen des Landes, das Handy wählt sich automatisch in eines der drei landesweiten Funknetze (GSM mobile phone networks) von Vodacom (www.vodacom.co.za), MTN (www.mtn.co.za) oder Cell C (www.cellc.co.za) ein. Mehr Infos darüber z.B. bei www.mtn.co.za (bei „Travel"). Die bestehende Mobilphone-Infrastruktur ist teilweise lückenhaft, ländliche Gebiete sind manchmal unterversorgt.

Wesentlich günstiger ist es, bei der Ankunft bereits am Flughafen für Ihr deutsches Handy eine südafrikanische SIM-Card zu kaufen. Vorab ist die „RICA"-Registration notwendig, d.h., man muss den Pass oder eine „Proof of Residencial" vorlegen, weil jedes südafrikanische Cell Phone einer staatlichen Registrierung unterliegt. In ein Formular ist die südafrikanische Aufenthaltsadresse oder die eines Hotels einzutragen (haben Sie bereits eine erste Unterkunft gebucht, so halten Sie als Nachweis die Reservierungsbestätigung bereit).

Beim MTN-Starterpack kostet die SIM-Karte nur wenige Rand. MTN USB-Modem zum mobilen Surfen mit dem Notebook: ca. 350 Rand plus 149 Rand für 300 MB Datenvolumen. Aber auch dafür braucht man eine registrierte SIM-Karte. Die südafrikanischen Mobilfunknetze haben folgende Vorwahlen: 082 (Vodacom), 083 (MTN) und 084 (Cell C). Gebührenfreie Mobiltelefon-Helplines: MTN Tel. 083-173, Vodacom Tel. 082-111.

Prepaid SIM-Karten für Südafrika, mit denen Sie unter Ihrer deutschen Handynummer erreichbar sind und billig nach Deutschland telefonieren können, bietet www.holiday-phone.de an.

Internetseiten von Südafrika

Nutzen Sie das Internet als Informationsmedium für Ihre Reiseplanung. Hier eine Auswahl an informativen Homepages. Weitere Web-Adressen finden Sie bei den einzelnen Provinzen, Reiseregionen und Städten im Buchinhalt.

SA-Suchmaschinen

www.ananzi.co.za
www.iafrica.com
www.aardvark.co.za
www.infohub.co.za
www.google.co.za

Staatliche Webseiten/ Regierungsstellen

- www.gov.za – South African Government Online
- www.sanews.gov.za – South African Government News Agency
- www.environment.gov.za – Environmental Affairs and Tourism
- www.southafrica.info – Seite des International Marketing Council of South Africa (IMC)

- www.suedafrika.org –Südafrikanische Botschaft in Berlin (mit Tourismus-Bereich)
- www.dac.gov.za – Arts and Culture
- www.education.gov.za – Education
- www.doc.gov.za – Communications
- www.gcis.gov.za – Government Communication and Information System (GCIS)
- www.publicworks.gov.za – Public Works
- www.dst.gov.za – Science and Technology
- www.dsd.gov.za – Social Development
- www.thepresidency.gov.za – The Presidency

Das Logo der südafrikanischen Nationalparks (SanParks)

Offizielle Tourismusseiten

- www.southafrica.net – South Africa Tourism
- www.zulu.org.za – Tourism KwaZulu-Natal, TKZN
- www.sanparks.co.za – SA-Nationalparks, auch zur Reservierung von Unterkünften
- www.kznwildlife.com – Ezemvelo KZN Wildlife, Reserv. in den Parks KwaZulu-Natals

Das Logo von Ezemvelo

Private Tourismusseiten

- www.linx.co.za – umfassende SA-Tourismus-Seite
- www.places.co.za – umfangreiche Reise-Infos, langjährig
- www.sued-afrika.org – „Die Deutsche Südafrika-Seite"
- www.southafrica-travel.net – (auf deutsch www.suedafrika.net)
- www.sa-venues.com – (auf dt. www.suedafrika-reise.net)
- www.africa-adventure.de
- www.southafrica.co.za
- www.kapexpress.com – online-Magazin, hilfreiche SA-Infos, nicht nur für Kapstadt
- www.afroport.de – deutschsprachiges Afrikaportal für Kunst, Kultur und Business

Spezielle Seiten

- www.africaphonebooks.com – Telefonbuch
- www.weathersa.co.za – Wetter in Südafrika
- www.news24.com – Südafrika News
- www.mg.co.za – Südafrika Presse-News
- www.wessa.org.za – Wildlife and Environment Society of South Africa
- www.fairtourismsa.org.za – Fair Trade Tourism
- www.birdlife.org.za – Südafrikas Birdwatcher-Portal

Unterkünfte

- www.suedafrikaperfekt.de – dt. Führer zu südafrikanischen Unterkünften
- www.suedafrikaurlaub.net – dt. Unterkünfte
- www.sleeping-out.co.za – Unterkünfte
- www.booktravel.travel – Seite des Automobilclubs AA
- www.wheretostay.co.za – Unterkünfte, Restaurants, Specials etc., Tipp
- www.bnb.co.za – Bed & Breakfast Unterkünfte
- www.btsa.co.za/ – Backpacking
- www.hostelworld.com – Hostels
- www.farmstay.co.za – „Urlaub auf dem Bauernhof"

Restaurants / Weine

- www.dining-out.co.za – südafrikanische Restaurants
- www.eatout.co.za – dto
- www.suedafrika-wein.de – Südafrika-Weininformationen

Wichtige Museen Südafrikas

- Apartheid Museum – www.apartheidmuseum.org
- Bartolomeu Dias Museum – diasmuseum.museum.com
- Bleloch Geological Museum – web.wits.ac.za
- Durban Natural Science Museum – www.africa-adventure.org
- Iziko Museums of Cape Town – www.iziko.org.za
- Museums Online South Africa (MOSA) – www.museumsonline.co.za
- National Museum, Bloemfontein – www.nasmus.co.za
- National Cultural History Museum – www.gauteng.com
- Nelson Mandela National Museum – www.nelsonmandelamuseum.org.za
- Northern Flagship Institute (Transvaal Mus. Pretoria) – www.enviropaedia.com
- Paarl Museum – www.museums.org.za
- South African National Museum of Military History – www.militarymuseum.co.za
- Worcester Museum – www.worcestermuseum.org.za

Praktische Infos Südafrika A–Z

Nachfolgend Stichwort-Informationen für Ihre Südafrika-Reise und Reisevorbereitungen

Alkoholische Getränke

Hochprozentiges kauft man in Südafrika nicht im Supermarkt (dort gibt es nur Bier und Wein), sondern in Bottle oder Liquor Stores. Alkoholische Getränke dürfen an Sonntagen nicht verkauft werden, auch in Supermärkten mit Weinabteilungen. Generell ist keine Abgabe an unter Achtzehnjährige gestattet. Nicht jedes Restaurant verfügt über eine volle Alkohollizenz (Kennzeichnung YYY– fully licensed). Manche dürfen nur Wein und Bier ausschenken (YY) oder Alkohol nur mit Mahlzeiten servieren (Y). Bei Restaurants ohne Lizenz und mit der Angabe BYO („bring your own") kann der Gast Bier oder Wein zu seinem Essen mitbringen, es ist ein kleiner Aufschlag zu zahlen *(corkage fee)*.

Anreise

Flugverbindungen nach Südafrika s.S. 22

Ärztliche Versorgung

s.S. 39, „Gesundheit"

Apotheken

Heißen in Südafrika *Chemists, Pharmacy* oder *Apteek*. Hier erhalten Sie vielerlei Medikamente, auch ohne Rezept. Kaufen Sie bei Medikamenten nur internationale Hersteller, keine Billigprodukte anonymer Fertigung! Die meisten Apotheken sind gleichzeitig auch Drogerien mit entsprechendem Warenangebot.

Autovermietungen

s.S. 25, „Vermietfirmen"

Bahnverkehr

Neben den öffentlichen Eisenbahnen, die zum Bereisen Südafrikas ungeeignet sind (außer dem Zug „Shosholoza Meyl"), gibt es noch privat betriebene touristische Luxuszüge. Details darüber s.S. 46.

Banken

s.S. 29, „Geld und Kreditkarten"

Behindertes Reisen

Für Rollstuhlfahrer mit Begleitperson ist eine Individualreise durch Südafrika kein Problem. An Tankstellen, Shopping-Malls und Touristenattraktionen gibt es Rampen, Behindertentoiletten und immer wieder hilfreiches Personal. Unterkünfte sollte man vorbuchen und dabei auf seine Bedürfnisse hinweisen und sich im Vorfeld vergewissern, dass es keine Probleme gibt. Nur wenige Privatunterkünfte bieten entsprechende Zimmer an, in diesem Buch wird darauf hingewiesen. Eher fündig wird man bei größeren Hotels. Die meistfrequentierten Rest Camps in den großen Nationalparks wie Krügerpark sind behindertengerecht ausgelegt. Die südafrikanischen Seiten www.disabledtravel.co.za und www.wheretostay.co.za (unter „Wheelchair friendly") listen behindertengerechte Unterkünfte und andere diesbezüglich relevanten Dinge in allen 9 südafrikanischen Provinzen auf.

Botschaften

Embassy of the Republic of South Africa, Tiergartenstraße 18, 10785 Berlin, Tel. 030-22073-0, Fax 030-22073-190, www.suedafrika.org, botschaft@suedafrika.org.
Generalkonsulat in München, Tel. 089-2311630, Fax 089-23116363.

Botschaft der Bundesrepublik Deutschland, 180 Blackwood Street, Arcadia, Pretoria 0083, Tel. (0027) 12-4278900, Fax (0027)12-3439401, www.pretoria.diplo.de,

GermanEmbassyPretoria@gonet.co.za. Postadresse: Embassy of the Federal Republic of Germany, P.O.Box 2023, Pretoria 0001, Südafrika.

Österreich: Botschaft der Republik Südafrika, Sandgasse 33, 1190 Wien, Tel. 01-3206493, Fax 1-320649351, www.dirco.gov.za/vienna/

Schweiz: Botschaft der Republik Südafrika, Alpenstr. 29, 3006 Bern 6, Tel. 031-3501313, Fax 031-3513944, www.southafrica.ch

Büchertipps

Ein Muss für politisch Interessierte und bereits Klassiker sind Nelson Mandelas Autobiographie „Der lange Weg zur Freiheit" (Long Way to Freedom) und „Denn sie sollen getröstet werden" (Cry, the beloved Country) von Alan Paton. Hintergrundtexte bietet das Sympathie-Magazin „Südafrika verstehen" vom Studienkreis für Tourismus und Entwicklung, www.sympathiemagazin.de. Literarisches finden Sie z.B. auf www.afrikaroman.de, eine Gesamtübersicht über Südafrikabücher listet www.amazon.de unter dem Schlagwort „Afrika". Eine kompetente Bezugsquelle für Bücher und Karten ist www.namibiana.de.

Südafrika selbst bietet ein sehr großes Angebot an Büchern und Bildbänden zu vielen interessanten Themen wie z.B. die Tier- und Pflanzenwelt oder über südafrikanische Völker und Kulturen. Bücher gibt es in den Kettenläden von CNA und in den Shops der Game Parks, dort auch Land- und Tierparkkarten.

Busverbindungen

Reisen mit öffentlichen Bussen ist in Südafrika für Auslandstouristen nicht von Belang. Mehr über Busgesellschaften mit Fernverbindungen s.S: 47, „Fernbusse".

Camping

s.S. 52, „Camping- & Caravan-Plätze"

Computicket

Computicket ist ein zentrales Buchungssystem in Südafrika mit landesweit zahllosen Büros, wo Eintrittskarten für Veranstaltungen, Konzerte, Sportereignisse, Festivals, Theater und Kinos gebucht werden können, www.computicket.com. Hilfreich, um vorab zu wissen, was in welcher Stadt gerade geboten wird. Zentrale Computicket-Auskunft Tel. 083-9158000 oder 011-3408000.

Diplom. Vertretungen

s. „Botschaften"

Drogen

Für Drogen- und Rauschgiftbesitz, Konsum und Verkauf drohen in Südafrika drastische Strafen, auch für Touristen.

Einkaufen

Südafrika ist ein Einkaufsparadies mit einem riesigen Angebot an Waren. Manche der luxuriösen Shopping Malls scheinen wie von einem anderen Stern. Ein Extra-Bonus bei der Ausreise ist die Rückerstattung der Mehrwertsteuer, s.u. „Mehrwertsteuer". Übrigens: In Südafrika ist man als Kunde König, egal wo, ob bei einem Straßenhändler, in Shopping Malls oder in Restaurants: überall wird man zuvorkommend behandelt und freundlich bedient.

Einreisebestimmungen

s.S. 21

Elektrizität

Die Spannung beträgt 220 Volt bei 50 Hertz. Deutsche Elektrogeräte mit Eurosteckern im Flachformat (Akku-Ladegerät, Lockenwicklerstab, Rasierapparat u.a.) passen in südafrikanische Steckdosen. Für dt. Schukostecker braucht man einen Adapter, man erhält sie in Elektrogeschäften, Supermärkten oder leihweise an der Rezeption Ihrer Unterkunft. Oder Sie kaufen sich

Shopping Malls in Südafrika

In Südafrika schossen in der letzten Dekade kometenhaft zahlreiche und teils riesige Shopping Malls aus dem Boden. Die Betreiber dieser Einkaufstempel mit luxuriösem Ambiente zielen als Kundschaft auf die neue, schnellwachsende und zahlungskräftige schwarze Mittelschicht, die oft auf Statussymbole versessen ist. Johannesburg bzw. sein superreiches Sandton City lieferte sich geradezu einen Wettlauf mit neuen gigantischen und prunkvollen Mega-Malls, so hat die *Sandton City Mall* eine Verkaufsfläche von 155.000 Quadratmetern, und der Shopping Mall-Aufsteiger Soweto ist stolz auf seine 65.000 m² große *Maponya Mall.* Größtes Mega-Projekt ist die *Zonk Izizwe Mall* in Joburgs nördlicher Vorstadt Midrand, mit etwa 200.000 Quadratmetern und zusammen mit der benachbarten futuristischen *Mall of Africa* größter Einkaufstempel des ganzen Kontinents.

Südafrikaner lieben ihre Malls, sie sind nicht nur Kaufparadiese für nationale Designer-Labels in edlen Modeboutiquen und hippen Lifestyle, sondern sind auch Mulitfunktionspaläste mit einem vielfältigen Restaurant- und Entertainment-Angebot, z.B. mit Kinokomplexen und Kinderunterhaltung. Beispielhaft ist dafür Durbans „Gateway Theatre of Shopping" (185.000 m² groß) oder Kapstadts (neben der V&A Waterfront) „Canal Walk" im Viertel Century City. Diese Mall nördlich des Zentrums ist 141.000 m² groß, versammelt 400 Läden und bietet für über eine Million Besucher pro Monat 7000 Parkplätze. Auch die „East Rand Mall" in Gauteng, die „Garden Route Mall" in George u.v.a. stehen da kaum nach. Insgesamt gibt es in Südafrika derzeit über 130 Malls die über 30.000 Quadratmeter groß sind. Das entspricht einer 50%igen Steigerung seit 2009 (Quelle: CSASC, Council of South African Shopping Centres). Der Boom hängt u.a. vielerorts mit dem Niedergang der Innenstadtzentren (CBDs) Südafrikas zusammen, dem „alles-unter-einem-Dach"- Bequemangebot und vor allem wegen der garantierten Sicherheit, die bereits bei den überwachten Parkplätzen beginnt.

Doch unter dem Strich können all diese Prunkzentren Südafrikas, bei nur 50 Millionen Einwohnern, mit mindestens einem Viertel Arbeitslosen unter den Erwerbsfähigen, nicht die Realität im Lande verdecken.

einen solchen Adapter vor ihrem Flug noch im Abflughafen. Eine kleine, leuchtstarke **Taschenlampe** (LED) ist wegen möglicher Stromausfälle und für Unterkünfte/Safaris im Busch unbedingt notwendig.

Events / Veranstaltungskalender

Diverse Südafrika-Homepages bieten Veranstaltungskalender, wie z.B. www.savenues.com/events für jede Provinz. Dort können Sie für Ihren Reisezeitraum vorab nachsehen, wo und welche Festivals oder sonstige Events anstehen. Auch www.computicket.com bietet Daten von Veranstaltungen.

Feiertage

Südafrika hat recht viele Feiertage *(public holidays)*. Sollte einer auf einen Sonntag fallen, so gilt der folgende Montag als Feiertag. Darüber hinaus haben Hindus, Juden und Muslime zusätzlich ihre eigenen.

1. Januar – **New Year's Day, Neujahrstag**

21. März – **Human Rights Day,** Tag der Menschenrechte

Am 21. März 1960 starben beim Sharpeville-Massaker 69 Schwarze, die gegen die Apartheidpolitik protestiert hatten, im Kugelhagel der Polizei.

Karfreitag – **Good Friday**

Ostern – **Easter**

Ostermontag – **Family Day,** Familientag

27. April – **Freedom Day,** Freiheitstag

Am 27. April 1994 fanden Südafrikas erste demokratische Wahlen statt.

1. Mai – **Worker's Day,** internationaler Tag der Arbeit

16. Juni – **Youth Day,** Tag der Jugend

Am 16. Juni 1976 gingen Sowetos Schulkinder auf die Straße um gegen Afrikaans als Unterrichtssprache zu demonstrieren; die Polizei eröffnete das Feuer auf die unbewaffneten Jugendlichen und tötete Dutzende.

9. August – **National Women's Day,** Nationaler Frauentag

24. Sept. – **Heritage Day,** Kultur- und Naturerbetag, die Regierung gibt jedes Jahr ein Thema zu diesem Tag vor, mit *King Shaka's Commemoration Day* zusammenfallend.

16. Dez. – **Day of Reconciliation,** „Tag der Versöhnung" – Vor 1994 war der 16. Dezember der „Tag des Gelöbnisses", Day of the Vow, der an die Schlacht und den Sieg der Buren über die Zulu am Blood River erinnerte. Es war der höchste Feiertag der Buren.

25. Dez. – **Christmas Day,** Weihnachten nahezu alle öffentliche Einrichtungen sind geschlossen

26. Dez. – 2. Weihnachtsfeiertag, **Day of Goodwill,** „Tag des Guten Willens"

Ferienzeiten

Die Schulferien Südafrikas sind touristische Hochsaisonzeiten. Die Termine sind je nach Provinz etwas unterschiedlich:

Sommerferien: Anfang Dezember bis Mitte Januar (etwa 6 Wochen)

Osterferien: vor/ab der Karwoche (ca. 2 Wochen)

Winterferien: Ende Juni bis Mitte Juli (gut 3 Wochen)

Frühjahrsferien: Letzte September- bis erste Oktoberwoche (2 Wochen)

Fotografieren

Grundsätzlich dürfen keine militärischen Anlagen, Gefängnisse oder Polizeistationen fotografiert werden. Fragen Sie Personen, wenn Sie sie fotografieren wollen oder deuten Sie es durch eine entsprechende Geste an. Ungern lassen sich Leute ablichten, die in Armut oder in heruntergekommener Umgebung leben. In den Showdörfern können Sie problemlos fotografieren und filmen. Kapstadt ist übrigens ein Mekka für Mode- und Neuwagen-Fotografie. Wer mehr über Fotografie in Südafrika wissen möchte, kann sich an unsere Kapstadt-Autorin Elke Losskarn wenden, www.elke-losskarn.com.

Geld

s.S. 29, Geld und Kreditkarten

Gepäck- und Checkliste

Nehmen Sie nicht zu viel mit, selbst wenn Sie wochenlang reisen. Das Reisegepäck auf einen Koffer und eine Umhängetasche beschränken, aber im Koffer noch einen leichten Tagesrucksack haben. In Südafrika können Sie alles nachkaufen, fast immer billiger, praktischer und modischer, vor allem Kleidung, Schuhe, Toilettenartikel, Medikamente und Campingartikel. Unterkünfte bieten häufig auch einen Wäsche-Service. Die Kleidung sollte leger sein, fürs abendliche Dinner etwas Formelleres, falls Sie gehobene Restaurants aufsuchen möchten.

Da die Unterschiede zwischen Tag- und Nachttemperaturen in Halbwüsten und zwischen tropischen Küstenregion und Hochlagen, z.B. Drakensberge, beträchtlich sein können, benötigen Sie zusätzlich eine leichte Jacke und einen dünnen Pullover („Zwiebelprinzip"). Bei frühmorgendlichen oder abendlichen Game Drives kann es empfindlich kühl werden, in den offenen Pirschwagen bläst Ihnen der Fahrtwind ins Gesicht. Da ist ein leichter Schal sehr nützlich. Während des südafrikanischen Winters von April bis August benötigen Sie für die Drakensberge richtig warme Unterwäsche.

Des Weiteren Badekleidung, Kopfbedeckung und leichte, bequeme Schuhe und/oder Trekking-Sandalen.

Empfehlenswert sind Kopien von Pass, Flugschein und Notfall-Nummern (Kreditkarten), die getrennt von den Originaldokumenten aufzubewahren sind. Sie können auch alles einscannen und die Dateien an sich selbst mailen oder kostenlos bei www.dropbox.com speichern (auch Ihre Fotos von unterwegs), so dass Sie im Verlustfall alles vor Ort ausdrucken können.

Sonnencreme mit hohem Schutzfaktor (billiger in Südafrika), einen Föhn können Sie in jeder Unterkunft leihen oder ist schon vorhanden. Kleine Reiseapotheke, wichtig ist eine Salbe oder ein Gel gegen Sonnenbrand. Bestücken Sie Ihre elektronischen Geräte mit frischen Batterien oder vollgeladenen Akkus (Reserve), für die Kamera genügend Speichermedien. Evtl. kleines Fernglas zur Tierbeobachtung, ggf. Ersatzbrille und eine kleine, leuchtstarke LED-Taschenlampe.

Führerschein

Für Südafrika gilt der nationale oder Internationale Führerschein, letzterer aber nur gemeinsam mit dem nationalen.

Geschäftszeiten

Ladengeschäfte haben werktags normalerweise von 8 bis 17 und samstags von 8.30 bis 13 Uhr geöffnet. Viele Shopping Malls in den größeren Städten sind abends länger – manchmal bis 21 Uhr – sowie am Sonntagvormittag oder bis 15 Uhr geöffnet. Allgemein variieren die Öffnungszeiten von Provinz zu Provinz und von ländlichen Gebieten zu städtischen Zentren. Bottle Stores sind samstags nur bis 12 Uhr geöffnet und haben sonntags geschlossen.

Gesundheit

Südafrika verfügt über sehr gute Krankenhäuser und ärztliche Einrichtungen. Die hygienischen Verhältnisse sind im touristischen Sektor auf hohem Niveau, das Leitungswasser in Städten und in den meisten Wildschutzgebieten ist bedenkenlos trinkbar. Von Besuchern aus Europa verlangt Südafrika keine Pflichtimpfungen gegen tropische Krankheiten, nur von

Reisenden aus Gelbfieberinfektionsgebieten. Empfehlenswert sind (aufgefrischte) Impfungen gegen Tetanus und Kinderlähmung, ggf. auch gegen Hepatitis A, B und C. Prüfen Sie Ihren Impfpass und konsultieren Sie Ihren Hausarzt bzw. einen reisemedizinisch erfahrenen Arzt oder informieren Sie sich auf einer Website, z.B. auf www.fit-for-travel.de oder dem Zentrum für Reisemedizin, www.crm.de.

Ein paar Ratschläge und Hinweise: Baden im Meer am besten nur an bewachten bzw. an Publikumsstränden. Wegen Bilharziosegefahr nicht in Flüssen und Seen baden. Vorsicht mit südafrikanischen **Zecken,** sehr viele davon sind mit parasitären *Rickettsien* befallen, die nach einem Biss das Zeckenfleckfieber auslösen können. Krankheitsbild sind rotbraune Hautflecken, Fieber, Schweißausbrüche und Mattigkeit. Behandlung mit Breitbandantibiotikum.

Malaria-Risikogebiete sind die tieferen Lagen der Provinzen Limpopo und Mpumalanga (Krügerpark), erhöhtes Risiko in der Regenzeit von September/Oktober bis Mai/Juni. *South African Nationalparks,* www.sanparks.org.za, führt auf www.sanparks.org.za/tourism/malaria/ als Risikogebiete nur Kruger National Park und Mapungubwe National Park auf.

Tragen Sie, um sich vor den Stichen der „Mozzies" zu schützen, vor allem abends, langärmlige Hemden, lange Hosen und Socken. Moskitos lieben Dunkles, die meisten stechen im Bereich der Fußgelenke und Kniekehlen. Unbedeckte Körperstellen mit einem Repellent einreiben oder einsprayen (auch unter den Socken), z.B. mit „Autan", südafrikanische Marken sind „Tabart" und „Peaceful Sleep". In Unterkünften Tür zum Badzimmer geschlossen halten, weil sich dorthin gerne Moskitos zurückziehen. Chemoprophylaxe, Vorbeugung mit Malaria-Medikamenten, nur nach ärztlicher Beratung, die Einnahme der rezeptpflichtigen und teuren Medikamente schützt nicht 100%ig! Nach der Rückkehr aus Risikogebieten und bei unbestimmbaren Krankheitssymptomen den Arzt darauf hinweisen – bis zu einem Jahr danach!

Umfassende Infos über Malaria in Südafrika auf der Seite des Gesundheitsministerium, www.doh.gov.za/diseases.php?type=6, auf www.malaria.org.za und auf http://www.nathnac.org/ds/c_pages/country_page_za.htm, dort auch weitere Krankheitsgefahren im Land. **Aids** bzw. HIV ist, wie überall auf dem afrikanischen Kontinent, in Südafrika weit verbreitet. Etwa 11% der Gesamtbevölkerung sind mit dem Virus infiziert.

Informationsstellen

Touristen-Informationsstellen, identifizierbar am bekannten „i"- Schild, heißen in Südafrika *Tourism Bureau, Tourist-Information, Publicity Association* oder auf Afrikaans *Inligting.* Ein gutes Online-Magazin in informativer Breite ist www.kapexpress.com.

Inlandsflüge

Das innersüdafrikanische Flugnetz ist sehr dicht, alle wichtigen Städte werden mindestens einmal täglich angeflogen. Mehr darüber s.S. 46, „Inlandsflüge".

Internet

Internet-Zugänge sind in Südafrika fast überall vorhanden. In Städten gibt es die üblichen Internet-Cafés oder „Cyber Shops", doch kann man sich auch in Restaurants, Cafés, Shopping Malls oder in Touristenzentren wie in der Waterfront in Kapstadt einloggen („Wi-Fi Hotspot"). Jedes Hotel bietet einen Zugang, immer mehr als W-Lan/Wi-Fi anstatt an einem Computer. In den Unterkünften der Wildschutz-Reservate kann Internet beschränkt sein.

Knigge

Vordrängeln ist nach gutem englischen Brauch verpönt. In Restaurants bekommen Sie einen Tisch zugewiesen oder warten solange an der Bar bis etwas frei wird. „Oben ohne" am Strand ist nicht erlaubt, auch nicht öffentlicher Konsum von Alkohol. Toiletten findet man in Einkaufszentren, Raststätten und Tankstellen.

Kreditkarten

s. „Geld und Kreditkarten"

Landkarten

Straßen- und touristische Karten von Südafrika und seinen Provinzen bekommen Sie in Südafrika bei Tankstellen, Buchhandlungen, Touristenbüros und in den Shops der Park-Unterkünfte. Ein sehr großes Sortiment an Südafrika-, Provinz- und Regionenkarten hat Map Studio, www.mapstudio.co.za. Auch der südafrikanische Automobil-Club AA gibt gute Karten heraus. Für die Reisevorbereitung: Karte „Südafrika" von Reise Know-How (World Mapping Project, 1:1,7 Mio.). Die besten detailgenauen Karten von verschiedenen Gebieten Südafrikas, vornehmlich im Western und Eastern Cape, macht *Slingsby Maps*. Sortiment und Beispiele auf www.slingsbymaps.com, in D erhältlich bei www.namibiana.de.

Maßeinheiten

Südafrika misst nach dem metrischen System, nicht nach englischen Maßeinheiten. Temperaturen werden in Celsius-Graden angegeben.

Mehrwertsteuer / VAT return

Die Mehrwertsteuer VAT, *Value Added Tax*, beträgt in Südafrika derzeit 14 Prozent. Die TOMSA ist eine sog. *Tourist Levy*, eine 1%ige Abgabe bei Übernachtungen, und manchmal ist zusätzlich eine *Community Levy* zu zahlen.

Ausländische Touristen haben bei Ausfuhr von Waren Anspruch auf Rückerstattung der Mehrwertsteuer. Doch nur für bewegliche Waren, die auch wirklich ausgeführt werden und nicht in Südafrika konsumiert wurden; Rechnungen von Hotels, Mietwagen oder Restaurants gelten nicht. Bitten Sie beim Kauf einer Ware um eine steuerlich korrekte Rechnung. Auf ihr muss „Tax Invoice" stehen, Name und Adresse des Ladens oder Verkäufers mit dessen zehnstelliger VAT-Registrierungsnummer (beginnt mit einer „4"), Rechnungsnummer, Kaufdatum, Artikelbeschreibung und der Kaufpreis zuzüglich des Mehrwertsteuerbetrags. Bei einem Warenwert über 1000 Rand müssen Name und Adresse des Käufers auf der Rechnung stehen. Der Höchstbetrag liegt bei R3000, in Ausnahmefällen unter Vorlage des VAT-Formulars VAT 263 ist eine Erstattung bis R10.000 möglich. Vor dem Einchecken am Flughafen geht man mit seinen Waren und den Rechnungen – und mit viel Zeit – zum ausgeschilderten VAT- bzw. Tax Refund Office, wo nach einer Warenkontrolle die Mehrwertsteuer nach Abzug einer Gebühr erstattet wird. Bargeld gibt keines, nur Schecks, und über 3000 Rand kann die Summe auch auf einer VISA-Karte gutgeschrieben werden. VAT-Büros gibt es an den internationalen Flughäfen in Durban, Johannesburg und Kapstadt. Alles detailliert nachzulesen auf www.taxrefunds.co.za.

Mietwagen

s.S. 25, „Vermietfirmen"

Notruf-Telefonnummern

Die Polizei (SA-Police) erreicht man in den Städten unter der Notrufnummer 10111 (nur von Festnetz-Telefonen! Mit dem Handy: 112 und 082-911). Ambulance: 082-911-10177. AA-Pannendienst: 0800-10101.

Post

Briefe und Ansichtskarten per Luftpost nach Europa brauchen zwischen 5 und 7 Tagen. Eine Urlaubspostkarte Air Mail nach Europa kostet R5,40, ein Brief ab R6,30. Die Schalterstunden der Post sind Mo–Fr 8.30–16.30 Uhr und Sa 8–12 Uhr. Beim Briefverkehr nach/in Südafrika immer die Post Office Box, P.O.Box, angeben (sofern vorhanden), nicht die Straßenadresse des Empfängers. Von Postämtern kann man außerdem Faxe versenden. Wertbriefe und -pakete über PostNet senden, Filialen in allen größeren Orten, Infos auf www.postnet.co.za.

Rauchen

ist in öffentlichen Räumen in Südafrika verboten. Manche Restaurants haben Raucherzimmer.

Sicherheit

Es lebt sich als Staatsbürger nicht ungefährlich im Land am Kap, die hohen „Crime rates" beunruhigen alle, gleich welcher Hautfarbe. Das Geschäft mit der Sicherheit blüht, „my home is my castle" ist in Südafrika nicht nur ein Sprichwort, fast jedes Anweisen ist drapiert mit Elektrozäunen und „Armed Response"-Schildern. Doch wenn man als Tourist ein paar elementare Sicherheits- und die südafrikanische Grundregeln des täglichen Lebens beachtet, wir Ihnen nichts passieren.

Wichtig ist eine nüchterne Mischung aus Vorsicht, Aufmerksamkeit und vorausschauendem Verhalten, vor allem in den ersten Reisetagen. Gepäck niemals unbeaufsichtigt stehen lassen. Großstädte und ihre Einzugsgebiete sind gefährlicher als ländliche Gebiete. Meiden Sie Innenstädte nach Geschäftsschluss. Treten Sie nicht provozierend als „Reicher" auf, tragen Sie keinen Schmuck, teure Uhren und einen prall gefüllten Geldbeutel spazieren. Die Kamera in eine unauffällige Plastiktasche stecken. Bei einem Überfall sich nicht wehren, einige Randnoten separat vorhalten und aushändigen. Wertsachen und Papiere gehören in den Hotelsafe bzw. in die *safety deposit box* im Zimmer. Vorab Kopien aller Dokumente und der Kreditkarten machen und sie separat mitführen, zusammen mit den Kreditkarten-Sperrnummern. Legen Sie sich für die Dauer Ihrer Reise ein Mobiltelefon zu (s. „Funktelefon / Handy") und kennen sie die Notruf-Nummern (s.o., „Notruf-Telefonnummern").

Machen Sie Problemviertel- bzw. Township-Besuche nur organisiert oder mit lizenzierter Führung. Fragen Sie bei der Hotelrezeption nach, ob es sicher ist zu Fuß wegzugehen und wohin besser nicht. Vermeiden Sie unnötige, lange Fußwege durch die Straßen, nehmen Sie lieber ein Taxi, für den nächtlichen Nachhauseweg ist das zwingend (zuvor bestellte). Vorsicht vor Taschendieben auf Märkten. Sicherheitstipps mit einem Wagen s.S. 26, „Sicherheit, Verkehr und Straßen".

Souvenirs

Typische Souvenirs aus Südafrika sind filigrane Perlenarbeiten bzw. -stickereien (beadwork), bedruckte Stoffe als Tischdecken mit afrikanischen Motiven und kräftigen Farben, Holzschnitzereien, geflochtene Körbe, handgearbeitete Kunstgegenstände oder Skulpturen aus Speckstein. Günstiger auf Märkten und entlang der Straßen oder direkt bei den herstellenden Künstlern als in „Curio Shops". Gute Kaufstellen sind die Shops von Museen. Wein, Rooibos-Tee oder getrocknete schöne Proteen können Sie auch noch vor dem Abflug auf dem Airport in Johannesburg oder Kapstadt kaufen.

Etwas Besonderes ist die aus Draht und allerlei Blechabfällen gefertigte sogenannte „Township-", „Recycling-" oder „Wire Art", kunstvolle Nachbildungen und fantasiereiche Kreationen in Form von Mini-Autos, Kofferradios, Tieren, Flugzeugen, Baobabs etc. Diese spezielle südafrikanische Drahtkunst hat ihren Hauptursprung im ländlichen, nordöstlichen KwaZulu-Natal, als dort Hütejungen begannen, in Ermangelung von Spielzeug sich aus Abfällen ihr eigenes zu basteln. Einen Eindruck und Überblick über diese Schöpfungen bekommen Sie auf www.streetwires.co.za, in Deutschland vertrieben in Fair Trade Shops, z.B. auf www.contigo.de, bei www.mamaafrika.de u.a.

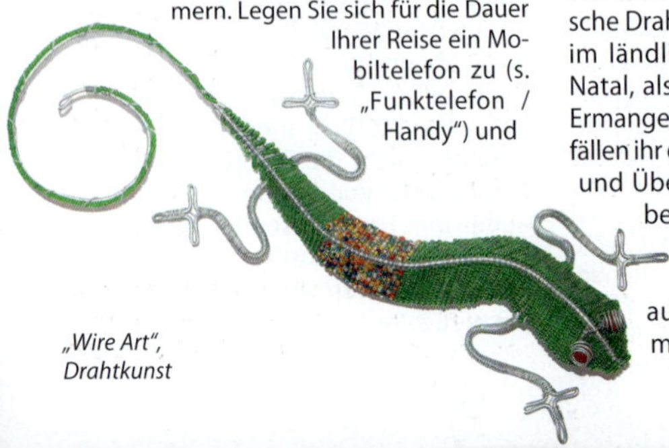

„Wire Art", Drahtkunst

Zulu-Püppchen

Sprache

Englisch, Afrikaans sowie die Sprachen der größten schwarzen Ethnien, nämlich der Zulu, Xhosa, Swazi, Ndebele, Pedi, Tswana, Sotho, Venda und Tsonga sind elf gleichberechtigte Amtssprachen in Südafrika. Englisch ist erste und touristische Landessprache, meistgesprochen ist *isiZulu,* da die Zulu den höchsten Bevölkerungsanteil in Südafrika stellen. Zum Erlernen südafrikanischer Sprachen gibt es die Reise Know-How Kauderwelsch-Sprechführer „Xhosa", „Afrikaans" und „Zulu", auch als Version „3 in einem".

Taxis

Taxis fahren nicht auf „Kundenfang" durch die Straßen, man muss ein Taxi-Unternehmen anrufen oder in Innenstädten zu einem „Taxi Rank" (Taxistand) gehen. Kontrollieren Sie, dass der Taxameter auf Null steht oder vereinbaren Sie im Voraus einen Festpreis. „Minibus-Taxis" sind keine Taxis im eigentlichen Sinn, sondern Sammeltaxis. Sie bilden faktisch den öffentlichen Nahverkehr für die Massen. Deren Fahrer gelten als Straßenrowdys.

Township

In der Zeit der Rassentrennung von den Apartheidsplanern in gehörigem Abstand zu weißen Städten und Orten erbaute Schwarzensiedlungen. Heute noch existent, meist mit kleinen Einheitshäuschen. Größtes Township Südafrikas war das millionengroße Soweto bei Johannesburg. Township-Touren informieren Touristen über die Lebensumstände dort.

Trinkgeld

„Tips" sind in Südafrika üblich. In Restaurants gibt man 10% des Rechnungsbetrags, da die Bedienungen nur einen geringen Grundlohn bekommen. Taxifahrer bekommen gleichfalls einen Tip, ebenso Ranger nach einer Safari. Gepäckträgern im Hotel und am Flughafen gibt man ein paar Rand pro Gepäckstück.

Versicherungen

Am Wichtigsten ist eine Auslands-Krankenversicherung, sofern Sie nicht privatversichert sind. Formulare gibt es bei Reisebüros, Banken und Sparkassen. Oder Sie informieren sich im Web, z.B. bei www.elvia.de, www.huk24.de, www.signal-iduna.de u.a. Für Ältere ab 65 oder 70 Jahre gibt es meist spezielle Tarife.

Zeitungen/Zeitschriften

Südafrika besitzt eine große Presselandschaft mit landesweit über 20 Tages- und 13 Wochenzeitungen, die allermeisten in Englisch. Internationale Zeitschriften und Magazine gibt es z.B. bei CNA, die überall im Land Filialen haben. Bei den südafrikanischen Reise- und Naturmagazinen ist Getaway führend, www.getaway.co.za, für KwaZulu-Natal www.wildsidesa.co.za.

Zeitunterschied

Der Vorteil einer Reise nach Südafrika ist die gleiche Uhrzeit während unserer Sommerzeit von Anfang April bis Ende

Oktober – daher kein Jetlag! In der übrigen Zeit des Jahres ist uns Südafrika eine Stunde voraus (MEZ+1h).

Zollbestimmungen

Zollfrei dürfen nach Südafrika eingeführt werden:

- 1 l Spirituosen
- 2 l Wein
- 400 Zigaretten
- 50 Zigarren
- 250 g Tabak
- 250 ml Eau de Toilette und 50 ml Parfüm
- Außerdem Geschenke im Wert von 500 Rand und alle Dinge zum persönlichen Ge- oder Verbrauch während Ihrer Reise.

Rückkehr nach Deutschland bzw. in die EU:

- 200 Zigaretten oder 100 Zigarillos oder 50 Zigarren oder 250 g Rauchtabak.
- 1 Liter Spirituosen mit einem Alkoholgehalt von mehr als 22 Volumenprozent oder 2 Liter Spirituosen mit weniger als 22 Volumenprozent. 2 Liter Schaumweine oder Likörweine und 2 Liter Wein.
- 500 g Kaffee,
- 50 ml Parfüm und 0,25 Liter Eau de Toilette.
- Andere Waren für Flug- und Seereisende bis zu einem Warenwert von insgesamt 430 EUR.

Alle Details auf www.zoll.de.

Der Zoll überwacht im Reiseverkehr die Ein- und Ausfuhr von geschützten Tieren und Pflanzen nach den Bestimmungen des Washingtoner Artenschutzübereinkommens. Kaufen Sie also keine Souvenirs, Schmuck oder Gegenstände aus Tierprodukten wie Elfenbein, Schildpatt, Vogelfedern, Krokodil- und Schlangenleder, Korallen u.a. mehr. Die genaue Liste für Südafrika finden Sie auf www.artenschutz-online.de.

Bitte schreiben oder mailen Sie (verlag@rkh-reisefuehrer.de), wenn sich in Südafrika Dinge verändert haben oder Sie Neues wissen. Wir beantworten jede Zuschrift. Danke!

TEIL II
LAND & LEUTE

TEIL II: Land & Leute

Unterwegs in Südafrika

Inlandsflüge

Innerhalb Südafrikas hat South African Airways (SAA) das dichteste Streckennetz. Von Johannesburg erreicht man alle wichtigen Städte, nach Kapstadt gehen allein täglich 20 Flüge, nach Port Elizabeth sieben. Partner-Airlines bzw. Tochterunternehmen von SAA sind *South African Express* (www.flyexpress .aero), *South African Airlink* (www.flyairlink.com) und der Billigflieger *Mango,* www.flymango.com. Eine weitere Low-cost-Airline ist *Kulula.com,* die zwischen Durban, Johannesburgs OR Tambo International Airport, Cape Town, George, Port Elizabeth, East London und Nelspruit fliegt. Callcentre Tel. 0861-585852 bzw. 0861-KULULA. Buchung von außerhalb Südafrikas: +27-11-9210111, info@kulula, www.kulula.com. Preisvergleiche zwischen den Airlines und Online Booking Services z.B. bei www.travel-start.co.za.

Um günstig in Südafrikas Nachbarstaaten zu fliegen ist der *South African Explorer Airpass* sehr empfehlenswert. Er kann kann nur außerhalb Südafrikas erworben werden.

Bahnverkehr

Südafrikas öffentlicher Bahnverkehr entspricht nicht europäischen Reisestandards. Eine Ausnahme ist der **„Shosholoza Meyl“,** ein regulärer Zug der „kleinen Leute“, der den Namen des sehr populären südafrikanischen Arbeiterlieds Shosholoza trägt (s.S. 89; „imeyili“ meint historisch-umgangssprachlich „Fernzug“). Der Zug pendelt in 14 Stunden zwischen Johannesburg und Kapstadt über Kimberley. Außerdem Johannesburg – Durban und Johannesburg – Port Elizabeth. Die „Tourist Class“ bietet Schlafcoupés und Dining Car.

Fahrplan, Ticketpreise und Infos auf www.southafricanrailways.co.za und www.shosholozameyl.co.za. Auskunft auch unter der zentralen Tel.-Nr. 086-0008888. Eine Buchung über ein Fachreisebüro ist zu empfehlen, da eine direkte Buchung über die Webseite oft nicht funktioniert.

Nostalgische Luxuszüge

Berühmt sind die privat betriebenen touristische Luxuszüge mit Bordübernachtungen *Blue Train, Rovos Train* und *Shongololo Express.* Letzterer ist ein Trans-Afrika-Zug durch die 7 Länder Südafrika, Swaziland, Mozambique, Zimbabwe, Botswana, Zambia und Namibia. Infos auf www.shongololo.com.

Die stilvoll-historischen Waggons des **Rovos Train,** der zwischen Pretoria und Kapstadt pendelt (Stopps in Kimberley und Matjiesfontein), werden von einer Dampflok gezogen. Weitere Routen nach Durban, Port Elizabeth, Swaziland, Victoria Falls, Tanzania, Namibia/Swakopmund u.a. Destinationen s. www.rovos.com.

Der bekannteste Zug Südafrikas, der **Blue Train** (www.bluetrain.co.za), ist ein 5-Sterne-Hotel auf Schienen zwischen

Pretoria und Kapstadt. Wechselnde Abfahrtszeiten, Reisedauer 27 Stunden, Preise ab ca. 1500 Euro p.P. einfach, je nach Saison und Suite, inklusive aller Mahlzeiten und Drinks.

Fernbusse

Die drei größten Fernbus-Linien Südafrikas mit Verbindungen zwischen Großstädten und touristischen Hauptzentren Südafrikas sind *Translux Express* (www.translux.co.za), *Greyhound* (www.greyhound.co.za) und *Intercape* (www.intercape.co.za). Fahrpläne und online-Buchungen auf den genannten Homepages. Tickets auch bei www.computicket.com.

Beliebt bei flexiblen Budget-Reisenden sind die preiswerten BAZ-Kleinbusse mit Direktverbindungen von Hostel zu Hostel. Alles darüber auf www.bazbus.com.

Unterkünfte

Wie man sich bettet …

In ganz Südafrika kann der Tourist aus einer großen Vielfalt an Unterkünften wählen. Sowohl Rucksackreisende, „Normalos“ wie auch Luxusverwöhnte finden Entsprechendes. Die Touristen-Informationen können immer weiterhelfen, rufen für Sie an und buchen vor. In Hochsaison- oder in Schulferienzeiten ist ein Anruf immer ratsam.

Was es in Südafrika nicht alles gibt: *Lodges, Bush Camps, Country Guest Houses, Luxury Safari Lodges, Bed & Breakfast (B&B), Cottages, Motels, Inns, Traditional Huts, Rondavels* etc. Budget-Reisende nächtigen gerne in *Youth-* und *Backpacker Hostels, Self Catering Establishments, Campsites, Caravan Parks, Cave-* und *Trail Huts* etc. Es gibt in Südafrika keine rechtsverbindliche oder einheitliche Firmierung von Unterkünften. So führen z.B. nicht wenige Backpacker den Zusatz „Lodge“.

Grande Roche Hotel in Paarl

Typisches Zweibettzimmer mit Bad „en suite"

Saisonzeiten / Geld sparen

Meist erhöhen oder vermindern sich die Unterkunftspreise im Ablauf eines Jahres. Manchmal gibt es auch nur einen „all year round-Tarif".

Winter Season: 1. Mai – 31. August bzw. 15./30. September

(Manche Unterkünfte haben noch einen Preis für September/Oktober = Zwischensaison, bevor dann ab 1. November meistens die neuen, sprich höheren Preise in Kraft treten).

Summer Season: 1. Nov. – 30. April

Peak Season: 20. Dez. – 5. Januar

Off season, Low season: Nebensaison

In der Nebensaison und auch unter der Woche („midweek specials") sind bei Bed& Breakfasts und anderen eigentümergeführten Unterkünften oft erhebliche Rabatte erhältlich, gerade bei einer ad-hoc-Buchung. Am besten munter nachfragen: „Do you have specials" oder „What is your best price for the room?" Für die Besitzer ist es allemal besser, irgendwen zu bekommen, als die Zimmer leerstehen zu lassen. 30–50%ige Ermäßigungen oder Spezialangebote mit Dinner für zwei sind in reiseschwächeren Zeiten keine Seltenheit. Ob es Sonder- bzw. Aktionspreise gibt („Special offers"), erfahren Sie auf den Webseiten der Unterkünfte.

Begriffe

Der Zimmerzusatz **„en suite"** hat nichts mit einer (Hotel-)Suite oder Zimmerflucht zu tun, sondern ist ein Zimmer mit direkt angeschlossenem Bad, Dusche und WC – eigentlich eine Selbstverständlichkeit. Das Gegenstück wäre ein Gemeinschaftsbad, *communal facilities*. „Half board" ist Halbpension, „full board" Vollpension. Bei Unterkünften mit *Self Catering* **(SC)** sorgt der Gast bezüglich Essen für sich selbst, bringt seine Verpflegung mit (s.u.).

Allgemein sind die Standards des südafrikanischen Beherbergungswesens hoch bis sehr hoch. Was sehr angenehm ist: In den Zimmern steht fast immer ein Tablett mit Teebeuteln, Pulverkaffee, Milch/Zucker und ein Wasserkocher zur Benutzung bereit (wenn nicht, ist meist eine Gästeküche vorhanden).

Oft ist ein kleiner Kühlschrank im Zimmer oder an zentraler Stelle zur Gemeinschaftsnutzung.

Tipps

Es ist durchaus üblich, Zimmer und Bad vor dem Einchecken anzuschauen. Achten Sie darauf, ob es auch eine Dusche gibt anstatt der meist üblichen Badewanne. Oft ist auch die Dusche in die Badewanne integriert („shower over bath"). Betten: Manchmal kann man wählen zwischen einem *Twin Room* (Zimmer mit zwei Einzelbetten) und einem *Double Room* mit einem überbreiten Doppelbett. Halten Sie nachts immer eine Taschenlampe bereit, es kommt in Südafrika des Öfteren zu Stromausfällen. Generell ist es in oberen Stockwerken – sofern vorhanden – ruhiger. Das schönste Zimmer ist ein *Honeymoon Room* bzw. die *Honeymoon Suite* – wobei mann/frau zum Einzug aber nicht unbedingt Flitterwöchner sein müssen.

Rating nach TGCSA-Sternen

Das Tourism Grading Council of South Africa (TGCSA, www.tourismgrading.co.za) ist eine regierungsamtliche Stelle, die die Qualität einer Unterkunft durch die Vergabe von 1 bis 5 Sternen indiziert. Dieses Council bewertet nach einem eigenen Kriterienkatalog und prüft in Abständen nach, ob der Standard eingehalten wird. Diese (bunten) TGCSA-Sterne bekommen auf Antrag nicht nur Hotels verliehen, sondern auch Lodges, Bed& Breakfasts, Self Catering-Unterkünfte, Camping-/Caravanparks und sogar Backpacker-Hostels. Ziehen Sie aber jedesmal einen Stern ab, dann erleben Sie bestimmt keine Enttäuschung. Es gibt aber auch Unterkünfte, die keinen Stern aufweisen und trotzdem – da persönlich geführt – tadellos sind!

Unterkünfte hier im Buch

Der Auswahl der Unterkünfte in diesem Buch liegen meist unsere eigenen Erfahrungen und die von anderen Reisenden zugrunde oder es sind altbewährte Adressen. Wenn Sie mal mit einem Haus nicht zufrieden waren oder was tolles Neues entdeckt haben – lassen Sie es uns wissen. Die Unterkünfte sind aufsteigend nach Preisen geordnet, beginnend mit Campingplätzen.

Preisangaben: Die Preise für eine Übernachtung (Ü) sind in diesem Buch überwiegend für ein Doppelzimmer (DZ) für zwei Personen angegeben. Ist das Frühstück (F) mit im Preis inbegriffen, was die Regel ist, lautet das Kürzel DZ/F (für zwei Personen) oder für eine Person Ü/F p.P. In Südafrika wird der Preis für ein Zimmer meist für eine (pp) von zwei Personen im Doppelzimmer für eine Nacht (pn) angegeben, also „pppn sharing". Das Kürzel „DBB" heißt in Südafrika „Dinner, Bed & Breakfast", hier im Buch verwenden wir dafür „Dinner+Ü/F".

Alle Preise **gelten durchweg für die Hauptsaison** von Oktober/November bis April. Auf der Website einer Unterkunft können Sie den tagesaktuellen Preis erfahren, meist über ein elektronisches Buchungssystem. Manchmal soll man zuerst eine Anfrage-Mail senden.

Unterkünfte im Internet suchen

Unterkünfte können Sie auf zahlreichen Südafrika-Webseiten finden. Die Resultate werden mit Fotos, Preisen und dem Sterne-Ranking der TGCSA vorgestellt. Hier eine Auswahl überregionaler, geordnet nach Anfangsbuchstaben. Weitere regionale finden Sie beim Beginn der Reiserouten 1–9.

www.booktravel.travel (Automobil-Club AA)
www.accommodationsa.co.za
www.backpack.co.za
www.bnb.co.za (Bed&Breakfast
www.booknowsa.com
www.btsa.co.za (Backpacking)
www.farmstay.co.za
www.exclusivegetaways.co.za
www.greenwoodguides.com (upmarket)
www.ghasa.co.za
www.hostelworld.com
www.hotels.co.za
www.safarinow.com

www.sa-venues.com
www.suedafrikaurlaub.net (dt. Unterkünfte)
http://seastay.yolasite.com
(Unterkünfte an Küsten)
www.sleeping-out.co.za
www.wheretostay.co.za

Sowie die Seite von Reise Know-How, www.suedafrikaperfekt.de, auch als Buch „Übernachtungsführer Südafrika" erhältlich, der einzige in deutscher Sprache. Gelistet und beschrieben mit Preiskategorien, Infos und Fotos sind darin rund 400 Bed&Breakfasts, Guesthouses, Lodges, Hotels, Self Catering-Unterkünfte etc., ergänzt mit einem Weingüterführer fürs Kap und empfehlenswerten Restaurants im Lande.

Unterkunftsarten

Bed & Breakfast

Diese alteingeführte, ursprünglich typisch britische Institution, übernachten in Privathäusern in netter, persönlicher Atmosphäre, ist für das Reisen durch Südafrika ideal, wobei im Preis immer ein zumeist warmes Frühstück enthalten ist, ein hauseigenes Restaurant gibt es jedoch nicht. Man findet B&Bs im ganzen Land, im Dorf, in der Stadt und mitten in der Wildnis. Dadurch können Sie Ihre Reise sehr flexibel gestalten. Es sind keinesfalls ausschließlich „Tante-Emma-Unterkünfte", sondern es gibt sie auch in exzellenter Qualität und entsprechend hochpreisig. Außerdem können Sie von den oft sehr entgegenkommenden Gastgebern persönliche Tipps über die nähere Umgebung und sonstige Informationen bekommen. Meist nur wenige Zimmer, deshalb sind B&Bs, vor allem in der Saison, oft schnell ausgebucht. In Ermangelung einer Kreditkarten-Maschine erfolgt die Bezahlung meist in bar. Die Besitzer haben sich zu lokalen oder zu größeren Verbänden mit gemeinsamem Internet-Auftritt zusammengeschlossen.

Self Catering (SC)

Self Catering Accommodation oder *Self Catering Unit* ist ein Begriff, der nichts über die Kategorie der Unterkunft aussagt, sondern nur darüber, dass es sich

Ländliches B&B („Retreat at Groenfontein" bei Calitzdorp)

um übernachten auf der Basis von Selbstversorgung handelt. Das kann ein ganzes Haus oder eine Ferienwohnung sein, ein Apartment, Chalet, Cottage, Bungalow, Rondavel, Zeltunterkunft. In der Stadt, in Ferienresorts, in National- oder anderen Naturparks oder auf einer Farm. Also die richtige Übernachtungsart für diejenigen, denen günstige Preise, Unabhängigkeit und Privatheit wichtig sind. Generell kann man davon ausgehen, dass eine komplett eingerichtete Küche mit Herd, Kochgeschirr, Besteck und Töpfen vorhanden ist. Bettwäsche sollte auch gestellt sein.

Hotels, Pensionen, Lodges

Mittelklassehotels bieten manchmal unterschiedliche Zimmerqualitäten an, außer *standard* ab und zu auch *de luxe*. Manchmal werden Zimmer mit einer extra Sitzgruppe als *suite* bezeichnet, ohne über eine zusätzliche Lounge zu verfügen. Beim Preis muss man immer auch die enthaltenen Leistungen berücksichtigen. Des Öfteren sind nämlich, vor allem bei Tierpark-Lodges, freie Pirschfahrten, geführte Wanderungen und Frühstück/Abendessen inklusive bzw. es geht gar nicht anders, weil man in der Wildnis ist.

Hotelketten

Südafrikas größte Hotelkette heißt *Protea*. Protea-Hotels haben meist 3–5 Sterne, darunter gibt es sehr schöne Landhotels. Auf www.proteahotels.com können Sie alle ansehen, es werden ständig „Special offers" angeboten. *Tsogo Sun*, www.tsogosunhotels.com, und *City Lodge*, www.citylodge.co.za, sind gleichfalls landesweite upmarket-Ketten mit Hotels in vielen Städten, während die Hotels von *Formula 1* (gehört zu www.tsogosunhotels.com) und *Road Lodges* (gehört als Budget-Variante zu City Lodge) das Konzept haben: gute, günstige Zimmer mit geringem Service.

Guest House / Country House

Ein Guest House ist eine Art (umgebaute) Privatpension, wobei das Frühstück häufig nicht im Zimmerpreis enthalten ist. In die *Guest House Association of Southern Africa* (GHASA) werden nur Häuser mit hohem Standard aufgenommen. Im Gegensatz zu einem B&B muss das Frühstück nicht im Übernachtungspreis enthalten sein. muss sich jemand hauptberuflich dem Wohl der Gäste widmen. Ein Country House ist ein größeres Gästehaus in schöner ländlicher Umgebung, oft in Nähe eines Nature Reserves.

Backpacker Hostels

Backpacker Hostels, kurz *Backpackers* genannt, haben sich längst vom muffigen Jugendherbergs-Ambiente verabschiedet und sind heute auch in Südafrika die beste Option, um preiswert Land und Leute kennenzulernen. Sie

Backpacker Hostel in Kapstadt

bieten günstige Übernachtung in Mehrbett- oder Doppelzimmern mit *communal facilities,* eine Küche zur Selbstversorgung, meist Transfer-Service vom Bus oder Airport und sind größtenteils an das Streckennetz der *Baz-Busse* angeschlossen. Sie haben sich zu regionalen oder zu landesweiten Verbänden mit gemeinsamem Internet-Auftritt zusammengeschlossen.

Camping- & Caravan-Plätze

Generell ist zu unterscheiden zwischen öffentlichen – *public/community/municipal* – und privaten Campgrounds. Die privaten sind fast immer in einem besseren Zustand als öffentliche bzw. städtische, wobei letztere manchmal sogar kostenlos benutzt werden können. Generell ist es bei kommunalen Campgrounds schwierig, wenn man außerhalb der offiziellen Öffnungszeiten ankommt, und das kann auf manchen bereits um 14 Uhr sein!

Aus Sicherheitsgründen sollte man nur auf bewachten bzw. privaten Campingplätzen nächtigen, und auch nicht „wild", was in Südafrika verboten ist! Auf vielen Campgrounds gibt es außerdem die Möglichkeit, ein *Chalet* zu mieten. Hierbei ist das Mitführen eines eigenen Schlafsacks empfehlenswert, denn die Betten sind oft nur sehr dürftig ausgestattet, die Südafrikaner bringen alles selbst mit. Die Übernachtungspreise sind moderat, doch in der Hauptsaison können sie sich verdoppeln oder verdreifachen. Ein gedruckter Camping & Caravan-Führer ist „The Camp & Live Guide", der über 1450 Caravan- und Camping Resorts von „basic" bis „5-Stars" im südlichen Afrika listet. Einsehbar und bestellbar auf der Seite www.caravanparks.com, wo man online Plätze findet. Auch die übersichtlichere Seite www.trekkersclub.co.za bietet Resorts und Plätze.

Unterkünfte in National- und Provincial Parks, Nature- und Game Reserves

Unterkünfte in Südafrikas National- und Wildschutzgebieten, die unter Aufsicht von **South African National Parks** stehen (insgesamt derzeit 19 Parks), reserviert und bucht man über deren Homepage **www.sanparks.co.za,** also auch z.B. den Krüger-Nationalpark. Nationalparks heißen im (eigenwilligen) KwaZulu-Natal **Provincal Parks** und verwaltet werden sie von **Ezemvelo KZN Wildlife**. Ezemvelo organisiert alle touristischen Angebote in den Parks und Reservaten KwaZulu-Natals und man reserviert über die Homepage **www.kznwildlife.com.** Mehr über South African National Parks und Ezemvelo KZN Wildlife s.S. 91.

Die Wild- und viele Naturschutzgebiete Südafrikas verfügen über schön angelegte *Restcamps,* in denen in *Rondavels, Bungalows, Safarizelten* oder *Huts* übernachtet werden kann. Dabei sind die englischen Definitionen manchmal etwas verwirrend: So kann ein „Camp" zum einen ein Übernachtungsplatz sein, bestückt mit Zelten (Biwak), aber auch bestehend aus einer Anzahl von Bungalows, Rondavels, Chalets, Huts oder Cottages. Ein solches Camp mit festen Bauten wird dann als „Hutted Camp" bezeichnet – zur Unterscheidung von einem Campground (Zeltplatz), wo man auf ausgewiesenen Campsites sein eigenes Zelt aufbaut oder in seinem Wohnmobil, Campervan oder Caravan übernachtet. *Bush Camps* liegen abgeschieden irgendwo in der Wildnis, weg von den formalen Rest Camps.

Self Catering ist, wie erwähnt, Selbst- bzw. Eigenversorgung mit mitgebrachten Lebensmitteln. Bei *Non-self-catering Units* nimmt man die Mahlzeiten im Restaurant des Camps ein. *En-suite*

Außergewöhnlich: Camp Didima, Cathedral Peak, Drakensberge

meint ein Zimmer/eine Unit mit eigenem bzw. angeschlossenem Bad. Im Krüger- und Addo-Elephant Park erledigt das Zimmermädchen in Self Catering-Unterkünften den normalen Abwasch, ein kleines Trinkgeld dazugelegt wird gerne genommen.

Bungalow
festes Haus mit mehreren Betten in ein oder zwei Schlafräumen mit einem Bad und Aufenthaltsraum. Bettwäsche, Kühlschrank, Geschirr und Besteck und manchmal Elektroplatte sind vorhanden bzw. stehen zur Verfügung.

Chalet
Chalets sind separate Häuschen mit oft traditionellem Rieddach, meist in einem Naturreservat (oder zu einem B&B oder Guest House gehörend) mit ein bis mehreren Schlafzimmern *(family chalets),* Lounge/Esszimmer, Bad und vollausgestatteter kleiner Küche. Bettwäsche ist vorhanden. Gäste kochen/versorgen sich selbst und erledigen den Abwasch. Mit allgemeinem Service.

Cabins
Cabins sind vollausgestattete Übernachtungshütten mit einem oder mehreren Schlafräumen, Kitchenette, Bad und Aufenthaltsraum. *Dormitory cabins* haben Stockbetten für bis zu 20 Personen. Bettwäsche wird jeweils gestellt. Die Gäste versorgen sich selbst.

Log Cabins
Log cabins sind eine Art Blockhäuser mit gewöhnlich zwei oder drei Schlafräumen mit 5 oder 8 Betten oder Stockbetten. Mit Bad, Aufenthaltsraum, komplett eingerichteter Küche. Bettwäsche wird gestellt. Gäste kochen/versorgen sich selbst und erledigen den Abwasch. Mit allgemeinem Service.

Cottage
Ein Cottage ist ein alleinstehendes Häuschen mit 1–3 Schlafzimmern für bis zu 6 Personen *(family cottage),* Bad, Lounge/Essraum und einer komplett eingerichteten Küche mit Kühlschrank. Bettwäsche und Handtücher werden gestellt. B&Bs oder Guest Houses haben oft noch ein *Garden-Cottage.*

Rustic Cottages
Rustic cottages sind, wie der Name sagt, die rustikalere Version der Cottages. Gäste bringen Bettzeug und Handtücher selbst mit. Unterschiedliche Anzahl von Schlafräumen und Betten, Bad, eingerichtete Küche mit Kühlschrank. Selbstversorgung. In manchen Rustic cottages in den Drakensbergen gibt es keinen Strom, aber zur Beleuchtung Gaslampen.

Guest Houses
Sie liegen meist an schönsten Stellen eines Parks, sind komplett mit allem eingerichtet und haben mehrere Schlafzimmer. Für eine Mehrpersonengruppe oder größere Familie.

Rondavels
Rondavels, die bekannten afrikanischen Rundhütten mit ihren riedgras- oder palmblatt-

gedeckten Kegeldächern sind die meistverbreiteten *Rest huts* (mit rechteckigem Grundriss heißen sie übrigens Squaredavels). Sie haben nur einen runden Raum mit 1–4 Betten mit Bettwäsche, Kühlschrank, Geschirr und Besteck. Versorgung in Gemeinschaftsküche *(communal kitchen)*, Sanitäranlagen gleichfalls gemeinsam. Luxuriöse Rondavels haben Privatbad, Kitchenette und Kühlschrank.

Rustic Huts

Sind rustikale 4- oder 8-Bett-Hütten mit Geschirr, Besteck und Kochutensilien. Handtücher und Bettzeug werden nicht gestellt. Kein Herd, kein Kühlschrank. Gekocht wird vor der Hütte auf offenen Feuerstellen.

Mountain- oder Trail Huts

Bergwanderer-Hütten mit 4, 8 oder 15 (Stock-) Betten. Einzelbelegung nicht möglich. Nur einfache Toilette, Gaskocher und kaltes Wasser. Selbstversorgung.

Lodges

Lodges in freier Natur sind meist afrikanisch-stilvoll eingerichtet und bieten ein Aktivitätenprogramm, wie Game Drives, geführte Wanderungen mit Rangern u.a. Es gibt auch rustikale Lodges für Selbstversorger mit dazu allem Nötigen. *Game-* oder *Bush Lodges* liegen abgeschieden in Wildschutzgebieten oder in herrlichen Landschaften und bieten gleichfalls ein Aktivitätenprogramm.

Tented Camps

In einem *tented camp* schläft man in einem großen Steilwand- bzw. Safarizelt aus starkem Canvas (Segeltuch) etwas erhöht auf Holzplattformen, oft mit einem festen Überdach. Diese Zelte sind ausgestattet mit Doppelbett/zwei Betten, Schrank, Tisch, Sitzgelegenheit und meist auch mit Moskitonetz und Kochnische/Kühlschrank sowie Toilette und Open-air-Dusche.

„Zeltzimmer" in der Kosi Forest Lodge

Caves

Übernachtung in Höhlen auf vorgebuchten Wanderwegen. Es muss alles mitgebracht werden. Toiletten sind vorhanden. Im uKhahlamba Drakensberg Park in KZN sind manche Großhöhlen als Übernachtungsplätze für Wanderer ausgewiesen, die Schlafsack und Verpflegung mitführen müssen. Feuermachen ist verboten. Aller Abfall muss wieder mitgenommen werden.

Campgrounds und Caravan Sites

Fast alle Game Parks und Nature Reserves Südafrikas verfügen über Zelt- und Caravanplätze bzw. Camping Sites. Manche sehr rustikal mit nur dem Notwendigsten, andere mit allem Komfort wie Wasser- und Stromanschlüssen für Caravans, Sanitäranlagen mit heißen Duschen, Waschmaschinen, Grillstellen und Gemeinschaftsräumen. Zelte und Equipment auszuleihen ist nicht möglich. Zentrale Reservierung ist möglich oder nötig in Südafrikas populärsten Parks wieder über South African National Parks und Ezemvelo KZN Wildlife. Alle anderen direkt beim Park/Nature Reserve oder bei der Ankunft beim Officer-in-Charge, sofern noch Plätze frei.

Rondavels im Addo Elephant Park

Südafrika gastronomisch

Südafrikas Küche ist so unterschiedlich wie sein buntes Völkergemisch, sie wurzelt in den Gerichten und kulinarischen Einflüssen der frühen holländischen, englischen, französischen und auch portugiesischen Siedler, ergänzt durch den Kochstil der Malaien am Kap und die Currys und Gerichte der Inder in Kwa Zulu-Natal. So gut wie alles wird im Land selbst in hoher Qualität und im Überfluss erzeugt und kommt knackfrisch auf den Tisch. Südafrikanische Rezepte zum Nachkochen finden Sie z.B. auf www.chefkoch.de u.a.

Kulinarische Festivals

Sollten Sie unterwegs zeitlich passend einmal in die Nähe der nicht wenigen südafrikanischen „Food Festivals" kommen, nicht versäumen. Sie erhalten dort aus erster Hand Kostproben, Köstlichkeiten und Schlemmerhäppchen der vielfältigen Küche des Landes. Einige Beispiele:

- www.kreeffees.com (Crayfish, Ende März, Lambert's Bay/West Coast)
- www.cheesefestival.co.za (Käse, Ende April, zwischen Kapstadt und Paarl an der N1)
- www.oysterfestival.co.za (Muscheln, Ende Juni/Anfang Juli in Knysna/Garden Route)
- www.midlandsmeander.co.za (Slow Food-Festival, Ende April, Nottingham Road, KZN)
- www.goodfoodandwineshow.co.za (Ende Mai Kapstadt; Aug. Durban; Sept. Johannesburg)

Braai

Beim geradezu kultisch zelebrierten südafrikanischen Grillfest, dem *Braai,* werden Würste *(boerewors)* und dicke Fleischstücke vom Rind, Lamm *(chops),* Schwein und Huhn auf den Rost gelegt. Allgemein spielen Fleischgerichte in Südafrika eine große Rolle, in nahezu jedem Ort gibt es ein Steak-Restaurant, die landesweite intensive Vieh- und Geflügelzucht garantiert Angebote guter Qualität. Wenn Sie im Restaurant ein Steak bestellen werden Sie gefragt, wie Sie es haben wollen: *rare, medium-rare, medium, medium-to-well-done* oder *well-done* (letzteres lieber nicht, südafrikanische Steaks sind in der Regel mager und würden schnell austrocknen). Exotisches Wild, wie Springbok, Kudu, Büffel, Warzenschwein oder gar Krokodil schafften es gleichfalls auf die Speisekarten, im Norden und Osten des Landes werden sie allerdings häufiger angeboten als im Western Cape. Probieren Sie auf alle Fälle einmal **Straußensteak,** dazu einen guten Roten. Da die Tiere überwiegend in Freilandhaltung aufwachsen ist ihr Fleisch aromatisch und zudem fett- und cholesterinarm.

Frischer Fisch

Beliebt sind in Südafrika und vor allem in Küstennähe frische Fische und Meeresfrüchte in allen Variationen, von Austern *(oysters)*

Seefisch frisch auf den Tisch

über *Kingklip* – Südafrikas bester Fisch mit festem, weißem Fleisch – bis hin zu köstlichen Felslangusten *(crayfish)*. Die schlanke Hechtmakrelenart *Snoek,* ausgesprochen „Snuk", ist in Südafrika ein beliebter Speisefisch. Sehr gut munden *Blue Nose, Hake* und *Tuna. Linefish* ist geangelter Fisch oder allgemein fangfrischer Fisch („catch of the day").

Gut durch den Tag

Allgemein ist bei Hotels und Gästehäusern und natürlich immer in Bed&Breakfasts ein umfangreiches Frühstück („hot" oder „full breakfast") inbegriffen. Hierbei nimmt die Bedienung als erstes Ihre Wünsche für das warme, ursprünglich britische „breakfast with fried tomatoes, bacon, ham or pork sausage" auf und wie Sie die Eier haben mögen: *fried, scrambled* (*boiled* ist weniger üblich) oder als *omelette with tomatoes, onion, mushrooms and cheese*. Während der Wartezeit bedient man sich am Büfett mit Früchten, Joghurt, Müsli und frischgepressten Fruchtsäften. In preiswerten Unterkünften ist häufig nur ein „Continental breakfast" im Preis enthalten, das sind meist Müsli, Kuchen, Brot und Aufstrich. Greifen Sie morgens gut zu, dann benötigen Sie mittags nur einen leichten Lunch.

Der Abend wird dann mit dem Dinner zwischen 18 und 20 Uhr und einem guten Wein abgeschlossen, einen Tisch vorzubestellen ist üblich, vor allem in gehobenen Restaurants. In den Restaurants der Nationalparks sollte man von der Qualität nicht zu viel erwarten, zur Wahl stehen preiswerte und „familientaugliche" Gerichte. Möchten Sie tiefer in Südafrikas Gastro- und Restaurant-Landschaft einsteigen, können Sie sich im Internet kundig machen. Viel angeklickt werden **www.restaurants.co.za, www.diningout.co.za** und **www.eatout.co.za** mit Städteauswahl. Gastronomie-Führer gibt es auch in Form von Magazinen.

Südafrikanische Spezialitäten

Eine genuin südafrikanische Spezialität ist **Biltong,** luftgetrocknetes Fleisch nach der Konservierungsmethode der Voortrekker. Für die harten, salzigen Fetzen wird Fleisch vom Rind, Springbock, Kudu, Strauß, Impala und Zebra genommen. Gibt es zum Knabbern unterwegs in jedem Supermarkt, an Tankstellen oder auch noch auf dem Flughafen als Reisemitbringsel. *Chakalaka* ist eine Würzsoße bzw. ein Gemüse-Relish von mild bis superscharf für Fleischgerichte, Stews, Pap und dergleichen, *Peri-peri* (piri-piri) ist scharfe Chili-Soße.

Bekannte Gerichte der malaiischen Küche Südafrikas sind *sosaties,* zart marinierte Fleischspieße, über heißen Kohlen gegart, *bobotie* („gemischte Reste"), ein Hackfleisch-Auflauf aus Rind- oder Lammfleisch mit Ei, Rosinen und Currygewürz, serviert mit gelbem Kurkuma-Reis, oder *bredie,* ein Eintopf mit Gemüse und Lamm, Hühnchen oder Fisch. Ebenfalls dem malaiisch-/asiatischen Spektrum entstammen *samoosas,* kleine, mit Fleisch- oder Gemüsecurry gefüllte Teigtaschen, heiß aus dem Ofen. *Waterblommetjie bredie* ist ein traditioneller Kap-Eintopf aus Hammelfleisch, hyazinthenähnlichen Wasserblumen und Weißwein; orientalisch gewürzt wird er zum herzhaften *Old Cape Denningvleis.*

Auch die Engländer haben außer ihrem deftigen Frühstück weitere kulinarische Spuren hinterlassen, z.B. *Meat pies, Roastbeef, Stews, Leg of lamb with mint sauce.* Ein angenehmer auf die Briten zurückgehender Brauch ist der Fünf-Uhr-Tee mit *scones* und Sandwiches.

Spezialitäten mit afrikaansen Namen:

- *boerewors* – wörtlich „Bauernwurst", deftige Grillwürste aus Rind- oder Lammfleisch, die zu jedem Braai gehören, oft halbmeterlang in Spiralform aufgerollt und in verschiedenen Würzrichtungen.
- *droewors* – eine traditionelle, gut gewürzte und luftgetrocknete Wurst
- *geelrys* – mit Kurkuma gelbgefärbter und gewürzter Reis, vielfach mit Rosinen und gekochten Eiern
- *groente* – Gemüse
- *mielie* – Mais, Maiskolben
- *pap en sous* – Maisbrei mit Tomaten-Zwiebel-Soße
- *patty pans* – (engl.) süße Kürbisse, oft mit Zimt und Zucker und Orangeat zusammen gekocht

- *potjiekos* – „Pottkost", Eintopf, gegart über offenem Feuer im traditionellen dreibeinigen Pott
- *rooibos* – populärer südafrikanischer Tee aus den Blattspitzen des Rotbusches
- *varkvleis* – Schweinefleisch

Die „Arme-Leute-Küche" der dunkelhäutigen Südafrikaner ist mit nur wenigen Rezepten und überlieferten einfachen Gerichten vertreten, wie beispielsweise dem traditionellen und beliebten Maisbrei, auf afrikaans *mielie pap (phutu)*. Darüber wird meist *amasi* oder *umvubo* gegossen, saure, vergorene Kuhmilch. Wenn Touristen bei einer Village-Tour zum Essen gebeten werden, gibt es diesen mielie pap oft mit schmackhaftem Spinat und Nussbrei.

Restaurants

„Wait to be seated" ist üblich, die Bedienung weist Ihnen einen nach Anzahl der Personen geeigneten Tisch zu. Nicht jedes Restaurant verfügt über eine volle Alkohol-Lizenz, das Außenschild „YYY" meint „fully licensed", also Ausschank jeglicher alkoholischer Getränke. Manche Restaurants dürfen nur Wein und Bier ausschenken (YY) oder Alkohol nur mit Mahlzeiten servieren (Y). „BYO" meint „bring your own", der Gast kann seine eigene Flasche Wein mitbringen. Für das Entkorken und die Gläser wird ein geringer Aufschlag berechnet *(corkage fee)*. An Sonntagen muss man in manchen Restaurants damit rechnen, alkoholische Getränke nur in Verbindung mit einem Essen zu bekommen. Mit „the bill/the check, please" fragt man nach der Rechnung. Als Trinkgeld – tip – gibt man in Restaurants ca. 10% des Rechnungsbetrags, wobei es sich so verhält, dass viele Bedienungen – fast immer sehr aufmerksame und höfliche junge Leute – ihre Hauptvergütung aus Trinkgeldern beziehen.

Längst hat sich auch in Südafrika die internationale Einheits-Gastronomie etabliert, zahlreiche Kettenrestaurants bieten Pizza & Pasta, Fish 'n' Chips, Ham- & Cheeseburger etc. Landesweit findet man beispielsweise *Mike's Kitchen, Steers* oder *Nandos,* letzterer ein Spezialist für sehr gute Huhn- und Hähnchengerichte in zahlreichen Geschmacksvariationen – probieren Sie mal *peri-peri* à la Mozambique.

Hervorragende Pizzen, im Restaurant oder zum Bestellen/Mitnehmen, bieten die Filialen von *St. Elmos',* Spezialisten für Seafood, Fisch und Sushi sind die Restaurants von *Ocean Basket*. Ein beliebtes südafrikanisches Familien- und kinderfreundliches Restaurant ist das Steakhaus *Spur*. Die geschmackvoll eingerichteten Filialen von *Mugg & Bean* finden sich meist in den großen Einkaufszentren. Neben hervorragendem Frühstück, Lunch & Dinner gibt es dort viele kleine Gerichte, Leckereien und guten Kaffee mit kostenlosem Nachschenken. *Primi Piatti* ist wohl das beste Ketten-Restaurant Südafrikas.

Für den kleinen Hunger geht man zu einem *Take Away,* die Fish 'n' Chips, Pies, gefülltes Pita, Hühnchen, Pizzaschnitten oder Hamburger anbieten. Vegetarische und nicht alltägliche Imbissvarianten bekommen Sie bei indischen und chinesischen Take Aways. Auch Lebensmittelläden haben oft eine günstige Imbiss-Ecke.

Selbstversorgung

Die Food-Abteilungen der Supermärkte bieten ein hervorragend sortiertes und riesiges Angebot an Lebensmitteln,

Früchte-Service unterwegs

Frische-Theken und Backwaren aller Art. Führend in Vielfalt und Qualität sind vor allem die Supermärkte von *Woolworths, Pick 'n Pay, SPAR* und *Superspar.* **Preiswert** sind *Shoprite* und *Checkers.* Größere Supermärkte haben am Sonntagvormittag geöffnet. *Delis* („Delikatessen") verkaufen eher hochwertige Lebensmittel.

Viele Supermärkte offerieren außerdem günstige, warme **Tagesgerichte,** entweder zum sofort essen an ein paar Tischchen oder zum Mitnehmen. Außerdem gibt es für ein Braai bereits fertig angerichtete Nudel-, Kartoffel- oder grüne Salate und andere Beilagen. **Tipp:** Diese Essecken in Supermärkten sind an einem Reisetag die bequemere und schnellere Variante, als z.B. seinen Lunch selbst zuzubereiten oder bei der Suche nach einem genehmen Restaurant viel Zeit zu verlieren.

Fürs bereits erwähnte Braai ist das Fleischangebot immens. In allen Qualitätsklassen und Abpackungsgrößen bekommt man Fleisch vom Rind, Lamm, Kalb, Schwein, Strauß und Wild. Beim Steakkauf zartes Filet vorziehen.

Günstig und hauptsächlich Farmfrisches und Früchte kann man unterwegs bei *Farm Stalls* einkaufen, an der Straße bei *Pad Stalls.* Achten Sie auf Hinweisschilder.

Für Selbstverpfleger, Camper und Selbstfahrer ist mit das wichtigste Requisit an Bord die *Cool box.* Es gibt sie in Supermärkten und Outdoor-Geschäften. Ruhig eine etwas größere wählen, denn allein das Eis benötigt schon viel Platz. *Ice cubes* sind an fast jeder Tankstelle, im Supermarkt und in Bottle Stores erhältlich.

Wer Picknick machen und ab und zu **Grillen** möchte – Grillstellen gibt es an vielen Rastplätzen, in Nature Reserves und in fast allen in Self Catering-Unterkünften –, legt sich Grillkohle *(charcoal)* oder ein Bündel Feuerholz und Anzündwürfel zu. Kaufen Sie auch eine Rolle Alufolie in starker Qualität und evtl. ein Grillspanngitter.

Nachtisch

Die Süßspeisen der früheren holländischen Einwanderer sind besonders „lekker": Eine *melktert* („Milchtorte") ist ein delikater, süßer Kuchen mit Blätterteigboden und Eiweiß-Zimt-Soufflé zum Nachmittagskaffee, und hinter *koeksisters* verbirgt sich zu einem Zopf geflochtenes Kleingebäck („cookie"), das nach dem Frittieren in Sirup getaucht wird – eine sehr klebrige und kalorienhaltige Angelegenheit. *Malva pudding* ist gleichfalls ein traditionelles Dessert aus Aprikosenmarmelade und einem Spritzer Essig. Typisch britische Spezialitäten sind *scones* und *muffins.* Gebäck und Kuchen kann manchmal leicht salzig schmecken, da südafrikanische Butter und Margarine oft gesalzen daherkommt. Bestes Kaffee- und Kuchengebäck bekommt man in von Europäern geführten Cafés.

Indische Küche

s.S. 387, „Durban, die südafrikanische Curry-Hauptstadt"

Biere & Co

Wie bereits erwähnt, kauft man Alkoholisches in Südafrika in Bottle Stores. Supermärkte verkaufen auch Weine. Unter all den Biersorten wie *Castle Lager, Black Label, Mitchell's* und anderen bevorzugen wir *Windhoek Lager* oder *Hansa* aus Namibia, gebraut nach dem deutschen Reinheitsgebot. *Pilsner Urquell* gehört inzwischen einer südafrikanischen Brauereigruppe und ist nicht oder kaum teurer als die anderen südafrikanischen Biere. Nicht wenige Klein- bzw. Microbrauereien verführen mit süffige Hausmarken. *Dumpies* sind kleine Bierflaschen oder -büchsen, *long-toms* Dreiviertelliterflaschen.

Auf die traditionelle afrikanische „Bier"herstellung versteht man sich auf dem Lande, z.B. in den Dörfern der Zulu, wo mit Mais oder Hirse (Sorghum) und Wasser das kaum alkoholhaltige *Utshwala* angesetzt wird. Dieses „Local beer" gibt es auch in Läden in Tetrapacks zu kaufen und muss vor dem Trinken gut geschüttelt werden. *Maheu* basiert gleichfalls auf Hirse und wird in *Shebeens* und Bierhallen getrunken.

Probieren Sie mal eine echt südafrikanische Spezialität, *Amarula,* einen Creme-Likör aus den Früchten des Marula-Baums. *Mampoer* ist ein sehr starker, hausgebrannter Schnaps aus Pfirsichen und Kaktusfeigen. Gut und erfrischend schmeckt das trendige *Savanna,* ein Cider aus Granny Smith-Äpfeln vom Western Cape. Man trinkt es mit einem Zitronenschnitz aus der Flasche, Alkoholgehalt 6% und auch in Light-Version. Probieren Sie als Softdrink einmal *Apple-* oder *Grapetizer,* sie schmecken sehr gut.

Wein

Der Weinanbau am Kap geht auf holländische und französische Einwanderer zurück, hat eine lange Tradition und es werden heute hervorragende Weine produziert. Ein *Pinot Noir* oder *Shiraz* zum Tagesabschluss muss sein in Südafrika. Rebenhauptanbaugebiet ist traditionell die Region um Kapstadt, das *Wineland.* Hier eine kurze Sortenvorstellung:

Rotweine, *Cabernet Sauvignon:* sehr beliebt, viele Aromen, großartige Sorten, Ausbau oft in Eichenfässern

Merlot: weicher Abgang, Geschmack nach Schwarzbeeren, Pflaumen, Gewürzen

Pinot Noir: unser Spätburgunder, eine der großen Rotweinsorten Südafrikas, wohlschmeckend und samtig

Cinsault: vollmundiger, dunkler Rotwein

Pinotage: seit 1924 eine eigene südafrikanische Rebsorte, Kreuzung aus Pinot Noir und Cinsault; fruchtbetont, Kirsch-, Wildkräuter- und Rote Beeren-Aromen

Tinta barocca: hohe Fruchtdichte nach schwarzen Kirschen und Anklängen von Gewürznelken, tiefdunkel oder robinrot, die Rebsorte stammt aus Portugal und gedeiht besonders gut im Swartland nordwestlich von Paarl

Shiraz: eine eher schwere Sorte, opulente Fruchtfülle, wohlschmeckend mit Tiefgang, bestens geeignet als „Absacker".

Weißweine, *Chardonnay:* große Ernten, Ausbau im Eichenfass, Geschmack nach Zitrus, Ananas, Honig, Melone

Chenin Blanc: körperreich, beliebt, meistangebaute Rebsorte. Viele Variationen, von trocken über fruchtbetont bis süß

Sauvignon Blanc: Die weiße Schwester des roten, genauso beliebt. Benötigt kühlere Lagen, Stachelbeer-, Gras- und Paprika-Aromen.

Sémillon: körperreicher, spezieller Südafrika-Weißwein, früher weit verbreitet (bush wine). Heute selten und begehrt. Außerordentliche Aromen, die Weinkenner begeistern.

Dessert-Weine sind lokale Spezialitäten und fast immer zuckersüß (Muskateller). Ein *dinkie* ist ein Viertel Wein.

Sport- und Outdoor-Aktivitäten

In Südafrika sind praktisch alle Arten von Outdoor-Aktivitäten und zahllose Sportarten möglich: Wandern, Golfen, Vogelbeobachtung, Fahrrad- und Mountainbike-Touren, Wasser-, Strand- und Dünensport (Schwimmen, Surfen, Schnorcheln, Tauchen, Wasserski, Sandboarding, Kiteboarding, Quadbiking), Reiten, Angeln (Fly fishing und Brandungsangeln), Bergsport (Abseiling, Kloofing, Caving, Skifahren, Snowboarding), Kanusport (River- und Sea Kayaking/Canoeing), Geländewagenfahren, Bungeespringen, Flugsport (Paragliding, Microlighting, Skydiving) – eine endlose Liste … Im Reiseteil wird auf die jeweils örtlichen Sport- und Freizeitangebote hingewiesen. Zeitschrift-Tipp: „Wildside", www.wildsidesa.co.za, ist ein Magazin für Naturerlebnisse, Outdoor-Abenteuer und Öko-Tourismus.

Öko-, Adventure-, Outdoor- und Activities-Webseiten:

- www.ecotravel.co.za
- www.dirtyboots.co.za
- www.active-escapes.co.za
- www.adventureescapades.co.za • u.a.

Internet-Tipp: Geben Sie bei Google-Suche eine der Sie interessierenden Sportarten (in Englisch) und „South Africa" ein und Sie erhalten zahlreiche Webseiten mit näheren Informationen und Veranstaltern. Nachfolgend Vorstellung populärer Aktivitäten von A–Z

Abseiling

Kapstadts steile Tafelberg-Wände sind für Abseiling eine „erste Adresse", ein Veranstalter ist www.abseilafrica.co.za. Der Trendsport ist in zahllosen anderen Berg- und Schluchtenflanken Südafrikas möglich, so bei den Tsitsikamma Falls (www.tsitsikammaadventure.co.za) und in der Kaimaan-Schlucht bei Wilderness (www.eden.co.za).

Angeln

Südafrikaner angeln gerne, beliebt ist *Fly fishing* an den Flüssen und Binnengewässern und Brandungs- und Hochseeangeln an der langen Küste des Indischen Ozeans. Soweit Lizenzen erforderlich sind, erhält man sie

Abseiling am Tafelberg

gegen eine geringe Gebühr bei den örtlichen Behörden. Nichtkommerzielle Lizenzen gibt es in allen Post Offices.

Fische fangen ohne eine Angel: Fast jedes Jahr Ende Juni/Anfang Juli tritt entlang der Küste KwaZulu-Natals das Phänomen des millionenfachen *Sardine Run* auf. Dabei verschlägt es riesige Schwärme Sardinen *(pilchards)*, verfolgt von Delfinen, Seevögeln und Raubfischen, aus unerfindlichen Gründen bis an den Strand. Dann stürzt ein jeder drauf und fängt sein Mittagessen mit bloßen Händen oder Eimern. Infos auf www.zulu.org.za.

Bungee Jumping

Die bekannteste Brücke Südafrikas für den Fall ins Bodenlose ist die *Bloukrans River Bridge* (216 m, N2, s.S. 504) im Tsitsikamma National Park, www.faceadrenalin.com.

Gleitschirm- und Drachenfliegen, Paragliding

Infos beim *South African Aero Clubs*, www.aeroclub.org.za. Die Garden Route mit Wilderness, Sedgefield und Knysna sowie die Drakensberge in Natal sind ideal zum Drachenfliegen, Infos auf www.para.co.za, der Seite der *Parachute Association of South Africa*. Paragliding ist möglich in Kapstadt von den Abflugpunkten Lion's Head und Signal Hill, auch in Tandemformation. Landesweit gibt es hunderte von *flying sites*, einsehbar auf www.sahpa.co.za, der Homepage der *South African Hang Gliding and Paragliding Association*.

Kayaking & Canoeing

Kajak- und Kanufahren ist vielerorts möglich an Seen, Flüssen, Meereslagunen oder in Wildwasser-Flüssen, z.B. in den Drakensbergen oder im Tsitsikamma N.P. Die Veranstalter stellen alles Equipment und sorgen für die An- und Abreise.

Reiten

Ausritte sind vielerorts möglich, z.B. in Kwa Zulu-Natal im iSimangaliso Wetland Park am Strand entlang (www.horsesafari.co.za), in den Drakensbergen im Royal Natal National Park, am Strand bei Mossel Bay, in einigen

Kanufahrt auf dem „kuNhlange", Kosi Bay

Lodges oder auf Farmen. Weitere Möglichkeiten listet www.adventureescapades.co.za.

Surfen

Südafrika hat zum Surfen ideale Voraussetzungen, nämlich Wassertemperaturen von bis zu 28 °C, zum Brett- und Windsurfen reichlich Wind und stetige Wellen entlang den ganzen Küsten. Bestens geeignet sind die Strände von KwaZulu-Natal mit wärmerem Wasser. Beste Surf-Monate sind März bis Oktober. Ein Surfer-Szenetreff ist *Jeffrey's Bay* 70 km westlich von Port Elizabeth. Surf-Websites: www.wavescape.co.za, www.surfforecast.com u.a. Beim **Kitesurfen** lässt man sich zusätzlich von einem Lenkdrachen oder Windschirm ziehen, beliebt sind Kapstadts nördliche Atlantikküste sowie der Strand von Muizenberg mit dem internationalen Kite Festival.

Tauchen

Abtauchen in Südafrikas bunter Unterwasserwelt ist ein Erlebnis. Es warten tausende verschiedener Fischarten und prächtige Korallengärten, das ganzjährig warme Wasser an KwaZulu-Natals Küsten bietet beste Bedingungen. Die versteinerte Sandbank Aliwal

In den Drakensbergen finden Wanderer viele schöne Trails

Shoal bei Umkomaas/eMkhomazi beherbergt rund 1100 Fischarten und ist eine Traumwelt an Hart- und Weichkorallen. Im August treffen sich hier Sandtiger-Haie zur Paarung. Weitere Tauchspots in KZN: Sodwana Bay, Kosi Bay, Mabibi (Thonga Beach Lodge) und Rocktail Beach Camp. Auch an der Küste des Tsitsikamma-Nationalparks (Garden Route N.P.) gibt es viele Tauch-Gelegenheiten. Webseiten: www.diving.co.za u.a.

Haikäfig-Tauchen: Eine Unterwasser-Attraktion mit Adrenalin-Kick ist das Abtauchen zu Haien in sicheren Stahlkäfigen, ein Zentrum dafür ist Gansbaai, www.sharkcagediving.co.za. Alles über Haie auf der Homepage von KwaZulu-Natal Sharks Board, www.shark.co.za. Die Publikumsstrände von KwaZulu-Natal sind übrigens durch Hainetze gesichert.

Trekking und Wandern

Ein Trekking- und Wanderparadies ist der Garden Route National Park. In der Tsitsikamma Section verläuft der wohl schönste Wanderweg Südafrikas, der *Otter Trail* (www.sanparks.org). Er beginnt am Storms River Mouth Rest Camp und endet nach fünf Tagen und 42 Naturkilometern im Nature's Valley. Komfortabler dagegen ist der *Dolphin Trail* mit nur 17 Kilometern entlang des Küstengürtels, www.dolphintrail.co.za. Solch bekannte Trails haben eine maximale Teilnehmerobergrenze und erfordern jeweils eine lange Vorausbuchung.

Sowohl Bergsteiger als auch Wanderer finden ihren Himmel in der 2400 km² großen Bergwelt des uKhahlamba-Drakensberg Park in KwaZulu-Natal, wo markierte Trails und Wege von Tälern mit kristallklaren Flüssen über Höhen in einsame Wildnis führen. Übernachtet wird in Hütten, im Zelt, in Farmhäusern und in Höhlen. Der

The Giant's Cup Trail mit fünf Übernachtungen verläuft am Fuße der Drakensberge vom Sani Pass nach Bushman's Nek. Alle Infos auf der Seite von Ezemvelo KZN Wildlife, www.kznwildlife.com (bei „Trails"). Auch gibt es spezielle und von Rangern geführte Fußsafaris in Wildschutzgebieten, z.B. im Krüger- und im Hluhluwe-Imfolozi Park.

Entlang unseren Routen durch Südafrika weisen wir immer wieder auf kleinere und einfache Vor-Ort-Rundwanderungen verschiedener Länge hin.

Vogelbeobachtung

Vogelfreunde finden in Südafrika traumhafte Verhältnisse vor, alle Nationalparks und Naturschutzgebiete sind wahre Vogelparadiese mit

Aberhunderten von Spezies. Im Buch wird auf Vogelparks hingewiesen. Webseiten: www.birdlife.org.za und www.zbr.co.za u.a.

Wale beobachten

Saison für Walsichtungen (whale watching) ist von Juni bis November. Man kann die Walarten *Humpbacked* (Buckelwal) und *Southern Right* (Südlicher Glattwal) fast an der gesamten Südküste Afrikas von Land aus erspähen. Zu den Zentren mit vielen Besuchern zählen Hermanus und Gansbaai. In St Lucia im iSimangaliso Wetland Park werden Beobachtungsfahrten angeboten. Die Veranstalter müssen konzessioniert sein und ihre Boote dürfen den Tieren nicht näher als 50 Meter kommen.

Zipslide / Canopy / Swings

Seilgleiten, *zipsliding*, wird an vielen Orten Südafrikas angeboten. Dabei gleitet man auf einer Seilrutsche durch die Lüfte, z.B. in Ceres, www.ceresadventures.co.za. Beim *canopy* verbindet ein Seil in einem Waldgebiet Aussichtsplattformen miteinander und man gleitet durch die Wipfel, z.B. bei www.treetoptour.com. Pendelsprünge, *swings*, sind möglich z.B. im Oribi Gorge Nature Reserve an der Südküste Durbans bei Port Shepstone (www.oribigorge.co.za) oder auch im WM-Moses-Mabhida-Fußballstadion in Durban.

Aktivsport

Südafrikaner sind sehr sportbegeistert. Fußball und Rugby führen die Hitliste an. Bei der Rugby-WM 1995 in Südafrika setzt emotional packende Kinofilm „Invictus" mit Morgan Freeman als neuem Präsidenten Nelson Mandela diesem ein integratives Denkmal, da es Mandela gelingt, nun auch Dunkelhäutige in das bis dahin weiß dominierte Springbok-Nationalteam aufzunehmen (Rugby und Kricket galten ausschließlich als Sport der Weißen). Mandela gewinnt die Herzen der Weißen, indem er das dunkelgrün-gelbe Springbok-Nationaltrikot überzieht. Der Film gipfelt in dem WM-Sieg Südafrikas.

Ab und zu kann man ältere weißgekleidete Südafrikaner *Lawn Ball* spielen sehen. Tennis ist in Südafrika eine Breitensportart, genauso wie Golf.

Cape Argus Pick 'n' Pay Cycle Tour

Jährlich Ende Februar oder Anfang März findet dieses 109-km-lange Radrennen rund um die Kap-Halbinsel statt, mit meist weit über 30.000 Teilnehmern. Eines der größten Rennen der Welt, oft sind auch Prominente

Alljährlich am Kap ein sportliches Großereignis: Cape Argus Pick 'n' Pay Cycle Tour

Golfer-Paradies Südafrika

mit von der Partie. Entlang der Strecke sind dann sehr viele Straßen gesperrt. Termine und Infos auf www.cycletour.co.za.

Golf

Golf ist in Südafrika kein Snob-Sport, das Land verfügt über 450 Golfplätze, die zu den schönsten und reizvollsten der Welt zählen. Fast jeder halbwegs touristische Ort besitzt einen, manche liegen zudem in außergewöhnlichen Landschaften und man kann z.B. in der Nachbarschaft von Giraffen und Affen den Schläger schwingen. Im Text weisen wir immer mal wieder auf schöne Plätze hin. South African Golf Association: www.saga.co.za • www.womensgolfsa.co.za • u.a.

Marathonläufe

Marathonläufe verbinden alle Hautfarben. Bei den vielen Massenläufen, die in Südafrika in zahlreichen Orten stattfinden, gehen Tausende an den Start. Der bekannteste Ultra-Marathon ganz Südafrikas mit jedesmal bald 15.000 Läufern ist der alljährliche *Comrades-Marathon* mit 87,3 km langer Wegstrecke zwischen Durban und Pietermaritzburg (www.comrades.com). Seit 1921 alljährlich im Juni und wechselnden Starts in Durban und Pietermaritzburg.

Mountainbiking

MTB-ler finden in Südafrika viele interessante Trails und Routen, gut geeignet ist z.B. das Oribi Gorge Nature Reserve an der Südküste Durbans, www.oribigorge.co.za. Für den uKhahlamba-Drakensberg Park ist der Drakensberg Mountain Bike Club ein kompetenter Ansprechpartner, www.drakensbergmtb.co.za. Alljährlich im April findet in der Bergkulisse der beliebte *Giant's Castle Mountain Bike Challenge* statt, ein Groß-Event mit einem Rennen über 75 Kilometer. Der *The Freedom Trail* ist ein 2200-km-MTB-Trail von Pietermaritzburg via Ntsikeni Nature Reserve, Matatiele und Rhodes bis nach Cape Town. Die Seite www.active-escapes.co.za bietet viele kommerzielle MTB-Touren an.

Kleines Porträt Südafrika

Faszination Südafrika

Südafrika ist ein wunderschönes, unwiderstehliches Reiseland. Weil es von Europa mit einem Nachtflug und ohne Zeitverschiebung einfach zu erreichen ist, nimmt der Tourismus ständig zu. Den Besucher erwarten „Eine Welt in einem Land" mit vielfältigen Kulturen, herzliche Gastfreundschaft, ursprüngliche Landschaften, wilde Tiere, Strände, Berge, Regenwald und Savannen und jede Menge Erstaunliches. Die Reise-Infrastruktur mit zahllosen schönen Unterkünften und einer hervorragenden Gastronomie ist vorzüglich.

Fakten und Zahlen

Fläche: 1.219.090 qkm (etwa dreieinhalb Mal so groß wie Deutschland)

Einwohner: 2012: 51,2 Mio

Währung: Rand, 1 Euro ca. 10 Rand

Neun Provinzen:
- Western Cape, Eastern Cape
- Northern Cape
- Gauteng
- Mpumalanga
- Limpopo
- KwaZulu-Natal
- Free State
- North West

Jede Provinz hat ihre Hauptstadt, einen Präsidenten sowie Legislative und Exekutive.

Wirtschaft: s.S. 86

Tourismus

Für ökonomisches Wachstum ist der Tourismus für Südafrika ein sehr wichtiger Wirtschaftsmotor. Bis zum Jahr 2020 soll die Zahl der internationalen Besucher von über 9 Millionen in 2012 auf 15 Millionen Ankünfte erhöht werden. Laut Tourismus-Ministerium sollen

Union Buildings, Pretoria

damit über 225.000 neue Arbeitsplätze im Tourismus entstehen. Die Zahl deutscher Touristen nach Südafrika liegt jährlich konstant weit über 200.000, 2012 waren es rekordverdächtige 266.000. Die beiden ersten Plätze der Herkunftsländer belegen Großbritannien und USA.

Staatsform

Parlamentarische Demokratie mit zwei Kammern (Nationalversammlung mit direkt gewählten Abgeordneten und Nationalrat, Vertretung der Provinzen) und mit Staats- und Regierungschef in Personalunion.

Staatssymbole

Flagge

Nach dem Ende der Apartheid erhielt Südafrika 1994 eine neue Nationalflagge mit dem unverwechselbaren Sujet eines liegenden „Y", das in grüner Farbe das Zusammenströmen aller Bevölkerungsgruppen in neugefundener Einheit symbolisiert. Rot, Weiß und Blau sind die Farben der weißen Bevölkerung (die Flaggen von Großbritannien, Holland und Frankreich haben die gleichen Farben), Schwarz, Gelb und Grün sind die Farben des ANC und anderer schwarzer Freiheitsbewegungen sowie des afrikanischen Kontinents.

Bunt wie Südafrika

Staatswappen

Südafrikas neues Staatswappen in Grün und ockerfarben ist von 2000 und hat keinen Bezug mehr zu jenen früheren der Südafrikanischen Union. In seinem Zentrum befindet sich ein ährenumgrenzter Kampfschild, auf dem sich zwei Menschen verbrüdernd die Hände reichen, eine Felszeichnung diente als Vorlage.

Weitere Südafrika-Symboliken sind Elefantenstoßzähne, Zulu-Schild und -Schlagstock, gekrönt von einer Proteablume und einem das Land beschützenden Sekretärvogel, zwischen dessen ausgebreiteten Schwingen die Sonne aufgeht. Das Band am unteren Rand ziert ein Motto in der Sprache der Khoisan: „!KE E: /XARRA //KE", was etwa soviel bedeutet wie „Unterschiedliche Völker vereinen sich". (Die früheren Staatswappen Südafrikas trugen die nur auf Weiße zielende Aufschrift „Ex Unitate Vires" – Einigkeit macht stark).

Nationalhymne

Die Nationalhymne Südafrikas ist *Nkosi sikelel' iAfrica* („Gott schütze Afrika"), 1897 vom Xhosa Enoch Sontonga komponiert und getextet. Die Melodie machte zunächst Karriere als populäres Kirchenlied, später sang man es auch auf den Versammlungen des ANC und es wurde zu einem Bekenntnis des Widerstandes gegen die Apartheid. Offizielle Nationalhymne wurde es 1996, zusammen mit der inkorporierten ehemaligen Burenhymne „Die Stem van Zuid-Afrika" („Der Ruf Südafrikas"), mit Versen in Xhosa, Zulu, Sesotho, Afrikaans und Englisch. Die schön getragene Melodie wird im ganzen Land mit Stolz und Inbrust gesungen, anzuhören u.a. auf Youtube.

Die Hymne der Regenbogen-Nation

Nationalblume ist die Königsprotea, auch *Honeypot* oder *King Sugar Bush Protea* genannt, auf Deutsch „Zuckerbüsche". Die Pflanzengattung mit vielen Arten in Subfamilien ist weit verbreitet in den Fynbos-Regionen des südlichen und südwestlichen Südafrikas

Königsprotea

und typisch für das Florenreich *Capensis*. Die kegelförmigen Blütenständen wachsen als immergrüne Sträucher mit kegelförmigen Blütenständen und in Form kleiner Bäume.

Nationalvogel ist der gefährdete *Blue Crane* (Paradieskranich). Es existieren in Südafrika drei Kranicharten, der *Blue Crane* ist erkennbar an seinem schiefergrauen Gefieder, einem rosagelben Schnabel und an einer Schwanzschleppe. Sein Lebensraum sind Flussufer und auch Kulturland. In diversen Vogelparks sieht man Kraniche aus nächster Nähe.

Nationalbaum ist der *Yellowwood Tree*. Der langsam wachsende Hartholzbaum ist in ganz Südafrika verbreitet, kann bis zu 40 m hoch und der Stamm bis zu drei Meter dick werden. Einen berühmten werden Sie vielleicht sehen, den „Big Tree" in der Nähe der Storms River Bridge (s.S. 502). Dieser ist 36 m hoch und hat eine Kronenweite von über 30 m.

Ein wenig Landesgeografie

Die Nord-Südausdehnung Südafrikas beträgt etwa 1400 km, die Ost-Westausdehnung etwa 1800 km. Der größte Teil des Landes besteht aus einem Inland-Hochplateau mit Höhen zwischen 900 und 1800 Metern, das über Randstufen *(Escarpments)* zu relativ schmalen Küstengürteln bzw. ins *Lowveld* abfällt. Im Nordosten beginnt eine Gebirgskette, die sich nach Südwesten zieht. „Höhepunkt" sind die über 3000 m hohen Drakensberge an der Grenze zum eingeschlossenen Binnenland Lesotho. Im Südwesten erstrecken sich zwei Halbwüsten, die Große und Kleine Karoo. Größter Fluss von Ost nach West ist der Orange River (Oranje) und im Norden der Limpopo, Grenzfluss zu Simbabwe und Mozambique. Größte Städte sind Johannesburg, Kapstadt, Durban, Port Elizabeth und East London.

Bevölkerung und Sprachen

Von Südafrikas Bevölkerung mit 11 Hauptethnien bezeichnen sich nach einer Eigeneinstufung 79% als schwarze Südafrikaner, 9,6% als weiße, 8,9 % als Coloureds bzw. mit gemischter Abstammung und 2,5% als Inder/Asiaten (Quelle: South African Yearbook).

Mit mehr als 10 Millionen sind die *Zulu* das größte Volk, die in KwaZulu-Natal und auch in Gauteng (Johannesburg) beheimatet sind. Zweitgrößte Ethnie sind die *Xhosa,* deren angestammter Lebensraum in Apartheidszeiten die Homelands Ciskei und Transkei (heute Eastern Cape Province) waren. An der Grenze zum Nachbarland Botswana siedeln *Tswana,* zu Swaziland *Swazi* und zu Lesotho *Southern Sotho.* Die *Shangaan, Ndebele, Venda* und *Northern Sotho* leben verteilt im Nordosten Südafrikas. Südafrikas indische Bevölkerung sind Nachfahren von Immigranten, die die Engländer im 19. Jahrhundert zur Arbeit auf Zuckerrohrplantagen ins damalige Natal brachten. Sie leben zum größten Teil im Großraum Durban, KwaZulu-Natal.

All diese Völker haben ihre eigene Sprachen plus das burische Afrikaans, weshalb es in Südafrika heute insgesamt elf Amtssprachen gibt. Nach der neuen Verfassung sollte keiner Sprache und damit Bevölkerungsgruppe eine Vorrangstellung zugesprochen werden (im „alten" Südafrika waren es nur zwei Amtssprachen, Afrikaans und Englisch). Englisch ist nur für gut 8% die Muttersprache, doch verstehen es fast alle Südafrikaner, von denen sehr viele mehrsprachig sind. In den Schulen muss jeder Schüler mindestens zwei Sprachen lernen, seine Muttersprache und eine weitere frei wählbare.

Sprache Afrikaans

Welkom! Hoe gaan dit?
(ausgesprochen *Hu chan dit?* Gutturales ‚ch' für g; „oe" = ‚u')

Afrikaans basiert auf niederländischen Varietäten und Dialekten, die die Kolonisten aus den Niederlanden in ihrer Heimat sprachen, bevor sie sich ab der Mitte des 17. Jahrhunderts am Kap niederließen. Durch anderssprachige Bevölkerungsgruppen erfuhr Afrikaans wesentliche Veränderungen und integrierte gleichzeitig viele Lehnwörter. So stammen etwa 100 Worte im Afrikaans

Nicht zugelassen (erlaubt) sind: Rauchen, Handy-Telefonate, Musik, Fußgänger, schimpfen, parken, radfahren

Die „Regenbogen-Nation"

Diesen Begriff prägte Präsident Nelson Mandela nach seinem Amtsantritt, in dem er erklärte: „Each of us is as intimately attached to the soil of this beautiful country as are the famous jacaranda trees of Pretoria and the mimosa trees of the bushveld – a rainbow nation at peace with itself and the world." Das Statement appelliert an die Einheit und ein friedliches Zusammenleben als „Regenbogen-Nation" im multiethnischen Südafrika, das so lange von der Trennung von Schwarz und Weiß geprägt war. Friedensnobelpreisträger Erzbischof Desmond Tutu, das lautstarke Gewissen Südafrikas, verwendete den Begriff des Öfteren. Die verfestigten Ressentiments haben sich aber nicht über Nacht in Luft aufgelöst. Nach wie vor bezeichnen Schwarze vielfach immer noch alle Weißen als „Buren", was wegen der Apartheidszeit als Herabsetzung gilt, und englischsprechende weiße Südafrikaner hören es weniger gern, wenn man sie als „Engländer" tituliert, nur weil sie Englisch sprechen. Man wendet die Termini *Black, Coloured* und *White* weiter an, Menschen nach ihrer Hautfarbe zu unterscheiden wird nicht als diskriminierend angesehen, und es gibt auch keine Bestrebungen, sie durch „politisch korrekte" bzw. neumodische Wortschöpfungen wie anderswo zu ersetzen. Zu Zeiten der Apartheid war die offizielle Bezeichnung für alle dunkelhäutigen Südafrikaner das wertneutrale „Bantu" (wie die Großsprachgruppe), „Non Europeans" oder „Natives". Heute spricht man von weißen, schwarzen oder farbigen Südafrikanern, wobei „Coloured", anders als z.B. in den USA, in Südafrika keine verschämte Umschreibung für Schwarze ist, denn die braun-/gelbhäutigen *Coloureds* sind Nachfahren aus Verbindungen von europäischen Siedlern mit den früheren kapländischen San und Khoi sowie Kapmalaien, Nachfahren verschleppter und versklavter Arbeitskräfte aus Ostasien bzw. Indonesien.

aus dem Indonesischen, viele andere Sprachanleihen aus dem Englischen und dem Deutschen. Afrikaans gleicht in linguistischer Terminologie einem vereinfachten Niederländisch, doch mit eigenständigem Lautsystem. Seit 1876 existiert Afrikaans auch als Schriftsprache, das *Afrikaans Language Museum* in Paarl (Western Cape) dokumentiert diese Entwicklung. 1925 erfolgte der Austausch des Niederländischen durch Afrikaans als 2. Amtssprache neben Englisch und ist heute nach wie vor im südlichen Afrika, z.B. auch in Namibia, weit verbreitet. Gesprochen wird es nicht nur von Burischstämmigen, sondern von der überwiegenden Mehrheit der Cape-Coloureds und auch von schwarzen Südafrikanern.

Südafrikanisches Englisch

Im südafrikanischen Englisch gibt es eine Menge an Wortübernahmen aus dem Afrikaans und auch aus schwarzafrikanischen Sprachen, die Eingang in den allgemeinen Sprachgebrauch gefunden haben. Auch das Englische hat Wortbesonderheiten, z.B. kann man Adjektive dadurch verstärken, dass man sie einfach wiederholt – aus „sehr, sehr heiß" wird einfach „hot, hot".

Hier Beispiele aus beiden Sprachen (weitere s. Glossar im Anhang):

bakkie	Pick-up, in Südafrika auch zum Transport von vielen Menschen benutzt
Berg	Drakensberge (uKhahlamba-Drakensberg Park)
biltong	dünne Streifen von luftgetrocknetem Fleisch verschiedener (Wild-)tiere, auch geräuchert oder gepökelt, ideal als Notwegzehrung
boerewors	afrikaans, „Bauernwurst", deftig gewürzte, lange Grillwurst
boet	„Bruder", vertrauliche Anrede zwischen Freunden/Kumpels gebraucht
boot	Kofferraum
braai/braaivleis	Fleischgrillen überm offenen Feuer (Barbecue, BBQ)
Café	kleiner „Tante-Emma"-Laden an der Ecke
car guard	Parkplatz- bzw. Autowächter, die auf einparkende Autofahrer zuspringen und vorgeben auf den Wagen aufzupassen und dann Trinkgeld erwarten. Erkennbar z.B. an orangefarbenen Westen oder speziellen T-Shirts
CBD	Central Business District; Innenstadt/Geschäftsviertel
Dagga	(„dacha") südafrikanisches Marihuana, was natürlich streng verboten ist
dop	afrikaanses Wort, das alles umschreibt, was alkoholisch ist
dorpie	kleines Dorf und auch die rundum gesicherten Wohnbezirke in Großstädten
howzit	traditioneller südafrikanischer Gruß, meint „How are you?" oder „How is it?" Game Farm Wildfarm, Farm mit wilden Tieren im umliegenden Gelände
izzit?	rhetorische Frage: „Wirklich?" „Ist das so?"
jol	feiern, eine gute Zeit/Laune haben, Party machen
just now	bald
kloof	Schlucht, Kluft
koppie	kleiner Hügel
Kral	der innere Viehpferch eines (Zulu-)Gehöfts

Lapa	bei Unterkünften überdachte Open-air-Terrasse/Freisitz, traditionelles afrikanisches Versammlungshaus.
Lekker	„lecker"– „that meal was lekker"; „lekker meisie" – hübsches Mädchen
mielie	Mais; mielie pap = Maisbrei
Liquor Store	hier gibt es Alkoholisches zu kaufen
Now now	sofort / komme sofort
Off ramp	Ausfahrt von (National-) Straßen
Pad	südafrikanische Bezeichnung für Piste, Weg
Petrol	Benzin
Rivier	(afrikaans) periodisch wasserführendes Flussbett, Trockenfluss
Rondavel	traditionelle, einräumige Rundhütte mit Kegeldach
Robot	Verkehrsampel
Ruskamp	afrikaans für Rastlager
shame	Oh Schande / wirklich? / wie hübsch
Stasie	afrikaans für Bahnhof
Sundowner	tagesabschließender Drink („Dämmerschoppen"), wird in privaten Parks und Lodges zum Abschluss eines nachmittäglichen Game Drives gereicht
Tidal pool	Gezeitenbecken
veld	afrikaans für diverse Formen und Landschaftstypen, z.B. *Bushveld*. Topografische Definition von Höhenlagen *Highveld, Middleveld, Lowveld.*
Vlei	afrikaans, saisonales Flut-/Feuchtgebiet, Teich
White Elephant	so nennt man in Südafrika eine nutzlose Schönheit
Wildtuin	afrikaans, „Wildgarten", Wildschutzgebiet
ja (afrik.) well no fine	in Ordnung, geht klar, Akzeptanz einer nicht zu ändernden Sache

Geschichte: Südafrikas langer Weg

Zeitleiste

–3,5 Mio. Erste Hominide (Frühformen des Menschen, Australopithecus), Knochenfunde in der Sterkfontein- und anderen Höhlen.

–100.000 Älteste Homo-sapiens-Funde (moderner Mensch)

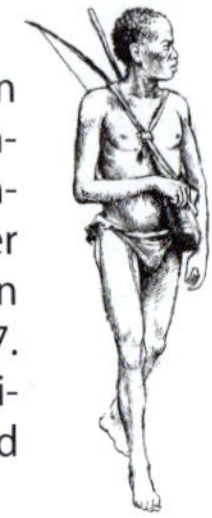

–28.000 San hinterlassen Felsbilder, vorwiegend Tiermotive. Mit den *Khoi* (oder Khoikhoi, „wahre Menschen"), beide zusammengefasst als *Khoisan* bezeichnet, sind sie die ältesten autochthonen Bewohner des südlichen Afrikas, sie sind Sammler und Jäger. Ihr Lebensraum ist das Gebiet des heutigen Botswanas, Namibias und des Westkaps. Ab Mitte des 17. Jahrhunderts geraten die Khoisan am Kap mit niederländischen Siedlern in Konflikt, diese bezeichnen sie abwertend als „hottentots" und „bosjesman" („Buschmänner").

1000 n.Chr. Bantusprachige Ethnien, deren Urheimat 3000–1500 v.Chr. das heutige Kameruner Hochland und das Nigerdelta war, wandern schubweise Richtung Süden und besiedeln in der letzten Ausbreitungsphase um 1000 n.Chr. das nordöstliche Südafrika, das heutige KwaZulu-Natal (Südbantu). Bei ihrem weiteren Vordringen vermischen sie sich teils mit den Vorbewohnern, den San und Khoi. Auf diese Weise gelangen die charakteristischen Klicklaute der Khoisan in die Zulu- und Xhosa-Sprache.

Bantu und Nguni

„Bantu" ist eine Sammelbezeichnung für verschiedene Ethnien im äquatorialen und südlichen Teil Afrikas und hauptsächlich für eine große, subsaharische Sprachfamilie, die Hunderte unterschiedlicher Sprachen einschließt (die am weitesten verbreitete Bantusprache ist Suaheli an der Ostküste Afrikas, in allen Bantusprachen heißt *ba-ntu* „die Menschen").

Die bantusprachigen *Zulu, Xhosa, Swazi* und *Ndebele* – Sammelbezeichnung „Nguni-Völker" – stellen den südlichsten Ausbreitungszweig der Bantu dar. Um 1650, in der Zeit der Landung der Europäer am Kap, lebten im südlichen Afrika geschätzt ein bis zwei Millionen Bantusprachige. Gemeinsame wirtschaftliche Grundlage der Nguni-Völker ist Viehzucht und Ackerbau mit der Hauptnahrungspflanze Sorghum und später Mais, den die Portugiesen nach Afrika mitbrachten.

1487/88 Der portugiesische Seefahrer *Bartholomeu Dias* umsegelt, auf der Suche des Seewegs von Europa nach Asien, im Januar 1488 unwissentlich die Südspitze Afrikas, das Kap der Guten Hoffnung.

1497 Ein weiterer indienwärts segelnder portugiesischer Kapitän, *Vasco da Gama* ▶, geht am 25.12.1497 an der südafrikanischen Küste in der Bucht des heutigen Durban vor Anker und nennt das Land *Natal*, portugiesisch für „Weihnachten".

1575 Der portugiesische Kartograph Perastrello kartiert als erster die Ostküste Südafrikas, um sichere Häfen für die portugiesischen Schiffe nach Asien zu fixieren.

1652 In diesem Jahr tauchen Holländer am Kap auf. **Jan van Riebeeck** ▶ gründet im Auftrag und für die niederländische VOC (Verenigde Oostindische Compagnie) **Kapstadt** als befestigte Proviantstation.

1658 Versklavte Arbeitskräfte, darunter viele Frauen, werden aus den „Dutch East Indies", Indonesien, ans Kap verschleppt.

1688 Die ersten **Hugenotten,** französische Protestanten, deren Glaube stark von der Lehre und den Reformideen ihres Landsmanns Calvin beeinflusst war, treffen wegen ihrer Verfolgung im katholischen Frankreich am Kap ein.

1779–1791 Erste kriegerische Auseinandersetzungen zwischen den vom Kap nach Nordosten vordringenden weißen Siedlern und den Xhosa in der ehemaligen Transkei.

1795 Die Briten übernehmen die Macht am Kap, die Herrschaft der Ostindien-Kompanie ist beendet.

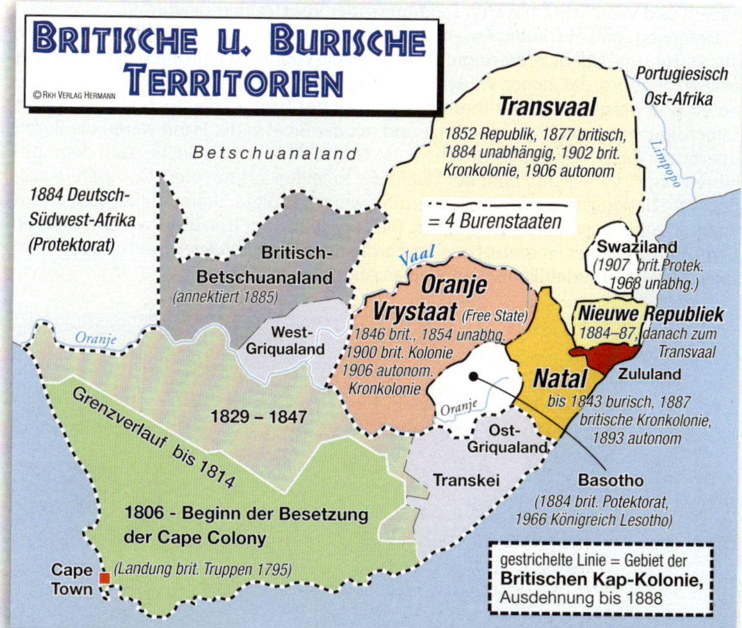

Die Buren und der Große Trek

Aufbruch ins Ungewisse …

Die südafrikanischen Buren sind Nachfahren von holländischen (ca. 40%), deutschen (ca. 30%) und französischen (ca. 20%) Siedlern, die im 17. Jahrhundert nach Südafrika ausgewandert waren und sich ab 1652 in der Kolonie der Niederländischen Ostindien-Kompanie am Kap niedergelassen hatten. 1743 lebten bereits 4000 weiße Siedler in und um Kapstadt. Das Wort „Buren" bzw. *Boern* stammt aus dem niederländisch-/niederdeutschen Sprachraum und bedeutet soviel wie „Bauern". Man bezeichnete sie auch als *Kapholländer*, als *Afrikaners* oder *Afrikander*. Ihre Sprache ist das mit dem Niederländischen eng verwandte *Afrikaans*.

Der große Aufbruch: Als die Briten 1795 die Macht am Kap übernahmen und 1834 die Sklaverei abschafften, verließen immer mehr antibritisch eingestellte Buren, die sich ohne ihrer dunkelhäutigen Arbeitskräfte und wegen repressiver britischer Gesetze ihrer ökonomischen Basis beraubt sahen, ihre Farmen und Felder, Höfe und Häuser. Sie packten ihre Habseligkeiten auf Planwagen und stellten große Züge zusammen. Ab 1834 führte der **Groot Trek** mit Ochsenwagen 12.000 bis 15.000 Kapburen in jahrelangen Wanderungen vom Kap bis nach Natal und über den Oranje-Fluss bis in die heutige Region um Johannesburg („Transvaal" – über den Vaal-Fluss). Aus am Kap sesshaften Bauern und Viehzüchtern waren Trekburen oder **Voortrekker** geworden.

Unterwegs gab es ständig Auseinandersetzungen und Kleinkriege mit den Khoisan, Xhosa, Zulu und Ndebele. Bei Angriffen bildeten die Voortrekker mit ihren Ochsenwagen eine Wagenburg, das *laager*. Wilde Tiere, Dürren, Hungersnöte und Krankheiten zeichneten und prägten sie. Darüber hinaus hatte der Große Trek auch eine religiöse Dimension: mit Gewehren bewaffnet und mit der Bibel in der Hand waren die Buren überzeugt, dass ihre strapazenreiche Reise Gottes Wille sei, die Suche nach dem „gelobten Land", vergleichbar mit der Flucht der Israeliten aus Ägypten. Der spätere ausgeprägte Nationalismus des Afrikaanertums wurzelt in dieser dramatischen Zeit und in ihrem strengen calvinistischen Glauben. Die bedeutendsten Trekführer waren *Piet Retief, Gerrit Maritz, Andries Pretorius, Louis Trichardt* und *Hendrik Potgieter*. Heute haben rund zwei Drittel aller südafrikanischen Weißen Afrikaaner-Vorfahren.

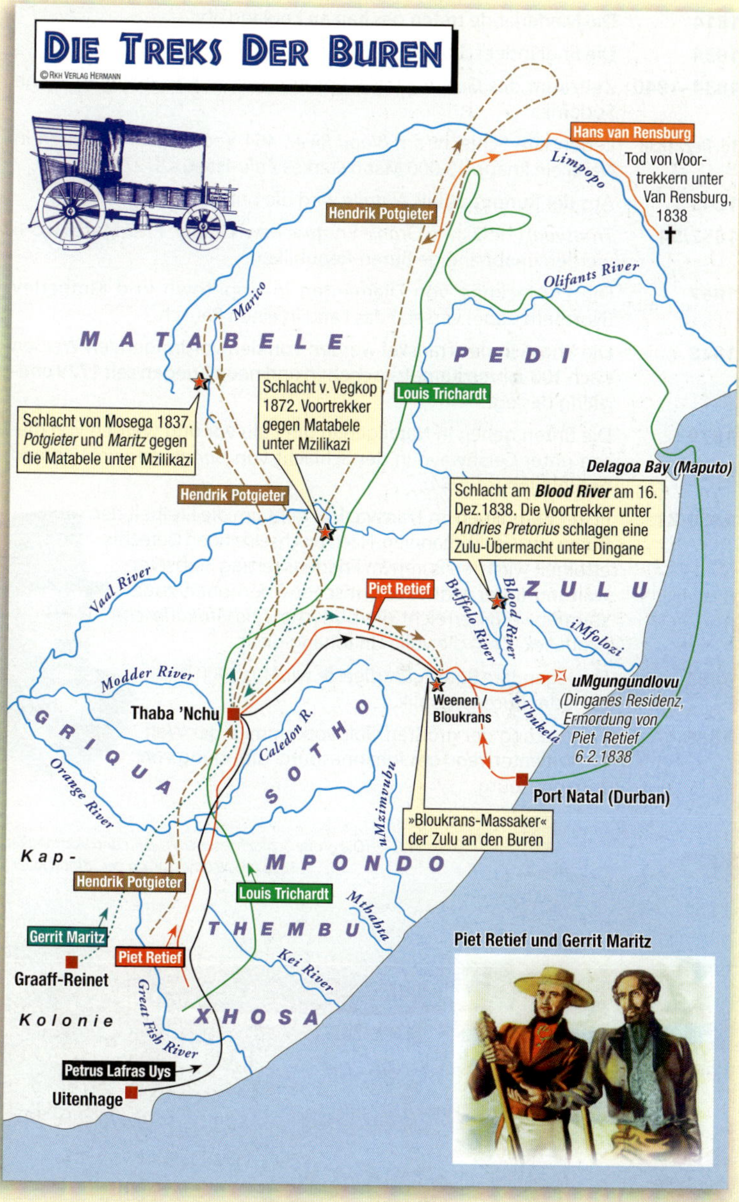
DIE TREKS DER BUREN
© RKH VERLAG HERMANN
Hans van Rensburg
Tod von Voortrekkern unter Van Rensburg, 1838
Limpopo
Hendrik Potgieter
Marico
Olifants River
MATABELE
PEDI
Louis Trichardt
Schlacht v. Vegkop 1872. Voortrekker gegen Matabele unter Mzilikazi
Schlacht von Mosega 1837. Potgieter und Maritz gegen die Matabele unter Mzilikazi
Delagoa Bay (Maputo)
Hendrik Potgieter
Schlacht am Blood River am 16. Dez.1838. Die Voortrekker unter Andries Pretorius schlagen eine Zulu-Übermacht unter Dingane
Vaal River
Piet Retief
Buffalo River
Blood River
ZULU
iMfolozi
Modder River
Thaba 'Nchu
Weenen / Bloukrans
uMgungundlovu (Dinganes Residenz, Ermordung von Piet Retief 6.2.1838
uThukela
GRIQUA
Caledon R.
SOTHO
Orange River
Port Natal (Durban)
uMzimvubu
»Bloukrans-Massaker« der Zulu an den Buren
Kap-
Hendrik Potgieter
MPONDO
Louis Trichardt
Mthatha
Gerrit Maritz
THEMBU
Piet Retief
Graaff-Reinet
Kei River
Great Fish River
Kolonie
XHOSA
Petrus Lafras Uys
Uitenhage
Piet Retief und Gerrit Maritz

1814 Die Niederlande treten das Kap an England ab.

1834 Die Engländer schaffen die Sklaverei ab.

1834–1840 Zeitraum des Großen Treks der Buren vom Kap ins inländische Südafrika.

16. Dez. 1838 Legendäre Schlacht am *Blood River*. 464 Voortrekker besiegen in Natal ein knapp 13.000 Mann starkes Zulu-Heer, s.S. 277.

1843 Aus der Burenrepublik *Natalia* wird die britische Kolonie Natal.

1852/54 *Transvaal* (1852) und *Oranje Vrystaat* bzw. Orange Free State (1854) werden unabhängige Buren-Republiken.

1867 Die Entdeckung von Diamanten in Hopetown und Kimberley (Northern Cape) versetzt das Land in einen Rausch.

1878 Die Xhosa in der Transkei werden von den vordringenden Weißen nach 100 Jahren Kampfgeschehen und neun Kriegen seit 1779 endgültig besiegt.

1879 Die Briten gehen in Natal gegen die Zulu vor und werden von diesen unter Cetshwayo in der Schlacht von *Isandlwana* vernichtend geschlagen (s.S. 284).

1880/81 Erster Burenkrieg im Transvaal. Es geht um die Freiheit der Buren von Großbritannien. Nach wechselseitigen Gefechtserfolgen wird den Buren im Friedensvertrag Selbstverwaltung unter formeller britischer Oberhoheit zugestanden. 1884 erreicht die burische *Zuid Afrikaansche Republiek* (ZAR) die volle Unabhängigkeit.

1883 Der legendäre Bure *Paul Krüger* ▶ wird bis 1900 Präsident der Burenrepublik.

1886 Entdeckung der größten Goldvorkommen der Welt am Witwatersrand um Johannesburg. Gründung von Johannesburg.

Die große Schlacht zwischen Zulu und Voortrekker 1838 am Ncome, fortan der „Blood River"

1899–1902 Zweiter Burenkrieg. Motiv sind die Ansprüche der Britischen Krone auf Transvaal mit ihren reichen Goldlagerstätten und um deren Vision eines zusammenhängenden britischen Kolonialreiches vom Kap bis Kairo. Er endet mit dem Sieg Großbritanniens (s.S. 154). Bis 1900 haben die Briten auch alle Macht der früheren dortigen schwarzen Stammesreiche gebrochen.

1910 Die britischen Territorien Cape Colony und Natal und die burischen Transvaal und Oranje Vrystaat (Free State) vereinigen sich zur Union von Südafrika, *Union of South Africa.*

1912 Gründung des *South African National Congress* (SANC), ab 1923 **ANC.**

100 Jahre ANC

Der *African National Congress,* Südafrikas älteste schwarze politische Befreiungsbewegung, wurde 1912 in Bloemfontein (Provinz Free State) gegründet. Ziel: „To unite the African people and spearhead the struggle for fundamental political, social and economic change". Die Organisation wurde dann 1960 von Südafrikas weißer Regierung verboten. Die ANC-Führer gingen in die Nachbarländer ins Exil oder im Land in den Untergrund, wo sie aufgespürt, verhaftet und zu langen oder lebenslänglichen Gefängnisstrafen verurteilt wurden, wie Nelson Mandela, Govan Mbeki und Walter Sisulu im Rivonia-Prozess 1963/64 in Pretoria. Mit den ersten demokratischen Wahlen 1994 kam dann die Machtübernahme. Seitdem regiert der ANC Südafrika ununterbrochen mit absoluter Stimmenmehrheit in allen Provinzen mit Ausnahme des Western Cape, wo die Oppositionspartei *Democratic Alliance* (DA) am Ruder ist.

Bekannte ANC-Führungspersönlichkeiten waren John Dube, Alfred Xuma, James Moroka, Albert Luthuli, Oliver Tambo, Nelson Mandela, Govan Mbeki, Walter Sisulu und Thabo Mbeki. Derzeitiger Vorsitzender ist Staatspräsident Jacob Zuma. Der ANC bildet eine Allianz mit der südafrikanischen Kommunistischen Partei SACP und dem Gewerkschaftsbund COSATU, *Congress of South African Trade Unions.* Auf seinen Konferenzen bestimmt der ANC faktisch immer den nächsten Staatspräsidenten Südafrikas.

Die dreifarbige ANC-Flagge (Schwarz für die Bevölkerungsmehrheit, Grün für das Land und Gelb für die Bodenschätze) zeigt Speer und Schild als Symbole des ANC-Untergrundflügels *uMkhonto weSizwe* („Speer der Nation", MK), der ab 1961 mit blutigen Aktionen gegen die weiße Herrschaft und Apartheid kämpfte. Damalige Straßendemonstrationen begleitete meist lautstark der ANC-Kampfruf „Amandla ngawethu – Power to the people".

Heute hat der ANC für die breite Masse Südafrikas viel von seinem früheren Nimbus verloren, der Lack ist ab. Er geriert sich als Patronage-Apparat, der in erster Linie für seine Mitglieder sorgt. Es geht im Land nicht mehr um die Überwindung der Rassenspaltung, sondern um die Schaffung von Arbeitsplätzen und genügendem Einkommen für alle. Wohlfeile ANC-Ankündigungen und das Versprechen Mandelas, allen Südafrikaner zu einem besseren Leben zu verhelfen, wurden mit der Zeit zu hohlen Phrasen. Politische Beobachter sehen die Gefahr, dass Südafrika vom allmächtigen ANC instrumentalisiert und die demokratische Verfassung – ausgerechnet von einer schwarzen Alleinregierung – ausgehöhlt wird.

Die wechselvolle Geschichte der ehemaligen Befreiungsbewegung aus ANC-Sicht ist nachzulesen auf www.anc.org.za.

1913 Schaffung der ersten *Homelands*. Durch den *Natives Land Act* wird Schwarzen der Besitz von Grund und Boden außerhalb dieser Reservate verboten.

Homelands

Homelands waren der schwarzen Bevölkerung zugewiesene isolierte Reservate, Regionen und Enklaven über ganz Südafrika hinweg zur Durchsetzung der Apartheidpolitik. Ihr Anteil an der Landesfläche Südafrikas betrug nur 7,3%. Größere Gebilde im Homeland-Flickenteppich waren im heutigen Eastern Cape die *Transkei* (formal eigenständig 1976) und die *Ciskei* (1981), *Bophuthatswana* im zentralen Norden (1977) und *Venda* im äußersten Nordosten Südafrikas (1979). Südafrika erklärte sie als unabhängige Staaten, in Wirklichkeit waren sie aber kleine Marionettenrepubliken mit Pretoria gefügigen Führern und Parlamenten, ihr Status wurde international nicht anerkannt. Allen Einwohnern in den Homelands wurde die südafrikanische Staatsbürgerschaft aberkannt, den Entrechteten wurde damit buchstäblich der Boden unter den Füßen entzogen. Unter Mandelas Regierung wurden alle Homelands und Enklaven aufgelöst und gingen in Südafrikas Staatsgebiet auf.

1918 *Nelson Rolihlahla Mandela* wird im Dorf Mvezo, Distrikt Qunu der Nähe von Mthatha/Umtata, Hauptstadt des Homelands Transkei, geboren.

1923 *Urban Areas Act:* Trennung der Wohnviertel nach Rassen. Für Schwarze wird, außer in der Kap-Provinz, ein einheitliches Pass-System eingeführt.

1924 Wahlsieg der burischen Nationalen Partei. Premierminister J.B.M. Hertzog verankert die Rassentrennung vor allem im ökonomischen Bereich.

1925 Statt Niederländisch wird Afrikaans neben Englisch 2. offizielle Amtssprache Südafrikas.

1948 Die National Party mit *D.F. Malan* besiegt bei den Parlamentswahlen die United Party unter General Smuts. Die Apartheid wird Regierungspolitik.

Apartheid

Apartheid (afrikaans für „Getrenntheit") ist das System der Rassentrennung, euphemistisch auch „Politik der getrennten Entwicklung" genannt. Als ideologischer Architekt und Begründer gilt Hendrik F. Verwoerd, der in der Regierung D.F. Malan (1948–1954) Minister des „Department of Native Affairs" war. Die lange Liste der Apartheidsgesetze sicherten den Weißen alle Rechte und Freiheiten und schränkten die der Schwarzen massiv ein. Die Staatsdoktrin währte über 45 Jahre bis 1994. Ansätze zu dieser Politik finden sich bereits in der Kolonialzeit Südafrikas.

1950 Mit dem „Gesetz zur Unterdrückung des Kommunismus" kann jeglicher Protest zum Schweigen gebracht werden.

1953 *Population Registration Act:* Die gesamte Bevölkerung Südafrikas wird in vier Rassengruppen aufgeteilt: Weiße, Schwarze, Mischlinge und Asiaten. Volle Rechte haben nur die Weißen. Für die übrige Bevölkerung gelten abgestufte Rechte, je nach Hautfarbe.

Reservation of Separate Amenities Act: Die Rassentrennung in öffentlichen Verkehrsmitteln wird eingeführt und später auf alle öffentlichen Einrichtungen ausgedehnt.

1955 Beim Congress of the People" des ANC in Kliptown verabschieden die Delegierten die „Freiheitscharta". In ihr heißt es u.a.: „Südafrika gehört allen, die darin leben – Schwarzen und Weißen".

1956 Am 9. August versammeln sich vor den Union Buildings in Pretoria schwarze 20.000 Frauen, um gegen die Passgesetze zu demonstrieren. Heute ein südafrikanischer Feiertag, *National Women's Day.*

21. März 1960 Unruhen in Sharpeville südlich von Johannesburg. Polizistenkugeln töten 69 Demonstranten, 300 werden verletzt. Das Massaker verändert Südafrika, der Ausnahmezustand wird ausgerufen, staatliche Willkür bestimmt den Alltag (Bann-Urteile). Die Befreiungsbewegungen *ANC* und *Pan African Congress (PAC)* werden verboten. Beide arbeiten im Untergrund und im Exil weiter.

1961 Der Apartheid-Staat verlässt den Britischen Commonwealth und wird eigenständige „Republik Südafrika"

5. August 1962 Nelson Mandela wird verhaftet und 1964 zu lebenslanger Haft auf der Gefängnisinsel Robben Island bei Kapstadt verurteilt.

1967 Christiaan Barnard führt im Groote-Schuur-Krankenhaus die erste erfolgreiche Herztransplantation durch.

16. Juni 1976 Schüler- und Studentendemonstration in Soweto. Rund 15.000 Schüler versammeln sich zu Protestmärschen wegen der bevorstehenden Einführung von Afrikaans als Unterrichtssprache. Die Polizei schießt in die Menge, Hunderte werden verletzt oder sterben. Die Unruhen greifen später auf das ganze Land über und fordern insgesamt über 550 Opfer. Südafrika bebte. Der 16. Juni ist heute in Südafrika *National Youth Day* zum Gedenken an das Massaker (s.a. S. 138, Hector Peterson Museum).

1983 Eine neue Verfassung räumt Indischstämmigen und Mischlingen, den *Coloureds,* ein beschränktes politisches Mitspracherecht ein. Schwarze sind davon ausgeschlossen.

1984–1986 Der ANC fordert die Jugend auf, das Land unregierbar zu machen. Über 2300 Menschen sterben bei den folgenden Unruhen, mehr als 50.000 werden verhaftet.

1986 Unter Druck von innen und außen Aufhebung der schwerwiegendsten Apartheid-Gesetze: Schwarze erhalten wieder Grundeigentums-

	rechte in städtischen Gebieten, Mischehen sind erlaubt, Passgesetze und Zuzugskontrollen werden abgeschafft. Erstmals nehmen Regierungsmitglieder geheime Gespräche mit dem inhaftierten Nelson Mandela auf.
1989	Frederik de Klerk wird Vorsitzender der Nationalen Partei und spricht sich für eine Aufhebung der Rassentrennung aus. Pieter W. Botha tritt zurück, de Klerk wird Staatspräsident und konstatiert das Scheitern der Apartheid-Politik.
2. Feb.1990	Mit seiner Rede im Parlament von Kapstadt versetzt de Klerk der Apartheid den Todesstoß.
11. Feb.1990	Der ehemalige Staatsfeind Nummer eins, Nelson Mandela, wird nach 27 Jahren aus der Haft entlassen und ist nun der Hoffnungsträger.
20. April 1990	De Klerk kündigt die Abschaffung aller Apartheidsgesetze innerhalb von zwei Jahren an und hebt den seit vier Jahren andauernden Ausnahmezustand auf.
1991	Die letzten Apartheid-Gesetze fallen. Der EU-Ministerrat hebt alle Sanktionen gegen Südafrika auf. Nelson Mandela wird Präsident des ANC, Walter Sisulu Vizepräsident, Cyril Ramaphosa Generalsekretär. Alte Konflikte zwischen Mandelas ANC und Mitgliedern der Zulu-Partei Inkatha führen zu schweren, blutigen Zusammenstößen, das Land steht kurz vor einem Bürgerkrieg. 24 südafrikanische Parteien und Organisationen unterzeichnen ein Friedensabkommen und gründen den CODESA, den „Konvent für ein demokratisches Südafrika" für den Aufbau einer Mehrparteiendemokratie.
1992	In einem Referendum entscheiden sich über zwei Drittel aller weißen Wähler für die Fortsetzung der Reformpolitik de Klerks.
1993	Mandela und de Klerk erhalten den Friedensnobelpreis. Chris Hani, Führer des radikalen Flügels des ANC, kommt bei einem Attentat eines rechtsradikalen Weißen ums Leben. Mandela fordert die Weißen auf, das Land nicht zu verlassen.

Thabo Mbeki und Nelson Mandela

Aufbruch in eine hoffentlich bessere Zeit

1994 Vom 26.–29. April **erste freie Parlamentswahlen**. Stärkste Partei ist der ANC mit 62,7% und 252 Sitzen. Die Nationale Partei de Klerks erhält 20,4% und 82 Sitze, die Inkatha Freedom Party der Zulu 10,5% und 43 Sitze. Am 27. April wird die neue Flagge gehisst. 342 Jahre weißer Vorherrschaft gehen zu Ende. 10. Mai: Nelson Mandela wird als Staatspräsident der Republik Südafrika vereidigt. Vizepräsidenten werden Frederik de Klerk und Thabo Mbeki. Südafrika wird in neun statt bisher vier Provinzen aufgeteilt, die zehn Homelands gehen darin auf.

1996 Der Aussöhnungsprozess zwischen Schwarz und Weiß und die Aufarbeitung der mit Rechtlosigkeit belasteten Vergangenheit nimmt mit der Einsetzung der **„Wahrheits- und Versöhnungskommission"** („Truth and Reconciliation Commission", TRC) Fahrt auf. Das gerichtsähnliche Gremium unter Vorsitz des Friedensnobelpreisträgers Erzbischof Desmond Tutu zur Untersuchung von politisch motivierten Verbrechen, Gewalt und Misshandlungen während der Zeit der Apartheid tagt bis 1998. Ziel ist die Versöhnung mit den dafür verantwortlichen Tätern, ihnen wird Amnestie zugesagt, wenn sie ihre Schuld zugeben und bereuen. Den Opfern wird finanzielle Hilfe versprochen.

Mit großer Mehrheit wird am 8. Mai 1996 die neue südafrikanische Verfassung verabschiedet. Die Inkatha Freedom Party boykottiert die Wahlen, es kommt zu blutigen Auseinandersetzungen in KwaZulu-Natal.

1997 Mandela tritt als ANC-Präsident zurück, sein Nachfolger ist Thabo Mbeki. Die National Party geht in die Opposition, Frederik de Klerk gibt sein Amt als Vizepräsident ab und zieht sich aus der Politik zurück.

1999 Der ANC gewinnt die zweiten demokratischen Wahlen mit noch größerer Mehrheit als 1994. Thabo Mbeki wird neuer Regierungschef.

Neue Namen braucht das Land

Als Ziel der Reafrikanisierung Südafrikas beschloss die ANC-Regierung 2002, landesweit Stadt-, Orts- und Straßennamen und öffentliche Einrichtungen, die an die Epoche der europäischen Besiedlung, die Kolonialzeit oder an die Apartheid erinnern, umzubenennen. Gleichzeitig werden ständig neue Verwaltungsstrukturen und kommunale Distrikte geschaffen („District Municipalities").

Zuständige Behörde für die Afrikanisierung ist das *South African Geographical Names Council,* alle Details auf www.dac.gov.za. Aus Südafrikas einstigen vier Provinzen – *Cape Province, Free State, Transvaal und Natal* – wurden 1994 neun: Die flächenmäßig größte, die Cape Province, teilte man neu auf in Western Cape, Eastern Cape und Northern Cape und aus Transvaal wurde – in zwei Anläufen – Gauteng, Mpumalanga und Limpopo. Pretoria heißt heute politisch korrekt *City of Tshwane,* East London und King William's Town gingen in der *Buffalo City Municipality* auf, Port Elizabeth und andere P.E.-Umlandstädte verschmolzen zur *Nelson Mandela Bay* und Johannesburg soll(te) auf isiZulu einmal *eGoli* heißen. In allen südafrikanischen Städten und Orten werden Straßenschilder von Voortrekker-Führern oder englischen Personen gegen Namen von Widerstandskämpfern oder sonstigen schwarzen Politfiguren ausgetauscht. Selbst vor neutralen Namen, wie z.B. *Olifants River* oder *Warmbad,* macht die „Afrikanisierungsmanie" nicht halt, sie werden umbenannt, ohne dass sie anstößig oder rassisch beleidigend wären. Durchgesetzt wird dies ohne Zustimmung oder Billigung vieler weißen Südafrikaner, die befürchten, dass damit die historische Zeit der europäischen Besiedlung und die Geschichte ihrer Vorfahren oder gar generell das weiße kulturelle Erbe Südafrikas getilgt werden soll. Andererseits protestieren auch immer wieder schwarze Südafrikaner lautstark, wenn Straßennamen ihres Viertels plötzlich anders heißen.

Also nicht verwirren lassen, wenn auf Landkarten und Schildern andere Namen als erwartet stehen. Wenn immer möglich, haben wir die alten und neuen in den Karten und Ortsplänen miteinander aufgeführt. Ein paar Beispiele aus KwaZulu-Natal:

Amanzimtoti – eManzamtoti
Chelmsford Dam – Ntshingwayo Dam
Durban – eThekwini
Stanger – KwaDukuza
Tongaat – oThongathi
Tugela River – uThukela
Ulundi – oLundi
Umkomaas – eMkhomazi; u.a. mehr

2002 Beginn von Umbenennung von Stadt-, Straßen- und Ortsnamen.

2004 Südafrika feiert zehn Jahre Demokratie. Bei den dritten demokratischen Wahlen im April erzielt der ANC eine Zweidrittel-Mehrheit, erringt diesmal auch in KwaZulu-Natal und in der Western Cape Province die Mehrheit. Er regiert nun alle neun Provinzen.

2005 Präsident Thabo Mbeki tritt seine zweite Amtszeit an.

2006 Die politisch streitbare Helen Zille – einer ihrer Vorfahren ist der Berliner Maler Heinrich Zille – wird Bürgermeisterin von Kapstadt und 2007 Vorsitzende der *Democratic Alliance,* Südafrikas größter Oppositionspartei.

2007 Der regierende ANC wählt den umstrittenen Zulu-Politiker Jacob Zuma zum neuen Vorsitzenden. Der 65-jährige, in zahlreiche Affären verwickelt und dem linken Spektrum zugeordnet, entthront den seitherigen Amtsinhaber und südafrikanischen Präsidenten Thabo Mbeki.

2008 Südafrikas Volkswirtschaft, die größte Afrikas, beginnt sich nach vielen Boomjahren abzuschwächen, nicht zuletzt durch die Energiekrise mit ständigen Stromausfällen, worunter vor allem die Minenunternehmen, aber auch alle anderen Wirtschaftszweige und Privathaushalte zu leiden haben. Die hohe Inflation, eine Arbeitslosigkeit von 25 Prozent und das Leistungsbilanzdefizit schwächen den bis dato starken Rand kontinuierlich.

September: Schwerste politische Krise der Republik Südafrika seit dem Ende der Apartheid: am 21.9. kündigt Staatschef Mbeki seinen Rücktritt an und folgt damit der Aufforderung des ANC, sein Amt niederzulegen. Neuer Präsident Südafrikas ist der stellvertretende ANC-Vorsitzende, Kgalema Mothlanthe. Dezember: ANC-Dissidenten gründen unter Führung des ehemaligen Verteidigungsministers Moshua Lekota am 16.12. die neue Partei COPE, „Congress of the People".

2009 Im April finden Parlamentswahlen statt. 26 Parteien treten zur Wahl an, 13 gelingt der Einzug ins Parlament. Die Wahlbeteiligung beträgt 77%. Der regierende ANC kann seine absolute Mehrheit verteidigen, verliert jedoch seine Zwei-Drittel-Mehrheit. Mai: neuer Präsident ist der Zulu *Jacob Zuma.* Die globale Wirtschaftskrise gebietet auch Südafrikas Wirtschaft Einhalt, jedoch weit weniger stark als anderswo.

2010 In Südafrika wird die Fußball-Weltmeisterschaft ausgetragen. Spielorte sind Johannesburg (zwei Stadien), Pretoria, Durban, Port Elizabeth, Kapstadt, Bloemfontein, Polokwane, Nelspruit und Rustenburg. Den nervigen Sound prägt die röhrende Nationaltröte *Vuvuzela.* Den Titel holt Spanien vor den Niederlanden, Deutschland wird Dritter. Südafrika scheidet in der Vorrunde aus. Es war eine große Party für Südafrika, doch der wirtschaftliche Nutzen wurde überschätzt, geblieben sind von den Milliardeninvestitionen renovierte Flughäfen, Schnellbusse und -züge in Kapstadt und Johannesburg, bessere Straßen und zehn schöne Stadien. Aber die Werbung für das Reiseland Südafrika hätte nicht besser sein können.

2011 Südafrika erzielt Erfolge im Kampf gegen Aids, die Zahl der Neuerkrankungen steigt nicht weiter an. Aids wurde bis vor wenigen Jahren von der südafrikanischen Gesellschaft mehr oder weniger totgeschwiegen und von der Regierung Mbekis negiert und bagatellisiert. Fast jeder vierte Erwachsene ist infiziert, 12 Millionen Menschen ließen sich testen, anderthalb Millionen nehmen Medikamente. Dezember: UN-Klimakonferenz in Durban.

2012 Streikwellen in Südafrikas Bergbauindustrien. Die Unruhen gipfeln im August in einem Massaker in der Platinmine Marikana (Provinz North West), bei der wegen Lohnforderungen 34 streikende Arbeiter von der Polizei erschossen werden. Insgesamt kostet der Aufstand

Wandkunst gegen HIV: „at war with aids“

44 Menschen das Leben, darunter auch Polizisten. Im Dezember wird Jacob Zuma wieder zum Vorsitzenden des ANC gewählt und ist damit erneut Spitzenkandidat für die Parlamentswahlen 2014. Am Jahresende sinkt der Kurs des Rand auf den niedrigsten Wert seit Jahren. Mehr also eine Million Menschen haben das Land in den vergangenen zwei Jahrzehnten verlassen.

2013 Jahresanfang: Sorge vor dem Aufflackern der Streikwellen des Vorjahrs und blutige Sozialproteste schwächen den Rand weiter, treibt die Inlandspreise in die Höhe, Südafrika exportiert immer weniger. Staatspräsident Zuma wirbt auf dem Weltwirtschaftsforum in Davos um Vertrauen. Februar: Südafrika ist Gastgeber für das Fußballturnier *Africa Cup of Nations* (Afcon), die „Bafana Bafana“ scheiden im Viertelfinale aus. März: Eine Statistik des Gesundheitsministers schockt die Nation: 28% aller Schulmädchen sollen HIV-positiv sein, 4% der Jungen. In Durban findet die Gipfelkonferenz der BRICS-Staaten statt, denen auch Südafrika angehört.

Das neue Südafrika

Politik, Gesellschaft und Wirtschaft

Den Übergang von der Apartheid zum demokratischen Südafrika ohne Bürgerkrieg und großes Blutvergießen geschafft zu haben, dass die Weißen unter einer schwarzen Regierung nicht ins Meer getrieben wurden und dass anstelle von Rassenhass Aussöhnung das Ziel war, ist *die* politische und gesellschaftliche Leistung aller Südafrikaner. Doch 20 Jahre nach dem Ende der Rassentrennung hat sich die Lebenssituation der schwarzen Südafrikaner kaum zum Besseren geändert, Wut und Verzweiflung werden immer spürbarer. Auf der anderen Seite konnte sich eine superreiche schwarze Geldelite etablieren, die sogenannten „Black Diamonds" in der aufstrebenden schwarzen Mittelschicht, und eine Politikerklasse, die ihren meist dubios erworbenen Wohlstand zur Schau stellt und ansonsten in der praktischen Tagespolitik durch Unfähigkeit glänzt. **Jacob Zuma,** derzeitiger Staatspräsident, Zulu-Machtpopulist und nebenbei bekennender Polygamist mit geschätzt mehr als 20 Kindern von mehreren Frauen, konnte ein anfängliches Gerichtsverfahren wegen Korruption nur durch Verfahrenstricks abwenden (s.a. „ANC", S. 77).

Die Kluft zwischen Arm und Reich wird in Südafrika größer statt kleiner. Der Gini-Koeffizient, international wichtigste Größe um zu messen wie ungleich Einkommen und Vermögen in einer Gesellschaft verteilt sind, ist bezüglich Südafrika einer der höchsten der Welt. Die Angleichung zwischen superarm und superreich ist noch schwieriger zu überwinden als die Trennung zwischen Weiß und Schwarz. Die endlose Spirale der Angst, die das Land einschnürt, ist sehr schwierig zu aufzulösen. Zu viele Weiße – und nun auch mehr oder minder wohlhabende Schwarze – mussten schon leidvoll Einbrüche und Überfälle erleben. Die Sicherheit seiner Bürger, eigentlich eine Hoheitsaufgabe des Staates, mutierte in Südafrika zur Privatangelegenheit, wie die zahllosen „Armed-Response"-Schilder an den Häusern beweisen. Immer wieder flammen Sozialproteste und wilde Streiks auf, die im August 2012 im Massaker von Marikana (Provinz North West) gipfelten: Dort wurden 34 streikende Bergarbeiter einer Platinmine von Polizeikugeln niedergestreckt. Die Bilder gingen um die Welt, erinnerten an Südafrikas dunkelste Zeiten unter dem Apartheidregime und fügen dem Ansehen des Landes großen Schaden zu.

Das drängendste Problem ist die **Arbeitslosigkeit.** Im Jahr 2011 versprach die Regierung, bis 2020 fünf Millionen neue Arbeitsstellen. Da müsste die Wirtschaft in jedem Jahr um mindestens 7% wachsen, in den letzten Jahren lag Südafrikas Quote zwischen 4 und 6%. Derweil stehen die Arbeitslosen in Städten und Orten am Straßenrand oder vor Baumärkten um sich für umgerechnet unter 10 Euro Tageslohn zu verdingen. Offiziell liegt die Arbeitslosigkeitsquote bei 25%, bei den Jungen von 18 bis 30 Jahren haben aber über 40% keine Beschäftigung. Als Gründe nennen Volkswirte das schwache staatliche Bildungssystem, Fachkräftemangel, den aufgeblähten öffentlichen Sektor und verkrustete Strukturen und Rahmenbedingungen auf dem formalen Arbeitsmarkt infolge der Macht der Gewerkschaften. Nach einer Analyse gibt es in Südafrika derzeit mehr Menschen, die staatliche Hilfe erhalten als die Zahl derer, die Steuern bezahlen, nämlich nur etwa 5,5 Millionen von rund 50 Millionen Einwohnern.

Black Economic Empowerment, BEE

Um die Veränderung in der noch weitgehend von Weißen dominierten Wirtschaft Südafrikas zu beschleunigen, führte die Regierung 2003 das sog. *Black Economic Empowerment* ein, Politik der Schwarzenförderung. BEE schreibt Quoten zur gezielten Beschäftigung von Schwarzen und auch Coloureds und Asiatischstämmigen in Firmen fest, oft ungeachtet ihrer Befähigung, und es zwingt Firmen, Unternehmensanteile an Nichtweiße zu übertragen. Durch dieses umstrittene Programm der einseitigen Förderung fühlen sich nunmehr weiße Bewerber und Firmeneigentümer diskriminiert (Schlagwort *affirmative action* – positive Diskriminierung). Die ANC-Regierung rechtfertigt das BEE-Gesetz mit dem Verweis der Vernachlässigung der Nichtweißen während der Zeit des Kolonialismus und der Apartheid.

Wirtschaft

Südafrika ist der bedeutendste Industriestaat und die wirtschaftliche Lokomotive des gesamten afrikanischen Kontinents mit moderner Infrastruktur. Wirtschaftliches Zentrum ist die Provinz Gauteng mit Johannesburg. Als ein führendes Schwellenland ist es seit 2012 ein Mitglied der BRICS-Staaten (Brasilien, Russland, Indien, China, Südafrika). Jahrelang wuchs die Wirtschaft Südafrikas konstant, bis 2009 die globale Wirtschaftskrise diese Kontinuität unterbrach. Das schwache Wirtschaftswachstum belastete die Staatsfinanzen der letzten Jahre immer stärker, 2012 betrug das Defizit 5,2% des Bruttoinlandsprodukts (BIP). Die lockere Fiskalpolitik führte international zu Herabstufungen, Steuererhöhungen sind angekündigt.

Wirtschaftsfakten und Zahlen

Fläche: 1.219.090 qkm (Deutschland 357.000 qkm)

Einwohner 2012: 51,2 Mio. (Dtl. 80 Mio.)

Währung: Rand, 1 Euro ca. 10 Rand

Jährliche Inflationsrate ca. 5%

BIP: ca. 400 Mrd. US$ (Dtl. 3,6 Bio. US$), pro Kopf ca. 8000 US$ (Dtl. 44.000 US$)

Anteilige BIP-Entstehung (Zahlen gerundet, letzte Jahre): Bergbau/Industrie 27%, Handel, Tourismus 14%, Transport 9%, Bau 4%, Land-, Forst- und Fischwirtschaft 2,5%.

Rohstoffe agrarisch: Milchprodukte, Wolle, Fleisch, Früchte und Gemüse, Zuckerrohr, Weizen, Mais. Mineralisch: Vanadium, Kupfer, Platin, Diamanten, Uran, Seltene Erden, Zinn, Phosphate, Nickel, Mangan, Eisenerz, Kohle, Chrom, Gold.

Ausfuhrgüter (Prozent der Gesamtausfuhren): Rohstoffe 20%, Nichteisen-Metalle 15%, Eisen u. Stahl, 8%, Kfz 8%, chem. Erzeugnisse 7%

Einfuhrgüter (Prozent der Gesamteinfuhren): Erdöl 20%, Maschinen 12%, chem. Erzeugnisse 12%, Elektronik 9%, Kfz 9%

Außenhandel: defizitär, 7–10% im Minus

Handelspartner, Hauptlieferländer: China (14%), Deutschland 11%, USA 8% Hauptabnehmerländer: China (13%), USA 9%, Japan 8%, Deutschland 6%

(Quelle: Germany Trade & Invest)

Bergbau und Gold

Südafrika gehört international zu den bedeutendsten Bergbauländern und seit der Entdeckung der großen Goldvorkommen 1886 um Johannesburg ist Südafrikas Wirtschaft eng mit dem gelben Edelmetall verbunden. Das Land war über 100 Jahre das wichtigste Goldförderland der Welt, doch gegenwärtig nimmt es hinter China, Australien, USA und Russland nur noch den fünften Rang ein (1970 wurden jährlich rund 1000 Tonnen Gold gefördert, derzeit nur 190). Der Grund: die leicht erreichbaren Goldvorkommen sind erschöpft, und um neue zu erschließen, muss auf beinahe 5000 Meter Tiefe gebohrt werden. Dies verteuert die Produktionskosten immens und lässt die Konzerne – die beiden größten sind Anglo Gold Ashanti und Gold Fields – kaum mehr in die Gewinnzone kommen.

Südafrikas Reichtum an Bodenschätzen beruht aber auch auf großen Kohle-, Diamanten- und Platinvorkommen, von den Platin-Weltreserven besitzt Südafrika 80%. Bergbau ist die Schlüsselindustrie des Landes, die aber in jüngerer Zeit von Streiks und Arbeitskämpfen erschüttert wird, Ursache sind niedrige Löhne und schlechte Arbeitsbedingungen und damit Frustration der Arbeiter. Ein weiterer Negativfaktor ist überdies die südafrikanische Stromkrise, das Land verbraucht in Spitzenbedarfszeiten mehr Energie, als es erzeugen kann. Der Mangel schwächt die Wirtschaft, und unter dem ständig steigenden Strompreis leidet die Bevölkerung. Die Regierung steht unter Druck, scheint aber bislang kaum in der Lage, diesen wirtschaftlichen und politischen Herausforderungen nachhaltig zu begegnen.

Energie

Südafrika gewinnt Energie noch immer überwiegend aus verfeuerter einheimischer Kohle und zählt somit zu den größeren Verursachern von Kohlendioxid bzw. Treibhausgasen. Das Land steht damit vor der Herausforderung, neue Wege ihrer Reduzierung zu finden, um die weltweite negative Ökobilanz nicht noch weiter zu verschärfen – vor allem deshalb, weil sich Südafrikas Energiebedarf in den nächsten 20 Jahren mutmaßlich verdoppeln wird. Bei Mossel Bay fördert man offshore Erdöl und Gas, Hydroelektrizität wird durch große Staudämme gewonnen und es ist ein Atomkraftwerk in Betrieb. Der Neu- und Ausbau von Solaranlagen – ein riesiger Solarpark ist in der Nähe von Upington geplant – erlebt derzeit einen Boom und an der stürmischen West Coast sollen sich bald die Windräder eines der größten Windparks Afrikas drehen. Außerdem fand man unter der riesigen Karoo Erdgas, das durch das umstrittene Fracking gewonnen werden soll.

Landwirtschaft

In der exportorientierten Landwirtschaft spielt der Anbau und die Ausfuhr von Früchten, Gemüse, Obst und Wein insbesondere, im klimatisch begünstigten Western Cape, eine wesentliche Rolle. Ansonsten ist Südafrika ein überwiegend trockenes Land, und nur da wo genügend Niederschläge fallen oder Wasser aus Staudämmen und Flüssen zur Verfügung steht und die Bodenqualität stimmt, ist intensive Landwirtschaft möglich. Die Durchführung der großen Landreform, der Umverteilung agrarischer Flächen und Farmen von Weiß auf Schwarz, sprich Zwangsankäufe und -enteignungen, schleppt sich ermüdend dahin und wird weiter kontrovers diskutiert.

Kunst und Kultur

Kunst

In Südafrika können viele Kunstsparten auf lange Traditionen zurückblicken. Von den prähistorischen Felszeichnungen der San über das authentische Kunstschaffen der Ethnien Südafrikas – am bekanntesten ist die farbenfrohe Hauswand-Bemalung der Ndebele – über die Architektur-, Handwerks- und Malkunst der europäischen Einwanderer in der Kolonialepoche – erlebbar z.B. in der William Fehr Collection im Castle of Good Hope in Kapstadt – bis hin zur traditionellen, schwarzafrikanischen Schnitz- und Skulpturenkunst. Volkskunsttechniken und Materialien haben sich heute zu geschätzten Kunstformen entwickelt, wie Flecht-, Web- und Töpferarbeiten und insbesondere die dekorative Glasperlenkunst (s.o. „Souvenirs" bei „Praktische Infos Südafrika A–Z).

In der südafrikanischen Architekturgeschichte ist insbesondere der wunderschöne und fürs Western Cape typische kapholländische Baustil mit seinen geschwungenen Ziergiebeln zu nennen, noch vor der britischen Kolonialarchitektur im georgianischen (ca. 1720–1840) und im späteren edwardianischen Stil mit Baubeispielen überall in Südafrika. „Viktorianisch" ist die übergreifende Bezeichnung für die vorherrschenden Baustile in der langen Regentschaft der britischen Königin Victoria von 1837 bis 1901. Beim Theater sind in erster Linie das *Market Theatre* in Johannesburg und *The Playhouse* in Durban zu nennen, s. dort.

Die ungefähr 300 Museen und zahllosen National- und trendigen Privatgalerien Südafrikas (s.o. „Museen" und „Kunstgalerien" bei „Unsere Wahl der Besten in zehn Kategorien") sind voll mit historischen Exponaten und exzellenten Werken der Gegenwartskunst. In Johannesburg, Durban, Kapstadt und auch in kleineren Städten gibt es eine lebendige Kultur- und Kunstszene aller Genres mit zahllosen Galerien, Museen, Art Centres, Theatern, Kinos etc.

Das schöne Grahamstown im Eastern Cape ist die Kultur- und Festival-Hauptstadt der Kapregion, zum *National Arts Festival* im Juli strömen alljährlich Zehntausende (www.nationalartsfestival.co.za).

Hotel im kapholländischen Baustil

Straßenmusiker in Fish Hoek

Musik

Musik ist der Herzschlag ganz Afrikas, und kaum ein anderes Land bietet ein so breit gefächertes Spektrum wie Südafrika. Hochburgen der landesweiten Musikszene mit vielen Jazzlokalen, Musikkneipen und Festivals das ganze Jahr über sind Johannesburg, (www.joyofjazz.co.za), Durban und Kapstadt. Es existieren zahllose Musikstile und Facetten, vor allem im südafrikanischen Ethno-Pop und Afro-Jazz, bei dem z.B. der in den 1990er Jahren entstandene *Kwaito* besonders populär ist, ein Mix von Hip-hop, Rap und Township-Musik. Von dort kommt auch der swingende *Marabi,* während *Kwela,* gespielt mit der Metallflöte *penny whistle,* bereits in den 1950ern als Straßenmusik in Johannesburg entstand. Alles über die Musik-Szene und die Musiker Südafrikas auf www.music.org.za.

Das bekannteste Lied Südafrikas ist die Zulu-Melodie „The lion sleeps tonight – Der Löwe schläft heut' Nacht", in die Welt getragen von Südafrikas größter Frauenstimme, *Miriam Makeba* (1932–2008), deren Wurzeln im Township-Jazz der 1950er und 1960er Jahre lagen. Gleichfalls in dieser Zeit kombinierte die Gruppe *Ladysmith Black Mambazo* traditionelles Zulu-Liedgut mit Gospel-Chören und schuf somit eine unglaublich harmonische Vokalkunst. Ladysmith Black Mambazo wurde später durch ihre Mitwirkung auf Paul Simons Album „Graceland", insbesondere durch den Song „Homeless", weltberühmt, und die CDs der heutigen Gruppe (www.mambazo.com) werden immer noch verkauft.

Ein Ohrwurm ist das Arbeiterlied *Shosholoza,* denn zur afrikanischen Tradition gehört auch, bei der Arbeit zu singen. Melodie und Rhythmus des Liedes erinnern an das Geräusch eines fahrenden Zuges, beim Verlegen von Eisenbahnschienen wurde es genauso angestimmt wie bei der Minenarbeit („Shosholoza" ist Zulu und meint „Geh weiter, beweg dich, gib nicht auf!"). Mit einem Vorsänger und einem Chor hört man das Lied, das sich zu einer zweiten südafrikanischen Nationalhymne entwickelte, a capella bei Festen und Hochzeiten, und auch das Personal in Lodges trägt es manchmal den Gästen vor.

Berühmte südafrikanische Musikerpersönlichkeiten sind der Pianist und Komponist *Abdullah Ibrahim* (www.abdullahibrahim.com), der Trompeter *Hugh Masakela* (www.hughmasekela.co.za), der „weiße Zulu" *Johnny Clegg,* der seine Karriere zu Zeiten der Apartheid als Straßenmusikant begann (www.johnnyclegg.com), *Brenda Fassie* (1964–2004) u.v.a. mehr. Tipp: Hören und sehen können Sie die hier genannten Lieder und Musiker auf www.youtube.com. Im Reiseteil wird auf Musikfestivals hingewiesen

Tanz und Shows

Spiegelbilder der afrikanischen Seele sind Gesang und Tanz, akustische und optische Hochgenüsse. Überlieferte Tänze werden hauptsächlich in Zulu-Schaudörfern bzw. *Cultural Villages* in KwaZulu-Natal geboten, z.B. der einstige Kriegstanz *Ndhlamu*. Dargeboten in vollem Ornat mit Fellen, Speer und Schild und begleitet von lauten Schlägen mächtiger Basstrommeln stampfen die Tänzer energiegeladen auf den vibrierenden Boden ein, werfen die Beine artistisch bis über den Kopf, pfeifen und klatschen in die Hände. Gleichfalls in KwaZulu-Natal wird Ende August/Anfang September das große Jungfrauen-Tanzspektakel, der *Umhlanga Reed Dance,* dargeboten. Der *Isicathulo* oder *Gumboot Dance* könnte glatt als „Schuhplattler" à la Südafrika durchgehen. Er wird mit Gummistiefeln getanzt, während man dazu laut in die Hände und auf die Stiefelschäfte klatscht. Dieser Tanz war vor allem bei den Minenarbeitern populär, da dort jeder Gummistiefel trägt. Klassische südafrikanische Tanzmusicals und immer noch hörenswert sind z.B. *Ipi Tombi,*

Sarafina und die Neuproduktion *Umoja.* In dieser farbenfrohen Show feiern Tänzer, Musiker und Sänger die lange Tradition südafrikanischer Musik. Zu einem anderen Genre zählt der berühmte *Drakensberg Boys Choir,* der alljährlich Ende April/Anfang Mai ein Konzert in seiner Schule im Champagne Valley gibt (www.dbchoir.info). Auch Liebhaber klassischer Musik haben in Südafrika Gelegenheiten, z.B. in Kapstadt oder in Durban beim *KwaZulu-Natal Philharmonic Orchestra,* www.kznpo.co.za.

Gumboot Dancing in Soweto

Literatur

Aus der großen Literaturlandschaft Südafrikas ragt vor allem die Nobelpreisträgerin Nadine Gordimer heraus (*1923), ihre Romane, Erzählungen und Essays behandeln vor allem die südafrikanische Apartheidpolitik. Auch J.M Coetzee (*1940) erhielt den Literatur-Nobelpreis, ebenso André Brink, Alan Paton (1903–88), Breyten Breytenbach, Athol Fugard, Olive Schreiner, Zakes Mda u.v. andere sind bekannte Namen. Eine Liste südafrikanischer Autoren bietet http://de.wikipedia.org, eine Übersicht über Romane und Erzählungen www.afrikaroman.de/suedafrikabuecher/page-2.html und www.namibiana.de.

Südafrikas National- und Provincial Parks

Parks und Kosten

In Südafrika ist bei Wildparks zu unterscheiden zwischen öffentlichen und von *South African National Parks* (SAN Parks) verwalteten *Nationalparks* – die in der Provinz KwaZulu-Natal *Provincial Parks* heißen – und *Private (Game) Reserves*, deren Besuch durchweg teurer kommt als bei den öffentlichen, die dafür aber auch jeden erdenklichen Luxus bieten können.

Eintrittspreise: Sie variieren zwischen relativ geringen Beträgen bei kleinen Parks bis zum Höchstpreis im Krügerpark, wo die „Standard Conservation Fee" pro Tag und Nase **R248 kostet** (Kinder bei allen Eintritten die Hälfte). Für südafrikanische Bürger gelten ermäßigte Eintritte. Eine aktuelle Preisliste der Partnerunterkünfte und der Outdoor-Aktivitäten in den Parks kann als PDF von www.sanparks.org/tourism/tariffs/ heruntergeladen werden.

Wild Card

Wer die Absicht hat mehrere Nationalparks zu besuchen, sollte nachrechnen, ob sich die Anschaffung einer **Wild Card** lohnt. Die Laufzeit der Karte beträgt ein Jahr und gilt für fast alle Nationalparks in Südafrika, auch für die Provincial Parks in KwaZulu-Natal (mit Ausnahme der Teilbereiche des iSimangaliso Wetland Parks) sowie für die Parks in Swaziland. Für Nicht-Südafrikaner kommt nur der International-All-Parks-Cluster in Frage, und der **kostet bis zum 31.10.2013** für eine **Person R1400,** für **zwei R2195** und als Familienversion R2785. Infos: www.wildcard.co.za.

Unterkunft in den Parks

Alle Parkunterkünfte müssen **vorgebucht** werden, entweder per Telefon, Fax, als formlose E-Mail oder am besten im Internet auf dem Buchungsformular. Für die vielbesuchten Parks wie Krügerpark, Addo Elephant Park oder Hluhluwe-Imfolozi in KZN sollte die Reservierung für die Hauptsaison **bis zu sechs Monate vorher** erfolgen, für die Weihnachts-/Neujahrszeit noch wesentlich eher.

Reservierung **SANParks:**
www.sanparks.org,
reservations@sanparks.org,
Fax +27-012-3430905,
Tel. +27-012-4289111,
Cell +27-(0)82-2339111
(Mo–Fr 7.30–17 Uhr, Sa 8–13 Uhr).

Seit dem 1.1.2013 muss bei einer Unterkunfts-Reservierung in einem SANPark 50 Prozent Anzahlung sofort geleistet werden. Die Restzahlung spätestens **60 Tage vor Ankunft,** der Betrag kann von der Kreditkarte abgebucht werden.

Reservierung bei Ezemvelo KZN Wildlife

Ezemvelo KZN Wildlife
Reservations Office,
PO Box 13069, Cascades 3202,
www.kznwildlife.com.
Tel. +27 (0)33-8451000,
Fax +27 (0)33-8451001
General Information
Tel. +27 (0)33-8451002
Buchungen online:
bookings.kznwildlife.com
eMail: bookings@kznwildlife.com

Preise: Eine aktuelle Preisliste der Park-Eintrittspreise zusammen mit dem Unterkunftsangebot kann von www.kznwildlife.com bei „Tariffs" heruntergeladen werden.

Elefantöser Besuch in einem Park-Camp

Übersicht National- und Provincial Parks

Nachfolgend eine Kurzübersicht der südafrikanischen **National Parks (N.P.)** – in KwaZulu-Natal heißen sie **Provincial Parks (PP).** Alle Details mit Unterkünften, Anreise, Aktivitäten, Parkkarten, Buchungen etc. bei **South Africa National Parks** (SANParks, **www.sanparks.org**) und für die Provincial Parks bei **Ezemvelo KZN Wildlife, www.kznwildlife.com.**

Addo Elephant N.P.

[E7 – Umschlagkarte-Koordinaten]

Der abwechslungsreiche und kontinuierlich wachsende Park nordöstlich von Port Elizabeth umfasst derzeit 1800 km² und er bietet eine große Artenvielfalt an Tieren und Pflanzen und verschiedenen Landschaftsformen. Er reicht von der halbtrockenen Karoo im Norden beim Darlington Dam über die Zuurberg Mountains und das Sundays River-Valley bis zur Küste mit den Mündungen von Sundays- und Bushman's River. Die ursprüngliche Elefanten-Sektion des Parks wurde bereits 1931 eingerichtet. Damals gab es in dieser Gegend nur noch 16 Elefanten, heute über 550. Es ist der beste Park, um in Südafrika die „Big Seven" zu sehen: Löwe, Leopard, Elefant, Nashorn, Büffel, Glattwal und Weißer Hai. Löwen und Leoparden sieht man jedoch nur sehr selten, und Wale nur von Juli bis September. Vorhanden sind mehrere Rest Camps mit Cottages und Chalets sowie Caravan- und Zeltplätze und in einem Radius von 20 km um das Main Gate viele weitere Unterkünfte, die meistens preiswerter sind.

Agulhas N.P. [B7]

Im Agulhas Nationalpark befindet sich das *Cape Agulhas,* der südlichste Punkt des afrikanischen Kontinents. Die Region wurde 1999 wegen ihrer einzigartigen, zum

Teil bedrohten Pflanzenwelt zum Nationalpark erklärt, Eintritt frei. Die alles überragende Landmarke ist der 1848 Leuchtturm, den man besteigen und das angeschlossene Museum besichtigen kann. Zu sehen ist in der Nähe das Schiffswrack des 1982 gestrandeten japanischen Fischerboots „Meisho Maru". Übernachten kann man in den kleinen Orten L'Agulhas und Struisbaai.

Ai-Ais Richtersveld Transfrontier Park [A4]

Der Richtersveld National Park wurde mit dem Ai-Ais-Schutzgebiet in Namibia zu einem Transfrontier National Park zusammengelegt. Nur mit Geländewagen bzw. 4x4 darf die wüstenhafte, einsame Berglandschaft des wildesten Parks Südafrikas befahren werden, die Temperatur kann im Sommer bis über 50 Grad steigen. Unterkunft bieten einige Wilderness Camps.

Augrabies Falls N.P. [C4]

In dem 550 km² große Gebiet südlich und nördlich des mächtigen Orange Rivers im Northern Cape nahe Upington und Namibia sind Vögel, Bergzebras, Giraffen, Reptilien, Springböcke und Oryx-Antilopen heimisch. Typisch für die aride Landschaft sind die vielen Sukkulentenarten wie der Kokerboom und spektakulär bei hohem Wasserstand die 56 m hohen Augrabies-Wasserfälle mit der 18 km langen Orange River Schlucht.

Bontebok N.P. [C7]

Dieser kleine Nationalpark nahe beim sehenswerten Swellendam ist nur 20 km² groß und wurde 1931 zum Schutz der fast ausgestorbenen Buntböcke gegründet. Er gehört zur Kleinen Karoo, grenzt an den Breede River und nördlich ragt die Kulisse der Langeberg Mountains empor. Man kann Wandern oder im eigenen Auto umherfahren. Nicht nur die Buntböcke sind hier interessant, sondern auch die Landschaft mit Fynbos, Wildblumen im Frühsommer und andere Tiere wie Bergzebras, verschiedene Antilopenarten, Vögel und Reptilien. Unterkunft in einem Rest Camp mit Chalets oder auf einem Campingplatz.

Camdeboo N.P. [D6]

Die Attraktion dieses 160 km² großen Parks, der die sehr sehenswerten Stadt Graaff-Reinet praktisch umschließt, ist das spektakuläre „Valley of Desolation" in seinem Westteil. Von diesem Tal aus hat man einen atemberaubenden Ausblick über die Weite der Karoo. Man kann Rundwege verschiedener Länge gehen oder Tagestouren unternehmen. Es existiert ein Camping-/Caravanplatz mit 15 Stellplätzen und Elektrizität sowie 4 eingerichtete Safarizelte mit Gemeinschaftsküche.

Garden Route N.P. [D7]

Bei diesem ausgedehnten und sattgrünen Küstenpark entlang der Garden Route wurden die drei ursprünglich eigenständigen Nationalparks von *Knysna, Wilderness* (zwischen George und Knysna) und *Tsitsikamma* zum Garden Route National Park vereinigt. Wegen vieler Orte, Wohngebiete und Straßen bildet er dennoch kein zusammenhängendes Areal. Es gibt viele Waldgebiete, Flüsse, Seen, Bergzüge, Sandstrände und Naturwanderwege, so schlängelt sich z.B. durch die Tsitsikamma Section Südafrikas berühmtester Wanderweg, der 42 Kilometer langen Otter Trail. Mehrere Bereiche des Parks sind eintrittsfrei, nur an den „Highlights" wird zur Kasse gebeten. Inhaber der Wild Card bezahlen keinen Parkeintritt. Die touristische Infrastruktur ist ausgezeichnet.

Golden Gate Highlands N.P. [F4]

Der 116 km² große Park erstreckt sich nahe der Nordgrenze Lesothos am Fuß der Maluti-Berge und dem Tal des Caledon River folgend. Das reizvolle Hochlandgebiet zwischen 1900 und 2800 Meter ist pflanzen- und tierreich, heimisch sind Gnus, Antilopenarten, Warzenschweine,

Schakale, Springböcke, Zebras und massenhaft Vögel, unter denen Lämmergeier und Adler dominieren. Rötliche Sandsteinformationen, die in der Abendsonne golden leuchten, gaben dem Park seinen Namen. Die durch den Park führende Straße R712 ist öffentlich und gebührenfrei. Vorhanden sind mehrere Wanderwege, übernachten ist möglich in mehreren Camps und im Golden Gate Hotel.

Hluhluwe-Imfolozi Park [H4]

Der 960 km² große Hluhluwe-Imfolozi Park (sprich: Schluschlui) ist das drittgrößte Wildschutzgebiet Südafrikas und einer der Höhepunkte KwaZulu-Natals. Beide Teile, den Nordteil Hluhluwe und den Südteil Imfolozi, prägen Grasfluren und Hügellandschaften. Bereits 1895 proklamiert, zählt er zu den ältesten Naturschutzgebieten Afrikas. Es leben hier Elefant, Büffel, Zebra, Impala, Kudu, Wildebeest, Giraffe, Warzenschwein, Klipspringer und auch Löwe, Leopard und Cheetah. Damit ist der Hluhluwe-Imfolozi ein Big-Five-Park. Bekannt ist er aber vor allem für seine großen Bestände beider Nashornarten, wobei ein langjähriges Aufzuchtprogramm in den 1950ern und 1960ern das Breitmaulnashorn vor dem Aussterben rettete. Komfortables übernachten ist in den beiden Camps Hilltop und Mpila möglich, außerdem diverse Bush Lodges. Camping im gesamten Park nicht möglich. Buchung: www.kznwildlife.com.

iSimangaliso Wetland Park [H4]

Dieser Park mit seiner besonderen Flora und Fauna in subtropischem Klima entlang des Indischen Ozeans von der Mündung des Flusses iMfolozi im Süden bis nach Kosi Bay im Norden an der Mozambique-Grenze ist wegen seiner einmaligen Öko-Systeme UNESCO-Weltnaturerbe und neben dem Hluhluwe-Imfolozi Park und den Drakensbergen das dritte Reise-Highlight KwaZulu-Natals. Es wird geprägt von Seen, Stränden, Flüssen und Dünenlandschaften. Kosi Bay, Sodwana Bay, Cape Vidal und das uMkhuze Game Reserve sind Bestandteile des iSimangaliso Parks. Ferienzentrum und Anlaufstelle im Süden ist die nette kleine Stadt St Lucia mit vielen Unterkünften, Bootstouren und Aktivitätenangeboten. Buchung: www.kznwildlife.com.

Ithala Game Reserve [G4]

Dieses kleinere, 30 km² große Wildschutzgebiet im Norden KwaZulu-Natals am Südufer des uPhongolo River, wird, weil von den touristischen Hauptrouten abgelegen, weniger besucht. Kennzeichnend sind tief eingeschnittene Täler zwischen hohen Bergzügen, dichte Ufervegetation an den Flüssen und offenes Bushveld. Die Tierwelt ist vielfältig, aber keine Löwen. Das Wege- und Straßennetz hat eine Länge von etwa 70 Kilometern. Anfahrt von der R69, in Louwsburg abbiegen. Übernachten in Chalets oder der Lodge des Hauptcamps Ntshondwe. Auch Bushcamp und Campsites. Buchung: www.kznwildlife.com.

Karoo N.P. [C6]

Der etwa 800 km² große Park gleich nordwestlich von Beaufort West an der N 1 ist ein Höhepunkt der Halbwüstenlandschaft der Karoo. Eine weite Varietät der Sukkulenten-Flora und Fauna zeichnet den Park aus. Heimisch sind u.a. Rhino, Braune Hyäne, Löwe, Büffel, Bergzebra, Gnu sowie schwarzer Adler und Kleinreptilien. Übernachtung im Main Rest Camp in schönen Kapstil-Cottages und Chalets, auch Camping und Caravan Sites. Außerdem vier 4x4-Strecken durch die Berge.

Kgalagadi Transfrontier National Park [C3]

Dieser 36.000 km² große Park an der Northern Cape-Nordspitze zwischen Südafrika und Botswana zu beiden Seiten des Nossob River ist ein *Transfrontier National Park*. In der Flora und Fauna der heißen, ariden Region mit roten Sanddünen und Steppenlandschaften kommen Oryx- und Elen-Antilopen, Springböcke, Kalahari-Löwen, Gnus und auch viele Webervögel vor. Schirmakazien spenden in der Hitze ein wenig Schatten. Für die Pisten ist ein 4x4-Fahrzeug nötig. Im südafrikanischen Teil gibt es etliche Wilderness Camps, größer sind die Camps Twee Rivieren, und Nossob. Die !Xaus Lodge ist eine besondere Safari-Lodge unter Verwaltung der San, www.xauslodge.co.za. Ausführliche Kgalagadi-Infos auf www.sanparks.org.

Kruger N.P. [G2]

Der 380 km lange und im Durchschnitt etwa 60 km breite Krügerpark im Nordosten Südafrikas ist der größte und berühmteste Nationalpark des Landes. Er wurde bereits 1898 unter Präsident Paul Kruger als kleines Wildschutzgebiet gegründet und umfasst derzeit eine Größe von 20.000 Quadratkilometern, etwa die Fläche von Rheinland-Pfalz. Heimisch sind über 1500 Löwen, 1000 Leoparden, 12.000 Elefanten, 2500 Büffel und 5000 Breit- und Spitzmaulnashörner – grandiose Wildbeobachtungsmöglichkeiten sind also garantiert! Die Entwicklung des Parks geht aber noch weiter, mit Zimbabwe und Mozambique wurde die Gründung des grenzüberschreitenden *Great Limpopo Transfrontier Park* vereinbart. Danach werden die Tiere ein Areal von 35.000 km^2 zur Verfügung haben. Die Fahrwege im Krügerpark sind größtenteils asphaltiert und in den zahlreichen Rest- und Bushveld Camps gibt es unzählige Unterkunftsarten von bescheiden bis luxuriös. Das Aktivitätenangebot ist sehr umfangreich und reicht von Game Drives bis zu Wandertouren und Game Walks mit Ranger-Begleitung. Entlang der westlichen Grenze Krügerparks gibt es zahlreiche luxuriöse Private Game Reserves.

Mapungubwe N.P. [F1]

Der Park äußersten Norden der Limpopo Province am Limpopo-Fluss und an der Grenze zu Zimbabwe und Botswana wurde wegen seiner geschichtlichen Bedeutung 2003 zum Weltkulturerbe ernannt. 1933 fand man am Fuße eines Hügels Reste einer Stadtanlage und auf der Kuppe Königsgräber. Geborgen wurden Artefakte wie Glasperlen, Porzellan, Elfenbein, Kupfer und Gold. Die Blütezeit eines damaligen Reiches datiert man zwischen 1030 und 1290. Neben dieser kulturellen Bedeutung, erlebbar im modernen, preisgekrönten Interpretation Centre nahe des Main Gate mit dem berühmten „Golden Rhino", zeichnet sich der Park durch vielfältige Natur und landschaftliche Schönheit aus. Zum Übernachten gibt es mehrere Camps, eine Lodge und Camping Sites.

Marakele N.P. [F2]

Den 670 km^2 großen Marakele Nationalpark im Herzen der Waterberge nordwestlich von Johannesburg charakterisieren Berg- und Graslandschaften, Täler und Hügel. Es ist ein Rückzugsgebiet für zahllose Brutpaare der bedrohten Kapgeier. Außerdem gibt es hier eine größere Population von Breit- und Spitzmaulnashörnern, und Leoparden hatten in dieser Gegend schon immer ihr Habitat. Außerdem sind noch Kudu, Riedbock und Bergriedbock, Elen- und Leierantilope heimisch. Die Flora besteht aus 765 verschiedene Pflanzen, u.a. wachsen hier bis zu 5 Meter hohe Cycads (Encephalartos eugene-maraisii). 80 km Parkstraßen sind mit normalem Pkw befahrbar, für den Rest benötigt man einen Geländewagen. Vorhanden sind mehrere Camps mit Safarizelten. Supermärkte für Selbstverpfleger und Gästehäuser befinden sich in Thabazimbi im Süden und in Vaalwater im Norden.

Mokala N.P. [D5]

Der gut 280 km^2 große Mokala Park ist der jüngste Nationalpark Südafrikas. Er liegt etwa 80 km südwestlich von Kimberley und westlich der N12 einsam in arider, sanfter Hügellandschaft mit reichem Kameldorn- bzw. Akazienbestand. Es ist ein Rückzugsgebiet für Spitz- und Breitmaulnashorn, Büffel, Antilope, Reedbuck, Wildebeest, Zebra, Kudu, Ostrich, Duiker, Springbok, Geier und andere Arten. Vom früheren Vaalbos National Park wurden 863 Tiere umgesiedelt. Nach Regenfällen sind die Parkpisten nicht mehr Pkw-tauglich.

Mountain Zebra N.P. [E6]

Das Gebiet bei Cradock im Eastern Cape war eine Rückzugsregion der gefährdeten Bergzebras und wurde 1937 zum Schutz seiner völligen Ausrottung unter Schutz gestellt. Heute umfasst der Park 285 km^2, Hügel und Täler prägen das Landschaftsbild, wobei die Bergkette des Bankberg-Massivs bis auf 2000 Meter ansteigt und im Winter oft schneebedeckt ist. Mit den letzten paar verbliebenen Bergzebras gelang es dann, die Population wieder etwas anzukurbeln. Das Bergzebra hat eine kürzere Mähne als das normale Zebra, ein schmaleres Streifenmuster und lebt in engen Familienverbänden. Außer dem Bergzebra sind noch heimisch Gepard, Kap-Büffel, Weißschwanzgnu, Spitzmaulnashorn, Eland-, Pferde- und Kuhantilope, Springbock, Schakal, Affe, Strauß und viele Vogelarten. Besonders schön ist der Park im Frühjahr zur Wildblumenblüte. Im Park gibt es 20 Campingplätze mit Strom, viele Familiencottages (auch barrierefrei) und das *Doornhoek Guest House*.

Namaqua N.P. [A5]

Der Park liegt 500 km nördlich von Kapstadt und ist berühmt für seine Blumenblüte im August und September. Abhängig vom Regen wird der unwirtliche, gelbbraune Wüstenboden praktisch über Nacht plötzlich von einer Blütenexplosion überzogen, ein Rausch von Orange, Weiß, Gelb, Violett und Rot in allen Schattierungen. Die wundervolle Verwandlung und Prachtentfaltung ist jedoch nur von kurzer Dauer. Übernachten ist möglich im Skilpad Rest Camp mit Chalets oder an der Küste im Namaqua Flowers Beach Camp mit Domzelten.

Royal Natal N.P. [F4]

Dieser Park in den nördlichen Drakensbergen steht für das grandioseste Hochgebirgs-Panorama in ganz Südafrika. Bereits 1916 als Nationalpark proklamiert, zählt der 88 km^2 große Park heute zum UNESCO-Naturerbe. Attraktion ist das Amphitheatre, ein spektakuläres, sichelförmiges Felsmassiv von fünf Kilometern Breite und einer Plateauhöhe von 2926 m. Eingerahmt wird es von drei über 3000 m hohen Gipfeln. Hauptfluss durch den Park ist der *uThukela River* mit mehreren Wasserfällen, der höchste hat eine Fallhöhe von über 600 Meter. Bedingt durch die unterschiedlichen Höhen- und Klimazonen zeigen sich Flora und Fauna überaus vielfältig und mannigfaltig. Nachgewiesen sind weit über 1000 Pflanzen- und 200 Vogelspezies. An den Hängen immergrüner Bergwald, in den Tallagen Grasland. Der Park ist ein Wanderparadies mit Trails zwischen 2 und 45 km Länge. Unterkünfte aller Art sind reichlich vorhanden, sowohl im Park, der von Ezemvelo KZN Wildlife verwaltet wird, als auch außerhalb. Buchung: www.kznwildlife.com.

Table Mountain N.P. [B7]

Den Table Mountain National Park gibt es seit 1998 und er reicht von Kapstadts Signal Hill als nördlichstem Ausläufer inklusive Tafelberg bis runter zum Kap der Guten Hoffnung mit seinem *Cape Floral Kingdom*. Er nimmt dabei etwa Dreiviertel der Fläche der Kap-Halbinsel ein. Eingeschlossen sind viele kleine Naturreservate, wie z.B. die Botanischen Gärten von Kirstenbosch oder der Pinguin-Strand am Boulder's Beach und fast alle Küstenbereiche. Der Park ist so vielfältig wie kein anderer in Südafrika und es gibt nur drei

Stellen, an denen man Eintritt bezahlen muss: am Kap der Guten Hoffnung, im Silvermine Nature Reserve und bei den Pinguinen am Boulder's Beach. Der Rest ist für die Öffentlichkeit frei zugänglich.

Tankwa Karoo N.P. [B6]

Der 1430 km² große Tankwa Karoo National Park liegt an der südlichen Grenze des Northern Cape und etwa vier Stunden Fahrzeit von Kapstadt entfernt, Parkfahrwege fast nur für 4x4-Fahrzeuge. Er wurde 1986 gegründet und die Parkstrukturen sind noch nicht endgültig abgeschlossen. Sehr trockenes, einsames Gebiet mit Tier- und Sukkulentenbestand sowie allerklarste Nächte für Sternengucker. 7 einfache Unterkünfte und Camps.

Tembe Elephant Park [H4]

Der 30 km² große, isoliert ganz im Nordosten von KwaZulu-Natal liegende Park mit Dornengestrüpp, Salzpfannen und Sandböden ist Lebensraum von etwa 220 Elefanten. Außer ihnen leben hier noch Zebras, Streifengnus, Nyalas, Giraffen, Büffel, Hyänen, Leoparden, Kudus, Wasserböcke, Elenantilopen, Breit- und Spitzmaulnashörner. Man darf nur mit einem 4WD durch den Park fahren oder muss für einen Game Drive auf die parkeigenen, offenen Geländewagen umsteigen. Die lokale Tembe-Community bewirtschaftet den Park und ist an den Einnahmen beteiligt. Infos und Buchungen auf www.tembe.co.za.

uMkhuze Game Reserve [H4]

Das 380 km² große uMkhuze Game Reserve liegt östlich der N2 in KwaZulu-Natal und ist Teil des iSimangaliso Wetland Parks. Die Tierpopulationen sind außergewöhnlich dicht und vielfältig, heimisch sind Giraffe, Nilpferd, Kudu, Streifengnu, Wasserbock, Eland, Zebra, Nyala, Breit- und Spitzmaulnashorn, Leopard, Gepard, Hyäne und über 400 Vogelspezies. Buchung: www.kznwildlife.com.

West Coast N.P. [B7]

Der 274 km² große West Coast National Park liegt etwa 100 Kilometer nördlich von Kapstadt an der Atlantikküste und umschließt die große Langebaan-Lagune. Er ist ein wichtiges Vogelschutzgebiet und die Überwinterungsheimat zahlloser Zugvögel aus Nordeuropa. Heimisch sind Elen-Antilope, Kudu, Oryx, Springbok, Kuhantilope, Buntbock, Zebra und Warzenschwein. Die Postberg Section zwischen Lagune und Meer mit dem *Postberg Flower Reserve* ist im August und September während der Blumenblüte eine große Touristenattraktion. Es sind viele Outdoor-Aktivitäten möglich, das Geelbek Visitor Centre ist für Unterkünfte behilflich.

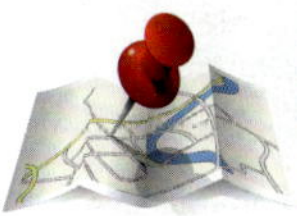

Bitte schreiben oder mailen Sie (verlag@rkh-reisefuehrer.de), wenn sich in Südafrika Dinge verändert haben oder Sie Neues wissen. Wir beantworten jede Zuschrift. Danke!

Naturräume, Fauna und Flora

Südafrika ist mit einer fantastischen Vielfalt an Vegetationszonen mit hoher Biodiversität gesegnet. Alle Landschafts- und Lebensräume Gesamtafrikas kommen in diesem Land vor: Grasland, Savannen, Urwald, Gebirgsregionen (Drakensberge), gemäßigte Regenwälder (die Wälder von Knysna und Tsitsikamma), Halbwüsten (Karoo), Wüste (an der Grenze zu Namibia und Botswana), der Fynbos des kapländischen Florenreichs (Western Cape), das Binnenhochland (Highveld) mit überwiegendem Grasland sowie spezielle Lebensräume an den Küsten. Das nordöstliche Südafrika bedecken Baum- und Grassavannen – in Südafrika „Bushveld" genannt –, und dort liegen auch die meisten der großen Wildreservate, von denen es mehr als 700 öffentliche gibt, davon über 25 Nationalparks, und etwa 200 private.

Südafrikas artenreiche Fauna

Südafrikas Artenvielfalt wird nirgendwo in sonstigen Ländern Afrikas übertroffen. Um diesen gewaltigen Schatz der Flora und Fauna zu erhalten, wurden schon früh National- und Wildschutzparks eingerichtet, wie 1898 der Krüger National Park und 1895 der Hluhluwe-Imfolozi Park. Und dennoch konnte nicht verhindert werden, dass etliche Tierarten, wie z.B. der Kaplöwe, der Blaubock oder das zebraähnliche Quagga, durch Jagd und Nachstellen ausgestorben sind. Andere Tiere sind trotz Schutzmaßnahmen bis heute bedroht und gefährdet.

Auch das ist Südafrika: Herbstlandschaft am Cleopatra Mountain Farmhouse in den Drakensbergen

Nachfolgend eine bescheidene Vorstellung der zahllosen Klein- und Großwildarten Südafrikas, die Touristen in den Bushveld- und Savannengebieten meist zu sehen bekommen. Um erspähte Tiere namentlich identifizieren zu können, gibt es in jedem Nationalpark Literatur und Bildhilfen. Oft bedarf es eines geschulten Auges, um getarnte Tiere entdecken zu können.

Wer die südafrikanische Fauna bereits vor der Reise live erleben möchte, kann sich auf eine der zahlreichen **Webkameras** durchklicken, z.B. auf www.africam.co.za, auf dieser Seite gibt es noch andere interessante Tiervideos zu sehen. Auch www.sanparks.org, die Seite von South African National Parks, bietet Webcams.

Südafrikas Unterwasserfauna können Sie hautnah und trockenen Fußes in den großen Meerwasser-Aquarien von uShaka/Durban (www.ushakamarineworld.co.za) und im Two Oceans Aquarium in der Waterfront in Kapstadt erleben (www.aquarium.co.za). Haitauchen-Videos, *Shark cage diving,* auf www.apexpredators.com.

Affen und Paviane

Zu unterscheiden sind die Arten **Bärenpavian** *(Chacma Baboon)* und **Grüne Meerkatze,** *Vervet Monkey.* Grüne Meerkatzen sind kleine, hellgraue Affen mit schwarzem Gesicht und einem langen Schwanz, die in Gruppen mit meist vielen Weibchen und ihren Jungen zusammenleben. Unter ihnen gibt es ständig wilde

Kämpfe um die Rangordnung. Tauchen Fressfeinde auf wie Leopard oder Adler auf, warnen sie sich gegenseitig. Lebensbereiche sind Baumsavanne, Buschland und Flussufergebiete. Sie sind Allesfresser.

Typisch für **Paviane,** die in nahezu allen Ökosystemen heimisch sind, ist ihr hundeartiges Maul mit gefährlichem Raubtiergebiss. Sie können bis anderthalb Meter groß werden und leben unter einem dominanten Pascha in Rudeln von teils über 50 Tieren. Die Rangordnung wird ständig neu ausgekämpft. Berüchtigt sind die angriffslustigen Pavian-Clans am Kap der Guten Hoffnung – sie auf keinen Fall füttern und das Autofenster immer geschlossen halten. Auch sie sind Allesfresser, am Kap gehen sie sogar in die Weinfelder und fressen die Trauben weg.

Antilopen

Am häufigsten sehen Wildpark-Besucher die horntragenden Vertreter der vielen Klein- und Großantilopenarten. Grazile Kleinantilopen mit einer Schulterhöhe bis etwa 70 cm sind der *Blau- und Rotducker* (Blue/Red Duiker; „Ducker" deshalb, weil sie bei Gefahr ins Unterholz „abtauchen"), *Kronenducker* (Grey/Common Duiker), *Moschusböckchen* (Suni), *Greisbock* (Grysbok, nur die Böcke haben Hörner), *Dikdik* (Dikdik), *Bleichböckchen* (Oribi), *Steinböckchen* (Steenbok) und **Klippspringer** (Klipspringer). Gedrungen gebaut, ist er ein hervorragender Hüpfer über Klippen und Felsen in allen Bergregionen Südafrikas.

Kleinantilopen leben eher einzeln oder paarweise, während Großantilopen Familienverbände von wenigen Köpfen bilden, die sich wiederum zu größeren Herden von bis zu 100 Tieren und mehr zusammenschließen.

Zu den größten Antilopenarten zählen die seltene, schwarze **Rappenantilope** (Sable Antelope, Schulterhöhe bis 140 cm, erkennbar an säbelähnlichen, quergerillten Hörnern) und die **Pferdeantilope** (Roan Antelope, 145 cm). Bei den Gnus mit ihren unförmigen Monsterschädeln und struppigen Haarkämmen gibt es zwei Arten: **Streifengnu** (Blue Wildebeest, mit dunklen, senkrechten Streifen an Hals und Brust) und das an seinem weißen Schweif erkennbare **Weißschwanzgnu** (Black Wildebeest; das afrikaanse Wort „beest" meint nicht „Biest", sondern „wildes Rind"). Weißschwanzgnus kommen nur in Südafrika vor und standen einst vor dem Aussterben. Sie leben im offenen Grasland und benötigen genügend Wasser. Die **Rote Kuhantilope** (Red Hartebeest) ist mit ihren hohen Schultern und spitzer Kopfform eine eher unbeholfene Erscheinung, eine Verwandte ist die *Leier-* oder *Halbmondantilope* (Tsessebe).

Der majestätische und schraubengehörnte **Große Kudu** (Greater Kudu, 160 cm, nur die Bullen tragen Hörner) ist berühmt für seine Sprungkraft. Noch mächtiger ist die rindsähnliche **Elenantilope** (Eland, 180 cm). Sie kam in den Drakensbergen vermehrt vor und war das bevorzugte Jagdwild der dortigen San.

Paviane am Cape of Good Hope

Weitere Antilopenarten sind *Rehantilope* (Grey Rhebok), *Riedbock* (Reedbuck), *Buschbock* (Bushbock), **Nyala** (ca. 115 cm, Hals-, Rücken- und Bauchmähne, vertikale Körperstreifen, braune „Strümpfe", nur die Bullen tragen geschraubte Hörner), *Sitatunga* sowie der *Blesbock* (Blesbok). Der **Buntbock** (Bontebok, Schulterhöhe ca. 90 cm) zählt zu den seltensten Antilopenarten Südafrikas. Er lebt nur im südwestlichen Teil der Kap-Provinz, wo den Tieren mit dem Bontebok National Park bei Swellendam ein Schutzgebiet eingerichtet wurde. Auch im De Hoop Nature Reserve an der Küste kann man sie beobachten.

Der untersetzt-kräftige **Ellipsen-Wasserbock** (Waterbuck) lebt vorzugsweise in wasserreichen Gebieten, sein typisches Merkmal ist ein weißes Oval an seinen Hinterbacken. Der **Springbock** (Springbok) ist identifizierbar an seinem weißen Kopf mit braunen Streifen vom Auge bis zur Schnauze und an seinen bockartigen, weiten Prellsprüngen. Beide Geschlechter tragen Hörner. Der Springbock war früher das Wappentier Südafrikas und ist bevorzugter Fleischlieferant für delikate Springbock-Gerichte, die in südafrikanischen Restaurants sehr oft auf der Speisekarte stehen.

Oryx-Antilope oder *Spießbock* (Gemsbok) ist leicht an ihren spitzen und endlos langen Doppelflorett-Hörnern erkennbar, in Kämpfen, selbst gegen Löwen, eine tödliche Waffe. Lebensraum der Oryx-Antilope sind die ariden Gebiete an der Grenze zu Namibia und Botswana

Impalas ist die am häufigsten vorkommende Antilopenart, die eleganten Tiere formieren sich meist zu Großherden. Wegen ihrer schwarzen Haarbüschel an den Fersen ist ihr deutscher Name **Schwarzfersenantilope.** Als typische Savannenbewohner sind sie die Hauptnahrung von Raubtieren. Nur die Männchen tragen Hörner.

Gazellen sind gleichfalls Hornträger *(Bovidae)* und Savannentiere. Diese Gruppe umfasst über ein Dutzend Arten, bekannt ist die Thomson-Gazelle, deren

Am Schraubengehörn leicht erkennbar: Kudu

Stolzer Hornträger: Waterbuck

Kampf zweier Gazellen

Nilpferdschwemme

Hinterbacken ein „M" bzw. die Bögen der McDonalds-Restaurants zeigt – und so enden sie dann auch oft, als „Big Mac" für Raubtiere.

Flusspferd (Nilpferd)

Als Wassertiere mit sehr sonnenempfindlicher und haarloser Haut benötigen Flusspferde (Hippos) nicht nur Flachgewässer, sondern welche die tief genug sind, um sie gegen Überhitzung ganz zu bedecken. Deshalb kommen sie erst nach Sonnenuntergang zum Grasen an Land. Dabei machen sie in Nähe von Ortschaften, wie z.B. in St Lucia im iSimangaliso Wetland Park oder in Phalaborwa/Limpopo, auch Ausflüge auf die Rasenflächen von Häusern. Die tonnenschweren Kolosse wirken recht harmlos, können aber erstaunlich schnell laufen und sie zögern bei Bedrohung ihrer selbst oder ihres Nachwuchses nicht, auf Menschen loszustürmen. Deshalb nicht zwischen sie und ihr Gewässer geraten. Beim Abtauchen können sie ihre Nasenlöcher verschließen und bis zu zehn Minuten unter Wasser bleiben. Meist sieht man nur ihre hoch angebrachten Äuglein aus dem Wasser ragen. Imposant ist ihr lautes Röhren mit weitaufgerissenem Maul.

Giraffe

Die Giraffe, das höchste Landsäugetier Afrikas, ist in der Tierwelt absolut unverwechselbar. Männchen können Höhen von über sechs Meter erreichen. Lebensraum ist offene Busch- und Trockensavanne, wo die Giraffe Baumkronen abweidet, sie bevorzugt Schirmakazien. Mit ihrer beinahe halbmeterlangen, blaugrauen und greiffähigen Zunge kann sie ungeachtet der spitzen Dornen die Blätter abstreifen, von denen sie sich fast ausschließlich ernährt.

Giraffen-„Gemälde"

Will sie trinken, was relativ selten erforderlich ist, muss sie die Vorderbeine weit spreizen und den Kopf niedersenken. Diesen Augenblick warten manchmal Löwen ab, um sie zu attackieren. Dank ihrer Höhe hat sie aber ständig Übersicht über das Gelände. Die extreme Länge des Halses rührt von stark verlängerten Halswirbeln. Eine einzige starke und durchgehende Sehne vom Kopf bis zum Schwanz hält ihn in leicht schräger Position. Die Fellflecken sind ein Mittel zu ihrer Tarnung. Beide Geschlechter haben zwei zapfenartige Hörnchen auf dem Kopf. Um denselben mit Blut zu versorgen, ist ihr Blutdruck mehr als doppelt so hoch wie beim Menschen. Bei Kämpfen untereinander schlagen Giraffen ihre Hälse und Köpfe gegeneinander. Giraffen sind tag- und nachtaktiv und Wiederkäuer. Sie bilden Klein- oder Großherden bis zu 30 Tieren und können erstaunlich schnell galoppieren.

Hyäne

Die Tüpfel- oder Fleckenhyäne (Spotted Hyaena) charakterisiert ein flach abfallendes Hinterteil, zotteliges Fell, muskulöser Nacken und aufstehende Ohren. Ihre gut entwickelten Sinnesorgane befähigen sie, Aas oder den Riss eines anderen Tieres meist als erste auszumachen. Zusammen mit den Schakalen und Geiern sind sie „Abräumdienst" und „Gesundheitspolizei" in der afrikanischen Natur. Hyänen sind ausgezeichnete Jäger, die ihre Opfer zu Tode hetzen und keinen Kampf scheuen. Der Kiefer ist so stark, dass auch dickste Knochen zermalmt werden können. Hyänen bilden Clans von 10 bis 30 Tieren, berühmt ist ihr heißeres „Gelächter" in den Nachtstunden. Eine verwandte Art ist die etwas kleinere **Schabracken-** oder **Braune Hyäne** (Brown Hyaena). Hyänenhund ist ein anderer Name für den schäferhundgroßen Afrikanischen Wildhund, *Cape Hunting Dog*.

Klippschliefer

Klippschliefer (Rock Dassie) sind kaninchengroße Säugetiere ohne Schwanz mit kompaktem Kopf ohne Halsansatz. Sie leben gesellig in Kolonien in felsigen Gebieten die Deckung bieten und stellen wie Erdmännchen Wachposten auf, die bei drohender Gefahr einen scharfen Pfeifton abgeben. Den niedlichen, fast zutraulichen Dassies begegnet jeder Tourist auf dem Tafelberg in Kapstadt.

Schakal

Der **Schabrackenschakal** *(Black-backed Jackal)* hat die Größe eines Fuchses und kommt fast überall in Südafrika vor. Der Zusatz „Schabracke", was Satteldecke meint, bekam der Schakal wegen der gesprenkelten Rückenfärbung seines braunen

„Abräumdienst" Hyäne

Schabrackenschakal

oder schwarzen Fells. Schakale leben einzeln, in Paaren oder in Kleingruppen. Die Redensart „abgeschlagen wie ein Schakal" weist auf ihre Schläue, einen ausgeprägten Geruchssinn und listiges Jagdverhalten hin. Sie ernähren sich von kleineren Säugern, Aas, kleinen Antilopen und von Pflanzlichem und sie sind in nahezu allen Ökosystemen Südafrikas heimisch. Es existieren auch noch Streifenschakale.

Schlangen

In Südafrika gibt es weit über 100 Schlangenarten, darunter eine ganze Reihe von giftigen: Puffotter (*Puff Adder,* sehr verbreitet und sehr giftig, braun, kurz und dick, Vorsicht beim Wandern), Baumschlange (*Boom Slang*, hellbraun und grün), Kap-Kobra (Cape Cobra, in ganz Südafrika, gelblich) und Schwarze Mamba (Black Mamba, nicht richtig schwarz). In Schlangenparks, oft Vogel- und Krokodilparks angegliedert, können Sie die Tierchen bewundern.

Warzenschwein

Warzenschweine *(Warthogs)* sieht man in nahezu allen südafrikanischen Wildparks. Neben den weißen Hauern, die rechts und links der Schnauze in einem Bogen hochwachsen und eine respekteinflößende und für andere Tiere gefährliche Länge erreichen können, ist vor allem der bei flüchtenden Tieren wie eine Autoantenne senkrecht hochstehende Schwanz charakteristisch. Ihr Name kommt von den beiden Höckerwarzen neben ihren Augen, Keiler haben zusätzlich zwei weitere unterhalb. Zum Äsen und Graben knien sie auf ihren Vorderläufen, wühlen nach Knollen und Wurzeln. Mit Borstenhaaren, Mähne und Hängebauchansatz ist das eher ungestaltige Tier bestimmt kein Kandidat für einen Schönheitspreis – und dennoch irgendwie faszinierend. Warzenschweinfleisch gilt in Südafrika als Delikatesse.

Zebra

Das schöne **Steppenzebra** *(Burchell's Zebra)* hat seinen Lebensraum in offener Grassavanne mit genügendem Wasserangebot. Zebras bilden Familienverbände, die auf Wanderschaft – zur Suche von Gras bewegen sich Zebras über große Entfernungen – von einer Leitstute angeführt und von einem Hengst hinten abgeschlossen wird. Ihr schwarzweißes Streifenmuster dient nicht als Dekoration, sondern ist Tarnung und Identifizierungsmerkmal für den Nachwuchs, der nach der Geburt auf das Muster der Mutter geprägt wird. Die Mähne ist gleichfalls gestreift. Die Kopfrumpf-Länge beträgt zwei bis drei Meter, die Schulterhöhe bis 1,60 Meter, das Gewicht variiert zwischen 180 und 450 kg. Steppenzebras gesellen sich gerne zu Antilopen und verteidigen sich gegen

Rennende Warthogs

Zebras im Morgenlicht

Angreifer durch Kicktritte und Beißen. Gegen die zebraliebenden Löwen haben sie aber nur selten eine Chance. Zebras sind nicht zähmbar, wenngleich es schon im kolonialen Namibia erfolgreiche Versuche als Zug- und auch als Reittier gab.

Außer dem Steppenzebra gibt es im südlichen Afrika noch das wesentlich seltenere **Bergzebra** *(Hartmann's Mountain Zebra)*, erkennbar an seinen bis runter zu den Hufen gestreiften Beinen. Mit dem *Mountain Zebra National Park* bei Cradock im Eastern Cape wurde diesen gefährdeten Tieren ein Rückzugsgebiet eingerichtet. Das Cape Mountain Zebra *(Equus zebra)*, das vereinzelt in Gegenden der Western und Eastern Provinz vorkommt, ist eine Subart des Bergzebras.

„Guten Morgen Touristen"

Buntes Vogelparadies

Vogelfreunde finden in Südafrika paradiesische Verhältnisse vor: es gibt mehr als 800 Arten, darunter zahlreiche endemische, die also nur in bestimmten Gebieten vorkommen, wie beispielsweise der **Cape Sugarbird** (Kap-Honigsauger) und **Sunbird** (Nektarvogel) in der Fynbos-Flora der südwestlichen Kapregion.

Überall gibt es Chancen zur Beobachtung, nicht nur in den zahlreichen National- und Naturparks, sondern auch in größeren Gärten von Gästehäusern oder von Lodges, in der Natur wimmelt es von fast zahllosen Spezies. Während der europäischen Wintermonate kann man auf Zugvögel stoßen, die hier überwintern. Im Internet können Sie sich auf speziellen Vogelseiten über Südafrikas Arten und ihr Aussehen kundig machen. Vogelliebhaber in Südafrika betreiben Webseiten, z.B. www.birdlife.org.za oder www.zbr.co.za u.a.

Im Land gibt es nicht wenige Vogelparks, wie z.B. in Hout Bay südlich von Kapstadt die **World of Birds,** einer der größten mit zahllosen Arten (www.worldofbirds.org.za). Nicht versäumen sollten Vogelfreunde **Birds of Eden** östlich von Plettenberg Bay, mit 3500 Vögeln die wohl größte Freiflugvoliere der Welt mit Gelegenheit für tolle Vogelfotos. Auch der Zoologische Garten von Pretoria besitzt eine riesige Voliere.

Helmturako / Knysna Lourie

Roter Sichler / Scarlett Ibis

Nashornvogel / Hornbill

Charakteristisch für Südafrika sind z.B. die fleißig nesterbauenden kleinen **Webervögel** (Weavers), der 1,20 m hohe **Sekretär,** ein Raubvogel, der den Körper eines Adlers und die Beine eines hochbeinigen Kranichs hat, die rotschnablige Schlangenadler-Art **Bateleur,** wegen seines akrobatischen und kunstvollen Flugs „Gaukler" genannt, der Nationalvogel **Blue Crane** (Paradieskranich) und die größte Vogelart der Welt, der über 2,5 m hohe und bis zu 70 km/h schnelle, aber flugunfähige **Strauß** (Ostrich), der hauptsächlich um Oudtshoorn in der Kleinen Karoo gezüchtet wird.

Küsten und Feuchtgebiete wie der iSimangaliso Wetland Park sind das Habitat von **Möwe, Watvögeln, Albatross, Löffler** (Spoonbill), **Pelikan, Kormoran, Austernfischer** (Oystercatcher), **Seeschwalbe, Fischadler** (Osprey), **Schreiseeadler** (Fish Eagle), **Ibis, Reiher** (Heron), Brillen- oder **Afrikanischer Pinguin** (Jackass-Pinguin) und von **Hammerkopf** bzw. Schattenvogel (Hamerkop), erkennbar an seiner ungewöhnlichen Kopfform.

In Lambert's Bay an der West Coast bietet die kleine Bird Island tausenden von Seevögeln Schutz, hier lebt die größte Kolonie an **Kaptölpeln** *(Cape Gannets)* der Westküste. Der Drakensberg-Nationalpark in KwaZulu-Natal ist Heimat von mächtigen Adlerarten, Habicht, Bussard und Geiern (Vultures), bekanntester Vertreter ist der **Lammergeyer** (Bearded Vulture, Bart- oder Lämmergeier). Schöne Fotomotive sind **Hornbill** (Nashornvogel, sehr artenreich, ein Verwandter ist der rotaugige *Southern Ground Hornbill*) mit langem, geschwungenem Schnabel, manchmal mit aufgesetztem „Horn", der Hornrabe, der farbenprächtige **Kingfisher** (Eisvogel), der lila-, rot- und blauleuchtende **Lilac-Breasted Roller** (Gabelracke, im Flug lässt sie sich von Seite zu Seite rollen), rosarote **Flamingos** an Salzpfannen, der haubengeschmückte **Turako** (Knysna Lourie) und der **Oxpecker** (Madenhacker),

Gabelracke

der in Symbiose mit Büffeln, Nashörnern u.a. Tieren lebt und mit seinem gelbroten Schnabel auf deren Rücken sitzend Parasiten aus der Haut pickt.

Welt der Flora

Südafrika ist die Heimat von weit mehr als 20.000 Pflanzenarten in extremer Vielfalt. Berühmt ist im südwestlichen Kapland das vergleichsweise kleine **Fynbos-Florenreich,** das aber rund 8500 Pflanzenarten umfasst. Dazu gehört die Nationalblume Südafrikas, die wunderschöne, hochwachsende **Protea,** sowie zahllose Erika-Arten. Die ganze Fülle und Schönheit der Pflanzen am Kap können Sie am besten im *Kirstenbosch Botanical Gard*en in Kapstadt oder im *Harold Porter National Botanical Garden* bei Betty's Bay westlich von Hermanus erleben. Im Buch wird auf weitere Botanische Gärten hingewiesen.

In Südafrika mit seinen vielfältigen Vegetationszonen dominiert im Landesinnern Grasland, entlang des Küstengürtels im Nordosten subtropische Vegetation, in den Höhenlagen sind immergrüne Hartlaubgewächse bestimmend und in den **Savannen** (in Südafrika als „Bosveld" oder „Bushveld" bezeichnet) eine Mischvegetation aus Grasland, Baum- und Strauchbewuchs, abhängig von der Niederschlagsmenge. **Akazien,** insbesondere Schirmakazien, gehören zum typischen Steppenlandschaftsbild Afrikas. Charakteristisch für aride Zonen sind auch der Mopanebaum und der **Affenbrotbaum,** im nördlichen Limpopo besonders oft anzutreffen. Er ist leicht an seinem dicken, tonnenförmigen Stamm zu erkennen, in dem er Wasser speichert. Baobabs können mehrere hundert Jahre alt werden und sind in hohem Alter innen meist hohl. Aus den weißen Blüten entwickeln sich lange, gurkenähnliche Früchte.

Im Südwesten Südafrikas erstrecken sich zwei Halbwüsten, die Große und die Kleine Karoo mit spärlicher Vegetation, wie **Tamarisken, Sukkulenten**

„Fynbos"

ist ein Wort aus dem Afrikaans und meint „Büsche mit feinen Blättern" (also nicht großen). Es sind niedrig wachsende Büsche, die dieser flächenmäßig kleinen, aber sehr bedeutenden Vegetationszone im Western Cape ihren Namen gab, Fynbos überzieht mit vieltausendfacher Vielfalt die ganze Spitze der Kap-Halbinsel. Charakteristisch sind dabei sogenannte Geophyten, Pflanzen, die unter ungünstigsten Bedingungen überleben können, denn der meiste Fynbos wächst auf nährstoffarmen Böden, kann nur wenig Wasser aufsaugen und speichern. Typisch sind Silberbaumgewächse (Proteen), Zwiebelpflanzen wie Lilien und Iris, hunderte Heidekraut-Arten (Ericaceae) und Asterngewächse. Viele unserer Gartenpflanzen stammen aus der Fynbos-Pflanzenwelt. Fynbos benötigt ein mittelmeerähnliches Klima mit trockenen Sommer und kühleren, feuchtwarmen Wintern. Buschbrände sind der Pflanzenvielfalt und ihrer Erneuerung eher förderlich als abträglich. Hochwüchsige einheimische Bäume sind jedoch im Fynbos-Florenreich selten, wie auch Säugetiere. Fynbos ist Teil des Unesco-Naturerbes.

Fynbosfeld mit Proteen

Köcherbaum vor Sonnenuntergang

(wasserspeichernde Dickblattgewächse, darunter Euphorbien, deren milchweißer Saft giftig ist), niedrigen Dornbüschen und **Aloen,** deren bekanntester Vertreter der ungemein dekorative **Köcherbaum** ist (*Aloe dichotoma,* Quiver tree, Kokerboom).

Outeniqua Woodville Big Tree, ein 33 m hoher und ca. 800 Jahre alter Yellowwood (Podocarpus falcatus) bei George

Der gerade Stamm mit rissiger Rinde öffnet sich zu einer halbkugelförmigen Krone mit spitzen, harten Blättern an den Ästen. Er ist in ariden Zonen Südafrikas heimisch und u.a. auch im *Karoo Desert National Botanical Garden* in Worcester.

Südafrikas ursprünglicher **Waldbestand,** wie von den europäischen Siedlern bei ihrer Ankunft im 17. Jahrhundert vorgefunden, wurde weitgehend abgeholzt. Aufforstungsprogramme mit industriellen Kiefern- und **Eukalyptus-Nutzholzplantagen** überziehen weite Teil KwaZulu-Natals. Der Eukalyptusbaum wurde einst von Australien importiert, sein Wasserverbrauch liegt um 30 bis 40 Prozent höher als bei einheimischer Vegetation und in nur sieben Jahren ist ein Eukalyptus schlagreif.

Immergrüne **Feuchtwälder** findet man im Tsitsikamma-Abschnitt des Garden Route National Parks. Die südafrikanischen Hartholzbäume, wie **Yellowwood** (Gelbholz, Breitblättrige Steineibe, ein sehr hohes Exemplar; einen über 36 m hohen „Big Tree", findet man bei der Storms River Bridge, s.S. 502), **Stinkwood, White Milkwood** (aus dem die Voortrekker ihre Planwagen und Holzräder bauten) oder **Black Ironwood** (Eisenholz) sind heute selten, ihr Bestand ist überwiegend geschützt.

Als **„Fieberbaum"** bekannt ist die **Acacia xanthophloea** (Fever Tree), die ersten weißen südafrikanischen Siedler glaubten, sie wären Urheber der Malaria weil sie gerne in Flussniederungen mit Moskitovorkommen wachsen. Die bis zu 15 m hohen Bäume sind leicht durch ihren gelbgrünen Stamm zu identifizieren.

Zu den am schönsten blühenden Bäumen zählen zweifelsohne die **Jacarandas,** die im Süd-Frühjahr über und über lila blühen (sie stammen ursprünglich aus Brasilien), Pretoria ist dafür bekannt. Der **Flammenbaum** (Flamboyant) beginnt im April wunderschön rot zu blühen, und der **Korallenbaum** entwickelt in der blattlosen Zeit zwischen Juli und November korallenrote Blütenstände. Der **Kapokbaum** (Cotton Tree, Ceiba), dessen Stamm mit spitzen Stacheln bewehrt ist, blüht in schönem Rosa. Der **Honigbaum** *(Greyia sutherlandia)* wächst auf den Bergflanken, seine Blüten hängen in tiefroten Trauben herab. Aus dem weichen Holz werden gerne Figuren und Haushaltsgegenstände geschnitzt.

Rosablühender Kapokbaum

Sobald es in den Trockengebieten der West Coast und im nördlicher gelegenen Namaqualand im Südfrühling ab August einmal regnet, verwandelt sich das trockene *veld* in ein endloses, buntes **Blumenmeer.**

Blumenmeer bei Paternoster

Die großen Fünf – The Big Five

Löwe, Leopard, Büffel, Elefant und Nashorn

Mit den „Big Five" sind nicht jene Wildtiere Afrikas gemeint, die von der Statur her am größten sind, sondern die früher bei Großwildjagden am schwierigsten und gefährlichsten zu jagen waren, nämlich: **Löwe, Leopard, Büffel, Elefant** und **Nashorn.** Die Chance, „alle Fünfe" in nur einem Wildpark oder bei einem einzigen Game Drive zu Gesicht zu bekommen, ist selten und noch am ehesten möglich in einem Private Game Reserve. Öffentliche Parks mit den Big Five sind z.B. Krüger-Nationalpark, Hluhluwe-Imfolozi in KwaZulu-Natal und das Pilanesberg Game Reserve in der Nord-West-Provinz. In allen Big-Five-Parks müssen Sie das *Indemnity*-Formular unterschreiben, das die Verantwortlichen vor Schadenersatzforderungen jeglicher Art entbindet, also wenn Ihnen z.B. ein Löwe allzu nahe kam.

Hinweis: Obwohl der **Gepard** nicht zu den nachfolgenden „Big Five" gehört, verdient er gleichfalls eine etwas ausführlichere Beschreibung.

Gepard

Der elegant-schlanke Gepard *(Acononyx jubatus,* Cheetah) ist das Lieblingstier vieler Touristen, auch deshalb, weil man in Südafrika in privaten Parks mit halbzahmen Tieren hautnahe (Foto-)Begegnungen haben kann.

Geparde sind nach Löwe und Leopard die drittgrößte Großkatzenart und die schnellsten Säugetiere der Erde. Im Unterschied zum Leopard ist er erheblich länger als dieser, sein Fell ist nur mit schwarzen Flecken, keinen Rosetten versehen und der Kopf ist im Verhältnis zum Körper eher zu klein. Vom inneren Augenwinkel zieht sich ein deutlich schwarzer Streifen zur Maulecke.

Als tagaktiver Jäger pirscht sich der Gepard – er jagt meist einzeln – so nah wie möglich an seine Beute heran, schreckt sie auf und hetzt sie dann nieder. Dabei kann der hochspezialisierte Sprinter auf kurzen Strecken eine Geschwindigkeit von über 110 km/h erreichen. Unterstützung leisten ihm seine

Geparden, die schnellsten Landtiere der Welt

nicht einziehbaren Krallen, die wie Spikes wirken, und als Steuerungsinstrument der lange Schwanz. Mit einem Prankenhieb schlägt er sein Opfer – meist kleinere Antilopenarten – zu Boden und erwürgt es, was dauern kann, denn für einen einmaligen tödlichen Biss ist das Gepardengebiss nicht ausgelegt. Gelingt ihm die Niederwerfung der Beute nach ein paar hundert Metern Verfolgungsrennen nicht, muss er erschöpft und geschwächt aufpassen nicht selbst Beute von Löwe, Leopard oder von Hyänen zu werden. Frisch gerissene Tiere verspeist der Gepard sofort, Vorratshaltung kennt er nicht.

Seine Verbreitung reicht von Namibia über Botswana bis ins nördliche Südafrika und Zimbabwe. Er benötigt ein großräumiges Jagdrevier. Geparden sind in der Wildnis stark gefährdet und selten aggressiv, weshalb sie sich leicht zähmen und sogar schon für die Jagd mit dem Menschen haben abrichten lassen.

Löwe

Innerhalb der Familie der Katzen *(felidae)* gibt es von den 37 Arten 8 Großkatzen, wobei Afrikas Liebling natürlich der **Löwe** ist *(Panthera leo)*. Wie alle seine anderen Artverwandten ist er dank seiner ausgeprägten Sinnesorgane ein perfekter Jäger, steht an Spitze der Nahrungskette und benötigt, weil überwiegend reviergebunden, ein großes Revier.

Der König der Savanne

Der „König der Wildnis" ist ein Symbol von Mut und Kraft. Es ist die einzige Wildkatze, die in Gruppen bis zu 30 Tieren – meist sind die Rudel jedoch kleiner – lebt und gemeinschaftlich auf Jagd geht. Hoher Bevölkerungsdruck raubte ihnen in ganz Afrika Lebensraum. In Südafrika ist eine andere Art, der Kaplöwe, schon lange ausgestorben.

Löwenmutter mit „cubs"

Löwen leben in den offenen Weiten von Steppen- und Grassavannen und ihre Hauptnahrungsquellen sind Zebras, Antilopen, Gnus und Warzenschweine, aber sie wagen sich auch an Giraffen und an die gefährlichen Büffel als Beute. Die Jagd nach Nahrung übernehmen in der Regel die Löwinnen in kooperativem Vorgehen, ein einmaliges Verhalten im Reich der Katzen. Sie schleichen das Opfer an, es wird eingekreist, aufgescheucht und in Richtung ihrer lauernder Mitjägerinnen getrieben, die versteckt im Gras liegen. Ein Biss in die Flanke oder in die Halsschlagader besiegelt das Leben des Opfers. Auch kann bereits ein einziger Hieb ihrer außergewöhnlich kraftvollen Pranken einem Tier das Genick brechen. Das Opfer („the catch") wird dann von der Meute unter heißerem Gefauche meist in den Schatten eines Baumes gezogen und gemeinsam gefressen – und wer dabei den größten Fleischbrocken erwischt, hat dann den „Löwenanteil" …

Männliche Löwen erkennt man leicht an ihrer ausgeprägten Mähne. Ausgewachsen können sie es leicht auf über 200 kg Gewicht und auf eine Gesamtlänge von über 3 m bringen. Die Weibchen sind zierlicher. Die maximale Laufgeschwindigkeit beträgt ungefähr 60 km/h, die sie aber nur auf kurze Distanzen durchhalten können. Weibchen sind das ganze Jahr über paarungsbereit und gebären nach einer Tragzeit von 3,5–4 Monaten 2–5 Jungen.

Löwen zu sehen ist der Höhepunkt eines jeden Game Drives. Chancen bestehen frühmorgens oder abends in der Nähe von Wasserlöchern. Den Tag verdösen Löwen meist im Schatten eines Baumes. Ihr kilometerweit röhrendes Gebrüll, das bei den Männchen der Revierverteidigung dient und das Sie vielleicht während einer abendlichen Pirschfahrt in nächster Nähe zu hören bekommen, gehört zu den aufregendsten Erlebnissen in Afrika.

Leopard

Die schönste Großkatze Afrikas mit wunderbar gezeichnetem Fell ist der **Leopard** *(Panthera pardus)*. Das Traumtier ist der gewandteste Kletterer und als gewitzter Einzelgänger nur schwer sichtbar. Andererseits sind in manchen (kleineren) Schutzgebieten den Tieren die immer wiederkehrenden Geländewagen der Safaritouristen so vertraut geworden, dass sie sich von den Wagen nicht weiter stören lassen.

Mit vollem Bauch schläft sich's besser

Männliche Tiere werden 40–90 kg schwer, weibliche 30–60 kg. Die Fellfarbe variiert von weiß bis goldbraun, unregelmäßig gefleckt mit schwarzen Punkten und unterbrochenen Rosetten, deren Zentrum etwas dunkler ist als die

Fellgrundfarbe. Es existieren über 25 Unterarten und alle Spezies sind überaus anpassungsfähig.

Das Lebens- und Jagdgebiet dieses territorial gebundenen Tieres sind Steppen- und Graslandschaften, Dornendickichte und Halbwüsten. Auf die Jagd geht der muskulöse Schleichjäger am späten Nachmittag oder am frühen Abend, und als typischer Ansitzjäger sucht er von Bäumen herab zuerst die Umgebung ab. Mit Ansturm wirft er seine Beute um und tötet sie durch einen Biss in die Kehle. Er schlägt auch Tiere, die weitaus größer sind als er selbst. Nach dem ersten Fressen wird die Beute mit viel Kraft und mit im Genick verbissen auf einen Baum gezerrt, um sie in Sicherheit vor anderen Tieren zu bringen. Das Nahrungsspektrum reicht von Kleintieren bis schwersten Antilopen. Auch Aas verschmähen Leoparden nicht. Feinde haben sie nur wenige und wenn, dann Löwen.

Büffel

Der Afrikanische Büffel (*Syncerus caffer*, Steppen- oder Kaffernbüffel) ist als Rinderart ein typischer Grasfresser. Büffel leben in Herden von ein paar Dutzend bis Hunderten von Tieren und bevorzugen beschattete Graslandschaften und Flusstäler mit ganzjährig gutem Wasserangebot, weil sie jeden Tag ein- bis zweimal trinken müssen. Das Revier, das sie auf Trampelrouten zu den Wasserstellen durchwandern, wird selten gewechselt.

Charakteristisch bei diesen schwarzen Giganten mit ihren melancholischen Augen sind die bis zu 1,5 Meter ausladenden, geschwungenen Hörner. Ausgewachsene Bullen können eine Schulterhöhe von knapp zwei Metern, eine Kopf-Rumpf-Länge von über 3 Metern und ein Gewicht von 1000 Kilogramm erreichen. Um diese Last zu tragen, sind die Läufe und Hufe überaus kräftig ausgebildet.

Objekt der Fotobegierde ist der Leopard auf dem Baum

Büffelherde im Anmarsch

Die Herden bestehen meistens aus Kühen und ihren Jungen, nur während der Paarungszeiten schließen sich auch die Bullen den Herden an, und dabei kommt es dann immer wieder zu Hierarchiekämpfen. Der weibliche Nachwuchs bleibt gewöhnlich ein Leben lang in der Herde, in der er geboren wurde. In der Wildnis erreichen Büffel ein Alter von 15–20 Jahren.
Wie bei den Nashörnern sitzen auf dem Rücken der Büffel oft Madenhacker, die ihr Wirtstier von Haut- und Fellschmarotzern befreien. Zu den Feinden der Büffel zählen Löwen und Leoparden und auch Krokodile, wenn sie auf einer Wanderung einen Fluss durchqueren müssen. Als „Big Five"-Mitglied wurde der Afrikanische Büffel früher auf Großwildjagden bejagt und stark dezimiert, dass es fast zur Ausrottung kam. Heute haben sich die Populationen wieder erholt.

Büffel haben den Ruf, nicht ungefährlich zu sein, und so ist es. Menschen, die in Afrika von Tieren getötet wurden, kommen nach Statistiken an erster Stelle durch wild geworden Flusspferde und danach durch Büffel zu Tode, vor allem durch verwundete oder ältere Einzelgänger, die in die Enge getrieben werden. Bei einem Game Drive in privaten Schutzgebieten wird an grasende Büffelherden meist relativ nahe herangefahren. Doch einmal in Rage lostrampelnd – ihr nächstes Verhalten ist nicht vorhersehbar –, ist eine Büffelherde nicht mehr zu stoppen.

Elefant

Der größte und beeindruckendste Vertreter der afrikanischen Landsäugetiere aus der Familie der Rüsseltiere ist der Afrikanische Elefant *(Loxodonta africana)*. Außer dem südafrikanischen Steppenelefant gibt es in Afrika auch noch Wald- und Wüstenelefanten. Unterscheidungsmerkmal zum asiatischen Elefant (Arbeitselefanten gibt es in Afrika keine) sind seine größeren Ohren, mit denen er überschüssige Körperwärme abfächelt. Vor einem Angriff spreizen Elefanten ihre Ohren weit ab und wittern mit erhobenem Rüssel.

Ursprünglich auf dem gesamten Kontinent beheimatet, haben Elefanten in Südafrika vor allem in den Nationalparks und noch vereinzelt in der Wildnis ihr Rückzugsgebiet gefunden. Im Nordosten von KwaZulu-Natal gibt es den Tembe Elephant Park, Lebensraum für besonders mächtige Exemplare. Eine Elefantenkuh ist etwa 22 Monate lang trächtig – länger als bei jedem anderen Tier.

Das Seh- und Hörvermögen der Elefanten ist weniger stark ausgeprägt, dagegen gut ihr Geruchssinn. Es sind sehr intelligente Herdentiere – ihr Gedächtnis ist sprichwörtlich – mit hohem Sozialverhalten, z.B. werden jüngere, ältere oder verletzte Artgenossen beschützt und bei einer Wanderung nicht zurückgelassen.

Typisch ist ihr fast lautloser Gang, die Sohlen der stämmigen Beine polstert dickes, elastisches Bindegewebe. Bei ihren Wanderungen legen sie in der Stunde etwa 5 km zurück, sie können aber auch unvermittelt losstürmen. Männliche Elefanten können Körperhöhen von bis zu 3,50 m (höchster Punkt ist nicht der mächtige Kopf, sondern der Rücken) und ein Gewicht von 5000 bis 7000 kg erreichen. In freier Wildbahn können die Rüsseltiere ein Alter von über 60 Jahren erreichen.

Am faszinierendsten am Elefanten ist sein muskelreicher und knochenloser langer Rüssel. Das Organ entstand in der Elefanten-Entwicklungsgeschichte aus Oberlippe und verlängerter Nase und ist ein äußerst feinfühliges, bewegliches „Multifunktionswerkzeug“: Es dient als Riech-, Tast- und Greiforgan, als „Hand“ und „5. Bein“, Signaltrompete- und Kommunikationsinstrument, Saug- und Druckpumpe, Staubdusche, Grabstock, Schnorchel beim Baden, Schlagwaffe und natürlich zur Aufnahme der Nahrung. Ohne einen Rüssel wäre ein Elefant sofort verloren, denn mit dem Maul allein kann er weder direkt fressen noch trinken. Die Wassermenge, die der Rüssel nach dem Ansaugen in den Schlund bläst, kann in kurzer Zeit über 100 Liter betragen, und eine solche Menge benötigt er durchschnittlich jeden Tag.

Elefanten fressen vor allem Gras, aber auch Früchte, Wurzeln, Zweige und Rinde, insgesamt kommen da täglich bis zu 200 kg zusammen. Interessant ist die Sache mit den Backenzähnen: Davon hat ein Elefant drei Sätze in seinem Leben, und ist der dritte heruntergekaut, wird er

Elefanten am Fluss

Auf Pirsch mit dem Ranger, Breitmaulnashörner fast zum Greifen nah

verhungern. Unermüdlich sind die Herden den ganzen Tag auf Futtersuche, und wo Elefanten einmal durchgezogen sind und alles pflanzliche ausgeräumt oder über Nacht ganze Ernten von Dorfbewohnern vernichtet haben, bietet sich ein trauriger Anblick. Überpopulationen sind in Wildparks ein ökologisches Problem. Deshalb wird durch Umsiedlungsaktionen oder sogenanntes *culling* der Bestand von Zeit zu Zeit verringert. Doch Elefanten zerstören nicht nur, sie säen auch: wenn sie die Früchte eines Baums verdaut haben, hinterlassen sie mit ihrer Losung keimfähige Samen, aus denen neue Bäume heranwachsen.

Wegen seiner begehrten, meterlangen Stoßzähne, die früher zu Elfenbeinschmuck, Messergriffen oder Klaviertasten verarbeitet wurden, jagte und tötete der Mensch Elefanten leider schon immer. Die heutigen internationalen Artenschutzabkommen sichern die Bestände, aber den Wilderern, die die grauen Riesen wegen ihres Elfenbeins noch immer abschlachten, ist kaum beizukommen.

Nashorn

Afrika ist die Heimat für zwei der fünf Nashorn-Arten (Rhinozerosse) auf der Welt. Auf dem Schwarzen Kontinent leben geschätzt 25.000 Breit- und Spitzmaulnashörner, davon mehr als 80% in Südafrika, die meisten von ihnen im Krügerpark- und im Hluhluwe-Imfolozi in KwaZulu-Natal. Etwa 5000 Tiere gehören privaten Wildparkbesitzern, www.rhinoowners.org.

Es gibt zwei Hauptarten und es ist relativ leicht, sie zu unterscheiden: Erkennungsmerkmal des selteneren **Spitzmaulnashorns** *(Diceros bicornis)* ist seine vorstreckbare Oberlippe, mit der es Blätter von Sträuchern und niedrigen Bäumen zupft. Es ist kleiner als sein Vetter, das Breitlippen- oder **Breitmaulnashorn** *(Ceratotherium simum)*. Spitzmaulnashörner leben im Gegensatz zu

Blutige Hörner

Ende des 19. Jahrhunderts gab es in Südafrika wegen gnadenloser, unkontrollierter Jagd auf die Panzertiere und ihre Horntrophäen vielleicht nur noch 50 Breitmaulnashörner. Durch ein langjähriges Rettungs- und Aufzuchtprogramm im Hluhluwe-Imfolozi Park in den 1960ern und 1970ern konnte diese ansonsten vom Aussterben bedrohte Tierart gerettet werden. Heute ist in Südafrika ein legaler Nashorn-Abschuss strengstens geregelt, es kostet die Großwildjäger, die meist aus Ostasien stammen, über 100.000 Dollar. Doch die Nachfrage nach pulverisiertem Nashorn in asiatischen Ländern wie China und Vietnam, wo es in der dortigen traditionellen Medizin als Heilmittel eingesetzt wird, um z.B. Fieber zu senken, hat dramatisch zugenommen. Man hängt dort dem Hirngespinst nach, dass Nashorn die männlichen Potenz steigern kann (und dies in Zeiten von Viagra). Es besteht aber nur, wie Fingernägel und Tierhufe, aus faserigem Keratin.

Trotz der internationalen Artenschutzabkommen hat das internationale illegale Horngeschäft inzwischen dramatische Ausmaße angenommen: ein Kilogramm Horn erzielt auf dem Schwarzmarkt Preise bis zu 50.000 Dollar – also weitaus mehr als ein Kilogramm Gold. Die weltweit agierende Hornmafia brach bereits in zahlreiche Naturkunde-Museen in Deutschland und Europa ein, um Hörner von Original-Exponaten abzusägen.

In Südafrika schlachteten die hochprofessionellen Killer 2012 über 650 Nashörner ab, so viele wie noch nie zuvor, 2011 waren es 448, 2010 333 und 2007 nur insgesamt 13 Tiere. Neueste Zahlen der Regierung im ersten Vierteljahr 2013: 203 getötete Rhinos, davon allein Krüger-Nationalpark 146. Betroffen ist der ganze Nordosten des Landes. Deshalb schickt die Regierung nun auch das Militär mit vor, um die Ranger im Kampf gegen die hochorganisierten Banden, die mit Hightech-Geräten arbeiten, zu unterstützen. Es geht den *poachern* nur um das Horn, das mit der Kettensäge des zuvor betäubten Tiers schnell abgesägt ist, doch es verblutet danach an seiner Kopfwunde.

Der internationale Hornhandel ist inzwischen ein politisches Thema, das neue Wege verlangt. Südafrika unterzeichnete 2012 mit Vietnam ein binationales Abkommen, das die Einfuhr und den Handel in Vietnam unter strenge Strafen stellt, und Ende März 2013 wurde mit China ein diesbezügliches „Memorandum of Understanding" unterzeichnet. Einen thailändischen Nashornwilderer, der 40 Nashörner tötete, als internationaler Drahtzieher galt und gefasst wurde, verurteilte ein südafrikanisches Gericht zu 40 Jahren Freiheitsstrafe.

Webseite zum Weiterlesen: www.wwf.org.za/act_now/rhino_conservation/

den in Kleingruppen auftretenden Breitmaulnashörnern eher als Einzelgänger. Breitmaulnashörner haben breite, kantige Lippen, die es ihnen ermöglichen, mit niedergesenktem Haupt das Gras gut ausreißen zu können. Seine englische Bezeichnung „White Rhino" beruht auf einer Falschübersetzung des afrikaansen „wyd mond neushoorn", einem Nashorn mit „weitem" oder „breitem" Maul. Mit „witten" – „weißen Nashörnern" – hat das nichts zu tun, auch nicht mit „schwarzen" als anderer Name für Spitzmaulnashörner. Anhand der Farbe ihres Panzers sind die Arten nicht unterscheidbar.

Nach den Elefanten sind Nashörner die gewaltigsten Landsäugetiere. Das Erscheinungsbild dieser überlebenden Urviecher ist von prähistorischer Schönheit. Die Bullen können ein Gewicht von über 2000 kg und eine Körperhöhe von 1,5 m erreichen. Die grauen Kolosse wirken schwerfällig und plump, aber einmal in Fahrt gekommen, bringen sie auf über 40 km/h. Mit ihren zwei hintereinander stehenden, charakteristischen Hörnern – mal ist das vordere das größere, mal das hintere – vermögen Sie eventuell angreifende Artgenossen in die Flucht zu schlagen. Sie haben keine natürlichen Feinde – außer dem Menschen. Ihre Existenz und Population war immer bedroht, wegen der Jagd auf das Horn und weil ihre Vermehrungsrate sehr gering ist.

Nashörner leben bevorzugt in feuchten Graslandschaften an offenen Wasserstellen, denn sie wälzen sich gerne im Schlamm, um Hautparasiten abzustreifen. Auf ihren Rücken setzen sich Madenhacker und picken die Maden aus der dicken Haut, die keine Schweißdrüsen hat. Die Schlammbäder dienen deshalb auch zur Abkühlung.

Die Panzertiere sehen schlecht, hören und riechen dafür aber umso besser und können sehr alt werden. Charakteristisch sind die Reviermarkierungen aus riesigen, breitgetretenen Dunghaufen.

TEIL III
REISETEIL – ON THE ROAD

TEIL III: Reiseteil – On the Road

Gauteng – ein Sotho-Word, „Platz des Goldes" – ist die kleinste Provinz Südafrikas. Sie entstand 1994 im Zuge der territorialen Neugliederung Südafrikas und ist das industrielle Herz des Landes. Auf 17.000 qkm, auf nur anderthalb Prozent der Fläche Südafrikas, leben hier mehr als 11 Millionen Menschen der Gesamtbevölkerung von 50 Millionen. Dominierend ist Johannesburg, der Großraum erwirtschaftet mehr als ein Drittel des südafrikanischen Bruttoinlandprodukts und somit ist Gautengs Pro-Kopf-Einkommen auch das höchste Südafrikas. „Urknall" für den industriellen Boom waren die Goldfunde von 1886. Voortrekker vom Kap siedelten hier im früheren burischen *Transvaal* seit Beginn des 19. Jahrhunderts und gründeten 1852 die *Zuid-Afrikaansche Republiek.*

Nur 50 km nördlich von Johannesburg liegt die „kleinere Schwester" des Stadtgiganten, Pretoria. Südafrikas Verwaltungsmetropole ist weit weniger hektisch als Joburg und über die N1 schnell erreichbar.

Neben den eher bescheidenen städtischen Attraktionen Johannesburgs sind ein Highlight die etwa 50 km westlich gelegenen Sterkfontein Caves, wo viele Fossilien von Vormenschen gefunden wurden (s.u. „Cradle of Humankind). Auch in Gauteng stoßen, wie so oft im großen Südafrika, die Erste und die Dritte Welt des Landes krass aufeinander.

Webseite der Provinz Gauteng: www.gautengonline.gov.za

Das Market Theatre am Mary Fitzgerald Square (Newtown)

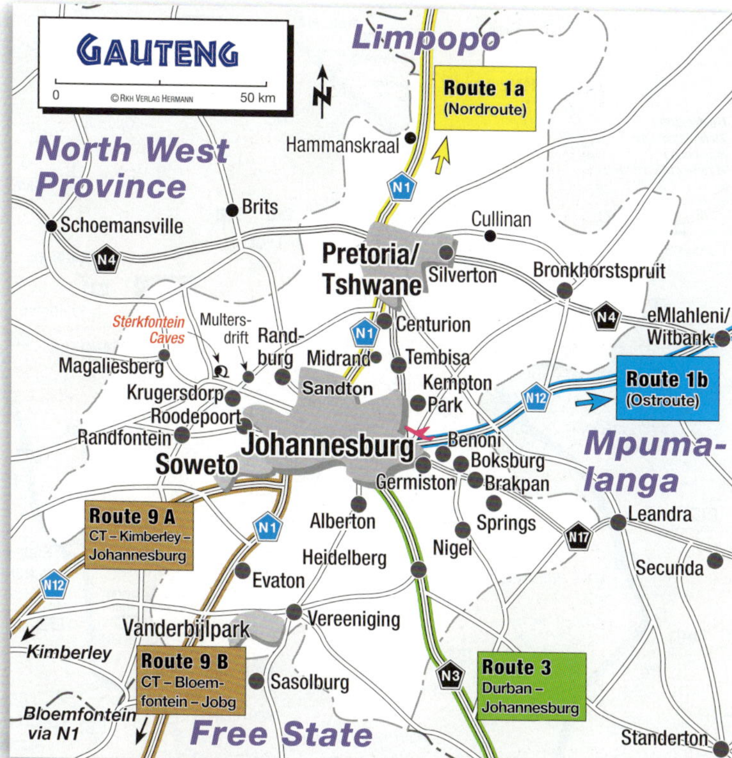

Joburg, Jozi, Egoli …

Pretoria
Pretoria
R 512
R 564
M64
FOURWAYS
Montecasino
Fourways Mall
N1
R 511
M71
NORTH RIDING
W.-Nicol-Drive
BRYANSTON
RIVONIA
Muldersdrift /
Sterkfontein Cave /
Maropeng /
»Cradle of Mankind«
COWDRAY
PARK
Rivonia-Rd
MORNINGSIDE
MANOR
Northumberland Ave
M 5
M71
M81
M 1
Malibongwe-Dve
LYME
PARK
FERNDALE
MORNINGSIDE
RANDPARK
RIDGE
Beyers Naudé Dve
RANDBURG
s. Karte
Sandton
M 9
SANDOWN
R 564
R 512
M13
M27
HURLING-
HAM
W.-Nicol-Drive
M85
SANDTON
M75
Jan-Smuts-Ave
SAND-
HURST
Gautrain
RANDPARK
CRAIG-
HALL
M 5
M13
HYDE
PARK
INANDA
WELTEVREDEN
PARK
M71
M 9
WINDSOR
Beyers Naudé Dve
CRAIGHALL
PARK
ILOVO
M 1
Hyde Park Mall
CRESTA
M30
M27
M47
M 5
M11
LINDEN
PARKTOWN
NORTH
Oxford
MELROSE
N1
HIGHLANDS
NORTH
6th
7th
H.-Potgieter-Rd
NORTHCLIFF
Tana
ROSEBANK
Rosebank Mall
Gautrain
Rosebank Station
Jan Smuts
GREENSIDE
M 9
R 25
M18
HOUGHTON
Ontdekkers-Rd
M30
PARKVIEW
Zoo
SOPHIATOWN
M27
OBSERVATO
Main-Rd
M18
WESTCLIFF
M 1
M11
YEOVILLE
WESTDENE
MELVILLE
PARKTOWN
M18
Oservatory
NEWCLARE
MIL-
PARK
Jan Smuts
HILLBROW
BEZUIDENHO
Smit
M10
VALLEY
R 24
Gautrain
Park Station
Klein
M41
R 24
M10
M10
M10
M31
R 24
Main-Reef-Rd
Bree
Maraisburg-Rd
R 24
Main-Rd
R 24
Market
TROYEVILLE
M14
CBD
M41
M 1
M11
M70
Main-Reef-Rd
M 2
M10
Soweto
Backpackers
Modise
N1
M 5
Hector Peterson Museum
FNB-Stadium/
Soccer City
Soweto-Hwy
Khumalo
Orlando Stadium
Soweto-Hwy
M70
M 1
Moema
Vilakazi
N17
Mandela House Museum
ORLANDO EAST
SOWETO
Klipspruit Valley Rd
M79
Mashupa
ORMONDE
Apartheid-Museum
und Gold Reef City
M10
Orlando Towers
M83
Naudé
M 1
Maponya Mall
(Bungee)
M38
M68
Old-Potchefstroom-Rd
N1
N12
Chris Hani Baragwanath Hospital

Johannesburg – Gold und Geld

Johannesburg, Hauptstadt der Provinz Gauteng, ist mit seinem internationalen Flughafen neben Kapstadt für fast alle europäischen Südafrika-Reisende Start- oder Endpunkt ihrer Tour durch das Land. Nächste Touristenziele von Johannesburg sind z.B. der Krüger-Nationalpark, die Wildreservate in der Provinz Limpopo oder, in Richtung Süden, die Drakensberge und die Provinz KwaZulu-Natal.

Johannesburg, auch *Joburg, Jozi* oder *Egoli* („Ort des Goldes") genannt, beeindruckt schon von weitem mit seiner Hochhaus-Skyline. Es ist eine Stadt der Autofahrer. Dominierende Landmarken im Zentrum sind das 223 Meter hohe *Carlton Centre* (das benachbarte ABSA-Hochhaus überragend) und der 270 Meter hohe *Hillbrow Tower,* der früher Strijdom Tower hieß.

Südafrikas größte Stadt liegt auf 1700 Meter Höhe – im August kann hier Schnee fallen – auf dem grasüberwachsenen Highveld und zählt, je nach Miteinbeziehung der Vorstädte, knapp vier Millionen Einwohner. Seine Gründung 1886 verdankt es immensen Goldfunden: Innerhalb weniger Jahre schürften Glücksritter aus aller Welt gewaltige Mengen des begehrten Metalls aus der Witwatersrand-Erde, später förderte man es aus über 3500 Meter tiefen Stollen (Suchbohrungen gehen auf 4600 Meter). Es sind die tiefsten der Welt. Das Gold tritt nicht als Adern oder Klumpen auf, sondern in Form winziger Körnchen. Die ergiebigsten Funde sind heute vorbei, seit Entdeckung der Lagerstätten wurden bislang rund 47.000 Tonnen Gold aus dem geologisch etwa 350 km x 200 km großen Witwatersrand-Bassin herausgeholt.

Bereits beim Anflug auf Johannesburg sahen Sie sicherlich die gelbbraunen Goldminen-Abraumhalden, die gegenwärtig, da die ganze Welt nach Gold giert, mit Hilfe neuer Techniken noch einmal „durchgesiebt" werden, um auch noch die letzten verborgenen Krümel aufzuspüren. Hinterher werden die *mine dumps* endgültig renaturiert, d.h. meist mit Bäumen bepflanzt, und es ist schon erstaunlich, wie viele Grünflächen den grauen Stadtmoloch spicken.

Der **Witwatersrand** („Weißwasser-Rand") ist ein 200 km langer Höhenzug nordöstlich von Johannesburg, der aus der bereits etwa 1700 m hohen Hochfläche der Ballungsregion noch ein paar Hundert Meter höher aufsteigt. Nach der Regenzeit bildeten sich dort kleine weißschäumende Wasserfälle, worauf die burischen Pioniere auf diesen Namen verfielen. Hiervon leitet sich der südafrikanische Währungsname „Rand" ab. Außerdem ist der Witwatersrand auch Teil der kontinentalen Wasserscheide zwischen Atlantik und Indischer Ozean.

JOHANNESBURG CBD
(Central Business District)
0
500 m
© RKH VERLAG HERMANN
1 bis 12 = Stationen der Bus-City-Sightseeing Tour
Sandton
M27
M11
M1
Planetarium
Bernard Price Institut
- Western Campus -
University of the Witwatersrand (»Wits«)
Origins Centre at Wits
Yale Street
J. Smuts Av.
Hancock
Queens
Clarendon Pl.
Goldreich
Constitutional Court of South Africa
Constitution Hill
Prison Nr. 4
Old Fort Prison
Eingang
Pretoria
HILL-BROW
Kotze
Esselen
King Georg
Edith Cavell
Hoofd
Melle
Ameshoff
Civic Ballet Theatre
Civic Centre
Adler Museum of Medicine
Joubert
Loveday
Simmonds
Bicard
Stiemens
Bertha
De Beer
Jorissen
Enoch Sontonga
BRAAMFONTEIN
De Korte
Eendracht
Henri
Station
Neighbourgoods Market (Sa 9–15 Uhr)
Juta
The Grove (kleiner Platz m. Rest./Cafés/Galerien)
Hospital
Klein
Pietersen
M10
Smit
Viljoen
Queen Elizabeth Drive
Wolmarans
Rissik Street
Leyds Str.
Rotunda / Airport Terminal
Park Station
(Hauptbahnhof / Gautrain)
Joubert Park
Johannesburg Art Gallery (JAG)
Noord
Nelson Mandela Bridge
De Villiers Graaff Motorway
Harrison Street
Carr
Mcingana
Sekoto
Mrwebi
Piliso St
De Villiers
Plein
Eloff
Hoek
Wanderers
King Georg
Klein Street
NEWTOWN
Market Theatre
MuseuMAfrica
Market-/Mary Fitzgerald Squ.
Bree
Ntemi
Fraser
Sauer
Jeppe
Gauteng Tourism Authority
Kerk St Mall
Kerk
Worker's Museum
Newton Park
Bassline
Henry Nxumalo
Diagonal
SA Breweries World of Beer
Diamond Building
Pritchard
Barbican
President
Von Brandis
Main Post Office
Smal Street Mall
Von Weilligh
Delvers
Bus Factory
Miriam Makeba
Kwa Zulu Muti
National Bank Building (Corner House)
City Hall
Rissik Str. Post Office
Market St
Market
R 24
Sci-Bono Discovery Centre
Kort
Cenotaph
Kruis
Commissioner
Main Reef
Carlton Centre
Top of Africa
Fox
Ntemi Piliso (West)
MacLaren
Hollard
Gandhi Square
Main
Mining District
Chamber of Mines
Ferreira
Marshall
R41
MARSHALL TOWN
4 bis 7
Anderson
Frederick
Standard Bank Art Gallery

Stadt im Wandel

Noch bis vor wenigen Jahren galt die Innenstadt von Südafrikas bedeutendster Wirtschaftsmetropole als übelst beleumundete und als gefährliche „No-go-Area". Der Exodus der Weißen, die aus Sicherheitsgründen seit Mitte der achtziger Jahre in die nördlichen Vororte zogen – mitsamt Geschäften, Banken und selbst der Börse –, hinterließ eine urbane Verödung. Abertausende „Squatter", Hausbesetzer, darunter zahllose illegale Immigranten aus Zimbabwe und vor allem aus Nigeria sowie aus dem gesamten Kontinent besetzten und übernahmen ganze Bürotürme und Apartment-Hochhäuser, wie z.B. im berüchtigten Stadtteil Hillbrow.

Doch jetzt zeichnet sich vielleicht langsam eine Wende ab: In Downtown Johannesburg soll der öffentliche Raum von den Kriminellen und den „Slumlords" zurückerobert werden, die Stadtverwaltung investiert in Kameraüberwachung und Sicherheitskonzepte, das Verkehrssystem wird modernisiert. Südafrikanische und internationale Investoren, die den Erneuerungs-Trend erkannt haben, stecken derzeit viel Geld in Bau- und Immobilienprojekte. Baufälliges und Heruntergekommenes verwandelt sich in architektonisch fantasievollen Wohnraum, in die bereits wieder die alte weiße und die schnell wachsende neue schwarze Mittelschicht zieht. Diese Klientel treibt die Veränderungen weiter voran. Ein Beispiel ist das Projekt *Maboneng Precinct* („Arts on Main"), ein urbaner Kultur-, Galerien und Wohnkomplex im Osten des Zentrums (begrenzt von den Straßen Market, Albrecht, Main und Berea, www.maboneng-precinct.com). Wer sich für solcherart Stadtprojekte interessiert, bucht eine der interessanten Touren bei www.mainstreetwalks.co.za.

Johannesburg mit seinen bizarren Arm-Reich-Gegensätzen also ein neues beschauliches Touristenziel? Beileibe nicht. Noch immer hat die Stadt ein umfassendes Kriminalitätsproblem, ihre teils anarchischen Straßenschluchten sind gefährlich! Es ist keine Stadt für Spaziergänge oder um auf eigene Faust individuell loszuziehen! Buchen Sie lieber eine Tour. Am besten in Kombination mit einem Besuch von **Soweto,** Johannesburgs Millionenvorstadt. In der Regel wird man sich nach der Ankunft von Europa hier auch nur einen oder zwei Tage aufhalten.

Elementare Sicherheits-Tipps

Wagentüren und -fenster immer geschlossen halten, beim Parken nichts Wertvolles im Wagen liegen lassen. Niemals sichtbar Schmuck oder Kameras spazierentragen, keine Umhängetaschen. Wählen Sie eine Unterkunft aus, bei der Sie Ihren Mietwagen gesichert im Innenhof oder in einer Garage parken können! Vorsicht beim Abheben von Geld aus Automaten, niemals Fremde assistieren lassen, möglichst nur im Bankinnern. Fragen Sie in Ihrer Unterkunft nach weiteren Sicherheits-Ratschlägen. Aus Angst vor Überfällen missachten viele einheimische Fahrer abends/nachts in der dann wie leergefegten Johannesburger Innenstadt rote Ampeln an Kreuzungen (legal), insbesondere in der Nähe von Parks und in abgelegenen Gegenden. Benutzen Sie ein Navi-Gerät und kennen Sie die Notfall-Nummern: *Metro Emergency Rescue Service* 10177. *SA Police Emergency* 10111.

Wichtige Stadtteile in Kürze

CBD

Als *Central Business District* – **CBD** – wird die Innenstadt mit ihren schachbrettartig angelegten Straßenschluchten bezeichnet (der Begriff CBD wird auch für die Zentren anderer südafrikanischer Städte verwendet). Auf ca. 6 km^2 stehen hier die meisten Hochhäuser der Stadt.

Newtown

Braamfontein

Newtown liegt östlich vom CBD und das Viertel steht fast immer auf einem Besichtigungsprogramm Johannesburgs (s.u.), es gilt als sicher. Nördlich von Newtown, über die Nelson Mandela Bridge hinweg, schließt sich der Stadtteil Braamfontein mit der University of the Witwatersrand an.

Melville

Melville östlich des Motorways M1 bzw. 5 km östlich von Zentral-Johannesburg ist ein relativ ruhiges Viertel mit günstigen Unterkünften und einer netten Restaurantszene an der 7th Street. Viele von Melvilles schönen alten Häusern stammen aus dem 19. Jahrhundert und wurden zu charmanten B&Bs und Gästehäusern umfunktioniert. Nördlich von Melville liegt das *Melville Koppies Nature Reserve* (www.mk.org.za).

Rosebank

Rosebank nördlich von Melville hat eine Gautrain-Station und ist bekannt für seine „Rosebank Mall" (Cradock Ave/Ecke Baker St), andere Malls heißen dort „The Zone" und „The Firs". Sie gehen mehr oder weniger ineinander über, weil alles zu einer Fußgängerzone entwickelt wird mit zahllosen Shops. Besuchenswert sind der „African Craft Market" über 2 Etagen (tägl.) und am Sonntag im Parkhaus der „Roof Top Market" mit Kunsthandwerk und Waren aus ganz Afrika.

Craighall Park

Die sich etwa 3 km nordwestlich anschließende schöne Wohngegend Craighall Park ist eine Mischung von ruhigem Vorstadtleben, Parks und städtischer Abwechslung mit exzellenten Restaurants.

Nach Johannesburg, zwischen den Lichtmasten das 223 m hohe Carlton Centre

Sandton Sandton im Norden ist das wohlhabendste Viertel Johannesburgs, das Finanz- und Businesszentrum. An breiten Straßen reihen sich luxuriöse Shopping Malls und internationale Hoteltürme, Büroimmobilien und Wohnanlagen, alles hoch gesichert. Mittelpunkt ist der *Nelson Mandela Square.*

Randburg Randburg westlich davon ist gleichfalls eine Wohnadresse für Begüterte. Ein Anziehungspunkt ist der tägliche Flohmarkt in der Republic Road/Ferndale Street mit über 200 Ständen (Mo geschl.).

Alexandra Dagegen ist Alexandra, östlich von Sandton zwischen M1 und N3, von desolater Stadtarmut geprägt.

Verkehrsmittel

Internationaler Flugplatz O.R. Tambo

Mit alljährlich etwa 18 Millionen Passagieren ist Johannesburgs **Airport O.R. Tambo** (ORTIA) der größte Afrikas. Er liegt 23 km bzw. ca. 20 Autominuten östlich vom Zentrum (45 Minuten von Sandton) in Kempton Park. 2006 umbenannt nach dem früheren Anti-Apartheids-Aktivisten und ANC-Präsidenten Oliver R. Tambo. 2010 erhielt der Airport zur Fußball-WM ein großes Facelift.

Ankünfte untere Level, Abflüge obere. Die spaghettiverschlungenen Zu- und Abfahrten sollten Johannesburg-Anfänger nicht unterschätzen, auch wegen des Linksverkehrs, von einer Selbstanfahrt mit einem Mietwagen in die City oder zu einem Stadthotel raten wir ab. Vereinbaren Sie mit Ihrer Unterkunft, dass man Sie abholt. Lassen Sie einen Mietwagen dann an Ihr Hotel vorfahren zur Rausfahrt aus Johannesburg.

Zwischen International Terminal **(A)** und Domestic Terminal **(B)** ist das *Central Terminal Building,* wo Sie in die ovale Ankunftslobby eintreten. Gleich linker Hand gibt es Geldautomaten und Schalter von Absa, Rennies, Master Currency und American Express zum Wechseln von Bargeld.

Wollen Sie ein Handy (Cellphone) oder eine südafrikanische Prepaid-SIM-Karte kaufen, kann dies bei den Shops von Vodacom, Cell C oder MTN-Rentals erledigt werden (dazu in der Lobby nur wenige Meter nach rechts gehen, vorbei am Tourist-Helpdesk). Zum Weiterflug nach Kapstadt, Durban, Port Elizabeth und zu anderen südafrikanischen Inlandszielen den Richtungspfeilen zum Terminal B folgen, zwei Rolltreppen bzw. Stockwerke nach oben, oder mit dem Aufzug. Die Autoparkplätze in den direkt vorgelagerten und mehrstöckigen *Parkades* erreicht man bereits nach wenigen Gehminuten.

Eine interaktive Karte des Airports mit seinen Einrichtungen und An- und Abfahrten mit dem Wagen ist auf www.acsa.co.za/home.asp?pid=3651 ausdruckbar, zugleich mit GPS-Koordinaten zur

Ankunftshalle O.R. Tambo Airport

genauen „Punktlandung" bei der Rückgabe Ihres Mietwagens. Auf www.acsa.co.za/home.asp?pid=3672 sind noch weitere spezielle Karten des Flughafens einzusehen.

Taxi
Mietwagen

Vor den Ausgangstüren stehen **Taxis,** diese können bereits in der Gepäckannahme-Halle gebucht werden. Zu den **Mietwagen-Firmen** *(Car rentals)* aus dem Gebäude zur mehrstöckigen Parkade P2/Level 1 gehen. Wagenrückgabe gleichfalls dort.

Avis, Tel. 011-9233730, www.avis.co.za.
Budget, Tel. 011-3901924, www.budget.co.za.
Europcar, Tel. 011-5741000, www.europcar.co.za.
First Car Rental, Tel. 011-2309999, www.firstcarrental.co.za.
Hertz, Tel. 011-3902066, www.hertz.co.za.
Tempest Car Hire, Tel. 011-3948626, www.tempestcarhire.co.za.
Sizwe, Tel. 011-3902340, www.sizwecarrental.co.za.
Thrifty, Tel. 011-2305201, www.thrifty.co.za.

Tipp: Sollten Sie vorhaben, mit dem Wagen Johannesburg und Umgebung erkunden zu wollen sollte ein Navi mit dabei sein.

An- und
Abfahrt

Die Fahrzeuge von *Airport Shuttle* (Tel. 0861-7488853, Staffelpreise nach Entfernung auf www.airportshuttle.co.za) kommen bei der Parkade 1 alle 15 Minuten an, wegfahren tun sie am *Bus Terminus* hinter dem Intercontinental Airport Hotel. Man kann den *The Magic Bus* (www.magicmarketing.co.za) nehmen, zu finden in der Parkade 2/Level 1. Der **Gautrain** (s.u.) nach Sandton hat seine Station zwischen dem Central- und dem International Terminal, der Ausschilderung folgen.

Aktuelle Fluginformationen, um z.B. am Tag seines Rückflugs **die planmäßige Startzeit seines Flugs** vorab zu prüfen, findet man gleichfalls auf der Airport-Webseite („Live-Flight-Information") wie auch sämtliche den Flughafen anfliegenden Airlines mitsamt den südafrikanischen Billigfluglinien.

Die Gepäckträger bzw. Trolley-Dienstleute in orangenen Uniformen arbeiten auf Trinkgeld-Basis, Preis vorher festlegen. Wi-Fi und Internet-Cafés *(Airport Online)* sind im Airport vorhanden. Das **VAT-Büro** zur Erstattung der südafrikanischen Mehrwertsteuer befindet sich im International Departure Terminal (s.S. 41, „Mehrwertsteuer / VAT return"). Beim Abflug reihen sich entlang des endlos langen *International Pier* zahllose Geschäfte aller Art.

Taxis

Konventionelle Taxis („cabs") mit gelben Taxi-Dachreitern können nicht einfach aus dem Verkehr herausgewunken werden, sondern müssen herbeitelefoniert werden. Unterkünfte übernehmen diesen Service, große Hotels und Shopping Malls haben Taxistände. Nicht alle Taxis haben Taxameter, dann kann man den Preis frei vereinbaren. Die weißen Kleinbusse, sog. „Minibus-Taxis", die in Rudeln die Straßen Johannesburgs verstopfen, sind keine Taxis im eigentlichen Sinn: sie befördern tagtäglich Millionen schwarzer Johannesburger durch die Stadt zur ihren Arbeitsstellen und hinaus in die Vororte bis zu kleinsten Hüttensiedlungen.

Taxi-Companys

www.corporatecabs.co.za, Tel. 0800-800-800.
Sandton Cabs: www.sandtoncentral.co.za/taxis, Tel. 011-7894141.
Guter Service: www.sacab.co.za, Tel. 0861-172222.

Gautrain

Seit 2010 ist der Gautrain Johannesburgs modernstes Schienentransportsystem mit einem angeschlossenen Busnetz und bewachten Autoparkplätzen an allen Stationen (außer am Airport). Der Gautrain ist schnell, bequem, umweltfreundlich und sicher, Betriebszeit 5.30–20.30 Uhr. Es existieren drei Linien, touristisch am wichtigsten ist der Airport-Shuttle vom Flugplatz O.R. Tambo über Marlboro Station nach Sandton (s. Karte Joburg Stadtteile). Der *North-South Commuter* pendelt zwischen Johannesburg Park Station (Hauptbahnhof) bis Bahnhof Pretoria und dort noch etwas weiter zum Stadtteil Hatfield. Wenn Sie mit ihm zum Flughafen fahren, *nicht* in die Commuter-Wagen einsteigen, sondern nur in die beiden vorderen Wagen, die mit einem Flugzeugsymbol gekennzeichnet sind. Tickets und alle Dienstleistungen, wie z.B. die Gebühren an den Park-and-Ride-Parkplätzen, sind mittels der aufladbaren *Gautrain Gold Card* zu bezahlen.

Alle Informationen, Fahrpläne, Stationen, Busstrecken, Metrorail etc., auch auf Deutsch, auf den Webseiten www.gautrain.co.za und www.gautrain.mobi sowie in den Gautrain-Stations. Telefon-Nr. Gautrain Calling Centre: 0800-42887246.

Bussystem Rea Vaya

Das *Rea Vaya Bus Rapid Transit* (BRT)-System ist ein schnelles, sicheres und günstiges Bussystem auf fixen Routen. Die modernen roten und blauen Busse fahren in relativ schneller Taktfolge auf für sie reservierten Spuren in der Mitte von Hauptstraßen, wo sich auch die

Haltestationen befinden, in Abständen von etwa 500 Meter. Tickets sind vorab an den Stationen zu kaufen. Die Hauptrouten heißen *Trunk routes* („T"). Von Bedeutung ist die Linie aus der Innenstadt nach Soweto. Alle Infos und Fahrpläne auf www.reavaya.org.za. Auf der Seite wird außerdem eine Rundreise mit den BRT-Bussen durch die Johannesburger Innenstadt *(inner city circular route)* und nach Soweto angeboten, mit Fahrtunterbrechungen und Beschreibung der Sehenswürdigkeiten entlang der Route.

Metrobus findet man als Subseite auf www.joburg.org.za.

Sehenswertes

Sightseeing City Tour per Bus

Mit den roten Doppeldeckerbussen von *City Sightseeing Joburg* kann man, wie in Kapstadt, beliebig unterbrech- und wieder zusteigbare „Hop on-/Hop off"-Stadtrundfahrten machen. Die *Red City Tour* startet alltäglich alle 40 Minuten und berührt auf einem Rundkurs folgende Punkte (s. Karte Joburg CBD): Abfahrt Park Station (Hauptbahnhof/Gautrain ab 9 Uhr) – Gandhi Square – Carlton Centre – Santarama Miniland (südl. außerhalb) – James Hall Transport Museum (dto. südl.) – Gold Reef City Hotel (dto. südl.) – Apartheid Museum (dto. südl.) – Mining District Walk – Newtown Precinct – Origins Centre at Wits (Universität) – The Grove Braamfontein – Constitution Hill – Park Station. Empfohlene Startpunkte sind Park Station und Gold Reef City Hotel. Alle Stationen und deren Besonderheiten werden auf der Webseite www.citysightseeing.co.za ausführlich erklärt, dort auch Fahrplan, Google-Karte der Route u.a. mehr. Im Bus gibt es Ohrhörer mit mehrsprachigen Erläuterungen. Fahrpreis R150. Tickets gibt es im Bus per Kreditkarte oder online auf www.citysightseeing.co.za mit Rabatt, Tel. 086-1733287.

Mary Fitzgerald Square, rechts das gläserne Diamond Building

Newtown

Besuchenswert ist das Viertel **Newtown** mit vielen kulturellen Einrichtungen rings um den weitläufigen Newtown Market Square (*Mary Fitzgerald Square*) an der Hochstraße M1 zwischen Bree und Jeppe Street (Parkplätze vorhanden). Früher herrschte hier Markttreiben und während der WM 2010 versammelten sich zahllose Fans zum Public Viewing. Die Nordseite wird vom großen historische Markthallengebäude eingenommen, bis 1974 Johannesburgs Früchte- und Gemüsemarkt. Es beherbergt das **MuseuMAfrica,** das Einblicke in die historische und soziale Geschichte Südafrikas zeigt, u.a. einen Nachbau einer typischen *shebeen* (unlizensierte Privatbar), ergänzt durch Sonderausstellungen wie z.B. „Gandhi's Johannesburg, The birthplace of Satyagraha", das die Methode des gewaltlosen Widerstands zeigt (Gandhi, 1869–1948, arbeitete 1904–13 als Rechtsanwalt in Johannesburg, s.a. Gandhi-Exkurs S. 374). Angeschlossen sind das *Bensusan Museum of Photography,* das u.a. die Zeit visualisiert, als Johannesburg noch Goldgräberstadt war und das *Geology Museum* zeigt Felsmalereien der frühgeschichtlichen Bewohner des südlichen Afrikas. Eintritt frei, geöffnet ab 9 Uhr, über www.joburg .org.za, bei „Visitors".

Richtung Ostseite des Markthallengebäudes befindet sich eine Info-Tafel, die die Geschichte des Platzes und seinen Wandel im Laufe der Jahrzehnte erklärt (Infos auch auf www.newtown.co.za). Im berühmten **Market Theatre,** 1931 erbaut, kamen in der Apartheidszeit immer wieder kritische Stücke zur Aufführung. Das aktuelle Programm findet man auf www.markettheatre.co.za. Das dortige Restaurant **Gramadoelas** bietet traditionelle südafrikanische und auch exquisite Gerichte in sehr schönem Ambiente (www.gramado elas.co.za). Hinten an der Ecke ist **Kippies,** seit 1986 ein legendärer Jazzclub, benannt nach dem berühmten Saxophonisten Kippie Moeketsi, der nun als metallenes Denkmal auf einem Stuhl vor seiner Kneipe sitzt (im Newtown Park, 10 Henry Nxumalo Street, befindet sich mit *Bassline* ein weiterer erstklassiger Jazz-Club).

Der berühmte Saxophonist Kippie Moeketsi

Gauteng Tourism

An der Südwestecke des Platzes, auf dem samstags ab 9 Uhr ein Flohmarkt stattfindet, ist die **Tourist Information** *Gauteng Tourism Authority* (ausgeschildert), wo Sie Karten und

Nelson-Mandela-Brücke

Broschüren über Joburg und seine Umlandsziele erhalten, wie z.B. den „Joburg Ultimate Guide“. Von Newtown kann man mit einem Rea Vaya bzw. BRT-Bus (s.o.) von der Haltestelle *Chancellor House Eastbound Station* in der Market Street südöstlich des Platzes nach Soweto fahren. Falls Sie dies vorhaben, lassen Sie sich bei der Touristen-Information beraten.

Nördlich von Newtown überspannt die **Nelson-Mandela-Brücke** die zahllosen Eisenbahngleise des nahen Hauptbahnhofs. Die Schrägseilbrücke ist 284 m lang, hat zwei unterschiedlich hohe Doppelpylone, wurde von einer dänischen Firma entworfen, ist nachts taghell beleuchtet und wurde 2003 von Nelson Mandela zur Feier seines 85. Geburtstags eingeweiht. Damit zählt die Brückenikone zu den neueren Wahrzeichen der Stadt.

Südlich vom Newtown Square

Workers Museum

Das im **Newton Park** gelegene **Workers Museum,** untergebracht in einem ehemaligen Elektrizitätsgebäude, dokumentiert die leidvolle Geschichte der Arbeitsmigranten in den Goldminen von Johannesburg (Mo–Sa 9–17 Uhr).

SAB World of Beer

Zu diesem Museum der South African Breweries (SAB) vom Newtown Square auf der Miriam Makeba Street nach Süden gehen, links in die President Street und dann gleich wieder links in die Gerard Sekoto Street.

SAB World of Beer zeigt in einer anderthalbstündigen Tour die Geschichte und die Kunst des Bierbrauens aus ersten Anfängen vor 6000 Jahren in Ägypten über Bierkulturen in Europa, afrikanischem Sorghum- bzw. Hirsebier (das hier in Südafrika *utshwala* heißt) bis hin zu heutigen modernsten Brautechniken. Auch ein Blick in ein typisches Soweto-Shebeen gehört dazu. Und natürlich lernt der Besucher dabei die Marken von SAB kennen, Pilsner Urquell gehört gleichfalls dazu. SAB wurde bereits 1895 gegründet und ist heute als SAB-Miller eines der größten Bier-Unternehmen der Welt. Geöffnet Di–Sa, Tel. 011-8364900, www.worldofbeer.co.za. Eintritt R30, einschließlich zwei Bieren im Pub.

Sci-Bono Discovery Centre

Wer sich mehr für Technologisches interessiert, biegt von der Miriam Makeba Street nach *rechts* in die President Street ab. Dort ist gleich das *Sci-Bono Discovery Centre,* das größte Wissenschafts-Zentrum in Südafrika. Mit interaktiven Technikmodellen und besonders kinder- und schulklassenfreundlich. Mo–Fr 9–16.30 Uhr, Sa/So 9–16 Uhr, www.sci-bono.co.za. Eintritt R20.

Bus Factory

Südlich von Sci-Bono, über die President Street hinweg, findet man in der ehemalige **Bus Factory** Kunsthandwerk- und Designer Shops.

Diamond Building und Kwa Zulu Muti

Auf der President Street zwei Straßenblöcke weiter östlich erreicht man an der Ecke mit der verlotterten Diagonal Street das grünlich spiegelverglaste **Diamond Building,** dessen Bauform an einen geschliffenen Diamanten erinnert. Ein Entwurf des deutschen Architekten Helmut Jahn und 1984 fertiggestellt. Das südafrikanische Unternehmen *De Beers* ist einer der größten Diamantenproduzenten der Welt. Rohdiamanten lieferte früher hauptsächlich Kimberley (s.S. 703) im Northern Cape („Big Hole"), heute kommen sie von der Cullinan Premier Diamond Mine bei Pretoria, die besichtigt werden kann (s. „Pretoria"). Das Gebäude nördlich vom Diamond Building (rötlicher Dachaufsatz) ist die ehemalige Börse, das *Johannesburg Stock Exchange Building.*

Gegenüber vom Diamond Building, gleich an der Straßenecke President/Diagonal, befindet sich ein Kontrapunkt zur modernen Zeit, nämlich das **Kwa Zulu Muti** bzw. das „Museum of Man & Science", wie etwas hochtrabend über dem Ladeneingang geschrieben steht. Das düstere Innere ist vollgestopft mit *muti,* Medizin aus pflanzlichen und tierischen Bestandteilen wie Schlangenfettsalbe, getrocknete Kleintiere, Kräuter und Wurzeln als Heilmittel gegen alle möglichen Krankheiten. „King of Muti, Herbal and Homeopathic Remedies" bietet eine Auswahl wohl Tausender Mittel, eine paradiesische Apotheke für *sangomas,* die traditionellen Heiler Südafrikas.

Beispiel einer Muti-„Apotheke"

Weiter Sehenswertes in der Innenstadt

Constitution Hill

Der „Hügel der Verfassung" liegt auf einem Hügel westlich vom Stadtteil Hillbrow und sollte nicht versäumt werden (der Sightseeing City Tour-Bus stoppt hier). 2004 eröffnet, sind seine Bauten heute das Symbol des Wandels Südafrikas von Willkürherrschaft in die Freiheit. Dort hat das höchste südafrikanische Gericht, das *Constitutional Court,* seinen Sitz und befand sich früher der Gefängniskomplex *Old Fort Prison.* Dieses Gefängnis war nach der Entdeckung von Gold zur Aufrechterhaltung der öffentlichen Ordnung 1893 erbaut worden. Nelson Mandela und viele andere Anti-Apartheid-Aktivisten waren hier eingesperrt. Im *Woman's Gaol,* erbaut 1909, saßen ein Winnie Mandela, Helen Suzman (1917–2009, viele Jahre Parlamentsmitglied, sie kämpfte für das Wahlrecht der Schwarzen), Albertina Sisulu (ANC-Mitglied) und andere Apartheid-Gegnerinnen. Im berüchtigten *Prison Number Four* verschwanden O.R. Tambo, Studenten des Soweto-Aufstandes 1976, der Passiv-Widerständler Mahatma Gandhi und Aberhunderte Missliebige mehr. Wer später nicht Mandelas Gefängnis auf Robben Island/Kapstadt besichtigt, bekommt hier erschütternden Anschauungsunterricht über die Methoden des Apartheid-Regimes zur Ausschaltung des politischen Widerstands. Vorab informieren kann man sich auf der Webseite www.constitutionhill.org.za.

Constitution Hill, Queens St/Ecke Sam Hancock St, Tel. 011-3813100. Mo–Fr 9–17 Uhr, Sa 10–14 Uhr, So geschl. Eintritt R30.

Johannesburg Art Gallery (JAG)

Die Galerie am Rande des Joubert Parks – eine „no-go-area" – besitzt in 15 Ausstellungshallen rund 10.000 Kunstwerke, die Abteilung *Contemporary South African Collection* ist die größte Südafrikas. Die *Historical Collection* zeigt u.a. Werke von Rembrandt, Monet, Rodin, Rembrandt und anderer europäischer Meister des 17.–19. Jahrhunderts. Außerdem traditionelle und kontemporäre afrikanische Kunst und Artefakte.

Johannesburg Art Gallery, Joubert Park Gardens, King George Street, Di–So 10–17 Uhr, über www.joburg.org.za, bei „Visitors". Eintritt frei.

Standard Bank Art Gallery

Kunstfreunde mögen auch Gefallen an den Objekten der **Standard Bank Art Gallery** finden, Simmonds St/Ecke Frederick St, www.standardbankarts.com. Die Webseite www.joburgculture.co.za widmet sich speziell dem gewaltig großen Kunst- und Kulturangebot Joburgs.

Carlton Centre

Früher ein Standard-Touristenziel, ist dieses 223 Meter hohe Büro- und Shopping-Hochhaus heute längst kein Schmuckstück mehr. Das ehemalige 5-Sterne-Hotel, fertiggestellt 1973, musste 1997 infolge des urbanen Verfalls der Innenstadt schließen. Doch nach wie vor ist die tolle Panorama-Aussicht über Johannesburg vom 50. Stock, vom „Top of Africa", reizvoll. Direktaufzug im Untergeschoss.

150 Commissioner St, CBD, Mo–Fr 9–18 Uhr, Sa 9–17, So 9–14, Feiertage 9–18 Uhr, Tel. 011-3081331. Eintritt R15.

Origins Centre / University of Witwatersrand

Dieses 2006 eröffnete sehenswerte Museum in der **University of Witwatersrand** zeigt die Entwicklung der Menschheit ab ersten Anfängen mit zahllose Fels- und Höhlenmalereien, Fossilien und Schädelfunden, die den langen Weg vom *Australopithecus* bis zum *Homo sapiens* dokumentieren (s.a. unten Tour „Maropeng und Cradle of Humankind").

Origins Centre, Wits University, Braamfontein, Yale/Ecke Enoch Sontonga Sts, Tel. 011-717-4700, www.origins.org.za. Mo–Fr 9–17 Uhr, Sa 9–13 Uhr. Eintritt R75. Weitere Infos auf der Uni-Website www.wits.ac.za.

Noch mehr …

Wer noch mehr von Johannesburg sehen möchte – z.B. Botanischer Garten, Nature Reserves oder bestimmte Parks besucht die Seite www.jhbcityparks.com. – Der Zoo von Johannesburg hat die Website www.jhbzoo.org.za. – Ein Gesamtlistung aller Attraktionen findet man auf der Seite www.joburgtourism.com.

Apartheid Museum und Soweto

Apartheid Museum

Ein in Johannesburg nicht zu versäumendes Museum ist das **Apartheid Museum,** das den Aufstieg und den Fall der Rassentrennung in beeindruckenden Displays, Fotografien, Ausstellungsobjekten und Filmen zeigt. Symbolhaft hat der Besucher die Wahl, das Gebäude durch zwei Eingänge zu betreten, entweder bei „Blankes – Whites" oder „Nie-Blankes – Non-Whites". Oft dunkel gehaltene Bereiche lassen beängstigende Gefühle hochsteigen, wie auch die 131 Schlingen, symbolhaft für die verhängten 131 Todesurteile gegen Apartheid-Gegner. Schrecklich anzusehen sind die Filmaufnahmen der Massenaufruhren in Kapstadt und in anderen Städten, die das Ende der Apartheid einläuteten. Zeitbedarf etwa eine Stunde (Tipp: sich vorab auf der Webseite einlesen).

Apartheid Museum, Ecke Northern Parkway u. Gold Reef Road, Ormonde, Tel. 011-3094700, www.apartheidmuseum.org. Di–So 9 bis 17 Uhr, Eintritt R60. Erklärendes Faltblatt und gegen Mietgebühr Audio-Guides.

Gold Reef City

Gold Reef City liegt 8 km südlich des Stadtzentrums und in Steinwurf-Entfernung zum Apartheid-Museum. Ein reiner Vergnügungs- und Themenpark auf dem Gelände eines ehemaligen Bergwerksschachts, in den Besucher einfahren können. Rekonstruierte Straßenzüge mit Pubs, Restaurants, Brauerei, Goldschmied und einem hübschen viktorianischen Hotel lassen Johannesburg zur Gold-Rush-Zeit auferstehen – doch keinesfalls authentisch! Außerdem Achterbahnen, Karussells, Water Slides, Goldgießen, zahllose Souvenirshops, Lyric-Showtheater und Spielsaloons im *Gold Reef City Casino*. Rund um die Uhr geöffnet und mit Hotelzimmern zum Übernachten. Wer nur in den Schacht will, zahlt auch für das restliche Programm.

Gold Reef City, 14 Northern Parkway (M 1, gut ausgeschildert), Ormonde, Tel. 011-2486800, www.goldreefcity.co.za. Alltäglich 9.30–17 Uhr. Eintrittspreis ab R120 p.P., je nach Tag und gewünschtem Attraktionsbesuch, nachzusehen auf der Homepage, mit Parkplan.

Soweto

Eine Soweto-Tour, etwa 15 km außerhalb im Südwesten Johannesburgs gelegen (South Western Township, Anfahrt über den Soweto-Highway), ist inzwischen fast ein Muss für Johannesburg-Besucher geworden. In der politischen Geschichte Südafrikas und im Kampf gegen die Apartheid spielte diese riesige Vorstadt – Fläche ca. 80 km^2 – eine tragende und tragische Rolle. Die Stadt als Wiege des Widerstandes ab Mitte der 1970er Jahre entstand bereits um 1905 – damals hieß sie noch Klipspruit. Als man ab 1934 die schwarze Bevölkerung aus den weißen Vierteln des aufstrebenden Johannesburgs heraushalten, aber auf deren Arbeitskraft nicht verzichten wollte, schwoll es rasch an. Seit 1961 heißt sie offiziell Soweto. Heute ist sie die größte schwarze Millionenstadt Südafrikas mit einer nicht geringen Zahl an Millionären – das vermutet meist kaum jemand, weil bei Soweto immer noch das Bild eines ausgedehnten Slums mit endlosen Blech- und Bretterhütten hochsteigt. Die vielen Stadtviertel innerhalb Sowetos sind stark unterschiedlich. Es existieren sowohl „Villenviertel" mit sauberen Straßen oder mit monoton aneinandergereihten kleinen und identischen „Streichholzschachtel-Häuschen" als auch Ansammlungen wild zusammengewürfelter Hüttenverschläge. Für die dort Hausenden gilt sicherlich immer noch Eddy Grants bekannter Hit „Gimme hope Jo'anna, gimme hope" von 1988, im dem er das Ende der Apartheid forderte (mit Jo'anna ist keine Frau, sondern Johannesburg gemeint).

Soweto, Vilakazi Street

Fast jede Soweto-Tour führt zur Vilakazi Street, heute eine gepflegte Touristenstraße mit dem ehemaligen Wohnhaus von Nelson Mandela. Eine Soweto-Spezialität sind seine *shebeens,* eine Art informelles „Bier-Pub" im heimischen Wohnzimmer.

Der Besuch Sowetos ist, zusammen mit dem Apartheid-Museum auf dem Weg dorthin (s. Karte „Stadtteile"), eine eindrucksvolle Erfahrung.

Mandela House Museum

Das kleine sowetotypische Backsteinhaus wurde 1945 erbaut und ist heute Ziel fast aller Soweto-Besucher. Ein enger und spitzer Stachetenzaun schützt das kleine Grundstück. Nelson Mandela lebte hier von 1946 bis in die 1990er Jahre, und nach seiner Scheidung von seiner ersten Frau Evelyn 1957, auch mit Winnie Madikizela-Mandela (geb. 1936), die er 1958 heiratete.

Damals war Mandela bereits Rechtsanwalt und Anti-Apartheid-Aktivist. 1961 ging er in den Untergrund. 1962 wurde er, zusammen mit allen wichtigen Köpfen des ANC, verhaftet und 1964 im Rivonia-Prozess zu lebenslanger Haft auf der Gefängnisinsel Robben Island bei Kapstadt verurteilt. Nach seiner Freilassung im Februar 1990 wohnte er nur noch ganz kurz hier. 1992 erfolgte die Trennung und 1996 die Scheidung von Winnie, die in den Jahren zuvor wegen ihrer kontroverser Aktionen immer tiefer in Konflikte mit der Polizei hineingeraten war. 2009 wurde das Haus umfassend renoviert und als Museum gestaltet. Neben persönlichen Gegenständen erinnern Fotos, Bücher und Dokumente in Vitrinen an den wechselvollen Lebenslauf des ersten schwarzen südafrikanischen Präsidenten.

Mandela House Museum

Diagonal gegenüber Mandelas Haus steht das ehemalige Haus von Archbishop **Desmond Tutu,** das dieser 1975 bezog (nicht zugänglich).

Somit ist die Vilakazi-Straße die einzige auf der Welt, an der gleich zwei Friedensnobelpreisträger wohnten.

Nelson Mandela House Museum, 8115 Vilakazi/Ecke Ngakane Sts (Anfahrtsbeschreibung auf der Webseite www.mandelahouse.org), Orlando West, 9–17 Uhr, Tel. 011-9367754. Eintritt R60.

Wenn Sie eine Pause einlegen oder etwas zu sich nehmen möchten: Das Büfett-Essen vom **Restaurant Sakhumzi,** unterhalb von Mandelas Haus auf der anderen Straßenseite, schmeckt gut und ist preiswert. In der Ferne sind die zwei Kühlturme eines ehemaligen Kraftwerk zu sehen, die *Orlando Towers,* zwischen denen Bungeesprünge stattfinden (s.u.).

Hector Peterson Museum

Dieses Museum ist all jenen gewidmet, die ihr Leben im Kampf gegen die Apartheid verloren. Benannt ist es nach dem bekanntesten Opfer der blutigen Schüler- und Studentendemonstration von Soweto am 16. Juni 1976, *Hector Peterson*. Das Museum liegt etwa 700 m von der Vilakazi Street nahe der Ecke Moema/Vilakazi Streets, wo Hector Peterson erschossen wurde. Eröffnet wurde es 2002.

Die rund 15.000 Schüler, die sich damals zu Protestmärschen wegen der bevorstehenden Einführung von Afrikaans als Unterrichtssprache versammelt hatten – Afrikaans wurde als Sprache der Unterdrücker angesehen – trugen Banner mit Aufschriften wie „Away with Afrikaans", „Amandla awethu" („Power to the people"), „Free Azania" (Befreit Südafrika) oder „Nkosi Sikelel' iAfrika –„Gott segne Afrika" (heute die Nationalhymne Südafrikas). Auf ihrem Weg zum Orlando-Stadium wurden sie von der Polizei gestoppt, Steine flogen und nach Tränengas wurde mit scharfer Munition in die Menge geschossen (auf www.sowetouprisings.com werden die Routen der Schüler nachvollzogen). Das erschütternde Foto des sterbenden zwölfjährigen Hector Peterson, wie ihn ein älterer Schüler in seinen Armen wegträgt und wie Hectors siebzehnjährige Schwester Antoinette Sithole weinend daneben herläuft, ging um die Welt. Auch das **Hector Peterson Memorial** vor dem Museum zeigt dieses Foto. Die Unruhen, die später auf ganz Südafrika übergriffen, forderten insgesamt über 550 Opfer und der Aufstand wird heute als Anfang vom Ende des Apartheidregimes angesehen. Der 16. Juni ist heute in Südafrika der *National Youth Day* zum Gedenken an den Tag von 1976.

Hector Peterson Museum, 8288 Maseko St, Orlando West, Mo–Sa 10–17 Uhr, So 10–16 Uhr, Tel. 011-536-0611. Eintritt R25.

Hector Peterson Denkmal

Bungee-Springen zwischen den Kühltürmen „Orlando Towers“

Orlando Towers

Wer noch nie Bungee-Sprünge aus nächster Nähe erlebt hat, bekommt hier Gratis-Schauen geboten. 1998 verband man zwei aufgegebene Kraftwerkskühltürme mit einer 100 Meter hohen Seilbrücke, von der sich nun Mutige in die Tiefe hechten können (Auffahrt mit einem Open-air-Lift). Da nur von Freitag bis Sonntag geöffnet, sieht man fast ständig Sprünge. Die mit bunten Motiven angemalten Kühltürme – u.a. sieht man Nelson Mandela und die Sängerin Yvonne Chaka Chaka –, sind inzwischen ein Wahrzeichen Sowetos. Die Bank FNB sponsorte 2002 dieses größte Fassadengemälde Südafrikas.

Dynamo Street/Ecke Old Potchefstroom Rd, GPS S26.15.12 E27.55.30, Tel. 071-6744343, Fr/Sa/So ab 10 Uhr, ein Sprung kostet R480. Nur Auf- und Wiederabfahrt zur Aussichtsplattform R60. Weitere Infos auf www.orlandotowers .co.za.

Südwestlich von den Türmen, an der Old Potchefstroom Road, befindet sich das größte Krankenhaus der Welt, das berühmte **Chris Hani Baragwanath Hospital,** neben den Orlando Towers eine weitere Landmarke Sowetos.

Soccer City / FNB-Stadium

Mit 95.000 Sitzplätzen ist dies das größte Fußball-Stadion Afrikas, Heimspielstätte der Clubs *Kaizer Chiefs* und *Orlando Pirates*. Es befindet sich in Nasrec am Beginn von Soweto, 12 km südwestlich der Innenstadt. Das Stadion gilt als das Herz des Fußballs in Südafrika, hier fanden Vorrunden- und das Endspiel der WM 2010 zwischen Spanien und den Niederlanden statt.

Für die WM wurde das alte Stadion komplett umgebaut. Afrikanisch-symbolisch ist die ästhetische Fassade in Form einer Kalebasse, dem traditionellen Trinkgefäß des Schwarzen Kontinent. Die dazu verwendeten speziellen Glasfaserelemente in Erdfarben basieren auf einem Produktpatent der Firma Rieder in Kolbermoor/Bayern. Die Dachkonstruktion entwarf das Stuttgarter Ingenieurbüro Schlaich, Bergermann und Partner. In dem alten Stadion wurde 1990 Nelson Mandela nach seiner Entlassung aus dem Gefängnis auf Robben Island in einer Massenkundgebung begeistert empfangen.

Touren Mo–Fr um 9, 10.30, 12, 13.30 u. 15 Uhr. So/So 12 u. 13.30 Uhr, Tel. 011-2475300. Eintritt R80.

Reise-Infos Soweto

Soweto Tourism Information Centre
Walter Sisulu Square, Ecke Union u. Klipspruit Balley Roads, Kliptown, Tel. 011-3424316

Web-Infos www.soweto.co.za • www.sowetotourism.com.

Es gibt zahllose Tour-Angebote von Veranstaltern sowohl in Soweto selbst als auch von Johannesburg aus, z.B. in Soweto mit *aahaah shuttle & tours,* www.aa-haah.co.za, *Imbizo Tours,* www.imbizotours.co.za oder intensiv mit *Taste of Africa,* www.tasteofafrica.co.za (auch mit Übernachtung).

Credo Mutwa Cultural Village Ein Soweto-Gartenmuseum voll erstaunlicher afrikanischer Folklore-Skulpturen, geschaffen 1974 bis 1986 vom hochangesehenen Künstler und *sangoma* (traditioneller Heiler) *Credo Mutwa.* Ecke Ntsane und Majoeng Sts, Central Western Jabavu, Tel. 011-9301813, tägl. geöffnet. Eintritt frei.

Unterkunft **Lebo's Soweto Backpackers** In der Nähe des Hector Peterson Museums, bewährt seit 2003. Umfangreiches Sightseeing- und Aktivitätenprogramm, z.B. eine geführte Radtour durch die Stadt, ausführliche Infos auf der Webseite. 10823A Pooe St, Orlando West, Tel. 011-936344, www.sowetobackpackers .com, GPS S26.22.44 E27.91.29. DZ R325.

Restaurants Neben dem oben erwähnten Restaurant *Sakhumzi* nahe Mandelas Haus in der Vilakazi Street ist *Wandie's Restaurant* im Viertel Dube, 618 Makhalemele Street, wohl das bekannteste und Anlaufpunkt vieler organisierter Soweto-Touren. Wandie's begann 1981 als *shebeen,* heute werden traditionelle Gerichte an einem langen Büfett serviert. Sehr beliebt als Stopp bei einer Soweto-Tour. Tel. 011-326-1700, www.wandies.co.za.

Einkaufen Megagroß ist die *Maponya Mall,* Old Potchefstroom Rd

Sandton

Das Nobelviertel Sandton kann vom O.R. Tambo-Flugplatz aus mit dem Gautrain (s.o.) erreicht werden. In diesem Stadtteil schlägt das Finanz- und kommerzielle Herz der Stadt, es ist angeblich die teuerste Quadratmeile Afrikas. Knotenpunkt ist der kosmopolitische *Nelson Mandela Square* an der 5th Street, den luxuriöse Einkaufstempel, Straßencafés und feine Restaurants umrahmen. Das Hotel Michelangelo ist auf der Nordseite. Unübersehbar ist die 6 m hohe

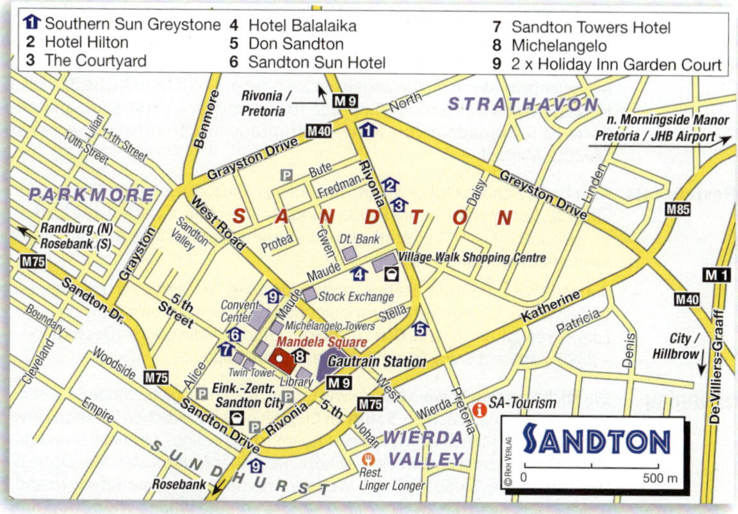

Nelson Mandela überlebensgroß

Statue Mandelas, aufgestellt 2004 zur zehnjährigen Freiheitsfeier Südafrikas. Er blickt zur Sandton Library. Der Platz, einer der größten öffentlichen Plätze Südafrikas überhaupt, wird überragt vom 143 m hohen *Michelangelo Tower.* Im hinter der Maude Street gelegenen *Convention Centre* finden große Veranstaltungen und internationale Events statt. Geht der Tag, ist der Mandela Square stimmungsvoll in Licht getaucht und sonntags findet auf ihm ein großer Kunstmarkt statt. Eine Info-Stelle findet man an der Westecke des Platzes bei einem Tie-(Krawatten-)Shop. Web-Infos auf www.nelsonmandelasquare.co.za.

Infos Sandton

Erschöpfende Auskunft über Sandton findet man auf www.sandtontourism.com (Cell 084-6659663) und auf www.sandtoncentral.co.za (Sandton Central, 3 Gwen Lane, Tel. 011-4478841).

South Africa Tourism ist in der Pretoria Rd 90, Bojanala House (s. Karte), Tel. 083-1236789 u. 011-895300, www.southafrica.net

Der **Gautrain** (www.gautrain.co.za) hat seine Station an der Katherine Rd/Ecke West St. Taxis stehen u.a. in der Maude St nahe dem Balalaika Hotel.

Unterkunft Sandton hat eine Menge upmarket-Hotels, die bekanntesten sind z.B. das Michelangelo (www.michelangelo.co.za) oder das traditionsreiche Balalaika Hotel (www.balalaika.co.za). Ihre Lage sowie weiterer s. Karte. Eine Sandton-Karte ist runterladbar von www.sandtontourism.com/images/Sections/SAMCO_Map.gif

Restaurants Man hast reichlich Optionen. Im *The Butcher Shop,* Nelson Mandela Square, Shop 30, kommen nicht nur Fleisch- und Steakliebhaber voll auf ihre Kosten, es gibt auch Fisch, Vegetarisches u.a. mehr. Speisekarte einsehbar auf www.thebutchershop.co.za.

Südöstlich der Gautrain Station in Wierda Valley, 58 Wierda Rd (s. Karte), Tel. 011-8840465, können sich Gourmetliebhaber mit den Spezialitäten von *Linger Longer* verwöhnen lassen. Drei Set-Menüs (Starter, Main Course, Dessert) R315 – R395. Karte auf www.lingerlongerrestaurant.co.za.

Shopping Die **Michelangelo Towers Mall** (www.towersmall.co.za) bietet Mode & Lifestyle und internationale Marken. **Sandton City,** Rivonia Rd zwischen Sandton Drive und 5th Street südlich vom Mandela Square, ist ein riesiges, ultimatives und stilvolles Einkaufszentrum mit vielen Shops, Restaurants und Cafés. Mo–Do 9–17 Uhr, Fr 9–20 Uhr, Sa/So 9–18 Uhr. Weitere Infos und Floorpläne auf www.sandtoncity.com. Auch das im viktorianischen Stil erbaute **Village Walk Shopping Centre,** Rivonia/Ecke Maud Sts, www.mallguide.co.za, besitzt auf mehreren Ebenen eine Vielzahl von Geschäften und Restaurants.

Reise-Infos Johannesburg

Info-Stellen **Johannesburg Tourism,** Head Office: 195 Jan Smuts Avenue, Grosvenor Corner, Parktown North, Tel. 011-2140700, Fax 086-5200713, Info-Line 0860-333-999, www.joburgtourism.com

Weiteres Info-Büro in der Park Station (Hauptbahnhof), Arrival Hall, Rissik St, Tel. 011-113331488.

Tel.-Vorwahl Johannesburg: 011. Offizielle Webseite: www.joburg.org.za

Gauteng Tourism Authority, Tel. 011-6391600. In Newtown: 1 Central Place, Ecke Jeppe & Henry Nxumalo (Goch) Sts, Mo–Fr 8–17 Uhr, Tel. 011-8322780, www.gauteng.net.
Webseite der Provinz Gauteng: www.gautengonline.gov.za

South Africa Tourism, 90 Bojanala House, Pretoria Ave, Sandton, Tel. 083-1236789 u. 011-895300, www.southafrica.net

Flughafen O.R. Tambo (s.o.)
Außer dem ORTIA gibt es noch den *Lanseria International Airport* im Nordwesten Johannesburgs, Tel. 011-3670300, www.lanseria.co.za. Von dort fliegen u.a. die Billigfluglinien www.kulula.com nach Durban und Kapstadt sowie www.flymango.com nach Kapstadt.

Touristen-Broschüren
„Joburg Ultimate Guide" und „Go Gauteng", erhältlich am Airport, in Hotels und an anderen von Touristen frequentierten Orten

Mehrwertsteuer-Erstattung: www.taxrefunds.co.za

Notfall-Nummern Polizei Tel. 10111
Notruf vom Handy: 112 (MTN), 147 (Vodacom)
Tourismusrelevante Beschwerden: Tel. 087-8034636 bzw. 087-803-INFO
AA-Automobil-Club: Tel. 086-1000234 oder 083-84322 (immer)
Ambulanz: Tel. 10177

Restaurants Die Portale www.eatout.co.za und www.dining-out.co.za listen zahllose bewertete Restaurant in Johannesburg und nach Provinzen südafrikaweit. Ihr Gastgeber kann Ihnen sicherlich Empfehlungen für die näherer Umgebung sagen.

Unterhaltung / Nachtleben / Events Aberdutzende von Museen, Galerien, Theatern, Nachtclubs etc. bieten alle Unterhaltungsmöglichkeiten und befriedigen jeglichen Kulturhunger. Joburgs ultimatives künstliches Spiel-, Kauf- und Vergnügungszentrum mit Theatern und Shows ist **Montecasino** im Norden in Fourways, www.montecasino.co.za. Alles was in Jozi „cool" ist – Shows, Ausstellungen, Theater und Musik – findet man auf www.jhblive.com. Die Sektion „venues" bietet Restaurants, Bars, Clubs und Cafés in allen Stadtteilen. Die Seiten www.iol.co.za/tonight, www.702.co.za oder www.artlink.co.za sind gleichfalls gute Infoquellen.

Computicket, Tel. 0861-9158000, www..computicket.co.za, ist Südafrikas führende Ticketing-Company bzw. das größte nationale Reservierungssystem für Konzerte, Theater, Festivals u.a. mehr, das auch Verkaufsstellen in größeren Einkaufszentren hat.

Kunst, Kultur, Museen auf www.joburgculture.co.za

Shopping Malls / Märkte *Bruma Lake Market World, Eastgate Shopping Mall* (beide s. Stadtteil-Karte r.u.), *Fourways Mal* (l.o.), *Hyde Park Mall, Rosebank Mall* (zentral).
Neighbourgoods Market, samstags Markt für Feinschmecker, 73 Juta St, Braamfontein, www.neighbourgoodsmarket.co.za

Touren und Veranstalter

Tourziele Inenndstadt Busrundfahrt City Tour • Constitution Hill • Sandton mit Mandela Square

Südlich außerhalb Soweto • Apartheid Museum • Gold Reef City

Ausflugsziele weiter westlich von Johannesburg

Maropeng und Cradle of Humankind Das *Visitor Centre Maropeng* ist Ausgangspunkt zur „Cradle of Humankind". Die „Wiege der Menschheit" liegt etwa 50 km westlich von Johannesburg in den Witwatersbergen, wo in einem weitläufigen Gebiet sehr viele Fossilien von Vormenschen gefunden wurden. Von bislang einem guten Dutzend Fundstätten ist die *Sterkfontein Caves* die berühmteste, denn dort fand man 1947 den 2,3 Millionen Jahre alten und gut erhaltenen Schädel der berühmten „Mrs. Ples". 1997 stieß man auf das nahezu komplette homonoide Skelett von „Little Foot", ungefähr 3,5 Millionen Jahre alt. Neben den frühen Hominiden im großen Afrikanischen Grabenbruch zwischen Tanzania und Äthiopien sind dies weltweit die wichtigsten paläoanthropologischen Fossilienfunde.

Besucher erleben in Maropeng (was auf Setswana „Zurück zum Ursprung" heißt), im Innern des großen Kegelstumpfs „The Tumulus" die Geschichte der Hominisation in Form einer Zeitreise, beginnend mit einer Bootsfahrt, vorbei an Vulkanausbrüchen, Wasserfällen und durch Eiszeiten bis zur Geburt der Erde beim „Big Bang" vor 4,6 Milliarden Jahren.

Cradle of Humankind eine der acht Unesco-Weltkulturerbestätten Südafrikas und avancierte inzwischen zu einem internationales Touristenziel. Alle Infos detailliert und mit vielen Fotos auf den Webseiten www.maropeng.co.za und www.cradleofhumankind.co.za. Essen kann man dort im *Cornuti at the Cradle*.

Rhino & Lion Nature Reserve Integriert in das 47.000 ha große „Cradle of Humankind"-Heritage Gebiet – und mit diesem gut kombinierbar – ist das private *Rhino & Lion Nature Reserve.* Zu sehen sind rund 600 Tiere, darunter Breitmaul-Nashörner, Büffel, Eland- und Rappenantilopen. Vom Auto aus kann man bei der Fütterung Löwen, Geparden und Wildhunde beobachten. Pygmy-Hippos, Löwen, Tiger, Leoparden und Geparden und ihre *cubs* kann man in der „Tier-Kinderkrippe" extra besichtigen und für einen Extrabetrag von R30 darf man in den Käfig und mit den Kleinen spielen. Außerdem eine reiche Vogelwelt. Alle Details auf www.rhinolion.co.za.

Lion Park Vom Auto aus Aug-in-Aug mit den Löwen, eher zooähnlicher Touristen-Nepp. Honeydow, Malibongwe Rd/Ecke R114 Lanseria Rd, Tel. 011-6919905, www.lionpark.com.

Pilanesberg Game Reserve Gelegen in einem ehemaligen Vulkankrater bietet der 500 km² große Park, ca. 130 km nordwestlich von JHB und gleich nördlich der Vergnügungsstädte *Sun City* und *Lost City,* malariafrei die „Big Five". Erforderlich ein ganzer Tag. Info-Webseiten www.tourismnorthwest.co.za und www.pilanesberggame reserve.com. Empfehlenswerter Veranstalter: www.pilanesbergtours.com.

Auswahl Tourveranstalter

Praktisch jede Unterkunft kann Stadt- und Umgebungstouren vermitteln oder es liegen Prospekte von Anbietern aus.

Impi Safaris Engagiert und kompetent geführt von Sandra (dt.) und Niel, südafrikanischer Safari-Ranger, der sein Geschäft versteht: herzlich, informativ, kompetent. Alles richtet sich nach den Wünschen der Kunden, vorab persönliche Beratung. Ideal für Ankunft in Johannesburg und Tagestour. Programm: Johannesburg City Tour (4 h), Soweto Tour (4 h) oder in Kombination, Maropeng mit Lion & Rhino Park (1 Tag) und auch andere Ziele, wie Krügerpark. Ferntouren nach Namibia, Botswana und Zimbabwe.

Impi Safaris, 289 Lister Road, Rembrandtpark, 2090 Johannesburg, Tel. +27 (0)11-2642406, Cell +027 (0)82-6226957, www.impisafaris.com.

Joburgtours Dreistündige Citytour, Soweto und ins weitere Umland, www.joburgtours.co.za.

Imbizo Tours Soweto- und Stadttouren sowie ins Umland, www.imbizotours.co.za.

Lords, Travel & Tours Universal-Anbieter mit jeder Menge Touren in und um Johannesburg, www.lordstravel.co.za.

Pilanesberg Safaris and Tours Kleiner, ökologisch ausgerichteter Spezialveranstalter, nicht nur Tagestouren zum Pilanesberg Game Reserve, sondern auch zu *Sterkfontein Caves, Rhino & Lion Nature Reserve, Soweto Day Tours* u.a. *Pilanesberg Safaris and Tours,* Ryan Mengel, Cell +27 (0) 84-5001773

Unterkunft Johannesburg

An Hotels und Unterkünften herrscht in Joburg kein Mangel. Upmarket-Hotels und B&Bs findet man überwiegend in den nördlichen Stadtteilen, in Melville kommt man gut zu noch moderaten Preisen unter. Alle hier vorgestellten Häuser zeigen ihre genaue Lage auf ihren Websites mit Anfahrtsbeschreibungen und meist auch die GPS-Daten.

Melville

Die Agterplaas Bed & Breakfast Umgebautes einstöckiges Wohnhaus in Hanglage mit Nebengebäude in ruhiger Einbahnstraße im Zentrum des trendigen Künstlerviertels Melville. 13 mittelgroße Zimmer im südafrikanischen Kolonialstil. Der nette Gastgeber Jannie du Toit ist ein bekannter Afrikaans-Sänger, der seit 40 Jahren auf der Bühne steht (www.janniedutoit.co.za). Melvilles bekannte 7th Street mit Restaurants und lebhaften kleinen Bars kann bequem zu Fuß über eine hintere Gartentreppe direkt erreicht werden. Abholservice vom Flughafen, Anfahrtsbeschreibung und Lageskizze auf der Webseite.

Die Agterplaas B&B, 66 6th Ave 66, Melville, Tel. 011-7268452, www.agterplaas.co.za. Garage (!), Wi-Fi, dt.-spr. DZ/F R790, Dinner a.A.

The Space Guest House Modernes Gästehaus mit 10 Zimmern im Zentrum von Melville. Restaurants und Bars befinden sich in direkter Nachbarschaft. Parkplätze vorhanden. *The Space Guest House,* 15, 7th St, Melville, Tel. 011-4827979, www.thespaceguesthouse.co.za. DZ/F R800-990, Rabatt ab 3 Nächten.

Restaurants In der 7th Street gibt es eine genügend große Auswahl an Restaurants und Straßencafés. Beliebt und günstig ist z.B. *The Ant,* No 11; Breakfast, Lunch, Dinner & Drinks sowie italienisch-gute Pizzen. Auch das *Café Mezza Luna,* No 9a, serviert Mediterranes. Pubs und Bars: *Buzz 9, Ratz* No 9B, *Unplugged on 7th* u.a.

Melville-Webseiten Weitere Infos über Melville auf www.whatsupinmelville.co.za und www.mymelville.co.za.

Melville-Straßen am frühen Morgen

Im Norden Joburgs

Liz at Lancaster B&B-Zimmer und Ferienwohnungen in ruhiger Lage im schönen Viertel Craighall Park, nicht weit von der Rosebank Shopping Mall entfernt. Alle Wohneinheiten mit eigenen Eingängen und Terrassen. Security, Wi-Fi, Pool, barrierefrei. 7 Zimmer/Apartments. *Liz at Lancaster,* 79 Lancaster Ave, Craighall Park, Tel. 011-4428083, www.lizatlancaster.co.za, GPS S26.7.39.28 E28.1.27.85. DZ/F R790–990, Dinner a.A. Bei einer Woche Aufenthalt 10% Discount.

Cotswold Gardens Das hübsche Gästehaus befindet sich zwischen Zoo und M9 in einem schönen Vorort mit vielen Jacaranda-Alleen und guter Verkehrsanbindung. Zu Restaurants und den Malls von Rosebank kann man zu Fuß gehen. *Cotswold Gardens,* 46 Cotswold Drive, Saxonwold, Tel. 011-4427553, Cell 082-8293336, www.cotswoldgardens.co.za. 2 Apartments und 2 Zimmer. Pool, Wi-Fi, Parkplätze. DZ/F R900, Apartment R575 p.P.

Rivonia B&B Gästehaus mit Pool liegt im schönen, sicherheitsüberwachten Villenviertel Rivonia Valley nördlich von Sandton. Die 40 hübschen Zimmer im großen Garten haben alle Kühlschrank, Mikrowelle etc. Zu Geschäften und Restaurants ca. 500 m, Autobahnen sind schnell erreicht, ebenso die Gautrain-Station, Wi-Fi, dt.-spr. *Rivonia B&B,* 3 River Rd, Rivonia, Tel. 011-8032790, www.rivoniabb.co.za, GPS S26.03.021 E028.03.561. DZ/F. DZ/F R970–1080, Fr–So DZ zum Einzelzimmerpreis, auch Ferienwohnungen.

Idwala Boutique Guest House Gästehaus mit Busch-Lodge-Feeling mitten in Johannesburg. Es wurde vor 100 Jahren als Farmhaus gebaut und 2006 in ein luxuriöses Gästehaus umgebaut. Die geräumigen Zimmer im Haupthaus oder Garten haben XXL-Kingsize-Betten. Darrenwood im Ortsteil Cresta (östl. von Craighall Park) ist ein vornehmes Wohnviertel und befindet sich nur einige Fahrminuten von einer schönen Shopping Mall entfernt. *Idwala Boutique Guest House,* 13 Garrick Road, Darrenwood, Tel. 011-8881437, www.idwala.com, GPS S26.127468 E27.985514. Restaurant, Pool, Wi-Fi, Flughafentransfer. DZ/F R1690.

In Flughafennähe

Flying Falcon Dieses ruhig gelegene Gästehaus liegt ca. 15 Min. nördlich vom internationalen Flughafen von Joburg entfernt, kurz westlich von der N3. Es verfügt über 6 Zimmer und 2 Apartments. Günstig gelegen für diejenigen, die bei *Impi Safaris* (s. Tourveranstalter oben) eine Tour gebucht haben. Geschäfte und Restaurants findet man im modernen *Greenstone Shopping Centre* zuhauf, ca. 5 Fahrminuten entfernt, www.greenstoneshoppingcentre.co.za. *Flying Falcon,* 15 Kerry Rd, Rembrandt Park, Tel. 011-2642901, www.flyingfalcon.co.za. Pool, Wi-Fi. DZ/F R1150.

Camping

Gibt es in Joburg so gut wie keine. Alternative im Osten in Benoni: **Airport en Route,** ca. 15 km östlich vom internationaler Flugplatz O.R. Tambo (Fahrzeit ca. 30 Minuten), 97 Boden Road, Benoni Small Farms, Tel. 011-9633389, Cell 084-5629713, GPS S26°6'52.6"E28°18'26.4", Marion & David, mariondt@telkomsa.net. Ideal zum Beginn oder zum Schluss einer Südafrika-Reise, gepflegte, ruhige Gartenanlage, Gästeküche, Aufenthaltsraum, Pool, Duschen etc. Auch **günstige Zimmer** (DZ/F R550) und Cabins. Weitere Infos auf www.sa-venues.com mit Anfahrtsbeschreibungen aus Johannesburg/Flughafen und vom Osten her auf der N12. Mit Airport-Service!

Fahrt nach Pretoria

Hinweis: Wer auf der N1 / N14 von Johannesburg nach Pretoria fährt, sollte noch vor Erreichen des Stadtzentrums das westlich der Straße gelegene **Voortrekker Monument** besuchen – Südafrikas politische Entstehungsgeschichte aus burisch-weißer Sicht. „Gegengewicht" ist der neue **Freedom Park,** der danach besichtigt werden kann. Von ihm gelangt man dann gleichfalls über die N14 in die Innenstadt Pretorias. Wer direkt dorthin möchte, bleibt auf der N14, die zur R101/Mampuru Street (ex Potgieter) wird und biegt dann nach rechts bzw. in Ostrichtung in die R104 bzw. Church/Nkomo Street. Gleich nach dem Abbiegen befindet sich links an der Straße das kleine Häuschen des ehemaligen Burenpräsidenten **Paul Krüger** (s.u.).

Voortrekker Monument

Ein 61 Meter hoher Granitklotz, 6 km südwestlich außerhalb von Pretoria-Central auf dem *Proclamation Hill* (Beschilderung so lautend), ein wenig an das Völkerschlachtdenkmal in Leipzig erinnernd, das größte Monument Afrikas. Es wurde zwischen 1937 und 1949 im Art-déco-Stil erbaut, zur Erinnerung an die siegreiche Schlacht der Buren gegen die Zulu am 16.12.1838 am Blutfluss im heutigen KwaZulu-Natal (s.S. 277). Eine Rundmauer reliefierter, originalgroßer Planwagen umgürtet es, die Wagenburg der Voortrekker am Blood River symbolisierend. An den vier Ecken des größten Denkmal Afrikas stehen die überlebensgroßen Statuen der Voortrekkerführer *Piet Retief* (links der Aufgangstreppe), *Andries Pretorius, Hendrik Potgieter* und der „Unbekannte Voortrekker". Die bronzene Mutterstatue mit Kindern versinnbildlicht das starke Familienethos der Voortrekker.

Granitklotz Voortrekker Monument

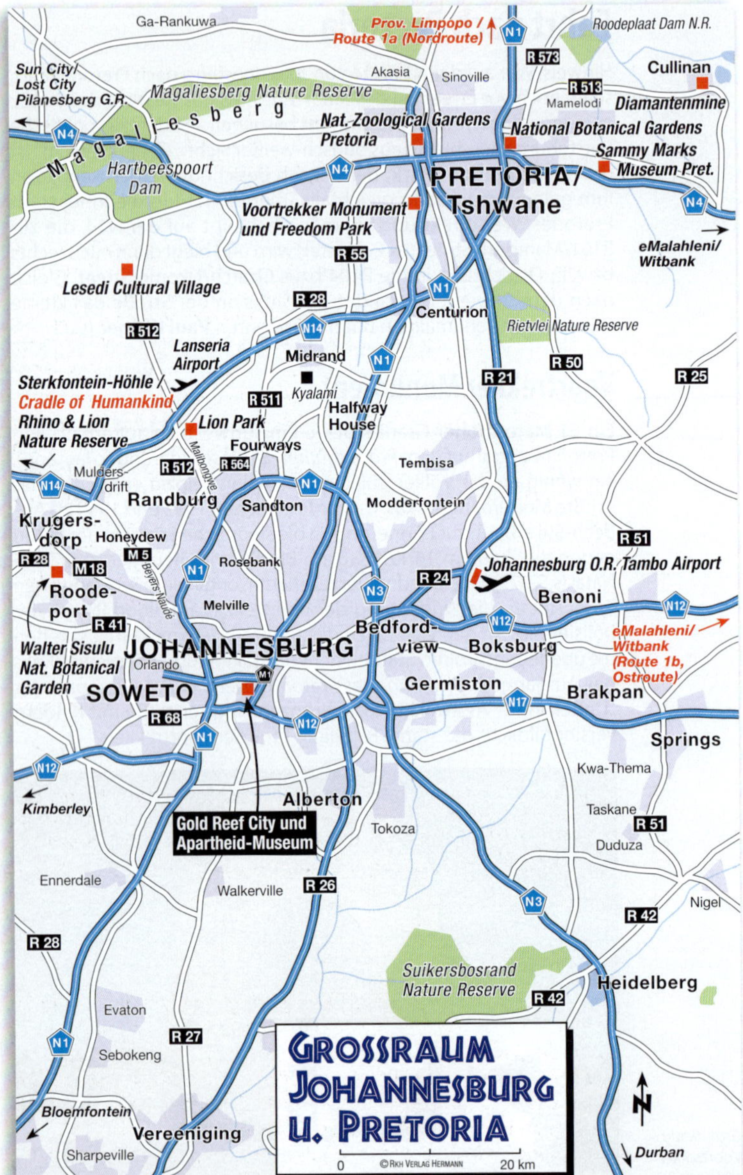
Ga-Rankuwa
Prov. Limpopo / Route 1a (Nordroute)
Roodeplaat Dam N.R.
Sun City/ Lost City Pilanesberg G.R.
Akasia
Sinoville
Cullinan
Magaliesberg Nature Reserve
Mamelodi
Diamantenmine
Magaliesberg
Nat. Zoological Gardens Pretoria
National Botanical Gardens
Sammy Marks Museum Pret.
Hartbeespoort Dam
PRETORIA/ Tshwane
Voortrekker Monument und Freedom Park
eMalahleni/ Witbank
Lesedi Cultural Village
Centurion
Rietvlei Nature Reserve
Lanseria Airport
Midrand
Kyalami
Sterkfontein-Höhle / Cradle of Humankind
Rhino & Lion Nature Reserve
Lion Park
Halfway House
Fourways
Tembisa
Mulders-drift
Malibongwe
Randburg
Sandton
Modderfontein
Krugers-dorp
Honeydew
Beyers Naudé
Rosebank
Johannesburg O.R. Tambo Airport
Roode-port
Melville
Benoni
Bedford-view
Boksburg
Walter Sisulu Nat. Botanical Garden
JOHANNESBURG
Orlando
SOWETO
eMalahleni/ Witbank (Route 1b, Ostroute)
Germiston
Brakpan
Springs
Kwa-Thema
Kimberley
Alberton
Taskane
Gold Reef City und Apartheid-Museum
Tokoza
Duduza
Ennerdale
Walkerville
Nigel
Suikersbosrand Nature Reserve
Heidelberg
Evaton
Sebokeng
Bloemfontein
Vereeniging
Sharpeville
Durban
N1
N3
N4
N12
N14
N17
M1
M5
M18
R 573
R 513
R 55
R 28
R 512
R 511
R 564
R 50
R 21
R 25
R 51
R 24
R 41
R 68
R 26
R 42
R 27
GROSSRAUM JOHANNESBURG u. PRETORIA
0
20 km
©RKH VERLAG HERMANN

Voortrekker

Das afrikaanse Wort *voortrekkers* meint „die, die voraus gehen", die etwa 15.000 burischen Wegbereiter oder Pioniere, die nach der Okkupation der Kapkolonie durch die Briten in großen Gruppen mit ihren Planwagen auf ihrem **Großen Trek** zwischen 1834 und 1854 vom Kap in den Osten und Nordosten Südafrikas aufbrachen. Die Gründung der unabhängigen Buren-Republiken *Natalia* (1838), *Transvaal* (1852) und *Oranje Vrystaat* (1854) waren das direkte Resultat des großen Trecks, s.S. 74.

Die 25 x 25 Meter große Eingangshalle zeigt auf Marmortafeln, Gemälden und auf 15 gestickten Tapesterien, deren Herstellung 7 Jahre brauchte, Szenen aus der Wanderungsgeschichte der Voortrekker. Zentraler Gedenkaltar ist im Untergeschoss der symbolische **Cenotaph** mit der Inschrift „ONS VIR JOU SUID-AFRIKA – Wir für Dich, Südafrika". Es ist die Endzeile einer Strophe der früheren südafrikanischen Nationalhymne *Die Stem van Suid-Afrika* („Der Ruf Südafrikas"), 1996 abgelöst durch die neue Hymne *Nkosi sikelel' iAfrika* („Gott schütze Afrika"). Alljährlich am Jahrestag der Schlacht am Blutfluss am 16. Dezember beleuchtet der wandernde Sonnenstrahl, der aus einer kleinen Öffnung in der Domkuppel fällt, punktgenau diese Worte. Die Flaggen rund um den Cenotaph zeigen die Farben aller ehemals freien Burenrepubliken, das kleine Museum nebenan zeigt die Nachbildung eines Planwagens, Dioramen, Landkarten mit dem Verlauf des Großen Treks, Bibeln, Fotos, Gewehre und andere kulturelle und historische Objekten. Zum Domgewölbe kann man hochsteigen (oder den Aufzug nehmen), es bietet sich eine weite Aussicht und auf Pretoria.

Voortrekker Monument, www.voortrekkermon.org.za (mit Google-Anfahrtskarte, auch für den Freedom Park), Eeufess Road (M7), 1. Mai –31. Aug. 8–17 Uhr, 1. Sept.–30. April 8–18 Uhr, geschlossen am 25.12. Kiosk, Läden, Restaurant. Eintritt R45.

Noch vor dem Aufgang zum Monument befindet sich bei den Parkplätzen das **Erfenissentrum** zur Bewahrung des burischen bzw. afrikaanschen Kulturerbes mit Museum, Archiv, Bücherei, Informationsbüro und Restaurant.

Zum **Freedom Park** auf der Eeufees Road zurückfahren und der Ausschilderung folgen.

Freedom Park

Diese Erinnerungsstätte wurde alle jenen gewidmet, die ihr Leben im Kampf für die Freiheit Südafrikas verloren, gleich ob in der präkolonialen, kolonialen, Apartheids- oder in der Postapartheidära, und die mitwirkten, das neue Südafrika aufzubauen. *Freedom Park* gilt als das ehrgeizigste Heritage-Projekt des Landes, eröffnet 2011 durch Präsident Zuma. Auf dem 679 Meter langen „Wall of Names" sind bislang 75.000 Namen von Opfern der jüngeren Gewaltvergangenheit Südafrikas eingraviert.

Es gibt neun Bereiche, der *Isivivane* mit kreisförmig angeordneten Findlingen aus allen neun Provinzen Südafrika repräsentiert z.B. spirituell die Gräber jener, die für die Freiheit Südafrikas starben. Die *Gallery of Leaders* ehrt lokale und internationale Persönlichkeiten, die Südafrika beistanden und mithalfen die Freiheit zu erringen, und *Vhuawelo* ist ein Meditations-Garten mit Wandelwegen. Der Ausbau mit einer geschichtlichen Ausstellungshalle, mit Archiven etc. ist noch nicht abgeschlossen. Aktueller Stand der Dinge auf der Webseite.

Vom Freedom Park sind neben den Union Buildings auch die Bauten der UNISA zu sehen, bereits 1873 gegründet und heute mit die größte Fernuniversität der Welt mit über 300.000 Studenten.

Freedom Park, auf dem Salvokop gleich südlich von Pretorias Bahnhof, Anfahrt von der N14 bzw. aus der Stadt heraus über die Mampuru Street (ex Potgieter), www.freedompark.co.za. Tgl. Führungen um 9, 12 u. 15 Uhr. Eintritt R45.

Pretoria

Pretoria liegt 50 km nördlich von Johannesburg und hat rund 2 Millionen Einwohner. Die im Schachbrettraster angelegte Innenstadt ist weitaus übersichtlicher und weniger hektisch bzw. verkehrsbelastet als die von Johannesburg. Nach Büroschluss und an den Wochenenden ist das Zentrum mehr oder weniger verwaist. Die Stadt wurde 1855 von den Voortrekkern gegründet und erinnert mit ihrem Namen an den Führer und Sieger der Schlacht am Blutfluss, *Andries Pretorius* (1798–1853).

Pretorias City Hall während der Jacaranda-Blüte

PRETORIA
- CBD -
0 500 m
© Reise Know-How Verlag Hermann
Wonderboom South
Tshwane North
National Zoological Gardens
Union Buildings
Government-Lane
Terrassen-Garten-anlage
Louis Botha
zur N 4 u. Botanical Gardens
Dt. Botschaft
Blackwood
La Maison B&B, 8 Blocks
z. Court Classique
Suite Htl, 1 Block
Arcadia
1322 Back-packers, 12 Blocks
360 East-woods Guesthouse, 3 Blocks
zu den Stadtteilen Hatfield und Brooklyn ca. 2,5 km
A R C A D I A
S U N N Y S I D E
C B D
Arcadia Park
Pretoria Art Museum
Sports Ground
Arcadia Hotel
Johan
Wessels
Leyds
Hamilton
Steve Biko
Pretorius
Baard (Schoeman)
Park
Bourke
Valley
Walton
Jeppe
Esselen
Kotze
Jorissen
Cilliers
Troye
Steve Biko (Mears)
Rissik
J. Mohammed/Walker
South African National Parks
Nelson Mandela Drv
M3
Du Toit
Ramokhoase (Proes)
S. Bopape (Church)
H. Joseph (Church)
WF Nkomo (Church)
Madiba
Sisulu
Nana Sita
Sammy Marks Square
State Theatre
L. Ngoyi
Central
Queen
Sehume
Bloed
Paul Kruger
State Library
Church Square
Ou Raadsaal
Parlia-ment
Café Riche
Palace of Justice
Post Office
Boom
Struben
Bruyn
Volkstem
Bosman
de Bruyn
Visagie
SA-Police Museum
Kruger House Museum
Mamparu
Mamparu (Potgieter)
R 104
R 101
N4
N14
Nat. Cultural History Mus.
Nat. Museum of Natural History
City Hall
Minaar
Burger's Park
Melrose-House Museum
Masemola (Maré)
Scheiding
Berea Park
Univ. UNISA
Tshwane Station / GAUTRAIN
hist. Lokomotive
ROVOS-Zug
Salvokop
Freeedom Park
von/zur Autobahn N14: Voortrekker-Denkmal Freedom Park Johannesburg

Pretoria war schon immer auf Verwaltung und Behörden ausgerichtet, heute hat sie nach Washington D.C. die weltweit größte Zahl ausländischer Botschaften. Markenzeichen der früheren Buren-Metropole sind aber seine rund 70.000 **Jacaranda-Bäume** (Palisander), deren lila Blüten im Oktober als duftendes Konfetti auf Straßen und Alleen niederrieseln und diese für ein paar Wochen in ein wunderschönes Blütenmeer verwandeln. Die ersten Bäume pflanzte man 1888, flächendeckend dann ab 1906. Nach dem Ende der Rassentrennung 1994 wurde erwogen, all diese Bäume – weil nicht autochthon-afrikanisch, ihr ursprüngliches Verbreitungsgebiet ist das subtropische Südamerika – zu fällen und stattdessen einheimische Arten anzupflanzen …

1860 wurde Pretoria Regierungssitz der Republik Transvaal (*Zuid-Afrikaansche Republiek, ZAR*) und 1910 administrative Hauptstadt der neugegründeten Südafrikanischen Union, Kapstadt die legislative. Bis in die 1990er Jahre galt Pretoria als konservative, weiß-afrikaansprachige Hochburg. Danach verließen auch hier wie in Johannesburg die weißen Südafrikaner das Zentrum und zogen in weit draußen liegende *suburbs*. 2005 erfolgte eine kommunale Neuordnung und seitdem heißt der erweiterte Großraum mit vielen Trabantenstädten **City of Tshwane** („Tshwane Metropolitan Municipality"), das Stadtzentrum aber nach wie vor **Pretoria.** Dort werden derzeit englisch-burische Straßennamen durch afrikanische ersetzt. Die geschichtlichen Epochen spiegeln sich in den drei Wahrzeichen der Stadt: das trutzige **Voortrekker Monument** symbolisiert die Inlandnahme durch die Buren, die **Union Buildings** die Südafrikanische Union und der **Freedom Park** das demokratische Südafrika seit 1994.

Pretoria hat ein wärmeres Klima als Johannesburg, ist Universitätsstadt, besitzt viele Parks und Grünflächen und historische Bauwerke. Magistrale in West-Ost-Richtung ist die endlos lange **Church Street** (mit 27 km die längste Stadtstraße Südafrikas), die aber westlich und

Paul Kruger-Denkmal auf dem Church Square, rechts der Ou Raadsaal

östlich vom Church Square in Abschnitten neue Namen bekam. Drei Straßenblocks östlich vom Church Square bis zum *Sammy Marks Square* ist sie Fußgängerzone.

Wer von Joburg aus nur einen Pretoria-Besichtigungstag einlegen möchte, kann dies bequem mit dem Gautrain machen, der neben dem Bahnhof von Pretoria und auch im östlichen **Hatfield** Halt macht. Eine Stadttour sollte dabei im Voraus arrangiert werden. Selbstfahrer können die diversen Sehenswürdigkeiten in der Stadt direkt anfahren, Parkplatznot herrscht keine.

Stadtviertel Geschäfts-, Hotel- und Restaurantviertel sind vornehmlich die östlich gelegenen Stadtteile **Hatfield** und **Brooklyn.** In Hatfield gibt es viele Studenten der nahen *University of Pretoria* und ein dementsprechendes Restaurant- und Unterkunftsangebot; dort in der Burnett Street befindet sich am Hatfield Square das *Hatfield Shopping Centre* und eine Attraktion ist der *Hatfield Flea Market* jeden ersten Sonntag im Monat in entspannter Atmosphäre. Botschaften haben ihren Sitz zumeist in **Arcadia.**

Sehenswertes

Die Sehenswürdigkeiten liegen eher weit auseinander, wie Johannesburg ist auch Pretoria keine Stadt für Spaziergänge. Grünweiße Doppeldecker-Sightseeingbusse im Hop-on/hop-off-System fahren Mo–Fr 8–16 Uhr und Sa 8–14 Uhr in anderthalbstündlichen Abfahrten folgende Punkte an: Church Square (Hauptabfahrtstelle) – Zoological Gardens – Union Buildings – Pretoria Art Museum – Voortrekker Monument – Freedom Park – Pretoria Station – City Hall/National Museum of Natural History (Transvaal Museum). Tickets (R60) gibt es im Bus oder im Ticket-Office an der Südost-Ecke des Church Square, Tel. 012-3581430.

Kruger House Museum Hinweis: zur Zeit der Buchrecherche war das Haus in Renovierung. Das kleine viktorianische Häuschen in der westlichen Church Street war zwischen 1883 und 1901 das Heim des deutschstämmigen und bibelfesten Politikers **Paul Krüger** und seiner Frau Gezhina (die ihm 16 Kinder gebar). Die Einrichtungen ist in vielen Teilen original erhalten und zeugt von den Wohnverhältnisse der damaligen Oberschicht im 19. Jahrhundert. Außer seinen persönlichen Gegenständen und Amtsgeschenken ist auch seine Staatskutsche ausgestellt.

Paul Krüger war trotz geringer Schulbildung in die Führung des jungen, 1852 gegründeten Burenstaates Transvaal aufgestiegen und wurde 1883 ihr Präsident. Er sah es als seine Pflicht an, sein Land gegen die Annektionsabsichten der Engländer zu verteidigen. Nach dem verlorenen Krieg (s. Kasten) ging Krüger nach Europa in Exil, wo er 1904 mit 79 Jahren in der Schweiz starb (seine Gebeine wurden nach Pretoria überführt und liegen im Friedhof *Heroes' Acre Cemetery*, zwei Straßenblocks westlich).

Als begeisterter Jäger und Naturliebhaber verfolgte Krüger schon früh die Idee eines umfassenden Wildtierschutzes, was ihm dann 1898, nach zwölfjährigen parlamentarischen Anläufen, mit der Einrichtung eines „Regierungs-Wildgartens" im Osten Südafrikas an der Grenze zu Mozambique gelang und der seit 1926 – in dreimal größerer Fläche – seinen Namen trägt: **Kruger National Park of South Africa.** Auch die bekannte südafrikanische Goldmünze *Krüger-Rand* ist nach ihm benannt.

Kruger House Museum, 60 Church (Nkomo) St, Mo–Fr 8.30–16.30 Uhr, Sa/So 9–16.30 Uhr (Sept.–Nov. eine Stunde länger), Tel. 012-3269172. Weitere historische Infos darüber auf www.ditsong.org.za.

Genau gegenüber seines Hauses steht die **Paul Kruger Gereformeerde Church,** die Krüger zum Gottesdienst aufsuchte. Neben dem Kruger House Museum befindet sich das frühere **Bantu Commissioner's Office Building,** erbaut 1932 und in der Apartheidszeit Sitz zur Durchsetzung der diskriminierenden Passgesetze. Der schwarze Volksmund nannte es sarkastisch *Ga-Mothle* „schöner Platz" …

Zweiter Burenkrieg 1899–1902

Dreijähriger südafrikanischer Krieg, in dem die unabhängigen Burenrepubliken **Oranje Vrystaat** und **Transvaal** (*Zuid Afrikaansche Republiek,* ZAR) gegen die Engländer kämpften, die in den Besitz der reichen Goldminen am Witwatersrand gelangen wollten, die 1886 entdeckt wurden. Auf burischer Seite standen etwa 52.000 Mann, auf englischer fast 450.000. Nach anfänglichen Erfolgen der hoffnungslos unterlegenen Buren verloren diese 1900 eine entscheidende Schlacht und mussten 1902 kapitulieren. Die Engländer annektieren beide Burenrepubliken mit der Folge, dass ganz Südafrika unter britische Oberhoheit geriet. Um versprengte Burenkommandos endgültig zu besiegen, setzte Lord Kitchener auf die Taktik der „verbrannten Erde": Burische Farmen wurden niedergebrannt, Frauen und Kinder in *Concentration Camps* interniert. Bis zum Ende des Krieges starben in den Lagern über 26.000 Frauen und Kinder, der Krieg zählte zu den blutigsten der Kolonialgeschichte überhaupt (s.a. unten „Melrose House"). Weitere Infos s.S. 274, Erster Burenkrieg s.S. 76.

Church Square

Der Zentrumsplatz Pretorias, umsäumt von historischen Gebäuden des 18. und 19. Jahrhunderts, zeigt sich oft gemächlich, aber an manchen Tagen auch bunt wie ein afrikanischer Stadtmarkt. Mittelpunkt ist das Denkmal von Paul Krüger mit Zylinder, der, despektierlich mit Taubenkot bekleckert, als beliebtes Fotomotiv dient. Die Bronzestatue, Ende des 19. Jahrhunderts in Italien gegossen, wurde aber erst nach vorherigen anderen Standplätzen 1954 hier aufgestellt. Vier kniende Voortrekker mit Gewehren beschützen „Oom Kruger".

An der Westseite steht das **Hauptpostgebäude** und an der Nordeite der zweitürmige **Palace of Justice,** in dem Nelson Mandela 1964 beim sog. Rivonia-Prozess zu lebenslanger Haft verurteilt worden war. Richtung Südostecke ragt der Turm der *South Reserve Bank* empor, mit 37 Stockwerken oder ca. 150 Metern das höchste Gebäude Pretorias. Auf der Südseite gefällt das im Art-déco-Stil erbaute **Old Capitol Theatre** und rechts davon steht der imposante **Ou Raadsaal** (Alter Ratssaal, *Old Council Building*) mit Uhrentürmchen, erbaut 1887. Es war das Parlamentsgebäude und Sitz der Regierung der Republik

Transvaal, heute sind darin die Büros des städtischen Municipal Management Teams untergebracht. Sollte es gerade Sonntag sein, zeigt Ihnen das Wachpersonal gegen ein Trinkgeld gerne das sehr sehenswerte Innere mit der *Council Chamber,* wo das Parlament tagte. Das Walnussholz-Gestühl ist mit grünem Leder aus Marokko bezogen.

Das **Café Riche** an der Ecke Church/Parliament Street ist bekannt für guten Kaffee und Snacks. Links daneben ist in dem roten Backsteingebäude, ehemals das *Ou Nederlandsche Bank Building,* das Touristenbüro **Tshwane Tourism** untergebracht.

Allwöchentlich findet am Mittwochmorgen auf dem Platz von 9.30 bis 10.30 Uhr eine Militärparade und Flaggenhissung mit Nationalhymne statt.

Der *Sammy Marks Square* liegt drei Straßenblocks östlich vom Church Square. Neben Läden befindet sich dort Pretorias Bibliotheksgebäude und über der Straße das **State Theatre.**

Union Buildings

Dieses erhöht liegende und 285 m breite Sandsteingebäude (afrikaans: „Uniegebou") mit Seitenflügeln und halbmondförmigem Mittelbau („Amphitheatre") wurde vom berühmten südafrikanischen Architekten Herbert Baker entworfen und 1913 fertiggestellt. Das architektonische Meisterwerk ist Sitz der Regierung und des südafrikanischen Präsidenten. Hier wurde am 10. Mai 1994 Nelson Mandela im Beisein zahlreicher internationaler Staatsgäste in einer feierlichen Zeremonie in sein Amt als erster frei gewählter Präsident aller Südafrikaner eingeschworen. Mit der Machtübernahme wurde gleichzeitig die unglückselige Apartheid-Ideologie zu Grabe getragen, deren zahllose Gesetze in den Union Buildings, damals sinnbildhaftes Bollwerk weißer Macht, beschlossen wurden. Seit Mai 2013 erinnert von Nelson Mandela-Denkmal an diesen Tag.

Das Reiterstandbild auf der Rasenfläche, auf der des Öfteren Veranstaltungen stattfinden, zeigt den General und ersten Premierminister der 1910 entstandenen Südafrikanischen Union, *Louis Botha.* Über die Terrassengärten mit zahlreichen Pflanzenarten kann zu den Union Buildings hochgegangen werden. Zutritt in die Gebäude ist jedoch nicht möglich, dafür entschädigt die Aussicht über die Stadt. Anfahrt von Westen her durch die Church Street, nach der Rasenfläche links in die Blackwood Street abbiegen, hinauf zur Government Lane.

Machtzentrale Union Buildings

Pretoria City Hall

Das Rathaus Pretorias südlich vom Church Square besitzt einen gedrungenen Turm mit Uhr und 32 Glocken. Das Reiterdenkmal zeigt *Andries Pretorius,* davor steht sein Sohn *Marthinus Pretorius,* Gründer der Stadt 1855. Die sechs Meter Statue vor den Säulen, aufgestellt 2006, ehrt *Tshwane,* einen Führer der Ursprungsbevölkerung und Namensgeber des Großraums Pretoria. Auf der Gegenseite der City Hall befindet sich über den Park hinweg der imposante Kolonnadenbau des *National Museum of Natural History.*

National Museum of Natural History (Transvaal Museum)

Eines der größten Naturkundemuseen Südafrikas, schon von weitem identifizierbar an den Skelett-Replikaten eines Wals und Dinosauriers. Zu sehen sind neben präparierten Säugetieren, Reptilien, Vögeln und Insekten fernerhin hominide Fossilien, darunter der Originalschädel der berühmten „Mrs. Ples" (Gattung *Australopithecus robustus*) aus den Sterkfontein Caves (s.o.). Außerdem archäologische und geologische Sammlungen (Geoscience Museum).

National Museum of Natural History, 432 Paul Kruger St, tägl. 8–16 Uhr, Tel. 012-3227632. Eintritt R25. Weitere Museum-Infos über www.ditsong.org.za.

National Cultural History Museum

Diese Museum liegt einen Straßenblock westlich der City Hall. Es beherbergt sehenswerte und umfangreiche Sammlungen, die das kulturelle Leben im südlichen Afrika von der Zeit der San (Felszeichnungen) bis in die Gegenwart dokumentieren. Angegliedert ist eine Kunstgalerie mit Bildern, Figurinen und Skulpturen südafrikanischer Ethnien. Die hochgeschwungene Bogeneingangshalle schmücken u.a. wunderschöne Ndebele-Designs.

National Cultural History Museum, 149 Visagie St, Tel. 012-3246082, tägl. 8–16 Uhr. Eintritt R25.

Melrose House

Das Haus der ehemaligen Eigentümerfamilie Heyes gilt als das schönste historische Haus Pretorias. Erbaut 1880 südlich des Burger's Park im viktorianisch-edwardinischen Baustil mit vielen verspielten Architektur-Details, diente es während des englisch-burischen Krieg den Briten nach der Einnahme Pretorias im Juni 1900 als Hauptquartier. Lord Kitchener bezog den Morning Room und im Dining Room wurde am 31. Mai 1902 der Friedensvertrag von Vereeniging unterzeichnet, der den Zweiten Burenkrieg beendete. Zimmer und Räume sind mit einer Fülle teils kostbarer Einrichtungsgegenständen der Epoche im Originalzustand eingerichtet. Fotos dokumentieren den Krieg. Mit Tea Garden.

Melrose House, 275 Masemola St, Di–So 10–17 Uhr. Eintritt R9.

Railway Station

Das Bahnhofsgebäude am südlichen Ende der Paul Kruger Street stammt aus dem Jahr 1910 und dient auch als Haltestation des **Gautrains**. Außerdem hat hier auch die Firma *Rovos Rail* (www.rovos.com), bekannt für ihre stilvoll-historische Dampfzugreisen, ihren privaten Bahnhof mit nostalgischer *Rail Station Lounge.* Der Rovos-Zug fährt von hier nach Kapstadt mit Stopps in Kimberley und

Matjiesfontein. In den großen Zugschuppen werden Reparaturen durchgeführt und Oldtimer-Waggons instandgesetzt. Zu besichtigen ist eine schöne alte Dampflok.

Pretoria National Zoological Gardens

Mit 85 ha Fläche und über 2500 Tieren ist Pretorias vielbesuchter Zoo der größte Südafrikas und der einzige mit einem „National"-Status. Der Apies River teilt ihn in zwei Hälften und man begegnet fast der gesamten südafrikanischen Fauna, darunter auch viele gefährdete Spezies. Mit Reptilien- und Schlangen-Terrarium, Aquarium und vielen Exemplaren einheimischer Baumarten. Auch Zooskeptiker werden zufrieden sein. Die kilometerlangen Wege durchs Gelände lassen sich mit einem Golfcart abfahren und in einer Seilbahngondel kann man über die Gehege hinweg zu einem Aussichtshügel hochschweben. Ein zusätzliches Highlight ist die riesige Vogel-Voliere.

An der Boom Street, fünf Straßenblocks nördlich vom Church Square, Eingang Ecke Paul Kruger Street. Tägl. 8.30–17.30 Uhr (an Wochenenden voll), Tel. 012-3392700, www.nzg.ac.za. Eintritt R66.

Pretoria Art Museum

Mit vielen außergewöhnlichen und wertvollen Werken sowie wechselnden Ausstellungen, speziell für südafrikanische Kunst, ist Pretorias Kunstmuseum eines der größten Südafrikas.

Baard/Ecke Wessels Sts, Arcadia Park, Di–So 10–17 Uhr, Eintritt R20. Webseite über www.tshwane.gov.za

Umgebungsziele östlich von Pretoria

National Botanical Gardens

Die über 70 ha große und 1946 gegründete Anlage liegt 8 km östlich vom Church Square an der R104. Zu sehen sind rings um einen „Kopje" in verschiedenen Florabereichen zahllose Pflanzenarten, Bäume und Gewächse aller Klimazonen aus ganz Südafrika. Länge der Spazierwege 8 km (Rundwanderweg). Von Mai bis September sonntags regelmäßige Open-air-Gartenkonzerte, ähnlich jenen im berühmten Kirstenbosch Botanical Gardens in Kapstadt. Vorhanden sind Café und Restaurant. Anfahrt über R104/N4, Cussonia Avenue, Brummeria, tägl. 8–18 Uhr, Tel. 012-8435172, www.sanbi.org.za/gardens/pretoria, Eintritt R30.

Sammy Marks Museum

Viktorianischer Landsitz des Industriellen *Sammy Marks,* ca. 23 km östlich vom Church Square. Die Investitionen des reichen Randlords und Freund Paul Krügers – er stiftete das Paul-Krüger-Standbild auf dem Church Square – trugen viel zur wirtschaftlichen Entwicklung Pretorias und der *Zuid-Afrikaanschen Republiek* bei. Sein Haus, in dem er mit Familie 1885–1909 lebte, zeigt seinen luxuriösen Lebensstil. Lohnender Abstecher für alle auf der N4 ostwärts Fahrende und außerdem gut für eine Lunch- oder Teepause.

Sammy Marks Museum, R104, Old Bronkhorstspruit Road, Donkerhoek, Anfahrt über die über N4, Ausfahrt Hans Strijdom, dann den Schildern folgen, Tel. 012-8021150, Infos über www.ditsong.org.za. Geführte Touren Do–Fr um 10, 11.30, 13, 14.30 u. 16 Uhr, Sa/So stündl. von 10–16 Uhr. Eintritt R20.

Cullinan Diamond Mines

Wer einmal eine Diamantenmine besichtigen möchte, braucht dazu nicht in das sehr weit entfernte Kimberley zu fahren, sondern hat in der noch aktiven *Cullinan Diamond Mines,* gute 40 km nordwestlich von Pretoria, eine fast direkt vor der Haustür. Aus dieser Mine stammen einige der größten Rohdiamanten, die auf der Welt jemals gefunden wurden, beginnend 1905, als man in nur neun Meter Tiefe auf den 3106 Karat (621 g) schweren *Cullinan* stieß, der größte Diamantenfund aller Zeiten überhaupt. Er wurde King Edward VII. zu seinem 66. Geburtstag geschenkt und in Amsterdam in 105 Steine gespalten, davon in 9 größere. Der größte davon, der „Stern von Afrika", wurde in das königliche Zepter eingearbeitet, die übrigen Klunker sind Bestandteile der britischen Kronjuwelen.

Beeindruckend ist das 400 m tiefe Loch in den Ausmaßen 1,5 x 1 km, noch größer als das „Big Hole" in Kimberley. Bislang wurden ca. 120 Mio. Karat Rohdiamanten geborgen (ca. 24.000 kg), und die Stollen sind immer noch nicht erschöpft. Die dazugehörenden malerischen kleinen Dorfgebäude sind gleichfalls sehenswert.

Cullinan Diamond Mines, Bank St, Cullinan (N1 nach Norden, Ausfahrt R513 nach Osten, in Cullinan nach rechts halten, ausgeschildert; oder auch auf der N4 nach Osten und dann nach Norden/Cullinan), Tel. 012-7340081, www.diamondtourscullinan.co.za, GPS S25.40.281 E28.30.991. Anderthalb- bis zweistündige Touren täglich jederzeit ab 10 Personen, fix Mo–Fr um 10.30 u. 14 Uhr, Sa/So 10.30 u. 12 Uhr.

Umgebungsziele nördlich von Pretoria

Dinokeng Big 5 Game Reserve

Im touristischen Aufbau begriffen ist das *Dinokeng Big 5 Game Reserve,* auf der N1 ca. 45 km nördlich der Church Street, S25.24.17.5 E028.21.38.7. Neben der ganzen Palette üblicher Wildlife-Park-Tiere wurden die Big 5 angesiedelt. Kann nur mittels geführter Game Drives befahren werden.

Anfahrtsbeschreibung Dinokeng auf www.mongena.co.za, der dortigen Mongena Game Lodge. Alle Infos auf www.dinokengbig5.com, Info-Office Tel. 012-7114391.

Ndebele Village Mapoch

Etwa 40 km nordwestlich von Pretoria, im Klipgat-Gebiet und bereits in der Provinz North West, liegt das ruhige und noch traditionell lebende Ndebele-Dorf **Mapoch** (Mabokho). Ndebele sind Nachfahren nguni-sprachiger Völker (Zulu, Xhosa, Swazi), die sich einst von den südlichen Zulu abspalteten, Richtung Großraum Pretoria wanderten und im 17. Jahrhundert in weit verstreuten Kleinsiedlungen sesshaft wurden. Die Geschichte der Ndebele ist sehr verwickelt. Während der Apartheidszeit wurden die Mapoch-Ndebele mehrfach zwangsumgesiedelt.

Das weitestgehend unkommerzialisierte Dorf wird selten besucht, obwohl die Bemalungen der Häuser im berühmten Ndebele-Design für Liebhaber dieser originär südafrikanischen Kunst einen Besuch wert sind. Es ist ein *Community Project* mit diversen Angeboten wie Verkauf von *beadworks* (Perlenarbeiten), Tänzen, Sangoma-Besuch u.a. mehr. Anfahrtsbeschreibung, Fotos und weitere Details auf der Webseite www.ndebelevillage.co.za, Tel. 082-4412749. In den Gästehäusern kann günstig übernachtet werden.

Ein weiteres, jedoch leider desolates Ndebele-Dorf, *Botshabelo,* befindet sich ca. 120 km östlich von Pretoria bzw. kurz nördlich von Middelburg/N4. Auch das rein kommerzielle *Lesedi Cultural Village,* 40 km nordwestlich von Johannesburg, bietet u.a. ein buntbemaltes *Ndebele Village* (www.lesedi.com).

Ndebele-Kunst

Reist man durch die Großregion Pretoria/Tshwane, aber auch durch Mpumalanga, kann man ab und zu an bunten Hauswänden erkennen, dass hier Ndebele wohnen. Diese **Fassadenmalkunst** machte die Ndebele, das kleinste Volk Südafrikas – etwa 800.000 Angehörige, *isiNdebele* sprechend –, weit über Südafrika hinaus bekannt. Es sind die Frauen der Ndebele, die die Umfassungsmauern ihrer Familiengehöfte, *umizi* genannt (Einzahl *umuzi*) und die weißgekalkten Wände der kleinen Einzel- oder Doppelhäuschen kunstvoll mit geometrischen Motiven und abstrakten Ornamenten bemalen. Sie heißen *amagama* (Worte, Muster), was auf ihre eigentliche Bedeutung hinweist, nämlich „Bildbotschaft". Mit ihnen drücken die Frauen, die keinerlei formelle Kunst- oder Designausbildung genossen haben, ihr Bedürfnis nach Schönheit, innerer Harmonie und Klarheit aus. Es sind ihre ureigenen faszinierenden Entwürfe, sie ahmen dabei niemanden nach. Die Muster erfordern von den Künstlerinnen ein hohes Abstraktionsvermögen, sie müssen sich im Geist „ausmalen", wie ein Entwurf später aussehen und farblich wirken wird. Diese Fähigkeit beherrschen die Ndebele-Frauen perfekt.

Ausgehend von der Mitte wird die Fläche freihändig in einzelne Bildfelder aufgeteilt. Begonnen wird am oberen Rand der Malfläche mit waagerechten Streifen; es folgen Friese mit abstrakten Motiven ohne Perspektive. Treppenläufe, Dächer, Rechteck-Dreieck- und Trapezformen durchdringen und wiederholen sich. Häufig erscheint die Mondsichel an der Stirnseite. Die Vorder- und Seitenwände eines Gehöfts werden in anderer Weise bemalt wie die Rückseite. Ebenso unterscheiden sich Außenmalereien von Inneren. Auch Umrisse von Buchstaben sind zu finden, wie z.B. „P" für Pretoria oder „N" für Ndebele, und manchmal sogar Telefonmasten, Flugzeuge oder Rasierklingen. Die Malereien müssen wegen der Witterung oft jedes Jahr und zu bestimmten Festen erneuert werden. Dabei werden die Motive manchmal farblich variiert. Allgemein werden ruhige Farben wie Blau und Grün, Blau oder Braun und Gelb vorgezogen. Die Verbindung von Motiv und Farbe

Nach dem Vorzeichnen werden die Bildfelder ausgemalt Kunstvoll gefertigte Perlenstickereien gibt es in allen Farben und Formen

ergibt die „Sprache“: Der Ocker aus Erdpigmenten ermöglicht die Verbindung zu den Ahnengeistern, weiße Rahmungen an Fenster und Türen weisen das Böse ab. Das im Innern der Gehöfte verwendete Blau ist die Farbe des Himmels und des geistigen Elements der Luft. Die Kenntnis vom Umgang mit den Farben wird von der Mutter an die Tochter weitergegeben.

Fährt man durch das Land und sieht eines der bemalten Häuser, wird man von dieser Farbenfreude unwillkürlich angesteckt: Die Sonne scheint heller, die Farben auf den ziehen einen magisch an.

Die zweite Kunstform der Ndebelefrauen sind ihr **Perlenkreationen** und **Perlenstickereien** *(beadwork)*, ausgeführt mit dem gleichen Farb- und Formengefühl wie für die Fassadenbilder. Für Männer fertigten die Frauen Stirnbänder, Kopfstücke, Brustplatten und Perlenringe gefertigt, für die übrigen Familienmitglieder Gewandteile, Taillen-, Fuß- und Halsreifen und andere Schmuckelemente. Heute tragen Ndebele-Männer ihren Perlenschmuck nur noch selten, z.B. zu offiziellen Anlässen. Doch wann immer man auf mit Perlen geschmückte Ndebele trifft, kann man davon ausgehen, dass es dazu einen rituellen Anlass gibt (abgesehen von touristischen Attraktionen): Mädchen tragen einen *igabe*, einen Schurz mit weißen Perlen; nach der Pubertät und der Initiation einen *isiphephetu*, einen kurzen, steifen Lederschurz mit Perlen vorne und einen *isithimba*, einen längeren Schurz hinten.

Bei der Hochzeit trägt die Braut *itshogolo*, einen ziegenledernen Schurz, der in fünf Fransen herabhängt (erst nachdem die Frau zur Familie des Mannes gezogen ist, verschönert sie diesen Schurz mit bunten Perlen). Einige Perlenarbeiten werden direkt am Körper befestigt – etwa Bein- und Armschmuck, oder die *isigolwana*, die breiten Halsringe der unverheirateten Mädchen.

Weiter entfernte Ziele westlich von Pretoria

Hartbeespoort Dam

Der 12 km^2 große Stausee liegt rund 40 km westlich vom Church Square (Anfahrt N4/R511) und ist ein populäres Erholungsgebiet mit vielen Einrichtungen und großem Freizeit- und Aktivitätenangebot wie Boots- und Wassersport. Möglich sind auch Heißluftballonfahrten, Auffahrt mit einer 1,2 km langen Seilbahn auf den Magaliesberg, Besuche kleiner Tierparks und vieles andere mehr. Die Auswahl an Unterkünften ist groß, s. www.hartbeespoortonline.co.za und andere Webseiten. Der afrikaanse Name *Hartbeespoort* leitet sich ab von der dort lebenden Kuhantilope *Hartebeest* und nach einer Passhöhe, *poort*.

Segeln auf dem Hartbeespoort Dam

The Ann van Dyk Cheetah Centre

Etwa 15 Fahrminuten nördlich vom Hartebeespoort Dam befindet sich an der R513 das sehens- und besuchenswerte **The Ann van Dyk Cheetah Centre.** Das private Aufzuchtsprojekt für die schnellen Tiere wurde 1971 gegründet. Außer Geparden können auch viele andere Wildtiere beobachtet werden. Touren müssen vorab gebucht werden. Alle Infos auf www.dewildt.co.za, Tel. 012-5049906 oder Cell 083-8920515.

Sun City / Lost City / Pilanesberg Game Reserve

Das am Reißbrett entworfene Sun City ist das „Las Vegas" der Provinz North West, ein künstlicher Vergnügungs- und Hotelkomplex mit allen nur denkbarer Zerstreuungsangeboten rund um eines der größten Casinos der Welt. Es wurde in den 1990ern mitten in die Savanne gesetzt. Das benachbarte **Lost City** ist Südafrikas spektakuläre Antwort auf die US-Illusionswelten von Walt Disney. Und damit die Besucher zudem auf Safari gehen können, schuf man dazu gleich nördlich das **Pilanesberg Game Reserve.** Das etwa 500 km^2 große Gelände liegt in einem ehemaligen Vulkankrater und bietet die „Big Five".

Infos auf www.tourismnorthwest.co.za u.a. Seiten.

Reise-Infos Pretoria

Tshwane Tourism Information Centre, Ou Nederlandsche Bank Building, Church Square, Tel. 012-3581430, www.tshwane.gov.za und www.tshwane-tourism.co.za. Auskünfte, Karten und Broschüren zu Pretoria und Umgebung, Mo–Fr 7.30–16 Uhr.

In Pretoria hat **South African National Parks** (SANParks) sein Headquarter. Sie können hier Unterkünfte in den Nationalparks vorbuchen und bei beabsichtigten vielen Nationalparkbesuchen auch eine *Wild Card* kaufen (s.S. 91).

South African National Parks, 643 Leyds St (im Stadtplan südl.), Muckleneuk, Tel. 012-4289111, www.sanparks.org, Mo–Fr 8.45–15.45 Uhr, Sa 8–12.15 Uhr. Call Centre Mo–Fr 7.30–17 Uhr, Sa 8–13 Uhr.

Webseiten www.pretoria.co.za • www.visitpretoria.co.za • www.gopretoria.co.za

Touranbieter *Timity Travel,* Tumedi Nelson, Tel. 012-3781116, Cell 082-4326658 u. 079-5082075, www.timitytravel.com. Kleines, persönlich geführtes Unternehmen, Halbtagestouren Pretoria u. Umgebung.

Ein größeres Unternehmen ist www.kwathlano.co.za. – Deutschsprachig mit Irene und Hartmut Kahle, www.touraco.de (auch B&B, s.u.).

Footprints in Africa, www.footprintsinafrica.co.za bietet Pretoria-Halbtagsbesichtigungen und Touren in die nähere und weitere Umgebung an.

Auch Ihre Unterkunft kann Vorschläge machen.

Unterkunft Im Zentrum sieht es diesbezüglich mager aus, die östlichen Stadtteile Arcadia, Hatfield und das südlich von Hatfield gelegene Brooklyn bieten größere Auswahl. Backpacker gibt einige in Hatfield, Mittelklasse findet man in Arcadia. Auf www.travelgate.co.za, der Webseite der *Guesthouse Association Tshwane/Pretoria East,* finden sich Dutzende B&Bs, Guest Houses und Self Caterings. GPS-Daten meist auf den betreffenden Websites.

Monateng Caravan Lodge Für Camper und außerdem schöne Chalets, ca. 28 km nordöstlich des Zentrums Pretorias, Tel. 012-8085133, www.monateng.co.za, GPS S25°33'27.89" E28°23'22.30". Gepflegte 4-Sterne-Anlage mit 50 normalen (ca. R350) und 24 Luxus-Stellplätzen, alle Annehmlichkeiten, Restaurant, Pool, Mini-Golf, Tennis, Trampolin etc., sogar Game Drives. N1 Nord nehmen, Ausfahrt Zambezi/Cullinan, R513 Richtung Cullinan, an der 2. Ampel nach links in die R573 Moloto abbiegen. Nach 18,5 km links in die Wallmantshall Rd, noch 1,6 km, dann rechter Hand, ausgeschildert.

1322 Backpackers International Guter Backpacker in Gartenlage mit Pool, alle üblichen Hostel-Ausstattungen und Einrichtungen wie Gästeküche, Internet, Wäscheservice, Airport-Transfers, Travel-Infos. Dorms, Einzel-, Doppel- und Familienzimmer, Kaffee, Tee und einfaches Frühstück kostenlos, sicheres Parken und auch Mietwagen. *1322 Backpackers International,* 1322 Arcadia (12 Block östl. der Union Buildings), Hatfield, Tel. 012-3623905, Cell 084-6439444, www.1322backpackers.com. Ü R110–250.

Nur einen Steinwurf weiter westlich, Ecke Arcadia/Richard Sts, befindet sich der einfache **Khayalethu Backpackers,** Tel. 012-3625403.

Touraco Guest House Deutsches Gästehaus von Irene & Hartmut Kahle in einem ruhigen Vorort im Osten von Pretoria mit guter Verkehrsanbindung. 5 Doppelzimmer und 2 Familien- bzw. Mehrbettzimmer, alle mit eigenem Zugang zum Pool im Garten. Zum Haus gehört auch der eigene *Touraco Travel Service* mit Stadtrundfahrten und Flughafentransfer. *Touraco Guest House,* 197 Lavata St, La Montagne, Tel. 012-8038585, Cell 082-4116116, www.touraco.de. Wi-Fi, Pool, Parkplätze. DZ/F 800–900.

La Maison Mit Kunst geschmücktes 4-Sterne-B&B in einem Haus französischer Architektur von 1922. Romantische Atmosphäre, 6 (kleinere) Balkonzimmer, grünes Ambiente. In Gehweite einige Restaurants, das hauseigene portugiesische *Catemba* ist gut. *La Maison,* 235 Hilda St, Hatfield, Tel. 012-4304341, www.lamaison.co.za. Sicheres Parken, AC, Wi-Fi, Lounge. DZ/F R900.

Arcadia Hotel Mehrstöckiges Mittelklasse-Stadthotel mit 139 Zimmern westlich der Union Buildings und bei der Arcadia Shopping Mall. Hauseigenes Restaurant. *Arcadia Hotel,* 515 Ramokhoase St (ex Proes), Arcadia, Tel. 012-3444420, www.arcadiahotel.co.za, Wi-Fi. DZ R900.

360 Eastwoods Guest House Gästehaus in Arcadia in Gehweite zur Hatfield Plaza und zum Hatfield Place mit vielen Restaurants und Cafés. *360 Eastwoods Guest House,* 360 Eastwood St, Arcadia, Tel. 012-4304009, Cell 082-5078420, www.360eastwoodsguesthouse.co.za. 6 Zimmer, AC, Pool, Parkplätze. DZ/F R900.

Opikopi Guest House Elegantes und mehrmals vom AA ausgezeichnetes Gästehaus in einem ruhigen und grünen Vorort im Südosten Pretorias. In der Nähe zwei hervorragende Restaurants. Acht Doppelzimmer, Garten und schöner Pool. *Opikopi Guesthouse,* 581 Verdi St, Erasmuskloof/Constantia Park, Tel. 012-3477456, Cell 083-3021899, www.opikopi.co.za. Wi-Fi, Pool, AC, Flughafentransfer, Massagen. DZ/F R1760.

Court Classique Suite Hotel Das elegante Hotel im Diplomatenviertel Arcadia liegt zwei Blocks östlich der Union Buildings und verfügt über alle Annehmlichkeiten und Services eines 4-Sterne-Hotels. Einkaufsmöglichkeit im Hotel, Restaurants und Läden nahebei. 13 Zimmer und 44 Studio Suites, Pool, Restaurant, Weinkeller, kinder- und behindertenfreundlich, Tourangebote, Autovermietung, Wi-Fi, Transfers. *Court Classique Suite Hotel,* Ecke Baard (Schoeman)/Becket Sts, Arcadia, Tel. 012-3444420, www.courtclassique.co.za. DZ/F R1750–1950.

Restaurants

Am Church Square ist das **Café Riche,** Ecke Church/Parliament Sts, ein Anlaufpunkt. Eine große Auswahl an Restaurants, Cafés und Bars findet man in Hatfield und Arcadia in sicherer Umgebung und auch in Brooklyn. Parkplätze vor Restaurants sind selten ein Problem. Im *Waterkloof Heights Shopping Centre,* 103 Club Avenue, Waterkloof Ridge (südöstlich außerhalb), gibt es etliche gute italienische Restaurants. Online bietet www.winingandddining.co.za bei „Pretoria" eine reiche Auswahl. Ein paar Tipps:

Brasserie de Paris, 525 Duncan St, Hatfield. Feine französische Küche in stilvollem Ambiente.

Café 41, Ecke Pretoria/Eastwood Sts (im Eastwood Shopping Village), Arcadia. Mediterrane Gerichte, günstig.

Pappas Real Food, Ecke Duncan/Prospect Sts, Hatfield. Gutes Restaurant mit Wetterhahn-Türmchen, grünem Ambiente und Plätzen draußen.

Bistrot Boer'geoisie, Greenlyn Village, 13th St, Menlo Park, Tel. 012-4600264. Südafrikanische *boerekos,* u.a. auch *Waterblommetjie Bredie,* traditionelles Hammel-Eintopfgericht vom Kap mit hyazinthenähnlichen Wasserblumen. Ein sonntägliches Lunch-Büfett im *Austin Roberts Bird Sanctuary* mit Seeblick offeriert das **Blue Crane Restaurant,** 156 Melk St, New Muckleneuk, Tel. 012-4607615, www.bluecranerestaurant.co.za

Shopping

Mit über 300 Läden, 37 Restaurants und großem Unterhaltungsangebot zählt das **Menley Park Shopping Centre** zu den größten Gautengs. Es befindet sich östlich Pretorias in kurzer Entfernung von der N1 und N4, Ecke Atterbury Rd/Lois Ave. Täglich 9–19 Uhr (Fr 21 Uhr), auch sonntags.

Waterkloof Heights Shopping Centre, 103 Club Avenue, Waterkloof Ridge.

1 Reisestart ab Johannesburg

Auf der Nord- oder Ostroute zum Krügerpark? Route 1a oder Route 1b?

Nach Ankunft auf dem internationalen Flughafen in Johannesburg gibt es für die Anfahrt zum Krügerpark zwei Möglichkeiten (siehe Karten S. 169, „Limpopo Province" und S. 232 „Mpumalanga"): Einmal die klassische **Ostroute (unsere Route 1b)** auf der N12/N4 über Witbank/eMmalahleni, Waterval Boven nach Sabie, die von fast allen Veranstaltern gefahren wird, und die weniger frequentierte **Nordroute (unsere Route 1a),** auf der man „oben herum" zum Krügerpark gelangt.

Die Ausgangsentfernungen beider Routen zum Krügerpark sind fast gleich. Wer am ersten Tag nicht weit fahren möchte, findet auf der Ostroute 1b in **Middelburg** (140 km, knapp 2 Std.) ein gutes Unterkunftsangebot. Allerdings ist diese Industriestadt nicht so hübsch wie das Heilbad **Bela Bela** auf der Nordroute, 153 km nördlich vom Johannesburg-Airport nahe der N1. Auf der Ostroute ist es schwierig, Unterkunft in hübscher Umgebung zu finden, wenn jemand nur ein Stückchen fahren möchte, denn die Strecke bis Waterval Boven (Emgwenya) ist unattraktiv – zuerst kommen die Abraumhalden der Goldminen und dann durchfährt man das Kohlerevier um Witbank/eMmalahleni. Hier wäre es vorteilhafter, den Tag in Johannesburg zu bleiben oder gleich zum Ziel Sabie (350 km vom Flughafen) oder nach Graskop (373 km) durchzufahren. Bis zum Nordziel Tzaneen sind es ca. 400 km.

Sabie und Graskop befinden sich im südlichen Teil der Mpumalanga-Drakensberge und sind ein touristisches Zentrum. Tzaneen liegt in den Wolkberg Mountains, einer ebenfalls reizvollen Gebirgskette und gilt noch als Geheimtipp. Am südlichen Ende der Nordroute kommen wir aber auch in die Gegend von Sabie.

Die Route 1a durch den Norden ist ideal für Individualisten, die abseits des Rummels reisen möchten. Auch ist der Krügerpark im Norden weniger überlaufen als sein Südteil, vor allem in der Saison. Die Restcamps haben eine angenehme Größe, während die großen Krüger-Besuchercamps im Süden, wie zum Beispiel Skukuza oder Lower Sabie, fast schon Ortschaften gleichen.

Auf der direkten Ostroute ist das touristische Angebot intensiv ausgebaut, überall gibt es Hinweise auf „Verlockungen" aller Art. Auf der Nordroute sind Besuche einheimischer Einrichtungen zu empfehlen, in diesen werden nicht täglich Hunderte von Touristen durchgeschleust. Und, last but not least, wenn Sie die Nordstrecke fahren, sehen Sie noch mehr von der landschaftlichen Vielfalt Südafrikas. Deshalb beginnen wir nachfolgend mit der Nordroute durch die Provinz Limpopo.

Reiseplanung

Nach Ankunft am Flughafen OR Tambo in Johannesburg haben Sie verschiedene Möglichkeiten, die Nordroute zu beginnen:

Option 1: Sie bleiben eine Nacht oder zwei Nächte in Johannesburg und schauen sich Johannesburg und vielleicht auch Pretoria an.

Option 2: Sie möchten gleich weiter, aber nicht sehr weit fahren. Eine Übernachtung im Thermalbad *Bela Bela* an der N1 bietet sich dazu an (153 km, knapp 2 Stunden Fahrt).

Option 3: Nach dem Flugstress möchten Sie sich im nächsten Safari-Gebiet erholen. Dazu bieten sich die Waterberge an (270–280 km, 3–4 Stunden).

Option 4: Sie entscheiden sich gleich für das erste Hauptreiseziel der Nordroute und fahren direkt nach Tzaneen (400 km, ca. 5 Stunden).

Resümee: Es kommt natürlich auch darauf an, zu welcher Zeit Ihr Flieger in Johannesburg landet und vor allem, wie fit Sie sich nach dem langen Flug fühlen. Wenn Sie auf einem Nachtflug der South African Airways oder der Lufthansa anreisen, sind Sie in der Frühe mit allen Einreiseformalitäten fertig und könnten die Etappe nach Tzaneen bequem bewältigen. Wenn Sie erst gegen Mittag oder später ankommen, sollten Sie die erste Nacht auf jeden Fall in Johannesburg, in Pretoria oder im 153 km entfernten Bela Bela verbringen.

Nachfolgend stellen wir Ihnen zunächst Südafrikas nördlichste Provinz Limpopo vor, Ihre Reiseprovinz für die nächsten Tage.

1

Bootstour auf dem Olifants River bei Phalaborwa

Provinz Limpopo

Daten & Fakten

Hauptstadt: Polokwane

Fläche: 123.910 qkm

Einwohner: 5,3 Mio. Die meisten gehören zu den Nord-Sotho

Hauptsprachen neben Englisch: Sepedi, Xitsonga, Tshivenda

Flughäfen: Polokwane (International), Phalaborwa Kruger National Park Gateway Airport, Eastgate Airport Hoedspruit

Administrative Landesregionen: Waterberg, Capricorn, Vhembe, Sekhukhune, Mopani

Attraktionen

Limpopo ist Südafrikas nördlichste Provinz, der Limpopo ist der Grenzfluss zu Botswana, Zimbabwe und Mozambique. Die Provinz ist touristisch unterentwickelt mit noch wenig entdeckten landschaftlichen, kulturellen und historischen Attraktionen.

Hauptziele

Waterberg Mountains mit *Marakele National Park* und weiteren kleineren Tier- und Naturschutzgebieten. Der *Mapungubwe N.P.* an der Nordgrenze war ehemals Sitz eines mächtigen afrikanischen Königreichs (UN-Weltkulturerbe). Die nördliche Hälfte des *Kruger National Parks* ist weit einsamer als der Süden. Außerdem *Cultural*

Typisch für Limpopo: Baobabs, Affenbrotbäume

Villages, die heißen Quellen von *Bela Bela* und das Land der *Venda* (VhaVenda) und deren Geschichte und Kultur. Charakteristisch sind die zahlreichen Affenbrotbäume im trockenen Norden.

Limpopo Tourism & Parks erarbeite 9 touristische Routen, die durch die Provinz führen:

Living Cultures Route • Mapungubwe Route • Valley of the Olifants Route • Zoutpansberg • Cultural Route • Waterberg Biosphere Route • Limpopo Birding Route • African Ivory Route • Wellness Route und Golf Route. Alle werden auf www.golimpopo.com vorgestellt und mit Reiseablauf beschrieben. Auch www.dolimpopo.com ist eine gute Quelle für Routen, Camps und 4x4-Routen.

Reise-Infos Provinz Limpopo

Touristische Webseiten
www.golimpopo.com • www.wildliferesorts.org
www.africanivoryroute.co.za • www.dolimpopo.com

Information
Limpopo Tourism & Parks Headquarter / Limpopo Wildlife Resorts
Limpopo Tourism Agency, Southern Gateway Ext. 4, N1 Main Road, Polokwane. Tel. 015-2933600, Fax 015- 2933655, www.golimpopo.com, info@golimpopo.com

Polokwane Information Visitor Information Centre: Tel. 015-2902010
Office Mall of the North: Tel. 015-2901182. Reservations: 015-2933611/2/3

Regional Offices
Mopani Tourism & Parks Resource Centre, Tzaneen, Tel. 015-307 3582/7244, Fax 015-3074341, valleyofolifants@golimpopo.com

Vhembe Tourism & Parks Resource Centre, Makhado, Tel. 015-5163415/0040, Fax: 015-5165196, vhembe@golimpopo.com

Waterberg Tourism & Parks Resource Centre, Bela Bela, Tel. 014-7364328, Fax 014-7366668, waterberg@golimpopo.com

Sekhukhune Tourism & Parks Resource Centre, Tel. 013-2623977, Fax 013-2623977, www.sekhukhune.gov.za, sekhukhune@golimpopo.com

Reser-vierungen
Reservierungen für Unterkünfte in den **Parks von Limpopo:** Tel. 015-2889000

Kruger National Park: Tel. 013-7354000, oder über www.sanparks.org

Route 1a (Nordroute): Provinz Limpopo und Krügerpark

Johannesburg – Waterberge – Phalaborwa – Krüger Nationalpark

Diese Routenbeschreibung beginnt am Flughafen. Sie verlassen ihn mit Ihrem Mietwagen in Richtung Kempton Park/Pretoria auf der R21. Südlich von Pretoria wechseln Sie auf die N1 mit Fernzielangabe „Polokwane“. An der Autobahnkreuzung mit der N4 könnten Sie zu einer **Kurzbesichtigung Pretorias** nach Westen ins Zentrum von Pretoria fahren (Pretoria s.S. 150).

40 km nördlich von der N4-Autobahnkreuzung gibt es an der N1 bei Hammanskraal eine empfehlenswerte Raststätte, *Petroport Panorama,* eine Tankstelle mit nettem Aussichtsrestaurant über der Autobahn. Dort finden Sie verschiedene Verkaufstheken mit Pizza, Kuchen, Sandwiches usw. Wer es eiliger hat, kann bei *Steers* an der Tankstelle ein Schnellgericht bestellen. Auch einen Geldautomat gibt es hier. Die großen Autobahntankstellen in Südafrika sind immer gut ausgestattet und die Toilettenanlagen sauber.

Kurz hinter Hammanskraal verlassen Sie die Provinz Gauteng und kommen nach **Limpopo,** Südafrikas nördlichster Provinz. Nach 153 km ab Flughafen kommt die Ausfahrt nach **Bela Bela.** Wer hier übernachten möchte, verlässt die N1 und folgt der Beschilderung zum Ort bzw. der Wegbeschreibung seiner Unterkunft.

Bela Bela besitzt, wie der frühere Name „Warmbaths“ schon verrät, über heiße Quellen. Bela Bela auf Nord-Sotho meint „Boiling-Boiling“, also „kochendes Wasser“. Bereits im 19. Jahrhundert haben die Tswana die Thermalquellen entdeckt. Das Wasser schießt mit ca. 22.000 l/h und mit einer Temperatur von 53 °C aus der Erde und wird für Anwendungen abgekühlt. Die Gegend hat ein mildes Klima, so dass viele Südafrikaner, vor allem Rheumakranke, den Winterurlaub gerne hier verbringen.

Sanfte Hügellandschaft im nördlichen Limpopo

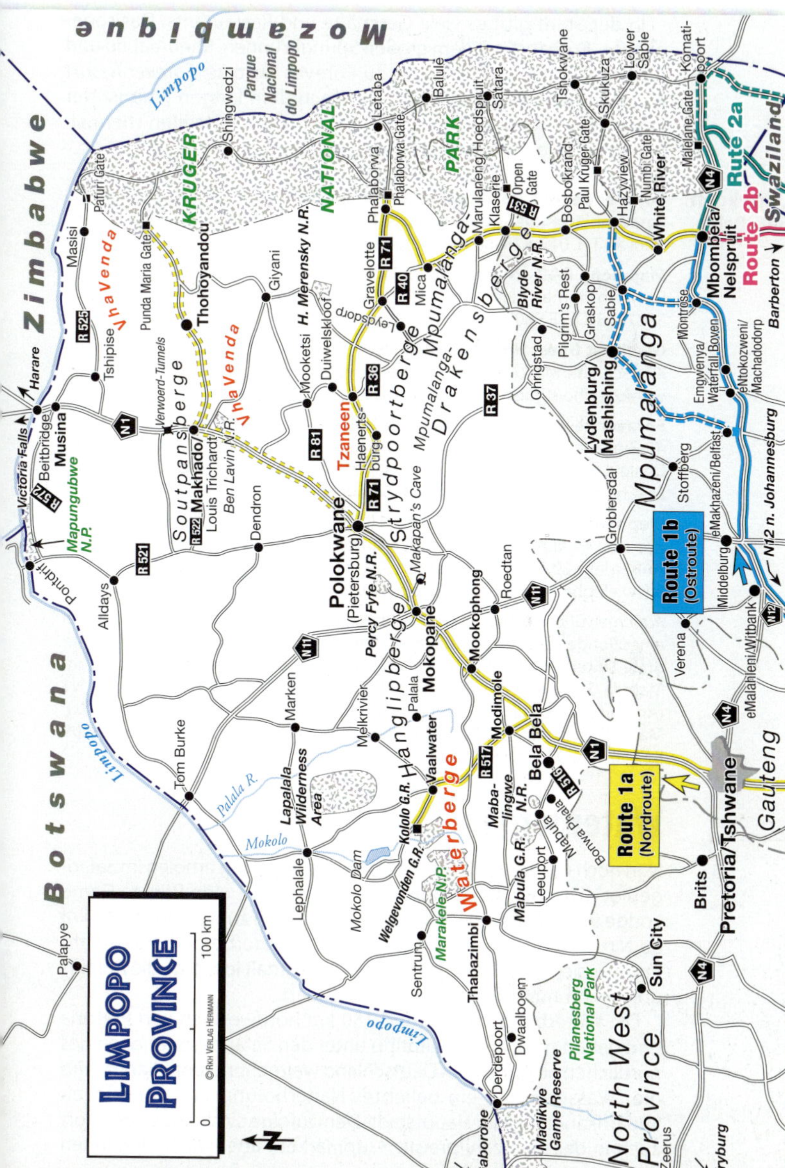
LIMPOPO PROVINCE
0 100 km
© RKH Verlag Hermann
Zimbabwe
Botswana
Mozambique
Swaziland
KRUGER NATIONAL PARK
Parque Nacional do Limpopo
Mpumalanga
Gauteng
North West Province
Route 1a (Nordroute)
Route 1b (Ostroute)
Route 2a
Route 2b
Polokwane (Pietersburg)
Makhado/Louis Trichardt
Thohoyandou
Musina
Beitbridge
Tzaneen
Mokopane
Modimole
Bela Bela
Pretoria/Tshwane
Mbombela/Nelspruit
Lydenburg/Mashishing
Phalaborwa
Hoedspruit
Sabie
Graskop
Pilgrim's Rest
White River
Hazyview
Skukuza
Komatipoort
Middelburg
eMalahleni/Witbank
Brits
Sun City
Thabazimbi
Lephalale
Vaalwater
Giyani
Soutpansberge
Strydpoortberge
Waterberge
Drakensberge
Limpopo
Palala R.
Mokolo
Mokolo Dam
Marakele N.P.
Pilanesberg National Park
Madikwe Game Reserve
Mapungubwe N.P.
Blyde River N.R.
Lapalala Wilderness Area
Gaborone
Vryburg
Harare
Victoria Falls
Barberton
N12 n. Johannesburg
N1
N4
N11
N12
R 71
R 40
R 36
R 37
R 81
R 521
R 525
R 572
R 517
R 516
R 522
R 531

1

In der Stadt gibt es viele Geschäfte und Restaurants. Das sogenannte „Kurhaus" mit dem großen Springbrunnen, Rheumabad und Anwendungen gehört heute zu Forever Resorts. *Forever Resort Warmbaths,* www.foreversa.co.za. Nach dem langen Flug ist der Besuch einer Therme keine schlechte Idee. Öffnungszeiten Thermalbad im Forever Resort tägl. 7–16 u. 17–22 Uhr.

Unterkunft Bela Bela

Forever Resort Warmbaths/Camping Hier gibt es 285 Camping- und Caravanplätze mit Stromanschluss, Restaurant und Pools im Hotel. 1 Chris Hani St, Tel. 012-4235600, www.foreversa.co.za

Majaneng B&B Nettes B&B im Wohngebiet. 1 DZ und 2 Mehrbett- bzw. Familienzimmer. 2 km zum Zentrum und Restaurants. 27 Gilfillan St, Tel. 084-5822516. DZ/F R600.

Geelhout Guest House Gästehaus in ruhigem Wohnviertel. 3 Zimmer mit Kühlschrank, Mikrowelle und Grillstelle, Pool. 6 Geelhout St, Tel. 014-7365154, www.geelhoutguesthouse.co.za. DZ/F R700.

Forever Resort Warmbaths Große Hotelanlage mit Thermal- und Spaßbad, 45 Zimmer. Wellness, verschiedene Restaurants, Shop, 124 Self Catering Chalets. 1 Chris Hani St, Tel. 012-4235600, www.foreversa.co.za. DZ ab R1550, SC-Chalets ab R1300, Buchung Fr–So nur ab 2 Nächte.

Elephant Springs Hotel Das Hotel liegt in unmittelbarer Nähe des Forever Resorts. 44 klimatisierte Zimmer, gutes Restaurant im Haus, Pool, Wi-Fi. Außerdem 20 Ferienwohnungen (6 Pers.). 31 Sutter Rd, Tel. 014-7362101, www.elephantsprings.co.za. DZ/F R1020.

Außergewöhnlich: **Zebula Golf Estate** Passionierte Golfspieler, die sich bei einer Runde Golf erholen möchten, finden auf der Zebula-Website verschiedene Unterkünfte auf dem 19-Loch-Golfgelände, z.T. mit Game Drives im Mabula Game Reserve. Die Anlage befindet sich 46 km westlich von der N1 (Anfahrtsskizze auf der Homepage). – Zebula Golf Estate, Farm No 534 KQ, Mabula District, Tel. 014-7347700, www.zebula.co.za, GPS S24.45.909 E27.56.976. DZ/F ab R1850.

Waterberge

Nun noch unsere Option 3, „Nach dem langen Flug erholen im Safarigebiet". Hierzu gibt es einmal die Möglichkeit eine Private Game Lodge in der Nähe von Modimolle/Nylstroom zu wählen (ca. 40 km ab N1-Ausfahrt) oder noch weiter in die Waterberge hineinzufahren, was sich aber erst ab zwei Tagen Aufenthalt lohnt, da die Anfahrt dorthin für nur eine Nacht zu lange dauert.

Die Waterberge liegen rund 150 km nordwestlich von Pretoria und gelten noch als Geheimtipp unter den Safaridestinationen des nördlichen Südafrikas. In Deutschland weitgehend unbekannt, sind die „Wasserberge" ein beliebtes Naherholungsziel der reichen Südafrikaner aus der Hauptstadt. Demzufolge sind die Lodges dort auch in der Mehrzahl preislich „upmarket", aber wir stellen Ihnen hier günstigere Alternativen vor.

Game Drive in den Waterbergen

Wie der Name verrät, gibt es hier Berge und Wasser. Ganzjährig fließende Bäche, Rinnsale und Quellen durchziehen das Land. In der Regenzeit zwischen November und März können die Starkregen Straßenschäden verursachen und Bereiche unpassierbar machen. Außerhalb der Regenzeit kann es sehr heiß werden. Die ideale Reisezeit ist im Frühling und Herbst.

Das 2001 von der UNESCO ausgezeichnete Biosphärenreservat erstreckt sich vom *Marakele National Park* im Südwesten bis zum Wonderkop-Naturreservat im Nordosten. Es ist an drei Seiten von steilen Bergzügen umgeben und bildet ein weites Becken, in der vier Hauptflüsse Limpopos entspringen. Die restliche Landschaft besteht aus sanften Hügeln und endlosen Weiten.

Die Wildgebiete im Waterberg sind malariafrei und beherbergen im **Marakele National Park** und im **Welgevonden Game Reserve** die „Big Five" – Löwe Leopard, Büffel, Elefant und Nashorn. Neben den beiden aufgeführten Wildgebieten gibt es noch weitere private Reservate.

Der touristische Schwerpunkt dieser Gegend liegt jedoch nicht bei den *Big Five,* sondern in der unberührten Natur und den vielfältigen Freizeitangeboten. Da die Big-Five-Gebiete abgegrenzt sind, kann man in der übrigen Gegend gut wandern oder mountainbiken und dabei ungefährliche Wildtiere beobachten. Auch Reiten auf Pferde- und Elefantenrücken ist möglich und der Vogelliebhaber kommt voll auf seine Kosten. Allerdings ist es etwas völlig anderes, ob man zuhause eine Radtour unternimmt oder hier. Das Klima und der Sandboden sind dabei nicht zu unterschätzen!

Die nähere Übernachtungsalternative ist die **Luiperdskloof Safari Lodge & Game Reserve** auf der 3500 ha großen Farm Naaupoort. Neben guter Küche werden Game Drives, Angeln und Bogenschießen angeboten. 8 Chalets, behindertengerecht, Pool, Anfahrt

s. Webseite. R33, Modimolle, Tel. 082-4975317, Cell 082-4975317, www.luiperdskloof.co.za. Das DZ, 2 Game Drives, 3 Mahlzeiten u. lokale Getränke kosten R4400.

Marakele National Park

Der Marakele N.P. wurde 1994 als Kransberg National Park gegründet und hat heute eine Größe von 67.000 ha. Mit über 800 Brutpaaren lebt hier die weltgrößte Kolonie der bedrohten **Kapgeier.** Es gibt hier auch eine größere Population von Breit- und Spitzmaulnashörnern. Leoparden hatten in dieser Gegend schon immer ihr Habitat und mussten nicht mehr angesiedelt werden. Neben den mächtigen Kudus leben hier einige seltenere Antilopenarten wie der *Riedbock* und *Bergriedbock*, die *Elen-* und die *Leierantilope.*

Die Flora besteht aus 765 verschiedene Pflanzen, u.a. wachsen hier bis zu 5 Meter hohe *Cycads* (Encephalartos eugene-maraisii). Eine Broschüre mit ausführlichen Infos über den *Waterberg Meander* kann von der Website www.waterbergbiosphere.org heruntergeladen werden (auf „Waterberg Meander" klicken, dann auf „Brochure").

Die höchste Erhebung der Waterberge ist der 1860 m hohe **Geelhoutkop** im Nationalpark. 80 km Straßenlänge ist im Park mit einem normalen Pkw befahrbar, für den Rest benötigt man einen Geländewagen. Sehr beeindruckend ist der Ausblick vom höchsten Bergmassiv, die schmale Zufahrt ist asphaltiert. Auch die Straßen zu den Camps sind befestigt. An der Parkrezeption können Morgen- und Abendpirschfahrten gebucht werden, ebenso zweitägige 4x4-Pirschfahrten und geführte Wanderungen.

Tankstellen und Supermärkte befinden sich in **Thabazimbi** im Süden und in **Vaalwater** im Norden. Da die meisten Urlauber sich hier selbst verpflegen, ist das Warenangebot in den Supermärkten

Durch den Marakele N.P.

ziemlich gut. Parkeintritt für Tagesbesucher R 120, geöffnet 7–16 Uhr, GPS S24.31.860 E027.29.896. Unterkunft im Park im *Tlopi Tented Camp* oder auf der *Bontle Camping Site*. In Thabazimbi gibt es einige Gästehäuser.

Anfahrt N1-Ausfahrt Bela Bela, dort 9 km in Richtung Bela Bela, anschließend auf die R516 in Richtung Leeupoort (82 km), in Doornfontein rechts auf die R511, dann nach 35 km wieder rechts auf die R510 und nach 8 km ist Thabazimbi erreicht. Der Marakele-Nationalpark ist ausgeschildert und liegt 12 km hinter Thabazimbi an der Straße nach Alma.

Unterkunft **Bontle Camping Site, Marakele National Park** Schöner Zeltplatz neben der Rezeption mit 38 Stellplätzen mit Strom und Bäumen. Man kann von hier ein 500 m entferntes Wasserloch beobachten. Keine Reservierung möglich, es gilt das Prinzip „first come, first serve". Infos auf www.sanparks.org

Tlopi Tented Camp 10 möblierte Safarizelte (eines ist barrierefrei) an einem Stausee. Verschließbares Schlafzimmer mit Bad und offener Küche, die grundsätzlich von Affen „kontrolliert" wird. Die hinteren Zelte haben Seeblick und gute Vogelbeobachtungsmöglichkeit. Das Auto kann direkt vor der Tür geparkt werden. Das Camp befindet sich 17 km hinter dem Gate. Buchung auf www.sanparks.org. DZ R990 zzgl. tägl. Conservation Fee (R120).

Thabazimbi Guest House Ruhig gelegenes Gästehaus im Thabazimbi-Stadtbereich und in unmittelbarer Nähe der kleinen Flugzeuglandebahn. 12 schöne Gästezimmer, Pool, Grillstelle. Thabazimbi, 86 Hamerkop St, Tel. 082-8949277, www.thabazimbiguesthouse.com. DZ/F R830–990, Dinner R95–R150.

Maroela Lodge Auf einem Hügel oberhalb von Thambazimbi gelegenes Gästehaus mit 4 Zimmern/AC und schönem Ausblick. Pool. Thabazimbi, 9 Maroela St, Tel. 083-6508081, www.maroela.co.za. DZ/F R890, Dinner u. Lunchpakete möglich.

Welgevonden Game Reserve

Dieses 36.000 ha große und private Big Five-Reservat grenzt im Westen an den Marakele-Nationalpark, 2013 wird der Grenzzaun zwischen diesen beiden Reservaten entfernt. Es entsteht dann ein zusammenhängendes Big Five-Wildgebiet von ca. 100.000 ha mit wesentlich bessere Lebensbedingungen für das Wild. Häufig zu sehen sind hier Breitmaulnashörner, Elefanten, Büffel, Giraffen und verschiedene Antilopenarten. Das Reserve kann nur besucht werden, wenn man auch eine Übernachtung in einer der Lodges auf dem Gelände bucht.

Anfahrt N1 – Ausfahrt Marble Hall/Modimolle (früher Nylstroom), das ist eine Ausfahrt nach Bela Bela und neben der Kranskop Toll Plaza. Auf der R33 nach Modimolle fahren und durchqueren den Ort in Richtung Vaalwater durchqueren (85 km ab N1-Ausfahrt, ca. eine gute Stunde). Das Main Gate von Welgevonden befindet sich an der R33, 24 km nordwestlich von Vaalwater an der Straße nach Thabazimbi.

Vaalwater

In Vaalwater befindet sich an der Main Road R33 gegenüber dem Abzweig nach Ellisras (Lephalale) der *Zeederberg's Complex* mit Tankstelle, SPAR-Laden und Bush Stop Café (Internet). Der Black Mamba Shop/Art Gallery verkauft außergewöhnliches Kunsthandwerk aus ganz Afrika. Auf der Main Road vom SPAR in Richtung Modimolle gibt es auf der linken Seite eine deutsche Metzgerei mit Waterberg-Delikatessen und etwas weiter ein Restaurant mit guten Pizzen, *Sports on Main*. In der schönen Berg- und Buschlandschaft um Vaalwater sind in den verschiedenen privaten Reservaten alle erdenklichen Aktivitäten möglich, wie Reiten, Elefanten-Reiten, Wandern, Kanufahren, Angeln und Safari-Aktivitäten.

Unterkunft Direkt hinterm dem Zeederberg's Complex befindet *Zeederberg's B&B & Backpackers* inmitten einer üppigen Gartenanlage mit Flamboyants, Palmen und großem Pool. Die Cottages haben ein Gemeinschaftsbad (sehr sauber), größere Chalets ein eigenes Bad. Gemeinschaftseinrichtungen mit Lounge, gut ausgestatteter Küche und Grillstelle. Die Besitzer können außerdem Tipps geben für Touren in die Umgebung. Camping ist möglich. Main Road (R33), Tel. 082-3327088, www.zeederbergs.co.za. Cottage ohne Bad R150 p.P.

Kololo Game Lodge

Safarilodge unter holländischer Leitung im 3000 ha großen *Kololo Game Reserve*. Kololo ist auch Mitinhaber des benachbarten Welgevonden Game Reserves und hat ein eigenes Gate vor der Hotelrezeption. Auf dem Gelände der Lodge leben nur ungefährliche Tiere und die Gäste können sich frei bewegen, wandern oder mountainbiken, die Big Five warten hinter dem Zaun.

Der Gast hat die Möglichkeit, mit einem Ranger im offenen Safarifahrzeug Game Drives in Kololo und in Welgevonden zu unternehmen. Da Welgevonden hügelig ist, hat man oft einen weiten Ausblick und kann Tiere in der Ferne erspähen. Nach Bedarf werden auch reine Kinder-Game-Drives veranstaltet.

Vom Haupthaus der Lodge mit Pool und Restaurant/Bar schaut man aufs Welgevonden-Reservat. Die Palette an Unterkünften innerhalb der Lodge ist bereit gefächert, von einfachen Garten-Chalets für zwei Personen bis hin zur Luxusvilla mit drei Schlafzimmern und eigenem Pool. Alle sind mit Küche und Grill ausgestattet und können außerdem mit Selbstverpflegungs-Option gebucht werden.

Mitten im Busch gibt es noch ein Camp mit Gemeinschaftsküche für Gruppen. In sechs einfachen Safarizelten können 12 Leute übernachten – nur gesamt zu buchen.

Kololo ist ein *Fair Trade Tourism*-Unternehmen.

Anfahrt In Vaalwater nicht auf der R33 nach Laphalale (früher Ellisras), sondern geradeaus nach Thabazimbi. Nach 8 km nach links auf die Bakkerspas Road abbiegen, eine Schotterpiste mit dem Hinweisschild nach Kololo. Bis zum Kololo-Gate sind es jetzt noch 29 km, je nach Art des Autos noch eine halbe bis einer Stunde. Die Piste kann auch leidlich mit einem normalen Pkw befahren werden.

Unterkunft 12 Chalets bzw. „Villen" mit 1–3 Schlafzimmern und 1–3 Bäder, 1 Zimmer ist barrierefrei. Pool, Wi-Fi, Reiten, Fahrradverleih. *Kololo Game Reserve,* Bakkerspas Rd, Vaalwater, Tel. 014-7210920, 014-7219910, www.kololo.co.za. DZ/Dinner/F R1500–1900, Lunch a.A., inkl. Kololo-Game Drive, Welgevonden-Game Drive 3 Std. R450, 6 Std. R650.

Weitere Unterkünfte

Direkt an Welgevonden angrenzend, ca. 4 km nördlich vom Main Gate, befindet sich die **Taaibos Farm Self Catering Chalets & Camping** (Taaibos Adventures), Tel. 014-7544462, keine Website, Unterkünfte vorher tel. reservieren. Es ist eine schöne und preiswerte Alternative zu den Lodges der Umgebung und optimal für Leute, die gerne allein im Busch sind, aber die Zivilisation in erreichbarer Nähe haben möchten. Hier kann man auf dem weitläufigen und naturbelassenen Gelände Wanderungen am Fluss unternehmen und sich unterwegs in felsigen, krokodilfreien Rockpools erfrischen. In einem Naturstausee mit Badeinsel lässt es sich herrlich baden. Tagesbesucher R30/Pers. Es gibt auf der Farm drei Chalets am Fluss, ein Haus mit 3 Schlaf- und zwei 2 Mehrbettzimmern sowie einen idyllischen Campingplatz am Fluss mit guten sanitäre Anlagen.

Im westlichen Teil von Welgevonden gibt es noch die luxuriöse **Nedile Lodge.** Dazu noch 23 km ab Main Gate auf der R33 bleiben, dann führt links eine Piste nach Schoongelegen, das West Gate ist ab dort ausgeschildert und nach 16 km erreicht. Nedile liegt mitten im Big 5-Wildgebiet und verfügt über 5 herrliche Zimmer mit Ausblick auf die umliegende Bergwelt. Die Mahlzeiten sind immer ein Erlebnis. DZ/VP + 2 Safari-Aktivitäten ab R3500.

Polokwane

Weiter geht es nun auf der N1 und nach 140 km ist Polokwane, das früher Pietersburg hieß, erreicht. Polokwane ist das urbane Zentrum der Provinz Limpopo, wurde Ende des 19. Jahrhunderts während des Goldfiebers gegründet und hat heute etwa eine halbe Million

Auf der Nationalstraße 1

Einwohner. Es liegt 1300 m hoch und ist eine im Zentrum sehr lebhafte afrikanische Stadt mit breiten Straßen und einigen Park, beide mit vielen Jacaranda- und Korallenbäumen. Viel zu sehen gibt es in dieser langweiligen Stadt allerdings nicht und es ist nicht ratsam, bei einer Stadtbesichtigung das Auto mit dem ganzen Gepäck unbeaufsichtigt stehenzulassen. Achten Sie auf Ihre Höchstgeschwindigkeit im Stadtverkehr, die Polizei kontrolliert an vielen Stellen.

Auf dem Weg nach Tzaneen kommt man am außerhalb gelegenen Mokaba-Stadion vorbei, in dem einige Spiele während der Fußball-WM 2010 ausgetragen wurde. Man kann das Stadion mit dem Auto umrunden und so einen Eindruck von der Größe bekommen.

Tourist-Info Southern Gateway Ext. 4, N1 Main Rd, Tel. 015-2933600, 8.30–16 Uhr. Webseiten: www.golimpopo.com, www.polokwane.org.za

Umgebungsziel Bakone Malapa

Bakone Malapa ist ein Freiluft-Museumsdorf, 9 km südlich von Polokwane. Ein paar Angehörige vom Stamm der Bakone, einer Untergruppe der Nord-Sotho, führen das Dorf selbständig und erklären Lebensart der Bakone. Handwerksarbeiten wie Töpfern, Korbflechten, Bierbrauen, Leder- und Perlenarbeiten werden vorgeführt und die Produkte können im eigenen Shop erworben werden. Anfahrt: Vom Stadtzentrum auf der R37 Richtung Lebowakgomo. Mo–Fr 8–15.30 Uhr, Sa 8–13, So geschlossen. Eintritt R10

Unterkunft Polokwane

Caravanpark am Polokwane Game Reserve Camping auf umzäuntem Platz unter großen, schattigen Eukalyptusbäumen. Saubere sanitäre Anlagen, Platz aber nicht besonders attraktiv, Verkehrslärm von der Straße. Anfahrt: Die Dorp Street Richtung Süden, an neuem Stadion und Golfplatz vorbei, nach 3 km rechts Eingang ins Game Reserve.

Sondela Nature Reserve Camping Mit Pool und Restaurant, Tel. 014-7368900, www.sondela.co.za. Anfahrt: N1, Ausfahrt Bela Bela, R516, 5 km in Richtung Settlers.

Marlot Guest House Gästehaus mit 20 Zimmern in ruhigem Wohnviertel, 1,5 km östl. vom Stadtzentrum. Pool, Hausbar, Parkplätze. 49 Devenish St, Tel. 015-2975456, www.marlot.co.za, GPS S23.54.07,9 E29.27.52,6. DZ R450–550, Frühstück a.A.

Cycad Guest House Hübsches Gästehaus im Stadtzentrum, jedoch ruhig gelegen mit schönem Garten. 25 Zimmer/AC, Wi-Fi, Restaurant. Ecke Schoeman/Suid Sts, Tel. 015-2912181, www.cycadguesthouse.co.za. DZ/F R920.

Abstecher ins nördlichste Limpopo

Makhado – Punda Maria Gate (Krügerpark)

Dies ist ein weiter Abstecher für diejenigen, die mehr ins „Detail" gehen und die Provinz Limpopo besser kennenlernen möchten. Von Polokwane aus geht es nach Norden ins „Land der Legenden" und in die Zoutpansberge bei Makhado, dann durch das Punda Maria Gate hinein in den nördlichen Krügerpark.

Fahren Sie von Polokwane auf der N1 aus der Stadt in Richtung Makhado (früher: Louis Trichardt, 120 km, knapp 2 Stunden). Auf halber Strecke wird der Wendekreis des Steinbocks überquert, auf einem Berg links der Straße ist die Stelle markiert (Tropic of Capricorn). Das Land an der Strecke nach Norden ist flach, nur unterbrochen von einzelnen Hügeln links und rechts, sogenannten „Koppies". Kurz vor Makhado sieht man schon das breite Massiv der Zoutpansberge, das sich hinter der Stadt erhebt. Diese Bergkette erstreckt sich auf 130 km Länge von Westen nach Osten und hat dank regelmäßiger Niederschläge eine üppige Vegetation und reiches Tierleben.

1

Unterkunft

Makhado Municipal Caravan Park Der Platz befindet sich in der Nähe der Innenstadt von Makhado, Supermärkte und Restaurants können zu Fuß erreicht werden. Er ist 24 Stunden bewacht, grenzt an zwei Stauseen und bietet schattige Rasenplätze. Anfahrt: Von Polokwane auf der N1 kommend an der zweiten Stoppstraße links in die Swongozwi Street, dann die nächste rechts in die Grobler Street. Tel. 015-5193025 u. 015-5193006, www.makhado.caravanparks.co.za.

The Ultimate Guesthouse Die Lodge mit B&B-Zimmern und SC-Einheiten sowie kleinem Camping- und Caravanpark und schöner Aussicht befindet sich auf 23 ha Land. Vorhanden sind Wanderwege, Quadbike-, 4x4- und Mountainbike-Trails, 10 verschiedene Zimmer und 4 Ferienwohnungen, Restaurant und Pool. Anfahrt: Auf der N1 8,4 km nördlich von Makhado fahren, dann links in die Bluegumsport Road und noch 1,6 km. Tel. 015-5177005, www.ultimategh.co.za. DZ/F R660, Ferienwohnung R600.

Shiluvari Lakeside Lodge Die *Fair Trade Tourism*-Lodge mit gutem Restaurant befindet sich gut 20 km südöstlich von Makhado nahe Elim am Südufer des Albasini-Stausees. Die friedliche Lodge mit Wander- und Schwimm-Möglichkeit hat 13 auf dem Gelände verstreut liegende Zimmer/Chalets unterschiedlicher Größe. Die Lodge arbeitet mit einem örtlichen Führer zusammen, der mit den Gästen verschiedene Familien oder Kunsthandwerker besucht. Die Touren können individuell zusammengestellt werden und der Führer fährt im Auto des Gastes mit. Pool, Grillstelle, Restaurant, Pub. *Shiluvari Lakeside Lodge,* Albasini Dam – Elim (R578), Tel. 015-5563406, Cell 073-2632755, www.shiluvari.com. DZ/F R1040, DZ Dinner+Ü/F R1360, Chalets etwas teurer.

Außergewöhnlich

Leshiba Wilderness Diese schöne Lodge liegt 36 km westlich von Makhado in einem 2600 ha großen Reservat hoch oben auf einem Zwischenplateau in den Soutpansbergen. Man kann kaum erahnen, was man tatsächlich hier zu erwarten hat, bis man den ersten Schritt durch das einmalig schön gestaltete Eingangsportal gesetzt hat. In Zusammenarbeit mit der bekannten einheimischen Künstlerin Noria Mabasa wurde Leshiba mit viel Liebe zum Detail und Fantasie gestaltet und eingerichtet, vorherrschende Farbe ist warmes Orangerot. Die Mystik und Magie der Venda-Bevölkerung fließt hier überall ein und regt an, mehr über das Leben der Venda zu erfahren. Schnell wünscht man sich, dass man viel mehr Zeit eingeplant hätte, um die Ruhe und abwechslungsreiche Umgebung zu genießen, ob bei einer geführten Pirschfahrt, einer Wanderung, einem Reitausflug in das wunderschöne Naturreservat oder entspannt auf der Terrasse, von wo aus man über die Savanne und die umliegenden Berge blickt. Weil auf Leshiba keine Raubtiere oder Elefanten vorkommen, kann man die Gegend alleine zu Fuß erkunden. Nicht zuletzt sind es der herzliche Service und die gute Küche, die davon überzeugen, dass man Leshiba mal irgendwann wieder in seine Tour einbaut. *(Andrea Münster).* – *Leshiba Wilderness,* Tel. 011-4831841 (Reservierung), Tel. 015-5930076, Cell 071-6972596, www.leshiba.co.za, GPS S22.59.0 E29.33.0. Leshiba ist ein *Fair Trade Tourism*-Unternehmen. Drei verschiedene Camps, Vollpension oder Selbstverpflegung. Ü/Vollpension/1 Aktivität ab R1600 p.P., SC-Chalet Ü R420 p.P., Sonderangebote s. Website.

Weiterfahrt zum Krügerpark

Weiter geht es von Makhado auf der R524 über Thohoyandou zum Punda Maria Gate am Krügerpark (130 km, ca. 2 Stunden). Im Spätsommer und Herbst ist die Straße von blühenden Büschen gesäumt. Thohoyandou war einst Hauptstadt des „unabhängigen" Homelands Venda, das 1979 von der Apartheid-Regierung formal als eigener Staat entlassen, international aber nie anerkannt wurde, wie auch andere „unabhängige" Homeland-Enklaven innerhalb Südafrikas. Die Bewohner verloren damals ihre südafrikanische Staatsbürgerschaft. Heute ist Thohoyandou Universitätssitz und Handelszentrum der Region. In der Umgebung werden aufgrund des fruchtbaren Bodens und des subtropischen Klimas Früchte, Tee, Tabak und Mais angebaut.

Allgemeines zum Krügerpark s.S. 201

Unterwegs im nördlichen Krügerpark s.S. 228

Von der N1 nach Tzaneen und Phalaborwa

Wer ohne Umwege von Polokwane weiter nach Tzaneen und Phalaborwa reist, verlässt kurz vor Erreichen Polokwanes die N1 und fährt links auf die R71, die Umgehungsstraße in Richtung Tzaneen. Man passiert dabei das Stadion der WM 2010 auf der linken Seite. Nach gut 40 km kommt **Zion City Moria,** das Hauptquartier der Zion-Christen. Die *Zion Christian Church* entstand 1942 und hat heute südafrikaweit über vier Millionen Mitglieder. Es ist die größte Kirche in Südafrika, die nicht von Weißen geleitet wird. Jährlich kommen am Karfreitag und zum Septemberfest einige Millionen Pilger, um in den Bergen um Moria ihre Messen zu zelebrieren. Diese Feste gehören zu den weltgrößten kirchlichen Veranstaltungen. Ein Besuch der Zionkirche ist während der Veranstaltungen nicht möglich.

Bei der Weiterfahrt ändert sich die Landschaft dramatisch. Die Straße steigt zunächst an und dichte Nadelwälder überziehen die Berge. Es sieht nicht mehr aus wie Afrika, sondern eher wie der Schwarzwald, Namen wie „Black Forest Mountain Lodge" unterstreichen diesen Eindruck. 60 km hinter Polokwane kommt das Goldgräberdorf **Haenertsburg,** das 1886 von Carl Ferdinand Haenert aus Eisenach gegründet wurde. Der Ort liegt unter der Granitkuppe des Iron Crown Mountain, einem Teil der Wolkberg Mountains, die zu den nördlichen Mpumalanga-Drakensbergen gehören. In der

Rathaushalle können einige Relikte aus den vergangenen Kriegen besichtigt werden und auf dem Friedhof liegen historische Gräber. Urlauber können in der Gegend gut wandern, Fahrrad fahren und auf dem nahegelegenen Ebenezer Dam angeln. Infos auf www.magoebasklooftourism.co.za.

Kurz vor Haenertsburg muss man sich entscheiden, wie man weiterfahren möchte. Es gibt zwei Möglichkeiten, Tzaneen zu erreichen, und zwar einmal über die R71 und über die R528, dem *George's Valley*. Entfernungs- und zeitmäßig sind beide Strecken ziemlich gleich. Die R528 führt durch liebliche Landschaft ohne dramatische Höhenunterschiede. Interessanter ist dagegen die R71, die mit der **Magoebaskloof-Schlucht** den Höhenunterschied vom Highveld zum Lowveld überbrückt. Dieser Pass ist der steilste Pass in Südafrika, auf nur sechs Kilometern werden 600 Höhenmeter in engen Kehren bewältigt. Durch die vielen Niederschläge ist es hier oft neblig, die Vegetation hat sich in dichten Urwald verwandelt und überall rinnen Bäche und kleine Wasserfälle entlang, Palmen und Farnbäume geben der Landschaft einen tropischen Anstrich.

Ist man in Tallage angekommen, ziehen sich ausgedehnte Obstplantagen links und rechts der Straße entlang. In diesem subtropischen Klima wachsen Bananen, Mangos, Avocados, Kiwis, Macademia-Nüsse und Orangen. Etwa 3,5 km vor Tzaneen überziehen plötzlich Teebüsche die Hügel rechts der Straße. Das *Sapekoe Tea Estate,* seit 2011 ein staatliches Unternehmen, das sich aus den früheren Firmen *Middelkop Tea Estate* und *Grenshoek Estate* zusammensetzt, produziert Schwarztee. Auf rund 1000 Hektar wird Tee geerntet mit Arbeitsplätzen für 2000 Menschen. Das Highlight hierbei ist der **Pekoe View Tea Garden** in Höhenlage. Von der R71, ca. 7 km bevor die R71 auf die R36 stößt, ist rechts ein weißer Steintorbogen mit dem unauffälligen Hinweis „Sapekoe Tea Estate"

Teeplantage bei Tzaneen

und „Pekoe View Tea Garden". Dort rechts ab und den Berg hinauf bis zum Café. Unter einem riesigen Flammenbaum sitzend kann der Gast zum Lunch opulente Kuchenportionen und herzhafte Bistrogerichte genießen und den weiten Blick über die teebedeckten Berge schweifen lassen. Infos zur Teeplantage gibt es im Café.

Zwischen Magoebaskloof-Pass und Magoebaskloof Dam führt links eine Piste in den *Woodbush State Forest,* dem größten Urwald von Limpopo mit einigen Riesenbäumen. Über diesen Weg erreicht man die sehenswerten und 42 Meter hohen **Debengeni Falls** (15 Min. Fahrt von der Straße, die Piste ist Pkw-tauglich). In den Fällen kann man sich abkühlen – doch Vorsicht, Rutschgefahr! Picknickplätze laden zum Verweilen ein, WC vorhanden. Hier beginnen auch einige Wanderwege.

An der R71 zwischen den Debegeni-Fällen und der Einmündung in die R36 gibt es einige Lunch-Restaurants.

Tzaneen

Tzaneen, mit 80.000 Einwohnern die zweitgrößte Stadt der Provinz Limpopo, liegt in einem subtropischen Tal der nördlichen Mpumalanga-Drakensberge. Sie wurde 1912 bei einem Bahnstreckenbau gegründet und konnte sich aber erst ab 1966 entwickeln, nachdem die Malaria besiegt bzw. die Anopheles-Mücke ausgerottet war. In der Stadt selbst gibt es keine historischen Denkmäler oder andere Sehenswürdigkeiten. Wer einkaufen möchte, findet hier die 2012 eröffnete Shopping Mall „Tzaneen Lifestyle Centre" mit fast hundert Geschäften an der Danie Joubert Street, die die R71 kreuzt.

Tzaneen beschränkt sich nicht nur auf die Stadt im Tal, sondern zieht sich bis zum südlichen Ortsteil **Agatha** auf Höhen bis auf 1200 m hinauf. Agatha an der D523 ist ein Villenvorort Vorort Begüterter an der alten Postkutschenstraße, der **Old Coach Road,** die in Polokwane begann und in Leydsdorp endete. Die Schwierigkeiten der Kutscher sind heute kaum noch vorstellbar, denn bei schlechtem Wetter war die steile Straße unpassierbar. Heute befinden sich an der Old Coach Road neben Privatanwesen auch etliche Gästehäuser.

In und um Tzaneen kann man gut Angeln, Golf spielen, adrenalinfördernde Sportarten betreiben, Wandern oder eine Krokodilfarm besichtigen. Infos darüber s.u.

Besichtigungen und Ausflüge in die nähere und weitere Umgebung

Tzaneen Museum

Die Sammlung zeigt Kulturgegenstände der Tsonga, darunter eine Trommel der Regenkönigin von 1850. Agatha Street, Tel. 083-2804966, Mo–Fr 9–16, Sa 9–12, Eintritt frei, Spenden willkommen.

Agatha Crocodile Ranch Die bereits 1978 eröffnete Krokodilfarm ist recht interessant. Täglich Führungen, man kann dort Baby-Krokodile in die Hand nehmen und größere Spezies füttern. An der D523 von Tzaneen nach Agatha, Ausschilderung folgen, Tel. 015-3074398, www.agatha-crocodile.co.za, GPS S23.54.432 E30.07.817.

Privatführer für Ausflüge Wer einen Ausflug in die Umgebung machen möchte, hat die Wahl unter vielen Möglichkeiten. Für eine individuelle Privattour, die nach eigenen Wünschen zusammengestellt werden kann, empfiehlt sich der Shangaan-Führer *James* mit seinem Einmann-Unternehmen *Woodsmoke Heritage Trails*. James fährt im Gastauto mit und kann so gut wie jede Frage zu Land und Leuten beantworten. Ziele: Shangaan-Dörfer, Kunsthandwerker, kulturelle Museen, Sangoma- und Shebeenbesuch (private Shangaan-Bar) oder eine Gaststätte in einem Township. Kontakt: James Ndhlovu, Tel. 082-6764806, jamesndhlovu@gmail.com

Sunland Baobab Ältester lebender Baobab-Baum Südafrikas auf einer Mango- und Palmenfarm. Von Tzaneen 23 km nördlich, eine gute halbe Stunde Fahrzeit. Dazu auf der kurvigen R36 durch den **Duiwelskloof** fahren, die Teufelsschlucht. Im Frühling bzw. zwischen September und Januar säumt diese Straße ein Blütenmeer, denn hier wuchern am Straßenrand verschiedenfarbene Bougainvilleas, Frangipanis und Jacarandabäume. Kurz vor Modjadjiskloof-Ortsende rechts dem Wegweiser „To Big Baobab" folgen, danach noch ein kurzes Stückchen Piste. Der Baumgigant steht sich auf dem Gelände der Sunland Farm.

Der Baum ist angeblich 6000 Jahre alt, 22 Meter hoch, misst 47 Meter im Umfang. In seinem hohlen Innern ist ein Mini-Pub. Dort werden allerdings keine Getränke mehr ausgeschenkt, sondern nur unter seinen schattenspendenden Ästen.

Es gibt auf der Welt acht Baobab-Arten, die größte Gattung, *Adansonia digitata,* ist in Afrika heimisch. Die Bäume wachsen 1 cm im Jahr und kommen hauptsächlich in trocken-heißem bis halbwüstenartigem Klima mit geringem, aber regelmäßigem Niederschlag vor. Die meisten werden einige hundert Jahre alt und haben die einzigartige Eigenschaft, beschädigte oder abgerissene Baumrinde zu regenerieren und können sogar Feuer überleben. Die Höhlen in den Bäumen sind typisch für Affenbrotbäume, die älter als tausend Jahre alt sind, was selten vorkommt. *Sunland Baobab,* Tel. 015-3099039, www.bigbaobab.co.za, GPS S023.37.271 E030.11.877. Eintritt R15.

Modjadji Cycad Reserve

Etwa 20 km östlich vom Sunland Baobab befinden sich in der Nähe des Ortes Molakamosoma im *Modjadji Cycad Reserve* die äußerst seltenen Cycads, irreführend „Modjadji-Palmen" genannt (*Encepalartos transvenosus,* afrikaans *Modjadji broodboom*).

Cycads wachsen auch in anderen Gegenden, jedoch gibt es hier die weltgrößte Ansammlung dieser seltenen, sonst eher einzeln stehenden Pflanzen. In dem 305 ha großen Reservat werden einige Exemplare bis zu zwölf Meter hoch. Sie sehen aus der Entfernung aus wie eine Kreuzung aus Palmen und Baumfarnen, haben jedoch mit beiden Pflanzenarten nichts zu tun. Es sind sehr stachelige Urzeitpflanzen, ähnlich den Welwitschia mirabilis in Namibia. Sie gehören zu den *Gymnosperms,* zapfentragende Pflanzen (conebearing plants). Die kleinen Zapfen sind männlich, die großen weiblichen Geschlechts. Auf dem Gelände gibt es einen Picknickplatz und einige Spazierwege. Führungen mit Woodsmoke Heritage Trails, s.o. Das Reservat wurde übrigens nach den „Regenköniginnen", den *modjadjis,* benannt.

„The Royal Kraal of the Rain Queen"

Ca. 12 km nordöstlich vom Reserve befindet sich im Dorf Sehlakong der „Royal Kraal of the Rain Queen", seit ca. 1800 Heimatort der „Regenköniginnen" aus dem Balobedu-Stamm. Man sagt diesen Frauen aus einem der wenigen matriachalischen Stämme Afrikas nach, dass sie das Wetter beeinflussen können. Zur Zeit gibt es keine Königin, da die Mutter der künftigen früh verstorben und ihre Tochter erst 2026 im Alter von 21 Jahren nachfolgen kann.

Zutritt zu diesem Bereich im Dorf erhält man entweder mit einem autorisierten Fremdenführer wie James Ndhlovu (s.o.) oder bei eigener Anfahrt nach vorheriger Anmeldung bei Nerwick Molokwane, Cell 072-8697678. Die Erläuterungen vor Ort macht ein Angehöriger des Stammes und der Gast muss wie die Einwohner barfuß durch das Dorf gehen. Die Erläuterungen des dörflichen Guides sind sehr langatmig und nur für Historienfans interessant.

Sportliche Aktivitäten

Magoebaskloof Adventure/Thabametsi Centre Beim Unternehmen *Magoebaskloof Adventures* können sie buchen: Abseiling, Kloofing (also in eine Schlucht springen), River-Rafting, Quadbiken und Canopy-Tour (Seilgleiten). Auf der R528 von Tzaneen Richtung Haenertsburg fahren, nach ca. 25 km links („Magoebaskloof Canopy"), GPS S23.58.33 E29.59.37. Tel. 083-8661546, www.thabametsi.com,

Rooikat-Wanderweg (Tagestour)

Die Schönheit der hiesigen Natur ist in dieser Tour im New Agatha Forest südlich von Tzaneen zusammengefasst. Tiere wie Buschbock, Kronenducker, Buschschwein und Paviane leben entlang der Route, und auch Vogelfreunde kommen auf ihre Kosten. Hinter einer Kiefernplantage führt der Weg am Bob's River entlang, vorbei an vielen Kaskaden, Stromschnellen und Pools, wo man sich abkühlen kann. Es gibt an der Strecke außerdem einen Picknickplatz. Anfahrt: Von Tzaneen auf die Agatha Road, nach ca. 12 km an einer T-Junction nach links in das Letsitele Valley/Coach House Hotel. Dann weitere 5 km bis zum Schild „New Agatha Plantation". Hier rechts und noch mal 2 km auf der Piste bis zum Office/Gate.

Golf *Tzaneen Country Club*, 18 Loch. R36 Richtung Modjadjiskloof, Tel. 015-3053102, www.tzaneencountryclub.co.za.

Angeln rfen im Stanford Lake, Ebenezer- und Tzaneen Dam fischen. Eine Angellizenz (Fishing license) gibt es im Magistrate's Office (8–13 Uhr), Morgan St, Tzaneen, Tel. 015-3073770 oder bei *Boulevard Cycles* während der Geschäftsöffnungszeiten im Sanlam Centre, Tzaneen.

Reise-Infos Tzaneen

Die Tzaneen Tourist Information befindet sich in der Stadt neben dem SPUR-Restaurant, Tel. 015-3076513, www.tzaneeninfo.com.

Unterkunft

Satvik Backpackers & Camping Schönes Gelände mit Rasen unmittelbar oberhalb des Tzaneen-Stausees, auch sind DZ und Huts mietbar. Anfahrt R528 Richtung Polokwane auf der rechten Seite, Piste bergab zum See. Cell 084-5562414 oder 071-6124851, www.satvik.co.za. DZ R320, Cottage R640–740.

Hillbilly Haven Ein historisches Farmhaus, das zu drei Ferienwohnungen umgebaut wurde. 1-, 2- und 3-Schlafzimmer-Wohneinheiten mit Bad. Lage: Wo die Agatha Road auf die Old Coach Road stößt. Cell 083-2804971, www.hillbillyhaven.co.za. Ü R185 p.P.

Granny Dot's Country Spot B&B- und Self Catering-Unterkunft in Agatha mit schönem Ausblick. Pool, Wi-Fi, Grill, Pub. 6 Zimmer, 2 davon SC. Old Coach Road, von der Agatha Road aus der Ausschilderung folgen. Tel. 015-3075149, www.grannydots.co.za, GPS S23.55.386 E030.07.244. DZ/F R660–720, SC R560, Dinner a.A.

Tamboti Lodge Hübsches Gästehaus, 13 unterschiedlich große Zimmer/AC, ruhig gelegen am südwestlichen Ende von Tzaneen, Nähe R36. Großer Pool, sicheres Parken. 18 Tamboti St, Arbor Park, Tel. 015-3074526, www.tambotilodge.com. DZ/F ab R780, DZ Dinner+Ü/F ab R1280.

Hill Top Country Lodge Schönes Landhaus auf einem Hügel mit weitem Blick in einem subtropischen Garten mit hohen Bäumen. R71 Richtung Phalaborwa, 3,6 km hinter der kleinen Groot Letaba River-Brücke links. 10 Zimmer/AC, Pool, Wellness, Wi-Fi. 46 Lushof, Tel. 015-3071590, Cell 082-4201868, www.hilltop-lodge.co.za. DZ/F R1223–1875, ab 8 Personen auch Dinner a.A.

Außergewöhnlich

Kings Walden Garden Manor Das 2010 komplett renovierte Gästehaus liegt auf 1200 m Höhe in den Wolkberg Mountains und der Gast hat von der Terrasse einen grandiosen Ausblick auf Bergzüge und Täler. 6 sehr geräumige Zimmer, an kalten Tagen mit Kaminfeuer. Umgeben von einem weitläufigen, altenglischen Garten mit großem Pool ist das zweite Highlight die Kochkunst des Besitzers Billy McKechnie, der seine Gäste mit einer fantasievollen, mediterran angehauchten Küche verwöhnt. Das à-la-carte-Frühstück ist fast unübertrefflich. David Hilton-Barber, der frühere Besitzer, kennt die Gegend wie kein anderer und engagiert sich heute als Fremdenführer für die Gäste von Kings Walden wie auch James Ndhlovu, ein Shangaan-Tourguide (Privatbuchung, s.o.). Spaziergänger können über die umliegenden Farmen wandern. Anfahrt: Auf der R36 von Norden kommend nicht die 1. Ausfahrt nach „Tzaneen" nehmen, sondern weiter geradeaus bis zur 1. Stoppstraße, dort rechts nach Agatha abbiegen. Hier steht das 1. Hinweisschild „Kings Walden". Drei weitere leiten zum Ziel (ca. 15 km von Tzaneen). – *Kings Walden Garden Manor*, Old Coach Road, Agatha, Tel. 015-3073262, Wi-Fi, www.kingswalden.co.za, GPS S23.55.12.2 E030.09.10.4. DZ/F R1450, Dinner R265.

Restaurants **Yum Yum** Nettes Frühstücks- und Lunch-Restaurant in der City von Tzaneen mit Terrasse. Internationale Küche, Bistro- und mediterrane Gerichte. 61c Boundary Road, Tel. 015-3073984, Mo–Fr 9–16 Uhr.

Pekoe View Tea Garden (s.o.) Außerhalb von Tzaneen, Lage s. Karte, Tel. 015-3054999, tägl. 9–16.30 Uhr.

Weiterfahrt von Tzaneen nach Phalaborwa

Von Tzaneen führt die R71 nach Phalaborwa, dem „Tor zum Krügerpark" (110 km). Halten Sie sich strikt an die Geschwindigkeitsbegrenzungen, denn auf der Strecke werden oft Kontrollen durchgeführt.

Leydsdorp-Baobab und Dorf

Wer es nicht geschafft hat den Sunland-Baobab in der Nähe von Tzaneen zu besuchen, hat nun die Chance, ein ähnliches Exemplar an dieser Strecke zu sehen. Der **Leydsdorp-Baobab** in seiner natürlicher Umgebung ist allerdings „nur" 2000 Jahre alt und hat einen Umfang von „nur" 22 Metern. Der Baum ist ebenfalls hohl und man kann über eine Leiter einsteigen oder seitlich hochklettern.

Anfahrt 52 km von Tzaneen aus erreicht man *Gravelotte. Wo* die R71 links nach Phalaborwa abgeht, zweigt rechts eine Piste mit dem Wegweiser „Giant Baobab" ab. 3,5 km ab der Straße befindet sich rechter Hand ein Torgitter mit dem Eingang. Kurz vor dem Baum sitzt eine Frau vor einer Hütte bittet um einen (freiwilligen) Obolus (max. 10 Rand) für die Besichtigung.

Hier in der Nähe befindet sich auch das verlassene kleine Dorf **Leydsdorp,** das andere Ende der Kutschenstation, die über die Old Coach Road in Agatha verlief. Leydsdorp wurde 1924 nach dem Goldrush aufgegeben und zwischendurch nur noch sporadisch genutzt. Sie können die Bauten inspizieren, doch lassen Sie Ihr Auto hier nicht lange unbeaufsichtigt. Man erreicht Leydsdorp, wenn man bei der Rückkehr vom Baobab nach rechts abbiegt und der Schotterstraße weiter folgt. Nach wenigen Kilometern geht es links rein.

Anschließend zurück zur Hauptstraße R71 und Weiterfahrt nach Phalaborwa. Rechter Hand sieht man nun endlose Zäune, die die Straße begleiten. Dort beginnt bereits das erste private Wildreservat, das *Selati Game Reserve,* das sich bis kurz vor Phalaborwa hinzieht. Mit etwas Glück kann man hier schon von der Straße aus Giraffen oder Antilopen erspähen.

Planung der Weiterreise von Phalaborwa

Nun muss entschieden werden, wie die Reise in den nächsten Tagen weitergeht, da es mehrere Möglichkeiten gibt.

Option 1: Auf unserer Route 1a geht es nach der Ankunft in Phalaborwa und einem schnellen Lunch zur Unterkunft. Empfehlenswerter Höhepunkt für den Ankunftstag ist eine Bootsfahrt auf dem Olifants River mit *Kambaku Olifants River Cruise,* s.u.

Am nächsten Morgen steht der Besuch des staatlichen Krügerparks auf dem Programm. Bei einer Fahrt in Eigenregie ist eine zeitige Abfahrt sinnvoll, da sich das Wild meistens bei Sonnenauf- und -untergang bewegt. Die Gästehäuser und B&Bs in Phalaborwa bieten auch anstelle eines frühzeitigen Frühstücks einen Picknickkorb zur Mitnahme an. Das Phalaborwa Gate befindet sich am östlichen Ende der Stadt an der R71. Anschluss-Strecke durch den Krügerpark ab Phalaborwa Gate s.S. 229.

Option 2: Wie Option 1, nur keine Fahrt in Eigenregie in den Krügerpark, sondern mit einem privaten Safari-Unternehmen aus Phalaborwa mit eigenem Ranger. Vorteil: die Leute wissen, wo die Tiere stecken und Tiersichtungschancen groß sind. Die Fahrten werden mit einem klimatisierten Kleinbus unternommen.

Option 3: Kein Aufenthalt in einem Private Game Reserve, sondern von Phalaborwa aus eine mehrstündige Fahrt ins benachbarte Klaserie Game Reserve und Fahrt mit einem Ranger im offenen Geländewagen (buchbar in der Phalaborwa-Unterkunft). Vorteil: Man spart viel Geld gegenüber einem Aufenthalt in einem Private Reserve. Nachteil: Auf einer einzigen Fahrt kann man nicht alle Tiere treffen.

Option 4: Keine Übernachtung in Phalaborwa, sondern zwei oder mehr Nächte in einem oder mehreren Rest Camps im Krügerpark (s.S. 211). Danach evtl. Weiterfahrt zu einem Private Game Reserve.

Alles über den Krügerpark, Unterkünfte, Private Game Reserves und empfohlene Fahrstrecken finden Sie im Kapitel „Kruger National Park" ab S. 201.

Phalaborwa

Phalaborwa (110.000 Einwohner) ist eine ausgesprochen grüne Stadt, in der zahlreiche Palmen, Bougainvillea und tropische Früchtebäume in den Gärten und Straßen zu finden sind. Am Krügerpark der einzige Ort mit direktem Zugang in den Park.

Im Zentrum der Stadt befindet sich eine Shopping-Mall (den Schildern von „Pick & Pay" folgen), und wer „eben schnell" Lebensmittel einkaufen möchte, findet einen gut sortierten SPAR-Laden (mit Geldautomat) an der letzten Straßenkreuzung vor dem Parkeingang (R71/Ecke Copper Street). Kriminalität ist hier nicht auffällig, man kann abends auf der Straße spazierengehen. Hier gibt es aber eine ungewöhnliche Art von Gefahr, bei der man aufpassen muss: Überall in der Stadt findet man Schilder „Beware of Hippos". Gerade in den Wintermonaten kommen die Flusspferde vom Olifants River gerne in die Stadt, verwüsten Anlagen und trotten durch die Straßen. Sehr empfehlenswert ist die **Bootsfahrt** auf dem Olifants River (s.u.)

Phalaborwa ist eine bedeutende **Bergbaustadt,** was aber im Stadtgebiet nicht erkennbar ist. Abgebaut werden Phospate, Eisenerz und vor allem Kupfer. Die Tagebau-Kupfermine, die sich im Minengebiet südwestlich des Zentrums befindet, misst rund 2000 Meter im Durchmesser und ist 550 Meter tief. Die Kupferförderung begann 1964 und endete 2002, als das Erz nicht

mehr wirtschaftlich abzubauen war. Danach wurde eine Untertage-Mine eröffnet, von der man sich weitere zwanzig Produktionsjahre erhofft. Wer sich das große Loch aus der Nähe ansehen möchte, kann freitags eine Tour buchen. Anmeldung erforderlich, Tel. 015-7802911. Wenn man von den Minen zurück in die Stadt fährt, kommt man am Hinweisschild „Foskor Mine Museum" vorbei. In diesem Minenmuseum gibt es genauere Infos über den Bergbau. Di–Fr 10–12.30 u. 14–16 Uhr, Tel. 015-789-2024.

Es gibt einen Aussichtspunkt, von dem man einen Ausblick auf das Minengebiet und den nahen Krüger-Nationalpark hat. Anfahrt: von Gravelotte Street kommend die 2. Straße rechts in die Sealane, diese führt direkt zur Selati Road. Auf ihr immer geradeaus, durch das Minengebiet hindurch und am Ende dem Schild „Viewing Point" folgen, den Berg hinauf bis zum Parkplatz und Aussichtspunkt.

Tourist Office Phalaborwa: *Bollanoto Tourism Centre,* Ecke Hendrik van Eck Rd/President Kruger St, Tel. 015-813620.

Touren und Anbieter

Bootsfahrt auf dem Olifants River

Für diejenigen, die in Phalaborwa übernachten, ist eine Bootsfahrt auf dem Olifants River eine empfehlenswerte Einstimmung auf den Krügerpark. Das kleine Kastenboot von *Kambaku Olifants River Cruise* gleitet fast lautlos drei Stunden entlang des Klaserie Private Game Reserves und vom Oberdeck kann man Elefanten, Hippos, Krokodile und Giraffen, zum Teil in nächster Ufernähe, beobachten. Die Nachmittags-Bootsfahrt, der „Sundowner Cruise", beginnt um 15 Uhr, dauert etwa 3 Stunden und kann mit einem Grillabend in der Lodge von Kambaku beim Bootsanleger abgeschlossen werden. Auf der ca. 17 km langen Hinfahrt aus der Stadt zum Kambaku-Bootsableger (der Weg ist teils versandet, deshalb 4WD nötig, Transfer möglich) können Sie im Minengelände einen Aussichtspunkt anfahren, von wo man das große Loch der alten Kupfermine überschauen kann.

Kosten: Cruise mit Dinner R520 (Basis Selbstanfahrt), mit Transfer R660; ohne Dinner R350 (Selbstanfahrt), mit Transfer R490, Voranmeldung erforderlich, begrenzte Teilnehmerzahl.

Frauenprojekte

Hi Kurile ist ein lokales Frauenprojekt, das Textilwaren mit ethischen und Tiermustern auf Siebdruckbasis herstellt, und bei *Kaross,* einem anderen Frauenprojekt, besticken Shangaan-Frauen hochwertige Tischdecken, Bettwäsche und stellen Mode-Accessoires her. Infos: www.phalaborwa.org.za/arts oder in Ihrer Unterkunft.

Unterkunft

Forever Resort Safari Park Vom Phalaborwa Gate 100 Meter entfernt, mit Felsenpool. 47 Rasenstellplätze für Caravan und Zelt (R250 pro Einheit) sowie

10 schöne, vollausgestattete Zweibett-Zeltchalets (R1200). Henri van Eck Drive, Tel. 015-7817500, www.foreversa.co.za.

Sunbird Lodge Familiengeführtes B&B im südöstlichen Teil der Stadt mit 10 unterschiedlich ausgestatteten Zimmern in großem Garten mit Pool. Wi-Fi, Grillstelle, sicheres Parken. 21 Aalwyn St, Tel. 015-7815559, Cell 072-7561875, www.sunbirdlodge.com. DZ/F R700, Dinner a.A.

Royal Game Guest House Größeres Gästehaus in der Stadtmitte mit 14 Zimmern und Pool. Wi-Fi, AC, Grillstelle. 42 Essenhout St, Tel. 015-7813158, Cell 082-3710189, www.royalgamestay.co.za. DZ/F R700.

La Lechere Guest House Empfehlenswertes und persönlich geführtes Gästehaus in ruhigem Wohnviertel am nördlichen Stadtrand. Die acht Gästezimmer mit eigenen Terrassen sind um den Pool gruppiert. Bootstouren und Game Drives nach vorheriger Reservierung. Pool, Wi-Fi, AC, sicheres Parken. 8 Sysie Ave, Tel. 015-7817510, Cell 072-6053398, www.lalechere.co.za. DZ/F R1050.

Restaurants

Calabash Grill im Sefapane Hotel Fine dining, europäisch-afrikanische Küche, nettes Ambiente und schöne Poolbar. Copper Rd, Tel. 015-7806700.

Buffalo Pub & Grill Salate, Snacks, Pasta, Fleisch- und Fischgerichte, Burger. Guter Service, lockere Atmosphäre. 1 Lekkerbreek St, Tel. 015-7810829.

Hans Merensky Hotel & Spa Für Steinofenpizza an der Poolbar sehr zu empfehlen, außergewöhnliches Interieur von Hotel und Restaurant. 3 Copper Rd, Tel. 015-7813931.

Weigh Bridge Mongolisches Wok-Büfett „Eat as much as you can", nur Mi u. Fr ab 18.30 Uhr. 47 Hardkool St, Tel. 015-7813123.

Romans Pizza Leckere Pizza, auch zum Mitnehmen. Eden Square Mall, Nelson Mandela Rd, Tel. 015-7815389/6799.

Yurok Spur Steakhouse Steaks, Burger, Ribs usw., der einziger Lieferservice im Ort. Eden Square Mall, Nelson Mandela Rd, Tel. 015-7811091.

Von Phalaborwa auf der R40 nach Süden über Mica nach Marulaneng/Hoedspruit

Nun geht es weiter nach Süden in eines der nachstehend aufgeführten Private Game Reserves. Sie sind alle von der R40 erreichbar und als erstes folgen die Einfahrten ins preiswerte *Balule*-Reservat. Hinter Hoedspruit biegt man nach links zu den Reservaten *Klaserie* und *Timbavati* ab, weiter südlich folgt *Sabi Sands* (Infos zu den Reservaten s.S. 218.

Vorab-Tipp: Wer ein Self Catering-Camp in einem Private Game Reserve aufsucht, sollte bereits in der Shopping Mall in Phalaborwa seine Vorräte einkaufen (Hinweisschildern zu Pick n' Pay folgen). Der nächste Ort mit einem Supermarkt ist Hoedspruit, das erst hinter Balule kommt.

Am östlichen Ende von Phalaborwa fahren Sie von der R71 links auf die R40 in Richtung Mica und Marulaneng/Hoedspruit (Phalaborwa – Hoedspruit 75 km).

Etwa 25 km hinter Phalaborwa sieht man auf der linken Straßenseite einen endlosen Zaun. Dies ist die Westgrenze des Krügerparks und die Grenze vom Balule Nature Reserve. Vorsicht, es gibt auf dieser Strecke oft spontane Verkehrskontrollen.

Wer eine Pause einlegen möchte kann kurz hinter Mica, nach der Überquerung des Olifants River, im links gelegenen kleinen Trading Centre „At the Outpost" im *Three Bridges Restaurant* mit Blick auf den Fluss gut und preiswert essen (Mi–So 9–21 Uhr, Di 9–17 Uhr, Tel. 079-9129416).

Danach folgen die einzelnen Balule-Gates. Bei der Einfahrt durch eines der dieser Tore ist eine Conservation fee von R60 pro Fahrzeug zu zahlen.

Marulaneng/Hoedspruit

Diese kleine Stadt ist das wirtschaftliche Zentrum der Umgebung und ist praktisch, wenn man verschiedene Einkäufe zu erledigen hat (wer richtig shoppen möchte, muss nach Nelspruit). Dazu geht es von der R40 hinter dem ersten 4-Way-Stop links ins Pick'n Pay-Centre. Eine SPAR-Mall erreicht man von diesem 4-Way-Stop aus rechts, dann über eine Eisenbahnbrücke und am nächsten 4-Way-Stop wieder rechts.

Wer in Hoedspruit übernachtet, hat viele Ausflugsmöglichkeiten, z.B. kann man in verschiedenen Private Game Reserves in der Umgebung Privatsafaris buchen oder man besucht an der R531 und R527 (s. Panorama-Karte S. 191) die Tierpflegestation **Moholoholo,** die Seidenraupenzucht **Silk Farm,** den **Khamai Reptile Park** (www.khamai.co.za) oder macht vom Ostufer des Blyde Dam eine Schiffstour zu den Tufa-Wasserfällen. Das Orpen Gate zum Krügerpark ist in einer halben Autostunde erreicht. Nett ist auch ein Besuch bei **Jessica the Hippo,** dem wohl berühmtesten Flusspferd Südafrikas.

Das Tier wurde 2000 während der katastrophalen Flut in Mozambique geboren, infolge der Wassermassen von der Mutter getrennt, durch den Olifants- und den Blyde River nach Südafrika getrieben und schließlich von einem Farmer gefunden der es mitnahm und zuhause aufzog. Heute lebt das zahme Tier mit Haushunden zusammen und lässt sich von Besuchern anfassen. Tel. 015-7955249, www.jessicahippo.com, Anfahrt von Hoedspruit über die R527, nach ca. 8 km sehen Sie ein „Essex"-Schild und ein zweites mit „Jessica the Hippo". Dort rechts abbiegen, noch 7 km. Touren Mo–Sa 10–12 u. 15–17 Uhr, So 10–12 Uhr, Eintritt R75.

Unterkunft

Raptor's Lodge im *Raptor's View Wildlife Estate* verfügt über 20 gut ausgestattete Ferienwohnungen/AC und Pool. Hier ergibt sich die Möglichkeit preiswerter zu wohnen und Tages-Safaris in den umliegenden Private Game Reserves zu unternehmen. Die angeschlossenen **Transfrontier Walking Safaris** bieten Tageswanderungen in Rangerbegleitung im Balule Game Reserve. Von Hoedspruit auf die R527 nach Westen, 500 m hinter Wimpy (rechter Hand) ist links der Hinweis auf *Raptor's View Estate,* dort abbiegen und sofort wieder rechts. Tel. 015-7930719, Cell 086-5104989, www.raptors-lodge.co.za, GPS S24°21.628 E30°56.697. FeWo R450 p.P.

Die **African Rock Lodge** befindet sich im *Hoedspruit Wildlife Estate* mit ungefährlichem Wildbestand. Vorhanden: 4 Zimmer/AC mit Wi-Fi, Pool. Selbstverpflegung ist möglich, die holländischen und dt.-spr. Eigentümer Yvonne und Gerard bieten Touren in die Umgebung an. Cell 084-5554875, www.africanrocklodge.co.za. DZ/F R1200–1750, Dinner a.A.

Tipp

Karongwe Game Reserve Ein Geheimtipp ist das *Karongwe Game Reserve,* ein 9000 ha großes Big 5-Reservat an der R36, genau zwischen Hoedspruit und Tzaneen (beide ca. 60 km). Es werden Game Drives und Game Walks angeboten und man ist hier ganz mit der Natur alleine. Unterkunft gibt es in der schönen Indlovu River Lodge in 4 DZ-Chalets/AC und 2 SC-Häusern (6–9 Pers.). Pool, Wi-Fi, dt.-spr. R36, Karongwe Game Reserve, GPS S24°12'08.2" E030°34'39.2". Tel. 015-3839918, Cell 082-8565251, www.irl.co.za. DZ/VP und 2 Safari-Aktivitäten R3000–R3500.

Weiterfahrt von Hoedspruit zum Blyde River Canyon und zur Panoramastraße

Für den Blyde River Canyon und zur Panorama-Straße die R527 in Richtung Lydenburg/Tzaneen nehmen. Unterwegs sieht man in der Ferne die beeindruckende Abrisskante der Mpumalanga-Drakensberge. Nach dem *Strijdom Tunnel* und dem *Abel Erasmus Pass* kurz vor den *Echo Caves* (s.S. 255) nach links auf die R532, die Panorama-Straße, abbiegen. Über Graskop führt sie nach Sabie, Hauptbeschreibung dere Straße s.S. 246.

Weiterfahrt auf der R40 nach Süden / Private Game Lodges

Wer von Hoedspruit nach Timbavati oder zur Motswari Private Game Lodge möchte, biegt ca. 10 km südlich von Hoedspruit von der R40 links in die Argyle Road ab (s. Ausschilderung „Eastgate Airport" und „Timbavati"). Ab der Abzweigung wird nach ca. 18 km das Timbavati-Gate erreicht. Von hier aus geht es auf der Privatstraße weiter, je nach Lodge, kann die weitere Fahrt bis zu einer Stunde dauern. Die Conservation fee für Timbavati beträgt R120 pro Fahrzeug und muss am Timbavati-Gate bezahlt werden.

Zu einer **Klaserie-Lodge** ebenfalls durch das Timbavati Gate fahren und dort angeben, dass man nach Klaserie möchte. Es muss dann kein Eintritt am Gate bezahlt werden. Anschließend scharf links fahren und der Incheni Road zum Incheni Gate folgen. Hier sind dann R60 pro Fahrzeug für Klaserie zu zahlen.

Für **Sabi Sand** gibt es verschiedene Gates, die von uns vorgeschlagene Lodge Inyati ist durch das Newington Gate über Hazyview zu erreichen. Man fährt dazu die R40 weiter in Richtung White River bzw. bis Hazyview. In Hazyview links auf die 536 in Richtung Paul Kruger Gate und Newington Gate/Sabi Sand. Nach ca. 34 km ab dem Abbiegepunkt von der R40 geht es

Panorama-Strasse R 532
0
10 km
© Rkh Verlag Hermann
Tzaneen
R 36
Mica / Phalaborwa / Balule P.G.R.
Hoedspruit/
Marulaneng
Pr. Game Rs.
Timbavati /
Klaserie /
Motswari P.G.R.
R 527
Khamai Reptile Centre
Eastgate Airport
zu Jessica Hippo
Argyle Rd
Kapama Private
Game Reserve
Thorny-
bush
G. R.
Olifants River
R 531
Silk Farm
R 40
Strijdom Tunnel
Blyde R.
Forever Resorts Swadini
mit Bootsableger
Kampersrus
Abel Erasmus Pass
1850 m
Blyderivierspoort
Nature Reserve
Moholoholo
Rehabilitation Center
Echo Caves
Blydepoort Dam
Klaserie
R 532
Three Rondavels
Forever Resorts
Blyde Canyon
Three Rondavels Lookout
Krügerpark
Orpen Gate
Mogaba
Lowveld View
Branddraai
Blyde River
Canyon N.R.
Burgersfort / zur R 37
R 555
More-
mela
Bourke's Luck Potholes
Iketla Lodge
Treur R.
Vaalhoek
Blyderivierspoort
Hiking Trail
Ohrigstad
Blyde River
Berlyn
Falls
Bushbuckridge
Lisbon
Falls
Wonder View
Robbers Pass
1778 m
God's Window
R 533
Pilgrim's
Rest
R 534
The Berg
Krugerspos
The Pinnacle
Gqweta
Graskop
Mount Sheba
Ohrigstad N.R.
Forest Falls
Kowyn Pass
Krügerpark
Paul Kruger
Gate/Skukuza
Mount
Sheba N.R.
R 535
Shangana
Cultural
Village
Mac-Mac Falls
Mac-MacRiv.
Mac-Mac Pools
Sabie Valley Coffee
Text-
Beschreibung
R 37
Sabie River
Hazyview
Gustav Klingbiel N.R.
Perry's Bridge
Trading Post
R 536
Mount Anderson
2284 m
Bridal Veil
Falls
Sabie Falls
Lydenburg /
Mashishing
R 577
R 538
R 540
Lone Creek
Falls
Sabie (1120 m)
Old Lydenburg Rd
Horseshoe Falls
R 569
Long Tom Pass
2150 m
Devil's Knuckles
Krügerpark
Numbi Gate
P.G.R. Sabi Sabi
Long Tom Cannon
R 537
Hendriksdal
Schneider's Guest House
Rosehaugh
Glory Hill Lodge
Casterbridge Lifestyle Centre
Klipskool
Makobulaan N.R.
Sudwala Caves u.
Dinosaur Park
White River
Sudwala Pass
Nelspruit River
Seringa Lodge
Thokozani Lodge
R 539
Kwena Dam
Plaston
Kruger Mpuml.-Int.
Airport (KMIA)
Jatinga Rd
Umgwenya /
Crocodile Rv.
N4
Crocodile River
N4-Nord
N4 Krügerpark
Malalane Gate
Komatiepoort
Dullstroom /
Belfast
Schoemanskloof
Montrose
Mbombela/
Nelspruit
Karino
Machadodorp /
Waterval-Boven
Montrose Falls
N4-Süd

1

von der R536 nach links in Richtung Newington Gate/Sabi Sand. Am Gate muss eine *Conservation fee* von R190 pro Auto und R50 pro Insasse entrichtet werden.

Eine ganz genaue Anfahrtsbeschreibung erhalten Sie mit der Buchung Ihrer Lodge. Dabei sollten Sie bei Ihrer Tagesroutenplanung darauf achten, wie weit die gebuchte Lodge von der Hauptstraße entfernt ist. Die Fahrt durch das Privatgebiet kann mitunter auch noch mindestens eine Stunde Fahrzeit kosten.

Bei Bushbuckridge gabelt sich die Straße, die R533 führt auf 40 km – an ihrem Ende in vielen Kehren – nach Graskop hinauf (s.S. 249), die R40 nach Süden nach Hazyview.

Hazyview

Kurz vor Hazyview zweigt von der R40 die R535 ab, die gleichfalls nach Graskop führt. Nach ca. 3 km liegt rechts das Shangaan-Schaudorf **Shangana Culture Village,** das täglich verschiedene Touren bietet, alle Infos auf www.shangana.co.za, Tel. 013-7375804/5. Angeschlossen ist der *Marula Market,* ein Kunsthandwerksmarkt.

Hazyview liegt an den Ausläufern der Drakensberge und wurde erst 1959 mit dem Bau eines Postamtes gegründet, in der Zeit, als die Selati-Eisenbahn um den Krügerpark herumgeleitet wurde. Der Name stammt von dem leichten Dunst, der in den Sommermonaten über dem niedrigen Busch liegt. Es ist eine kleine Farmstadt, die für ihre Bananenplantagen bekannt ist.

Hier im Ort und in der Umgebung konzentriert sich der Tourismus des südlichen Krügerparks und es gibt auch sonst noch einiges zu sehen. Unterkünfte aller Preisklassen sind reichlich vorhanden. Sehr schön gelegene Häuser findet man im westlichen Vorort Kiepersol und an der R536-Straße nach Sabie in den Bergen.

Perry's Bridge Trading Post

An der Straßenabzweigung R536 (Sabie Road) von der R40 befindet sich **Perry's Bridge Trading Post,** eine ehemalige Zitrusplantage, die in ein Touristenzentrum mit Restaurants, Shops, Hotels und einer Touristen-Info umgewandelt wurde, www.perrysbridge.co.za. Einkaufen kann man in etlichen Geschäften mit diversem Angebot, eine belgische Bäckerei verkauft frische Backwaren. Auf der hinteren Seite des Komplexes befindet sich das Schuhgeschäft *Tsonga* mit südafrikanischen Lederschuhen, und im **Reptile Park** kann man in 42 Gehegen u.a. die giftigsten Schlangen Südafrikas sehen, ebenso Würgeschlangen, Krokodile, Schildkröten und Eidechsen, www.snakesuncovered.com. Tägl. 10–17 Uhr, Schlangenshows tägl. 11 u. 15 Uhr (ca. 45 Min.), Krokodilfütterung So 14 Uhr, Tel. 013-7377680, Cell 087-1504929. R75 p.P.

Reise-Infos Perry's Bridge Trading Post

Elefanten-Interaktionen

Hier können Sie Elefanten hautnah erleben, füttern, streicheln, reiten oder mit dem Elefant am Rüssel laufen. Vorher gibt es eine Einführung über das Leben von Elefanten. Für diejenigen, die Tiere mögen, ein „must", da so etwas in Europa undenkbar ist. Es gibt zwei Unternehmen mit unterschiedlichen Vorführungen und Preisen. Beide sind in Hazyview, eine Voranmeldung ist nötig.

Schlaue Elefanten hautnah kennenlernen

Elephant Whispers Anfahrt von Norden auf der R40; kurz vor der T-Junction mit der R536 auf der rechten Seite. Das Hippo Hollow Hotel ist in der Nähe. Tel. 013-7377876, www.elephantwhispers.co.za. Mo–So 8–17 Uhr.

Elephant Sanctuary Auf die R536 Richtung Sabie fahren, nach 5 km kommt links die Einfahrt beim Hotel Casa do Sol, dort am Hotel vorbei und dem Kiesweg folgen. Tel. 013-7376609, www.elephantsanctuary.co.za, Mo–So 8–17 Uhr. Wer den Besuch hier nicht mehr schafft, kann in *The Crags* bei Plettenberg Bay die Filiale besuchen.

Safaris mit Kurt Safari Co Kurt Safari bietet Krügerparksafaris nach Wunsch, nämlich Tages- und Mehrtagestouren, Einzel- oder Gruppensafaris oder Touren in offenen Geländewagen. Er hat auch deutsche Touren im Programm, diese müssen einige Tage vorgebucht werden. Infos auf www.kurtsafari.com, Tel. 082-3982782.

Shangana Culture Village s.o., an der Straße R535 nach Graskop.

Entlang der Sabie Road R536

2 km in Richtung Sabie befindet sich **Skyway Trails Zip-slide/Foefie-slide,** das längste Luftseil Südafrikas mit 1,2 km Länge, an dem man in Begleitung mit qualifizierten Guides über den Wäldern am Sabie River von Plattform zu Plattform gleitet. Der Abstand der 10 Plattformen untereinander variiert von 70 bis 230 Meter. Höchstgewicht pro Person 120 kg. Abschwingen täglich 8.30 u. 12.30 Uhr, Dauer 2–3 Stunden, je nach Gruppengröße. Kinder ab 10 Jahren ohne Begleitung erlaubt. Einfahrt rechts bei der Gecko Lodge und Bush Packers. Preis R480.

Sabie Valley Coffee Shop

Nach 10 Kilometern liegt rechts der **Sabie Valley Coffee Shop** mit eigener Kaffeerösterei und angeschlossenem Souvenirshop. Vom Kaffeehaus in Gartenlage mit Terrasse hat man einen schönen Blick auf die drei Flüsse Sabie, Sabaan und Mac-Mac. Außerdem Frühstück, Lunch und Kuchen am Nachmittag. Mo–Sa 8.30–17 Uhr, So geschlossen. Kaffeerösterei-Tour mittwochs 14 Uhr nach vorheriger Anmeldung. Tel. 013-7378169, Cell 082-7513400, www.sabievalleycoffee.com.

Unterkunft Hazyview und Umgebung

Bushman's Hide away Drei komplett eingerichtete Ferienhäuser für 2 bis 10 Personen außerhalb von Hazyview mit unterschiedlicher Ausstattung, auch für Familien gut geeignet. 3 FeWo, dt.-spr. Cell 083-3374835, www.bushmanshideaways.co.za. 2 Pers. ab R400.

Hotel Numbi & Garden Suites Eigentümergeführtes Hotel im Rendezvous Centre an der Main Street mit drei Restaurants und einer Boma für warme Sommerabende. 47 Zimmer/Suiten/AC, behindertengerecht, Pool, Wi-Fi, dt.-spr. Auch 36 schattige Zelt- und Caravanplätze. R40, Tel. 013-7377301, www.hotelnumbi.co.za. DZ/F R1050–1540.

Rissington Inn Elegantes Gästehaus mit großzügigen Zimmern und gutem à la carte-Restaurant an der R40, 1 km in Richtung White River. 16 Zimmer/AC, behindertengerecht, Pool, Wi-Fi, Game Drive, dt.-spr. Main Rd, Tel. 013-7377700, www.rissington.co.za. DZ/F R1000–1980.

Thulamela Bed & Breakfast Sechs hübsche Blockhäuser/AC sind auf dem Gelände verstreut, alle mit eigenem Terrassen-Whirlpool. R40 Richtung White River, Farm 48 De Rust, GPS S25°03'44.64" E31°07'11.46", Tel. 013-7377171, Cell 082-4548278, www.thulamela.co.za. DZ/F R1360.

Haus Kopatsch Deutsches Gästehaus mit Aussicht und schönem Pool, 12 km südwestlich von Hazyview. 3 Zimmer und 1 FeWo mit 2 Schlafzimmern, Wi-Fi. Kiepersol, Emmet E6, Tel. 013-7378257, www.hauskopatsch.co.za. DZ/F R850–1100, Dinner a.A.

Gecko Lodge Schönes und ruhig gelegenes Gästehaus auf einer 35 ha großen Farm, dt.-spr. Restaurant, 23 Zimmer Pool, Wellness, Wi-Fi. Sabie Rd (R536), Tel. 013-5901020, Cell 082-7215830, www.geckolodge.co.za. DZ/F R940–1275, Lunch/Dinner a.A.

Cuckoo Ridge B&B Am Ende einer Stichstraße gelegenes schönes B&B/SC mit Ausblick. 4 großzügige Zimmer/AC, Pool, BBQ. Sabie Rd (R536), Tel. 013-7378261, Cell 072-4301934, www.cuckooridge.co.za. DZ/F R1100.

The Windmill Wine Shop & Cottages Hübsche Cottages auf 22 ha Buschland mit schönem Ausblick, Wein-Shop, BMW-Motorrad-Akademie, dt.-spr. 6 versch. Cottages/AC für 2–8 Pers. Sabie Rd (R536), Tel. 013-7378175, Cell 082-9306289, www.thewindmill.co.za. FeWo R780–1300, Frühstück/Lunch a.A.

Böhm's Zederberg Alteingesessenes deutsches Gästehaus auf großzügigem Areal mit geräumigen Zimmern und Ausblick. 10 Chalets/AC, behindertengerecht, Pool, Wi-Fi. Sabie Rd (R536), Tel. 013-7378101, Cell 082-5765231, www.bohms.co.za. DZ/F R885–1680, Dinner a.A.

Timamoon Lodge Diese exklusive Lodge hoch oben in den Bergen ist etwas Besonderes und ideal für den Honeymoon. Die Gästevillen liegen alle ganz für sich, mit eigenem Pool, zusätzlichem Bett im Garten und großen Bädern mit Aussicht. Das Restaurant im Bali-Stil wird abends nur durch Kerzen erhellt. 6 Zimmer, Wellness, Game Drive. Sabie Road (R536), Tel. 013-7671740,

Cell 082-6766004, www.timamoonlodge.co.za. DZ Dinner+Ü/F R3800–6200, Lunch a.A.

Restaurants

Pioneer's Butcher & Grill Sehr gutes Restaurant im Hotel Numbi mit cooler Einrichtung und ein paar Tischen im Innenhof vom *Rendezvous Centre*. Empfehlenswert sind Steaks und Fleischgerichte, Suppen, Salate und Weine. Lunch 12–15 Uhr, Dinner 18–21 Uhr. *Tides Seafood Diner* ist ebenfalls im Hotel Numbi. Rendezvous Centre, R40, Main St, Tel. 013-7377397, www.pioneers-butchergrill.co.za.

Kruger Park Lodge Gutes à la carte-Restaurant an der R536 in Richtung Paul Kruger Gate. An der Pick-n-Pay-Mall vorbei, nach 200 Metern auf der linken Seite. Tel. 013-7375997, Portia Shabangu Road (früher Paul Kruger Gate Road).

Rissington Inn Bar & Restaurant Empfehlenswertes à la carte-Restaurant im Rissington Inn Hotel an der R40 in Richtung White River, auch vegetarische Gerichte. Anfahrt siehe Hotelbeschreibung. Cell 082-3276842, www.rissington.co.za.

Restaurants in Perry's Bridge Ecke R40/R536 Sabie Road: *Kuka Cocktail Bar*, leckere Cocktails, leider etwas teurer. Man sitzt draußen auf einer Terrasse. *Pappas Pizza* mit guter Auswahl an Pizzen, serviert auf der Außenterrasse. Le Patissier – *Belgium Bakery* mit einer super Auswahl an Kuchen und frisch gebackenem Brot oder Brötchen. Sitzgelegenheit oder zum Mitnehmen (dienstags geschlossen).

Hazyview Cold Storage and Biltong Shop Gute Auswahl an frisch aufgeschnittenem Biltong aus Rind und im Winter auch vom Wild. R40 Richtung White River, ca. 6 km außerhalb von Hazyview auf der rechten Seite.

White River

White River liegt ca. 35 km südlich von Hazyview und ist von dort auf der R40 als auch über die kürzere R538 zu erreichen. Ein ruhiger Urlaubsort und Zentrum der umliegenden Farmen, die Früchte, Gemüse, Blumen und Nutzholz anbauen. Die großzügig angelegte 10.000-Einwohner-Stadt liegt auf 950 Meter Höhe und hat auch im Sommer ein angenehmes Klima. Der *Kruger Mpumalanga International Airport* befindet sich südöstlich des Ortes und zum Numbi Gate am Krügerpark sind es 33 km.

Das **Casterbridge Lifestyle Centre** nördlich von White River ist eine ehemalige Mangofarm, die zu einem Unterhaltungs- und Einkaufszentrum mit einer Tourist-Info umgestaltet wurde. Gebäude in toskanischem oder viktorianischem Stil haben sonnige Innenhöfe und es wachsen Mango-, Feigen- und Jacarandabäume. Es gibt Restaurants, Cafés und über 35 Geschäfte mit Möbeln, Kleidung, Kunstgewerbe und anderen Dingen mehr. In einer ehemaligen Scheune werden Kino- und Theateraufführungen geboten. Das *White River Museum* zeigt Exponate aus der Gründerzeit des Krügerparks und seiner Umgebung, und das *Vintage Car Museum* eine Sammlung von Oldtimern. Lage beim Straßendreieck R40 Nord/R538, Tel. 013-7511540, www.casterbridge.co.za.

Die kleine Shopping Mall **Kraal Kraft and Village** befindet sich ca. 5 km außerhalb in Richtung Nelspruit, man findet dort eine große Auswahl an afrikanischen Kunstgewerbeartikeln.

Der 18 Loch-Golfplatz **White River Golfplatz** liegt am Ufer des White River. Tel. 013-7513781, www.whiterivercountryclub.co.za.

Tourist-Info: Lowveld Tourism, Casterbridge Lifestyle Centre, Tel. 013-7551073, 9–16 Uhr.

Unterkunft White River und Umgebung

Benmari Caravan Park Die Anlage verfügt über schattige Stellplätze mit Elektrizität, Gemeinschaftsküche und Pool. Burger St, Tel. 013-7502007, Cell 082-9248153, www.benmari.co.za.

Thokozani Lodge Diese preiswerte Lodge mit deutschen Eigentümern befindet sich sechs Kilometer südöstlich von White River. Vier Zimmer und 4 Self Catering-Cottages befinden sich in einem tropischen Garten. Pool, Wi-Fi und barrierefrei. Anfahrt R40 Nord – R538 Richtung Plaston. Nach dem 2. Bahnübergang den 1. Abzweig rechts nehmen (Jatinga), noch 1,5 km auf einer Piste, erstes Grundstück rechts. 103 Jatinga Rd, Cell 084-8722966 u. 072-7312579, www.thokozanilodge.com. DZ 460–700, Dinner u. Frühstück a.A.

Glory Hill Die Lodge wurde seinerzeit von Sir Herbert Baker, der u.a. die Union Buildings in Pretoria entwarf, für einen Bergwerksmagnaten als Sommerfrische gebaut. Das Haus mit 5 Zimmern und Pool befindet sich oberhalb von White River und man hat einen weiten Blick über das Land. Anfahrt R40 Nord, danach auf die R538, das Haus liegt auf der rechten Seite. Tel. 013-7513217, Cell 083-2598571, www.gloryhill.co.za. DZ/F R710, Dinner a.A.

Bali Biasa Das 3 km östlich von White River an der R538 gelegene Gästehaus befindet sich in einer großzügigen Gartenanlage. 7 Zimmer/AC, auch SC möglich, Pool, BBQ. Chief Mgiyeni Khumalo Drive, Tel. 013-7513516, Cell 076-5466093, www.balibiasa.co.za. DZ/F R790–840.

Seringa Lodge Dieses gemütliche, ehemalige Farmhaus mit Pool und Wi-Fi befindet sich im östlichen Außenbereich von White River und bietet 8 renovierte Zimmer im alten Farmhaus und in neuen Gartencottages. Gastgeberin Cecilia ist eine gute Köchin. Anfahrt R40 Nord – R538 Richtung Kruger Mpumalanga Airport. An einem 3-Way-Stop links, dann wieder rechts und noch 3,5 km. 33 Yaverlang, Tel. 013-7501320, Cell 083-5120638, www.seringalodge.com. GPS S25°19'29.3" E031°03'01.0". DZ/F R900, Dinner a.A.

Restaurants White River

Oliver's Restaurant Fine Dining, mediterrane und internationale Küche, gemütlicher Kamin im Winter und luftige Terrasse im Sommer. Pine Lake Drive, Tel. 013-7515059, www.olivers.co.za.

Jatinga Restaurant Fine Dining mit italienischer Küche in schönem Ambiente. Weinkeller und Weinproben. Tägl. 7.30–21.30 Uhr. Tel. 013-7515059, www.jatinga.co.za.

Taverna Portugesa Feine portugiesische Küche im Casterbridge Lifestyle Centre. Mo–Sa Frühstück, Lunch, Dinner, So nur Frühstück u. Dinner. Beim Straßendreieck R40 Nord/R538, Tel. 013-7502302.

Nelspruit

Nach 23 km auf der R40 ist Nelspruit erreicht. Die 1905 gegründete Stadt liegt 660 Meter hoch und hat als Zentrum der **Municipalidad Mbombela** mit ihren umliegenden Orten etwa 240.000 Einwohner. Seinen Namen verdankt sie der Burenfamilie Nel, die hier an einem Bach einst ihr Vieh weiden ließ.

Mpumalangas Hauptstadt liegt im fruchtbaren *Crocodile River Valley* und entwickelte sich trotz seiner Randlage großflächig zu einem bedeutenden regionalen Handelszentrum, auch für das naheliegende Mozambique und Swaziland. Zu ihrem Wohlstand trägt neben der Eisenbahnlinie Johannesburg – Maputo außerdem der sogenannte „Maputo Korridor“ bei, die Autobahn N4 zum Hafen von Maputo, den immer mehr südafrikanische Speditionen dem meist verstopften Hafen von Durban in KwaZulu-Natal vorziehen. Knapp 30 km nordöstlich befindet sich der internationale **Flughafen KMIA** (Kruger Mpumalanga International Airport, www.mceglobal.net).

Das Klima hier im Lowveld ist subtropisch und die Sommertemperaturen liegen immer um 30 Grad, während im Winter tagsüber angenehme 25 Grad herrschen und es nachts sehr abkühlen kann.

Nelspruit ist übersichtlich angelegt mit breiten Boulevards und einer guten touristischen Infrastruktur. Ost-West-Hauptstraße ist die N4, der **Samora Machel Drive.** An ihm befindet sich nach Westen stadtauswärts die **I'langa** Mall mit über 100 Geschäften und Restaurants (Mo–Fr 9–18 Uhr, Sa 9–17 Uhr, So 9–15 Uhr; Eingang Ecke Flamboyant/Bitterbessie Sts, www.ilangamall.co.za). Empfehlenswertes Restaurant in der Mall ist das *ZEST* mit schöner Terrasse, auch vegetarische Gerichte, sonntags nur Lunch, Tel. 013-7422217.

5 km nördlich des Zentrums befindet an der R40 die schöne **Riverside Mall,** das größte Einkaufszentrum der näheren und weiteren Umgebung (wenn Sie von Norden auf der R40 einfahren, beim Hinweisschild links abbiegen).

Auf der R40 Einfahrt nach Nelspruit

Östlich und nicht weit von der **Riverside Mall** bzw. ca. 2 km nördlich des Zentrums und gleichfalls über die R40 erreichbar befindet sich der 150 ha große **Lowveld National Botanical Gardens** (tägl. 8–18 Uhr, R22, Infos über www.sanbi.org).

Das zur WM-2010 erbaute imposante Mbombela-Fußballstadion mit seinen Giraffenhälsen nachempfundenen Stützpfeilern liegt westlich außerhalb nahe der N4.

Reise-Infos Nelspruit

Information Lowveld Tourism, Ecke Madhiba/Samora Machel in der Nelspruit Crossing Mall, Tel. 013-7551988, www.lowveld.info

Restaurants An der Ecke der Straßen Ferreira/Van der Merwe ist **Jock & Java,** ein schönes Restaurant im Safari-Stil mit tropischem Innengarten, altem Baumbestand und Parkplätzen. Mi und Fr abends Live-Musik, So abends geschlossen, Tel.

013-7554969, www.jockandjava.co.za. **Stoep** ist ein beliebter Coffee Shop, ebenfalls mit Live-Musik und gutem Kuchenangebot, Ecke Madiba Drive (R40)/Piet Retief St, So geschl.

Krankenhaus *Nelmed Medicross Medical Centre,* 38 Nel St/Rothery St (nahe „Civic Centre", s. Stadtplan), Tel. 013-7555000, www.nelmed.co.za. Private Klinik mit verschiedenen Fachärzten, sehr kompetent, dt.-spr. Allgemeinärztin Sabine Stubken, Tel. Von N4 den Schildern Ri. „Civic Centre" folgen.

Unterkunft in und um Nelspruit

Lake View Lodge & Caravan Park Etwa 100 Camping-, Caravanplätze und Chalets (ab R200 p.P.) neben einem Naturreservat mit Restaurant und Pool, z.T. schattige Rasenplätze. Von der N4 4 km in Richtung Kaapsehoop. Tel. 013-7414312, Cell 071-3527458, www.lakeviewlodge.co.za.

Nature's Gate Camping & Chalets Liegt an der N4, von Westen ca. 10 km vor Nelspruit, Ausfahrt Burnside (vom CBD n. N4 n. Westen: 6 km nach „Hall's Fresh Products & Shell Garage" links in die Burnside Rd). Schönes Gelände an einem Bach (mit Affen), Rasenplätze mit Strom und Braaiplatz unter großen Akazien, gepflegte sanitäre Anlagen, Restaurant und Bar, Pool. Tel. 013-7556173, www.naturesgate.co.za. Camping 2 Pers/Kfz R200, Chalets mit Veranda R220 p.P.

Haus Schmidt Guest Lodge Deutsches Gästehaus in ruhigem Wohnviertel mit fünf Gästezimmern in Gartenanlage mit schönem Pool. Mathias ist ausgebildeter Ranger und bietet ganz persönliche Krügerpark-Touren nur für Hausgäste. 21 von Braun St, Tel. 013-7449984, www.haus-schmidt-in-afrika.com. DZ/F R780.

Jörn's Gästehaus Dieses deutsche Gästehaus mit zehn geschmackvollen Zimmern/Suiten AC und schönem Pool befindet sich in einem tropischen Garten und hat Ausblick auf die umliegenden Berge und die Stadt Nelspruit. Das Grundstück befindet sich in einem Naturschutzgebiet und liegt in der Nähe vom Golfplatz. Restaurants in Gehweite. 62 Hunter St, Tel. 013-7441894, www.jorns.co.za. DZ/F ab R960–1600.

Krügerpark Süd

Von Nelspruit führt die N4 nach Osten in Richtung Mozambique, Grenzübergang Komatipoort/Ressano Garcia. Krügerpark-Einfahrten sind *Malalane Gate* und *Crocodile Bridge,* 12 km nordwestlich von Komatipoort. Listung der Rest Camps im südlichen Krügerpark s.S. 216.

Unterkünfte bei Malalane Bei Malalane gibt es den traumhaft gelegenen 18 Loch-Golfplatz, das **Leopard Creek Private Golf Estate,** www.leopardcreek.co.za. Man kann als Besucher allerdings nur rein, wenn man in einer der zum Verbund gehörenden Luxus-Lodges wohnt. Eine davon ist die in der Nähe befindliche, mehrfach ausgezeichnete **Buhala Game Lodge,** 12 km hinter Malalane. Sie liegt am Ufer des Crocodile River, der Grenze des Krügerparks, und man kann bequem von der Terrasse aus die Tiere auf der anderen Flussseite beobachten. Von der N4 aus der Ausschilderung folgen.

Preiswerter wohnt man in den **Mhlati Guest Cottages,** nur 2 km vom Malalane Gate entfernt, 5 Gästezimmer und Pool. Restaurants und Geschäfte befinden sich im Umkreis von einem Kilometer. 206 Tambotie St, Tel. 013-7903436, Cell

084-6221600, www.mhlati.co.za. Von der N4 auf die R570 zum Malalane Gate, nach 2 km rechts zur Sugar Mill, dann wieder rechts in das Sugar Mill Village. Ab hier ausgeschildert.

Unterkünfte bei Komatipoort

Wer über das Gate *Crocodile Bridge* nordwestlich von Komatipoort in den Krügerpark möchte, findet schöne Unterkunft im **Buckler's Africa.** Die große Anlage befindet sich direkt am Crocodile River, der Grenze zum Krügerpark. Geboten werden geschmackvolle B&B-Zimmer/AC und verschieden große Ferienwohnungen sowie Pool und Touren. N4 Ausfahrt Crocodile Bridge Gate, auf der R571 durch Komatipoort, nach 6 km links in eine breite Schotterpiste, dann noch 3,5 km. Cell 084-4000703, www.bucklersafrica.co.za. DZ/F 970, FeWo R930–2920.

Preiswerter ist die **Trees Too Guest Lodge,** 8 km vom Parktor entfernt. 8 Zimmer/AC, Pool, Restaurant. N4, Ausfahrt Komatipoort, fast durch den ganzen Ort bis zum Tambarina-Restaurant auf der rechten Seite. Dann die 2. Straße rechts in die Gilfillan Lane (Tree-Two-Schild), dann die nächste Straße rechts. Furley St 9–11, Tel. 013-7938262, www.treestoo.com. DZ/F R670–800.

Komatipoort

Ein nettes, doch ziemlich verschlafenes und im Sommer sehr heißes Städtchen mit Flamboyant-Allee, allen Versorgungsmöglichkeiten und diversen B&B-Unterkünften. Moderne Mall mit SPAR-Supermarkt an der Stadteinfahrt von W auf der rechten Seite.

Einen **Caravan Park** gibt es kurz vor Stadt und SPAR, gleichfalls rechts, unterhalb der Straße (Risik Street). Rasen, Akazien und Marula-Bäume, kleiner schöner Pool, ordentlich, am Wochenende hauptsächlich von Tagesbesuchern zum Baden frequentiert, R25 p.P. plus 100 R/Site mit Strom für Camping. Kleiner, schon recht angeschlagener Sanitärblock.

Kruger View Backpackers, im „Villenviertel" von Komatipoort in der Bosbok St 61 (hinter SPAR rechts, dann 4. Straße links). Riedgedecktes Haus mit hübschem Hofgarten, gemütliches Interieur mit DVDs und Büchertausch, gepflegt und grün. Tel. 073-4459665, www.krugerview.com. DZ ab R425.

Weiterfahrt nach KwaZulu-Natal

Für die Weiterfahrt von Nelspruit nach KwaZulu-Natal haben Sie zwei Möglichkeiten:

1.) Von Nelspruit auf der R40 weiter durch Südafrika in Richtung Barberton und weiter nach KwaZulu-Natal. Das ist unsere **Reiseroute 2b,** Anschluss s.S. 258.

2.) **Durch Swaziland** nach KwaZulu-Natal. Dazu auf der N4 bis hinter Malalane fahren und auf der R570 nach Süden zum Grenzübergang Jeppe's Reef/Matsamo. Das ist unsere Reiseroute 2a, Anschluss s.S. 290.

Alternativ können Sie auf der N4 weiterfahren bis hinter Komatipoort und danach auf der R571 nach Süden zum Swazi-Grenzübergang **Mananga** (ca. 60 km, s.S. 307).

Weiterflug ans Kap

Wer seine Reise in Port Elizabeth oder Kapstadt fortführen möchte kann nun entweder vom Kruger Mpumalanga International Airport dorthin fliegen oder in beide Städte auch den Fernreise- und Schlafwagenzug Shosholoza Meyl nehmen (s.S. 46). Der Zug fährt ab Komatipoort via Johannesburg. Infos auf www.southafricanrailways.co.za.

Kruger National Park

Von den Anfängen bis heute

1898 wurde unter Präsident **Paul Kruger,** einem begeisterten Großwildjäger, das erste Schutzgebiet eingerichtet, und zwar das 2500 km^2 große *Sabie Game Reserve* zwischen Sabie- und Crocodile River. 1903 folgte das 5000 km^2 große *Shingwedzi Game Reserve* zwischen Limpopo- und Letaba River. Naturschutzideen, wie man sie heute kennt, waren damals noch unbekannt. Hintergrund dieser Reservate war lediglich die Tatsache, dass die Wildbestände zu der Zeit drastisch zurückgegangen waren und sich die jagdbaren Tierbestände in diesen Schongebieten erholen sollten.

James Stevenson Hamilton war der eigentliche Vater des Krügerparks, er kämpfte unermüdlich für die Idee eines Nationalparks. Der Schotte wurde 1902 erster Wildwart im *Sabie Wildtuin* („Wildgarten"), legte Brunnen an und bekämpfte erbittert die grassierende Wilderei. 1926 hatte er es endlich geschafft. Die beiden Schutzgebiete und einige weitere kleine Flächen wurden zusammengelegt und der Nationalpark entstand.

Krügerpark-Tiere im Gänsemarsch

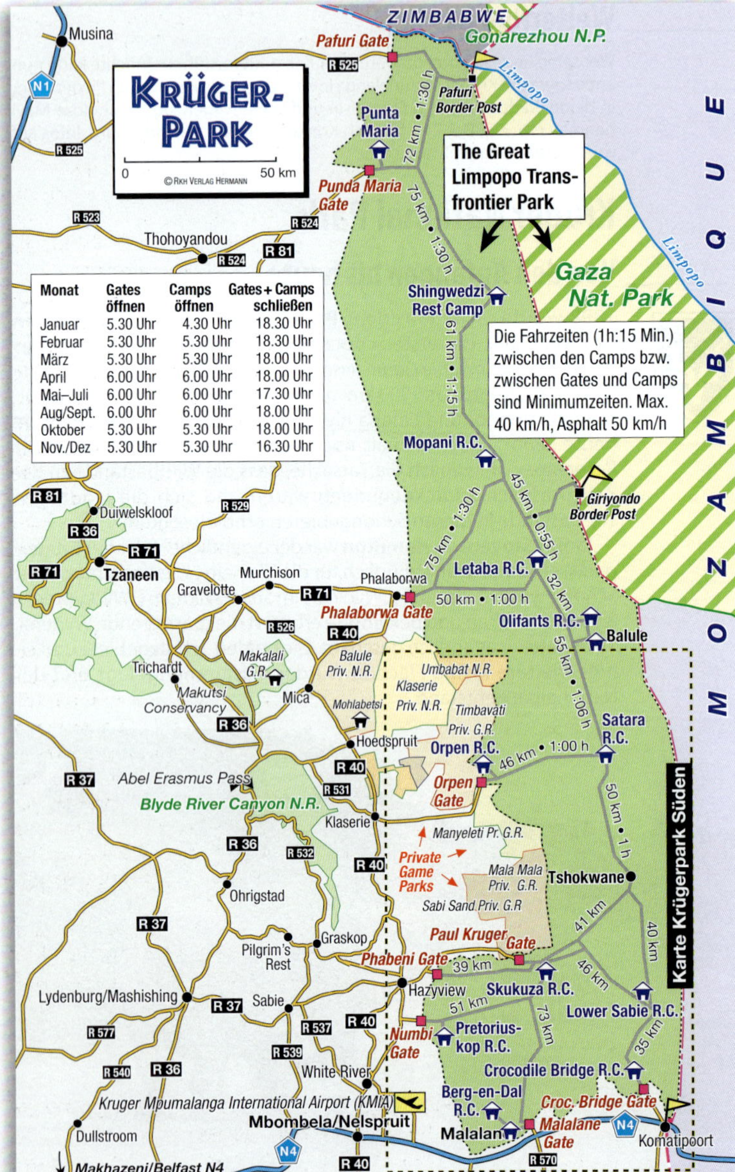

Monat	Gates öffnen	Camps öffnen	Gates + Camps schließen
Januar	5.30 Uhr	4.30 Uhr	18.30 Uhr
Februar	5.30 Uhr	5.30 Uhr	18.30 Uhr
März	5.30 Uhr	5.30 Uhr	18.00 Uhr
April	6.00 Uhr	6.00 Uhr	18.00 Uhr
Mai–Juli	6.00 Uhr	6.00 Uhr	17.30 Uhr
Aug/Sept.	6.00 Uhr	6.00 Uhr	18.00 Uhr
Oktober	5.30 Uhr	5.30 Uhr	18.00 Uhr
Nov./Dez	5.30 Uhr	5.30 Uhr	16.30 Uhr

Als Stevenson Hamilton seine Arbeit im Park begann, fand er kaum noch Tiere vor, fast alles war abgeschossen worden. Dank ihm und seinen Nachfolgern haben sich die **Big Five** bis heute gut erholt. Unter dem Begriff „Big Five" fasste man die zu damaliger Zeit begehrtesten Jagdtiere zusammen: Löwe, Leopard, Büffel, Nashorn und Elefant. Heute leben im Krügerpark 1500 Löwen, 1000 Leoparden, 12.000 Elefanten, 2500 Büffel und 5000 Breit- und Spitzmaulnashörner.

Der Kruger National Park hat zur Zeit eine Größe von 20.000 Quadratkilometern, was dem Bundesland Rheinland-Pfalz entspricht. Der Park ist 380 km lang und im Durchschnitt etwa 60 km breit und grenzt im Norden an Zimbabwe, im Osten an Mozambique und im Süden endet er kurz vor der Autobahn N4 im sogenannten „Maputo-Korridor". Die Westseite des Parks grenzt in der oberen Hälfte an Privatland, südlich vom Phalaborwa Gate schließen sich **Private Game Reserves** an. Das sind private Wildgebiete, von denen die meisten ohne einen Grenzzaun an den KNP grenzen. Das bedeutet, dass das Wild ungehindert zwischen staatlichem Park und privatem Areal wandern kann und so einen viel größeren Aktionsradius hat.

Die Entwicklung des Parks geht aber noch weiter. Am 9.12.2002 unterzeichneten die Staaten Südafrika, Zimbabwe und Mozambique die Gründung des **Great Limpopo Transfrontier Park** mit dem Zusammenschluss von drei sich berührenden Nationalparks: *Kruger National Park, Limpopo National* Park (Mozambique) und *Gonarezhou National Park* (Zimbabwe). So haben die Tiere ein Areal von 35.000 km^2 zur Verfügung, was der Größe von Baden Württemberg oder der Niederlande entspricht. 2006 wurde im KNP der Giriyondo-Grenzposten nach Mozambique eröffnet, der immer noch der Hauptübergang innerhalb des gemeinsamen Parks ist. Der Grenzübertritt funktioniert hier schnell und problemlos, doch hohe Visa-Gebühren (wenn Sie weiter nach Mozambique hineinfahren möchten, müssen Sie die Versicherung für Ihr Auto in der Stadt Chokwé außerhalb des Parks erledigen. Genaue Routenbeschreibung auf www.tfpd.co.za/blog).

Weiter gibt es im Norden noch den Pafuri-Grenzposten und das Mapai-Tor als Hauptübergang von Mozambique aus. Deutsche, Österreicher und Schweizer benötigen für Mozambique ein Touristenvisum, das man der Grenze bekommt.

Als Zukunftsvision dieses sog. „Peace-Parks" wird angestrebt, das länderübergreifende Gebiet auf 100.000 km^2 auszudehnen und so das weltgrößte *Animal Kingdom* zu schaffen. Weitere Infos auf www.peaceparks.org/tfca.php?pid=19&mid=1005

Reisen im Krüger National Park

Den KNP und andere Wildparks kann man am besten mit dem Begriff „Zoo verkehrt" beschreiben: Die Tiere laufen frei herum und die Menschen sitzen in ihren (Auto)käfigen. Es ist streng verboten, außerhalb der für diesen Zweck angelegten Plätze das Auto zu verlassen

Leopard auf der Pirsch

– auch nicht zum Fotografieren, und wer erwischt wird, zahlt ein saftiges Bußgeld. Autos kennen die Parktiere von Kindheit an, sie stören sich nicht daran, aber ein sichtbarer Mensch passt ins Feind- oder Beuteschema und das kann gefährlich werden.

Kaufen Sie sich am Gate oder in einem Shop die Krüger-Nationalpark-Karte. Es gibt sie auch in Deutsch. Wenn man sich eine Fahrstrecke aussucht, sollte man immer darauf achten, dass man am Wasser vorbeikommt, d.h. an einem Fluss, einem Stausee *(dam)* oder den ebenfalls in der Karte eingezeichneten Wasserlöchern.

Für Erstbesucher ist der Park sehr spannend. Am Anfang wird für jedes Impala begeistert angehalten und mindestens zwanzig Fotos davon gemacht. Dann kommt die erste Giraffe und man ist beeindruckt von der Größe der Tiere, wenn man ihnen gegenübersteht. Und dann schwankt plötzlich ein Gebüsch neben der Straße und ein Elefant taucht auf – und noch einer – und noch drei ... dann ist man erst mal sprachlos, weil sie so nahe sind.

Elefanten haben immer Vorfahrt, und wenn man mit dem Auto einfach ruhig stehenbleibt und wartet, bis sie vorübergezogen sind, kann nichts passieren. Bei Elefanten sollte man, im Gegensatz zu anderen Tierbeobachtungen, jedoch nicht den Motor ausschalten. Übermütige Jungbullen starten gelegentlich schon mal einen Scheinangriff. Gefährlicher wird es, wenn man versucht, sich an den Dickhäutern vorbeizudrängeln. Das gleiche gilt für Büffel, man sollte niemals zwischen Muttertier und Kind geraten und einem Hippo nicht den Weg zum Wasser abschneiden.

Nicht alle Straßen im Krügerpark sind für Wohnwagen und große Wohnmobile geeignet und es herrschen strenge Geschwindigkeitsbegrenzungen: Auf Asphaltstraßen sind **50 km/h** erlaubt, auf anderen Wegen **40 km/h.** Als Durchschnittsgeschwindigkeit sollten 30 km/h kalkuliert werden, da man ja nicht ständig durchfährt, sondern bei Tiersichtungen stehenbleibt. Parkeigene Fahrzeuge dürfen schneller fahren. Es ist ratsam, sich genau an die erlaubte Geschwindigkeit zu halten, da auch im Busch häufig versteckt geblitzt wird. Bevorzugt werden dabei große Straßen, die zum schnelleren Fahren verführen, wie z.B. die Hauptachse vom Phalaborwa Gate zum Restcamp Letaba. Man sieht die Polizisten zuerst nicht und plötzlich springen ein paar uniformierte Männer winkend aus einem Gebüsch auf die Straße und zwingen zum Anhalten. Wer 10 km/h zu schnell fährt, kann bereits mit R500 zur Kasse gebeten werden.

Zum Übernachten gibt es **Camps,** diese und ihre Unterkünfte werden unten im Einzelnen vorgestellt. Bis auf ein paar Ausnahmen sind alle gleich eingerichtet und ausgestattet, alles ist sauber, ordentlich und zweckmäßig. Alle verfügen über ein Bad, Kitchenette, Grillplatz und Außensitzplätze. Die Camps sind mit Elektrozäunen gesichert, große Tiere kommen nicht rein, aber Vögel, Affen und ein paar Antilopen oder auch Warthogs, Warzenschweine, sind ab und zu sichtbar. Es gibt es jeweils einen Lebensmittel-/Andenkenladen und mindestens ein Restaurant, in denen man preisgünstig essen kann.

Die **Camp Gates** öffnen bei Sonnenaufgang und schließen bei Sonnenuntergang, Zuspätkommen kostet kräftiges Bußgeld. Öffnungszeiten der Gates siehe KNP-Karte S. 202. Night Drives, Pirschfahrten bei Dunkelheit mit Hand-Suchscheinwerfern, sind im Krügerpark nur in organisierter Form von den Camps aus möglich.
Bei der Einfahrt in den Park muss am Gate für jeden Besuchtstag eine sog. **Conservation Fee** von derzeit **R204** gezahlt werden (unterschiedliche Höhe für nationale und internationale Besucher). Wer übernachtet, muss für zwei Tage zahlen.

Alkohol im Krügerpark: Seit 2012 gilt eine neue Alkohol-Regel im Krügerpark. **Tagesgäste** dürfen **keinen** Alkohol konsumieren, das bedeutet, sie dürfen ihn weder mitbringen noch in Shops kaufen oder in Restaurants bestellen. Übernachtungsgäste dürfen diese Getränke mitbringen und sie auch in den Park-Shops oder Restaurants besorgen. Das südafrikanische Verkaufsverbot von Alkoholika an Sonn- und Feiertagen gilt im Krügerpark nicht.

Phalaborwa Gate, das Tor zum mittleren Krügerpark

Krüger-Park Süden
0 20 km
© Reise Know-How Verlag Hermann
Picknick-Platz
Balule Priv. N.R.
Umbabat Nature Res.
Roodewal (privat)
Olifant Rest Camp
H1-4
Klaserie
Klaserie Private Nature Reserve
Nhlaralumi
Timbavati Private Nat. Reserve
Timbavati
Tanda Tula Lodge
R 40 / Hoedspruit
Ngala Game Lodge
Nsemani Dam
Gudzani Dam
Satara Rest Camp
S100
S41
Thornybush Pr. G.R.
Maroela Camping Site
Tamboti Tented Camp
Timbavati
H 7
Bobbejaan Krans
Sonap
H 6
Nwanetsi (privat)
Royal Malewane
Orpen Gate
Orpen R. Camp
S106
Rabelais' Hut
S126
Kapama
S140
Muzandenzi
Talamati Bushveld Camp
Khoka Moya
S 36
H1-3
Hoedspruit
R 531
S145
Klaserie
Mantobeni (Honeyguide Tented Safari Camp)
R 40
Manyeleti Private Game Reserve
Baobab Tree
Baobab-Tree
Trichardt Memorial
Nhlangulene
Lebombo-Berge
Mala Mala Priv. G. R.
S 33
S 34
Tshokwane
Sand River
Leopard Hills Game Lodge
Mala Mala Lodge
Siloweni Dam
Orpen Dam
Leeupan
H1-2
Nkumbe
Bushbuckridge
R 533
Graskop
Sabi Sand Private Game Reserve
Mantimahle Dam
Kruger Tablets
Sabi Sabi Selati Camp
Sabi Sabi Bush Lodge
Lion Sands River Lodge
Lion Sands Ivory Lodge
Sabi Sabi Earth Lodge
R 40
H 12
H 10
Maroela Loop
R 536
Sabie River
H4-1
Lower Sabie Rd
S122
Graskop
Phabeni Gate
S3
Jakkalsbessie
Skukuza Rest Camp
Nkuhlu
R 535
S1
Paul Kruger Gate
H1-1
R 536
Hazyview
Alabasini Ruins
Sabie
Nelspruit R40
Phabeni R.
Alabasini Road
S114
Sabie R.
H4-1
S 29
H1-1
S 22
N'watimhiri Rd
Lower Sabie Rest Camp
Manzini
Biyamiti
S112
Numbi Gate
Pretoriuskop Rest Camp
H 4
R 538
Jock of the Bushveld
Jock Safari Lodge (privat)
Vortrekker Rd
Mitomeni
Afsaal
Biyamiti
M O Z A M B I Q U E
Crocodile Bridge Rest C.
White River
Biyamiti Bushveld Camp
Kruger Mpumalanga International Airport (KMIA)
H 3
Hippo Pool
Crocodile Bridge Gate
Crocodile River Rd.
Crocodile River
R 571
Berg-en-Dal Rest Camp
R 538
Matjulu Loop
Hectorspruit
N4
Komatipoort
Malalane (privat)
Malalane Gate
Thanda Nani Game Lodge
Nelspruit/ Mbombela 10 km
Crocodile River
N4
Kaapmuiden
Malalane
R 570
Maputo
R 571
Route 2a n. Swaziland
Route 2b n. Barberton, R38
Jeppe's Reef
Swaziland / Tshaneni

Den Big Five auf der Spur

Einmal die „Big Five" in freier Wildbahn zu sehen, also Löwe, Elefant, Nashorn, Büffel und Leopard (s.S. 110) ist der Wunsch fast aller Teilnehmer an einer Fotosafari. Mit „Big Five" sind aber nicht jene Tierarten gemeint, die von der Statur her groß sind, sondern die vor allem schwierig und gefährlich zu jagen waren – der Begriff wurde einst von Großwildjägern geprägt. Alle fünf Arten bei nur einem einzigen Game Drive zu beobachten ist – vor allem je nach Wildreservat – selten.

1

Tipps und Ratschläge für Wildparks, Tierbeobachtung und Game Drives

- Immer die Vorschriften des Wildschutzgebiets beachten
- Fahren Sie so zeitig wie möglich los, je früher es ist, desto mehr Chancen bestehen, Tiere zu sehen Auch der Spätnachmittag ist eine gute Zeit. Elefanten suchen in der Zeit der größten Hitze oft Wasserlöcher oder Flüsse auf.
- Ein Tuch oder dünner Schal schützt vor Zugluft und Staub auf Kamera und Objektiven. Auf frühmorgendlichen und abendlichen Pirschfahrten in den offenen Geländewagen mit ihren treppenartigen Sitzaufbauten kann es sehr zugig werden, nehmen Sie eine Jacke mit!
- Mit eigenem Wagen langsam fahren, am besten nicht mehr als 20–30 km/h. Bleiben Sie auf dem Wegenetz; nicht die Autohupe benutzen; werfen Sie nichts aus dem Wagen.
- Verlassen Sie Ihren Wagen **nie** bzw. nur an den Punkten, wo es erlaubt ist, z.B. an Toiletten- oder Picknickplätzen, bei Verstecken (Hides) oder auf Selfguided Trails.

Verhaltensregeln

- Stehen Sie in einem offenen Pirschwagen nicht auf, um besser fotografieren zu können, Tiere nehmen ein Fahrzeug als ungefährliche, ganzheitliche Silhouette wahr.
- Nicht nach Zweigen greifen, wenn der Wagen herunterhängende Äste streift; es können spitze Dornen dran sein.
- Denken Sie an andere, ziehen Sie Ihren Wagen zur Seite, damit Sie niemanden die Sicht versperren oder diese vorbeifahren können.
- Mit einem Privatwagen nicht zu nahe an Tiere heranfahren, speziell an Elefanten, Nashörner, Hippos und Büffel.
- Auf Game Walks niemals wegrennen, dies animiert Raubkatzen zum Nachstellen – im Busch rennen nur die Opfer! Bei Annäherung von Tieren strikt die Anweisungen des Guides befolgen.
- auch in privaten Wildreservaten wird kein Tier gefüttert, auch dort gelten die Gesetze von fressen und gefressen werden.

Tierverhalten

Elefanten: Nicht zwischen eine Herde fahren, besonders nicht zwischen Elefantenkühe und deren Nachwuchs.

Büffel: Im Fahrzeug besteht keine Gefahr

Flusspferde: Nicht zwischen Tiere und Wasser geraten. Keine Gefahr, wenn ein Flusspferd nachts vor dem Safarizelt grast. Keinen Fotoblitz verwenden, nicht aus dem Zelt gehen.

Affen: Können an Picknickplätzen angriffslustig werden, weil sie Essensreste gefunden haben oder gefüttert wurden.

Krokodile: Vorsicht an seichten Gewässern und flachen Ufern. Nachts bleiben Krokodile im Wasser, sie marschieren nicht durch ein Camp.

Schlangen: Achten, wo man hintritt. Nicht leise durchs Gelände bewegen oder wenn Sie nachts aus dem Zelt müssen. Schlangen registrieren Erschütterungen und verziehen sich (Ausnahme: Puffottern). Vorsicht bei und unter Felsen und Steinen.

Safari-Sprache

Game Drive	Tierbeobachtungsfahrt/Pirschfahrt
Game Walks	Mit einem Ranger zu Fuß durchs Wildgelände
Night Drive	Pirschfahrt bei Dunkelheit mit Hand-Suchscheinwerfern
„Rhino at 10"	Ziffernblatt-Orientierungssystem, damit Sie wissen, in welche Richtung Sie schauen müssen, wenn der Fahrer oder der Tracker ein Tier entdeckt hat
Sundowner	tagesabschließender Drink; in privaten Parks und Lodges zum Abschluss eines spätnachmittäglichen Game Drives
Ranger	Wildhüter
Staff	Bedienstete in einem Camp
Tip-box	Trinkgeld-Kasten
Early morning tea	nach alter englischer Sitte der Aufsteh-Tee
Tracker	bzw. Spotter, Spurenleser der bei einem offenen Safari-Wagen auf einem Sitz an der Stoßstange sitzt und bei einer Fuß-Safari vorangeht
Droppings	Losung
a kill	der Riss oder Beuteschlag eines Raubtiers
Mess	das Essenszelt, Aufenthaltsbereich
Pad	südafrikanische Bezeichnung für Piste, Weg
Carnivore	Tiere, die sich überwiegend von Fleisch ernähren
Herbivore	Pflanzenfresser
Predator	Tiere, die andere Tiere jagen, also Raubtiere

Safari-Fototipps

Um Wild formatfüllend fotografieren zu können, benötigen Sie an einer Digital-Kamera ein langes Tele, z.B. ein Zoom-Objektiv mit einer Brennweite von 200–400 mm (KB-Format). Die ASA-Einstellung auf mindesten 400 erhöhen. Belichtung auf „S" (Shutter-Priorität) mit schneller Verschlusszeit stellen, denn was nützt ein Bild mit Tiefenschärfe, wenn es verwackelt ist. Stehen Rudeltiere in breiter Aufstellung, ergibt eine solche Formation bessere Fotos, als Tiere hintereinander, denn dann ist die Tiefschärfe gering. Kamera ständig schussbereit halten, das Verhalten der Tiere vorausahnen. Bester, aber ein sehr kurzer Moment ist, wenn die Tiere vor der anschließenden Flucht verharren und kurz sichern. Galoppiert z.B. eine Antilopen- oder Zebraherde los, können Sie durch Mitziehen der Kamera gute Bewegungsaufnahmen machen. Wählen Sie dazu eine etwas längere Verschlusszeit (Voreinstellung etwa 1/15 Sekunde) und machen Sie ein paar Versuche, bis Sie zufrieden sind. Der Effekt sind „Wischfotos" vor unscharfem Hintergrund. Bei schwachem Licht ist ein Einbein-Stativ von Vorteil.

„da hinten liegt ein Löwe …"

Unterkünfte im Kruger National Park

Reservierung **Unterkünfte müssen bei SANParks vorgebucht werden,** entweder per Telefon, Fax oder am besten auf www.sanparks.org (bei „Reservations"). Für die Hauptsaison sollte die Reservierung bis zu sechs Monaten vorher erfolgen, für die Weihnachtsferien noch wesentlich früher.

Zuerst werden die attraktiven Unterkünfte vergeben – *first come, first serve* –, dann der Rest. Wer sich später meldet, kriegt zum Beispiel keine Zimmer mehr mit Aussicht.

www.sanparks.org, reservations@sanparks.org, Fax 012-3430905, Tel. 012-4289111, Cell 082-2339111 (Mo–Fr 7.30–17 Uhr, Sa 8–13 Uhr).

Eine Preisliste aller südafrikanischen Nationalparks mit Unterkünften und Aktivitäten kann als PDF bei www.sanparks.org/tourism/tariffs/ heruntergeladen werden.

Seit dem 1.1.2013 muss bei Vorausbuchung in einem SANPark 50 Prozent Anzahlung sofort geleistet werden. Die Restzahlung spätestens 60 Tage vor Ankunft.

Wild Card Wer vorhat, mehrere Nationalparks zu besuchen, sollte nachrechnen, ob sich dann der Kauf einer **„Wild Card"** lohnt. Die Laufzeit der Karte beträgt ein Jahr und gilt für fast alle wichtigen Nationalparks in Südafrika und auch für die „Provincial Parks" von *Ezemvelo KZN Wildlife* (www.kznwildlife.com) in der Provinz **KwaZulu-Natal.** Details s.S. 91.

Indemnity Dieses „Keine Haftung"/„Zutritt auf eigene Verantwortung"-Formular müssen Sie sowohl beim Besuch des Krügerparks und auch beim Besuch eines Private Game Reserves und ähnlicher Einrichtungen unterschreiben. Es entbindet die Eigentümer von Schadenersatzforderungen jeglicher Art, also z.B. bei Tierangriffen.

Unterkunftsarten im Krügerpark

Camping: Plätze für Zelte und Caravans, einige haben Stromanschluss.
Hut: nur Gemeinschaftsbäder und -küchen (CK = *Communal kitchen*, CF = *Communal Facilities*)

Safari Tent: Mit Mobiliar ausgestattetes, dauerhaftes und großes Safarizelt auf einer Plattform. Einige müssen Gemeinschaftseinrichtungen benutzen, luxuriöse haben eine Kitchenette und ein Bad. Im Winter kann es in Zelten nachts richtig kühl werden!

Bungalows: Diese verfügen nur über 1 Schlafzimmer mit 2 oder 3 Betten, einen kleinen Sitzbereich, Bad und manchmal über eine Kitchenette mit Grundausstattung, ansonsten muss die Gemeinschaftsküche genutzt werden.

Cottage: Alleinstehendes Häuschen mit Schlafzimmer, Wohnraum, Bad und Küche.

Family Cottages haben zwei oder mehr Schlafzimmer, Wohnraum, Bad und Küche.

Guest Cottages haben dto. zwei oder mehr Schlafzimmer, Wohnzimmer, mindestens zwei Bäder, wovon eins direkt zum Hauptschlafzimmer gehört sowie eine gut ausgestattete Küche.

Guest Houses haben gleichfalls zwei oder mehr Schlafzimmer und mindestens zwei Bäder. Wohnbereich oft mit Bar-Theke und schönem Ausblick.

Bush Lodge: Exklusive Häuser mit besonderer Ausstattung und Atmosphäre sowie mit mehreren Schlafzimmern und Bädern.

Die Unterkünfte werden täglich gereinigt, die Küchenausstattung umfasst Herd, Kühlschrank mit Gefrierfach, Spüle, Toaster, Koch- und Essgeschirr und einen Freiluft-Grill. Die kleinen Unterkünfte haben oft eine Freiluft-Küche. Das Bad verfügt über Dusche und/oder Badewanne, evtl. mit Dusche darüber (s.o. „Definition der Unterkünfte").

Rest Camps

Ein *Main Rest Camp* ist quasi ein Dorf im Busch, das von einem hohen Sicherheitszaun umgeben ist, das größte ist das *Skukuza Rest Camp* im Süden des Krügerparks. In jedem gibt es verschiedenartige Unterkünfte, ein oder mehrere Restaurants, einen Shop mit den nötigsten Lebensmitteln sowie eine Verkaufstelle für Wein, Bier und einige Spirituosen. Von SANParks gibt es den dunkelgrünen und kostenlosen kleinen „Pocket Guide to Camps in the Kruger National Park" mit Fotos und Informationen, erhältlich in der Shops im Park und auch zuvor an touristischen Punkten. Die Restaurants bieten preiswerte Mahlzeiten, in ganz großen Camps gibt es noch ein gehobenes Restaurant und eine Snackbar. Der Übernachtungspreis beinhaltet *keine* Mahlzeit.

Main Rest Camps haben Elektrizität, Tankstelle, Telefon, Briefmarkenverkauf und Briefkasten, Erste-Hilfe-Station, Souvenirladen, Wäscherei, Behindertentoiletten im Restaurantbereich, einen Fahrzeug-Notdienst und einen Swimmingpool für Unterkunftsgäste. Einige Camps haben zugleich einen Picknickplatz und einen Pool für Tagesgäste.

Sirheni Bushveld Camp

Bushveld Camp

Dies sind kleine Camps mit nur 7 bis 15 Häusern und ohne Restaurant, Geschäft oder sonstige Annehmlichkeiten. Sie sind nur für Selbstversorger (*Self Catering,* hier im Buch „SC") und liegen abseits der Touristenstraßen tief im Busch. Ideal für Menschen, die die Einsamkeit lieben. Die Stromversorgung erfolgt meist über einen Hauptgenerator, die Ausstattung der Häuser ist genauso wie in den Hauptcamps. Diese Bushveld Camps sind teurer als die Rest Camps, der Besucher hat hier aber oft die Gelegenheit zu Tierbeobachtungen, z.B. an nahegelegenen Bächen oder Seen, wo die anderen Besucher nicht hindürfen.

Die wichtigsten Camps im Krügerpark

Hier gelistet von Nord nach Süden. Entfernungen und Fahrzeiten zwischen den Camps und den Park-Gates bitte der KNP-Karte entnehmen, s.S. 202.

Nördlicher Krügerpark

Punda Maria Rest Camp

Dies ist eines der ältesten Camps im Park. Es liegt südlich vom Pafuri-Gate und war ursprünglich ein Ranger-Quartier. Innerhalb des Camps gibt es den Fliegenschnäpper-Wanderweg mit guter Vogelbeobachtungsmöglichkeit. Die Safarizelte sind schöner als die Huts.

Tel. 013-7356873. 24 Häuser, 7 Safarizelte, Camping/Caravan (21 Plätze ohne, 40 mit Strom). Tankstelle, Restaurant, Geschäft, Pool. DZ ab R715.

Sirheni Bushveld Camp

Kleines Camp im Norden und abseits der Straße am Sirheni Dam mit zwei Vogelbeobachtungsständen. Nur Selbstverpflegung.

Tel. 013-735-6860. 15 Häuser, Grillstelle. DZ ab R1320.

Shingwedzi Rest Camp

Hier fließen drei Flüsse zusammen, der Shingwedzi-, der Mphongolo- und der Mandzamba River. Vom Restaurant hat man einen guten Ausblick über

Krüger Park
- Norden -
0
© RKH Verlag Hermann
20 km
The Great Limpopo Transfrontier Park
Limpopo
zur N 1 über
Masisi / Tsihipise
Messina
ZIMBABWE
Gonarezhou
N.P.
Übergang über
den Limpopo
Crook's
Corner
Pafuri Gate
R 525
H1-9
Pafuri
Luvuvhu
Limpopo
S 63
Pafuri
Border Post & Gate
Makuya
N.R.
Baobab Hill
MOZAMBIQUE
H1-8
Klopperfontein
S 61
S 60
Punda Maria Rest Camp
Punda Maria Gate
Dzundwini
Parque
Nacional
do
Limpopo
R 524
H1-7
n. Thohoyandou /
Venda
Mphongolo
Babalala
Nkulumbeni
Sirheni Bushveld Camp
Nkulumbeni
Phugwane
S 56
Mphongolo
S 55
S153
S 52
Shingwedzi
Rest Camp
Tsange - Redrocks
Loop
Bird Hide
Shingwedzi
Shingwedzi
Bateleur
Bushveld Camp
Tshanga
S 50
S144
MOZAMBIQUE
Picknick-Platz
S103
Olifants Pan
H1-6
Tsendze
S143
S 50
Mopani Rest Camp
(s. Karte »Krügerpark Zentral«)
Moiplaas
n. Letaba

das Tal des Shingwedzi und am nahegelegenen Kanniedood-Damm hat der Besucher reichlich Gelegenheit zur Wild- und Vogelbeobachtung.

Tel. 013-7356806/7, Cell 082-8894376. 79 Häuser, Camping/Caravan (15 Plätze ohne, 50 mit Strom). Tankstelle, Restaurant, Geschäft, Pool, Geldautomat, Straßen-Notdienst. DZ ab R810.

Bateleur Bushveld Camp

Dieses hübsche Camp liegt am Ufer des Mashokwe-Baches, ca. 40 km südwestlich von Shingwedzi in der nördlichen Mopane-Baumsavanne. Bateleur ist das älteste und kleinste der Bushcamps und hat eine schöne Atmosphäre. Gäste haben Ausblick auf ein Wasserloch direkt vor dem Camp und gute Chancen, Wild zu sehen. Zwei Stauseen sind in der Nähe und nur für Bateleur-Bewohner zugänglich. Nur Selbstverpflegung.

Tel. 013-7356843. 7 Häuser, Grillstelle. DZ R1560.

Mopani Rest Camp

Mopani ist das größte Camp im Norden, namensgebend ist der Mopane-Buschwald, der die Umgebung dominiert. Von der Hauptterrasse hat man einen guten Blick auf den Pioneer-Damm. Außer dem Restaurant gibt es hier noch eine Cocktailbar, eine Caféteria und zwei Anstände zur Wildbeobachtung mit Übernachtungsmöglichkeit.

Tel. 013-7356535/6, Cell 082-8021113. 101 Häuser, behindertenfreundlich. Tankstelle, Restaurant, Geschäft, Straßen-Notdienst, Pool. DZ ab R835.

Mittlerer Krügerpark

Shimuwini Bushveld Camp

Dieses Camp ist das modernste der Bushveld Camps und wurde nach der Flut im Jahre 2000 komplett neu aufgebaut. Es liegt am Letaba River, der hier von hohen Baobab-Bäumen gesäumt wird. Einer der Bäume ist zwischen 2000 und 3000 Jahre alt. Nur Selbstverpflegung.

Tel. 013-7356683. 15 Häuser, Grillstelle. DZ ab R1325.

Letaba Rest Camp

Letaba ist ein gemütliches Rest Camp am südlichen Ufer des Letaba River und liegt in einer besonders wildreichen Gegend auf einem schönen Gelände unter hohen Akazien und Leadwood. Von der Restaurant-Terrasse hat man einen guten Blick auf den Fluss und manchmal laufen Elefanten direkt an Terrasse vorbei. Unter den Bäumen innerhalb des Camps grasen zahme Buschböcke. *Im Mbavula-Zentrum gibt es für Tagesbesucher Gelegenheit zum Schwimmen, Duschen und Grillen.*

Tel. 013-7356636, Cell 082-8021255. 98 riedgedeckte Rondavels, 19 hübsche Safarizelte mit Terrasse, Camping/Caravan (10 Plätze ohne, 50 mit Strom). Tankstelle, Restaurant, Caféteria, Geschäft, Pool, Fahrzeug-Notdienst, Geldautomat. DZ ab R845.

Olifants Rest Camp

Olifants hat die schönste Aussichtsterrasse im ganzen Krügerpark! Einige hundert Meter über dem Olifants River befindet sich ein großer „Hide", eine Aussichtsplattform, von der man am Nachmittag den Elefantenherden beim Trinken zuschauen kann. Noch etwas höher befindet sich das Restaurant mit der schönen Terrasse und einem Blick bis weit nach Mozambique hinein. Wer zeitig bucht, bekommt ein Cottage über dem Fluss, wo man von der eigenen

The Great Limpopo Transfrontier Park
Krüger Park
- Mitte -
0 20 km
©Rkh Verlag Hermann
Picknick-Platz
n. Shingwedzi (s. Karte »Krügerpark Norden«)
H1-6
S143
S 50
Tsendze
Mopani Rest Camp
Pionier Dam
Nshawu Dam
Tsendze
Moiplaas
Boulders
(privat)
Lebombo Berge
Giriyondo Border Post & Gate
Makhadzi
Shimuwini Bushveld Camp
Letaba
Malopenyana Waterhole
Parque Nacional do Limpopo
MOZAMBIQUE
S 47
Letaba Rest Camp
S 46
S131
Phalaborwa
R 71
R 40
Phalaborwa Gate
Masorini
H 9
Rundkurs von Phalaborwa aus
S 93
H1-5
S 44
Olifants Rest Camp
H 8
S 92
Olifants River
Mica
Olifants Riv.
Olifants
N'wamanui Lookout
Balule
Timbavati
Klaserie
Gwalagwala
Umbabat Nature Res.
Roodewal
(privat)
H1-4
Klaserie Private Nat. Res.
Motswari
Pezulu
Nhlaraluri
Timbavati Private Nat. Res.
Lebombo-Berge
Timbavati
Tanda Tula
Umlani
Argyile Road
R 40
Akeru
Ngala
Gudzani Dam
Nsemani Dam
Satara Rest Camp
H 7
S100
S 41
Tamboti Tented Camp
Timbavati
Bobbejaan Krans
Thornybush P.G.R.
Sonap
S106
H 6
Kapama P.G.R.
Maroela
Andover G. R.
Orpen Gate
Rabelais' Hut
S126
N'wanetsi
(privat)
Orpen Rest Camp
S140
Muzandenzi
zur R 40 Klaserie
Talamati Bushveld Camp
S 36
H1-3
R 531
Manyeleti priv. G.R.
S145
nach Tshokwane
(s. Karte »Krügerpark Süden«)

Terrasse mit dem Fernglas Tiere im Fluss beobachten kann. Mountainbike-Fahrten können an der Rezeption gebucht werden. *Grillplatz für Besucher.*

Tel. 013-7356606/7, Cell 082-8886563. 99 Häuser, 5 Huts, behindertenfreundlich. Fahrzeug-Notdienst, Tankstelle, Restaurant, Caféteria, Geschäft. DZ ab R780, Huts ab R510.

Satara Rest Camp

Das große Camp Satara liegt in einer offenen Baumsavanne und ist von vielen Staudämmen und Wasserlöchern umgeben, die reichlich Wild anziehen und diese wiederum viele Löwen. Vom Camp aus kann man schöne Sonnenuntergänge fotografieren. Gute Rast- und Grillplätze für Tagesbesucher.

Tel. 013-7356306/7, Cell 082-8021209. 165 Häuser, Camping/Caravan (15 Plätze ohne, 88 mit Strom). Tankstelle, Restaurant, Geschäft, Pool, Fahrzeug-Notdienst. DZ ab R950.

Tamboti Tented Camp

Dieses sehr begehrte Camp muss weit im Voraus reserviert werden. Die Safarizelte befinden sich am Ufer des meist trockenen Timbavati River und vom Zeltdeck hat man einen guten Ausblick, wenn die Elefanten direkt davor im trockenen Flussbett nach Wasser graben. Das Camp befindet sich zwei Kilometer östlich vom Orpen Rest Camp und ist mit einem niedrigen Elektrozaun umgeben. Abends können die Gäste in einer Boma am Feuer sitzen und ihre Erlebnisse austauschen.

Die meisten der Zelte sind einfach ausgestattet und die Gäste müssen die Gemeinschaftswaschräume und -küche benutzen. Einige bessere haben Kitchenette, Dusche und WC. Anmeldung am Orpen Gate.

Tel. 013-7356355, Cell 082-8020686. 30 einfache Zelte, eines davon barrierefrei; 10 „Semi-luxury tents", eines barrierefrei. Strom, Grillstelle, Vogelbeobachtungsstation. DZ (einfach) R435, DZ (semi-luxury) R1005.

Maroela Camping Site

Der Campingplatz befindet sich 2 km östlich vom Orpen Rest Camp und ist einer von zwei Plätzen im Park, die reine Campingplätze sind. In der Nähe des Zaunes kann der Gast Tiere an einem kleinen Wasserloch beobachten und es gibt eine Aussichtsplattform, die den Timbavati River überblickt.

Tel. 013-7356355, Cell 082-8020686. Camping/Caravan (20 Plätze mit Strom), Grillstelle, Gemeinschaftsküche. Stellplatz R195.

Orpen Rest Camp

Das kleinste und ruhigste Rest Camp in der Nähe des Orpen Gates befindet sich in einer offenen Grassavanne, in der zum Beispiel Geparden leben. Neben dem Camp gibt es ein Wasserloch, an dem Tiere beobachtet werden können.

Tel. 013-7356355. 15 Häuser, Tankstelle, Geschäft (kein Restaurant!), Grillstelle, Pool. DZ ab R880.

Talamati Bushveld Camp

Das Camp liegt in einer weiten Ebene neben einem trockenen Fluss. Der Lehmboden allerdings hält das Wasser und die Vegetation ist deshalb ganzjährig üppig. Das weite Grasland lockt viele Tierherden an und die Raubtiere sind meist nicht weit weg. Nur Selbstverpflegung.

Tel. 013-7356343. 15 Häuser, Grillstelle. DZ ab R1440.

Südlicher Krügerpark

Skukuza Rest Camp

Skukuza am Sabie River ist praktisch die „Hauptstadt" des Krügerparks mit Flugzeuglandebahn und außergewöhnlichem Golfplatz (s.u.). Es ist das größte Rest Camp, kann fast eintausend Gäste unterbringen und beherbergt die Parkverwaltung. Hier in der Nähe befand sich auch das Camp des ersten Park-Rangers James Stevenson Hamilton und die Selati-Eisenbahn führte gleichfalls hier vorbei (s.u.). Aus der Vergangenheit gibt es noch den Glockenturm, die Pontonbrücke, die Eisenbahnbrücke und das Selati-Museum sowie eine Dampflok und einen Waggon, in dem heute eine Bar untergebracht ist. Die Umgebung ist sehr wild-, aber auch sehr besucherreich, was viele Tiere Abstand halten lässt. Mit Zentrum für Tagesbesucher (befindet sich 3 km in Richtung Satara): Geschäft, Pool, Duschen, Umkleideräume, Grillplätze.

Tel. 013-7354265, Cell 082-8021204. 211 Häuser, 21 Safarizelte, Camping/Caravan (105 Plätze mit Strom). Flughafen, Golfplatz (6 km in Richtung Satara), Internetcafé, Autowerkstatt, Autoverleih, Post, Bank, großes Geschäft, Cafetéria, Restaurant, Selati-Zugrestaurant u. Museum (zu empfehlen), Bibliothek, Tankstelle, Polizei, Arzt, Apotheke.

Der einmalige **Skukuza Golf Course,** ein 9-Loch-Golfplatz, befindet sich außerhalb des Skukuza Rest Camps im Südwesten des Parks. Er grenzt an den Lake Panic und ist nicht eingezäunt, so dass die „Parkbewohner" den Golfern zusehen können. Der Platz wurde 1972 für die Angestellten des Parks eingerichtet und steht heute allen Gästen offen. Vorherige Anmeldung ist erforderlich. www.sanparks.org/parks/kruger/tourism/activities/golf_course.php.

Der Löwenbahnhof vom Sabie Wildtuin

Als Ende des 19. Jahrhunderts in den Mpumalanga-Drakensbergen Gold gefunden wurde und immer mehr Menschen anzog, wollte man die Goldfelder mit der Delagoa Bay (heute Mozambique, Maputo Bay) verbinden und baute die Selati-Eisenbahnlinie, die durch das Sabi Game Reserve führte. Eine Fahrt durch dieses Gebiet war früher sehr beliebt, weil man von Zug aus unbehelligt das Wild beobachten konnte. Es gab hier außerdem eine Eisenbahnstation. Eines Nachts sah der Zugführer keine Fahrgäste draußen stehen und fuhr weiter, ohne anzuhalten. Die Leute hatten sich aber nur auf der Flucht vor herannahenden Löwen auf die umliegenden Bäume gerettet, was der Zugführer in der Dunkelheit nicht erkennen konnte. Danach ließ die Eisenbahngesellschaft Stehleitern an den Bäumen befestigen, damit die Gäste sich schnell in Sicherheit bringen konnten und der Zugführer wusste, wo er die Fahrgäste zu suchen hatte.

Pretoriuskop Rest Camp

Unweit des Numbi-Gates befindet sich das älteste Rest Camp mit dem schönsten Schwimmbad im Park. Das Camp ist etwas höher gelegen und deshalb im Sommer nicht so heiß wie die anderen. Hier befindet sich auch die *Wolhuter Hut,* die älteste Touristenunterkunft im Park, die nach dem ersten Wildhüter Harry Wolhuter benannt wurde. Er hat seinerzeit die schönen Flammenbäume und Bougainvileas gepflanzt, die heute noch in Pretoriuskop zu bewundern sind.

Tel. 013-7355128/32, Cell 082-8021203. 59 Häuser, 76 Huts, Camping/Caravan (43 Plätze mit Strom). Tankstelle, Restaurant, Geschäft, Pool, Fahrzeug-Notdienst. DZ ab R920.

Berg-en-Dal Rest Camp

Dieses südlichste Camp ist das einzige, das in hügeliger Umgebung liegt. Es grenzt an zwei trockene Flussbetten und an einen Stausee.

Tel. 013-7356106/7, Cell 082-8021201. 90 Häuser (31 davon behindertengerecht), Camping/Caravan (82 Plätze mit Strom). Tankstelle, Restaurant, Geschäft, Pool, Fahrzeug-Notdienst. DZ ab R865.

Biyamiti Bushveld Camp

Biyamiti ist eines der hübschesten Bushveld Camps am Biyamiti River in wildreicher Umgebung an der Südgrenze des KNP zwischen den Gates Malalane- und Crocodile Bridge. Nur Selbstverpflegung.

Tel. 013-7356171. 15 Häuser, Grillstelle. DZ ab R905.

Lower Sabie Rest Camp

Großes Camp, von der Restaurant-Terrasse hat der Gast einen weiten Blick über das Tal des Sabie River bis hin zu den Lebombo Mountains an der Grenze zu Mozambique.

Tel. 013-7356056/7, Cell 082-8886562. 60 Häuser, 28 Huts, 23 Safari-Tents, Camping/Caravan (34 Plätze mit Strom). Tankstelle, Restaurant, Geschäft, Pool, Fahrzeug-Notdienst. DZ ab R930.

Crocodile Bridge Rest Camp

Dieses kleine Camp befindet sich in der Nähe des gleichnamigen Gates. Über kein anderes Rest Camp gehen die Besuchermeinungen so weit auseinander wie bei diesem. Zum einen werden die Ranger-Safaris in diesem Camp als beste im ganzen Krügerpark gelobt, andererseits stören sich viele Besucher daran, dass das Camp direkt an der Parkgrenze liegt. Der Verlauf des Crocodile River bildet die Südgrenze des Nationalparks und auf der anderen Flussseite gibt es Zuckerrohrplantagen und eine akustisch wahrnehmbare Zuckerrohrfabrik.

Tel. 013-7356012, Cell 082-8019898. 20 Häuser, 8 Safari-Tents, Camping/Caravan (20 Plätze mit Strom). Tankstelle, Restaurant, Geschäft. DZ ab R945.

Aktivitätenangebote im Krügerpark

In allen Camps und in den Empfangbüros fast aller Gates werden morgen- und abendliche Game Drives angeboten. Buchung an der Rezeption des Camps bzw. an den Gates oder im Voraus bei der zentralen Reservierungsstelle auf der Seite www.sanparks.org. Auch die nachfolgend aufgeführten Aktivitäten müssen im Voraus bei www.sanparks.org gebucht werden, wo man darüber weitere Informationen nachlesen kann.

Mehrtägige Wildniswanderungen

Ein besonderes Erlebnis sind mehrtägige Wanderungen im KNP (s.u. Exkurs „Back Packing Trails: Den Büffeln auf der Spur"). Die Teilnehmer verbringen 3 Nächte im Busch abseits der Touristenrouten und werden von ausgebildeten Rangern begleitet. Start am Mittwoch und Sonntag in verschiedenen Camps. Mindestalter 12 Jahre, max. 8 Teilnehmer. Preis R3900.

Bushman Wilderness Trail, Start: Berg en Dal Rest Camp • *Metsi-Metsi Wilderness Trail,* Start: Skukuza Rest Camp • *Napi Wilderness Trail,* Start: Pretoriuskop Rest

Camp • *Nyalaland Wilderness Trail,* Start: Punda Maria Rest Camp • *Olifants Wilderness Trail,* Start: Letaba Rest Camp • *Sweni Wilderness Trail,* Start: Satara Rest Camp • *Wolhuter Wilderness Trail,* Start: Berg-en-Dal Rest Camp

Weitere Wander- und 4x4-Autotouren mit Ranger-Begleitung

Olifants River Back Packing Trail, Start: Olifants Rest Camp, Mi und So zwischen 1. April und 31. Oktober, 3 Nächte. Max. 8 Teilnehmer, Preis R2050.

Lonely Bull Back Packing Trail, Start: Shimuwini Camp, Mi und So zwischen 1. Februar und 31. Oktober, 3 Nächte. Mind. 4, max. 8 Teilnehmer, Preis R2050.

Lebombo Motorised Eco-Trail, Start: Crocodile Bridge, Ende Pafuri Camp, April bis Oktober, 4 Nächte. Max. 4 Personen je Auto, max. 5 Autos. Teilnehmer müssen Essen und Campingausrüstung mitbringen. Strecke 500 km, Rangerfahrzeug begleitet den Konvoi. Der Trail gilt als einer der besten Eco-Trails in Südafrika. Preis R8600 pro Auto.

Malopeni 4x4 Eco-Trail, Start: Phalaborwa Gate. Geländewagen-Abenteuer-Tour mit begleitendem Ranger-Fahrzeug, 1 Nacht. Teilnehmer bringen Geländewagen, Essen und Campingausrüstung mit. Max. 5 Autos und max. 4 Personen pro Auto, Preis R1065 pro Auto.

Mphongolo Back Packing Trail, Start: Shingwedzi Rest Camp. Zelt und Verpflegung muss mitgebracht werden, 3 Nächte. Mind. 4, max. 8 Teilnehmer, Preis R2050.

Mananga Trail, Start Satara Rest Camp. 4x4-Tagesausflug mit eigenem Auto, direkt im Camp bei Ankunft zu buchen. Preis R500 pro Auto.

Buchung über das *Trails Reservation Office* bei Hesther van den Berg, hestherv@sanparks.org, Tel. +27 (0)12-4265117. Weitere Informationen auf www.sanparks.org/parks/kruger/tourism/activities/

Private Game Reserves im und am Krügerpark

Private Game Reserves (game = Wild; big game = Großwild) sind nichtstaatliche Wildgebiete, in denen Gäste in Lodges wohnen und bei Safaris mit ausgebildeten Rangern in dem jeweiligen Reservat herumgefahren oder bei Fußwanderungen von ihnen begleitet werden. Die Verpflegung ist in der Regel Vollpension, da es im Busch nun mal keine Restaurants gibt. Die meisten Game Lodges haben nur ca. 6 bis 15 Zimmer, so dass Massentourismus hier ausgeschlossen ist.

In unmittelbarer Nachbarschaft zum Krügerpark haben diese privaten Reservate oft keinen Grenzzaun zum Nationalpark, so dass die Tiere hin- und herwandern können. Der Gast darf in diesen Reservaten nur bis zu der von ihm gebuchten Lodge fahren und sein Auto parken, weiteres Selbstfahren ist nicht erlaubt und oft auch nicht möglich, da die Pisten im Busch nur geländewagentauglich sind.

Diese Lodges vermitteln von allen Übernachtungsarten am ehesten das berühmte „Out of Africa"-Feeling und dabei gilt die Faustregel: je teurer, desto romantischer. In solch einer Lodge befindet man sich wirklich im „Busch" und es gibt keine Möglichkeit „mal

Back Packing Trails: Den Büffeln auf der Spur

Seit wenigen Jahren hat der Krüger-Nationalpark eine neue Aktivität für Abenteuerlustige im Programm, die *Back Packing Trails*. Bei diesen mehrtägigen Wildniswanderungen marschieren die Besucher in einer Kleingruppe und in Begleitung von erfahrenen, bewaffneten Rangern quer durch den Busch – ohne festen Wegverlauf oder Tagesetappen, ohne ausgewiesene Zeltplätze und ohne schützende Elektrozäune. Jeder Tourist trägt sein persönliches Gepäck wie Zelt, Matte, (leichten) Schlafsack, Gaskocher und Fertignahrung selbst. Als Belohnung für die Mühen warten mit etwas Glück hautnahe Begegnungen mit den „Big Five".

Der **Lonely Bull Trail** startet zwischen 1. Feb. und 31. Okt. jeden Mittwoch und Sonntag. Die Gruppe von mind. 4 und max. 8 Teilnehmern wandert vier Tage in der großen „Wilderness Area" südlich des Letaba River (zwischen der H14 und dem Mingerhout Dam). Die Ranger entscheiden jeden Tag, wohin und wie lange die Gruppe geht und wählen den Zeltplatz für die Nacht aus. Sie erklären zugleich die wichtigsten Sicherheitsregeln: sich möglichst still verhalten, im Gänsemarsch dicht hinter den Rangern bleiben und immer ihren Anweisungen folgen. Während der Wanderungen lernen die Touristen von den Rangern nicht nur viel über die Tiere, sondern zugleich die Zeichen im Busch zu interpretieren: Losungen, Spuren, Knochen, Vogelstimmen, Pflanzensamen u.v.m. Abseits jeglicher Zivilisation lebt man ganz im Rhythmus der Natur – ohne Handyempfang, ohne Strom und ohne Dusche. In der Morgendämmerung startet die Buschwanderung, in der Mittagshitze ruht man im Schatten eines großen Baums mit Blick auf den Fluss. Nachmittags wird wieder ein Stück gewandert und ein Zeltplatz gesucht – meist am Ufer eines Flüsschens, wo man Trinkwasser schöpfen und Gesicht und Füße vom Schweiß befreien kann. Nach Einbruch der Dunkelheit sitzen alle zusammen am Lagerfeuer, erzählen Geschichten, lauschen den Geräuschen im Busch und bewundern den Sternenhimmel.

1

eben" rauszufahren. Die Gäste werden gut versorgt und konzentrieren sich nur auf Tierbeobachtung und Entspannung. Camping ist in Private Game Reserves nicht möglich.

Man kann zweimal täglich mit anderen Gästen eine drei- bis vierstündige Pirschfahrt im offenen Geländewagen unternehmen und hat dabei am ehesten die Chancen, Wildkatzen zu sehen. Löwen, Leoparden und Geparden sieht man nicht einfach so auf der Straße im staatlichen Park, sie leben tief im Busch. In privaten Reservaten sind die Ranger per Funk miteinander verbunden und benachrichtigen sich gegenseitig über ausgefallene Tiersichtungen. Wenn dann der Löwe irgendwo im Gebüsch liegt, arbeiten sich die robusten Fahrzeuge auch querfeldein über Stock und Stein, mangeln dabei Sträucher oder kleine Bäume nieder, bis das „Objekt der Begierde" zu sehen ist. Das ist natürlich furchtbar spannend und vermittelt dem Gast einzigartige Erinnerungen.

Nach Sonnenuntergang sucht der über der Stoßstange wie eine Galionsfigur thronende *Tracker* mit einem Handscheinwerfer die Umgebung nach nachtaktiven Tieren ab. Es ist dabei wirklich erstaunlich, was er alles im Vorbeifahren entdecken kann. In den privaten Reservaten am Krügerpark fahren die Ranger sehr nahe an die Tiere heran, acht bis zehn Meter Abstand sind durchaus normal und es kann passieren, dass ein neugieriger Löwe oder Leopard das Auto umrundet und einem Insassen in die Augen schaut, was meistens eine Gänsehaut verursacht. Aber solange die Leute im Auto ruhig sitzenbleiben, besteht keine Gefahr. Sie werden nicht als Menschen, sondern nur als Teil des Autos wahrgenommen – ein großes Ungetüm, das stinkt und Krach macht, aber keine Konkurrenz beim Fressen darstellt und selbst auch nicht essbar ist. Es gibt auch Reservate in anderen Regionen, in denen die Ranger nicht so nah an die Katzen herankommen, weil diese die Autos nicht gewöhnt sind und dann aggressiv reagieren würden.

Damit der Gast die Big Five und möglichst viele andere Tiere zu sehen bekommt, ist ein Mindestaufenthalt von *zwei Nächten* empfehlenswert – besser noch drei. Die Tiere laufen ja frei herum und müssen von Rangern und

Nächtliche Nahbegegnung …

Tracker erst mal gefunden werden, und es kann durchaus zwei oder drei Tage dauern, bis die Big Five vollständig sind. Es gibt aber keine Garantie dafür, dass man sie wirklich alle zu sehen bekommt, dies ist ja eine „echte" Safari. Wer das nicht akzeptiert, der muss in ein zooähnliches Reservat gehen, wo die Tiere mittels Funkhalsband sofort auffindbar sind oder wo das Reservat so klein ist, dass alle Tiere im Überblick sind. Das ist aber kein wirkliches Buscherlebnis.

Tipp: Zwischen Anfang Mai und Ende August gelten *Wintertarife,* sie sind bis zu 20 Prozent günstiger als die normalen Preise. Im Winter sind Wildsichtungen besser als im Sommer, da die Bäume dann weniger Laub tragen und Trockenheit herrscht. Dadurch müssen die Tiere zur nächsten Wasserquelle und werden dabei oft entdeckt. Außerdem regnet es in dieser Zeit nicht und der Himmel ist meistens strahlend blau. Im Sommer ist Regenzeit und neben sturzbachartigen Regenfällen kann es Nieselregen geben und längere Zeit bewölkten Himmel. Einziger Nachteil: Im Juli/August kann die Temperatur nach Sonnenuntergang bis auf 10 Grad sinken, was eine Pirschfahrt im offenen Fahrzeug zu einer sehr kalten Erlebnis macht. Dem kann man aber durch entsprechende Kleidung (Zwiebelprinzip) entgegenwirken. Nach eiskaltem Fahrtbeginn steigt die Sonne sehr schnell und es wird dann schlagartig warm, dann muss man etwas ablegen können.

Kinder unter 6 Jahren dürfen keinen Game Drive mitmachen, in vielen Lodges auch erst ab 12 Jahren.

1

Die wichtigsten privaten Game Reserves mit zaunloser Krügerpark-Verbindung

Mala Mala Game Reserve

Das erste Private Game Reserve an der Grenze zum Krüger-Nationalpark entstand 1927 nördlich von Skukuza und ist noch heute mit 13.000 ha Fläche das größte private Wildreservat Afrikas. Es gehört der Familie Rattray, die auch die ersten in dieser Gegend waren die aus dem einstigen Großwild-Jagdrevier ein Schutzgebiet machten. Mit nur drei Lodges auf der ganzen Fläche ist der Besucheranteil verschwindend gering und das Gebiet ist heute die letzte Bastion unberührten Buschlandes. Eine All-inclusive-Übernachtung schlägt mit ca. R6000–9000 pro Person und Nacht zu Buche. Mehr auf www.malamala.com.

Sabi Sand Game Reserve

Sabi Sand ist das größte, berühmteste und zweitälteste Reservat, umschließt Mala Mala und grenzt ebenfalls an den KNP. Im Laufe der Jahre sind immer mehr umliegende Farmen aufgekauft worden und das Gebiet hat heute eine Größe von 65.000 ha. Die Fläche ist in viele Parzellen aufgeteilt worden, auf denen unterschiedliche Eigentümer ihre Lodges errichtet haben. Die berühmteste von ihnen ist *Sabi Sabi,* deren Besitzer es meisterhaft verstanden haben, koloniales Ambiente mit modernem Komfort zu verbinden und wo Millionäre und gekrönte Häupter „absteigen". Eine All-inclusive-Übernachtung kostet R5000–16.000 p.P. Neben dieser Nobel-Herberge gibt es noch etwa 18 ähnliche Game Lodges in Sabi Sand, die preislich zwischen R3500–8000 liegen. Mehr auf www.sabisand.co.za.

Manyeleti Game Reserve

Das Reserve wurde 1963 gegründet, ist 23.000 ha groß, liegt nördlich von Sabi Sand und grenzt ebenfalls zaunlos an den Krügerpark. Es gehört seit Generationen dem Clan der Mnisi, einer Untergruppe der Shangaan, die drei

Weiße Löwen von Timbavati

Lodges als Konzession vergeben haben. Während der Apartheid war es das einzige Wildreservat, in dem Nichtweiße zugelassen waren, auch der Krügerpark hatte diesbezüglich spezielle Regelungen. Aus diesem Grund ist hier immer nur das Allernötigste investiert worden, was sich heute aber auszahlt: Manyeleti ist immer noch sehr ursprünglich und bis jetzt nicht vom Tourismus „verheizt" worden. Ein Aufenthalt in den drei Luxus-Lodges kostet R3300–4100 p.P. Mehr auf www.manyeleti.com.

Timbavati Private Nature Reserve

Mit ca. 53.000 ha Fläche wurde 1956 gegründet, liegt westlich vom Kruger Orpen Gate und ist bekannt für seine weißen Löwen. Da der Boden durch Ausbeutung bereits erodiert war, setzten sich einige Landbesitzer zusammen und beschlossen, das Land wieder in ursprüngliches Buschland zurückzuentwickeln und gründeten eine Schutzgesellschaft. Heute gibt es hier zwölf Lodges und etliche Privatbesitzer. 1993 wurde der Grenzzaun zum Krügerpark entfernt und Timbavati für das Wild geöffnet. Das Reservat gehört zu den besten in dieser Gegend und hat Flüsse und Seen, die ganzjährig Wasser führen. Unterkunft mit Safari gibt es hier für R3100–5000 pro Person. Günstiger sind einfache Zeltcamps und noch preiswerter die Selbstverpflegungscamps, die nur komplett mietbar sind, was sich aber für kleine Gruppen rentiert. Details auf www.timbavati.co.za.

Balule Private Nature Reserve

Balule ist eines der jüngsten Reservate, hat eine Größe von 40.000 ha und befindet sich nördlich von Hoedspruit. 1993 einigten sich einige Farmer, ihre Grenzzäune zu entfernen und so das Gebiet für die Tiere zu vergrößern. Anfang 2000 verschwand dann auch der Zaun zum Krügerpark und die R40 bildet nun hier die Westgrenze des Nationalparks. Im Norden des Reservats ist der Tierreichtum größer, weil das Gebiet dort vom Olifants River durchquert wird. Dafür sind die Lodges im trockeneren Süden preiswerter. Dort muss man nicht alles im Voraus bezahlen, sondern kann sich täglich neu entscheiden, ob man einen Game Drive machen möchte oder nicht. Übernachtungen mit Vollpension gibt es um R1000, ein Game Drive kostet R280. Lodges mit Verpflegung und Game Drives liegen bei R2000–2500.

Klaserie Private Nature Reserve

Klaserie ist 60.000 ha groß, grenzt im Osten an den Krügerpark, im Süden an Timbavati und im Westen an Balule. Der Olifants River durchquert das Reservat und bringt viel Tierreichtum mit. Von Phalaborwa aus kann man Tages-Exkursionen in dieses Reservat buchen und ebenso eine Schiffstour auf dem Olifants River. Es entstand 1970, und Anfang 2000 wurde der Zaun zum Krügerpark entfernt. Lodges mit Verpflegung und Game Drives kosten hier ab R1900. Infos auf www.klaseriereserve.co.za

Motswari Private Game Reserve

Als der Krügerpark bereits gegründet worden war, wurden im Gebiet von Timbavati die Farmen noch zu Jagdzwecken oder zur Nachzucht von Jagdwild genutzt. Mitte des 20. Jahrhunderts besannen sich jedoch einige Farmer, dass ein Schutzgebiet für die Zukunft sinnvoller wäre, als das Jagen der Tiere. Die Familie Geiger, die Motswari seit 1979 besitzt, gehörte zu diesen ersten Gründern eines modernen Safarigebietes und man setzt sich als *Fair Trade Tourism*-Unternehmen nach wie vor für die Belange der Menschen und Tiere der Region ein.

Die 15 Gäste-Cottages in Form von traditionellen Rondavels aus Naturmaterialien bieten den Gäste alle Annehmlichkeiten wie großzügige Badezimmer, Klimaanlage und Moskitonetze. Wie im Timbavati Private Nature Reserve üblich, hat auch Motswari keinen Schutzzaun um die Anlage. Hier herrscht also wirkliches, echtes „bush feeling", da die Tiere – vor allem nachts – ungehindert das Areal durchstreifen können. Aus diesem Grunde ist Herumlaufen in der Anlage nach Einbruch der Dunkelheit nicht erlaubt und man wird von einem Ranger begleitet, wenn man abends sein Zimmer verlassen oder zurückkehren möchte.

Neben dem Swimmingpool befindet sich ein größeres Wasserloch, an dem man tagsüber Tiere beobachten kann. Die Abendmahlzeiten werden in der traditionellen *Boma* eingenommen, in der die Gästetische um ein großes Feuer herum aufgestellt sind.

Boma-Dinner in der Motswari Lodge

1

Informative Ranger-Lehrstunde

Motswari ist mit 12.000 ha eine der größeren Lodges in Timbavati und beschäftigt 6 Ranger und 5 Tracker, die mit den Gästen die Game Drives durchführen. 48 weitere Angestellte sorgen für das Wohl der Gäste und den reibungslosen Tagesablauf.

Tagesablauf in der Motswari Game Lodge

So ähnlich wie in Motswari läuft auch in anderen Game Lodges der Tag ab. Die Gäste werden den Rangern zugeteilt, die sie während des ganzen Aufenthalts betreuen. Da die meisten Tierbewegungen in der Morgen- oder Abenddämmerung stattfinden, beginnen die Safaris morgens entsprechend zeitig.

5 Uhr: Sie werden von Ihrem Ranger bei Sonnenaufgang durch Klopfen geweckt und müssen nun leider Ihr warmes Bett verlassen.

5.30 Uhr: In der Lapa stehen einige frühmorgendliche Erfrischungen wie Tee, Kaffee, Saft, Muffins und Obst bereit, damit Sie nicht mit leerem Magen die Fahrt antreten müssen.

6 Uhr: Beginn des dreieinhalbstündigen Morgen-Game Drives. Es ist sehr kalt und der Fahrtwind auf dem offenen Wagen steigert das Kälteempfinden, warme Kleidung ist also erforderlich. Im Wagen liegen außerdem Decken bereit. Sobald die Sonne aufgegangen ist, lässt das Bibbern nach. Zur Halbzeitpause gibt es Kaffee, Tee und Kleingebäck.

9.30 Uhr: Nach der Rückkehr in die Lodge steht ein Brunch aus warmen und kalten Speisen bereit. Bis 15 Uhr ist Freizeit und die Gäste haben die Möglichkeit, sich am Pool, in der Bibliothek oder in ihrem Zimmer zu entspannen. In dieser Zeit kann es vorkommen, dass sich Tiere am lodgeeigenen Wasserloch einfinden.

11 Uhr: Wer möchte, kann nun mit seinem Ranger einen Buschspaziergang unternehmen. Dabei erklärt er Ihnen Fährtenlesen, die komplexen Kreisläufe und Anwendungsmöglichkeiten von Pflanzen und traditioneller Medizin. Hierbei ist es wichtig, sich ruhig zu verhalten und den Anweisungen des Rangers kommentarlos zu folgen.

15 Uhr: In der Lapa wird ein leichtes Mittagessen serviert.

16 Uhr: Beginn des dreieinhalbstündigen Abend-Game Drives. Auch wenn es noch warm ist, müssen Sie wärmende Kleidung mitnehmen. Bei Sonnenuntergang wird an einem geeigneten Platz angehalten und man steht zum klassischen „sundowner" mit Drinks und Knabbereien zusammen. Anschließend wird es dunkel und der Tracker sucht mit seinem Handscheinwerfer nach nachtaktiven Tieren.

20 Uhr: Nach einem Aperitif in der Bar bittet der Manager die Gäste in der Boma zu Tisch und das Dinner wird in Büfettform präsentiert. Zur Unterhaltung spielt und tanzt anschließend eine Folkloregruppe um das Feuer. Frühe Nachtruhe ist auch im Busch – oder gerade da – üblich.

Eine erlebnisreiche Woche in der Motswari Lodge

Thea, die Gästebetreuerin erzählt

Die Woche fing am Montagmorgen schon gut an. Als wir unsere Gäste um fünf Uhr zum Game Drive weckten, gab es keinen Tropfen Wasser in den Leitungen. Nachdem es dann hell war, hatten wir die Ursache schnell entdeckt: Ein großer Elefantenbulle hatte früh morgens die Wasserleitung am anderen Ende der Lodge ausgebuddelt und aufgerissen. Diese Tiere mögen frisches Wasser lieber als die braune Brühe in den Wasserlöchern und haben eine sehr gute Nase, um frisches Wasser zu finden. Als unsere Gäste dann zum Frühstück zurückkamen, war natürlich alles wieder repariert. Während ich mich nochmals für die Umstände entschuldigen wollte, haben alle Gäste erwidert, dass diese Story sie voll für den Wasserverzicht entschädigt hätte.

Motswari ist nicht eingezäunt und Tiere können jederzeit auf das Gelände, was aber fast nur nachts geschieht. Tagsüber laufen hier nur ein paar Antilopen, Warzenschweine oder Affen durch die Lodge. Aber nachts werden die Gäste immer von unseren Angestellten begleitet und für den Notfall liegen Trillerpfeifen in den Zimmern, bei deren Benutzung der Nachtwächter schnell kommt.

Es war gerade Mittagszeit und ich saß an der Rezeption, als ich ein lautes Pfeifen hörte. Als ich rausrannte, sausten auch schon unsere drei Guides an mir vorbei zum Lion-Zimmer, wo der Krach herkam. Ich fragte mich schon, ob sich um diese Jahreszeit wirklich ein Skorpion oder eine Schlange dorthin verirrt haben könnte?? In dem Zimmer wohnte eine französische Familie mit drei kleinen Jungen, von denen der Kleinste die Pfeife entdeckt hatte ...

Am Freitagabend waren fast alle Gäste schon im Bett und wir saßen noch zu viert am Feuer in der Boma und erzählten, als ich eine Nase an der Tür sah. Wir blieben ganz still und nach und nach traute sich eine kleine Ginsterkatze hinein, schlich einmal um uns herum und verschwand dann wieder – ein seltenes Erlebnis.

Am nächsten Tag sind nur wenige Gäste auf den Nachmittags-Drive gegangen, die meisten hielten ein Schläfchen oder saßen mit einem guten Buch auf der Terrasse. Plötzlich kam von der anderen Flussseite eine Herde Elefanten auf uns zu, so zwanzig Tiere wanderten eine halbe Stunde lang an der Lodge vorbei und wir konnten uns über die verspielten Kleinen amüsieren. Die Gäste, die das von ihrem Zimmer oder von der Bar aus beobachten konnten, waren gar nicht traurig, den Game Drive verpasst zu haben.

Empfohlene Lodges in den Private Game Reserves

Casart Game Lodge / Balule Nature Reserve

Die Lodge liegt in Grietjie und bietet Unterkunft im Busch. Wer möchte, kann auch im Schlafsack mitten im Busch unterm Sternenhimmel schlafen (bewacht). 2 Rondavels und 1 FeWo mit 2 Schlafzimmern, Pool, Massage, Game Drive. – Plot 22, Grietjie, Balule Private Nature Reserve, GPS S24°06′33.40″ E31°00′54″, Cell 071-6364323, Tel. 072-2959629, www.casartgamelodge.com. DZ R490–760 p.P., Mahlzeiten und Game Drives extra.

Toro Yaka Bush Lodge / Balule Nature Reserve

Kleine persönliche Lodge mit sechs gemütlichen Zimmern und schönem Pool. Nicole, die Gastgeberin, kocht ganz hervorragend. Es werden zwei Aktivitäten pro Tag angeboten und der Gast kann sich vor Ort kurzfristig entscheiden, ob er einen Game Drive oder Bush Walk (jeweils 3–4 Std.) machen möchte oder gar keine Aktivität. Das muss nicht im Voraus gebucht und bezahlt werden, lediglich Unterkunft mit Verpflegung. Nicole ist gelernte Physiotherapeutin und bietet Anwendungen an. – *Toro Yaka Bush Lodge,* R40, Balule Nature Reserve, Cell 082-3085763, www.toroyaka.co.za. Pool, Wi-Fi, dt.-spr. DZ/VP R2400, 1 Game Drive oder Bush Walk R285 p.P., med. Massage u. andere Therapien R200–350.

Masodini Private Game Lodge / Balule Nature Reserve

Kleine familiäre Lodge unter deutscher Leitung mit 2 Doppelzimmern und 2 x 2 DZ-Chalets. Die Anlage ist umgeben von Fieberbäumen und Palmen und die Gäste können von der Terrasse aus Tiere an einem nachts beleuchteten Wasserloch beobachten. Die Lodge kann desgleichen komplett gebucht werden. Auch hier kann man einfach nur die Übernachtungen mit Vollpension buchen und vor Ort entscheiden, ob man einen Game Drive oder einen Bush Walk (jeweils 3 Std.) machen möchte. – *Masodini Private Game Lodge,* R40, Balule Nature Reserve, Tel. 079-3216434, Tel. 0173-3821392, www.masodini.co.za. Pool, dt.-spr. DZ/VP R1700, 1 Game Drive oder Bush Walk R280 p.P.

Africa On Foot und nTthambo Tree Camp / Klaserie Private Nature Reserve

Zwei schöne Lodges, die Game Drives und Bush Walks im Klaserie-Reservat anbieten. *Africa on Foot* hat 4 riedgedeckte Chalets und das *nThambo Tree Camp* 5 hübsche Baumhäuser. Die Abendmahlzeiten werden meist in der Boma eingenommen und zur Abkühlung ist ein Pool vorhanden.

Africa On Foot, DZ/VP und 2 Safari-Aktivitäten R3790; *nThambo Tree Camp,* DZ/VP/Drinks und 2 Safari-Aktivitäten R5500. – Klaserie Private Nature Reserve, Anfahrt über Hoedspruit/Klaserie/Timbavati Gate, Tel. 021-4218433, www.sundestinations.co.za.

Baobab Ridge / Klaserie Private Nature Reserve

Self Catering-Lodge in Klaserie für max. 16 Personen mit Ranger und Hausmädchen. Es werden zwei Game Drives pro Tag durchgeführt und die Zimmer täglich gereinigt. Die Lodge kann nur insgesamt gemietet werden und die Gäste bringen alle Lebensmittel und Getränke mit; falls gewünscht, steht auch ein Koch zu Diensten (Extrakosten). – *Baobab Ridge,* Klaserie Private Nature Reserve, Anfahrt über Hoedspruit/ Timbavati Gate/Klaserie, Cell 078-73558341 u. 082-7135251, www.baobabridge.com. Lodge/2 Game Drives R5000 (Preis für max. 8 Personen).

Pezulu Tree House Game Lodge / Guernsey Private Nature Reserve

Originellste Übernachtungsmöglichkeit in Krügerpark-Nähe, deutsche Leitung. Vorhanden sind acht komplett eingerichtete Baumhäuser mit Duschbad und WC, man kann vom Zimmer aus auf Giraffen und Zebras schauen. Das Abendessen wird in der Boma serviert. Pezulu befindet sich im Guernsey Private Nature Reserve östlich von Hoedspruit, hier leben die „Big Three". Big Five-Game Drives werden im benachbarten Thornybush Game Reserve durchgeführt. – *Pezulu Tree House Game Lodge,* Guernsey Private Nature Reserve, Tel. 015-7932724, Cell 083-2947831, www.pezulu.co.za. 9 Zimmer, Pool, Wi-Fi, dt.-spr. DZ/alle Mahlzeiten ab R1590, Game Walk R150, Big 3-Game Drive R350, Big 5-Game Drive R490.

Kubu Safari Lodge / Guernsey Private Nature Reserve

Deutsch geführte Safari-Lodge, die ihre Big 5-Pirschfahrten im Klaserie Private Game Reserve durchführt. Spezielle Tour-Angebote für deutsche Gäste, Verpflegungs-/Aktivitäts-Arrangement nach Wunsch. 40 Zimmer, behindertengerecht, Pool, Wi-Fi, Wellness, Touren. – *KUBU Safari Lodge,* Guernsey Private Game Reserve, Argyle Road, Tel. 015-7933813, Cell 076-5293261, www.kubusafarilodge.de. DZ/F R1040, weitere Preise a.A.

Motswari Private Game Lodge / Timbavati Private Nature Reserve

Alteingesessene Lodge in Timbavati mit guten Tiersichtungschancen. Weitere Beschreibung s.S. 223. Anfahrt über Marulaneng/Hoedspruit, s.S. 189. Einstündige Anfahrt ab dem Timbavati-Gate. – *Motswari,* Timbavati Private Nature Reserve, Tel. 011-4631990, www.motswari.co.za. Pool, Wi-Fi. Ü/alle Mahlzeiten/2 Game Drives R3650 p.P.

1

Shlaralumi Bushveld Camp

Sehr schönes Self Catering-Camp mitten im Busch mit 5 Doppelzimmer/AC und Himmelbetten, Pool, Ranger, Hausmädchen und einem Mann für (fast) alles. Das Camp kann nur gesamt gebucht werden. Die Gäste bringen alle Lebensmittel und Getränke mit, das Hausmädchen räumt auf, deckt den Tisch, hilft beim Kochen, macht den Abwasch und reinigt. Der Helfer grillt und hält die Anlage in Schuss. Wunderbar für große Familien oder kleine Gruppen bis zu 10 Personen. Gehört zu Motswari, erst ab 3 Nächte buchbar. (Es gibt in der Nähe noch ein weiteres, etwas preiswerteres Camp – Java – für max. 12 Personen ohne Pool, das aber nur wochenweise buchbar ist.). – *Sharalumi,* Tel. 011-4631990, www.motswari.co.za, Pool. Camp/2 Game Drives, 3 Nächte R25.000; länger wird es preiswerter.

Inyati Private Game Lodge / Sabi Sands Game Reserve

Diese exklusive Lodge befindet sich im berühmten Sabi Sand Game Reserve und verfügt über 7 Luxus- und 4 Executive Chalets mit AC. Von der Hauptterrasse, auf der die Mahlzeiten serviert werden, schaut der Gast auf den Sand River und kann dort Tiere beobachten. Neben den üblichen Aktivitäten wie Game Drives und Game Walks gibt es ein Teleskop für Astronomen und im Fitnessstudio kann der Gast sich sportlich betätigen.

Inyati Private Game Lodge, Sabi Sands Game Reserve, Tel. 011-8805907, www.inyati.co.za. Pool, Wi-Fi. DZ/VP + alle Aktivitäten R7400–8800 p.P.

Rhino Walking Safaris

Dieses Unternehmen bietet außergewöhnliche Wanderungen in einer 12.000 ha großen privaten Konzession innerhalb des Krügerparks an. Das 10 km nordöstlich vom Skukuza Restcamp gelegene Areal grenzt auf 15 km ebenfalls zaunlos an das Mala Mala Game Reserve in Sabi Sands. Die Tiere können hier frei durch alle Gebiete streifen. Ausgangspunkt ist die Rhino Post Safari Lodge, von hier aus starten die Wanderungen durch die Wildnis in Begleitung von zwei bewaffneten Rangern. Der Schwierigkeitsgrad der Wanderung wird auf die Fitness der Gruppe ausgerichtet und die Aktivitäten beschränken sich auf die frühen Morgen- und Abendstunden, um die Mittagshitze zu vermeiden. Es können 3-, 4- und 5-Nächte-Touren gebucht werden. Übernachtet wird anfänglich im Plains Camp, einem luxuriösen Zeltcamp nach Kolonialherrenart, dann kommt der Höhepunkt, das sogenannte „Sleep out". Hier nächtigt man, gut bewacht von den Rangern, unter freiem Himmel auf vier Meter hohen Decks. Bevor das Dinner am Lagerfeuer serviert wird, kann der Gast den

Sundowner mit Blick auf das Wasserloch genießen. Zum Schluss gibt es noch zwei bzw. drei Nächte in der eleganten Rhino Post Safari Lodge und jede Menge „Out of Africa"-Feeling. – Tel. 011-4671886, www.isibindi.co.za. Tour mit 3 x Ü/VP R9720 p.P.

Unterwegs im Krügerpark

Am häufigsten benutzen Krügerpark-Besucher die Tore im Süden des Parks, nämlich *Crocodile Bridge Gate, Malalane Gate, Numbi Gate, Phabeni Gate* und *Paul Kruger Gate*. Das kann man bereits an den Zufahrtstraßen erkennen, die meisten von ihnen sind vierspurig. Im mittleren Krügerpark bei Phalaborwa oder noch weiter nördlich führen normalbreite Straßen bis ans Tor. Hier steigt der Gast noch aus und geht gemütlich ins Office zum Bezahlen. Das würde bei den Haupttoren im Süden wohl zum Chaos führen und man erledigt alles vom Auto aus und wird gleich durchgeschleust.

Es werden pro Tag nur 500 Fahrzeuge pro Gate eingelassen. Das bedeutet, dass man in den Zeiten der südafrikanischen Schulferien und langen Wochenenden morgens ganz früh am Gate sein muss. Man kann den Tagesbesuch aber auch vorher anmelden: Tel. 013-7354000. Wegen der starken Nashorn-Wilderei werden bei der Ein- und Ausfahrt Kofferraum und manchmal auch die (Kühl-)tasche durchsucht.

Im nördlichen Krügerpark unterwegs (Karte s.S. 212)

Der nördliche Teil des Krügerparks ist etwas für Einsamkeitliebende. Hierher verirren sich selten ausländische Touristen, die meisten Besucher sind Südafrikaner. Tiersichtungen sind im Norden nicht so üppig wie im mittleren und südlichen Krügerpark, dafür leben hier große Büffelherden und die Vogelbeobachter finden ihr Paradies. Natürlich gibt es hier noch jede Menge anderer Tiere, aber aufgrund des trockenen Klimas sind ihre Populationen geringer.

Die Landschaft nördlich von Timbavati- und Olifants River ist das Mopaneveld, das sind von Mopane-Buschland dominierte Flächen. Die Mopane-Bäume gehören zur Familie der Colophospermum und sind als einzige dieser Familie Hülsenfruchtträger. Diese im südlichen Afrika weit verbreiteten und laubabwerfenden Bäume stehen bevorzugt auf dem Speiseplan von Elefanten, Giraffen und Spitzmaulnashörnern. Sie werden hier im Norden Südafrikas bis zu 30 Meter hoch und bevorzugen heiße und trockene Gebiete in Höhenlagen zwischen 200 und 1500 Metern.

Zum Übernachten bietet sich das einsame **Sirheni Bushveld Camp** an (52 km südwestlich vom Punda Maria Gate). Es gibt hier lediglich 15 Cottages, jedoch weder Pool noch Restaurant, Shop oder sonstige Annehmlichkeiten. Außerhalb der Saison kann es sogar passieren, dass man ganz alleine im Camp ist. Es ist komplett umzäunt und liegt abseits der Fahrstraßen an einem kleinen See. Um 18 Uhr wird der Strom abgeschaltet und spätestens nach fünfzehn Minuten springt dann der Generator an.

Es gibt im gesamten KNP noch vier solch kleiner Bushveld Camps. Man muss hier wirklich alles mitbringen, da nach Sonnenuntergang das Camp-Tor geschlossen wird. Die Exklusivität im Busch schlägt sich im Preis nieder, DZ R1320.

Wer ein „normales" Restcamp vorzieht, geht nach **Shingwedzi** (70 km südöstlich ab Punda Maria Gate), DZ R810. Dies ist ein nettes Camp mit guter Aussicht, Restaurant, Shop, Tankstelle, Geldautomat und Pool. Hier kann man die größten Elefanten des nördlichen Krügerparks beim Trinken im Shingwedzi-Fluss sehen.

Empfehlenswert ist auch das 63 km weiter südlich von Shingwedzi liegende **Mopani Rest Camp,** ca. 12 km vor Mopani überquert man den südlichen Wendekreis. Das Camp wurde komplett aus Naturmaterialien erbaut und ermöglicht einen weiten Blick über den Pionier-Damm. Restaurant, Caféteria, Cocktailbar, Aussichtsdeck, Shop, Pool, Tankstelle, Autowäscherei, behindertenfreundlich. Nahebei zwei Anstände zur Wildbeobachtung mit Übernachtungsmöglichkeit. DZ R835.

1

Im mittleren Krügerpark unterwegs

Wenn Sie übers Phalaborwa Gate in den KNP einfahren, empfiehlt sich von dort aus die **Rundtour in den mittleren Krügerpark** (Karte s.S. 214). Das Phalaborwa Gate befindet sich am westlichen Ende der Stadt (R71). Damit man sich im Krügerpark gut zurechtfindet, ist der Kauf der detaillierten „Kruger Nationalpark Karte" (gibt es auch auf Deutsch) ratsam. Sie ist im Laden links neben der Gate-Rezeption erhältlich, aber auch in allen Shops im Park.

Einer Elefantenmutter mit Kleinem nie zu nahe kommen …

Weibliche Kudus

Die Straße H9 zwischen dem Phalaborwa Gate und dem Letaba Rest Camp ist zwar eine größere Straße, aber trotzdem gibt es hier oft Tiere zu sehen, manchmal sogar die äußerst seltenen Wildhunde. Von der H9 gehen Seitenschleifen, sogenannte „Loops" ab, das sind kleinere, meist nicht asphaltierte Straßen, auf denen man gleichfalls nur 40 km/h fahren darf.

34 km hinter dem Phalaborwa Gate zweigt noch vor dem Höhenzug Shilawuri nach links die „Shilawuri-Schleife" ab, die nach 5 km auf die S131 stößt. Dort nach rechts und nach ca. 5 km nach links in die *Letaba River Road* S47. Nach 15 km erreichen Sie den Letaba River mit östlicher Weiterfahrt zum Letaba Rest Camp (ca. 18 km). In Letaba gibt es ein Schwimmbad für Besucher, hier kann man eine Pause einlegen für einen Kaffee oder Lunch auf der Restaurant-Terrasse.

Danach geht es auf der S93 weiter zum **Olifants Rest Camp,** immer am rechten Ufer des Letaba Rivers entlang. Am Engelhardt Dam sind meist viele Tiere zu sehen. Hier am Fluss kann man immer wieder kleine Loops fahren und hat den Fluss im Blick. Nach 46 km (ab Letaba Rest Camp) erreicht man den *Olifants Lookout,* wo man das Auto verlassen und den Ausblick genießen kann. Nach weiteren 4 km folgt das *Olifants Rest Camp* und hier ist Aussteigen ein Muss! Den „Hide", einen Beobachtungsstand oberhalb des Olifants River und vor allem die Terrasse des Restaurants mit grandiosem Ausblick über den Fluss und die Berge muss man gesehen haben! Dieses Holzdeck wurde zur Fußball-WM 2010 angelegt und ist einzigartig im Park. Das Speisenangebot in den Camp-Restaurants von Letaba und Olifants ist ungefähr gleich.

Rückreise zum Phalaborwa Gate: Vom Olifants Rest Camp auf die H8 und nach 3 km nach Süden auf die S92 nach Balule abbiegen. Die S91 bringt Sie zurück zur Hauptstraße H1-5, wo nach 4 km nach Norden der N'wamanui-Lookout folgt. Weiter bis Letaba und dann wieder auf die H9 nach Phalaborwa, wo Sie Ihre Reise auf unserer Route 1a fortsetzen können.

Statt nach Phalaborwa zurückzufahren können Sie aber auch Ihren Weg nach Süden durch den Krügerpark fortsetzen und ihn durchs Paul Kruger- oder Phabeni Gate nach Hazyview verlassen, wo Sie gleichfalls auf unsere Route 1a stoßen.

Empfohlene Fahrstrecke im südlichen Krügerpark (Karte s.S. 206)

1

Diese Strecke beginnt am **Phabeni Gate** östlich von Hazyview und bietet tolle Tiersichtungen. Zeit und Entfernungen: Vom Skukuza- bis Lower Sabie Camp benötigt man ca. 3 Stunden (46 km), für den Rückweg nochmal 2,5 Stunden. Fahren Sie möglichst frühmorgens noch vor dem Frühstück los.

Hinter dem Phabeni Gate befinden Sie sich auf der S1, der *Doispane Road.* Nach ca. 9 km biegen Sie rechts ab zum *Nyamundwa Dam* und sehen sich nach Tieren um. Anschließend geht es zum Frühstück ins Skukuza Rest Camp (ca. 25 km). Hier können Sie das Restaurant besuchen, sich am Kiosk etwas kaufen oder ein mitgebrachtes Picknick hier im Rest Camp oder irgendwo an idyllischer Stelle am Fluss verzehren.

Skukuza liegt am Sabie River, und nun geht es auf der H4-1 immer am Fluss entlang, über Nkuhlu zum **Lower Sabie Rest Camp.** Kurz vor Lower Sabie befindet sich der *Sunset Dam,* hier gibt es oft viele Tiere zu sehen. Den Lunch kann man dann auf der großen Aussichtsterrasse einnehmen oder an der Theke was kaufen.

Für die Rückfahrt nach Skukuza nehmen Sie die *Old Tshokwand Road* (S128, Schotterpiste) bis Mafotini und dann die S30, den *Salitjie Way*, der auf die H12 stößt. Dort nach rechts. Nach 4 km erreichen Sie die Straße H1-2, dort links und entlang des Sand Rivers zurück nach Skukuza. Am Paul Kruger-Gate verlassen Sie den Park. Sie können natürlich auch wieder durch das Phabeni Gate zurückfahren, wenn Sie noch Zeit haben, außerhalb des Parks kommt man jedoch schneller vorwärts. Vom Paul Kruger Gate bis Hazyview sind es noch 52 km.

Route 1b (Ostroute zum Krügerpark): Provinz Mpumalanga und Krügerpark

Einstieg

Die meisten Reisenden machen sich nach ihrer Ankunft in Johannesburg nach Osten über die Autobahnen N12 / N4 in den südlichen Krügerpark auf. Dies ist die Hauptroute des kommerziellen Krügerpark-Tourismus. Sie als Individual-Reisender können einleitend die landschaftlichen Highlights von **Blyde River Canyon** und die berühmte **Panorama-Straße** (Karte s.S. 246) nördlich von Sabie vorschalten (Mehrbedarf 1–2 Tage). Es sind etwa 4,5 Fahrstunden vom Flughafen Johannesburg nach Sabie und die touristische Infrastruktur ist perfekt.

Sobald man jedoch die etwas preiswerteren Private Game Lodges an der Westgrenze des Krügerparks nördlich von Hoedspruit als Hauptziel anvisiert und auch vom Krügerpark selbst etwas mehr sehen möchte als nur den sehr gut besuchten Süden, sollten Sie unser Route 1a vorziehen (s.S. 168).

Entfernungen vom Flughafen Johannesburg nach

Nelspruit	326 km, 4 Stunden
White River	340 km, gut 4 Stunden
Sabie	352 km, 4,5 Stunden
Graskop	367 km, knapp 5 Stunden
Hazyview	377 km, knapp 5 Stunden
Komatipoort	431 km, 5,5 Stunden

Wem die Strecken für den ersten Tag zu lang sind könnte unterwegs übernachten oder man bleibt gleich die erste Nacht in Johannesburg. Vom Flughafen Johannesburg nach Middelburg mit ersten Übernachtungsvorschlägen sind es 130 km.

Vorschläge zur Planung der Reisetage

Option 1 Übernachtungsort Sabie oder Graskop, Rundfahrt Panorama-Route mit Blyde River Canyon und anderer Sehenswürdigkeiten der Region. Weiterfahrt über Hazyview, White River oder Nelspruit zum Besuch des südlichen Krügerparks mit ein oder zwei Nächten in den südlichen Main Rest Camps des Parks.

Option 2 Statt im Krügerpark zu übernachten, kann man auch außerhalb in Hoedspruit, Hazyview, White River oder Nelspruit eine Unterkunft suchen und Tagestouren in den Krügerpark unternehmen. Entweder in Eigenregie oder mit einem örtlichen Safariunternehmen. Deren Adressen finden Sie in den jeweiligen Städten.

Option 3 Einfahrt in den Krügerpark von Hazyview übers Paul Kruger Gate, Phabeni Gate oder Numbi Gate, Tagestour machen und nach Süden übers Malalane Gate und Crocodile Bridge Gate ausfahren. Reisefortsetzung entweder über Swaziland nach KwaZulu-Natal (unsere Route 2a) oder über Barberton, unsere Route 2b. Wenn Ihnen ein Tag Krügerpark zu wenig ist, so übernachten Sie nochmals zwischen Malalane und Komatipoort.

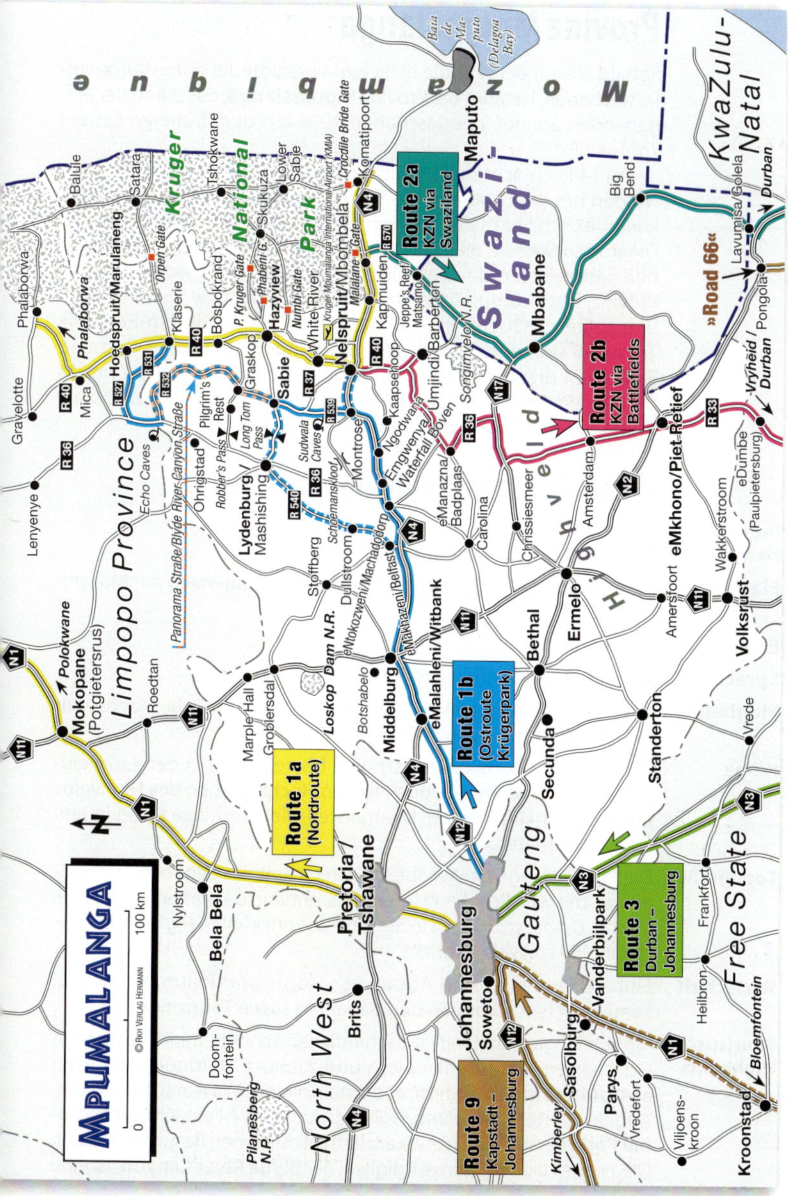
Mpumalanga
0
100 km
© Rkh Verlag Hermann
Route 1a (Nordroute)
Route 1b (Ostroute Krügerpark)
Route 2a KZN via Swaziland
Route 2b KZN via Battlefields
Route 3 Durban – Johannesburg
Route 9 Kapstadt – Johannesburg
»Road 66«
Kruger National Park
Limpopo Province
North West
Gauteng
Free State
Highveld
Swaziland
Moçambique
KwaZulu-Natal
Baia de Maputo (Delagoa Bay)
Panorama Straße/Blyde River Canyon Straße
Phalaborwa
Gravelotte
Lenyenye
Mica
Hoedspruit/Marulaneng
Klaserie
Bosbokrand
Graskop
Pilgrim's Rest
Sabie
Hazyview
White River
Nelspruit/Mbombela
Kapmuiden
Komatipoort
Crocodile Bridge Gate
Malalane Gate
Numbi Gate
Phabeni G.
P. Kruger Gate
Orpen Gate
Kruger Mpumalanga International Airport (KMIA)
Skukuza
Lower Sabie
Tshokwane
Satara
Balule
Maputo
Jeppe's Reef/Matsamo
Barberton
Umjindi
Kaapsehoop
Ngodwana
Emgwenya/Waterfall Boven
Montrose
Sudwala Caves
Schoemanskloof
Long Tom Pass
Robber's Pass
Ohrigstad
Echo Caves
Lydenburg/Mashishing
Stoffberg
Dullstroom
eNtokozweni/Machadodorp
eMakhazeni/Belfast
eManazna/Badplaas
Carolina
Songimvelo N.R.
Mbabane
Big Bend
Lavumisa/Golela
Pongola
Durban
Vryheid/Durban
Piet Retief/eMkhono
Amsterdam
Chrissiesmeer
eDumbe (Paulpietersburg)
Wakkerstroom
Volksrust
Amersfoort
Ermelo
Bethal
Secunda
Standerton
Vrede
Frankfort
Heilbron
Vanderbijlpark
Sasolburg
Parys
Vredefort
Viljoenskroon
Kroonstad
Bloemfontein
Kimberley
Soweto
Johannesburg
Pretoria/Tshawane
Brits
Bela Bela
Nylstroom
Doornfontein
Pilanesberg N.P.
Middelburg
eMalahleni/Witbank
Botshabelo
Loskop Dam N.R.
Groblersdal
Marble Hall
Roedtan
Mokopane (Potgietersrus)
Polokwane
N1
N2
N3
N4
N11
N12
N17
R 33
R 36
R 37
R 40
R 527
R 531
R 532
R 539
R 540
R 570

Provinz Mpumalanga

Sobald Sie auf der N12 die östlichen Vorstädte Johannesburgs verlassen haben, beginnt die Provinz **Mpumalanga,** das „Land der aufgehenden Sonne", neugeschaffen 1994 aus dem früheren *Eastern Transvaal.*

Um 1400 erreichten die Stämme der zweite Nguni-Migration von Norden her das Land, u.a. die *Swazi.* Die *Shangane* waren vor dem kriegerischen Shaka Zulu aus dem Süden in den Norden geflüchtet. Die stolzen *Ndebele,* gleichfalls ein Nguni-Volk, leben nach langen frühen Jahrzehnten der Zersplitterung heute im Nordwesten der Provinz. Erste europäische Ankömmlinge waren die Voortrekker in den späten 1830ern, die 1852 die unabhängige Buren-Republik *Transvaal* gründeten. Nach den Goldfunden in Pilgrim's Rest und Sabie 1871 drängten die Engländer ins Land und nach dem Zweiten Burenkrieg 1899–1902 fiel Transvaal, zusammen mit dem Oranje Vrystaat, endgültig an die Briten.

Daten & Fakten Mpumalanga

Provinz-Hauptstadt	Mbombela (früher: Nelspruit), ca. 240.000 Ew. Keine weiteren Großstädte.
Fläche	knapp 80.000 km^2 (Bayern: 70.000 km^2). Staatsgrenzen mit Mozambique und Swaziland.
Einwohner	4 Mio.
Sprachen	Englisch, Siswati, Afrikaans, isiNdebele, Xitsonga
Flughäfen	Kruger Mpumalanga International (KMIA), Mbombela, Hoedspruit Eastgate Airport, Skukuza (im Krügerpark)
Klima	Dezember bis März (Sommer) heiß bis sehr heiß in den Lowveld-Regionen. Milde Winter, doch in den Hochregionen des Highvelds kann es sehr kalt werden. Die meisten Niederschläge fallen in den Sommermonaten.
Topografie	Die Mpumalanga-Drakensberge zählen zum Binnenhochland Südafrikas, das westlich des Krügerparks, entlang der Panorama-Straße, als sog. *Great Escarpment* in Steilstufen vom kühlen *Highveld* ins trockenheiße *Lowveld* abbricht.
Wirtschaft	Einnahmequellen sind Abbau von Kohle und Platin, Forst- und Landwirtschaft (Orangen und Bananen) sowie Tourismus.
Touristische Highlights	Mpumalanga glänzt mit landschaftlichen Schönheiten, historischen Ortschaften, Naturdenkmälern und zahllose Outdoor-Sportarten auszuüben, wie Wandern, Mountainbiking, Wassersport, Reiten, Angeln, Klettern, Abseiling, Golf etc. etc. Ikone ist der **Kruger National Park,** der alljährlich etwa anderthalb Millionen Besucher anzieht. Die zweite Hauptsehenswürdigkeit, der **Blyde River Canyon,** ist eine

spektakuläre, etwa 25 km lange und grün überwucherte Flüsseschlucht. Die parallel verlaufende **Panorama-Straße** (Karte s.S. 246) bietet weitere zahllose Attraktionen: Wasserfälle, das Goldgräberdörfchen Pilgrim's Rest, die Flusserosions-Landschaft „Bourke's Luck Potholes", Aussichtspunkte ins Lowveld und den Blydepoort Dam. Die Passstraßen *Long Tom Pass* und *Robbers Pass* verbinden die Panorama-Straße mit der östlichen R36.

Weitere Attraktionen in Mpumalanga

Barberton Das historische Minenstädtchen lässt die Zeit des Goldrausches wieder auferstehen.

Dullstroom und **Lydenburg** Die beiden Orte in den klimatisch gemäßigten Mpumalanga-Drakensbergen sind Forellen- und Wanderzentren.

Private Game Reserves Wildlife-Enthusiasten lassen sich in einer dieser ultimativen Game Lodges, von denen es zahlreiche an der Westseite des Krügerparks gibt, verwöhnen.

Fazit: Die touristische Infrastruktur ist in Mpumalanga hervorragend mit unzähligen Unterkünften in allen Preiskategorien.

Übersichtskarten im Buch: Mpumalanga-Provinzkarte, S. 232, Panorama-Straße S. 246, Krügerpark-Karten S. 202ff

Administrative Landesregionen: *Ehlanzeni District* (Osten, Nelspruit), *Nkangala District* (Westen, Middelburg), *Gert Sibande District* (Süden, Ermelo)

Touristische Stellen: *Mpumalanga Tourism and Park Agency*, Hall's Gateway an der N4 West in Nelspruit. Tel. 013-7527001 u. 013-7595300, www.mpumalanga.com

Die Berlyn Falls an der Panorama-Straße

1

Touristische Webseiten

Offizielle Webseite der Provinz: www.mpumalanga.gov.za
Weitere: www.lowveld.info • www.panoramainfo.co.za • u.a.

Regional Tourist Offices / Community Information Centres

Badplaas Tourist Information, Tel. 017-8441630
Barberton Tourist Information, Tel. 013-7122880
Big Five Country Tourism (Lowveld), Tel. 013-7378191
Belfast Visitors Information Centre, Tel. 013-2530408
Carolina Tourist Information, Tel. 083-4501563
Cosmos Country Tourism Centre (Secunda), Tel. 017-6206282
Chrissiesmeer Information, Tel. 017-8431631
Dullstroom Accommodation, Tel. 013-2540020
Dullstroom Reservations, Tel. 013-2540254
Ermelo Tourism Office, Tel. 017-8194707
Golden Monkey – Big 5 Reservations (Sabie), Tel. 013-7377415
Graskop Info & Reservations, Tel. 013-7671833
Graskop Panorama Reservations, Tel. 013-7671377
eMmalahleni (Witbank) Municipality, Tel. 013-6906911
Komatipoort Information Centre, Tel. 013-7937218
Kruger Park South Information Office, Tel. 013-7901193
Kruger Safaris Information Office, Tel. 013-7376661
Lowveld Tourism (Nelspruit), Tel. 013-7551988
Lowveld Tourism (White River), Tel. 013-7501073
Mac-Mac Panorama Safaris & Info, Tel. 013-7642376
Middelburg Tourism Information, Tel. 013-2432253
Milly's Farm Stall N4, Tel. 013-2569286
Piet Retief Tourism Association, Tel. 013-7681060
Trips SA - Reservations & Information, Tel. 013-7641177
Wakkerstroom Tourism Office, Tel. 017-7300606

Blick auf den Blydepoort Dam

Streckenbeschreibung Route 1b

Routenverlauf

Johannesburg – N4 Middelburg – eMakhazeni/Belfast (dort Start Nebenroute Dullstroom – Lydenburg – Sabie) – N4 Montrose – Sabie – Mpumalanga Panorama-Straße – Hoedspruit und Krügerpark

Die Fortsetzung dieser Route 1b von Mbombela/Nelspruit nach KwaZulu-Natal ist die Route 2b, s.S. 258. Alternativ könnten Sie auch auf der Route 2a durch Swaziland weiterfahren, s.S. 290.

Vom Flughafen Johannesburg geht es auf der N12 in Richtung eMmalahleni/ Witbank, dann auf die N4 mit Hauptrichtung Mbombela/Nelspruit. Man fährt erst an den Abraumhalden der Goldbergwerke vorbei und danach durch das Kohlerevier um Witbank.

eMmalahleni/Witbank

Dies ist eine der am schnellsten wachsenden Städte in Südafrika. Waren es 2001 noch 60.000 Einwohner, sind es heute bereits 500.000. Es ist die größe kohleproduzierende Stadt Afrikas, 22 Bergwerke versorgen neben dem Export südafrikanische Kraft- und Stahlwerke. Die Anfänge dieser Stadt gehen bis 1890 zurück, der Aufschwung kam 1894, als der Ort ans Eisenbahnnetz Pretoria – Lourenço Marques (heute Maputo in Mozambique) angeschlossen wurde. 1903 erhielt Witbank die Stadtrechte.

Erwähnt wird Witbank in Winston Churchills Biografie, als er als Kriegsberichterstatter der Morning Post während des Zweiten Burenkriegs 1899–1902 in Südafrika arbeitete und von den Buren gefangengenommen wurde. Es gelang ihm eine spektakuläre Flucht aus dem Gefängnis von Pretoria und er wurde dann in Witbank von englischen Einwohnern solange versteckt, bis er seine Flucht nach Lourenço Marques fortsetzen konnte.

Middelburg

Die Stadt liegt genau richtig, um auf dem Weg zum Krügerpark zu übernachten. Es gibt hier Shoppingmalls und Restaurants, einen Golfplatz und das Memorial Museum mit Exponaten aus dem Zweiten Burenkrieg. Die Stadt liegt am Klein Olifants River und hat ca. 190.000 Einwohner, Hauptindustriezweig ist der Stahlbau, gefolgt von landwirtschaftlichen Produkten.

Die Gegend nördlich von Middelburg ist Siedlungsgebiet der **Ndebele,** strahlende Farben und geometrische Muster prägen ihr Kunsthandwerk und ihre Bauten. Den Stil kann man wohl am besten auf den bemalten Hauswänden sehen, er ist aber auch auf buntem Perlenschmuck, Kleiderkreationen oder Decken- und Wandbehängen zu finden. Ndebele-Exkurs s.S. 159.

Unterkunft Middelburg und Umgebung

Olifants River Lodge Diese Familienferienanlage liegt am Ufer des Great Olifants River, 20 km südwestlich von Middelburg an der R555 in Richtung eMmalahleniWitbank. Hier gibt es Unterkunft mit und ohne Verpflegung in verschiedenen Kategorien sowie 50 Camping- und Caravanplätze mit Elektrizität. Eine Bar und ein Restaurant sorgen fürs leibliche Wohl. 8 Presidentsrus, Middelburg, Tel. 013-2439401, Cell 082-8923029, www.olifants-river-lodge.co.za. DZ Dinner+Ü/F ab R750.

Topiary Guest House Schönes und ruhig gelegenes Gästehaus mit fünf Zimmern und Pool am westlichen Stadtrand, direkt gegenüber vom Golfplatz. Restaurants und Shopping-Malls sind schnell zu erreichen. Anfahrt über N4, Ausfahrt Middelburg-West/Ultra City. 101 Leipoldt St, Middelburg-Golfsig, Cell 082-9531418. DZ/F R500, Dinner a.A.

The Orion Das Orion ist ein schönes Gästehaus mit fünf Zimmern, Pool und Wi-Fi am südlichen Stadtrand von Middelburg und in der Nähe von Restaurants und Shopping Malls. Die Anfahrt über die N4 ist zugleich bequem, dann man muss nicht erst durch die Stadt, sondern bleibt am Stadtrand. 29 Baviaanskloof St, Middelburg-Aerorand, 913.2441850, Cell 082-5680912, www.theorion.co.za. DZ/F R1100.

Alternativroute nach Sabie

Bei schönem Wetter und wenn man Zeit hat, sollte man von eMakhazeni/Belfast, das an der N4 liegt, über Dullstroom, Lydenburg/Mashishing und den Long Tom Pass nach Sabie fahren. Bei Regen empfiehlt es sich, weiter auf der N4 zu bleiben und die anschließend aufgeführte Strecke zu fahren.

Region Mpumalanga Midlands Meander

Im Dreieck der Orte eMakhazeni/Belfast, Dullstroom und dem östlichen Emgwenya/Waterval Boven an der N4 liegt der *Mpumalanga Midlands Meander,* eine Region mit vielen Seen und Flüssen. Fliegenfischen steht hier an erster Stelle, Besucher können ferner Reiten, Wandern, Kanufahren und einiges mehr.

eMakhazeni/Belfast

130 km östlich der Middelburg-Ausfahrt der N4 kommt die Ausfahrt zum unscheinbaren eMakhazeni/Belfast, auf erfrischenden 2025 Metern Höhe gelegen. Das Städtchen ist nach einem Iren aus Belfast benannt, auf dessen Farmgrund es entstand. Sie ist einer der beliebtesten Orte zum Forellenangeln und daneben werden hier im Jahr 6 Millionen Tulpenzwiebeln für den Export produziert. Um Belfast herum wird Gemüse angebaut und Kohle und schwarzer Granit abgebaut. Es gibt hier schöne Unterkünfte und das Klima ist hier aufgrund der Höhe auch im Sommer angenehm.

Dullstroom

Dullstroom liegt 35 km nördlich von Belfast an der R540, wegen seiner Überschaubarkeit (ca. 6000 Ew.) ideal für eine Pause. Der Ort ist ein Zentrum des Forellenangelns, im September und Oktober finden hier verschiedene Wettbewerbe statt. Die ersten Forellen wurden hier 1916 ausgesetzt und sie fühlen sich in den kühlen Bächen und Seen so wohl, dass heute Angeln und Forellenzucht die Haupterwerbsquelle von Dullstroom ist und Angler aus der ganzen Welt hierher kommen. In Dullstroom entspringt der *Crocodile River,* der durch den Krügerpark fließt. Der Ort ist auch ein empfehlenswertes erstes Etappenziel für diejenigen, die erst nachmittags in Johannesburg gelandet sind und deren Ziel der Krügerpark ist. Hier in der Gegend kann man schön übernachten und den Reisestress loswerden.

Restaurants *Dullstroom Inn* Historischer Pub im Ortskern mit ganzjährig loderndem Kaminfeuer. Frühstück, Pub-Lunch und Dinner, tägl. bis 21 Uhr geöffnet. Ecke Teding van Berkhout/Oranje Nassau Sts, Tel. 013-2540071. – *Anvil Ale* Theo & Sarie de Beer tischen selbstgebrautes *Blonde Ale, Pale Ale* und *Baltic Porter*-Bier auf. Café mit Frühstück zu humanen Preisen. – *Harrie's Pancakes* Filiale der berühmten Graskop-Pfannkuchenschmiede mit einer Auswahl süßer und herzhafter Teigfladen. Ecke Main Rd/Gunning St, 8–17 Uhr.

Unterkunt in Dullstroom und im Midlands Meander

Duck & Trout Einfache Unterkunft in Dullstroom mit 7 Zimmern und privaten Parkplätzen. Zur Unterkunft gehört die 20 Meter entfernte Pizzeria. Lion Cachet St (R540), Tel. 013-2540047, www.duckandtrout.co.za. DZ R540.

Rainbow Lodge Ideal für Angler ist diese ehemalige Farm mit 5 Self Catering-Cottages in verschiedenen Größen. Die Lodge befindet sich 6 km nördlich von Belfast an der Straße nach Dullstroom. Belfast-Groenvlei, Tel. 084-5002267, www.rainbowlodge.co.za. FeWo R520–700.

Greystone Lodge Diese Lodge im Angelparadies Dullstroom bietet ebenfalls Ferienhäuser, entweder auf Selbstverpflegungs- oder B&B-Basis. Vorhanden sind 8 Chalets und 2 Apartments, Bar und Restaurant. Anfahrt von Belfast 9 km auf der R540 nach Dullstroom, dann Wegweiser beachten. Elandsfontein, Dullstroom, Tel. 013-2569111, Cell 072-1498261, www.greystonelodge.co.za. FeWo ab R630, Mahlzeiten a.A.

Außergewöhnlich: **Forest Creek Lodge & Spa** Diese Lodge ist ein Kleinod in den Bergen bei Dullstroom mit 5 Suiten und 2 Ferienwohnungen in gemütlichem Ambiente. Wanderwege führen durch die einzigartige Bergwelt, außerdem kann man hier Tontaubenschießen, auf Elefanten und Pferden reiten, Forellenangeln und sich als Abschluss zuhause massieren lassen. Neben dem Afternoon-Tea wird abends ein viergängiges Menü serviert, Selbstverpflegungsgäste können das ebenfalls buchen. – Anfahrt von der N4 über die *R36* nach Lydenburg, nach 18 km ist rechts der *Kwena Dam,* danach links auf die Schotterpiste nach Rustenburg. Nach 4 km ist links ein Wegweiser zur Lodge. Dullstroom, Tel. 013-2352480, 073-2564478, www.forestcreek.co.za. Dinner+Ü/F R1225 p.P., FeWo R1100.

Lydenburg/Mashishing

Von Dullstroom geht es weiter auf der R540 durch die Steenkampsberge in Richtung Lydenburg. Die hügelige Landschaft ist hier recht idyllisch und die Straße nicht stark befahren. Nach ca. 60 km ist Lydenburg bzw. Mashishing erreicht, ca. 25.000 Ew. Der Name kommt von „Leyden", dem holländischen Wort für „Leiden", und ist eine

Gründung der Voortrekker. Hier gibt es eine Platinfabrik und die Gegend ist ebenfalls bei Anglern wegen der klaren Forellenbäche beliebt.

Sehenswert in Lydenburg: die von den Voortrekkern gebaute *Dutch Reformed Church* und das *Lydenburg-Museum,* in dem sich sieben Replikate der sogenannten „Lydenburg Heads" befinden. Dies sind ca. 2500 Jahre alte Terrakotta-Köpfe, die auf der nahen Sterkspruit-Farm gefunden wurden. Sechs von ihnen zeigen menschliche Gesichter, einer ist so etwas wie ein Tierkopf. Wahrscheinlich wurden diese Masken für rituelle Zwecke genutzt. Die wertvollen Originale befinden sich im South African Museum in Kapstadt.

Wer dort in der Gegend eine außergewöhnliche Unterkunft sucht, sollte ein paar Kilometer nördlich von Ohrigstad nach links auf die R555 links abbiegen. Dort, 10 km von Ohrigstad, finden Sie die *Iketla Lodge,* eine stilmäßig besondere Lodge, das Wort „Romantik" drängt sich förmlich auf. Auf einer Anhöhe befinden sich acht riedgedeckte Chalets, alle mit Blick über das Tal, Wälder und felsige Berge. Die Lodge mit Pool liegt auf einem 540 ha großen Naturreservat mit 32 km markierten Wanderwegen (begleitete Wanderungen mit einem Ranger sind inklusive). Das Dinner wird gemeinsam mit den Gastgebern eingenommen und der Abend klingt in geselliger Runde aus. Iketla Lodge, Tel. 013-2388900, Cell 013-2388900, www.iketla.com. DZ Dinner+Ü/F R2280.

Wer statt nach Sabie nach **Graskop** möchte, nimmt die R36 in Richtung Ohrigstadt. Nach 28 km kommt der R533-Abzweig nach Pilgrim's Rest/Graskop über den *Robbers Pass.*

Weiterfahrt Lydenburg – Sabie

In Lydenburg gibt es an der R540 ein Hinweisschild zur R37 nach Sabie. Dabei geht es über den **Long Tom Pass,** einer langgezogenen Passstraße am Mount Andersen. Seinen Namen verdankt der Pass den Langrohr-Kanonen der Buren aus französischer Fertigung im Zweiten Burenkrieg 1899–1902, die die englischen Truppen wegen der Reichweite ihrer Schüsse „Long Tom" nannten. Ein Replikat kann man an der Straße bewundern. Die Passhöhe liegt bei 2150 Metern, es ist die höchste asphaltierte Passstraße Südafrikas. Zeitweilig kann man noch sehen, wo damals die ursprüngliche Passstraße entlangführte, die „Old Harbour Road", denn damals ging der Post- und Warenverkehr zur Delagoa Bay in Mozambique hier entlang.

Von der Passhöhe führt die R37 in sog. „Staircase"-Serpentinen bergab und seitwärts sieht man die „Devil's Knuckles", einige steile Hügel. Knapp 50 km hinter Lydenburg biegen Sie an der T-Junction links ab nach Sabie.

Weiter auf der Hauptroute 1b nach Sabie

(Karte s.S. 191, Panorama-Straße)

Wer nicht über Dullstroom, Lydenburg und den Long Tom Pass nach Sabie fährt, bleibt in Belfast auf der N4 und biegt dann bei Montrose von der N4 nach Sabie ab (wer zum südlichen Krügerpark möchte, bleibt auf der N4 und erreicht 26 km hinter Montrose Mbombela/Nelspruit, s.S. 197).

Hinter eNtokozweni/Machadodorp, 30 km hinter Belfast, gabelt sich die N4 in eine nördliche und eine südliche Strecke. Wer hier in Autobahn-Nähe eine Unterkunft sucht, nimmt den **nördlichen Zweig** der N4 durchs Schoemanskloof Valley und geht ins empfehlenswerte Old **Joe's Kaia.** Old Joe's Kaia ist ein familiengeführtes Country House mit Restaurant in schöner Berglandschaft, dt.-spr. Es gibt 13 verschiedene Wohneinheiten mit 2 oder 3 Betten. Genau 42 km nach der Straßenteilung steht ein Hinweis nach Old Joe's Kaia, die Lodge liegt links von der Straße. Tel. 013-7333045/6, Cell 086-5181778, www.oldjoes.co.za. DZ/F R1110, mit Dinner R1450.

1

Südliche N4-Strecke

Sie passieren den kleinen Ort *Waterval Boven,* was auf Afrikaans „über dem Wasserfall" heißt (heutiger Name Emgwenya). Waterval Boven liegt oben am Rande des Escarpments und am Ufer des Elands River. Das Schwesterstädtchen heißt demzufolge *Waterval Onder,* „unter dem Wasserfall" im Lowveld. Zwischen diesen beiden Orten befinden sich die 75 Meter hohen *Elands River Falls,* manchmal auch *Waterval Boven Falls* genannt. Die diese Wasserfälle umgebenden Felsen sind beliebtes Ziel für Felskletterer.

Beide Orte wurden Ende des 19. Jahrhunderts gegründet, weil hier die Eisenbahn von Pretoria nach Lourenço Marques an der Delagoa Bay gebaut wurde, dem heutigen Maputo in Mozambique. Die Eisenbahn wurde von der NZASM, der *Nederlandsche Zuid-Afrikaansch Spoorweg Maatschappij* gebaut und transportierte in erster Linie die bei Witbank geförderte Kohle für die Schiffsverladung. Der Bahndamm zwischen Waterval Onder und Waterval Boven auf dem Escarpment war kurz und steil. Dabei mussten die Züge auf 7,5 Kilometer Länge einen Höhenunterschied von 208 Metern bewältigen und einen steilen, kurvigen Tunnel. Später wurde die Strecke über eine größere Distanz von 14 Kilometern mit zwei Tunneln gestreckt. Der alte Tunnel und die alte Brücke unterhalb des neuen Tunnels wurden zu Denkmälern erklärt.

Hinter Waterval Onder kommt auf der N4 bald eine Engen-Tankstelle mit netter Restauration und Geschäften. Man schaut von hier aus auf einen kleinen See. 35 km weiter, kurz hinter Ngodwana, führt rechts eine kleine Straße nach *Kaapsehoop.*

Kaapsehoop

Der malerisch gelegene Ort mit viktorianischen Bauten befindet sich auf einem Hochplateau und ist Heimat der vom Aussterben bedrohten Blau- oder Stahlschwalbe. Hier wurde extra ein großes Stück

Grasland naturbelassen, um den Vögeln einen natürlichen Lebensraum zu bieten. Bekannt ist der Ort jedoch für seine Pferde, die Wildpferde von Kaapsehoop sind einige der letzten wilden Herden in Südafrika.

Ein mit gelben Fußstapfen markierte Wanderweg beginnt mitten im Ort Kaapsehoop (GPS S25.35.634 E30.45.917) und führt durch ein eigenartiges, steiniges Gelände bis zum 2000 Meter hoch gelegenen Sendeturm. Von dort aus hat man eine beeindruckende Weitsicht. Nach der Rückkehr kann man eines der gastronomischen Angebote im Dorf ausprobieren oder Kunstartikel-Geschäfte besuchen.

Montrose Falls und Sudwala Caves

Etwa 16 km hinter Ngodwana vereinigen sich die beiden N4-Zweige wieder und 4 km später zweigt von der N4 bei Montrose die R539 nach Norden ab. Hier geht es rechts auf einen Parkplatz, von dort führt ein etwa 500 m langer Fußweg zu den Fällen, wo der Crocodile River als **Montrose Falls** 12 Meter abstürzt. Die Stelle ist beliebt bei Kanuten und in den Rockpools kann man baden.

Auf der R539 weiter nach Sabie (ca. 50 km), wo Sie an einer T-Junction rechts abbiegen müssen, führt geradeaus eine kleine Straße zu den **Sudwala Caves.** Dieses vor 240 Millionen Jahren entstandene Tropfstein-Höhlensystem am Übergang vom High- zum Lowveld gehört zu den ältesten der Welt. Es ist ungefähr 30 Kilometer lang, davon sind allerdings nur 600 Meter in einer normalen Besichtigungstour begehbar, in einer speziellen Tour sind 2000 Meter möglich. Eine der großen Höhlen wird wegen ihrer guten Akustik für Musikkonzerte genutzt. Einstündige Rundtour von 1,2 km Länge, tägl. 8.30–16.30 Uhr, R70 p.P., weitere Infos auf www.sudwala.com. Neben den Höhlen befindet sich der **PR Owen Dinosaur Park** mit lebensgroßen Exemplaren in einem Freilichtmuseum, tägl. 8.30–17 Uhr, www.dinopark.co.za, R50.

Die R539 nach Sabie steigt nun gemächlich an und führt, ständig begleitet von Kiefernwäldern, über den Sudwala-Pass. Bei Rosehaugh stößt sie dann auf die besser ausgebaute R37 nach Sabie, wohin es noch 30 km sind.

Wandern

In Nähe der Sudwala Caves beginnen diverse Wanderungen, buchbar über *Komatiland Forests/Komati-Eco-Tourism.* Den Komatiland Forests untersteht der gesamte Waldbau Südafrikas und er verwaltet auch den Eco-Tourismus. Die Touren müssen vorher gebucht werden, ebenso die Übernachtungen, da es an der Strecke keine Alternativen gibt. Infos, Karten, Anfahrtsbeschreibungen und ein Buchungsformular auf www.komatiecotourism.co.za.

Bakkrans Day Trail – in der Nähe der Sudwala Caves, südlich von Sabie an der R539. Der Rundweg ist 11 km lang und führt zum Bakkrans Waterfall. Er wechselt zwischen Pinienwald und niedrigem Buschwerk innerhalb der Schlucht. *Uitsoek Overnight Hiking Trail* – in der Nähe der Sudwala Caves. Dieser anspruchsvolle Weg führt Sie von den Ausläufern der Drakensberge zum Escarpment-Steilabbruch hinauf und zurück. Die Wanderung ist u.a. wegen der Vielfalt an Bäumen und Tieren interessant. Zum Wandern immer Kopfbedeckung, Sonnenschutzcreme und Wasser mitnehmen.

Sabie

Sabie hat 12.000 Einwohner und liegt auf 1120 Meter Höhe. Lilablühende Jacaranda-Bäume säumen die Straßen. Die Anfänge der Stadt mit eher dörflichem Charakter gehen auf den Goldrausch im 19. Jahrhundert zurück, als 1871 erste Goldspuren entdeckt wurden. Die damals gegründete *Glyn Lydenburg Goldmine* war bis 1950 aktiv. Während des Goldabbaus wurde der heimische Wald abgeholzt, um den Holzbedarf in den Stollen zu decken. Joseph Brook Shires begann deshalb bereits 1876 mit dem erwerbsmäßigen Holzanbau, auch „grünes Gold" genannt. Sabies heutiger Reichtum stammt neben dem Tourismus vor allem aus dieser Forstwirtschaft und die südafrikanische Waldbauindustrie ist eine der größten der Welt. Im *Sabie Forestry Industry Museum* in der Stadtmitte kann der Besucher sich über die Geschichte der Holzindustrie informieren, und wer weiß schon, dass in Südafrika 360.000 Bäume pro Arbeitstag gepflanzt werden! Das sind mehr als 90 Millionen Bäume pro Jahr! Ecke 7th/10th Ave, Tel. 013-7641058, www.sabie.co.za/tour/sabieroute.html. Mo–Fr 8–16.30, Sa 8–12 Uhr, Eintritt R5.

Im Sommer ist es hier oben in den Bergen sehr angenehm. Während im nahen Lowveld alle schwitzen müssen, weht hier oben eine angenehme Brise. Im Winter wird es nachts kühl, tagsüber ist es jedoch weiterhin warm.

Es gibt in Sabie zwar viele kleinere Geschäfte, jedoch keine große Shopping Mall. Wer also mal richtig einkaufen möchte, muss nach Nelspruit fahren (60 km). Das Info Tourism Office befindet sich am Market Square, Greenview SPAR Centre (ausgeschildert), Tel. 013-7642580. Weitere Infos auf www.sabie.co.za. Außerdem vorhanden: ein 9 Loch-Golfplatz mit Restaurant, Squashhalle und Bowlingbahn sowie Minigolf. Lage außerhalb an der Straße R37 (Long Tom Pass) nach Lydenburg, rechts. Tel. 013-7642282, Cell 082-5729351, www.sabiegolf.com.

Markt in Sabie

Unterkunft

Sabie River Camp Empfehlenswerter Campingplatz, 1 km außerhalb von Sabie an der Brücke der 532 nach Graskop. 62 Stellplätze für Caravan, Zelt und Pool. Tel. 013-7643282, Cell 082-8063939, www.sabierivercamp.co.za.

Mary Pebbles Resort Das Familienresort hat 26 Huts und Ferienwohnungen mit 1–3 Schlafzimmern, Sitzbereich, Kitchenette, Bad, Terrasse und 180 Camping- und Caravan-Stellplätze mit Strom direkt am Sabie River. Tennis, Angeln, Mountainbike-Strecken, warmer und kalter Pool, Minigolf, Restaurant, Wi-Fi. 1 km zum Stadtzentrum Sabie. Anfahrt über die Old Lydenburg Road, Richtung Lone Creek Falls. Tel. 013-7642266 u. 013-7641502, www.marypebbles.co.za. FeWo R650–950.

Valley View Lodge Kleines B&B am östlichen Stadtrand in Hanglage mit drei Gästezimmern, Pool und Parkplätzen, dt.-spr. Es werden außerdem Ausflüge zum Krügerpark und zur Panorama-Straße angeboten. Main Rd, Cell 076-9019858, www.valleyviewlodge.co.za. DZ/F R700.

Villa Ticino Im Zentrum von Sabie in kurzer Gehweite zu Restaurants und Geschäften liegt die empfehlenswerte Villa Ticino mit Pool, Parkplätzen und Wi-Fi, dt.-spr. Das Traditionshaus ist seit über zwanzig Jahren im Besitz des deutsch-schweizerischen Ehepaares Ute und Felix. Die sechs großzügigen und gemütlichen Gästezimmer verfügen alle über ein eigenes Bad und einen Balkon. Louis Trichardt St, Tel. 013-7642598, www.villaticino.co.za. DZ/F R770–900.

Hillwatering Country House Dieses hübsche und gepflegte Gästehaus mit fünf sehr großzügigen Gästezimmern, Parkplätzen und Wi-Fi befindet sich in Mount Anderson, einem südwestlichen Vorwort von Sabie mit großartigem Bergpanorama und Blick auf den Bridal Veil-Wasserfall. Restaurants und Geschäfte sind nur einige Fahrminuten entfernt. 50 Marula Street, Tel. 013-7611421, Cell 072-5539285, www.hillwatering.co.za. DZ/F R820–880.

Porcupine Ridge Das historische Haus gehörte früher zur Minenstadt und umfangreiche Renovierungen haben es in ein gemütliches Gästehaus mit fünf Gastzimmern verwandelt. Es ist sehr ruhig gelegen und befindet an einem Waldhang oberhalb der R536 nach Hazyview und nur fünf Fahrminuten vom Zentrum Sabies entfernt. 5 Vanaxe Estate, Cell 082-8180277 u. 073-6116349, www.porcupineridge.co.za. DZ/F 860–1060.

Restaurants

The Wild Fig Tree Centre Gemütliches Restaurant mit überdachter Terrasse für warme Abende und kleinem Curio Shop. Interessante Pizza-Auswahl, Steaks, Fisch, Salat, Vegetarisch und saisonale Küche. Louis Trichardt St, Tel. 013-7642239.

The Woodsman Pub & Restaurant Bar, Restaurant und große Außenterrasse. Steaks, *Spare ribs*, Fisch, Salat, Vegetarisch. Spezialitäten: Zypriotische Küche, gutes Weinsortiment und Fassbier zu annehmbaren Preisen. 94 Main St, Tel. 013-7642204.

Smokey – The Train Restaurant Eisenbahn-Restaurant, man kann im Wartesaal, im Waggon oder draußen sitzen. Pizza, Hamburger, Pfannkuchen, Prawns, Potjies. Schöne Aussicht, gute Atmosphäre und Musik, meist Oldies. Steaks nicht empfehlenswert. So Abend u. Mo geschl. Main St, hinter der BP-Tankstelle, Tel. 013-7643445.

Attilio's Steak Ranch Einfaches Restaurant mit Außenplätzen und kleiner Karte. Steaks und Rippen sind sehr gut und preiswert, Weine eher weniger, lieber Bier bestellen. Ab 20 Uhr geschlossen. Shop 37, Sabie Market Square, keine Reservierung.

Wanderungen bei Sabie

Zu nachfolgenden ein- und mehrtägigen Komatiland-Wanderungen in der Sabie-Gegend gibt es ausführliche Infos, Karten, Anfahrtsbeschreibungen und ein Buchungsformular auf www.komatiecotourism.co.za. Den Komatiland Forests untersteht der gesamte Waldbau Südafrikas und er verwaltet auch den Eco-Tourismus. Die nachfolgenden Touren müssen vorher gebucht werden, ebenso die Übernachtungen, da die Strecken meist nicht auf öffentlichen Wegen stattfinden und es keine private Übernachtungsmöglichkeiten gibt. Permits zwischen R5 bis R20 p.P./Tag und evtl. Parkgebühren sind vor Ort zu zahlen. Zum Wandern immer Kopfbedeckung, Sonnenschutzcreme und Wasser mitnehmen.

Loerie Day Trail

Diese schwierige Tour von 14 km Länge beginnt am Castle Rock Caravan Park oder der Ceylon Plantage und führt den Besucher durch die schönen Täler des Sabie River. Von der Ceylon Plantage geht der Weg zu den majestätischen Bridal Veil Falls und an den Glynis und Elna Falls vorbei zu einem Höhenzug, von wo der Wanderer einen beeindruckenden Blick über das Tal von Sabie hat. Von hier aus folgt der Weg einem Baumgürtel und geht anschließend in einen Waldweg über, bevor er zum Castle Rock hinabführt. Der letzte Wegabschnitt führt am Sabie River entlang, es gibt auch eine Abkürzung.

Forest Nature Walk

Dieser 4 km lange Rundweg durch einen aromatischen Pinienwald beginnt und endet an der Green Heritage Picnic Site. Achtzig Prozent der Wegstrecke führt durch Wälder und entlang des Mac-Mac Rivers bis zu den Forest Falls. Diese Fälle sind breiter als hoch und die Namen der Bäume sind entlang der Route aufgeführt.

Graskop Day Trail

Die Tagestour beginnt am Graskop Hut, der zum mehrtägigen Fanie Botha Trail gehört. Dieser gemäßigte Weg von 13,3 km führt durch Pinienwälder, überquert den Mac-Mac River auf einer Betonbrücke und geht danach wieder durch Wälder bis zum breiten, aber niedrigen Forest Fall. Anschließend führt eine einfache Strecke den Rest des Weges zum Ausgangspunkt zurück.

Secretary Bird Day Trail

Dieser 3 km lange Rundwanderweg beginnt und endet an den Mac-Mac Pools und führt durch Wald und offenes Grasland. Sonnenschutz ist hier sehr wichtig, es gibt nur wenig Schatten. Auf dem Parkplatz ist eine Grillstelle und man kann nach dem Wandern in den Pools baden.

Beestekraalspruit Day Trail

Rundweg von 11 km Länge, Dauer ca. fünf Stunden. Er führt am Bach Beestekraalspruit entlang zu dessen Quelle. Anschließend geht der Weg weiter hinunter in eine bewaldete Schlucht, hier soll eine der besten Stellen zum Angeln in Mpumalanga sein.

Matumi Hiking Trail

Wenn man auf der R536 zwischen Sabie und Hazyview bei Three Rivers reinfährt, kann man das Auto beim Sabie Valley Coffee Shop parken (s.S. 194). Das Schild zum Matumi Hiking Trail befindet sich hinter dem Café bei der Holzbrücke. Von dort aus kann man über Stock und Stein entlang der idyllischen Flusslandschaft spazieren gehen, bis man zum Zusammentreffen von drei Flüssen kommt. Hier vereinigen sich der Sabie, Sabaan und der Mac-Mac River. Die Wanderung dauert mindestens drei Stunden und am Schluss kann man sich im Café mit einem Imbiss stärken.

Fanie Botha Overnight Hiking Trail

(Dieser mehrtägige Trail, einer der bekanntesten Wanderwege Südafrikas, kann mit anderen verbunden werden und man kann dann bis zu vier Tagen wandern). Dieser Trail bietet natürliche Swimmingpools und schöne Szenerien im Sabie-Tal, vor allem vom Mount Moodie hat man einen atemberaubenden Ausblick. An diesem Wanderweg befinden sich unter anderem die berühmten 68 Meter hohen Lone Creek Falls und die 65 Meter hohen Mac-Mac Falls mit vielen stattliche Yellowwood-Bäumen im Umfeld.

Panorama-Straße R532

Die Mpumalanga Panorama-Straße R532 zwischen Sabie im Süden und den Echo Caves im Norden ist rund einhundert Kilometer lang. Auf der Strecke können Sie etliche Wasserfälle besuchen, und wo das Wasser aufschlägt, entstanden meist kleine Seen, manche mit Bademöglichkeit. Den Anfang machen die südwestlich von Sabie gelegenen Horseshoe Falls. Nördlichste Attraktion der Panorama-Straße sind die *Echo Caves*.

Horseshoe Falls Die so treffend genannten Wasserfälle haben die Form eines Hufeisens und liegen in einem Wäldchen. In Sabie Richtung nördlicher Ortsausgang fahren und hinter dem Sabie Backpackers links in die Old Lydenburg Road abbiegen. Nach 6,8 km links auf eine Schotterpiste und noch weitere 3,6 km. Die Piste kann bei Nässe matschig sein. Eintritt R5 p.P.

Lone Creek Falls Der 68 m hohe Lone Creek Wasserfall ist der schönste der drei ersten, deshalb auch zum *National Monument* erhoben. Es gibt Toiletten und Picknickplätze. Anfahrt wie bei den Horseshoe Falls über die Old Lydenburg Road, nur folgt erst nach 9 km das Gate. Ein kurzer Spaziergang von 200 Metern durch den Wald führt zum Fuß des Wasserfalls, bei Nässe kann der Fußweg glitschig sein. Nicht für Rollstuhlfahrer geeignet. Eintritt R10/Auto.

Bridal Veil Falls Der durchsichtige Wasservorhang erinnert an einen Brautschleier, deshalb der Name. Von Sabie nur 6 km entfernt. Anfahrt wieder über die Old Lydenburg Road, 2 km. Vor dem Sägewerk *York Timbers* fahren Sie rechts und folgen 3 km der teils asphaltierten, teils geschotterten Zufahrt, dabei überqueren Sie den Sabie River. Ein anspruchsvoller, 750 Meter langer Spaziergang durch den Wald führt zu dem 70 Meter hohen Wasserfall. Der Weg ist für Rollstuhlfahrer nicht geeignet, Toiletten sind vorhanden. Eintritt R10/Auto.

Sabie Falls Diese Fälle befinden sich an der R532 im nordwestlichen Außenbereich von Sabie. Ein kurzer Wanderweg führt vom Parkplatz zum Aussichtspunkt unter einer Brücke, von wo man den 73 Meter hohen Wasserfall sehen kann. Man hat auch oben von der Brücke einen guten Ausblick. Es gibt Parkplätze und der Weg ist mit personeller Unterstützung für Rollstuhlfahrer geeignet. Eintritt R10 p.P.

Mac-Mac Pools Dieser Familien-Picknickplatz mit seinen natürlichen Schwimmbecken liegt an der R532, 8 km nördlich von Sabie. Die schattigen Grillplätze befinden sich auf einer gepflegten Rasenfläche und hier startet und endet der *Secretary Bird Day Trail* (s.S. 245). Von den verschiedenen Pools kann man aber nur in einem wirklich schwimmen und sie sind in der Saison sehr gut besucht. „Mac-Mac" war der Name eines früheren Goldgräber-Camps in der Gegend. Eintritt R5 p.P.

Mac-Mac Falls Diese Wasserfälle sind 65 Meter hoch und befinden sich 10 km nördlich von Sabie an der R532, zum *National Monument* erhoben. Sie waren ursprünglich nur ein einziger Fall, doch die Goldgräber haben den Felsen mit Dynamit gesprengt, um den Fluss umzuleiten und an das Gold unter dem alten Wasserfall zu gelangen. Heute ist es ein Doppel-Wasserfall, was man aber nicht zu jeder Jahreszeit erkennen kann. Der Abzweig zum Parkplatz befindet sich am Souvenirshop. Ein steiler, asphaltierter Weg (nicht für Rollstuhlfahrer) führt zur Aussichtsplattform über den Fällen. Eintritt R5/Auto.

Forest Falls Vorab-Hinweis: Eintrittskarten (Permits) für den Weg zum Forest-Wasserfall gibt es im *Mac-Mac Forest Retreat* bei den Mac-Mac Falls. Die Forest Falls befinden sich direkt an einem Bahnübergang, 13 km nördlich von Sabie. Man kann aber nicht mit dem Auto direkt hinfahren, man muss am Picknickplatz parken und den 7 km langen Rundwanderweg zu den Fällen gehen. Der Spaziergang führt durch einen wohlriechenden Pinienwald zu den Fällen, der Wasserfall ist der einzige der Gegend, der breiter als hoch ist.

Ehemaliges Goldgräberdorf Pilgrim's Rest

An der nächsten Straßengabelung geht es nach links auf der R533 in 17 km nach Pilgrim's Rest. 1873 fand Alec Patterson Gold im Fluss, der durch dieses Tal fließt und löste damit den größten Goldrausch der Gegend aus. Der Goldabbau dauerte bis 1972, danach wurde der Ort zu einem Museumsdorf umfunktioniert. Heute wird hier aus allem „Gold" gemacht, in jedem der kleinen Häuser entlang der langen Hauptstraße befindet sich entweder ein Restaurant, ein Geschäft oder sonst was womit man Touristen „erleichtern" kann. Der Andrang von Bustouristen ist immens! Wer die über 70 mehr oder weniger sehenswerten Punkte in „Up- und „Downtown" genauer ansehen möchte, holt sich im Information Centre einen Ortsplan. Wer sich wirklich für die Goldgräberzeit interessiert, besucht lieber auf unserer Route 2b Barberton, s.S. 267. Dort kann man ohne extremen Touristenauflauf eine historische Goldmine besichtigen.

Pilgrim's Rest Information Centre, Main Street gegenüber Royal Hotel, Tel. 013-7681060, www.pilgrims-rest.co.za, tägl. 9–16.30 Uhr.

Pilgrim's Rest Golfplatz 1932 gegründeter Golfclub mit historischem Clubhaus. Die 9-Loch-Anlage verfügt über viele schattige Bäume. Anfahrt: R533 nach

Trödelladen in Pilgrim's Rest

Lydenburg, ca. 2 km hinter dem Ortsausgang rechts. Informationen unter Tel. 013-7681434, www.pilgrimsrestgolfclub.co.za.

Prospector's Overnight Hiking Trail Dieser mehrtägige Wanderweg bei Pilgrim's Rest gibt bereits durch seinen Namen einen Hinweis, um was es auf dieser Route geht (Prospector = Goldsucher). Es ist nicht nur ein Wanderweg, sondern auch ein lebendes Museum. Wer sich für Geschichte interessiert, ist hier genau richtig. Bei dieser Wanderung bekommt man eine ziemlich genaue Vorstellung vom Leben eines Goldgräbers, es werden nachgebaute Zelte und Werkzeuge gezeigt. Aber nicht nur die Geschichte ist hier faszinierend, sondern zugleich die Szenerie ringsherum. Hier wächst die Clivia, eine Unterart der Hochland-Protea und Fynbos, dies sind nur einige Pflanzen, die diesen Weg so einmalig machen. Die Wanderung muss bei Komatiland Ecotourism angemeldet werden: Infos, Karten, Anfahrtsbeschreibungen und ein Buchungsformular auf www.komatiecotourism.co.za.

Mount Sheba Nature Reserve (öffentliches Privatgelände bei der Hotelanlage *Forever Resort Mount Sheba*). Das 1110 ha großen Naturreservat ist der beste Vogelbeobachtungsstandort der Provinz und verfügt über ein ausgezeichnetes Netz an Wanderwegen zwischen 1 und 5 Stunden Dauer. Die Touren führen durch Berge, Flusstäler und großartige Landschaften. Auf dem 2000 Meter hohen Mount Sheba ist der höchstgelegene Regenwald Südafrikas zu finden. Wanderkarten sind an der Rezeption des Forever Resorts Mount Sheba erhältlich. Außerdem gibt es dort ein Restaurant, www.mountsheba.co.za.

Anfahrt über die R533 von Pilgrim' Rest zum Robbers Pass. Nach ca. 12 km kommt links der Abzweig zum Mount Sheba, in der Nähe der höchsten Straßenerhebung. Ab hier Schotterpiste ins Reserve. Nach starken Regenfällen wegen danach entstehender Schlaglöcher vorsichtig fahren. Auskunft über den Straßenzustand Tel. 013-7681241.

Unterkunft Pilgrim's Rest

Royal Hotel 50 Gästezimmer mit viktorianischen Badezimmern sind auf verschiedene historische Gebäude im Umkreis vom Haupthaus verteilt. Main St, Uptown, Tel. 013-7681100, 013-7681044, www.pilgrimsrest.org.za.

The Vine Restaurant & Johny's Pub Traditionelle südafrikanische Küche, Lamm- und Straußen-Potjie, Curries und Stews. Man kann drinnen und draußen sitzen, geöffnet zum Lunch und Dinner. Main St, Downtown, Tel. 013-7681080.

The Royal Hotel & Restaurant À-la-carte-Menüs, Schwerpunkt Steak und Geflügel. Geöffnet zum Lunch und Dinner. Main Street, Uptown, Tel. 013-7681100.

Weiterfahrt: Natural Bridge

Dieses Naturwunder befindet sich zwischen dem Abzweig nach Pilgrim's Rest und Graskop an der R532. Parken Sie an den Souvenirständen und folgen einem kurzen Fußweg in eine kleine Schlucht, wo der Mac-Mac River sich einen Weg unter den Felsen gesucht und so eine Brücke geschaffen hat. Diese natürliche Brücke wurde früher von den Voortrekkern und später von den Transportfuhrwerken zur Überquerung des Mac-Mac Rivers genutzt.

Graskop

Das kleine Graskop befindet sich 30 km nördlich von Sabie auf 1493 Höhenmetern. Wie andere Siedlungen der Gegend ein Forstwirtschaftsort, einst als Goldgräberflecken gegründet. Man lebt hier aber auch vom Tourismus der Panorama-Straße. In der Hauptsaison ist hier viel los, obwohl nichts Besonderes geboten wird.

Die Luis Trichardt- und Hoof Street säumen Souvenirläden und kleine Restaurants – *Harrie's Pancakes* gilt als eine Graskop-Institution, www.harriespancakes.com! Unser Tipp ist das *Canimambo,* Luis Trichardt/Ecke Hoof Street, Tel. 013-7671868 (Gerichte *portuguêsmoçambicano,* probieren Sie das *Peri-peri Chicken* oder *Peri-peri Prawns).* Gleichfalls in der Louis Trichardt Street (s. Stadtplan) befindet sich *The Glass House Restaurant,* mit Steaks, Fisch, Lamm und Currygerichten, Cell 079-0740581.

Hauptstraße in Graskop

Information *Panorama Information & Reservation,* Rays Building, Louis Trichardt St, Tel. 013-7671377. Graskop Reservation & Information, SPAR Centre, Richardson St, Tel. 013-7671833, www.graskop.co.za.

Weiterfahrt Von Graskop führt die R535 auf knapp 40 km nach Hazyview ins Tiefland – Serpentinen ohne Ende! 5 km vor Hazyview liegt linker Hand das **Shangana Cultual Village,** Tel. 013-7375804, www.shangana.co.za (s.S. 192).

Souvenirs, Souvenirs

Wer irgendwo ein schönes Souvenir entdeckt hat, sollte es gleich vor Ort kaufen und nicht darauf hoffen, es anderswo günstiger zu bekommen. Manche Stücke findet man einfach nur ein einziges Mal und ärgert sich hinterher. Kaufen Sie keine dunkel gebeizten Holzgegenstände als Speisegeschirr, diese dunklen „Beizen" könnte Schuhcreme sein. In Holzwerken von Straßenmärkten leben oft noch Holzwürmer, deshalb das gute Stück ein paar Tage in die Tiefkühltruhe legen, diese Holzwürmer überleben keine Minusgrade.

Ausflüge und sportliche Aktivitäten in und um Graskop

Die *Thaba Tsweni Lodge* (s.u.), 9 km nördlich von Graskop an der R532, organisiert Touren zu umliegenden Attraktionen. Tagestour *Krügerpark* R850 (2 Pers.), R700 (4 Pers.). *Blyde River Canyon Panorama Tour,* Tagesfahrt R750 (2 Pers.), R675 (4 Pers.). Begleitete Wanderung Blyde River Canyon, ganztägig, R550 (2 Pers.), R850 (4 Pers.). Quadbike-Trails zu den Berlyn- und Lisbon-Wasserfällen, R360/Stunde. Die Lodge hat auch die NAUI-Tauchschule, denn im Blyde River Canyon gibt es einige anspruchsvolle Stellen zum Tauchen, täglich Exkursionen. Infos Tel. 013-7671380, www.blyderivercanyonaccommodation.com.

White Water Rafting

Der Blyde River ist auch ein Fluss für Wildwasser-Rafting. *Thaba Tsweni Safaris* mit Wendel Hough als Guide führt eine anspruchsvolle Tagestour durch den Canyon zwischen den „Bourke's Luck Potholes" und den 8,5 km entfernten „Three Rondavels" mit tollen Landschaftszenen durch. Anschließend Bootsfahrt über den Damm und Transfer zum Ausgangspunkt. Mindestalter 16 Jahre. Nur Oktober – April. Start frühmorgens, inkl. Lunch R1200. Tour mit Übernachtung: wie Tagestour, jedoch Übernachtung in der Wildnis in Rundhütten unterhalb der „Three Rondavels" mit Dusche, Dinner bei Kerzenschein. Morgens wird zum Swadini-Anleger gepaddelt, danach Transfer zum Ausgangspunkt. R1500 inkl. Mahlzeiten u. 4 Drinks.

Weitere Touren (Okt–April): *Sabie River Rafting,* ganzjährig. *Olifants Gorge River Rafting,* halbtags. *Olifants Gorge River Rafting,* zwei Tage. *Lower Blyde River Rafting,* 3 km, R180. *Lower Blyde River Tubing,* 1 Stunde, R130. Buchungen, Auskunft und Preise bei Wendel Hough, Graskop, Tel. 013-7671380, www.wildadventures.co.za.

Gorge Swing of Graskop

Dies ist kein normaler Bungee, sondern man fällt in 3 Sekunden an einem der längsten Bungee-Seile mit 160 km/h 68 Meter in die Tiefe. Dabei stürzt man nicht wie üblich kopfüber hinunter, sondern steckt in einem Geschirr und fällt sitzend. Auch Tandemsprung ist möglich. Alternativ kann man an einem Stahlseil 131 Meter weit über die Schlucht gleiten (Zip-lining). Beobachten kann man alles entspannt bei einem Getränk in der „Edge Bar" auf der anderen Seite der Schlucht. 1 km außerhalb an der Hazyview-Straße R533, Tel. 013-7671886, 013-7671621 oder in der Unterkunft. Big Swing R320, Gleiten R70, Tandemsprung R480.

Kaffee-Farm

Auf einer Tour durch die Kaffeefarm „Verster Coffee Estate" erfährt der Besucher alles über Kaffeesträucher und sieht, wie Kaffeebohnen verlesen und verarbeitet werden. Man kann den Muntermacher auch gleich probieren und zusehen, wie er verkostet wird. „The Loft" ist ein Coffee Shop und Tea House mit Snack-Restaurant, Tel. 082-3325591. Anfahrt: 25 km östlich von Graskop an der Hazyview-Straße R533 nach dem Kowyn Pass.

Unterkünfte in und um Graskop

Pilgrim's Rest Caravan Park 15 km nordwestlich von Graskop an der R533. 300 schattige Caravan- und Zeltplätze, Pool, Laden und Restaurant. Tel. 013-7681309 013-7681427.

Panorama View Chalets 21 Camping- und Caravanplätze und Chalets für 2–6 Personen, Pool (DZ/F ab R600). An der R535, 2 km in Richtung Hazyview. Tel. 013-7671091, www.panoramaviewchalets.co.za.

Graskop Holiday Resort 100 Stellplätze für Caravan und Zelt, auch Unterkünfte, Pool. Zentral, Ecke Louis Trichardt/Hugenote Sts (R533). Tel. 013-7671126, Cell 073-3902581.

Mogodi Lodge Diese schön gelegene Anlage mit tollem Blick auf die Graskop Gorge Falls und das Lowveld verfügt über 22 Hotelzimmer, 14 Apartments für Selbstversorger, 4 Backpacker-Zimmer und das *Kowyns Outlook Restaurant.* Kowyns Pass Road R535, ca. 1 km außerhalb, Tel. 013-7671110, www.mogodilodge.co.za. Pool, Restaurant, Minigolf. DZ ab R595, FeWo ab R760.

Zur Alten Mine Ein deutsches Paar vermietet vier gemütliche, gut ausgestattete Holzferienhäuser mit offenem Kamin und Veranda bzw. Garten in traumhafter Landschaft. Die Gästefarm mit Gästecomputer und Grillstelle befindet sich 4 km westlich von Graskop an der R532, rechte Seite. Tel. 013-7671925, Cell 073-2369289, www.zuraltenmine.co.za. FeWo R450–500, Frühstück a.A. R50.

Thaba Tsweni Lodge & Safaris Das Familienunternehmen liegt ruhig im nördlichen Außengebiet von Graskop und bietet sieben unterschiedlich große, gut ausgestattete Ferienhäuser, alle mit eigenem Garten und Grillstellen. Die Berlyn-Wasserfälle sind zu Fuß erreichbar. *Thaba Tsweni Safaris* organisiert Touren zu allen umliegenden Attraktionen, in den Krügerpark und es gibt hier eine Tauchschule, dt.-spr. 9 km nördlich von Graskop, Farm 506 Berlyn, an der Zufahrt zu den Berlyn Falls von der R532, einen Kilometer weiter, Tel. 013-7671380, Cell 083-3702225, www.blyderivercanyonaccommodation.com. FeWo ab R500, Frühstück/Dinner a.A.

Blyde Lodge Zentral in Graskop gelegenes Gästehaus mit 9 Zimmern, Swimmingpool und Wi-Fi. Das familienfreundliche und barrierefreie Haus verfügt über zwei Familienzimmer für 2 Kinder bis 12 Jahren. 42 Oorwinning St, Tel. 013-7671535, www.blydelodge.co.za. DZ/F R600–700, Dinner a.A.

Westlodge Im nordöstlichen Graskop gelegenes 4-Sterne-Gästehaus in schönem viktorianischen Stil. 5 Gästezimmer, eigene Parkplätze und Wi-Fi. In Richtung nördliche R532, 12 Vermeulen St, Tel. 013-7671390, www.westlodge.co.za. DZ/F ab R1232.

Traum-Panorama: rechts die Three Rondavels, im Tal der Blydepoort Dam

Blyde River Canyon (Karte S. 191, Panorama-Straße)

Der **Blyde River Canyon,** eine der größten Schluchten der Welt, zählt zu den spektakulärsten Sehenswürdigkeiten Südafrikas. Der kilometerbreite Canyon ist stellenweise bis zu 700 Meter tief, 25 km lang und überwindet auf dieser Länge 1000 Höhenmeter. Er besteht zum größten Teil aus rotem Sandstein und gehört zum 60 km langen und 26.000 km^2 großen **Blyderivierspoort Nature Reserve,** das sich zwischen der eindrucksvollen Felssäule *The Pinnacle* bei Graskop und dem *Blydepoort Dam* am nördlichen Ende erstreckt. Der Blyde River, der „Freude-Fluss", fräste sich im Lauf der Jahrtausende tief durch das Gestein und hinterließ mit den Auswaschungen beim **Bourke's Luck Potholes** einen weiteren optischen Höhepunkt.

Aussichtsstraße R534 Nördlich von Graskop führt die R534 als Straßenschleife von der Hauptstraße R532 an den Aussichtspunkten *God's Window* und *Wonder View* vorbei. Von ihnen hat man an klaren Tagen freie Sicht über das rund 1000 Meter tiefer liegende *Lowveld,* weit über den Krügerpark hinweg bis nach Mozambique. Erster Fotostopp rechts der Straße ist **The Pinnacle,** eine freistehende, 30 m hohe Felssäule. Die Zufahrt zum **God's Window,** zum „Aussichtsfenster Gottes", folgt nach gut 5 Kilometern. Vom Parkplatz aus führt ein steiler Fußweg am Abhang entlang. Es gibt hier Toiletten und Souvenirläden. Einen letzten Panoramablick über das Lowveld hat man vom **Wonder View,** mit 1700 m ü.d.M. der höchstgelegene Aussichtspunkt der Gegend und direkt an der Straße.

Lisbon Falls Zurück an der Hauptstraße R532 folgen nun die vielen Wasserfälle entlang der Blyde River Canyon-Straße. Für die Lisbon Falls müssen Sie ab der Straßeneinmündung 800 Meter zurück in Richtung

Lisbon Falls

Graskop fahren und dann rechts in eine Schotterstraße. Nach 2,2 km Sie sind da. Mit ihren 92 Metern gehören die *Lisbon Fälle* zu den höchsten und spektakulärsten Wasserfällen der Region. Eintritt frei.

Berlyn Falls
Foto siehe S. 235

Ein paar Kilometer weiter nördlich folgen links der R532 die 45 Meter hohen *Berlyn Falls,* die auch bequem zu erreichen sind und ihren Namen nach der Farm tragen auf der sie liegen. Vom Parkplatz der Fälle gelangt man nach einem kurzen Fußmarsch zum Aussichtspunkt.

Bourke's Luck Potholes

Die Einfahrt zum Visitor Centre ist gleich an der R532, beschildert als „Potholes".

Geologisch sind *potholes* tiefgründige Strudellöcher und Auswaschungen im Gesteinsbett eines Flusses, wie hier beim *Treur Rivers* (afrikaans: „Trauer-Fluss") kurz vor seiner Mündung in den *Blyde River,* benannt nach Tom Bourke, einem Goldgräber, dem hier aber kein Glück beschieden war. Jahrhundertelang haben hier Wasserstrudel mit Sand und Steinen als Schmirgel Löcher in das Flussbett gegraben, Stege führen über und entlang der eindrucksvollen Wassererosion. Die beste Zeit zum Fotografieren ist um die Mittagszeit, wenn das Licht senkrecht in die Abgründe fällt. Im Visitor Centre bekommt man nähere Informationen und hier ist außerdem der Startpunkt des 700 Meter langen Rundwegs (Rollstuhlfahrer können nicht bis zur Schlucht fahren, obwohl der Weg als barrierefrei bezeichnet wird). Tel. 073-7743617, Eintritt R25 p.P.

Spektakulär: Bourke's Luck Potholes

Lowveld View Dieser Aussichtspunkt zwischen *Bourke's Luck Potholes* und den *Three Rondavels* ermöglicht einen Blick auf den Blyde River Canyon, den *Blydepoort Dam* und auf das Lowveld.

Drie Rondawels/ Three Rondawels Dieser letzte Abzweig von der Panorama-Straße, 4,6 km nördlich vom Lowveld View, ist das Highlight der Strecke schlechthin (Zufahrtslänge knapp 3 km). Hier befinden sich die „Drei Rondavels", eine Formation beeindruckender Bergkegel in Form von überdimensionierten Rondavels, den traditionellen südafrikanischen Rundhütten mit Kegeldächern. Sie erheben sich bis zu 700 Meter über der umgebenden Landschaft und sind nach den drei zänkischsten Ehefrauen von Chief Maripi Mashile benannt. Von links nach rechts: *Magabolle, Mogoladikwe* und *Maseroto.* Maripi Mashile war ein Stammesfürst des Pulana Clans aus dem 19. Jahrhundert, der mit seiner Sippe in die Berge geflohen war und sich von dort aus erfolgreich gegen die Swazis durchsetzte.

Hinter den Three Rondavels erhebt sich der höchste Berg der Mpumalanga-Drakensberge, der 1944 m hohe und nach einem Chief benannte *Mariepskop*. Zu Füßen liegt einem der Blydepoort Dam. Beste Fotografierzeit ist nachmittags. Eintritt R10 p.P.

Blydepoort Dam und World's End Am nördlichen Ende des Canyons bietet sich vom Aussichtspunkt *World's End* ein fantastischer Blick auf den 700 Meter tiefer liegenden und 370 ha großen *Blydepoort Dam,* der von Blyde River und Ohrigstadt River gepeist wird. *World's End* befindet sich innerhalb der Anlage des *Forever Resort Blyde Canyon* und gehört zum *Blyderivierspoort Nature Reserve* mit vielen Wanderwegen. Vorhanden: Guest House für Kleingruppen, Chalets für 2–5 Personen und Camping-/Caravanplatz mit 30 schattigen, großzügigen Stellplätzen mit Elektrizität. Angeboten werden Pferdeausritte und begleitete Tageswanderungen in den Canyon hinunter an (wer ohne Führer wandern will, sollte dies zu seiner eigenen Sicherheit an der Hotelrezeption melden und sich bei der Rückkehr wieder abmelden). Des Weiteren Tankstelle, geheizter Pool, Restaurant, Bar, Liqueur Store. Tel. 086-122-6966, www.foreverblydecanyon.co.za. Chalet für 2 Pers. ab R800.

Echo Caves Auf dem letzten Stück der R532 passieren Sie die Grenze zur Provinz Limpopo. Wenn die R532 in die R36 einmündet geht es zu den Echo Caves kurz nach links, dann den Hinweisschildern nach rechts zu den Höhlen folgen.

Die Echo Caves sind ein unterirdisches Höhlensystem, das ein Farmer 1923 zufällig auf der Suche nach einer Wasserquelle entdeckte. Eine seiner Kühe verschwand plötzlich in einer Höhe und er stellte fest, dass es sich um eine Tropfsteinhöhle mit Echoeffekt handelte. Es existieren einige interessante Felsgravuren der San und die weitläufigen Gänge führen zu einer Kammer, die 100 m lang und 40 m hoch ist. Die 2 km lange Besichtigungstour dauert 45 Minuten. Touren tägl. 8.30–16 Uhr, Tel. 013-2380015, www.echocaves.co.za.

Rückfahrt nach Graskop und Sabie

1. Möglichkeit: Von den Echo Caves auf der R36 nach Süden und links in die R533 abbiegen. Sie führt über den Robbers Pass nach Pilgrims' Rest und Graskop.

2. Möglichkeit: In Richtung Bourke's Luck Potholes zurückfahren und kurz weiter südlich rechts nach Vaalhoek/Pilgrims' Rest abbiegen. Die Vaalhoek Road ist eine einsame Schotterpiste (mit Pkw befahrbar), die durch das Vaalhoek-Tal führt. Sie führt zum Teil am Blyde River entlang und kreuzt ihn mehrfach über kleine Brücken. Von Pilgrim's Rest weiter nach Graskop oder Sabie.

Von der Panorama-Straße zur R40 nach Hoedspruit und Krügerpark

Die Panorama-Straße stößt auf die R36, wo Sie für die Anfahrt zur R40 nach rechts in Richtung Tzaneen abbiegen. Zum **Abel Erasmus Pass** steigt die Straße an, danach fährt man durch den **Strijdom Tunnel.** An der T-Junction weiter geradeaus auf der R527 Richtung Hoedspruit. Etwa 4 km später kommt links *Monsoon Pan African Art,* ein Kunsthandwerksgeschäft.

Kurz vor der Brücke über den Blyde River zweigt rechts die Driehoek Road ab, auf der man zur *Blyde River Canyon Lodge* gelangt. Gleich nach der Brücke ist der *Blyde Stop* mit Straßenständen und Tankstelle. Etwa zwei Kilometer weiter erreichen Sie eine T-Junction, links liegt das **Khamai Reptile Centre** (www.khamai.co.za), geradeaus führt die R527 nach Hoedspruit (20 km, s.S. 189). Sie aber biegen ab auf die R531 Richtung Acornhoek/Orpen Gate. Etwa 700 m weiter geht es rechts rein zum **Zuleika Country House,** ein schön gelegenes 4-Sterne-Gästehaus mit Pool auf großem Gelände.

Übernachten kann man in einem der 5 Zimmer mit AC oder in 2 Ferienwohnungen, zum Blyde River sind es sieben Gehminuten. Tel. 087-8062097, Cell 072-4801334, www.zuleika.co.za. Man kann bei der Firma *Suncatchers* eine Heißluftballonfahrt machen, die Fahrten beginnen jeweils 20 Minuten vor Sonnenaufgang und dauern eine Stunde, im Anschluss daran wird ein Sektfrühstück in der Landschaft serviert. Voranmeldung nötig, allerspätestens einen Tag vorher. Startpunkt ist die *Otters Den Launch Site,* gleiche Einfahrt wie Zuleika Country House. Cell 087-8062079 u. 082-5722223, www.suncatchers.co.za. Ca. R3000 p.P.

Auf der R531 weiter folgt links eine Abzweigung nach Hoedspruit und ca. 7 km weiter kommt links die **Bombyx Mori Silk Farm** (Seidenfarm u. Cotton Club Café). In Südafrika gibt es eine eigene Art von Seidenraupen mit Namen Mopane worm *(Gonometa rufobruuea).* Da diese Seide zu grob für feine Seidenwaren ist, wurde früher der *Mulberry silkworm* oder auch *Bombyx mori* aus China eingeführt und in Südafrika vermehrt. Auf dieser ungewöhnlichen Farm kann der

Besucher sehen, wie Seide hergestellt und verarbeitet wird. Natürlich sind die Produkte auch im hauseigenen Shop erhältlich. Cell 082-8089203 u. 072-4673310.

Bootsfahrt auf dem Blydepoort Dam

Auf dem Stausee kann man Hippos, Krokodile und Seeadler beobachten und das Schiff fährt zu den 200 m hohen Tufa-Wasserfällen. Dieser *Kadishi Tufa Waterfall* hat das Aussehen eines weinenden Gesichts, „The weeping face of nature", nennen ihn die Südafrikaner.

Blyde Dam Boat Trips, Zufahrt von der R531, der Ausschilderung zum Forever Resort Swadini und Blydepoort Dam folgen, Preis p.P. R95, Mindestpersonenzahl 6. Abfahrten um 9, 11 und 15 Uhr, Dauer 1,5 Std. Buchungen mind. 2 Std. vorher unter Tel. 015-7955961, Cell 072-2604212, www.bookings@blydecanyon.co.za, www.blydecanyon.co.za.

Moholoholo Rehabilitation Centre

Hinter dem Abzweig rechts zum Blydepoort Dam liegt gleichfalls auf der rechten Straßenseite das **Moholoholo Rehabilitation Centre.** Wildtiere und Raubvögel, die verwaist oder verletzt waren, werden hier in möglichst natürlicher Umgebung wieder aufgepäppelt und anschließend wieder ausgewildert. Zum Teil sind es auch Raubkatzen, die von Menschen aufgezogen und später aufgrund der von ihnen ausgehenden Gefahr abgegeben wurden. Des Weiteren werden bedrohte Tierarten gezüchtet und Farmer lernen allmählich um, dass sie Raubtiere nicht sofort abschießen, sondern sie von Mitarbeitern dieser Organisation abholen lassen. Das alles wird von Rangern in einer 2,5-stündigen Tour ausführlich vorgestellt. Tel. 015-7955236, Mo–Sa 9.30–15 Uhr, sonntags geschlossen, weitere Infos auf www.moholoholo.co.za. Eintritt R110.

In Klaserie **stoßen Sie auf die R40** und damit auf unsere **Route 1a.** Wenn Sie links in Richtung Hoedspruit fahren, so erreichen Sie die Private Game Reserves *Balule, Timbavati* und *Klaserie*. Geradeaus geht es zum Krügerpark durch das Orpen Gate.

Die R40 nach rechts in Richtung Hazyview führt zum *Sabi Sands Private Game Reserve* und zu den südlichen Gates des Krügerparks.

Beschreibung des Straßenabschnitts von Hoedspruit nach Nelspruit s.S. 188

2 Route 2b: Nach KwaZulu-Natal

Diese Route 2b ist die Fortsetzung der Routen 1a und 1b, die in Mbombela/Nelspruit endeten, s.S. 200

Falls Sie von Nelspruit **durch Swaziland** fahren möchten: s.S. 290. Beginn Streckenbeschreibung ab Umjindi/Barberton S. 267.

Routenverlauf

Von Mbombela/Nelspruit auf der R40 nach Süden nach Barberton – R38 eManzana/Badplaas – R541 Lochiel – N17 – R33 Amsterdam – R33 eMkhondo/Piet Retief – eDumbe/Paulpietersburg – Vryheid – Blood River – Dundee/Endumeni – Rorke's Drift u. Isandlwana – Ulundi – Hluhluwe-Imfolozi Park – N2 – Durban.

Streckenbeschreibung als direkte Fortsetzung der Reiseroute ab Mbombela/Nelspruit s.u. S. 267.

Übersichtskarten

Mpumalanga-Povinzkarte S. 232, KZN-Provinzkarte s.S. 259, Durban Nordküste S. 275 und eMakhosini S. 287.

Entfernungen

Mbombela/Nelspruit bis zum Hluhluwe-Imfolozi Park/Cengeni Gate (Osttor) ca. 500 km.

Was Sie erwartet

Schlachtfelder der Briten, Vortrekker und Zulu. Spuren deutscher Einwanderer. Zulu-Historie. Einsames Fahren übers Land mit wenig Verkehr und Tourismus.

Größere Feste in KZN

Februar: *Midmar Mile Swimming Race*

April/Ostern: *Splashy Fen Festival* (Underberg/Drakensberg, großes Musik-Festival)

Mai: *Ncema Harvest Festival* (in St Lucia, 1.–10. Mai; auch in anderen Orten in KZN). – *Comrades Marathon*, Durban – Pietermaritzburg, 87,3 Kilometer.

Umuzi Simunye

Juni: *Royal Agricultural Show* (zehntägige landwirtschaftliche Ausstellung in Pietermaritzburg mit Rahmenprogramm). – *Sardine Festival,* South Coast, Port Shepstone, Margate u.a., www.sardinerun.co.za

September: *Zulu Reed Dance-Festival.* Alljährlich am 1. (oder 2.) Samstag im September versammeln sich vor der Königsresidenz *eNyokeni,* etwa 8 km nördlich von Nongoma im Zululand, mehr als Zehntausend Jungfrauen aus der gesamten Provinz.

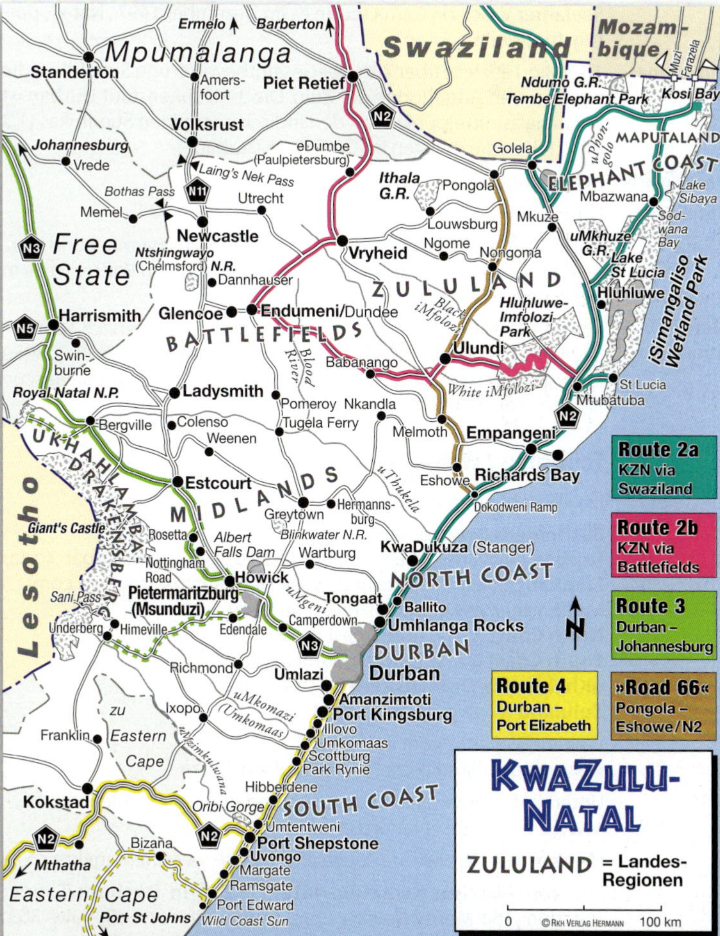

KwaZulu-Natal Kurzprofil – yebo! (Zulu für „ja")

Daten & Fakten

Hauptstadt Pietermaritzburg

Fläche 92.100 qkm (etwa so groß wie Süddeutschland). Als einzige Provinz Südafrikas inkorporiert KwaZulu-Natal ein Königreich, *The Zulu Kingdom*. Derzeitiger König ist *Goodwill Zwelethini*, geb. 1948.

Namen Die Vorsilbe „Kwa" bedeutet „Platz der ... (Zulu)". Der portugiesische Seefahrer Vasco da Gama taufte es im Dezember 1497 „Natal", portug. für „Weihnachten".

Einwohner 10,7 Mio. Hier lebt über 20% der Gesamtbevölkerung Südafrikas, die meisten sind Angehörige der Zulu. Die 3-Millionenstadt Durban ist Wirtschaftsmittelpunkt. Von den Indischstämmigen Südafrikas (1,3 Mio.) leben die meisten im Großraum Durban.

Hauptsprache neben Englisch: isiZulu

Flughäfen Durban, King Shaka International Airport

Klima Am Indischen Ozean ist es im Sommer zwischen November und März heiß und schwül. Die Hochlagen sind gemäßigt, im Winter ist es in den Drakensberge kalt bis sehr kalt.

Notrufnummern Polizei 10111 • Ambulanz 10177 • Tourist Customer Service Tel. 031-3224188, Cell 086-0101099 • National Road Safety, Tel. 0800-203950 • Automobile Association (AA): Tel. 031-2650437 • Mountain Rescue Services Tel. 0800-005133

Tourismus / Webseiten

Es gibt acht Tourismusregionen:

Battlefields (www.amajuba.gov.za)
Durban (www.durbanexperience.co.za u. www.teamdurban.co.za)
Elephant Coast (Maputaland, www.elephantcoasttourism.com)
Midlands (www.midlands-meander.com)
North Coast (www.northcoast.org.za)
South Coast (www.tourismsouthcoast.co.za)
uKhahlamba Drakensberg (www.uthukeladm.co.za)
Zululand (www.zululandtourism.org.za)

Weitere Websites vom Zululand:
www.visitzululand.co.za • www.zululand.org.za

Unterkünfte: www.zululand-accommodation.co.za/index.php
www.zululandreservations.co.za

Museen in KZN: www.museumsofkzn.co.za • www.heritagekzn.co.za

Sitz von **Tourism KwaZulu-Natal (TKZN) in Durban:** Tourist Junction, 160 Monty Naicker Road (früher Pine Street), Suite 303,

Durban 4001, Tel. +27 (0)31-3667500, Fax +27 (0)31-3056693, Fax-on-demand +27 (0)82-2325670, Homepage **www.zulu.org.za.** Diese umfangreiche Website bietet u.a. einen aktuellen zweimonatigen Veranstaltungskalender, den Web-Führer *www – what, where & when* durch die acht Reiseregionen sowie den *Durban CBD Bus Service.*

Die touristische Vertretung von **KwaZulu-Natal in Deutschland** ist Birgit Hüster, bhuester@tourlinkafrica.de, www.tourlinkafrica.de.

Ezemvelo KwaZulu-Natal Wildlife

Zuständig für alle **Provincial Parks** in KwaZulu-Natal und für alle weiteren Naturschutzgebiete ist die staatliche Organisation **Ezemvelo KZN Wildlife** (www.kznwildlife.com oder www.ekznw.co.za), die Kwa Zulu-Natal-Version der südafrikanischen Nationalparkbehörde **South Africa National Parks** (SANParks, www.sanparks.org). Die **Wild Card** von SANParks für ermäßigte Eintritte gilt auch in KZN, Ezemvelo KZN Wildlife Pendant heißt *RhinoCard.* Details auf www.kznwildlife.com.

In KwaZulu-Natal gibt es zahlreiche staatliche *Game Parks, Game Reserves, Wilderness Areas, Wildlife Parks, Nature Reserves, Marine Reserves* und *Wilderness Areas.* Ezemvelo KZN Wildlife organisiert alle touristischen Angebote in den Parks und man reserviert Übernachtungen auf www.kznwildlife.com.

Meistbesucht ist der **Hluhluwe-Imfolozi Park.** Daneben gibt es noch zahlreiche (teure) *Private Game Parks.*

Ein paar Wörter Zulu

„Hallo" (ich grüße Dich, singular) – *sawubona*

„Hallo" (plural, Gruß an mehrere) – *sanibonani*

„Hallo" (wir grüßen, 1. Person plural) – *sanibona*

Wie geht es dir (sing.)? – *kunjani?*

Wie geht es euch (pl.)? – *ninjani?*

Ich danke – *ngiyabonga*

Wir danken – *siyabonga*

mir geht es gut, danke – *ngiyaphila, ngiyabonga*

uns geht es gut – *sisaphila*

mir geht es auch gut – *nami ngisaphila*

uns geht es auch gut – *nathi sisaphila*

ja – *yebo*

nein – *cha*

Entschuldigung – *uxolo*

ich suche/wo ist (Platz/Sache) – *ngifuna*

Wie komme ich nach ... – *kuyiwa kanjani e ...*

viele – *ningi*

heute – *namuhla / namhlane*

gestern – *izolo*

morgen – *kusasa*

jetzt – *manje*

Auf Wiedersehen – *sala kahle*

möge es Dir gutgehen – *hamba kahle*

isiZulu, die Sprache der Zulu

IsiZulu gehört zur großen Bantu(baNtu)-Sprachfamilie. Es ist eine tonale Sprache, d.h., mit einer Änderung der Tonhöhe bei der Aussprache ändert sich Bedeutung eines Wortes. Eine weitere Besonderheit sind drei verschiedene, sog. „implosive Konsonanten", clicks, wie in der Xhosa-Sprache. Das oft vorkommende „hlu" wie in Hluhluwe-Park wird „schl" gesprochen.

In KwaZulu-Natal gibt es mehrere regionale Varianten, verstanden und gesprochen wird isiZulu auch noch in der nördlich angrenzenden Provinz Mpumalanga. Als Muttersprache von über 10 Millionen Menschen ist isiZulu die meistgesprochene Sprache Südafrikas.

Ein Merkmal sind Präfixe: Das Stammwort bleibt gleich, das Präfix indiziert die Anzahl der Personen die man anspricht. Wenn Sie die Sprache interessiert, sollten Sie sich den Kauderwelsch-Sprachführer Zulu – Wort für Wort von Reise Know-How zulegen, Beispielseiten auf www.reise-know-how.de.

Sanibonani – Willkommen in KwaZulu-Natal

Touristisch ist KwaZulu-Natal für uns die vielseitigste und „afrikanischste" Provinz Südafrikas – manche sagen auch, KwaZulu-Natal ist Südafrika in einer Provinz –, denn von allen Schönheiten des Landes am Kap hat diese Provinz nur „das Beste" abbekommen: Ein ganzjährig subtropisches Klima, endlose Badestrände am Indischen Ozean, weite Grassteppen und Buschland mit zahlreichen Wildreservaten, sattgrüne Hügellandschaften in den *Midlands* und bis zu 3000 Meter hohe Gipfel im Wanderparadies der *Drakensberge,* von den UN zum Weltnaturerbe erhoben, wie auch der *iSimangaliso Wetland Park* in der Nordostecke des Landes. Der Park ist ein einzigartiges Naturschutzgebiet mit einer ganz besonderen Tier- und Pflanzenwelt, mit Lagunen am Meer und hohen Dünen.

Wer sich für Kolonialgeschichtliches interessiert, sollte durch die *Battlefields*-Region fahren wo sehr viele historische Schlachten und Kämpfe zwischen Zulu, Buren und Briten stattfanden. Außerdem ist KwaZulu-Natal prallvoll mit Kultur: Neben den überall präsenten Traditionen der Zulu, des bekanntesten Volkes Südafrikas, gibt es vielerorts Zeugnisse europäischer Besiedlungsgeschichte. Die ältesten Spuren menschlicher Besiedlung hinterließen die **San** in den Drakensbergen, wie ihre bis zu 8000 Jahre alten Felsmalereien bezeugen.

Die Zulu-Großregion umfasst das Gebiet nördlich des uThukela-Flusses bis zur Grenze von Swaziland und Mozambique. Richtung Osten erstreckt sie sich über die N2 hinweg bis zum Indischen Ozean. Der Nordosten, das *Maputaland,* ist Teil der Tourismusregion „Elephant Coast". Topografisch wird die überwiegend hügelige Landschaft beherrscht von Zuckerrohrplantagen, Baumwoll- und Maisfeldern, Gemüseanbau und großen Weideflächen.

KwaZulu-Natal besitzt eine sehr gute touristische Infrastruktur, ein gut ausgebautes Straßennetz, Unterkünfte für jeden Anspruch, eine vielfältige Gastronomie und mit der Route 2b und der „Road 66" noch ein Stück authentisches Afrika.

Die Reiseregionen KwaZulu-Natals

Durban/ eThekwini Die größte Stadt KwaZulu-Natals am Indischen Ozean, Afrika-Europa-Asien *melting pot,* Strandstadt und mit dem Vergnügungspark *uShaka Marine World.*

South Coast Küste und Strandorte südlich von Durban. Die „Hibiscus Coast" ist die beliebteste Ferienküste Südafrikas mit zahllosen Unterkünften und einem großen Angebot für Aktiv-Touristen sowie Ausflügen ins Hinterland.

North Coast Küstenorte nördlich von Durban zwischen feinen Sandstränden und weiten Zuckerrohr-Landschaften in subtropischem Klima.

Zululand Das historische Kerngebiet der *amaZulu*, der „Menschen des Himmels" mit Zulu Cultural Villages und Museen. Großartiger Hluhluwe-Imfolozi Park mit artenreicher Tierwelt und den „Big Five".

Elephant Coast Der iSimangaliso Wetland Park ist das drittgrößte Wildschutzgebiet Südafrikas und UNESCO Weltnaturerbe. Viel Wasser und endlose Strände, Land- und Bootssafaris. Maputaland im Norden: Afrika im Kleinformat mit Elefantenparks und der Unterwasserwelt an der Küste.

Battlefields Die größte Konzentration an historischen Schlachtfeldern der Briten, Buren und Zulu in Südafrika.

Drakensberge Eine über 250 Kilometer lange Gebirgskette, die größte Bergwildnis Südafrikas mit Gipfeln über 3000 Metern. Einsames Gebirgs-Afrika, UNESCO Weltnaturerbe uKhalamba Drakensberg.

Midlands Das fruchtbare Vorland der Drakensberge in gemäßigter, mittlerer Höhenlage. Die Touristenroute *Midlands Meander* bietet ländliche Idylle mit vielen Unterkünften, Kunsthandwerk und gemütlichen kleinen Restaurants.

Routen und Reisen

Je nachdem wo Ihr KwaZulu-Natal-Einreisepunkt ist, haben Sie mehrere Möglichkeiten das Land zu **durchqueren** oder es auf einer **Rundreise** kennenzulernen. Ziel- und Ausgangspunkt ist dabei immer **Durban.**

Norden: auf der N11, N2 oder von Swaziland kommend – am schnellsten nach Durban auf der N2. Durchs Inland entweder auf unserer Südafrika-Hauptroute **2b** (via Battlefields) oder auf der östlicheren „Road 66" von Pongola an der N2 über Ulundi und Eshowe bis zur N2.

Westen: auf der N3 von Durban nach Johannesburg: unsere Südafrika-Hauptroute **3**

Süden: auf der N2 zum Eastern Cape bis Port Elizabeth: unsere Südafrika-Hauptroute **4**

Große RUNDREISE ab Durban

Wer nach Durban einfliegt, kann zu einer Rundreise aufbrechen. Die Abschnitte unten sind ungefähre Tagesetappen *ohne* Übernachtungen. Auch in entgegengesetzter Richtung möglich. In Details bei den Orten oder in den entsprechenden Kapiteln.

Durban – Port Shepstone

Von Durban fahren Sie auf der N2 (alternativ R102) Richtung Süden bis Port Shepstone. Auf der Strecke gibt es viele Orte mit Strandleben, schön ist der südliche Abschnitt. Machen Sie einen Abstecher zur **Oribi Gorge** oder fahren Sie durch Küstenferienorte weiter bis Port Edward (Casinobetrieb Wild Coast Sun).

Port Shepstone – Pietermaritzburg

Von Port Edward geht es auf einer Nebenstraße entlang des *Umtamvuna Nature Reserves* zurück zur N2 und auf der R56 über Ixopo nach Pietermaritzburg. Auf der N3 nun entweder zurück nach Durban und die North Coast hoch (s. Rundreise 2) oder von Pietermaritzburg in die Drakensberge. Dabei kann schon vorher von der N2 bis Kokstadt gefahren werden, dann auf die R617, die einen nach Underberg und Himeville führt (Sani Pass).

Pietermaritzburg – Drakensberge

An der N3 beginnt ab Howick die R103 bis Mooi River, das ist die schöne *Midlands Meander Route*. Von Mooi River über Nebenstraßen nach *Giant's Castle* und später zum Camp *Didima*. Eventuell im Norden der Drakensberge den Royal Natal National Park besuchen.

Drakensberge – Battlefields – Ithala Game Reserve

Über Bergville und Ladysmith geht es nach Endumeni (Dundee) in die Region Battlefields mit Besuch der Schlachtstätte am Blood River. Über Vryheid weiter zum *Ithala Game Reserve.*

Ithala Game Reserve – Kosi Bay

Über das *Phongolo Game Reserve* an der N2/Lake Jozini zum nordöstlichsten Punkt KwaZulu-Natals, *Kosi Bay* am Meer. Unterwegs evtl. Besuch des *Tembe Elephant Parks.*

Kosi Bay – Hluhluwe-Imfolozi Park

Von Kosi Bay auf der R22 zum Hluhluwe-Imfolozi Park.

Hluhluwe – St Lucia

Nach Besuch von St Lucia im iSimangaliso Wetland Park auf der N2 zurück nach Durban, ggf. die Schleife Empangeni – Eshowe fahren.

Das Volk der Zulu

Mit etwa 9 Millionen Menschen sind die Zulu (sprich: Sulu) die größte Volksgruppe Südafrikas (richtiger muss es *amaZulu* heißen, ama = Volk, Zulu = Himmel, also das „Volk des Himmels"). Aus dem zentral-östlichen Afrika nach Süden wandernd erreichten die Vorfahren dieses Nguni-Volkes im 16. Jahrhundert – dabei die San-Urbewohner vertreibend –, das Gebiet nördlich des uThukela-Flusses. Das alte Zulu-Kernland liegt um die Stadt **Ulundi** beim White iMfolozi River mit dem „Tal der sieben Zulu-Könige", *eMakhosini,* und dem *KwaZulu Cultural Museum,* das Sie beim Besuch des Zululandes nicht versäumen sollten.

Zulu-Umuzi

Mtimuni, ein Neffe von Shaka, mit Kurzspeeren iklwa

Es ist eine faszinierende Nation, deren Ruf als Kriegervolk im Anglo-Zulu Krieg nach der Schlacht von Isandlwana 1879, als über 800 britische Soldaten von nur mit Speeren bewaffneten Zulu niedergekämpft wurden, in Eilmeldungen nach London drang. Weit über Südafrika hinaus berühmt wurden die Zulu durch ihren legendären **König Shaka,** ein genialer Kriegsstratege und blutiger Herrscher, der ab 1818 seine Krieger von Sieg zu Sieg führte und in nur zwanzig Jahren das große Zulu-Reich schuf, das in seiner Fläche weit größer war als die heutige Provinz KwaZulu-Natal. Die Zulu sind stolz auf seine Geschichte und sein Erbe.

Bei den Zulu sind traditionell klare soziale Hierarchien kennzeichnend: Das Oberhaupt der Zulu-Nation, politisch und spirituell, war der König. Um ihn scharte sich der Rat der Häuptlinge, die die einzelnen Landesteile regierten. Heute gibt es mit **Goodwill Zwelethini kaBhekuzulu** zwar auch noch einen Monarch, doch ohne politische Machtbefugnisse. Eine lange Kette von Vorfahren verbindet ihn mit dem historischen Shaka.

Durch den Lauf der Geschichte, Industrialisierung, Apartheid und Landflucht sind alte Familienstrukturen und Dorfgemeinschaften weitgehend auseinandergebrochen. Längst leben die meisten Zulu nicht mehr in den von Pfahlzäunen umgebenen Dörfern, den *imizi* (sing. *umuzi*), in denen der Kral, der innere Viehpferch, den markanten Mittelpunkt bildet („Kral" als Bezeichnung für ein Zulu-Dorf ist deshalb nicht ganz korrekt).

Der Stolz und die Einheit der Zulu wurden nach der lähmenden Zeit der Apartheid, als ihr Land nur als sogenanntes „Homeland" oder „Bantustan" existierte, im neuen demokratischen Südafrika mit der Provinz KwaZulu-Natal (KwaZulu =„Platz der Zulu") wiedergeboren. Bekannteste Personen der politischen Führungsriege sind gegenwärtig **Mangosuthu Gatsha Buthelezi,** Führer der Inkatha Freedom Party, **König Goodwill Zwelethini,** geboren 1948 und seit 1968 der 8. Herrscher über das Volk der Zulu, Ehemann von sechs Frauen und Vater von mindestens 27 Kindern (bis 2003) und der 1942 geborene **Jacob Zuma,** derzeit Vorsitzender des ANC und seit Mai 2009 der Präsident Südafrikas. Auch er ist bekennender und Polygamist (was unter Zulu akzeptiert ist) mit bis dato 6 Ehefrauen und 20 Kindern.

Zulukönig Shaka

Shaka – oder *Shaka Zulu* – ist die bekannteste historische Person KwaZulu-Natals. Der König der Zulu wurde **1787** als außerfamiliäres Kind geboren und starb **1828** durch die Hände seiner Halbbrüder.

Um 1818 zur Macht gelangt, bricht Shaka mit allen Stammestraditionen, stellt ständig einsatzbereite Truppen auf und entwickelt neue Kampftechniken: Statt dem traditionellen Wurfspieß verwenden seine Krieger den *iklwa,* einen Nahkampfspeer mit kurzem Schaft und langer, spitzer Klinge. Hatte der Feind seine Speere verschleudert, rannten Shakas *impi* auf ihn zu und stachen ihn mit dem *iklwa* nieder. Gleichzeitig marschierten Shakas Einheiten in einer taktischen Kampfform mit einer zentral vorstoßenden Haupttruppe und zwei Flankenregimentern gegen den Gegner an, der aus diesem Zangenangriff nicht mehr entkommen konnte und vernichtet wurde.

Zeitgenössische Darstellung von Shaka, ca. 1825. Ob er wirklich so ausgesehen hat, ist nicht verifizierbar. Die Zeichnung veranschaulicht seine mächtige Statur und entstand nach einer Skizze des Händlers James King um 1825. Unkorrekt ist Shakas langer Speer, assegai

Shaka erobert aus seinem anfänglich kleinen Stammesgebiet das Territorium zwischen den Flüssen uThukela und uPhongolo, vertreibt andere Stämme oder unterwirft und gliedert sie in sein ständig wachsenden Reich „KwaZulu – Platz der Zulu" ein. Wer sich auflehnt wird getötet, Häuser und Felder werden niedergebrannt. Entwurzelte Gruppen fallen marodierend über andere Gruppen her, die, vor den Angreifern flüchtend, wiederum auf neue Ethnien stoßen, die dadurch in Bewegung gesetzt werden (Domino-Effekt). Einzelne Gruppen flüchten weit nach Norden bis ins heutige Tansania und südlich in Richtung Kap, den vordringenden Weißen entgegen. Diese Zeit der großen Völkerverschiebungen und Fluchtwanderungen, die bis etwa 1835 anhielt, ging als *mfecane* oder *difaqane* in die Geschichte Südafrikas ein.

Shakas Residenz **KwaBulawayo** zählte mehr als 1500 Hütten, sein Besitz an Vieh bestand aus über einhunderttausend Rinder. Der Elfenbeinhändler *Henry Francis Fynn* machte von Durban aus mehrere Reisen ins Zululand. Er konnte 1824 KwaBulawayo besuchen und notierte in seinem Tagebuch, die Anlage habe einen Umfang von beinahe zwei Meilen gehabt und 12.000 Krieger wären bereitgestanden. Um 1824 umfasste das Reich der Zulu etwa 20.000 km² und Shakas Armee war von ursprünglich 3000 auf 20.000 Krieger angewachsen.

Im Oktober 1827 verfiel Shaka Wahnvorstellungen, ausgelöst durch den Tod seiner Mutter Nandi. Nach ihrem Begräbnis verordnete er ein Trauerjahr und veranstaltete ein Gemetzel mit zahllosen Toten. Seine Halbbrüder Umthlangana (Mhlangane) und Dingane, denen seine Gewaltherrschaft unerträglich geworden war, töteten Shaka am 24. September 1828 bei KwaDukuza mit einem *iklwa,* der Waffe, die er erfunden hatte. **Dingane** wurde neuer Herrscher der Zulu.

Shakas Erobererstaat mit der stärksten Streitmacht, die der afrikanische Kontinent je gesehen hatte, sein militärisches Genie und seine Grausamkeit ließen ihn zu einem Mythos werden, der zu zahllosen Berichten, Romanen und Spielfilmen inspirierte. Bereits sehr früh wurde seine historische Person von Zulu-Führern vereinahmt und durch die *Inkatha* (historische Zulu-Organisation, als *Inkatha Freedom Party* politische Gegenpartei des ANC) zum Aufbau einer Zulu-Identität und für einen Zulu-Nationalismus instrumentalisiert.

Zulu-Könige seit Shaka

Shakas Vater hieß *Senzangakhona* (ca. 1762–1816), Zulukönig von 1781–1816. Er hatte drei Söhne, *Shaka, Dingane* und *Mpande.* Vor Senzangakhona gab es, beginnend etwa um 1620, noch vier weitere Zulu-Königsvorfahren.

Der berühmteste Zulukönig war **Shaka** (ca. 1787–1828), Zulukönig von 1816–1828

Dingane (ca. 1795–1840), ein Halbbruder Shakas, Zulukönig 1828–1840

Mpande (1798–1872), Zulukönig 1840–1872

Cetshwayo (1826–1884), Zulukönig 1872–1884

Dinuzulu (1868–1913), Zulukönig 1884–1913

Solomon (1891–1933), Zulukönig 1913–1933

Cyprian Bhekuzulu (4.08.1924–17.09.1968), Zulukönig 1933–1968

Goodwill Zwelethini, geb. 14. Juli 1948, Zulukönig seit 1968

Streckenverlauf Route 2b

Umjindi/Barberton

Von Mbombela/Nelspruit in das alte Goldgräberstädtchen **Barberton** sind auf der R40/R38 45 km. Der sich einen Berghang hinaufziehende Ort liegt 877 Meter hoch, hat 30.000 Einwohner und ist nach dem Digger Graham Barber benannt. Mit seinen restaurierten alten Gebäuden zählt Barberton zu den interessantesten Orten in Mpumalanga. 1881 fand Tom McLachlan das erste Gold, jedoch dauerte es noch zwei Jahre, bis der Goldboom begann. Über Nacht entstand eine Stadt aus Zelten, Hütten und Lehmbauten. Durch das Gold kam viel Geld in die Stadt und so wurde 1887 hier die erste Börse im damaligen Transvaal eröffnet. Jedoch starben viele Goldsucher an Malaria und die privaten Minen gerieten mit der Zeit in die Hände der großen Unternehmen, die sie heute noch besitzen. Die Börse wurde nach Johannesburg verlegt und von der alten *Stock Exchange* ist heute nur noch die Fassade mit drei Bogeneingängen in der Pilgrims Street übrig. Heute gibt es noch sechs kleine Goldminen, die älteste davon ist die *Sheba Mine*. Als Nebenprodukte fallen Silber, Kupfer und Platin an.

2

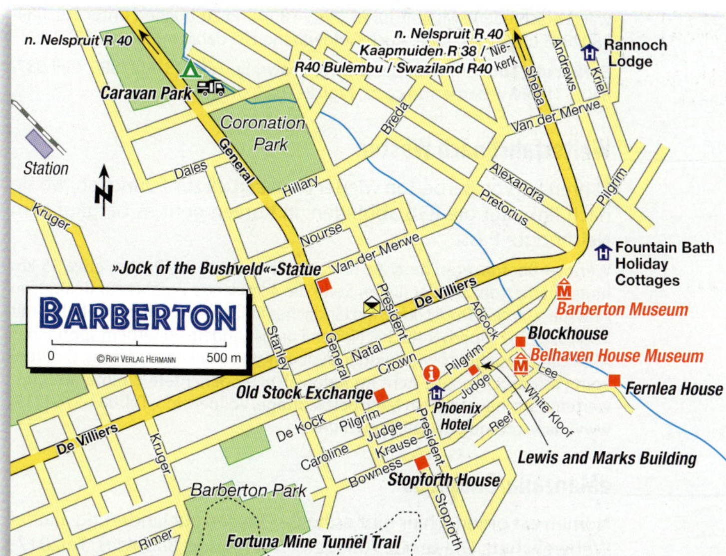

Restaurant in Barberton

Sehenswert ist das **Barberton Museum** mit Informationen über Geologie, Goldbergbau und allgemeine Geschichtsinfos über Barberton. 36 Pilgrim St, Tel. 013-7124208, Mo–So 9–16 Uhr. Interessant sind außerdem die historische Häuser **Blockhouse,** Ecke Judge/Lee Rd, **Stopforth House,** 18 Browness St, **Belhaven House** und **Fernlea House,** beide Lee Rd, Mo–So 9–13 u. 14–16 Uhr.

Eine Minenbesichtigung ist in der heute noch aktiven Agnes Mine möglich, dazu 9 km der Crown Street folgen. Es gibt dort das *African Pioneer Restaurant & Pub.* Des Weiteren können die alten Minen von früher besichtigt werden und es wird anschaulich dargestellt, wie gefährlich der Untertageabbau von Gold war. Verschiedene Minentouren (R80–180) sind zu buchen unter Tel. 084-5802845 u. 079-1801488. Auch Goldwaschen ist dabei möglich (R80).

Barberton Tourism & General Info, Crown St, Tel. 013-7122880, Cell 087-8207119, www.barberton.co.za, tägl. 8–16.30 Uhr.

Weiterfahrt nach Westen

Fahren Sie von Barberton wieder 8 km zurück zur T-Junction, wo sie nach links auf die R38 abbiegen. In Kurven geht es bergauf zum Nelshoogte-Pass.

Wer hier übernachten möchte, findet noch am Fuß des Passes, etwa 15 km hinter Barberton, auf der linken Seite die 4 km lange Zufahrt zur luxuriösen *Dawsons Game & Trout Lodge,* ein ländliches Refugium für Naturliebhaber mit Pool, Spa und superber Küche. Neben Forellenangeln außerdem sportliches Aktivitätenangebot sowie Wildtier-Beobachtung (Antilopen, Zebras, Giraffen) vom Pferderücken aus. Acht im Kolonialstil eingerichtete Zimmer in renoviertem Farmhaus und ein Mehrbett-Cottage, Vollpension, Tel. 083-5764215, www.dawsonslodge.co.za, Preise a.A.

eManzana/Badplaas

Nomen est omen – hier gibt es heiße Quellen zur Linderung allerlei Wehwehchen. Die große Anlage *Forever Resort Badplaas,* Tel. 017-844800, liegt in einem Naturreservat, bietet diverse Zimmer, SC-

Einheiten, Caravan Park, Pool, Shops, Sportmöglichkeiten, Hydro-Anwendungen und Restaurant. Infos auf www.foreverbadplaas.co.za. Tageseintritt R110, SC-DZ ab ca. R900. Die R541 führt zum nächsten kleinen Ort Lochiel, wo Sie an der Hauptstraße N17 nach rechts in Richtung Ermelo abbiegen. Nach 27 km nach links in Richtung Amsterdam und **eMkhondo** bzw. **Piet Retief** an der N2 fahren.

eMkhondo/Piet Retief

Piet Retief

Piet Retief ist eine burische Gründung von 1882, zur Erinnerung an den berühmten Voortrekkerführer des Großen Treks (s.S. 74). Piet Retief wurde zusammen mit seinen Begleitern am 6. Februar 1838 auf Befehl von Zulu-König Dingane (Shakas Halbbruder) nahe des königlichen Kraals uMgungundlovu im Zululand (s. Karte S. 75) nach zunächst friedlichen Verhandlungen über Landverteilungen getötet.

Die Stadt war von 1886 „Hauptstadt" der Mini-Burenrepublik „Klein Vrystaat" (nur ca. 145 qkm groß), die dann 1891 in die Transvaal-Republik (ZAR) eingegliedert wurde. Im Zweiten Burenkrieg 1899–1902 wurde sie von den britischen Truppen fast vollständig zerstört. Lange Zeit hatte sie durch Einwanderer der Hermannsburger Mission ab den 1860er Jahren eine nicht unbedeutende deutschsprachige Minderheit. Im Zentrum von Piet Retief gibt es nur noch ganz wenige historische Gebäude, ansprechend ist die *Dutch Reformed Church* (NG Kerk) mit zwei spitzen Türmen von 1921. Für das nächste Ziel **eDumbe/Paulpietersburg** südlich der Stadt von der N2 auf die R33 abbiegen.

Unterkunft: *Waterside Lodge,* Church/Kerk St (N2), von Norden kommend nach dem Zentrum rechte Straßenseite. Lodge an einem Fischteich, Camping, kleiner Pool, Preise moderat. Falls Sie ländlich übernachten wollen: Fahren Sie von Piet Retief auf der N2 ca. 30 km weiter und am „Commondale"-Exit raus. Nach 3,5 km kommt rechts die Zufahrt zum *Dusk to Dawn BB* von Johann & Gudrun Engelbrecht, Nachfahren in 5. Generation dt. Einwanderer, Tel. 017-8210601, www.dusktodawnbedandbreakfast.com. DZ ab R900, gutes Essen.

Wahlweise Weiterfahrt

Wer knapp an Zeit ist, bleibt auf der N2 nach Durban. In Pongola können Sie aber immer noch ins Innere des Zululandes abbiegen, und zwar auf der **„Road 66"**, s.S. 310.

eDumbe/Paulpietersburg

Bei der Weiterfahrt auf der R33 geht es kurz hinter *Koburg* rechts ab nach *Wittenberg,* 1902 von deutschen Auswanderern gegründet, derweil die Grundsteine in *Augsburg* 1923 gelegt wurden (Lutherische Kirche, Tel. 034-995-0289).

2

Paulpietersburg oder eDumbe (isiZulu für „Donner") ist der erste größere Ort nach der KwaZulu-Natal-Grenze. Es liegt am Fuße des markanten Dumbe-Berges auf 1100 Meter Höhe, wurde 1890 gegründet und gehörte einst zum Transvaal. Seinen Namen bekam es nach dem Burenpräsidenten Paul Krüger und General Pieter Joubert. Ein friedliches Landstädtchen mit 9000 Einwohnern verschiedener Abstammungen. Es ist noch heute das Zentrum der Natal-Deutschen, in keiner anderen Region Südafrikas leben so viele Nachfahren deutscher Immigranten wie hier, man pflegt die Traditionen, kann Plattdeutsch hören oder liest Ladenbezeichnungen wie z.B. „German Delicatessen". Der Dumbe-Damm lädt zum Wassersport ein oder man fährt zu den Mineralquellen von *Natal Spa,* 15 Kilometer südlich am Bivane River, s.u.

Infos gibt es in der Tourist Information, die in der alten *Drostdy* untergebracht ist, früher der Sitz des Ortsmagistrats oder des *Landdrosts.* Im viktorianischen Stil erbaut ist es eines der ältesten Gebäude von Paulpietersburg und heute ein National Monument. Die *Reformed Church* besitzt eine kleine Bibliothek. An der Straße nach *Braunschweig* und *Lüneburg* westlich der Stadt steht gleich am Ortsausgang rechts das „Peace of Vereeniging"-Monument (Peace Boulders), das an General Louis Botha erinnert, der hier nach dem Zweiten Burenkrieg 1902 Delegierte zur Unterzeichnung des Friedensvertrags in Vereeniging auswählte.

Information *Tourist Information Paulpietersburg, eDumbe Tourism,* 29 Hoog (High) St, Tel. 034-9951650, www.paulpietersburg.co.za, Mo–Fr 7.30–13 u. 13.30–16 Uhr. Außer Karten und Broschüren auch Infos zu Unterkünften, Restaurants u.a.m. Verkauf von lokalem Kunsthandwerk, Tee-Garten mit Imbiss und Kuchen.

Unterkunft Alle drei dt.-sprachig und günstig: **Hadeda Lodge & Restaurant,** eine kleine Frühstückspension, 6 Zimmern, auch Restaurant, 46 Church St, Tel. 034-9951366. – **Country Corner B&B,** in „Waltrauds Ecke" können Gäste in einem 4-Personen-Rondavel oder in zwei Apartments unterkommen, 37 Maarschalk St, Tel. 034-9951407, Cell 082-8049509, waltraud@vhd.dorea.co.za. Dinner a.A. DZ/F R540. – **Costa da Plenti Gästehaus,** 7 Zimmer, 5–7 High St, Tel. 034-9951042, Cell 082-5588852, costadaplenti@mighty.co.za. DZ ca. R450.

Natal Spa Resort Dieses liegt 15 km südlich an der P221 (diese führt weiter nach Vryheid, Anfahrtsbeschreibung auf der Webseite), Lot 191 Remainder Koubab Farm, Tel. 031-3374222, www.goodersonleisure.co.za. Große Anlage, diverse Becken und Pools, 110 m lange Supertube, Ballsport, Wandern, Reiten, Vogelbeobachtung etc. 55 komfortable Zimmer, 20 Self Catering Units, Caravan- u. Campingplätze. Ü R595 p.P. Dinner R140.

Abstecher Braunschweig und Lüneburg

Etwa 20 km westlich liegt Braunschweig, das 1892 von Missionaren und Siedlern gegründet wurde, die aus der Braunschweiger Gegend stammten. Lüneburg, ca. 8 km weiter, wurde bereits 1869 als Missionsstation gegründet. Es besitzt die älteste deutsche Schule im nördlichen KwaZulu-Natal, nämlich die *Luneburg Primary School* mit einem Mini-Museum der Gründungs-Ära (Tel. vorab 034-9950059). Interessant sind: *Filter Larsen Monument,* die Kirche und

Deutschstämmige in KwaZulu-Natal

In KwaZulu-Natal leben die meisten Deutschstämmigen Südafrikas. Nach über 150 Jahren seit der Ankunft der ersten deutschen Missionare und Siedler haben sich die Nachfahren in die ethnische Vielfalt KwaZulu-Natals integriert, ohne dass sie ihre Wurzeln vergessen. Dieser Kulturhintergrund verleiht KwaZulu-Natal eine zusätzlich überraschende Note.

Die älteste deutsche Missionsstation in KwaZulu-Natal hieß *Emmaus* und wurde 1847 von der Berliner Mission gegründet (Emmaus liegt im nördlichen Drakensberg-Vorland, südlich von Bergville). Das Berliner Missionswerk hatte 1834 mit seiner Arbeit begonnen (die erste deutsche Missionsgesellschaft in ganz Südafrika war jedoch die Herrnhuter Brüdergemeinde, die 1738, etwa 150 Kilometer östlich von Kapstadt, die Stationen Baviaanskloof und 1792 Genadental gründete.

Im November 1847 segelte eine Gemeinschaft von Auswanderern, insgesamt 35 Familien, von Bremerhaven nach Durban bzw. damals noch Port Natal. Organisiert hatte die lange Reise Jonas Bergtheil, weshalb man später von der Bergtheil-Gruppe sprach. Die rund 200 Siedler kamen fast alle aus Norddeutschland. Sie waren Bauern, Weber, ein Lehrer, zwei Maurer, zwei Gärtner, je ein Schmied, Wagenbauer, Schreiner, Schuster und andere Handwerker. Sie bekamen von der damals bereits – seit 1843 – britischen Kolonialverwaltung Haus- und Ackerland zugewiesen. Fünf Familien ließen sich gleich außerhalb von Port Natal in Westville nieder, heute ein Stadtteil von Durban. Die anderen 30 Familien gründeten etwas weiter nördlich von Westville „Neu-Deutschland", das heutige New Germany. Ihr Versuch, sich mit dem Anpflanzen von Baumwolle eine wirtschaftliche Basis zu schaffen scheiterte, aber mit Gemüse- und Obstlieferungen in das rasch anwachsende Port Natal kamen die Neukolonisten über die Runden.

Der zweite Schub deutscher Auswanderer bestand aus acht Missionaren und acht Handwerkern der Hermannsburger Mission, die mit dem Schiff der Mission, der „Kandaze", am 2. August 1854 ins Land kamen. Viele Missionare und Kolonisten wurden während der folgenden Jahre ausgesandt. Die Neuankömmlinge kamen immer zuerst nach Hermannsburg um Zulu zu lernen – Hermannsburg mit der Hermannsburger Schule liegt zwischen Greytown und Kranskop, s.S. 398 –, bevor sie weiter ins Innere Natals oder nach Transvaal ziehen konnten, um ihre eigenen Missionsstationen aufzubauen. Sie gaben ihren neuen Orten die Namen ihrer heimatlichen Herkunftsorte, wie Neu-Hannover (1858, an der Straße R33), Lüneburg (1869), Bethanien (1873), Glückstadt (1891), Braunschweig (1892), Harburg (1894), Ülzen (1897), Lilienthal (1898) u.a. Oder sie benannten die Neugründungen als fromme Lutheraner die sie waren, nach Stätten der Reformation, wie Wartburg (1892), Wittenberg (1902) oder Augsburg (1923; letztere zwei liegen im heutigen Mpumalanga).

Die Kirchen der ursprünglichen Einwanderergruppen schlossen sich später zur Evangelisch-Lutherischen Kirche im Südlichen Afrika zusammen. Fast jede Kirchengemeinde gründete eigene Grundschulen, die älteren Kinder kamen in Internatsschulen wie Hermannsburg. In Westville gibt es noch heute eine deutsche Grundschule.

Hauptunterrichtssprache ist jedoch nicht mehr Deutsch – das aber gelehrt wird –, sondern Englisch, und die Schüler kommen heute aus allen Bevölkerungen KwaZulu-Natals. Drei Museen dokumentieren mit Erinnerungen und Fotos die Einwanderungsgeschichte der Natal-Deutschen: das *Bergtheil Museum* in Westville (s.S. 375), das *Missionshaus-Museum in Hermannsburg* (über www.museumsofkzn .co.za) und das sehr kleine Museum in *Lüneburg*. Die deutschen Gemeinden und Einwanderer-Nachfahren sind mit ihren Vereinen, Kirchen, Schulen, Clubs, Gästehäusern, Farmen, Restaurants usw. ein Bestandteil der multiethnischen Kultur KwaZulu-Natals.

der Friedhof mit seinen Grabsteinen. Im Lüneburg Cash Store bekommt man so ziemlich alles. Interessant ist außerdem das *Fort Clery,* erbaut 1879. Deutscher Kulturverband Nordnatal: Tel. 034-9950554.

Übernachtungs-Tipp: *Whistling Duck Farmcottage,* Ouderdom Farm, District Road, Tel. 034-9950060, Cell 082-8863720, www.whistlingduck.co.za. Nette Gastgeber Heinz & Juliane Schütte. Anfahrt: Von Paulpietersburg auf der R33 6 km südlich fahren, nach rechts Richtung Lüneburg, an einer T-Junction rechts, nach 7 km die 2. Straße links, achte auf das Schild linker Hand. B&B-Cottage mit Blick auf Teich, Kitchenette, zwei Betten, Bad und Veranda. SC, auf Wunsch mit Frühstück, Lunch und Dinner. Außerdem ein Luxus-Cottage mit 3 Schlafzimmern. Ländliche Umgebung mit Zugang zu den 5 Dämmen der Farm. Fischen und Wandern.

Vryheid/Abaqulusi

Vryheid bzw. heute Abaqulusi, knapp 1200 Meter hoch und am Schnittpunkt von vier Straßen gelegen, war von 1884 bis 1887 Hauptstadt der burischen „Nieuwe Republiek".1888 kam Vryheid zur „Zuid Afrikaanschen Republiek" (ZAR, Transvaal) und nach dem Ende des Zweiten Burenkriegs 1902 (s.u.) zur britischen Kolonie Natal. Hauptstraße der calvinistisch-konservativen Stadt ist die Kerk Street. Die wichtigsten historischen Gebäude befinden sich allesamt dicht beieinander um die Kreuzung Landdrost Street/Mark Street: Das *Information Office,* das ehemalige Parlamentgebäude mit angegliedertem *Old Fort, Old Jail* und dem *Ou Raadsaal* – heute das *Nieuwe Republiek Museum* –, das Haus von *Lucas Meijer,* damals Präsident der Neuen Republik (gleichfalls ein kulturhistorisches Museum) sowie die *Police Station,* heute ein *National Monument.*

Vryheid besitzt nicht weniger als 30 Kirchen, die *Dutch Reformed Moederkerk* befindet sich in der Kerk Street. Die Evangelisch-Lutherische Kirche geht auf deutsche Siedler zurück, weitere Reminiszenzen daran sind z.B. *Elfriedes Bücherstube,* Tel. 038-1813354 oder *Deutscher Verein Vryheid,* Tel. 034-9809811. Infos zur Übernachtung bei Nachfahren deutscher Einwanderer bei *Building Bridges,* 106 Deputation Street, Tel. 034-9808644. Im Oktober findet in Vryheid und Umgebung das *Butterfly Festival* statt.

Abstecher zum **Ithala Game Reserve** s.S. 312 bei der „Road 66"

Information *The Vryheid Tourism Bureau,* Ecke Mark/Landdrost St, Tel. 034-9822133 x 2271. Prospekte und Broschüren über die Stadt, zur Battlefields Route, zum Zululand und dem Rest KwaZulu-Natals. Webseiten: www.vryheid.co.za und www.abaqulusi.gov.za.

Unterkunft **Oxford Lodge,** 128 Deputation St (Ecke Kerk St), Tel. 034-9809280, www.theoxfordlodge.co.za. Historisches, renoviertes Haus, zentral und doch ruhig gelegen, sicheres Parken, Pub.

Tudor House, 225 Klip St, Tel. 034-9816308, Cell 084-0602990, www.vryheid-accommodation.co.za. Haus im englischen Tudor-Stil mit allen Annehmlichkeiten, attraktiver Garten und Pool, Dinner a.A.

Villa Prince Imperial, 136 Bree St, Tel. 034-9832610, www.vpibb.co.za. Großzügiges und schönes 4-Sterne-Haus mit Garten und Pool, gutes Frühstück, sicheres Parken. DZ/F R690.

Hlobane Mountain Battlefield / Ithala Game Reserve

Von Vryheid auf der R69 zum **Ithala Game Reserve** (s.S. 312) befindet sich nach etwa 25 Kilometern gleich nördlich der Straße der *Hlobane Mountain* mit dem gleichnamigen Schlachtfeld, wo im Anglo-Zulu Krieg am 28. März 1879 überlegene englische Einheiten von den Zulu eine unangenehme Niederlage hinnehmen mussten. 92 Engländer starben. In der Hlobane Mine wurde Kohle abgebaut.

2

Battlefields

Schlachtfelder

KwaZulu-Natals Tourismusregion „Battlefields" deckt ungefähr das Gebiet zwischen der Autobahn N3 im Westen und den Straßen R34/33 im Osten ab. Nördlich begrenzt es die Provinz Mpumalanga und im Süden die Tourismusregion Midlands. In diesem relativ kleinen Gebiet fanden im 19. und im 20. Jahrhundert unfassbar viele Schlachten und Gefechte zwischen Buren und Briten und zwischen Buren, Zulu und Engländern statt – es ist die höchste Konzentration an Schlachtfeldern in ganz Afrika!

Aber nicht alles dreht sich in den Battlefields um Kriege und Schlachten: Manche Orte und Städtchen haben einen besonderen Charme, bieten Kulturprogramme, Arts & Crafts-Routen, kleine Naturreservate und immer wieder Zulu-Kultur. Und in persönlich geführten, ländlichen B&Bs werden Sie von netten Gastgebern empfangen. Weitere Informationen auf www.battlefields-route.co.za

Typisch für die Battlefield-Region sind weite Graswiesen und sanfte Hügellandschaften, die **Rolling Hills.** Im flachen Gegenlicht der frühen Vor- und späten Nachmittagssonne leuchten die sonnenverbrannten Gräser in sämtlichen Gelb- und Brauntönen. Hauptflüsse sind Buffalo River und Blood River (beides Zuflüsse zum uThukela River) sowie der White- und Black iMfolozi. Auf den Farmen werden Rinder, Schweine und Schafe gezüchtet. Eisenerz- und Kohlenfunde haben zu lokaler Industrialisierung geführt. Die Region ist weit weniger dicht besiedelt als jene an der Küste. Ab und zu laden Farmläden und kleine Cafés entlang den Straßen zu Pausen ein.

Jahrzehntelange Kämpfe

In der Region der Battlefields fanden innerhalb von knapp 70 Jahren sieben größere Kriege, Kriegsabschnitte, Rebellionen und Konflikte zwischen verschiedenen Gruppen, Nationen, Armeen und Völkern statt. Die Karte „Battlefields Route" der Battlefields Routes Association (www.battlefields.kzn.org.za) listet nicht weniger als 68 Schauplätze, Denkmäler, Kriegs-Museen, „Historical Sites", National Monuments und sonstige Stätten auf. Manchmal dauerten Gefechte nur Stunden, Belagerungen wie die von Ladysmith wiederum Monate. Längster Krieg war der Zweite Burenkrieg, Buren gegen die Briten. Schlachtenfelder liegen um die Städte *Dundee/Endumeni, Vryheid* und *Ulundi.* Meistbesucht sind *Blood River, Fugitives Drift* und *Rork's Drift* sowie *Isandlwana.* Sehenswert ist außerdem das *Talana-Museum* in Dundee/Endumeni.

Chronologischer Überblick der wichtigsten Schlachten

Zulu-Zulu Kriege
1818 Gqokli Hill, Shaka besiegt die Ndwandwe
1856 Schlacht von eNdondakusuka

Voortrekker-Zulu Krieg 1838
3.–15. Febr. Veglaer/Wagendrift Dam südlich von Estcourt.
16.–17. Febr. Bloukrans südlich von Colenso
16. Dez. 1838 Schlacht am Blutfluss

Langalibalele-Aufstand
Langalibalele war Häuptling der amaHlubi, die 1873 in den Midlands/Drakensbergen vergeblich gegen die Briten rebellierten. Langalibalele wurde auf Robben Island verbannt.

Anglo-Zulu Krieg 1879
Invasion ins Zululand 11.1. • Isandlwana und Rorke's Drift 22.1. • Inyezane 22.1. Intombe 12.3. • Hlobane Mountain 28.3. • Kambula 29.3. • Gingindlovu 2.4. • Ulundi 4.7.

Erster Burenkrieg 1880/81
(auch 1. Südafrikanischer Krieg, Erster Anglo-Buren Krieg oder Transvaal-Freiheitskrieg genannt) Laing's Nek 28.1.1881. Majuba 26.2.1881

Zweiter Burenkrieg 1899–1902
Schlachten: Talana 20.10.1899 • Elandslaagte 21.10.99 • Modderspruit/Noicholson's Nek 30.10.1899 • Belagerung Ladysmith 2.11.1899–28.02.1900 • Willow Grange 23.11.1899 • Colenso 15.12.1899 • Wagon Hill 6.1.1900 • Spioenkop 24.1.1900 • Vaalkranz 5.2.1900 • Tugela Heights 14.–27.2.1900

Bambatha-Rebellion
1906, letzter (kleiner) Aufstand der Zulu gegen die Engländer

Zweiter Burenkrieg in KwaZulu-Natal

Im Ersten Burenkrieg 1880/81 ging es um die Freiheit der Buren von Großbritannien, im zweiten 1899–1902 um die britische Vision eines zusammenhängenden Kolonialreiches vom Kap bis Kairo und ganz konkret um die Ansprüche der britischen Krone auf Transvaal, wo am Witwatersrand um Johannesburg 1886 überaus reiche Goldlagerstätten entdeckt worden waren.

Im Oktober 1899 landeten britische Streitkräfte in Durban und zogen nach Norden gegen die Einheiten der freien Burenrepubliken Orange Free State und Transvaal. Die gut gerüsteten Briten waren zahlenmäßig den Buren weit überlegen. Diese jedoch operierten taktisch klug und konnten unter ihren Generälen *Smuts, Botha* und *Hertzog* den britischen Vormarsch immer wieder stoppen. In *Ladysmith* waren die Briten einer viermonatelangen Belagerung ausgesetzt, *Spioenkop* sah die Buren als Sieger. Im Juni 1900 gelang den Briten am Botha's Pass der Durchbruch in den Orange Free State und am *Allemans Nek* in den Transvaal.

Onverwacht
SWAZILAND
Lavumisa
Golela
Kosi Bay
Balelesberg
Paulpietersburg
uPhongolo River
Pongola
Lake Jozini
Volksrust / Newcastle
Ithala Game Reserve
Pongola Game Reserve
Jozini
R 66
Utrecht
R 33
Louwsberg
R 69
Blood River
Mkuze Falls Private Game Res.
Mkuze
Buffels River
Abaqulusi/Vryheid
Zululand Rhino Reserve
R 34
Newcastle / Chelmsford P.R.N.R.
Ngome
R 618
Bayala
Kingsley
eNyokeni (Residenz des Zulu-Königs)
Black Umfolozi
Ntendeka Wild. Area
N2
R 33
Nongoma
Mona
Schlacht am Blood River
Glückstadt
Black iMfolozi
n. Hluhluwe
Memorial Gate
Thangami Safari Spa
Talana Hill Battlefield
R 618
Hilltop
Dundee/Endumeni
Hluhluwe-Imfolozi Park
R 34
Munyawaneni
Vant's Drift
R 68
Nqutu
R 66
R 33
White iMfolozi
Rorke's Drift
Ulundi/oLundi
Gqoyeni
Mpila
Nyalazi Gate
Lady-smith
Silutshana
Babanango N.R.
Isandlwana
Babanango
Ondini
Masinda
Helpmekaar
Cengeni Gate
Mdindini
R 618
Die Britische Armee wird 1879 von den Zulu unter Cetshwayo geschlagen
Sundays
Dinganes Kral
Mgungundlovu
iMfolozi
Pomeroy
Karte S. 287 eMakhosini
Mtubatuba
Thula-Thula
R 68
Simunye Zulu Lodge
uThukela
Melmoth
St Lucia
KwaMbonambi
Stewart's Farm /
Tugela Ferry
Ndundulu
Kwabhekithunga
Heatonville
Battle of Bambatha
Nkwalini
Nyala G.R.
Nkandla Forest Res.
Shakaland
R 34
Enseleni N.R.
Ladysmith / Estcourt
Empangeni
P230
Richards Bay
Entumeni
Eshowe
R 102
Kranskop
Fort Nongqayi
R 66
R 74
Umlalazi N.R.
Mtunzini
Greytown
Gingindlovu
Dokodweni Ramp Plaza
Hermannsburg
uThukela
The Prawn Shak
R 622
R 102
R 74
Mandini
R 33
N2
Amatikulu N.R.
Mooirivier
Harold Johnson N.R.
New Hanover
Tugela Mouth
Dalton
KwaDukuza (Stanger)
Zinkwazi Mouth
Albert Falls Dam N.R.
Harburg
R 614
Shakas Memorial
Blythedale Beach
Wartburg
Shakaskraal
Sheffield Beach
uMgeni
Salt Rock
Valley of a 1000 Hills
Umhlali Beach
Tongaat
Willard's Beach
Hazelmere N.R.
Ballito
Pietermaritzburg
King Shaka Int. Airport
Verulam
Umdloti Beach
N3
R 102
KwaMashu
Umhlanga Rocks
Clermont
Richmond
Pinetown
Durban
N
DURBAN NORDKÜSTE
© RKH VERLAG HERMANN
0
20 km

2

Aus dem kurzen, schnellen Feldzug, wie London ihn anfänglich plante, wurde ein langer, zäher Kampf, in den das Empire eine halbe Million Soldaten schickte – was etwa der damaligen burischen Gesamtbevölkerung in Südafrika entsprach! Je länger der Krieg dauerte, desto grausamer wurde er, besonders als die Engländer rücksichtslos die burische Zivilbevölkerung in *Concentration Camps* steckte. Erst nach drei Jahren hatten die Briten die *Zuid-Afrikaansche Republiek* unter dem legendären Paul Krüger in die Knie gezwungen mit der Folge, dass ganz Südafrika unter britische Oberhoheit geriet. Auf den Schlachtfeldern zählte man an Gefallenen 22.000 britische und 7000 burische Soldaten, in den *Concentration Camps* mögen etwa 26.000 gestorben sein. Im Frieden von Vereeniging im Mai 1902 verloren die Burenrepubliken ihre Selbständigkeit. 1910 bildeten die Cape Province, Natal, Transvaal und der Oranje Free State die **Südafrikanische Union** als ein Dominion im Britischen Empire.

Reise- und Routentipps

Fahrten zu den verstreut liegenden Kriegsschauplätzen, zu den Forts, Friedhöfen, Denkmälern und zu den ehemaligen *laagers* der Buren bedeuten einen erhöhten Zeitaufwand, weil die dahin führenden Staubstraßen und Gravel Roads keine hohe Geschwindigkeit zulassen. Nach längeren Regenfällen werden manche Strecken für normale Pkw unpassierbar. Hochbeinige Geländewagen oder Kleinbusse kommen mit wellblechartig ondulierten *(corrugated)* Fahrbahnen und Flussfurten *(drifts)* besser zurecht. Das Netz der asphaltierten Straßen ist eher weitmaschig. Viele Unterkünfte liegen abgelegen auf Farmland und sind nicht gleich auf Anhieb zu finden, ein GPS-Gerät kann helfen sie und auch die Stätten direkt anzufahren. Bei den Tourist Information-Offices, in den Museen und an den Stätten vor Ort ist gutes Battlefields-Informationsmaterial erhältlich, es gibt außerdem spezielle Battlefields-Straßenkarten, fragen Sie danach.

Obwohl überall gute und gedruckte Informationen zu den einzelnen Ereignissen erhältlich sind, mag es keine schlechte Idee sein, eine Battlefields-Tour mal mit einem lokalen Guide zu machen, der die geschichtlichen Hintergründe vor Ort lebendig werden lässt. Infos zu solchen Personen bei den Touristenbüros oder bei den Unterkünften in der Nähe der Schlachtfelder, die meist selbst geführte Touren anbieten oder Sie beraten können. Die Webseite www.tourdundee.co.za. stellt diesbezüglich eine Anzahl Männer und Frauen vor.

Die offiziellen Battlefields-Hinweisschilder sind von brauner Farbe. Nötig ist eine gute Straßenkarte (oder besser zwei verschiedene), Handy und die Nummer des Hotels das Sie ansteuern möchten. Erkundigen Sie sich bei Regenwetter vorab über die Straßen- und Pistenzustände, ganz Südarika deckt www.weathersa.co.za ab.

Falls Sie tiefer in die Geschichte der Battlefields-Region einsteigen und sich im Internet vorbereiten wollen, hier einige Adressen: Die *Battlefields Routes Association* erreichen Sie unter Tel. 036-4881404, spionkop@futurenet.co.za und über www.battlefields.kzn.org.za (www.zulu.org.za ist die Webseite von KwaZulu-Natal Tourism). Weitere: www.heritagekzn.co.za • www.battlefields-route.co.za • www.anglozuluwar.com • www.zuluwar.com

Weiterfahrt Vryheid – Dundee (Endumeni) R33:

Die Schlacht am Blutfluss (Blood River/Ncome)

Der bekannteste Kampf zwischen Weißen und Schwarzen in Südafrika und die für das burische Geschichtsverständnis wichtigste war die Schlacht am *Blood River*. Keine andere hatte größeren Einfluss auf Wesen und Denken des Burentums als diese verheerende Niederlage der Zulu am 16. Dezember 1838. An der Stätte wurden 64 bronzene und originalgroße Planwagen kreisförmig zu einem Denkmal zusammengestellt. Gleich zwei Museen interpretieren die Schlacht: Das eine aus burischer Sicht, das andere aus dem Blickwinkel der Zulu.

Anfahrt und Museum

Wenn Sie von Vryheid auf der R69 anfahren, erreichen Sie nach ca. 45 Kilometern den Abzweig einer Stichstraße nach links zum Schlachtfeld (ausgeschildert; von Süden auf der R68 anfahrend in Nqutu auf die D1348 nach Norden einbiegen, von dort 24 Kilometer).

Nach 20 Kilometern erreicht man das mächtige *Pionier Wagon Monument* in Form eines steinernen Voortrekker-Planwagens mit dem Relief acht schwörender Männer („Das Gelübde") und einer Erklärungstafel.

Das kleine *Blood River Museum* im Visitor Centre (tägl. 8–16.30 Uhr, Tel. 072-9883544) zeigt alte Fotos, Gemälde, Dokumente, Erinnerungen und Exponate zur Schlacht und zu den Treks der Buren. Beim Curio Shop nach dem Führungsblatt „Site Guide" fragen. Eintritt R25.
In der „Trekkerkombuis" gibt es Lunches und Getränke, werden Zimmer und Stellplätze für Caravans vermietet. Zur Wagenburg muss man ein gutes Stück in Richtung Fluss gehen. Die Steinanhäufung im Zentrum markiert ihren Mittelpunkt.

Die Schlacht

Nach dem Mord der Zulu unter Dingane in dessen Hauptsitz uMgungundlovu an Piet Retief und seinen Gefolgsleuten am 6. Februar 1838 stellte Andries Pretorius ein Kommando zusammen und machte sich auf ins Zululand. Andries Pretorius und seine 464 Männer bauten ihre Wagenburg genau in die Gabel des Zusammenflusses von *Ncome* und *Donga*. Mit perfekt geschützten Flanken erwarteten sie den Angriff der Zulu.

Die Wagenburg mit Kanönchen „Ou Grietjie"

Bereits Tage zuvor hatten die Buren eine *vow* abgelegt, ein Gelöbnis: Wenn Gott ihnen den Sieg bringen würde, würden sie den Tag der Schlacht für immer zu einem Feiertag machen und zum Gedenken eine Kirche bauen. Pretorius ließ die Räder eines jeden Wagens mit dem benachbarten zusammenketten, die Zwischenräume wurden mit Dornhecken verstopft. Zwei Pforten waren vorgesehen, eine für ihre kleine Kanone *Ou Grietjie* („altes Gretchen"), die andere um einen berittenen Ausfall vornehmen zu können.

Am Abend des 15. Dezember wiederholten die Männer ihren Schwur. Am nächsten Morgen, als sich der Dunst lichtete, sahen sie sich komplett von den Zulukriegern – *impis* – umzingelt. Pretorius ließ sofort das Feuer eröffnen. Zwei Stunden lang preschten ungefähr 13.000 Zulukämpfer gegen die Verschanzten und versuchten mit ihren Speeren gegen Gewehre, Pistolen und Kanonen anzukommen. Sie stampften mit den Füßen, brüllten und stürmten todesverachtend gegen die Ochsenwagen. Die Buren warteten, bis die Zulu nahe genug herangekommen waren und feuerten Salven auf Salven gegen die Anstürmenden, und eine Angriffswelle nach der anderen brach im Kugelhagel zusammen.

Als vielleicht 1000 oder 2000 tote Krieger vor der Wagenburg lagen und immer noch kein Eindringen möglich geworden war, schickte der Zulu-Befehlshaber *Ndlela kaSompisi* seine beiden besten Regimenter vor. Alle diese Krieger waren gleich alt und gleich groß und an weißen Armbinden, weißem Knieschmuck und weißen Schilden identifizierbar. Über die Leichen ihrer Kameraden hinweg marschierten sie gegen die Planwagen vor.

Drinnen hatte Pretorius seinen Leuten befohlen, *Ou Grietjie* mit Eisenstücken und Steinen zu laden und sie gegen die Elite-Kämpfer abzufeuern. Gewehrschützen unterstützten sie von den Flanken aus. Die Krieger zogen sich nicht zurück, keiner floh, sie gingen einfach weiter, bis sie tödlich getroffen umfielen.

Gegen 11 Uhr begannen sich die Zulu zurückzuziehen. Pretorius ließ etwa 100 Männer aufsitzen, die durch die Reihen der flüchtenden Zulu galoppierten. Viele versuchten über den Fluss zu entkommen und wurden auch dabei getötet. Ihr Blut färbte den Ncome, der nachfolgend „Blutfluss" genannt wurde.

Etwa 3000 Zulu waren gefallen, die Voortrekker hatten nur vier Leichtverwundete. Ihren Sieg sie als ein Zeichen Gottes, als Beweis und Auftrag, das Land weiter zu erobern.

Nachwirkungen

Nach der Schlacht zogen die Voortrekker zur Dinganes Residenz uMgungundlovu (beim heutigen Ulundi) und brannten sie am 20. Dezember nieder. Dinganes Niederlage am Blutfluss versetzte das ganze Zululand in Aufregung und in Stammesturbulenzen. Mit Hilfe der Voortrekker revoltierte dann Dinganes Halbbruder *Mpande,* der die Landansprüche der Voortrekker zu verhandeln geneigt war, gegen Dingane und wurde 1840 neuer König der Zulu. Dingane war nach Norden geflohen und wurde in den Lubombo-Bergen ermordet. Damit war der Weg endgültig frei zur Gründung der unabhängigen burischen **Republik von Natalia** mit der Hauptstadt Pietermaritzburg, benannt nach den Voortrekker-Führern Pieter Retief und Gerrit Maritz. Dort wurde 1841 dann auch das Versprechen eingelöst eine Kirche zu bauen, die *Church of the Vow* (s. Pietermaritzburg). 1879 marschierten die Briten ins Land der Zulu ein, die mit der Schlacht von Ulundi am 4. Juli 1879 endgültig besiegt wurden. Bis 1993 war der 16. Dezember, der „Tag des Gelöbnisses", Day of the Vow, höchster Feiertag der Buren. Das demokratische Südafrika ersetzte ihn 1995 durch den „Tag der Aussöhnung", *National Day of Reconciliation.*

Ncome-Museum

Östlich des Ncome-Flusses befindet sich das sehenswerte *Ncome-Museum,* das die Ereignisse am Blood River aus Sicht der Zulu zeigt und 1999 eröffnet wurde (tgl. 9–16 Uhr, Tel. 034-2718121). Kein Eintritt, eine freiwillige Gabe wird erwartet. Mit Curio Shop. Das ganze Jahr über finden diverse Kulturprogramme statt, s. Website www.ncomemuseum.co.za. Höhepunkt ist am 15./16. Dezember mit einem Kultur- und Tanzfestival.

Der architektonisch interessante Bau wurde der traditionellen „Buffalo Horn"-Kampfformation der Zulu nachempfunden, mit einem linken und rechten „Horn" *(izimpondo)* und dem zentral vorstoßenden Kampftrupp *isifuba.* Die hintere Außenwand ziert eine Kollektion metallener Schutzschilde. Das Konzept des Museums ist keine negative Re-Interpretation der Schlacht am Blutfluss. Ausgestellt sind Schaubilder, alte Fotos, Zeitleisten, Genealogien der Zulukönige, Waffen und Kriegskunstdarstellungen sowie diverse Exponate aus Kultur und Alltag der Zulu und auch der Sotho. Ein Schilf- bzw. Riedgarten weist auf die Bedeutung dieses Röhrichts für die Zulu hin, alljährlich finden im Zululand Ried-Zeremonien statt. Kleine Steinpyramiden, *isivivane,* gelten als Glückspyramiden.

Weiterfahrt: Schlacht von Talana

Auf der Fahrt nach Dundee/Endumeni liegt das *Talana Battlefield* ein paar Kilometer vor Dundee an der R33, von Vryheid kommend rechts rein. Auf dem Talana-Hügel fand am 20. Oktober 1899 das erste Hauptgefecht im Englisch-Burischen Krieg statt, das die Briten verloren. Burische Truppen unter General Lukas Meyer hatten mit ihrer Artillerie vom Hügel aus Stellungen der Briten beschossen, worauf sich britische Einheiten unter General Symons unter heftigem Gewehrfeuer der Buren hügelaufwärts kämpften. Als sie ihr Ziel erreichten, hatten die Buren mit wenigen Verlusten bereits den Rückzug angetreten. Am Tag darauf siegten die Briten bei der Schlacht von *Elandslaagte* nordöstlich von Ladysmith.

Besser schlecht geritten als gut gelaufen …

Dundee/Endumeni

Endumeni wurde 1882 als *Dundee* gegründet, hat heute 30.000 Einwohner und war Ende des 19. Jahrhunderts eine wichtige Bergbaustadt. In den Stollen rings um den Talana Hill wurde Kohle abgebaut. Endumeni eignet sich gut als Ausgangspunkt zum Besuch der umliegenden historischen Schlachtfelder von *Blood River* (s.o.), *Isandlwana* und *Rorke's Drift*. Die R33 wird in Endumeni zur Hauptstraße *Victoria Street*.

Talana Museum

Das Talana Museum Fuß des Talana Hills ist KwaZulu-Natals einziges Museum, das direkt auf einem ehemaligen Schlachtfeld liegt und wo der Friedhof der Gefallenen ein Teil des Museums ist. Auf dem 20 ha große *Talana Heritage Park* stehen 17 größere und kleinere Gebäude. Lassen Sie sich an der Rezeption das Faltblatt „Guide to Talana Museum" geben, es gibt auch einen Audio Guide.

In den Gebäuden sind landwirtschaftliche Geräte, Werkstätten, historische Wohnungseinrichtungen und anderes mehr zu sehen. Interessant ist eine alte Dampflok mit Wagen, der *Shosholoza Train,* Gandhi wird mit einer Büste gedacht. Das Hauptgebäude zeigt Exponate zur Landwirtschafts- und Industriegeschichte, die Arbeit in den Kohlenminen, in Vitrinen Stammestrachten und Ethno-Glasperlenkunst, eine hoch künstlerische Glasbläser-Kollektion, natürlich viel Militaria und Dokumente zur burischen, englischen und südafrikanischen Geschichte. Der historische Trail hoch zum Talana Hill beginnt und endet am Friedhof. Vorhanden sind Restaurant, Souvenirshop (Talana Craft Market), Picknick- und reichlich Parkplätze.

Außenbereich des Talana-Museums

Talana Museum & Battlefield, Tel. 034-2122654, www.talana.co.za. Mo–Fr 8–16.30 Uhr, Sa/So 9–16.30 Uhr.

Re-Enactments In der Region Battlefields werden immer mal wieder sogenannte Re-Enactments auf diversen Hauptschlachtfeldern aufgeführt, Darbietungen historischer Schlachten mit einer großen Anzahl Teilnehmern in originalen Militäruniformen. Die Schlacht von Talana wird jedes Jahr Ende August aufgeführt. Termine und Orte anderer Schlachten erfährt man auf den Battlefields-Websites, z.B. auf www.tourdundee.co.za.

Information *Endumeni Tourism,* Civic Gardens (Municipality), Victoria St, Mo–Fr 9–16.30 Uhr, Tel. 034-2122121, www.tourdundee.co.za. Vermittlung von Battlefields Guides, die dann in Ihrem Fahrzeug mitfahren. Zimmernachweis. Im Oktober findet das *German Oktober Fest* statt.

Offizielle Stadt-Website ist www.endumeni.gov.za.

Unterkunft Vorhanden sind in und um Endumeni Dutzende Unterkünfte, von Budget bis Upmarket. Die Website www.tourdundee.co.za listet eine ganze Reihe auf, und auch Campingplätze.

Battlefields Backpackers International, 90 Victoria St (Ecke Cuthbert St), Tel. 034-2124040, www.bbibackpackers.co.za. Pick-ups & Drop-offs, Schlachtfeld-Trips mit Evan. Dormitory R90, DZ R3200, Camping.

Battlefields Country Lodge & Backpackers, 7 km auf R33 Richtung Vryheid, linke Seite, Tel. 034-2181641, www.battlefieldslodge.co.za. Auf einer Farm 30 Zimmer in drei Qualitäten in Bungalows und doppelstöckigen Rundbauten. Schlachtfeldexkursionen, Bar, Country style-Dinner. Budget Ü R330, DZ R460, Standard Ü R590, DZ R780, Superior Ü R890, DZ R1180, Camping ca. R125.

The Royal Country Inn, Victoria St, gegenüber der Municipality, Tel. 034-2122147, www.royalcountryinn.com. Hotel mit altenglischem Charme, zentrale Lage, Restaurant, Bar. 4 Familien-, 8 Doppel- und 9 Twin Rooms. DZ/F R790, Backpacker Ü R220.

The Lapha, 34 Tatham St, Tel. 034-2122901, www.thelapha.com, Paul & Barbara Coetser. Anfahrt von Vryheid: Die R33 wird zur Victoria St, nach der Bahnlinie in die 3. Straße links, gleich auf der linken Straßenseite. Schöne Anlage, 4 Standard- und 11 bessere Zimmer. Geheizter Pool und Spa-Bad. DZ/F R880. Dinner a.A.

Chez Nous, 39 Tatham St, Tel. 034-2121014, www.cheznousbb.com. Haus in schöner Gartenlage, Elisabeth Durham ist Französin und registrierte Battlefields-Tour-Guide, Preise s. Webseite. 10 DZ, 1 EZ, 2 SC-Units. DZ R600, DZ/F R960. Dinner a.A.

Außerhalb **Zulu Wings Game Lodge,** 17 km von Endumeni in Richtung Nqutu (ab dem Abzweig der R68 von der R33 noch 8 km, linke Seite. Von Nqutu kommend: Von der Buffalo Bridge noch 16 km, rechts), Tel. 034-2125976, Cell 083-2838162, Vanessa de Villiers. Ländliches Anwesen, 6 schöne Zimmer, Vorbuchung nötig. Game Drives, Vogel- und Battlefieldstouren, Walks. DZ/F ca. R800. Dinner a.A.

Restaurant *Buffalo Steakhaus,* 5 King Edward Street, bei Charlie's Spar, Tel. 034-2124644. Restaurants/Imbisse in den Einkaufszentren.

Rorke's Drift, Fugitive's Drift, Isandlwana

Diese drei Schlachtfelder liegen südöstlich von Dundee/Endumeni und sind nur über Staub- und Schotterstraßen erreichbar. Von Dundee auf der R68 in Richtung Nqutu fahren. Nach 26 km, beim Schild *Rorke's Drift* und gegenüber der Eskom-Stromstation, nach rechts in die Staubstraße abbiegen. Nach ca. 7 km an einer T-Junction nach links nach Rorkes's Drift abbiegen, das nach ca. 12 weiteren Kilometern erreicht wird.

Rorke's Drift

Die Mini-Siedlung *Rorke's Drift* („Rorkes Furt", benannt nach dem Iren James Rorke, der hier Handel mit den Zulu trieb) liegt an einer Sandbank des Buffalo River und am Fuß des 1285 m hohen Bergs *Shiyane*. Der Buffalo River fließt in den *uThukela-Fluss,* der damals die Südgrenze des Zulureichs bildete und über den am 11. Januar 1879 die Briten gegen die Zulu unter *Cetshwayo* vorrückten. Drei Wochen später fügten die Zulu den Briten in der Schlacht von **Isandlwana** eine verheerende Niederlage zu. Dabei besiegten etwa 22.000 Zulu ein deutlich kleineres britische Kommando, das völlig aufgerieben wurde (s.u.).

Vorhanden ist in Rorke's Drift noch die Kirche der protestantischen schwedischen Mission, der Friedhof und das Krankenhaus, damals ein kleines britisches Lazarett. In dieses waren überlebende britische Soldaten nach ihrer Niederlage in Isandlwana, etwa 13 km weiter östlich, geflüchtet. Zugegen war außerdem ein kleines britisches Korps, insgesamt 139 Mann. Die Männer trafen Vorbereitungen zur Verteidigung des Lazaretts. Drei- bis Viertausend junge Zulukrieger unter Cetshwayos Halbbruder *Dabulamanzi kaMpande,* die bei Isandlwana die Reserve gebildet hatten und nicht zum Einsatz gekommen waren, griffen bald ungestüm von allen Seiten an. Nur wenige Zulu hatten Gewehre. Die Eingeschlossenen wehrten sich mit dem Mut der Verzweiflung. Gewehrsalven prasselten auf die Ochsenlederschilde der Zulu, Speere blitzten gegen Bajonette. Nach zehnstündigem Kampf am anderen Morgen gaben die Zulu auf. Sie hatten 550 Mann verloren und zogen sich bei Annäherung eines britischen Trupps zurück. Fast alle Briten waren verwundet, 15 davon schwer. Ihre 17 Toten fanden in dem steinumfassten Rechteck vor der Kirche ihre letzte Ruhe, die toten Zulukrieger kamen in ein Massengrab.

Rorke's Drift Battle Museum

Der Verteidigungskampf der Briten ist in allen Details mit Schaubildern, Karten und Kampfszenen im **Rorke's Drift Battle Museum,** dem ehemaligen Lazarettbau, nachgestellt. 2005 wurde ein kleines Denkmal für die gefallenen Zulu in Form einer lebensgroßen Leoparden-Skulptur eingeweiht. Ausgestreckt liegt er auf 50 bronzenen Zulu-Schilden. Mit Kampfschilden bedeckten die Zulu gefallene Krieger.

Von den Verteidigern erhielten elf Mann den höchsten britischen Militärorden, das „Victoria Cross", die größte Zahl, die je nach einem Gefecht des Britischen Empire verliehen wurde. Sicherlich auch deshalb, um damit die demütigendste Niederlage der britischen Truppen in Afrika bzw. die Unfähigkeit britischer Offiziere zu überdecken, nachdem die Isandlwana-Niederlage London in einen Schockzustand versetzt hatte. Zuluführer Cetshwayo, der eigentlich nie Krieg gegen die Briten führen wollte, zauderte, den restlichen

Im Rorke's Drift Battle Museum

britischen Kräften nachzusetzen. Danach trafen innerhalb weniger Monate neue Truppen aus England ein. Die Gefangennahme von Cetshwayo im August 1879 nach der Schlacht von Ulundi (s.S. 288) beendete den Krieg. Das Zululand wurde in 13 Häuptlings-Distrikte aufgeteilt mit der Folge andauernder bürgerkriegsähnlicher Wirren.

Rorke's Drift Museum, Mo–Fr 8–16 Uhr, Sa/So 9–16 Uhr, Eintritt R20. Interpretative Centre Tel. 034-6421687. Erhältlich ist die Broschüre *Rorke's Drift-Shiyane Self Guide Trail.* Außerdem ein kleiner Laden mit Café und Zulu-Führer. Nebenan ist das *ELC Art & Craft Centre,* ein Projekt der Lutherischen Kirche, in dem Kunsthandwerk lokaler Künstler – Webwaren, Keramiken, Gemälde etc. – ausgestellt und verkauft werden. Beispiele auf www.centre-rorkesdrift.com. Mo–Fr 10–16 Uhr, Sa 11–16 Uhr.

Unterkunft

Rorke's Drift Lodge Etwa 5 km von Rorke's Drift in schöner Aussichtslage. Packages, diverse Battlefields-Tourangebote. Tel. 034-6421805, Cell 076-5575508, www.rorkesdriftlodge.co.za. Dinner+Ü/F ab R1120 p.P. Anfahrt: Hinterm Rorke's Drift Museum weiterfahren und beim Rorke's Drift-Lodge-Schild nach rechts abbiegen; auf einer Farmstraße immer geradeaus, noch 4,8 km, GPS S28°21'37" E30°32'13".

Penny Farthing Ein charmantes Landhaus auf einer großen Rinderfarm mit Pionier-Wurzeln seit 1847. Tel. 034-6421925, www.pennyf.co.za (m. Anfahrtsskizze). Garten, Pool und Fischteich, viele Vögel, Wild, Spaziergänge. Liebenswürdige Gastgeber, Foy Vermaak ist registrierter Battlefields-Guide, Touren im Wagen des Gastes. Dinner+Ü/F R640 p.P. im DZ (ermäßigt ohne Dinner). Anfahrt: Von Dundee auf der R33 ca. 30 km nach Süden, am Km-Stein 14 beim Penny Farthing-Schild nach rechts, noch 2 km.

Isibindi Zulu Lodge Eine schön gelegene, luxuriöse Lodge, architektonisch inspiriert von traditionellen Zulu Beehive Huts, liegt in einem privaten Game Reserve ca. 9 km südlich von Rorke's Drift (auf Schilder iSiBiNDi Eco Reserve achten; Anfahrtsskizzen auf der Website, GPS S28°25.896' E30° 33.723'). 6 Zulu Suites, 2 Double, 4 Twin, alle mit eigenem Aussichtsdeck. Pool, sehr gutes Restaurant, Pirschfahrten, Battlefields-Touren. Tel. 034-6421620, www.isibindi africa.co.za. VP mit Game Drive R1370 p.P. im DZ.

Fugitive's Drift Lodge & Guest House Liegt etwa 9 km von Rorke's Drift an der Schotterstraße D31, Tel. 034-6421843, www.fugitivesdrift.com. Luxusunterkunft der Rattray-Familie, die sich ganz der Historie der Battlefields verschrieben hat und diverse Touren anbietet. VP R2050–R2900 p.P. Anfahrten aus allen Richtungen auf der Website, GPS S28°23'26.60" E30°36'31.40".

Weiterfahrt nach Ladysmith

Von Rorke's Drift nach Ladysmith (s.S. 416). Südlich über das kleine Elandskraal (nur ein Trading Store und eine Kirche) zur R33. Dann wenige Kilometer südlich fahren und scharf rechts rein. Diese Straße ist bis Ladysmith asphaltiert. Man kommt durch Vaalkop, Kuvuken und Doornkraal.

Weiterfahrt zur Fugitive's Drift

Von Rorke's Drift führt eine Staubstraße über *Fugitive's Drift* nach Isandlwana (13 km). Dazu von Rorke's Drift den Herfahrtsweg ein kurzes Stück zurückfahren und an einer T-Junction nach rechts. An der „Furt der Flüchtenden" durchwateten auf Steinen im Fluss überlebende britischen Soldaten der Isandlwana-Schlacht den Buffalo River mit Ziel Rorkes Drift.

Isandlwana

Vor Erreichen des Schlachtfelds ist bei St Vincents R20 Eintritt zu bezahlen. Das **Isandlwana Visitors Centre** besitzt ein kleines Museum, Mo–Fr 8–16 Uhr, Sa/So 9–16 Uhr, Tel. 034-8165271. Interpretative Centre, Broschüre zur Eigenbesichtigung, Curio Shop, Toiletten, Guides a.A.

Das von Gert Swart gestaltete Denkmal, eingeweiht am 120. Jahrestag der Schlacht 1999, ehrt die beim Kampf gefallenen Zulu und versinnbildlicht mit seinen vier Kopfstützen (headrests), der Zulu-Tapferkeits-Dornenkette *isiqu* und einigen weiteren Details Militärkunst und Traditionen der Zulu. Die fünf Löwenkrallen waren einst dem König und den höchsten Militärführern vorbehalten. Das kreisförmige Fundament symbolisiert Zulu-Rundplatzsiedlungen und -hütten und die Gesamtanordnung die berühmte Feldschlacht-Taktik Shakas in Form eines Büffelkopfs mit zentralem Kampfverband *isifuba* und seitlichen Hörnern *izimpondo*. Die Steinhaufen und Gedenksteine auf dem Schlachtfeld markieren jene Stellen, wo britische Soldaten fielen und wo sie in kleinen Gruppen begraben liegen.

Die Schlacht von Isandlwana

Nachdem die Britische Armee Anfang Januar 1879 mit etwa 5000 Soldaten in drei Invasionskolonnen und mit einer 8000 Mann starken schwarzen Hilfstruppe, die die Briten aus Basothos rekrutiert hatten („NNC" – Natal Native Contingent), über den uThukela-Fluss ins Zululand vorgestoßen waren, schlug die zentrale Kolonne mit General Thesiger bzw. *Lord Chelmsford* ein Feldlager in einer Ebene am Fuße und im Schatten des mächtigen, sphinxartig aufragenden **Isandlwana-Hill** auf.

Gewehre gegen Speere

Zuluführer *Cetshwayo* verfolgte die Briten mit seiner Hauptarmee unter dem Kommando von *Inkosi Mnyamana Buthelezi* lautlos. Isandlwana sollte für Chelmsford nur ein kurzer Etappenplatz auf dem Weg zu Cetshwayos Hauptstadt Ondini sein, deshalb verzichtete er auf eine Verteidigungsbefestigung des Lagers.

Am 22. Januar verließ Chelmsford am Morgen mit einem Bataillon aus 1200 Männern das Lager, weil ein Späher einen Tag zuvor in etwa 15 Kilometer Entfernung Zulukrieger entdeckt hatte. Bei den Gesichteten handelte es sich jedoch nicht um Cetshwayos Haupttruppe, sondern um eine andere kleine Gruppe Zulukrieger, die sich beim Nähern der Briten schnell zurückzogen. Chelmsfords zweites Bataillon, mit den schwarzen Hilfstruppen 1768 Mann zählend, verweilte im Hauptcamp. Gegen Mittag griffen 28.000 Zulu, nachdem sie von einer englischen Patrouille entdeckt worden waren, blitzartig an. Die Zulu attackierten mit ihrer klassischen Horn-Taktik: Die kampfstärkste zentrale Gruppe griff die Briten frontal an, Flügelformationen stürmten in einer Kreisbewegung rechts und links nach vorne und umzingelten den Gegner. Mit Speeren und Schilden stürmten die Impis gegen die Gewehrsalven der britischen Rotjacken an und von Ferne konnte Chelmsford das Schießen hören. Eine Zeitlang hielten die Tapferen stand, dann wurde ihre Munition knapp sie konnten sich nur noch im Nahkampf mit Bajonetten wehren. Dem Gemetzel entging nur, wer einen Fluchtversuch machte. Etwa 60 Briten und 40 Schwarzen gelang dies, etwa auf halber Strecke zwischen Isandlwana und Rorke's Drift überquerten sie den Mzinyathi (Buffalo River) seitdem bekannt als Fugitive's Drift.

Als Chelmsford gegen Abend eintraf, fand er ein Leichenfeld vor. 1350 Briten und mehr als 3000 Zulu waren tot. Es war die schlimmste Niederlage der Britischen Kolonialtruppen in ihrer ganzen Geschichte. Die Zulu sind damit die einzigen Afrikaner südlich der Sahara, die jemals eine europäische Streitmacht besiegen konnten. Noch heute wird dieser Sieg jedes Jahr im Januar von den Zulu am Felsen von Isandlwana mit nachgestellten Kampfszenen gefeiert. Die Schlacht wurde 1978 in dem Spielfilm „Die letzte Offensive" („Zulu Dawn") mit Peter O'Toole in der Rolle des Lord Chelmsford verfilmt.

Unterkunft

Beim Isandlwana-Schlachtfeld dominiert die luxuriöse **Isandlwana Lodge** (es gibt kaum eine Alternative hier). Architektonisch außergewöhnlich konzipiert und sich unauffällig an die Flanke des Nyoni Rocks anschmiegend, erfüllten sich hier die zwei (älteren) Amerikanerinnen, Maggie Bryant und Pat Stubbs, ihren Traum eines Environmental-Hotels der Oberklasse an einer historischen Stätte bei gleichzeitiger Partnerschaft und zum Nutzen der Local community. Eröffnung war 1999. Trinken Sie auf der Veranda zumindest einen Tee, die Aussicht ist grandios. Es ist die gleiche, wie sie sich einst am 22. Januar 1879 den Befehlshabern von Cetshwayos Truppen bot.

Isandlwana Lodge, 12 Zimmer im Ethno-Interieur mit kleiner Terrasse und Aussicht auf den Isandlwana Rock, Tel. 034-2718301, www.isandlwana.co.za. Im Hotel wohnt der britische Ex-Offizier und Militärhistoriker Rob Gerrard, der für die Gäste Vorträge über die Isandlwana-Schlacht und den Anglo-Zulu Krieg hält. Abends manchmal kleine Zulu-Tänze einer Schule. Pool und umfassendes Aktivitäten-Programm. VP R1900 p.P.

Weiterfahrt nach Ulundi

Von Isandlwana geht es wieder hoch zur R68 und dann nach Osten (knapp 110 km). Hinter Babanango dazu die Abkürzung durchs **eMakhosini Valley** zur R34 nehmen (25 km), auf dieser 8 km nach Süden zur R66 fahren und dann nördlich ca. 20 km bis Ulundi. Doch besuchen Sie zuvor noch den *eMakhosini Ophathe Heritage Park*. Sein Wahrzeichen ist das auf dem Khumba-Hügel befindliche eMakhosini-Monument **„The Spirit of Emakhosini",** ein großer, traditioneller Zulu-Bierpott aus Bronze auf einem Ring mit Schlafmatte, umgeben von sieben mächtigen Tierhörnern und Stoßzähnen, die die sieben Zulukönige symbolisieren welche im eMakhosini Valley begraben liegen. Die reliefierten Platten rings um den rötlichen Sockel zeigen Motive und Szenen aus dem traditionellen Leben der Zulu.

eMakhosini Ophathe Heritage Park

Anfahrt zum Besucher-zentrum

Von der R34 nach rechts/westlich in die D258 einbiegen (beschildert als „uMgungundlovu/Multimedia Centre"), ab der R34 noch 5 km. Mo–So 9–16 Uhr. Eine eindrucksvolle Multimedia-Show zeigt den Aufstieg und Niedergang des Zulureichs im 19. Jahrhundert, künstlerische Tapesterien illustrieren die Geschichte. Von einem Aussichtsturm kann man das Gelände überblicken. Eintritt R15, Führungsblatt fürs Tal, Curio Shop, Toiletten, Guides u.a. mehr. Info-Tel. 035-8705000, www.emakhosini.co.za.

Das „Tal der Könige" eMakhosini ist ein 20.000 ha großer *Heritage Park* (2001 wurde das 8000 ha große Ophathe Game Reserve inkorporiert), dem viele patriotisch gesinnte Zulu symbolhafte Bedeutung zumessen, weil im eMakhosini-Tal zahlreiche historische Zulu-Stätten, Residenzen und Gräber von sieben Zulukönigen *(makhosi)* zu finden sind. All diese kleinen Gedenkstätten zu besichtigen – meist nur einfache Grabsteine und kleine Steindenkmäler – erfordert viel Zeit und gegebenenfalls einen Führer.

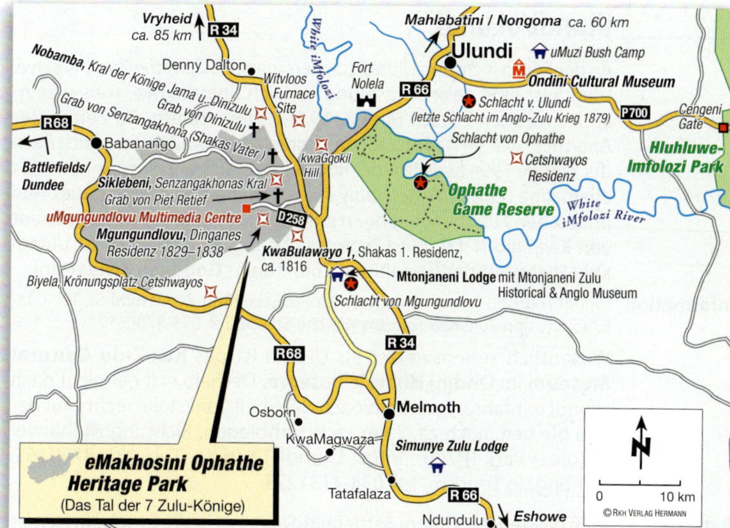

Sehenswert ist das rekonstruierte **uMgungundlovu** (die Abb. zeigt das originale), Dinganes königliche Residenz. Der „Platz des großen Elefanten" maß ca. 500 x 600 Meter und bestand aus über 1500 bienenkorbförmigen Zuluhütten, in denen bis zu 7000 Menschen lebten. Nach der Niederlage der Zulu am Blutfluss 1838 gegen die Vortrekker und Dinganes anschließender Flucht ließ dieser uMgungundlovu niederbrennen, heute ist es in Teilen rekonstruiert. Vom Aussichtsturm kann man die Denkmalssäule für den im Februar 1838 von Dinganes Leuten hinterhältig ermordeten Voortrekkerführer **Piet Retief** und seiner Begleiter sehen.

Auch **Shaka** wurde im eMakhosini-Tal geboren, um das Jahr 1875. Gräber gibt es von seinen königlichen Vorfahren *Nkosinkulu, Phunga, Mageba, Ndaba, Jama,* von seinem Vater *Senzangakhona* und seinen Halbbrüdern *Dingane* und *Mpande*. Shaka erbaute im Tal seine erste königliche Residenz, *KwaBulawayo. Dinuzulu,* Nachfolger von Cetshwayo und Zulukönig 1884–1913, liegt gleichfalls im Tal begraben.

Das historische uMgungundlovu

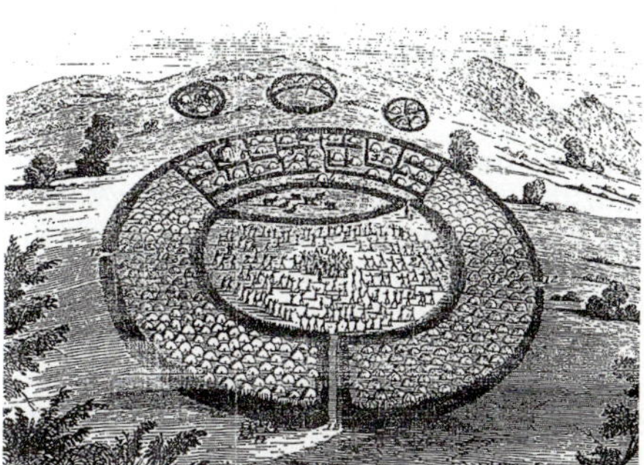

Weitere Zulu-Stätten sind *Siklibeni* (Senzangakhonas Grabstätte), *Nobamba* (Grabstätte der Könige *Jama* und *Phunga* – es ist die heiligste im Tal), *kwaGqokli Hill* (Kampfstätte, wo Shaka 1818 seinen Erzrivalen Zwide von den Ndwandwe besiegte) und *Nolela,* ein Fort aus dem Anglo-Zulu Krieg. Auf www.heritagekzn.co.za können Sie alles nachlesen.

Ulundi/oLundi

An der R66 in Richtung Ulundi passiert man das *Ophathe Game Reserve.* Ulundi ist eine gesichtslose und wirklich unattraktive, weit auseinandergezogene Stadt mit ca. 15.000 Einwohnern. Zu Zeiten der Apartheid war sie Hauptstadt des Homelands KwaZulu und auch nach der Wende 1994 (westlich der R66 befindet sich auf einer Anhöhe das ehemalige *Legislative Assembly Building* mit einer Shaka-Statue). Alle politischen Funktionen gingen jedoch 2004 auf die neue Hauptstadt von KwaZulu-Natal über, Pietermaritzburg. Nach wie vor ist Ulundi aber Heimstatt des derzeitigen Zulu-Königs **Goodwill Zwelethini**.

Information *Ulundi Tourism,* Princess Magogo Street/Ecke King Zwelethini St, Tel. 035-8745100, und *Zululand Tourism,* gleiche Straße, Tel. 035-8700812.

Wesentlich sehenswerter als Ulundi ist das **KwaZulu Cultural Museum** im **Ondini Historic Reserve.** Deshalb erst gar nicht nach Ulundi reinfahren, sondern nach der Shell-Tankstelle rechts auf der R66 bleiben, nach ca. 3 km rechts abbiegen, Richtung Hluhluwe-Imfolozi Park (P700). Infos: Ulundi Tourism, Tel. 035-8700165, Uphongolo Tourism, Tel. 034-4131223.

Battle of Ulundi 1879 Man passiert das Ulundi Battlefield-Denkmal (linke Seite), ein kleines mit einer Kuppel und einem Kreuz versehenes Steingebäude. Inschriften und eine Erklärungstafel erinnern an die ungleiche Schlacht am 4. Juli 1879, die keine Stunde dauerte: Die 4165 Briten unter Lord Chelmsford, dem Verlierer der Schlacht von Isandlwana (s.S. 284) und ihre 1152 Mann starke schwarze Hilfstruppe formierten sich zu einem engen Rechteck und hielten mit ihren mit Schrot geladenen Kleinkanonen voll auf die anstürmenden Zulu. Ein berittener Ausbruch streckte den Rest der Flüchtenden nieder. Die Briten verloren nur 12 Mann und hatten 70 Verletzte, das 20.000 Mann starke Zulu-Heer verlor über 1000 Krieger.

Nach ca. vier Kilometern kommt links das Gate zum *Ondini Site Museum.*

Ondini KwaZulu Cultural Museum und Ondini Historic Reserve

Es erwarten Sie zwei interessante kleine Museen und die Rekonstruktion der Residenzstätte von Zulukönig *Cetshwayo kaMpande* („ka" meint „Sohn des Mpande"), **Ondini.** Cetshwayo war während des Anglo-Zulu Kriegs 1879 Anführer der Zulu. Beide Museen sind Mo–Fr 8–16 Uhr geöffnet, Sa/So 9–16 Uhr, Eintritt R20, Curio Shop, Tel. 035-8702050.

Das **KwaZulu Cultural Museum** (über www.museumsofkzn.co.za, mit Ondini Site Museum) widmet sich ganz der Geschichte, Kunst und Kultur der Zulu. Zu sehen sind Displays, Karten, Bilder, Dokumente,

Perlenkunstwerke und eine interessante Audio-visuelle Vorführung. Erhältlich sind Broschüren und Souvenirs. Kaufen Sie sich für den Rundgang von Ondini einen kleinen Führer, es gibt ihn auch auf Deutsch. Die Nummern in dem Heft entsprechen denen auf den Tafeln vor den Hütten. Das nicht weit entfernte **Ondini Site Museum** beschäftigt sich gleichfalls mit der Zulu-Geschichte, mit Cetshwayo (Regierungszeit 1872–1884) und seiner Residenzstadt Ondini. Für deren Besichtigung müssen Sie einen kurzen Fußmarsch antreten. Beachten Sie zuvor das Ondini-Modell bei Cetshwayos Statue, das seine Ausmaße und Größenverhältnisse veranschaulicht.

Der „erhabene Platz", was Ondini bedeutet, wurde 1873 errichtet, aber nach der Schlacht von Ulundi am 4. Juli 1879 (s.o.) von den Briten niedergebrannt. Eine große Anzahl der gewaltig großen, igluförmigen Zuluhütten ist fertiggestellt. Was rekonstruiert ist, umfasst aber nur Cetshwayos *umuzi* (Gehöftbereich), den Kälberpferch und den oberen Teil des Bezirks der Kriegerhütten. Durch das Niederbrennen verbackten die Lehmböden der Hütten, was es den Archäologen leicht machte, die Grundrisse zu erkennen und Funde zu sichern. Alle Reste blieben über hundert Jahre unberührt, da die Zulu-Tradition es verbietet, königlichen Grund ein zweites Mal zu überbauen.

Ondini wurde in seiner Gesamtheit in ovaler Form errichtet, umschlossen und geschützt durch Dornensträucher-Palisaden. Das durch einen weiteren Zaun abgetrennte Gebiet des Königs heißt *isigodlo.* Das im unüblich rechteckigen Stil erbaute schwarze Haus im Zentrum, *indlu mnyama,* wird flankiert von Cetshwayos privater *indlunkula* und vom Haus für Staatsgeschäfte, *eNkatheni.* Das *isigodlo* war heilig und zugleich tabu für andere Bewohner.

Unterkunft

Das private **uMuzi Bushcamp** befindet sich im Gelände der Ondini Heritage Site und liegt somit ideal (Hinweisschild beachten). Diverse Rundhütten in traditionellen Zulu-Bauformen. Buchung/Infos Tel. 035-4502531, Cell 082-4617860, www.umuzibushcamp.co.za. DZ/F R600, Dinner a.A. Auch Durchführung von Touren zu Umgebungszielen.

Southern Sun Garden Court, Ulundi, Princess Magogo St, Tel. 035-8701012, www.tsogosunhotels.com.

Wahlweise Weiterfahrt

Zum **Hluhluwe-Imfolozi Park** bis zum Westtor bzw. **Cengeni Gate** des Hluhluwe-Imfolozi Parks sind es auf guter Straße 30 Kilometer (Gate offen Nov–Feb 5–19 Uhr, sonst 6–18 Uhr).

Direkt zum Hluhluwe-Imfolozi Park s.S. 350.

Wenn Sie **von Ulundi auf der R66 über Melmoth und Eshowe nach Süden zur N2** fahren möchten, so blättern Sie vor auf S. 316.

2

Route 2a: Durch Swaziland

Die Route 2a ist die Fortsetzung der Routen 1a und 1b, die in Mbombela/Nelspruit endeten, s.S. 200

Falls Sie von Nelspruit ins nördliche KwaZulu-Natal fahren möchten: s.S. 258

Swaziland

Von der N4 hinter Malalane sind es auf der R570 bis zur Grenze 43 km. Der Grenzübergang besteht nur aus zwei, drei Gebäuden, Toiletten sind vorhanden. Für den südafrikanischen Ausreisestempel ins linke Gebäude gehen, dann rechts vor zur Immigration der Swazis. Man bezahlt 50 Rand Straßenbenutzungsgebühr, bekommt einen Laufzettel und die Touristenzeitung „What's Happening" ausgehändigt, das war es schon. Es gibt keinerlei Kfz-Papierprobleme mit einem südafrikanischen Mietwagen, und auch die Aus- bzw. Wiedereinreise nach Südafrika in Lavumisa/Golela und an anderen Grenzübergängen ist problemlos. Die Grenze hier ist von 7–20 Uhr geöffnet (andere s. Swaziland-Karte).

Das Königreich Swaziland liegt als Binnenland zwischen Mozambique und den südafrikanischen Provinzen Mpumalanga und KwaZulu-Natal. Es ist nur 17.000 km² groß, etwa die Größe Sachsens, und nach Gambia das zweitkleinste Land Afrikas. Touristen auf dem Weg vom Krügerpark nach KwaZulu-Natal durchfahren Swaziland meist in ein oder zwei Tagen, die gut bis teils sehr gut ausgebauten Hauptstraßen erleichtern das Vorankommen. Gesprochen wird in Swaziland *siSwati* und Englisch.

Das Land ist abwechslungsreich und vielgestaltig, es verdient eigentlich mehrere Besuchstage als nur ein schnelles Durchfahren. Die gastfreundlichen Menschen sind traditionsverbunden, ihre Sitten und Bräuche bieten Einblicke in eine (noch) überwiegend authentische Kultur. Über 95% der 1,2 Millionen Einwohner sind Swazi-Volksangehörige, und diese hohe ethnisch und sprachlich homogene Bevölkerungsstruktur ließ in der Vergangenheit wenig Raum für Stammes- oder Rassenkonflikte. Darüber hinaus leben in Swaziland noch Sotho, Zulu, Tsonga und Weiße (ca. 3%). Trotz der Armut in weiten Teilen des Landes ist die touristische Infrastruktur gut, es gibt genügend Unterkünfte aller Preisklassen.

Zwei Durchreise-Routen

Ausgehend von der südafrikanischen N4-Autobahn gibt es zwei Hauptrouten durch Swaziland zum südlichen Hauptgrenzübergang Lavumisa//Golela: über die R570 eine westliche zum Grenzübergang *Jeppe's Reef//Matsamo* und eine östliche über *Bordergate//Mananga.*

SWAZILAND
0
40 km
© RKH Verlag Hermann
Krüger-Park
Crocodile Bridge
Nelspruit/Mbombela
Malelane
Komatipoort
Resano Garcia
n. Middelburg
Kaapmuiden
Route 2a (Westroute)
Alternativ-Route 2a (Ostroute)
Buffelspruit
Diggers Retreat
Barberton
Jeppe's Reef 7–20 Uhr
HhoHho
Matsamo
Saddleback Pass
Phophonyane N.R.
n. Badplaas
Peak Fine Craft Centre
Pigg' Peak Hotel & Casino
Josefsdal
Bulembu
Piggs Peak
Bordergate 7–18 Uhr
Mananga
Namaacha 24 h
Lomahasa
Songimvelo N.R.
Holzschnitzer
Maguga Dam
Komati
Tshaneni
Mhlume
Maphiveni
Maguga Lodge
Malolotja N.R.
Ngwenya Mine
Malolotja N.R. Main Entrance
Soap Stone Carvers
Tambankulu
Mlawula N.R.
Oshoek
Ngwenya 7–24 Uhr
Ngwenya Glass Complex
Motjane
Mnjoli
Simunye
Mliba
Goba
Mhlumeni 7–20 Uhr
Simunye Country Club
n. Ermelo
Mbabane
Mbuluzi
Hlane Royal National Park
Waverly
Lundzi 8–16 Uhr
Ezulwini Valley
Middleveld
Mpaka
Mlilwane Wildlife Sanctuary
Forester's Arms Hotel
Lobamba
Mafutseni
Swazi Secrets (Naturkosmetik)
Siteki
Mhlambanyatsi
Matsapha
Hlelehele
Manzini
Nerston
Sandlane 8–18 Uhr
Bhunya
Malkerns
Mkhaya Game Reserve
n. Amsterdam
Highveld
Usutu
Phuzumoya
Siphofaneni
Lubombo Mountains
Lowveld
Sicunusa 8–18 Uhr
Emhlathini
Sicunusa
Big Bend
Bothashoop
Gege
Gege 8–16 Uhr
Piet Retief
Tembe Elephant Park / Kosi Bay
Nisela G.R.
Border Cave
Nsoko
Mahamba 7–22 Uhr
Mahamba
Nhlangano
Ingwasuma
MOZAMBIQUE
SÜDAFRIKA
Salitje
Onverwacht 7–18 Uhr
Lavumisa
Golela 7–22 Uhr
Paulpietersburg
Pongola
Lake Jozini
Jozini
Ithala Game Reserve
uPhongolo
Louwsburg
n. Vryheid
Mkuze Falls Private Game Res.
Mkuze
Empangeni / Richards Bay
N4
N17
N2
R40
R38
R570
R571
R541
R33
R66
R69
MR 1
MR 3
MR 4
MR 5
MR 6
MR 7
MR 8
MR 9
MR 16
MR 19
MR 20
MR103

Wer das Land ein wenig kennenlernen möchte, nimmt die westliche Route. Beschreibung beider Routen siehe unten. Streckenlänge West ab Grenze Matsamo ca. 250 km, Ostroute ca. 190 km. Meiden Sie die Anfahrt vom südafrikanischen Barberton über die R40 zur Grenze Josefsdal//Bulembu, weil Sie auf dieser engkurvigen Berg-und-Tal-Straße nur sehr langsam vorankommen. Abzuraten ist auch zur Grenze Oshoek//Ngwenya anzureisen, weil dies der Hauptgrenzübergang beider Länder ist und es infolge des hohen Verkehrsaufkommen dort oft zu langen Wartezeiten kommt. Öffnungszeiten der Grenzübergänge s. Karte Swaziland.

Highlights

Bei einer zweitägigen Durchfahrt auf der **Westroute** von Matsamo bis Lavumisa könnten Sie entlang der Straßen MR1, MR3 und MR8 folgendes besuchen:

- *Phophonyane Nature Reserve*
- Holz- und Seifenstein-Schnitzereien im Straßenverkauf
- *Peak Fine Craft Centre,* Verkauf von Kunsthandwerk nördlich von Piggs Peak
- Abstecher zum Maguga-Stausee
- das *Malolotja Nature Reserve* ist Swazilands Premium-Naturschutzgebiet, s.u.
- Glasfabrik *Ngwenya Glass Complex,* ein populärer Touristen-Stopp mit Kunsthandwerkverkauf und der ältesten Erzmine der Welt im Malolotja N.R.
- *Ezulwini Valley* und *Malkerns Valley* südwestlich von Mbabane, das Ezulwini Valley ist Swazilands Haupttourismusziel mit allumfassender Infrastruktur

Ab Manzini gibt es Richtung Lavumisa-Grenze so gut wie nichts Sehenswertes mehr. Naturfreunde könnten im *Game Reserve Mkhaya* oder im *Game Reserve Nisela* auf Safari gehen, aber nur mit zusätzlichen Tagen.

Swazi-Chor

Die **Ostroute** entlang der Lebombo-Berge bietet vor allem Tier- und Naturerlebnisse im *Mlawula Nature Reserve* und im *Hlane Royal National Park.*

Weitere Highlights in anderen Ecken Swazilands oder in den erwähnten Parks:

Wildwasser-Rafting (Usutu River, Maguga River) • MTB-Touren • Climbing & Abseiling • Hiking & Canopy (Malolotja Nature Reserve, Mlawula N.R.) • Einheimischen-Märkte oder ein Community-Projekt besuchen (Details dazu auf www.thekingdomofswaziland.com).

Sehr sehens- und erlebenswert sind die zwei größten kulturellen Events des kleinen Landes, der *Reed Dance* Ende August/Anfang September und *Incwala* im Dezember/Januar (s.u.).

Shopping / Swazi-Kunsthandwerk

Kunsthandwerk, ob traditionell oder modern, steht in Swaziland hoch im Kurs. Hergestellt aus allen nur denkbaren Materialien sind „Art & Craft"-Kreationen eine wichtige Einnahmequelle für viele Menschen. Sehr vieles entsteht in Community-(Frauen-)Projekten, oft im Ethno-Design, in naivem Stil und in vielen Farben und Facetten. Verkaufsstellen findet man in allen touristischen Zentren und an Straßenständen. Folgende Marken und Kooperativen, darunter einige Fair-Trade-Unternehmen, garantieren hohe Qualitätstandards. Die Seite www.pureswazi.com zeigt einen Querschnitt des Angebots.

Swazi Candles, hochdekorative Kerzen im Malkerns Valley, www.swazicandles.com • *Tintsaba,* Schmuck, Körbe, Naturfaser-Produkte, www.tintsaba.com • *Gone Rural,* Kunsthandwerk, www.goneruralswazi.com • *Rosecraft,* edle Design-Webwaren aus Mohairwolle, www.rosecraft.net • *Baobab Batik,* Batikkunst, www.baobab-batik.com • *Imvelo Eswatini,* Schmuck von Frauen aus Armensiedlungen, www.imveloeswatini.com • *Swazi Secrets,* Naturkosmetik, www.swazisecrets.com • *Coral Stephens Hand Weaving,* www.coralstephens.com.

Große, moderne Shopping Malls „mit allem" gibt es in Mbabane *(Swazi Plaza, The Mall),* Manzini und Ezulwini *(The Gables).*

Infos, Daten und Fakten

Reisewichtiges

Ganzjährig gute Reisebedingungen mit angenehmen Temperaturen (s.u. „Klima/Reisezeit"). Pass für die Einreise für 30 Tage genügt, kein Visum notwendig, auch keine speziellen Papiere/Ausfuhrerlaubnis für einen südafrikanischen Mietwagen. Gleiche Uhrzeit wie in Südafrika, Geldwechsel nicht notwendig, da man im ganzen Land mit Rand bezahlen kann (s.u. „Geld/Banken"). An den Grenzen keine Bankautomaten, gleiche Netzspannung und Strom-Adapter wie in Südafrika. Kfz-Kennzeichen SD, Internetkennung ist .sz. Beachten Sie auch in Swaziland die üblichen Reise-Vorsichtmaßnahmen wie in Südafrika. Impfungen nicht erforderlich. Swaziland hat eine der höchsten Aids-Raten der Welt.

Ein paar Worte Swazi (sehr ähnlich der Zulu-Sprache): Hallo, guten Tag: *sawubona* (Plural *sanibonani*). Auf Wiedersehen: *sala kahle* (Plural *salani kahle*). Ja: *yebo.* Nein: *cha.* Bitte: ngiyacela. Danke: *ngiyabonga* (Plural *siyabonga).* Entschuldigung: *lucolo.* Alles ok: *kulungile.*

Touristische Websites

www.thekingdomofswaziland.com – die offizielle Seite der *Swaziland Tourist Authority;* auf ihr findet man so ziemlich alles zur Planung eines Aufenthalts in Swaziland
www.sntc.org.sz – offizielle Webseite für Swazilands Nature Reserves
www.biggameparks.org – Webseite für die Nationalparks bzw. „Big Game Parks"
www.swazibusiness.com – Firmen, Tourismus u.a.
www.swazi.travel – umfangreich, ergiebig für Unterkünfte
www.swazitravelguide.com – Online-Quelle für Reiserelevantes
www.swazitrails.co.sz – Veranstalter mit großem Aktivitäten- und Tourenprogramm
www.visitswazi.com – ausgewählte, doch nicht allzuviele Unterkünfte
www.swazimagic.com – nennt sich „Swaziland's No. 1 tourism publication online"
www.swaziwhatson.com – Web-Version der gleichnamigen Touristenbroschüre
www.gov.sz – ist die Regierungs-Webseite
www.times.co.sz u. www.observer.org.sz – die größten Zeitungen

Verkehr

Wie in Südafrika Linksverkehr. Internationaler Führerschein empfohlen. Allgemeine Höchstgeschwindigkeit 80 km/h, Städte 60 km/h, Autobahn 120 km/h. Nicht in Swaziland registrierte Wagen müssen bei der Einreise eine *Road Levy* in Höhe von E50 zahlen. Es gibt mobile Radarfallen der Polizei, Strafen werden sofort fällig, Handy-Benutzung während des Fahrens verboten. Die Straßenausschilderungen – auch zu Sehenswürdigkeiten, Lodges, Natures Reserves etc. – sind gut, desgleichen die Beschaffenheit der Hauptstraßen. Doch rechnen Sie aber immer mit unvorhergesehenen Hindernissen wie z.B. Vieh auf der Straße. In gebirgigen Landesteilen und auf unbefestigten Nebenstraßen kommt man wegen kurvenreicher und enger Straßen nur langsam voran. Fahrten in der Dunkelheit vermeiden, über Nacht bewacht parken (Hotelanlagen). Einziger internationaler Flughafen ist der Matsapha Airport westlich von Manzini, Verbindungen mit South African Airlink, Airport-Gebühr E50. Mietwagenfirmen Avis und Imperial.

Geld/ Banken

Der *Lilangeni* (Plural *Emalangeni,* E) ist 1:1 gleichwertig mit dem südafrikanischen Rand, der in Swaziland überall akzeptiert wird, aber keine Emalangeni

Straßenszene

(SZL) in Südafrika. Die gebräuchlichsten Kreditkarten sind verwendbar. Die südafrikanischen Banken *Nedbank, First National Bank* und *Standard Bank* haben Zweigstellen in ganz Swaziland mit Geldautomaten (ATMs), auch in Shopping-Zentren. In Restaurants ist Trinkgeld ist üblich.

Telefon/ Internet Internationale Vorwahl +268. In sein Handy sollte man eine lokale SIM-Karte einsetzen, führend ist MTN Swaziland mit flächendeckendem Netz. Es gibt keine Stadtvorwahlen, Nummern in der Landesregion *Shiselweni* (Südswaziland) beginnen mit 22, Lubombo (Osten) mit 23, Hhohho (Norden u. Mbabane) mit 24, Manzini (Zentral) mit 25. Ins Ausland 00 vorwählen, nach Südafrika 0027. Hotels und Unterkünfte bieten Internet-Zugang, teils gibt es Internet-Cafés in Shopping Malls.

Notrufe Polizei Festnetz/Handy 999, mit Handy auch 112

Öffnungszeiten Geschäfte Mo–Fr 8–17 Uhr, Sa 8–13 Uhr. Banken Mo–Fr 8.30–15.30 Uhr, Sa 8.30–11 Uhr.

Deutsche Vertretung Verbindungsbüro: Angelina Töpfer, Lilunga House 3rd Floor, Samhlolo Street, Mbabane, Tel. (+268) 24043174, Fax (+268) 24090042. E-Mail Kontakt via www.southafrica.diplo.de oder germanlo@swazi.net

Gesetzliche Feiertage

1. Januar – *New Year*
19. April – *King's Birthday*
25. April – *National Flag Day*
1. Mai – Tag der Arbeit
22. Juli – Geburtstag des verstorbenen *King Sobhuza II.*
Ende Aug./Anf. Sept. – *Umhlanga Reed Dance Day*
6. Sept. – *Somhlolo* (Unabhängigkeitstag)
26. Dez. – *Boxing Day*

Feste & Festivals **MTN Bush Fire** ist Swazilands größtes, dreitägiges Musik- und Kunstfestival, alljährlich Ende Mai/Anf. Juni im „House on Fire" im Malkerns Valley, s.S. 305.

Incwala (Ncwala), „Festival of the first fruits", zwischen Dezember und Januar. Start des Vorfestes am 4. Tag nach Vollmond im Dezember/Anfang Januar, Beginn des sieben Tage dauernden Hauptfestes 14 Tage später nach diesem 4. Tag. Bester Besuchstag davon der 2. Tag, genannt „Big Incwala". Heiliges Fest zur „Ernte der ersten Früchte" in *Eludzindzini,* der Residenz der Queen Mother (s.S.304).

Der **Umhlanga** („Riedrohr") **Reed Dance** ist der größte und spektakulärste Event Swazilands, es findet alljährlich Ende August/Anfang September statt und dauert 8 Tage. Aus allen Teilen des Landes strömen bis zu 40.000 jungfräuliche bzw. unverheiratete Mädchen nach Lobamba zum Zeremonieplatz, um mit Tanz und Gesang der königlichen Familie zu huldigen, traditionell natürlich barbrüstig. Einleitend übergeben sie ihre zuvor geschnittenen langen Schilfrohre der „Queen Mother" zur Erneuerung der Einfriedung des königlichen Kraals. Nur die vorletzten zwei Tage, Tag 6 und Tag 7, sind für Besucher offen. Wenn der polygame König Mswati III. möchte, kann er sich eines der Mädchen als neue Frau erwählen – aber heiraten erst, wenn sie zuvor von ihm schwanger wird. Wegen halbnackter Mädchen jedoch auf lockere Sitten in Swaziland zu schließen, wäre falsch: Neuerdings drohen Swazilands Frauen bis zu sechs Monaten Gefängnis, wenn sie in der Öffentlichkeit Miniröcke oder knappe Oberteile tragen. Ein „Reed Dance" findet auch in KwaZulu-Natal statt, s.S. 315.

2

Landesinformationen

Landesnatur Der Westen Swazilands ist Teil des südafrikanischen Binnenhochlands (**Highveld**) mit einer mittleren Höhe von 1300 Metern. Die niederschlagsreiche Region ist durch ständige Aufforstung dicht mit *Pines,* Bergkiefern und anderen Nadelhölzern bewaldet. Höchster Berg ist der 1862 Meter hohe *Emlembe.*

Nach Osten hin schließt sich an das Highveld das fruchtbare **Middleveld** an mit durchschnittlichen Höhenlagen um 700 Meter. Es ist die bevölkerungsreichste Landesregion mit dem Zentrum Manzini. Das Middleveld geht nach Osten ins tiefgelegene **Lowveld** über, das überwiegend aus heißem Buschland besteht und wo vor allem Zuckerrohr angebaut wird. Parallel zur Ostgrenze Swazilands ziehen sich die **Lubombo-Berge** (Lebombo-Berge) als Höhenzug hin mit Bergen über 700 m Höhe. Größte **Städte** sind Manzini (110.000 Ew., wirtschaftliches Zentrum) und Mbabane (75.000, Hauptstadt).

Klima/ Reisezeit Swazilands Klima ist subtropisch, also überwiegend warm bzw. mild um die 25 °C. Der Westen des Landes ist klimatisch am angenehmsten. Heißester Monat ist der Oktober. Je höher die Topografie, desto mehr Niederschläge. Der meiste Regen fällt im Highveld von Oktober bis März. Das Middleveld besticht von Mai bis September fast durchgängig mit wolkenlosem Himmel. Im heißen Lowveld geringe Niederschläge, in den Lubombo-Bergen trockenes Klima mit weniger heißen Temperaturen.

Geschichte Die Swazis erreichten im Zuge der großen Nord-Süd-Wanderung der *Nguni* (Sammelbegriff verschiedener Bantu-Ethnien) im 17. Jahrhundert ihr heutiges Siedlungsgebiet. Die Macht lag von Beginn an in den Händen ihrer Könige. Etwa ab 1850 kamen Weiße ins Land, Buren und Engländer. 1881 legten die Briten die heutigen Landesgrenzen fest. 1894–1899 wurde Swaziland von der damaligen Burenrepublik Transvaal kontrolliert. Nach dem Zweiten Burenkrieg 1899–1902 übernahm das siegreiche Großbritannien Swaziland und erklärte es 1907 zum britischen Protektorat, aus dem es am 6. September 1968 in die Unabhängigkeit entlassen wurde. 1972 setzte König Sobhuza II. die demokratische Verfassung außer Kraft. Als er 1982 im Alter von 83 Jahren starb, hinterließ er nach offiziellen Angaben rund 120 Frauen und 600 Kinder. Sein Nachfolger wurde sein Sohn Mswati III.

Staatsform und Politik Swaziland (Eigenbezeichnung *Ngwane*) ist eine Monarchie mit König Mswati III. an der Spitze, er ist der letzte absolutistische Monarch Afrikas. Politische Parteien sind seit 1973 verboten, die Rolle der Opposition haben in dem Einheitsstaat die Gewerkschaften übernommen. Mbabane ist Hauptstadt und Regierungssitz, Lobamba Sitz des Parlaments und der Königsfamilie.

Polygamie statt Demokratie: König **Mswati III.,** der *Ngwenyana* („Löwe"), geboren 1968, regiert seit seiner Inthronisation 1990 autoritär. Stellvertreterin des Königs ist seine Mutter, die „Queen Mother", genannt *Indlovukazi,* die „Elefantin". Nach alter Swazi-Tradition praktizieren hochrangige oder vermögende Swazi-Männer Polygamie, allen voran der König, derzeitige Anzahl seiner Frauen 14. Mswatis Porträt zieren Banknoten und Münzen, Kleidungsstoffe (diese meist in den typischen Swazi-Farben Rot und Schwarz), Briefmarken u.a. mehr. Wegen seines luxuriösen Lebensstils steht er unter starker Kritik, so versorgte er z.B. seine Frauen mit deutschen Luxuskarossen. In der Bevölkerung kommt es immer wieder zu Protesten und Streiks gegen unterdrückte Freiheitsrechte. Des Königs Privatvermögen wird auf Hunderte

Millionen Dollar geschätzt, wogegen Swaziland zu den ärmsten der Welt zählt. Auf dem *Human Development Index,* der UN-Rangfolge für menschliche Entwicklung, steht Swaziland derzeit auf dem Platz 140 von 187. Über die Hälfte der Menschen, hauptsächlich auf dem Land, ist auf Nahrungsmittelhilfe angewiesen.

Swaziland ist in vier fast gleichgroße Verwaltungsbezirke aufgeteilt: *Hhohho* im Norden, *Manzini* im Westen, *Lubombo* im Osten und *Shiselweni* im Süden.

Nationalfeiertag ist der 6. September, Jahrestag der Unabhängigkeit von Großbritannien 1968.

Wirtschaft

Wirtschaftlich bestimmend ist die enge Verbindung zu Südafrika, den Großteil der Importe liefert der große Nachbar. In Matshapa westlich von Manzini konzentrieren sich einige Industriebetriebe. Von Bedeutung ist Forstwirtschaft, die Textilindustrie und Kohleabbau. Hauptexportgut ist Zucker, darunter auch der Extrakt für die Herstellung von Coca Cola für fast ganz Afrika. Swaziland leidet unter hoher Arbeitslosigkeit, wichtigste Erwerbsquelle ist die Landwirtschaft in kleinbäuerlichen Strukturen. Mais, Tabak, Reis, Zitrusfrüchte, Hirse, Baumwolle, Erdnüsse und vor allem Zuckerrohr sind die Hauptanbauprodukte, ergänzt mit Viehhaltung, traditionell aus Prestigegründen. Touristisch vermarktet sich das kleine Land mit Elan, denn Tourismus schafft mit Dienstleistungen Arbeitsplätze. Die meisten Gäste kommen aus Südafrika.

Nationalparks bzw. „Big Game Parks“

Swaziland besitzt drei bedeutsamere Wildschutzparks: **Hlane Royal National Park, Mlilwane Wildlife Sanctuary** und das **Mkhaya Game Reserve.** Sie sind jeweils keine anderthalb Fahrstunden voneinander entfernt. Parklandschaften und Topografien sind unterschiedlich, wie auch Flora und Fauna. Alle drei Parks bieten eine Vielzahl an Aktivitäten (Reitausflüge z.B. im Mlilwane Sanctuary mit *Chubeka Trails*) und verfügen über Unterkünfte von einfach bis gehoben (in Mlilwane z.B. *Sondzela Backpackers* und *Reilly's Rock Hilltop Lodge*). Informationen und Reservierung für alle drei Parks bei *Big Game Parks,* Central Reservations, P.O.Box 311, Malkerns, Tel. 25283943/4, www.biggameparks.org, reservations@biggameparks.org.

Nature Reserves

Die Nature Reserves *Malolotja, Mlwawula* und *Mantenga* sind die drei wichtigsten Swazilands. Sie stehen unter Verwaltung der *Swaziland National Trust Commission.* Infos und Reservierung: Tel. 24161516, www.sntc.org.sz, mlawulares@sntc.org.sz.

Das Malolotja Nature Reserve befindet sich an der MR1 an der Nordwestgrenze Swazilands (s.S. 300), Mantenga ist ein kleines Reserve an einer Ecke des Ezulwini Valleys und Mlwawula liegt im Nordosten an der Grenze zu Mozambique (s.S. 307).

Routen durch Swaziland

Westroute

Krügerpark N4 (SA) – Jeppe's Reef//Matsamo – Piggs Peak – Mbabane – Ezulwini Valley – Manzini – Big Bend – Lavumisa//Golela (SA) – N2

Hinweis

falls Sie sich jetzt erst für die Durchfahrt Swazilands auf der östlichen Transitroute entscheiden (s.S. 307), so biegen Sie dazu ca. 5 km nach der Grenzstelle nach Osten auf die MR6 nach Tshaneni ab.

Nach der Grenzestelle geht es auf der MR1 nach Süden. Endlose Bergkiefer-Wälder *(pines)* bestimmen das Landschaftsbild. Erster kleiner „Seitensprung" rechts ab ist nach 24 km das private, 600 ha große **Phophonyane Nature Reserve** mit seinen nicht gerade spektakulären, gleichnamigen Wasserfällen (man sieht bei diesem Abstecher nur die Abbruchkante).

Wer spät dran ist, findet schöne Unterkunft in der mitten im urwüchsigen Wald gelegenen *Phophonyane Nature Lodge* (Tagesbesucher E30 bzw. Rand), Tel. 24313429, Cell 76042802, www.phophonyane.co.sz. Zufahrt von der Hauptstraße 1,7 km. Die stilvollen SC-Cottages (E890/950), die traditionellen Beehives (E1020) und die Safari-Tents (E1020) fügen sich harmonisch in die Natur ein (alle Preise p.P. und mit Frühstück, gutes Restaurant). Geführte Walks in die Natur und zur lokalen Community, Guided 4x4 Drives u.a.

Peak Fine Craft Centre

Ein paar km weiter bzw. ca. 10 km nördlich vom Ort Piggs Peak befindet sich beim großen, langgestreckten *Piggs Peak Hotel & Casino* (Restaurants, Bar u.a., www.piggspeakhotel.com) das **Peak Fine Craft Centre,** eine Verkaufsstelle für stilvolles Kunsthandwerk renommierter Swazi-Marken, wie z.B. *Likhweti Kraft* (Schmuck), *Coral Stephens Hand Weaving* oder *Tintsaba Crafts.* Vom Restaurant hat man eine schöne Aussicht.

Nutzholz-Plantagen allerorten

Piggs Peak Der erstgrößere Ort (20.000 Ew.), ca. 40 km vom Matsamo Border Post und auf 1400 m Höhe, heißt *Piggs Peak,* www.piggspeak.org.sz. Er erhielt seinen Namen nach dem Franzosen William Pigg, der ihn 1884 gründete, nachdem er in der Nähe Gold gefunden hatte. Die Goldminen sind aber schon längst geschlossen. Heute ist Piggs Peak ein Zentrum der Holzverarbeitung. Entlang der Hauptdurchgangsstraße gibt es Läden und Supermärkte, Banken und Tankstellen. Die MR20 führt 20 km nach Westen zum Grenzübergang *Bulembu//Josefsdal.* Von dort erreicht man nach 40 sehr kurvigen und langsamen Kilometern das südafrikanische *Barberton* (s.S. 267).

Unterkunft **Jabula Guest House** Dieses nette und ruhige B&B im Grünen bietet diverse Zimmer und einen schönen Garten mit Pool. Leicht zu erreichen, bei der Ortseinfahrt das Jabula-Schild nach links beachten. Tel. 84371052, Cell 86051976, www.jabulabnb.com. DZ/F ca. E550.

Maguga Dam Etwa 18 km südlich von Piggs Peak kommt nach links die Abzweigung zum *Maguga Dam* mit Maguga Lodge (17 km). Der Stausee ist einer der größten des Landes, in seinem Wasser leben außer vielen Fischarten auch Krokodile und Hippos. Bei der Staudamm-Mauer gibt es das *Maguga Viewpoint Restaurant* mit Info- und Craft Centre und Sicht auf die 115 m hohe Dammmauer mit *spillway*. Die schöne *Maguga Lodge* liegt gleich dahinter, sie bietet alle Annehmlichkeiten und Outdoor-Aktivitäten (Tel. 24373975, www.magugalodge.com. DZ/F Rondavel E900, Campsites).

Speckstein-Figuren direkt vom Künstler

Speckstein-Schnitzer Bei der Weiterfahrt geradeaus auf der MR1 überqueren Sie auf einer Brücke den Fluss *Komati,* der den Maguga-Damm speist, und bald danach werden rechts an der Straße unzählige Figuren aus Speckstein *(soap stone)* zum Kauf angeboten. Der weiche, natürlich vorkommende Werkstein mit Talk als Hauptbestandteil eignet sich hervorragend zum plastischen Gestalten mit Schnitzwerkzeug. Die Auswahl an Skulpturen und abstrakten Kreationen von mini bis mannsgroß in vielen Farbtönen – auch mit Schuhcreme schwarz gefärbt und mit Wachs poliert – ist unüberschaubar und eine gute Gelegenheit zum Kauf eines günstigen Swaziland-Souvenirs.

Malolotja Nature Reserve

Rechter Hand erstreckt sich bis hin zur südafrikanischen Grenze das Malolotja Nature Reserve (Eintritt, 6–18 Uhr), Habitat für seltene Tierarten wie *Blue Swallow, Bald Ibis, Black Eagle* und des nachtaktiven *Aardwolf* (Erdwolf), kleinster Vertreter aus der Familie der Hyänen. Im südlichen Reserve gibt es außerdem eine prähistorische Mine (s.u.) und die Malolotja Falls. Man kann vielen Outdoor-Aktivitäten nachgehen, z.B. auf den vielen Trails wandern. Mit *Malolotja Canopy Tour* kann man zwischen Felsschluchten seilgleiten. Nähere Infos über Malolotja auf www.thekingdomofswaziland.com und www.sntc.org.sz.

Hawane

Gegenüber des Hawane Reservoirs, etwa 4 km vor dem Straßenkreuzungspunkt Motjane, ist rechts die Zufahrt zum komfortablen *Hawane Resort,* Tel. 24441744, www.hawane.co.sz. 23 außergewöhnlich schön designte Chalets im Ethnic-Stil aus Naturmaterialien. Pool, gutes Restaurant. DZ/F ca. E1000. Außerdem Campingplätze und Backpacker-Unterkünfte. Aktivitäten-Programm. Eine sehr gute Basis, um das Malolotja Reserve zu erkunden.

Ngwenya Glass Complex

Bei Motjane erreichen Sie die Auffahrt zur Autobahn MR3 nach Mbabane (falls Sie bei Forester's Arms – s.u. – übernachten wollen, ist es von hier noch etwa eine Stunde). Doch sehen Sie sich zuvor eine bekannte Attraktion Swazilands an, die Glasbläserei *Ngwenya Glass,* dazu nach rechts abbiegen, s. Hinweisschild. In dieser Richtung geht es auch zum Grenzpunkt *Oshoek//Ngwenya,* dem vielbefahrenen Hauptübergang von/nach Südafrika (7–24 Uhr). Nach 2 km ist der *Ngwenya Glass Complex* erreicht.

Ngwenya Glass (Ngwenya heißt „Krokodil") wurde 1979 mit schwedischer Hilfe gegründet, von dort kamen die ersten Maschinen. Aus Abfall- und Flaschenglas entstehen mundgeblasene Glaskunstwerke, von Gebrauchsgläsern, Schalen und Vasen bis hin zu Meisterwerken in Form der afrikanischen Tierwelt. Man kann den Glasbläsern bei ihrer schweißtreibenden Arbeit werktags von oben vom Umgang zusehen. Die Produkte werden im *Glass Shop* angeboten, man kann sie aber auch noch in Kapstadt an der Waterfront kaufen oder über www.pureswazi.com bestellen. *Ngwenya Glass,* tägl. 8–16 Uhr, Tel. 24424053, www.ngwenyaglass.co.sz.

Angeschlossen ist ein gutes Café, eine Tourist Information und ein **Craft Centre** mit über einem Dutzend Läden, die Kunsthandwerk, Textilien, Souvenirs etc. sowie lokale Erzeugnisse in guter Qualität verkaufen.

Etwa 2,5 km nördlich vom Ngwenya Glass Complex, bereits im Malolotja Nature Reserve, befindet sich das **Ngwenya Mines & Visitor Centre** (ausgeschildert, tägl. 8–16 Uhr) mit interessanten Informationen zu den prähistorischen Ngwenya-Eisenerzlagerstätten, wo schon vor 43.000 Jahren, nachgewiesen durch die Radio-Carbon-Methode, Urbewohner das hoch eisenerzhaltige und rötliche Hämatit abbauten. Sie verwendeten es als Farbpaste für zeremonielle Körperbemalungen und Wandmalereien. In späteren Epochen, ab etwa 450 n.Chr., diente es zur Herstellung eiserner Waffen und Werkzeugen. Geführte Kurztouren zur Mine *Lion's Cavern,* in der man nach ihrer Entdeckung 1960 sehr viele Artefakte fand, sind nach Anmeldung im Visitor Centre möglich. Die Erzlagerstätten wurde 1964–1977 industriell ausgebeutet.

Auf der Straße zwischen Ngwenya Glass und der Mine liegen die *Endlotane Studios,* wo schöne Wandteppiche aus feiner Merino- und Karakulwolle gewebt werden. Besichtigung möglich.

Auch in Swaziland sind Schuluniformen Pflicht

Weiterfahrt Richtung Mbabane / Unterkunft

Nach rund 20 weiteren Kilometern kündigt sich Swazilands Hauptstadt Mbabane an. Für das Hotel *Forester's Arms* in ländlicher Atmosphäre die MR3 bei der Ausfahrt „Junction 12" verlassen und auf der MR19 den Schildern „Mhlambanyatsi" und „Forester's Arms" folgen (gute 20 km; Anfahrt aus Mbabanes Zentrum über die Usutu Road, vorbei am Lupohlo Dam, 25 km).

Das historische Anwesen (Eigentümerin Ruth Buck) in schöner Gartenanlage mit kolonialem Charme bietet 34 Zimmer/AC, Lounge und ein Old-English-Pub. In kühleren Abendstunden knistern gemütliche Kaminfeuer. Persönlicher, freundlicher Service (der *morning tea* wird ans Zimmer gebracht) und gutes Restaurant, das abends bei Kerzenlicht ein Sieben-Gänge-Menü serviert. Mittagessen auf der Terrasse, reichhaltiges Frühstücks- und Sonntagsbüfett mit Barbecue. Pool, freies Wi-Fi, sicheres Parken, großes Outdoor-Aktivitäten-Programm, Golf, Fitness etc. Tel. 24677177, www.forestersarms.co.za, GPS S26°27'21" E31°01'30". DZ/F ca. E900.

Mbabane

Mbabane, benannt nach einem Swazi-Chief, ist die Hauptstadt Swazilands und auch des Verwaltungsbezirks Hhohho. Die Stadt hat 75.000 Einwohner, liegt klimatisch vorteilhaft auf 1200 Meter Höhe in den Mdimba-Bergen und ist Sitz von Verwaltung, Ministerien und

Botschaften. Die relativ junge Stadt – gegründet 1887, 1903 von den Briten als Truppenhauptquartier bestimmt – ist sie modern und funktional und bietet eine gute touristische Infrastruktur (für ein paar Tage Aufenthalt aber besser im 20 Minuten entfernten Ezulwini Valley oder im Malkerns Valley Quartier beziehen). Hauptstraße ist die *Gwamile* bzw. nun die *Allister Miller Street*. Die großen Einkaufszentren *The Mall* und *Swazi Plaza* mit Banken, Shops, Restaurants, Internet und Tourist Information liegen im Süden der Stadt. Der lokale Markt befindet sich gleich östlich von Swazi Plaza in der Msunduza Street. Schöne, handgefertigte Schmuck-Designstücke bekommt man bei Quazi Design, 971 Bhaki St, Sidwashini, www.quazidesign.com.

Weitere Stadtsehenswürdigkeiten: keine. 8 km nordöstlich liegt der *Sibebe Rock*, ein 700 m hoher Granit-Monolith. Anfahrt über die Pine Valley Road, Aufstieg mit Guide, Tel. 24046070.

Tourist Information Beim Swazi Plaza, H101, Tel. 24049693 u. 24049675, Mo–Do 8–16.45, Fr 8–16 Uhr, Sa 9–13 Uhr. Stadtplan, Swaziland-Karten, Touristen-Broschüren wie „What's on". Diplomatische Vertretung **Mozambique** (Visum): Princes Drive (nahe Hotel Mountain Inn), Tel. 24043700.

Unterkunft **Eden Guest House,** Malagwane Hill, etwa 4,5 km südl. von Mbabane an der MR3, Tel. 24046317, über www.africa-adventure.org/e/eden/deutsch.html. Nettes Gästehaus mit 15 komfortablen Zimmern in schöner Gartenanlage, kleiner Pool, Bar, sicheres Parken, Wäscheservice etc. DZ/F E700, Dinner a.A.

Brackenhill Lodge Komfortables B&B, ca. 4,5 km nordöstlich außerhalb in Aussichtslage. Ruhig und nett, 8 Zimmer mit Verandas. Internet, Kreditkarten, Kinder willkommen, Dinner a.A. Von der MR3 Exit 10 ins Stadtzentrum, an der ersten Ampel links in die Gwamile (Allister Miller), nach 2,3 km dem Schild „Pine Valley/Fonteyn" folgen, rechts in die Fonteyn Rd, nach 1 km links in den Mountain Drive und Schild „Brackenhill Lodge" beachten. Tel. 24042887, Cell 76020650, www.brackenhillswazi.com, GPS S26,17.685 E31,09.351. DZ/F ca. E800.

Mountain Inn Familiengeführt in südöstlicher Hügellage mit Aussicht, angenehmes Ambiente, Pool, Restaurant, Pub, sicheres Parken, 52 Zimmer. Anfahrt: von der MR3 Exit/Off Ramp Nr. 14 Mbabane City nehmen, auf rechte Spur gehen, an der ersten Ampel rechts abbiegen und den Schildern folgen, noch ca. 600 m. Tel. 24042781, www.mountaininn.sz. DZ/F ca. E1000.

Ezulwini Valley

Das Ezulwini Valley („Tal des Himmels") ist das touristische Zentrum Swazilands und der Sitz der Königsfamilie. Es beginnt südlich von Mbabane und zieht sich als Großtal nach Südosten bis Manzini. Biegen Sie 7 km hinter Mbabane von der MR3 (Ezulwini Exit) auf die **MR103** ab („Old Main Road"), die als Touristenstrecke nach rund 25 Kilometern wieder in die MR3 nach Manzini einmündet. In kurzen Abständen passieren Sie Hotels, B&Bs und Backpacker-Unterkünfte, Restaurants, Cafés, Entertainment-Angebote, zahllose Shops mit Kunsthandwerk und Souvenirs, Straßenmärkte und „Handicraft Stalls" wie z.B. Ezulwini

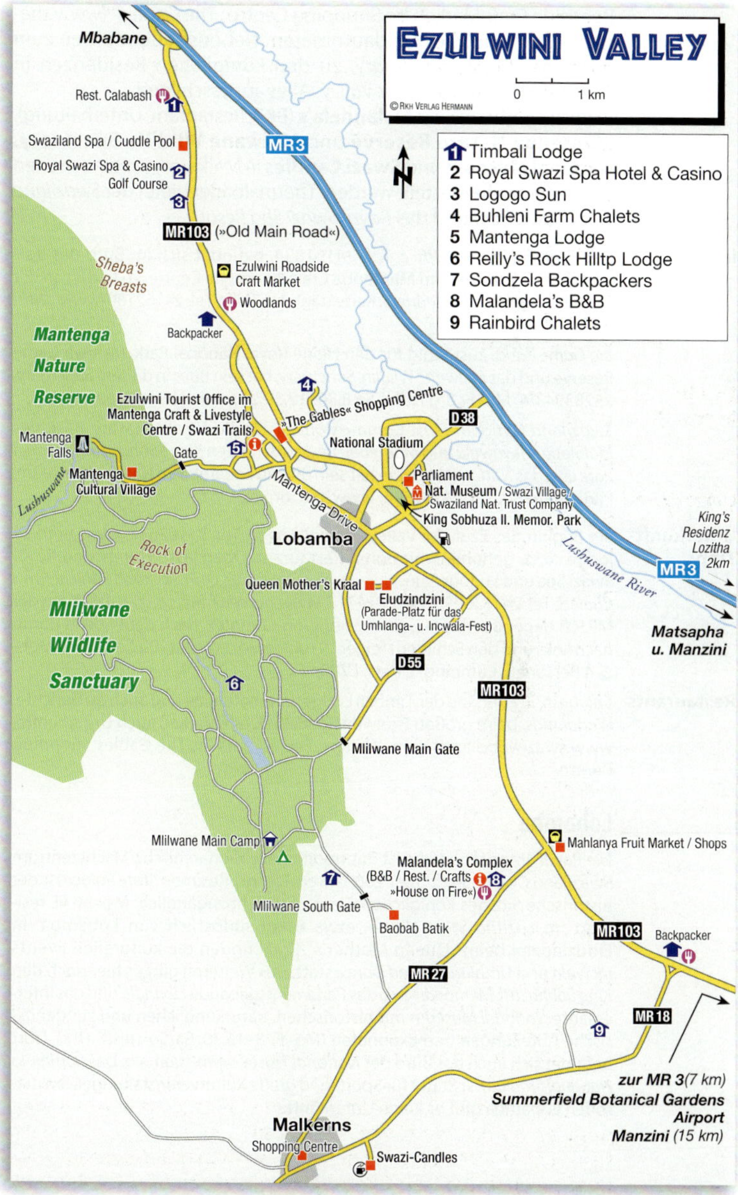
Ezulwini Valley
0 1 km
© Rkh Verlag Hermann
N
1 Timbali Lodge
2 Royal Swazi Spa Hotel & Casino
3 Logogo Sun
4 Buhleni Farm Chalets
5 Mantenga Lodge
6 Reilly's Rock Hilltp Lodge
7 Sondzela Backpackers
8 Malandela's B&B
9 Rainbird Chalets
Mbabane
Rest. Calabash
Swaziland Spa / Cuddle Pool
Royal Swazi Spa & Casino
Golf Course
MR3
MR103 (»Old Main Road«)
Sheba's Breasts
Ezulwini Roadside Craft Market
Woodlands
Backpacker
Mantenga Nature Reserve
Ezulwini Tourist Office im Mantenga Craft & Livestyle Centre / Swazi Trails
»The Gables« Shopping Centre
D38
National Stadium
Mantenga Falls
Gate
Mantenga Cultural Village
Lushuswane
Mantenga Drive
Parliament
Nat. Museum / Swazi Village / Swaziland Nat. Trust Company
King Sobhuza II. Memor. Park
Lobamba
Rock of Execution
Lushuswane River
King's Residenz Lozitha 2km
MR3
Queen Mother's Kraal
Eludzindzini (Parade-Platz für das Umhlanga- u. Incwala-Fest)
Matsapha u. Manzini
Mlilwane Wildlife Sanctuary
D55
MR103
Mlilwane Main Gate
Mlilwane Main Camp
Mahlanya Fruit Market / Shops
Malandela's Complex (B&B / Rest. / Crafts »House on Fire«)
Mlilwane South Gate
Baobab Batik
MR103
Backpacker
MR 27
MR 18
zur MR 3 (7 km)
Summerfield Botanical Gardens
Airport
Manzini (15 km)
Malkerns
Shopping Centre
Swazi-Candles

Roadside Craft Market. Im Shopping Centre „The Gables" (www.thegables.co.sz) gibt es Geldautomaten. Nebenstraßen führen zum *Mlilwane Wildlife Sanctuary,* zu den königlichen Residenzen in *Lobamba* und ins *Malkerns Valley*. Alles ausgeschildert.

Besuchenswert sind **Malandela's** (B&B, Restaurant, Unterhaltung), **Mantenga Nature Reserve** und **Mlilwane Wildlife Sanctuary, National Museum** und **Swazi Candles** in Malkerns, wo die schönen Swazi-Kerzen hergestellt werden. Thermalbäder bietet der *Swaziland Spa Cuddle Pool* und das *Royal Swazi Spa Resort*.

Infos

Das *Ezulwini Tourist Office,* Tel. 24161834, befindet sich im Büro des Veranstalters *Swazi Trails* im Mantenga Craft & Lifestyle Centre, zu finden an der Zufahrt zur *Mantenga Lodge,* s. Karte (tägl. 8–17 Uhr, Tel. 24162180, www.swazitrails.co.sz).

Big Game Parks, zuständig für den Hlane Royal National Park, Mkhaya Game Reserve und das *Mlilwane Wildlife Sanctuary,* hat sein Büro in diesem Sanctuary, 25283943/4, Mo–Fr 8–17 Uhr, Sa 8.30–12.30 Uhr, www.biggameparks.org.

Swaziland National Trust Commission, zuständig für die Nature Reserves *Malolotja, Mlwawula* und *Mantenga* und auch für den *King Sobhuza II. Memorial Park* und das *National Museum* hat sein Büro in Lobamba im National Museum, Parliament Rd, Tel. 24161516, www.sntc.org.sz.

Unterkunft-Tipps

am Beginn des Ezulwini Valley: *Timbali Lodge,* Tel. 24162632, www.timbalilodge.co.sz, gehoben, mit Boma-Restaurant. Oberklasse-Hotels sind Royal Swazi Spa und Lugogo Sun, www.suninternational.com. Rustikal: *Buhleni Farm Chalets,* Tel. 24163505, Cell 76024712, www.buhlenifarm.co.sz. Zufahrt von der MR103 gegenüber vom Gables Shopping Complex, nach dem Speed Bump nach links und den Schildern folgen. 9 ruhige Holz-Chalets für Selbstversorger 2–4 Personen, Camping. 2 Pers. E700.

Restaurants

Calabash, in Fußnähe der Timbali Lodge, internationale und auch dt. Gerichte. *Woodlands,* beim großen Ezulwini Roadside Craft Market, auch Unterkünfte, www.swaziwoodlands.com. Weitere Restaurants im The Gables Shopping Centre.

Lobamba

Die *Royal Area of Lobamba* ist das traditionelle monarchische Machtzentrum Swazilands, bereits seit über 200 Jahren. Der große *Embo State Palace* ist der historische Sitz des königlichen Clans und nicht zugänglich. Mswati III. residiert im *Lozitha State House,* etwa 8 km südöstlich von Lobamba. In Eludzindzini beim „Queen Mother's"-Kraal finden die kulturellen Events *Incwala* und *Umhlanga Reed Dance* statt. Des Weiteren gibt es hier noch den *King Sobhuza II. Memorial Park,* das Parlamentsgebäude *Libandla* und das interessante *National Museum* mit historischen, naturkundlichen und zeitgenössische Abteilungen und Exponaten (Mo–Fr 8–16.30, Sa/So 10–16 Uhr). Dort befindet sich auch das Büro der *National Trust Commission,* s.o. Das *Somhlolo National Stadium* ist Stätte für Sport- und große Kulturveranstaltungen. Im maroden Lobamba gibt es keine Unterkünfte.

Mlilwane Wildlife Sanctuary / Mantenga Nature Reserve

Das 4560 ha große Mlilwane Wildlife Sanctuary (6.30–17.30 Uhr) ist wegen seiner Schönheiten einer der populärsten Naturparks des Landes, ideal für Outdoor-Aktivitäten, z.B. Wanderungen und Ausritte. Mlilwane war das erste private Tierreservat Swazilands. Nach seiner Eröffnung 1961 auf einem ehemaligen Farmgelände wurden nach und nach Wildtiere eingesetzt. Neben einer reichen Vogelwelt leben hier Strauß, Warthog, Flusspferd, Giraffe u.a. Spezies. Der südliche Parkbereich besteht aus offenem Grasland, im nördlichen findet man den Nyonyane Mountain („Rock of Execution"), die Doppelbergformation „Sheba's Breasts" und das **Mantenga Nature Reserve** am Usutu River mit den **Mantenga Falls** (Eingang 1 km von der Mantenga Lodge). Der (geringe) Eintrittspreis berechtigt zum Besuch des *Mantenga Cultural Village* (Bienenkorb-Hütten, Folkloretanz um 11.15 u. 15.15 Uhr) und der *Mantenga-Fälle.* Unterkunftsempfehlung ist die schöngelegene *Mantenga Lodge* mit Restaurant (38 Zimmer, Tel. 24161049, Cell 76025266, www.mantengalodge.com. DZ ab E640). Weitere Mlilwane-Sanctuary-Infos auf www.biggameparks.org.

2

Unterkunft *Sondzela Backpackers, Main Camp Huts & Campsites, Shonalanga Cottage* und *Reilly's Rock Hilltop Lodge* (upmarket). Alle Reservierungen über www.biggameparks.org, Tel. 25283943/4, reservations@biggameparks.org.

Malkerns Valley

Malandela's Complex / „House of Fire"

Das Malkerns Valley südöstlich von Mililwane und ist ursprünglicher als das Ezulwini Valley. In der fruchtbaren Gegend gibt es Ananasplantagen und wächst Zuckerrohr. Etliche Unterkünfte, auch im Budget-Bereich. Zum (esoterisch angehauchten) **Malandela's Complex** von der MR103 auf die MR27 Richtung Malkerns abbiegen, noch 1 km.

Die kulturgetriebenen Brüder Thorne betreiben hier auf ihrer ehemaligen Familienfarm das wunderschöne *Malandela's Bed&Breakfast* (Tel. 25283448, DZ E550), das *Farmhouse Restaurant & Country Pub,* ein Internet- Café mit Tourist-Info und haben einen Botanischen- und einen Skulpturengarten angelegt. Verkauft wird „Gone Rural"-Kunsthandwerk aus Naturmaterialien, gefertigt in Dörfern. Imponierend ist die „House on Fire Performance Arena" mit Art-Gallery und Open-air-Bühnen. Hier steigt alljährlich Ende Mai/Anfang Juni das dreitägige *Bush Fire Music Festival,* Swazilands größtes Musikfestival mit Größen aus der internationalen Musikszene (Video auf www.bush-fire.com). Auch durchs ganz Jahr hindurch Veranstaltungen und Auftritte, s. www.malandelas.com und www.house-on-fire.com. Überschüsse fließen in eine Initiative für Aidswaisen.

Swazi Candles

Gleichfalls im Malkerns Valley befindet sich der **Swazi Candles Complex,** Herstellungsort der bildschönen, handgemachten Swazi-Kerzen mit einzigartigem Dekor in zahllosen Tier- und Freiformen. Im Workshop kann man bei der Herstellung nach der uralten *mille fiori*-Methode unter Verwendung von harten Spezialwachsen für den dann nicht schmelzenden, mehrlagigen Außenmantel zusehen.

Anfahrt von der MR103 auf die MR18, nach 7 km, ausgeschildert, tägl. 7–17 Uhr. Swazi Candles ist ein Fair Trade Unternehmen, www.swazicandles.com.

Angeschlossen ist ein Restaurant und Verkauf bekannter Handicraft-Hersteller wie *Baobab Batik, Rosecraft, Amarasti* u.a. *Kwazi Swazi* verkauft Bücher, Musik, T-Shirts, Deko-Artikel u.a.

Unterkunft

Die **B&B Rainbird Chalets** liegen an der gleichen Straße MR18 wie Swazi Candles. Nach 3 Kilometern von der MR103 rechts abbiegen, s. Rainbird-Schild. Großes, ruhiges Gartengelände mit Stausee und Pool. Die 4 Chalets sind komplett eingerichtet, netter Patio. Restaurants in der Nähe. Tel. 25283452, Cell 76037273, www.rainbirdchalets.com, GPS S26 30.763 E031 13.972. DZ/F E700.

Summerfield Botancal Gardens

Vom Abzweig der MR18/MR103 sind es nach Manzini noch 15 km. Nach ca. 3 km zweigt nach rechts die MR17 ab, sie führt auf weiteren 3 km zum **Summerfield Botancal Gardens,** einer wunderschönen, tropisch-üppigen und 100 ha großen Gartenanlage mit gleichnamigem 5-Sterne-Luxus-Resort – Kaffeepause im *The Pavilion, The Gazebos* oder gleich Einkehr zum „fine dining". Ein Besuch lohnt, www.summerfieldresort.com. Bis Matshapa und Flughafen sind es noch 6 km.

Manzini

Swazilands größte Stadt (110.000 Ew.) ist das Industrie-, Handels- und Verkehrszentrum des Königreichs und viel weniger europäisch als Mbabane. Attraktionen gibt es keine, der sehenswerte Markt Ecke Mancishane/Mhlakuvane Street ist riesig (Mo–Sa 7–17 Uhr). Unter Dach, an hunderten bunten Ständen und auf dem blanken Erdboden wird alles nur Erdenkliche angeboten und verkauft, was in Afrika wächst und hergestellt wird, auch mit riesigem Souvenir- bzw. Kunsthandwerkangebot, bis hin zu *muti,* traditionellen Heilmitteln aus pflanzlichen und tierischen Bestandteilen als Mittel gegen alle denkbaren Beschwerden – ein wirklich afrikanischer Markt. Hauptdurchgangsstraße nach Osten ist die wuselige Ngawane Street. Das größte Shopping Centre ist die *Riverstone Mall.*

Unterkunft Stadthotel: *The George Hotel,* Ngawane St/Ecke Du Toit St, Tel. 25052260, www.tgh.sz. Gehoben, alle Einrichtungen und Services, Pool und Spa, drei Restaurants. DZ/F ca. E1000.

Mkhaya Game Reserve

Das Mkhaya Game Reserve ist ein exklusives privates Game Reserve, ein Wildnis-Paradies mit vier der Big Five (keine Löwen) und anderen Großtierarten (keine Katzen). Sichtung beider Rhino-Arten ist garantiert! Game Drives ausschließlich in offenen Mkhaya-Geländewagen, außerdem Walking Safaris. Unterkunft in Chalets im Stone Camp. Anfahrt bzw. Besuch ohne vorherige Anmeldung nicht möglich. VP mit Game Drive R1370 p.P. im DZ. Informationen und aktuelle Preise auf www.biggameparks.org.

Nächster Ort ist **Big Bend,** s.S. 309.

Swaziland Ostroute

Komatipoort N4 (SA) – Bordergate//Mananga – Mlawula Nature Reserve – Hlane Royal National Park – Big Bend – Lavumisa//Golela (SA) – N2

Hinweis man kann auch vom Grenzpunkt **Jeppe's Reef//Matsamo** (s.S. 298) die Ostroute anfahren. Ostroute-Recherche Astrid Därr.

Vom Städtchen Komatipoort folgt man der N4 in Richtung Mozambique-Grenze (Border Post). Schon nach 1 km geht es rechts ab auf die R571 Richtung Swaziland, Grenze Bordergate/Mananga (ca. 60 km) und Stadt Manzini.

Die angenehme Straße R571 verläuft nun durch Zuckerrohrplantagen und ein kurzes Stück entlang des breiten *Komati River*, in dem Hippos schwimmen. Dann folgen wieder endlose Weiten mit Bananen und Zuckerrohr. Nach etwa 25 km kommt das etwas größere *Kamachekeza* mit Supermarkt. Knapp 30 km weiter wird die Grenze erreicht. Die Aus- Einreiseformalitäten sind unproblematisch und schnell erledigt. Für die Einreise mit dem Fahrzeug wird ein *Temporary Import Permit* ausgestellt und es muss eine *Road Tax* von 50 Rand bezahlt werden. Es ist kein Visum notwendig, man erhält nur einen Stempel in den Pass. Wer hier übernachten will/muss, findet Unterkunft im wenig einladenden Betonbungalow des Mananga Guesthouse (auf südafrikanischer Seite).

Etwa 5 km weiter biegt man an einem Kreisverkehr links auf die MR 24 Richtung Tshaneni, Lomahasha Border Post (Mozambique) und Hlane National Park ab. Die Landschaft ist nun langweilig, mit Zuckerrohr und Eukalyptus. Wenn die MR24 auf die N3 stößt, nach rechts abbiegen, in Richtung *Mlawule Nature Reserve*. Knapp 1 km weiter kommt links die Mlawule-Zufahrt (5 km).

Kurz nachdem man abgebogen ist, geht es links zur Rezeption des privaten, 3000 ha großen *Mbuluzi Game Reserve* (4 Lodges mit 27 Betten und einfache Campsite, Tagesbesucher willkommen, alle Infos auf www.mbuluzi gamereserve.co.sz).

Mlawula Nature Reserve

Das 16.500 ha große Reservat schützt das wildreiche Lowveld-Buschland am Fuße der Lubombo Mountains – ein vulkanischer Gebirgszug aus Rhyolit, der von Nord nach Süd parallel zur Mozambique-Grenze verläuft. Das Schutzgebiet liegt im Übergangsbereich zwischen trockener Dornsavanne im Westen und dem grünen Küstenbuschland im Osten. Die nördliche Grenze des Reservats bildet der *Mbuluzi River*. Hier leben rund 350 Vogel- und 60 Säugetierarten, darunter Leoparden, Tüpfelhyänen, Zebras, Nyalas, Kudus, Wasserböcke, Riedböcke und Klippspringer. Die Savanne im *Siphiso Valley* westlich der Lubombo Mountains gilt als besonders wildreich (Gnus, Zebras, Impalas). Ein Netzwerk von insgesamt 54 km Schotterpisten durchzieht den Park. Da hier keine Elefanten und Löwen durch den Busch streifen, darf man sich frei bewegen und die Wanderwege auf eigene Faust erkunden. Lohnenswerte Ziele sind die *Mahlabashana Gorge* mit schönen Palmfarnen und dem charakteristischen *Lubombo Ironwood*-Wald sowie der *Python Pool*, in dessen Umgebung man mit sehr viel Glück

Pythons beobachten kann. Von der *Khabane Cave* bietet sich ein toller Ausblick über das Reservat.

Eintritt R30 p.P., tägl. 6–18 Uhr. Information und Reservierung: Swaziland National Trust Commission, Tel. (+268) 24161516, www.sntc.org.sz, mlawulares@sntc.org.sz.

Unterkunft **Magadzavane Lodge** Am Rande des Lubombo-Escarpments im Süden des Reservats, mit tollem Ausblick ins Tal. 40 Zimmer mit Bad, Restaurant und Bar, Pool. DZ/F E400 p.P.

Maphelephele Cottage Einsame Lage im Osten des Reservats über dem Siphiso Valley, mit sieben Betten, Wohnzimmer mit Heizkamin, Küche, aber ohne Strom. E570 für 4 Personen, E170 für jede weitere.

Siphiso Campground Ein großes Areal am Siphiso River mit schattigen Stellplätzen. E70 p.P.

Aktivitäten Schöne Wanderwege unterschiedlicher Länge und Dauer von 1,5 Std. bis 2 Tagen. Auf dem Pistennetz im Park kann man Mountainbiken.

Weiterfahrt nach Süden auf der MR3

Simunye Etwa 7 km weiter südlich der Abzweigung zum Mlawula Nature Reserve wird **Simunye** erreicht, das lokale Zentrum der Zuckerproduktion der *Royal Swaziland Sugar Corporation* (Supermarkt, Bank und Tankstelle). Nahebei kann man im *Simunye Country Club* übernachten (in Lusoti am nördl. Ende von Simunye hinter der Tankstelle links abbiegen, Tel. (+268) 23134758, www.simunyeclub.com. Tropisches Gartengelände mit Pool, Zimmer/AC und Cottages, Restaurant. Zum Hlane Royal Nationalpark biegt man auf eine Piste rechts ab.

Hlane Royal National Park

Abseits der Touristenströme im Krüger-Nationalpark lockt der Hlane-Nationalpark mit tollen Wildlife-Erlebnissen im einsamen Buschland – und das zu einem sensationell niedrigen Preis! Der 22.000 ha große Park war einst als Jagdgebiet dem König vorbehalten. Hier leben die größten Wildtierherden Swazilands, darunter vier der Big Five (Löwen, Nashörner, Elefanten, Leoparden). Das dichte Buschland überragen kahle Baumgerippe, die Kulisse wirkt beinahe gespenstisch. Elefanten nagten die Rinde der Bäume ab und sorgten so dafür, dass die meisten hohen Bäume des Nationalparks abstarben. Bei einem Game Drive kann man neben Elefanten auch Zebras, Giraffen, Gnus, Kudus, Nyalas, Klippspringer, Impalas u.v.m. beobachten. Im Park lebt die größte Population nistender Weißrückengeier in ganz Afrika.

Breitmaulnashörner sind regelmäßige Besucher am Wasserloch vor dem *Ndlovu Camp*. Nur getrennt durch einen Stacheldrahtzaun kann man sie aus unmittelbarer Nähe betrachten. Im Wasserloch suhlen sich außerdem mehrere Hippos. In der Nacht sorgt lautes Löwengebrüll für einen unruhigen Schlaf. Doch keine Sorge: Die Löwen leben in einem extra abgesicherten Areal, das man nur im Rahmen eines organisierten Game Drives besuchen darf. Die Pisten im Park sind nach starken Regenfällen z.T. nicht passierbar.

Eintritt E40 p.P., tägl. 6–18 Uhr. Die südafrikanische Wild Card wird akzeptiert.

Information und Reservierung: Big Game Parks, Central Reservations, P.O.Box 311, Malkerns, Tel. (+268) 25283943/4, reservations@biggameparks.org, www.biggameparks.org

Unterkunft

Ndlovu Camp Das Camp bietet echtes Buschfeeling, mit Wildtieren rundum und ohne Strom (abends Petroleumlampen). Es gibt ein offenes Restaurant und Lagerfeuerplätze. Camping E70 p.P. 14 riedgedeckte Rondavels (Wisteria Village) mit Bad für 2 Pers. inkl. Frühstück R350. Zwei Selbstversorger-Cottages mit vier Zimmern für R310 p.P. Ein Familiencottage (2 DZ, 4 EZ) für R300 p.P.

Bhubesi Camp Selbstversorgercamp mit 6 Familiencottages am Fluss (ca. 14 km von Ndlovu Camp entfernt), mit Strom. Cottage mit jeweils 2 DZ R310 p.P. Man darf hier alleine auf Wegen entlang des Flusses wandern.

Aktivitäten: Game Drives (z.B. ins Löwenareal), Bushwalks, Mountainbike Touren (Verleih am Ndlovu Camp)

2

Weiterfahrt

Die MR3 führt vom Hlane-Nationalpark weiter in südliche Richtung. In Lonhlupekho (sehenswerter Craft Market) nach links auf die MR16 abbiegen (die MR3 führt weiter nach Manzini). Nach 5 km führt links eine Straße zur Kleinstadt **Siteki** auf 1000 m Höhe am Rande der Lubombo Mountains (Unterkunft im Siteki Hotel, Tel. +268-3436573/4/5, www.sitekihotel.com). Auf der MR16 weiter nach Süden Richtung Big Bend.

Big Bend

Etwa 10 km vor Big Bend mündet von Norden kommend die MR16 in die MR8 ein (Swaziland-Ostroute, s.o.). Big Bend wird umfahren.

Nisela Game Reserve

Etwa 25 km hinter Big Bend könnte man beim Ort Nsoko zum Abschluss der Swaziland-Tour nochmals ein kleines Schutzgebiet besuchen, das *Nisela Game Reserve.* Nyala, Impala, Blue Wildebeest, Zebra, Giraffe gibt es hier zu sehen. Zusätzlich Guided Walking Trails. Das à la carte-Restaurant mit Blick über einen Damm lädt zu einem letzten Stop vor Südafrika ein. Unterkunft in Rondavels (R430 p.P.), günstige Preise für Budget-Backpacker und Camper. Tel. 23030318, www.niselasafaris.com.

Grenze Lavumisa/ Golela

Nach 32 weiteren Kilometern erreicht die MR8 die südafrikanische Grenze. Mit Wartezeit müssen Sie rechnen, wenn aus Südafrika mal wieder ganze Lastwagenkolonnen heranrollen. Die Einreise selbst verläuft problemlos. Von Golela zur N2 sind es 11 km. *Welcome back to Sunny South Africa.*

Fortsetzung Ihrer Reise in Hauptrichtung Durban s. Seite 326

Wahlweise Weiterfahrt

Falls Sie *nicht* auf der Route 2a nach Durban weiterfahren möchten, sondern durchs Zululand auf der R66 von Pongola über Ulundi bis nach Eshowe nahe der N2, so geht es nun gleich auf den folgenden Seiten weiter. Fahren Sie dazu von der Grenze zur N2 und von da 25 km in westlicher Richtung nach **Pongola.**

KwaZulu-Natal: Road 66 / Zentrales Zululand

Hinweis Dies ist Fortsetzung der Strecke Nelspruit – eMkhondo/Piet Retief (s. Provinzkarte Mpumalanga S. 232). Den Ort eMkhondo/Piet Retief finden Sie auf Seite 269)

Verlauf ab **Pongola** auf der **R66** über **Nongoma, Ulundi, Melmoth, Eshowe** und **Gingindlovu** bis zur **N2** (Dokodweni Ramp Plaza). Streckenlänge: ca. 250 km

Was Sie erwartet Die Straße R66 zwischen Gingindlovu (an der N2) im Süden und Pongola nahe der Swaziland-Grenze folgt der ältesten Handelsroute durchs Zululand, vom damaligen Port Natal (Durban) ins Zulu-Inland. Bevor die Weißen im 19. Jahrhundert im Zulu-Territorium Handel treiben, auf Jagd gehen oder missionieren konnten, mussten sie zunächst das Einverständnis der damaligen Zulukönige *Shaka, Dingane* oder *Cetshwayo* einholen. Die Route ist eine Wegstrecke voller Kämpfe und Kriege zwischen Zulus, Briten und Buren.

Highlights sind:

- die früheren Residenzen und die heute rekonstruierten Wohnsitze der Zulukönige wie *uMgungundlovu* im eMakhosini-Tal oder Cetshwayos *Ondini* bei Ulundi
- Der *eMakhosini Ophahte Heritage Park* ist die historische Wiege des Zulu-Imperiums, viele Zulukönige wuchsen dort auf und liegen dort begraben
- Cultural Villages wie die *Simunye Zulu Lodge* oder *Shakaland*
- Wildparks wie das *Ithala Game Reserve* (Abstecher)
- *Eshowe,* älteste weiße Stadt im Zululand mit Museen und umgeben vom *Dlinza Forest*
- wenn zeitlich passend: *Royal Reed Dance* (September) in Nongoma, Viehmarkt in *Mona* (allmonatlich jeden 3. Donnerstag) oder *Shembe*-Festival im Oktober.

Reisetipps Bevor Sie von Pongola aus nach Süden aufbrechen, könnten Sie noch einen Abstecher zum *Lake Jozini* machen (s.S. 330) oder dort übernachten. In Ulundi kreuzt sich die Road 66 mit der Battlefields Route 2b. Die Straße R66 ist von guter Beschaffenheit, Straßenbaustellen können aber immer wieder auftreten.

Karten für die Route Überblick KwaZulu-Natal S. 259, detaillierter S. 275

Web-Adressen www.zulu.org.za (Tourism KwaZulu-Natal)
www.visitzululand.co.za • www.zululand.org.za

Websites von Unterkünften:
www.zululand-accommodation.co.za/index.php
www.zululandreservations.co.za

Einführung

Sawubona – Willkommen im Zululand!

Das auf dieser Route alles durchdringende Element ist die Kultur und die Geschichte des Zulu-Volkes. Dabei ist das *Kingdom of Zulu* keinesfalls verblichene Ahnenzeit, sondern sie lebt höchst präsent und authentisch in der Gegenwart weiter. Diese Kernregion bietet dermaßen viele historische Ziele und Naturschönheiten, dass man viele Tage unterwegs sein müsste, um alles zu sehen und zu verstehen. Vielleicht informieren Sie sich vorab auf der Website von Tourism KwaZulu-Natal, www.zulu.org.za.

Der Anteil weißer Südafrikaner ist im Zululand verschwindend gering. Kleine Dörfer, in denen die Menschen noch traditionell wohnen, versuchen Anschluss an die moderne Zeit zu finden, und Touristen können an dieser Entwicklung teilhaben. Sie werden eine herzliche Gastfreundschaft erleben.

2

Geschichtliches

Das Reich der Zulu mit König *Cetshwayo* und seiner Residenzstadt Ondini fand mit der Schlacht von Ulundi am 4. Juli 1879 in sein Ende. Gegen die Briten erlitten Cetshwayos *impis* eine vernichtende, endgültige Niederlage. Die Briten legten Ondini in Schutt und Asche und nach bewährter „Teile-und-herrsche"-Methode spalteten sie das Zululand in dreizehn separate Häuptlingsdistrikte unter ihrer Oberaufsicht auf. Mit der Folge, dass es 1882 zwischen Anhängern und Feinden Cetshwayos zu einem Zulu-Bürgerkrieg kam. Im Februar 1884 wurde Cetshwayo in Eshowe von seinen eigenen Leuten vergiftet, sein fünfzehnjähriger Sohn Dinuzulu folgte ihm als neuer König nach. 1887 einverleibten sich die Briten das gesamte Zululand als Kronkolonie.

Start Road 66

Pongola

Das kleine Städtchen nahe zu Swaziland (Grenzstation Onverwacht, neun Kilometer nördlich) liegt im Zentrum eines ausgedehnten Zuckerrohr- und Früchteanbaugebiets. Entlang der Hauptstraße gibt es kleine Farmläden und ein Museum. Besuchenswert ist das *Pongola Arts & Crafts Centre,* Lubombo Village Square (gegenüber Caltex-Tankstelle), dort ist auch *Pongola Tourism,* Tel. 034-4131144, Cell 083-2281822, www.pongolatourism.co.za.

Unterkunft

Casa Mia Guest House, ca. 8 km außerhalb von Pongola auf einer Farm, auf der N2 in Rtg. Durban, Ausfahrt Sugar Mill/D1935, von da noch 2,7 km, durchs TSB Sugar Village (Schlagbaum), weiter auf der asphaltierten Jones Street, hinter der Kapelle auf eine Farmstraße mit Zuckerrohr zu beiden Seiten. Beim steinernen Casa-Mia-Eingang links, noch 1 km. Cell 083-2281822, GPS S27°22'31.908" E31°37' 9.156", www.wheretostay.co.za und www.suedafrikaperfekt.de. Zwei nette 3-Sterne-Cottages und Zimmer im Haus, subtropischer Garten mit Pool. DZ/F R700, Dinner möglich.

Kwa Lala Villa, 15 Jan Mielie St (hinter dem Markt), Cell 082-5583840, Nettes und stilvolles Gästehaus, gute Küche (bestens für einen Lunch geeignet), Garten, Pool, ruhig, sicher. 14 AC-Zimmer, DZ/F R700. 3-Gänge-Dinner R130 (Voranmeldung), www.wheretostay.co.za/kwalala.

Coco Cabana Guest House, 69 Hans Strydom St (von der N2 Richtung Wimpy/Engen-Tankstelle, nach 200 Meter rechts), Tel. 034-4131594, Cell 082-8922892. Schönes 4-Sterne-Gästehaus in Gartenanlage, Pool, 6 AC-Zimmer, DZ/F R700.

Außergewöhnlich: **Pakamisa** Nicht weit außerhalb, südwestlich von Pongola, liegt die luxuriöse, *Private Game Lodge Pakamisa,* hoch oben in einsamer Hügellandschaft mit toller Aussicht. Die österreichische Besitzerin ist Pferdeliebhaberin und bietet im 2500 ha großen Wildreservat Reit- und Game Drives an, ebenso Wanderungen, Ausritte, Bogen- und Tontaubenschießen. Vorhanden sind 8 elegante, äußerst große Suiten, ein echtes Gourmet-Restaurant und eine Bar.

Pakamisa Private Game Reserve, Tel. 034-4133559, Cell 083-2292116, www.pakamisa.co.za. Wi-Fi, Pool, dt-spr. DZ VP und 2 Safari-Aktivitäten pro Tag R4400.

Anfahrt

Auf die R66 fahren (Richtung Magudu, Ulundi), nach 7 km kommt ein braunes Pakamisa-Schild, hier rechts auf eine Schotterstraße abbiegen. Nach 7,5 km kommt wieder ein braunes Pakamisa Schild. Hier biegen Sie links ab auf einen kleinen Schotterweg, eingerahmt von Zuckerrohrfeldern. Nach weiteren 600 m finden Sie das Eingangstor für das Pakamisa-Reservat. Noch weitere 3 km auf einem sehr steilen Bergweg hochfahren.

Zurück zur R66

Etwa 24 km nach dem Start in Pongola kommen Sie zur abzweigenden R69 nach Westen (Louwsburg). Nach gut 40 (kurvigen) Kilometern erreichen Sie, vorbei am *Mkuze Falls Private Game Reserve* (s.u.), das **Ithala Game Reserve.**

Übernachtungs-Tipp auf dem Weg: *Tugam Game Farm,* bald nachdem die R69 von der R66 abgezweigt ist, nördlich der Straße, Tel. 034-4131405, Cell 082-9909807, Quartus & Cobie Botha. Ein 900 ha großes Wildgebiet am Fuß der Magudu Hills. Selbstversorgung in diversen schönen Räumlichkeiten im Hauptcamp oder in den zwei Buschcamps. Preise a.A.

Ithala Game Reserve

Beschreibung

Dieses kleinere Wildschutzgebiet wird, weil von den touristischen Hauptrouten abgelegen, weniger besucht. Seine Nordgrenze bildet der *uPhongolo River,* Höhenlage zwischen 400 und 1400 Meter. Kennzeichnend sind tief eingeschnittene Täler zwischen hohen Bergzügen, dichte Ufervegetation an den Flüssen, offenes Bushveld, das etwa ein Viertel des 30 km² großen Parkterritoriums einnimmt sowie interessante geologische Formationen mit bunten Felsen, Quarzblöcken und Sandsteinformationen. Auch die Tierwelt ist reichhaltig: Büffel, Zebra, Warzenschwein, Elefant, beide Nashornarten, Antilope, Giraffe, Kudu, Streifengnu, Hyäne, Leopard, Oribi und viele andere Tiere mehr bevölkern den Park – aber keine Löwen. Außerdem ist es Habitat von über 300 Vogel-, vielen Baum- und Pflanzen-

Ithala Game Reserve Info-Center

2

arten. Das Wege- und Straßennetz hat eine Länge von etwa 70 Kilometern. Die *Picnic Sites* liegen an schönen Stellen, alle haben sie Grillstellen und Toiletten.

Historisch ist Ithala gleichfalls interessant: Buren besiedelten seit 1884 das Gebiet, im gleichen Jahr hatte ihnen Zulukönig Dinuzulu eine Million Hektar überlassen. Mit diesem Land gründeten sie anschließend ihre „Nieuwe Republiek" mit der Hauptstadt Vryheid (s.S. 272). Anfang des 20. Jahrhunderts wurde aus der heute geschlossenen *Wonder Mine* und der *Ngotshe Mine* Gold gefördert. Diese Geschichtsstationen und einige andere Dinge mehr zur Parkfauna und Flora zeigt das kleine Museum bei der Rezeption.

Information Anfahrt von der R69, in Louwsburg abbiegen, ausgeschildert. Nur eine Zufahrt, das Gate heißt *Mvunyane,* das Hauptcamp **Ntshondwe.** Erhältlich ist im Information Centre ein Parkplan und eine Broschüre mit lohnenswerten Punkten entlang der Fahrwege, der *Ngubhu Loop* ist 30 Kilometer lang. Möglich sind Kurzwanderungen und auch geführte (vorbuchen), desgleichen Tag- und Nachtpirschfahrten in offenen Geländewagen. Restaurant, Bar, Coffee Shop, Benzin und Diesel erhältlich.

Öffnungszeiten Nov–Febr 5–19 Uhr, März–Okt 6–18 Uhr, Office 8–19.30 Uhr. Distanz vom Gate zum Camp: 8 km/15 Min. Reception-Tel. 034-9832540.

Eintritt Tagesbesucher R40, Kinder R20, Wagen R30. Sie erhalten ein Faltblatt mit Camp-Plan und allen wichtigen Hinweisen. Gut sortierter Laden, nächster Versorgungsort ist Louwsburg oder Vryheid, 70 km.

Unterkunft Der Park steht unter Verwaltung von KZNwildlife und demnach sind alle Unterkünfte unter staatlicher Aufsicht (Alternativen außerhalb in den vier, fünf Hotels in Louwsburg). Übernachtungen müssen vorab gebucht werden über die Webseite www.kznwildlife.com oder bookings@kznwildlife.com. Check-in für alle Unterkünfte ab 14 Uhr, Check-out bis 10 Uhr. Wohnwagen sind im Park nicht zugelassen. Tipp: Im Winter ein Chalet mit einem Heizkamin buchen.

Ntshondwe Resort

Ithalas Main Camp liegt schön am Fuße der Ngotshe Mountains rund um das Visitor Centre, sich die Anhöhe hinaufziehend und mit einem Pool. Insgesamt 68 Unterkunft-Chalets mit diverser Bettenzahl, Self Caterings und non-SC. 4 2-Bett-Chalets (bachelor) und 21 2-Bett-Chalets, jeweils R1000 für zwei Personen, sowie 28 2-Bett Units, non-SC, R930 dto. für zwei Personen.

Die exklusive **Ntshondwe-Lodge** liegt fantastisch, hat Platz für 6 Gäste (R3600) in drei Schlafzimmern mit Bädern; kleiner Pool, Sundeck und Barbecue-Bereich. Self Catering, aber mit Service durch einen Attendant und einen Koch, der Ihr Mitgebrachtes zubereitet.

Für folgende Unterkünfte aktuelle Preise auf www.kznwildlife.com einsehen:

Das **Mhlangeni Bushcamp** liegt im Osten des Parks, 5 Zweibett Units für 10 Gäste Selbstversorgung, Guide für Game walks vorhanden (Voranmeldung). Die Bushcamps **Mbizo, Thalu** und **Doornkraal Campsite** liegen zusammen im Westen des Parks. Nahebei fließen die Flüsse Ngubhu und Mbizo zusammen, Baden erlaubt. Zwei hölzerne Bush Chalets für je vier Gäste, jeweils mit Küche und Aussichtsdeck. Preis einschließlich Services und einem Tour Guide. Das Thalu Bushcamp liegt am Thalu-Fluss mit großem River-Pool, Schwimmen erlaubt. Für vier Gäste in zwei Schlafzimmern, Küche, Lounge und Viewing deck. Preis einschließlich Services und einem Tour Guide. Für Camping auf der Doornkraal Campsite muss man sich bis spätestens 16 Uhr an der Reception anmelden.

Zurück zur R66: Mkuze Falls Private Game Reserve

Das 8500 ha große, private und sehr teure *Mkuze Falls Private Game Reserve* (nicht zu verwechseln mit dem uMkhuze Game Reserve östlich der N2) liegt im Winkel der Straßen R66 und R69. Das Reserve ist Heimat von Löwen, Elefanten, Breitmaulnashörnern, Büffeln, Flusspferden, Geparden, Krokodilen, Hyänen, Giraffen und jeder Menge Antilopen, die man auf morgendlichen Game Drives oder Pirschfahrten oder in den späten Nachmittags- und frühen Abendstunden beobachten kann. 400 verschiedene Vogelarten leben in den Feuchtgebieten. Pittoresk sind im Park die Mkuze Falls. Ab der Abzweigung der R69 nach Westen noch 2 km auf Schotterpiste bis zum Haupteingang.

Information/ Unterkunft

Mkuze Falls Private Game Reserve, Tel. 034-4141018, Fax 4141021, www.mkuzefalls.com. Übernachten in der *Mkuze Falls Game Lodge,* auf einem Hügel oberhalb der Wasserfälle, in Chalets oder *in Luxury East African Style Safari Tents* im „Hemingway-Stil". R3250 p.P. inkl. VP, 2 Game Drives und aller Aktivitäten. Pool, sehr gute Küche.

Weiter auf der R66

Etwa 8 km vor Erreichen Nongomas passiert man linker Hand eine der Residenzen des Zulukönigs Goodwill Zwelethini, *eNyokeni.* Dort findet das inzwischen weit über die Grenzen KwaZulu-Natals hinaus bekannt gewordenen **Zulu Reed Dance Festival statt** (s. Kasten).

Zulu Reed Dance-Festival

Alljährlich am ersten (oder zweiten) Samstag im September versammeln sich vor der königlichen Residenz *eNyokeni* und vor Zulukönig *Goodwill Zwelethini* viele Tausend Jungfrauen aus dem gesamten Zululand, um das traditionelle, viertägige *Ncema*-Festival oder *Umkhosi woMhlanga* zu begehen, das Schilfrohr-Fest. Höhepunkt ist der Umzug der barbrüstigen jungen Zulumädchen, die jeweils ein 4–8 Meter langes, dünnes Schilfrohr senkrecht vor sich her tragen, das ihre Jungfräulichkeit symbolisiert (angeblich knickt das Rohr um, sollte dies nicht mehr der Fall sein). Angeführt von der Prinzessin des Königshauses – Mädchen mit roten Federn im Haar zählen zur Königsfamilie – ziehen sie zum König, tanzen und singen, bis dieser schließlich selbst mittanzt. Zuvor wurden die Mädchen von älteren Frauen des königlichen Hofes gründlich in die Sitten und Traditionen sowie auf ihre zukünftige Rolle als Zulufrau und -mutter unterwiesen. Früher erwählten sich die Zulukönige dabei eine neue Frau. Es ist das farbenfrohste und authentischste Fest der Zulu.

Geführte Touren – für die Präsentation der Mädchen vor dem König benötigt man einen spezieller Pass – arrangieren u.a. örtliche Hotels wie die *Nongoma Lodge* (s.u.) oder *Zululand Eco Adventures* in Eshowe. Kontakthotel ist dort *The George Hotel*, www.eshowe.com.

2

Viehmarkt in Mona Kurz vor Erreichens Nongomas führt von der R66 die R618 nach Osten. Nach ca. 11 km wird Mona erreicht, Schauplatz für einen großen, traditioneller Viehmarkt, allmonatlich jeden 3. Donnerstag.

Nongoma

ist eine 100%ige Zulustadt, 1888 gegründet. Sie war Sitz eines Friedensrichters im Grenzgebiet der sich damals heftig bekriegenden Zulustämme der *uSuthu* and *Mandlakazi*. Er sollte zwischen den beiden Gruppen vermitteln, mit dem Resultat, dass eine der beiden Kriegsparteien die kleine Siedlung niederbrannte. Heute ist Nongoma ein geschäftiges Handelsstädtchen und Sitz des Königs der Zulu, Goodwill Zwelethini. Die *Nongoma Community Tourism Association* ist in der Main Street, Njampela Royal Residence, Tel. 035-8317517. Percy (Mlungisi) Nzuza, dem Lodges in Nongoma gehören, kann Dinner mit Besuch des Zulu Royal House und anderes Touristische mehr organisieren, wie z.B. Zulu-Tänze oder Besuch des Ncema-Festivals.

Unterkunft **Nongoma Lodge,** Lot 21, Masson Street, Tel. 035-8310667, Cell 082-8523061, www.nongomalodge.co.za (mit Infos über das Schilfrohr-Festival, Ngome Forest u.a.). Große Anlage mit 10 Rondavels und 10 modernen Zimmern, gute Küche. Preise a.A.

Weiterfahrt auf der R66

Von Nongoma bis Ulundi sind es ca. 55 km. In Ulundi gibt nichts zu sehen (es sei denn, Sie möchten sich kurz die Shaka-Statue vor dem ehemaligen *Legislative Assembly Building* westlich der R66 auf einer Anhöhe ansehen). Beschrieben ist **Ulundi** bzw. sein *Ondini KwaZulu Cultural Museum* mit dem *Ondini Historic Reserve* ab der Seite 288.

Fahren Sie nach dem Besuch Ulundis auf der R66 nach Süden weiter. Übernachten können Sie in der *Mtonjaneni Lodge,* s.u.

Ein Zulu-Museum und drei Zulu Cultural Villages

Nachfolgend sei der Besuch eines Zulu-Schaudorfs empfohlen, wobei **Simunye** sicherlich das eindrucksvollste ist (ein weiteres, **DumaZulu,** befindet südlich von Hluhluwe nahe der N2, s.S. 348; wer also von Ulundi zum Hluhluwe-iMfolozi Park fährt könnte sich auch dieses ansehen). Bei einer Übernachtung ist unbedingt Reservierung nötig (ein Besuch Simunyes ist nur mit Übernachtung möglich), bei allen anderen auch als Tagesgast gleichfalls anrufen, damit man den aktuellen Beginn der Shows erfährt.

Etwa 7 km südlich der Einmündung der R66 in die R34 bietet sich der Besuch eines **Zulu-Museums** an, das der *Mtonjaneni Lodge* angeschlossen ist (1 km neben der R34, s. Karte S. 287, eMakhosini).

Mtonjaneni Zulu Historical and Anglo Zulu Museum, 8–17 Uhr, Tour nach Anmeldung Tel. 035-4500904/5, www.museumsofkzn.co.za/mtonjaneni.html. Größte Sammlung von Anglo-Zulu-Militaria von nahezu allen Schlachtfeldern, des Weiteren historische Zulu- und Africana-Objekte.

Die **Mtonjaneni Lodge** ist eine Drei-Sterne-Anlage mit 19 Log Cabins in schönem Ambiente, www.mtonjanenilodge.co.za, Tel. 035-4500904. DZ/F R810.

Sitten und Brauchtum im Zulu-Dorf

Beim Besuch eines Zulu-Dorfes – sowohl in den Schaudörfern, wo das Zulu-Leben in idealisierter Form präsentiert wird, als auch in den real existierenden, irgendwo draußen auf dem Land, wo die Menschen noch tief in Traditionen und spirituellen Welten verhaftet sind –, gilt es Umgangsformen zu beachten. In einem Schaudorf werden diese Regeln zuvor den Besuchern erklärt.

So muss z.B. jeder, der sich einem *umuzi* oder einer Zulu-Hütte nähert, warten, bis jemand erscheint, dann grüßen und um die Erlaubnis fragen, eintreten zu dürfen. Mit dem Zulu-Handschlag, bei dem man sich nach dem normalen Handschlag zusätzlich gegenseitig die Daumen umfasst, bittet man Sie dann herein. Gegenstände und Gaben werden mit der rechten Hand überreicht, die leere linke Hand umfasst dabei den rechten Unterarm. Zeigen Sie nicht mit dem Zeigefinger auf Dinge, dazu die offene Hand mit allen Fingern benutzen.

Zulu-Korbflechterin in Shakaland (s.S. 322)

Berühren Sie kein Kind am Kopf, weil gemeint wird, das könne das Wachstum beeinflussen. Fragen Sie vor dem Fotografieren um Erlaubnis, man wird Sie vielleicht dann um einen *tip* bitten. Beim Zulutanz werden Sie meist aufgefordert mitzutanzen, Männer und Frauen tanzen jedoch nie gemeinsam. **Doch zunächst ein Glossar wichtiger Zulu-Begriffe.**

indaba Besprechungsrunde, Männerpalaver (Indaba ist die große alljährliche Tourismusmesse in Durban)

indlu oder iqhugwane heißen die charakteristischen, igluartigen Zulu-Rundhütten. Man baut sie aus langen und biegsamen Holzstangen, die zuerst durch ein Feuer gezogen wurden, bindet sie zu einem Gittergewölbe zusammen und bedeckt sie mit geflochtenen Matten aus *uhlongwa*-Gras. Gestützt wird die Kuppelstruktur durch einen zentral platzierten Pfosten. Der rechte Hüttenbereich gehört dem Mann, der linke der Frau, der hintere – *umsano* – ist Lagerplatz für Nahrungsmittel, Dinge des täglichen Gebrauchs und Sorghumbier. Die vertiefte Feuer- und Herdstelle liegt beim röhrenartigen Eingang, durch den man nur in gebückter Haltung ins Innere gelangt. Die Position der Rundhütten im *umuzi* zwischen dem zentralen Viehkral und dem Außenzaun entspricht der hierarchischen Rangordnung der Bewohner: Die Haupthütte des Clan-Chefs befindet sich rechts neben der größten Hütte auf dem höchsten Punkt, in der seine Mutter wohnt. Seine erste Frau bewohnt die Hütte links neben der Mutter, sein Zweitfrau die rechts neben der seinen, die dritte Frau neben der Hütte der ersten usw. Die restlichen Personen der Familiengemeinschaft belegen die übrigen Hütten des Umuzi

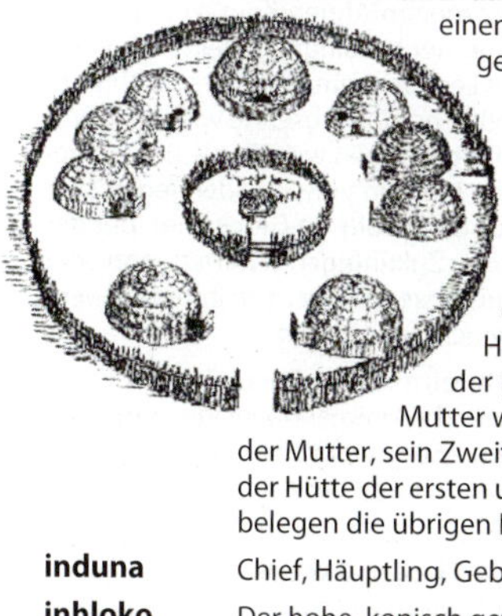

induna Chief, Häuptling, Gebietsherrscher mit einen Sitz im königlichen Parlament

inhloko oder isicoco Der hohe, konisch geformte und farbige Hut verheirateter Zulu-Frauen

inkatha Festgeflochtener Kopfring aus Stroh oder Gras für Männer im heiratsfähigen Alter und als Unterlage zum Tragen schwerer Lasten. Ableitend davon: Inkatha Freedom Party.

inkosi Zulu-Häuptling, Führer, Chief, traditioneller Führer, der Dorfälteste. Plural: *amakosi.*

inyanga „Kräuterdoktor", Heilpraktiker mit einem großen Wissen an traditioneller Heilkunst und umfassender Kenntnis von Medizinalpflanzen, kennt die Wirkungen von speziellen Blättern, Rinden und Wurzeln für heilende Arzneien. Ihr Wissen wird von Generation zu Generation weitergegeben. Die Iyangas arbeiten mit den *sangomas* zusammen (s.u.).

isagila oder iwisa Kurzer Holzknüppel mit einer faustgroßen, kugelförmigen Verdickung, auf afrikaans *knobkerrie.* Wurde zum Jagen und als Schleuderwaffe eingesetzt.

isiphapha Langer, traditioneller, Wurf- bzw. Jagdspeer der Zulu. Shaka erfand für seine Krieger den kurzen Nahkampf- bzw. Stoßspeer iklwa (ixhwa). Bei den anderen Bantu-Völkern Südafrikas heißt der traditionelle Wurfspeer **assegai.**

lobola Brautentgelt, traditionell meist in Form von etwa elf Rindern, mit der die Familie der Braut eine Entschädigung für den Verlust der Arbeits- und Wirtschaftskraft oder der Ausbildungskosten ihrer Tochter erfährt. Je höher die Stellung der Braut desto teurer, die Töchter des Königs kosten am meisten. Aber nicht in dem Sinn, um sich eine Frau zu kaufen. Der hochzeitliche „Kuhhandel" ist nach wie vor in KwaZulu-Natal und landesweit, trotz westlichen Lebensstils schwarzer Südafrikaner, gang und gäbe. Bei der städtischen Bevölkerung meist in Form eines nicht geringen Geldbetrags. Voraus geht meist wochenlanges Feilschen.

Kral Der Kral (afrikaans: *kraal*) oder *isibaya* ist der von einer Dornenhecke umgebene und kreisförmige innere Viehpferch einer Zulu-Rundplatzsiedlung, in den während der Nacht die Rinder und Ziegen verbracht werden. Im Englischen mutierte das Wort zu *corral,* im Portugiesischen zu *curral.*

sangoma „Seelendoktor", Wahrsager in problematischen Lebensabschnitten, Geistheiler, die Schamanen der Zulu (Männer und Frauen). Man besucht einen Sangoma, um mit den Seelen der verstorbenen Ahnen Kontakt aufzunehmen, wobei der Sangoma zur Herstellung der Verbindung kleine Knochen, Muscheln und Steinchen wirft und daraus liest. Sangomas haben seit Jahrhunderten nichts von ihrer Autorität eingebüßt, es gibt Tausende von ihnen. Vor großen Entscheidungen oder schicksalhaften Tagen werden sie um Rat gebeten, man bittet sie um muti, „magische Medizin", die für oder gegen alles gebraucht wird, sei es für die Gesundheit, Erfolg im Glückspiel, bei der Brautwerbung, wieviele Kinder man von der Zukünftigen erwarten kann oder um damit böse Geister abzuwehren. Sangomas sind leicht an ihrem aufwendig drapierten, bunten Perlen-Kopfschmuck zu erkennen.

umuzi Ein umuzi ist ein Zulu-Dorfgehöft (Plural imizi) mit *indlu*-Rundhütten oder der Lebensbereich eines Familien-Clans. Imizi haben immer Hanglage, zum einen wegen der Drainage und zum anderen wegen besserer Verteidigungsmöglichkeiten. In das von einer Palisadenbewehrung umgebene Runddorf führt nur ein einziger Eingang am untersten Punkt.

utshwala Selbstgebrautes Zulu-„Bier" aus Mais oder Hirse und Wasser und kaum alkoholhaltig. Man bekommt es in den Zulu-Dörfern zu trinken.

xawula Der typisch doppelte Zulu-Begrüßungshandschlag mit gegenseitigem Umfassen der Daumen.

Zulu-Brauchtum

Soziale Strukturen

Die Aufgaben von Männern, Frauen und Kindern sind in der traditionellen Zulugemeinschaft klar getrennt, jedes Mitglied hat seine speziellen Dienste und Arbeiten zu verrichten. Auftreten und Verhalten gegenüber sozial Höhergestellen oder Untergebenen, zwischen Männern und Frauen oder Jüngeren und Älteren richten sich nach definierten Regeln. Absolute Autoritätsperson ist das männliche Clan-Oberhaupt. Polygamie ist noch weit verbreitet, je mehr Frauen ein Mann hat, desto angesehener ist er. Die Rolle der Frauen ist untergeordnet, ihnen obliegen die allgemeinen Hausarbeiten, Kochen, Wasserholen, Brennholz sammeln, Feldarbeit, Töpfern, Mattenflechten und Bierherstellung. Schlecht behandelt werden sie aber keineswegs, das würde der Zulu-Etikette des gegenseitigen Respekts widersprechen.

Feiern und Riten finden statt bei der Geburt eines Kindes, zur Initiation der Mädchen *(udwa)* und der Jungen *(ukuthomba),* der Heiratsreife der Mädchen *(umemulo),* der Hochzeit *(umendo)* und bei Tod und Begräbnis *(ukufa).*

2

Rinderhaltung

Vieh- und Rinderhaltung ist in dörflichen Gemeinschaften Dreh- und Angelpunkt. Die Tiere stellen dabei nicht nur die Versorgung mit Milch und Fleisch sicher, sondern entscheiden auch über das Ansehen des Besitzers. Großer Viehbesitz erhöht seine soziale Stellung, und er spielt als Brautpreis eine wichtige Rolle. Weil Rinder für die Zulufrauen „tabu" sind, besorgen die Männer das Hüten und das Melken. Die Häute dienen zur Herstellung von Kleidung und Kriegsschilden. Schlachtung und Opferung von Vieh gehört zum Ritual, um mit den Ahnen Kontakt aufzunehmen. Religiös wie in Indien werden Rinder jedoch nicht verehrt. Investitionen in diesen beweglichen Besitz hatte früher außerdem den Vorteil der räumlichen Mobilität (obwohl Zulu ausgesprochen sesshaft sind).

Ernährung

Wie bei allen Nguni-Völkern ist Viehzucht und Ackerbau mit der Hauptnahrungspflanze Sorghum und Mais, den einst die Portugiesen nach Südafrika brachten, Basis der Versorgung. Angepflanzt werden außerdem *matumbe,* ein Knollengewächs, Süßkartoffeln, Tomaten, Getreide, Gemüsesorten, Zwiebeln und Bohnen. Fleisch- und Milchlieferanten sind die vielen Rinder und Ziegen, Milch lässt man dick ansäuern.

Traditionelle Kleidung

Die traditionelle Zulu-Kleidung besteht ausschließlich aus Naturprodukten, Tierfellen und Teilen davon. Vom Bauch der Männer herab hängt ein Fellschurz *(isinene)* aus eng aneinandergebunden Fellquasten, unter den Oberarmen und unter den Knien tragen sie Büschel aus Kuhschwanzspitzen. Ein zweites Schurzfell aus weichem Leder bedeckt das Gesäß. Leopardenfelle um Schultern und über die Brust waren Königen, Häuptlingen und *indunas* vorbehalten.

Unverheiratete Frauen tragen lediglich einen kurzen Rock aus Gras oder einen mit Perlen besetzten Stoffstreifen und einen Schmuckperlengürtel um Hüfte. Den Hals schmücken Perlenketten. Der lederne Faltenrock heißt *isidwaba,* das Oberteil aus weichem Antilopenleder *isibhamba.* Nur verlobte oder verheiratete Frauen bedecken ihre Brüste und ihren Körper, man kann sie außerdem daran erkennen, dass sie einen *inhloko* tragen, einen Hut in Konusform, für den beim Liegen ein spezielles Holz-„Kopfkissen" erforderlich ist, weil der Hut in das Haar eingenäht wurde.

Tänze und Stockkämpfe

Es existieren bei den Zulu viele Tanzarten, mit oder ohne Gesang, mit oder ohne Trommelbegleitung, als Einzel- oder Gruppentanz. Nach altem Brauch tanzten früher nur ledige Mädchen und junge Männer in Gruppen. Am meisten mit den Zulu assoziiert wird natürlich ihr berühmter, energiegeladener **Kriegstanz,** der

Der traditionelle Zulu-Kriegstanz

indlamu (ndhlamu), bei dem die Männer in vollem Kriegsornat und mit lautem, kräftigem Gesang unter hämmernden, ohrenbetäubenden Trommelschlägen und schrillem Pfeifen ihre Beine synchron und artistisch bis auf Kopfhöhe hochwerfen, dann die Hände zusammenschlagen und mit lautem Fußschlag stark auf den Boden einstampfen, dass er vibriert. Man führt den *indlamu* nicht nur als Touristenprogramm auf, sondern z.B. auch bei Zulu-Hochzeiten.

Der **Zulu-Stockkampf** knüpft an die Zeit an, als Knüppel die ersten Waffen der Menschen waren. Einen handlichen Stock brauchte man zum Rinderhüten oder um Schlangen zu verjagen. Der Stockkampf, dessen Technik bis zu den Tagen Shakas zurückgeht, wird mit dem Kampfstock *umtshisa (oder isagila)* in der einen Hand und dem Schild in der anderen ausgeführt. Auch er ist ein Teil des Zulu-Erbes, und öffentliche Aufführungen sind nach wie vor beliebt. Die großen Schutz- oder Parierschilde der Zulu, *isihlangu,* bestehen aus hartgetrockneter Rinderhaut. Ihr Wert bemisst sich nach der Farbe des Fells, der Musterung und den Weißanteilen. Reinweiße sind dem Zulukönig vorbehalten.

Kunsthandwerk

Unübertroffen ist die Zulu-Kunst des **Glasperlenschmucks** und der Perlenstickerei (engl. beadwork), sei es als Körperschmuck, zur Verzierung von Gegenständen oder als Umhüllung für alles Mögliche, von Flaschen über Streichholzschachteln und Tassen bis zu unzähligen anderen Dingen des Alltags. Alles gefertigt in filigraner Handarbeit. Einst waren die Kunstwerke Teil der königlichen Stammesabzeichen und es wurden als Materialien kleine bunte Steinchen, Muscheln, Elfenbein oder durchbohrte Splitter von Straußeneierschalen verwendet, bis dann eines Tages erste glitzernde Glasperlen aus dem nördlichen Afrika über die Delagoa Bay (Maputo) in Südafrika auftauchten. Ab etwa 1830 kamen die Glasperlen als perfekte Kügelchen in großen Mengen aus Europa, und durch ihr Bohrloch konnten sie von den Frauen zu langen Perlenschnüren aufgefädelt werden.

Eine kleine Besonderheit sind die sogenannten Love letters *(ncwadi),* Perlenstickereien, mit denen Zulumädchen mittels selbsteingewebter geometrischer Muster und verschiedener Farbkombinationen in ihren Halsketten einem Angebeteten symbolisch Herzensgefühle und Botschaften mitteilen konnten (die Zulu hatten keine Schriftzeichen). Jede Farbe hat eine eigene

Bedeutung, z.B. ist Weiß die Farbe der Reinheit, Rot symbolisiert intensive Liebe und Blau Einsamkeit.

Die **Korbflechtkunst** ist eine weitere Zulu-Spezialität, die Körbe, *ukhamba,* sind von sehr hohem Fertigungsniveau. Die Farben und Dekorationselemente, wie Rauten oder Dreiecksformen, symbolisieren das weibliche oder männliche Element. Für die zeitaufwendige und viel Fingerfertigkeit erfordernde Herstellung verwenden die Zulu-Frauen zwei verschiedene Naturmaterialien, eine besonders zähe Grassorte und die Blätter der Ilala-Palme. Sie dienen als Aufbewahrungs- oder Transportbehälter oder auch, durch ein spezielles Verfahren wasserdicht gemacht, als Gefäße für Dickflüssiges, z.B. für saure Kuhmilch. Gebrauchskunst sind außerdem dekorierte Keramiken *(izinkamba)* und Lehmkrüge und -gefäße. Mit dem *ukhamba* wird das Bier angesetzt und serviert, mit dem geflochtenen *imbenge* abgedeckt oder umhüllt, und die geflochtenen *unyazi* sind flache Schalen bzw. Teller um Essen zu servieren.

Simunye

Etwa 6 km hinter Melmoth führt die unbefestigte D256 nach Osten (auf das Simunye-Logo achten, ein Wagenrad mit einem großen „S" in der Mitte), die auf ca. 12 Kilometern zur Zulusiedlung Simunye führt. *Simunye* („Wir sind eins") liegt idyllisch unten im Tal am Ufer des Mfule River und besitzt ein komfortables Touristenhotel. Ins Tal runter gelangt man nur mit Geländewagen, Ochsenkarren-Transport oder auf dem Rücken von Pferden (4,5 km, 1 h). Das eigene Auto und unnötiges Gepäck bleibt bewacht oben am Trading Store zurück. Abholung ins Dorf von dort täglich zwischen 15.30 und 16 Uhr, rechtzeitig eintreffen.

Vom Simunye-Hotel gelangt man über den flachen Fluss zum palisadenbewehrten *umuzi* des Biyela-Clans, der seit langen Zeiten hier siedelt. Bei einem umfangreichen Abend- und Morgenprogramm bekommt der Besucher authentische Einblicke in die traditionelle Kultur der Zulu. Essen unterm Sternenzelt, Trommelklänge, Zulutänze und Lagerfeuer lassen „Out-of-Africa"-Feeling aufkommen. Alle Details und das Tagesprogramm auf der Website.

6 riedgedeckte Rock Rooms am Felsenhang, 3 Africa- und 10 Lodge Rooms sowie 5 traditionelle Rondavels für insgesamt 44 Gäste, alle mit Bad, Strom und stilvoll-afrikanischem Design. Außerdem Aktivitätenangebote. Besuch

und Übernachtung nur nach vorherige Anmeldung möglich, Tel. 035-4500101, Cell 079-7863784, res@simunyelodge.co.za, www.simunyelodge.co.za, GPS S28.33.69 E31.29.00. Leistungen: VP, Show, Transport für R1030–R1713 p.P.

KwaBhekithunga Cultural Lodge

KwaBhekithunga ist eines der ältesten Zulu-Schaudörfer der Region. Bei einer Kurztour durch das Gehöft wird Besuchern das Leben in einem „Umuzi" (Zulu-Gehöft) gezeigt, Mörserstampfen, Zubereitung der Mahlzeiten und Zulubier-Trinken *(isiqatha),* Korbflechten, traditionelle Medizin, Gespräch mit dem „Headman" u.a. mehr. Einblick in die Strukturen eines Familienclans, der permanent hier wohnt.

Mit den Erlösen wird ein Waisenhaus unterstützt, das gleichfalls besucht wird. Außerdem ist KwaBhekithunga Verwaltungszentrum eines Selbsthilfeprojektes, das Kunsthandwerk aus dem Umland aufkauft und vermarktet, der Curio Shop hat schöne Sachen. Tagesbesucher sind willkommen, sollten jedoch vorher anrufen. Übernachtgäste bekommen das volle Programm mit Zulu-Tänzen am Lagerfeuer geboten. **Anfahrt:** Vom Straßendreieck/Dorf Nkwalini auf der R34 Richtung Empangeni, nach ca. 7 km rechts in eine unbefestigte Straße abbiegen (s. Schild „Stewarts Farm/KwaBhekithunga"), dann noch ca. 5,5 km.

KwaBhekithunga Cultural Lodge, Mallenjack Estate, Stewart Farm, 10620 Dukaneni D132 Rd, Roy & Sonja Newland (Roy wuchs als Kind unter Zulu auf), Tel. 035-4600057, Cell 079-9038903, www.kwabhekithunga.co.za. Zum Übernachten gibt es Rondavels und Bungalows. Restaurant und Pool. DZ/F R700. Tagesbesucher: *Cultural Show* mit Lunch R240, *Night Show* mit Dinner R390.

Shakaland

Shakaland liegt 14 km nördlich von Eshowe und 3 km westlich der R66 an einer Zufahrtsstraße, gut ausgeschildert.

Das Dorf wurde in den 1980ern als Kulisse für den Spielfilm „Shaka Zulu" und die Fernsehserie „John Ross" in eine Aloen-Landschaft gebaut, inmitten der pittoresken Entembeni-Hügel und am Phobane Lake. Eine recht kommerzielle, disneyartige Angelegenheit. Besucher können zusehen, wie die Zulu traditionell Bier brauen, Waffen und Speere *(assegai)* schmieden, töpfern, weben, flechten oder Perlenschmuck herstellen. Auch kann man heilkundigen *sangomas* und *inyangas* bei ihren Zermonien zusehen. Mit über 50 modern ausgestatteten, typischen „Bienenkorb"-Zuluhütten zum Übernachten, dem großen Kwabonamanzi-Restaurant, Bar, Pool und Shops ist es das größte und bekannteste südafrikanische „Cultural Village".

Tagesbesucher können das dreistündige **Nandi-Programm** buchen, Führung, Lunch und Tanzshow von 11–14 Uhr oder von 12–15 Uhr, ca. R320. Übernachtgäste bekommen das **Shaka-Programm** geboten, um 16 oder 16.30 Uhr, das anderntags um 9 oder 10 Uhr fortgesetzt wird: Biertrinken-Zeremonie, Zulukämpfe, *tribal dancing,* Sangoma und Nyanga, Perlenkunst, Speerwerfen etc. VP, DZ 1190 p.P. Auskunft, Buchung: *Shakaland,* Tel. 035-4600912, www.shakaland.co.za.

Eshowe

Eshowe ist eine grüne, weitläufige und angenehme Stadt mit etwa 15.000 Einwohnern. Von hier aus befehligten einst die Zulukönige Shaka, Mpande, Cetshwayo und Dinuzulu ihre Krieger, Cetshwayo gegen die Briten im Anglo-Zulu Krieg. Nach seinem Ende im August 1879 steckten die Briten die Zulu-Garnisonsstadt wie Cetshwayos Ondini bei Ulundi in Brand und errichteten an der Stelle 1883 das **Fort Nongqayi.** Zu ihren Diensten stellten sie die barfüßige Zulu-Polizeischutztruppe *Nongqayi* auf und das Fort wurde ihre Kaserne. Das Fort wurde später nie angegriffen und Eshowe entwickelte sich zur Verwaltungshauptstadt der neuen britischen Gebietseroberungen.

Aus dem Fort machte man das **Fort Nongqayi Museum Village** mit dem **Zululand Historical Museum** (Windham Rd, Tel. 035-4733474, Mo–Fr 7.30–16 Uhr, Sa/So 9–16 Uhr, Eintritt R25). Zu sehen sind Objekte von Kriegsschauplätzen, lokale Kuriositäten, Ausstellungsstücke aus dem kulturellen Leben der Zulu und Dokumente zur norwegischen Mission *KwaMondi* (1860 hatte es norwegische Siedler und Missionare bis nach Eshowe verschlagen, deshalb die norwegische Flagge auf dem Fort). Auch dem legendären Schotten *John Dunn,* Südafrikas einziger offizieller weißer Zulu-*Inkosi* (Häuptling), wird gedacht. Er lebte in der Zeit von Cetshwayo, war Händler und Elfenbeinjäger und freite 48 Zulufrauen, die ihm 117 Kinder schenkten!

2

Sehenswert ist nebenan im **Vukani Museum** die große Ausstellung an Zulu-Korbflechtkunst und Gemälden, Di–Fr 10–16 Uhr, Sa 9–12.30 Uhr, über www.museumsofkzn.co.za.

Im Außenbereich kann man sich im *Adam's Outpost Restaurant* oder im Tee-Garten eines anderorts abgebauten und hier wiedererrichteten Siedlerhauses aus dem 19. Jahrhundert verköstigen. Nicht vergessen, den kugelförmigen **Eshowe Butterfly Dome** mit seinen vielen Schmetterlingesarten zu besuchen. Er liegt hinter den Gebäuden im Wald.

Im Ort gibt es an der Main/Osborne Street kleine Shopping Malls, Supermärkte, Tankstellen und Restaurants. Ein echtes Highlight für Bierfreunde ist der Besuch bei der *Zululand Brewing Company,* 36 Main Street, **The George Hotel.** Den frischen Gerstensaft in verschiedenen Sorten („Zulu Blonde") kann man sich in der Hotelbar zapfen lassen. Das viktorianische, modernisierte Hotel ist über 100 Jahre alt, die Wände zeigen viele historische Fotos.

Der **Ocean View Game Park** liegt am Südeingang von Eshowe (dem Schild „Businesses" folgen). In der Wald- und Buschlandschaft wurden Zebras, Gnus und Antilopen angesiedelt. Vorhanden sind Wanderwege und Picknickplätze.

Dlinza Forest Nature Reserve

Der Dlinza Forest Nature Reserve ist ein 250 ha großes Waldgebiet, das zu besuchen sich wirklich lohnt (Kangela Street, Hinweisschildern folgen). Hauptattraktion ist der 125 m lange **Aerial Boardwalk,** eine Stegkonstruktion, die zwischen 10 und 15 Meter Höhe unter und entlang den Wipfeln mächtiger Bäume zu einem 20 Meter hohen stählernen Aussichtsturm führt. Der Wald ist Heimat für sehr viele Schmetterlingsarten, Affen, Kleintieren und Brutgebiet von 65 Vogelarten. Kleines Visitor Centre mit Broschüren, täglich von 6 bis 18 Uhr (Mai–Aug. 7–17 Uhr), geringer Eintritt, Tel. 035-4744029, www.zbr.co.za/boardwalk. Vom Visitor Centre starten und enden auch zwei Forest Trails.

Information

Eshowe Tourism Office bzw. *uMlalazi Tourism Association,* Osborne Street, Tel. 035-4733474, mit 24-h-Info-Kiosk. Websites: www.eshoweguide.co.za, www.eshowe.com und über www.visitzululand.co.za.

Ein guter, kompetenter **Veranstalter** mit sehr großem Tourangebot und einer erschöpfenden, vollgepackten Website bezüglich der Zulu-Kultur ist *Zululand Eco Adventures,* Tel. 035-4744919, www.eshowe.com. Kontakt im George Hotel.

Unterkunft Es gibt etwa 15 Unterkünfte im Ort. Alle hier aufgeführte sind im Stadtplan verzeichnet.

Fleurdale Farm Stall, 1 von Keyserlingk Rd (abgehend von der R66 in Richtung Melmoth), Tel. 035-4742604, www.fleurdale.co.za. B&B, ruhige Lage. DZ/F R640, gutes Frühstück und Kaffee, Dinner a.A.

Inn Zululand Guest Lodge, 7 Natural Arch Drive, Tel. 035-4744481, www.innzululand.co.za, GPS S28 53.389 E31 27.758. Sehr schönes, großzügiges und modernes Haus von Nick & Silvia Phillips (engl./norweg.), sicheres Parken. DZ/F R660.

The George Hotel mit **Zululand Backpackers,** 38 Main St, Tel. 035-4744919, www.eshoweaccommodation.com. Zentral, vielbesucht, Tour Operator mit großem Programmangebot („101 Things to do in Eshowe"), idealer Ausgangspunkt für Exkursionen ins Umland. 27 Zimmer, sicheres Parken, Micro-Brauerei, Pub, Coffee Shop, Pool. DZ/F R565, Deluxe R995. Backpacker-Dormitory R125, DZ R185, Camping R95.

Birds of Paradise B&B, 49 Ulundi St, Quentin & Delise Powell, Tel. 035-4747738, Cell 082-5324627, www.birdsofparadise.co.za. Gemütliches B&B in ruhiger Gartenlage mit 8 Zimmern und zwei SC-Räumen, Pool, Trampolin, sicheres Parken, Dinner möglich. DZ/F R900, SC R300 p.P.

Eshowe Caravan Park, Saunders St, Tel. 035-4741141; nahe des Dlinza Forest Reserves, nicht bewacht.

Shembe-Festival in Judea

15 Kilometer südöstlich von Eshowe findet an der R884 auf einem riesengroßen Feldplatz, *Judea* genannt, alljährlich in den letzten drei Oktoberwochen das große **Shembe-Festival** der *Nazareth Baptist Church* statt. Zehntausende weißgekleidete Anhänger dieser Baptisten-Kirche, bei der sich Zulu-Traditionen mit christlichem Glauben verbinden, feiern hier Open-air-Gottesdienste, lauschen Predigern, singen, tanzen und blasen die „Trompeten von Jericho". Gründer der Kirche war im letzten Jahrhundert *Isaiah Shembe,* ein Zulu-Heiler. Seine Anhänger glauben, dass er Afrikas Messias war. Mit etwa vier Millionen Gläubigen und 7000 Tempeln ist die Bewegung eine der größten Kirchen im südlichen Afrika. Gegenwärtiger Prophet ist Mbusi Vimbeni Shembe. Die Höhepunkte finden samstags/sonntags statt (*Saturday prayer, Sunday traditional ceremonial dance*). Am besten nur mit Führer, alle müssen barfuß (wie Jesus) gehen und dürfen keine Kopfbedeckungen tragen.

2

Weiter auf der R66 nach Gingindlovu

Auf der Strecke weisen Schilder auf die rechts der Straße liegenden Gedenk- und damaligen Gefechtsplätze zwischen Briten und Zulu hin. In *Nyezane* (22. Januar 1879) und *Gingindlovu* (2. April 1879) kam es zu Zusammenstößen der vorrückenden Briten und Cetshwayos Zulukriegern. Die Schwarzen waren gegen die Feuerkraft der Rotröcke chancenlos. Es fielen bei ihnen 1700 Mann, bei den Briten 21.

Gingindlovu („der Elefantenschlucker") ist das letzte Städtchen an der R66, umgürtet von Zuckerrohrplantagen.

Übernachten außerhalb *Emeraldene Country Cottage,* Emeraldene Sugar Farm, an der R66 von Eshowe kommend. 200 m bevor von der R66 die R102 nach Mtunzini nach Norden abzweigt, kommt rechts die Farmstraße D134. Auf ihr 4,4, km fahren bis zum Schild Emeraldene Sugar Farm, den Weg hoch zum 2. Gate, GPS S29°0'23.328" E31°32'22.272", Jeanette Robert, Cell 076-1913031. B&B DZ/F R660.

In Ortsnähe *Wooloomooloo,* Tel. 035-3371201, Cell 083-7170463, nahe der Abzweigung, wo die R102 von der R66 nach Norden nach Mtunzini abzweigt (R66 nordseitig, R102 ostseitig). B&B und SC in Gartenlage mit Pool auf einer aktiven Früchte- und Zuckerrohrfarm.

Wer nicht gleich auf die N2 möchte und mal wieder Appetit auf Frisches aus dem Meer hat, sollte weiterfahren zur Mündung des Amatikulu Rivers, ca. 5 km. Dort bietet das beliebte Restaurant **The Prawn Shak** (ausgeschildert, Tel. 084-7376493) eine große Auswahl nicht nur an Riesengarnelen vom Grill, sondern auch *Linefish, Zulu Sushi, Prawn Bunnie Chow* u.a. mehr. Man sitzt auf einem großen Holzdeck und überblickt Strand, Fluss und Meer. Einfach auf der R66 bleiben, unter der N2 hindurch und der unbefestigten Straße nach; an einer Gabelung nach rechts dem Meer entgegen. Alle Infos auf www.shak.co.za.

Über die Dokodweni Ramp Plaza geht es nun auf die N2 und auf schnellem Weg nach Durban.

Beschreibung der Weiterfahrt auf der N2/Gingindlovu auf Seite 362

Hier folgt die Fortsetzung der Route 2a von der Swaziland-Grenze Golela/N2 (s.S. 309).

Provinz-Karte KwaZulu-Natal s.S. 259

KwaZulu-Natal/Elephant Coast – Durban

Routenverlauf N2 – Pongola Game Reserve – Jozini – Tembe Elephant Park – Kosi Bay – R22 nach Süden – iSimangaliso Wetland Park – Hluhluwe-Imfolozi Park – St Lucia – N2 – Durban North Coast – Durban

Übersichtskarten Mpumalanga-Povinzkarte s.S. 232, Isimangaliso Wetland Park s.S. 327 und S. 275, Durban Nordküste

KwaZulu-Natal Kurzprofil und alles über die Zulu ab S. 260

Entfernungen Die Gesamtstrecke vom Pongola Game Reserve über Kosi Bay – R22 – Hluhluwe-Imfolozi Park – N2 – Durban (ohne Fahrkilometer im Hluhluwe-Imfolozi Park, aber mit dem Besuch von St Lucia im iSimangaliso Wetland Park), beträgt etwa 650 km.

MOZAMBIQUE
SWAZILAND
Maputo
Big Bend
Zitundo
Ponta do Ouro
Farazela
Kosi Bay
Lake Kosi
Ndumo G.R.
Ndumo
Border Cave
Lubombo Mountns.
Tembe Elephant Park
Kosi Bay
KwaNgwanase (Manguzi)
Phelandaba
Sihangwane
Ingwavuma
Bambanani
Maputaland
Rocktail Beach Camp
Thonga Beach Lodge
Mabibi Coastal Camp
Lake Sibaya
Mseleni
Seven Mile Reef
Mbazwana
Sodwana Bay
Elephant Coast
uPhongolo
Piet Retief
Salitje
Lavumisa
Onverwacht
Pongola
Golela
Lake Jozini
Jozini
Ithala Game R.
Louwsberg
Pongola Game Reserve
Lower Mkuze Road
Abaqulusi/Vryheid
Mkuze River
Mkuze
Nhlonhlena Camp
Mantuma Camp
Emshopi Gate
Ophansi Gate
Mkuze Falls Private Game Res.
Zululand Rhino Reserve
uMkhuze G.R.
Ubombo Mtns.
Indian Ocean
Bayala
Mkuze Swamps
eNyokeni (Residenz des Zulu-Königs)
Nongoma
Umkumbi Camp
Mkuze River
Umsunduzi R.
Mhlosinga
Phinda
iSimangaliso Wetland Park
Ngweni
Zulu Nyala Game R.
Ubizane Game R.
False Bay Park
Hilltop
Dugandlovu
Hluhluwe
Memorial Gate
Lake St Lucia
Hlabisa
Black iMfolozi
Hluhluwe Dam
DumaZulu
Cape Vidal
Munyawaneni
Fanie's Island
»Corridor«
Nyalazi River
Ulundi
Gqoyeni
Mpila
Nyalazi Gate
Charters Creek
Makakatana Bay Lodge
Cengeni Gate
Masinda
Mdindini
Mission Rocks
White iMfolozi
Imfolozi
Bhangazi Gate
Abaqulusi/Vryheid
Hluhluwe-Imfolozi Park
Mtubatuba
St Lucia
Dundee R68
Thula-Thula
Riverview
St Lucia Estuary
iMfolozi
Maphelane
Melmoth
Simunye Zulu Lodge
KwaMbonambi
Ndundulu
Stewart's Farm / Kwabhekithunga
Heaton-ville
Enseleni N.R.
Nkwalini
Shakaland
Empangeni
Shaka's hist. Kral KwaBulawayo
Richards Bay
Eshowe
Fort Nongqai
Umlalazi N.R.
Gingindlovu
Mtunzini
N2 Durban
N2
R22
R66
R69
R618
R34
R102
P230
D1849
ISIMANGALISO WETLAND PARK
©RKH Verlag Hermann
0 20 km

2

Was Sie an der Elephant Coast erwartet

Küstenlandschaften, subtropisches Klima und den **iSimangaliso Wetland Park,** den größten Naturschutzpark in KwaZulu-Natal. Fast alle touristischen Ziele der Elephant Coast, wie *Kosi Bay* und *Sodwana Bay*, den Ort *St Lucia* mit *Cape Vidal* oder das *uMkhuze Game Reserve* sind gleichfalls Bestandteile des iSimangaliso Parks, während der *Tembe Elephant Park* und das *Ndumo Game Reserve* isoliert an der Grenze zu Mozambique liegen. Zu den wenigen kulturhistorischen Zielen zählen die kaum besuchte *Border Cave* an der Grenze zu Swaziland (wissenschaftlich äußerst bedeutsame archäologische Fundstätte menschlicher Fossilienreste) oder der *Ghost Mountain* bei Mkuze an der N2 (Grabstätte und Schlachtfeld). Auch die traditionelle Art und Weise des Fischfangs mit Wasserreusen am *Kosi Lake* zählt zum Kulturerbe der Region.

Wissenswertes nördliche Elephant Coast

Die **Elephant Coast** erstreckt sich von der Nationalstraße N2 bis zum Indischen Ozean und von den Grenzen Swazilands und Mozambiques bis zum Ort St Lucia im Süden. Namensgeber waren die hier einst vielen wildlebenden Elefanten, deren Wanderrouten das ganze Land kreuz und quer durchzogen. Vor gut 100 Jahren war der letzte für den lukrativen Elfenbeinhandel getötet worden. Nach ihrer erfolgreichen Wiederansiedlung sind die Dickhäuter hier erneut zuhause.

Das größte Naturschutzgebiet und die Hauptattraktion der Elephant Coast sind die Bereiche und Gebiete des **iSimangaliso Wetland Parks.** Das riesige, 332.000 ha große Areal und die Mannigfaltigkeit seiner Öko-Systeme formieren sich zu einem einmaligen Naturerbe, das zu den ökologisch wertvollsten ganz Südafrikas gehört.

Vielförmige Landschaften

Der Norden der Elephant Coast, das frühere **Maputaland,** in dem die *Tembe* leben, wird westlich von den Lubombo-Bergen begrenzt. Ansonst beherrschen flaches Gras- und oft sandiges Ödland das Bild. Ertragreiche Landwirtschaft ist wegen hoher Sommertemperaturen und wegen magerer Böden nur bedingt möglich. Im Süden wird Eukalyptus-Nutzholz produziert, Zuckerrohr angebaut und im Gebiet um Hluhluwe gibt es große Ananas-Plantagen. An der etwa 280 Kilometer langen Küste prägen Marschland, Salzpfannen, Küstenwälder, Mangroven und teils sehr hohe Sanddünen das Landschaftsbild und die Korallenriffe sind voller submariner Lebensformen. Mit Wasser ist die Elephant Coast reichlich gesegnet: Aus dem Inland mäandern die Flüsse *iMfolozi, Nyalazi, Hluhluwe, uMkhuze* dem Meer entgegen und im Norden speist der *uPhongolo* einen großen Stausee, den *Pongolapoort Dam* oder **Lake Jozini.** In Küstennähe gibt es zwei große Seen, *Lake St Lucia* und *Lake Sibaya*.

Geschichtliches, Bevölkerung, Kultur

Besiedelt wurde das Land in Wellen von zwei Hauptethnien, den **Tembe** (Thonga) von Norden her und den **Zulu.** Die Tembe hatten im heutigen Südosten Mozambiques ein mächtiges Königreich gegründet und wanderten im 17. Jahrhundert Richtung Süden, etwa bis Sodwana Bay. Ihr König Mabhudu, nach dem später Mozambiques Hauptstadt Maputo ihren Namen bekam, kooperierte im 19. Jahrhundert mit dem Zuluherrscher Shaka. Durchs Maputaland gelangte Elfenbein zur Delagoa- bzw. Maputo Bay, wo es nach Europa und Asien verschifft wurde. Bereits früher, im 18. Jahrhundert, war das nördliche Tembe-Königreich dem afrikanischen Kolonialbesitz Portugals und der südliche Teil Großbritannien zugeschlagen worden.

Die Mehrzahl der etwa 600.000 hier lebenden Menschen spricht *IsiZulu*, im Norden leben neben den Tembe auch Swazi. Tradition und Moderne existieren nebeneinander. Bei den Einheimischen in den Dörfern bestimmen nach wie vor überkommene Lebensweisen den Alltag. Das alljährliche, gemeinsame Schneiden der *ncema*-Riedgräser im fruchtbaren Marschland im April/Mai für die Herstellung von Schlafmatten, Körben und Kunsthandwerk ist z.B. eine kulturelle überregionale Tradition. Musik, Gesang und anderes künstlerisches Schaffen sind gleichfalls tief verwurzelt. Wenn Sie durchs Land fahren, werden Sie oft Straßenmärkte sehen und in weißer Kleidung Anhänger der *Shembe*-Kirche.

Nennenswerte Industrie gibt es so gut wie keine, wirtschaftlicher Schlüsselzweig ist neben dem Staat als größtem Arbeitgeber vor allem der Tourismus. Damit die Menschen daran partizipieren können, werden zahlreiche einheimische Communities in die strukturelle Entwicklung mit einbezogen.

Die Elefanten des Tembe Elephant Parks (s.S. 335) gehören zu den mächtigsten ganz Afrikas

 Karte S. 331

Streckenverlauf Route 2a

Lake Jozini (Pongolapoort Dam)

KwaZulu-Natals größter Stausee, an dem Sie nun entlangfahren, hat eine Länge von ca. 27 Kilometern, eine Breite von knapp 5 Kilometern und die Wasserfläche beträgt 130 km^2. Ein 10 Kilometer langer und enger Seitenarm des Stausees führt zur Staumauer gleich nördlich der Stadt Jozini. Mit ihrem Bau wurde 1970 begonnen. Das aufgestaute Wasser des uPhongolo Rivers bewässert rund 80.000 ha Agrarland. Die Uferbereiche des Sees sind als Naturschutzgebiete, westlich entlang der N2 als privates *Pongola Game Reserve* und auf der See-Ostseite als staatliches *Phongolo Nature Reserve* unter Verwaltung von KZN-Wildlife.

Eine Bootstour ist ein Erlebnis: Elefanten ziehen am Ufer entlang und man sieht viele Wasservögel. Vielleicht auch Hippos und Krokodile – deshalb ist Baden verboten. Bootstouren kann man bei den Lodges im Pongola Game Reserve und auch bei der außerhalb gelegenen *Shayamoya Tiger Fishing & Game Lodge* buchen (s.u.). Man könnte sogar auf dem See übernachten, nämlich auf den luxuriösen Hausbooten *Shayamanzi I* und *Shayamanzi II* (s. Shayamoya Lodge). Auf der „Fish Eagle", buchbar über die *Mvubu Lodge,* empfiehlt sich eine Breakfast-, Lunch- oder Sundowner Fahrt (www.fisheaglesafariboat.co.za). Sportfischer angeln aus dem See den begehrten *tiger fish.*

Pongola Game Reserve

Das *Pongola Game Reserve* vor der Kulisse der Lubombo Mountains wurde bereits 1894 vom Buren-Präsidenten Paul Krüger proklamiert und wurde damit Afrikas erstes offizielles Naturschutzgebiet. Es ist 31.000 ha groß. Auf der N2 von Norden kommend, passiert man zuerst das *Leeukop Gate* und dann das *Main Gate South* (geöffnet 6–18 Uhr, Eintrittsgebühr R30/Auto). 1990 entfernten private Landbesitzer

Lake Jozini, Blick von der Staumauer

ihre Zäune und siedelten Wild an. Der Besatz ist der gleiche wie im gegenüberliegenden Phongolo Nature Reserve, nämlich Giraffe, Büffel, Breitmaulnashorn, Gnu, Kudu, Impala, Nyala, Warthog, Ried- und Wasserböcke, Zebra und andere Spezies mehr. Elefanten wurden Mitte der 1990er Jahre angesiedelt, in kleineren Herden grasen sie Ufer ab. Löwen gibt es keine.

Lodges am Westufer des Sees im Pongola Game Reserve

Sie haben die Wahl zwischen einem halben Dutzend, fast alle Kategorie „upmarket" mit jedem erdenklichen Komfort (Vollpension für zwei Personen im DZ nicht unter R1500; alle aktuellen Preise auf den Webseiten der Lodges; günstig außerhalb ist *Shayamoya,* s.u.). Alle haben ein ähnliches Aktivitäten-Programm, d.h. in erster Linie *Boat Cruises, Game Drives, Canoeing, Rhino Tracking, Tiger Fishing* u.a. Interessant sind die *Bush Walks,* die von kompetenten Rangern durchgeführt werden. Die White Elephant Lodge bietet halbtägiges „Elephanting" an, eine Möglichkeit, alles über Elefanten zu erfahren, während man ihren Fußspuren folgt. Ihr „Rhino Walk" dauert 4 Stunden.

Das **White Elephant Bush Camp,** zur White Elephant Lodge gehörend (s.u.), ist für Selbstversorger und liegt separat und kann nur

Elefanten beobachten vom See aus

als Ganzes gemietet werden: 7 Chalets bieten Platz für 16 Gäste, ein Koch und Aktivitäten extra. 1–8 Pers. R4000, jede weitere Pers. R500.

Außergewöhnlich

White Elephant Safari Lodge Gemütliche Lodge im Kolonialstil mit 8 Luxus-Safarizelten mit Buschbadewanne und -dusche. Die Lodge gehört einer deutschen Familie in 5. Generation. Interessant sind die angebotenen Aktivitäten, von denen zwei pro Tag im Inklusivpreis enthalten sind: Game Drive, Game Walk, Bootstour auf dem Lake Jozini (empfehlenswert, gute Hippo-Beobachtungen), *rhino walk* und *elephanting,* Kanufahren, Tigerfisch-Angeln. *White Elephant Safari Lodge,* Farm Leeuwspoor, Tel. 034-4132489, www.whiteelephant.co.za. Pool, Touren in die Umgebung. VP/DZ plus 2 Natur-Aktivitäten R6100. Nur DZ Dinner+Ü/F ohne Aktivitäten R2310.

Nachfolgende Unterkünfte sind auch über die Sammelwebsite www.pongolagamereserve.co.za zu erreichen:

Mvubu Game Lodge & Spa Sehr schöne Chalet-Gruppe im Afrika-Stil mit Blick auf den uPhongolo River und See. Health Spa, Bar, TV-Lounge, Boma, Pool, Curio Shop und Jetty. 9 Doppel- und 2 Einzelbett Chalets, VP. Gutes Wildlife-Programm, Buchungen für das Schiff „Fish Eagle". Pongola Game Reserve North, Tel. 034-4351123, Cell 082-7805475, www.mvubugamelodge.co.za.

Nkwazi Lodge Schöne Lage oberhalb des Lake Jozini, 12 geschmackvoll eingerichtete 2-Bett Chalets und 2 Family Chalets, vergleichsweise „günstig". Tel. 034-4351123, www.nkwazilodge.co.za.

Inyati Kleine, exklusive Lodge-Anlage mit drei Chalets der feinsten Art. Pool, Selbstverpflegung. Tel. 034-4351123, www.inyatilodge.co.za.

Sondaba Bush Camp Sechs rustikale, A-förmige und riedgedeckte Huts für je zwei Personen, einsam im Hügelland westlich der N2 gelegen, Anfahrt über das Pongola Game Reserve Leeukop Gate (von da 4 km). Solarstrom und Gas, Pool, Braai-Platz. Selbstversorgung, für Gruppen. Tel. 034-4351123, www.sondababushcamp.co.za.

Mhlozi Bush Camp Vier Rondavels und drei Chalets im tiefer gelegenen Buschland, Anfahrt über das Pongola Game Reserve Leeukop Gate. Lapa,

Braai-Platz, Pool, Bar und Lounge. Für Naturliebhaber und Gruppen, Selbstversorgung. Tel. 034-4351123, www.mhlozibushcamp.co.za.

Mpalane Fishing Lodge In der Nähe wo der uPhongolo River in den Dammsee fließt, Anfahrt über das Pongola Game Reserve Leeukop Gate (von da 9 km). Sechs Rondavels und Zimmer im Hauptgebäude, Bar, Pool, Boots-Jetty. Selbstversorgung, für Gruppen. Tel. 034-4351123, www.mpalanefishing lodge.co.za.

Außerhalb des Game Park: Shayamoya Tiger Fishing & Game Lodge, von der N2 in Richtung Golela/Swaziland fahren, nach 2 km Auffahrt auf der linken Seite, ausgeschildert. Schön gelegene Lodge in Familienbesitz, weite Aussicht auf den See und auf die Lubombo-Berge. Acht geschmackvoll eingerichtete Chalets mit Außendusche und Veranda sowie zwei Premium Chalets. *Bundu Pot*-Restaurant mit Außendeck, Bar, sehr gute Küche. Schön angelegter Sukkulenten- und Aloe-Garten, Pool, Braai-Platz, Boots- und Pirschfahrten. Tel. 034-4351110, Cell 083-4568423, www.shayamoya.co.za. DZ/F R1100. Gäste der Hausboote *Shayamanzi I* und *II* parken ihre Wagen in der Shayamoya Lodge. Die *Shayamanzi II* ist kleiner, ab 6 Personen, Minimum zwei Tage. Alle Details auf www.shayamanzi.co.za.

Weiterfahrt von der N2 nach Osten ans Meer

Dazu den Straßenschildern *Manguzi/KwaNgwanase* und *Kosi Bay* folgen. Von der N2 geht es nach **Jozini** und nach der Durchfahrt der Stadt (am Ortsende links halten) steil runter zur Fahrt über die Staumauer. An ihrem Ende kann man den Wagen links in eine Parkbucht ziehen um ein paar Fotos vom See zu schießen. Es empfiehlt sich, in Jozini vollzutanken.

38 km hinter Jozini kommt der Ort **Bambanani** mit einem westlichen Abzweig nach Ingwavuma. Von dieser Strecke geht nach Westen eine Piste ab, die zur Border Cave führt (von Bambanani 8 km zur Ingwavuma River Bridge, darüberfahren und gleich danach nach links auf die D1842, ab da beschildert. 21 km weiter kommt links ein Landhospital, ca. 1 km danach links abbiegen, noch ca. 1 km).

Border Cave

Border Cave ist eine archäologische Fundstätte menschlicher Fossilien unter einem gewaltigen Felsüberhang in den Lubombo-Bergen. Die Datierung der zahlreichen Skelett- und Fundstücke ist noch unklar, sie sind aber mindestens 45.000 Jahre alt, andere Schätzungen vermuten 120.000 Jahre. Im Laufe der Zeit seit der Entdeckung in den 1930er Jahren wurden Hunderttausende Artefakte geborgen. Morphologisch gehören die Skelettteile zum frühen anatomisch modernen Menschen, zum *Homo sapiens*, der sich also kaum von heutigen Menschen unterscheidend. Damit gehört Border Cave, die von der Zeit der ersten Hominiden bis in die Neuzeit ununterbrochen besiedelt war, neben Sterkfontein Caves zu den wichtigsten südafrikanischen Stätten menschlicher Besiedlung und ist Beweis, dass der Mensch in Afrika seinen Ursprung hatte.

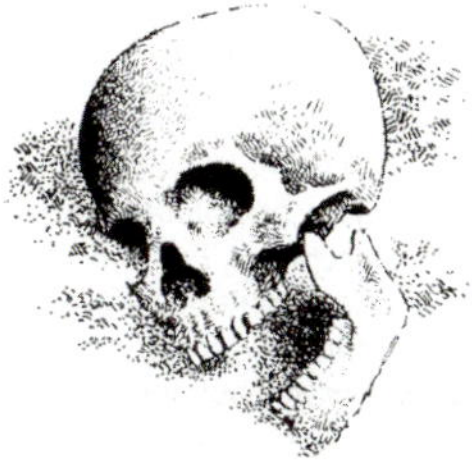

Vorhanden ist ein Interpretive Centre mit Dioramas und Modellen zur Urgeschichte und ein Camp (SC), bestehend aus zwei Rondavels, Picknickplatz und Toiletten. Betrieben wird es von der lokalen Community, Guides führen Besucher gegen Entgelt zum Felsüberhang. Mo–Fr 8–17 Uhr, Sa/So 9–16 Uhr, Tel. 035-8702050, Amafa AkwaZulu Natali, amafahq@mweb.co.za.

Übernachtungs-Alternative zum *Ndumo Game Reserve* und *Tembe Elephant Park:* **Ndumu River Lodge,** dazu ab Bambanani ca. 13 km weiterfahren, hinter dem Schild zur Shemula Lodge noch 1 km weiter. Tel. 035-5928000, Cell 082-7591925 u. 082-7591626, www.ndumu.com, GPS S27°03.432' E32°26.110'. Zimmer, SC-Chalets, Restaurant, Pool. DZ/F R1320, auch mit Dinner. Kanutrips auf uPhongolo River. Viele Ausflugsziele.

Ndumo Game Reserve

Bei der Anfahrt von der Kosi-Bay-Straße sind die letzten 15 km schlechte Schotterstraße. Mit 10,1 qkm ist das Ndumo Game Reserve, das unter Verwaltung von KZN Wildlife und der lokalen Community steht und an Mozambique grenzt, nur etwa ein Drittel so groß wie der benachbarte Tembe Elephant Park. Hierher „verirren" sich nur wenige Touristen. Charakteristisch sind große Salzpfannen, Sandfelder und ein ausgedehnter Bestand von *fever trees* und *fig trees.* Im Osten durchfließt der uPhongolo River das Reserve. Große Tierherden sind hier nicht anzutreffen, dafür ist es ein wirkliches Vogelparadies mit etwa 450 Arten – die größte Konzentration im südlichen Afrika! Die Flüsse uPhongolo und Usutu sorgen mit ihren Überflutungsgebieten für große Feuchtregionen, Seen und Pfannen. Es wachsen etwa 900 verschiedene Pflanzen, reizvoll sind die *Ilala*-Palmen, aus deren Fasern Körbe und Taschen geflochten werden. Ndumo ist Habitat für Breit- und Spitzmaulnashorn, Büffel, Gnu, Giraffe, Nilpferd, Kudu, Nyala, Zebra, Krokodil, zahlreiche Echsen, Schildkröten, Schlangen und weitere seltene Tierarten.

Im Park unterwegs

Es gibt angelegte Fahrwege. Besucher können im eigenen Wagen fahren oder sich für eine Tour in offenen Geländewagen mit einem Ranger an der Rezeption anmelden. Vom Ansitz auf dem *Ndumo Hill* hat man die beste Übersicht auf die kleinen Seen, die Lubombo Berge und die Ebene von Mozambique. Vom Aussichtspunkt *Redcliffs* sieht man die Flusslandschaft des Usutu River. Ein Höhepunkt ist die Pirschfahrt im Geländewagen zu den Inyamiti- und Banzi-Pfannen, zu vielen Watvögeln, Krokodilen und Nilpferden. Empfehlenswert sind die geführten Wanderungen.

Informationen

Geöffnet Okt–März 5–19 Uhr, Apr–Sept 6–18 Uhr. Office: 8–12 u. 13–16 Uhr. Distanz vom Gate zum Camp 6 km. Camp-Tel. 035-5910058. Check out 10 Uhr, Check in 14 Uhr. Eintritt R40, Kinder die Hälfte, Wagen R35. Kein Shop, die Rezeption verkauft Bier, Wein und Softdrinks. 2 km vom Parkeingang kleiner Supermarkt und Tankstelle (nicht immer Benzin vorhanden!). Nächster Versorgungsort Jozini. Malaria-Gebiet. Weitere Details auf www.kznwildlife.com. Die *Rest huts* sind komplett eingerichtet, auch mit Kühlschrank. Essen und Getränke mitbringen. Camping mit Gemeinschaftsküche und Kühlschrank. Waschräume, Pool. Sehr sauber und schön gelegen. Aufgrund der geringen Übernachtungskapazität oft ausgebucht, unbedingt vorbuchen auf www.kznwildlife.com oder bookings.kznwildlife.com.

Tembe Elephant Park

Der 30 qkm große, isoliert liegende Park ist Lebensraum von etwa 220 Elefanten, die von ihrer Statur her zu den größten Afrikas zählen. Der Park bekam seinen Namen nach einem früheren Thonga-*nkosi* (Häuptling). Gründungsjahr war 1983, vor allem, um die letzten frei umherziehenden Elefanten KwaZulu-Natals unter Schutz zu stellen (in allen anderen Wildschutzgebieten KwaZulu-Natals wurden Elefanten nachträglich eingesetzt). Große Herden der Dickhäuter wechselten einst zwischen Mozambique und Maputaland. Wegen der permanenten Bedrohung und Abschüsse durch Elfenbeinjäger zogen sich die restlichen Bestände in das dicht bewachsene Gebiet des heutigen Reservats zurück. Die Tembe-Community ist mit 50% am Park und seinen Einnahmen beteiligt und findet Arbeitsplätze.

Anfahrt Man darf nur mit einem 4WD durch den Park fahren oder muss für einen Game Drive auf die parkeigenen, offenen Geländewagen umsteigen. Am Gate erhalten Sie ein Merkblatt mit einer Karte des Parks. Normale Pkw kann man innerhalb des hoch umzäunten Parks abstellen, mit einem Geländewagen wird man abgeholt. Um die schön gestaltete *Reception Area* liegen Boma, Pool, Küche und etwas entfernt die Unterkünfte. Das betreuende Community-Personal ist sehr freundlich, begrüßt ankommende Gäste oft mit einem Lied. Abends gibt es unter Sternen und im Schein von Lampen schmackhaftes Essen, man versammelt sich ums Lagerfeuer und es treten – nach Bedarf – Tembe-Tänzer mit Gesangsdarbietungen auf.

Hohe Biodiversität Ein Kennzeichen der überwiegend flachen Landschaft des Tembe ist hohe Biodiversität: fast undurchdringliches Dornengestrüpp, Waldareale auf Sandböden mit bis zu 25 Meter hohen Baumindividuen, offene Graslandschaft, Salzpfannen und Sumpfbereiche. Außer Elefanten gibt es hier Zebras, Streifengnus, Nyalas, Giraffen, Büffel, Hyänen, Leoparden, Kudus, Wasserböcke, Elenantilopen, Breit- und Spitzmaulnashörner sowie die scheue, sehr kleine und seltene Suni-Antilope. Mit den Löwen sind dann die Big Five komplett. Großer Reptilienbestand, alles in allem über 350 Spezies. Vogelfreunde bezeichnen die Vielfalt der Vogelpopulation (über 340 Arten) als spektakulär.

Information Tembe Der Park hat eine eigene Website mit einer Webcam an einem Wasserloch, www.tembe.co.za. Alle anderen Infos gleichfalls dort. Geöffnet Okt–März 5–19 Uhr, Apr–Sept 6–18 Uhr. Office: 7–16 Uhr. Camp-Tel. 035-5920001. Check out 10 Uhr, Check in 14 Uhr. Eintritt R40, Kinder die Hälfte, Auto R35. Lebensmittel in geringem Umfang in Sihangwane kurz vor dem Eingang. An der Rezeption können diverse Programme und Aktivitäten gebucht werden. Tagesbesucher: Halbtagsexkursion (inkl. Erfrischung u. Mittagessen) und Tagesexkursion, inkl. gleichem, sind nach Voranmeldung möglich.

Unterkunft Das Tented Camp hat 21 Betten, betrieben durch einen Konzessionär. Vorab-Buchung immer notwendig, über www.tembe.co.za oder Tel. 031-2670144. Alle Preise inklusive Vollpension, Tee und Kaffee und zwei Tagespirschfahrten, Transfer zum Hide. Preis je nach Zeltzimmer (3 Qualitäten) 795 bis 1250 p.P. Eine Alternative ist die oben erwähnte Ndumu River Lodge, ca. 15 km vor dem Park.

Weiterfahrt nach Osten

Etwa 8 km vor KwaNgwanase/Manguzi erstreckt sich links und rechts der Straße die *Nyanyani Pan,* auf der sich, besonders in den Wintermonaten, zahllose Enten und Gänse tummeln. **Phelandaba** ist ein Straßendreieck, hier mündet die Straße in die R22. Bei der Rückfahrt von Kosi Bay biegen Sie von hier nach Süden ab.

KwaNgwanase/Manguzi

In dem Ort kwaNgwanase oder Manguzi kann man seine Vorräte aufstocken, von hier gibt es rechts von der R22 abzweigend mit der D1843 eine Verbindung südöstlich zum Sihadla Gate des *Kosi Bay Reserves* (11 km). Anfänglich ist es die gleiche Piste, auf der man zur *Kosi Forest Lodge* gelangt (s.u.). Die R22 weiter nordöstlich fahrend sind es zum *Kosi Bay Camp Gate* etwa zwölf Kilometer.

Eine Backpacker-Unterkunft ist in Manguzi *Thobeka Lodge/Thobeka Guest House.* Durch den Ort fahren und am Schild „Thobeka Lodge" nach rechts abbiegen. Persönlich geführt, Mike anrufen, Tel. 035-5929728, Cell 072-4461525. Einfache Zimmer, R110–300 p.P. je nach Raum, Saison und Verpflegung, Details auf www.kosi.co.za. Touren nach Kosi Bay (bis zum dortigen Camp sind es 12 km), Tembe Elephant Park und zu anderen Zielen.

Außergewöhnlich

Kosi Forest Lodge Die Kosi Forest Lodge liegt bereits im *Kosi Bay Nature Reserve* und ist dort die einzig privat geführte Lodge. Romantische Lage, stilvolles afrikanisches Ambiente, die erstklassigen Zeltzimmer liegen versteckt

Paddeltour von der Kosi Forest Lodge aus

im Busch. Insgesamt 6 Einheiten mit Twin-Betten, Bad und separater Dusche. Außerdem Family- und Honeymoon Suite. Bar und Boma, vom Pool Blick auf den Lake Shengeza. Großes Holzdeck, sehr gute Küche, romantische Candlelight Dinner unter riesigen Bäumen. Großes Aktivitätenangebot, die geführte Kanu-Tour oder die Bootsfahrt auf dem *kuNhlange* nicht vermissen. **Anfahrt nur mit einem 4x4-Fahrzeug!** Lodge-Tel. 035-4741473, Cell 084-5038738. Details auf www.isibindi.co.za. DZ VP R2740 inkl. geführter Kanufahrt und Raffia Forest Walk.

Anfahrt

Anfahrt für **4x4-Fahrer:** Die Lodge liegt ca. 9 km südöstlich von KwaNgwanase. Wenn KwaNgwanase beginnt, rechts in die D1843 abbiegen (das Straßennummernschild ist links an einem Pfahl zu sehen, zusammen mit einem Police-Schild), danach den (kleinen) Lodge-Wegweisern nach, an einer Gabelung links halten, später scharf links. Das letzte Stück ist sehr sandig!

Anfahrt Non-4x4-Fahrer: In die Stadt rein und fast durch, linker Hand befindet sich eine Total Service Station. Beim Laden/Kiosk sich als Kosi Forest Lodge-Gast anmelden. Pick-up-Zeiten 12 und 16 Uhr. Ihr Wagen steht sicher, die Tankstelle wird 24h bewacht. Über die Straße Internet-Café.

Kosi Bay

Kosi Bay und sein gleichnamiges Naturschutzgebiet – innerhalb des iSimangaliso Wetland Parks – in der obersten Ecke KwaZulu-Natals (zur Grenze von Mozambique sind es nur noch fünf Kilometer) – ist ein Paradies für Naturliebhaber. Die Szenerie und das Ökosystem aus imposanten Dünen, Seen, *Estuary* (Mündungsgebiet), Marschland, Sumpf- und Feuchtgebieten, Küstenwald und Meer ist einzigartig und die lange Anreise auf der R22 wert – **aber ein 4x4-Fahrzeug ist unbedingt erforderlich!** Wer Einsamkeit sucht, ist hier richtig – außer in den überlaufenen Zeiten der südafrikanischen Schulferien, an Ostern und um die Weihnachtswochen.

Kosi Bay ist keine wirkliche Meeresbucht, wie man aus dem Namen schließen könnte („Kosi" leitet sich vom Häuptlingsnamen „Makuza" ab, formte sich zu „Makozi's Bay" um und wurde schließlich zu „Kosi Bay"), sondern wird charakterisiert durch eine Kette von vier Seen, die durch Kanäle miteinander verbundenen sind.

Seenkette

Größter See ist der *kuNhlange,* nördlich davon liegen *kuMpungwini* und *Makhawulani.* Dieser entwässert über den stark versandeten *Kosi Bay Estuary* ins Meer. Bei Flut strömt Salzwasser durch die Mündung in den Makhawulani und weiter in den Lake kuMpungwini, der wiederum durch den *Mthando Channel* mit dem Hauptsee kuNhlange verbunden ist. Der vierte, der kleine *Amanzimnyama,* liegt südlich des *kuNhlange.* Obwohl er gleichfalls durch einen Kanal mit kuNhlange verbunden ist, besteht er aber aus reinem Süßwasser von tiefbrauner Farbe (die anderen Seen sind glasklar), in dem Krokodile leben. Die Seen werden durch einen 20 Kilometer langen, bewachsenen Dünenzug vom Meer getrennt.

Utshwayelo – traditioneller Fischfang

Die Männer von Kosi Bay betreiben Fischfang mittels einer genialen, Jahrhunderte alten und effektiven Methode: In den Seen und im Estuary stecken sie zu flexiblen Zäunen zusammengebundene Holzstecken ins Wasser. Nach dem Prinzip einer Reuse in die Zugroute der Fische gestellt, finden Fische und Krebse leicht in die Absperrungen hinein, aber nicht wieder hinaus. In den „Fisch-Krals" wird der Fang dann mit Körben herausgeholt oder gespeert. Das ständige Hin- und Herwandern der Tiere aus dem Meer in die Seen und zurück sichert regelmäßige Fänge und ist eine wichtige Proteinquelle für die lokale Bevölkerung. Wie viele Fallen jede Familie aufstellen darf, regulieren die Anwohner in Selbstverwaltung. Nur noch hier ist diese alte afrikanische Fischfangmethode anzutreffen, die früher auch an anderen Flussmündungen Südafrikas praktiziert wurde.

Traditionelle Fischfallen

Tropisches Paradies

Das 11.000 ha große und ca. 30 Kilometer lange Naturschutzgebiet entlang der Küste ist ein tropisches Paradies. Das Ökosystem ist Heimat vieler Pflanzen- und Tierarten, es gibt in den Gewässern Nilpferde (etwa 60), Krokodile, Mangusten (*water mongoose*, Atilax paludinosus) und Fingerottern (*clawless otter*, Aonyx capensis). Durch den unterschiedlichen Salzgehalt der Seen sprießt an deren Ufern reiche Vegetation. So gedeihen gleich fünf Mangrovenarten, in denen Schlammspringer, Krebse und Schnecken leben. Kosi Bay ist außerdem Habitat vieler Vogelarten, darunter Fischeulen, Fischadler, Reiher und Flamingos sowie saisonal für Kolonien fruchtfressender Fledermäuse. Südlich des größten Sees erstreckt sich ein **Raffia-Palmenwald** (Raphia australis), der Palmenart mit den allerlängsten Wedeln. Dort ist der seltene Palmengeier *(Palmnut vulture)* zuhause, der einzige Geier der Welt, der Früchte frisst und der auf Raffia-Palmen angewiesen ist.

Entlang der Seeufer findet man in sumpfigem Gelände subtropische Farnwälder und seltene Orchideen. Im Marschland wachsen Riedgräser, Papyrus und Wasserlilien. In den Saisonmonaten ziehen im Meer Wale vorüber, das *Marine Reserve* schützt auf einer Breite von fünf Kilometern die Unterwasserflora und -fauna. Zur Eiablage kriechen Loggerhead- und Leather-

back-Schildkröten an Land. Die *Bhanga Nek*-Station, Tel. 073-1509350, erforscht das Wanderverhalten dieser riesigen Exemplare und veranstaltet zur Brutsaison vom 15. November bis 15. Januar nächtliche geführte Touren zu ihren Eiablage-Stränden.

Das Kosi Bay-Naturschutzgebiet geht im Süden in das des *Coastal Forest* über. Auf einer 4x4-Piste gelangt man über Rocktail Bay, Mabibi, Lake Sibaya bis Sodwana Bay, ist aber nur mit einem Permit erlaubt.

Es gibt zwei **Eingänge,** das **Kosi Bay Camp Gate** und im Norden das **Estuary Gate.** Bereits die sandige, sieben Kilometer lange Hauptzufahrt von der R22 zum Camp Gate kann je nach Jahreszeit und Wetterkonditionen einen 4WD erfordern!

Ausflüge

Ein Paradies für **Schnorchler** ist der Kosi Bay Estuary. Das Wasser ist warm und fast immer kristallklar. Die *Rock pools* entlang der Küstenlinie bis nach Bhanga Nek sind kleine Aquarien voller Leben. Generell Vorsicht vor Hippos in den Seen und Kanälen, besonders bei Dämmerung!

Die ca. 14 Kilometer lange Strecke vom Hauptcamp bis zum **Estuary Gate** ist versandet, erfordert trotz der Kürze ca. 45 Minuten und ist **nur mit einem 4WD**-Fahrzeug zu schaffen! Man benötigt für den Estuary ein Beach-Permit (limitierte Anzahl von Fahrzeugen), erhältlich am Entrance Gate, einen Tag zuvor abzuholen. Am Estuary gibt es einen Picknickplatz und Toiletten.

Für **Wanderungen** (geführt, Vorsicht, giftige Schlangen!) wende man sich an den Ranger vom Dienst, Abwechslung bietet ein **Kanu-Trip** (Vermietung im Park). **Bootstouren** führt die *Kosi Bay Lodge* durch, die man dort gleichfalls buchen kann, auch wenn man nicht in der Lodge wohnt (mit Besichtigung der Fischfallen).

Information Kosi Bay Camp

Geöffnet 6–18 Uhr, Office: 7–16 Uhr. Camp-Tel. 035-5920234/5/6. Check out 10 Uhr, Check in 14 Uhr. Eintritt R30, Kinder die Hälfte, Wagen R20. Kein Laden, Verkauf von Softdrinks und Feuerholz am Gate. Nächster Versorgungsort ist KwaNgwanase, 13 km. Malaria-Gebiet. Weitere Einzelheiten auf www.kznwildlife.com.

Unterkunft

Das Kosi Bay Ezemvelo-Camp liegt am nordwestlichen Ufer des Sees kuNhlange. Langfristige Vorausbuchung, besonders für Wochenenden und in der Hauptsaison, ist unbedingt erforderlich. Jede der 15 Campsites kann bis zu 7 Personen aufnehmen, sie verfügen über Wasser- und Elektroanschlüsse, liegen im Schatten von Bäumen, haben Grillplätze und einen gemeinsamen Freezer. Die zwei Sanitärblöcke haben Duschen, heißes und kaltes Wasser. Die SC-Cottages sind komplett eingerichtet. Es gibt eine 2-Bett-Cabin (R500), eine 5- und eine 6-Bett-Cabin sowie 15 Campsites.

Weitere Unterkünfte

Campen oder Unterkommen in einfachen Chalets ist desgleichen möglich auf der *community based* **Campsite Utshwayelo** am Kosi Bay Estuary Gate im Norden. Zufahrt noch vor dem Kosi Bay Main Gate Richtung Norden, ca.14 km, 4WD nötig (oder außen herum über die R22 Richtung Mozambique-Grenze). Rustikal auf einem Hügel in Aussichtslage. Zu Fuß zum Estuary ca. 20 Minuten. Camping ca. R100 p.P., Chalet ca. R200 p.P. Infos bei Managerin Cynthia, Tel. 035-5929626 oder Cell 073-1343318. Fotos/Infos auf www.kosi-bay.co.za.

Kosi Bay Lodge, in kuNhlange-Seenähe. Rustikale, riedgedeckte, aber derzeit vernachlässigte Chalets für zwei, vier und sechs Personen auf SC-Basis. Restaurant, Bar, Pool. Exkursionen und See-Bootstouren. Tel. 035-5929561, Cell 083-2624865, www.kosibaylodge.co.za. B&B für 2 Personen ca. R880. Auch VP.

Weitere Alternativen wären: **Kosi Bay Country House,** B&B und SC, gut für Kleingruppen, Tel. 035-5929665, Cell 083-2945617 (Ray) oder 073-2085101 (Viv) und die **Gwala Gwala Lodge,** an der Zufahrt zum Main Camp Gate, Tel. 084-5880564. Einfache Chalets, Aktivitäten-Programm.

Nach Mozambique und weiter nach Swaziland

Mozambique-Grenzstation ist *Farazela*. Gleich hinter der Grenze geht es rechts ans Meer nach *Ponta do Oura*. Geradeaus sind es bis zur Hauptstadt Maputo etwa 110 Pistenkilometer (Visa-Bestimmungen s.S. 21). Mietwagenfahrer benötigen die Zustimmung der Vermietfirma und Kopien der Wagenpapiere, außerdem muss eine Zusatzversicherung abgeschlossen werden, für ca. R200.

Die länderübergreifende **East Three Route** wurde 2012 von Südafrika/KwaZulu-Natal, Mozambique und Swaziland ins Leben gerufen und soll den Tourismus in dieser Region fördern. Erste Infos auf www.east3route.com.

Weiterfahrt: auf der R22 von Kosi Bay nach Süden nach Hluhluwe (Ort)

Distanzen Phelandaba – Hluhluwe ca. 140 km. Durchgehend asphaltiert.

Etwa 15 km hinter Phelandaba zweigt die D1849 in Richtung Meer ab, zur *Thonga Beach Lodge* und zum *Mabibi Coastal Camp.* Die goldfarbenen Strände, das warme, klare Meerwasser, die Buchten, Korallenriffe und Sanddünenwälder sind wie geschaffen für Natur- und Strandliebhaber, Taucher und Schnorchler. Die dortigen Lodges und Camps liegen an den einsamsten Küstenstrichen Südafrikas und zählen zu den schönsten KwaZulu-Natals – aber das Privileg, dort zu übernachten, kostet entsprechend! Alle Unterkünfte liegen innerhalb des iSimangaliso Wetland Parks, wodurch Eintrittsgebühren fällig werden. Zufahrten offen Nov–März 5–19 Uhr, Apr–Okt 6–18 Uhr. Bitte beachten: Zufahrt zu den Unterkünften **nur mit einem 4WD** oder per vorher **gebuchter Abholung!**

Thonga Beach Lodge Stilvolle Beach-Architektur mit Öko-Flair, tolle, ruhige Lage am Dünenhang über dem Meer, insges. 24 Betten, hervorragendes Essen, aufmerksamer Service, Super-Tauchgründe, großes Aktivitäten-Programm. Traumhaft ist ein Sunset-Candlelight-Dinner am Beach Deck. VP/DZ R2600–2995 p.P. *Special offers* s. Website. Reservierung über *Isibindi Africa Lodges,* Tel. 035-4741473, www.isibindi.co.za. **Anfahrt** (s.a. isibindi-Webseite): Die rotsandene Piste D1849 zweigt 15 km südlich von Phelandaba (oder 32 km nördlich von Mbazwana) nach Osten ab (Schild „Coastal Forest Reserve"). Nach 4,7 km kommt rechts der Betrieb *Coastal Cashews,* der Pick-up-Point für alle Gäste mit normalem Pkw. Ihr Auto steht dort sehr sicher. Transfer-Abholzeit für die Thonga Beach Lodge um 12 und 15 Uhr, es muss vorgebucht werden, rufen Sie zuvor an (Tel. direkt Thonga Beach Lodge 035-4756000) und es kostet extra. Check-in Thonga Beach Lodge 12 Uhr, check-out 10 Uhr. Der Transfer im 4WD durch teils tief versandete Abschnitte dauert etwa 45 Minuten.

... die einsamsten und schönsten Strände Südafrikas

Mabibi Campsite Das Camp für Selbstversorger gehört gleichfalls zu Isibindi und liegt ein paar Kilometer südwestlich der Thonga Beach Lodge auf einem Dünen-Plateau am Hulley Point, umgeben von Küstenwald. Gesamtfläche etwa 10 ha. Es bietet 10 geschützte Camping-/Caravanplätze und sanitäre Einrichtungen mit warmem Wasser. Am meisten belegt im Dezember/Januar, April, Juni/Juli und September. Zugang zum Strand runter über eine steile hölzerne Treppe, ca. 10 Minuten. Buchung und Preise (R400–500/Platz) über Tel. 035-4741504, Natalie, natalie@isibindi.co.za, www.mabibicampsite.co.za. Anfahrt wie Thonga Beach Lodge.

Rocktail Beach Camp Nördlich der Thonga Beach Lodge liegt das entlegene Rocktail Beach Camp. Zum Strand 20 Minuten zu Fuß, hervorragende Tauchbedingungen. Fotos und Details auf www.wilderness-adventures.com. 11 Safarizelt-Zimmer und 7 *family units,* alle mit Bad. Zentraler, großzügiger Speiseraum, Bar, Lounge mit Terrasse und Aussichtsdeck mit Blick zum Ozean, großer Pool, kinderfreundlich u.a. mehr. Anfahrt und Abholung wie Thonga Beach Lodge tägl. um 10.30, 14 u. 16 Uhr. GPS S27°15'52.08" E32°46'7.09". DZ/VP 1579 p.P.

Weiterfahrt auf der R22 nach Süden

Etwa 30 km südlich von Phelandaba liegt östlich der **Lake Sibaya,** der gleichfalls zum iSimangaliso Wetland Park zählt. Der größte Süßwasser-See Südafrikas ist etwa 18 Kilometer lang und 17 Kilometer breit und bedeckt, je nach Wasserstand, zwischen 60 bis 77 qkm. Durchschnittliche Tiefe 13 Meter. Der See hat keinen sichtbaren Zu- oder Abfluss. Vom Meer ist er durch bis zu 165 Meter hohe, bewaldete Dünen getrennt. Im klaren Seewasser leben sehr viele Nilpferde und Krokodile. Derzeit keine Unterkünfte.

Von Phelandaba sind es bis **Mbazwana** 47 km. Dort führt eine Straße auf 13 km zum Meer nach *Sodwana Bay.*

Sodwana Bay

Sodwana Bay ist in erster Linie ein Ziel für Strand-, Dünen-, Angel- und Wassersportfreunde. In den Ferienzeiten zieht es die Südafrikaner in Massen hierher, es gibt Hunderte Camping- und Caravan-Stellplätze, die meisten bietet KZN Wildlife. Taucher finden hier die schönsten Unterwasser-Riffe der gesamten Küste, zahllose Fischspezies sind zu sehen. Im submarinen *Jesser Canyon* wurde im Jahr 2000 ein *Coelacanth* entdeckt (s.S. 359). Von Ende Oktober bis Januar kommen in der Nacht Schildkröten zur Eiablage an den Strand. Die Hauptriffe tragen ihre Namen („2 Mile Reef") nach der Entfernung vom Bootsableger *Jesser Point.* Infos, Beschreibungen aller Riffe, Karten, Unterkünfte, Aktivitäten wie Bootstouren, Reiten, Ultralight-Flüge, Kitesurfing etc. auf den Webseiten der Tauchanbieter, z.B. auf www.coraldivers.co.za und www.sodwanabay.com. Empfohlen wird *Da Blue Juice,* www.dablujuice.co.za. Mit einem Beach Driving Permit darf man Richtung Norden bis zum *Nine Mile Beach* fahren und Richtung Süden bis zum *Adlams Reef.*

Sodwana Bay Camp Unter Verwaltung von www.kznwildlife.com. Ganzjährig und 24 Stunden geöffnet. Reservierungen für den großen iGwalagwala-Campingplatz, der sich in schattiger Lage über mehrere Hektar erstreckt, während der Hauptsaison unbedingt im Voraus! Office Mo–Do 8–16.30 Uhr (So 15 Uhr), Fr/Sa 7–16.30 Uhr. Camp-Tel. 035-5710051/2/3. Check out 10 Uhr, Check in 14 Uhr. Eintritt R30. Kleiner, gut sortierter Supermarkt mit Angel-Utensilien. Campdetails und Preise auf der www.kznwildlife.com-Seite.

Dive-Lodges Außerdem gibt es südlich des Gwalagwala-Platzes noch die **Mseni Lodge** (Tel. 035-5710284, www.mseni.co.za, SC/DZ R700, das angeschlossene Restaurant ist gut), ganz im Süden die oben erwähnten **Coral Divers** (www.coraldivers.co.za, SC), die **Sodwana Bay Lodge** (Tel. 035-5710095, www.sodwanadiving.co.za, SC oder mit Frühstück in der Kantine) und die empfehlenswerte **Occi Lodge** (www.occi-scuba.co.za) sowie weitere SC-Unterkünfte 4 km außerhalb des Gates.

iSimangaliso Wetland Park

Etwa 10 km südlich von Mbazwana fährt man in den **iSimangaliso Wetland Park** ein. Der 332.000 ha große Park ist seit 1999 UNESCO-Weltnaturerbe. Sein Name leitet sich vom Zuluwort für „Wunder" ab. Er ist überaus stark segmentiert und umfasst im Süden das Gebiet um den Lake St Lucia bis zur Küste, reicht in der Mitte vom Meer fast bis zur N2 und schützt im Norden als schmaler Streifen die Dünenlandschaften und den Coastal Forest. Auch das Meer ist entlang der 240 Kilometer langen Küste und auf einer Breite von fünf Kilometern von *Kosi Bay* bis *Maphelane* im Süden lückenloses maritimes Schutzgebiet. Die endlosen Sandstrände bieten ideale Nistplätze für

Fish Eagle, Schreiseeadler

Karett- und Lederschildkröten, und die Riffe sind wertvolle, unangetastete Lebensräume der Unterwasserfauna und -flora.

Die diversen Parksektionen mit ihren unterschiedlichen Zufahrten bestehen aus Grasland, Feucht- und Schwemmland an den Flussmündungen, aus Trockengebieten, Wasser- und Sumpfzonen, hohen Dünen und Beständen von Küstenwäldern. Herzstück des Parks ist im Süden der *Lake St Lucia* mit dem gleichnamigem Ort.

Die fünf Ökosysteme im iSimangaliso Wetland Park

1) Das **maritime System** zeichnet sich aus durch die südlichsten Korallenriffe Afrikas mit submarinen Canyons, warmes Meereswasser, Mangrovengürteln und unberührte Sandstrände. Das alljährliche Ritual der nächtlichen Eiablage der Loggerhead- und Leatherback-Schildkröten findet von Ende Oktober bis Januar statt.
2) Das **Küsten-Dünensystem** wird charakterisiert durch ausgedehnte, bewachsenen Dünen entlang des Ozeans, subtropischen Baumbestand, Gras-, Feucht- und Schwemmland.
3) Das **Gewässernetz** mit den zwei komplexen Seensystemen Lake St Lucia und Kosi Bay sind durch *estuaries* (Trichtermündungen) mit dem Meer verbunden. Dazu zählen außerdem vier isolierte Süßwasserseen, *Sibaya, Mgobozeleni* (bei Sodwana Bay), *Bhangazi North* und *Bhangazi South*.
4) In den **Sumpfgebieten** im uMkhuze-Tierreservat und an der Mündung des iMfolozi gibt Sumpfwälder, Schilf- und Papyrusbewuchs. Sie sind Habitat für viele Amphibien- und Reptilien wie Krokodile, Pythons, Sumpf- und Wasserschildkröten.
5) Die mehr und weniger erschlossene **Öko-Zone** im Inland hat subtropische, landschaftstypische Vegetation und Großwildbesatz in den Reservaten. In der Vogelwelt finden sich weit über 600 Arten (Details dazu auf www.birdlife.org.za und www.zbr.co.za).

Alle fünf Ökosysteme sind miteinander verbundenen und bilden so ein einzigartiges, aber fragiles Naturparadies hoher Biodiversität. Vegetation und Klima reichen von subtropisch im Süden bis tropisch im Norden.

Praktische Reisetipps

für die **Elephant Coast** und den **iSimangaliso Wetland Park**

Beste Reisezeit sind die weniger heißen Monaten **April bis Oktober.** Von Dezember bis Februar ist es am heißesten, dann steigen die Temperaturen oft über 40 °C mit Saunaschwüle an der Küste. Auch im „Winter" fällt die Temperatur so gut wie nie unter 17 °C. Auf morgendlichen oder abendlichen Game Drives, am Meer und auf Bootsfahrten ist es trotzdem frisch und windig.

Touristische Infrastruktur

Eine Nord-Süd-Durchquerung entlang der Küste ist nicht möglich, dazu müssen Sie die asphaltierte, diagonal verlaufende **R22** („Lubombo Road") von Hluhluwe nach KwaNgwanase nehmen. Über sie erreichen Sie recht schnell *Sodwana Bay* und *Kosi Bay* (aber nur diese Orte, die anderen Stichstraßen zum Meer sind versandet und erfordern Vierradantrieb!). Im Inland muss man sich oft über unbefestigte *Gravel Roads* quälen, was ein schnelles Vorankommen erschwert. Ein Permit benötigen Sie für die 4x4-Strecke entlang der Küste zwischen Sodwana Bay über Lake Sibaya und den Coastal Forest bis Kosi Bay oder wenn Sie aus dem Inland von der Straße R22 zu diesen Zielen vorfahren.

Die größten **Orte** sind: Hluhluwe, St Lucia, Jozini, Mkuze und im Süden Mtubatuba. St Lucia ist der beste Ausgangsort für Land- und Seetouren im Süden. Die **Telefon-Vorwahl** für die Elephant Coast ist 035. Wenn Sie diverse **iSimangaliso**-Parkbereiche besuchen, muss man jedesmal neu den **Eintrittspreis** bezahlen: pro Person **R30** (Kinder unter 12 Jahren die Hälfte), pro Wagen R20.

Öffnungszeiten der Gates

In den Sommermonaten November bis einschließlich März sind die Gates des iSimangaliso Wetland Parks von 5–19 Uhr geöffnet, in den Monaten April bis Oktober 6–18 Uhr. Sodwana Bay ist ganzjährig 24 Stunden geöffnet. Für die Destinationen des Coastal Forest zwischen Kosi Bay und Lake Sibaya – Island Rock, Rocktail Bay etc. – benötigen Tagesbesucher ein Permit.

Parkbehörde

iSimangaliso Wetland Park Authority, The Dredge Harbour, Private Bag X05, 3936 St Lucia, Tel. 035-5901633, **www.isimangaliso.com.** 24-Stunden-**Notruf: 082-7977944.**

Unterkünfte

An der Elephant Coast finden Touristen in großer Zahl alle Unterkunftsarten, von Caravan- und Campingplätzen über Chalets, Log cabins, Bush camps, Self Catering-Bungalows, Bed&Breakfasts, Hotels und luxuriösen Lodges bis hin zu superexklusiven Beach- und Game Lodges. Die allermeisten Unterkünfte sind organisiert in der ECTA, der Elephant Coast Tourism Association, **www.visitelephantcoast.co.za.** Dort können Sie auch gleich buchen.

Ezemvelo KZN Wildlife verwaltet und die Camps in (S–N) *Maphelane, St Lucia, Charter's Creek, Fanie's Island, Cape Vidal, False Bay, uMkhuze, Sodwana Bay, Kosi Bay, Tembe Elephant Park, Ndumo Game Reserve, Phongolo Nature Reserve.* Für Buchung einer KZN Wildlife-Unterkunft müssen Sie sich wenden an: **www.kznwildlife.com** oder **bookings.kznwildlife.com.**

Gesundheit

Der Norden der Elephant Coast ist Malaria-Gebiet, besonders in den heißfeuchten Monaten Dezember bis Februar. Nicht in Flüssen und Lagunen baden – Hippos und Kroks könnten drin sein. Die Strände der Elephant Coast sind nicht bewacht – also Vorsicht. Bei Strandwanderungen den Gezeitenwechsel beachten.

Grenzübergänge

KwaZulu-Natal – Swaziland (Golela/Lavumisa): Geöffnet 7–22 Uhr. Keine besonderen Autopapiere erforderlich, geringe Grenzgebühr. KwaZulu-Natal – Mozambique (Kosi Bay/Farazela): 8–17 Uhr.

Notruf-Nummern und Pannendienste

iSimangaliso Wetland Park, 24-h-Notruf, Tel. 082-7977944

24-h-Notfall: 112. SA Police: 10111 (mit dem Handy: 112). Netcare Ambulance: 082-911. Automobile Association (AA): 0800-10101.

Breakdown-Services: Mtubatuba und Hluhluwe 035-5620200 (nach Arbeitszeit 082-3220828). St Lucia 035-5901164. Mkuze 035-5731095 (außerzeitlich 072-4665942). Mbazwana/Sodwana 035-5710093.

uMkhuze Game Reserve

Östlich der R22 liegt das **uMkhuze Game Reserve,** ein 38.000 ha großes Schutzgebiet mit außergewöhnlich dichten und vielfältigen Tierpopulationen: Giraffe, Nilpferd, Kudu, Streifengnu, Wasserbock, Eland, Zebra, Nyala, Breit- und Spitzmaulnashorn, die kleine und scheue Suni-Antilope, Leopard, Gepard, Hyäne und über 400 Vogelspezies. Es ist auch **Teil des iSimangaliso Wetland Parks.** Möglich sind Pirschfahrten, Wildbeobachtung von Aussichtspunkten und Guided Walks.

Anfahrt Im Osten gibt es das *Ophansi Gate* mit Anbindung an die R22. Das westliche *Emshopi Gate* erreicht man über die N2, Ausfahrt uMkhuze-Town, dann der uMkhuze-Reserve-Beschilderung folgen (von uMkhuze-Stadt 18 km).

Parkbeschaffenheit Das Gebiet zählt zum Küstenflachland. Viele der Pfannen werden nur saisonal mit Wasser gefüllt, trocknen in Dürrezeiten vollständig aus. Flussläufe mit üppigem Bewuchs und Riedgrasbänke werden beschattet von mächtigen Mahagonibäumen. Wilde Feigenbäume, darunter die *sykomore (Ficus sycomorus),* die eine besondere Stellung ein nehmen: sie werden 25 Meter hoch und dienen traditionell als Heilpflanze und Nahrungsmittel. In Sumpfgebieten stechen die seltsam grüngelblichen Stämme der *fever trees* heraus. Daneben gibt es große, sandige Waldlandschaften, dichtes Gestrüpp und Grasflächen, auf denen besonders die Schirmakazien beeindrucken.

Unterwegs im Park Unter den Fahrstrecken (insgesamt 100 Kilometer Länge) ist der exzellent ausgearbeitete *uMkhuze Auto Trail* eine informative Reise durch das Ökosystem. Eine Broschüre mit Erklärungen und genauen Kilometerangaben ist beim Parkbüro erhältlich. Beste Tierbeobachtungsstellen sind die Hochsitze an den Pfannen *Kukube, Kumasinga, Kwamalibala* und *Kumahlala.* Den *Fig Forest Walk* im 1400 ha großen Feigenbaumwald bei der Nsumo-Pfanne ist sehr zu empfehlen. Auch Nachtfahrten sind möglich. Vom Mantuma Camp geht der kurze *River View Walk* hinunter zu einem Aussichtspunkt am Fluss. Östlich des Mantuma Camps liegt das *Cultural Village* des KwaJobe-Stammes mit einem kleinen Craft Market.

Information Geöffnet Okt–März 5–19 Uhr, Apr–Sept 6–18 Uhr. Office: 8–16.30 Uhr. Distanz vom Emshopi Gate zum Mantuma Camp: 9 km. Camp-Tel. 035-5739004/-01, Cell 082-7991491. Check out 10 Uhr, Check in 14 Uhr. Eintritt **iSimangaliso**-Tarife. Kleiner Laden mit einer Auswahl an Proviant und Getränken, nächster Versorgungsort Mkuze, 27 km.

Unterkunft Im *Mantuma Camp* gibt es Cottages, Chalets, Rest Huts und Safari Camps diverser Größen und Ausstattung, Details und Buchung auf www.kznwildlife.com. *Emshopi Camping & Caravan* ist 1 km vom Main Gate bzw. 9 km vom Mantuma Camp entfernt, Reservierung direkt am Emshopi-Gate.

Hluhluwe (Ort)

Von Norden her gelangen Sie auf der R22 in den Ort. Wenn Sie bei der *Rhino River Lodge* (s.u.) übernachten wollen: achten Sie auf eine kleine Brücke, noch vor dieser nach links in die D540 abbiegen, noch 5 km auf Schotter.

Weiterfahrend überqueren Sie ein Bahngleis, und wenn Sie ein Faible für schönes Kunsthandwerk haben (oder Lunch machen wollen), dann fahren Sie gleich rechts ab zu **Ilala Weavers** (8–17 Uhr, Sa/So 9–16 Uhr, www.ilala.co.za). Noch ca. 3 km, ausgeschildert, linker Hand. Die Initiative beschäftigt über 2000 Personen und hat sich zum Ziel gesetzt, das traditionelle Kunsthandwerk der Zulu wiederzubeleben. (Anfahrt aus dem Ort: die Hauptstraße ganz runterfahren, am Kreisverkehr links raus, die Bahngleise entlang).

Hluhluwe an der N2 profitiert von der Nähe des Hluhluwe-Imfolozi Parks, zum *Memorial Gate* des Parks sind es 17 Kilometer. Entlang der breiten, abfallenden Hauptstraße reihen sich Läden, Banken, Post und Tankstellen. Hluhluwe ist eine gute Übernachtungsalternative zum Hluhluwe-Park. Zur Touristen-Information den Ort hochfahren bis zur Engen-Tankstelle, rechter Hand.

Information *Hluhluwe Tourism Association,* Main St, gleich neben der Engen-Tankstelle, Tel. 035-5620353/-966, hluhluwe@uthungulu.co.za. Infos zu Übernachtungen und kulturellen Ereignissen.

Weiterfahr-Tipp Sie können in den Hluhluwe-Imfolozi Park über das *Memorial Gate* ein- und dann südlich über das *Nyalazi Gate* an der R618 wieder ausfahren. Diese Straße bringt Sie direkt nach St Lucia (s.a. auch die beiden anderen Weiterfahr-Optionen 1 und 2 unten).

Unterkunft **Camping** bei der **Sand Forest Lodge** (10 Min. von Ortsmitte, Anfahrt s. Hluhluwe River Lodge unten; ca. 6 km hinter den Bahngleisen rechts rein in die False Bay Park Road, dann noch ca. 900 m, linker Hand. Jeweils für 2 Personen: Camping R240, 2 SC-Rustic Cottages R500, 7 SC-Cottages R700. Ruhe und Natur, kleiner Pool, Gastgeber Cary & Godfrey, Tel. 035-5622509, Cell 083-6277090, www.sandforest.co.za.

Hluhluwe Backpackers & Dinizulu Safaris 1,5 km vor dem Memorial Gate (von der N2 Ausfahrt Hluhluwe, nach 12 km auf linker Seite), Tel. 035-5620357, hluhluwebackpackers@lantic.net, www.safarinow.com/go/hluhluwebackpackers. Schlafsäle und Chalets, gut eingerichtete Küche und „Park Pub". 24-Stunden-Check-in. DZ R350.

The Orchard Farm Cottages, gleich hinter Ilala Weavers (s.o.). B&B und SC, günstig, nette Atmosphäre. Das Figtree à la carte-Restaurant hat von 9–16 Uhr geöffnet. Tel. 035-5620630, Cell 082-4941047, www.roomsforafrica.com/establishment.do?id=10768. DZ R450–700.

AmaZulu Guest House Dieses kleine Gästehaus hat zwar nur drei Zimmer, die aber geschmackvolles afrikanisches Interieur bis ins Detail bieten. Super sauber, sehr nette Besitzerin. Pool, Jacuzzi, Braai-Platz, Laundry service, Kinder willkommen. Auf Wunsch Tagestripps und kulturelles Aktivitäten-Programm. Von der N2 zum Kreisverkehr an der Engen-Tankstelle fahren, dort links raus, am Vorfahrt-achten-Schild rechts, an der T-Junction links in die Nyala Street, an deren Ende links. Tel. 035-5623132, Cell 072-8676525, www.amazuluguesthouse.co.za. DZ/F R700/800, Dinner a.A.

Hluhluwe Guest House 10 gemütliche Zimmer für 24 Gäste, großer Garten, Pool, Boma. Es werden eigene Game Drives ins Hluhluwe Game Reserve in offenen Safarifahrzeugen angeboten. 5 Higgs Street, von der N2 kommend nach der Engen-Tankstelle links abbiegen, danach links und dann rechts. Gerrie de Wet, Tel. 035-5620838, Cell 082-9288628, hluguest@iafrica.com. DZ/F R900, Dinner extra.

Protea Hotel Hluhluwe & Safaris Gute Mittelklasse, 76 Zimmer, Restaurant mit Büfett, Pool, Bar, Laden, an manchen Abenden Zulu-Tänze, täglich Game Drives. Adresse: Bush Rd 104, 4 km von der N2 (am ersten Kreisverkehr nach links, dann 2. Zufahrt rechts), Tel. 035-5624000, www.proteahotels.com/Protea-Hotel-Hluhluwe-Safaris.html. DZ plus/minus R1000.

Ubizane Game Reserve Wenn Sie zum Memorial Gate des Hluhluwe-Imfolozi Park fahren, liegt über der N2-Brücke links das private **Ubizane Game Reserve,** www.ubizane.co.za. Auf 1500 ha lebt dort eine Vielzahl von Wildtieren mit reicher Vogelwelt. Unterkunft bieten die zwei luxuriösen Lodges **Zululand Tree Lodge** (DZ/F R1520) und **Zululand Safari Lodge** (die größere, DZ/F R1380). Beide bieten VP mit Game Drives an, Preise s. www.ubizane.co.za/tree-lodge.html und www.ubizane.co.za/safarilodge.html

Hluhluwe River Lodge Anfahrt über N2, Ausfahrt Hluhluwe, durch den Ort, am letzten Kreisverkehr links, dann rechts übers Bahngleis auf die R22 Richtung Sodwana Bay, nach einer kleinen Brücke rechts in die D540 abbiegen, noch 5 km auf Schotter, dann rechter Hand. Sehr schöne Lodge, Blick auf die False Bay des Sees St Lucia, 8 stilvolle Doppel-, 2 Family- und ein Honeymoon-Chalet, Figtree-Restaurant. Zahlreiche Aktivitäten, wie Paddeltouren, Pirschfahrten, Wanderungen. In 25 Minuten zum Memorial Gate des Hluhluwe-Imfolozi Parks. Tel. 035-5620246, Cell 083-7773439, www.hluhluwe.co.za. DZ/VP R2100 p.P., HP 1600 p.P.

Rhino River Lodge Die Lodge befindet sich 27 km nördlich von Hluhluwe in einem privaten, 23.000 ha großen Big-5-Wildgebiet am uMsunduzi River im *Zululand Rhino Reserve,* in dem das bedrohte Spitzmaulnashorn lebt. Die luxuriösen Doppelzimmer und Cottages verfügen alle über eine eigene Boma, in der auch ein privates Dinner arrangiert werden kann. Neben den inkludierten Game Drives können noch Buschwanderungen und Nachtfahrten gebucht werden. *Rhino River Lodge,* Rd P450, Bayala, Tel. 033-3434206, Cell 083-7814924, www.rhinoriverlodge.co.za, S.27.80169 E.032.10732. Restaurant, Pool. VP/DZ 2 Game Drives R2500.

Wahlweise Weiterfahrt von Hluhluwe

Option 1 Auf der N2-Parallelstraße zum *DumaZulu Traditional Village* und weiter nach St Lucia. Wenn Sie noch kein Zulu-Schaudorf besucht haben, bietet sich jetzt, ca. 11 km südlich von Hluhluwe, eine letzte Gelegenheit:

DumaZulu Traditional Village & Lodge

Duma Zulu heißt „Donnernder Zulu" und ist ein Traditional Village mit schöner Luxus-Lodge. Die bienenkorbförmigen Hütten, bewohnt von etwa 50 Zulu, wurden nach traditioneller Weise kreisförmig angelegt. Gezeigt und demonstriert wird die Kultur der Zulu mit alten Handwerkstraditionen wie Töpfern, Korbflechten, Speer- und Schildfertigung oder Herstellung von Perlenarbeiten. Auch ein

Sangoma (Schamane) ist vertreten, alles wird durch Guides erklärt. Eindrucksvoll sind die abschließenden Tänze mit Trommel- und Gesangsbegleitung. Führungen um 8.15, 11 und 15.15 Uhr. Weitere Infos über Zulu-Schaudörfer ab S. 316 ff.

DumaZulu Village, Tel. 031-3374222, über www.goodersonleisure.co.za, GPS S28°06'19.68" E32°17'08.22". Cultural Show p.P. R120, *Traditional Lunch* R105, angeschlossener Schlangen- und Krokodilpark R30. Anfahrt auch von der N2, auf braunes Ausfahrtsschild „Bushlands/DumaZulu" achten. DumaZulu Lodge: Dinner+Ü/F R839 p.P. im DZ.

Günstiger: Bushbaby Lodge, von Hluhluwe kommend nach ca. 6,5 km (bzw. 5 km vor DumaZulu) nach links/Osten in die D49 abbiegen (ausgeschildert), über die Gleise, nach ca. 600 m links, GPS S28°04.918' E32°17.497', Tel. 035-5620021, Cell 076-9537063, www.bushbabylodge.co.za. Holzchalets, SC oder Essen in kleinem Restaurant, Camping. Einfach, aber nett, holländisch. DZ/F R660.

Nicht weit davon entfernt: **Isinkwe Backpackers Bushcamp,** an DumaZulu vorbeifahren, an der T-Junction rechts in die D123, noch ca. 400 m rechter Hand. GPS 28°06'31.25" E32°17'03.94", Cell 083-3383494, www.isinkwe.co.za. Relaxtes Bushcamp mit Camping, Dorms und diversen Cabins. Bar, Boma, Pool, kleiner Laden, Tagesgerichte. Safari-Programm Hluhluwe und Emdoneni Cheetah Project. DZ/F R830–R1000.

Luxuriös: Wenn Sie auf besagter N2-Parallelstraße von DumaZulu ca. 15 km weiter südlich fahren, erreichen Sie eine Straßengabelung. Nach rechts geht es zur N2, nach links nach *Charter's Creek* und zur *Makakatana Bay Lodge* (12 km ab der Gabelung, ausgeschildert, Gravel Road; auch von der N2 erreichbar, s. Ausfahrts-Schild „Makakatana Bay Lodge / Charter's Creek"). Die **Makakatana Bay Lodge** ist die einzige private Lodge am Ufer des Lake St Lucia und im iSimangaliso Wetland Park. Die sechs großzügigen Zimmer haben eigene Aussichtsdecks, von denen man kleinere Wildtiere beobachten kann. Angeboten werden Game Drives, bei einer Übernachtung gibt es einen nachmittäglichen- und einen morgendlichen Game Drive, bei längerem Aufenthalt ganztägige Beach Safaris oder Bootsfahrten auf dem See. *Makakatana Bay Lodge,* Nähe Charters Creek, Tel. 035-5504198, www.makakatana.co.za, GPS 28.238455 S, 32.419261 E. Pool, AC. DZ/VP inkl. Aktivitäten R6500.

Weiterfahrt von Hluhluwe

Option 2 — Hluhluwe – N2 – Mtubatuba – St Lucia

Fahren Sie von Hluhluwe-Ort auf der N2 nach Süden bis Ausfahrt Mtubatuba/St Lucia. **Mtubatuba** ist ein kleiner Verkehrsknotenpunkt östlich der N2. Hier findet jedes zweite Jahr im Juni – abwechselnd mit Hluhluwe – Afrikas größte Wildtier-Versteigerung statt.

Infos *Mtubatuba Tourism Association,* Jan Smuts Ave/Ecke St Lucia Rd, Tel. 035-5500721.

Unterkunft *Wendy's B&B Country Lodge.* Gästehaus in Riverview, einem stillen Vorort von Mtubatuba mit 10 unterschiedlich großen Zimmern und beheiztem Pool im Winter. 3 Riverview Drive (ausgeschildert ab der N2; von Mtubatuba nach

Süden Richtung *Illovo Sugar Mill,* dann rechts in den Riverview Drive), Tel. 035-5500407, Cell 083-6281601, www.wendybnb.co.za. Pool, Wi-Fi, AC. DZ/F R790–900, Dinner a.A.

Auf der R618 gelangt man nach 27 Kilometern zum Ort **St Lucia** bzw. zum **iSimangaliso Wetland Park,** und auf der R618 nach Nordwesten zum Nyalazi Gate des Hluhluwe-Imfolozi Parks.

Hluhluwe-Imfolozi Park

Rezeption des Hilltop Camps

Der Hluhluwe-Imfolozi Park (sprich: Schlu-schlui) ist einer der Höhepunkte KwaZulu-Natals. Er besteht aus einem Nord- und einem Südteil, *Hluhluwe* und *Imfolozi,* getrennt durch den Korridor der Straße R618, die wegen der Tiere auf beiden Seiten hoch abgezäunt ist.

Der 960 Quadratkilometer große Park ist nicht so groß wie der Krügerpark – doch immerhin das drittgrößte Wildschutzgebiet Südafrikas – und auch nicht so überlaufen, und darin liegt, zusammen mit den weiten Grasfluren und Hügellandschaften, sein Reiz. Der Park wurde bereits 1895 proklamiert und zählt damit zu den ältesten Naturschutzgebieten Afrikas. Historisch war die Südregion einst exklusives Jagdgebiet der Zulukönige Shaka und Dingiswayo.

Die typisch afrikanische Savannenlandschaft mit Busch, kleineren Bäumen, Dickicht und Akazien wird von den Flüssen *Black* und *White iMfolozi* durchzogen und ist Lebensraum zahlreicher Tierarten. Bereits kurz nach der Einfahrt in den Park begegnet man ersten Tieren Wildtieren Zebra, Büffel, Elefant, Rhino, Impala, Kudu, Wildebeest, Giraffe, Pavian, Warzenschwein, Klipspringer u.a., und mit etwas Glück sieht man auch Löwe, Leopard und Cheetah. Damit ist der Hluhluwe-Imfolozi ein Big-Five-Park. Außerdem ist er sehr vogelreich, über 350 Arten wurden identifiziert.

Am bekanntesten ist der Hluhluwe-Imfolozi allerdings wegen seines großen Bestandes an **Nashörnern,** vorwiegend *White Rhinos* (Breitmaulnashörner). Im Park leben etwa 400 Spitzmaul- und 1200 Breitmaulnashörner.

Informationen Hluhluwe-Imfolozi Park

Eintritt bzw. *Conservation levy:* **R110** pro Person und Tag, Kinder 3–12 Jahre R55.

Anfahrten Es gibt drei Gates, Hauptgate ist das **Memorial Gate** im Norden: Über die N2, Ausfahrt Hluhluwe. **Nyalazi Gate:** N2-Ausfahrt Mtubatuba, über die R618 auf 27 Kilometern zum Gate (dieses Gate ist zwischen Sonnenunter- und -aufgang

Spitz- und Breitmaulnashorn

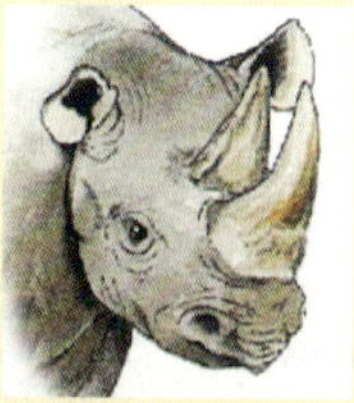

Bei den Nashörnern gibt es zwei Hauptarten und es ist relativ leicht, die grauen Kolosse zu unterscheiden. Bereits die Namen verraten es: Erkennungsmerkmal des **Spitzmaulnashorns** *(Diceros bicornis)* ist seine vorstreckbare Oberlippe, mit der es Blätter von Sträuchern und niedrigen Bäumen zupft (Abb. rechts). Es ist kleiner als das Breitmaulnashorn, tritt alleine oder in Kleingruppen auf.

Das Breitlippen- oder **Breitmaulnashorn** *(Ceratotherium simum)* ist ein Weidegänger, hat breite, kantige Lippen, mit denen es mit gesenktem Kopf gut das Gras ausreißen kann. Es kann bis zu 2300 Kilogramm wiegen und lebt in Herden. Der Name „White Rhino" stammt aus dem Niederländischen und hat mit einer diesbezüglich weißen Hautfarbe des Tieres nichts zu tun. „Wyd mond" (gesprochen: Weidmond) bedeutet „Breitmund" und wurde nur unkorrekt übersetzt.

Ende des 19. Jahrhunderts gab es in Südafrika infolge hemmungsloser Jagd vielleicht nur noch 50 Breitmaulnashörner. Durch ein langjähriges Rettungs- und Aufzuchtprogramm im Hluhluwe-Imfolozi Park konnten die Tiere vor dem Aussterben gerettet werden und man war damit so erfolgreich, dass heute mit Hluhluwe-Nashörnern die Bestände anderer Wildschutzgebiete Südafrikas aufgefrischt oder die Tiere an private Wildparks oder Zoos in aller Welt verkauft werden können. Siehe auch S. 117, Exkurs „Blutige Hörner" .

geschlossen). Vom westlichen **Cengeni Gate** gelangt man in den Imfolozi-Teil, Anfahrt über Ulundi. Tipp: Wenn Sie über das Memorial Gate einfahren können Sie über das *Nyalazi Gate* an der R618 wieder ausfahren. Diese Straße bringt Sie direkt nach *St Lucia,* s.u. Hinweis: Der Hluhluwe-Imfolozi Park ist sog. *low-risk* Malariagebiet.

Gate-Öffnungszeiten

Nov–Febr 5–19 Uhr, März–Okt 6–18 Uhr. Distanz vom Memorial-Gate zum Hilltop-Camp: 15 km/45 Minuten (vom Nyalazi Gate 31 km, ca. eine Stunde).

Hilltop

Tel. 035-5620848, liegt selbstredend auf einem Hügel. Weites Panorama mit Tiersichtungen direkt aus dem Restaurant oder von der Terrasse. Frühstücksbüfett 7–9.30 Uhr, Mittagessen ab 12 Uhr (So 12.30), Dinner 17.45–21 Uhr. Alle Auskünfte an der Rezeption, Internet, Pub und Lounge, Münzwaschsalon, Benzin- und Diesel-Tankstelle, Pool. Der Laden ist gut sortiert (8–19 Uhr), nächster Versorgungsort ist Hluhluwe, vom Memorial-Gate 17 km.

Übernachten Hilltop

Übernachten Hilltop

Der Park steht unter Verwaltung von KZNwildlife und demnach sind alle Unterkünfte unter staatlicher Aufsicht (Alternativen in und um Hluhluwe-Ort). Übernachtungen müssen vorab gebucht werden über die Webseite www.kznwildlife.com oder bookings@kznwildlife.com. Check-in für alle Unterkünfte ab 14 Uhr, Check-out bis 10 Uhr. Camping ist im gesamten Park nicht möglich und bis auf Hilltop ist kein Lager umzäunt.

2

7 2-Bett-Chalets Self Catering (Verpflegung mitbringen!) R1040 für 2 Pers. 20 2-Bett-Rondavels SC R545 für 2 Pers. (nur Waschbecken, Gemeinschaftsbad und -küche), 20 2-Bett-Rondavels Non-SC R1040 für 2 Pers. Darüber hinaus noch Mehrbett-Units und „Bush-Lodges", Details s. KZN Website.
Im Hilltop übernachten viele Bustouristen, unsere Empfehlung ist **Mpila,** Hauptcamp im Südbereich Imfolozi. Dort gibt es 12 2-Bett-Chalets SC und 12 2-Bett-Safari Camp SC für jeweils R960 für 2 Personen. Darüber hinaus auch hier wieder Mehrbett-Units und (teure) „Bush-Lodges". Details s. KZN-Website.

Tipps

Fahren Sie zur Tierbeobachtung so früh möglich los. Die Fahrwege sind von guter Beschaffenheit, asphaltiert ist aber nur die Nord-Südverbindung. Es gibt Info-Broschüren und im Hluhluwe-Sektor fünf ausgewiesene Picknickplätze, drei im Imfolozi (meist nicht umzäunt, Auto darf auf eigene Gefahr verlassen werden, Toiletten vorhanden). Geführte Kurzwanderungen starten von Hilltop und vom Mpila Camp (Imfolozi) aus und können an den Rezeptionen gebucht werden. Buchbar sind außerdem Wilderness Trails mit 2–4 Übernachtungen und *Guided Walks,* Einzelheiten s. KZN-Website. Die dreistündige *Sunset-Tour* um 16 Uhr ist weniger berauschend und überteuert.

Nördlicher Sektor Hluhluwe

Die hügelige Landschaft ist überwiegend mit Kurzgras bewachsen, so dass man größere Tiere schon von weitem entdecken kann. Der Norden des Hluhluwe und die tropischen Flussläufe, in denen Flusskrokodile leben, sind vielfach bewaldet, an Wasserbecken und Auswaschungen trifft man auf Hippos. Durchschnittliche Höhenlage 500 m, Flusstäler teils unter 100 m. Zum Bild der Savanne gehören neben den typischen Schirmakazien auch Marulabäume, aus deren Früchten der Marula-Likör gewonnen wird, der stachlige *knob thorn* und das afrikanische Sandelholz *tamboti,* erkennbar an auffälligen, roten Blüten. Streckenlänge der Fahrwege insgesamt ca. 100 km mit zahlreichen *lookouts, hides* und *vleis.*

Südlicher Sektor Hluhluwe

Imfolozi ist weniger hügelig und trockener als Hluhluwe, es überwiegen weitläufige Savannen mit Buschwerk und Grasland. Höhenlage 60 bis 650 Meter. Die Autofahrwege sind kürzer, durch den Nordteil des Imfolozi führt ein rund 70 km lange Rundweg, der *Mosaic Auto Trail,* vier bis fünf Stunden Zeitbedarf. Gute Tierbeobachtungsstellen sind *Sontuli Loop, Mphafa* und *Bhejane Hide.* Hauptcamp und Parkbüro ist das **Mpila Camp,** wo geführte *natur walks, vehicle drives* und *night drives* buchbar sind. Eine Broschüre erklärt die nummerierten Wegmarken bei der Fahrt. Der Laden ist weniger gut bestückt und es gibt kein Restaurant, aber eine kleine Tankstelle. Im Süden des Imfolozi ist ein etwa 240 km^2 großes Gebiet ohne Straßen als *Wilderness Area* ausgewiesen, zugänglich nur durch lange, teils mehrtägige Buschwanderungen mit Rangern (nur über frühzeitige Voranmeldung, s. www.kznwildlife.com). Das *Centenary* Centre nahe des Nyalazi Gate ist Zwischenstation für Tiere die umgesiedelt oder bei Auktionen versteigert werden.

2

St Lucia

Etwa 5 km vor St (Saint) Lucia befindet sich linker Hand das *Khula Village* (authentisches *Zulu Cultural Village*) und kurz vor der Brücke der *Siyabonga Craft Market.* Die Brücke, die den Kanal vom See St Lucia ins Meer überspannt, wurde in Schrägbauweise ausgeführt, damit sie im Fall eines Hurrikans weniger Angriffsfläche bietet. Gleich hinter ihr ist man im Ort, der einzige Südafrikas, der komplett und praktisch in Insellage von einem Naturschutzpark, dem *iSimangaliso Wetland Park,* umgeben ist. Das kleine Ferienzentrum ist Ausgangspunkt für eine Tour zum nördlichen Cape Vidal (ca. 35 km). Namensgeber von St Lucia waren portugiesische Seefahrer, die hier 1554 vorbeikamen. Laut den lokalen Autoritäten gibt es in St Lucia und Umgebung, ein sogenanntes „Niedrigst-Risiko-Gebiet", keine Malaria (mehr).

Das sehr grüne, parkähnliche St Lucia mit rotblühenden Flamboyants und blauen Jacarandabäumen besitzt eine entspannte Atmosphäre und kurze Wege von den Gästehäusern zur Hauptstraße

Straßenhändler in St Lucia

St Lucia
0
500 m
© Rkh Verlag Hermann
Crocodile Centre
(3 km; davor rechts ab Straße zum Beach)
Bhangazi Gate
Cape Vidal
(ca. 35 km)
zum Lake Lucia
Tour Boat Launch Jetty
Siyabonga Craft Market
Khula Village 5 km
R 618
Brücke
zur N2 / Mtubatuba
zum Ndlovu-, Jabula- u. Main Beach sowie z. Crocodile Centre/ Bhangazi Gate
Beach Rd
Dolphin Supermarket
Ocean Sizzler
John Dory's Fish & Grill
McKenzie
Garrick
Pelikaan
Hornbill
Kingfisher
Garrick
u. Ezemvelo
u. Europcar
Alfredo's
Katonkel
Kabeljou
Reef & Dune Pizza Seafood & Grill
Advantage Tours
FNB
Grunter
Sandpiper
Tuna
Meereskanal (Narrows)
Georgiou Centre: Ocean Basket u. BRAZA
SPAR
Steenbras
Shaka Barker (Hornbill House)
Shad
Straßen-Fruitmarket
ABSA
Dolfyn
Kingfisher
Ingwe Beach
Abfahrten der Tour-Boote
Launch Jetty
McKenzie
Flamingo
Pelikaan
Hornbill
Für Elize
Kuda
KZN Wildlife Sugarloaf Camp
Boardwalk
Mouth Parking
Estuary Beach
Ski Boat Club
Albacore
Igwalagwala Trail
KZN Wildlife Offices
Picknick
Public Jetty
sich veränderndes Mündungsgebiet Estuary
Indischer Ozean
KZN Wildlife Eden Camp
Public Jetty Kayaking
1 Bhangazi
2 Maputaland
3 Afrikhaya G. Hs
4 Lalapanzi
5 Whale Song Guest Hs.
6 Stokkiesdraai
7 Leopard Corner Guest Hs.
8 International Backpackers
9 Ndiza Lodge & Cabanas
10 Sunset Lodge
Mündung des Flusses iMfolozi
Mapelane

McKenzie Street. Dort gibt es Restaurants, Geschäfte, Supermarkt, Bank und vier Geldautomaten (ATMs) sowie Mietstationen von AVIS und Europcar. Ein bunter Tupfer ist der Straßenmarkt mit Verkauf tropischer Früchte und Souvenirs.

Die Beach Road, gleich nach der Einfahrt in den Ort am kleinen Kreisverkehr nach links und dann scharf rechts, führt auf zwei Kilometern zum Meer zu den Stränden *Estuary Beach, Ingwe, Ndlovu, Jabula* und *Main Beach.* Bitte beachten: Wegen der Krokodile ist das Schwimmen im St-Lucia-See und im Kanal verboten. Hippos, die tagsüber schläfrig im Wasser liegen, gehen nachts manchmal an Land, um Gras abzuweiden. Dabei „erkunden" sie auch schon mal das KZN Wildlife Camp am Estuary-Mündungsbereich oder landen im Vorgarten eines Hauses in den Straßen von St Lucia. Am südlichen Ende der McKenzie Street liegt der 2–3 Kilometer lange Rundtrail *Igwalagwala.*

See St Lucia und Mündungsgebiet Estuary

Der *Lake St Lucia,* in den fünf Flussläufe münden, ist ein 40 Kilometer langer und bis zu 23 Kilometer breiter See in Form eines „H", der durch einen 20 Kilometer langen, schlauchartigen Kanal mit dem Meer verbunden ist. Der Kanal sieht zwar aus wie ein Fluss, ist aber eher stehendes Brackwasser mit hohen Salzgehalt, fast wie das Meer.

Die Uferbereiche des äußerst flachen Lake St Lucia, dessen Wasserspiegel kaum über Meereshöhe und in Trockenzeiten auch darunter liegen kann, sind mit Papyrus, Schilf und Sumpfpflanzen bewachsen. Der See ist das Zentrum eines ausgedehnten Feucht- und Wasserhabitats mit geschätzten mehr als 900 Krokodilen und etwa 1500 Flusspferden und anderen Wassertieren. Die Vogelwelt ist extrem artenreich. Charakteristisch bei den Wat- und Großvögeln sind z.B. Fischadler, Kormorane, Schlangenhalsvögel, Reiher *(herons),* Sattelstörche, Kingfisher und viele andere mehr. Das Wasser dient zahllosen Fischarten zur Aufzucht ihrer Brut. Am westlichen Seeufer liegt nördlich die schmale *False Bay.*

Der Bereich der Trichtermündung des Kanals ins Meer verändert sich ständig, bedingt durch starke Gezeitenkräfte, Stürme, Sandanschwemmungen und teils extrem lange Trocken- und Starkregenzeiten. Auch der gleich südlich davon ins Meer mündende Fluss *iMfolozi* trägt wegen mitgeführter Sedimente und Schlammmassen, die er am Strand ablagert, erheblich dazu bei. So blockierte eine riesige Sanddüne die Kanalmündung von 2003 bis zum März 2007 über vier Jahre lang, ehe es durch eine Kombination von hoher Gezeitenflut, starkem Wellengang und kräftigem Wind zum Durchbruch kam; das einfließende Meereswasser spülte wieder marines Leben durch den Kanal in den See. Andererseits hat das Salzwasser mit der Zeit negative Folgen für seine Fauna und Flora, insbesondere dann, wenn lange Trockenzeiten den Salzgehalt immer weiter erhöhen.

Mitte 2012 wurde zur Stabilisierung des Estuary ein Seitenarm des iMfolozi-Flusses geschaffen, der nun direkt in ihn fließen kann.

Was unternehmen?

Fahren Sie mit dem Wagen nach Norden zum **Cape Vidal** mit seinem kilometerlangen Sandstrand und einem *Coastal Camp* und machen Sie ab St Lucia mit einem der flachen Ausflugsboote eine Kanalfahrt (Hippo/Croc Tour) zum Beobachten der Flusspferde,

Krokodile, der Vogelwelt und der reizvollen Ufervegetation. Bei der ersten oder letzten Tagesfahrt, der *sundowner tour*, ist die Lichtstimmung am besten.

Des Weiteren kann man das **St Lucia Crocodile Centre** besuchen (am besten auf dem Weg zum Cape Vidal) und einen Trail von KZN Wildlife abwandern (Auskunft/Buchung im KZN Office, s.u.). Dort können Sie, falls erforderlich, auch Unterkünfte im gesamten iSimangaliso Wetland Park reservieren.

Ein populärer Sundowner-Platz ist der *Ski Boat Club* am Ende der Albacore Road an der Kanalmündung mit Blick auf das Meer und garantierter Hippo-/Krok-Sichtung.

Vom Ski Boat Club bzw. vom KZN-Sugarloaf Camp führt ein lohnender und ein paar Hundert Meter langer *Boardwalk* (Holzsteg) mit reichem Vogelleben und schönen Ausblicken zum *Estuary Beach* am Meer.

Als nördlich außerhalb gelegene **Eastern Shores** bezeichnet man den Bereich östlich des St-Lucia-Sees und seines Kanals bzw. die Landzunge, auf der man vom Crocodile Centre durch das *Eastern Shores Game Reserve* zum Cape Vidal fährt. *Western Shores* meint das Land westlich des Lake St Lucia.

Walks & Hiking Trails

gibt es einige, z.B. ein kürzerer hinter dem Crocodile Centre. Längere sind der *Mziki Trail* im Eastern Shores Game Reserve (dreitägig, aber auch in einzelnen Tagesetappen machbar) oder der *Emoyeni Trail* (fünftägig), beide nur geführt! Auskunft und Buchung im Office von KZN Wildlife. Der Veranstalter *Shaka Barker Tours* (s.u.) bietet gleich-

Mit dem Boot auf dem Estuary Channel – Tierbeobachtungen sind garantiert

falls kurze oder ganztägige Walking-Touren mit einem Zulu-Guide an. Im Ort kann man außerdem Fahrräder und Kajaks (nur geführte Touren) anmieten.

Wal-Saison ist von Juni bis November. Die Wale, vornehmlich der Spezies Humpback (Buckelwale), aber auch Southern Right und Minke, ziehen auf ihrer Route zwischen Antarktis und in ihren Kalbgebieten im nördlichem Mozambique hier an der Küste vorbei. Derzeit besitzen nur zwei Veranstalter, nämlich *Advantage Tours* und *Heritage Tours & Safaris* Konzessionen für Walbeobachtungs-Touren.

Reise-Tipps St Lucia

Information KZN Wildlife, Pelikaan St, 8–13.30 u. 14–16.30 Uhr, Tel. 035-5901340, -45, -46. Buchung von Trails (trails@kznwildlife.com) und Unterkünften. Angel- und Boot-Permits (Angel-Permits bekommt man auch im Post Office). Weitere Informationen in den Büros der Tour Operators, s.u. Internet-Cafés findet man in der McKenzie St und Wi-Fi und in den Unterkünften.

2

Internet McKenzie St/Ecke Katonkel St.

Unterkunft In St Lucia können Sie unter rund 50 Unterkünften wählen. Eine Alternative ist das Camp von KZN Wildlife am Cape Vidal. Die lokale B&B Association ist unter Tel. 035-5901069 erreichbar.

Camping: KZN Wildlife betreibt die zwei Campingplätze *Eden Camp* (Albacore Road) und *Sugarloaf Camp* am Estuary. Das Eden Camp ist kleiner, liegt in einem kleinen Wald und näher zum Ort.

St Lucia International Backpackers 310 McKenzie St, Tel. 035-5901056, www.bibs.co.za. Dormitory (Schlafsaal) R100 p.P. DZ R200/275, Camping R75 p.P.

Stokkiesdraai Schöne Backpacker-Unterkunft, Pool, 74 McKenzie St, Tel. 035-5901216, www.stokkiesdraai.com. Dormitory ab R110, SC-Unit für zwei R400. Auch Ferienwohnung.

Ndiza Lodge Cabanas Ruhig gelegene Lodge mit teilweiser Sicht auf den Indischen Ozean. In der Anlage mit zwei Swimmingpools und einem Aussichtsdeck befinden sich vier Cabanas mit einem oder zwei Schlafzimmern zur Selbstverpflegung sowie einige B&B-Zimmer. Restaurants und Geschäfte in Gehweite. Pool, AC, Grillstelle, Parkplatz. 153 Hornbill St, Tel. 035-5901113, Cell 083-4421896, www.ndizastlucia.co.za. SC-Cabana für 2 Personen R500.

Bhangazi Lodge B&B Dieses gemütliche B&B mit 4 Zimmern/AC/TV liegt in einem tropischen Garten und in Gehweite zu Geschäften und Restaurants. Die Hausgäste können sich hier kostenlos Maske und Schnorchel leihen, um die Unterwasserwelt von Cape Vidal zu entdecken. Der deutsche Besitzer ist auch mit allen Tour-Buchungen und vielem mehr behilflich. Pool, Wi-Fi-Gästecomputer, Innenparkplätze. 36 Hornbill St, St. Lucia, Tel. 035-5901258, Cell 082-3365023, www.bhangazi-lodge.com. DZ/F R650.

Lalapanzi Guest House Viktorianisches Gästehaus mit 6 komfortablen Zimmern. Im tropischen Garten gibt es einen Salzwasser-Felsenpool. Wi-Fi, AC, Grillstelle, Parkplätze. 7 Sandpiper St, Tel. 035-5901167, Cell 073-4030121, www.lalapanzi.co.za. DZ/F R760, Dinner a.A.

Whale Song Guest House B&B mit 4 Zimmern/AC, großer Garten mit schönem Pool und Liegewiese. Grillstelle, Wi-Fi, Parkplätze. 119 Kingfisher St, Tel. 035-5901561, Cell 082-2557405, www.whalesongstlucia.co.za. DZ/F 846, Dinner a.A.

Afrikhaya Guest House Dieses holländische B&B verfügt über 4 gut ausgestattete Gästezimmer/AC in afrikanischem Stil mit extragroßen Betten und offenen Bädern. Tourbuchungen möglich. Pool, Wi-Fi, Parkplätze, dt.-spr. 5 Kabeljou St, Tel. 035-5901447, Cell 073-4467000, www.afrikhaya.co.za. DZ/F R850.

African Ambience Guesthouse Rustikales B&B mit 7 Zimmern/AC und hübschem Felsenpool in kurzer Gehweite zum Stadtzentrum. Tourenangebot in die Umgebung und eventuell die Gelegenheit, mit dem Hausherrn eine Bootsfahrt zu unternehmen. Pool, Wi-Fi, Grillstelle. 124 Pelikaan St, Tel. 035-5901212, Cell 082-3721769, www.africanambience.com. DZ/F 750–900.

Maputaland Guesthouse Eine schöne Unterkunft mit 7 Zimmern bei dt.-spr. Gastgebern. Touren nach Hluhluwe/Imfolozi möglich. 1 Kabeljou St, Tel. 035-5901041, www.maputaland.com. DZ/F R850.

Sunset Lodge Diese Lodge liegt direkt am Estuary und besteht aus 5 freistehenden Häuschen mit jeweils zwei Schlafräumen. Selbstversorgung mit Küche, privatem Sonnendeck und Pool. Tel. 035-5901197, www.sunsetstlucia.co.za. DZ R695/950.

Leopard Corner Guest House Von diesem B&B hat man einen Blick auf die typische Landschaft des iSimangaliso Wetland Parks und man sieht oft Wasserböcke, die hinter dem Haus entlang laufen. Das Haus hat 7 Zimmer/AC, drei davon barrierefrei. Touren können im Haus gebucht werden. Pool, Wi-Fi, Grillstelle, Parkplatz. 32 Sandpiper St, Tel. 035-5901667, Cell 079-8478053, www.leopardcorner.co.za. DZ/F R800–1000.

Restaurants

In den erfreulich vielen Pubs und Restaurants in St Lucia können Sie gemütlich sitzen, kühles Bier, guten südafrikanischen Wein und vielerlei Küchen genießen. Hier eine „Hitliste" nach – natürlich subjektiver – Abfolge eines Einheimischen, Lagen s. Stadtplan:

Alles aus dem Meer im (Ketten-)Restaurant *Ocean Basket,* 73 McKenzie Street, Georgiou Centre. Im gleichen Gebäude befindet sich auch das *BRAZA.* – *Ocean Sizzler* bietet gutes Seafood und griechische Küche, und wenn der Musiker Brian da ist und Oldies zum Besten gibt, können Sie dort einen sehr schönen Abend verbringen (Tel. 035-5901554). – Ein Treffpunkt ist außerdem *Reef & Dune Pizza Seafood & Grill,* McKenzie St, reichhaltige Karte, Seafood und Sushi. – Nomen est omen: *John Dory's Fish & Grill.* – Italienisch bei *Alfredo's Italian Restaurant,* McKenzie St. – Open-air und Unterhaltung für Kinder bei *Für Elize* (Beethoven lässt grüßen), McKenzie St/Ecke Straße zur Jetty. – Ein guter Sundowner-Platz ist der *Ski Boat Club* am Estuary.

Bootstouren

Die Schiffe verschiedener Unternehmen fahren täglich mehrmals den Kanal hinauf, Kostenpunkt der ca. zweistündigen Tour derzeit R170 p.P., Bootsanleger/Jetty an der McKenzie Street. Bitten Sie um Tickets bei Ihrer Unterkunft. Boote fahren z.B. von *Advantage Tours,* Tel. 035-5901259, www.advantagetours.co.za, 1 McKenzie St, gleich neben dem Buy-rite Supermarket und PEP Store. Advantage Tours fährt das ganze Jahr über, von Mitte Sept. bis Mitte April i.d.R. um 8, 10, 12, 14 und 16 Uhr, restliche Monate um 9, 11, 13 und 15 Uhr. Boote fahren auch von *Thompson's Africa/Hylton Ross Safari Tours,*

McKenzie St, Tel. 035-5901584 und *St Lucia Safaris,* McKenzie St zwischen Bank und SPAR, Tel. 035-5901233, Cell 083-2831528, www.stluciasafaris.com. Empfehlenswerte Boote „Fannas" und „Born Free", letzteres ohne Sonnendach. Diverse Abfahrtszeiten, Sundowner Tour um 16 Uhr. Es werden außerdem längere Bootstouren auf dem Lake St Lucia selbst angeboten, sofern genügend hoher Wasserstand.

Safari- und Tour Operators

Es gibt im Ort etwa ein Dutzend Anbieter. Empfehlenswert ist *Shaka Barker Tours,* persönlich und kompetent von Kian Barker und seinem Team durchgeführt. Komplett-Angebot: Day & Night Game Drives mit offenem Geländewagen, geführte Wanderungen, Hike & Bike Trails, Turtle Tours, u.a. mehr. Außerdem mehrtägige Packages; 43 Hornbill Street, Tel. 035-5901071/1062, www.shakabarker.co.za. Gleichzeitig mit einem B&B, dem Hornbill House, Tel. 035-5901071.

Ein anderer Komplett-Anbieter ist *Advantage Tours,* s.o. Dieses Unternehmen ist eines der zwei Konzessionäre, die Waltouren durchführen dürfen (Juni–Nov, mit Geld-zurück-Garantie wenn keine Walsichtung; Tel. 035-5901259, Cell 083-4872762, www.advantagetours.co.za). Auch *St Lucia Safaris* (s.o.) bietet diverse Touren an.

2

Weitere Aktivitäten

Kanu- und (geführte) Kajak-Touren bei *St Lucia Kayak Safari,* Tel. 035-5901233. – Ausritte mit *Bhangazi Horse Safaris,* an der Straße zum Cape Vidal, Tel. 035-5504898, www.horsesafari.co.za. – Das alljährliche **Ncema Harvest Festival** beginnt am 1. Mai und dauert 10 Tage. Der Festplatz befindet sich etwa einen halben Kilometer vor der Brücke über dem Kanal.

Eastern Shores Game Reserve / Cape Vidal

Crocodile Center

Ein Besuch des Crocodile Centre kann gut mit einer Fahrt zum Cape Vidal verbunden werden. Fahren Sie die McKenzie Street nach Norden Richtung Cape Vidal (ca. 3 km). Tgl. 8–16.30 Uhr, Tel. 035-5901386, Eintritt. Mit Curio Shop.

Das Centre informiert über das Leben der diversen Krokodilarten, ihre wichtige Rolle im natürlichen Umfeld und wie man mit einem Aufzuchtprogramm der Gefährdung der *dwarf-* und *long-snout crocodiles* begegnet. Krokodil-Fütterung Sa 15 und So 11.30 Uhr. Außerdem vom 1. Sept. bis 1. Juni jeden Mittwoch um 18.30 Uhr *crocodile nite-feeding* (bitte vorher anrufen und bestätigen). Hinter dem Centre können Sie auf einem kurzen Nature-Trail einen Rundgang machen.

Das Crocodile Centre zeigt außerdem ein inzwischen berühmtes Fisch-Fossil, den Quastenflosser *coelacanth,* von dem die Wissenschaft annahm, er wäre schon längst zu Zeiten der Dinosaurier ausgestorben. 1938 verfing sich vor der Küste des Eastern Capes ein lebendes Exemplar im Netz eines Fischtrawlers. Weitere drei Coelacanths wurden im Jahr 2000 von Tauchern in einem submarinen Canyon vor der Küste bei Sodwana Bay entdeckt, der größte von ihnen war ca. 1,70 Meter lang. Tiefentaucher berichten hin und wieder von neuen Sichtungen. Mit dem internationalen Forschungsprojekt ACEP will man das Rätsel um den prähistorischen Fisch lösen.

Bhangazi Gate

Zum Cape Vidal sind es vom Bhangazi Gate durch das *Eastern Shores Game Reserve* etwa 35 Kilometer. Eintritt p.P. R35 plus R5 Levy plus R40 für einen Pkw. Geöffnet 5–19 Uhr (1.10.–31.03), April–Sept 6–18 Uhr. Speedlimit im Reserve 60 km/h (Achtung: manchmal gibt es sogar Geschwindigkeitskontrollen!). Es dürfen maximal nur bis zu 120 Autos in das Schutzgebiet einfahren. Über die Weihnachtsferien frühzeitig kommen, wobei dann u.U. bis zu 200 Autos einfahren dürfen. Keine Motorräder. 24-h-Notfall-Tel. Nr. 082-7977944.

Bitte beachten

Ohne einen (bewaffneten) Guide dürfen die Walking Trails im Reserve nicht begangen werden – klar, Büffel, Leoparden, Rhinos oder Elefanten könnten näheres Interesse an Ihnen finden! Erlaubt sind Spaziergänge an den Stränden, bei den *Mission Rocks Viewsites, Catalina Bay* und in der *Cape Vidal Area.* Natürlich immer auf eigene Gefahr! Ein Guide kostet R50 p.P., einen Tag vorher buchen, Tel. 035-5909002.

Zum Cape Vidal

Zeitbedarf 2–3 Stunden. Unterwegs gibt es einige kurze Stichstrecken zu Aussichtspunkten und Seiten-Loops (Einbahnverkehr). Es lohnt, sehr langsam zu fahren und nach Tieren Ausschau zu halten. Nashörner, Impalas, Büffel, Kudus, Riedböcke, Zebras, Affen und auch zahlreiche Vogelarten fühlen sich in der überwachsenen Sand- und Dünenlandschaft wohl. Selbst Leoparden sind nicht selten zu beobachten.

4,5 km hinter dem Gate nach links in den *Pan Loop* einbiegen, zu einem kleinen See mit Hippos.

Nach knapp sechs Kilometern zweigt nach rechts der **Vlei Loop** mit dem Aussichtspunkt *Ngunuza* ab. Wieder zurück auf der Straße, müssen Sie für die **iZindondwe Pan** kurz zurückfahren.

Angeln am Cape Vidal

Bald danach kommt nach rechts die Auffahrt zu **Mission Rocks** im Küstendünenwald, einem beliebten und beschatteten Picknickplatz (mit Toiletten). Vom ersten Parkplatz führt nach Norden ein Weg zum *Mission Rocks Lookout.* Mission Rocks besitzt eine Rangerstation für Hiking Trails. Ein Weg führt an den Strand und nördlich weiter entlang dem Meer, nach ungefähr 50 Minuten wird die *Bats Cave* erreicht, wo Hunderte Fledermäuse an der Decke der Höhle hängen. Bei Ebbe – und nur dann sollte man nördlich losgehen – sind in den Gezeitentümpeln der Mission Rocks Muscheln, Krebse, Austern und Kleinfische zu sehen. Beim *Mount Tabor* befindet sich die *Grace Mission Station,* die 1898 von einem norwegischen Missionar gegründet und 1955 aufgegeben wurde. Übriggeblieben ist ein alter, einzigartiger Brennofen, in dem Ziegel gebrannt und Brote gebacken wurden und, im Dickicht versteckt, zwei Grabsteine. Mount Tabor dient mit seiner Übernachtungshütte als Base Camp für den Mziki Trail, ein 3-Tages-Wanderweg durch das Naturschutzgebiet, der aber auch in Teilabschnitten begangen werden kann.

Weiterfahrend liegt links der Straße die **Catalina Bay** mit Sicht auf den See von einem Steg. Danach kommt, gleichfalls links, die Einmündung der unbefestigten Einbahnstraße von den **Red Dunes** (Ezibomvini). Sie müssen also geradeaus weiterfahren. Bald kommt rechts die Zufahrt zum **Dune Loop** mit dem Aussichtspunkt *Kwasheleni.* Kurz vor der Cape-Vidal-Zufahrt geht es nach links zum großen *Red Dunes* (oder Grassland) *Loop,* den Sie nach Besichtigung vom Cape Vidal für die Rückfahrt nehmen können.

Cape Vidal

Cape Vidal hat seinen Namen nach dem englischen Kapitän Vidal, der hier 1822 mit seinem Schiff vorbeikam und das Land im Auftrag der englischen Krone vermaß. Es ist ein weitläufiger, weißsandener Küstenstrich mit pinienbewaldeten Dünen, der Strandliebhaber, Angler und Taucher anzieht, die die bunten tropischen Fische des nahe gelegenen Riffs bewundern. Im Schutz des Riffs lässt es sich gut schwimmen, wenn nicht gerade Brecher toben (allerdings keine Hainetze). Attraktion sind die beiden im Meer versenkten Schiffe, die zwar künstliche, aber nicht minder schöne Riffs bilden und für Taucher ideal sind. Auf dem großen Parkplatz befinden sich Toiletten und die Rangerstation.

Der Strand eignet sich hervorragend für Spaziergänge, ab und zu unterbrechen Felsformationen mit Gezeitentümpeln mit interessantem Kleingetier die Sandabschnitte.

Information

Office geöffnet: 8–12.30 u. 14–16.30 Uhr. Distanz vom Gate zum Camp 35 km. Camp-Tel. 035-5909012. Check out 10 Uhr, Check in 14 Uhr. Kleiner Laden mit dem Nötigsten. Weitere Details und buchen auf www.kznwildlife.com oder bookings.kznwildlife.com.

Unterkunft

Beachten: Cape Vidal muss sehr lange im Voraus gebucht werden – der Andrang ist groß! Selbstversorger können in den vollausgestatteten hölzernen Mehrbett-Cottages übernachten. Zusätzlich 50 Campingplätze im Dünenwald (wegen Sand nicht für Wohnmobile geeignet), einige haben Elektroanschlüsse. Zur Beachtung: Wer mit Reservierung nach 16.30 Uhr ankommt, muss das Büro vorher informieren. Die Übernachtungsplätze sind nicht umzäunt (nach Sonnenuntergang nicht mehr aus dem Umkreis der Unterkünfte und Zelte gehen!).

Die gleichfalls vollausgestatteten Gruppen-Unterkünfte am Westufer des Bhangazi Sees, etwa 8 km vom Cape Vidal Camp entfernt, fassen 12–20 Personen.

Von St Lucia zurück zur N2 und Weiterfahrt nach Süden nach Durban

Von Mtubatuba sind es auf der N2 nach Durban noch etwa 220 km. Die Strecke können Sie schnell runterspulen oder Sie sehen sich bei genügend Zeit unterwegs noch einiges an. Die nächsten Orte haben meist mit den Zulu oder Shaka zu tun, und dazu ab Empangeni auf die westlich von der N2 verlaufende **R102** wechseln. Die südlicheren Städte zählen bereits zu Durbans *North Coast* mit Stränden und gutem Unterkunftsangebot.

Man fährt überwiegend durch Gebiete mit endlosen Zuckerrohr- und Ananasplantagen. Auf der N2 müssen Sie an etlichen Toll Plazas Mautgebühren bezahlen.

Durbans **North Coast** erstreckt sich von den nördlichen Vororten der Millionenstadt bis etwa zur Mündung des Flusses uThukela nördlich von KwaDukuza (Stanger). Hauptstrandorte sind Salt Rock, Ballito und vor allem Umhlanga Rocks.

Websites
www.northcoast.co.za
www.dolphincoast.kzn.org.za
www.enterpriseilembe.co.za u.a.

Richards Bay Ist eine unattraktive Tiefseehafen- und Industriestadt.

Empangeni Empangeni ist ein Zentrum des Zuckerrohr-Anbaus. An der Durchgangsstraße R34 liegt, Ecke Turnbull Street, die 1916 erbaute und 1996 zum *Art & Cultural History Museum* renovierte Old Town Hall (Di–Fr 10–16 Uhr, Sa 9–12.30 Uhr, Tel. 035-9011617/8). Zu sehen sind Exponate aus Geschichte und Kultur der hiesigen Mthethwa-Zulu, der ersten Zuckerrohrfarmer und zeitgenössische Kunst aus KwaZulu-Natal. Beim Museum befindet sich auch das *Empangeni Tourism Office*, Tel. 035-7533909.

Mtunzini mit Umlalazi Nature Reserve In diesem Ferienort beim *Umlalazi Nature Reserve* lebte einst der Händler und Elfenbeinjäger *John Dunn*, der von König Cetshwayo Land bekommen hatte. Der Schotte integrierte sich derart in die Gesellschaft der Zulu, dass man ihn als eine Art Häuptling anerkannte, und so stieg er zum einzigen weißer Zulu-*inkosi* Südafrikas auf. Er freite 48 Zulufrauen, die ihm 117 Kinder schenkten. 1895 starb er mit 61 Jahren.

Das *Umlalazi Nature Reserve* am Umlalazi River mit Wanderwegen befindet sich nur anderthalb Kilometer weiter östlich. Beim Parkeingang führt eine Straße zum *Raffia Palm National Monument*, ein Wäldchen aus *Raphis-unifera*-Palmen, die bis zu 18 m hoch werden mit Palmwedeln bis zu 10 m Länge. Die seltenen *Palmnut vultures* (Geier) haben auf den Palmen ihre Nester weil sie die ölhaltigen Früchte lieben.

Mtunzini Tourism Information, Hely Hutchinson Road, Tel. 035-3401421, über www.visitzululand.co.za. Für Übernachtungen kann man aus ca. 20 Unterkünften auswählen, auf www.mtunzini-accommodation.co.za werden alle mit Fotos vorgestellt.

Gingindlovu Hier endet die „Road 66" aus dem Zululand, s.S. 325. Fischliebhaber fahren zum *Prawn Shak* ans Meer, s. gleiche Verweisseite.

Amatikulu Nature Reserve Die Küstenlinie dieses Nature Reserves direkt am Meer ist 17 Kilometer lang. Es beinhaltet Strand- und Dünenlandschaften, Sumpfgebiete, Akazienwälder und offenes Grasland mit Tieren wie Giraffen, Schirrantilopen, Ducker, Wasserböcke und Zebras. Vom *Whale Watch Tower* kann man in der Wal-Saison die vorbeiziehen Tiere beobachten. Übernachten in einem Self Catering-Bushcamp, www.kznwildlife.com.

Harold Johnson Nature Reserve Ein 100 ha großes Nature Reserve am Südufer des uThukela River, sechs Kilometer vor seiner Mündung. Interessante Flora und Fauna, Trails und Rundwege sowie ein *Cultural Museum*. Alle Details auf www.kznwildlife.com, Tel.-Nr. des Camps 032-4861574.

Fort Pearson und Ultimatum Tree Das Fort auf einem Hügel war im Anglo-Zulu Krieg 1879 von strategischer Bedeutung. Nicht weit davon entfernt, am Nordufer des uThukela-Flusses, fand 1856 die Zulu-Schlacht von *eNdondakusuka* statt. Zwischen Cetshwayo und seinem Bruder Mbuyazi ging es um die Nachfolge ihres Vater, König Mpande. 23.000 Zulu fielen, Cetshwayo gewann und wurde 1872 neuer König.

Beim „Baum des Ultimatums" stellten am 11. Dezember 1878 Vertreter der britischen Armee an Cetshwayos Unterhändler unerfüllbare Forderungen, was dann den Briten als Vorwand diente, am 11. Januar 1811 ins Zululand vorzustoßen. Der Anglo-Zulukrieg hatte begonnen. Drei Wochen später fügten die Zulu den Briten in der Schlacht von Isandlwana eine verheerende Niederlage zu (s.S. 284).

KwaDukuza/Stanger

KwaDukuza, früher Stanger, ist Eisenbahnknotenpunkt und industrielles Zentrum des Zuckerrohranbaus. Shaka bestimmte 1825 den Ort als seine königliche Residenz und Hauptstadt, bestehend aus etwa 2000 igluförmigen Zuluhütten. Es gibt hier etliche Erinnerungsstätten an den großen Zulu-Herrscher. KwaDukuza wurde nach Shakas Tod niedergebrannt.

Das *King Shaka Visitor Centre* befindet sich in der 5 King Shaka Road (Anfahrt von der N2 oder R102 ins Zentrum auf der R74, dann links in die King Shaka Road, nach der Cato Street linker Hand, GPS S29.20.24 E31.15.12. Auf der Rasenfläche steht aus weißem Marmor das „Tshaka"-Denkmal und daneben, gleichfalls umzäunt, Shakas Stein-„Thron", auf dem er am 24. September 1828 durch seine Halbbrüder Umthlangana (Mhlangana) und Dingane getötet wurde. In der Ecke hinten zwei Hütten eines traditionellen Zulu-Umuzi und im kleinen Museum (Mo–Fr 8–16 Uhr, Sa/So 9–16 Uhr) Schaubilder zur Geschichte der Zulu und zu Shaka sowie eine 20-minütige Slide Show. Gleich gegenüber ist das *Dukuza Museum* mit historischen Zulu-Exponaten, über die indische Kultur und die ersten europäischen Siedler (8.30–15.30, Sa/So geschl.). In der Haupteinkaufsstraße Cooper Street, beim „Pick and Win Supermarkt & Bakery", befindet sich in einem kleinen Park Shakas Grab. Alljährlich am 24. September, am *King Shaka's Commemoration Day*, versammeln sich hier zu seinem Gedenken zahlreiche Männer in vollem Zulu-Ornat.

Das *Shaka's Memorial* befindet sich westlich außerhalb an der R74. *Shakaskraal* südlich von KwaDukuza hat historisch nichts mit der Person Shakas zu tun, war vermutlich eines seiner Militärquartiere.

Blythedale Beach Blythedale Beach ist ein beliebter Strandort. Es gibt SC-Unterkünfte und Chalets sowie den schönen *La Mouette Caravan Park* (69 Umvoti Drive, Tel. 032-5512547, Pool, Rasenstellplätze).

Badeorte *Salt Rock, Shaka's Rock* und *Ballito* sind beliebte Strandorte mit vielen Freizeitmöglichkeiten. **Übernachten** in **Salt Rock** z.B. bei *Nalsons View*, 10 Fairway Drive (von der N2 Ausfahrt 214, beim Salt Rock Country Club), Tel. 032-5255726. Angenehmes Gästehaus, 5 Zimmer, Veranda, Meerblick.

In **Shaka's Rock:** *Lalaria*, 25A Dolphin Crescent (von der N2 die Off ramp 212 nehmen, über die Brücke in die Shakas Rock Rd, am Ocean Drive links und am ersten Stop-Schild links), Tel. 032-5255789, Cell 082-5005789, www.lalaria.co.za. Subtropischer Garten, Ozeanblick, Pool. DZ/F ab R1470. In der gleichen Straße liegt das *Sundance Guest House*, 18 Dolphin Crescent, Tel. 032-5255342, Cell 083-6613340, http://sundanceguesthouse.look4.co.za. Villa im mediterranen Stil, Pool, Terrassen-Meerblick, gastfreundlich, üppiges Frühstück, Mietautos. Preise a.A. – *The Guesthouse*, 17 Ipahla Rd (von der N2 Ausfahrt 212 in die Main Road, nach ca. 2,5 km links in die Ipahla Road Ballito), Tel. 032-5255683, www.theguesthouse.co.za. 5 Zimmer. Kolonialhaus, ruhig, strandnah. DZ/F ab R996. Auch SC-Cottage.

Ballito

Ballito ist ein großes Ferienzentrum mit sicheren Stränden, Tidal pools und einem großen Freizeit-Angebot. Hotels, Restaurants und Geschäfte gibt es reichlich, in Komplett-Konzentration im Einkaufszentrum *Lifestyle Centre* in der Main Road. Im November findet das sechstägige *Umdwebo*-Festival in und um Ballito statt, mit Kunstausstellungen, Musik, Mode, *fine dining* u.a. mehr.
Infos auf www.umdwebo.co.za.

Information *Tourism Centre*, M4, Ecke Ballito Drive/Link Road, Tel. 032-9461256.

Internet: www.northcoast.org • www.ballito.net • www.ilembe.gov.za.

Unterkünfte Davon gibt Dutzende, das Tourism Centre hilft bei der Suche. Oder man findet was auf www.ballitoaccommodation.co.za.

Restaurants *Al Pescadore*, 14 Edward Place, Tel. 032-9463574; italienisch, sehr gute Fischgerichte. *Mariners* im Ballito Shopping Centre, Compensation Beach Road, serviert sehr gutes Seafood. Ein sehr gutes portugiesisches Restaurant ist *Beira Alta* im Lifestyle Centre, Main Road, Tel. 032-9462388, www.beiraalta.co.za.

Tongaat

1854 wurde hier in um *uThongathi* zum ersten Mal Zuckerrohr angebaut und die Engländer importierten dazu indische Arbeitskräfte. Die Stadt hat deshalb noch heute einen hohen indischen Bevölkerungsanteil und etliche reich ornamentierte Hindu-Tempel. Der *Jagganath Puri* Tempel in der Wadd Street, erbaut 1920, ist heute ein *National Monument*.

Südlich der Stadt führt die Straße M43 ans Meer nach Tongaat Beach mit Unterkünften.

King Shaka International Airport

Dieser Flughafen ist der internationale Flughafen von Durban (Kürzel KSIA, Dube ist der Frachtflughafen). Er liegt etwa 35 km nördlich der Stadt, wurde zur Fußball-WM im Mai 2010 eingeweiht und ersetzt den früheren südlich von Durban.

Von der N2 ist es nur ein Katzensprung bzw. er hat eine direkte Ausfahrt. Gut für einen Zwischenstopp zum Ansehen des modernen Gebäudes, etwas essen oder zum stresslosen Einkaufen in den vielen Läden. Auch mit einem Büro von *Durban Tourism* (Tel. 032-4360035). Sämtliche Infos, wie Airlines, Fluginformationen, Mietwagen Parken etc. über www.acsa.co.za. Flight Information Tel. 086-7277888. GPS Terminal Building S29°37'6.40" E31°6'15.80". Mehrwertsteuer-Erstattung (VAT) bei der Ausreise von Südafrika s.S. 41, „Mehrwertsteuer / VAT return".

Wenn Sie nachher wieder auf die N2 auffahren, ist gleich Maut zu bezahlen. Neuankömmlinge mit Mietwagen also Rand bereithalten.

2

Umhlanga Rocks

„Umschlanga", 29 km nördlich von Durban, ist der schnell erreichbare Lieblingsstrandort der *durbanites.* Vorhanden sind jede Menge upmarket-Hotels, Restaurants, Diskotheken, Einkaufszentren und ein vielfältiges Unterhaltungsangebot. Wahrzeichen ist der 21 m hohe, rot-weiße Leuchtturm. Hainetze, die jeweils über 200 Meter lang und 400 Meter draußen im Meer verankert sind, sichern die steil abfallenden Strände. Das Haifisch-Forschungszentrum **Natal Sharks Board** befasst sich mit allem, was mit den gefürchteten Großfischen

zu tun hat. Der Ausstellungsraum zeigt u.a. einen 892 kg schweren Weißen Hai, lebende Haie gibt es nicht. *Natal Sharks Board,* 1a Herrwood Drive (etwas außerhalb, über den Umhlanga Rocks Drive; von der N2 Ausfahrt 182 nehmen, ausgeschildert), Tel. 031-5660400, www.shark.co.za. Mo–Fr 8–16 Uhr, feiertags geschlossen. 25-minütige audiovisuelle Präsentation mit Hai-Sezierung Di, Mi und Do 9 um 14 Uhr, jeden 1. Sonntag im Monat 13–16 Uhr. Eintritt R35.

Gateway Theatre of Shopping

Das nicht weit vom Sharks Board liegende *Gateway Theatre of Shopping* ist eine der größten Malls Südafrikas mit zahllosen Läden auf vier Ebenen, vielen Restaurants und großem Entertainment-Angebot. Auch mit einem Büro von **Durban Tourism,** Tel. 031-5140572.

Gateway, No. 1 Palm Boulevard, Umhlanga Ridge, New Town Centre, www.gateway-world.co.za. Anfahrt von der N2 **von Norden:** Ausfahrt *(off ramp) Umhlanga, Phoenix & Mt Edgecombe* nehmen. An der Ampel links und den Schildern folgen. Von der M4: Ausfahrt Umhlanga, den Hügel hoch, am ersten Kreisverkehr in gleicher Fahrtrichtung weiter in den Centenary Drive.

Von Süden auf der N2 die gleiche Ausfahrt *Umhlanga, Phoenix & Mt Edgecombe* nehmen. An der Ampel rechts und Schildern folgen. Oder aus Durban-Nord auf der M4 (Ruth First Freeway). Hinter der Ausfahrt *La Lucia* kommt die Ausfahrt *Phoenix,* da raus und den Schildern folgen.

Reise-Tipps Umhlanga Rocks

Umhlanga Tourism Information Centre, Lighthouse Mall, Chartwell Drive, Tel. 031-5614257, www.umhlangatourism.co.za (mit detaillierter Listung der zahllosen Unterkünfte der Stadt). Das *Umhlanga Guest House Network,* www.umhlangaguesthousenetwork.co.za, ist ein Zusammenschluss von eigentümergeführten drei- bis fünf Sterne B&Bs und *upmarket*-Gästehäusern entlang der Umhlanga-Küste. Eine Option von vielen: *Cathy's Place,* Stanley Grace Crescent (Anfahrtsskizze auf der Homepage), Tel. 031-5613286, Cell 082-5731474, www.cathysplace.co.za. „Home away from Home, European style B&B"; restaurant- und strandnah (nahe ist leider auch die laute M4), Pool u.a. Annehmlichkeiten. SC-Garden Cottage je nach Saison R680/760/920.

Durban

Mit etwa 3,5 Millionen Einwohnern ist Groß-Durban nicht nur die größte Stadt KwaZulu-Natals, sondern nach Johannesburg auch die zweitgrößte Metropole Südafrikas, der Zulu-Name *eThekwini* bedeutet „Ort an der Bucht". Durban ist ein Mix aus Urlaubs-, Hafen- und Industriestadt und überdies oft Gastgeber vieler internationaler Konferenzen, Sport-Events und der größten Tourismusmesse Afrikas, der INDABA im *International Convention Centre* (ICC). Die ganzjährig tropisch-subtropischen Temperaturen und das warme Wasser des Indischen Ozeans locken in den südafrikanischen Wintermonaten in großer Zahl Erholungssuchende hierher. Die „Golden Mile", Durbans sechs Kilometer lange Beachfront mit Strandpromenade und Hotel-Skyline steht ganz im Zeichen von Freizeit-, Surf- und Badespaß. Doch schon in der zweiten Reihe dahinter wird es schmuddelig, und Touristen wird offiziell geraten, für den Weg in oder aus der Innenstadt ein Taxi zu nehmen.

Durban ist eine durch und durch afrikanische Stadt (aber längst nicht so entmutigend wie Johannesburg), kulturell sehr vielseitig und multiethnisch. Es ist die Heimat einer erheblicher Zahl Indischstämmiger, die die Briten ab 1860 als Arbeitskräfte für ihre Zuckerrohrplantagen ins Land geholt hatten. Indische Geschäfte, Restaurants, Hindutempel und der *Victoria Street Market* sind seit langem feste Bestandteile des Stadtbilds.

Blick vom Stadionbogen auf die „Golden Mile" von Durban. Vorne das Suncoast Casino, dann die Piers, am letzten ist uShaka Marine World, dahinter Hafenkräne.

2

Geschichtliches

Erste Aufzeichnungen der Entdeckung einer natürlichen Hafenbucht macht 1497 der portugiesische Seefahrer *Vasco da Gama*. Und da es gerade Weihnachten ist, tauft er den Landstrich *Terra do Natal*, „Weihnachtsland". 1689 bekundet die niederländische Ostindien-Kompanie (VOC) ihr Interesse an dem neuem Siedlungsland. 1823 tauchen die Briten auf und errichten ein Jahr später mit vertraglicher Einwilligung von Zulu-König Shaka einen Handelsposten. 1835 beschließen sie eine Stadt anzulegen, die den Namen *Durban* bekommt, nach dem damaligen britischen Gouverneur der Kap-Provinz.

Im Verlauf des Großen Treks der *Voortrekker* vom Kap erreicht *Piet Retief* 1837 Durban. Nach der siegreichen Schlacht seiner Buren am Blutfluss 1838 über die Zulu gründen diese ihre freie Republik *Natalia* mit der Hauptstadt *Pietermaritzburg* und erheben Anspruch auf Durbans Hafen. Die Buren besiegen die schwachen britischen Kräfte und belagern in der Stadt wochenlang das *Old Fort*. Als starke britische Verstärkung eintrifft, treten die Buren den Rückzug an und trekken weiter nach Norden zum Oranje-Fluss. Nach nur vier Jahren Unabhängigkeit wird 1843 aus der Burenrepublik Natalia die britische Kolonie Natal. Mit dem einsetzenden Zustrom englischer Siedler und beginnender Industrialisierung folgt eine lange Zeit kontinuierlichen Aufschwungs – Durban steigt zur wichtigsten Hafenstadt des gesamten britischen Kolonialreichs in Afrika auf.

Orientierung

Vorbemerkung: Die südafrikaübliche Umbenennung englischer oder afrikaanser Orts- und Straßennamen wurde in Durban strikt durchgeführt, was die Straßenorientierung erschwert.

Durbans historisches Zentrum um die *City Hall* (Rathaus) begrenzen im Osten die Stadtstrände der *Golden Mile* und im Süden die *Bay of Natal*. Die Landzunge zwischen der Bay of Natal und dem Meer heißt *„The Point"*. Attraktion ist dort *uShaka Marine World*. Nördlich der Strände erhebt sich die charakteristische Silhouette des WM-2010-Fußballstadions *Moses Mabhida*, Durbans neue Ikone. Sie sollten das Erlebnis der Auffahrt auf den Stadionbogen nicht versäumen.

West-Ost-Hauptstraßen in der Innenstadt (*CBD*, Central Business District) sind *Dr. AB Xuma Street* (ex Commercial), *Monty Naicker Road* (ex Pine), *Dr. Pixley Kaseme* (ex West) und *Anton Lembede Street* (ex Smith). Eine beliebte Restaurant- und Unterkunftstraße ist die **Florida Road** im Viertel Morningside. An ihrem Beginn befindet sich praktischerweise die Touristen-Information *Durban Tourism*.

Westlich des Stadtzentrums liegt um die Dr. Yusuf Dadoo Street (ex Grey Street) und Bertha Mkhize (ex Victoria St) und um die Juma-Moschee das indische Viertel. Vielbesucht wird das **Victoria Market Building** mit seinen vielen Shops. Entlang des Hafens an der *Margaret Mncadi Avenue* liegt die **Wilson's Wharf Waterfront** mit Restaurants und das *BAT Centre* für Kunstliebhaber.

Die **N3** ist die große Ein- bzw. Ausfallstraße ins Landesinnere nach Pietermaritzburg, die **M4** führt zur **N2** entlang des Ozeans Richtung Süden und zur Küste/N2 nach Norden.

Beste Übersichten und Tipps für die Stadt auf **www.durbanexperience.co.za,** der Webseite von *Durban Tourism*.

Sicherheit

In Durban ist immer Vorsicht angeraten, selbst entlang der Golden Mile! Tragen Sie Ihre Kamera oder Wertsachen nicht offen spazieren. Im Gedränge der

Straßen und auf Märkten vor Taschendieben auf der Hut sein. Gehen Sie nicht alleine zu Fuß auf Stadtbesichtigung, buchen Sie lieber eine Tour bei *Durban Tourism*. Abends sind die Innenstadt-Straßen wie ausgestorben. Sehr unsicher sind die Gegenden um die Minibus-Taxistände in der Umgeni Road beim Bahnhof und in der Berea Train Station. Bestellen Sie in der Nacht immer ein Taxi! Ihren Wagen sollten Sie im mauerngeschützen Hof ihrer Unterkunft parken können! Eine sichere nächtliche Ausgehstraße mit Restaurants und Unterkünften ist die erwähnte Florida Road mit Nebenstraßen in Morningside.

Stadtrundfahrt mit Ricksha-Bussen Das sind Doppeldecker-Busse, die täglich dreistündige Durban-Besichtigungsfahrten absolvieren. Tour 1: 9–12 Uhr, Tour 2: 13–16 Uhr. Abfahrten vom *Ricksha Bus Kiosk* bei *Old Pavilion Site, Bay of Plenty*. Auskunft Tel. 031-3224209, Fahrpreis p.P. R100. Rundkurs: Beachfront – uShaka – Emmanuuel Cathedral – Victoria Street Market – Juma Musjid Mosque – City Hall – Francis Farewell Square – ICC – KwaMuhle Museum – The Cube on Innes Road – Green Hub – Mitchell Park – Florida Road – Moses Mabhida Stadium – Blue Lagoon – Suncoast Casino – Beachfront.

Taxis Taxis *(cabs)* fahren nicht frei umher, sondern müssen telefonisch bestellt werden. Preis nach Taxameter oder vorher fixiertem Festpreis. *Mozzie Cabs,* Tel. 0860 MOZZIE (=086-0669943), Office Tel. 031-3035787, www.mozzie.co.za • *Bunny Cabs,* Tel. 031-3322914 • *Eagle Taxis,* Tel. 031-3378333 • *U-Cabs,* Tel. 031-5611846, Cell Tel. 082-4541577, www.ucabs.co.za • *Zippy Cabs,* Tel. 031-2027067/8, www.zippycabs.co.za.

Durban People Mover So heißt Durbans **sicheres** Bussystem mit komfortablen und klimatisierten Hi-Tech-Bussen. Die drei Linien *Northern, Southern* und *Western* (s. Stadtplan) fahren auf festen Rundkursen in der City und entlang der Beachfront im 15-Minuten-Takt von 6.30 Uhr bis 23 Uhr. Die Busse haben ein spezielles Design und leicht erkennbare, besondere Haltestellen. Info-Tel. 031-3095942, Fahrplan mit Routenkarte auf www.kznmilitarytattoo.org.za/people-mover

Lokalbusse Die blauen Mynah-Lokalbusse bedienen Florida Road bis Mitchell Park, Berea (Musgrave Centre), Botanical Gardens, Central und die Beachfront (South Beach, uShaka Marine World, North Beach mit Suncoast Casino). Terminal in der City vor der Shopping Mall *The Workshop*.

Sehenswertes in Durban

Durbans Innensadt ist nervig: Lauter Verkehr, trostloses Betoneinerlei mit verwaschenen Fassaden und menschenüberflutete Gehsteige. Ab und zu ragen aus den Straßenblocks nüchtern-moderne Glas- und Stahlkonstruktionen empor, wie z.B. der ABSA-Tower. Von Durbans historischer Bausubstanz konnte in die heutige Zeit nicht viel hinübergerettet werden. Repräsentationsbauten aus den Gründerjahren im britischen Imperialstil sind die *City Hall* und das *Post Office Building*. Art dèco-Schönheiten z.B. *Victoria Mansions* an der Margaret Mncadi Avenue oder aus heutiger Zeit *Suncoast Casino & Entertainment World* an der nördlichen Beachfront. Indisch-orientalische Bauten finden sich um den Victoria Street Market mit der *Juma-Moschee*.

2

DURBAN CITY
0
500 m
© RICH VERLAG HERMANN
Indian Ocean
North Coast
Umhlanga / King Shaka Airport
Sunkist Pier
Suncoast Beach
Suncoast Casino & Entertainment World
Battery Beach
Argyle Pier
Fitzsimons Snake Park
Snake Park Beach
Snake Park Pier
Minitown
Amphitheatre / Skate Park
Bay of Plenty
Bay Pier
North Beach
North Pier
Dairy Beach
New Pier
Wedge Beach
GOLDEN
Fußgängerzone Lower O.R. Tambo
Parade
O.R. Tambo
Snell Parade
Playfair
Ntuli (Brickhill)
Hoy Park
Florence Nzama (Alfred)
Simelane (Stanger)
Rickshaw Bus
Time Warp Surf Mus.
Boscombe Place
Braam Fischer
Intern. Convention Center ICC
Masabalala Yengwa Ave/NMR
Alayam Hindu-Tempel
Old Fort
Kwa-Muhle-Museum
Masinga (Old Fort)
Wyatt
Kings Park
Sports Centre
Rugby St.
Fußball-WM 2010 Stadion Moses Mabhida
M. Yengwa
Waterworld
Ruth First Freeway
Battery Beach Rd
Sandile Thusi
Umgeni Road
Windermere Shopping Centre
Durban Tourism
Florida Rd
Sandile Thusi (Argyle)
L. Ngoyi (Windermere)
GREYVILLE
Bahnhof
Greyhound/Translux
Long Distance Minibus Taxis
Jeff Taylor Cres.
MORNINGSIDE
Mitchell Park
Florida Centre
Springfield
Avonmore Centre
ESSENWOOD
Campbell Collections
Elephant House
Royal Durban Golf Course
Greyville Race Course
Botanical Gardens
G. Mazibuko (Marriott)
Mkhize
Zikhali
BEREA
St. Thomas
Winterton
Sultan
Cross
Dr Yussuf Dadoo
Manzi
John Nkosi
M 4
M 12
M 17
M 8
R 102

Restaurants
1 Spice
2 Harvey's Restaurant
3 Spiga d'Oro
4 Butcher Boys
5 9th Avenida Bistro u. Joops Place
6 Vintage India
7 Joe's Cool
8 New Café Fish
9 Zack's u. Spur
10 uShaka: Cargo Hold
11 uShaka: Moyo
Hotels
1 Erlesmere Lodge
2 Madeline Grove B&B
3 Florida Park Hotel/ Rest. Butcher Boys
4 Tekweni Backpackers
5 Florida Park Hotel
6 McAllisters B&B
7 Bon Ami B&B
8 Quarters Hotel
9 Gibela Backpackers
10 City Lodge Durban
11 Hilton
12 The Royal Palm
13 The Albany Hotel
Hotels an der Beachfront
1 Suncoast Towers (Hotelgruppe Tsogo Sun)
2 Tsogo Sun: Southern Sun North Beach
3 Tsogo Sun: Southern Sun Elangeni
4 Tsogo Sun: Garden Court Marine Parade
5 Protea Hotel Edward
6 Hotel The Balmoral
7 Hotel Tropicana
8 Tsogo Sun: Garden Court South Beach
Fahrtrouten der Busse
Durban People Mover
Western Route
Southern Route
Northern Route
Bay of Natal
Wilson's Wharf Waterfront
– Hafenrundfahrten –
uShaka Marine World
THE POINT
Durban Point Waterfront
Pier Kreuzfahrtschiffe
- zukünftiger Small Craft Harbour -
zukünftige Verbreiterung der Hafeneinfahrt
uShaka Beach
uShaka Pier
Addington Beach
South Beach
New Beach
Fußweg zu uShaka Marine World
Fun World Pools
MILE
Parade
Shopping »The Wheel«
Port Natal Maritime Museum
Small Craft Harbour – Hafenrundfahrten –
BAT Centre
Vasco da Gama Clock
John Ross Statue
Dick King Reiterstatue
Yachthafen
Fish Wharf
Sugar Terminal
Albert Park
Old House Museum
City Hall
Playhouse
Post
Old Court House Mus.
Natural Science Mus.
Transfer-Station Durban People Mover
Tourist Junction
Old Station Building
Juma-Moschee
Emmanuel Cathedral
Ajmeri- u. Madressa Arcade
Victoria Street Market
Shopping Mall The Workshop
South Plaza
Pietermaritzburg
Berea Train Station
Western Freeway
South Coast N2
Davenport Rd/ Davenport Shopping Centre

The Workshop

Das sehenswerte Kaufhaus *The Workshop* in nostalgisch-viktorianischer Bausubstanz liegt an der Dr. AB Xuma/Ecke Samora Machel. 1860 als Bahnhofswerkstatt erbaut, bietet es ein großes Warenangebot mit zahlreichen kleinen hübschen Läden. Auch Computicket hat ein Büro, Parkdeck vorhanden. Mo–Fr 8.30–17 Uhr, Sa 9–17 Uhr, So 10–16 Uhr.

In Fußweite das historische *Old Station Building,* Durbans früherer Bahnhof in Backsteinausführung, auch *Tourist Junction* genannt.

Post Office

Das klassisch-viktorianische Gebäude mit Kolonnaden und gekrönt von einem Uhrenturm an der Nyembe Street gilt als einer der bedeutendsten klassischen Bauten der Epoche Queen Victorias (1837–1901) in Südafrika und ist ein *National Monument*. Es diente Durban ab 1885 als erstes Rathaus. Eine Gedenktafel erinnert daran, dass hier 1899 Winston Churchill – als Kriegsberichterstatter gerade aus einem Burengefängnis in Pretoria entflohen – auf den Stufen eine Rede hielt.

Luthuli/ Farewell Square

Zwischen Post und City Hall liegt der *Luthuli* bzw. *Farwell Square,* der Platz mit den meisten Personen- und Gedenkskulpturen in Südafrika, darunter auch – unvermeidlich – Queen Victoria. *Albert Luthuli* (1898–1967) bekam 1960 erster Afrikaner den Friedensnobelpreis, *Francis George Farewell* (1793–1829) ist einer der Gründerväter Durbans.

St. Paul's Church

Östlich gegenüber der Post steht am *Church Square* die neugotische St. Paul's Church. Sie war die erste anglikanische Kirche Natals (1853). 1906 wurde sie durch einen Brand fast völlig zerstört und 1909 neu erbaut. Die schönen Glasfenster lassen sich am besten von innen bewundern.

City Hall

mit **Natural Science Museum** und **Durban Art Gallery**

Herzstück urbans ist sein imposantes **Rathaus** mit einer 50 Meter hohen Kuppel (Eingang zum Natural Science Museum in der Lembede Street). Das 1910 eingeweihte Gebäude im Renaissance-Stil ist ein exaktes Stein-für-Stein-Replikat der Belfaster City Hall in Nordirland. Neben einer Bücherei (mit Internet-Café) beherbergt sie das sehenswerte und vielbesuchte **Natural Science Museum** mit naturkundlichen Sammlungen zur Ökologie und Fauna KwaZulu-Natals. Sehenswert ist das lebensgroße Modell eines Dinosauriers und die 2300 Jahre alte ägyptische Mumie. Mit Gründungsjahr 1887 zählt das Museum zu den ältesten Südafrikas. Mo–Sa 8.30–16 Uhr, So 11–16 Uhr, freier Eintritt, Tel. 031-3112256.

Im 2. Stock befindet sich die **Durban Art Gallery** (DAG), die u.a. außergewöhnliche Werke gegenwärtiger und früherer südafrikanischer Künstler zeigt. Die europäische Sammlung umfasst britische, französische und niederländische Gemälde und Kunstgegenstände. Ausstellungsschwerpunkt sind zeitgenössische Kunstobjekte, die multiethnische Diversität Südafrikas und KwaZulu-Natals widerspiegelnd.

Buntes Kaleidoskop: Durban Art Gallery

The Playhouse

Gegenüber der City Hall liegt, identifizierbar an der Pseudo-Tudorfassade, das Theatergebäude **The Playhouse.** Eine Top-Entertainment-Einrichtung mit vier Theatern und Sälen, in denen von Show, Unterhaltung und regelmäßigen Konzerten bis hin zu europäischen Opern und internationalen Musicals alles geboten wird (Führungen möglich, Tel. 031-3699555, 8–23 Uhr, www.playhousecompany.com).

Victoria Street Market

(Hinweis: Durban Tourism macht durch diese Gegend geführte Stadttouren, s. www.durbanexperience.co.za).

Wenn Asien auf Afrika trifft, ist quirliges Markt- und Basar-Flair wie im indischen Viertel um die Straßen Dr. Yusuf Dadoo und Dr. Gonaam das Resultat. Nachdem das alte und wesentlich größere Gebäude des *Indian Market* 1973 abgebrannt war, erbaute man 1984 zwischen den Straßen B. Mkhize (früher: Victoria Street) und Hurley St das Victoria Building mit dem **Victoria Street Market,** in dem die zahlreichen kleinen Geschäfte der indischen Händler wieder ein Zuhause fanden (Eingang B. Mkhize Street, Mo–Sa 6–18 Uhr, So 10–16 Uhr). Sie können in über 170 Shops stöbern und einkaufen. Das Angebot umfasst tausenderlei Dinge, wie Stoffe, Lebensmittel, Früchte, Textilien, Schmuck, CDs und DVDs, afrikanisches Kunsthandwerk, Korb- und Lederwaren, Antiquitäten, Schnitzereien, Schuhe und und und … Handeln ist hier immer angesagt!

Besonders zahlreich vertreten sind die **Gewürzhändler.** Die Aromen und Düfte ihres Currypulver-Sortiments und exotischer Gewürze durchzieht die Luft. Ob die farbenprächtigen Anhäufelungen der Curries dann mild oder höllisch scharf ausfallen, können Kunden praktischerweise an den Namen der Mischungen ablesen: „Medium Masala", „Hell Fire", „Hot-Hot Peri Peri", „Lemon Pepper" oder „Atom Bomb" lauten die Bezeichnungen. Böse Schwiegermütter kann man mit „Special Mother-in-Law Exterminator" vermutlich ins Jenseits befördern, und „Honeymoon Curry" gestaltet anstehende Flitterwochen möglicherweise „schärfer". *Joe's Corner Shop* (Shop 41/42) wirbt sogar auf Deutsch: „Wir haben die besten Gewurte mit den herausragendsten Eigenschaften dieser Stadt" (Versand nach Deutschland möglich).

Orientalisches Leben und Bazartreiben gleich um die Ecke bietet die **Madressa Arcade,** die sich von der Juma Masjid Moschee bis zur Emmanuel Cathedral hinzieht: Ein schmaler Gang, gesäumt von Ständen und Shops mit einem großen Warenangebot.

Warwick-Triangle Im wilden Straßenhändler-Chaos des *Warwick-Triangle* brodelt Afrika am authentischsten – Besuch besser nur mit einem Führer! Auf dem **Muti Market** wird traditionelle Zulu-Medizin, *muti,* verkauft. *Inyangas,* Naturheiler, bieten der Laufkundschaft ihr Wissen für diverse Krankheitssymptome an. Bestimmte Wurzeln, Kräuter, Pülverchen und Salben aus Pflanzen- und Tierteilen wie Schlangenhäuten, Krokodilzähnen oder Vogelklauen sollen Leiden mildern und heilen. Man kann auch *sangomas* konsultieren: Aus hingeworfenen Tierknochen oder Muscheln lesen diese Seelendoktoren, bei gleichzeitiger Anrufung der Vorfahren, dem Patienten die Zukunft und wissen wirksame Therapien.

Juma Masjid Moschee Die Moschee *Juma Masjid* in der Hurley St/Ecke Yusuf Dadoo Street mit ihren beiden vergoldeten Turmkuppeln ist die größte Moschee Südafrikas, wenn nicht der gesamten südlichen Hemisphäre. Sie fasst bis zu 6000 Gläubige. Nach dem Hinduismus ist der Islam zweitwichtigste Religion der südafrikanischen Inder. Besichtigung ist möglich, Eingang Hurley Street, Schuhe sind auszuziehen. Ihr christliches Gegenstück in westlicher Nachbarschaft, die katholische *Emmanuel Cathedral,* wurde 1904 in neugotischem Stil erbaut.

Mahatma Gandhi

Der bekannteste Vertreter der südafrikanischen Inder war Mahatma Gandhi. Geboren 1869 in Indien als *Mohandas Karamchand Gandhi* und ein Hindu, studierte er 1888 bis 1890 in London Jura und arbeitete von 1893–1914 als Rechtsanwalt in Durban und Johannesburg. Sein Schlüsselerlebnis hatte er 1893 in Pietermaritzburg, als er aus einem 1.-Klasse-Zugabteil hinausgeworfen wurde, weil diese nur Weißen vorbehalten waren. 1894 gründete er den *Natal Indian Congress,* der für die politischen Rechte seiner Landsleute kämpfte. Um dieses Ziel zu erreichen, nahm er bewusst jahrelange Haftstrafen in Kauf und entwickelte neben ethischen Forderungen die Idee des gewaltlosen Widerstands, dass nämlich der politische Gegner durch Festhalten an der Wahrheit und Mitteln des zivilen Ungehorsams zur Änderung seiner Anschauungen und Handlungsweisen gezwungen werden kann („Satyagraha"). Gandhis Anwaltskanzlei in Johannesburg, wo er 1904–13 lebte, wurde zum Hauptquartier des Widerstandes gegen die staatsverordnete Diskriminierung. 1908 verbrannten Tausende Inder bei einer Demonstration in Johannesburg und angeführt von ihm, ihre Meldescheine, um eine Massenverhaftung zu provozieren. Zuvor waren bereits ähnliche Aktionen erfolgt. 1914 vereinbarte er mit General Jan Smuts die Aufhebung zahlreicher Restriktionen gegen die Inder (deshalb genossen später in der Zeit der Apartheid 1948–1994 die indischstämmigen Südafrikaner gegenüber den Schwarzen und Coloureds einige Privilegien). Noch im gleichen Jahr 1914 kehrte er nach Indien zurück und wurde dort der politische und geistige Führer im gewaltlosen Kampf der indischen Unabhängigkeitsbewegung gegen Englands Kolonialmacht. Als *Mahatma* (Sanskrit, „dessen Seele groß ist") wurde Gandhi 1948 von einem fanatischen Hindu erschossen. Sein Name aber steht noch heute weltweit für gewaltlosen Widerstand, Freiheit und Menschenrechte. Mit dem britischen Schauspieler Ben Kingsley wurde Gandhis Leben großartig verfilmt.

Museen

KwaMuhle Museum

Das empfehlenswerte *KwaMuhle Museum* in der Braam Fischer Road zeigt die Entwicklung Durbans aus schwarzafrikanischer Sicht mit Korrekturen unzutreffender Darstellungen und Behauptungen in der Apartheid-Ära. Zu sehen sind zahlreiche Dokumente und Fotos zu Durbans Stadtgeschichte, zur afrikanischen Gewerkschaftsbewegung und anderer schwarzer kultureller Organisationen. Das Gebäude war in der Kolonial- und später in der Apartheidszeit Sitz des *Native Administration Department,* des Systems zur Repression der schwarzen Bevölkerung. *KwaMuhle Museum,* 130 Braam Fischer Rd, über www.durban-history.co.za. Mo–Fr 8.30–16 Uhr, So 11–16 Uhr, Tel. 031-3112237.

Old Court House Museum

(Local History Museum)
Von der Anton Lembede Street in die Samora Machel Street nördlich einbiegend erreicht man das *Old Court House Museum* im einstigen Gerichtsgebäude von 1866. Das älteste Gebäude des Zentrums ist heute gleichfalls ein *National Monument,* das mit Objekten und Dokumenten aus der Kolonial- und der Shaka-Zulu-Zeit bis in die Gegenwart ausführlich über die Geschichte Durbans informiert. Hier in diesem Gerichtsgebäude hatten die Schwarzen früher ihre jährliche *poll tax* (Kopfsteuer) zu entrichten, und Gandhi wurde damals des Raums verwiesen, weil er einen Turban trug.

Old Court House Museum, 77 Samora Machel St, Mo–Sa 8.30–16 Uhr, So 11–16 Uhr, Tel. 031-3112229.

Bergtheil Local History Museum

Dies ist das Museum der ersten deutschen Natal-Einwanderer im westlichen Stadtteil Westville, benannt nach Jonas Bergtheil, dem Organisator jener Gruppe, die 1847 von Bremerhaven nach Südafrika aufbrach (s.S. 271). Untergebracht in einem kleinen historischen Farmhaus des 19. Jahrhunderts (ein National Monument) zeigt es mit zahlreichen Erinnerungsstücken, Fotos und Dokumenten die Ankunft der Deutschen und ihre turbulenten Anfangsjahre in der neuen Heimat. Außerdem später ihre Rolle in der Zeit der südafrikanischen Kriege und in den beiden Weltkriegen.

Bergtheil Local History Museum, 16 Queen's Avenue, Westville, über www.durban-history.co.za. Mo–Fr 8.30–16 Uhr, Sa 8–12 Uhr, Tel. 031-2037107.

Straßen und Viertel

Florida Road

Die Florida Road in Morningside ist Durbans Ess-Meile. Allabendlich bevölkern fast ganzjährig junge und junggebliebene *durbanites* die schmalen Bürgersteige für einen Platz in einem der über zwanzig Restaurants, Pubs und Take Aways, die sich bis hoch zum *Mitchell Park* hinziehen. Touristen aus den umliegenden Bed&Breakfasts oder Hostels haben es nicht weit und können auch noch zu später Stunde sicher zu Fuß heimgehen. Die viktorianischen Häuser, meist denkmalgeschützt, wurden von umtriebigen Leuten in Studios, Läden oder zu trendigen Restaurants umgewandelt.

Unten am Beginn, 90 Florida Road, fast Ecke Sandile Thusi Road, findet man **Durban Tourism,** Tel. 031-3224164. Gleich daneben: **African Art Centre,** Florida Rd Nr. 94. Der Laden von *African Art Centre,* einer Nonprofit-Organisation, verkauft sehr schöne traditionelle und zeitgenössische Zulu-Kunst und andere Produkte wie Holzarbeiten, Beadwork, Skulpturen, Textilien, Keramiken

Viktorianisches Gebäude mit Restaurants und Shops an der Florida Road

etc. Produkte kann man auf www.afriart.org.za ansehen. Mo–Fr 8.30–17 Uhr, Sa 9–15 Uhr. – Einer der interessantesten Buchläden Durbans ist **Bookbase,** zu finden ganz oben, Florida Road Nr. 275. Viel Africana, Historisches, Reise, Zulu-Kriege und gebrauchte Bücher. Tel. 031-3123555, www.bookbase.co.za.

Glenwood/ Davenport Road

Ein weiteres kleines Zentrum mit Bed&Breakfast-Unterkünften, Lokalen, Shops und Restaurants ist das *Davenport*-Viertel südlich der N3 im Stadtteil *Glenwood* zwischen Bulwer- und Umbilo Road und in den Straßen um das *Davenport Shopping Centre.*

Berea/ Musgrave

Zahlreiche Unterkünfte, Lokale, Shops und Restaurants finden sich außerdem im Stadtteil *Berea* nördlich der M3 um das *Musgrave Centre* (Musgrave Road 115; Shops, Supermarkt, ein halbes Dutzend Kinos, Buchhandlung, gute Restaurants und andere diverse Einrichtungen; sicheres Parken). Im *Dockyard Supper Theatre* im Musgrave Centre ist immer was los, Programm auf www.dockyardtheatre.co.za.

Wilson's Wharf und Hafen / Margret Mncadi Avenue

Durban besitzt den größten und geschäftigsten Hafen Afrikas. Alljährlich werden über 4000 Schiffe an nahezu 60 Terminals und Kais abgefertigt. Die schmale Hafeneinfahrt am *Bluff* ist wie ein Nadelöhr, dort kommt es regelmäßig zu Schiffstaus. Der Kanal soll nun aufs Doppelte verbreitet werden, so dass zukünftig auch größere Schiffe gleichzeitig ein- und ausfahren können.

Wilson's Wharf

An der beliebten *Wilson's Wharf,* Boatman's Road (Parkplätze), kann man auf einem Boardwalk am Wasser entlangschlendern, in einem der Open-air-Restaurants essen und dabei das Hafentreiben beobachten. Auf der Seite www.wilsonswharf.co.za können Sie sich schon mal umsehen.

Hafenrundfahrt/Sundowner auf See: Mit dem kleinen, hölzernen Restaurantschiff *Allen Gardiner* kann man eine Hafenrundfahrt machen. Es legt täglich von Wilson's Wharf ab. Die Tour führt durch das gesamte Hafengebiet und wieder zurück. Es wird außerdem ein *Champagne Sunset Cruise* (19–22.30 Uhr) vor Durbans Küste angeboten. Tel. 084-4564000, Programm auf www.allengardiner

Wilson's Wharf

.co.za. Auch *Isle of Capri* bietet täglich Touren durch das Hafengebiet an oder hinaus aufs offene Meer. Auskunft gleichfalls an der Wilson's Wharf, Tel. 031-3063099.

An der **Yacht Marina** liegen luxuriöse Yachten aus aller Welt. Wenn Sie die Mole rausgehen, gelangen Sie zum eleganten *New Café Fish,* Tel. 031-3055062. Relaxte Atmosphäre und Seafood in allen Variationen, www.cafefish.co.za.

Margret Mncadi Avenue

Auf der anderen Seite der breiten Hafenstraße Margret Mncadi Avenue steht das *Victoria Mansions,* ein zehnstöckiges Apartmenthaus im Art déco-Stil; weiter vorn bzw. rechts befindet sich das *Durban Manor,* ein viktorianisch-/edwardianischer Stadtpalast, heute ein Hotel. Gegenüber der Einmündung der Nyembe Street steht das Reiterdenkmal von *Dick King,* der 1842, als britische Einheiten im Old Fort von den Buren belagert wurden, in nur zehn Tagen fast Nonstop 1000 km nach Grahamstown im Kapland galoppierte und Verstärkung mobilisierte.

Auf der Margret Mncadi Avenue weiter Richtung Osten passiert man das *Vasco da Gama*-Uhrentürmchen, ein Geschenk Portugals an Durban 1897 zur 400-jährigen Erinnerung an den großen portugiesischen Seefahrer, der 1497 als erster die Bay of Natal entdeckte. In Sichtweite die *John Ross*-Statue, der 1827 in einem 500-Kilometer-Gewaltmarsch bis zur portugiesischen Delagoa Bay (heute in Mozambique) lief um für die ersten Siedler medizinische Hilfe zu holen.

The BAT Centre

Das BAT Centre *(Bartel Art Trust)* ist eine Nonprofit-Organisation, die alle Kunstrichtungen und Nachwuchstalente fördert. Die Ateliers befinden sich in einem umfunktionierten Werftgebäude und ist eines der „coolsten" und buntesten Zentren der Kunst- und Künstlerszene Durbans. Hier kann man Malern und Kunstschaffenden bei ihrer Arbeit zusehen, in einem Laden hochwertige Zulu-Souvenirs kaufen oder vom *Café & Bar Transafrica Express* auf den Hafen blicken. Ausstellungen, Workshops, Musikbands und anderes mehr sorgen für ständige Abwechslung dieser innovativen Community. Freitags und sonntags oft Live-Jazz. Programm auf der Webseite www.batcentre.co.za.

The Bat Centre, 45 Maritime Place, Small Craft Harbour, Tel. 031-332 0451.

Beachfront-Kneipe Joe Kool's

„Golden Mile"-Beachfront / O.R. Tambo Parade

Durbans sehr langer Stadtstrand entlang der *O.R. Tambo Parade,* marketingpoetisch als „Golden Mile" verkauft, erstreckt sich über sechs Kilometer Länge. Viele Jahre die Hauptattraktion Durbans, haben ihr **uShaka Marine World** und selbst das **Moses Mabhida Stadion** am nördlichen Ende der Mile längst den touristischen Rang abgelaufen. Doch noch immer mittendrin und nicht zu übersehen ein Markenzeichen Durbans, die Rikscha-Puller mit ihren Fantasie-Perlenkostümen und gigantisch-bizarrem Kopfschmuck. Wagen Sie ja nicht, sie ohne Bezahlung zu fotografieren! Ein südafrikanischer Zuckerbaron soll die Karren 1893 importiert haben, und nur hier an der O.R. Tambo Parade sind sie zu finden.

Die Strände haben Namen und ein halbes Dutzend Piers ragt ins Meer hinaus. *Natal Sharks Board* (s.S. 365) spannte zur Sicherheit der Schwimmer und Surfer über den gesamten Strandbereich 17 Hainetze, jedes 305 Meter lang. Etwa 400 Meter von der Strandlinie entfernt sind sie mit dem Seegrund verankert. Von 8–17 Uhr sind die Lebensretter auf ihren Posten. Es gibt Umkleidekabinen und Duschen. Durbans Strände sind auch Schauplätze für internationale Beach Soccer-Turniere, Surfer-Festivals und für die alljährliche riesige Silvester-Party, zu der Hunderttausende strömen.

Mit seinem Wagen kann man im Schritttempo die Fußgängerzone des Strandes entlangfahren und kommt an etliche familienfreundlichen kleinen *Amusement Parks* mit Pools, Wasserrutschen und Planschbecken vorbei, wie z.B. *Fun World,* über dem eine Mini-Drahtseilbahn schwebt. Vom *New Beach* können Sie einen ausgebauten Fußweg am Strand entlang bis zu **uShaka Marine World** gehen.

Im **Norden** kann man das *Time Warp Surf Museum* (Ocean Sports Centre, 190 Lower O.R. Tambo Parade, Mo–So 10–16 Uhr) besuchen, für Freunde der Wellenbretter ein Muss. Machen Sie eine Pause bei

Joe Kool's, einer „coolen" Bierkneipe mit Restaurant und Rockmusik mit Blick aufs Meer. Im Gebäude ist eine Touristen-Information.

Kurz vor der Einmündung der Fußgängerzone in die Snell Parade liegt **Minitown,** Durban im Maßstab 1:25. Schon seit Jahrzehnten lassen sich hier viele von Durbans bekanntesten Sehenswürdigkeiten in Übersicht betrachten.

Nur ein wenig weiter befindet sich das rote Gebäude des **Fitzsimons Snake Park,** wo man zahllose Schlangen betrachten kann (Boomslang, Puffotter, Black Mamba & Co ...), etwa 250 Arten, nicht nur afrikanische. Außerdem Schildkröten, Warane, Spinnen und Krokodile (tägl. 9–17 Uhr, Eintritt).

Weiter entlang der Beach-Straße Richtung Norden passiert man das *Suncoast Casino & Entertainment World,* www.suncoastcasino.co.za. Der riesige Komplex im Art-déco-Baustil vereinigt unter einem Dach ein großes Spielkasino, 18 Restaurants, Cafés und Bars. Dazu noch viele Geschäfte, acht Kinos, ein Konferenz- und Showzentrum und das Hotel *Suncoast Hotel & Towers* (www.tsogosunhotels.com). Nördlich davon schließt sich der Wasserpark *Water World* an, und von dort gelangt man zum WM-2010-Fußballstadion Moses Mabhida.

Wollen Sie noch den Vogelpark **Umgeni River Bird Park** besuchen, so fahren Sie auf der M4 (Ruth First Freeway) weiter und nehmen gleich nach Überquerung des uMgeni River die Ausfahrt Riverside Road (M21), die direkt zum Vogelpark führt (ausgeschildert). Er liegt in natürlicher Umgebung und beherbergt 3000 Vogelarten, viele davon in Großgehegen (Avarien), die begangen werden können. Beste Gelegenheiten für formatfüllende Vogelfotos aus nächster Nähe. Weiteres auf www.umgeniriverbirdpark.co.za.

Schönstes Stadion Südafrikas

Bereits optisch ist das schneeweiße Moses Mabhida-Stadion mit seinem überspannenden „Himmelsbogen", den man von überall in der Stadt sieht als wäre er der Henkel eines riesigen Einkaufkorbes und der nachts effektvoll angestrahlt wird, ein „Hingucker". Seit der Fußball-WM 2010 ist das Stadion Durbans Wahrzeichen. Es basiert auf einer Gestaltungsidee der Hamburger

Stadion mit „Henkel", Auffahrt mit dem SkyCar

gmp-Architekten und von Planungsbeginn an sollte dezidiert eine architektonische Stadtikone mit hoher Symbolkraft geschaffen werden, ähnlich dem berühmten Sydney-Opera-Effekt. Der Stahlbogen, der an seinen Enden wie das Y in der südafrikanischen Flagge gegabelt ist, dient zur Lastabtragung der textilen Dachmembran, deren Falten mit Edelstahlseilen an dem Bogen abgehängt sind. Das Mehrzweckstadion für Fußball, Rugby und Leichtathletik kann außerdem als Aussichtspunkt, Event-Gelände, für Musikauftritte und zum Bungee-Springen genutzt werden. Mit Fußgängerunterführungen steht mit dem Strand in Verbindung.

Fahren Sie mit dem *SkyCar,* mit der Standseilbahn-Kabine vom nördlichen Bogenende hinauf zum Skydeck auf 104 m Höhe und Sie genießen die Aussicht über Stadt, Bahnhof und Strände bis hin zum uShaka-Gelände. Sportliche können vom anderen Bogenende die 550 Stufen nach oben alpinistisch bewältigen oder sich mit dem 220-Meter-„Big Swing" einen Adrenalinschub holen.

Geöffnet tägl. 9–18 Uhr, SkyCar R55, letzte Auffahrt 17.30 Uhr, geführte Stadiontouren dauern 45 und 90 Minuten. Bei der Kasse befindet sich ein Ladengeschäft mit Fußball-Devotionalien aller Art und es gibt weitere Shops und Restaurants. Vorab sich das Stadion ansehen und sich über alles informieren, auch über anstehende Spiele und sonstige Veranstaltungen wie Auftritte von Bands, auf www.mmstadium.com, ein 360°-Rundumvideo bietet www.durbanexperience.co.za.

The Point und uShaka Marine World

Die Landzunge südlich der Stadtstrände heißt *The Point.* Ein quadratkilometergroßes Areal, wo Vieles abgerissen und mit Millionensummen Neues hochgezogen wird, damit aus dem einst heruntergekommenen Hafenviertel ein neues schickes Viertel wird. Apartment-Gebäude und Büro- und Shoppingkomplexe wachsen im Schatten verrosteter Lagerhallen empor, palmengesäumte Wasserkanäle durchziehen das Areal an der Südspitze und der neue Kai für Kreuzfahrtschiffe ist fertiggestellt. Im zehnstöckigen *The Quays* (www.quays.co.za) am *Timeball Square* kann in Luxus-Apartments übernachtet werden (Self Catering). Exzellente Restaurants sind hier das *Ocean Basket* in mediterranem Ambiente und *The Cape Town Fish Market* (CTFM). Am Ende von The Point steht über der Hafeneinfahrt auf der gegenüberliegenden Landzunge *The Bluff* der *Millennium Tower.*

uShaka Marine World

Mit einer Fläche von über 15 Hektar ist *uShaka Marine World* Afrikas größter Meerespark mit vielen Attraktionen für Jung und Alt. Highlight ist ein großes Meerwasser-Aquarium, perfekt in den Bauch eines dafür extra nachgebauten alten Frachtschiffs integriert bzw. das Schiff wurde anschließend um die Tanks herumgebaut. Drinnen wird die Unterwasserwelt perfekt in Szene gesetzt, auf dem Schiffsboden hat man das Gefühl, durch ein gesunkenes Wrack zu wandeln. Es ist dunkel, rostig und es knarzt, durch dicke Scheiben blickt man direkt „nach draußen ins Meer", nämlich in sieben Tanks mit zahllosen Meeresbewohnern. Außer regenbogenbunten Schwarmfischen, Stachelrochen, Schildkröten und vielen anderen Spezies mehr gleiten auch gesichtsnah Haie vorüber.

Zum Greifen nah: Die Fische im uShaka Aquarium

Zum Abschluss empfiehlt sich ein Besuch des Schiffsrestaurants *Cargo Hold* mit Neptun-Interieur, wo Sie beim Anblick vorüberziehender gewaltiger Haie hinter einer wandhohen Glaswand vielleicht vergessen zu essen. Lunch 12–15 Uhr, Dinner 18–22.30 Uhr, Eintritt (wird angerechnet), Reservierung erforderlich, Tel. 031-3288065. Eine sehr gute Alternative ist das *Moyo* gleich daneben.

Weitere Höhepunkte von uShaka sind das Dolphinarium Amphitheater mit 1200 Sitzplätzen und 2x täglichen Shows mit den cleveren Tieren, der Seehund-Pool und das Pinguin-Gehege (Penguin rookery). *Wet'n Wild* ist ein Wasservergnügungspark mit diversen spaßigen Rutschen und Pools für die ganze Familie, darunter die höchste (und sehr steile) Rutsche Afrikas. Zur Ushaka Marine World gehören neben dem Aquarium und dem Wasserpark auch der Zoo *Dangerous Creatures* (Schlangen, Leguane etc.). Ihre Souvenir-Einkäufe können Sie in den zahlreichen Shops des *Village Walk* tätigen, Internet-Cafés und eine Zweigstelle von **Durban Tourism** sind gleichfalls vorhanden.

uShaka Marine World, Tel. 021-3288000. Auf der Webseite www.ushakamarineworld.co.za werden alle Bereiche, Events, Restaurants etc. näher vorgestellt. Geöffnet tgl. 9–18 Uhr. Eintrittspreise: uShaka Sea Marine World R125. Auch Kombitickets und *specials,* s. Website.

Das große Dolphinarium

2

Sehenswertes außerhalb von Durban

Durban ist Ausgangspunkt für halb- bis mehrtägige Ausflüge zu Umgebungszielen und ins landschaftlich schöne Hinterland. Anregungen und Möglichkeiten:

Natal Sharks Board Das Haifisch-Forschungszentrum Natal Sharks Board in Umhlanga nördlich von Durban befasst sich mit allem, was mit den gefürchteten Großfischen zu tun hat, s.S. 365

Hare Krishna Temple of Understanding Der opulente und sehenswerte *Hare Krishna Temple of Understanding* im südlichen Stadtteil Chatsworth ist ein spirituelles Zentrum der Hindu und der größte Hare Krishna-Tempel in Afrika. Erbaut 1985 in Form einer Lotusblüte. Tägl. 10–20.30 Uhr, Tel. 031-4033328, Führungen, Gartenanlage, sehr gutes vegetarisches Restaurant Govinda.

Nature Reserves Im Großraum Durban gibt es zusammen mehr als 50 Nature Reserves und Parks. Zu den größeren und bekannteren zählen: *Burman Bush Nature Reserve* (Küstenbusch-Landschaft), *Pigeon Valley Park in Glenwood* (seltene Bäume, bunte Vogelwelt, Tel. 031-2051919), *Beachwood Mangroves Nature Reserve* (Mangroven-Ökosystem an der nördlichen Mündungsseite des uMgeni-Flusses; in der Nähe liegt auch *Umgeni River Bird Park. Kenneth Stainbank Nature Reserve,* 253 ha großes Natur- und Wildschutzgebiet an der N2 Richtung Süden (14 km vom Zentrum) mit Zebras, Impalas, Ried- und Buschböcken, vielen Vogelarten sowie Yellowwood-Bäumen. Gleich südwestlich von Kenneth Stainbank liegt das 220 ha große *Silverglen Nature Reserve* mit Buschlandschaft und Küstengrasland und mit über 150 Vogel- und 120 Baumarten; Besucherzentrum.

Valley of a Thousand Hills Das „Tal der Tausend Hügel" erstreckt sich zwischen Durbans nordwestlicher Vorstadt Kloof entlang der Old Main Road (M13) bis Inchanga bzw. bis Cato Ridge. Die „rolling hills"-Landschaft zwischen uMgeni-Fluss im Norden mitsamt Nebenflüssen und der N3 im Süden in Höhenlagen zwischen 600 bis 800 Metern ist seit Jahrzehnten ein Nahziel von Durban aus und touristisch voll „erschlossen" bzw. durchkommerzialisiert. Es gibt zahllose Vergnügungsangebote, Läden, Craft Villages, einige Nature Reserves, zwei Zulu Cultural Villages sowie entlang der kurvenreichen Streckenführung viele schöne Aussichtspunkte auf Flusstäler, Kliffs und Zulu-Dörfer. Vielbesucht sind die beiden Zulu Cultural Villages **Phezulu Safari Park** nördlich von Botha's Hill mit Krokodil- und Schlangenpark, (www.phezulusafaripark.co.za) und *Isithumba Village*. Mehr über das Valley of a Thousand Hills auf www.1000hills.kzn.org.za und www.1000hillstourism.com.

Reise-Infos Durban

Information **Durban Tourism,** 90 Florida Road, Tel. 031-3224164, www.durbanexperience.co.za, funinsun@iafrica.com. Auskünfte, Prospekte, Broschüren, Karten buchbare Stadtführungen.

Zweigstellen
- *Beach Information Office,* Old Pavilion Site, Tel. 031-3224203/4205
- *uShaka Marine World,* Tel. 031-3378099
- *King Shaka Airport,* Tel. 032-4360035
- *Gateway Theatre of Shopping* in Umhlanga, Tel. 031-5140572

KwaZulu Tourism Information Office: Tel. 031-3667500, www.zulu.org.za

Ezemvelo KZN Wildlife, Buchung von Unterkünften, Tel. 033-8451999

SANParks Reservation Office (um Unterkünfte in Nationalparks zu buchen): 31 Steibel Place, Blue Lagoon (Greenhub), www.sanparks.org.za.

Notrufe

Polizei 10111 • Ambulanz 10177

Durban-Websites

www.durban.gov.za (offizielle Website der Stadt Durban)
www.durban.kzn.org.za
www.durban.co.za
www.durban-venues.co.za. Touristisch ergiebig sind
www.durbanexperience.co.za und www.durban-tourism.com

Unterkunft

Eine Unterkunft in den Stadtteilen Morningside (Florida Road), Berea oder Glenwood im Davenport-Viertel ist empfehlenswert, weil es dort außerdem eine Restaurant- und Nightlife-Szene gibt. An der O.R. Tambo Parade findet man in erster Linie unpersönliche Hotelklötze.

Mittelklasse-Hotels und so gut wie alle Bed&Breakfasts sind besonders in den Tagen der Tourismusmesse *Indaba* (Ende April/Anfang Mai) schnell ausgebucht, desgleichen anlässlich großer Sportveranstaltungen. Diverse Hotel- und B&B-Webseiten wie www.durban-tourism.com listen das Angebot, auch www.zulu.org.za hat einen Accommodation-Bereich. Fliegen Sie nach Durban, so fragen Sie nach, ob Ihre Abholung vom Flugplatz im Preis miteingeschlossen ist, falls Sie am Flughafen keinen Mietwagen übernehmen.

An der O.R. Tambo (Marine) Parade

Tropicana Hotel Nüchterner Hotelkasten mit 168 Zimmern, von Vorteil ist die zentrale Lage. 85 O.R. Tambo Parade, Tel. 031-3681511, www.goodersonleisure.co.za. DZ/F R1270.

The Balmoral Das historische Beachfront-Hotel mit seinen 95 (plüschigen) Zimmern mit Blick über den Strand ist an der O.R. Tambo Parade das einzige mit einem Hauch kolonialen Charmes – aber auch etwas in die Jahre gekommen. Freundlicher Service, großes Frühstücksbüfett, Restaurant mit hervorragender indischer Küche, schöne Außenterrasse. Bewachtes Parken (kostenpflichtig). Ohne Pool, aber jene in der Entertainment-Promenade (Fun World) und auch das Meer sind in Fußnähe. 125 Beach Rd, Ecke Palmer St, Tel. 031-3688220, www.raya-hotels.com. DZ/F ab ca. R2000, variierend nach Saison und ob mit oder Meerblick.

Protea Hotel Edward Mit seiner Art déco-Fassade von 1911 ist dieses vier-Sterne-Traditionshaus in viktorianischer Eleganz eine gute Wahl. Hier stiegen bereits Prinzen, Präsidenten und große Filmstars ab. Geschmackvoll eingerichtete Zimmer, delikate Menüs in relaxter Atmosphäre im Brasserie- oder Terrace-Restaurant. Bar und Rooftop-Pool, 101 Zimmer. 149 O.R. Tambo Parade, Tel. 031-3373681, www.proteahotels.com. Standard-DZ/F R1098, mit Meerblick teurer.

Tsogo Sun-Hotelgruppe Die *Tsogo Sun*-Hotelgruppe (ex Southern Sun) ist an der Beachfront mit gleich 5 Hotels vertreten: ganz im Norden befindet sich das teuerste, das *Suncoast Towers* (20 Battery Beach Road, Tel. 031-3147878), gefolgt vom *Southern Sun Elangeni* (63 Snell Parade, Tel. 031-3621300). Die drei weiteren Hotels entlang des Strands sind *Southern Sun North Beach* (83/91 Snell Parade, Tel. 031-3327361), *Southern Sun Garden Court*, O.R. Tambo 167 Parade (identifizierbar an seiner Art-déco-Fassade, Tel. 031-3373341) und das *Southern Sun Garden Court South Beach* (73 O.R. Tambo Parade, Tel. 031-3372231). Alle

Hotels sind beschrieben auf der Website der Hotelgruppe, www.tsogosun hotels.com, Zimmerpreise jeweils auf Anfrage, wobei die Garden Courts-Hotels die günstigeren sind.

In der Innenstadt (CBD)

The Albany Hotel Zentral gelegen gegenüber der City Hall und neben dem Natal Playhouse Theatre. Moderne Bauweise, wird gerne von Geschäftsreisenden und Gruppen aufgesucht, sichere Gegend. 77 komfortable Zimmer mit schönen Bädern und allen Annehmlichkeiten, Business Centre. Parken 50 Meter vom Hotel. Frühstücks-Büfett, Dinner à la Carte, Pub mit Satelliten-TV. Lembede St/Ecke Albany, Tel. 031-3044381, www.albanyhotel.co.za. DZ/F ca. R1000, variable Tarife.

City Lodge Durban Zentrale Lage, zufriedenstellendes Stadthotel. Ecke Braam Fischer/Masinga Rds, Tel. 031-3321447, www.citylodge.co.za. DZ/F ab 1150.

The Royal Palm Wie der Name bereits sagt – königlich! Ein 160 Jahre altes, modern umgebautes Gebäude in schönem Design mit 271 Zimmern und sechs Restaurants – darunter das indische *Ulundi,* zwei Bars und dem Royal Café. 267 Anton Lembede St, Tel. 031-3106000, www.threecities.co.za. Königlich auch die Preise: DZ 1640 – ohne Frühstück (manchmal Specials).

In der ähnlichen Preisklasse spielt auch das **Hilton,** direkt neben dem internationalen Konferenzzentrum ICC, Walnut Road. Es werden jedoch von Zeit zu Zeit Specials angeboten, s. Website www.hilton.de.

Morningside: Florida Road und Nebenstraßen

Gibela Backpackers Lodge Dekoriert im Ethno-Stil, super Frühstück, lockerer Gastgeber Elmar Neethling, der viele Tipps für die Stadt und Weiterreise geben kann. Eine Institution. 119 Ninth Ave, in Fußnähe zur Florida Rd, Tel. 031-3036291, www.gibelabackpackers.co.za (m. Anfahrtsbeschreibung). Dorm-Bett R200–260, DZ/F R530.

Tekweni Backpackers Hostel Internationales Publikum, Travelinfos, Bar, Pool, des Öfteren Gäste-Parties. 169 Ninth Ave, Tel. 031-3031433, www.tekwenibackpackers.co.za. Dormitory R125, DZ R400.

Bed& Breakfasts

McAllisters Vier nette Zimmer um einen Pool, persönliche Atmosphäre (Elize), sicheres Parken im Hof. Beste, ruhige Lage, nur 2 Min. zur Florida Rd mit vielen Lokalen, in Saisonzeiten meist ausgebucht. 11 8th Ave, Tel. 031-3034991/2, www.8thave.co.za (m. Anfahrtsbeschreibung). Preise a.A. (je nach Zimmer und Saison ca. R850). Auch SC-Unit für 4 Pers.

Bon Ami Nettes, persönlich geführtes B&B in ruhiger Seitenstraße der Florida Rd (Einbahnstraße, nicht anfahrbar von der Florida Rd, sondern über die Lillian Ngoyi (Windermere Rd). Kleiner Pool, 5 Zimmer im Haupthaus oder im Hof. 208 9th Ave, Tel. 031-3032009, www.bonami.co.za. DZ/F R1000.

Madeline Grove Verschiedene Zimmer und Apartments zur Selbstversorgung mit Kitchenette. Sicheres Parken hinten im Hof. 116 Madeline Rd, Tel. 031-3035425, www.madeline.co.za. DZ/F R640.

Erlesmere Guesthouse Nette B&B-Zimmer und SC-Apartments div. Größe und Bettenzahl, vom Madeline Grove ca. 80 m die Straße hoch, 210 Madeline Rd/Ecke 10. Avenue, Cell 083-4414040, www.erlesmere.co.za. DZ/F ab R600.

Florida Park Hotel Bereits mitten drin im Trubel der Florida Road, nachteilig ist der Straßenlärm. Mit Restaurant *Butcher Boys,* die Kette ist bekannt für saftige, dicke Steaks, www.butcherboysgrill.co.za. 170 Florida Rd, Tel. 031-3031146. DZ/F R1350.

Quarters Hotel Stilvolles Boutique-Hotel, vier viktorianische ehemalige Wohnhäuser wurden restauriert und zu einem Komplex mit 24 Zimmern zusammengefasst. Modernes Innendesign, Terrasse, Bar und Restaurant. Zuvorkommender Service. 101 Florida Rd/Ecke Sandile Thusi Rd, Tel. 031-3035246, www.quarters.co.za. DZ/F ca. R1500.

In Berea/ Musgrave

Hippo Hide Lodge and Backpackers Relaxte Atmosphäre, sehr sauber, Baz Bus. 2 Jesmond Rd, Berea, Tel. 031-2074366, www.hippohide.co.za. Dormitory R120 p.P. DZ R330/R400.

Windmill Ridge Historisches Kolonialhaus mit freundlicher, relaxter Atmosphäre von Des & Monique James. Nicht weit zum Musgrave Centre und in Gehnähe zu ca. 20 Restaurants der Gegend, sicheres Parken. Drei DZ mit Bad o. Dusche und 3 Garten-SC-Apartments sowie ein Cottage. 81 Windmill Road, Musgrave, Tel./Fax 031-2014972, Cell 082-4622927, www.windmill-ridge.co.za. Preise je nach Zimmer und Saison a.A.

Clyde Cottage Ruhiges und viktorianisch-charmantes B&B, nur drei Minuten vom Musgrave Centre entfernt. Vier komfortable DZ/AC mit Bad, davon zwei mit Kitchenette für SC, sowie ein EZ. 23 Clyde Ave, Berea, Tel. 031-2027577, Cell 082-4396482, www.clydecottage.co.za. DZ/F ca. R660.

2

In Glenwood/ Davenport

The Deck on Manning Schönes, gepflegtes älteres Anwesen, gegenüber einer Bäckerei und in Uni-Nähe, 6 AC-Zimmer mit Bad, sicheres Parken, Pool. Frühstück auf dem Deck mit Sicht über den Hafen, Wäsche-Service, Airport-Transfer, Tages-/Besichtigungstouren nach Wunsch und auch (fast) alles andere Durban betreffend kann arrangiert werden (Theaterbesuch, zu Bargain-Shops etc.). 452 Lena Ahrens (Manning Rd), Glenwood, Tel. 031-2058463 u. 083-7774251, Nicoline Vogel, www.thedeckonmanning.co.za. DZ/F ca. R600.

Somerset Guest House Persönlich geführtes, gemütliches Gästehaus und B&B. Bar, Wäsche-Service, kleiner Pool, Garten, sicheres Innenparken, eingerichtete Küche für Gruppengäste, Airport-Transfer auf Anfrage möglich. Ein Einzel- und fünf DZ in unterschiedlicher Ausstattung mit AC oder Ventilator. 26 Somerset Avenue, Tel. 031-2014659, Cell 082-8541909, www.somerset-guesthouse.co.za (mit Anfahrtsbeschreibung). DZ/F R650 (keine Kreditkarten).

Chelmsford House Gemütlich und persönlich, Charisse & Anita Shepherd reisten selbst lange Zeit durch die Welt. Alles Services, sicheres Innenparken, großer Pool, Airport /Bus Transfers etc. Vorhanden sind 4 B&B-Zimmer und 2 SC-Zimmer. 1 Princess Alice Ave, Tel. 031-2057072, Cell 083-6310889, www.chelmsfordbb.co.za. DZ/F ab ca. R800.

Restaurants

Die Gastronomie Durbans bietet ein überaus breites Spektrum an asiatisch-/indisch-/europäisch-/afrikanischen Speisen, dazu noch *seafood* jeglicher Art alltäglich frisch aus dem Meer (indische Spezialitäten s.u.). Auf www.dining-out.co.za und auf www.restaurants.co.za können Sie Fotos und Speisekarten zahlloser Restaurants einsehen, auch die hier vorgestellten. Ihre Verortungen s. Durban-Stadtplan.

Florida Road und Umgebung

Das familiäre **Spiga d'Oro,** Florida Rd 200, erinnert an ein typisch italienisches Gehsteig-Bistro, immer knackevoll von früh bis spät (Reservierungen werden nicht entgegengenommen). Mediterranes, Pizza & Pasta (die *Pasta di Casa* ist himmlisch).

Das **Spice** genießt schon seit langem einen ausgezeichneten Ruf: Ideenreiche Kombinationen und raffiniert verfeinerte Alltagsgerichte machen Lindas Kreationen zu einem Gaumenerlebnis bei noch moderaten Preisen (R120–R160+). *Fusion, South African, Seafood, Vegetarian, Light lunches, Salads, Curries* und Dessert-Versuchungen. Mit Außenterrasse, Speisekarte auf www.dining-out.co.za. Lillian Ngoyi (Windermere Rd) 362, in Gehweite von der Florida Rd, Tel. 031-3036375 u. 084-2507042, 12–15 Uhr u. ab 18 Uhr, Mo Ruhetag.

Butcher Boys: Steak-Kettenrestaurant mit hervorragenden, saftigen Steaks und noch anderen wohlschmeckenden Gerichten auf der umfangreichen Karte. Fast immer gut besucht. 170 Florida Rd, Tel. 031-3128248, 12–15 u. 18–22.30 Uhr.

Harvey's: Top-Qualität, göttliche Speisen-Kreationen, die Köche räumen ständig Preise ab. Auch Staatsmänner und Show-Größen fanden hierher: die königliche britische Familie, Nelson Mandela, Leonardo di Caprio u.v. andere – dennoch kein „Nase-hoch"-Restaurant. Dreigängiges *Set Menu* R180 oder R280, Webseite www.harveysrestaurant.co.za mit Speisekarte. 465 Innes Rd, in Gehweite von der Florida, Tel. 031-3125706.

9th Avenue Bistro: Kleines Bistro (Shop 2) mit hervorragendem Essen im Avonmore Centre, 9th Ave, Tel. 031-3129134, Lunch Di–Fr 12–14.30 Uhr, Dinner Mo–Sa 18–22 Uhr, Menü auf www.9thavenuebistro.co.za. Gleichfalls im Avonmore Centre ist **Joops Place,** Shop 14, Tel. 031-3129135, bekannt vor allem für sehr gute Steaks (So geschl.)

uShaka Beach

Die Kette **Moyo** wurde in diversen Städten Südafrikas (Stellenbosch, Johannesburg) durch stilvolle Top-Erlebnisgastronomie bekannt. Das Moyo beim **uShaka**-Pier bietet Africana-Ambiente, fantasievoll gekleidete Bedienungen und superbe Gerichte mit guten Weinen. Sie haben freie Sicht auf Ozean und von der uShaka Pier Bar auf die Skyline von Durban, besonders schön bei Sonnenuntergang mit dem beleuchteten WM-Stadion. Die Dinner umrahmen Musik-, Gesangs- und Tanzdarbietungen mit besonderen Highlights am Freitag, Samstag und Sonntag. Lunch 11–18 Uhr, Dinner ab 18.30 bis spät. Reservierung Tel. 031-3320606, www.moyo.co.za.

Das **Cargo Hold Restaurant** serviert im Bauch des *Phantom Ship* mit Neptun-Interieur und unter den starren Augen vorüberziehender Haie hinter einer Glaswand Delikates aus dem Meer und auch Fleischgerichte. Lunch 12–15 Uhr, Dinner 18–22.30 Uhr (der Eintritt ins Schiff wird angerechnet). Reservierung erforderlich, Tel. 031-3288065.

Wilson's Wharf & Hafen

Die Wilson's Wharf Waterfront verfügt über ein halbes Dutzend Restaurants, darunter ein familienfreundliches **Spur.** Das größte, **Zack's & The Oyster Bar,** liegt direkt am Wasser und hat immer geöffnet.

Auf der Yacht-Mole befindet sich das **The New Cafe Fish,** ein upmarket-Restaurant. Seafood, Fusion, Vegetarian, Light Meals, täglich geöffnet. Auch das **TransAfrica Express Jazz Café** im BAT Centre (s.o.) ist eine (günstigere) Möglichkeit, manchmal spielt eine Band.

Indische Restaurants

Es existieren in Durban zahlreiche kleinere und größere indische Restaurants. Von der Florida Roda gut zu erreichen ist das **Vintage India,** 20 Lillian Ngoyi (Windermere Rd), Tel. 031-3091328, tägl. 12–15 u. 18–22.30 Uhr. Einfach und gut, authentische Curries, *North & South Indian, Vegetarian, Asian, Traditiona*

Durban, die südafrikanische Curry-Hauptstadt

Unter dem bekanntesten Wort der indischen Küche, nämlich *curry* (ursprünglich *kari*, soviel wie „Soße") meinen wir meist Currypulver, also eine scharfe Gewürzmischung. Curry ist auf Indisch aber ein **Gericht,** vergleichbar mit einem Ragout aus Rind, Lamm- oder Hähnchenfleisch, während die Gewürzmischung, die vor oder während des Kochens frisch zubereitet wird und dem Gericht erst sein genussvolles Aroma verleiht, *masala* heißt. Es gibt sie in Aberdutzenden Kompositionen und Schärfevarianten. Hauptbestandteile sind Kardamom, schwarzer Pfeffer, Chili-Schoten, Kreuzkümmel (Kumin), Lorbeerblätter, Gewürznelken, Sesam, Zimt u.a. Für die gelbe Färbung sorgt *Kurkuma,* Gelbwurz.

Die Küche Südindiens ist in der Regel schärfer und eher vegetarisch mit Reis als Basis, während sich die nordindische als sehr variantenreich präsentiert, mit sämigen, würzigen Soßen, wie z.B. marinierte Hühnchen, Fleisch oder Fisch. Aus dem Norden stammen auch die bekannten *Tandoori*-Gerichte, Zubereitungen in einem Lehmofen, oder die *kebabs,* Grill- oder Gemüsespieße. Als Beilage gibt es ofengebackenes Fladenbrot, *chappatis, roti* oder *nan.*

Für ein typisches Durban-Curry werden in einer schweren Pfanne Zwiebeln in Öl angeröstet, danach *masala* hinzugefügt, anschließend Knoblauch und Ingwer. Die Mischung lässt man köcheln, bevor Fleisch oder Fisch hinzugegeben wird und alle anderen noch notwendigen Gewürze. Beim langsamen Weiterkochen unter dem Deckel entfalten alle Zutaten ihre Aromen und gehen ineinander auf. Zuletzt kommt zur Abrundung noch frischer Koriander hinzu. Ein Curry wird gewöhnlich mit Reis, *chutney, sambals* und *papadams* serviert.

Durbans populäres **Bunny chow** ist ein halbierter und ausgehöhlter Toastbrot-Laib, der mit schweißtreibendem Curry gefüllt wird. *Chow* steht im Englischen für „Essen", „Bunny" aber nicht für „Häschen", sondern leitet sich ab vom indischen Wort *bania* für Händler. *Bunny chows* entstanden während der Zeit der Apartheid, als Dunkelhäutigen der Zutritt in „Whites-only"-Restaurants verwehrt war. Stattdessen reichte man ihnen ihr Essen ohne Teller und Besteck als *take away* auf die Straße raus – und aus der Hand isst man Bunny chows heute noch.

Einige Begriffe der indischen Speisekarte:

- *dal:* Linsen
- *chai masala:* Tee mit Milch und Gewürzen, z.B. Kardamom und Ingwer
- *chutney* (ind. *chatni*) ist eine auf Früchte- und Zwiebelgrundlage hergestellte Mixtur in konfitüreähnlicher Konsistenz, gewürzt mit scharfen Chili-Schoten
- *kheer:* Milchreispudding
- *koah,* eingekochte Milch, Bestandteil vieler Süßspeisen
- *lassi:* Joghurt-Getränk
- *masala:* Gewürzmischung
- *masala dosa:* Pfannkuchen
- *papadams* sind hauchdünne indische Fladen als Appetitanreger aus gemahlenen Linsen und Kichererbsen, frittiert oder gebacken
- *raita:* kalte Gerichte auf Joghurtbasis
- *sambals* sind kleine Beilagen aus gehackten Erdnüssen, geraspelter Kokosnuss, verschiedenen Früchte-Chutneys und geschnittenen Bananen.
- *tikka:* Huhn *(tikka masala, tikka tandoori)*
- *toddy, fenny:* alkoholisches Palmsaft-Getränk
- *bunny chow:* ausgehöhltes kleines Weißbrot, das mit Curry gefüllt wird

Im Hotel *Southern Sun Elangeni,* 63 Snell Parade, heißt ein Edel-Inder **Jewel of India,** Tel. 031-3621300 (Lunch 12–15, Dinner 8–22.30 Uhr). Nordindische Küche, äußerst gute Curries und Tandooris, man speist wie in einem indischen Palast von silbernen Untertellern.

In Berea: **Amaravathi Palki,** Tinsley House in der Musgrave Road 225, Berea, Tel. 031-2010019, Mo–So 12–15 u. 18–22.20 Uhr. Authentische nord- und südindische Küche in indischer Raumdekoration, klassische Curries, Tandoori, Kebabs, große Auswahl an vegetarischen Gerichten. Sicheres Parken beim Eingang in der St Thomas Rd. Gleich in der Nähe: **Orientals – House of Curries,** Ecke St Thomas/Musgrave Rds, Tel. 031-5631322.

Unterhaltung, Nightlife, Konzerte

Das ganze aktuelle Angebot findet man auf www.durbanexperience.co.za bei „What's on" oder in der Broschüre „What's on in Durban". Spielplan von *The Playhouse Entertainment Complex* bei der City Hall auf www.playhouse company.com. Im BAT Centre gibt es regelmäßige Konzerte und Auftritte, www.batcentre.co.za. Tickets für alles bei *Computicket,* www.computicket.co.za.

Wer eine Schwäche für Roulett-Tische und Slot Machines hat, kann wählen zwischen dem *Suncoast Casino & Entertainment World* an der Beachfront und dem *Sibaya Casino & Entertainment Kingdom* bei Umdloti Beach nördlich außerhalb. Spielkasinos in Südafrika sind lange nicht so elitär wie bei uns!

Feste und Festivals

Das ganz Jahr hindurch finden in Durban Feste aller Art statt, nachfolgend nur die Wichtigsten. Genaue und aktuelle Informationen wieder auf www.durban experience.co.za.

Januar/Februar und im April/Mai: indisch-hinduistisches *Kavadi-Fest,* u.a. mit Feuerlaufen und *devotees,* die sich die Wangen durchgestochen haben. Findet an vielen Hindu-Zentren statt.

Ende April/Anfang Mai: *Indaba,* Tourismusmesse im International Convention Centre, www.indaba-southafrica.co.za.

April oder Mai: das indisch-hinduistische *Draupati* zieht sich über 18 Tage hin. Gleichfalls im April wird das *Hare Krishna Festival of Chariots* begangen, Pavilion Site, North Beach.

Juni: *Comrades Marathon* zwischen Durban und Pietermaritzburg mit abwechselnden Starts in Durban und Pietermaritzburg entlang der Old Main Road (R103/M13). Streckenlänge 87,3 Kilometer. Sehr populär, www.comrades.com.

Ende Juni/Anfang Juli: *Mr Price Pro* ist Südafrikas wichtigstes Surf-Event und eines der größten Strandfestivals weltweit, www.mrpricepro.com. 10 Tage lang Live Bands, Beach Soccer, Miss-Wahl, Flohmärkte und 100 Dinge mehr.

August: *The South African Women's Arts Festival,* im Playhouse Entertainment Complex, Lembede Street. Tanz, Drama, Musik, Kunst, Kinder und Konferenzen.

September: Das *Awesome Africa Music Festival* findet alljährlich in der City Hall und im Albert Park statt. Viele Künstler und Musikgruppen aus Südafrika und aus dem ganzen Kontinent.

Oktober: *Last Night of the Proms,* Durban City Hall.

Das große, dreitägige *Deepvali* (oder Diwali) ist ein Lichter- und Feuerwerksfest, das auf die letzten drei Tage der Phase des abnehmenden Mondes im November fällt. Beachfront.

Dezember: *Ratha Yatra*, „Festival of Chariots". Dabei ziehen Hare-Krishna-Anhänger eine große rote Kutsche die Beachfront entlang. Beim Amphitheatre mit Essen, Tänzen und Ausstellungen.

Flughafen Der internationale *King Shaka Airport* liegt 30 km nordöstlich von Durban bei La Mercy direkt an der N2. Details s.S. 365 und auf der Website www.acsa.co.za. Ein Airport Shuttle fährt mit viertelstündlicher Taktung von der Beachfront, Tel. 032-4366585. Auch Taxis bieten einen speziellen Airport-Transfer an.

Deutsches Konsulat Deutscher Honorarkonsul Horst Achtzehn, 9 Kensington Drive (gegenüber des Westville Einkaufzentrums), horst@inspirations-travel.co.za. (Inspirations Travel & Tours, 9 Kensington Drive, Westville, Durban, 3629. Tel. 031-266 0030, Fax 031-2660255, www.africaninspirations.co.za. Bürozeiten: Mo–Fr 8.30–17 Uhr.)

Tour-anbieter *Tekweni Ecotours*, 169 Ninth Ave, Morningside, Anfragen/Reservierungen Tel. 082-30391112, www.tekweniecotours.co.za. Durban- und Umlandtouren. – *Meluleki Tours*, Mark Mgobhozi, Cell 079-0629783. Einzelführungen und Kleingruppen, Halb- oder Ganztagestouren in und um Durban, Township-Touren (Umlazi).

3 Route 3: Von Durban in die Drakensberge

Routenverlauf Von Durban gelangen Sie auf der N3 auf schnellem Weg nach Johannesburg. Besser ist, ab Pietermaritzburg ein paar Tage Drakensberge einzuplanen, denn dort erwartet Sie ein ganz anderes Südafrika.

Übersichtskarte **Drakensberg: s.S. 419**

Entfernungen Durban – mit Abstecher in die Drakensberge – Johannesburg rund 600 km

Was Sie erwartet Mittlere Höhenlagen, Bergpanoramen, gemäßigtes Klima, Kälte in den Wintermonaten Juni bis September.

Pietermaritzburg / Msunduzi Municipality

Pietermaritzburg ist von ausgedehnten, grünen Vororten mit vielen Jacaranda-Bäumen umgeben. Knapp eine halbe Million Menschen – darunter zahlreiche Studenten der *University of KwaZulu-Natal* – leben in der Stadt und in ihrem Einzugsbereich, genannt *Msunduzi Municipality*. Bedingt durch die höhere Lage ist das Klima angenehmer als in Durban. Im Stadtkern konzentriert sich das Erbe der britischen Zeit (ab 1843) als viktorianischer Architekturmix in Form zahlloser Kolonial- und prächtigter Backsteinbauten – doch oft in heruntergekommenen Straßen. Viele historische Gebäude sind heute Museen, Kunstgalerien oder dienen als öffentliche Einrichtungen. Neben britischer Historie prägt auch Indisches das Stadtbild, z.B. in Form von Hindu-Tempel, denn bereits ab 1860 waren indische Kontraktarbeiter hierher eingewandert.

Im Zuge der südafrikanischen Umbenennungen von Straßen und Orten wurden alle historischen Straßenbezeichnungen und Einrichtungen der Stadt durch Zulu-Namen ersetzt. Aus Pietermaritzburg sollte *uMgungundlovu* werden („Platz des Elefanten“, einst der Name der Residenz von Zulu-König Dingane, deshalb der Elefant im Logo von *Tourism Pietermaritzburg/uMgungundlovu*), doch dann beließ man es beim alten Namen Pietermaritzburg für die Kernstadt.

Geschichtliches Im Jahr 1837 waren die Voortrekker über die Drakensberge gezogen und gründeten zwischen den Flüssen Msunduzi und Dorp Spruit eine Ansiedlung, die aber erst später den Namen der Voortrekker-Führer **Pieter** Mauritz Retief und Gerrit (Gert) **Maritz** bekam. Ab 1839 wurde der Ort Sitz des Volksrats der Voortrekker-Republik *Natalia*. 1843 annektierten die Briten Natalia und ernannten 1857 Pietermaritzburg zur Hauptstadt ihrer Kolonie Natal, und sie war es dann auch später von KwaZulu-Natal. Von 1994 bis 2004 musste sich Pietermaritzburg den Titel mit Ulundi/oLundi im Zululand teilen.

PIETERMARITZBURG / MSUNDUZI
0
© RKH VERLAG HERMANN
500 m
Hotels
1 Imperial Protea Hotel
2 Prince Alfred Street Backpackers
Albert Falls / Greytown / zur N3
Durban
N3
Masukwana (East)
Mosque
Williams
Hindu Temple Subrahmanya
George
Thomas
Retief
Garfield
Pick n' Pay
Murphy
Scottsville / Comrades Marathon House
R 56
Boshoff
Voortrekker House
Royal Agricultural Showgrounds
Hilton
Midmar Dam
Howick
Francis
Clayborne
Akerman
Msunduzi Museum Complex
(Voortrekker Museum mit Memorial Church)
Administration
Archbell
Churchill Sq.
May
The Orange Ring (Internet u. Launderette)
Henrietta
Strap
Bus-Terminal
Hesom
City Hall
Publicity House
Voortrekker Cementery
Geere
R 103
Albert Luthuli (Commercial)
Gandhi Statue
Tatham Art Gallery
A. Luthuli (Commercial)
Smith Grove B&B ca. 500 m
zur Briar Ghyll Lodge ca. 1,3 km
Redlands Hotel ca. 1,7 km
R103 / Queen Elizabeth Park
Johannesburg
Old Colonial Bld.
Forresters
Old Presbyt. Church
Witness
Natal Museum
Durban / N3
Princess
Gallwey Lane
Parliament Building / Old Legislative Council
Timber
Club
Bank
Harwin's Arcade
Theatre Lane
Levy
Drury
Buchanan
Printing Office
Carabiner
Lambert
St. Peter's Church
Alexandra Park
Peter Kerchhoff (Chapel)
P. Kerchhoff (Chapel)
Pavillon
Msunduzi
Victoria
Greyling
Boom
Hoosen Haffejee (Berg)
Pietermaritz
Church
Langalibalele (Longmarket)
Jabu Ndlovu (Loop)
Jabu Ndlovu
Burger
Prince Alfred
Bulwer
West
M70
Richmond / Ixopo / Edendale / (M 70, Drakensberge)
Macrorie House
Old Government House
Pine
Mayor's Walk
Bahnhof
National Botanical Garden / Prestbury

Sehenswertes im Zentrum

Vorweg: In den Straßen der Innenstadt stauen sich Verkehr und Menschenmassen, so dass die Idee einer beschaulichen zu-Fuß-Besichtigung eher ein Glücksfall ist. Machen Sie sich vor dem Einfahren mit dem System der Einbahnstraßen vertraut. Parkplatz-Tipp: Fahren Sie die *Albert Luthuli Street* von Osten bzw. von rechts im Stadtplan an, mit etwas Glück erwischen Sie gleich beim Eingang zur *Tatham Art Gallery,* dazu scharf links in einen kleinen Hof einbiegen, einen freien Platz (s. „P" im Plan); ansonsten in die breite Langalibalele Street abbiegen oder zum Churchill Square fahren.

Im *Publicity House,* Ecke Albert Luthuli/Langalibalele Street, das aus dem Jahr 1884 stammt, ist heute die **Tourist Information** untergebracht. Öffnungszeiten Mo–Fr 8–17 Uhr, Sa 8–13 Uhr, www.pmbtourism.co.za. Großes Broschürenangebot aller Art, Stadtplan, Unterkünfte. Nehmen Sie ein Exemplar des Magazins „Midlands Meander" mit, wenn Sie diese Route fahren möchten (s.S. 407).

Einige Schritte westlich befindet sich die **City Hall,** das rote Wahrzeichen von Pietermaritzburg. Der Vorgängerbau brannte 1898 nieder, der jetzige stammt aus dem Jahr 1900. Das angeblich größte Backsteingebäude südlich des Äquators besitzt einen 47 m hohen Glockenturm und im Innern schöne Bleikristallfenster sowie eine der größten Orgeln Südafrikas.

Schräg gegenüber liegt die renommierte **Tatham Art Gallery,** die 1865 erbaute frühere Hauptpost und der spätere Sitz des Gerichts-

Backsteinbau City Hall

hofs (Di–So 10–18 Uhr, www.tatham.org.za). Die schönen Räume zeigen ausgezeichnete Kunstkollektionen, britischer und französischer Meister des 19. und 20. Jahrhunderts (u.a. auch von Picasso, Chagall und Renoir) sowie Werke südafrikanischer Künstler – nicht versäumen. Mit Verkaufsausstellung und dem Café *Chef's Plate* im 1. Stock. Dort hat man vom Außenbalkon Sicht auf die City Hall und auf den kleinen *Garden of Peace* mit dem *Bushman's River Pass Monument* (Langalibalele-Aufstand 1873). Neben dem Rathaus symbolisiert die *Peace Sculpture* das multiethnische Südafrika (Zulu-Schild, Voortrekker-Wagen und eine Lotusblüte für Indischstämmige). Hinter der Tatham Art Gallery befindet sich die *Old Presbyterian Church* (Pemba Kahle), die erste englische Kirche von 1852.

Lanes

Zwischen Church- und Langalibalele Street erstreckt sich ein Netz kleiner Gassen, in der Gründerzeit zwischen 1888 und 1931 Zentrum des Finanzmarktes der Stadt, es gab hier sogar eine Börse. Heute gibt es hier viele Geschäfte mit viktorianischen Ladenfronten, kleine Restaurants und vor allem viel Gedränge.

Fußgängerzone Church Street

Die Church Street ist ab der Albert Luthuli Street südlich eine baumgesäumte Fußgängerzone. Anfangs und gleich rechts vor dem Old Colonial Building steht eine **Gandhi-Statue.** Sie erinnert daran, dass Gandhi 1893, als er mit dem Zug von Durban nach Johannesburg unterwegs war, in Pietermaritzburg trotz Fahrkartenbesitzes aus einem 1.-Klasse-Zugabteil verwiesen wurde weil er kein Weißer war – was dann Folgen hatte (s. Gandhi-Exkurs S. 374). Weiter unten ist sehenswert **Harwin's Arcade,** eine Einkaufspassage, die die Timber Lane mit der Theatre Lane verbindet. An der Church Street gegenüber der Timber Lane stehen zwei alte Bankgebäude, die Standard Bank (1882) und die First National Bank (1910). Hier befand sich einst das *Laager* der ersten Voortrekker.

Langalibalele Street

An dieser Straße befinden sich das **Old Natal Parliament** mit den **Gebäuden Old Legislative Assembly** (1889) und **Legislative Councils,** davor die Statue von Königin Victoria mit strenger Miene. Schräg gegenüber auf der anderen Straßenseite das Gebäude der **Post,** Bauzeit 1903–1907.

Museen und älteste Gebäude

Das **Natal Museum** in der Jabu Ndlovu Street 237 ist ein Natur- und Kulturhistorisches Museum und eines der fünf Nationalmuseen Südafrikas. Das Gebäude stammt von 1904. Neben einer Ausstellung über viktorianische Häuser und Geschäfte aus der Zeit um 1850 sind Schaubilder über Dinosaurier und der Fauna zu sehen. Die ethnologische Abteilung zeigt u.a. Exponate afrikanischer Kunst, Töpferkunst der Zulu und das Replikat einer San-Höhle mit Felsmalereien. Mo–Fr 8.15–16.30 Uhr, Sa 9–16 Uhr, So 10–15 Uhr, Tel. 033-3451404, www.nmsa.org.za. Eintritt R10, Internet Café.

Auf der anderen Straßenseite befindet sich das *Imperial Hotel,* eines der ältesten Häuser der Stadt von 1878.

Msunduzi Museum Complex (Voortrekker Museum)

Der *Msunduzi Museum Complex* an der Langalibalele Street 351/Boshoff Street zeigt nicht mehr wie früher allein die burische Vergangenheit, es dient heute als multikulturelle Institution für alle Bevölkerungsgruppen, das z.B. auch auf die *Zulu-Bambatha-Rebellion* von 1906 eingeht. Mo–Fr 9–16 Uhr, Sa 9–13 Uhr, Tel. 033-3946834, www.voortrekkermuseum.co.za, sicheres Parken, Eintritt R10.

Der mächtige Backsteinbau im edwardianischen Stil wurde 1905 erbaut. Früher eine Mädchenschule, ist er jetzt Verwaltungsgebäude des Museum-Komplexes mit einer Bibliothek. Die Main Hall zeigt die Ausstellungen *Zulu Heritage Exhibition, Indians Exhibition, The Prince Imperial Exhibition, History of Pietermaritzburg Exhibition* und die *Birth of Democracy Exhibition.* Das **Voortrekker Museum** ist in der **Church of the Vow** (Gelöbnis-Kirche) untergebracht. Die Voortrekker hatten sie 1841 errichtet, drei Jahre nach Schlacht am Blood River, wo sie zuvor im Falle ihres Siegs über die Zulu gelobt hatten, als Dank an Gott diese Kirche zu bauen (s.S. 277). Sie wurde 1910 erneuert. Mo–Fr 9–16 Uhr, Sa 9–13 Uhr. Daneben steht die neue **Memorial Church,** im Innern die Originalworte des Gelöbnisses der Buren. Die alte Kirche nutzte man ab 1912 als Museum, das zahlreiche Gegenstände der Voortrekker zeigt. Im Nebengebäude *E.G. Jansen Extension* befindet sich der zweitälteste Ochsenwagen Südafrikas, erbaut 1824, der bereits im Großen Trek mitfuhr. Außerdem kann man Eisenholz-Stuhl des Zulu-Königs Dingane sehen. Vor der Memorial-Kirche die Statuen von *Piet Retief* und *Gerrit Maritz.* Zum Komplex gehört außerdem eine Zulu-Wohnhütte sowie das zweigeschossige, riedgedeckte „Andries Pretorius House" von 1842 mit historischer Einrichtung aus den 1850er Jahren. Pretorius war Kommandant der Buren bei der Schlacht am Blutfluss am 12. Dezember 1838.

Voortrekker-Haus

Zum Msunduzi Museum Complex gehören ferner das *Voortrekker-Haus* und der Hindutempel *Sri Shiva Subrahmanya.* Das kleine „Voortrekker-Huisie" steht ein paar hundert Meter weiter westlich in der Boom Street 333 und ist mit Baujahr 1840 wohl das älteste zweistöckige Gebäude Pietermaritzburgs. Die soliden Mauern sind aus Schiefergestein, die Zwischendecke aus Yellowwood, das Dach ist riedgedeckt und der Fußboden in solider Parkettausführung. Zu sehen sind einige Memorabilias aus dem Zweiten Burenkrieg und Dokumente zu den *Concentration Camps* der Briten in KwaZulu-Natal.

Weiteres

Der **Alexandra Park** von 1863 mit seinen Sportanlagen und Gärten liegt südlich des Zentrums. Herzstück am Cricket Oval ist der architektonisch sehr hübsche Pavillon von 1897. In den Wintermonaten blühen hier die Steingärten und im Mai findet „Art in the Park" statt – Künstler stellen aus und verkaufen ihre Werke.

Das *Comrades Marathon House* im Stadtteil Scottsville (18 Connaught St, Mo–Fr 9–12 u. 14–16 Uhr) ist das Hauptquartier der Comrades Marathon Association, die den 87,3 Kilometer langen internationalen **Massen-Marathonlauf** zwischen Durban und Pietermaritzburg organisiert (alljährlich im Juni, mit abwechselnden Starts in Durban und Pietermaritzburg, durchgeführt seit 1921). Infos auf www.comrades.com.

Ende Mai/Anfang Juni findet die **Royal Agricultural Show** statt, eine zehntägige landwirtschaftliche Ausstellung auf großem Festgelände mit Rahmenprogramm. Seit 1851, Infos auf www.royalshow.co.za.

Botanik- und Naturfreunde besuchen den schön angelegten SANBI **National Botanical Garden,** 2 Swartkops Rd (ca. 2 km westlich des Bahnhofs, über Victoria Rd, Winston Rd, Mayor's Walk), Tel. 033-3443883. Alle Infos und Anfahrt auf www.sanbi.org/gardens/kwazulu-natal.

Wer sich für tolle afrikanische Schmetterlinge interessiert, kann das **Butterfly House** besuchen, 37 Willowton Rd, nahe N3/Exit 75, Di–Fr 9–16 Uhr, Sa 9.30–15.30 Uhr, So 10.30–15.30 Uhr, Tel. 03-3871356, www.butterflies.co.za, GPS S29°35'40.1" E30°24'19.8".

Reise-Infos Pietermaritzburg (PMB)

3

Information *Msunduzi Pietermaritzburg Tourism Association,* Publicity House, 177 Albert Luthuli St/Ecke Langalibalele St, Tel. 033-3451348, www.pmbtourism.co.za. Mo–Fr 8–17 Uhr, Sa 8–13 Uhr.
Oribi Airport Pietermaritzburg, Flight Information, Tel. 033-3869286

Websites www.pmb.co.za • PMB-Zeitung: www.witness.co.za

Ezemvelo KZN Wildlife Reservations Office, PO Box 13069, Cascades (nördlich von PMB), Tel. 033-8451000, Fax +27 (0) 33-8451001.
General Information Tel. 033-8451002, www.kznwildlife.com.
Online-bookings: bookings.kznwildlife.com, Mail: bookings@kznwildlife.com, Bookings fax2email: 086-5058889.
Customer Service fax2email: 086-5542297, Mail: customercare@kznwildlife.com. Refunds fax2email: 086-5058891, Mail: refund@kznwildlife.com

Notrufe Polizei Tel. 10111 (mit Handy: 112), Ambulanz Tel. 10177

Unterkunft Im Zentrum kaum vernünftige Angebote, besser sieht es in den Vororten oder in der weiteren Umgebung aus (die Seiten www.pmbtourism.co.za und www.pmb.co.za bieten Accommodation-Suchfunktionen). Bei nördlicher Weiterfahrt in Richtung Howick: entlang der R103 gibt es viele (s.S. 407, Midlands Meander Route).

Im Zentrum: **Prince Alfred Street Backpackers,** 312 Prince Alfred St, Tel. 033-3457045, Cell 072-6399167, www.chauncey.co.za. Sehr günstig.

Kwela Lodge Deutsch-Schweizerische Lodge auf einer Farm in schöner Gartenanlage, 12 km nördlich der Stadt mit gutem Ausblick auf den Albert Falls Dam und das uMgeni-Tal. 3 Zimmer, 2 SC-Cottages, Pool, BBQ. Otto's Bluff Rd (Anfahrt s. Homepage), Cell 083-7584477 u. 072-4347242, www.kwelalodge.com. DZ/F R340–480, Dinner u. Langzeittarife a.A.

Imperial Protea Hotel 3-Sterne-Hotel, zentrale Lage, plüschig, teils abgewohnt. 224 Jabu Ndlovu St, Tel. 033-3426551, www.proteahotels.com. DZ/F ab ca. R900.

Smith Grove B&B Schönes viktorianisches Haus, 5 Zimmer, Lounge, Wohnzimmer, sicheres Parken. 37 Howick Rd, Wembley, Tel. 033-3453964, www.smithgrove.co.za. Anfahrt aus der Stadt über die Luthuli Rd (ex Commercial), hinter den Royal Show Grounds wird diese zur Howick Rd, hinter einer langgezogenen Kurve links rein. DZ/F R600. Die Howick Rd weiter, geht es nach ca. 400 m links rein zur George MacFarlane Lane mit der Briar Ghyll Lodge.

Briar Ghyll Lodge Historisches Landhaus im Grünen mit viel Platz und altenglisch-gemütlichen Garten-Cottages. Pool, sicheres Parken. George MacFarlane Lane, Tel. 033-342-2664, www.bglodge.co.za, GPS S29 35.275 E030 21.594. Anfahrt s.o. DZ/F ab R750.

Von der Howick Rd gleich gegenüber der George MacFarlane Lane bzw. rechts:

Redlands Hotel Oberklasse mit allen Annehmlichkeiten, gutes Restaurant. 1 George MacFarlane Lane, Tel. 033-3943333, www.redlandshotel.co.za. DZ/F ab R1400.

Restaurants Zum Beispiel im *Chef's Plate* in der Tatham Art Gallery (s.o.). Stilvoll im *Redlands Hotel,* Speisekarte auf der Webseite www.redlandshotel.co.za.

Internet E-Mail erledigen, eine Kleinigkeit essen und Wäschewaschen in einem: Möglich bei *The Orange Ring,* Albert Luthuli St 31/Ecke Greyling (s. Stadtplan)

Shopping Malls / Einkaufen In der Langalibalele St ist ein *Pick n' Pay* mit ATM. Das riesige Einkaufs-Zentrum *Liberty Midland Mall* mit über 200 Shops und zahllosen Restaurants (www.libertymidlandsmall.co.za) befindet sich nördlich außerhalb nahe der N3 (aus dem Zentrum über die Luthuli St/R103 zur N3, Ausfahrt Chatterton/Armitage, ausgeschildert). *Maritzburg Arts & Crafts Market,* Alexandra Park, jeden 1. Sonntag im Monat.

Feste & Events Einen Event-Kalender gibt es auf www.pmbtourism.co.za. März: *Maritzburg Arts & Crafts,* Alexandra Park. Ende Mai/Anfang Juni: *Royal Agricultural Show,* www.royalshow.co.za und *Art in the Park,* Alexandra Park. Juni: *Comrades Marathon,* www.comrades.com. September: *Tourism Expo,* Liberty Midlands Hall. Ende September: *Garden & Leisure Show,* www.gardenshow.co.za.

Wahlweise Weiterfahrt • Übersicht:

1) Abstecher/Weiterfahrt von Pietermaritzburg nach Nordosten nach Greytown und Hermannsburg

2) Abstecher von Pietermaritzburg nach Westen nach Underberg, Himeville, Sani Pass Road / südliche Drakensberge

3) Weiterfahrt von Pietermaritzburg nach Norden auf der N3 nach Howick /Midlands Meander

1) Abstecher/Weiterfahrt von Pietermaritzburg nach Nordosten nach Greytown und Hermannsburg

Touristroute „The Amble" Die Touristenroute „The Amble" (sinngemäß: gemütliches Umherreisen) deckt das Gebiet von Pietermaritzburg auf der R33 nach Greytown ab, einschließlich auf der R74 nach Norden bis Muden/Kranskop sowie die Umgebung von

Wartburg, wo Ortsnamen wie Harburg, New Hanover oder Schroeders an deutsche Gründungen erinnern. Infos zu „The Amble" und einzelnen Orten auf www.theamble.com.

Die Region zwischen Pietermaritzburg und Greytown (75 km) heißt *uMshwathi,* hierher zieht es Geschichts- und Naturfreunde. Prägend waren u.a. die Traditionen und das Erbe deutscher Siedlungsgründungen im 19. Jahrhundert.

Albert Falls Dam

Das *Albert Falls Dam & Game Reserve* bietet viele Wassersportarten, *Nature Trails,* einen Wildpark, zahlreiche Picknickplätze und Unterkünfte jeglicher Art. Details darüber auf www.msinsi.co.za. Auf der Halbinsel im See befindet sich das authentische *Ecabazini Zulu Cultural Homestead* mit kulturellem Programm und Übernachtung in Rundhütten. Alle Infos darüber auf www.safarinow.com/go/EcabaziniZuluHomestead.

Wartburg

Wartburg östlich der R33 wurde 1892 von Missionaren der Hermannsburger Mission gegründet und bekam den Namen der Stätte der Bibelübersetzung Luthers. Es liegt an der R614, ca. 20 Kilometer östlich von den Albert Falls in flachwelliger Hügellandschaft, umrahmt von Zuckerrohr- und Maisfeldern, Avocado-Plantagen und Waldbeständen. Etwa 70% der Bevölkerung, oft in der 4. oder 5. Generation, spricht noch fließend deutsch.

Zum Erbe zählt die schlichte Luther-Kirche, einen Steinwurf vom Wartburger Hof entfernt. Sie kann besichtigt werden, der Pfarrer wohnt gleich gegenüber des Eingangs. Der dazugehörige Friedhof mit seinen interessanten Grabsteininschriften liegt oberhalb am Hang.

Jeden letzten Samstag im November gibt es in der *Wartburg Hall* den Weihnachtsmarkt mit zahlreichen Verkaufsständen (nähere Infos bei Anne Truter, Tel. 033-5031069). *Die Wartburg Kirchdorf School* in der Fountain Hill Road (Tel. 033-5031416, www.wartburg.co.za) wurde bereits im Jahr 1881 gegründet, hat heute 500 Schüler, davon etwa 100 aus deutschsprachigen Elternhäusern.

Als erste besiedelten die Gegend die Voortrekker, die 1837 mit dem Großen Trek nach Natal gekommen waren. Als dieses 1843 von England annektiert wurde, trekkten die Buren weiter nach Norden. In den 1850er Jahren ließen sich 13 Familien der Bergtheil-Auswanderer (s.S. 271), die sich zuvor als Baumwollpflanzer in „Neu-Deutschland" (heute New Germany bei Durban) versucht hatten, hier in der Gegend nieder und gründeten Orte wie *Neu-Hannover* (1858, New Hanover), *Harburg* oder *Schroeders.* Angelockt durch günstige Berichte zogen weitere Siedler aus Norddeutschland nach. Die Neugründungen entwickelten sich zu kleinen Zentren der Landwirtschaft, die Menschen pflegten bewusst ihren lutherischen Glauben (es gibt hier zwei lutherische Kirchen). Das Wappen von Wartburg zeigt die Ankunft der Einwanderer mit dem Segelschiff sowie die heraldische Wiedergabe der Wartburg in Eisenach, die Lutherrose und die Losung „Bete und arbeite".

Unterkunft

Cherdi's Rose Cottages Gemütlich-ländliche Cottages mit Veranda, Luxury Suite im Haupthaus, auch eine Backpacker-Unit. Ruhige Gartenlage, Braai facilities, Pool. 10 Ridge Rd, Tel. 033-5031911, Cell 072-4465856. B&B oder SC, Dinner a.A.

Wartburger Hof Rustikaler, alpenländisch inspirierter Landgasthof und Hotel, erbaut 1984. 26 Zimmer und Family Cottage. Pub, Pool, Parkanlage mit 9 Loch-Golfplatz. Noodsberg Rd, Tel. 033-5031482, www.orionhotels.co.za. DZ/F R1400.

Außerhalb: *Fountainhill Guest Lodge* Im privaten und tierreichen Hlambamasoka-Wildreservat an der R614, 2 km vor Wartburg. B&B und SC-Einheiten in schöner Gartenlage. Cheryl Taeuber, Tel. 033-5031420, www.fountainhill.co.za. DZ/F R1150.

3

New Hanover

Der Ort liegt etwa auf der Hälfte der Strecke zwischen Pietermaritzburg und Greytown. Falls Sie übernachten oder eine Pause einlegen möchten, so besuchen Sie das historische und pittoreske *Traveller's Rest Hotel,* einst eine Station für Ochsenwagen und Pferdereiter, Tel. 033-5020946. Herzliche Gastfreundschaft bei Monica (Tel. 081-5811708), Bar, *Sunday Lunches.* Monica informiert Sie über alles. 3 DZ mit Frühstück, Dinner a.A. Auch Backpacker-Unterkunft.

Bei der Weiterfahrt weist ein Schild nach rechts, wo **Louis Botha** 1862 als 8. von 13 Kindern eines Farmers geboren wurde. Botha besuchte die Hermannsburg Missionsschule (s.u.) und verließ seine Heimat mit 12 Jahren. Er wurde General der burischen Transvaal-Armee, nachdem er sich zuvor im Britischen-Burischen Krieg 1899–1902 in den Schlachten von Ladysmith, Colenso und Spioenkop bewährt hatte. 1910–1919 (bis zu seinem Tod) war er der erste Premierminister der neugegründeten Südafrikanischen Union.

Greytown

Greytown am Umvoti River wurde 1850 hauptsächlich als Garnison und Militärdepot gegründet und ist nach George Grey benannt, der von 1854 bis 1861 Gouverneur am Kap war. Der weitläufige Ort liegt 1100 Meter hoch, hat etwa 80.000 Bewohner und ist das Zentrum eines ausgedehnten land-, vieh- und forstwirtschaftlichen Gebiets, das auf isiZulu *Umgungundlovana* heißt, „Platz des kleinen Elefanten". Der Laden *Pink 3,* Pine Street, hat eine große Auswahl an Souvenirs und Zuluhandarbeiten.

Zum **Greytown Museum** (mit der Tourist Information) die Durban-Straße links hochfahren, Ecke Scott St (Mo–Fr 8–16 Uhr und an einigen Sonntagen, Tel. 033-4131171). Das kleine alte Kolonialgebäude, ein *National Monument,* zeigt einen Mix aus lokalen und historischen Exponaten. Es gibt einen *Victorian Children's Room, Hindu-* und *Muslim Room* sowie einen *Zulu Culture Room.* Im Außenbereich stehen Dampfmaschinen, eine alte Kanone von 1750 – sie wurde angeblich 1852 von einem achtzehnjährigen Mädchen mit zehn Zulu von Port St. Johns an der heutigen Wild Coast bis nach Greytown gebracht –, und im Coach House gibt es eine Schmiede und einen Leichenwagen. Außerdem Militärgeschichtliches und Kriege sowie die *Bambatha-Rebellion,* die bei Greytown ihren Anfang nahm und die mit dem Prozess gegen König Dinuzulu kaCetshwayo in der hiesigen Town Hall – heute gleichfalls National Monument – ihren Abschluss fand.

Greytown Tourism, im Museum, 69 Scott St, Tel. 033-4131171, Ext. 128, www.greytown.co.za. Infos zur Battlefields Route und zu Unterkünften, Verkauf von Zulu-Kunsthandwerk aus dem nördlich an der R33 gelegenen *Keate's Drift:* Speere, Schilde, Beadwork, Holzschnitzereien, Zulu-Puppen u.a. mehr.

Von Greytown auf der R33 Richtung Dundee/Endumeni

Nach Norden Richtung Dundee bzw. Endumeni wechselt das Landschaftsbild dramatisch: aus Gras- und Weideland wird trockenes *thornveld.* Es ist eines der letzten Gebiete mit traditionellem Zulu-Stammesleben. Man durchfährt die Orte *Keate's Drift, Tugela Ferry* und *Pomeroy.* Die Straße ist kurven- und viehreich und es geht oft steil rauf und runter, deshalb nicht nachts fahren.
Etwa 13 Kilometer nördlich von Greytown befindet sich das *Bambatha Police Memorial* zum Gedenken an vier britische Polizisten, die 1906 am Ambush Rock in einen Zulu-Hinterhalt gerieten und ermordet wurden. Der Überfall hing mit der Bambatha-Rebellion zusammen.

Von Greytown auf der R74 Richtung KwaDukuza ans Meer

Hermannsburg und die Deutsche Schule Hermannsburg

Der kleine Ort „Neu-Hermannsburg" wurde 1854 von acht Missionaren und acht Handwerkern der Hermannsburger Mission gegründet, die 1849 in dem kleinen niedersächsischen Heideort Hermannsburg von dem evangelischen Pfarrer und Prediger Louis Harms ins Leben gerufen worden war. Harms hatte von dort aus eine christliche Frömmigkeits- und Wiedererweckungsbewegung begonnen. Ein wichtiger Teil war dabei die „Bekehrung von Heiden in aller Welt" und die Überbringung der „frohen Botschaft von Jesus Christus".

Museum Als erstes Gebäude im afrikanischen Hermannsburg wurde 1854 das „Alte Missionshaus" erbaut, das auf dem Gelände der Schule seit 1992 als Missionshaus-Museum dient, Mo–Fr 9–12 Uhr (über www.museumsofkzn.co.za. Besichtigungen außerhalb der Öffnungszeiten können mit der Museumskuratorin Frau Inge von Fintel abgesprochen werden, Tel. 033-4450601, Extension 34, nach Büroschluss 033-4450212 oder 033-4450893, museum@ hmbschool.co.za).

Die erste Kirche 1860 baute man die erste kleine Kirche/Schule, 1868 die zweite und größere Peter-und-Paul-Kirche. Eine weitere Kirche für die zulusprachige lutherische Gemeinde entstand 1925. Hermannsburg bildete nach und nach weitere Missionare aus, die man auf kleine Stationen ins umliegende Zululand, nach Transvaal und bis nach Botswana aussandte. Hermannsburg gehört heute zum Evangelisch-Lutherischen Missionswerk in Niedersachsen, das in 17 außereuropäischen Ländern arbeitet (www.elm-mission.net).

Schule Die Deutsche Schule Hermannsburg wurde 1856 mit drei Kindern gegründet. Der Missionskatechet Heinrich Hohls von der ersten Gruppe Hermannsburger Missionare war der erste Lehrer. Der gute Ruf der Schule verbreitete sich rasch, und als Internatsschule nahm sie Kinder Deutschstämmiger wie auch Engländer und Buren aus ganz Natal und Transvaal auf. Einer der bekanntesten Altschüler ist der 1862 bei Greytown geborene und spätere General Louis Botha, von 1910 bis 1919 erster Premierminister der Südafrikanischen Union. Hermannsburg ist die älteste aller deutschen Privatschulen Südafrikas, kann heute auf bald 160 kontinuierliche Schuljahre zurückblicken und wird von der deutschen Regierung unterstützt. Sie ist für alle Kinder KwaZulu-Natals offen und hat heute etwa 200 Schüler. Höhepunkte des Jahres sind die alljährlichen Ereignisse: *Mudman*, Schulfest (im Mai) und Golftag sowie die Konzerte der Schüler. Weitere Informationen auf der Website der Schule, www.hermannsburg.co.za. Hermannsburg Schule, Tel. +27 (0)33-4450601 ext 11, Fax +27 (0)33-4450706, hmbschool@futuregtn.co.za.

Unterkunft Wer übernachten möchte, findet auf www.hermannsburg.co.za beim Link „Accommodation" reichlich Unterkünfte im näheren und weiteren Umkreis von Hermannsburg. Empfohlen: *B&B Haus Morgentau* Nette, hilfsbereite und dt.-spr. Gastgeberin Quanta Bestal, gepflegtes altes Farmhaus, ca. 5 km von Hermannsburg, Tel. 033-4450604, Cell 072-4803739, www.morgentau.co.za, GPS -20°1'18.94" +30°46'39.96" (von Greytown kommend am NTE-Schild links, nach Bahngleis links). DZ/F R880.

Weiterfahrt Von Hermannsburg über *Kranskop* (den Aussichtspunkt und Zwillingsfelsen *Kranskop* über dem Tal des uThukela-Flusses besichtigen) sind es nach KwaDukuza auf der R74 rund 80 km. Riesige Zuckerrohrfelder säumen die nicht allzu gute Straße. Vor KwaDukuza geht es rechts zu *Shaka's Memorial*. KwaDukuza s.S. 363.

2) Abstecher von Pietermaritzburg nach Westen nach Underberg, Himeville, Sani Pass Road / südliche Drakensberge

Um in die südlichen Drakensberge zu gelangen, nach **Garden Castle** (unter Verwaltung von Ezemvelo KZN Wildlife) und zu den Orten **Underberg** und **Himeville,** kann man von Pietermaritzburg über Edendale nach Boston an der R617 fahren und weiter nach Underberg. Eine **schnellere** weil asphaltierte Straße ist die **R617** von Howick (N3/Exit 99) nach Boston und weiter nach Underberg, ca. 120 km. Die Region ist bei Wanderfreunden beliebt, ein Höhepunkt ist die **Sani Pass Road** gleich nördlich von Himeville hoch nach

Lesotho. Wer nur einmal in die Drakensberge reinfahren kann, sollte besser *Cathedral Peak/Restcamp Didima* oder den *Royal Natal National Park* vorziehen. Lesen Sie vorab den „Überblick Drakensberge", s.S. 418.

Etwa 15 km vor Underberg zweigt von der R617 ein kleine Straße nach Norden ab zur **Reichenau Mission,** einer 1887 auf Einladung von Chief Sakhayedwa von deutschen Trappisten gegründeten Missionsstation, eine Tochterstation des Klosters Marianhill bei Durban. Es gibt da eine gotische Kirche aus jener Zeit mit wunderschöner Innenausmalung und mit bunten Bleiglasfenstern, eine Schule, deren Kinder aus abgelegenen Gehöften und aus armen Familien kommen, sowie eine funktionierende Mühle am Pholela River mit romantischem Wasserfall. Das ganze Gut ist selbstversorgend, hat ein Guesthouse und Restaurant. Geleitet wird die Station noch immer von Nonnen, inzwischen nur noch 3. Führung durch allen Einrichtungen R30 p.P. Einige Rand als Spende für die Schule sind hier sicherlich gut angelegt. Besuche müssen nicht angemeldet werden. Kontakt: Fritz & Jacque Kellermann, Tel. 033-7011089, www.reichenau.co.za.

Underberg Die kleinen Farmorte Underberg und Himeville am Fuße der südlichen Drakensberge sind Ausgangspunkte für Touren dorthin. Ost-West-Durchgangstraße in Underberg ist die R617, die sich 4 km westlich des Orts gabelt: nach rechts geht es nach *Garden Castle* (ca. 40 km weiter), nach links nach Süden in Richtung Kokstad und zur N2. Aus der Ortsmitte führt in Richtung Norden die R315 nach Himeville und in der Folge über Lower Loteni nach Nottingham Road an der R103.

Um das *Clocktower Centre* an der Old Main Road (erkenntlich an dem Holzgalgen mit „i"- und anderen Werbeschildern) gibt es ein paar Geschäfte, Restaurants, Banken und Veranstalterbüros für Sani-Pass-Touren. Dort ist auch die Touristen-Information *Southern Berg Escape*. In Underberg findet alljährlichen über die Osterfeiertage eines der größten Musik-Festivals von KwaZulu-Natal statt, das *Splashy Fen* (an der Straße nach Garden Castle, 20 km westlich, www.splashyfen.co.za).

Information Für Underberg, Himeville und Sani Pass: *Tourist Information Southern Berg Escape,* 7 Clock Tower Centre, Old Main Road, Tel. 033-7011471, Cell 082-4668246, www.southernbergescape.co.za und www.drakensberg.org, Mo–Fr 8–16 Uhr, Sa/So 9–13 Uhr. Broschüren, Unterkünfte, Auskunft über Freizeit- und Outdooraktivitäten inklusiv geführter Wanderungen zu San Rock Art-Stätten.

Internet-Café: *NUD Entertainment,* Old Main Rd, neben SPAR. Die *First National Bank* ist in Sichtweite. Gutes Essen, frische Pizza und Wi-Fi bei *The Grind Café* in der Village Mall. Bei *WC Books* bei der Tourist Information kann man Landkarten der Region kaufen. Autoprobleme? *Underberg Auto Electrical,* 12 Old Main Road, Tel. 033-7011318 (24-h-Service).

Touren *Thaba Tours & 4x4 Adventures,* Clocktower Centre, Old Main Rd, Tel. 033-7012888, Cell 083-3535958, www.thabatours.co.za bietet Tagestouren zum Sani Pass und Überlandfahrten nach Lesotho. – *Sani Pass Tours,* Village Mall, Tel. 033-7011064, www.sanitours.co.za, hat gleichfalls einen Sani Pass Day Trip (9.30–16.30 Uhr) zum Sani Top Chalet im Programm sowie Lesotho-Touren; außerdem *Guided Hiking Rock Art* und Unterkunftsvermittlung. – *Major*

Adventures Underberg, Tel. 033-7011628, www.majoradventures.com, bietet zahlreiche kurze und lange Touren an, und natürlich auch den Sani Pass. Büro im Hotel *Underberg Inn,* Old Main Road.

Unterkunft Entlang der Drakensberg Gardens Road und auch in Richtung Himeville gibt es zahlreiche Lodges und B&Bs.

Unterberg Hotel Restaurant und Pub, Old Main Rd, Tel. 033-7011412. DZ/F ca. R650.

Eagle's Rock Familiengeführte Ferienhaus-Anlage, von Underberg 4 km auf der R617 in Richtung Swartberg, dann nach rechts/Norden noch 3,7 km auf der Drakensberg Gardens Road, Tel. 033-7011757, Cell 082-7811430, www.eaglesrock.co.za. B&B und SC, 4 Chalets auf einem Bergplateau in herrlicher Lage, viele Activities. DZ R500–590, Frühstück a.A.

Penwarn Country Lodges Auf der R617 Richtung Swartberg, dann nach rechts Richtung Bushman's Nek, Tel. 033-7011368, Cell 082-7739923, www.penwarn.co.za. Zwei sehr schöne auf einem Hügel mit Aussicht gelegene Lodges und drei Self Catering Units auf Farm mit Restaurant. Umfangreiches Aktivitäten-Programm. Preise p.P.: DZ/F ab R800, Dinner+Ü/F ab R1170, SC ab R350.

3

Garden Castle

Namensgeber für das südlichste und von Ezemvelo KZN Wildlife verwaltete Drakensberg-Gebiet *Garden Castle* war ein mächtiger Sandsteinvorsprung, der mehr als 600 Meter über dem Mlambonja River Valley aufragt. Charakteristisch sind hier zahlreiche Sandstein-Massive in ungewöhnlichen Formen, dominierend ist der 3051 m hohe *Rhino Peak.* Unter Überhängen und in Höhlen entdeckte man viele Felszeichnungen. Reichhaltig ist die Tierwelt und Vogelfauna, die man auf fünf ausgewiesenen Wanderwegen verschiedener Länge und Dauer durch schöne Landschaften zu sehen bekommt.

Anfahrt 4 km westlich von Underberg zweigt die Straße MR317 ab, von da noch 35 km zum Hotel Drakensberg Gardens und weiter zum Reserve. Unterkunft nur in diversen Wanderhütten und Campsites und nur für Wanderer. Distanz vom Gate zum Camp 1 km, Camp-Tel. 033-7011823, Eintritt R25. Der Laden verkauft Getränke, Feuerholz, Proviant etc. Weitere Details auf www.kznwildlife.com.

Unterkunft Die große 3-Sterne-Anlage **Drakensberg Gardens Golf & Spa Resort** liegt kurz vor Garden Castle. Etwa 80 Zimmern Golf, Spa & Wellness Centre, großes Aktivitäten-Programm u.a. mehr. Tel. 033-7011355, Cell 083-8712142, www.goodersonleisure.co.za/drakensberg-gardens. DZ/F R1400, Dinner R150 p.P.

An der Zufahrtsstraße zum Garden Castle Nature Reserve gibt es noch ca. fünf weitere Cottages, Resorts und B&Bs, wie z.B. **Lake Naverone,** 4 km vor dem Drakensberg Gardens Hotel. 19 idyllisch am See gelegene steinerne Selbstversorger-Cottages für 2–12 Personen, viele Outdoor-Aktivitäten. Tel. 033-7011236, www.lakenaverone.co.za. Preise je nach Cottage, ab R800 für zwei Personen, s. Website.

Himeville

Himeville liegt 5 km nördlich von Underberg auf 1500 m Höhe. 1896–99 wurde hier ein kleines Fort erbaut, um das der ländliche Ort zu wachsen begann. Das Fort im Zentrum gegenüber des Hotels *Himeville Arms* ist heute das **Himeville Museum** (Mo–Sa 9–12.30 Uhr, Tel. 033-7021184, über www.museumsofkzn.co.za). Von 1902 bis 1972 war es Gefängnis, Schul- und Postraum und heute ein National Monument. Die Sammlungen – historische Fotos, Haushaltsgeräte, Bekleidung, Militaria, San-Artefakte, Fossilien u.a. – zeigen die Geschichte der Gegend und die Zeit der ersten weißen Siedler, die um 1880 in die Gegend kamen. Im Außenbereich landwirtschaftliche und andere Geräte.

Die *Himeville Old Residency*, Ecke Arbuckle/Clayton Sts, wurde 1898 erbaut und ist seit dieser Zeit Sitz des Magistrats und heute gleichfalls ein National Monument. Am östlichen Stadtrand liegt das kleine *Himeville Nature Reserve* mit zwei großen Stauseen mit Forellen und einer kleinen Herde von Blessböcken und Wildebeest. Gut für Picknick und Braai. Kleiner Eintritt.

Unterkunft

Ripon Country Cottage Renoviertes Farmhaus 7 km nördl. außerhalb Richtung Lotheni, drei nette Landzimmer (auch Selbstverpflegung), Edmund & Erika Smith (dt.-spr.), Tel. 033-7021664, Cell 082-6686759, www.riponcottage.com. Preis a.A., moderat,

The Himeville Arms Hotel Gemütliches Landhotel mit *old English charme* von 1904, Restaurant, Grill und Pub, Ausflüge zum Sani Pass, Aktivitäten-Programm. Main St, Tel. 033-7021305, www.himevillehotel.co.za. DZ/F R880, Backpacker Room R175/Bett.

Moorcroft Manor Exklusives 4-Sterne-Landhotel 2 km nördlich außerhalb Richtung Sani Pass, linker Hand. Schöne Lage in Parklandschaft, 8 DZ, sehr gutes Restaurant (4 Gänge R120), Felsenpool. Tel. 033-7021967, www.moorcroft.co.za. DZ/F R1600.

An der Sani Pass Road liegen folgende Unterkünfte:

Lake Glencairn 3,5 km vom Beginn der Sani Pass Road kommt ein Hinweis auf Lake Glencairn, dann noch 1 km auf Farmweg zum Haupthaus, Tel. 033-7021610, Cell 082-6809552, www.lakeglencairn.co.za. Cindy und Jonathan – beide ausgesprochen nette, bemühte Vermieter – bieten ein komfortables *Rondavel* (R335 p.P.) und ein *Trout House* (R315 p.P.; beide für 2–6 Personen) sowie drei Einheiten im *Stables* mit je 2–6 Betten (R315 p.P.). Alle für Selbstverpflegung! Umfassendes, großes Aktivitätenangebot. Empfehlung.

Sani Pass Hotel Ca. 1 km hinter Sani Lodge Backpackers, Luxusklasse für 175 Gäste, Tel. 033-7021320, www.sanipasshotel.co.za. DZ/F ca. R1600.

Sani Valley Lodge 9,5 km vom Beginn der Sani Pass Road und 3 km links ab (ausgeschildert), Tel. 033-7020203, www.sanivalley.co.za. 8 voll eingerichtete Zwei- und Mehrbett-Lodges für Selbstversorger am Lifton Lake. DZ/F R1500, SC etwas weniger; auch Dinner+Ü/F.

Sani Lodge Backpackers

Diese 4-Sterne-Lodge auf 30 ha eigenem Gelände befindet sich 10,5 km ab der

Abzweigung zum Sani Pass. Wanderwege in die Umgebung oder bis hoch nach Lesotho beginnen hier (Besitzer Russel ist Autor des Buches „The Backpacker's Guide to Lesotho"). Wanderer erhalten hier alle Karten und die nötigen Permits. Geführte Wanderungen (auch mehrtägige) sowie motorisierte Touren nach Lesotho werden vom hauseigenen Unternehmen „Drakensberg Adventures" angeboten, z.B. *Sani Pass Day Tour* 9–17 Uhr, Mountainbikling und Reiten. Umfangreiche Website mit vielen interessanten Subseiten. Unterkunft in Doppel- und Mehrbettzimmern mit Gemeinschaftsbad und in 4 Rondavels mit eigenem Bad. Die Sani Lodge ist Mitglied bei *Fair Trade Tourism.*

Simone & Russell Suchet, Sani Pass Road, Himeville, Tel. 033-7020330, Cell 083-5661997, www.sanilodge.co.za. Wi-Fi, Grillstelle, Restaurant. DZ mit Bad R400, Dorm-Bett R110 (Zahlung mit Kreditkarte nicht möglich).

Giant's Cup Hiking Trail

Der *Giant's Cup Hiking Trail* ist ein 68 km langer Fernwanderweg durch die südlichen Drakensberge. Der populäre Trail dauert 5 Tage mit 4 Übernachtungen und führt nahe von *Sani Lodge Backpackers* nach *Bushman's Nek* im Süden, die Sani Lodge hat Infos und Karten. Unter Verwaltung von Ezemvelo KZN Wildlife, www.kznwildlife.com. Kein Rundwanderweg, deshalb auch den Rücktransport organisieren (z.B. Sani Pass Carriers, Tel. 033-7011017). In den Saisonzeiten frühzeitig buchen.

3

Sani Pass Road

Knapp drei Kilometer nördlich von Himeville zweigt Richtung Westen die Sani Pass Road ab. Der 1955 eröffnete Pass ist die einzige Straßenverbindung zwischen KwaZulu-Natal und Ost-Lesotho. Die rauhe Bergstrecke, die zu den spektakulärsten Südafrikas gehört, windet sich auf einer Länge von 35 Kilometern und mit einer Höhendifferenz von 1200 Metern hinauf zum höchsten Straßenpass Südafrikas auf 2874 m Höhe. Die Spitzkehren sind teilweise atemberaubend steil, verlangen viel Fahrkönnen. Auf den letzten sechs Kilometern bezwingt die Holperpiste 1000 Meter Höhenunterschied, und in Schattenlagen kann es selbst im Sommer noch Eisfelder geben. Die Aussicht von oben ist bei klarem Wetter spektakulär, in der zerklüfteten Felsenlandschaft liegt tief unten das Tal des Mkhomazana River. In früheren Zeiten nutzte man den Pass zum Gütertransport mit Packtieren, das erste Auto bezwang den Pass 1948. Geplant ist, die gesamte Strecke zu asphaltieren, die Arbeiten sind bereits im Gange.

Beachten: Reisepass mitnehmen, da kurz vor Sani Top die lesothosche Grenze passiert wird. Der südafrikanische Grenzposten befindet sich am Fuß des Passes auf 1900 Meter Höhe wo gleichfalls der Reisepass vorgelegt werden muss bevor man sich auf den Weg nach oben machen darf. Die Grenzstelle ist täglich von 8 bis 16 Uhr geöffnet. **Mit einem normalen Pkw** darf man **nur bis zum südafrikanischen Grenzposten fahren,** so verkünden es bereits Schilder weiter unten. 4-WD-Fahrten bieten Tourveranstalter und auch Unterkünfte wie Sani Lodge Backpackers an. Beizeiten vorbuchen!

Sani Top

In Sani Top, einer kleinen Lesotho-Ansiedlung, gibt es dann zur Belohnung im einfachen Gästehaus *Sani Top Chalet* mit dem höchstgelegenen Pub Afrikas (2874 m) das „höchste" Bier und T-Shirts mit Sani-Pass-Aufdruck. Übernachten und Camping ist möglich. Tagesausflügler können sich mit einfachen Gerichten für die Rückfahrt stärken. Tel. 033-7021069, www.sanitopchalet.co.za.

Von Sani Top führt die Straße weiter über das gipfelumkränzte Hochplateau der *Sani Flats,* steigt bis auf 3250 m am Kotisepola Pass an und führt dann hinab nach Mokhotlong, einem schmucken Lesotho-Dorf. In dieser Region fallen die Temperaturen im Winter bis in tiefe Minusgrade, entsprechend abgehärtet sind die einheimischen Basotho.

Steile Holperpiste Sani Pass Road

Umgebungsziel von Himeville

Cobham westlich von Himeville ist reine Wildnis mit Wanderwegen und Übernachtungen in Höhlen. Anfahrt: südlich von Himeville zweigt von der R315 die Piste D7 nach Westen ab (ausgeschildert, 14 km). Unter Verwaltung von Ezemvelo KZN Wildlife, alle näheren Infos auf www.kznwildlife.com.

Weiterfahrt von Himeville

Die Straße R315 nach Norden bis **Nottingham Road** ist zwar landschaftlich schön, aber **nicht** asphaltiert und man kommt nur sehr langsam voran! (s. Karte S. 419) Besser wieder auf der R617 zur N3 zurückfahren. Wer aber Zeit hat, sollte bei der Fahrt mach Norden auch Kamberg besuchen und trifft dann in **Rosetta** (s.u.) auf die R103.

3) Weiterfahrt von Pietermaritzburg nach Norden auf der N3 nach Howick /Midlands Meander

Howick

Nächster Knotenpunkt nördlich von Pietermaritzburg ist Howick (25 km). Von dort können Sie auf die R103 abbiegen, die durch die schöne **Midlands Meander Route** führt. Howicks Attraktion ist sein 95 m hoher Wasserfall, praktisch mitten in der Stadt (Zufahrt ausgeschildert) mit Aussichtsplattform und Sicht in die uMgeni-Schlucht. Das

uMngeni Tourism Centre befindet sich noch vor der Aussichtsplattform, Tel. 033-3302355, http://howick.kzn.org.za. Holen Sie sich dort das Heft „Midlands Meander", sollten Sie noch keines haben. Das *Howick Local History Museum,* gleichfalls in Sichtweite, bietet eine Ausstellung zu historischen, medizinischen und lokalen Themen (Di–Fr 9–12 u. 14–15.30 Uhr, Sa 10–13 Uhr, So 10–15 Uhr, Tel. 033-3306124, über www.museumsofkzn.co.za). Der *Howick Art & Craft Flea Market,* Goddard Park bei der Aussichtsplattform, findet jeden zweiten Sonntag von 9–15 Uhr statt.

Unterkunft Am besten man wählt eine der Unterkünfte entlang der R103 (s.u. „Unterkünfte entlang der R103 und im Vorland der Drakensberge"). Auch am Howick Dam gibt es am See Unterkünfte.

Restaurants Das *Nutmeg Bistro* liegt in Gehweite vom Wasserfall in der früheren Agricultural Hall. Gutes Straußen-Curry serviert *The Corner Post,* 124 Main St (R103), Tel. 033-3307636.

Ziele außerhalb Howicks Von Howick kann man drei Naturschutzgebiete besuchen: das kleine *uMgeni Valley Nature Reserve* liegt gleich nördlich von Howick (Anfahrt über die R103). Wanderwege führen zu Aussichtspunkten über die Zuflüsse des uMgeni River. Das *Karkloof Nature Reserve* liegt ca. 22 Kilometer nördlich, *Karkloof Canopytour* bietet Zip-lining und Abseiling an, www.karkloofcanopytour.co.za. Übernachten in Forest Lodges, www.rockwood.co.za. Howicks Freizeitplatz Nr. 1 ist aber der Midmar-Stausee mit dem *Midmar Public Resort Nature.*

Midmar Dam Das 2857 ha große *Midmar Public Resort Nature Reserve* liegt sieben Kilometer südwestlich von Howick und steht unter Verwaltung von KZN-Wildlife. In den Stausee, zur Trinkwasserversorgung dient, fließt der uMgeni River. Hier sind alle Arten von Wassersport möglich. Alljährlich im Februar findet die überaus populäre *Midmar Mile Swimming Competition* statt, bei der Tausende Schwimmer teilnehmen. Am Südufer gibt es einen kleinen Game Park mit ungefährlichen Tierarten (Direkteinfahrt über die R617, Thurlow Gate).

Anfahrt Midmar Dam: Von der N3 von Süden die Ausfahrt Howick/Midmar Interchange nehmen oder aus Howick über die R103. Eintritt R20. Beim Einfahren bekommt man ein Info-Blatt. Zum Übernachten gibt es 14 2-Bett Chalets und 34 Mehrbett-Chalets bzw. *Rustic Cabins* und drei separat liegende Campgrounds. Zwei-Personen-Chalets, voll ausgestattet, kosten R840. Verpflegung mitbringen. Buchung vor Ort oder über www.kznwildlife.com. Camp-Tel. 033-3302067.

Natal Midlands

Überblick

Als **Midlands** – oder *Natal Midlands* – wird das Gebiet von den Drakensbergen nach Osten bis zum Abbruch des Binnenhochlands ins Küstentiefland *(Lowveld)* bezeichnet. „Midlands" bezieht sich dabei auf die mittlere Höhenlage zwischen 600–1500 Metern mit dem Vorteil eines gemäßigten, angenehmen Klimas. Sanft gewellte Graslandschaften wechseln sich ab mit Ackerland, Forstregionen, Seen und Weidebewirtschaftung, über weite Strecken eine Anmutung wie im Allgäu oder wie in Mittelengland. Regelmäßige Niederschläge halten das Farmland fruchtbar und es gibt viele Flüsschen und Flüsse, zu den größeren zählen *Buffalo River, uMgeni, Mooi, uThukela, Karkloof* und *uMkhomazi*. Jene die in den Drakensbergen entspringen führen kristallklares Wasser und sind ein Eldorado für Forellenangler oder *Fly fishing*. Zu Seen und Dämmen aufgestaut, stellen sie die Wasserversorgung übers ganze Jahr sicher und vergrößern das Angebot der Ferien- und Erholungsmöglichkeiten. Künstler und Kunsthandwerker und jene, die ein geruhsames Leben schätzen, zog es schon immer in die Midlands, es dominiert nach wie vor britische Lebenskultur. Der größte Teil der Orte wurde im 19. Jahrhundert von britischen Farmern und Siedlern gegründet, etliche auch von deutschen Immigranten (s.S. 271).

Klima

November bis Februar ist Sommer. Januar und Februar häufig Niederschläge. März–Mai: Herbstwarme Tage, wenig Niederschläge. Juni–August: milde Winter, doch teils sehr kalte Nächte, in erhöhten Lagen unter Null mit Schneefall. September–Oktober: Frühlingshafte Temperaturen, verbreitet Wind, Nebel und Niesel. Generell kann das Wetter schnell umschlagen, immer eine warme Jacke griffbereit haben und auch Sonnencreme!

Sanfte Hügellandschaft Midlands

Midlands Meander Route

Bereits 1985 taten sich Leute zusammen und gründeten die Tourismus-Route **„Midlands Meander"** entlang der R103 zwischen der 60 km langen Strecke zwischen Howick im Süden und Mooi River im Norden. Ihr großformatiges Heft mit allen Angeboten heißt „Midlands Meander" (MM), **www.midlandsmeander.co.za,** Tel. 033-3308155, Reservierungen Tel. 076-1631942. Erhältlich ist das Heft an

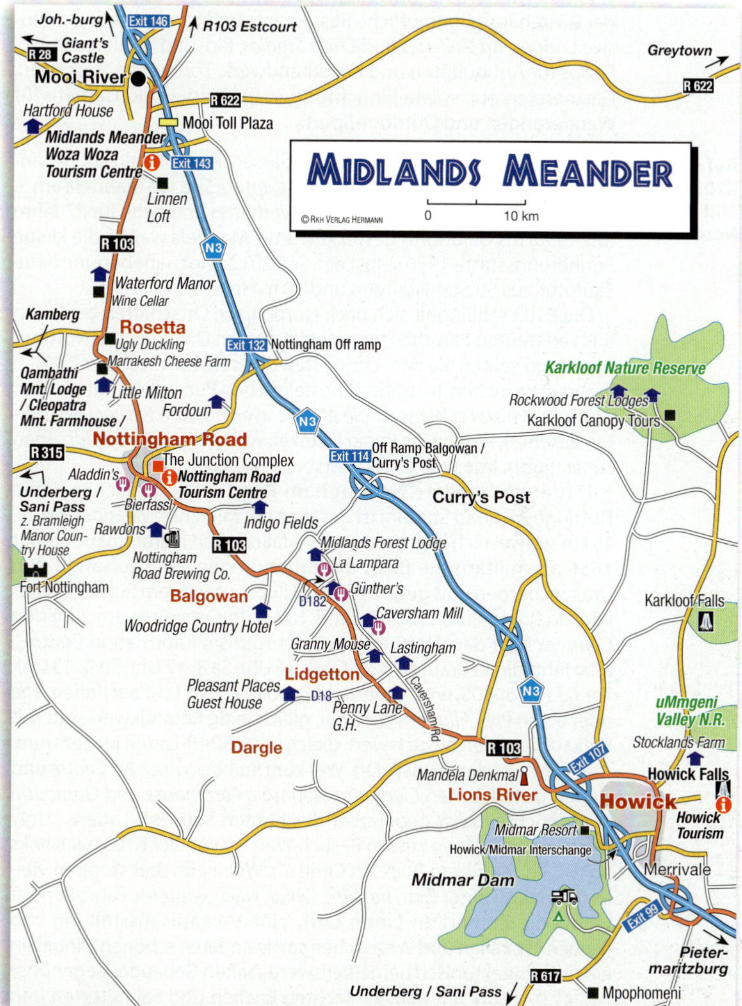

allen Tourism-Offices der Region und an zwei Info-Stellen direkt an der R103: Im zentralen Ort Nottingham Road beim „Nottingham Road Tourism Information Centre", Junction Complex, Tel. 033-2666308, www.nottingham-road.co.za und im Norden beim „Midlands Meander Woza Woza Tourism Centre", gleich bei der N3-Ausfahrt Mooi Toll Plaza zur R103. Sie können sich dort persönlich beraten lassen.

Entlang der R103 und an ihren Nebenstraßen gibt es Dutzende kleiner Gästehäuser, gemütliche Restaurants und Landgasthöfe, exklusive Lodges, *Art Galleries* und *Crafts Studios,* Bio- und Naturkostläden, Shops für Antiquitäten und Kunsthandwerk, Töpfereien, Käsereien, Gärtnereien etc. sowie Einrichtungen für Kinder und Gebiete für Wanderungen und Outdoor-Sport.

Auf der R103 von Süd nach Nord

Hat man die N3 über den Exit 107 verlassen, kommt bald auf der linken Straßenseite die *Nelson Mandela Capture Site,* wo Mandela am 5. August 1962 aus einem Auto heraus verhaftet und dann für 27 Jahre (bis 1990) ins Gefängnis gesteckt wurde. Mandela weihte die kleine Erinnerungsstätte 1996 selbst ein. Seit 2012 zeigt nahebei eine neue Skulptur aus 50 Stahlstangen und 10 m Höhe sein Porträt.

Die R103 schlängelt sich nach Norden, die Ortschaften bestehen aus verstreuten Farmhäusern ohne richtigen Ortskern. Vor Nottingham Road sollten Sie das schöne **Rawdons Hotel** mit seiner kleinen Brauerei besuchen. Im britisch-nostalgischen Pub werden vier Sorten gezapft: *Whistling Weasel Pale Ale, Pie-eyed Possum Pilsner* (herbbitter, Pilsener), *Pickled Pig Porter* (dunkel, vollmundig) und *Tiddly Toad Lager* (light). Infos auf www.nottsbrewery.co.za.

Das etwas größere **Nottingham Road** (ursprünglicher Name Nottingham Road Station) ist das Herz der Midlands Meander Route. 15 km südwestlich liegt das heute verfallene Fort Nottingham, erbaut 1856 als militärische Basis der Briten gegen die Khoisan in den Drakensbergen und gegen die amaHlubi unter ihrem Führer *Langalibalele* (Langalibalele-Aufstand 1873). In Ortsmitte am *Junction Complex* liegt das „Nottingham Road Tourism Information Centre", man fährt direkt drauf zu (Mo–Do 8–16 Uhr, Sa 8–17 Uhr, So 9–13 Uhr, Tel. 033-2666308, www.nottingham-road.co.za). Lust auf Kaffee, Tee oder einen Pie? *Alladin's-de-Light,* gleichzeitig Keramikwerkstatt mit Verkauf, ist einen Besuch wert, gleich beim SPAR-Laden im Zentrum.

Rosetta ist der nächste Ort. Wer zum *Kamberg Rock Art Centre* und zu den Unterkünften *Cleopatra Mountain Farmhouse* und *Qambathi* (s.u.) möchte, biegt gegenüber des bunten Souvenir-Ladens „Ugly Duckling", der einen kurzen Besuch Wert ist, von der R103 nach links ab (Schild „Kamberg Rock Art Centre"). Weinliebhaber stoppen vielleicht etwas später bei *The Wine Cellar.* Nach weiterer Fahrt kommt rechts die Zufahrt zu **Linen Loft,** eine Verkaufsausstellung von (Leinen-)Textilien und Websachen sowie anderen schönen Dingen in einem architektonisch bemerkenswerten alten Gebäude. Gegenüber ist das *Loft Café* mit hausgemachten Kuchen und Sahnetorten und einem Teegarten (tgl. 9–16 Uhr). Kurz danach kommt, wieder rechts, das *Midlands Meander Woza Woza Tourism Centre.*

Unterkünfte entlang der R103 und im Vorland der Drakensberge

Das MM-Magazin listet im Einzugsbereich der R103 über 90 Unterkünfte auf, überwiegend Mittel- und Oberklasse. Viele bieten verschiedenwertige Zimmer mit unterschiedlichen Preisen an, dazu meist noch (ermäßigte) „Midweek-" und (erhöhte) „Weekend"-Tarife sowie „Specials" in der Nebensaison (1. Mai–30. Sept.) oder rund ums ganze Jahr. Sehen Sie auf den Homepages nach. Die Unterkünfte in den staatlichen *Nature Reserves* verwaltet wie üblich in KwaZulu-Natal Ezemvelo KZN Wildlife. Dort kommt man in der Regel einfacher, doch preiswerter unter. Hier eine Auswahl von günstig nach teuer, Lagen s. Midlands Meander-Karte:

Günther's Originelles dt./schweizerisches Gartenrestaurant mit günstigem **B&B.** Kleine Gerichte, heimatliche musikalische Klänge, diverse Biere, Günther serviert sogar „Erdinger Alkoholfrei". An der D182 nördlich von Lidgetton, 10–17 Uhr, Di/Mi geschl., Tel. 033-2344171, Cell 083-6000923. DZ/F ca. R600.

Caversham Mill Manor & Country Cottages Schöne, empfehlenswerte Anlage an der Caversham Rd in freier Natur, Terrassen-Restaurant mit Blick auf den Lions River und Wasserfall. Tel. 033-2344524, www.cavershammill.co.za, GPS S29°24'56.4" E030°05'45.3". Hübsche Gartencottages/SC ab R840, im Manor House DZ R900.

The Midlands Forest Lodge Anlage auf knapp 1350 m Höhe, Unterkunft in 10 gemütlichen Timber Chalets. Was für Naturliebhaber, Aussichtslage, viel Ruhe, Aktivitäten. Dinner im Caversham-Mill-Restaurant. Caversham Rd, Tel. 033-2344633, Cell 072-1253392, www.ecotourism.co.za. DZ/F ab R860, SC-Chalets günstiger.

Penny Lane Guest House Ländlich, 10 Zimmer in drei Garten-Cottages, Pool. Hinweisschild noch vor dem Beginn von Lidgetton Village, Tel. 033-2342015, Cell 083-7477848, www.pennylane.co.za, GPS S29 26' 48.73" E30 06' 213". DZ/F R880, Dinner a.A.

Pleasant Places Country Guest House Vier Sterne-Gästehaus in Farmidylle in Lidgetton, Straße D18 (sie zweigt von der R103 in Richtung Westen ab), John & Linda Hall, Tel. 033-2344396, Cell 082-4562717, www.pleasantplaces.co.za, GPS S29°26'43.49" E30°04'29.98". 4 komfortable DZ, ein Family-Cottage. DZ/F 870–1100, Dinner a.A. (24 h), R140 p.P.

Little Milton Ein stilvolles, riedgedecktes 4-Sterne-B&B gleich südlich von Rosetta, auch Self Catering-Cottages. Tel. 033-2677007, www.littlemilton.co.za. DZ/F ab R1000.

Lastingham Schöne altenglische Lodge und Farm, stilvolle Zimmer, die Veranda überblickt die freie Natur, südafrikanische Gastfreundschaft bei Lynn & Mike. Caversham Rd, Cell 083-6616390, www.lastingham.co.za. DZ/F R1000–1200, hervorragendes Frühstück, 3-Gänge-Dinner R200 p.P.

Rawdons Ein 3-Sterne-Hotel im englischen Landhausstil auf einer *Fly fishing Estate* südlich von Nottingham Road, Zimmer und Cottages, reizvoller See. Tel. 033-2666044, www.rawdons.co.za. Bekannter wegen seiner Micro-Brauerei mit dem Markenzeichen eines biertrinkenden Warthog. DZ/F R1080.

3

Waterford Manor Ein sehr schönes B&B (auch mit SC-Cottages) nördlich von Rosetta in einem 10 ha großen Anwesen mit Zugang zum Mooi River. Lucinda & Robert, Cell 073-2607423, www.waterfordmanor.co.za. DZ/F ab R1100, SC R800.

Granny Mouse Spa- und Wellness Center an der R103 nördlich von Lidgetton. Charmantes upmarket-Country-Hotel mit allen Annehmlichkeiten, Fine-Dining-Restaurant (Weinkeller mit 4000 Flaschen), Tel. 033-2344071, www.grannymouse.co.za. DZ/F Garden Cottage ab R1840.

Bramleigh Manor Riedgedecktes Country House in 200 ha großem, parkähnlichem Garten mit Schwimmsee und deutschen Eigentümern. 4 Zimmer, 2 großzügige Ferienwohnungen, Wi-Fi. Von Nottingham Road die Straße nach Osten in Richtung Sani Pass/Himeville nehmen, nach 17 km nach links auf die Piste D544 abbiegen, noch 4 km, linker Hand. Nottingham Road, Tel. 033-2666903, Cell 076-6531514, www.bramleigh-manor.com. DZ/F R700–900, FeWo R1000, Lunch u. Dinner a.A.

Spas in 5-Sterne-Unterkünften

Indigo Fields Ein African *Day Spa* für Relax-Stunden und Harmonie auf einer Lavendel-Öko-Farm, 3 km südl. von Nottingham Road, Tel. 033-2666101, www.indigofields.co.za. Komplett-Arrangements mit Übernachtung ab R2100 p.P., nur Spa R425 p.P.

Woodridge Country Hotel Ein vier-Sterne Country-style-Retreat, 5 Garden Cottages mit Blick ins Balgowan-Tal und auf Wasserspiele sowie 10 Luxus-DZ. Superbes Restaurant mit Aussichtsterrasse, der Coffee Shop serviert frisch Italienisches. Lage 10 km südl. von Nottingham Road (Balgowan), Tel. 033-2344423, www.woodridge-estate.com. DZ Dinner+Ü/F ab R2060.

Fordoun Spa-Anwesen der Spitzenklasse mit Hydrotherapien in sieben Behandlungsräumen, Therapeuten und mit einem *traditional doctor,* der mit seinem *healing plant garden* die positive Energie Afrikas mit ins Spiel bringt. Geheizter Indoor-Pool, Sauna, Floatation Pool. Das Restaurant bietet tolle Gerichte. An der Straße vom N3-Exit 132 nach Nottingham Road, Tel. 033-2666217, www.fordoun.com. DZ/F ab R2220.

Hartford House Sehr schönes ländliches Anwesen, mit Wellness-Center und einem Top-Restaurant, das schon alle möglichen *food awards* abräumte – „KZN's No 1 Fine-dining Restaurant" preist es sich. Mooi River, Hlatikulu Road (westlich Richtung Giant's Castle, etwa 2 km hinter Mooi River links in die Hlatikulu Road abbiegen, nach ca. 5 km nach rechts), Tel. 033-2632713, www.hartford.co.za. 14 Luxus-Suiten, DZ/F ab R2100.

Restaurants

Neben den Spitzenrestaurants der 5-Sterne-Hotels (s.o.) sowie bei *Cleopatra* und *Qambathi* laden *Coffee Shops, Tea Gardens, Country Pubs* und *Wine Cellars* ein. Außerdem wird viel Selbstproduziertes und -angebautes verkauft: Früchte, Gemüse, Käse, Marmelade, Honig, dunkles Brot, frischgefangener Fisch, *home made cakes* etc. Ende April findet das zehntägige „Slow Food Festival" statt. Kleine Auswahl von Süd nach Nord:

Authentisch italienisch bei **La Lampara,** D182 (bei *Günther's,* s.o.), nur Do–So, Tel. 033-2344225. **Bierfassl**, R103/Nottingham Road, österreichisch angehaucht, deftig („Bratwurst, Weißwurst, Knackwurst, Bernerwurst, Jägerschnitzel, Eisbein, Tiroler Gröstl", Karte auf www.bierfassl.co.za), dazu Fassbier, tgl. 11–23 Uhr, Tel. 033-2666320. **Rawdons,** sehr gutes Hotel-Restaurant mit englischem Pub und Micro-Brauerei, Nottingham Road (s.o.). Nettes Sitzen in freier Natur am Wasserfall der **Caversham Mill** (s.o.).

Außergewöhnlich

Cleopatra Mountain Farmhouse Der Midlands-Meander-Geheimtipp für Gourmets! Historisches Farmhaus im Stil vergangener Zeiten in fantastischer Lage direkt an einem kleinen See und umgeben vom Giants Castle Nature Reserve. Die preisgekrönte Küche von Meisterkoch Richard Poynton ist legendär (Rezepte und die Fotos auf der Cleopatra-Website). Reit- und Angelmöglichkeit, Schwimmen in Bergflüssen, Radfahren und nach Anforderung Hubschrauberrundflüge in die Drakensberge. In der Nähe befindet sich das Kamberg Rock Art Centre (s.u.).

Cleopatra Mountain Farmhouse, 37 km westlich von Rosetta an der „Kamberg Rock Art Centre"-Straße, Tel. 033-2677243, www.cleomountain.com, GPS S29°19'28.1" E29°40'17.0". 5 Zimmer und 6 Suiten mit Kaminfeuer, Weinkeller, Restaurant. DZ/VP R3190–3990.

Außergewöhnlich

Qambathi: Eine Öko-Lodge (gleiche Anfahrt wie zum Cleopatra Mountain Farmhouse, doch kurz vorher nach links/Süden abbiegen, am Weg zum Kamberg Rock Art Centre, nach 1,9 km rechts) besonderer Art. Von den fünf Zimmern, alle künstlerisch eingerichtet, befinden sich zwei im Hauptgebäude und drei mit eigener Veranda in den Nebengebäuden. Der Essensbereich ist Teil eines offenen Küchenkonzepts und der Gast ist live dabei, wenn abends die raffinierten Menüs kreiert werden. Geführte Rundfahrten im eigenen Naturreservat mit spektakulären Aussichten auf die umliegenden Täler und Gebirgszüge, Wildbeobachtungen, Wanderungen und Picknicks, Pool. Zum Kamberg Rock Art Centre sind es nur wenige Kilometer.

Qambathi Mountain Lodge, Qambathi Mountain Reserve, Gerhard le Roux, Tel. 033-2677515, Cell 082-7748164, www.qambathi.co.za. GPS S29°20'25.71" E29°43'03.05". DZ/F R1980, DZ/VP R2770.

Tipp für Backpacker

Zur *Dragonfly Lodge & International Backpackers* nimmt man von Rosetta aus die gleiche Zufahrtsstraße nach Osten wie zum Cleopatra Mountain Farmhouse. Dragonfly ist ein familiengeführtes Farmhaus an einem See, lockere Atmosphäre, gute Küche. *Rooms, Rustic Cabins & Camping.* Ausflüge und Wanderungen, die die Leute organisieren. Anfahrt: Von Rosetta kommt nach 30 km der Highmoor-Abzweig, auf ihm 3,5 km fahren, dann ein Schild. Letzte Strecke kurvig mit Schlaglöchern. *Dragonfly Lodge,* Grace Valley Farm, 21 Highmoor Road, Tel. 079-4614506 oder 073-0223329, www.dragonfly-lodge.yolasite.com. GPS S29°19'720" E029°41'495". Dorm R120 p.P., DZ/Cabin R350, Camping R70 p.P.

Highmoor ist ein Teil der Mkhomazi Wilderness Area unter Verwaltung von Ezemvelo KZN Wildlife, www.kznwildlife.com.

Das Kamberg Nature Reserve mit seinen Felszeichnungen

Das Kamberg Natur Reserve mit dem kleinen Gebäude des **Rock Art Centre** liegt ca. 7 km südlich der Hauptzufahrtstraße von Rosetta (von dort ca. 37 km). Geöffnet Okt–März 5–19 Uhr, Apr–Sept 6–18 Uhr, Eintritt R30.

Im Info-Zentrum gleich oberhalb des Parkplatzes des Camps gibt es gegen Gebühr eine DVD-Vorführung der Felszeichnungen und verschafft so Einblicke

in diese vergangene Welt. Wer die Originale am *Game Pass Shelter* sehen möchte, muss mit einem Guide etwa 3 Stunden lang hinwandern (nur möglich nach vorheriger Anmeldung, Tel. 033-2637251 oder Mail an kamberg@kznwildlife.com; Gebühr). Die dortigen großartigen polychromen Bilder und Zeichnungen gelten als die wertvollsten der Drakensberge und lieferten Wissenschaftlern zum ersten Mal den Schlüssel zum „Knacken" des Interpretierungs-Codes der 4000 Jahre alten Felsenkunst der San.

Übernachten

Fünf 2-Bett Selbstversorger-Chalets (R600 für 2 Pers.) und ein Mehrbett-Cottage, alle Verpflegung ist mitzubringen. Kleiner Camp-Shop mit dem Nötigsten. Zentral-Reservierung Tel. 033-8451000, Camp-Tel. 033-2677312. Weitere Details auf www.kznwildlife.com.

Weiterfahrt von Mooi River nach Norden

In **Mooi River** (afrikaans: „Schöner Fluss", www.mooirivertourism.co.za) kann man wieder auf die N3 auffahren oder man nimmt die R103 nach **Estcourt** (40 km, s.u.) und weiter über Colenso ins größere **Ladysmith.** Eine Art östliche Parallelroute für Leute, die noch mehr über die Zeit der britisch-burischen Kriege erfahren möchten.

Unsere Hauptreiseroute ist die N3 mit nachfolgenden östlichen Abstechern in die **Drakensberge.** Von Mooi River führt die R28 nach **Giant's Caste,** man kann aber auch nördlicher von der N3 vom Exit 175/Escourt auf der R29 rascher nach Giant's Caste gelangen (65 km, s. Karte S. 407).

Wer nicht nach Giant's Castle und seine Route auf der N3 fortsetzen möchte, blättert vor zur S. 423 mittlere/nördl. Drakensberge.

Drakensberg: Giant's Castle

Das 35.000 ha große Gebiet *Giant's Castle* wurde 1903 als ein Game Reserve proklamiert, weil damals die Zahl der Elenantilopen ständig gesunken war. Die Populationen aller Arten haben sich seither längst wieder erholt, Giant's Castle ist heute Schwerpunkthabitat von Elenantilopen und mächtiger Bartgeier *(Lammergeyer)*. Es leben hier auch Ried-, Bless- und Bleichböcke, Klippspringer, Paviane und vielen Tieren mehr. In der Vogelwelt kommen und zahlreiche Adlerarten und Bussarde vor.

Das Hauptcamp von Giant's Castle liegt am Fuße eines mächtigen Gebirgsmassives, eingerahmt im Norden vom 3377 m hohen *Champagne Castle* und im Süden vom 3314 m hohen *Giant's Castle*, dem „Schloss des Giganten". Eine majestätische Kulisse.

Grasland und buschüberwachsene Hügel, die sich bis zu den Steilfelsen des Hochgebirges ziehen, prägen weite Teile des Schutz-

Die Main Cave mit San-Familie

gebiets. Es gibt tiefe Schluchten und Täler, Wildblumen und Proteen, Wasserfälle und glasklare Bäche sowie die Flüsse uThukela und Bushman's River. Ein Eldorado für Wanderer.

San-Felszeichnungen Vom Giant's Castle Camp führt eine einfache Kurzwanderung zum *Main Caves Bushman Museum,* Open-air unter Felsüberhängen mit eindrucksvollen Beispielen der San-Felsenmalkunst (geringe Gebühr). Der etwa 2,5 km lange Weg ist ausgeschildert, eine Strecke dauert etwa 45 Minuten. Man benötigt keinen Führer, sollte es aber so einrichten, dass man zwischen 9 und 15 Uhr zur vollen Stunde am Gatter des abgezäunten Gebiets ankommt wo dann ein Wächter erscheint und aufschließt. Zu gibt es beim unteren Felsüberhang eine kleine Gruppe lebensgroß modellierter San an ihrer Lagerstätte und beim oberen Überhang über 400 sehr gut konservierte Felszeichnungen mit Erklärungstafeln. Der Rückweg führt runter zum Bachtal und trifft dann wieder auf den Anmarschpfad.

Lammergeyer/ Vulture Hide Ranger legen hier Fleisch und Knochen für die mächtigen Bartgeier aus. Auch Aasgeier (Cape Vulture), Schwarze Adler, Falken und Bussarde können beobachtet werden. Lämmergeier verdanken ihren Namen schwarzen Gesichtsfedern, die an einen Bart erinnern. Die Spannweite ihrer Flügel reicht bis zu 2,60 Meter und im Sturzflug können sie über 150 km/h beschleunigen. Interessierte werden zu bestimmten Tagen und Zeiten zum Hide hingefahren, Vorbuchung notwendig, Kostenpunkt R215 p.P., Minm. R645, Rückweg zu Fuß.

Wandern & Aktivitäten Sechs Kurzwanderungen von 3 km, 4,5 und 5 km Länge sind möglich, dazu noch 13 längere wie z.B. der *Giant's Hut Trail* (19 km, Rundwanderweg), *Langalibalele Pass Trail* (27 km, Rundwanderweg) und der *World's View Trail* (14 km). Broschüren mit Wegbeschreibungen und wichtigen Informationen an der Rezeption. Außerdem im Angebot: Forellenfischen, geführte *Cultural Tour* zu der lokalen amaHlubi Community, *Cultural Zulu Dance and Song Events, Champagne breakfasts, barbecues & sundowners* beim Lammergeyer Hide. Mountainbiking auf der 75 Kilometer langen *Mountain Bike Challenge Route* alljährlich im letzten Sonntag im April (Vorbuchung). Einzelheiten auf www.kznwildlife.com.

Information Giant's Castle Geöffnet Okt–März 5–19 Uhr (Fr bis 20 Uhr), Apr–Sept 6–18 Uhr (Fr bis 19 Uhr). Office und Shop 8–16.30 Uhr, So 8–16 Uhr. Distanz vom Gate zum Camp auf 1750 m Höhe: 7 km. Camp-Tel. 036-3533718 (nach Dienstschluss 076-5454520), Check in ab 14 Uhr, Check out bis 10 Uhr, Eintritt R30. Der Shop verkauft Literatur, Karten, Proviant, Souvenirs. Nächster Versorgungsort Estcourt oder Mooi River, jeweils 65 km entfernt. Izimbali-Restaurant mit Aussichtsterrasse und Pub. Weitere Einzelheiten auf www.kznwildlife.com.

Unterkunft Insgesamt können im Camp 120 Personen unterkommen, auch eine etwas abgelegene Honeymoon-Unit („Bride's Bush", No. 8) kann bezogen werden. Alle Chalets sind komplett eingerichtetet und haben Feuerstellen und -holz für kältere Monate. Selbstversorger finden vor den Unterkünften Grillstellen. Camping ist im Camp nicht möglich. Vorhanden sind 16 2-Bett Chalets mit Gartenblick (R860 für 2 Pers.), 20 2-Bett-Chalets mit Bergblick (R980 für 2 Pers.), 7 Mehrbett-Chalets sowie 3 Berghütten für Wanderer. Alle Details auf www.kznwildlife.com.

Camping ist möglich außerhalb bei der **White Mountain Lodge,** 28 km vom Exit 175 der N3 entfernt (s. Karte S. 407), Tel. 036-3533437, www.whitemountain.co.za. Falls Giant's Castle einmal ausgebucht sein sollte, kann man hier gut übernachten. Die komplett eingerichteten SC-Chalets für 2–6 Personen liegen an einem See, auch mit VP möglich. Viele Outdoor-Sportmöglichkeiten, Pool, Restaurant. Auf der von Farmland umgebenen Lodge findet alljährlich Ende September das große *White Mountain Folk Festival* statt.

Estcourt

Mit Erreichen Estcourts (ca. 40.000 Ew.) an der N3 am Bushman's River nähert man sich wieder Schlachtstätten und Kriegsorten zwischen Briten und Buren. Um den Bewohnern des entstehenden Estcourts Schutz vor Zulu-Attacken zu bieten, erbaute man 1874 *Fort Durnford,* ein wuchtiger Bau mit Ecktürmen. Das Fort oben an der Kemps Road ist heute ein Museum mit historischen, militär- und naturgeschichtlichen Exponaten (Mo–Fr 9–12 und 13–16 Uhr, Sa/So nach Vereinbarung, Tel. 036-3526253). Angeschlossen ist eine rekonstruierte Wohnstätte der *amaNgwane.*

Nachdem im Februar 1838 *Piet Retief* in uMgungundlovu, Hauptsitz des Zulukönigs Dingane, getötet worden war und anschließend viele weitere Voortrekker in ihrem Lager am *Bloukrans River,* wurden weitere Angriffe der Zulu im Umkreis von Estcourt zurückgeschlagen, nämlich in *Saailaager* am 12.02.1838, in *Rensburg Koppie* und *Veglaer.* Saailaager liegt östlich der Stadt, hier hielt Andries Pretorius mit seinen Leuten und 40 Wagen vom 12.01. bis 25.02 den Zulus stand; zu sehen ist ein *memorial* und ein rekonstruiertes Voortrekker-Haus (Anfahrt über die Alfred Street - Steinbruch - über den Bushman's River; auf der Farm *Zaai Lager*).

Information *uMtshezi Tourism Information Bureau,* Old Civic Building, Upper Harding St, Tel. 036-3526253, www.estcourt.co.za. **Unterkunft** außerhalb: *Glenroy Guesthouse,* Moor Park Road (Nordseite Wagendrift Dam, Anfahrt über die R29, nach der N3 südlich abbiegen), Tel. 036-3523683, Cell 082-5763695. Vier SC-DZ, R250 p.P., Garten- und Aussichtslage auf den Wagendrift Dam, Lounge, Pool, Tennis, sicheres Parken, auf Wunsch mit Essen.

Abstecher von Estcourt: Wagendrift Dam

Um den Stausee, gleich westlich der N3, liegt das knapp 1000 ha große *Wagendrift Nature Reserve,* möglich sind Kanufahrten, Wassersport und Angeln. Ein 3 km langer Trail führt entlang des Bushmans Rivers. Übernachten ist möglich auf zwei Campsites und in einem voll ausgestatteten 4-Bett Chalet, Tel. 036-3525520. Alle Infos auf www.kznwildlife.com.

Weenen Game Reserve (25 km)
Das 5000 ha große Reserve am Bushmans River gilt mit seinen vielen Tier- und Pflanzenarten als ökologisch wertvoll. Vorhanden sind beide Nashornarten, Büffel, Giraffen, Antilopen, Kudus, Zebras, Strauße u.a. Auf *Self Drive Routes* kann das Gebiet erkundet werden. Unter Verwaltung von Ezemvelo KZN Wildlife, einfaches übernachten ist möglich, Camp-Tel. 036-3547013. Alle Infos auf www.kznwildlife.com.

Weenen (35 km)
„Weinen", gegründet 1838 als Voortrekker-Siedlung am Ufer des Bushmans River zum Gedenken an getötete Buren durch Zulu (Bloukrans-Massaker, Moordspruit, u.a.). Weenen ist die zweitälteste Burengründung in KwaZulu-Natal und dank seiner relativen Abgeschiedenheit auch mit das besterhaltene „Voortrekker Dorp" (Dorf) mit etlichen historischen Gebäuden wie *Dutch Reformed Church* oder die *Weenen Primary School.* Das ehemalige Wohnhaus von Andries Pretorius in der gleichnamigen Straße ist heute ein kleines Museum mit Gebrauchsgegenständen und Kleidung der ersten Siedler.

3

Weiterfahrt von Estcourt

Die N3 bringt Sie schnell nach Norden. Sind Sie auf der R103 unterwegs, stößt diese nach knapp 20 km auf die R74 nach Winterton (22 km) und Colenso (18 km). Knapp vor dieser T-Junction erinnert eine kleine Gedenkplakette daran, dass hier ein gewisser *Winston Churchill* 1899 von den Buren gefangengenommen wurde. Der englische Militärkorrespondent saß in einem Munitionszug, den die Buren zum Entgleisen gebracht hatten. Über den Bahngleisen ist ein Friedhof.

Das *Voortrekker Bloukrans Monument* liegt an der Straße nach Colenso (vor Chieveley rechts rein, ausgeschildert). Dort wurden bei einem Angriff der Zulu unter Dingane am 16./17. Februar 500 Voortrekker ausgelöscht, darunter zahlreiche Frauen und Kinder („Bloukrans-Massaker").

Colenso

Das ländliche 6000-Einwohner-Städtchen südlich von Ladysmith wurde 1855 gegründet und entwickelte sich wegen der uThukela-Furt zu einem Zwischenstopp für die Transportwagen zwischen Durban, Johannesburg und dem Free State. Im Zweiten Burenkrieg 1899–1902 war Colenso eines der Hauptquartiere der Briten, bei der Schlacht von Colenso am 15. Dezember 1899 vereitelte Burengeneral Botha mit 6000 Mann siegreich den ersten von fünf britischen Versuchen, das eingeschlossene Ladysmith zu befreien. Das kleine *Stevenson Museum* im alten Toll-House von 1879 am Fluss (George Street, wo auch die Tourist Information ist, Tel. 036-4222111) zeigt ein Modell der Schlacht von Colenso und dokumentiert das Geschehen (Schlüssel im Battlefields Hotel). Eine Serie kleinerer Gefechte, bekannt als *Battle of Tugela Heights,* fand außerhalb an der Straße nach Ladysmith statt. Gedenktafeln erzählen davon.

Emnambithi/Ladysmith

Ladysmith am Klip River (150.000 Ew.), gegründet 1850, heute ein Verkehrs- und Handelszentrum, ist als Symbol eines grausamen Kriegsdramas jedem britisch- und burischstämmigen Südafrikaner ein Begriff. Britische Soldaten waren hier im Zweiten Burenkrieg vom 2. November 1899 bis zum 28. Februar 1900 von einer Burenübermacht unter General Louis Botha 118 Tage lang eingeschlossen, ehe es den Briten unter General Redvers Buller gelang, die Belagerung *(siege)* aufzubrechen. Auf beiden Seiten fielen Tausende, verhungerten oder starben an Seuchen. Auch die Zivilbevölkerung musste hohe Opfer bringen. Sie flüchtete aus ihren von Granateinschlägen zerstörten Häusern und suchte Schutz in Erdhöhlen am Fluss oder starben wegen Entkräftung in den Lagern vor der Stadt. Auf den Kampfplätzen waren Inder im Einsatz, die als Bahrenträger in die britische Armee eingetreten waren. Einer von ihnen hieß Mahatma Gandhi.

Sehenswürdigkeiten

Hauptzubringer in die Stadt ist die N11, die im Zentrum zur Murchison Street wird. An ihr steht an der Ecke mit der Queen Street die 1893 erbaute Town Hall mit Turm, bewacht von den zwei Haubitzen „Castor" und „Pollux", mit denen die Briten burische Stellungen beschossen. Mit ihren größeren „Long Toms" aus französischer Fertigung, deren 50-kg-Granaten bis zu neun Kilometer weit flogen, hielten die Buren dagegen. Eine „Long Tom" steht rechts von Castor und Pollux.

Das daneben liegende **Siege Museum** dokumentiert die Belagerung der Stadt (Mo–Fr 9–16 Uhr, Sa 9–13 Uhr, Eintritt, über www.museumsofkzn.co.za) und gilt als eines der besten Militär-Museen KwaZulu-Natals. Zu sehen sind zahlreiche Fotos, Original-Dokumente, Uniformen und Waffen sowie Dioramen zur Belagerung der Stadt und ihrer Befreiung. Außerdem die damit verbundenen Schlachten von *Colenso, Spioenkop, Vaalkrans* und *Tugela Heights* (nicht weniger als zehn Schlachten fanden in Ladysmiths näherer und weiterer Umgebung statt). Das Gebäude, erbaut 1884, versorgte während des Kriegs die Zivilbevölkerung mit Notrationen, das damalige Geschehen beschrieb der junge Winston Churchill den Lesern der Londoner „Morning Post".

Murchison Street in Ladysmith mit Kanone und Turm der Town Hall

Gleichfalls in der Murchison Street und in Nähe der Town Hall befindet sich das historische **Royal Hotel,** dessen Einrichtung einen Blick wert ist. An der Ecke Murchison/King Street steht die *Dutch Reformed Church,* das Gebäude rechts davon ist das *Court House.* Hinter der Kirche an der King Street, gegenüber des Settlers Drive, befindet sich eine Polizeistation, deren eine Mauer ein Teil des ehemaligen Zulu-Forts war. Es wurde 1879 zum Schutz vor Zuluangriffen erbaut. Die Murchison Street weiter südöstlich liegt, noch vor der Princess Street, die schönste Kirche der Stadt, die *All Saints Church* mit kunstvollen Glasfenstern und einer Gedenktafel für die 3200 Engländer, die während der Einkesselung von Ladysmith ihr Leben verloren.

Ladysmith Black Mambazo

Ladysmith ist Heimatstadt von *Joseph Shabalala,* Gründer der berühmtesten Gesangsgruppe Südafrikas, des a-capella-Stimmenwunders *Ladysmith Black Mambazo,* das seit seiner Gründung vor über 40 Jahren weltberühmt wurde und deren heutige Aufnahmen nach wie vor in den Charts zu finden sind. Der seltsame Gruppenname wird so erklärt: Ladysmith ist der Gründungsort, „black" bezieht sich auf einen starken schwarzen Ochsen, und eine *mambazo* ist eine Zulu-Axt. Die Gruppe, die sich im Laufe der Jahrzehnte immer wieder verjüngte, nahm bislang über 40 Alben auf.

Im **Emnambithi Cultural Centre,** 316 Murchison Street, richtete die Stadt ihren berühmten Söhnen – und auch dem bekannten *Drakensberg Boys' Choir* – eine Dauerausstellung im kleinen, aber guten *Cultural Museum* ein.

3

Das **Information Office** befindet sich Emnambithi Cultural Centre, Tel. 036-6372331, Mo–Fr 9–16 Uhr, Sa 9–13 Uhr, www.ladysmith.co.za und www.ladysmithhistory.com. Infos über Unterkünfte, Kunst- und Kulturereignisse sowie Touren um und in der Stadt (z.B. zu Plätzen der Gruppe Ladysmith Black Mambazo, zu den Battlefields u.a.). Alljährlich Anfang Juni findet Ladysmith das *River Arts Festival* statt. Pizza & Pasta bei *Sonia's Pizza,* San Marco Centre, hinter Pick 'n' Pay, Francis Road.

Buller's Rest Lodge Schönes, riedgedecktes Anwesen über der Stadt, niveauvoll, Battlefields-Pub. 59/61 Cove Crescent, Tel. 36 637 6154, www.bullersrestlodge.co.za. DZ/F ab R600.

Royal Hotel Zentrale Lage, historisches Gebäude, komfortabel und *gentle elegance.* Gutes Abendbüfett-Restaurant, Pub. 140 Murchison St, Tel./Fax 036-6372176/7, www.royalhotel.co.za. DZ/F R900.

Weiterfahrt

Fahren Sie von Ladysmith zur N3. Dort Richtung Johannesburg oder zuvor noch den *Royal Natal National Park* besuchen. Dazu die N3 unterqueren und auf der R616 Richtung Bergville. Dann auf der R74 zum Park oder um den Woodstock Dam herumfahren. Spätere Weiterfahrt nach Johannesburg auf der R74 nach Harrismith an der N3.

Überblick Drakensberge / uKhahlamba Drakensberg Park

KwaZulu-Natals Drakensberge

Die Gebirgskette der Drakensberge ist Teil des Randschwellengebirges *(Great Escarpment)*, das das Binnenhochland Südafrikas, das *Highveld*, im Osten, Westen und Süden umgibt. Die vielfach über 3000 Meter hohen Drakensberggipfel, seine Tafelberge und majestätischen Felsbastionen entstanden in Jahrmillionen durch Erosion. In KwaZulu-Natal ist mit 3409 Metern der höchste Berg der *Injisuthi Dome*, in Lesotho der 3482 m hohe *Thabana-Ntlenyana*. Als die ersten Voortrekker von Westen kommend das riesige Bergmassiv erblickten, erinnerten sie die Spitzen und Zinnen an den gezackten Rücken eines riesigen Drachens. Die Zulu assoziierten die Felsspitzen mit ihren Speeren, *uKhahlamba* heißt „aufgerichtete Speere" oder „Barriere aus Speeren" – deshalb **uKhahlamba Drakensberg Park.** Südafrikaner sagen oft nur kurz „The Berg".

Einsame, unbesiedelte Höhenregionen sind typisch für die Drakensberge, und außer dem Schwingenschlag von Adlern, Vogelschreien oder dem Hufgetrappel von Elenantilopen herrscht hier tiefe Stille. In den unteren Bergausläufern gibt es zahllose Naturreservate und Erholungsgebiete, die zu Wanderungen, Klettertouren, Ausritten oder zum Forellenfischen einladen.

Blick über die Landschaft der Drakensberge

DRAKENS-BERGE
0
50 km
© RKH Verlag Hermann
Bloemfontein
Johannesburg
Harrismith
N5
N3
N11
New-castle
Glencoe
Dundee
R 33
R 57
Golden Gate Highlands N.P.
R 712
R 74
Sterk-fontein Dam N.R.
Van Reenen
Basotho Cultural Village
Phuthaditjhaba
Oliviershoek Pass
Elandslaagte
Clarens
s. Karte S. 431
Spioenkop Dam Game Reserve
R 616
Exit 230
Ladysmith
Sundays River
Oxbow
Three Tree Lodge
R 74
Sentinel, 3165 m
Royal Natal Nat. Park
uThukela
Mont-Aux-Source 3282 m
Berg-ville
R 600
Colenso
Maseru
Winterton
Woodstock Dam
Cathedral Peak 3004 m
R 74
Weenen
Tugela Ferry
Bushmans River
R 10
Thokozisa
Exit 194
Weenen N.R.
Cathkin Peak 3181 m
Mothae
R 600
Loskop
R 10
R 74
Cathedral Peak/Didima
Monk's Cowl
Champagne Valley
Exit 179
Estcourt
Muden
Champagne Castle 3377 m
Exit 175
R 29
R 103
Mhlopemi N.R.
Injisuthi
White Moun-tain Inn
Wagendrift N.R.
uKhahlamba-Drakensberg Park
Mankonjane
Mooi River
R 28
Exit 146
Greytown
Drakensberg
LESOTHO
Injisuthi 3410 m
Hlatikulu
Mooi River
R 622
Mokhotlong
Giant's Castle
Cleopatra
Rosetta
Karte S. 407
Giant's Castle 3314 m
High-moor
Qambathi
Nottingham Road
Thabana-Ntlenyana 3482 m
Lotheni
Kamberg
Midlands Meander Route
N3
Albert Falls Dam N.R.
R33 Greytown
Mkhomazi
uMngeni
R 103
R 315
Vergelegen
Howick
Sani Top Chalet
2874 m
Lower Loteni
Sani Pass
Midmar Dam N.R.
Exit 99
R 33
Impendle
R 617
Sani Lodge Backpackers
Pietermaritzburg
Sehonghong
Cobham
R 315
Boston
Edendale
Garden Castle
Himeville
Underberg
R 617
Durban
Reichenau
Bulwer
Sehlabathebe N.P.
R 617
Nkongoana Gate
Bushman's Nek Pass
Hella Hella Pass
Richmond
Coleford Nature R.
Donnybrook
Ngwangwana
Ramatseliso's Gate
Kingscote
R 617
KwaZulu-Natal
Qacha's Nek
Eastern
Ixopo
uMzimkhulu
Swartberg
Cape
R 56
(Enklave)
Matatiele
Franklin
R 612
R 56
Cedarville
Mount Currie N.R.
Kokstadt
N2
Port Shepstone
Mthatha

3

Die lange Nord-Süd-Kette der Drakensberge wird untergliedert in die Sektoren *Northern-, Central-* und *Southern Drakensberg.* Nachfolgende Beschreibungen **beginnen im Süden** mit *Garden Castle* und enden im Norden mit dem *Royal Natal National Park.*

Wegen seiner landschaftlichen Schönheit, Biodiversität, kulturellen Vielfalt und den zahllosen Fundstätten von bis zu 8000 Jahre alten **Felsmalereien** der vorzeitlichen San ernannte die UNESCO im Jahr 2000 fast den gesamten Drakensberg, von Bushman's Nek im Süden bis zum Royal Natal National Park im Norden, zum **Weltkulturerbe.** Verwaltet wird das über 230.000 ha große Drakensberg-Gebiet mit den staatlichen Unterkünfte von Ezemvelo KwaZulu-Natal Wildlife.

Webseiten Drakensberg

Nördlicher und zentraler Drakensberg:
www.cdic.co.za (Central Drakensberg Information Centre)
www.zulu.org.za/index.php?districthome+22
www.drakensberg-tourism.com • www.drakensberg.org
www.drakensberg-tourist-map.com
www.drakensberg-accommodation.com

Weitere Websites mit Drakensberg-Subseiten:
www.kznwildlife.com
www.countryroads.co.za
www.hideaways.co.za (einige Unterkünfte)

Mit Lesotho: www.malotidrakensbergroute.com

Highlights der Drakensberge

Die Drakensberge sind neben den wildreichen Tierreservaten die wichtigste Touristenattraktionen von KwaZulu-Natal und eine ökotouristische Hauptdestination. Die Berglandschaft bietet Gebirgsformationen von atemberaubender Schönheit, herrliche alpine Landschaften mit mannigfaltiger Flora und Fauna, Wanderpfade, Felsmalereien der San und zahllose Outdoor-Aktivitäten. Die schönsten Naturszenarien findet man in den Großtälern, im Norden im *Royal Natal National Park* und im zentralen „Berg" im *Champagne Valley* und im *Didima Valley.* Einsam sind die Naturschutzgebiete im Süden, wie *Lotheni* und *Cobham.* Am beeindruckendsten ist das grandiose, von riesigen Felsen gebildete **Amphitheatre** im Royal Natal National Park. Die beiden Highlights der KZN Wildlife-Camps von sind das **Thendele Camp** im Royal Natal National Park und das **Didima Camp** beim Cathedral Peak im zentralen Drakensberg.

Musikalisches: Wenn es sich ermöglicht, können Sie eventuell ein Konzert des *Drakensberg Boys' Choir* besuchen, Auftritte mittwochnachmittags um 15.30 Uhr, s.S. 424, www.dbchoir.co.za. An Ostern steigt bei Underberg das Musikfestival *Splashy Fen.*

Felsmalereien der San

Es gibt sie in den ganzen Drakensbergen unter zahllosen Felsüberhängen und in Höhlen. Insgesamt wurden an 500 Stellen etwa 50.000 Einzelbilder entdeckt. Besuchen Sie diesbezüglich das interessante kleine Museum *Didima Rock Art Centre* beim Didima Camp (Cathedral Peak) oder die *Main Caves,* die durch eine kurzen Wanderung vom Giant's Castle Camp aus leicht erreichbar sind. Schwieriger und nur durch Wanderungen zu besuchen ist die *Battle Cave* bei Injisuthi (s.S. 425) und *Game Pass Shelter* bei Kamberg (s.S. 412).

Fauna

In den gesamten Drakensbergen KwaZulu-Natals ist nur das Gebiet von **Giant's Castle** gleichzeitig auch ein *Game Reserve.* Dort leben Schwarze Adler, Herden von Elands und die gefährdeten Bart- bzw. Lämmergeier. Die Tiere sieht man aber nicht aus einem Geländewagen wie in den anderen Reserves Südafrikas, sondern auf Wanderungen. Südlich von Giant's Castle sind im *Hlatikulu Crane Sanctuary* alle südafrikanischen Kranicharten versammelt, Infos darüber auf www.enviroed.co.za.

Aktivsport / Abenteuerliches

Zahlreiche Hotels und alle größeren Camps bieten viele Freizeit- und Sportmöglichkeiten, von Schwimmen und Tennis über Golf und Wandern bis hin zu Ausritten und Mountainbike-Touren. Außerdem Kanu-, Wildwasser- und Heißluftballonfahren, Angelsport und andere Outdoor-Aktivitäten sind möglich. Die 4x4-Tour auf den Sani Pass nach Lesotho zum höchsten Pub Afrikas ist ein echtes Auto-Abenteuer (s.S. 403).

3

Wandern in den Drakensbergen

Die Drakensberge sind ein Wanderparadies, haben die höchste Konzentration an Wegen und Trails ganz Südafrikas. Sie können oder „guided" oder „self-guided" von jedem KZN Wildlife-Camp aus starten, von kurzen Spaziergängen bis zu Touren von mehreren Tagen Dauer. Die Herbstmonate April und Mai und auch Oktober und November sind für Drakensberg-Wanderungen die besten. Genaue Wegbeschreibungen und Karten sind in den Camps erhältlich. Auch die Website von KZN Wildlife, www.kznwildlife.com, geht auf „Hiking" ein und man kann sich sogar beraten lassen, Tel. 033-8451000.

Im nördlichen Berg sind für Erfahrene mit entsprechender Fitness extreme und mehrtägige Berg- und Felswanderungen möglich, die südliche Region um Underberg bietet für Gelegenheitswanderer bessere Optionen. Ein Höhepunkt ist der fünftägige **Giant's Cup Hiking Trail,** der einzig ausgewiesene Fernwanderweg in den Drakensbergen (s.S. 403). Der Trail verläuft von der Sani Pass Road nach Bushman's Nek im Süden.

Beachten

Vor einer Wanderung ist es in fast allen Camps Vorschrift, sich ins *Day Hike Register* oder ins *Mountain Rescue Register* ein- und nach Rückkehr ins Camp wieder auszutragen – etwaige Kosten einer Suchaktion gehen sonst zu Lasten des Wanderers. Der Mountain Rescue Service hat die Tel.-Nr. 082-9905877.

Da nicht immer alle Wege geöffnet sind, z.B. nach Regenfällen und im Winter wegen Schneefällen, sollte man sich vor dem Start über den Stand der Dinge erkunden und aus Sicherheitsgründen mindestens eine Zweiergruppe bilden. Bergschuhe, Regenschutz und warme Kleidung, selbst in den Sommermonaten, sind unbedingt erforderlich. Des Weiteren Sonnenschutzcreme, Hut, Fernglas, Proviant und Wasserflasche.

Wanderungen mit Übernachtungen („overnight hiking") müssen angemeldet werden, dazu stehen überwiegend rustikale Berghütten und auch Höhlen zur Verfügung. Extremes Felsklettern ist ausschließlich Mitgliedern des *Mountain Clubs of South Africa* vorbehalten.

Sicherheit

Die Website www.bergfree.co.za dokumentiert bei „Safety information" zahlreiche Sicherheitsratschläge, Tipps und Erfahrungen für kürzere und längere Bergwanderungen. In fast allen Camps und größeren Hotels kann man zertifizierte Hiking Guides anheuern, wenn Sie einmal mit einem Führer oder Porter losgehen wollen. Deren Telefonnummern stehen auch in Drakensberg-Publikationen. Abgerechnet wird pro Tag. Feuer ist nur an den ausdrücklich genehmigten Stellen erlaubt und immer verboten in Höhlen. Nur auf den markierten Wegen wandern. Plötzlicher dichter Nebel, besonders in den Sommermonaten, ist keine Seltenheit und dann für Wanderer sehr gefährlich in Höhenlagen, denn er kann bis zu zwei Wochen anhalten!

Einige spezielle Wander-Websites

Mountain Backpackers, www.mountainbackpackers.co.za, ist ein seit langem etablierter Outdoor Club mit Sitz in Durban und einem großen Angebot an wöchentlichen Drakensberg-Wanderungen, von einfach bis schwierig.

Backpacker's Guide to the Natal Drakensberg, www.berg.co.za, gibt erschöpfend Auskunft über Höhlen, Hütten, Pässe und die Gipfel der Drakensberge.

Der *Midlands Hiking Club,* www.gohiking.co.za, hat seinen Sitz in Pietermaritzburg.

Die Seite www.bergfree.co.za ist die informative Seite des professionellen Bergführers Dave Sclanders über Wandern in den Drakensbergen.

Darüber hinaus gibt es einige gedruckte Wanderführer, z.B. *Best Walks of the Drakensberg* von David Bristow, ISBN 9781770073678, erhältlich über Amazon.

Karten

Ezemvelo KZN Wildlife bringt sechs 1:50.000er Drakensberg-Karten heraus, die in gut sortierten Läden, in den Camps und bei Tourist Informations erhältlich sind. Die Rückseiten dieser Karten informieren über alles Wichtige, die Natur, Sicherheit, GPS-Anwendung u.a. mehr.

Reiseplanung und Tipps für die Drakensberge

Es ist wichtig, folgenden **topografischen Umstand** zu kennen: In den Drakensbergen gibt es so gut wie keine Nord-Süd-Täler und damit **keine durchgehende Nord-Süd-Straße entlang der Berge!** Verbindungen gibt es schon, doch fast nur in Form beschwerlicher, staubiger Schotterpisten, auf denen man nur sehr langsam vorankommt und man sich wegen fehlender Wegweiser auch öfter verfahren kann. **Es ist deshalb besser, nach Osten zurückzufahren,** zur R103 oder R74, und dann auf einer asphaltierten Straße wieder ins Gebirge Richtung Westen. Den Tank immer gefüllt halten.

Wieviel Tage

Wenn Sie jeweils ein- bis maximal dreitägige Aufenthalte im *Didima Camp, Giant's Castle* oder im *Royal Natal National Park* einplanen, erleben Sie bereits sehr viel.

Ezemvelo-Unterkünfte

Das Management über die relativ günstigen Unterkünfte in den *Wilderness Areas, Reserves, Game Parks* oder *National Parks* in den Drakensbergen obliegt der staatlichen *Ezemvelo KZN Wildlife* mit Sitz in Pietermaritzburg. Für Buchung einer Unterkunft – außer Camping – müssen Sie sich wenden an www.kznwildlife.com, online Direktbuchung bookings@kznwildlife.com, Tel. 033-8451000. Aufenthalte in den Saisonzeiten Dezember/Januar sollten frühzeitig reserviert werden!

Private Unterkünfte

gibt es in den Drakensbergen in nicht geringer Zahl von *budget* bis *upmarket,* von rustikal bis luxuriös. Die meisten findet man an den Zufahrtsstraßen und -strecken zu den staatlichen Camps. Reservierungen über deren Websites, achten Sie auf Sonderangebote/*Special offers.*

Touristen-Informationsstellen

Zuständig für den **zentralen und nördlichen** Drakensberg ist die große (private) **Tourist Information Thokozisa,** die sich an der R600 an der Kreuzung mit der R10 befindet (s.S. 424), Tel. 036-4881207, www.cdic.co.za. Oder: **Okhahlamba Drakensberg Tourism Office, Bergville,** Tel. 036-4481244 u. 4481296, Tatham Rd, Library Building, Mo–Fr 9–16.30 Uhr, Sa 9–13 Uhr, www.drakensberg.za.org.

Für den **südlichen** Drakensberg: **Tourist Information Southern Berg Escape,** Underberg, 7 Clock Tower Centre, Main Road, Tel. 033-7011471, Cell 082-4668246, www.southernbergescape.co.za und www.drakensberg.org, Mo–Fr 9–16 Uhr, Sa 9–12.30 Uhr.

Klima und Wettervorhersage

Die Drakensberge haben von November bis Februar heiße Sommer mit erfrischend kühlen Abenden. 85% der Niederschläge fallen Oktober–März, meist in sehr plötzlichen, heftigen Gewittern, vorwiegend am späten Nachmittag. Januar und Februar sind die nassesten Monate. Von April bis September ist mit Schneefall zu rechnen, im Juni und Juli kann es extrem kalt werden und die Gipfel sind schneebedeckt. Das Wetter schlägt in den Bergen schneller um als gedacht. Verfolgen Sie daher die Vorhersagen in den Nachrichten, im Internet oder rufen Sie bei der Wettervorhersage an. Für die Drakensberge: Tel. 082-2311602. Wettervorhersagen bieten auch alle Ezemvelo-Camps.

In die mittleren und nördlichen Drakensberge

Nach Giant's Castle im Süden können Sie nun noch drei Mal in „den Berg einfahren": Zum **Monk's Cowl,** zum **Catedral Peak** mit *Camp Didima* (Empfehlung) und als Abschluss im Norden in den **Royal Natal National Park** mit der großartigen Felsszenerie des **Amphitheatre.**

Herbststimmung in den Drakensbergen

Fahren Sie von der N3/Exit 179 zum großen, privaten **Info-Zentrum Thokozisa,** gelegen auf freiem Feld an der Kreuzung R600/R10. Hier können Sie eine Pause einlegen und erhalten umfassend Informationen (Tel. 036-4881207, www.cdic.co.za). Magda & Chris sind freundlich, reservieren Ihnen eine passende Unterkunft und geben Tipps für unterwegs. Erhältlich sind (Wander-)Karten, Broschüren und Bücher aller Art. Außerdem einige Shops, darunter eine Deli und eine Weinhandlung, Imbisse und ein gutes Restaurant mit Wi-Fi. Magda & Chris bieten in ihrem Haus außerdem schöne Unterkunft an, DZ ca. R550 bei Selbstverpflegung. Das neue „Baumhaus" bietet Platz für 4–5 Personen.

Die R600 bringt Sie dann ins **Champagne-Valley** (angeblich begossen die ersten Bezwinger des 3377 m hohen *Champagne Castle* ihren erfolgreichen Aufstieg mit einer Flasche Champagner, daher der Name), an dessen Ende **Monk's Cowl** bzw. das Wilderness-Gebiet *Mdedelelo* liegt. Zum Übernachten gibt es im Champagne Valley reichlich Unterkünfte, weshalb es hierher viele Touristen (und Golfspieler) zieht. Bald nachdem Sie auf der R600 rechter Hand „The Nest " passiert haben (ca. 7 km hinter Thokozisa-Kreuzung), kommt nach links die Abzweigung D275, die auf fünf Kilometern zu *Ardmore Guest Farm & Ceramic Art Studio* führt.

In umgebauten Stallungen arbeiten hier lokale Zulu-Künstler und fertigen Keramikkunst. Ardmore ist der Sitz von *African Loom,* das handgefertigte Textilien herstellt (www.africanloom.com). Die Baumwolle wird von Hand gefärbt, gesponnen und gewoben, aus den Stoffen werden Taschen, Kissen, Tischsets etc. hergestellt. Vom Atelier sind es nur zwei Minuten zum Gästehaus. Es gibt dreierlei Unterkünfte: *Rondavel, Cottage, Guest House* (max. 8–10 Gäste), inklusiv persönlichem Service der Gastgeber Sue & Paul Ross. Dinner (4-Gang-Menü), übernachten und Farmhaus-Frühstück ab R385 p.P., Tel. 036-4681314, Cell 083-7891314, www.ardmore.co.za. Das Keramikstudio hat täglich geöffnet.

Drakensberg Boys' Choir

Das Champagne Valley ist auch die Heimat des *Drakensberg Boys' Choir.* Auf dem Gelände dieser Internatsschule befindet sich das große moderne Auditorium, in dem Südafrikas singende Botschafter – der Kinder- und Jugendchor bereiste schon die ganze Welt – jeden Mittwochnachmittag um 15.30 Uhr, außer in den südafrikanischen Schulferien, öffentlich auftreten. Der Chor verfügt über ein großes Repertoire an Stücken und Liedern von klassisch über afrikanisch bis zu internationaler Folklore, Kirchenliedern, Jazz und Pop. Ende April/Anfang Mai findet das große *Music in the Mountains*-Festival statt. Aktuelle Termine auf www.dbchoir.co.za, Infos/Tickets unter Tel. 036-4681012 (auch auf www.computicket.com). Anfahrt: R600, vorbei am Abzweig zur *Inkosana Lodge & Trekking,* bald danach rechter Hand, ausgeschildert.

Monk's Cowl

Monk's Cowl ist ein 3234 m hoher Berg, dessen Gipfel einer nach oben stehenden Spitze einer Mönchskutte gleicht und der zwischen den Gipfeln

Champagne Castle (3377 m) und *Cathkin Peak (Mdedelelo,* 3234 m) liegt. Die drei markanten Berge zählen zu den höchsten der Drakensberge.

Das **Camp** von Ezemvelo KZN Wildlife ist Ausgangspunkt zur 22.000 ha großen *Mdedelelo Wilderness Area* mit vielfältiger Tier- und Vogelwelt. Wanderungen sind möglich von einer bis sechs Stunden Dauer, von leicht bis anspruchsvoll. *Overnight hiking routes* führen tief in die Täler der Wilderness Area und zu diversen Höhlen, wie z.B. *Stable Cave* und *Zulu Cave,* zu *Rock Pools* an Flüssen und bis hoch auf die Gipfel der Berge. Eine dieser Rundwanderungen dauert 5 Tage. Alle Infos im Camp-Office und auf www.kznwildlife.com.

Eintritt R35. Das nächstgelegene Hotel (etwa 1,5 km vor dem Gate zur KZN Wildlife Station) ist das *Champagne Castle Hotel,* s.u.

Inkosana Lodge – Backpacker Accommodation, von der Thokozisa-Kreuzung ca. 12 km und 7 km vor dem Monk's Cowl Eingang entfernt, Tel. 036-4681202, www.inkosana.co.za. Dormitory und DZ, Camping, Pool, Ausritte, Wanderungen, River Rafting u.a. Empfehlenswert. Frühstück und Abendessen möglich, ansonsten Selbstversorgung. 2-Bett-Rondavel ab R400 p.P.

Unterkünfte im Champagne Valley

3

Cathkin Cottage B&B B&B in Gartenlage mit schönem Ausblick, Pool, Restaurants in der Nähe. 1 Yellowwood Drive, Bergview. An Thokozisa-Kreuzung auf der R600 geradeaus für 12 km, nach dem Champagne Sports Resort nächste Straße rechts und nach 4 km, am Hotel Drakensberg Sun, geradeaus durch die Schranke, dann links. Val Stanley, Tel. 036-4681513, Cell 082-4018672, www.cathkincottage.co.za (m. Anfahrtskizze). DZ/F R270 p.P.

Champagne Castle Hotel Schöne Lage, direkt an der Bergkette, 4 TGCSA-Sterne, Wellness Centre, geführte Wanderungen und Bergtouren, Reitausflüge, Spielplatz, Pool, Restaurant, 47 Zimmer. An der R600 kurz vorm Parkeingang, Tel. 036-4681063, www.champagnecastle.co.za. VP/DZ ab R1850.

Drakensberg Sun Mit 78 Zimmern das größte Resort-Hotel im Champagne Valley, sehr komfortabel, geführte Wanderungen, Tennisplatz, Kanuverleih, Spielplatz, Pool etc. Nach dem Champagne Sports Resort nächste Straße rechts, Tel. 036-4681000, www.tsogosunhotels.com. DZ/HP ab R1700.

The Nest Das 1855 erbaute Hotel mit seinen 53 Zimmern ist mit das traditionsreichste in den Drakensbergen. Besonders schön sind die Mountain View-Zimmer. Tennis, Spielplatz, Reiten, Mountainbikes, Pool etc. An der R600, ca. 7 km hinter Thokozisa-Kreuzung, rechte Seite, Tel. 036-4681068, www.thenest.co.za. Voll- und Halbpension, Preise a.A., s.a. Specials.

Injisuthi

Injisuthi liegt zwischen Monk's Cowl im Norden und Giant's Castle im Süden und ist ein beliebtes Wandergebiet. Die geführte Wanderung zu den San-Malereien in der *Battle Cave* beginnt morgens. Man wird mit etwa 750 Bildern in vielerlei Motiven belohnt.

Anfahrt Von der Loskop Road (R10) führt eine 31 Kilometer lange Stichstraße durchs Injisuthi Valley und entlang des Little uThukela Rivers (Injisuthi) zum abgeschieden liegenden Injisuthi-Camp von Ezemvelo KZN Wildlife. Oder von der Thokozisa-Kreuzung ca. 7 km in südöstlicher Richtung fahren, dann am Injisuthi-Wegweiser rechts abbiegen. Vorhanden sind 4-Bett-Chalets, eine Gruppen-Cabin und drei 2-Bett-Zeltzimmer. Alles reine Selbstversorgung. Buchung/Auskunft auf www.kznwildlife.com.

Cathedral Peak mit Camp Didima

Das 1973 proklamierte und 32.000 ha große Naturschutzgebiet Cathedral Peak hat als Südgrenze Monk's Cowl. Aus dem Bergpanorama ragen die Gipfel *Cathedral Peak* (3004 m), *Cathkin* (3181 m), *Champagne Castle* (3377 m) und *Monk's Cowl* (3234 m) empor.

Wegen der Kombination von hohen Gipfeln, tierreichen Tälern, klaren Gebirgsbächen und Felsbildern der San zählt Cathedral Peak mit dem schönen Didima-Camp mit zum beliebtesten Ziel der Drakensberge. Spazierengehen und Wandern sind hier die Hauptaktivitäten. Die Auffahrt zum *Mike's Pass* ist ein Erlebnis und bietet vom Plateau des „Little Berg" weite Ausblicke auf Gipfel und das Tiefland.

Anfahrt von Winterton oder Bergville, jeweils 45 km entfernt. Hinter Emmaus geht es aufwärts, die Luft wird klarer und frischer. Die Straße folgt dem Mlambonja-Flusstal bis zur Schranke des Didima-Camps.

Camp Didima

Das Camp am Fuße des 3004 m hohen *Cathedral Peak, Outer Horn* (3006 m), *Inner Horn* (3005 m) und *Bell* (2930 m) zählt zu den schönsten der Drakensberge. Bei der Ankunft fallen sofort die beinahe bis zum Boden herabgezogenen Schalendächer der gewaltig großen Chalets ins Auge – architektonischer Anklang an die Wohnstätten der San unter Felsüberhängen und in Höhlen. Man könnte aber auch einen Schildkrötenpanzer oder einen geschwungenen Drachenrücken assoziieren – klar, wir sind ja in den Drachenbergen.

Wandern

Die mittlere Höhenlage schafft dafür ideale Voraussetzungen. Eine Karte mit acht Wanderwegen von wenigen Stunden bis zu drei Tagen Dauer ist bei der Rezeption erhältlich. Die Übernachtung in Schutzhütten kostet was. Die schönste Wanderung führt südlich in die *Ndedema Gorge* mit 150 Unterschlüpfen in den Felsen, viele mit San-Malereien. Außerdem beliebt: *Rainbow Gorge* (5 h), *Sherman's Cave* (6 h) und *Xeni Cave* (4 h).

Blick auf das Camp Didima

Didima Rock Art Centre

Dieses kleine Museum mit einer Multimedia-Show über das Leben und das Zeitalter der San und ihre Felszeichnungen ist eindrucksvoll. Zu sehen sind diverse Arten und Formen der Rock Paintings, ein Fries lebensgroßer Elands, San-Gebrauchsgegenstände und andere Exponate. Die Multimedia-Show findet im Auditorium statt mit dem Nachbau eines originalgroßen Sandstein-Felsenüberhangs, unter denen San lebten. Angeschlossen ist ein Café und das *Ndumeni Craft Centre* mit Verkauf von lokal produziertem Kunsthandwerk. Tägl. 8–16 Uhr, Mittagspause 13–14 Uhr, Eintritt R55. Die Guided Tour (Dauer 45 Min.) mit Stories (10 Min.) und der Multimedia Show (15 Min.) beginnt um 9, 11 und 14 Uhr. Allgemeine Infos über die San auf www.sanorigins.com.

Felsbilder der San

Zwischen dem Royal Natal Nationalpark im Norden und Bushman's Nek im Süden wurden unter witterungsgeschützten Felsüberhängen und in Höhlen zahllose Felsmalereien der San gefunden, bis dato an etwa 500 bekannten Stellen rund 50.000 Einzelbilder. Ihre genaue Datierung ist schwierig, die ältesten dürften mindestens 800 Jahre alt sein (die allerältesten Felsbilder im südlichen Afrika in der Apollo 11-Höhle in Namibia sind 27.000 Jahre alt). Dargestellt wurden in verschiedenen Farben Menschen, Tiere und Therianthropen (Menschenkörper mit Tierköpfen), in den südlichen Drakensbergen auch Rinder, Schafe, Löwen, Hyänen, Elefanten, Warzenschweine, Schlangen und Nashörner. Meistdargestelltes Tier ist die Elenantilope, das massige Huftier mit seinen spießartigen und gedrehten Hörnern galt den San als das mächtigste aller Tiere. Mit dem Aussterben der letzten San in den Drakensbergen Ende des 19. Jahrhunderts entstanden dann keine neuen Felsbilder mehr.

Information Didima Camp und Cathedral Peak

Geöffnet ganzjährig, 24 h. Office: 7–19 Uhr. Distanz vom Gate zum Camp: 1,5 km. Camp-Tel. 036-4888000, Check in ab 14 Uhr, Check out bis 10 Uhr. Eintritt R30, mit Didima Rock Art Centre R50, zahlbar am Main Gate. Das große, schöne Empfangsgebäude besitzt ein Innen- und Außenrestaurant, Bar, Lounge und einen Curio Shop mit kleiner Auswahl an Lebensmitteln, Wanderkarten und Literatur. Außerdem Konferenzzentrum, Pool, Tennisplatz.

Mike's Pass Die Auffahrt mit einem 4x4-Privatwagen zum Mike's Pass kostet R60. Mit einer Kleingruppe im Wagen eines Rangers gleichfalls R60 (Minm. R280). Anmeldung bei der Rezeption.

Wandern Achtung, schnelle Wetterumschwünge! *Mountain climbers* und *overnight hikers* müssen sich im Nature Conservation Office anmelden. Der Besuch der Felsenbilder mit einem lokalen Mountain Guide kostet R75 p.P. (R270 Minm.). Auch Träger können angeheuert werden. Weitere Infos beim Nature Conservation Office oder auf www.kznwildlife.com.

Übernachten Didima verfügt über 28 Zweibett-Chalets (2 Pers. R800), 32 Zweibett-SC-Chalets (2 Pers. R850) und einige Mehrbett-Chalets, insgesamt 140 Betten. Alle Chalets haben TV, Kühlschrank und einen Kaminfeuerplatz. Brennholzbündel verkauft der Shop.

Campground und Caves Der Cathedral-Campground befindet sich an einer Nebenstraße. 21 schattige Camping- & Caravan-Stellplätze. Grillstellen, Feuerholz zum Kaufen, Sanitäranlagen mit heißen Duschen. Rezeption 6–18 Uhr, freitags bis 21 Uhr. Caves: in der Nähe gibt es 15 Übernachtungshöhlen, nur für Wanderer mit Reservierung und Gebühr. Beachten: Campingplatz und Höhlen sind meist für Wochen ausgebucht, insbesondere an Wochenenden und in Hauptsaison. Lange vorher reservieren.

Weitere Unterkünfte

Cathedral Peak Hotel Zu diesem privaten Hotel innerhalb des KZN-Wildlife-Schutzgebiets führt eine separate Zufahrtsstraße, Tel. 036-4881888, www.cathedralpeak.co.za. Schöner kann ein (Familien-)Hotel kaum liegen! Bungalows und DZ, nur Halbpension. Kalte und geheizte Pools, Wanderungen und geführte Wanderausritte, Golf, Tennis, Forellen-Angeln, Kinder-Freizeitangebot etc. Reservierung unbedingt erforderlich, etliche diverse *specials offers* rund ums Jahr, siehe Website.

Winterton

Winterton, ursprünglich Springfield, wurde drei Jahre nach Ende des Zweiten Burenkriegs 1905 gegründet. Das kleine landwirtschaftliche Zentrum verströmt noch leichte Pionier-Atmosphäre und ist ein Ausgangspunkt für die nördlichen Drakensberge oder zum *Spioenkop Game Reserve* (13 km). Das *Winterton Museum* in einem kleinen Haus in der Church Street besitzt neben Objekten lokaler Geschichte und der *San Rock Art Gallery* auch eine Büchersammlung zum Thema „Südafrikanische Kriege" sowie die Ausstellung „Flora und Fauna in den Drakensbergen" (Mo–Fr 9–15 Uhr, Sa 9–12 Uhr, Tel. 036-4881885). **Information:** Springfield St, Tel. 036-4881988 (besser gleich zu Thokozisa fahren). Polizei Tel. 036-4881502. **Unterkunft**: *Bridge Hotel,* Main St, Tel. 036-4881554. B&B und SC, 30 Zimmer, Pub, gute Küche.

Bergville

Bergville am uThukela River ist das kommerzielle Zentrum eines großen Agraranbaugebiets und zugleich ein Ausgangspunkt in die nördlichen Drakensberge bzw. zum *Royal Natal National Park.* Auch das *Spioenkop Game Reserve* mit *Spioenkops Battlefield* und *Woodstock Dam* liegt gleich um die Ecke.

Information

Okhahlamba Drakensberg Tourism Office, Tel. 036-4481244 u. 4484296, Tatham Rd, Library Building, Mo–Fr 9–16.30 Uhr, Sa 9–13, Uhr www.drakensberg.za.org. Polizei Tel. 036-4481095.

Übernachten in der Region

Bingelela B&B & Restaurant, 3 km außerhalb auf der R74 in Richtung Harrismith auf einer Farm, rechts, Tel. 036-4481336, www.bingelela.co.za. Gutes Essen und Pizzen, gemütliche Bar, Pool, 10 Cottages. DZ/F R700; auch SC.

Sandford Park Country Hotel, wenige Kilometer nördlich von Bergville, Tel. 036-4481001, www.sandford.co.za. Schön gelegenes historisches Landhotel, 3 TGCSA-Sterne, Restaurant (erträglich), uriger Pub, Park, Garten, Pool. 50 normale und 24 bessere Zimmer, Preise a.A. Von Bergville hinter der Caltex-Tankstelle rechts in die R616, nach 2 km links in einen Schotterweg, noch 1,3 km, ausgeschildert.

Außergewöhnlich: **Three Trees at Spioenkop** Diese gemütliche Öko-Lodge in historischer Umgebung mit eigenem Wildreservat befindet sich in Aussichtslage über dem Spioenkop Game Reserve, ca. 23 km von Bergville. Das Hauptgebäude mit umlaufend überdachter Terrasse, Speiseraum und Kamin-Lounge wurde im kolonialen Design neu erbaut. Die 7 freistehenden und großzügigen Übernachtungs-Chalets mit jeweils eigener Terrasse mit Blick in die Natur befinden sich etwas unterhalb auf dem Gelände verteilt. Der Gast kann hier reiten, wandern (beides auch begleitet), Mountainbike-Fahrten unternehmen oder eine Tour mit kundiger Führung auf das berühmte Schlachtfeld des **Spioenkop** unternehmen (s.u.). Das Dinner wird nach einem Sundowner mit Blick auf die

Spitzen der Drakensberge im gemütlichen Hauptgebäude eingenommen. Three Trees ist eine *Fair Trade Tourism*-Unterkunft, Simon & Cheryll sind exzellente Gastgeber.

Three Trees at Spioenkop, Rhenosterfontein Farm, Bergville, Tel. 036-4481171, Cell 082-3791864, www.threetreehill.co.za, GPS S28°39'41.6" E029°29'13.6". Wi-Fi, Pool, Reiten. DZ/VP R3900.

Spioenkop Game Reserve

Das 6000 ha große Reserve um den Stausee des Spioenkop-Damms liegt 10 km nordöstlich von Bergville. Der See bildete sich durch Aufstauung des uThukela River. Im Game Park sieht man (garantiert) Giraffen, Antilopen, Zebras und Breitmaulnashörner. Vor allem wegen der Nashörner lohnt sich eine Fahrt auf den staubigen Pisten durch den Park. Das Reserve steht unter Verwaltung von Ezemvelo KZN Wildlife, Infos zum Übernachten auf Campsites auf www.kznwildlife.com. Camp-Tel. 036-4881578.

The Battlefield of Spioenkop

Auf der Kuppe des 1466 m hohen Spioenkop *(Spion's Kop)* fand am 23. Januar 1900 eine der verlustreichsten Schlachten im Englisch-Burischen Krieg statt. Gegen die zahlenmäßig weit unterlegenen Buren kassierten die Briten mit über 300 Toten und knapp 600 Verwundeten eine ihrer schlimmsten Niederlagen. Die Buren verloren 69 Mann. In der Dunkelheit und mit wenig Gegenwehr hatten 1700 Briten den Spioenkop erobert, auf dem sich aber nur wenige Buren verschanzt hatten. Als sich der Morgennebel lichtete, hatten die Buren hinter Felsbrocken als Deckung freies Zielfeuer. Der Kampf dauerte 14 Stunden, bis sich beide Seiten in der folgenden Nacht, jeweils unbemerkt vom Gegner, zurückzogen. Hinterher verwendete man den *trench,* den Hauptschützengraben auf der Kuppe, als Massengrab. Er konnte die Leichen der Gefallenen kaum fassen, ist original erhalten und mit Steinen bedeckt. Kreuze und Denkmalsteine erinnern an das Geschehen. Der angelegte Battlefield Trail informiert faktengenau.

Zufahrt zum Schlachtfeld von Norden über die R616, Eintritt R20, Self-guided Trail, Führungs-Leaflet, Toiletten, Mo–Fr 8–17 Uhr, Sa/So 9–16 Uhr.

Weiterfahrt

Von Bergville oder vom Spioenkop Reserve gelangen Sie auf der R74 schnell zum *Royal Natal National Park,* kurzweiliger ist jedoch als Variante den **Woodstock Dam** südlich zu umrunden (s. Drakensberg-Karte S. 419). Nach dem Besuch des Parks können Sie auf der R74 über den Oliviershoek Pass in Richtung Harrysmith zur N3 nach Johannesburg fahren oder Sie besuchen zuvor den westlich gelegenen Golden Gate Highlands National Park.

Das grandiose „Amphitheatre"

Royal Natal National Park

Dieser Parkname steht für das grandioseste Hochgebirgs-Panorama in ganz Südafrika. Bereits 1916 als Nationalpark proklamiert, ist der Park mit dem nordöstlichen *Ruggend Glen*-Naturreservat 8800 ha groß und UNESCO-Naturerbe. Der Namenszusatz „Royal" geht auf den Besuch der englische Königsfamilie 1947 zurück.

Meistfotografiertes Motiv ist das **Amphitheatre,** ein spektakuläres, sichelförmiges Felsmassiv von fünf Kilometern Breite. Seine Plateauhöhe beträgt 2926 m und Sie sehen es bereits von weitem. Eingerahmt wird es vom *Sentinel* (rechts, 3165 m) und links vom *Eastern Buttress* (3011 m) mit *Mount Amery* (3143 m).

Der größte Berg der Region ist der 3282 m hohe *Mont-Aux-Sources,* aus dessen Gebiet fünf Flüsse entspringen (u.a. zwei Zuflüsse in den Orange River, weshalb ihn zwei französische Missionare 1836 „Berg der Quellen" tauften). Hauptfluss durch den Park ist der *uThukela River* mit mehreren Wasserfällen. Der höchste hat eine Fallhöhe von über 600 Metern und er zählt damit zu den höchsten der Welt. Bedingt durch die unterschiedlichen Höhen- und Klimazonen ist hier die Flora und Fauna überaus vielfältig und mannigfaltig. Weit über 1000 Pflanzen- und 200 Vogelspezies wurden dokumentiert, darunter viele Adler-, Geier- und Falkenarten. In den Tallagen überwiegen Grasland und Waldbestand. Unterkünfte aller Art sind reichlich vorhanden, sowohl im Park (verwaltet von Ezemvelo KZN Wildlife) als auch außerhalb. Populärste Park-Aktivität ist Wandern.

Information/ Royal Natal Visitor Center

Eintritt Tagesbesucher R30, Kinder die Hälfte. Das Main Gate ist das ganze Jahr über von 6–22 Uhr geöffnet. Nach der Registrierung am Gate gelangen Sie nach ca. 1 km zum Visitor Centre (kleine Stichzufahrt nach links), wo Sie alle Informationen über die Unterkünfte und die Parkregularien erhalten. Das Faltblatt „Visitors Guide & Trails Map" zeigt die Karte des Parks mit Campsites und Hiking Trails, listet populäre Walks und Notrufnummern. Man kann sich hier für eine Wanderung beraten lassen und bekommt die entsprechende Begleitblätter. Zu kaufen gibt es Wanderkarten, etwas Proviant und Kleidung. Selbstversorger bringen ihre Lebensmittel am besten selbst mit (ein weiterer Laden mit gutem Angebot ist im Hotel Mount-aux-Sources, s.u.). Alle weiteren Parkdetails auf www.kznwildlife.com.

Schwimmen in den Parkgewässern ist fast überall erlaubt. Ausritte (2 und 3 Stunden Dauer oder einen ganzer Tag) sind möglich bei *Rugged Glen Stables*, gleich außerhalb des Entrance Gate, Tel. 036-4386422.

Wandern

Der Royal Natal Park ist ein Wanderparadies mit vielen Möglichkeiten, die herrliche Berglandschaft zu erkunden. In den Broschüren *Royal Natal Walks & Climbs* und *Royal Natal Walks & Hikes* kann man auswählen.

Dauer der Spazierwege und Routen von 45 Minuten (Fairly Glen) bis 17 Stunden (Mont-Aux-Sources via Mahai Valley), Länge in diversen Schwierigkeitsgraden von 2 bis 45 km. Beliebt ist z.B. der moderate und insgesamt 9,5 km lange „Grotto Walk" von der Mahai-Campsite bzw. ab dem Mahai-Parkplatz, hin 2 h und zurück 2 h, Badekleidung mitnehmen. Das Faltblatt dazu bietet alle Infos. Fittere ziehen vielleicht „The Crack and the Mudslide" vor: total 9,25 km, 3–4 h, alle Infos mit Karte und Höhendiagramm wieder im Begleitblatt. Als Tageswanderung empfiehlt sich „The Gorge" (total 14 km, ca. 6 h). Startpunkt ist der Parkplatz unterhalb des Thendele-Camps. Am Wegende kann man auf einer Eisenhängeleiter eine Felswand hinaufsteigen.

Beachten: schneller Wetterumschwung ist immer möglich, entsprechend ausgerüstet sein. Vor längeren Wanderungen Eintrag ins Hiking Register, diese liegen aus am Visitor Centre, am Thukela Car Park, am Thendele Camp und Mahai Camp Site. Felskletterer und jene, die auf den Mont-aux-Sources möchten, müssen sich in das *Mountain Rescue Register*

3

eintragen, und auch Wanderungen mit Übernachtungen muss man anmelden (Minm. 4 Personen). Alle Hinweise im Faltblatt *Take Care in the Mountains.*

Per Auto hinter die Berge

Es ist möglich, nach dem Besuch des Royal Natal Parks „hintenrum" per Wagen auf die Rückseite des Amphitheatre bzw. zum Fuß des Berges Mont-Aux-Sources zu gelangen. Bereits die gut zweistündige Anfahrt durch die südöstliche Ecke des Free State ist ein Erlebnis (s. Karte „Royal Natal National Park").

Man fährt aus dem R.N. Nationalpark zurück zur R74, biegt dort nach links ab, über den Oliviershoek Pass in Richtung Harrismith. Nach 36 km links in die R712, Richtung Golden Gate Highlands N.P. An einer Kreuzung wieder links Richtung Phuthaditjaba/Witsieshoek Pass (2270 m) und *Witsieshoek Mountain Resort,* das man links liegen lässt. Zum Sentinel Car Park (2540 m) am Fuße des *Sentinel* (3165 m) sind es noch ca. zehn Kilometer. Wer möchte und darauf vorbereitet ist, kann nun den Mont-Aux-Sources besteigen. Vom Parkplatz sind es ca. zwei Stunden Gehzeit bis zu den Kettenleitern auf den Mont-Aux-Sources, weitere Stunden sind für den Gipfelaufenthalt und die Zeit zurück zum Parkplatz einzuplanen. Unterlagen dazu zuvor beim Royal Natal Visitor Centre einholen. Nur für Konditionsfeste und bei gutem Wetter!

Übernachten: Mit 2286 m ist die **Witsieshoek Mountain Lodge** am Fuß des 3165 m hohen Sentinel die am höchsten gelegene Lodge der nördlichen Drakensberge. Sie bot (bislang) einfache Chalet-Unterkünfte, wurde aber Ende 2012 renoviert und modernisiert. Alles zum Stand der Dinge auf www.witsieshoek.co.za, Tel. 058-7136361, Cell 073-2287391. Spektakuläre Lage! Anzusehen auf www.360cities.net/de/image/witsieshoek-mountain-lodge-view-of-the-amphitheatre-south-africa#257.60,-3.50,49.7

Camps

Das schöne **Thendele** (Tel. 036-4386411) und **Mahai** bieten verschiedene Mehrbett-Optionen, darunter auch Chalets mit zwei Betten, alle Self Catering. Thendele: 8x 2-Bett Chalets im Lower Resort R1000, im Upper Resort R1030 (6x 2-Bett Chalets). Vorzubuchen auf www.kznwildlife.com oder mit bookings @kznwildlife.com. Im Thendele-Shop gibt es nur das Notwendigste und Feuerholz.

Die Campsite Mahai hat 80 Zeltplätze (ca. R300 für zwei Personen), der rustikalere *Rugged Glen*-Platz 15. Anmeldung für beide Campsites im Visitor Centre oder www.kznwildlife.com.

Distanzen vom Gate: 3 km zur Mahai Campsite und 6 km zum Thendele Camp. Check in ab 14 Uhr, Check out bis 10 Uhr.

Unterkünfte außerhalb des Parks

(s. Karte „Royal Natal National Park")

Amphitheatre Backpackers An der R74, Oliviershoek Pass, Farm Kransmore (21 km nördl. von Bergville, an der R74 steht linker Hand das Schild „Amphitheatre Lodge"), Tel. 036-4386675, Cell 082-5471171, www.amphibackpackers.co.za, GPS S28°38''236' E29°08''617'. Camping (R75 p.P.), Dorms (R125 p.P.), Twins/Double-Zimmer (R280/R360 /R520). Restaurant, Bar, Pool, Gästeküche.

Hlalanathi Berg Resort Etwa 7 km vor dem Park-Gate bzw. 40 km von Bergville (nach der Abzweigung der Zufahrtsstraße 304 zum Royal Natal National Park von der R74 auf Ausschilderung achten), Tel. 036-4386308, www.hlalanathi.co.za. Schöne Anlage über dem uThukela River, Pool, Restaurant, Golfplatz. SC-Chalets für 2 Personen R650. Wohnmobil-Stellplätze R130 p.P.

Tower of Pizza Liegt an der Zufahrtstraße in den Park, nach ca. 6 km, an der Abzweigung zur Montusi Lodge, Tel. www.towerofpizza.co.za. Dieses Pizza-Restaurant bietet auch einige schöne 3-Sterne-Rondavels/Cottages. DZ/F ca. R800.

Little Switzerland Resort An der R74 (kurz vor dem Oliviers Hoek Pass, ca. 7 km nördlich des Abzweig der Parkzufahrtstraße R304), Tel. 036-4386220, www.lsh.co.za, GPS S28°34'50.36'' E29°2'59.38''. Herrliche Lage, nur SC-Chalets (max 4 Pers.) R900, Wochenende R1150. Mit *Coyote-Café* am Eingang.

Sungubala Mountain Camp Von der Royal Natal N.P.-Zufahrtstraße den nördlichen Abzweig nehmen (auf das Schild „Sungubala and the Cavern" achten, vor „The Cavern" nach rechts zur Sungubala-Rezeption, Tel. 036-4386000, Cell 082-7813476, www.sungubala.com. SC-Zeltzimmer (R350 p.P.), SC-Huts in A-Form (R350 p.P.), Cottages DZ/F R1100.

3

The Cavern, Drakensberg Resort & Spa Von der Royal Natal N.P.-Zufahrtstraße den nördlichen Abzweig nehmen (auf Schild „The Cavern, Alpine Heath und Hlalanathi" achten), Tel. 036-4386270, Cell 083-7015724, www.cavern.co.za, GPS S28°38''177' E28°57''664'. Schöne Lage inmitten von Bergen, Wäldern und Flussläufen. Großes Aktivitätenangebot. DZ/VP ab R1660.

Hotel Mount-aux-Sources Großes 4-Sterne-Hotel gleich außerhalb des Parks (östl. von Rugged Glen), Tel. 036-4388000, www.oriongroup.co.za. 107 Zimmer, attraktive Lage mit Blick auf das Amphitheatre, Pool, Tennis, Squash. Abendessen meist in Form eines üppigen Büfetts. DZ/F ab R1640.

Montusi Mountain Lodge Anfahrt über die „The Cavern"-Straße, ausgeschildert, Tel. 036-4386243, www.montusi.co.za. 5-Sterne-Komfort, idyllische Lage mit Panoramablick auf das Amphitheater, 14 auf dem Gelände verteilte Garden Suites, gute Küche, Tennis, Golf. DZ Dinner+Ü/F R2600. Auch 6 SC-Cottages für 4–6 Personen.

Golden Gate Highlands National Park

Der 116 km^2 große *Golden Gate Highlands National Park* erstreckt sich nahe der Nordgrenze Lesothos am Fuß der Maluti-Berge und dem Tal des Caledon River folgend. Das reizvolle Hochlandgebiet zwischen 1900 und 2800 Meter ist pflanzen- und tierreich, hier leben Gnus, Antilopenarten, Warzenschweine, Schakale, Springböcke, Zebras und zahlreiche Vogelarten, dominiert von Lämmergeiern und Adlern. Prägend sind rötliche Sandsteinformationen, die in der Abendsonne golden leuchten und dem Park seinen Namen gaben. Mehrere Wanderwege, wie der *Rhebok Hiking Trail,* führen durch den Park, auch Reiten ist möglich. Eintritt bzw. *Conservation Fee* p.P./Tag R108, geöffnet 7–17.30 Uhr. Die durch den Park führende Straße R712 ist öffentlich und gebührenfrei. Nächste Städte: Clarens (17 km), Bethlehem (ca. 60 km), Phuthaditjaba und Harrismith. Im *Basotho Cultural Village,* links der R712, kann man etwas über die Traditionen und die Lebensweise des aus Lesotho stammenden Bergvolkes erfahren (kleines Museum). Auch übernachten ist möglich.

Übernachten Möglich im *Glen Reenen Rest Camp* (DZ R876, Tel. 058-2550909) mit Zelt- und Wohnmobilplätzen, im *Basotho Cultural Village Rest Camp* (Self Catering, DZ R836), im 2200 m hoch gelegenen schönen *Highlands Mountain Retreat* (8 *Log Cabins,* 4 mit 2 Betten, DZ R1424) und im renovierten großen *Golden Gate Hotel,* eine Oberklasse-Anlage mit 54 Zimmern mit allen Annehmlichkeiten (DZ ab R1910, Chalet R1096). Auf alle Übernachtungspreise kommt 1% *Community Levy.* Weitere Infos auf www.sanparks.org, Reservierung/Auskunft Tel. 058-2551000. Eine länderübergreifende Südafrika/Lesotho Website ist www.malotidrakensbergroute.com mit Lesotho-Infos.

Weiterfahrt auf der N3 nach Johannesburg

Von Harrismith bis Heidelberg sind 220 km, von dort zum Flughafen Johannesburg nochmals ca. 60 km. Vor Villiers und Heidelberg gibt es Mautstellen. Infos über Orte entlang der N3 bis nach Heidelberg auf www.n3gateway.com.

Übernachten Vor Johannesburg können Sie im netten **B&B Ikhamanzi.** Dazu von der N3 nördlich von Villiers auf die R54 fahren und vorbei am Vaal Dam (Infos auf www.vaalmeander.co.za), weitere Anfahrtsbeschreibung s. Homepage. Die deutsche Gastgeberin Almut bietet auf ihrem großen Grundstück 5 Chalets-Doppelzimmer und – was Besonderes – Unterkunft in zwei hochwertigen, voll ausgestatteten Zeltzimmern mit Bad, Kühlschrank, TV und eigener Terrasse. Außerdem Pool, Aufenthaltsraum, Jacuzzi, sicheres Innenparken, hervorragendes Frühstücksbüfett, Restaurantempfehlungen in der Umgebung und persönliche Gästebetreuung. Ikhamanzi, Almut Sibthorpe, Tel. 016-4244606, Cell 072-4885204, www.ikhamanzi.co.za, GPS S26°38'15.80" E28°04'02.06". DZ/F ab R550, Caprivi- oder Kalaharizelt für je 2 Personen R500 mit Frühstück.

4 Route 4: Durban Südküste und Eastern Cape

Einführung

KwaZulu-Natals **South Coast** erstreckt sich von Durban bis Port Edward. Hier reihen sich Dutzende Ferienresorts und kleinere Ortschaften, deren Unterkünfte in den Sommermonaten von Dezember bis März so gut wie ausgebucht sind, weil die South Coast ein Haupturlaubsziel Südafrikas ist. Die knapp 200 Kilometer lange Küste bietet beste Voraussetzungen für „Sun & Fun", alle Arten von Wassersport und es gibt ein Dutzend Golfplätze (drei davon zählen zu Südafrikas Top Ten). Man kann Wanderungen am Strand und im Hinterland machen, Rad fahren, Tennis spielen und noch vielen anderen Outdoor- Aktivitäten nachgehen.

Die South Coast endet hinter Port Edward am Fluss Umtamvuna, wo nach Überfahren der Brücke die „Wild Coast" der Eastern Cape Province beginnt. In schöner Landschaft liegt dort das *Wild Coast Sun Casino,* eine Hotel- und Golfanlage mit Spielbank.

Ende Juni bis etwa Mitte/Ende Juli bricht an der South Coast das *Sardine Fever* aus, riesige Sardinenschwärme migrieren von Süden Richtung Norden und verirren sich an den Strand. Alles rennt und versucht, die *pilchards* zu fangen. Wann genau das Schauspiel ansteht, weiß die *Sardine Run Hotline,* Tel. 082-2849495, und auch die Website des Natal Sharks Board, www.sharks.co.za. Tour Operators fahren für das Schauspiel dazu mit Booten von diversen Küstenorten raus aufs Meer. Dann beginnen die *Sardine Festivals* mit großem Unterhaltungsprogramm in und um Port Shepstone und in Margate. Näheres dazu beim Port Shepstone Information Office, Tel. 039-6822455, www.thehibiscuscoast.co.za.

South Coast: Viele kleinere und die ganz große „Badewanne"

Durban South Coast
Pietermaritzburg
Tala Game Reserve
Durban
Umlazi
Isipingo
Umbumbulu
KwaMakhuta
Amanzimtoti
Kingsburgh
Doonside Beach
Warner B.
St Winifreds's
Winklespruit B.
Illovo Beach
Karridene
eMuzikababa
eMkhomazi
Illovo
Umkomaas/eMkhomazi
Aliwal Shoal (Tauchen)
Ixopo/iXobho
Highflats
Umzinto (uMuziwezinto)
Empisini N.R.
Vernon Crookes Nature Reserve
Clansthal
Renishaw
Croc World
Scottburgh
Park Rynie
Ocean View
Braemar
Esperanza
Friedenau
Kelso
Pennington
Sezela
Bazley
Ifafa Beach
Elysium
Mtwalume
Turton
Catalina Bay
Hibberdene (Blue Flag Beach)
Umzumbe
Pumula
Melville
Banana Beach
Bendigo
Southport Beach
Sea Park
Umtentweni
Marburg
Oribi Gorge N.R.
Plains
Paddock
Harding
Ezinqoleni
Izotsha
Port Shepstone
Oslo Beach
Shelly Beach
St Michael's on Sea
Uvongo (Blue Flag Beaches)
Lucien Beach
Margate
Ramsgate
Southbroom
Marina Beach
Trafalgar Beach
Mpenjati N.R.
Palm Beach
Munster
Glenmore Beach
Leisure Bay / T.O. Strand
Umtamvuna Nature Reserve
Port Edward
Wild Coast Sun Resort & Casino
Bizana
Eastern Cape
uMkhomazi
uMzimkhulu
Mzumbe
uMzimkulwana
Umtamvuna
Mzimkhulu
R 603
R 56
R 624
R 612
R 102
R 61
N3
N2
0
10 km
© RKH Verlag Hermann

Whale watching – in erster Linie Humpbacked- und Southern Right-Wale – ist an der Südküste möglich in der Zeit von Juni bis November.

Bootlenose Dolphins zu sehen ist das ganze Jahr über möglich, in Populationen von 30–50 Exemplaren durchpflügen sie die nahen Küstengewässer. Von Shelly Beach und anderen Orten bieten Tour operators Beobachtungsfahrten an.

Das Unterkunftsangebot ist an der ganzen Küste auf hohen Besucheransturm eingestellt, alle Preiskategorien und Qualitäten sind vorhanden. In praktisch jedem Ort gibt es Caravan- und Campingplätze.

Reisetipps

Hauptstraße entlang der Küste ist die gebührenpflichtige N2 South. Wer es nicht eilig hat, nimmt die **R102,** die näher ans Meer ranführt und alle Strandorte miteinander verbindet.

Ein kleines städtisches Zentrum im Norden ist **Scottburgh,** im Süden das nüchterne **Port Shepstone,** von wo es zum *Oribi Gorge Nature Reserve* geht. Statten Sie aber zunächst, kurz vor Scottburgh an der R102, dem sehenswerten *Crocworld* einen Besuch ab (gut beschildert). Das Muschel-Museum in Shelly Beach sollte man gleichfalls nicht verpassen, außerdem nicht St Michael's on Sea und Uvongo. **Margate** ist der größte Resort-Ort und Haupturlaubszentrum. Netter und ruhiger sind das benachbarte **Ramsgate** und die nachfolgenden kleinen Strandorte bis Port Edward.

4

Im küstennahen Inland liegen einige Naturreservate, das schönste ist das erwähnte **Oribi Gorge Nature Reserve** mit seinem riesigen Fluss-Canyon. Dort können Sie sich einige Adrenalin-Kicks holen, das Oribi Gorge Hotel bietet Bungee an (näheres auf www.oribigorge.co.za). Auch Wandern, Mountainbiking, Vogelbeobachtung und Ausritte sind in diesem Reservat möglich.

Holen Sie sich vorab in einem Tourist Office, z.B. in Scottburgh (weitere Büros in Hibberdene, Port Shepstone, Shelly Beach, Margate, Ramsgate und Port Edward) das kostenlose Magazin **„Southern Explorer".** Das Heft enthält praktische Informationen über Unterkünfte, Restaurants, Blue Flag Beaches, Nature Reserves, Adventure-Veranstalter, Arts & Crafts-Studios, gute Surfspots, Golfplätze, einfache Stadtpläne usw. Führen und leiten lassen kann man sich durch die Southern Explorer-Hinweisschilder **T1 bis T9,** die entlang der Straßen stehen und neun ausgearbeitete Routen entlang der Küste beschreiben, von Illovo Beach bis zur Wild-Coast-Grenze. Schilder mit einem Affen und einer Nummer im Kreis korrelieren mit den im Southern Explorer-Heft beschriebenen Unterkünften oder weisen auf Geschäfte, Restaurants und andere touristische Dinge hin. Weitere Infos auf www.southernexplorer.co.za. Außerdem liegen in den Information Offices ganze Stapel von Prospekten, von einzelnen Unterkünften und Werbeflyer aus.

Websites

www.southernexplorer.co.za • www.hibiscuscoast.kzn.org.za
www.southcoast.co.za • www.ugu.org.za • www.southcoasttourism.co.za
www.margate.co.za bietet Livebilder von den Stränden in Hibberdene, Shelly Beach, St Michael's on Sea, Uvongo, Margate, Ramsgate und Glenmore.

Notrufnummern
AA-Pannendienst: 0800-10101
Ambulance: 082-911-10177
Polizei: 10111 (Festnetz), Handy: 082-911

Websites von Unterkünften
www.bandbnetwork.co.za ist eine kleine Vereinigung von eigentümergeführten B&Bs an südlichen Küstenorten von Umzumbe/Banana Beach bis nach Munster. Unterkünfte von einfach bis luxuriös, freundliche und nette Besitzer, bei denen man bestens aufgehoben ist und die ihren Gästen mit Rat & Tat weiterhelfen. In Information Offices ist meist auch der Prospekt vom B&B Network erhältlich.

Camping & Caravaning: www.linx.co.za/camps/

Information Offices / Tourism Bureaus
Hibberdene Information Office, Tel. 039-6993203

Margate Information Office, Tel. 039-3122322/3/4, margate@hibiscuscoast.org.za

Port Edward Tourism Bureau, Tel. 039-3111211, portedward@hibiscuscoast.co.za

Port Shepstone Inf. Office, Tel. 039-6822455, portshepstone@hibiscuscoast.org.za

Tourism Umdoni Coast & Country, Scottburgh, Tel. 039-9761364/9760606, publicity@scottburgh.co.za, www.scottburgh.co.za

Hibiscus Coast T.O., Shelly Beach, Tel. 039-3174630, sctourism@venturenet.co.za

Southbroom/Mpenjati Inf. Office, Southbroom, Tel. 039-3166140, southbroom@hibiscuscoast.org.za

„Blue Flag"-Strände
„Blue Flag Beach" ist ein Gütesiegel einer internationalen Umweltinstitution (www.blueflag.org) für erstklassige, schöne Badestrände, wo das Wasser sehr sauber ist und alle Voraussetzungen für sicheren und guten Badebetrieb vorhanden sind, also z.B. Hainetze, Duschen, Toiletten und Rettungsposten. Das Label bekamen an der South Coast bislang verliehen: Hibberdene Beach, Ramsgate Beach, Marina Beach/San Lameer und Lucien.

Tidal pools, Gezeiten-Schwimmbecken, wurden an der ganzen Küste an den Badestränden in die Strandfelsen gebaut. Sobald sie die tägliche Flut überspült, haben sie wieder frisches Wasser. **Quallen** heißen in Südafrika „Blue bottles". Das von ihren Nesselzellen abgesonderte Sekret kann einen brennenden Schmerz verursachen. Dagegen gibt es in Pharmacies das Mittel „Stingrose", als Erste Hilfe hilft auch Essig oder der Saft der dicken Blätter der Sukkulenten die auf den Dünen wachsen. Besser nicht baden, wenn Quallen am Strand liegen. Die Südküste ist malariafrei.

Küstenorte ab Durban nach Süden

Der erster Abschnitt von Amanzimtoti/eManzamtoti bis Umkomaas/eMkhomazi bietet nicht viel. Ab Umkomaas heißt die Küste *Hibiscus Coast.* Wenn Sie in Amanzimtoti eine gute Unterkunft suchen, empfehlen wir das *Hilltop Durban B&B.* Es liegt auf der höchsten Erhebung des Orts mit prächtiger Aussicht. Das historische Farmhaus wurde von Ulla & Dieter Schmidt komplett renoviert. 4 Zimmer mit Bad, im Garten alter Baumbestand und schöner Pool. Tel. 031-9033861, Cell 083-3067189, www.hilltop-durban.com (mit Wegbeschreibung).

Umkomaas/ eMkhomazi Kleiner Ort an der Mündung des uMkhomazi River besitzt einen schönen Golfplatz. Die felsige Küste ist fürs Baden weniger geeignet, doch es gibt ein Gezeitenbecken. Voll auf ihre Kosten kommen Surfer wie auch Taucher, die es zum *Aliwal Shoal* zieht, ein versteinerter und langgezogener Riffkomplex etwa 15 km vor der Küste und nur ganz knapp unter dem Meeresspiegel. Dive operator sind z.B. Aliwal Dive Charters, www.aliwalshoalscubadiving.co.za oder Lala Manzi Dive Charters, www.divealiwal.co.za.

Machen Sie auf der Weiterfahrt nach Scottburgh einen Abstecher zu Croc World.

Croc World Dies ist nicht nur eine große, sehenswerte Reptilienfarm mit aberhunderten Krokodilen und Alligatoren, darunter etliche Monsterexemplare, sondern auch ein 30 ha großer Botanischer Garten mit einheimischer Flora. Außerdem Schlangenabteilung, Süßwasser-Aquarium, viele Vogelarten und Fauna. Man kann leicht ein, zwei Stunden verbringen. Täglich geöffnet 8.30–16.30 Uhr, Krokodil-Fütterungen um 11 und 15 Uhr (außer Mo außerhalb der Saison). Zu diesen Zeiten geführte Touren. Eintritt, Tel. 039-9761103. Näheres auf www.crocworld.co.za.

Aufgetaucht

Scottburgh Populäre und familienfreundliche Ferienstadt, der Ort liegt an einer Landspitze über der Mündung des Mpambanyoni River. Am grasbewachsenen, 2,5 Kilometer langen Strand kann man haisicher schwimmen, auch im Gezeitenschwimmbecken. Das gutsortierte Tourism Office finden Sie gleich beim Reinfahren linker Hand an der Scott Street, hier gibt es alle Infos zur Stadt (Tel. 039-9761364), zu Unterkünften und zur Umgebung. Informationen über die Region desgleichen auf www.scottburgh.co.za

Pennington *Umdoni Park* ist ein 210 ha großes, sehr schönes Naturgelände zwischen der R102 und dem Meer mit attraktiver Flora, einem Netz von Spazierwegen und dem *Umdoni Park Golf Course,* www.umdonipark.com. Zum Übernachten gibt es dort die kleineren *Trust Cottages* und das historische und luxuriöse *Botha House* inmitten der idyllischen Gartenanlage, benannt nach dem ersten Premierminister der Südafrikanischen Union 1910, der in dem Anwesen Ferienzeiten verbrachte.

Botha House, 1 Don Knight Ave, Tel. 039-9751227, www.bothahouse.co.za. Sechs geräumige Doppelzimmer, von denen fast alle einen beeindruckenden Blick auf den Indischen Ozean bieten. DZ/F ab R880. Auch Golf Packages.

4

Am Strand gibt es Picknickplätze und einen Gezeitenpool. Die R102 verläuft nun ein längeres Stück im Inland, Stichstraßen führen zu den Beaches Bazley, Ifafa, Elysium und Mtwalume.

Hibberdene Jetzt beginnt der schönste Teil der Südküste, und gleich mit einem „Blue Flag Beach": Fahren Sie kurz nach dem Ladenzentrum „Superspar" nach links in den Parkplatz vor dem Meer rein und informieren Sie sich auf Schautafeln, beim Freiluftrestaurant *Jolly Roger* kann man was zu sich nehmen. Am Beach gibt es einen kleinen Info-Kiosk. Der weite, teilweise schattige Strand nahe der Mündung des Umzimai River bietet gesicherte Badefreuden, außerdem Picknickstellen und Felsenbecken. Das Gezeitenschwimmbecken weiter nördlich ist 82 Meter lang. Man hat die Wahl unter ungefähr 35 Unterkünften.

Umzumbe Nach dem Ferienort Umzumbe zwischen den Flüssen Mzumbe und Ingambili folgen weitere kleinere Strandorte mit genügend Unterkünften: Pumula, Melville, Southport Beach.

Umtentweni Der Ort besitzt einen breiten und netzgesicherten Strand mit großen und kleinen Rock Pools.

Unterkunfts-Tipp: *Mdoni House Guest Lodge,* 10 Norwood Rd (von der R102 nach rechts in die Abington Road, nach dem SPAR Shopping Centre kommt ein Yield-Schild, dort nach links und runter, dann aufwärts, ausgeschildert), Tel. 039-6951215, Cell 082-2294132, www.mdoni.co.za. Schönes Haus in einem großen, subtropischen Garten mit Pool, 500 m zum Strand und 3 km nach Port Shepstone, 8 Zimmer und 1 SC-Cottage. DZ/F R690.

Port Shepstone

Port Shepstone, gegründet 1867, ist mit 30.000 Einwohnern die größte Stadt der South Coast. Hier muss man sich entscheiden, ob es nun auf der N2 weitergeht (s.u.) oder man weiter auf der R61 (die südlich von Port Shepstone zur R620 wird) nach Port Edward fährt, mit Fortsetzung der Route nach Port St Johns an der Wild Coast. Aus Port Shepstones kleinem Hafen wurden früher Rohrzucker, Marmor und Kalkstein verschifft. Mit Bau der Eisenbahn verlor der Hafen ab 1901 an Bedeutung.

Nachdem man über die Brücke des uMzimkhulu River gefahren ist, liegt links das große Einkaufszentrum *Oribi Plaza* mit vielen Läden. Zum Leuchtturm, eine in England gefertigte und 1890 hierher verschiffte Eisenkonstruktion, von den Parkplätzen der Plaza ein wenig zurückfahren und dann rechts in die Ambleside Rd. Das *Port Shepstone Lighthouse* ist heute ein *National Monument.* Das *Information Office* befindet sich in der naheliegenden Eisenbahn-Station. Weiter südlich liegt am Athlone Drive das *Port Shepstone Maritime Museum* mit Ausstellungen über Meereskunde, Wracks und der Geschichte des alten Hafens (Mo–Fr 12–16 Uhr).

Information Port Shepstone Information Office, Tel. 039-6822455, Hibiscus Coast Municipality, www.hcm.gov.za

Unterkunft Es gibt mindestens 60 Möglichkeiten, das Haupt zu betten. Ruhiger unterkommen kann man weiter südlich in Oslo Beach, z.B. bei der *Oslo Beach Lodge,*

5 Hillside Crescent (auf der R620 ca. 4 km südlich, rechts hoch, auf Hinweisschilder „Hill Billion" u. „Oslo Beach Lodge" achten), Tel. 039-6854807. Sieben Zimmer diverser Größe mit Patio oder Veranda und Kitchenette. Zusätzlich gibt es Mehrbett-Timber Homes. Pool, Pub, Restaurant, Sundeck, sicheres Parken. DZ je nach Typ und Saison ab ca. R600.

Schöner ist das 4-Sterne *La Providence Guesthouse* in Aussichtslage direkt am Strand mit Privatzugang, liebevoll eingerichtete Zimmer mit Meerblick, Pool, Terrasse, ruhig, viele Annehmlichkeiten. Von der letzten Ampel in Port Shepstone ca. 1,2 km auf der R620, dann links in die North Road rein (auf Providence-Guesthouse-Schilder achten), gleich nochmals links, rechts Haus Nr. 7. Tel. 039-6823779, Cell 082-5543956, www.laprovidenceguesthouse.co.za. DZ/F ab R850.

Wohin weiter?

In Port Shepstone teilt sich unsere Hauptroute 4: Wenn Sie *nicht* mehr die Küste bis Port Edward runterfahren möchten (und noch weiter bis Port St Johns an der Wild Coast), dann blättern Sie jetzt vor zur Seite 454, zum Beginn der Eastern Cape Province.

Geschichtsspuren

„Marburg" westlich von Port Shepstone klingt vertraut und hängt mit deutschen Einwanderern zusammen, die 1847 von Bremerhaven im damaligen Port Natal angekommen waren (s.S. 271). Die Siedler waren Protestanten trieben in der Gegend des heutigen Marburgs und auch um Paddock und Izotsha Landwirtschaft, gründeten Bethanien. Existent sind noch die *Marburg Mission* an der N2 Richtung Oribi Gorge und die „German Settler's Church" an der Straße Shelly Beach – Izotsha. Heute noch gibt es eine „Evangelisch-Lutherische Gemeinde Bethanien" und eine „Evangelisch-Lutherische Gemeinde Shelly Beach" (Tel. 039-3150539). 1882 gingen 246 norwegische, 175 englische und weitere 112 deutsche Siedler in Port Shepstone an Land, was die Zahl der Europäer nach zwei Jahren von 100 auf über 600 anwachsen ließ. „Oslo" und „Oslo Beach" erinnert an die Skandinavier, es gibt noch eine „Norwegian Settler's Church" an der N2. Aber auch Shaka war hier: 1828 waren er und seine Krieger im Zuge des Pondoland-Feldzugs (ehem. Transkei) durch das heutige Marburg gekommen.

4

Oribi Gorge Nature Reserve

Das schönste Naturreservat der Südküste ist das **Oribi Gorge Nature Reserve,** von Port Shepstone etwa 25 km westlich. Der Fluss *uMzimkulwana* schuf hier eine 300 Meter tiefe, kilometerbreite und 27 Kilometer lange Schlucht, gesäumt von senkrechten Felsklippen und dichtbewaldeten Berghängen. Eine Straße führt runter zur Flusssohle und wieder hoch zur N2. Man sollte aber bis zum *Lake Eland Game Reserve* fahren und erst dort wieder auf die N2 einbiegen (s. Karte).

Benannt wurde der Canyon nach der größten der sogenannten „kleinen Antilopen", dem **Oribi.** Das Reservat hat eine Größe von 1837 ha, wurde 1950

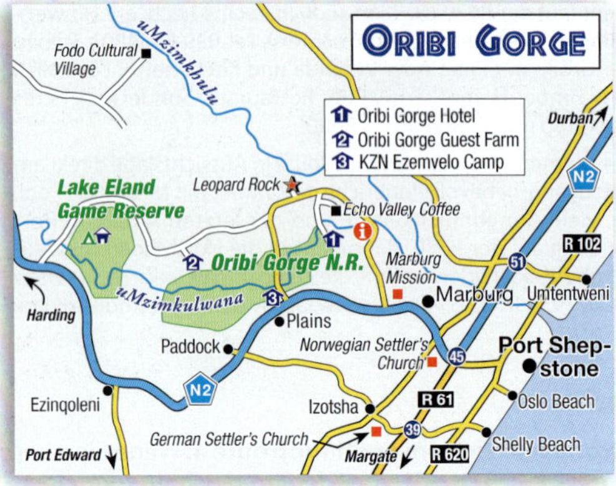

gegründet und steht unter dem Management von *Ezemvelo KZN Wildlife*. Vielfältig und reichhaltig ist die Flora und Fauna. Insgesamt wurden 40 verschiedene Säugetier-, 250 Vogel- und 21 Reptilienarten, 14 verschiedene Amphibien und 6 Fischsorten gezählt. Hauptblütezeit für viele Blumen ist nach den Regenfällen im September. Es gibt eine ganze Reihe seltener Bäume, wie den Natal-Flammenbaum, Wild Pepper, den schmalblättrigen Safranbaum oder Korallenbäume. Der *uMzimkulwana,* von etlichen Zubringern gespeist, bezaubert durch seine kleinen Wasserfälle, Stromschnellen, Pools, Höhlen und Auswaschungen.

Möglich sind viele Wanderungen, ausgehend vom Oribi Gorge Hotel oder besser vom **Camp von Ezemvelo KZN Wildlife.** Dieses Camp mit Rezeption und Infos liegt oben direkt am Ende der uMzimkulwana-Schluchtdurchfahrt, kann aber schneller über die N2 angefahren werden. Tel. 039-6791644, zu zahlen ist eine Conservation Fee. Weitere Details auf www.kznwildlife.com, bei „Oribi".

Wanderungen vom Ezemvelo-Camp: mehrere Wanderwege von 1 Std. *(Baboon Trail)* bis 4 Std. Dauer *(Mziki Trail).* Der Mziki Trail verläuft zunächst auf einem Rücken über der Schlucht, mit tollen Ausblicken. Dann geht es steil bergab auf einem z.T. glitischigen Pfad zur Straße in der Schlucht. Von der Straße kann man in etwa einer halbe Stunden auf dem *Samango Falls Trail* steil zu schönen Kaskaden aufsteigen. Das ruhige Ezemvelo-Camp bietet nette Bungalows mit Ausblick, eine Lounge zum Entspannen, Pool, Affen und viele Vögel.

Wenn Sie das Camp von Ezemvelo KZN nicht direkt anfahren möchten, so bleiben Sie auf der N2 Richtung Harding/Kokstad. Bald hinter Marburg biegen Sie rechts ab, ausgeschildert als „Oribi Flats East". Die Straße führt abwärts, nach etwa sieben Kilometern liegt linker Hand das *Tourism Information Office Ezinqoleni* (Tel. 039-6877561). Nützlich ist eine Karte des Reserves. Wenn nötig, ist man bei der Suche und Reservierung einer Unterkunft behilflich, z.B. im *Oribi Gorge Hotel,* auf der *Oribi Gorge Guest Farm,* in einem Chalet am *Lake Eland* oder im *Hutted Camp* von *Ezemvelo KZN Wildlife.*

Hinter der Touristeninformation steigt nach der Brücke über den uMzimkulwana River die Straße wieder an. Fünf Kilometer sind es bis zum **Oribi Gorge Hotel,** zu dem man die nach links wegführende Stichstraße nimmt, nachdem man zuvor an einem großen Wegweiser vorbeigekommen ist.

Dieses Landhotel, erbaut im rustikalen Western-Stil, ist ein beliebtes Ausflugsziel mit Restaurant, Garten, Bar, Curio Shop und 18 komfortablen Zimmer (DZ/F ca. R1000, Tel. 039-6870253, alle weiteren Details auf der Hotelswebsite www.oribigorge.co.za).

Vom Hotel aus kann man zu acht verschiedenen Aussichtspunkten und Felsformationen gelangen. Attraktion sind jedoch die **„Wild 5 Adventures":** *Wild Swing,* von der Spitze der Lehr Falls aus 165 Meter Höhe (R450), *Wild Abseil* (110 m, R350), *Wild Slide* (*Ziplining,* Gleiten auf einer 120 Meter langen Stahlseilrutsche, 165 Meter über Grund, R250) sowie 2x *Wild Water Rafting, Horse Riding* und *Hiking.* Wie das alles aussieht und abläuft, zeigt ein Dauervideo im Curio Shop, oder www.wild5adventures.co.za.

Fahren Sie danach zur Straße von der Sie zum Hotel abgebogen zurück und biegen Sie links ab, Richtung *Lake Eland Game Reserve.* Bald danach führt nach rechts eine Stichstraße zum **Leopard Rock,** wo eine Felsplatte in die uMzimkhulu-Flussschlucht rausragt. Der Coffee-Shop daneben bietet *Breakfast & Light meals* und Kuchen, montags und dienstags geschlossen. Übernachten ist in drei schönen Chalets mit Aussicht möglich, DZ/F ab ca. R1000, www.leopardrockc.co.za.

Lake Eland Game Reserve

Weiterfahrend wird das *Lake Eland Game Reserve* erreicht (Eintritt, 7–18 Uhr, Tel. 039-6870395), ein Ziel insbesondere für Naturfreunde und Vogelliebhaber. Das etwa 3000 ha große Gebiet umfasst verschiedene Vegetationszonen. Vertreten sind über 40 Wildarten, darunter Zebras und Giraffen, aber keine großen Raubtiere. Übernachten: Am Lake Eland möglich in *Self Catering Log Cabins,* Backpackers und *Camping & Caravan sites.* Alle Details, Karte und Preise auf www.lakeeland.co.za. Außerdem vorhanden: Restaurant, Tea Garden, Pool, Picknick- und Braaiplätze, Kinderspielplatz. Angeboten werden außerdem Wanderungen, Game Drives, Mountainbiking, 4x4 Tracks und Ausritte.

4

Versäumen sie nicht die 80 Meter lange Fußseilbrücke zum „Eagles Nest", etwa 150 Meter über Grund mit weiter Sicht auf die Oribi-Schlucht. An ihrem Ende stehen zwei Rondavels, von hier kann man Kapgeier und andere Vögel sehen, man beachte das Nest der Fischadler. Ein Top-Highlight ist der neue **3,3 km lange Zip Slide,** der längste Südafrikas, 300 m über der Oribi-Schlucht in der Nähe der Caves. Zeitbedarf mindestes eine Stunde, Tel. 083-2156744.

Von der Rezeption gelangen Sie wieder auf die N2 in Richtung Kokstadt.

Leopard Rock über der Flussschlucht des uMzimkhulu

Weiter die Küste entlang

Shelly Beach

Shelly Beach Ist bekannt für seinen schönen Strand mit vielen Muschelanspülungen. Lunchtipp: Fish 'n' Chips auf der Restaurant-Terrasse des Bootsclubs. Für Einkäufe gibt zwei Zentren: *Shelly Centre Shopping Mall* an der Hauptdurchgangsstraße R620 in Richtung St Michael's on Sea, zahlreiche Shops und Restaurants, www.shellycentre.co.za. Die *South Coast Mall* befindet sich an der Straße nach Izotsha noch vor der R61 rechts mit guten Restaurants.

Information Tourist Office, Tel. 039-3174630, im Shelly Centre (Eingang vom Roof Parking Nr. 5), Tel. 039-3157065. **Unterkunft:** Es gibt etwa 15 B&Bs und Self Caterings, www.bandbnetwork.co.za nennt sieben Adressen. Besonders attraktiv: *Tropical Beach Boutique Guest House,* 763 Shepstone Rd (vom Marine Drive links in die Somer St und nochmals links in die Shepstone Rd, GPS S30 47 45 .4 E30 25 04.90), Tel. 039-3150573, Cell 071-8856105, www.tropicalbeach.co.za. Sehr schönes Gästehaus inmitten eines alten Baumbestands mit direktem Zugang durch den Garten zum Privat-Beach. Ruhig und stilvoll, Pool. 5 geschmackvoll eingerichtete Zimmer im Toskana-Stil, üppiges Frühstück. DZ/F ca. R900.

Tauchen Das von Shelly Beach 7 km entfernte Riff *Protea Banks* ist bei Tauchern für seine Haisichtungen bekannt. Bei den *Shark Dives* taucht man in etwa 30 Meter Tiefe ab (nicht für Anfänger geeignet) und kann Bullenhaie, Schwarzspitzenhaie, Hammerhaie u.a. hautnah erleben (auch geköderte Haitauchgänge möglich). *African Dive Adventures* unter der Leitung des Deutschen Roland Mauz hat fünfzehn Jahre Taucherfahrung in der Region, Tel. 039-3171483, www.afridive.com. Taucher treffen sich jeden morgen um 7 Uhr (im Sommer) oder 8 Uhr (im Winter) im mobilen Büro am Parkplatz des Small Craft Harbour beim Boat Club.

Zwischen Shelly Beach und Ramsgate erstrecken sich nun über 10 Kilometer abwechslungsreiche Strände.

Strand von St Michael's on Sea

St Michael's on Sea

Ein Ferienort mit guten Schwimm- und allerbesten Surfverhältnissen. Breiter Sandstrand mit einem Tidal pool, außerdem Boots- und Kanuvermietung. Ortsinformationen Tel. 039-3155168. Kleiner Supermarkt. Fangfrischen Fisch fürs abendliche Braai verkauft Pick-a-Fish, Main Road.

Unterkunft *Mountjoy Guest Lodge,* vom Marine Drive in die 12 Crown Rd abbiegen, Tel. 039-3150482, www.mountjoylodge.co.za. Liegt am Strand. DZ/F ab R660.

Nolangeni Lodge, 3 Nolangeni Ridge (vom Marine Drive rechts in Knoxgore Rd, oben dann links in die Nolangeni Ridge, danach gleich scharf links), Tel. 039-3157327, Cell 082-6609045, www.nolangenilodge.co.za. Schönes Gästehaus, dt.-spr. Gastgeber Bev & Herbert Hirschboek. Zimmer sind individuell eingerichtet, eines SC, romantische Honeymoon Suite. Meerblick, Pool mit Palmen, üppiges Frühstück auf der Terrasse, Dinner möglich, sicheres Parken. Preise a.A.

Uvongo

Uvongo liegt zwischen dichtbewachsenen Klippen mit herrlichen Stränden und zählt zu den aufsteigenden Feriengebieten. Der Ivungu River ergießt sich aus 23 Meter Höhe in die Vungu-Lagune, die man bei der Einfahrt auf der R620 über eine Brücke überquert. Die unwirklich-schöne Kulisse in der Lagune wirkt wie aus einem Indiana Jones-Film: Lianen und Palmen hängen über die steilen Felswände an beiden Seiten der Lagune, die in einen geschützten Sandstrand übergeht. Orts-Infos unter Tel. 039-3122322.

Die Strände sind durch Hainetze geschützt, es gibt auch einen Gezeitenpool. Entlang des Uvungo River führt ein ca. 1 Std. dauernder Wanderweg durch tropischen Wald mit Buschböcken und Affen zu einem Aussichtspunkt am Fluss (Ausgangspunkt in der Edward Ave bei den Tennisplätzen). Im Uvongo Bird Park, knapp zwei Kilometer südlich von der Hauptstraße, ausgeschildert, geht man durch große Volieren (Tel. 039-3174086). Südlich von Uvongo, entlang des Lillecrona Boulevards am Meer, gelangt man nach Manaba mit dem Lucien Beach, einem Strand mit Blue Flag-Status.

Margate

Margate ist die Ferienhauptstadt der Südküste. Hinter dem breiten, ansteigenden Sandstrand, der nachts beleuchtet wird, ragen Aberdutzende von Ferien- und Apartmenthäuser in den Himmel. Am Beach, auf der Superrutschbahn, in den Spielkasinos, Restaurants, Diskotheken, im Golfclub oder im Freizeitpark herrscht in der Saison Jubel, Trubel, Heiterkeit. Entlang des Marine Drive, der Hauptstraße durch den Ort, reihen sich Supermärkte, Banken, Post, Restaurants und Souvenirläden. Viele Feste und Festivals durchs ganze Jahr. SA Airlink hat tägliche Flüge nach und von Johannesburg.

Information Margate Information Office, Panorama Parade, Main Beach, Tel. 039-31223

Der Strand von Margate

22/3/4, Infos für B&Bs und die Campingplätze. Webseite: www.margate.co.za.

Unterkunft Vorhanden sind weit über 150 Häuser aller Kategorien (Ramsgate ist vorzuziehen). *Treetops Lodge,* Walter & Maggie, 3 Poplar Rd (auf der Main Road R61 bis zur Kingfisher Total Garage, dort rechts in die Bank Rd und dann links in die Fairie Glen Rd, die zur Poplar Rd wird), Tel. 039-3172060, Cell 082-5637819, www.treetopslodge.co.za. Komfortables 3-Sterne-B&B mit 6 behaglichen Zimmern, auch SC-Units. Herrlicher Garten mit Pool, entspannte Atmosphäre. DZ/F 680–1100. – **Restaurants** gibt es sonder Zahl für jeden Geschmack und Geldbeutel. Tipp: *Friar Tuck,* Marine Drive, Tel. 039-3121084, sehr leckere Fleisch- und Fischgerichte, freundliche Bedienung und nicht teuer. Einkaufen: *Hibiscus Mall,* Wartski Road zwischen R620 und N2.

Ramsgate

Das nur ein paar Kilometer weiter südlich von Margate gelegene Ramsgate ist ein langgezogener, gemütlicher Ferienort mit subtropischem Ambiente. Es besitzt sichere und saubere Strände mit „Blue Flag"-Auszeichnung und einen Gezeitenpool. In der *Blue Lagoon* kann man Kanufahren oder ein Tretboot mieten. *S'Khumba Crafts* fertigt gute Schuhe (Di–So 9–17 Uhr, Tel. 039-3168212) und ist bekannt für „South Africa's Homegrown Musicians". Jeden Donnerstagabend spielen Musiker auf, nicht versäumen. Ein witziger Western-Pub ist der *Pistol's Saloon,* außerhalb Richtung Southbroom, Tel. 039-3168463.

Unterkunft **Ilanga Ntaba Guest Lodge** Schönes Gästehaus mit fünf Zimmern in Gartenlage mit Pool und Blick aufs Meer, sicheres Parken. Oribi Rd (an der Hauptstraße R620 kommt linker Hand eine BP-Tankstelle, oben an der Hügelkuppe nach rechts in die Fascadale Rd, über die R61-Brücke, rechts weist ein Ilanga Ntaba-Schild in die Oribi Rd, 3. Gate rechts), Diane Zurcher (dt.-spr.), Tel. 039-3149070, Cell 072-6120511, www.ilangantaba.co.za. DZ/F ab R660 (off season).

Kaiserhof Ruth und Siggie Kaiser, Nachfahren dt. Missionare und Farmer in 4. Generation, bieten dt.-südafrik. Gastfreundschaft. 1474 Lynne Ave (vom Marine Drive die schmale Penshurst Road hoch, oben halbschräg rechts), Tel. 039-3149805, Cell 072-3748236, www.kaiserhof-collection.co.za. 2 DZ mit gutem Frühstück R600–800. Außerdem Garten-SC-Cottage für 4 Pers.

Wailana Beach Lodge Komfortables Haus, 200 m vom Strand in Hanglage, fünf Designer-Zimmer, Sundeck, Blick aufs Meer, subtropischer Garten, Pool, In- und Outdoor-Bar, sicheres Parken. Herzhaftes Frühstück, auch vegetarisch. 436 Ashmead Drive (vom Marine Drive/R620 abgehend in Richtung Meer, Anfahrtskizze auf der Webseite), Reny & Rene, Tel. 039-3144606, Cell 082-3790922, www.wailana.co.za. DZ/F R780–1020, je nach Zimmer und Saison.

Restaurants Bekannt ist das *Waffle House* (9–17 Uhr, Tel. 039-3149424) an der Lagune/Marine Drive für leckere belgische Waffeln und andere Gerichte. Im kleinen Restaurant-Komplex *Bistro Village* am südlichen Marine Drive bzw. am Ortsausgang rechts ist das *The Bistro* ein Tipp. Dort gibt es auch einen Italiener und das sehr gute *Flavours* (Tel. 039-3144370). *Crayfish Inn,* Marine Drive bei der BP-Tankstelle/Ecke Clarence St, Tel. 039-3144720. Mit die beste Seafood-Adresse am Marine Drive ist *The Lobster Pot Restaurant,* Tel. 039-3149809, mit himmlischen Seafood-Platten, dazu einen kühlen feinen Weißwein. Ein guter Italiener in Richtung Margate ist *La Capannina.*

Southbroom

Von Ramsgate auf der R620 weiter unterfährt man die Brücke der Hauptstraße R61. Gleich danach liegt in einer langen Linkskurve die *Riverbend Crocodile Farm* mit mehr als 200 Nil-Krokodilen. Tägl. 9–17 Uhr, Tel. 039-3166204, www.crocodilecrazy.co.za. Fütterung So 15 Uhr. Außerdem Schlangenhaus, Art Gallery, Curio Shop, Weinhandlung und ein Café/Restaurant.

Für das von bewaldeten Parkanlagen umgebene und durch keine Hochhäuser oder Apartmentblocks verunstaltete Southbroom an der folgenden Ampel die R61 queren. Die Southbroom Avenue führt runter zum Meer und zum *Southbroom Country Club,* einem Golfplatz in wirklich herrlicher Lage entlang dem Meer. Der netzgeschützte Hauptstrand liegt an der Lagunenmündung des Mbizane River. Außerdem gibt es zwei Tidal pools. Das gute Restaurant *Riptide* liegt direkt am Main Beach, Tel. 039-3166151. Eine andere Empfehlung ist *Trattoria La Terrazza,* etwas schwierig zu finden, Tel. 039-3166162, Blick auf die Umkobi Lagoon, Italienisches und anderes Gutes.

Unterkunft *Southbroom Traveller Lodge,* 11 Cliff Rd, Lot 401, Tel. 039-3168448, www.southbroomtravellerslodge.co.za. DZ ab 380, Dorm-Bett R 180. – *Figtree Lodge,* 30 North Ridge Rd, Tel. 039-3166547, www.figtreelodge.co.za. Drei Unterkünfte, fünf Minuten vom Strand, sind *Figtree Loft, Kingfisher* und *Swallow's Nest.* – *Sunbirds,* 643 Outlook Rd, Tel. 039-3168202, Cell 072-9937902, www.sunbirds.co.za, GPS S30"55'54.22 E30"18'42.18. Schönes und elegantes 5-Sterne-B&B in herrlicher Lage mit tollen Zimmern, Liz & Jonathan Shaw. Kleiner Pool, Meerblick, drei Minuten vom Beach und von einem guten Restaurant. DZ/F R1150.

Weiterfahrt

Jetzt beginnt langsam ein Szeneriewechsel. Es kommen keine größeren Städte mehr, die Häuser und Cottages verteilen sich noch mehr in der Landschaft und die Natur und ihre Farben scheinen noch intensiver. Auch die *Fruit stalls* entlang der Straße werden zahlreicher und ihr Angebot in der Saison größer: Bananen, Ananas, Orangen, Papayas, Avocados und Macadamia-Nüsse.

Marina Beach

Marina Beach, das größte unberührte Strandjuwel an der Südküste, wurde als Blue Flag-Beach ausgezeichnet. Selbst bei Flut ist der Sandstrand 150 Meter breit und lädt auf fünf Kilometern zu ausgedehnten Spaziergängen ein. Subtropische Vegetation ergänzt die Idylle. Geruhsame Ferien, sicheres Baden, Gezeitenpool, Lagune. Essen im schönen Open-air-Strandrestaurant *Mariners*, bestes Seafood, Tel. 039-3130448.

The Hooting Owl Self Catering, 13 Mars Road, im ruhigen *Marina Beach Village,* 1,5 km vom Strand, Cell 082-4083519, John & Birgit Skene (dt.-spr.), über www.bandbnetwork.co.za. Schönes, riedgedecktes Anwesen in Garten-Hanglage, 4 Zimmer mit unterschiedlicher Bettenzahl und Ausstattung, gruppiert um den zentralen Pool. Auch SC-Cottage für bis 4 Personen.

San Lameer

San Lameer Estate ist eine private Hotel- und Villenanlage mit fantastischem 18-Loch-Golfplatz gleich an der R61. Hochgesichert mit Kameras, Bewegungsmeldern, einem 24-Stunden-Wachdienst mit scharfen Hunden und einem alles umgebenden, sieben Kilometer langen Hochvolt-Elektrozaun. SC-Apartments und Studios R350–500, Cell 082-8240390 u. 082-8244606, www.sanlameervillas.co.za.

Munster Beach

Kein richtiger Ortskern, weitläufig zersiedelt, die Orientierung ist nicht immer einfach.

Eine schöne Unterkunft hoch über dem Meer ist das *Guesthouse Ocean Grove,* freundliche Gastgeber Arthur & Ursula Flascas (dt.-spr.), 740 Von Baumbach Ave, Tel. 039-3191798, Cell 072-3984577, www.oceangrove.co.za. Hinter Palm Beach nach links den Munster-Turn-off nehmen, gleich links in die Baumbach Avenue, vorbei am „Mittenwald Caravan Park", hinter dem Schild „Ocean Grove" linker Hand. Gästehaus in weitläufiger Gartenanlage mit großem Wohnzimmer, Pool, Tennisplatz, Bar und Weg zum Strand. 3 elegante Zimmer mit großen Bädern haben Meerblick, 2 liegen zum Garten hin. Umfangreiches und hervorragendes Frühstück. DZ/F R850–R990.

Restaurant- und Info-Tipp

Richtung Port Edward befindet sich nach der Ausfahrt „Leisure Bay" rechts der R61 auf einer Anhöhe (auf Hinweisschild achten) ein kleines *Hibiscus Coast Information Office* und der „Cowshed Coffee & Pottery Shop". Dort gibt's gute Snacks, Lunches und Kuchen.
Bis Port Edward sind es noch ca. 3 km.

Estuary Country Hotel

Etwa zwei Kilometer vor Port Edward kommt eine kleine Kreuzung, dort links rein und sofort wieder rechts. Der kurze Weg führt zum schönen *Estuary Country Hotel* an der Lagune des Ku-Boboyi Rivers. Es wurde 1941 als ein Manor House im kapholländischen Baustil für eine reiche Familie erbaut. Stilgerecht renoviert ist es heute ein Landhotel mit edlem Ambiente (Foto s.S. 88). Machen Sie Teepause auf der Terrasse und genießen den Blick über den Pool zum Meer und zum Tragedy Hill, gut speisen können Sie im *Fish Eagle Restaurant.* Wellness, Beauty Spa und ein Aktivitätenprogramm werden auch angeboten. Tel. 039-3113474, Cell 074-1578823, www.estuaryhotel.co.za. DZ/F R900, Specials s. Webseite.

Auch am Strand von Port Edward türmen sich die Wellen

Port Edward

Der südlichste Ferienort der Südküste, benannt nach dem Prince of Wales, bietet beschaulichen Ferienatmosphäre mit Freizeitangeboten. Populär ist Fischen und Angeln. Blickfang am Meer ist das 24 Meter hohe *North Sand Bluff Lighthouse* (Ramsay Avenue, dann Milford Rd), das bestiegen werden kann. Unten gibt es ein Café und ein interessantes kleines Maritim-Museum, das angeschwemmte Relikte des portugiesischen Segelschiffs *São João* zeigt, das 1552, vollbeladen aus Fernost kommend, hier vor der Küste versank. Sehr schön inmitten einer Felsenlandschaft mit Blick aufs Meer isst man im *Ematsheni Restaurant,* 183 Ezinqoleni (Izingolweni) Road, Tel. 039-3112313.

Information Port Edward Tourism Bureau, Tel. 039-3111211.

Touren Die Schweizerin Ruth Hagen, zertifizierte Tourist Guide, organisiert mit ihrem Unternehmen *Aurora Tours* für Kleingruppen ab 2 Personen Touren in die nähere und weitere Umgebung von Port Edward. Tel./Fax 039-3111353, Cell 082-4421042, auroratours@telkomsa.net, www.aurora-tours.ch.

Ausflüge In der Umgebung von Port Edward wird in höheren Lagen Kaffee angebaut. Besuchen Sie die Kaffeefarm **Beaver Creek Coffee Estate.** Dazu die Straße Port Edward – Ezinqoleni nehmen, die an der Ampel-Kreuzung an der R61 beginnt (sie führt auch zum Umtamvuna Nature Reserve). Etwa 4,5 Kilometer nach dem Start von der R61 kommt nach links der Abzweig zu dieser Kaffeefarm (ausgeschildert). Es ist ein alter Familienbetrieb, wo Sie sehen können, wie Kaffeesträucher heranwachsen und blühen, die roten Kaffeekirschen gepflückt, getrocknet, per Hand verlesen und schließlich geröstet werden. Tägliche Touren um 12 Uhr. Verkostung der diversen Kaffeesorten. Light lunches im Estate Café von 8–16 Uhr, Tel. 039-3112347, www.beavercreek.co.za).

Von der Ezinqoleni-Straße zweigt bald nach ihrem Beginn an der Ampel die *Old Pont Road* nach links weg und führt mit einem weiteren Abzweig runter zur *Umtamvuna River Lodge* (ausgeschildert). Am Ende der Old Pont Road gibt es einen Caravan Park mit Boots-Jetty, dort beginnt **Umtamvuna Nature Reserve,** ein kleines botanisches Paradies unter Naturschutz. Information Tel. 039-3132383.

Wild Coast Sun Resort and Casino

Fahren Sie auf der R61 weiter Richtung Süden, auf einer mächtigen Bogenbrücke überqueren Sie den Umtamvuna-Fluss, der die Grenze von KwaZulu-Natal zur Eastern Cape Province markiert. Port Edward war zur Zeit der Apartheid der letzte südafrikanische Badeort an der Südküste Natals, nur wenige Kilometer vor der Grenze des ehemaligen „unabhängigen Homelands" *Transkei*. Glücksspiel und Prostitution waren im puritanischen weißen Südafrika offiziell „gebannt", so dass clevere Geschäftsmänner daher Lasterhaftes in „nicht-südafrikanische" Gebiete verlegten, in die Homelands. So entstand nordwestlich von Johannesburg in Bophuthatswana *Sun City* und hier gleich über der Grenze das Spielkasino *Wild Coast Sun*.

Machen Sie einen Kurzbesuch, südafrikanische Spielkasinos sind bei Weitem nicht so elitär und formell wie europäische. Die große Anlage mit Restaurants, Shops, Bars, Bowlingbahnen, Tennisplätzen etc. sowie dem Wasservergnügungspark *Wild Waves Water Park* thront hoch über dem Indischen Ozean und umfasst insgesamt 750 ha mit imposantem Golfplatz. Anfahrt ausgeschildert.

Vom Parkhaus geht es direkt ins kühle Innere. Daddelautomaten und über 400 „Slot machines", die man heute mit „Smart cards" füttert, jaulen, kreischen und blinken. In einem separaten großen Saal wird Roulette, Blackjack und Poker gespielt. Nur Gucken geht auch, kostet aber was. Das Ganze wurde familiengerecht konzipiert. Abends amüsiert man sich im *Tropical Nights Theatre* oder in der *Wild Orchid Showbar*. Am Pool können Sie lunchen oder einen Drink nehmen. Das Casino ist ein wichtiger Arbeitgeber in der Region. Weiteres auf www.suninternational.com.

Man kann runterfahren Richtung Umtamvuna-Fluss, von einem Parkplatz führt ein Fußweg zum Flussufer mit Sicht auf den großen Bogen der Umtamvuna-Brücke.

Die Umtamvuna-Brücke

Weiterfahrt

Fahren Sie nun auf der R61 über Bizana (Geburtsort von Winnie Madikizela-Mandela), Flagstaff und Lusikisiki nach **Port St Johns** an der Wild Coast (ca. 200 km). Die Straße ist durchgehend asphaltiert, achten Sie aber immer auf Schlaglöcher und auf Bodenschwellen vor Ortschaften und meist vor Schulen.

Sie könnten aber auch, 17 km hinter dem Ort Ludeke an einer Straßeneinmündung, auf der R409 nach Norden zur N2 abbiegen und hätten damit **Anschluss an die Route 4/N2** mit Ziel Port Elizabeth. Oder Sie fahren nach dem Besuch von Port St Johns auf der R61 zur N2 nach **Mthatha** (früher Umtata, s.S. 458). Hauptinformationen über das Eastern Cape s.S. 454.

Auf der R61 nach Port St Johns

Die Straße führt durch abwechslungsreiche, hügelige Landschaften, übersät mit kleinen Häuschen und traditionellen Lehmrundhütten, die das Land bis runter zur *Wild Coast* (s.S. 457) zersiedeln – Bauplatznot ist hier bestimmt ein Fremdwort. Man bekommt ein Fülle von Eindrücken vom Alltagsleben der Bevölkerung: Vieh und Hunde laufen frei herum, Menschen warten am Straßenrand auf die weißen Minibus-Taxis, Kinder winken oder starren Ihrem Auto nach, Wäsche hängt zum Trocknen über Zäune, die Maisfelder einfrieden und ab und zu brennen vor den Häusern Kochfeuer. Jetzt sind Sie wieder im ländlichen, puren Südafrika, in der ehemaligen Transkei (Exkurs s.S. 457) und im Land der **Pondo.**

4

Im wuseligen **Lusikisiki** zweigt von der R61 eine Verbindung nach Osten ans Meer zur schönen **Mbotyi River Lodge** ab (19 km Schotter und 7 km Asphalt), eine Art Geheimtipp im Pondoland (dt.-spr.) Die 36 Blockhäuser und die 12 reetgedeckten AC/Chalets haben Meer-, Lagunen- oder Landaussicht. Großes Angebot sportlicher Aktivitäten: Kanufahren, Angeln, Wandern, Reiten, Mountainbiken, Landrover-Touren in die Umgebung. Es gibt einige Wasserfälle in der Nähe, einige sind zu Fuß zu erreichen. Pool und Gästecomputer sind vorhanden. Höhepunkt des Tages ist das gute Dinner, das vom Küchenpersonal mit viel Spaß eingesungen wird. *Mbotyi River Lodge,* Tel. 039-2537200, Cell 082-6741064, www.mbotyi.co.za, GPS S31°27'53.06" E29°43'56.42". DZ Dinner+ÜF ab R1240. Lunch oder Lunchpaket a.A.

Dörfliche Szenerie im Pondo-Land

Zurück zur R61

Am Ende fällt die Straße in Kurven steil runter nach Port St Johns am *Umzimvubu River,* den eine Brücke überspannt.

Port St Johns

Erste Briten gingen hier 1878 an Land, und in nur wenigen Jahrzehnten wuchs die kleine Siedlung zu einer umtriebigen Kleinstadt mit einem Hafen am Umzimvubu River heran. Neben Holz war feiner Marmor weiteres Exportgut, der flussaufwärts gewonnen wurde. Mit den Jahrzehnten bzw. in den 1940ern versandete und verlandete der Umzimvubu, die Kähne konnten nicht mehr zu den Marmorbrüchen hochfahren. Ab den 1960ern entwickelte sich Port St Johns zu einem Mekka für Fischer, Angler und Surfer, erste Unterkünfte entstanden. Und was heute an touristischer Infrastruktur in dem 2000-Seelen-Ort fehlen mag, macht die attraktive Fluss- und Meerlage mit Stränden und Natur pur wieder wett. Zwei 360 m hohe Sandstein-Kliffs, *Mt. Sullivan* und *Mt. Thesiger* und zu beiden Seiten des Umzimvubu Rivers, überragen Port St Johns. Vom Mt. Thesiger ergibt sich eine Panorama-Aussicht – bestens geeignet für einen Sundowner (Auffahrt noch vor Ortsbeginn nach rechts).

Das tropische Tal des Umzimvubu ist sehr fruchtbar, hier wachsen jede Menge köstlicher Früchte, die man auf dem Markt kaufen oder entspannt am „Second Beach" genießen kann. Der „First Beach", erreichbar als Fortsetzung der Main Road, liegt an der Mündung des Umzimvubu Rivers und ist zum Schwimmen zu gefährlich. Zum Second Beach von der Main Road nach rechts in die Hermes St abbiegen, ca. 4 km.

Es gibt einen Markt, ein paar Läden, Restaurants und Cafés sowie ein kleines Museum an der Main Street mit Dokumenten zur Ortsgeschichte und zu den nicht wenigen Schiffswracks hier. Außerdem ein Strandplatz für eine bunte Althippie- und Surfer-Kolonie.

Information

Port St Johns Tourism Office, an der Main Street bei den Minibus-Taxis, Tel. 047-5641187, www.portstjohnstourism.co.za. Auskünfte, Unterkünfte und Aktivitäten in der Umgebung.

Eine informative Webseite ist www.portstjohns.org.za. Geldautomaten und Pick n' Pay im Ort vorhanden.

Unterkunft

Es existieren nicht wenige Gästehäuser in und um Port St Johns, sowohl für gehobene als auch einfache Ansprüche wie einige Backpackerunterkünfte am Second Beach. Die Seite www.portstjohns.org.za listet alle.

Outspan Inn Main Rd/Church St, an der Mündung des Umzimvubu (nicht direkt am Flussuferstrand). 10 B&B-Zimmer und 4 SC-Units in Gartenlage mit Pool, freundlich. Tel. 047-564-1057, www.outspaninn.co.za. DZ/F ab R900.

Spotted Grunter Resort Über die Umzimvubu River Bridge und dann links noch etwa 500 m bzw. 3 km vor Port St Johns am Südufer des Umzimvubu. Relativ neue, weitläufige und bewachte Cabin-Anlage mit vier Unterkunftsarten: *Self Catering, B&B, Dinner+B&B* und *Full Board* (VP). (Fisch-)Restaurant,

Pub und diverse Services. Tel. 047-5641279, Cell 078-4376005, www.spottedgrunter.co.za. DZ/F ca. R900.

Cremorne Estate Am Nordufer des Umzimvubu River, noch vor der Brücke nach links in die Ferry Point Road, abbiegen. 6 nette B&B-Holzhütten mit Frühstück, Cottages für Selbstversorger, Caravan- und Campingplätze, Pool. Die gesamte Anlage ist bewacht und sicher, Restaurant „The Captain's Cabin". Tel. 047-5641110, Cell 072-9230533, www.cremorne.co.za. DZ/F ab R1100.

Umngazi River Bungalows Nach der Brücke über den Mzimvubu nach rechts fahren (s. Schild), nach 10,6 km nach links auf eine enge Piste und weitere ca. 7 km. Sehr schöne Lage am Umngazi-Fluss und am Meer mit Dünen und Lagune, reetgedeckte Bungalows am Hang, Restaurant-Deck, Pool, Bar, Lounge, Shop und Kindereinrichtungen. Land- und Wasseraktivitätenprogramm, Spa, Tel. 047-5641115, Cell 082-3215841, www.umngazi.co.za. DZ/VP ab R1630, „Promotions" s. Webseite.

Restaurants Die Restaurants bieten eine große Auswahl an guten Gerichten, von Frischem aus dem Meer (Felslangusten) über Fleischspeisen bis hin zu Curries und Vegetarischem. An der Main Rd ist das *News Café* eine gute Option, am First Beach *Gecko Moon* (Pizzen), am Second Beach *Delicious Monster* und *Wooden Spoon.*

Aktivitäten Besuch des 100 Jahre alten *Port Captain's Lighthouse* mit Aussicht über die Flussmündung; Ausritte in den Küstenwald und entlang menschenleerer Sandstrände; geführte Wanderungen durch den küstennahen Bergurwald mit enormer Vogelvielfalt (oder sogar 60 km am Strand entlang bis Coffee Bay, www.wildcoasthikes.com); Bootsausflug raus aufs Meer oder Besuch des *Silaka Nature Reserve,* das gleich hinter dem Second Beach beginnt (www.ecparks.co.za).

Weiterfahrt Auf der R61 geht es hoch nach Mthatha (früher Umtata) an der N2 (ca. 95 km).

Weiter auf der Route 4 durch die Eastern Cape Province:

N2 – Mthatha – East London – Port Elizabeth

Von Durban gelangten Sie auf der N2 auf schnellstem Weg nach Port Shepstone, und von da erreichen Sie nach etwa 150 Kilometern am *Brooks Nek* die Grenze zur **Eastern Cape Province.**

Wild Coast im goldenen Sonnenlicht

Wissenswertes über die Eastern Cape Province

Die Eastern Cape Province zählt zu den ärmsten Provinzen Südafrikas. Es ist das traditionelle Wohngebiet der Volksgruppe der **Xhosa,** deren berühmteste Persönlichkeit *Nelson Mandela* ist (genaugenommen ein *Thembu,* gleichfalls xhosasprachig). Vielleicht gerade wegen ihrer Armut wurde das Ostkap schon früh zum Zentrum des Aufbegehrens gegen das weiße Apartheid-Regime, denn sehr viele ehemalige ANC-Xhosa-Führungsfiguren wie *Walter Sisulu* (1912–2003), *Steve Biko* (1946–1977), *Oliver Tambo* (1917–1993), *Chris Hani* (1942–1993) oder der zweite südafrikanische Präsident, *Thabo Mbeki,* stammen vom Eastern Cape. Die Provinz ist auch noch heute fest in der Hand des ANC.

Die Eastern Cape Province ist 170.000 km² groß und es leben hier 7 Millionen Menschen, größtenteils Xhosa. Sie sprechen *isiXhosa,* eine „Klicklaut"-Sprache, die die unvergessene Sängerin Miriam Makeba (1932–2008) mit ihrem Hit „Pata Pata" und mit dem „Click Song" bekannt machte (Bühnenauftritte und Songs von ihr auf www.youtube.com).

Als Urlaubsdestination steht das Ostkap jedoch tief im Schatten des lohnenderen Westkaps oder KwaZulu-Natals, seine touristische Infrastruktur ist schwach. Aber das kann sich ja noch ändern, denn das Land ist reich an ursprünglichen Landschaften und Schönheiten.

Touristische Attraktionen sind die **Wild Coast** (s.u.) und einige Nationalparks, die Badeküste nördlich von East London (Chintsa u.a.) bis zur Mündung des Kei Rivers (Kei Mouth) sowie die privaten Wildlife Reserves. Das Hochland der südlichen Drakensberge und die einsame Nordregion in Richtung Orange River, der die Nordgrenze zum Free State bildet, werden selten besucht.

Bekanntester Nationalpark ist der riesige **Addo Elephant Park** bei Port Elizabeth, bei dem aus den „Big Five" die „Big Seven" werden, weil durch die Meeresnähe noch Hai und Wal dazukommen, gefolgt von der *Tsitsikamma Section des* **Garden Route National Parks** an der Grenze zum Westkap. Daneben gibt es noch den *Camdeboo N.P.*, den *Mountain Zebra N.P.* sowie einige (hochpreisige) Private Game Reserves, von denen *Shamwari* und *Kwandwe* die bekanntesten sind. Alle Parks und Reserves sind malariafrei!

Größte Städte sind **Port Elizabeth** (Großraum Nelson Mandela Bay, 1,5 Mio.), **East London** (Großraum Buffalo City Municipality, 1 Mio.) und **Mthatha** (0,5 Mio.). Verwaltungshauptstadt ist *Bhisho*. Architektonisch interessante und charmante Orte sind **Graaff-Reinet** und **Grahamstown**. Strand- und Surfer fühlen sich in *Jeffrey's Bay* gut aufgehoben und Naturenthusiasten in *Hogsback*.

Historisch ging es in im Ostkap keinesfalls friedlich zu: Zwischen 1779 und 1853 fochten im damaligen Grenzgebiet zwischen West- und Ostkap die vorrückenden britischen Siedler acht Grenzkriege mit den Xhosa aus, und erst 1878, nach 100 Jahren Kampfgeschehen, wurden das Volk der Xhosa endgültig besiegt.

Weißer Zucker und noch weißere Zähne

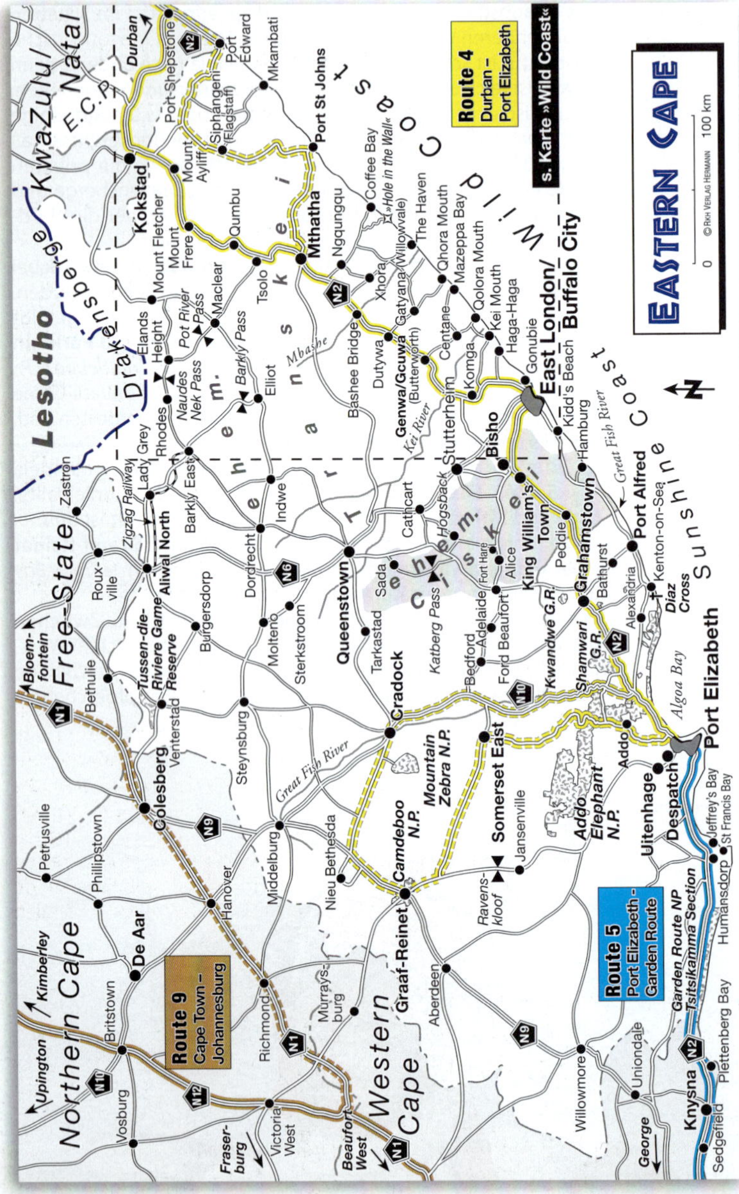
EASTERN CAPE
0
100 km
© RKH VERLAG HERMANN
Route 4
Durban – Port Elizabeth
s. Karte »Wild Coast«
Route 5
Port Elizabeth – Garden Route
Route 9
Cape Town – Johannesburg
Lesotho
KwaZulu/ Natal
E.C.P.
Free-State
Northern Cape
Western Cape
Drakensberge
Transkei
Ciskei
Wild Coast
Sunshine Coast
Durban
Port Shepstone
Port Edward
Mkambati
Siphangeni (Flagstaff)
Port St Johns
Coffee Bay
»Hole in the Wall«
The Haven
Qhora Mouth
Mazeppa Bay
Qolora Mouth
Kei Mouth
Haga-Haga
Gonubie
East London/ Buffalo City
Kidd's Beach
Hamburg
Port Alfred
Kenton-on-Sea
Diaz Cross
Port Elizabeth
Algoa Bay
Kokstad
Mount Ayliff
Mount Fletcher
Mount Frere
Qumbu
Mthatha
Ngqungqu
Tsolo
Maclear
Pot River Pass
Barkly Pass
Elliot
Elands Height
Naudes Nek Pass
Rhodes
Lady Grey
Zastron
Zigzag Railway
Aliwal North
Barkly East
Indwe
Dordrecht
Queenstown
Mbashe
Bashee Bridge
Xhora
Gatyana (Willowvale)
Dutywa
Genwa/Gcuwa (Butterworth)
Kei River
Centane
Komga
Stutterheim
Bisho
Cathcart
Hogsback
King William's Town
Peddie
Grahamstown
Bathurst
Alexandria
Fort Hare
Alice
Sada
Katberg Pass
Adelaide
Bedford
Fort Beaufort
Kwandwe G.R.
Shamwari G.R.
Great Fish River
Tarkastad
Cradock
Sterkstroom
Molteno
Burgersdorp
Rouxville
Bethulie
Tussen-die-Riviere Game Reserve
Venterstad
Steynsburg
Colesberg
Bloemfontein
Mountain Zebra N.P.
Somerset East
Addo
Addo Elephant N.P.
Uitenhage
Despatch
Jeffrey's Bay
St Francis Bay
Humansdorp
Jansenville
Camdeboo N.P.
Graaf-Reinet
Nieu Bethesda
Middelburg
Hanover
Petrusville
Philipstown
De Aar
Kimberley
Britstown
Upington
Vosburg
Richmond
Murraysburg
Victoria West
Fraserburg
Beaufort West
Aberdeen
Ravenskloof
Willowmore
Uniondale
Garden Route NP Tsitsikamma Section
Plettenberg Bay
Knysna
Sedgefield
George
N1
N2
N6
N9
N10
N12

Transkei

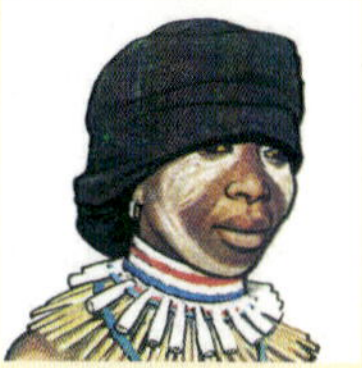

Traditionell „behutete" Frauen

Von KwaZulu-Natal kommend durchfahren Sie auf der N2 das ehemalige Homeland Transkei, eine Region mit hohem Entwicklungsdefizit. „Transkei" meint „jenseits des Kei". Der Fluss Kei, 40 km nördlich von East London, markierte ab 1847 die östliche Grenze der Kapkolonie, deren europäische Besiedlung durch die britische Kolonialmacht lange Zeit in östliche Richtung entlang der Küste erfolgte. Das Transkei-Territorium reichte von diesem bis zur Grenze von KwaZulu-Natal und inkorporierte an der Küste das dortige **Pondoland** (1885 gab es den Versuch, im Pondoland eine deutsche Kolonie zu gründen, doch die Briten machten der Idee des badischen Leutnants Nagel schnell eine Ende).

Als ein Produkt der Apartheid-Ideologie, bei der die schwarzen Ethnien Südafrikas in selbständige *Homelands* abgedrängt werden sollten, wurde die Transkei 1976, nach vorheriger innerer Selbstverwaltung seit 1963, als erstes und auch größtes südafrikanisches Bantu-Homeland formal in die „Unabhängigkeit" entlassen. International wurde sie jedoch nie als Staat anerkannt. Seit der Transformation des Apartheidstaats in eine demokratische Gesellschaftsordnung 1994 ist die Transkei wieder ein Teil Südafrikas und ging in der Eastern Cape Province auf. Größte Stadt ist *Mthatha,* früher Umtata. Ackerbau und Landwirtschaft sind rudimentär, meist nur den eigenen Bedarf deckend, obwohl genügend Niederschläge fallen.

Wild Coast

„Wilde Küste", so heißt die nur wenig erschlossene, zerklüftete Küstenregion der Eastern Cape Province zwischen East London und der KwaZulu-Natal-Grenze (wobei der Terminus „Wild Coast" touristisch neuerdings nicht nur ausschließlich für die Küste, sondern auch für die gesamte ex-Transkei verwendet werden soll). Die Wild Coast ist ein Eldorado für Natur- und Wanderfreunde, Angler und Einsamkeitssuchende. Sehr viele Abschnitte sind teils malerisch, teils spektakulär. Es gibt mehrere Naturschutzgebiete, zahlreiche Flüsse mäandern in tief eingeschnittenen Schluchten dem Meer entgegen, wo an ihren Mündungen abgelegene kleine Ferienorte liegen. An der nördlichen Wild Coast gibt nur zwei Hafenorte, nämlich Port Grosvenor und das bedeutendere *Port St Johns* (s.S. 452).

Websites Offizielle Seite von Eastern Cape Tourism Board: **www.ectourism.co.za**

Alle Parks und Nature Reserves: www.ecparks.co.za

Speziell die Wild Coast: www.wildcoast.co.za

Für Wanderer ist eine ergiebige Infoquelle: www.wildcoastholidays.co.za

Entfernungen auf der N2 Ab Grenze Brooks Nek – Mthatha (180 km) – East London (410 km) – Port Elizabeth (ca. 890)

Reisetipps Durch die Transkei zu fahren galt früher als unsicher – sagten und sagen weiße Südafrikaner, was heute so direkt formuliert nicht mehr zutrifft. Planen Sie die N2-Fahrt von der KZN-Grenze bis East London oder an die Orte der Badeküste nördlich von East London als eine Tagesstrecke. Entlang der Küste gibt es *keinen* durchgehenden Küsten-Highway, man kann von der N2 nur auf wenigen asphaltierten Stichstraßen oder auf Pisten in schlechtem Zustand zu den einsamen Buchten am Meer gelangen. Vermeiden Sie Nachtfahrten, achten sie auf streunendes Vieh (plötzlich hinter Kurven) und fahren Sie Ihren Tank nicht leer. Nach Regenfällen sind Erdpisten unpassierbar. Im Hinterland sind Ausschilderungen selten oder nicht vorhanden und auch mit GPS kommen Sie da nicht viel weiter. Eine sehr gute Wild-Coast-Karte gibt es von www.slingsbymaps.com. Wer das Ostkap intensiv bereisen möchte, kann dies auf neun Küstenrouten tun, siehe www.ectourism.co.za.

Sie fahren durch zersiedelte Landschaften mit unzähligen und meist bunt bemalten oder mintgrünen Rondavels mit Zinkblech-Kegeldächern, entlang an Maisfeldern und über hügeliges Grasland mit weidenden Rindern. Flugplätze gibt es in Port Elizabeth (international), East London und Mthatha.

Streckenbeschreibung

Mthatha

Die N2 führt durch die Stadt hindurch. Die überwiegend trostlose Halbmillionenstadt ist normalerweise keinen Stopp wert, außer man möchte das **Nelson Mandela Museum** in der *Bunga,* dem historischen Parlamentsgebäude, besuchen (Nelson Mandela Drive/Owen St, Mo–Fr 9–16 Uhr, Sa/So ab 13 Uhr, Eintritt frei, www.nelsonmandelamuseum.org.za). Es wurde 1990 eröffnet, zehn Jahre nach Mandelas Entlassung aus dem Gefängnis und es dokumentiert das Leben Mandelas und Südafrikas Weg in die Demokratie, natürlich symbolisch hoch aufgeladene. Wegen **Renovierungsarbeiten jedoch bis März 2014 geschlossen.** Anderthalb Blocks nördlich vom Museum befindet sich in der Owen St 64 linker Hand für Auskünfte das **Eastern Cape Tourism Board,** Mo–Fr 8–16.30, Tel. 047-5315290, www.ectourism.co.za.

Außer dem Mandela-Museum in der Bunga gibt es noch das Nebenmuseum im Dorf *Qunu*, 31 km südlich von Mthatha. In Qunu verbrachte Nelson Mandela seine Kindheit. Das *Qunu Nelson Mandela Youth & Heritage Centre,* etwa 600 m von der N2 entfernt (ausgeschildert, GPS S31 47.406 E028 36.883, Tel. 047-5380217) ist zugänglich und bietet auch gute Unterkunft. Nicht weit vom Heritage Centre entfernt befindet sein privates Wohnhaus.

Wer an die **Wild Coast möchte,** kann entweder auf der R61 nach **Port St Johns** fahren (im Zentrum links in die Sutherland St abbiegen, ca. 95 km, s.S. 452) oder man verlässt etwa 19 km südlich von Mthatha die N2 bei Viedgesville und fährt nach **Coffee Bay** (95 km), doch nur bei gutem Wetter einplanen.

Beim Verlassen Mthathas sieht man auf der linken Seite die Gebäude der *University of Transkei* (Unitra). Nach etwa 5 Kilometern kommt an der N2 eine Shell Ultra City zum Pausieren, Tanken und Einkaufen.

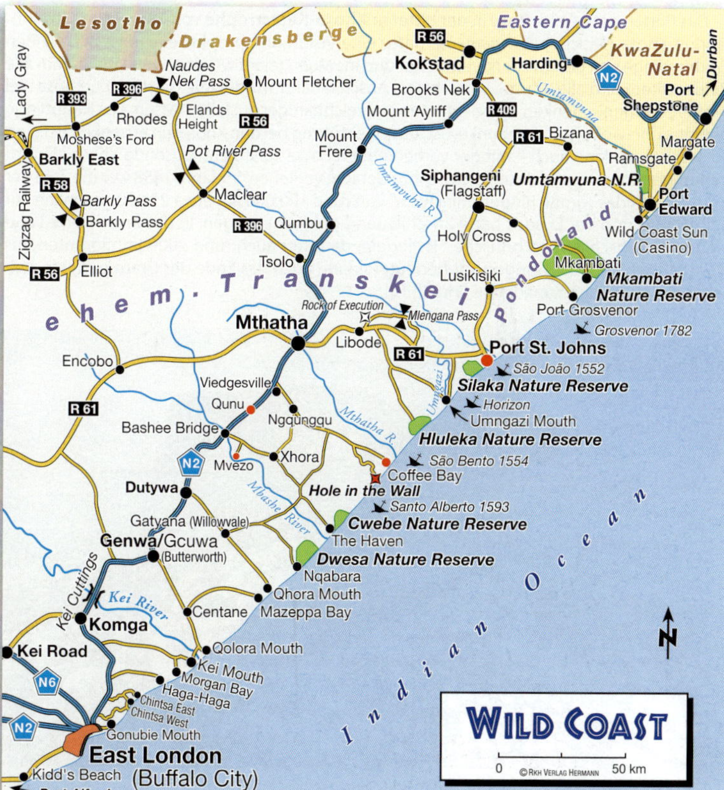

Abstecher zur Küste: Coffee Bay und „Hole in the Wall"

Bei Viedgesville an der N2 führt eine Asphaltstraße durch Hügellandschaften runter zur Küste nach **Coffee Bay.** Der kleine Ort liegt an einer Bucht mit langem Sandstrand. Wie so oft an der Wild Coast liefen auch hier Schiffe auf Grund, von mächtigen Stürmen gegen Land gepeitscht: 1554 die *Saõ Bento* und 1593 die *Santo Alberto,* beides portugiesische Karavellen.

Das *Ocean View Hotel* mit Restaurant liegt direkt am Strand, passabel sind nur die Zimmer zum Strand hin. Tel. 047-5752005, Cell 071-8968977, www.oceanview.co.za. DZ/VP ab R1500. Es existieren noch einige weitere Unterkünfte in Coffee Bay, wie z.B. die *Coram Deo Lodge,* www.coramdeocb.co.za.

Knapp 20 Kilometer vor Coffee Bay zweigt eine sehr rauhe Piste – bei Nässe ist sie wie Schmierseife – nach links ab, die 19 Kilometer weiter auf einer Anhöhe endet. Von hier lässt sich die Mündung des *Mpako-River* mit dem Felsportal **„Hole in the Wall"** überblicken, gegen das das Meer mit lautem Krachen anbrandet. Portugiesische Seeleute nannten es *Penido das Fontes,* „Felsen der Springbrunnen". Unterkunft nahe des Felsentors: *Hole-in-the-wall Backpacker.* 26 B&B-Zimmer, SC-Units und Backpacker-Dorms, auch Zeltplätze, Restaurant, www.hole-in-the-wall.co.za.

Das Portal spielte eine Rolle in der bitteren **Xhosa-Katastrophe** von 1856: Das sechzehnjährige Xhosa-Mädchen *Nongqawuse* hatte eine Vision und prophezeite, dass alle weißen Eindringlinge von den Geistern vernichtet und ins Meer gejagt würden, wenn ihr Stamm alle Rinder tötete und alle Vorräte vernichtete. Anschließend würden die Geister den Xhosa viel größere Herden schenken und die Ernten viel reichhaltiger ausfallen lassen. Die Häuptlinge glaubten ihr (wobei mitzubedenken ist, dass Viehtötung bei den Xhosa ein Krisenkult ist), und so geschah es dann auch – mit der verheerenden Folge, dass Zehntausende Xhosa kläglich verhungerten und auf Nahrungssuche ihre Gebiete verließen. Im Jahre 1858 war die Zahl der Xhosa durch das „große Rinderschlachten" von rund 100.000 auf etwa 25.000 gesunken. Ihr Selbstmord und der Exodus hatte anschließend politische Folgen: In das entvölkerte Land wanderten anschließend britische Siedler ein, darunter auch rund 2000 Immigranten aus Norddeutschland. Die Hungersnot bedeutete dann auch das Ende der Grenzkonflikte zwischen der britischen Kapkolonie und Xhosa.

Felsportal „Hole in the Wall"

Von Mthatha auf der N2 nach East London

Von Mthatha nach East London sind es ca. 230 km. Sie passieren das etwas größere *Dutywa* und später *Genwa/Gcuwa,* das frühere Butterworth. Bereits 1827 gegründet, ist es einer der ältesten Orte der Transkei.

Von hier können Sie auf der Stichpiste R409 über *Centane* nach *Qolora Mouth* abbiegen (Strandhotels). Eine Piste führt von dort zum *Kei River,* der mit der Fähre „Pont" überquert wird, danach gelangt man zu den Orten *Kei Mouth* und *Morgan Bay.* Die R349 bringt Sie dann wieder zurück zur N2 und weiter nach East London, doch zuvor könnten Sie auch zu den Küstenferienorten *Haga Haga, Chintsa East* und *West, Kwelera, Sunrise-on-Sea* und *Gonubie* abbiegen. Das Küstengebiet von East London bis Chintsa East, touristisch als **Jukileza Route** ausgewiesen mit Routenschildern T1 bis T11 (www.wildcoastjikeleza.co.za), erfreut mit teils traumhaften, breiten Stränden und bewachsenen Dünenzügen.

Chintsa

Etwa 40 km nördlich von East London liegt ein kleines Küstenparadies namens *Chintsa,* ein 2000-Seelen-Ort mit Teilbereichen *Chintsa East* (der größere) und *Chintsa West.* Der atemberaubend schöne Abschnitt der *Jikeleza Wild Coast Route* ist vielleicht gerade deshalb meist unberührt, weil er noch ein Geheimtipp unter Besuchern nach Südafrika ist. Außer zu Weihnachten und Ostern gehören einem der

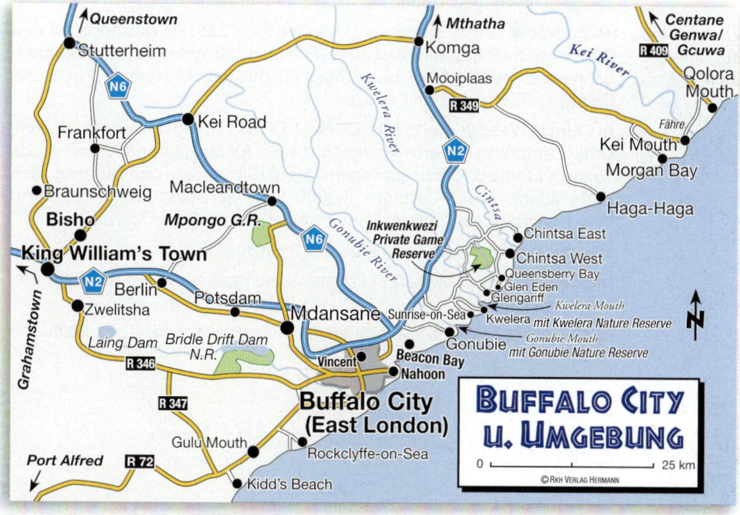

endlos lange Sandstrand und der Indische Ozean beinahe alleine. Man könnte sogar meinen, dass man die Erdkrümmung sieht, wenn man über das Meer blickt. Besonders zauberhaft ist es bei Sonnenaufgang, wenn das Licht noch sanft ist. Das ist Ruhe pur, Genuss und Wohltat für die Seele. – *Andrea Münster*

Unterkunft

Einen Schlafplatz findet man in unzähligen Self Caterings, auf Campingplätzen und in Bed&Breakfasts, die attraktivsten in **Chintsa.** Die Seiten www.wildcoastjikeleza.co.za und www.temba.co.za/southafrica/easterncape listen Unterkünfte. Von Mitte Dezember bis Mitte Januar erhöhen sich überall kräftig die Preise.

In Kei Mouth und **Morgan Bay:** von der N2 über die R349, gute 35 km. Auf der interaktiven Google-Karte von www.keimouth.co.za finden Sie über 30 Unterkünfte für jeglichen Anspruch, die meisten Self Caterings, z.B. das schöne und günstige *The Thatches* (über www.wheretostay.co.za/thethatches) in tropischer Gartenlage mit kleinem Pool, nicht weit zum Strand, Main Rd, Tel. 043-8411102, GPS S32°40'58.584" E28°22'44.076". DZ-Unit ab R350.

Das kleine idyllische **Morgan Bay** liegt etwas südlich von Kei Mouth, auf www.morganbay.co.za haben Sie nochmals die Wahl unter 30 Angeboten, z.B. Morgan Bay Hotel, www.morgan-bay-hotel.co.za. Restaurant-Tipp für Morgan Bay: *Krans Kombuis in* Höhenlage.

In Haga Haga: *Haga Haga Hotel,* www.hagahagahotel.co.za

In Chintsa East: *Cintsa Lodge,* 684 Fish Eagle Drive, Tel. 043-7385146, Cell 082-3783211, www.cintsalodge.com. B&B oberhalb einer Dünenlandschaft. Sehr schöne Zimmer mit Meerblick mit allen Annehmlichkeiten und Services, dt.-spr. Auch 2 SC-Chalets. Anfahrt von der N2 von Norden her: 28 km vor East London beim Schild „Chintsa/Inkwenkwezi" nach Osten (links) abbiegen, nach 7 km links nach Chintsa East, nach weiteren 6 km dem blauen C.-Lodge-Schild folgen. Google Earth: S32°49'1.5 E28°07'7.5. DZ/F R1400.

Dinner-Tipp für Chintsa East

Michaela's of Cintsa, Steenbras Drive, Tel. 043-7385139. Das hoch auf den Dünen liegende Restaurant ist nur zu Fuß über 150 Stufen oder per Zahnradbahn erreichbar, die Aussicht aufs Meer unschlagbar. Alle Fleisch-, Fisch- und Geflügelgerichte sind ein Genuss.

In Chintsa West: *Bucaneer's Backpackers,* Tel. 043-7343012, www.cintsa.com. Große, empfehlenswerte Anlage, nicht nur für Hostelfreunde, Fair Trade Tourism-Mitglied. Neben günstigen Dorms, Zeltzimmern und Camping auch nette kleine Beach-Cottages (R300). Viele Services, Aktivitäten- und Wassersportangebote, Restaurant, Mitglied von *Fair Trade Tourism.*

Chintsa Bay B&B, Tel. 043-7343004, Cell 083-6304832, u.a.

Inkwenkwezi: Ein Upmarket Private Game Reserve, VP-Preise, www.inkwenkwezi.com.za

In Kwelera: z.B. *Areena Riverside Resort,* www.areena.co.za, SC, ca. R600

Fortsetzung der Fahrt auf der N2 von Mthatha nach East London

Wenn Sie obige Abstecher zur Küste nicht gemacht haben und von Mthatha auf der N2 geblieben sind, erreichen Sie auf einer eindrucksvollen Gefäll- und Steigstrecke durch die *Kei Cuttings* die *Great Kei River Bridge*. Nach deren Überquerung haben Sie nun die Transkei verlassen. Die alte Grenzstation ist heute eine moderne Touristen-Information, wo Sie sich mit Broschüren und Karten eindecken können. Nach der Auffahrt können Sie bald danach bei einer *Shell Ultra City* pausieren.

Von der N2-Ausfahrt *Mooiplaas* könnten Sie auf der R349 nach Kei Mouth, Morgan Bay und Haga Haga abbiegen. 10 km weiter geht es von der N2 auf der Jukileza-Route T1 zu den beiden Chintsas (nach der Abfahrt liegt, in nur 1,5 km Entfernung von der N2 rechter Hand, die schöne Gästefarm *Yekelela,* Cell 076-1917220, www.unexploredadventures.co.za, ideal für Familien mit Kindern, Cottages und B&B. DZ/F R900).

N2-Exit 1060 führt auf T1 nach Chintsa West (T7), Glen Eden, Kwelera (T3) und Sunrise on Sea (T4), N2-Exit 1054 nach *Gonubie*, das bereits im nördlichen Einzugsgebiet von East London liegt.

4

East London

Die Hafenstadt East London am Indischen Ozean ist nicht unbedingt ein Stadt zum Verweilen, denn zum einen liegt sie abseits touristischer Hauptreiserouten und zum anderen darf das Stadtbild ohne Übertreibung „hässlich" genannt werden. Das Zentrum erstreckt sich zwischen dem *Nahoon River* im Norden (mit Nahoon Beach) und dem *Buffalo River* im Süden, und der gab dann auch dem Großraum, der westlich bis hin zum 40 km entfernten Bhisho reicht und 2510 km^2 groß ist, seinen Namen: **Buffalo River Municipality** (1 Mio. Ew.). Zentrum ist East London. Nördlich der Stadt beginnen die Strände der Wild Coast, südlich die der Sunshine Coast.

Von Norden auf der N2/Mthatha kommend biegen Sie an der Autobahnkreuzung mit der N6 auf die R72 nach Süden ab (North East Expressway) die runterführt zur **Fleet Street,** der Hauptstraße im Zentrum. Von dort ist es nicht weit zur **Esplanade** (M13), wo sich entlang des Meeres Beachfront-Hotels und Restaurants reihen.

Historie

1836 als kleiner Militärposten mit einem Hafen am Buffalofluss gegründet, diente es den Briten während der Xhosa-Kriege als Stützpunkt und wuchs nach 1857 rasch an, nicht zuletzt wegen 2362 deutschen Söldnern, die England zuvor für den Krim-Krieg (1853–56) angeworben hatte, dann aber dort nicht mehr eingesetzt wurden. Immer noch in Diensten Albions, verschiffte man sie hierher, mitsamt vieler ihrer Frauen und Kinder, insgesamt 2918 Personen. Die Legionäre wurden als Grenzschutztruppe zum Xhosa-Gebiet eingesetzt. Zwar schickten die Briten noch im gleichen Jahr etwa 1000 dieser Söldner in ihre

East London/
Buffalo City
0 500 m
© Rkh Verlag Hermann
n. King William's Town M1 / N 2
East London Museum
zur N2 Nord / N6
Gonubie
Anne Bryant Art Gallery
BAYSVILLE
SOUTHERNWOOD
Buffalo Park
Border
Rugby
Ground
ARCADIA
zum Golf Club
East
Cementery
Rest. Buccaneers
Holiday Inn Garden Court
City Hall
QUIGNEY
CENTRE
Lock St
Gaol
L.S. Shopping Complex
German Settlers Monument
Aquarium
Queen's Park
Botanical Garden
and Zoo
Gately House
Market Sq.
Marine
Park
n. Port
Elizabeth
Latimer's
Landing (Waterfront)
Parken im River
Park Building
Signal Hill
Restaurants Quarterdeck und Chalet Suisse
Orient Beach
Buffalo River
Indian
Ocean
Hafen
Hotels
Hotel Osner
2 Protea Apartments
3 Nicki Nana Backpackers
4 Esplanade Hotel & Suites

indische Kolonie, doch bereits 1858 trafen weitere deutsche 2315 Immigranten ein, vornehmlich aus Norddeutschland. Sie gründeten Orte und nannten sie in Erinnerung an die Heimat *Potsdam, Breidbach, Frankfort, Hamburg* (am Meer), *Braunschweig, Hanover* und *Berlin* (an der N2). *Stutterheim* an der N6 trägt den Namen des Barons Richard von Stutterheim, den die Briten als Offizier mit der Anwerbung deutscher Fremdenlegionäre für die *British-German Legion* und später mit ihrem Transport nach Südafrika beauftragt hatten. Heute gedenkt ein Standbild an der Beachfront der Einwanderer.

Die deutsche Verbindung mit dem Eastern Cape steht also bereits in über 150-jähriger Tradition. In East London setzte sie sich 1949 fort mit den Automobilproduktion der Daimler Benz AG, größter Einzelarbeitgeber der Region, Export von rechtsgesteuerten Fahrzeugen in alle Welt, VW in Uitenhage/Port Elizabeth und auf staatlicher Ebene mit der Landespartnerschaft von Niedersachsen mit der Eastern Cape Province.

Sehenswertes

Eng beieinander liegen an der Esplanade das **Aquarium** und das **German Settlers Memorial.** Die Granitskulptur, erschaffen 1960 von einem südafrikanischen Bildhauer, zeigt einen Mann wie er sich schützend hinter Frau und Kind stellt, alle drei blicken auf das Meer hinaus, über das sie 1858/59 gekommen waren (die deutsche Communitiy hält einen alljährlichen Weihnachts- und Ostermarkt ab und die Lutherische Gemeinde lädt zweimal im Monat zum Gottesdienst ein).

Das **East London Aquarium** zeigt unzählige Spezies der Süß- und Salzwasserfauna, tägl. 9–17 Uhr, Eintritt R28. Seehundshow und Pinguinfütterung tägl. 11.30 und 15.30 Uhr. Außerdem *Shark & Stingray Pool* und *Whale Watching Boardwalk,* von dem Wale im Meer beobachtet werden können (bei gehisster blauer Flagge). Beste Zeit dafür ist August bis November. Mehr übers Museum auf www.elaquarium.co.za.

Kings Tourist Centre / Information

Die Esplanade weiter hoch liegt an der Ecke Aquarium/Longfellow Road das **Eastern Cape Tourism Board,** Tel. 043-7019600**,** www.ec-tourism.co.za. Infos zur Stadt und Umgebung, auch geführte Halbtages-Touren. Im gleichen Gebäude: **Wild Coast Holiday Reservation,** Tel. 043-7436181, www.wildcoastholidays.co.za. Hilfreich für touristische Belange ist die Website der Stadt, www.buffalocity.gov.za

East London Museum

Gutes Naturkunde- und Kulturmuseum, berühmt für das erste präparierte Exemplar des im Dezember 1938 vor der Küste East Londons gefangenen Quastenflosser *Coelacanth.* Die Fachwelt war bis dahin der Meinung, dieser Urfisch wäre schon vor 50 Millionen Jahren ausgestorben. Außerdem ein Ei des flugunfähigen und ausgestorbenen Vogels *Dodo.* Die anthropologische Sammlung informiert über die Kultur der Xhosa.

Oxford St, Eingang und Parkplätze in der Dawson Rd, Tel. 043-7430686, Mo–Fr 9–16 Uhr, Sa 10–13, So 10–15 Uhr, Eintritt 10 Rand.

Die City Hall von East London

Botanischer Garten, Gately House, City Hall

Der Queen's Park mit Botanischem Garten und *Gately House* von liegt auf einem Hügel westlich des Zentrums. John Gately war der erste Bürgermeister der Stadt. Sein denkmalgeschütztes Haus von 1878 ist mitsamt viktorianischer Einrichtung, Sammelstücken und Möbeln original erhalten. *Queen' Park,* Park Gates Road (Eingang auch vom Zoo her), Tel. 043-7222141, Di–Do u. Sa 10–13 Uhr, Fr 14–17 Uhr, So 13–17 Uhr.

Die *City Hall* in der Cambridge Street ist ein imposantes Gebäude im *victorian renaissance style.* Grundsteinlegung war 1897, das Jahr des 60-jährigen Thronjubiläums Queen Victorias (1819–1901).

Latimer's Landing

East London besitzt am Buffalo River den einzigen bedeutsamen Flusshafen Südafrikas, er wurde einst zur Versorgung der britischen Militärstation in King William's Town erbaut. *Latimer's Landing* ist East Londons kleine Waterfront mit Restaurants und Shops, sonntags ist Flohmarkt.

Lock Street Gaol

Das Lock Street-Gefängnis, erbaut 1880 und damit eines der ältesten Gebäude von East London, war das erste Frauengefängnis Südafrikas. Es wurde in einen originellen *Shopping Complex* mit Souvenirshops umgewandelt. Die originalen Todeszellen und Galgen sind noch erhalten.

Reise-Infos East London

Information s.o. „Kings Tourist Centre"
Notruf Polizei 10111. AA-Autonotruf 0800-010-101

Unterkunft East London besitzt ein Überangebot an Unterkünften aller Preisklassen. Noch im Norden der Stadt in Beacon Bay, nicht weit von der N2, kommt man zum Europa B&B.

Europa B&B Sehr schönes B&B in dt.-schweiz. Qualität, Paul & Christine Stiffler. 5 geschmackvoll eingerichtete Rieddach-Häuschen mit Deck zum Garten, Dining Room/Bar, Pool, sicheres Parken, alles picobello. 58 Bonza Bay Road, Beacon Bay (von der N2 Ausfahrt 1051 zur M8/Bonza Bay Rd nehmen, noch ca. 2,3 km), Tel. 043-7483542, Cell 083-2874324, www.europainn.co.za (mit Link zu Google Maps). DZ/F R950, auch eine SC-Unit.

Niki Nana Backpackers Netter Backpacker, identifizierbar am Zebra-Dach, Einzel- u. Mehrbettzimmer. 4 Hillview Road, Tel. 043-7228509, www.nikinana.co.za. DZ R300.

Esplanade Hotel & Suites Nüchterner Hotelkasten, doch o.k. und sauber. 6 Clifford St, Tel. 043-7222518, www.esplanade-hotel.co.za. DZ ab R450.

Protea Apartments Zimmer mit Kitchenette, 10 Marine Terrace, Tel. 0800-442433, über www.katleisure.co.za. DZ R880. In Gehweite das zur gleichen Kette gehörende zehnstöckige **Hotel Osner** (Court Creszent), dessen Einrichtungen, nämlich Restaurant, Bar und Pool mitbenutzt werden können (DZ ab R600).

Nördlich von der Esplanade, beim Golfplatz und in ruhiger, schöner Wohngegend:

Bunkers Inn B&B Acht nette Zimmer bei Liz & Ian Russel, Pool, sicheres Parken. 23 The Drive, Bunkers Hill, Tel. 043-7354642, Anfahrt mit Google Map auf www.bunkersinn.co.za. DZ/F ab R760. Gleichfalls in dieser Gegend, etwas weiter nördlich, liegt:

The Loerie Hide Sehr schönes 4-Sterne-Gästehaus auf bewaldetem Grundstück, großzügige Räume, eingerichtet nach Themen, wie „Safari" oder „Kolonial". DZ/F ab R800. 2B Sheerness Rd, Bonnie Doon, Tel. 043-7353206, www.loeriehide.co.za (mit Anfahrtsskizze; von der N2/N6 Kreuzung in den North East Expressway/R72, nach ca. 3 km die Ausfahrt M4 Pearce St/Gleneagles Rd nehmen, an der Ampel nach links und gleich wieder links in die Old Transkei Rd. Nach 2 Ampelkreuzungen n. rechts in die Beach Rd, dann in die 3. Straße links, Shultz Rd, die zur Sheerness Rd wird; dann linker Hand).

Ein paar Restaurants-Tipps Langjährig sind *Ernst's Restaurants* am Orient Beach: *Chalet Suisse* und *Quarterdeck*, Orient Pavilion, Ecke Esplanade und Currie St. Leckere Fisch- und Fleischgerichte in großer Auswahl, Schweizer Spezialitäten. Blick auf Orient Beach, Hafeneinfahrt und Meer. Das Quarterdeck, gleiche Küche, ist weniger formell. Genug Parkplätze.

Italienisch: *Grazia's Fine Food & Wines*, Upper Aquarium Rd, Esplanade. Ein Pub mit günstigem Essen ist *Buccaneers*, Eastern Esplanade.

Airport Der East London Airport liegt 10 km vom Zentrum, Help Desk 041-5077319, Flight Information 086-7277888. Nur Inlandsflüge, Verbindungen mit SAA, SA Express und www.1time.co.za nach/von Johannesburg, Durban, Port Elizabeth und Kapstadt. Alle Airport-Infos über www.acsa.co.za.

Wahlweise Weiterfahrt-Optionen von East London

Entweder auf der N2 über Grahamstown, dessen Innenstadt Sie sich anschauen sollten, nach Port Elizabeth bzw. zuerst zum Addo-Nationalparks. Oder auf der R72 an der Küste entlang nach Port Alfred und dann nach Grahamstown.

Port Alfred

Port Alfred an der Mündung des Kowie River, gegründet 1820 durch die 4000 britischen „1820 Settlers", die hier an Land gingen, hieß ursprünglich Port Kowie. 1860 wurde es nach dem Sohn der englischen Königin Victoria umbenannt. Der Kowiefluss, den eine mächtige Bogenbrücke überspannt, teilt die 20.000-Einwohner-Stadt in zwei Hälften. Historische viktorianische Häuser in der Wharf Street (Westufer Kowie River), kleine Antiquitätenläden, nostalgische Cafés, Ferien-Atmosphäre und vor allem die moderne *Royal Alfred Marina* erinnern an Knysna im Westkap. Auf fünf kleinen, künstlich angelegten Inseln, direkt in die breite Mündung des Kowie hineingesetzt, bauten Investoren kleine weiße Häuser, zugänglich durch über Stege und Bootskanäle. Mit seinen Stränden, Dünenwegen, Golfplatz und einem breiten Angebot an Unterkünften, Restaurants und Wassersportmöglichkeiten ist der aufstrebende Ort bei den Südafrikanern das beliebteste Ferienresort an der Küste, befördert auch durch die Rekordsonnenstunden der Sunshine Coast. Die Badestrände findet man im Westteil der Stadt (Kellys Blue Flag Beach).

Information *Sunshine Coast/Ndlambe Tourism,* Cause Way Rd (Westufer Kowie River), Tel. 046-6241235, www.sunshinecoasttourism.co.za. Unterkünfte, Broschüren, Karten. Auch www.portalfredaccommodation.co.za listet Unterkünfte. Ein Tipp ist **Coral Guest Cottages:** Kleines B&B mit 2 Gästezimmern und einer Ferienwohnung. Strand, Bootshafen, Restaurants und Shopping Mall sind zu Fuß zu erreichen. Cynthias Spezialität ist das Frühstück. Jack's Close, Tel. 046-6242849, Cell 082-6923911, www.coralcottages.co.za. DZ/F R550–800.

Unterkunft In der **Sebumo Tude Nature's Lounge** haben sich zwei deutsche Paare einen Traum erfüllt und ein 480 ha großes Paradies geschaffen: Inmitten unberührter Natur wohnen Gäste in vier schönen Chalets/AC oder einem Safarizelt und lassen sich mit ausgezeichneten Mahlzeiten aus der Slow-Food-Küche verwöhnen. Tolle Aussicht vom Pool. 15 km langer Mountainbike-Trail. 1 km nach Ortsende Port Alfred (R72) rechts nach Southwell abbiegen und der Ausschilderung folgen. Tel. 072-2057617, www.sebumotude.co.za. DZ/F ab R1440, Dinner a.A.

Restaurant-Tipps Günstige Pizza & Pasta bei *Guido's Restaurant* am Beach/Kowie Mündung Westufer. Gehoben im Ortskern bei *Butler's,* Van der Riet Street, mit Flussblick; Seafood und andere Gerichte. Oder preiswerter in der gleichen Straße: *Ocean Basket.*

Bathurst und Kenton on Sea

Die R67 führt über Bathurst nach Grahamstown. Um das sehr englisch geprägte **Bathurst** (www.bathurst.co.za) gibt es riesige Ananas-Anbaugebiete. Auf freiem Feld, auf der Summerhill Farm, Kowie Rd, steht unübersehbar der 16 m hohe und besteigbare „Big Pineapple" mit Shop und Tourist-Information, man kann eine Farmtour buchen und im Packshed Restaurant essen. Das sehenswerte *Bathurst Agricultural Museum* zeigt in Hallen und auf dem

Freigelände zahllose landwirtschaftliche Transportgeräte, darunter mehr als 80 historische Traktoren, Maschinen und Haushaltsgegenstände aus der „guten alten Zeit", insgesamt über 1600 Objekte. Trappes Road, Mo–Sa 9–16 Uhr, So 15–16 Uhr, Tel. 072-4084858.

Anstatt die R67 zu nehmen könnten Sie auf der R72 nach **Kenton on Sea** am Kariega River weiterfahren (24 km; netter kleiner Ferienort mit Unterkünften, wie auch das auf der anderen Seite des Flusses gelegene *Bushman River*) und danach auf der R434 zur N2/Grahamstown. Dabei passieren Sie das 9000 ha große, private *Kariega Game Reserve.* In drei 4-Sterne-Lodges und im *The Homestead* können Sie exzellent unterkommen und Big Five Game Drives absolvieren. DZ/VP inkl. 2 Game Drives ab R6500, je nach Saison, www.kariega.co.za.

East London – Grahamstown

Von East London nach Grahamstown sind es auf der N2 170 km. Sie passieren die Ausfahrten nach Berlin und zur Provinzhauptstadt **Bhisho,** Hauptort des früheren halbautonomen Homelands **Ciskei.** 1992 wurden bei einer Demonstration, bei der politische Aktivisten die Auflösung der Ciskei forderten, 28 Anhänger des ANC und ein Polizist erschossen. Die *Fort Hare University,* gegründet im 19. Jh. von schottischen Missionare, war damals eine der ersten Bildungseinrichtungen für Schwarze, in der diese auch in der Apartheidszeit studieren konnten, darunter die beiden Friedensnobelpreisträger Nelson Mandela und Erzbischof Desmond Tutu, Zimbabwes Diktator Mugabe, Steve Biko, Oliver Tambo, Julius Nyerere, der erste Präsident Tansanias, u.a.

King William's Town

King William's Town ist die Nachbarstadt von Bhisho, sie ging aus einer 1826 gegründeten Missionsstation hervor. Um 1858 ließen sich hier Soldaten der *British-German Legion* nieder, später auch deutsche Siedler. Das sehenswerte *Amathole Museum,* bereits 1884 gegründet, zeigt naturwissenschaftliche Sammlungen, darunter die berühmte Nilpferddame „Huberta the Hippo", und kulturgeschichtliche der Xhosa sowie das Erbe der englischen und deutschen Siedler. Ecke Alexander/Albert Sts, Mo–Fr 8–16 Uhr, Sa 9–13 Uhr, www.museum.za.net.

Es sind noch rund 110 km bis Grahamstown, dabei werden die Flüsse *Keiskamma* und der geschichtsträchtige *Great Fish River* überquert. Hier trafen im 18. Jahrhundert erstmals in der Geschichte Südafrikas weiße Siedler aus der Kapregion und Xhosa aus dem Nordosten aufeinander. 1779 wurde hier der erste von acht blutigen Grenzkriegen ausgefochten, bis die Xhosa 1853 endgültig besiegt worden waren. Also nicht nur die Zulu, sondern auch das Volk der Xhosa, Thembu, Mpondos und andere widersetzten sich tapfer gegen die europäische Kolonisierung, doch letztlich aussichtslos, da zum britischen Vordringen dann auch ab etwa 1834 der Große Trek der Buren nach Nordosten sich Bahn brach.

Grahamstown/iRhini

Grahamstown hat 110.000 Einwohner und ist der Sitz der renommierten *Rhodes University*. Stadtgründungsjahr war 1812 als Militärstützpunkt zum Schutz der britischen Siedler gegen die Xhosa, mit denen es ständig blutige Grenzkonflikte gab. Eine Kette von Forts entstand, doch am 22. April 1819 griffen Tausende Xhosa-Krieger unter ihrem Häuptling *Makana* das nur schwach besetzte Grahamstown an. Die Briten erhielten jedoch rechtzeitig Verstärkung und konnten, auch wegen ihrer überlegenen Waffenstärke, den Angriff zurückschlagen (Schlachtszenen sind als Bronzerelief an der Denkmalsäule am Church Square zu sehen). Makana aber verbannte man

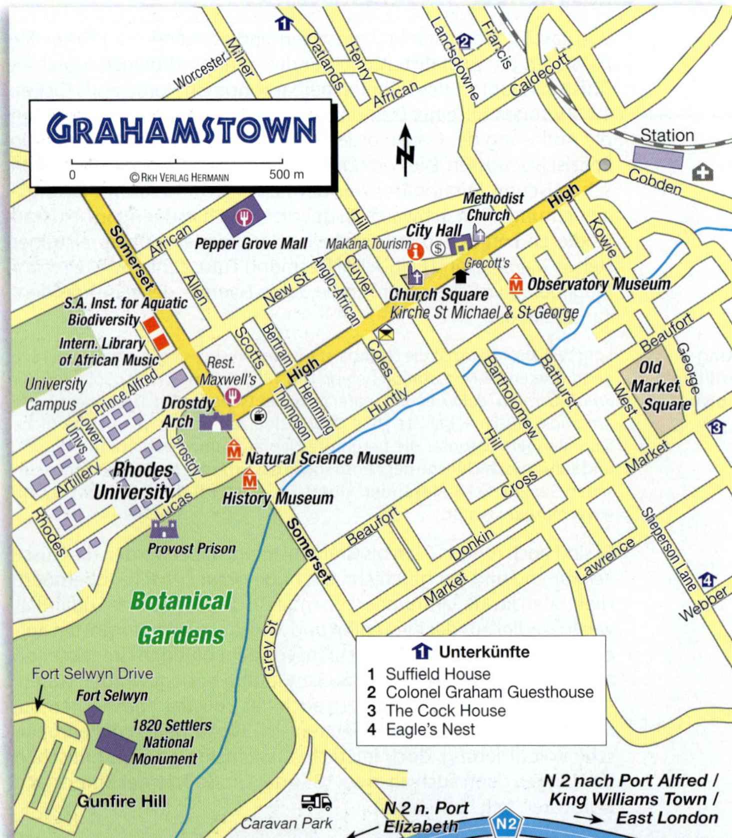

auf die Gefängnisinsel Robben Island vor Kapstadt, der Hügel im Norden der Stadt trägt seinen Namen, *Makana's Kop.*

Einen Wachstumsschub brachten die 4000 1820-Settler aus England, und bereits 1831 war Grahamstown nach Kapstadt zweitgrößte Stadt der Kapkolonie. Man baute über drei Dutzend Kirchen, was noch heute mit den zahlreichen viktorianischen Gebäuden, viele davon unter Denkmalschutz, das Stadtbild und die Atmosphäre des eher ruhigen Grahamstowns prägt. Geschichts- und Kunstfreunde könnten in Grahamstown Tage zubringen, es gibt viele Museen. Außerdem avancierte Grahamstown zur Kultur- und Festival-Hauptstadt der Kapregion, alljährlich finden hier über ein Dutzend größere und kleinere Festivals statt (Festkalender auf www.grahamstown.co.za). Am populärsten ist seit 1974 das **National Arts Festival** im Juli, zu dem Zehntausende herbeiströmen.

Sehenswertes

Bei der Tourist Information sind detaillierte Stadtführer-Broschüren erhältlich. Überall gibt es in breiten Straßen genügend Parkplätze. Für eine Stadtübersicht fährt man den *Gunfire Hill* hoch zum **1820 Settlers National Memorial,** eine Mann/Frau/Kind-Statue, errichtet zum Gedenken der Siedler. Das daneben liegende kleine **Fort Selwyn** wurde 1836 als Signalstation errichtet, im Innern befindet sich eine kleine militärhistorische Sammlung. In unmittelbarer Nähe des Settler Memorials befindet sich der *Theater Complex,* alljährlich Hauptveranstaltungsort des großen *National Festival of Arts.*

Hauptstraße ist die breite **High Street** zwischen Bahnhof und Rhodes University. Auf halber Strecke befindet sich der **Church Square** mit der anglikanischen **Kathedrale St Michael and St George.** Baubeginn war 1824, Abschlussarbeiten aber erst 1952. Ihr über 50 Meter hoher spitzer Turm – Wahrzeichen der Stadt – war lange Zeit der höchste Kirchturm Südafrikas. Ihre Orgel hat erhebliche Ausmaße.

Viktorianisches Open-air-Museum: Grahamstown

Auf dem inselartigen Platz rund um die Kirche konnten früher mehrspännige Ochsenwagen problemlos wenden.

Am Church Square sind auch die schönsten Beispiel viktorianisch-/ edwardianischer Baukunst zu sehen. Highlights sind die Fassaden der Geschäftshäuser *Grocott's Mail* (Platz-Südseite, s. Aufschrift am Giebel), das grüne-weiße Haus daneben (1880 – 1907) sowie *Birch's Gentlemen Outfitters* (s. Aufschrift) in Richtung der **Methodist Commemoration Church** mit ihren fünf Fassadentürmchen, die zur Erinnerung an die Ankunft der 1820-Siedler errichtet wurde. Das Friedensengel-Denkmal davor erinnert an die Gefallenen des Zweiten Burenkriegs 1889–1902.

Die **City Hall** mit ihrem Uhrenturm wurde 1870 erbaut zur 50-jährigen Ankunft der etwa 4000 1820-Siedler in Port Elizabeth, die sich um die Gegend hier niederließen und Grahamstown zu ihrem Hauptort machten. Das Rathaus wurde erst später drumherum angebaut und 1882 eröffnet.

The Albany Museums Complex

Unter diesem Oberbegriff werden fünf örtlich getrennte (s. Stadtplan) Einzelmuseen bzw. Baudenkmäler zusammengefasst: *Natural Science Museum, History Museum, Observatory Museum, Provost Prison* und *Fort Selwyn*. Verwaltet werden sie von der *Albany Museums Group*, Tel. 046-6224459, www.ru.ac.za (Rhodes University). Die meisten kosten geringen Eintritt.

Mit am interessantesten ist das **Observatory Building**, ein ehemaliges Wohnhaus, das in seinen Räumen verschiedene Aspekte der Entwicklung Südafrikas im 19. Jahrhundert zum Thema hat, u.a. die Anfänge der Diamantenindustrie. Das schöne viktorianische Haus mit einem Uhrentürmchen gehörte einst dem Uhrmacher, Optiker, Juwelier und Hobby-Astronomen Mr. Galpin, der Teleskope sammelte und 1882 eine *Camera obscura* baute. Ganz oben kann man in einen abgedunkelten Raum bei klarem Wetter über ein System von Linsen und Spiegeln die Panoramaprojektion der Häuser Grahamtowns sehen. Küche, Speise- und die anderen Zimmer zeigen das Leben eines wohlhabenden Bürgers im 19. Jahrhunderts. 10 Bathurst St, Mo–Fr 9.30–13 u. 14–17 Uhr, Sa 9–13 Uhr.

History Museum

Dieses Museum zeigt mit vielen Ausstellungsstücken, Dokumenten, Militaria und Fotos wie das Land von den Briten unterworfen und besiedelt wurde und wie insgesamt die politische und kulturelle Geschichte des Ostkaps ablief. Die ethnografische Sammlung widmet sich anhand von Alltagsgegenständen, Textilien, Gewändern und Ackerbaugeräten der traditionellen Lebensweise der *amaXhosa*. Sogar eine ägyptische Mumie ist zu sehen. Somerset St, Di–Fr 9.30–13 u. 14–17 Uhr, Sa 9–13 Uhr. Gleich in der Nähe:

Natural Science Museum

Diese älteste der Albany-Museen wurde bereits 1855 gegründet. Es zeigt eine Fülle von Exponaten zur Natur- und Frühgeschichte des Menschen, Geologie und Archäologie. Unter anderem sieht man einen Teil des Gibeon Meteorits von Namibia, ein Foucaultsches

Pendel, eine traditionelle Xhosa-Hütte und die Rekonstruktion des ersten in Südafrika entdeckten Dinosauriers. Somerset St, Di–Fr 9.30–13 u. 14–17 Uhr, Sa 9–13 Uhr.

Der naheliegende **Drostdy Arch** war einst das Eingangsportal zum Militärgelände (1842) und später gelangte man hier zum Sitz des Landdrosts (Landrat und Richter). Dahinter ragt der Turm des Verwaltungsgebäudes der Universität hoch. Der Bogen ist heute der Eingang zur **Rhodes University.**

Das wuchtige **Provost Prison** in der Lucas Avenue wurde 1835 nach dem 6. Grenzkrieg auf Anordnung des Kap-Gouverneurs D'Urban erbaut und 1838 fertiggestellt. Kriegsgefangene sah es aber so gut wie keine.

South African Institut for Aquatic Biodiversity

Obwohl weit weg vom Meer, ist dies eines der führenden Fischforschungs-Institute Südafrikas. Die sehr umfangreiche Fischsammlung besitzt u.a. auch vier präparierte Exemplare des Quastenflossers *Coelacanth,* den früher die Fachwelt als längst ausgestorben wähnte. Eintritt frei. Prince Alfred St/Uni-Campus, Mo–Fr 8–13 u. 14–17 Uhr. In der Nähe:

International Library of African Music (Ilam)

Forschungszentrum für traditionelle afrikanische Musik. Sammlung von mehr als 200 Musikinstrumenten. Zutritt nur nach tel. Vereinbarung, Tel. 046-6038557. Prince Alfred St/Uni-Campus, Mo–Fr 8.30–12.45 u. 14–17 Uhr.

4

Reise-Infos Grahamstown

Information

Makana Tourism, 63 High Street, Tel. 046-6223241, Mo–Fr 8.30–17, Sa 9–13 Uhr. Broschüren, wie „Walking Tours of Graham's Town". Buchung von Unterkünften in der Stadt und in der Umgebung. Alle anderen Stadtinformationen auf www.grahamstown.co.za.

Südafrikas älteste Zeitung, *Grocott's Mail,* bietet auf www.grocotts.co.za außer aktuellen Stadtnachrichten auch einen Veranstaltungskalender.

Unterkunft

Es gibt in der Stadt mehr als 100 Unterkünfte für jeden Anspruch. Die Websites www.grahamstown.co.za und www.grahamstownaccommodation.co.za listen sie. Einige im Zentrum:

Eagle's Nest Zwei kleine SC-Garten-Apartments, einfach und günstig. B&B oder SC, sicheres Parken, Pool. 17 Webber St, Tel. 046-622718, Cell 082-6570359, www.www.eaglesnestbnb.co.za. DZ/F R470.

Suffield House Historisches Siedlerhaus im grünen und ruhigen Oatlands, 3 gemütliche Garten-Units, Pool. B&B und SC. 21 Oatlands Rd, Tel. 046-6226033, Cell 084-3066391, Leela Pienaar. DZ/F R640.

Colonel Graham Guest House In ruhiger Umgebung, historischer Charme mit moderner Einrichtung, Pool. 11 Zimmer, B&B oder SC. Tel. 046-6222274, Cell 082-3210677, www.colonelgrahamguesthouse.co.za. DZ/R 820, SC R700.

The Cock House Stilvoll Quartier beziehen in einem zweistöckigen, denkmalgeschützten Siedlerhaus aus dem 19. Jh. Neun Zimmer und eine SC-Einheit. Gute Küche. Eine Institution in der Stadt, berühmtester und mehrmaliger Gast: Ex-Präsident Nelson Mandela. 10 Market St, Tel. 046-6361287, www.cockhouse.co.za. DZ/F R950.

Restaurants Durch die Universität mit rund 6000 Studenten gibt es in der Stadt eine rege Pub-, Bistro und Restaurant-Landschaft. Eine Option ist z.B. *Maxwell's,* Ecke Somerset/High St, gute Gerichten und nicht teuer. In der Peppergrove Mall in der African Street bietet u.a. das kleine *Evolution* Snacks, Fruchtsäfte, Vegetarisches und Fernöstliches. Gut südafrikanisch – Strauß & Co – im Restaurant des Hotels *Cock House,* 10 Market Street (s.o.). Das *Redwood Spur Steakhaus* in der Graham Mall neben dem Protea Hotel, High Street 123, serviert leckere Steaks.

Festivals **Grahamstown's Art Festival.** Das nationale Kunstfestival für Theater, Film, Musik, Tanz etc. findet jedes Jahr im Juni/Juli statt (2013 vom 27.6.–7.7.). Besucher sollten rechtzeitig, d.h. viele Monate vorher, ein Zimmer buchen. Alle Infos auf www.nationalartsfestival.co.za. Kalender der anderen Festivals, wie *Flower Festival* (www.grahamstownflowerfestival.co.za), *National Festival of Science* oder das *Makana Freedom Festival* mit Bands und Tanzdarbietungen Ende April wieder auf www.grahamstown.co.za.

Kwandwe Private Game Reserve Dieses private Wildschutzgebiet, 25 km nördlich von Grahamstown (R67 Richtung Fort Beaufort), zählt zu den schönsten und teuersten des Ostkaps. Auf einem Fläche von 22.000 ha und durchflossen vom Great Fish- und Botha's River kann man den Big-Five und Hunderten anderer Tierarten nachspüren und in vier luxuriösen Lodges übernachten. Unterkunft mit Frühstück, Lunch, Fünfuhr-Tee und Dinner sowie zwei Pirschfahrten mit kundigen Rangern im offenen Geländewagen pro Tag ab R7400/DZ, je nach Jahressaison. Nähere Infos auf www.kwandwe.com.

Weiterfahrt / Addo Elephant Park

Die N2 bringt Sie zügig in Richtung **Port Elizabeth** und zum **Addo Elephant National Park.** Etwa 11 km hinter Grahamstown liegt linker Hand das kleine *Thomas Baines Nature Reserve* und stößt die R343 von Kenton on Sea auf die N2.

Etwa 50 km danach führt nach Norden eine Zufahrt zum exklusiven **Shamwari Game Reserve.** Das sich über eine Fläche von 140 km^2 erstreckende private Reserve, gebildet aus aufgelassenen und zusammengelegten Farmen, ist wie Kwandwe sehr teuer: Lodgeunterkunft mit Vollpension für zwei Personen inklusive Game Drives etc. ab R7500. Infos auf www.shamwari.com.

Für den Besuch des **Addo Elephant Parks** können Sie an der Parksüdspitze das *Colchester Gate* nehmen, besser ist es jedoch, von der N2 auf die R342 nach Norden abzubiegen wo Sie nach Paterson gelangen. Danach quer durch den Park – die R342 ist rechts und links hoch abgezäunt – zum **Addo Main Camp** an der Westseite. Falls Sie den Abzweig versäumen, führt später auch noch die N10 nach Paterson. Wer von Port Elizabeth zum Addo möchte, nimmt von dort die R335 zum Addo Main Camp. Alles über den Addo-Park auf der Seite www.addoelephant.com.

Abstecher nach Norden zum Camdeboo National Park und nach Graaff-Reinet

Wer über die Zeit verfügt, kann sich vor der Fahrt in den Addo-Park noch einige landschaftliche und geschichtliche Besonderheiten gönnen. Der Abstecher führt zuerst in den **Mountain Zebra Park** bei Cradock, dann in den **Camdeboo National Park** mit dem spektakulären *Valley of Desolation* und schließlich in die sehr sehenswerte Kolonialstadt **Graaff-Reinet.** Schön ist außerdem die Umgebung von **Somerset East** auf dem letzten Stück und ein „Muss" für den begeisterten Wanderer.

Man fährt von der N2 auf der R342 nach Paterson und dort geht es auf die N10 nach Norden in Richtung Cradock (175 km, knapp 2,5 Stunden ab Paterson). Oder bei Ncanara direkt auf die N10.

Cradock

Cradock befindet sich im Great Fish River-Becken und ist umgeben von hügeliger Karoo-Landschaft. Die Stadt wurde 1812 als Fort gegründet. Größte Sehenswürdigkeit von Cradock ist das *Olive Schreiner Haus,* in dem diese Schriftstellerin einige Jahre ihrer Kindheit verbracht hat. Hier kann man ihre persönliche Bibliothek besichtigen und im angrenzenden Bookstore ihre und die Werke anderer Karoo-Autoren käuflich erwerben. Olive Schreiner hat mit ihren Büchern für die Gleichberechtigung gekämpft und ihr bekanntestes Werk ist „The Story of an African Farm". 9 Cross St, Mo–Fr 8–12.45 Uhr u. 14–16 Uhr.

Zweite Sehenswürdigkeit ist die *Dutch Reformed Church* die der Londoner St-Martin-in-the-Fields nachempfunden und 1868 fertiggestellt wurde. Im *Cradock Spa,* 5 km nördlich der Stadt am Great Fish River, gibt es schwefelhaltige Heilquellen mit Innen- und Außenbecken. Hier beginnen zwei mehrstündige Wanderwege.

Der *Eerstekrantz Hiking Trail* ist ein gemütlicher Spaziergang über 4,5 Kilometer auf einem typischen Karoo-Hügel, wo die britischen Soldaten im Zweiten Burenkrieg 1899–1902 einen Aussichtspunkt hatten, um die Stadt Cradock zu überwachen. Es ist ein Rundweg, der zu einem großen Felsen mit Gravierungen führt und dann zu einem Felsabhang, wo man einen guten Ausblick auf den Great Fish River hat. Die Strecke führt an einer Abseil-Stelle vorbei, wo man 25 bis 30 Meter runterklettern kann. Der *Great Fish River Hiking Trail* ist 11 km lang und führt am Great Fish River entlang. Beide Wanderwege beginnen am Spa und man muss sich vorher bei der Tourist-Info anmelden, 7 Voortrekker St, Tel. 048-8810040.

Gegenüber vom Cradock Spa, also auf der anderen Seite des Great Fish River an der Hofmayr Road 1 befindet sich der **9 Loch-Cradock Golf Club.** Montags ist Tag der offenen Tür, Gäste sind aber auch an anderen Tagen willkommen, Tel. 048-8812033. **Tipp:** Eine Mitgliedschaft in einem kleinen Golfclub auf dem Lande, zum Beispiel in der Karoo, ist preiswert. Mit diesem Mitgliedsausweis kann man in teureren Gegenden verbilligt spielen.

4

Übernachten Am Cradock Spa gibt es einen Camping- und Caravanplatz mit 100 Stellplätzen, Restaurant und Pool, Tel. 048-8812709. **„Die Tuishuise"** ist eine Reihe von über 20 renovierten historischen Häuschen in der Market Street, voll für Gäste eingerichtet, also bewohnbare Geschichte, antikes Mobiliar. SC und B&B, Rezeption in der Market Street 36, Tel. 048-8811322, www.tuishuise.co.za. DZ/F ab R920. Günstiger ist das **Heritage House B&B,** ein Gästehaus im Karoo-Stil mit sieben Zimmern. Von der N10 links in die Cross Street, dann die 7. Straße rechts in die Bree Street, Nr. 45. Pool, Gästecomputer, Parkplätze. DZ/F R690, Dinner a.A.

Mountain Zebra National Park

Sie verlassen Cradock auf der N10 nach Norden und biegen nach ein paar Kilometern links ab auf die R61 nach Graaff-Reinet. Nach weiteren 5 km ist der Eingang zum Mountain Zebra Park ausgeschildert.

Der Park wurde 1937 gegründet und umfasst heute 28.412 ha. Die Berge des Bankberg-Massivs steigen bis auf 2000 Meter an und sind im Winter oft schneebedeckt. Das **Kap-Bergzebra** gehört zu den seltensten größeren Säugetieren und wurde so ekzessiv gejagt, dass es einmal fast ausgerottet war. 1937 lebten nur noch 37 Bergzebras auf der Welt und zu ihrem Schutz wurde dieser Park angelegt. Mit den letzten paar verbliebenen Tieren gelang es dann, die Population wieder etwas anzukurbeln. Das Tier hat eine kürzere Mähne als das normale Zebra, ein schmaleres Streifenmuster und lebt in engen Familienverbänden. Außer den Kap-Bergzebras sind noch heimisch Gepard, Kap-Büffel, Weißschwanzgnu, Spitzmaulnashorn, Eland-, Pferde- und Kuhantilope, Springbock, Schakal, Affe, Strauß und viele Vogelarten. Im Park gibt es 20 Campingplätze mit Strom, 19 Familiencottages (auch barrierefrei) und das *Doornhoek Guest House.* Wer ein Auto mit mehr Bodenfreiheit fährt, kann sich eins von beiden abgelegenen Mountain Cottages mieten. DZ ab R790, Buchung auf www.sanparks.org.

Nieu Bethesda

Eines der hübschen, typisch-burischen Karoostädtchen ist Nieu Bethesda, das mit einem kleinen Umweg auf dem Weg nach Graaff-Reinet besucht werden kann. Dazu vom Mountain Zebra N.P. aus auf der R61 Richtung Graaff-Reinet weiterfahren, an der T-Junction mit der N9 rechts Richtung Middelburg und kurz danach links nach Nieu Bethesda abbiegen. Von hier sind es noch 27 km (nach 20 km geht es links zur Ganora Guest Farm, s.u.). Im Dorf gibt es weder Straßenlaternen noch Tankstelle, Bank oder Geldautomat. Unterkünfte und Restaurants sind allerdings ausreichend vorhanden. Informationen und Unterkunftsvermittlung bei der Municipality an der Martin Street, Tel. 049-8411642, www.nieu-bethesda.com. Der vom 2502 Meter hohen Compassberg überragte Ort ist bei Künstlern und Aussteigern beliebt, vorhanden sind viele Craft Shops, Galerien, Töpfereien und Skulpturengärten.

Über die Ortsgrenzen hinaus bekannt ist das **Owl House** der Künstlerin Helen Martin. Ihre etwas merkwürdigen Skulpturen und mit Glassplittern versetzen Wände sind täglich zwischen 9 und 17 Uhr an der New River Road zu besichtigen. Combiticket mit dem benachbarten *James Kitching Fossil Centre.* Ein empfehlenswertes Restaurant ist *The Karoo Lamb* schräg gegenüber vom Owl House mit deftigen Karoo-Gerichten.

Übernachten Preiswert und gut im *Owl House Backpackers* in der Martin Street mit Doppel- und Mehrbettzimmern, SC-Cottages und Camping-/Caravan-Stellplätzen. Tel. 049-8411642, www.owlhouse.info. DZ/F R460, SC-Cottage R370, Dorm R110 p.P. – Ein schöner **Campingplatz** ist die Zonnestrahl Campsite am südlichen Ortsrand mit Blick auf den Compassberg, Pienaar Street, Tel. 049-8411642. – Gut untergebracht ist man auch auf der **Ganora Guest Farm,** eine Fair Trade Tourism-Gästefarm, die Touren in die Umgebung anbietet. Hier werden Schafe gezüchtet und es gibt in gut restaurierten Farmgebäuden Gästezimmer und eine Ferienwohnung für 6 Personen. Wanderwege und 4x4-Tracks befinden sich auch auf dem Gelände. 10 Zimmer, 1 FeWo, Wi-Fi, BBQ. DZ/F R720–960, FeWo R820, Lunch u. Dinner a.A.

Graaff-Reinet

Auf unserem Abstecher sollte man mindestens eine Nacht in **Graaff-Reinet** verbringen, dem „Juwel der Karoo". Die Stadt wird zum Teil vom Sundays River eingekreist und vom Camdeboo National Park umschlossen. 1786 von der Niederländischen Ostindien-Kompanie (VOC) gegründet, ist sie neben Kapstadt, Stellenbosch und Swellendam die viertälteste Stadt Südafrikas. Und genau wie Swellendam war auch Graaff-Reinet kurzzeitig eine eigenständige Republik. Fast 200 Gebäude weisen einen kapholländischen oder viktorianischen Baustil auf und stehen unter Denkmalschutz und die Stadt wirkt wie ein schönes, lebendiges Museum. Mittelpunkt ist die *Groote Kerk,* die viel Ähnlichkeit mit der Salisbury Cathedral in England hat.

Die Groote Kerk in Graaff-Reinet

4

Außerhalb der Stadt bietet sich ein attraktiver Spaziergang von 45 Minuten an. Der *Gideon Scheepers Trail* beginnt am Gideon Scheepers-Denkmal, ca. 3 km auf der R63 in Richtung Murraysburg. Der Wanderweg ist einfach und schlängelt sich den Berg hoch. Von oben hat man einen guten Ausblick auf den Ncqueba Dam und Umgebung und verschiedene Antilopen sind unterwegs zu sehen. Alle Infos über die Stadt auf www.graaffreinettourism.co.za.

Unterkunft

Urquart Park Städtischer Campingplatz mit 81 schattigen Zelt- und Caravanplätzen am nördlichen Stadtrand am Sundays River. Tel. 049-8922136.

Le Jardin Backpackers Nettes Backpackerhostel am Stadtrand, Ecke Caledon/Donkin Sts, Tel. 049-8925890, Cell 082-6444938.

Camdeboo Cottages Neun historische Cottages in der Stadtmitte, die liebevoll restauriert wurden. 9 Ferienwohnungen und 4 B&B-Zimmer befinden sich im Garten. 16 Parliament St, Tel. 049-8923180, www.camdeboocottages.co.za. Pool, Wi-Fi, Parkplatz, Restaurant. FeWo ab R500, Mahlzeiten a.A.

Etwas besonders Schönes ist das 27.000 ha große **Samara Private Game Reserve** mit perfektem Out-of-Africa-Feeling. Drei unterschiedliche Lodges stehen zur Auswahl und auf den Game Drives sieht man viel von dieser herrlichen Landschaft. Auf der R63 von Graaff-Reinet in südlicher Richtung nach Somerset East für 7 km, dann links auf die Petersburg-Schotterpiste und weitere 23 km. Reservierung Tel. 023-6266113, Lodge 049-8910880, www.samara.co.za. Ü/VP/2 Game Drives ab R1950.

Camdeboo National Park

Ein absolutes „Muss" beim Besuch von Graaff-Reinet ist der umliegende **Camdeboo National Park**. In dem 16.000 ha großen Gelände kann man verschiedene Rundwege gehen oder Tagestouren unternehmen und man erlebt teilweise herrliche Ausblicke. Parkeintritt R70.

Das **Valley of Desolation,** das „Tal der Trostlosigkeit" im Westteil des Parks ist die Hauptattraktion dieses Naturschutzgebietes. Von diesem Tal aus hat man einen atemberaubenden Ausblick über die Weite der Karoo. Am Parkplatz beginnt der *Crag Lizard Trail,* ein einfacher, 1,5 km langer Rundwanderweg, auf dem man in 45 Minuten an allen Aussichtspunkten vorbeikommt und verschiedene Felsformationen sieht. Wegmarkierung ist ein Eidechsen-Logo.

Wer gerne länger wandern möchte, nimmt sich den sechsstündigen *Eerstefontein Day Walk* vor. Teil 1 und 2 sind einfach, der dritte Teil ist für Geübte. Nach elf Kilometern erreicht man Agterstefontein. Hier kann man entscheiden, ob man zum Ausgangspunkt zurückgehen oder noch den schwierigen, dritten Teil in Angriff nehmen möchte. Die komplette Strecke ist über 16 Kilometer lang. Der Parkeintritt sollte bereits vorher entweder in der Tourist-Info in der Church Street oder am Eingang zum Valley of Desolation bezahlt werden. Den Wanderweg erreicht man dann über das Spandaukop Gate am Stadtrand. Wegmarkierung ist ein Wiedehopf-Logo.

Es gibt im Park einen **Camping-/Caravanplatz** mit 15 Stellplätzen und Elektrizität. Außerdem 4 eingerichtete Safarizelte, jedoch Gemeinschaftsküche. Zelt R540. Buchung über www.sanparks.org.

Aussichtspunkt im „Valley of Desolation"

Somerset East

Bei der Rückfahrt von Graaff-Reinet nach Addo (250 km, gut 3,5 Std.) kommt man durch Somerset East mit seinen vielen historischen Bauwerken. Die eigentliche Attraktion dieses Ortes ist jedoch seine einmalige Lage: Die Stadt ist von den Boschberg Mountains umgeben, in denen nicht weniger als 16 Wasserfälle hinabstürzen.

Um sich ein Bild von der Schönheit der Landschaft zu machen, kann man am Bosberg Nature Reserve den 10 km langen *Auret Mountain Drive* entlangfahren. Die Straße führt den Berg hoch und ermöglicht schöne Ausblicke auf die widersprüchliche Landschaft. Der Drive beginnt hinter dem Golfplatz. Hierzu in der Stadt nicht der R63 links in die Nojoli Street folgen, sondern geradeaus auf der Worcester Street bleiben, dann die 2. links in die Henry Street und immer geradeaus, am Golfplatz vorbei bis zum Eingang des Reserves. Infos auf www.somerseteasttourism.co.za.

Addo Elephant Park

Addo-Fakten

Der Addo Elephant Park umfasst derzeit 180.000 Hektar und beinhaltet eine große Artenvielfalt und verschiedene Landschaftsformen. Er reicht von der trockenen Karoo im Norden beim *Darlington Dam* über die *Zuurberg Mountains* und das *Sundays River-Valley* bis zur Küste mit den Mündungen von *Sundays-* und *Bushman's River*. Zum Parkgebiet gehören auch vor der Küste die *Bird-* und *St Croix-*Inselgruppen.

Die ursprüngliche Elefanten-Sektion des Parks wurde 1931 eingerichtet. Damals gab es in dieser Gegend nur noch 16 Elefanten. Heutzutage leben hier über 550 Elefanten, dazu Löwen, Spitzmaulnashörner, Hyänen, Leoparden, verschiedene Antilopen und Zebras sowie der endemische Addo-Mistkäfer, den es nur hier gibt und der einer der wichtigsten Bewohner des Parks ist, denn bei so vielen Elefanten fällt jede Menge Dung an und dieser dicke Käfer räumt damit auf. Die Parkleitung bittet sogar ausdrücklich darum, dieses Insekt nicht wissentlich zu überfahren.

Blick über die weiten Ebenen des Addo Elephant Parks

ADDO ELEPHANT PARK
Parkfläche derzeit
zukünftig
Park-Gates
0
20 km
© RKH VERLAG HERMANN
s. andere Karte
ADDO Marine Protected Area
Port Elizabeth
Nelson Mandela Metropolitan Municipality
Grahamstown
Shamwari Private Game Reserve
Amakhala Game Reserve
Thomas Baines Nat. Res.
Kariega Private Game Reserve
Kwandwe Private Game Reserve
Great Fish River Nature Reserve (Andries Vosloo Kudu N.R.)
Addo Main Camp
Zuurberg Section
Darlington Section
Kuzuko Contractual Area
Kabouga Section
Nyati Concession
Colchester Sec.
Woody Cape Section
Darlington Lake
Zugang zum Strand
Gorah Elephant Lodge
River Bend Country Lodge
Narina Bush Camp
Zuurberg Mtn. Village
Kabouga House
River Lodge
Fisherman's Cottages
4x4 Trail
Matyholweni
Intsomi Lodge
Elephant House
Chicane B&B
Aardvark Guest House
Daniell Cheetah Breeding Farm
Elephant Back Safaris Lodge
The Safari Lodge
Schotia Safari Park
Addo Village
Kirkwood
Paterson
Alicedale
Alexandria
Boknesstrand
Kenton on Sea
Port Alfred
Colchester
Coega
Swartkops
Despatch
Uitenhage
Summerstrand
Cape Recife
Jeffrey's Bay
Hankey
Kleinport
Wolwefonein
Waterford
Glenconnor
Wildemansplaas
Mvubu
Bracefield
Ann's Villa
Zuurberg
Zuurberg Pass
Mimosa
Ncanara
Riebeeck East
Fort Brown
Ecca Pass
Graaff-Reinet
Steytlerville
Patensie / Baviaanskloof
Knysna
Somerset East
Cradock
Bedford
Adelaide
Fort Beaufort
Mthatha
Diaz Cross
Great Fish River
Bushmans River
Sundays River
Kariega River
985 m
673 m
N2
N10
R75
R67
R72
R75
R102
R330
R331
R334
R335
R336
R342
R343
R344
R350
R400

4

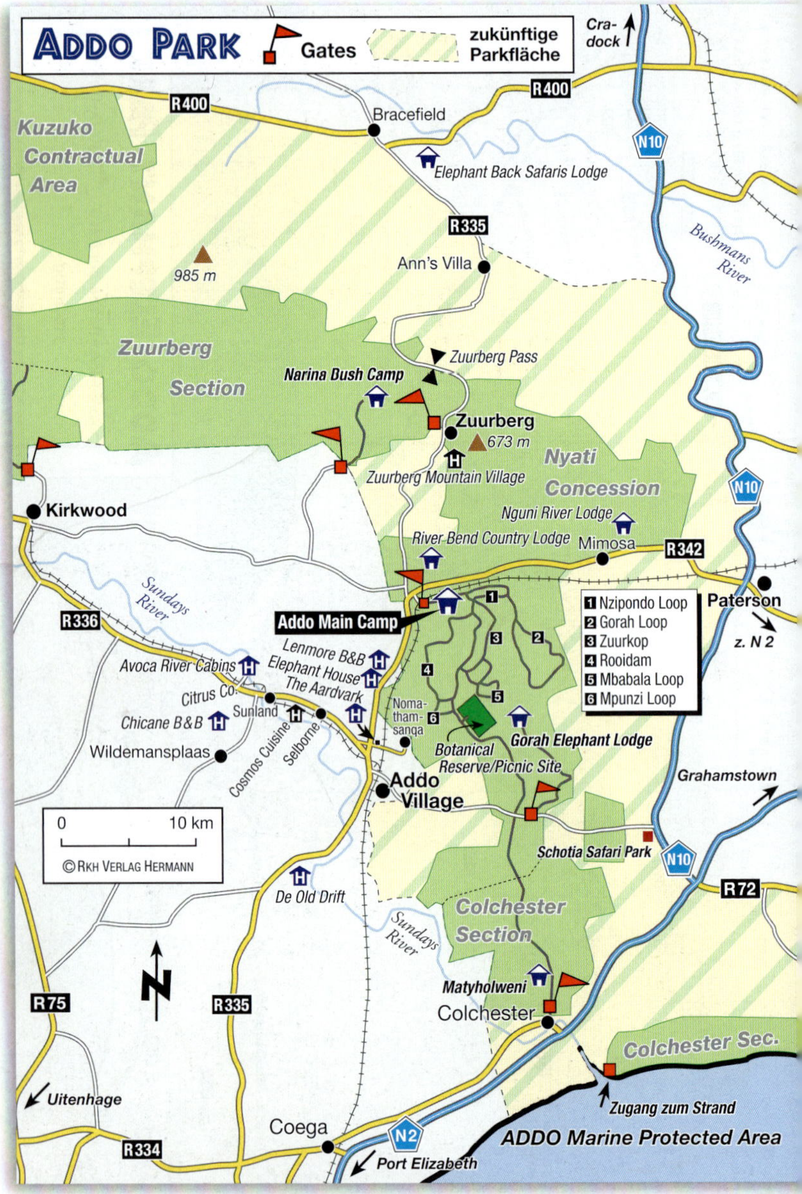
Addo Park
Gates
zukünftige Parkfläche
Cra-dock
R400
Bracefield
N10
Kuzuko Contractual Area
Elephant Back Safaris Lodge
R335
Bushmans River
Ann's Villa
985 m
Zuurberg Section
Zuurberg Pass
Narina Bush Camp
Zuurberg
673 m
Nyati Concession
Zuurberg Mountain Village
Kirkwood
Nguni River Lodge
River Bend Country Lodge
Mimosa
R342
Paterson
z. N 2
Sundays River
R336
Addo Main Camp
1 Nzipondo Loop
2 Gorah Loop
3 Zuurkop
4 Rooidam
5 Mbabala Loop
6 Mpunzi Loop
Lenmore B&B
Elephant House
The Aardvark
Avoca River Cabins
Citrus Co.
Sunland
Chicane B&B
Noma-tham-sanqa
Gorah Elephant Lodge
Wildemansplaas
Cosmos Cuisine
Selborne
Botanical Reserve/Picnic Site
Addo Village
Grahamstown
0 10 km
© RKH Verlag Hermann
Schotia Safari Park
N10
De Old Drift
R72
Colchester Section
Sundays River
Matyholweni
R75
R335
Colchester
Colchester Sec.
Uitenhage
Zugang zum Strand
Coega
N2
ADDO Marine Protected Area
R334
Port Elizabeth

Zukunftsziel

Zukunftsziel dieses Nationalparks ist eine Erweiterung auf insgesamt 264.000 Hektar durch Ausweitung auf Meeresschutzgebiete. Der Park beherbergt dann nicht nur die Big Five, sondern die **Big Seven,** nämlich ergänzt mit Südlichem Glattwal und mit dem Großen Weißen Hai. Die Wale sind allerdings nur während der Walsaison von Juli bis September hier. Löwen und Leoparden sieht man nur sehr selten. Hier hilft eine professionell geführte Safarifahrt, die entweder von den Unterkünften angeboten wird oder im Park gebucht werden kann.

Die meisten Tiere sieht man im Augenblick noch im ursprünglichen Parkgebiet in der Nähe vom Addo Main Gate. In den neuen Gebieten im Süden ist die Vielfalt an Tieren noch nicht so groß, es dauert halt einige Jahre, bis sie sich hier auch angesiedelt haben.

Das Dünengebiet in der Colchester Sektion an der N2 (Eingang hinter der Tankstelle in Colchester) zieht sich bis Alexandria im Osten hin und ist das größte Südafrikas. Man kann dort endlose Dünenwanderungen unternehmen und in der Nähe des Eingangs gibt es viele Picknickplätze mit Grillstellen.

Unterwegs im Park

Eintritt R160 pro Person (Conservation Fee, für jeden Aufenthaltstag zu zahlen, Infos auf www.addoelephant.com. Die Öffnungszeiten der Parktore variieren nach Sonnenauf- und -untergang:

Nov–März	6.00–18.30 Uhr	Juni–Aug	7.00–17.30 Uhr
April–Mai	6.30–18.00 Uhr	Sept–Okt	6.30–18.00 Uhr

Das Camp-Gate des Main Camps ist von 7–19 Uhr geöffnet, das Matyholweni Gate bei Colchester von 7–16 Uhr.

Elefanten am Teich mit winzigen Warthogs

Wer nicht gerade aus dem Krügerpark kommt, sollte unbedingt den Addo Elephant Park besuchen und hier mindestens zwei Nächte verbringen. Er ist eine gute Ergänzung zu den Wildparks in KwaZulu-Natal. Es lebt hier neben vielen anderen Tieren die größte Elefantenpopulation Südafrikas, man kann diese Tiere in aller Ruhe beobachten und kommt manchmal auf der Straße unfreiwillig ziemlich nahe an sie heran.

Am Parkeingang erhält man einen Lageplan und es ist ratsam, jene Rundwege im Parkgebiet abzufahren, wo Wasserstellen eingezeichnet sind. Tiersicher sind der Domkrag Dam und die Harpoor-Wasserstelle. Aber auch an anderen Wasserlöchern sind Tiersichtungen möglich, jedoch wandern die Tiere ständig und man muss etwas Glück haben. Verlassen des Autos ist verboten, außer an den dazu ausgewiesenen Orten wie zum Beispiel Toiletten- oder Picknickanlagen.

Man kann sich von einem Ranger im eigenen Auto begleiten lassen („Hop-on Guides"). Das kostet pro Pkw R180, größere Fahrzeuge mehr und dauert zwei Stunden. Wer diesen Service in Anspruch nimmt, sollte auf vier Stunden verlängern, da zwei Stunden für eine Tiersuche zu knapp ist. Infos auf www.sanparks.org/parks/addo/tourism/activities/default.php#hop.

Normale Morgen- und Abendgruppen-Game Drives mit Rangern sind vor Ort im Office buchbar, der „Sundowner" ab 18 Uhr (winters 16 Uhr) kostet mit Snacks (überteuerte) R340 p.P. In der Hauptsaison ist es ratsam, diese Game Drives vorzubuchen, siehe www.sanparks.org/parks/addo/tourism/activities/default.php#drives.

Restcamps / Unterkünfte im Addo Park

Ganz nett ist es, den Lunch auf der Terrasse des Restaurants im **Main Camp** einzunehmen. Beim Essen kann man Affen beobachten, die auf dem Dach herumturnen. Nebenan befindet sich ein Lebensmittel- und Souvenirladen.
Die Bungalows im neuen **Mathyolweni Camp** in der Colchester-Section sind zwar hübscher als die im Addo Main Camp, jedoch muss man sich dort selbst verpflegen, es gibt kein Restaurant innerhalb des Camps. Ein SPAR-Laden befindet sich in Colchester neben der Tankstelle.

Im Park gibt es unterschiedliche Unterkünfte, die alle möglichst frühzeitig gebucht werden sollten. Während der südafrikanischen Ferien oder Feiertage ist es unmöglich, hier kurzfristig etwas zu bekommen. Die Einrichtung der Unterkünfte ist fast identisch mit denen in anderen Nationalparks – sauber und zweckmäßig. Die Preise verstehen sich ohne Verpflegung und wer im Park übernachtet muss für zwei Tage Conservation Fee zahlen. In einem Radius von 20 km um das Main Gate gibt es aber viele weitere Unterkünfte, die meistens preiswerter sind.

Vorhanden sind im Park 20 Caravan- und 10 Zeltplätze sowie verschiedene Cottages, Chalets und größere Ferienhäuser. DZ R1045, weitere Infos und Preise auf www.sanparks.org.

Unterkunftsreservierung Vorbuchung ist immer notwendig, entweder per Telefon, Fax, als formlose E-Mail oder im Internet auf dem Buchungsformular. Für die Hauptsaison sollte die Reservierung bis zu sechs Monaten vorher erfolgen, für die Weihnachtsferien noch wesentlich eher.

Reservierung: www.sanparks.org, reservations@sanparks.org, Fax 012-3430905, Tel. 012-4289111, Cell 082-2339111 (Mo–Fr 7.30–17 Uhr, Sa 8–13 Uhr).

Eine Preisliste aller südafrikanischen Nationalparks mit Unterkünften und Aktivitäten kann als PDF von www.sanparks.org/tourism/tariffs/ heruntergeladen werden.

Wer vor hat mehrere Nationalparks zu besuchen, sollte nachrechnen, ob sich die Anschaffung einer Wild Card lohnt. Details s.S. 91.

Unterkünfte außerhalb des Parks, in und um Addo Village

Die meisten Gästehäuser befinden sich im Tal des Sundays River, der Hochburg des Zitrus-Anbaus, und fast alle bieten auch Abendessen an.

Homestead B&B Camping Empfehlenswerter Campingplatz mit 15 Zelt- und Caravanplätzen. Ebenso gibt es Caravans als preiswerte Unterkunft zu mieten. Anfahrt über R335 von PE kommend, an der Polizeistation links in die Valentine Rd, dann noch 1,5 km, linke Seite. Tel. 042-2330354, Cell 082-5744640, www.homesteadbnb.co.za/camping.htm.

Orange Elephant Backpackers Die Anlage liegt an der Grenze zum Addo-Park, zum Main Gate sind es fünf Fahrminuten. Zusätzlich Camping- und Caravanplatz mit geräumigen Stellplätzen. Gästeküche, Pub mit Pizzeria, Wi-Fi, Touren. An der R335, 5 km nördlich von Addo Village, Tel. 042-2330023, www.addobackpackers.com. DZ/F R250–400.

Sundays River Mouth Guest House Ferienwohnung mit zwei Schlafzimmern, desgleichen als B&B buchbar, zwischen südlichem Addo-Park-Eingang und den Dünen der Colchester Section. AC, Pool, BBQ. Von Osten kommend an der Tankstelle in Colchester links und sofort rechts, nach ca. 350 m rechte Seite. Colchester, 62 Wellington St, Cell 082-8226847, www.sundaysmouth.co.za. FeWo R550–640.

Chicane B&B Nettes Bed & Breakfast auf einer Zitrusfarm mit drei geräumigen, gut ausgestatteten Gästezimmern/AC und einer Ferienwohnung mit 2 Schlafzimmern. Pool und Wi-Fi. Zum Addo-Haupteingang sind es 18 km. Anfahrt von Port Elizabeth auf R335 nach Addo Village, dann links auf die R336 nach Kirkwood, Ausschilderung nach 9,2 km. Tel. 042-2340385, Cell 984-6666050, www.chicane-addo.com. Gutes Preis-/Leistungsverhältnis: DZ/F R600–700, Dinner a.A.

Lemon3Lodge Dieses Gästehaus liegt mitten im Dorf Kirkwood in der Nähe des Addo-Parks auf einem größeren, ruhigen Grundstück und umgeben von Zitronenbäumen. 5 Zimmer/AC, Wi-Fi, BBQ, großer Pool. R336, Kirkwood, Main Street, Tel. 042-2301653, Cell 071-3249180, www.lemon3lodge.co.za. DZ/F R700–1100, Dinner a.A.

The Colonial on Arundel Bed & Breakfast auf einer Zitrusfarm mit drei gemütlichen Suiten/AC. Zum Addo-Haupteingang sind es 15 Fahrminuten. Gastgeber Conor ist registrierter Addo-Ranger, der seinen Gästen Game Drives im offenen Geländewagen anbieten kann. Pool, Game Drives, Internet. Anfahrt von Port Elizabeth auf der R335 nach Addo, dann links auf die R336 nach Kirkwood, Ausschilderung nach 4,5 km. Tel. 042-2340871, Cell 082-5589896, www.colonial-addo.co.za. DZ/F 910–1010, Dinner a.A.

Cosmos Cuisine Empfehlenswertes Gästehaus mit guter Küche außerhalb des Addo Parks. In diesem Mutter-Tochter-Unternehmen werden die Gäste bestens verwöhnt. 15 schöne Zimmer/AC, Wi-Fi, Pool. Das Haus liegt an der R336, 7,5 km nordwestlich von Addo Village, von PE kommend auf der linken Seite. Tel. 042-2340323, www.cosmoscuisine.co.za. DZ/F ab R1400, Lunch u. Dinner a.A.

Woodall Country House & Spa Das Boutique-Hotel/Guest House ist mit 6 barrierefreien Luxuszimmern/AC, 5 Suiten, Restaurant mit Weinkeller, Fitness-Center, Wellness, Wi-Fi und Pool auf den anspruchsvollen Reisenden zugeschnitten. Außerdem Geländewagen-Game Drives. Anfahrt: Von Addo Village auf der R335 in Richtung Addo-Park. Nach ca. 5 km Ausschilderung links. Jan Smuts Ave, Tel. 042-2330128, Cell 083-3572102, www.woodall-addo.co.za. DZ/F 1590–3200.

Aktivitäten

4x4-Abenteuer

In **Kirkwood,** dem größten Ort in der Addo-Region, 48 km nordwestlich von Addo Village, beginnt der *Bedroogfontein 4x4 Trail,* Fans des Geländewagensports kommen hier voll auf ihre Kosten. Der 45 km lange Trail führt durch die für den normalen Publikumsverkehr geschlossenen Zuurberg- und Darlington-Sektionen des Addo-Parks. Für diese relativ kurze Strecke benötigt man sechs Stunden, man fährt von Kirkwood zum Darlington Dam. Sie hat die Schwierigkeitsstufe 3 von 5, die Flussdurchquerung hat Stufe 5 und ist nur mit ausdrücklicher Erlaubnis des Rangers möglich und hängt vom Wasserstand ab, ansonsten muss sie umfahren werden. Anmeldung erforderlich unter addoenquiries@sanparks.org, Infos auf www.sanparks.org/parks/addo/tourism/activities/default.php#trail. Die Zufahrt in Kirkwood ist schwer zu finden, in der Tourist-Info auf der Hauptgeschäftsstraße nachfragen. Die Wegführung auf dem Lageplan, den man am Eingangstor bekommt, ist sehr ungenau. R375 pro Auto plus Conservation Fee R160 p.P., am Beginn des Trails zu zahlen.

Elephant Back Safaris

Ein außergewöhnliches Erlebnis ist es, auf dem Elefantenrücken die Umgebung zu entdecken. Bei *Addo Elephant Back Safaris & Lodge* werden dreistündige Ritte durch die Zuurberg-Section des Addo-Parks unternommen. Beginn 8, 11 u. 15 Uhr, R875 p.P. zzgl. R450 Transferkosten. Safari mit Lodge-Übernachtung und Aktivitäten R2450 p.P., Abholung ist inklusive, das Transfer-Office ist in der Wine Bar an der R335, gleich nördlich von Addo Village, tägl. 8–17 Uhr (Mietwagen kann dort verbleiben). Tel. 086-1233672, www.aebs.co.za.

Daniell Cheetah Breeding Farm

Die Farm liegt 40 km nördlich von Uitenhage an der R75 und hat einige Cheetahs und andere Katzenarten, manchmal Löwenbabys. Fütterungen und Fotos mit anderen Tieren sind möglich. Tägl. geöffnet, Café und Shop, Tel. 082-8710012, www.daniellcheetahbreeding.co.za.

Reisetipp:

Wer von Anfang an keine große Südafrika-Rundreise geplant hat, kann von Deutschland über Johannesburg nach Port Elizabeth fliegen und dann per Mietwagen nach Kapstadt fahren. Wer Mpumalanga und den Krügerpark bereiste und nun das Western Cape kennenlernen möchte, fliegt vom Nelspruit-Flughafen KMIA (Kruger Mpumalanga International Airport) nach Port Elizabeth und setzt dann mit einem neuen Mietwagen seine Reise Richtung Kapstadt fort.

Port Elizabeth

Port Elizabeth (die Südafrikaner sagen nach den Anfangsbuchstaben kurz „Pi-ih“) an der *Algoa Bay* hat gegenüber anderen Städten in der Kapregion keinen leichten Stand. Ausländische Touristen lassen die Großstadt meist links liegen, nutzen nur den zentrumsnahen internationalen Flughafen als Sprungbrett zum Flug nach Durban oder, von dort einfliegend, zur Übernahme eines neuen Mietwagens zum Addo Elephant Park und weiter auf der Garden Route entlang westwärts zum Endziel Kapstadt.

Von Norden auf der überbreiten und hochgelegten Stadtautobahn N2 einfahrend sehen Sie als strahlende Erscheinung das *Nelson Mandela Bay Stadium* am Ufer des North End Lake, Erinnerung an die WM 2010 und die urbane Skyline beherrschend. Mit dem weit ins Stadioninnere ragenden Dach aus blattförmigen Segmenten wirkt

dieses wie der Blütenkelch einer riesigen Königsprotea, Südafrikas Nationalblume.

Port Elizabeth, ursprünglich als reine Hafen- und Industriestadt herangewachsen, trägt administrativ zwei Namen: Das Zentrum wird nach wie vor **Port Elizabeth** genannt, ihr riesiges, 2000 km^2 großes Stadteinzugsgebiet mit den Satellitenstädten **Uitenhage** und **Despatch** heißt **Nelson Mandela Bay.** Das gewaltig große Volkswagen-Werk befindet sich im nordwestlichen Uitenhage und ist mit einer Belegschaft von 6000 Personen größter Arbeitgeber des Ostkaps, auch Continental, General Motors und Toyota sind dort.

Port Elizabeth versucht seit längerem, sein Image als heruntergekommene „graue Maus" abzulegen und durch Modernisierungen und Renovierungen seinen Freizeitwert zu vermarkten – was aber nur in Teilen gelingt. Zum einen kann man im **Stadtkern** schöne historische Gebäude ansehen und zum anderen, ein paar Kilometer südlich des Zentrums in **Humewood** und **Summerstrand,** an Stränden relaxen, frei nach dem bewährten südafrikanischen Motto „Fun in the sun". Flaniermeile in **Summerstrand** ist die Uferpromenade an der Beach Road und touristischer Anziehungspunkt der *Boardwalk Casino & Entertainment World Complex* rund um einen angelegten See mit Restaurants, Kinos, Shops und Unterhaltungsangeboten. Humewood lockt mit seinem *Bayworld Museum Complex* Besucher an (s.u. bei „Reise-Infos Port Elizabeth"). Das war es aber dann auch schon mit den Attraktionen der ständig windigen Küstenmetropole.

Stimmungsvoll: Boardwalk Casino & Entertainment World Complex

Sehenswertes im Zentrum

Auf der mit Palmen bestandenen Anhöhe des **Donkin Reserve,** dem Zentralplatz der Stadt, ragt seit 1861 unübersehbar ein Leuchtturm hoch, seit 2011 übertroffen vom 45 Meter hohen Mast der riesigen Nationalflagge, angeblich die größte Südafrikas.

Sie können bis zum Leuchtturm vorfahren und parken, denn dort befindet sich im ehemaligen *Lighthouse-keepers office building* von 1860 die **Touristen-Information** mit einem angeschlossenen Café. Es ist möglich, den Turm zu besteigen – es geht etwa 85 mühsame Stufen hoch – doch als Lohn winkt eine weite Fotoaussicht über Stadt und Hafen (geringer Eintritt).

Nelson Mandela Bay Tourism

Tel. 041-5858884, www.nmbt.co.za, Mo–Fr 8–16.30 Uhr, Sa/So 9.30–15.30 Uhr (es gibt außerdem ein Office im Boardwalk Casino Complex). Broschüren, Karten, Unterkünfte und ein Booklet zum *Dunkin Heritage Trail,* mit dem man 47 historische Örtlichkeiten der Stadt besucht (ca. 5 km, Zeitbedarf ca. 2 h). Neu ist die „Route 67", die an 67 Kunstinstallationen vorbeiführt und gleich hier beginnt. Die Website www.nelsonmandelabay.gov.za ist die offizielle städtische Seite, u.a. mit Event-Kalender.

Die **Memorial Pyramide** erinnert an Lady Donkin, Ehefrau des früheren britischen Cape-Gouverneurs und Namensgeberin der Stadt 1820. Die Frau starb 1818 in Indien, war nie in Port Elizabeth, und mit den beiden Plaketten an der Pyramide erweist ihr Mann ihr seine Ehre.

Von der Pyramide führt ein schönbuntes Bodenmosaik hin zum Flaggenmast, umzirkelt von der **Voting line,** 59 lebengroße Figuren, die die verschiedenen Menschen der Eastern Cape Province repräsentieren, ausgeführt nach Vorlagen realer Fotografien und angeführt von der Silhouette Nelson Mandelas. Weitere Kunstwerke, wie z.B. die knapp 4 m hohe Skulptur „Fish-Bird", die den Platz überblickende Frau auf einem Podest mit Stuhl oder das Röhrenkunstwerk „The river memory piece" als Abschluss der Nordseite lockern den einst nur kahlen und mit braunem Gras bewachsenen Platz nun etwas auf. Gut dazu passt über der Donkin Street die historische restaurierte Häuserzeile von 1856, links oben abgeschlossen durch eine presbyterianische Kirche.

Weiter Interessantes

Südlich vom Donkin Reserve erhebt sich in Hügellage das *Fort Frederick,* eine 1799 von den Briten erbaute Festung zum Schutz gegen eventuelle Angreifer vom Meer. Wer sich für alte koloniale Häuser

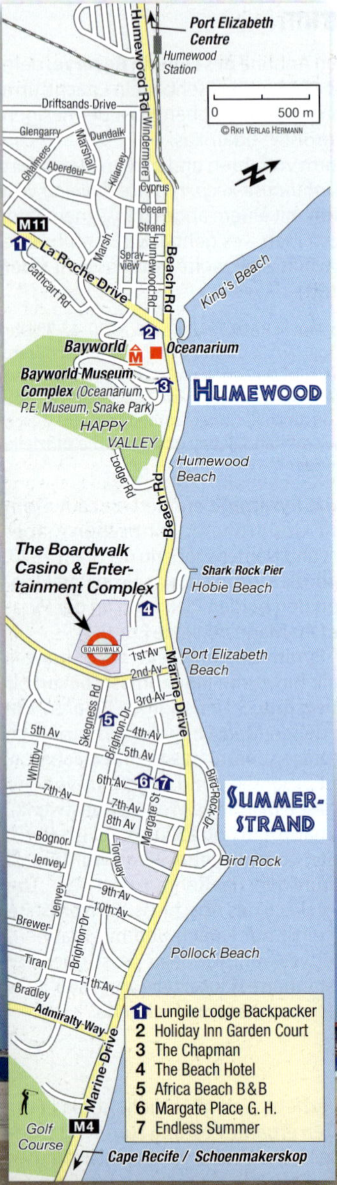

interessiert, besucht vor dem Market Square das historische Haus **7 Castle Hill.** Erbaut etwa 1827, ist es ein typisches Settler-Cottage aus jener Zeit (und eines der letzten der Stadt), erbaut aus Yellowwood, Sand- und Ziegelsteinen mit Inneneinrichtung und Küche der Periode 1840–1870. Mo–Fr 10–13 u. 14–16.30 Uhr.

Die Whites Street runter erreicht man den **Market Square,** heute *Vuyisile Mini Square* mit **City Hall** und **Public Library.** Das prachtvolle Rathaus wurde 1858 begonnen und konnte nach vierjähriger Bauzeit eingeweiht werden, erst 1883 kam der Uhrturm hinzu. Links der City Hall steht auf einem Podestkreis ein Replikat des **Diaz-Kreuzes** von der Algoa Bay, gestiftet von Portugal zur Erinnerung an die dortige Landung von Bartholomeu Diaz im Jahr 1488.

An der Ecke Whites Street/Govan Mbeki Ave steht in prächtiger viktorianischer Gotik die **Public Library.** Die Fassade wurde in England vorgefertigt und dann mit ihren durchnummerierten Steinen hier an Ort und Stelle aufgebaut, Eröffnung war 1902. Ihr beeindruckendes Interieur kann in den Öffnungszeiten besichtigt werden.

Die Mbeki Avenue wurde bis zur Russel/R102 verkehrsberuhigt, auf den verbreiterten Gehsteigen stehen Verkaufskioske.

Unten am Hafen an der Strand Street und schwierig zugänglich (besser in einer Gruppe besuchen) steht zur Erinnerung an die 1820-Siedler der 53 m hohe **Campanile** mit Uhr, ein schlanker Glockenturm aus Backstein ähnlich dem Campanile in Venedig. Di–Sa 9–12.30, So/Mo 14–16 Uhr.

Summerstrand und Humewood Strände

Port Elizabeths Strände beginnen ein paar Kilometer südlich des Zentrums mit dem *King's Beach*. Es folgen *Humewood Beach* (ein *Blue Flag* Beach, überwacht und mit Strandeinrichtungen), *Hobie Beach, Port Elizabeth Beach* und *Pollocks Beach*. Je südlicher, desto ruhiger. Endpunkt ist *Cape Recife*.

Reise-Infos Port Elizabeth

Information Die Tourist-Information ist im Donkin Reserve, s.o. *Nelson Mandela Bay Tourism*, Tel. 041-5858884, www.nmbt.co.za, Mo–Fr 8–16.30 Uhr, Sa/So 9.30–15.30 Uhr. Weitere Vertretungen im *Boardwalk Casino Complex* in Summerstrand, beim *Brookes on the Bay Pavilion* am Marine Drive in Humewood und am Flughafen.

Websites www.portelizabeth.co.za • www.mype.co.za
www.guesthouseportelizabeth.co.za u.a.

Nelson Mandela Bay: www.nelsonmandelabay.gov.za • www.nmbt.co.za u.a.

Unterkunft in der Stadt **Lemon Tree Lane Guesthouse** Elegantes Gästehaus im ruhigen und grünen Vorort Mill Park, acht geräumige Zimmer mit A/C, alle mit Kitchenette und eigenen Eingängen, Pool, Wi-Fi. Der Golfplatz ist 200 Meter entfernt. Anfahrt s. Webseite. 14 Mill Park Rd, Mill Park, Tel. 041-3734103, Cell 082-7763339, www.lemontreelane.co.za. DZ/F R1190.

Humewood und Summerstrand Außer den hier genannten Unterkünften gibt es entlang der Strände noch Dutzende weitere, viele davon Self Caterings. Das Angebot an **Restaurants** in Humewood und Summerstrand ist sehr groß, ein Dutzend bieten sich allein im *Boardwalk Casino Complex* (s. www.boardwalk.co.za) an, darunter ein orientalisches und ein indisches. Auch haben alle etwas größeren Hotels Restaurants. Frisches Seafood bekommt man sowieso überall. Gesamtlistung auf www.portelizabethrestaurants.co.za.

Im Boardwalk Complex gibt es ein Office von *Nelson Mandela Bay Tourism*, Tel. 041-5832030, falls man nach zu langem Spielen an den *slot machines* Rat und Hilfe braucht.

Die touristische Attraktion **Bayworld** an der Beach Road in Humewood umfasst *Oceanarium* (Aquarien), das sehenswerte *Historical Museum P.E.* und den *Snake Park*. Eintritt für letztere zwei zusammen R25, tägl. 9–16.30 Uhr, weitere Infos auf www.bayworld.co.za.

Lungile Lodge Beachfront Backpackers Definitiv *der* Beachfront-Backpacker, schöne Holzbungalows, Doppel- und Mehrbettzimmer, Camping, Pool, Aktivitäten (Tauchen, Surfen), Tourprogramm (z.B. Addo Park), Partys und alle üblichen Services. 12 La Roche Drive, Tel. 041-5822042, www.lungile backpackers.co.za. DZ ohne eigenes Bad ca. R250.

Africa Beach Bed and Breakfast 3-Sterne-Gästehaus mit dt.-südafrikanischem Flair, wenige Gehminuten von den Attraktionen Summerstrands. Fünf freundlich eingerichtete, schöne Zimmer mit separaten Eingängen. Alle Services, kleiner Pool, Wi-Fi, TV mit dt. Kanälen. 12 Skegness Rd, Tel. 041-5835833, Jürgen Heckmanns. DZ/F R660–970, Specials.

Margate Place Guest House Angenehmes B&B in Summerstrand von Cornell Lamprecht (dt.-südafr.) mit persönlichem und freundlichen Service. 8 individuell eingerichtete Zimmer mit Kochnischen und privatem kleinen Innenhof. Pool, Bar, Wi-Fi, reichhaltiges Frühstücksbüfett, sicheres Innenparken. 5 Margate St/Ecke 6th Ave, Tel. 041-5835799, www.margateplace.co.za. DZ/F R700–820, SC weniger.

The Chapman Diverse schöne Zimmer, Restaurant, gutes Preis-/Leistungsverhältnis, 500 m zum Kings Beach, 700 m zum Humewood Beach. Brookes Hill, Humewood, Tel. 041-5840678, www.chapman.co.za. DZ/F R850, Specials.

Endless Summer Acht luxuriös-elegante, voll ausgestattete Zimmer um einen Pool, 300 m vom Strand, B&B oder SC. 3 Sixth Avenue, Summerstrand, Tel. 041-5833052, www.endlesssummergh.co.za. Preise a.A.

The Beach Hotel 4-Sterne Hotel mit 58 geräumigen, sehr schönen Zimmern am Hobie-Beach, neben dem Boardwalk Casino & Entertainment World Complex. Restaurant. Marine Drive, Summerstrand, Tel. 041-5832161, www.thebeachhotel.co.za. DZ/F ca. R1450, je ob Meerblick oder nicht.

Westlich von Port Elizabeth

Sea Otters Lodge / Kini Bay Gästehaus ca. 25 km westlich vom Zentrum von P.E., direkt am Strand von *Kini Bay*. Dazu von P.E. auf der N2 in Richtung Humansdorp fahren, dann von der N2-Ausfahrt Nr. 730 auf der Seaview Road ca. 13 km nach Süden nach Kini Bay. Im Ort links in den Seaway Drive (ganz genaue Anfahrt auf Google Earth auf der Lodge-Webseite). Das Haus hat einen eigenen Strandzugang, sechs Gästezimmer mit Meerblick und wurde vom Tourismusverband ausgezeichnet, Wi-Fi, Parkplätze. 15 Seaway Drive, Kini Bay, Tel. 041-3781756, Cell 082-6575577, www.seaotterslodge.com. DZ R750–1050, Frühstück/Dinner a.A.

Hinaus aufs Meer

Dive Expert Tours im Vorort Walmer ist als einziges Unternehmen im Eastern Cape lizenziert, Wal-Beobachtungsfahrten durchzuführen und auch den jährlichen *Sardine Run* zu begleiten. Rainer Schimpf, ein mehrfach ausgezeichneter Dokumentarfotograf, kann neben Delfinen, Haien und Robben auch bis zu sieben Walarten vorstellen. Boots- und Tauchabenteuer sowie Fotokurse, Tel. 072-1420420, www.expert-tours.de.

Flughafen Port Elizabeth

Der internationale *Port Elizabeth Airport* liegt in kürzester Entfernung vom Zentrum. Tel.-Nr. *Help Desk* 041-5077319, Flight Information Tel. 086-7277888. Alle Airport-Details über www.acsa.co.za.

5

Route 5: Garden Route und Südküste

Routenverlauf

Unsere Route 5 folgt der N2 nach Westen. Dabei kommt man durch die Städte Plettenberg Bay, Knysna, Wilderness, George und Mossel Bay.

Off-Road- und Naturfreunde mit einem 4WD können ca. 40 km westlich von P.E. von der N2 in Richtung Hankey/Patensie abbiegen, von wo die Piste R331 durch das *Baviaanskloof Nature Reserve* nach Westen zur N9 führt, s.S. 494.

Entfernungen

Von Port Elizabeth bis Mossel Bay sind es ca. 400 km auf der N2. Noch vor Knysna passiert man die Grenze von der Eastern Cape Province zur Western Cape Province.

Was Sie erwartet

Diese Strecke ist bekannt für ihre schöne Küstenlinie mit tollen Stränden, rauhen Klippen und einer guten touristischen Infrastruktur. Im Hinterland gibt es teilweise noch richtige undurchdringliche Urwälder, die bis heute teilweise unerforscht sind.

Das Freizeitangebot deckt fast alle Bedürfnisse ab. Der eine Gast möchte unbedingt seinen Traumstrand in erreichbarer Nähe haben, der andere zieht etwas städtisches Flair vor und der dritte möchte lieber wandern oder sich anderweitig sportlich betätigen – man hat die Qual der Wahl.

Strandliebhaber, die auch gerne ihre Umgebung kennenlernen möchten, sind gut beraten, wenn sie eine Hälfte ihrer Zeit in **Plettenberg Bay** im östlichen Teil der Garden Route verbringen und die zweite Hälfte in Wilderness im Westen. Beide Orte haben tolle Strände und mit Kurzausflügen kann man die komplette Garden Route erkunden.

Wer es gerne städtischer hat und Bummeln vorzieht, dem sei als Standort **Knysna** empfohlen. Diese schöne Kleinstadt liegt zentral und man kann Tagesausflüge nach Ost und West oder Wanderungen unternehmen. Der Geschichtsinteressierte fährt besser nach **Mossel Bay,** der einzigen Stadt an der Garden Route mit größeren Museen und einem kleinen historischen Stadtkern. Für Outdoor- und Naturliebhaber ist unsere Empfehlung das **Baviaanskloof Nature Reserve.**

Die Lagune von Plettenberg Bay

Baviaanskloof Nature Reserve

Von der N2 erreicht man über die R331 und durch den Ort Patensie – oder weiter westlich von Humansdorp über die R330/R332 – das kleine *Andrieskraal,* Ausgangspunkt für das *Baviaanskloof Nature Reserve* (s. Karte 497). Baviaanskloof heißt „Schlucht der Affen".

Durch das Reserve führt die landschaftlich abwechslungsreiche Piste R331 bis nach Willowmore an der N9. Wer einen 4WD hat – oder einen sehr robusten größeren Pkw mit hoher Bodenfreiheit – benötigt für die ruppige, etwa 200 km lange Piste mit steilen An- und Abstiegen, einigen (betonierten) Flussfurten, Sand- und Geröllpassagen einen ganzen Tag. Dabei erlebt man zwischen den Bergketten der Baviaanskloof- und Kouga Mountains, deren Gipfel bis zu 1800 Meter aufragen, eine eindrucksvolle Naturszenerie.

Durch das Tal fließt der *Kouga,* zwischen Andrieskraal und Smitskraal zum *Kouga Dam* aufgestaut. Die Piste wurde zwischen 1880 und 1890 fertiggestellt, größere Orte gibt es bis heute an ihr keine und es wird noch lange dauern, bis sich dieses Reserve als eine Art Garden-Route-Alternative etablieren kann. Die gute Webseite www.baviaans.co.za bietet viele Detailinformationen und listet Übernachtungsmöglichkeiten, in erster Linie Campingplätze, Gästefarmen und Cottages für Selbstversorger. Auf dem letzten Drittel der Strecke gibt einige Unterkünfte um Rietrivier, wie z.B. die *Duiwekloof SC-Lodge & Camping,* Tel. 044-3841448, Cell 082-5003286, www.duiwekloof.co.za (DZ-Lodge R750, Cottage bis 3 Pers. R950). Eine Empfehlung in Willowmore ist das *Willo Historical Guest House,* Main Road N9, Tel. 044-9231574, Cell 082-4148483, www.willowguesthouse.co.za, GPS S33°17'43.56" E23°29'30.24". Weitere Unterkünfte s. Baviaanskloof-Homepage.

Am Beginn, unterwegs und am Ende der Route gibt es Checkpoints. Tages-Permit R40 p.P. Infos beim Baviaans Tourism Office Willowmore, 42 Wehmeyer St, Tel. 044-9231702, Cell 083-4205434 und auf www.baviaans.co.za. Für genaue Planung und Wanderungen oder längere Aufenthalte ist die Slingsby-Karte Baviaanskloof unentbehrlich, www.slingsbymaps.com. Letzte Tipps: vor dem Start volltanken, nach starken Regenfällen auf eine Durchfahrt verzichten.

Garden Route

Etwa 80 km westlich von Humansdorp beginnt die **Garden Route,** wobei sowohl ihr Beginn als auch ihr Ende, je nach Interesse der örtlich Beteiligten, fließend ist. Es ist Südafrikas berühmteste Touristenstrecke, doch sie hat primär nichts mit (blühenden) Gartenlandschaften zu tun, wie man dem Namen nach schließen könnte. Zweifelsohne ist es eine schöne, abwechslungsreiche und rund 250 km lange Strecke bis nach Mossel Bay, mit Urwäldern, einsamen Stränden, ursprünglicher Natur und einer sehr guten touristischen Infrastruktur, weil fast jeder auf dem Weg nach oder von Kapstadt sie befährt. Die alles verbindende Verkehrsader ist die Fernstraße N2.

Wenn man von Johannesburg kommend durch Südafrika reist, fällt einem mit Erreichen der Garden Route auf, dass sich das Land verändert hat, das Afrikanische tritt zurück, man lebt hier europäisch. Klima und Lebensweise erinnern ans westliche Mittelmeer.

Garden Route-Webseiten

www.naagardenroute.co.za www.gardenroute.org
www.garden-route.de www.gardenroute.de u.a.

Reisezeiten

Welche Reisezeit ist für die Garden Route empfehlenswert? Grundsätzlich gilt, wer einen ruhigen Urlaub verbringen möchte, darf nicht zwischen dem 15. Dezember und dem 15. Januar anreisen. In dieser Zeit haben die Südafrikaner ihre Hauptreisezeit inklusive Schulferien und viele verbringen an der Garden Route ihr Ferien. Zu ausgebuchten Unterkünften und erhöhten Preisen kommen noch hohe Temperaturen, die jegliche Energie zu irgendwelchen Aktivitäten rauben. Angenehmste Reisezeiten sind Frühling und Herbst, also März/April und September/Oktober.

In den Südwintermonaten muss man sich auf vereinzelte Regentage und kühle Abende einrichten, die Temperaturen liegen tagsüber zwischen 20 und 25 Grad, abends kühlt es gelegentlich unter 10 Grad ab. In dieser Zeit haben nicht alle Restaurants geöffnet und auch manche Unterkunft bleibt geschlossen. Dafür ist es sehr ruhig, man kann Spaziergänge unternehmen und Sehenswürdigkeiten besuchen, die während der Saison überlaufen sind.

Bevor nun von Port Elizabeth aus die Garden Route erreicht wird, bietet sich von der N2 ein Abstecher nach Jeffrey's Bay mit seinen kilometerlangen Stränden an. Wer auf der N2 bleibt: Bei der Ausfahrt Kareedouw gibt es das *Fynbos Golf and Country Estate,* einen schönen 9 Loch-Golfplatz mit weitem Ausblick, Clubhaus und Hotel. Infos auf www.fynbosgolf.co.za.

Jeffrey's Bay

Jeffrey's Bay, 70 km westlich von Port Elizabeth und südlich der N2 (Zubringer R102), ist ein Mekka für Surfbegeisterte (ca. 25.000 Ew.). Der kilometerlange Strand hat dafür beste Bedingungen. Alltäglich kann man hier Surfer beobachten, wie sie mit ihren Brettern auf die stetig anrollenden Wellen aufgleiten und ein spannendes Schauspiel

bieten. Der Dolphin-Beach beim Shell Museum ist sauber und sehr breit. Alljährlich findet im Juli der *Billabong PRO* statt, ein internationaler Surfwettbewerb. Die berühmtesten Surfspots sind *Supertubes* und *Kitchen Window*. Die *Wavecrest Surf School* an der Main Beachfront bietet zweistündige Surf-Kurse an: Shop 6, Drommerdaris St, Cell 073-5090400, www.wavecrestsurfschool.co.za. Man kann eine entsprechende Ausrüstung anmieten.

Interessant ist das kleine *Seashell Museum* mit einer großen Meeresmuschelsammlung (Mo–Fr 9–16, So 9–13 Uhr, Tel. 042-2931945). Es befindet sich im Gebäude der Stadtverwaltung an der Da Gama Road (Shell Museum Complex) und man betritt es durch die ebenfalls dort befindliche Touristeninformation, *Jeffrey's Bay Tourism*.

Beach-Volleyball in Jeffrey's Bay

Der Ort selbst ist nicht so besonders hübsch, dafür gibt es hier, bedingt durch das junge Publikum, viele preiswerte Unterkünfte. An der Nord-Süd-Hauptstraße Da Gama Street reihen sich zahlreiche Shops und Restaurants.

Die ganze Region vom Ozean bis nördlich zum *Baviaanskloof Nature Reserve* heißt **Kouga** und bietet relativ viel Abwechslung, u.a. drei ausgearbeitete Touristenrouten. Nähere Infos dazu auf www.kougatourism.co.za.

Reise-Infos Jeffrey's Bay

Information *Jeffrey's Bay Tourism*, Shell Museum Complex, Da Gama Street/Ecke Drommerdaris, Tel. 042-2932923, www.jeffreysbaytourism.org.

Unterkunft **Jeffrey's Bay Caravan Park** Rasenplätze mit Elektrizität direkt am Strand, zentrale Lage, Ecke Da Gama/Vriesland Sts, Tel. 042-2002269.

Hard Rock Backpackers Zentral gelegen, Doppel- und Mehrbettzimmer, Wi-Fi u.a. Von Norden kommend die Da Gama Street entlang, dann die Impala Street rechts und wieder rechts. 29 Oribi St, Tel. 083-2330831, 042-2933140, hardrockbackpackers.co.za. DZ/F R350.

Island Vibe J-Bay Backpackers Camping, Mehrbettzimmer, Blockhütten und Doppelzimmer im Beach House mit Meerblick. Am südlichen Ende des Dolphin Beach mit Surfbrettverleih und Surfschule. 10 Dageraad St, Tel. 042-2931625, www.islandvibe.co.za. DZ R320–600.

The Ocean Bay Luxury Guesthouse Das elegante deutsche Gästehaus liegt nördlich von Jeffrey's Bay in erhöhter Lage mit schöner Aussicht auf die Bucht und das Hinterland. Zwei großzügige Zimmer/AC und zwei Apartments, Pool und Wi-Fi. Die da Gama Rd nach Norden fahren und links in die Poplar abbiegen. An der Keet St nach rechts, gleich links in die Oleander und gleich rechts in die Bottlebrush. 13 Bottlebrush Crescent, Wavecrest, Tel. 042-2962167, www.the-ocean-bay.de. DZ/F 780–1260.

Supertubes Collection B&B, Suiten und ein Ferienhaus direkt am „Supertubes"-Surfstrand, barrierefrei und mit Wi-Fi. Fünf von sechs Zimmern/AC haben einen Balkon und alle Meerblick. Die Da Gama Road nach Norden hoch, rechts in die Pepper Street, No. 12, Tel. 042-2932957, Cell 082-6592855, www.supertubesguesthouse.co.za. Gleich nebenan kann man ins „The Restaurant" essen gehen. DZ/F R900–1580.

Saxonia Guesthouse Deutsches Gästehaus im südlichen Vorort *Paradise Beach,* drei Zimmer und ein Apartment, Pool und Wi-Fi. Der Strand ist über einen Privatweg zu erreichen, zum Stadtzentrum sind es sechs Fahrminuten. Von der Da Gama südlich fahren – Woltemade – Dolphin – Causeway (Brücke über die Lagune) – Johan Muller. Wenn sie Marina Drive heißt, die nächste links und dann die erste rechts in den Schoeman Crescent. Paradise Beach, 7 Schoeman Crescent, Tel. 042-2920341, www.gaestehaus-saxonia.de. DZ/F 580–750.

Restaurants

De Viswijf Restaurant Seafood- und Steak-Restaurant am Strand mit Blick auf den beliebten Surfspot Kitchen Windows, gleich nördlich vom Seashell Museum. Oldie-Musikeinlage am Abend. Diaz St, Tel. 042-2933921.

Kitchen Windows Empfehlenswertes Restaurant direkt am Kitchen Windows Surfspot mit ausgezeichnetem Essen. Ferreira St, Tel. 042-2934230.

St Francis Bay und Cape St Francis

An der nächsten Ausfahrt der N2 (Humansdorp) geht es nach *St Francis Bay,* zum *Cape St Francis* und nach *Oyster Bay,* hübschen und vor allem bei Südafrikanern beliebten Badeorten. In einsamen und friedlichen Küstenlandschaften mit Sand- und Felsabschnitten und oft meterhohen Brandungsfontänen kann man kilometerlange Strandwanderungen unternehmen. Zu Saisonzeiten sieht man in der Bucht Wale und ganzjährig Delfine. Das Klima ist hier angenehm, im Winter sind es 12 bis 25 Grad, im Sommer 15 bis 28 Grad.

Wer es noch einsamer liebt, biegt in Humansdorp nach Südwesten zum kleinen Küstenort **Oyster Bay** ab (25 km, ausgeschildert). Dort bietet sich die *Oyster Bay Lodge* für Ruhe und Erholung an. 11 Komfort-Gästezimmer, 1 Luxus-Chalets, dt. Leitung, gutes Restaurant, Pool, Wi-Fi. Auf 235 Hektar privatem Naturschutzgebiet mit 3,5 km langem privatem Sandstrand können die Gäste reiten, Bootsausflüge und Beach-BBQ's erleben. 1 Oyster Bay Lodge Rd, Tel. 042-2970150, Cell 082-7000553, www.oysterbaylodge.com. DZ/F R1380–2080, Dinner a.A.

Von Humansdorp sind es auf der R330 rund 20 km nach **St Francis Bay.** Der nördliche Teil ist von Kanälen durchzogen, die man auf einer Motorbootstour oder mit einem Paddelboot erkunden kann. Der Hafen Port St Francis am südlichen Ortsende ist der einzige Seehafen zwischen Port Elizabeth und Mossel Bay, es gibt hier sowohl eine Fischfangflotte als auch einen Privathafen mit zahlreichen Hochseeyachten.

Ein Stückchen weiter südlich schließt sich **Cape St Francis** an, ein kleinerer Badeort, ebenfalls mit weißen, meist riedgedeckten Häusern. Beide Francis' sind Wassersport-Eldorados und werden über Weihnachten sehr stark besucht, in der übrigen Zeit sind sie ruhige Badeorte mit guter Infrastruktur. Tennisplätze, Squashcourts und zwei 18 Loch-Golfplätze sind vorhanden. Außerdem werden Hochseeangeln, Waltouren, Fahrradverleih, Reiten, geführte Wanderungen, Kitesurfen und Angeln geboten. Wer es lieber gemütlich mag, kann eines der Cafés oder Restaurants besuchen. Landmarke am Ende der *Kroom Bay* ist der 1878 erbaute Leuchtturm von Seal Point. Die benachbarte Pinguin-Rettungsstation *Ajubatus Penguin Rescue Centre* mit Café sind einen Besuch wert. Von Seal Point kann man nach Westen einsame Wanderungen entlang der Felsküste bis hin zum 15 km entfernten kleinen Ort *Oyster Bay* unternehmen.

Information St Francis Tourism, 167 St Francis Dr, The Tennants Centre, Tel. 042-2940076, www.stfrancistourism.co.za.

St Francis Links Golf Course, Tel. 042-2004500, www.stfrancislinks.com.

St Francis Bay Golf Club, Lyme Rd, Tel. 042-2940917, www.stfrancisgolf.co.za. Beides sind 18-Loch-Plätze und sind ganzjährig geöffnet.

Unterkunft **Camping-/Caravanpark** mit 60 Stellplätzen mit Elektrizität. Anfahrt: über R330, dann im Dorf Cape St Francis am 1. Stoppschild links, die Anlage folgt nach 1,2 km auf der rechten Seite. Da Gama Way, Tel. 042-2980054, Cell 082-4943755, www.capestfrancis.co.za. DZ/F ab R900.

5

Sandals Guest House 150 Meter vom Hauptstrand entferntes Gästehaus im mittleren Teil des Ortes, 8 Zimmer für jeweils 2–4 Personen, Pool und Wi-Fi. Am Kreisverkehr an der R330 nach links nach St Francis Bay abbiegen, nach rechts in die Lyme Road South, nach rechts in den St Francis Drive, nach links in die Nevil Rd, nach rechts in die Edward Rd, die auf die Napier Rd stößt, Nr. 4. Tel. 042-2940551, www.sandalsguesthouse.co.za. DZ/F R1200–2500, Dinner a.A., Specials anfragen.

I-Lollo Lodge Riedgedecktes Gästehaus im nördlichen Teil von St Francis Bay, direkt am Sandstrand mit toller Aussicht. 5 Zimmer, kostenloser Kanu- und Fahrradverleih, Pool, Wi-Fi, Grillstelle. Von der Lyme Road North nach links in den St Francis Drive, 3. rechts in den Sea Glades Dr, rechts in die Canal Rd und links in die Shore Rd. 71 Shore Rd, St Francis Bay, Tel. 042-2940799, Cell 072-6303983, www.ilollo.co.za. DZ/F R500–900.

Cape St Francis Resort and Lifestyle Estate Größere Anlage mit drei Ferienhausarten in den Dünen, Pool, Restaurant, Wi-Fi, dt.-spr. *Club Break:* Apartments ab R448. *Village Break:* Ferienhäuser mit 2–5 Schlafzimmern, ab R1616. *Beach Break:* elegante Strandvillen mit 4 oder 5 Schlafzimmern, ab R3637. Da Gama Way, Cape St Francis, Tel. 042-2980054, Cell 082-4943755, www.capestfrancis.co.za.

Garden Route National Park

Bei diesem ausgedehnten Park entlang der Garden Route wurden drei ursprünglich eigenständige Nationalparks unter dem Dachnamen *Garden Route National Park* vereinigt. Die charakteristischen Namen der früheren Einzelnationalparks bleiben als Sektionen erhalten: In der Mitte liegt die *Knysna National Lake Area,* im Westen die *Wilderness Section* und im Osten die *Tsitsikamma Section.* Der Garden Route National Park (GRNP) besteht also aus zerstreuten Flächen zwischen Städten, Siedlungen, Küsten- und Bergbereichen. Viele Bereiche sind eintrittsfrei, nur an den „Highlights" wird zur Kasse gebeten, und auch die N2 ist mautpflichtig. Inhaber der Wild Card bezahlen keinen Parkeintritt, Details s.S. 91.

Tsitsikamma Section

Blick auf die Knysna Heads mit Lagunen-Eingang

Der ursprüngliche **Tsitsikamma National Park** wurde 1964 proklamiert und bis heute ständig erweiterte. Er beginnt im Osten bei der Ausfahrt Palmietvlei (Offramp 632) an der N2 und führt 80 km an der Küste entlang bis kurz hinter dem Bloukrans River im Westen. Der Park reicht überdies 5,5 km ins Meer hinaus, ausgewiesen als Meeresschutzgebiet (es gibt dort einen „Unterwasserpfad" für ausgebildete Taucher, *Untouched Adventures* führt Exkursionen im Auftrag von SANParks durch, Tel. 073-1300689 u. 076-9592817, www.untouchedadventures.com/tsitsikammasnorkeldivetrail).

„Tsitsikamma" ist ein Wort aus der Sprache der früheren Bewohner dieser Gegend, der Khoisan, und bedeutet „Platz mit viel Wasser". Der Park besitzt den größten zusammenhängenden Urwald in Südafrika und besteht aus dem *Nature's Valley* im Westen und dem *Storms River Mouth* im Osten, der Mündung des Storm-Flusses. Beide sind durch keine Straße miteinander verbunden, man muss auf die N2 und von dort aus in den anderen Teil abbiegen. Nur der fünftägige Wanderweg *Otter Trail* verbindet auf einem Teilstück diese beiden Abschnitte des Nationalparks.

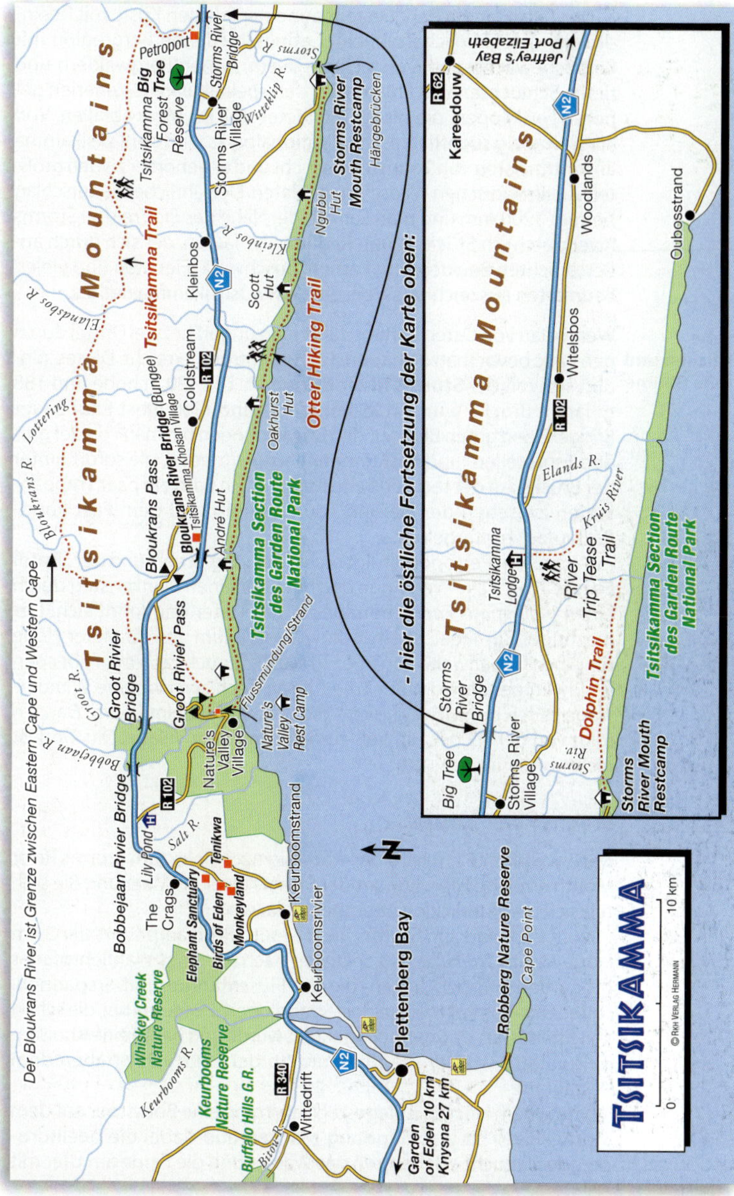
Der Bloukrans River ist Grenze zwischen Eastern Cape und Western Cape
Tsitsikamma Mountains
Tsitsikamma Trail
Otter Hiking Trail
Tsitsikamma Section des Garden Route National Park
Tsitsikamma Big Forest Tree Reserve
Petroport
Storms River Bridge
Storms River Village
Storms River Mouth Restcamp
Hängebrücken
Storms R.
Witteklip R.
Kleinbos R.
Kleinbos
Ngubu Hut
Scott Hut
Elandsbos R.
Coldstream
R 102
Oakhurst Hut
Lottering
Bloukrans R.
Bloukrans River Bridge (Bungee)
Tsitsikamma Khoisan Village
Bloukrans Pass
André Hut
Groot R.
Groot Rivier Bridge
Groot Rivier Pass
Flussmündung/Strand
Nature's Valley Village
Nature's Valley Rest Camp
Bobbejaan R.
Bobbejaan Rivier Bridge
Lily Pond
Salt R.
The Crags
Elephant Sanctuary
Birds of Eden
Monkeyland
Tenikwa
Keurboomstrand
Keurboomsrivier
Whiskey Creek Nature Reserve
Keurbooms R.
Keurbooms Nature Reserve
Buffalo Hills G.R.
R 340
Wittedrift
Bitou R.
N2
Plettenberg Bay
Garden of Eden 10 km
Knysna 27 km
Robberg Nature Reserve
Cape Point
N
- hier die östliche Fortsetzung der Karte oben:
Jeffrey's Bay
Port Elizabeth
R 62
Kareedouw
Woodlands
Oubosstrand
Witelsbos
Elands R.
Kruis River
Tsitsikamma Lodge
River Trip Tease Trail
Dolphin Trail
Storms River Bridge
Big Tree
Storms River Village
Storms Riv.
Storms River Mouth Restcamp
TSITSIKAMMA
0
10 km
© RKH VERLAG HERMANN

5

Der Tsitsikamma Park besteht aus einer felsigen Küste mit beeindruckenden Landschaften, einer abgeschiedenen Bergregion mit fynbosbewachsenen, versteckten Tälern, hohen Bergwäldern und tiefen Schluchten von Flüssen. Zu den spektakulären Szenerien gehören Felsklippen, die bis zu 180 Meter steil ins Meer abfallen. Von allen zwanzig südafrikanischen Nationalparks wird der Tsitsikamma am drittmeisten von Touristen besucht und er gehört er zu den größten südafrikanischen Wildschutzgebieten. Der jährliche Niederschlag beträgt 1200 mm und man kann in der Nähe des *Big Tree* bei Storms River durch ein Stück „kalten Regenwald" laufen, der sich durch äußerst dichten Bewuchs mit Farnen, Buschwerk, Flechten und vielen Baumarten auszeichnet. Webseite: www.tsitsikamma.net u.a.

Hohe Brücken und hohe Bäume

Wenn man von Osten kommt, fährt man ungefähr zwei Drittel durch den Park, bevor man das „touristische Zentrum" erreicht. Dieses kündigt sich mit der **Storms River Bridge** an. Die 120 m hohe und 188 m lange Brücke wurde 1954 errichtet und hieß einst Paul Sauer Bridge. Einen guten Blick auf den Brückenbogen hat man von der großen Tankstellen- und Restaurantanlage *Petropoort*, die sofort hinter der Brücke auf der rechten Seite liegt. Für ein Foto ein paar Treppenstufen zwischen der kleinen Touristeninfo und dem Fast Food-Restaurant runtergehen.

Kurz hinter Petropoort folgt rechts der **„Big Tree"**, und der **„Ratel Forest Trail"**. Die Weglänge dorthin über einen Plankensteg durch einen *Indigenous Forest* beträgt ca. 500 Meter und lohnt sich. Der mächtige „Big Tree" ist ein Yellowwood-Baum von 36 Meter Höhe mit einer Kronenweite von über 30 Meter. Zurück kann man über den Waldweg gehen. Vom Big Tree führen noch zwei weitere Wanderwege durch den Urwald, siehe die Schautafel beim Baum. Danach folgt von der N2 der Hinweis zum Storms River Village. Das Dorf ist nicht weiter interessant.

Storms River Mouth

Nach weiteren 6 km wird der Abzweig nach links zum Storms River Mouth erreicht. Hier mündet der Storms River ins Meer und Sie sollten sich den Anblick nicht entgehen lassen.

Vom Parkplatz am Storms River Mouth Restcamp führt der 2 km lange *Mouth Trail* über Holzplanken nach Art eines Waldlehrpfades bis zu den Hängebrücken, die die Flüssmündung überspannen. Unterwegs kommt man an der „Strandloper"-Höhle vorbei, die schon von Khoisan als Unterschlupf genutzt wurde und heute eine Khoisan-Kulturstätte ist. Der Weg beginnt an der Sandy Bay neben dem Restaurant.

Von einem kleinen Anlegesteg kann man eine Bootstour auf dem Storms River bis zur Mündung machen und dabei die beeindruckende Schlucht erleben, wo das Wasser und die Farne am Ufer mit

Die Hängebrücken am Storms River Mouth

dem Verlauf der Sonne die Farbe wechseln. Am spektakulärsten sind die Hängebrücken über den Storms River und entlang der Küste. Wer über diese Brücken geht, gelangt über einen Wanderweg auch noch zu einem Aussichtspunkt mit Aussicht auf die Küstenlinie.

Ebenfalls am Restaurant beginnt der *Blue Duiker Trail* (3,7 km), der zum Agulhas Lookout führt. Von hier aus hat man einen schönen Ausblick auf die Küste. Er verläuft überwiegend durch Fynbos- und Waldgebiet. Der *Lourie Trail* (1 km) ist eine verkürzte Form des Blue Duiker Trail und führt ebenfalls zum Agulhas Lookout, wo man im Winter oft Wale und ganzjährig Delfine beobachten kann.

Storms River Mouth ist eine Hauptattraktion der Gegend und fast immer stark besucht. Das Gate ist geöffnet von 6–19.30 Uhr, Tel. 044-3025600, www.sanparks.org. Conservation Fee R120 p.P. Beim Visitor's Office im Restcamp gibt es Wanderkarten.

Storms River Mouth Restcamp

Das sehr große Camp liegt westlich der Mündung des Storms River zwischen steil ansteigenden Berghängen und Meeresklippen. Es verfügt über 22 Zelt- und 77 Caravanplätze sowie 84 verschiedene Ferienhäuser entlang der Felsküste, Restaurant und Laden. Parkplätze sind knapp, Anmeldung/Auskünfte bei der Information. Einfaches Forest Hut ab R465, Chalet und Oceanette ab R800. Infos und Reservierung auf www.sanparks.org.

Weiterfahrt „oben" oder „unten"?

Vom Storms River Mouth muss man wieder zurück auf die N2. Nach ca. 7 km in westlicher Richtung kommt eine Ausfahrt auf die R102 Richtung Coldstream. Diese frühere Straße zur Überwindung der riesigen Bloukrans-Flussschlucht ist eine lohnenswerte Alternative zur

N2. Dabei verpasst man aber die Bloukrans Bridge und die von ihr stattfindenden spektakulären Bungee-Sprünge. Auf der R102 fahren Sie durch die Schluchtenpässe **Bloukrans Pass** und **Groot River Pass** nach **Nature's Valley** am Meer, danach geht es wieder hoch zur N2.

Wer lieber auf die Bloukrans River Bridge blicken und Bungee-Sprünge sehen möchte, kann hinterher noch, ca. 3 km hinter der Bloukrans-Brücke, von der N2 auf die R102 wechseln und runter nach Nature's Valley fahren und dabei den *Groot River Pass* erleben.

Unterkunft in der Gegend

Storms River Guest Lodge Günstiges B&B im Örtchen Storm's River Village, direkt an der Einfahrtstraße. Pool im großen Garten, Grill, Internet. 28 Gamassi St, Tel. 042-2811703, Cell 082-3780804, www.stormsriverguestlodge.co.za. DZ/F R740–860.

Tsitsikamma Village Inn Stilgetreue und nette Nachbauten von kolonialen Cottages sowie historischer Häuschen des Western Capes in einer anmutigen Gartenanlage. 12 Zimmer/Suiten, Wi-Fi, Pool, Restaurant, Pub, Café. Von der N2 Richtung Tsitsikamma Village abbiegen, danach noch 500 m. Darnell St, Tel. 042-2811711, www.tsitsikammahotel.co.za. DZ/F ab R940–1260.

The Fernery Lodge & Chalets Tolle Anlage auf der Felskante einer Schlucht und über einem Wasserfall. 14 Zimmer und Chalets (auch SC) liegen verstreut in der bewaldeten Anlage. Schönes Restaurant mit Meerblick, Pool, Internet. Lage: Von Osten kommend 4 km hinter „Tsitsikamma Falls Adventures", nach der Kruis River Bridge, links auf die Blueliliesbush Rd abbiegen (ausgeschildert). Forest Ferns Estate, Tsitsikamma-Blueliliesbush, Tel. 042-2803588, www.forestferns.co.za. S34 01′ 49.3″ E24 00′ 15.1″. DZ/F R1260–1900.

Tsitsikamma Lodge & Spa 8 km östlich der Storms River Bridge liegt diese kanadisch anmutende hübsche Blockhaus-Siedlung an der N2. 32 verschiedene Blockhäuser mit Whirlpool, Grill, Pool und gemütlichem Restaurant. Tel. 042-2803802, Cell 046-6043300, www.riverhotels.co.za/tsitsikamma. GPS S33°58′55.9″ E024°01′05.8″. DZ/F R1460.

Bloukrans River Bridge / Bungee

Wer auf der N2 geblieben ist erreicht kurz vor der Bloukrans-Brücke die Ausfahrt „Tsitsikamma Khoisan Village/Bungy Jumping". Parken Sie Ihren Wagen und gehen Sie vor zur Aussichtsplattform. Man fühlt sich recht klein bei diesem Anblick. Die Bloukrans River Bridge ist mit 452 m Brückenfahrbahnlänge, 272 m Bogenspannweite und 214 m Höhe über Tal die größte Brücke Afrikas. Sie wurde 1983 vollendet. Von der Bungee-Plattform unterhalb der Fahrbahn hechten sich Wagemutige in die Tiefe – es ist der höchste Gummiseilsprung Südafrikas. Winzig klein erscheinen die Springer. Wenn Sie dazu Lust verspüren, können Sie gleich an Ort und Stelle bei Face Adrenalin & Bloukrans Bungy buchen. Ein Sprung kostet R750, Bridgewalk mit Beobachtung der Absprünge aus nächster Nähe R100. In der Hauptsaison sollte man vorab reservieren und sich dann zeitig einfinden. Tel. 042-2811458, Cell 083-4136091, www.faceadrenalin.com. Nebenbei: Der Bloukrans River ist hier die Grenze zwischen der Eastern- und der Western Cape Province.

Nature's Valley

Wie erwähnt, kommt 3 km hinter der Bloukrans-Brücke die Ausfahrt von der N2 zur R102 zum Nature's Valley, gleich hinter der Mautstelle links raus und weiter unten nochmals links. Ein lohnenswerter Schlenker über den Groot River Pass bis zur Küste und dann wieder rauf zur N2. Im Gegensatz zum interessanten Storms River Mouth ist Nature's Valley hauptsächlich beschauliches Wandergebiet. Zum Groot River Pass geht es steil runter, es wuchert dichte Vegetation und oft sind Paviane (Baboons) zu sehen.

Nach der Passabfahrt geht es nach links rein zum *Nature's Valley Rest Camp* mit dem *De Vasselot* Campingplatz. Die Cottages und der Campingplatz sind über www.sanparks.org zu buchen. Hier gibt es einige gute Wanderwege, die hinter dem Campingplatz beginnen, wo es auch Karten und Infos gibt.

Einer der Wanderwege ist der *Kalanderkloof Walk* (6 km, ca. 2,5 h). Start ist am De Vasselot Campingplatz. Der Weg führt durch ein Tal und man trifft auf jede Menge alter Outeniqua Yellowwood-Bäume. Diese Urwaldriesen sind teilweise über 800 Jahre alt und über 40 Meter hoch. Über einen von riesigen Strelizienbäumen gesäumten Serpentinenweg steigt man zu einem Hochplateau auf und wandert durch schöne Fynbosvegetation mit spektakulärem Blick auf die Tsitsikamma-Berge, das Nature's Valley und den Indischen Ozean. Kanutouren auf dem Groot River kann man im Büro des De Vasselot Campingplatzes mieten.

Weiter auf der R102 geht es nach einer kurzen Auf- und Abfahrt links rein in den Lagoon Drive mit der Ferienhausansiedlung *Nature's Valley Village,* Zufahrtsstraßen nach rechts. Am Ende der Ringstraße gibt es das Nature's Valley Restaurant mit kleinem Laden. Infos auf www.natures-valley.com.

Geradeaus geht es noch ein Stück in Richtung Meer mit Parkplätzen. Linker Hand hat sich der Groot River zu einer seeartigen Lagune mit riesigem Sandstrand ausgeweitet. Man kann baden, segeln und kanufahren.

Welthöchster Bungee-Jump von der Bloukrans River Bridge

5

Wanderungen und sportliche Aktivitäten in der Tsitsikamma-Region

Waterfall Trail (6 km, ca. 3 Std.). Start ist das Storms River Mouth Rest Camp, der Trail verläuft auf den ersten drei Kilometern des Otter Trails (s.u.) entlang der Küste und man kommt zu einem spektakulären Wasserfall. Bei Flut kann es sein, dass der Weg unpassierbar ist, deshalb sollte man immer auf die Gezeiten achten und sich ggf. am Visitor Office erkundigen. Festes Schuhwerk ist nötig, da man über Felsen klettern muss.

Der berühmteste aller Wanderwege hier ist der fünftägige **Otter Trail.** Er beginnt ebenfalls am Storms River Mouth Rest Camp und endet nach fünf Tagen und 42 Kilometern im Nature's Valley. Er führt mitten durch die Natur und übernachtet wird in einfachen Blockhütten, von denen zwei für jeweils sechs Personen pro Nacht zur Verfügung stehen. Es können maximal 12 Personen pro Tag teilnehmen und man muss sich 12 (!) Monate im Voraus anmelden. Die Tagesetappen liegen zwischen 5 und 14 Kilometer, Kochausrüstung und Verpflegung müssen die Teilnehmer selbst mitbringen. 5 Tage/ 4 Nächte R810, Infos auf www.sanparks.org.

Komfortabler dagegen ist der **Dolphin Trail** mit nur 17 Kilometern entlang des Küstengürtels auf einem schmalen Plateau zwischen den Bergen und dem Indischen Ozean. Das Gepäck wird vom Veranstalter zur nächsten Unterkunft gebracht, damit jeder Wanderer diese Tour genießen kann. Übernachtet wird in schönen Gästehäusern. Am letzten Tag gibt es noch einen Geländewagentrip über den alten Storms River Pass. Tel. 042-2803588, www.dolphintrail.co.za. 3 x Ü/VP R4620 p.P.

Cadeau Hiking Trails

Unter diesem Namen verbergen sich die beiden nachfolgend aufgeführten Wanderwege, die zum Teil durch die Tsitsikamma Section, aber auch über privates Land führen. Start ist jeweils Robbehoek (s. Webseite). Anfahrt N2, Ausfahrt Eersterivier Off ramp 611, nach 3 km rechts auf die R102 und nach 10 km links in den Robbehoek. Infos Tel. 076-7901462, www.gardenroutehikingtrail.co.za.

Bloubaai Coastal Hiking Trail (5,2 km, 4–5 Std.) Dieser Weg ist eine der landschaftlich schönsten öffentlichen Wanderrouten in Südafrika. Der Weg führt durch Fynbos und Küstenwald entlang der Küstenlinie des Indischen Ozeans und ein kurzes Stück durch einen bewirtschafteten Pinienwald. Ein großer Streckenteil geht an der felsigen Küste des Tsitsikamma entlang und macht ihn zur Herausforderung. In den Felsenpools an der Wegstrecke kann man baden und die Teilnehmer sollten ein mittleres Maß an Fähigkeit und Fitness mitbringen.

Elands River Coastal Hiking Trail (5,9 km, 4–5 Std.) Der Trail ist anspruchsvoll und gehört ebenfalls zu den schönsten öffentlichen Tagesrouten. Er führt durch rauhes Felsengebiet und hat einen abenteuerlichen Anspruch, denn zwei größere Hindernisse können nur mit Hilfe von Ketten und Leitern überwunden werden.

Der *Tsitsikamma Trail* (72 km, 5 Tage) verläuft zwischen dem Nature's Valley und der Storms River Bridge. Er führt quer waldein durch die Tsitsikamma Mountains, Flussüberquerungen inklusive. Der Wanderer muss alles für die Strecke mitnehmen, übernachtet wird in Hütten. Angeboten wird diese Tour z.B. von MTO Ecotourism, die eine begrenzte Anzahl von Gepäck und Verpflegung für den Wanderer jeweils zum nächsten Zielpunkt transportieren. Tel. 042-2811712, www.mtoecotourism.co.za/tsitsikama.htm

Golf

Das **Tsitsikamma Coastal Golf Estate** ist unbestritten einer der beeindruckendsten Golfplätze in Südafrika. Dieser im Jahre 2010 eröffnete 18-Loch-Platz befindet sich hoch oben im Tsitsikamma Park und man hat beim Spiel einen beeindruckenden Ausblick über die Berge und das Meer. Anfahrt: N2, gleiche Ausfahrt wie Storms River Mouth Rest Camp, nach ca. 6 km führt links eine Zufahrt zum Golfplatz. Tel. 011-4678889.

Canopy Tour

Man schwebt sitzenderweise an stabilen Stahlseilen in dreißig Meter Höhe über dem Waldboden von Plattform zu Plattform, insgesamt sind es zehn. Die Aussicht auf den Urwald aus dieser Höhe und die Nähe zu Vögeln und Affen ist beeindruckend. Man muss nicht auf die erste Plattform hochklettern, sondern wird an einem Stahlseil hochgezogen. Eine Tour dauert 2,5 bis 3 Stunden. Storms River Village, an der Darnell Street außerhalb des Ortes in östlicher Richtung. Tel. 042-2811836, www.treetoptour.com.

Abseiling Abseilen lassen kann man sich mit *Tsitsikamma Falls Adventures* an den Tsitsikamma Falls, 8 km östlich der Storms River Bridge. Man gelangt dabei über 36 Meter hinunter bis zum Fuß eines Wasserfalls. Infos auf www.tsitsikammaadventure.co.za, Tel. 042-2803770.

Wassersport Die Firma *Discover Untouched Adventures* bietet in der Tsitsikamma-Region Kajakfahren, Schnorcheln und Tauchen an, auch Tauchschule für Anfänger. Infos auf www.untouchedadventures.com, Cell 073-1300689 u. 076-9592817.

Zip-lining Bei der Waterfall Zipline Tour überquert man eine Schlucht an einem Stahlseil hängend. Erste Tour um 8 Uhr, letzte 15 Uhr, alle 60 bis 90 Minuten. Dauer ca. 45 Min., abhängig von der Gruppengröße. 300 m östlich der Tsitsikamma Lodge. Infos auf www.adventureactivities.co.za/waterfallab.htm.

Von Nature's Valley bergauf zur N2

Die R102 schlängelt sich vom Nature's Valley auf 11 km wieder nach oben, und knapp 3 km bevor sie wieder auf die N2 stößt, befindet sich links rein die schöne *Lily Pond Country Lodge.*

Das moderne Haus befindet sich in einem herrlichen, 12 ha großen Areal mit Zen-Garten und Seerosen-Teich. 4 Zimmer, 6 Suiten, alle individuell eingerichtet. Sehr gute Küche, dt.spr., Wi-Fi, Pool, Wellness u.a. Tel. 044-5348767, www.lilypond.co.za. DZ/F R1390, ab Suite/F R1850.

Auf der N2 weiter nach Westen fahrend können Sie etwas später vier kleine, private Tierstationen besuchen. Biegen Sie dazu beim braunen Schild „Elephant Sanctuary / Monkeyland / Birds of Eden / Tenikwa" links ab (Kurland Village, an der Ecke ist eine Tankstelle). Weiterfahrend geht es an einer Gabelung der miesen Straße links zu Tenikwa (Geparden) und rechts zu den anderen drei, die dicht beieinanderliegen. „tw Eden" ist sehr eindrucksvoll.

Elephant Sanctuary An einer Straßengabelung geht es nach rechts zum Elephant Sanctuary, zu Birds of Eden und Monkeyland, nach links zum Tenikwa Wildlife Centre (ausgeschildert).

Das Elephant Sanctuary ist das gleiche Unternehmen wie bereits in Hazyview beschrieben (s.S. 193). Hier leben fünf Elefantenkühe und ein junger Bulle. Sie können diese Elefanten hautnah erleben, füttern, streicheln, reiten oder mit einem Elefant am Rüssel herumlaufen. Vorher gibt es noch eine Einführung über das Leben der Tiere. Täglich einstündiges Programm mit Guides um 8, 9, 10, 11, 12, 13.30, 14.30 u. 15.30 Uhr. Preise je nach Interaktion, ob Streicheln und Füttern, Reiten, Safari-Walk, „Educational Programm" oder „Early-morning-Brush" ab R325. Tel. 044-5348145, www.elephantsanctuary.co.za.

Birds of Eden Dies ist die größte Freiflugvoliere der Welt mit Gelegenheit für tolle Vogelfotos. Der Aufbau dauerte über vier Jahre, weil ein Netz domartig über einen zwei Hektar großen Waldbereich und eine Flussschlucht gezogen werden musste. Darunter leben jetzt 3500 Vögel und kleine Affen wie in einem Paradies. 1,2 km rollstuhlgerechte Holzstege führen durch die Anlage rauf und runter. Wie auch in Monkeyland sind die Vögel keine Wildfänge, sondern lebten vorher in Käfigen oder Zoos. Man sollte seine Ohrringe abnehmen (man bekommt an der

Kasse ein Tütchen dafür) und auf Hörgeräte achten, weil neugierige Papageien die Besucher besteigen und an ihnen herumpicken. An Teichanlagen leben Groß- und Wasservögel wie Ibisse, Kraniche und Flamingos. Es gibt auch inszenierte Naturspektakel wie Gewitter mit Blitz, Donner und Regenfällen, ein Amphitheater für 200 Gäste und ein Restaurant an einem kleinen See. Infos s. bei Monkeyland.

Monkeyland

Angeschlossen ist das auf der anderen Seite des Parkplatzes liegende Monkeyland. Diese Affen sind keine Wildfänge, sondern wurden entweder als Jungtiere verlassen oder haben unter unwürdigen Umständen als Haustiere bei Menschen gelebt. Hier im Urwald haben Sie die Gelegenheit, sich frei zu bewegen. Ein spezielles Gebiet ist reserviert für behinderte oder kranke Primaten, die ihren Einschränkungen entsprechend ein ordentliches Leben führen können. Hier leben 16 Affenspezies, wie z.B. Totenkopfäffchen, Lemuren, Meerkatzen u.a. Man durchstreift die Anlage in Begleitung eines Führers, der alles genau erklärt und lernt viel über diese Tiere. Attraktion ist eine 110 Meter lange Hängebrücke über eine kleine Schlucht. Rollstuhlfahrer erhalten eine gesonderte Begleitung, die hilft, den Rollstuhl durch den Busch zu schieben. Im Haupthaus gibt es einen Shop und ein Terrassenrestaurant, die auch ohne das Eintrittsticket besucht werden können. Monkeyland ist ein „Fair Trade Tourism"-Unternehmen.

Infos für beide Parks

Tel. 044-5348906, www.monkeyland.co.za, www.birdsofeden.co.za, GPS S33.56.46.09 E23.29.8.13. Geöffnet tägl. 8–18 Uhr, letzte Tour startet um 17 Uhr. Eintritt für einen der beiden Parks R135, beide zusammen als Combi R216. Deutsche Führung in Monkeyland nach vorheriger Anfrage, Tel. 082-9795683, lara@monkeyland.co.za.

Der Karakal oder Wüstenluchs ist an seinen langen, spitzen Ohren erkennbar

Tenikwa Eine Art Zoo, in dem verschiedene Wildkatzen, Großvögel, verschiedene Kleintiere und Pinguine in Gehegen gehalten werden. Man kann in Begleitung des Guides in einige Gehege hinein und normalerweise auch Geparden und die Marabus streicheln. Leider kommt es aber vor, dass man deswegen reingeht und den teuren Eintritt zahlt, aber nicht an die Katzen und Vögel herankommt. Mit kleinem Café. Einstündige Standardtour, tägl. 9–16.30 Uhr, alle halbe Stunde, R165 p.P. Tel. 044-5348170, www.tenikwa.com.

Richtung Plettenberg

Zurück auf der N2 geht es weiter in Richtung George/Plettenberg Bay. Nach knapp 2 km folgt rechts die Tankstelle „The Crags" mit **Tourist-Info** auf dem Gelände. Etwa 100 m weiter vorne geht es links rein zu *Bramon Wine Estate & Restaurant.*

Dies ist das östlichste Weingut im Western Cape und hat sich auf den Cape Classique spezialisiert, den südafrikanischen „Champagner" aus der Traube Sauvignon Blanc. Das Restaurant ist von der Straße nicht sichtbar, befindet sich inmitten der Weinfeldern. Wer in schöner Atmosphäre lunchen möchte, sitzt hier wunderbar zwischen den Reben an rustikalen Holztischen oder im Restaurant bei hauseigenen Weißweinen, Häppchen, Austern und Salaten aus der mediterranen Küche. An Wochenenden und Feiertagen einen Tisch vorbestellen, Tel. 073-8338183, www.bramonwines.co.za. Geöffnet tägl. 11–16 Uhr.

Nach Plettenberg Bay sind es auf der N2 noch 20 km. Nach ca. 4 km weist ein Schild nach rechts zu Moon Shine on Whiskey Creek hin, einem Ferienhausanbieter mit fünf netten Blockhäusern mitten im Wald mit offenem Kamin und Pool auf dem Gelände, dt.-spr. Verpflegung möglich. FeWo R500–800. Noch vor Plettenberg Bay können Sie einen Abstecher ans Meer nach **Keurboomstrand** machen (s.S. 513).

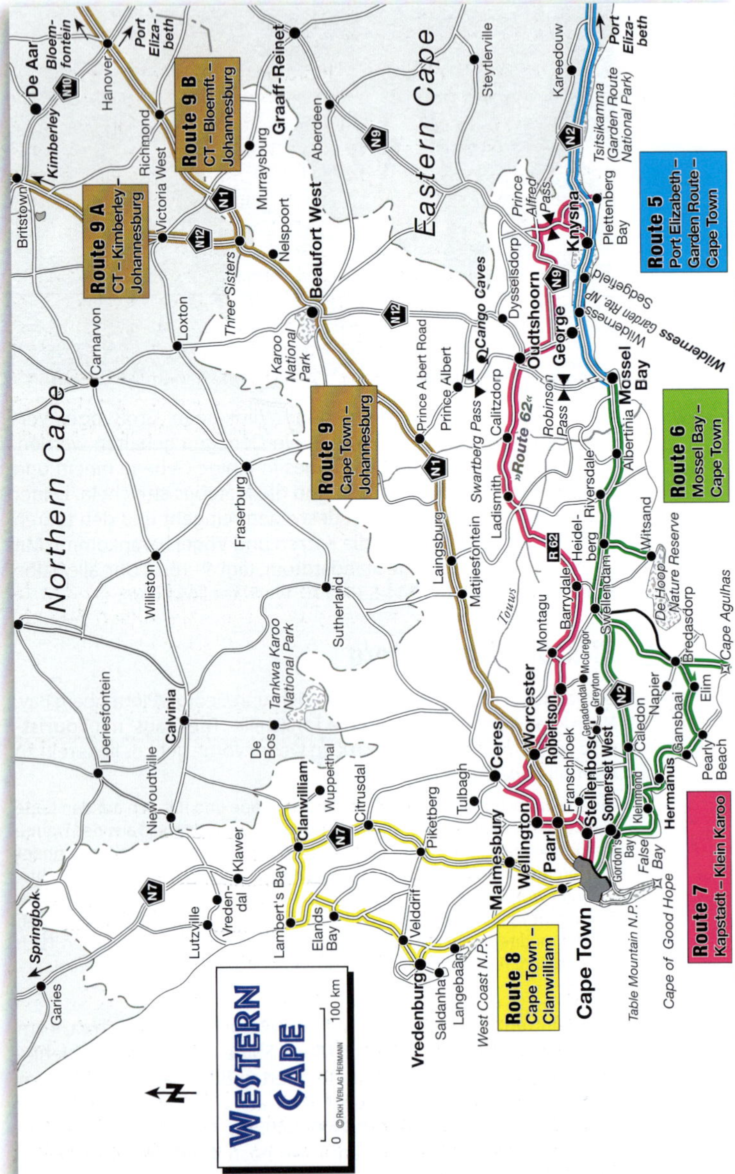
WESTERN CAPE
0 100 km
©RKH VERLAG HERMANN
Northern Cape
Eastern Cape
Route 5
Port Elizabeth – Garden Route – Cape Town
Route 6
Mossel Bay – Cape Town
Route 7
Kapstadt – Klein Karoo
Route 8
Cape Town – Clanwilliam
Route 9
Cape Town – Johannesburg
Route 9 A
CT – Kimberley – Johannesburg
Route 9 B
CT – Bloemft. – Johannesburg
»Route 62«
N1
N2
N7
N9
N10
N12
R 62
De Aar
Bloem-fontein
Port Eliza-beth
Hanover
Kimberley
Britstown
Richmond
Victoria West
Graaff-Reinet
Murraysburg
Aberdeen
Steytlerville
Kareedouw
Tsitsikamma (Garden Route National Park)
Plettenberg Bay
Knysna
Prince Alfred Pass
Sedgefield
Wilderness Garden Rte. NP
Wilderness
George
Oudtshoorn
Mossel Bay
Dysselsdorp
Cango Caves
Beaufort West
Nelspoort
Three Sisters
Karoo National Park
Carnarvon
Loxton
Prince Albert Road
Prince Albert
Swartberg Pass
Calitzdorp
Robinson Pass
Albertinia
Riversdale
Ladismith
Laingsburg
Matjiesfontein
Fraserburg
Heidel-berg
Witsand
Swellendam
De Hoop Nature Reserve
Bredasdorp
Cape Agulhas
Barrydale
Montagu
Touws
Williston
Sutherland
Tankwa Karoo National Park
Calvinia
Loeriesfontein
Niewoudtville
De Bos
Wupperthal
Clanwilliam
Citrusdal
Piketberg
Tulbagh
Ceres
Worcester
Robertson
McGregor
Genadendal
Greyton
Franschhoek
Stellenbosch
Somerset West
Caledon
Napier
Elim
Gansbaai
Pearly Beach
Hermanus
Kleinmond
Gordon's Bay
False Bay
Paarl
Wellington
Malmesbury
Cape Town
Table Mountain N.P.
Cape of Good Hope
Klawer
Vreden-dal
Lutzville
Lambert's Bay
Elands Bay
Velddrif
Vredenburg
Saldanha
Langebaan
West Coast N.P.
Springbok
Garies

Provinz Western Cape

Seit Nature's Valley befinden Sie sich in der *Western Cape Province,* der südwestlichsten Südafrikas, und hier besitzt vor allem Kapstadt eine geradezu magische Anziehungskraft. Gemessen am Pro-Kopf-Einkommen ist das Westkap eine geradezu reiche Provinz mit hoher Lebensqualität – was sich dann hier aber auch in den Preisen niederschlägt, besonders bei Immobilien. Die teils mediterran anmutenden Landschaften, eine hervorragende touristische Infrastruktur und vor allem die große Zahl weißer Südafrikaner bzw. europäische Einwanderer, hauptsächlich Briten und Deutsche, können einen manchmal fast vergessen machen, dass man in Afrika ist. Vielleicht demzufolge wohl nicht weiter verwunderlich, dass die Western Cape Province die einzige Südafrikas ist, die nicht vom allmächtigen ANC regiert wird, sondern seit 2009 von der *Democratic Alliance* (DA) mit der Helen Zille, der ehemaligen Bürgermeisterin von Kapstadt mit deutschen Vorfahren aus Berlin, als energische Ministerpräsidentin.

Daten & Fakten Western Cape

Provinz-Hauptstadt Cape Town, ca. 3,5 Mio. Ew.

Fläche Die viertgrößte Provinz Südafrikas ist knapp 130.000 km^2 groß, mehr als Bayern, Baden-Württemberg und Hessen zusammen. Benachbarte Provinzen: Northern Cape und Eastern Cape.

Einwohner 5 Mio.

Sprachen Meistgesprochen ist Afrikaans, dann Englisch und isiXhosa

Flughäfen Cape Town International (CTIA, über www.acsa.co.za), und Regionalflughäfen

Klima Dezember bis März warme bis heiße Sommermonate. Beste Reisemonate sind September/Oktober und März bis Juni. Kapstadt wird von einem Mittelmeerklima verwöhnt: trockene Sommer und feuchte Winter. Im August kühle Temperaturen, es ist windig und regnerisch. Die halbwüstenhafte „Little Karoo" ist im Sommer heiß und trocken, im Winter kann es dort nachts empfindlich kühl werden, gleichfalls das Klima in dortigen Orten, wie z.B. in Oudtshoorn.

Topografie Zwischen Port Elizabeth und Kapstadt ziehen sich parallel zur Küste verlaufende Gebirgsketten, die sog. Kapketten mit Höhen zwischen 1500 und 2000 Meter. Um von der Küste ins Inland in die *Kleine Karoo* zu gelangen, müssen Pässe überwunden werden. Die *Große Karoo,* eine Halbwüste, liegt noch weiter nördlich. Bekannteste Landmarke im Westen ist der über 1000 m hohe Tafelberg auf der Kap-Halbinsel. 200 km nördlich von Kapstadt erheben sich die *Cederberge* mit Höhen bis über 1900 Meter.

Wirtschaft Das Westkap verfügt über eine solide wirtschaftliche Basis mit vielen produktiven Segmenten, hinzu kommen internationale Investoren. Hauptpfeiler ist Kapstadt mit seiner vielfältigen Industrie, Hafen, Handel und qualitätsorientierten Weinanbaugebieten im Hinterland rund um Stellenbosch. Weitere Einnahmequellen sind eine leistungsstarke Landwirtschaft, Fischerei und vor allem der Tourismus. Vor Mossel Bay wird offshore und küstennah Erdöl und Erdgas gefördert. Auf dem Vormarsch ist der Ausbau von Solarenergie.

Touristische Highlights Für Südafrika-Neulinge ist die Cape Province ein idealer Reisestart. Sie bietet eine große Fülle an landschaftlichen Schönheiten, historischen Ortschaften, Naturdenkmälern und der Möglichkeit zahlloser Outdoor-Sportarten, wie Wandern, Mountainbiking, Wassersport, Reiten, Golfen sowie Aufregendes wie Abseiling, Bungee, Klettern, Kloofing etc. Ikone ist das Trio Kapstadt, Tafelberg und Kap der Guten Hoffnung. Eine weitere Hauptattraktion ist das Weinland nordöstlich von Kapstadt mit seinen vielen Weingütern, Weinproben und kapholländischen Häusern.

Große Feste *Coon Carnival* in Kapstadt (Neujahrsfest), *Stellenbosch Wine Festival* (Januar), *Knysna Oyster Festival* (Juli), *Hermanus Whale Festival* und *Darling Wild Flower Show* im September, *Cape Town International Kite Festival* (November) und die *Cape Argus Cycle Tour* im März, das größte Tagesradrennen der Welt.

Urbane Attraktionen Kapstadt (eine der schönstgelegenen Großstädte der Welt), Stellenbosch (zweitälteste Stadt Südafrikas), Franschhoek (Südafrikas Gourmet-Hauptstadt), Swellendam (historisch interessant), Hermanus

Weingut und Restaurant „Opstal" in Rawsonville

(Walbeobachtungen), Oudtshoorn (Hauptstadt der Strauße), Mossel Bay (Diaz-Museum), Plettenberg Bay (populärer Badeort), Knysna (beliebte Waterfront) u.v.a. mehr.

Reiseroute und Attraktionen Garden Route, Weinland, Walküste, Karoo mit Route 62, Garden Route National Park, West Coast National Park, Table Mountain National Park (Kap-Halbinsel), Swartberg Pass, Cape Agulhas (südlichster Punkt Afrikas), Storms River Mouth (Mündung des Storm-Flusses), Bloukrans River Bridge (Bungee Jumping), Cederberge u.v.a. mehr.

Fazit Die touristische Infrastruktur der Provinz Western Capes mit unzähligen Sehenswürdigkeiten, Unterkünften und Restaurants in allen Qualitätskategorien ist hervorragend.

5

Keurboomstrand

Etwa 10 km hinter „The Crags" geht es von der N2 nach links zum Strandort Keurboomstrand (Schild). Auf Meereshöhe führt die Straße an einigen Strandparkplätzen vorbei, an der Stoppstelle biegen Sie rechts ab und fahren bis zum Ende Straße. Dort befindet sich rechter Hand das Restaurant *Enrico* mit empfehlenswerter italienischer Küche und Außentischen.

Nach Plettenberg müssen Sie nicht den gleichen Weg hochfahren, sondern fahren da wo Sie nach Keurboomstrand abgebogen, nach links. Bald sind Sie wieder auf der N2. Etwa 800 m weiter weist ein „Ferry"-Schild nach rechts. Hier geht es zum Keurbooms River und zum 740 ha großen **Keurbooms River Nature Reserve,** wo man Kanus mieten und auf dem Fluss paddeln kann.

Plettenberg Bay
0
1 km
©Rkh Verlag Hermann
zur R340 (4 km) / Keurboomstrand (8 km) / The Crags (15 km) Tsitsikamma / Port Elizabeth (240 km)
N2
Keurbooms Lagoon Caravan Park
Goose Valley Golf Estate (2 km)
Arch Rock Camping (Keurboomstrand, 8 km) / Forever Resort (4,5 km)
Keurbooms River Lagoon
Beacon Way
Market Square / Shopping / Rest.
Susan
Phithides Walk
Julia
Cupid
Main
Bowie
Challenge
Knysna Elephant Park
Harkerville
Garden of Eden
Knysna (30 km)
Shell Ultra City
Marine Drive
Salmack
Lookout Beach
View Point
Rest. Lemon Grass
Hill
Gibbs
Village Square
Anthony
High
Church
St. Peter's Church
Park
Wilder
Crescent
Kloof
Rest. The Table
Hobie Beach
Strand
Plettenbg.
Perestrella
Odland
Gonzales
Central Beach
Unterkünfte
1 Sunshowers
2 Nothando Backp.
3 Treehaven SC
4 113 Robberg
5 Gästehaus Pinkepank
Melville's Corner Shopping Centre: Info / Restaurants
Signal Hill View Point
Fußgängerbrücke
Beacon Isle
Beacon Island Hotel
Piesang Valley Rd
Piesang River
Piesang Lagoon
Pharos
Rest. Off The Hook
Beacon Isle Crescent
Plettenberg Bay Country Club
Robberg Beach
Blue Flag Beach
Hanois Dr
Pendeen Cres
Bishop's Rock
Robberg Rd
Bonne
Maplin Drv
Longships Drive
Maplin Drv
Entaa Drv
Lismore
Brant
Planier
Mintos Ledge
Dassen Island
Longships
Robberg Beach
Blue Flag Beach
Robberg Nature & Marine Reserve (5 km)
R 340
Keurbooms N.R.
Keurbooms
Prince Alfred's Pass
Rhino Base Camp
Bitou
Tsitsikamma N.P.
Buffalo Hills G.R.
Wittedrift
Garden of Eden
Knysna Elephant Park
Keurbooms Riv. Mouth
Knysna
Pletten-berg Bay
The Point
Robberg Nature Reserve
0
10 km

Dafür sollte man sich mindestens einen halben Tag Zeit nehmen. Entlang des Keurbooms River sind viele schöne Sandstrände und das Wasser ist sauber, auch wenn es durch Blätter braun gefärbt ist. Man kann am Fluss entlang wandern. Infos auf www.capenature.co.za/reserves.htm?reserve=Keurbooms+River+Nature+Reserve#reserve_tabs. Eintritt R30, Kanugebühren R120/Tag für ein Doppelkanu.

Auf dem Keurbooms River, der auf 12 km schiffbar ist, werden auch Schiffstouren und Miet-Motorboote angeboten. Beides gibt es bei Keurbooms River Ferrys, tgl. 11, 14, 17 Uhr, jeweils 2,5 Std., Tel. 083-2543551. Motorboote tgl. 8.30–16 Uhr, jede Stunde, Mietzeit mind. 2 Std., Tel. 082-4873355 Ort: N2, Ausfahrt „Ferrys".

Plettenberg Bay

Die N2 überspannt den Keurbooms River, danach zweigt nach rechts die R340 ab, die über den noch recht ursprünglichen Prince Alfred Pass nach Uniondale führt. Beschreibung in umgekehrter Fahrtrichtung s.S. 688.

Danach kommt linker Hand der *Goose Valley Golf Club,* ein 18 Loch-Platz neben der Keurbooms Lagoon, Eingang von der N2, Tel. 044-5335082, www.goosevalleygolfclub.com (ein zweiter Golfplatz befindet sich an der Piesang Valley Road, s. Plettenberg-Karte; Anmeldung erforderlich, Tel. 044-5332132, www.plettgolf.co.za). Das Hinweisschild „Old Nick's Village" nach rechts führt zu einem Kunsthandwerkszentrum mit Geschäften, Galerien und Restaurants in einem Dorf, dessen Anfänge auf das Jahr 1880 zurückgehen. Tgl. 9–17 Uhr, www.oldnickvillage.co.za.

5

Zum Zentrum Plettenbergs vor dem Anstieg der Straße nach links auf den Beacon Way abbiegen, der oben in der Stadt zur verkehrsberuhigten **Main Street** wird, mit zahlreichen Geschäften, Banken, Restaurants, Boutiquen etc. Kurz bevor die Straße auf die Kreuzung mit der Delfin-Skulptur stößt, liegt links ein kleiner Markt mit Imbissen. Rechter Hand dann das **Melville's Corner Shopping Centre** mit Touristeninformation, Shops, Restaurants u.a. mehr.

Blick von der Main Street zum Keurbooms-Strand und -Lagune

Wissenswertes

Plettenberg Bay erinnert mit seinem Namen an Baron Joachim van Plettenberg, der von 1771 bis 1785 Gouverneur der Kapkolonie war. 1778 ließ er hier ein Seezeichen, ein *Beacon* zur Orientierung der Schiffe der Niederländischen Ostindien-Kompanie (VOC) errichten. Heute ist „Plett" ein beliebtes Reiseziel an der Garden Route und viele wohlhabende Südafrikaner besitzen hier schöne Ferienhäuser. Entsprechend teuer sind die Immobilien und es existiert auch keinen Township im Ort, sie liegen alle außerhalb an der N2.

Während der südafrikanischen Ferien, vor allem vor und nach Weihnachten, wird Plettenberg Bay direkt überflutet. Nun sollte man meinen, die Strände sind dann absolut voll, aber Plettenberg Bay hat mit seinen 12 Kilometern Strandlänge so viel Platz am Meer, dass selbst eine Invasion es nicht schafft, alles zu belegen. Die Unterkunftspreise steigen in dieser Zeit allerdings extrem und es gibt keine freien Zimmer mehr. Aber zu den anderen Zeiten ist Plett eine hübsche und ruhige Urlaubsdestination mit weißen Stränden, der bekannteste ist der *Keurboomstrand* (s.o.), der zu den schönsten in Südafrika gehört. Vom Strand aus kann man ganzjährig Delfine und während der Walsaison zwischen Juli und September Wale sehen.

Aussichten und Strände

Ein Aussichtspunkt auf die endlos langen Strände von Plettenberg Bay ist der *Signal Hill View Point* (s. Karte) und ein weiter beim Lookout Beach. Wenn man von der Delfinstatue die steile Strand Street Richtung Meer runterfährt, erreicht man den *Central Beach* mit Beacon Island in der Mündung des Piesang River. Der Klotz des Beacon Island Hotel ist seit den 1970ern die Landmarke von Plettenberg Bay. Im Garten ist eine kleine Steinsäule von 1881 mit dem oben erwähnten *Beacon* (das Original mit Eintragung der Längen- und Breitengrade von Plett war aus Stinkwood). Im 19. Jh. befand sich hier eine Fabrik zum Walölkochen. Das Hotel gehört heute zur Kette

Ausblick vom Signal Hill auf den langen Robberg Beach bis zur Halbinsel Robberg

Tsogo Sun, www.tsogosunhotels.com. Nördlich vom Central Beach schließen sich *Hobie Beach* und *Lookout Beach* an, südlich der sehr lange **Robberg Beach,** der sich bis zur Robberg-Halbinsel hinzieht. Über die *Piesang Lagoon Bridge* gelangt man zum südlichen Ortsteil von Plettenberg Bay „Robberg", zum Robberg-Strand und zum *Robberg Nature Reserve.*

Robberg Nature Reserve

Das besuchenswerte *Robberg Nature & Marine Reserve* befindet sich 8 km südöstlich von Plettenberg Bay (s. kleine Karte in der Plettenberg-Übersichtskarte) auf der gleichnamigen und 4 km langen Halbinsel (Eintritt R40, Tel. 044-5332125). Attraktion ist die am östlichen Ende („The Point") lebende Kolonie von Seebären (*Cape fur seals*), und auch Haie kann man manchmal zu Gesicht bekommen. Die Dünen und der Strand sind einmalig. Empfehlenswert ist eine Wanderung, es gibt drei verschiedene Routen. Route 1 ist einfach, Route 2 und 3 setzen ein gewisses Maß an körperlicher Fitness voraus und es ist auch mal nötig, auf allen Vieren Hindernisse zu überwinden und zu klettern. Für Leute mit Höhenangst ist der erste Teil der Routen 2 und 3 entlang der nördlichen Steilküste eher ungeeignet. Geeignetes Schuhwerk benützen, Sonnenschutz und Wasser nicht vergessen!

Route 1: Gap Circuit (2,1 km/ca. 30 Minuten). Dies ist die kürzeste und einfachste Route, sie verläuft im Uhrzeigersinn auf dem vorderen Teil des Naturreservates.

Route 2: Witsand Circuit (5,5 km/ca. 2 Stunden). Der Rundweg beginnt über die nördliche Seite mit Aussicht auf die Bucht von Plettenberg Bay. Der Weg führt immer wieder auf- und abwärts an der Küste entlang und man kann von oben eine Seebärenkolonie beobachten, bevor man den Rückweg abwärts über eine große Sanddüne antritt. Er führt über einige kleinere Felsen unten am Wasser, über die man klettern muss.

Route 3: Point Circuit (9,2 km/ca. 4 Stunden). Dies ist die schwierigste Route und ein Rundweg, der um die gesamte Halbinsel bis zur Spitze, dem „Point" führt. Die Strecke ist für kleinere Kinder nicht geeignet und es wird empfohlen, die Route möglichst bei Ebbe zu gehen. Auf dieser Strecke sind einige Kletterpartien mit einzuplanen.

Reise-Infos Plettenberg Bay

Information

Plett Tourism, Melville's Corner Shopping Centre, Ecke Main/Strand St, Tel. 044-5334065, Mo–Fr 8.30–17 Uhr, www.plettenbergbay.co.za und www.plettenbergbayinfo.co.za

Unterkunft

Plettenberg Bay ist ein teures Pflaster und die meisten der schönen, aber bezahlbaren Gästehäuser konzentrieren sich auf den südlich des Stadtzentrums liegenden ruhigen Ortsteil Robberg am gleichnamigem Strand. Die Campingplätze dagegen liegen im nördlichen Einzugsbereich.

Arch Rock Caravan Park 21 Camping- und Caravanplätze mit Strom und Strandzugang, Keurboomstrand, Main Street, Zufahrt gegenüber Thyme & Again Farm Stall, Tel. 044-5359409, www.archrock.co.za/plett_camping.php.

Keurbooms Lagoon Caravan Park Der Platz hat 270 grasbewachsene Camping- und Caravanplätze mit Strom. 32 Plätze liegen auf der Ozeanseite, die anderen in Lagunennähe. Zufahrt von der N2 nördlich der Stadt, gegenüber Old Nick's Village. Tel. 044-5332567, www.keurboomslagoon.co.za.

Forever Resort Camping Liegt 6 km nördlich von Plett am Keurbooms River, 116 Camping- und Caravanplätzen, davon 33 Stellplätze am Fluss, Pool. Einfahrt von der N2 von Plett aus direkt vor der Brücke über die Lagune nach links. Tel. 044-5359309, www.foreverplettenberg.co.za.

Nothando Backpacker Hostel Exzellenter, sehr schöner Backpacker, 1. Wahl, zentrale Lage, hochwertige Ausstattung, alle Services. 5 Wilder St, Tel. 044-5330220, www.nothando.com. Dorm- und geradezu für einen Backpacker luxuriöse DZ (R500).

Treehaven 3 schöne Ferienwohnungen mit 1 und 2 Schlafzimmern im Ortsteil Robberg, sehr ruhig gelegen in einer Grünzone. Grill, Wi-Fi u.a. 45 Hanois Crescent, Tel. 044-5331989, Cell 082-7987907, www.treehavenholidays.co.za. FeWo R600–900.

113 Robberg Gästehaus mit 3 Zimmern und einem 2-Schlafzimmer-Apartment, Ortsteil Robberg, 5 Fahrminuten zum Strand. Alle Zimmer haben eine Kitchenette und eigene Terrasse, dt.-spr. Pool Wi-Fi. 113 Robberg Rd, Tel. 044-5335301, Cell 083 7439304, www.113robberg.co.za. DZ/F R510–790.

Gästehaus Pinkepank Gästehaus im Ortsteil Robberg, 6 schöne Doppelzimmer und Balkon/Terrasse, 600 Meter zum Strand. Pool, Internet, Strandutensilien (Schirm, Kühltasche usw.) kostenlos, dt.-spr., gutes Frühstück. 70 Dassen Island Drive, Tel. 044-5336920, Cell 072-8465598, www.urlaub-suedafrika.de. DZ/F990.

Sunshowers Beachfront B&B Guesthouse Nördlich von Plett, 90 m vom Strand der Keurbooms Lagoon, Ausblick über Lagune, Meer und Berge. 6 großzügige Zimmer, auch SC. Strandausrüstung und Kajaks a.A. 15 Susan St, Tel. 044-5335053, Cell 082-5750663, www.plettafrica.co.za. DZ/F R980–1220, Dinner a.A., Winter-Special.

Restaurants Die zum Teil sehr guten Restaurants liegen etwas verstreut in dieser langgezogenen Stadt und man ist fast immer auf das Auto angewiesen. In der Main Street hat man eine gute Auswahl.

The Table Fleisch, Fisch, ganz dünne Pizzen. Sitzmöglichkeit außen und innen, Empfehlung, Main St/Ecke Strand St), Tel. 044-5333024, www.thetable.co.za.

Scotty's Kleine Speisekarte, Steak, Burger, Fisch, alles gut zubereitet. Südlich der Piesang Lagoon, 82 Longships Drive, Tel. 044-5334945.

Off the Hook Kleines Fischrestaurant gleich südlich der Piesang Lagoon Bridge beim Kreisverkehr im Beacon Island Centre, preiswert und gut. Shop 8, Tel. 044-5330796, www.offthehookplett.co.za.

The Med Bistro Empfehlenswertes Fischrestaurant in der Stadtmitte. Village Square, Main Street, Tel. 044-5333102, www.med-seafoodbistro.co.za.

Lemon Grass Fine Dining direkt am Wasser mit toller Aussicht. Gehobene Küche, Seafood, Fleisch, Südafrikanisch. Salmack Rd, Lookout Beach, Tel. 044-5335520.

Rod & Reel Pub & Restaurant Einfaches und preiswertes Restaurant, aber gutes Essen, vor allem bei Fisch, Fleisch, Nudeln und Salaten. Castleton Complex, Anfahrt auf dem Marine Drive, vom Zentrum kommend letzte Zufahrt links vor der N2, Tel. 044-5330165, tägl. außer Mo ab 12 Uhr.

Außerhalb **Emily Moon** Restaurant hoch über einem Fluss mit weitem Ausblick. Romantisches Ambiente, südafrikanische Küche und Seafood. Ca. 4 km von Plett, N2 nach Osten, nach dem Goose Valley-Golfplatz an der Ecke des Baumarkts Pennypinchers links in die Rietvlei Rd (ausgeschildert). Tel. 044-5332982, www.emilymoon.co.za, GPS S34°0041 E23°2219.

Enrico's Gehobene italienische Küche, Fleisch, Seafood, Pasta, Pizza. Tolle Lage ca. 8 km nördlich außerhalb direkt am Keurbooms Main Beach mit Außenplätzen. Tel. 044-5359818, www.enricorestaurant.co.za. Im Mai und tägl. zwischen 16 u. 18 Uhr geschlossen.

Bootstouren Empfehlenswert ist eine Bootstour bei den beiden nachstehenden Bootsunternehmen. Während der Walsaison haben sie auf bestimmten Strecken eine Lizenz, um bis auf 50 Meter an die Wale heranzufahren. Normale Boote müssen einen Abstand von mindestens 300 Metern einhalten. Zu sehen sind hier Südliche Glattwale (Southern Right Whales) und Buckelwale (Humpback Whales).

Africa's Ocean Safaris *Premium Cruise* – Hat von Juli bis Januar die Erlaubnis, nahe an Wale heranzufahren. Abfahrt 9.30, 12 u. 14.30 Uhr, 1,5–2 Std. *Discovery Cruise* oder *Marine Cruise* – allgemeine Meeresbewohner, jedoch keine Sondergenehmigung für Wale. Abfahrt 9.30, 12 u. 14.30 Uhr, 1,5–2 Std. *Seal- & Bay Discovery Cruise* – Fahrt zum Robberg Nature Reserve und Besuch der dort lebenden Seebären. Fahrt nur nach vorheriger Vereinbarung (Cell 082-9266664). Reservierung Tel. 044-5334963, Cell 082-7845729, www.oceansafaris.co.za.

Ocean Blue Adventures *Permittet Close Encounter Whale Watching Tours:* fährt Juli bis Dezember und hat die Erlaubnis, nahe an Wale heranzufahren. Abfahrt 9.30, 12 u. 14.30 Uhr, 1,5–2 Std. *Dolphin Encounters:* Delfintouren, auch Seebären, Haie u.a. mehr. Abfahrt 9.30, 12 u. 14.30 Uhr, 1,5–2 Std. *Meeres-Kajaktouren:* oft paddelt man neben den Delfinen her und am Robberg schwimmt das Kajak mitten in der Seebärenkolonie. Während der Saison sehr nahe Begegnungen mit Walen; auch für Anfänger geeignet, anschl. Duschmöglichkeit. Es gibt zwei Kajaktouren: „Standard", 6 Leute ab 16 J., 1 Führer, 2 Std. „Privater", 2 Leute ab 16 J., 1 Führer, 2,5 Std. Sonnenschutz nicht vergessen! Tel. 044-5335083, Cell 083-7013583, www.oceanadventures.co.za.

5

Seebären (Cape fur seals) im Robberg Nature & Marine Reserve

Knysna Elephant Park und Harkerville Forest

An der N2 westlich von Plettenberg Bay sieht man am Straßenrand ab und zu Elefanten-Warnschilder. Die Knysna-Elefanten sind die letzten noch frei lebenden Elefanten und sie leben im Urwald um den Prince Alfred Pass. Es ist aber so gut wie ausgeschlossen, dass man hier am Straßenrand ein derartiges Exemplar treffen würde, ihr Rückzugsgebiet im **Harkerville Forest,** ein Gebiet undurchdringlicher Bergwälder vom Alfred-Pass bis fast zum Meer, den die N2 durchschneidet, ist zu groß. Als „Ersatz" kann man den 9 km westlich von Plettenberg Bay liegenden **Knysna Elephant Park** besuchen, von der N2 nach rechts, ausgeschildert, ca. 1 km. Angeboten werden Elefanten-Interaktionen mit Krügerpark-Elefanten, ähnlich wie bei der Konkurrenz „Elephant Sanctuary" östlich von Plettenberg Bay bei „The Crags". Neben normalen Touren und Ritten werden auch Specials wie Sunset- und Sundowner-Safaris angeboten und es befindet sich ein Restaurant in der Anlage. Touren tägl. 8.30–16.30 Uhr, Beginn halbstündlich, Dauer eine Stunde. In der Saison ist eine Vorbuchung ratsam. Tel. 044-5327732, www.knysnaelephantpark .co.za, Tour R220, Reiten R885.

Auf der Strecke gibt es zwei schöne Unterkünfte in freier Natur: 900 m nach dem Straßenschild „Avontuur/Wittedrif" weist das Schild „Fynbos Ridge" rechts rein zum **Fynbos Ridge Country House & Cottages.** Schöner, kapholländischem Baustil, 5 DZ, 1 Apartment und 3 FeWo für 4 Pers. Vom Haus reicht der Blick über die Fynbos-Landschaft bis zu den fernen Bergen. Nachhaltig geführt, Pool, Wi-Fi, Dinner a.A. Tel. 044-5327862, Cell 083-4480046, www.fynbosridge.co.za. DZ/FR1200–2500, Kinder 11–16 die Hälfte, Specials s. Website.

Genau gegenüber der Zufahrt zum Elephant Park geht es nach links zur **Bekaru Lodge** (s. Schild), eine großzügige, deutsch geführte Anlage in ländlicher Umgebung mit 6 geräumigen Zimmern/AC, großem Pool und Wi-Fi. Von der N2 ca. 400 m hinter dem braunen Schild „Potter" links der Piste folgen. Tel. 044-5327829, Cell 072-2399067, www.bekaru.com. DZ/F R1100–R1400.

Gute 3,5 km hinter dem Knysna Elephant Park folgt der *Harkerville Forest,* der zum Garden Route National Park gehört. Dazu am Schild „Harkerville Forest/Kranshoek" an der Sasol-Tankstelle links abbiegen. Hier gibt es verschiedene Wandermöglichkeiten, s.S. 528 „Wanderungen".

Garden of Eden

Etwa 15 km vor Knysna kommen Sie am „Paradies" vorbei, am *Garden of Eden* im Fisantehoek Forest. Ein einfacher Rundweg (ca. 1,5 km) führt über Holzstege, auch für Gehbehinderte geeignet. Startpunkt ist der Parkplatz direkt an der N2. Hier erhält man das Ticket für den Eintritt. Man hat hier die Gelegenheit, auf einem Naturlehrpfad einen Eindruck von der hiesigen Vegetation, dem Urwald, den Baumfarnen und den berühmten „Big Trees" zu bekommen. Ruhebänke und eine Picknickstelle sind vorhanden.

Knysna

Von Plettenberg Bay nach **Knysna,** dem Zentrum der Garden Route, sind es rund 30 km. Dies ist der populärste und meistbesuchte Ort an der Garden Route mit etwa 75.000 Bewohnern (übers Jahr stark schwankend). In der Spitzensaison um Weihnachten und an langen Wochenenden stoßen die örtlichen Kapazitäten an ihre Grenzen, aber während der übrigen Monate ist es ein angenehmer und empfehlenswerter Urlaubsort. Da sich die Privatunterkünfte meistens in ruhigen Wohngebieten befinden, gibt es während der Saison wenig akustische Belästigung. Nachteil dabei ist, dass fast alle Restaurants von den Unterkünften nicht ohne Auto zu erreichen sind.

Die Stadt liegt an einer schönen, großen Lagune, die durch einen schmalen Durchgang zwischen den hohen Sandsteinfelsen *Eastern* und *Western Heads* mit dem Meer verbunden ist. Die Lagune gehört zur *Knysna National Lakes Area* des Garden Route National Parks und hat eine Größe von 15.000 ha. In ihr gibt es die einzige kommerzielle Austernzucht in einem Nationalpark. Im Juli eines jeden Jahres findet das zehntägige *Pick n' Pay Knysna Oyster Festival* statt, was der eventmäßige Höhepunkt in jedem Winter ist, www.oysterfestival.co.za. Auf diesem Festival geht es nicht nur um die Auster, sondern auch um viele sportliche Ereignisse und es ist überall proppevoll.

Etwa 4 km bevor die N2 Knysna erreicht zweigt nach Norden die R339 über den schon erwähnten Prince Alfred's Pass nach Uniondale ab. Nach links führt die R339 nach **Noetzie.** Da Knysna selbst keine erwähnenswerten Ozeanstrände hat, ist Noetzie ist der nächstgelegene schöne Strand.

Die Straße fällt, links und rechts folgen etliche Townships und geradeaus kann man den ersten Blick auf die Lagunenlandschaft werfen.

Blick auf die Lagune von Knysna vom „East Head"

Knysna und Umgebung
0
2 km
© Rkh Verlag Hermann
Unterkünfte
1 Badger's Lodge
2 Happy Hill
3 Panorama Lodge
4 Littlewood Garden
5 Knysna Country House
6 Lavender Hill
Knysna Elephant Park (22 km)
Plettenberg Bay (30 km)
Port Elizabeth (250 km)
R 339
N2
Noetzie
Sparrebosch at Pezula
Mitchell's Brewery
Vigilance
Bokmakirie
Marlin
Howard
Lindsay
Fraser
Kny. Golf Club
Wilson
George-Rex Drive
Woodbourne Camping
East Head Café
Eastern Head
"The Heads"
Western Head
Drive
Trail
Food Forest
Featherbed Nature Reserve
Leisure Isle
Knysna Lagoon
Lake Brenton
s. Karte Innenstadt
Bosun's Bar
African Market
Thesen's Island
Rest. The Turbine
Rest. Lush
Rest. Sirocco
Nat. Parks Office
Ilê de Pain
Waterfront
Municipal Jetty
Brenton-on-Lake
Brenton-on-Sea
Brenton Beach
Indian Ocean
CR Swart Drive
Gouna
Simola Golf Estate
Old Cape Rd
Welbedacht Lane
Timber Village
The Point
Belvidere
Belvidere Church
Rest. O'Pescador
Red Bridge Rd
Knysna River
White Bridge
Phantom Pass
Phantom Pass Rd
Rheenendal Road
nach / von George über die Seven Passes Road Millwood
Keytersnek
Riversdale / George
Buffels Bay Rd
Buffalo Bay
Buffalo Bay Caravan-Park
Goukamma
Goukamma Nature Reserve

George Rex Drive

Sie können nun ins Zentrum fahren oder biegen für eine kleine Besichtigungstour von Knysnas Osten in den *George Rex Drive* links ab, etwa 200 m vor einer Texaco-Tankstelle. Auf ihm gelangt man zur Laguneninsel *Leisure Isle,* zum Ortsteil Pezula und zu den „Heads". An der Ecke der nach links abzweigenden Vigliance Street befindet sich der **African Arts & Craft Market** mit einem großen Warenangebot und danach kommt man zur **Mitchell's Brewery,** einer kleinen Privatbrauerei, die man besichtigen kann (Mo–Sa um 10 Uhr, Anmeldung Tel. 044-3824685).

Es folgt der Knysna Golf Club und rechts kommt die Zufahrt zur **Leisure Isle** mit ihrem Lagunenstrand – allerdings kann man hier nur im Sommer bei Flut richtig baden.

Kurz nach Passieren des Woodbourne Camping Resorts gabelt sich die Straße. Nach rechts geht es zum **East Head Café,** wo man direkt am Wasser sitzt mit Ausblick aufs Meer und die Heads. Das Restaurant mit Terrasse ist empfehlenswert für Frühstück und Lunch, serviert gute Fischgerichte (Mo–So 8–16 Uhr, Tel. 044-3840933, www.eastheadcafe.co.za). Sie können Ihren Wagen dort geparkt lassen und dann auf einem Pfad fast bis zu den Sandsteinklippen und zum Fuß der Heads vorgehen. Der Western Head gehört zu einem 150 ha großen, privaten Naturreservat, dem *Featherbed Nature Reserve.* Die einzige Möglichkeit dorthin zu gelangen ist eine **Bootstour** mit der *Featherbed Company,* Reservierung und Abfahrt am zentralen Quay an der Waterfront, siehe unter „Bootsausflüge".

Der linke Abzweig der Straße führt bergauf. Der Wegweiser sagt „Coney Glen Drive" und „Heads View Site". Hier geht es auch zu einer kleinen Badebucht, *Coney Glen Beach.* Zum Aussichtspunkt dem Schild „Heads View Site" folgen und danach dem Schild „Point View" bis zum Parkplatz. Von hier aus hat man den besten Blick auf Meer, Lagune und den Bergen im Hinterland.

Treffpunkt Woodmill Lane Centre

Stadtzentrum

Das Zentrum der Stadt mit vielen kleinen Geschäften und Restaurants breitet sich um den Memorial Square aus, der von der N2 durchschnitten wird. Der alte, inzwischen modernisierte Kern der Stadt wartet mit viktorianischen und georgianischen Gebäuden auf. Ein Treffpunkt ist das **Woodmill Lane Centre** mit vielen Shops und netten Cafés. Parkplätze gibt es südlich der Rawson Street. Ein kleines Museum, das im *Old Gaol Complex,* einem ehemaligen Gefängnis an der Queen Street, untergebracht ist, umfasst das *Maritime & Angling Museum,* die *Knysna Art Gallery* und das *Old Gaol Café,* eine Kunstschule u.a. Mo–Fr 9.30–16.30, Sa 9.30–12.30 Uhr, Tel. 044-3026320.

Ebenfalls in der Queen Street befindet sich das kleine **Millwood House Museum.** Ein Häuschen aus Yellowwood, das früher im 32 km nördlich liegenden Goldgräberstädtchen Millwood stand und mit einigen weiteren Gebäuden hierhin verlagert wurde. Es zeigt Knysnas Geschichte und den Goldbergbau. Mo–Fr 9.30–16.30, Sa 9.30–12.30 Uhr, Eintritt frei, Spende willkommen.

Das **Knysna Tourist Centre** hat sein Büro westlich vom Memorial Square.

Knysnas Waterfront

Thesen Island Die Long Street führt nach **Thesen Island** mit etlichen guten Restaurants. Die Spezialität von Thesen Island ist die kultivierte Knysna Oyster mit ihrem etwas nussigen Geschmack, im Gegensatz zu der salzigen Meeres-Auster. Sie wird hier gezüchtet und in den örtlichen Restaurants angeboten und man schlürft sie zusammen am besten mit einem Glas *Cape Classique,* dem südafrikanischen Champagner. Am Restaurant Quay Four kann man Kajaks mieten, R50/Stunde, knysnacharters.activitar.com/services/282?price=50.0.

Waterfront Knysnas Hauptattraktion ist seine moderne, nette Waterfront mit Boutiquen, dem Yachthafen und diversen Restaurants (ein Tipp ist *Caffe Mario,* gut italienisch). In der überschaubaren Anlage kann man gemütlich den Tag verbringen oder am Abend hierher essen gehen. Parkplätze gibt es genügend. Von der Waterfront starten auch die meisten Bootsausflüge.

Reise-Infos Knysna

Information *Knysna Tourist Office,* Main Street 40 (westlich vom Memorial Square), Tel. 044-382-5510, Mo–Fr 8–17, Sa 8.30–13, www.knysna-info.co.za. Wenn Sie vorhaben, im weiter westlich gelegenen **Sedgefield** Station zu machen, dann können Sie gleich für dort Unterlagen mitnehmen.

Unterkunft Die von uns vorgeschlagenen Unterkünfte in Knysna sind alle in ruhigen Wohngebieten, so dass man auch während der Hauptsaison einen guten Rückzugsort hat. Nachteil dabei ist, dass fast alle Restaurants nicht zu Fuß erreichbar sind. Häuser in Hanglage haben oft einen schönen Ausblick auf Lagune und Berge.

Woodbourne Resort Camping Ruhiger und gepflegter Campingplatz mit 68 Caravan- und Campingplätzen in parkähnlicher Umgebung, 1 km von den Heads entfernt. George Rex Drive, Tel. 044-3840316, www.woodbourne.caravanparks.co.za.

Buffalo Bay Caravan Park Etwa 25 km westlich von Knysna an der Buffalo Bay. 85 Caravan- und Zeltplätze direkt am Meer und ohne Schatten. Goukamma Marine Reserve, Tel. 044-3830045, www.buffalobay.co.za.

Badger's Lodge Deutsches Gästehaus im westlichen Außenbereich und in Lagunen-Nähe auf großzügigem, bewaldeten Areal. 4 DZ, 1 Chalet und 2 Cottages in afrikanischem Stil, auch SC. 1509 Welbedacht Lane, Tel 044-3822840, Cell 082-7679313, www.badgers.co.za. DZ/F R580–750.

Lavender Hill Guest House Günstiges Gästehaus mit 5 DZ und 1 FeWo mit 2 Schlafzimmern, Zugang auch für Rollstuhlfahrer. Zimmer mit Balkon/Terrasse, Wi-Fi, Grill. Hunters Home, 22 Wilson St, Tel. 044-3840471, Cell 083-2991906, www.lavenderhillgh.co.za. DZ/F R600–800.

Happy Hill Deutsches B&B/SC im Ortsteil Knysna Heights mit Blick auf die Lagune. 2 DZ und 1 FeWo mit 2 Schlafzimmern, Pool, Wi-Fi, Sauna, Braai-Abende, geführte Wanderungen. 21 McCellands Circle (genaue Anfahrt auf der Website), Tel. 044-3826627, Cell 073-1120521, www.gaestehaus-knysna.de. DZ/F R630–700.

Panorama Lodge Deutsches Haus auf einem Hügel mit weitem Blick zur Lagune und die fernen Outeniqua Mountains. 4 DZ und 1 SC-Apartment, Wi-Fi, Pool, Grillabende. Fisher Haven, 14 Galjoen St, Tel. 044-3840827, 072-2343256, www.panorama-lodge.com. DZ/F R720–800.

Knysna Country House Hübsches Gästehaus mit Standard- und Luxuszimmern, Garden Cottage und einer FeWo auf großzügigem, gepflegten Gelände mit Pool, Wi-Fi. Rexford, 30 Fraser St, Tel. 044-3841992, Cell 083-3533140, www.knysnacountryhouse.co.za. DZ/F ab R860.

Littlewood Garden Schönes Gästehaus mit 2 Ferienhäusern (6 Pers), 2 FeWo (2–4 Pers.) und 3 DZ (Gästeküche) mit tollem Pool in großzügiger Anlage. Grill, Wi-Fi, dt. Besitzerin. Hunter's Home, Tel. 044-3841544, Cell 079-3535320, www.littlewoodgarden.com. DZ ab R860, FeWo ab R935, FH ab R1540.

Restaurants

Caffe Mario Ein „echter" Italiener mit ausgezeichnetem Essen und begrenzter Sitzplatzkapazität an der Waterfront, Reservierung notwendig, Tel. 044-3827250.

34° South Restaurant an der Waterfront, u.a. mit gutem Seafood-Angebot und Sushi-Bar. Das Restaurant ist genau auf dem 34. Breitengrad, deshalb der Name; das Interieur ist einer Fabrik nachempfunden. Tel. 044-3827331, www.34south.biz.

The Dry Dock Food Company Gehobenes Restaurant mit ausgezeichnetem Essen an der Waterfront mit Blick auf Yachthafen und Waterfront. Terrassenplätze vorher reservieren. Tägl. ab 11.30 Uhr, Tel. 044-3827310, www.drydock.co.za.

Sirocco Restaurant Auf Thesen Island, Harbour Town, direkt am Wasser mit schönem Blick. Gute, gehobene Küche. Tel. 044-3824874, www.sirocco.co.za.

34 Tapas & Oysters Auf Thesen Island, Harbour Town Tapas, Austern und Sushi mit Blick auf Lagune und Heads. Am Wochenende oft Live-Musik. Tägl. 11–23 Uhr, Tel. 044-3827196, www.34tapas.biz.

Bosun's Bar & Grill Rustikaler Pub mit Tischen und Bänken, lokalem Bierausschank, im Winter Kaminfeuer. Lunch und Dinner Di–So. George Rex Drive, Tel. 044-3826276.

Turbine Hotel Restaurant Ein heißer Tipp für Technikfreaks! Dieses alte Pumpenhaus auf Thesen Island versorgte Knysna bis 1972 mit Strom. Die Maschinen wurden restauriert und man sitzt im früheren Maschinenraum, nun ein schickes Restaurant. Bei Austern und Tapas und ist man umgeben von alten Dampfmaschinen. Frühstück, Lunch, Dinner. Tel. 044-3025745, 36 Sawtooth Lane, www.turbinehotel.co.za/cuisine.php.

Ile de Pain Sehr empfehlenswertes Café auf Thesen Island mit leckerem, schön angerichteten Essen. Der österreichische Besitzer backt Brot nach uralten Familienrezepten. Auf der Long Street nach Thesen Island fahren, gegenüber der ersten Ampel liegt das Café, Thesen Island Rd. Tel. 044-3025707, www.iledepain.co.za. Di–Sa 8–15 Uhr, So 9–13.30, Mo geschl.

Bootsausflüge

Halbtagestour Western Head mit der Featherbed Company

Der Sandsteinfelsen Western Head gehört zu einem 150 ha großen, privaten Naturreservat, dem *Featherbed Nature Reserve.* Die einzige Möglichkeit, dorthin zu gelangen, ist eine Bootstour mit der *Featherbed Company.* Reservierung und Abfahrt vom Featherbed Ferry Terminal, Knysna Quays, 1 Remembrance Drive (Zufahrt über Waterfront Drive). Infos Tel. 044-3821693, www.knysnafeatherbed.com.

Nach Verlassen des Bootes werden die Gäste in Begleitung eines Guides in Geländewagen zu einem Aussichtspunkt auf dem höchsten Punkt des Reservates gefahren und können anschließend auf einem 2,2 km langen Spazierweg hinunter zur Küste und ins Restaurant gehen. Die 1. Abfahrt ist um 10 Uhr, dauert vier Stunden und beinhaltet ein Lunch-Büfett im Restaurant und kostet R420. Die 2. Abfahrt ist um 14.30 Uhr, dauert drei Stunden, ist ohne Verpflegung und kostet R295.

An der Waterfront werden von dieser Gesellschaft noch weitere Bootsfahrten angeboten, zum Beispiel mit historischen Schiffsnachbauten und neben normalen Rundfahrten auch Lunch- und Dinner-Cruises. Die Katamaran-Yacht *Heads Explorer* fährt bei gutem Wetter durch die Heads aufs Meer und segelt dort eine Zeitlang. Bei schlechtem Wetter oder bei zu starkem Wind ist die Durchfahrt nicht möglich, stattdessen dümpelt das Boot mit Motorantrieb nur innerhalb der Lagune.

Von Thesen Island starten die **Knysna Charters.** Alle Abfahrten finden vor dem Restaurant *Quay Four* statt. Auf der zweistündigen *Oyster Tour* erfährt der Besucher alles über die Auster und kann beide Arten probieren, die wilde Meeresauster und die Zuchtauster. Wetterabhängig, täglich, R450 p.P.

Sunset Cruise: Erleben Sie dabei den Sonnenuntergang auf der Lagune bei Austern und Wein. Wetterabhängig, täglich R300 p.P. Auf der *Knysna Lagoon Boat Cruise* geht die Fahrt zu den Heads und Sie erfahren einiges über die aktuellen Ereignisse in Knysna und seine Geschichte. Wetterabhängig, täglich, R120 p.P. Die *Oyster Experience* ist wetterunabhängig, findet an Land statt und Sie erfahren alles über die Austernzucht. Täglich, R85 p.P.

Tolle Erlebnisse bietet die Gesellschaft **Springtide Sailing Charters**. Ein *Sundowner Cruise* mit Sekt, Sushi und Seafood kostet R650 p.P. und dauert 2,5 Stunden. Beim *Day Sailing Charter* segelt das Schiff in Richtung Buffels Bay und unterwegs gibt einen Seafood-Lunch. 3- und 4-stündige Fahrten, R690–R750 p.P. Oder chartern Sie einfach die ganze Yacht für einen Tag/Nacht mit drei Kabinen, Skipper und Koch, R3800 p.P. Tel. 082-4706022 u. 082-8292740, Infos auf www.springtide.co.za. Bei schlechtem Wetter kann dieses Schiff die Heads nicht passieren.

Wanderungen

Kranshoek-Wanderungen

Kranshoek, halbwegs der Strecke zwischen Knysna und Plettenberg Bay, liegt am Meer im *Harkerville Forest* und gehört zum Garden Route National Park. Für die nachstehend aufgeführten Wanderungen wird in der Hauptsaison ein geringes Eintrittsgeld verlangt, ansonsten kann man sich am Eingang ein *Self issued Permit* ausstellen.

Küstenwanderweg und Waldwanderweg

Weg 1: 9,4 km (3,5–4 Stunden), vollständige Route
Weg 2: 3,4 km (ca. 2 Stunden), abgekürzte Route
Bei diesem schönen Küstenwanderweg parkt man auf dem Hochplateau oberhalb einer Schlucht an einer nett gelegenen Picknickstelle. Der Weg führt auf einer Seite der Schlucht durch Urwald nach unten, steilere Abschnitte sind mit Treppenstufen versehen. Der Kranshoek River wird einige Male überquert und an einer Stelle kann man im Felsenpool baden. Unten kommt man in eine herrliche Bucht mit vielen runden Steinen und rötlichen Felsformationen. Es geht am Strand entlang und anschließend durch Fynbosvegetation 180 Meter hoch zu einem Aussichtspunkt mit Blick über Küste und Meer. Besonders die Abkürzung führt in Serpentinen oft steil nach oben und an einigen Stellen muss man über Steine und Felsen klettern.

Kranshoek Forest Trail – Waldlehrpfad

Dieser Weg startet auch an der gerade erwähnten Picknickstelle und ist für diejenigen, die nicht viel Zeit haben. Man kann auf dem Hochplateau die schöne Aussicht genießen und den nur 1 km langen Waldlehrpfad erkunden.

Kranshoek Scenic Tour

Vom Parkplatz der oben erwähnten Picknickstelle führt ein 1,8 km langer Wanderweg oben am östlichen Teil der Schlucht bis zur Steilküste mit Aussichtspunkt. Von diesem Weg aus kann man außerdem einen Wasserfall in der Nähe der Picknickstelle sehen. Der Rückweg führt über eine Schotterstraße zum Parkplatz.

Wanderungen im Knysna Forest

Knysna liegt im Herzen des Garden Route Nationalparks und um die Stadt herum dehnen sich ca. 800 km² große Waldgebiete aus, die nach strengen Naturschutzauflagen verwaltet werden. Von dieser Fläche sind alleine 600 km² einheimischer Urwald. Es existiert eine Vielzahl von Wanderwegen, Mountainbike-Strecken und Picknickstellen.

I. Gouna Forest und Millwood Goldfields-Wanderungen

Als im Jahre 1885 in der Umgebung von Millwood Gold gefunden wurde, entstand ein regelrechter Goldrausch und zog zahlreiche Glückssucher in die Gegend. Die Minen waren aber nicht ergiebig genug und wurden bald aufgegeben. Auf einigen Wanderwegen kann man noch den Spuren der Goldsucher folgen und findet mitten im Urwald noch alte Minenschächte. Die große *Bendigo Goldmine* kann nach Absprache besichtigt werden (Tel. 044-3890129), und in einem Freilichtmuseum sind noch Gerätschaften und Maschinen ausgestellt. Eines der historischen Gebäude, der *Materolli Tea Garden,* wurde als Museum und Teegarten hergerichtet. In Verbindung mit einer Wanderung ist der Besuch o.k., extra hinzufahren lohnt sich nicht.

Anfahrt: Von der westlichen Seite von Knysna führt eine Abzweigung von der N2 in Richtung Rheenendal. Kurz hinter Rheenendal geht es dann rechts ab Richtung Millwood Goldfields. Ab hier folgen Sie dann der Sandstraße bis zu einem Stoppzeichen mit Schranke und Holzhütte. In der Hochsaison wird eine geringe Eintrittsgebühr verlangt, da das Gebiet zum Garden Route National Park gehört. Ansonsten können Sie sich selbst ein sogenannntes Self issued Permit ausstellen. Die Sandstraße führt durch dichten Urwald, ist aber gut mit einem normalen Pkw zu befahren.

Weg 1: Woodcutter Walk / Dalene Matthee Circles in the Forest Walk

Es gibt hier zwei Rundwege, Weg 1 (3 km, ca. 1,5 Std.) und Weg 2 (9 km, ca. 3 Std.). Die Wanderwege beginnen an der „Krisjan Se Nek"-Picknickstelle, die auf halber Strecke zwischen dem gerade beschriebenen Eingangs-Gate und dem Jubilee Creek liegt. Hier steht einer der berühmten „Big Trees", der Dalene Matthee Memorial Tree, ein „Yellowwood Big Tree" mit ca. 40 Metern Höhe und einem Alter von ca. 880 Jahren. (Dalene Matthee war eine südafrikanische Schriftstellerin, die einige historische Romane über Knysna und den Knysna Forest geschrieben hat.)

Die schattigen Wege führen durch dichten Urwald und man sieht viele Baumfarne, überquert einige Male einen Flusslauf und unter den Bäumen befinden sich auch einige „Big Trees", die den Weg säumen.

Weg 2: Jubilee Creek Walk

Einfacher Wanderweg (ca. 3,6 km lang) mit Bademöglichkeit und alten Goldminenschächten am Wegrand. Man sollte für diesen Weg Badesachen und Taschenlampe einpacken.

Start und Ende dieses Weges ist die Picknickstelle am Jubilee Creek. Der Wanderweg führt an diesem Fluss entlang durch dichten Wald. Viele Baumfarne säumen den Weg und unterwegs trifft man auf Spuren aus der Goldgräberzeit. Alte Minenschächte liegen teils versteckt und überwuchert am Wegesrand, und wer eine Taschenlampe dabei hat, kann ins Innere der Schächte leuchten. Die Minen sind unverschlossen, aber das Betreten inzwischen verboten. Der Wanderweg endet an einem natürlichen Felsenpool mit kleinem Wasserfall. Wer mag, bringt Picknicktasche und Grillkohle mit, an der Picknickstelle am Parkplatz gibt es verschiedene Grillstellen.

Weg 3: Millwood Mine Walk

Einfacher Wanderweg (ca. 5,6 km). Der Weg führt durch Plantagen-Nutzwald und Fynbosvegetation. Am Beginn des Weges befinden sich einige alte Goldminenschächte sowie ein kleines Freilichtmuseum mit alten Minengerätschaften. Die größte Mine, die Bendigo Mine, kann nach Absprache und gegen Vorbuchung besichtigt werden, Tel. 044-3890129.

II. Fisantehoek Forest

Garden of Eden, s.S. 520

III. Diepwalle Forest

Tour 1: Terblans Walk: Der 6,5 km lange Rundwanderweg beginnt an der Terblans/Grootdraai Picknickstelle an der alten Gouna Kom Se Pad Street. Sie fahren von Knysna nach Norden auf die Old Cape Road Richtung Gouna und Simola Golf Estate. Kurz hinter dem Golfplatz wird die Straße zur Piste und an der nächsten T-Junction biegen Sie links Richtung Gouna ab. Die Straße heißt Kom Se Pad und führt an der Gouna Forest Station vorbei zur Grootdraai Picnic Site, wo der Weg beginnt. Für die Rückfahrt nach Knysna folgen Sie dem Kom Se Pad Richtung Diepwalle Forest Station und kommen dann auf die R339 (Prince Alfred Pass Road) und haben so eine schöne Rundfahrt durch den Knysna Forest gemacht. Auf der Wanderung von der Picknickstelle aus folgen Sie den Wegweisern, einem gelben Buschschwein. Achten Sie auf diese Wegmarkierungen, um sich nicht zu verirren, da auch einige Waldarbeiterpfade zum Wanderweg abgehen. Am Startpunkt müssen Sie sich ein Self issued Permit ausstellen. Karten vom Prince Alfred Pass auf www.t4a.co.za (suche nach „Prince Alfred Pass")

Tour 2: Elephant Walks: Es gibt verschiedene sogenannte „Elephant Walks", die entlang der alten Wanderwege der Knysna-Waldelefanten liegen. Die Routen kreuzen sich und die Rundwege können von verschiedenen Punkten aus begonnen werden. Permits und Infos für die Routen gibt es an der Diepwalle Forest Station an der R339, der Prince Alfred's Passstraße. Man kann unter drei verschiedenen Strecken wählen: „White Route" (8 km), „Red Route" (7 km) und „Black Route" (9 km).

Weitere Wanderwege finden Sie auf www.gardenrouteadventureguide.com

Ausflugsziele westlich von Knysna / Weiterfahrt

Simola Golf Estate

Wenn Sie auf der N2 stadtauswärts nach Westen fahren, zweigt bald nach rechts die *Old Cape Road* ab. Sie führt zum *Simola Golf Estate* mit einem 5-Sterne-Hotel. Dieser Platz reicht bis zum 18. Fairway, wurde von Jack Nicklaus entworfen und man hat einen grandiosen Ausblick auf die Lagune, www.simolaestate.co.za. Weiter auf dieser Straße kommt man nach Gouna und zu den Wanderwegen im Diepwalle Forest (s.o., „Wanderungen im Knysna Forest").

Friday Food Market

Von der N2 die nächste Straße nach rechts ist die *Welbedacht Lane,* eine Stichstraße. Hier findet bei der Montessori-Schule in Welbedacht von Mai bis September jeweils freitags der *Friday Food Market* statt. Hausfrauen und Hobbyköche bieten Köstlichkeiten an, die Gäste sitzen auf Picknickbänken und können überall probieren. Bei Sonnenuntergang gibt es Lagerfeuer, eine Bar und Livemusik. Der Erlös kommt der Schule zugute.

Naturholzplatten oder handgefertigte Holzmöbel kann man sich bei einer Schreinerei in Welbedacht nach Maß anfertigen lassen. Sie werden dann per Schiff oder Flugzeug versendet und können am Heimat(flug)hafen in Empfang genommen werden. *Timber Village,* Welbedacht Lane, Tel. 044-3825649, www.timbervillage.co.za.

Belvidere / Brenton-on-Sea

Die N2 erreicht die White Bridge, die den Knysna River überspannt. Wenn Sie eine kleine Friedhofskirche im mittelalterlichen Normannen-Baustil sehen möchten, so biegen Sie gleich hinter der Brücke nach rechts nach **Belvidere** ab (s. Straßenschild). Die Straße führt dann weiter nach **Brenton-on-Sea,** wo es schöne Strände gibt.

Alternativroute nach George: Seven Passes Road

Diese N2-Ausfahrt ist auch der Beginn der **Phantom Pass Road** über den Phantom Pass, die in die **Seven Passes Road** (oder „Old George Road") nach George mündet. Von der N2 zweigt kurze Zeit später nach rechts die **Rheenendal Road** ab, die ebenfalls zur Seven Passes Road führt. Dabei kommt man außerdem nach Millwood und zu verschiedenen Wanderwegen (s.o., „Wanderungen im Knysna Forest").

Die „Sieben-Pässe-Straße" ist die historische Verbindung zwischen Knysna und George aus Ochsenkarrenzeiten, erbaut zwischen 1867 und 1880. Auf der 70 km langen Strecke ist man etwa zwei Stunden unterwegs, die Pässe und Schluchten sind eher leicht bewältigbare Bergauf-Bergab-Varianten. Die meiste Zeit fährt man auf überwiegend unbefestigter Fahrbahn, vorbei an kleinen Dörfern, Farmen und Weiden. Flüsse werden auf guten Brücken überquert. Außergewöhnliches gibt es unterwegs nicht zu sehen, die dichte Waldvegetation schränkt meist die Sicht ein. Aber es ist eine schöne Abwechslung zum Autobahnverkehr. Nach starkem Regen mit einem Normal-Pkw meiden.

Stationen unterwegs: Phantom Pass – Rheenendal – Homtini Pass – Barrington – Karatara Pass – Hoogekraal River Pass – Woodville – Tow River Pass – Silver River Pass – Saasveld – George. Etwa 20 km vor George bzw. hinter Woodville kann man den 33 m hohen und ca. 800 Jahre alten Woodville Yellowwood Big Tree bewundern (ausgeschildert, kurzer Spazierweg).

Goukamma Nature Reserve

Das 2500 ha große Goukamma-Naturreservat zieht sich rund 20 km westlich von Knysna am Meer entlang. Dazu von der N2 auf die Buffels Bay Road nach Süden abbiegen (s. Knysa-Umgebungskarte).

Das Reservat mit 14 km Sandstrand und mit einer der höchsten bewachsenen Dünen Südafrikas hat Zugang zu dem von der N2 sichtbaren und weiter westlich gelegenen *Groenvlei Lake,* der keinen normal wahrnehmbaren Zu- und Abfluss hat. Das angrenzende Meeresschutzgebiet reicht eine nautische Meile, also 1,8 km, ins Meer hinaus. Es gibt hier Küstenwald, Fynbosvegetation, zerklüftete Sandsteinfelsen und Gezeitenpools. Das Reservat befindet sich zwischen zwei Klimazonen, und zwar zwischen dem Gebiet mit Winterregen (westlich) und dem mit Sommerregen (östlich). Das Wetter ist sehr unterschiedlich, es gibt sowohl warme Tage im Winter als auch ungemütlich kalte Tage im Sommer. Goukamma ist mit schönen Ausblicken auf Küstenlinie und Seenlandschaft beliebt bei Wanderern.

Vorhanden sind sechs Wanderwege, der längste ist die *Blombos Route,* ein 15 km langer Vogelbeobachtungsweg. Kürzere Varianten mit 13 km und 6,5 km sind möglich.

Zum Startpunkt des 13,5 km langen *Porcupine Trail* und des *Bush Pig Trail* (6,5 km) muss man sich erst mit einer Selbstfahrerfähre über einen kleinen Fluss befördern. Dann führt der Weg durch einen Milkwood-Wald und anschließend muss der Wanderer sich entscheiden, ob er landeinwärts entlang eines Dünenkamms mit schönen Aussichten über Meer und Lagune zum Goukamma zurückkehren möchte oder den Waldweg bevorzugt, der an der Skimmelkrans Beach endet.

Der 12 km lange *Galjoen Trail* ist ein Strandweg, bei Hochflut kann man den Weg über die Klippen abkürzen. Bei der Planung dieser Wanderung sollte der örtliche Gezeitenplan beachtet werden.

Am Groenvlei Lake selbst gibt es einen 6,5 km langen, flachen Wanderweg, den *Cape Clawless Otter Trail,* der am See entlang und durch den Wald führt.

Entdecken Sie den auf einer Landzunge gelegenen Ferienort Buffalo Bay über den 4,2 km langen Rundwanderweg *Buffalo Bay Trail.* Er ist einfach und sehr typisch für die Gegend um Knysna mit seinem Wald, der Küstenvegetation und den Ausblicken aufs Meer. Von hier aus können während der Saison von bestimmten Aussichtspunkten Wale beobachtet werden.

Alle Wege starten am Parkplatz Groenvlei oder an der Platbank Beach. Infos auf www.capenature.co.za/reserves.htm?reserve=Goukamma+Nature+Reserve#reserve_tabs, tägl. 8–18 Uhr, Eintritt R30 p.P., Permit und Infos am Eingang erhältlich. Auch Kanu- und Tretbootfahren ist im Reserve möglich. Infos auf www.capenature.co.za/reserves.htm?reserve=Goukamma+Nature+Reserve. Eintritt R30, zzgl. Kanugebühren.

Bootstour im Goukamma Nature Reserve

Sedgefield

Vom Abzweig zur Buffels Bay Road bis nach Sedgefield sind es auf der N2 13 km. Wer in der Mitte der Garden Route wohnen und schöne Sandstrände in unmittelbarer Nähe haben möchte, ist im familienfreundlichen Sedgefield gut aufgehoben. Sedgefield hat knapp 5000 Einwohner, ist von üppig bewachsenen Bergen umgeben und die Gegend wird wegen der vielen Seen „Lake District" genannt. Die bekanntesten sind der oben erwähnte **Groenvlei** und der **Swartvlei**, letzterer ist der größte Salzwasser-Binnensee Südafrikas. *Myoli-* und *Cola Beach* sind unter den fünf sauberen Ozeanstränden die besten. Hier wird Wassersport groß geschrieben, man kann Schwimmen, Angeln, Kajak-, Boot- und Kanufahren, Windsurfen, Wasserski fahren und Segeln. *Gericke's Point* am westlichen Ende des Swartvlei Beach ist ideal zum Schnorcheln. Fürs Paragliden ist Sedgefield besonders bekannt, außerdem kann man Reiten und Wandern.

Besuchenswert sind der *Wild Oats Farmers Market,* www.wildoatsmarket.co.za und der *Scarab Crafts Market,* www.scarabvillage.co.za. Beide Märkte samstags 7.30–11.30 Uhr.

In Sedgefield gibt es kein Tourist Office, zuständig ist das Büro in Knysna. Weitere Infos auf www.tourismsedgefield.co.za.

Reise-Infos Sedgefield

Information Das Tourist Office in Knysna ist auch für Sedgefield zuständig: *Knysna Tourist Office,* Main Street 40, Tel. 044-382-5510, Mo–Fr 8–17, Sa 8.30–13, www.knysna-info.co.za.

Unterkunft Da Sedgefield in erster Linie ein Familienurlaubsort ist, gibt es hier zahlreiche und meist von Privat vermietete Self Catering-Unterkünfte, Infos hierzu auf www.tourismsedgefield.co.za.

Lake Pleasant Resort 55 schattige Camping- und Caravanplätze und Ferienwohnungen am Groenvlei Lake, bis zum Ozeanstrand 3 km. Tennis, 2 Pools, Restaurant, Pub. Tel. 044-3431985, www.lakepleasantresort.co.za.

Sedgefield Arms Rustikales Gasthaus mit Ferienwohnungen, Restaurant, Pool. 3 Pelikan Lane/Ecke Makou St, Tel. 044-3431417, www.sedgefieldarms.co.za.

Aviyah Guest House Schönes Gästehaus mit 3 Suiten am Cola Beach, Wi-Fi. 72 Bellrock Crescent, Tel. 044-3431266, www.aviyah.co.za. DZ/F R900–1000.

Restaurants **Sedgefield Arms** Alteingesessenes Gasthaus, s. Unterkunft

La Piazza Pub und Restaurant, gemütliche Esskneipe mit umfangreicher Karte von Pizza bis Eisbein. Tägl. 12–22 Uhr, The Circle, Tel. 044-3432353, www.lapiazza.co.za.

Chef Alma at Groenvlei Prämiertes Terrassenrestaurant, Lake Pleasant Resort, Groenvlei, Di–Sa 9–21 Uhr, So 9–17 Uhr, Mo. geschl. Tel. 044-3432368, Cell 083-6303333, www.chefalma.com.

Wilderness

Es geht weiter auf der N2 zu den endlosen Stränden von Wilderness, einem beliebten Badeort am Indischen Ozean. Die weitläufige Streusiedlung beginnt im Osten bei Gericke's Point und endet an der Mündung des Kaaimans River im Westen. Das Ortszentrum liegt ganz im Westen an der N2 und am Ende der Wilderness Lagoon.

Von Sedgefield kommend kann man nach knapp 12 km rechts das **Timberlake Organic Village** besuchen, ein Öko-Farm-Dorf mit Restaurant, kleinen Shops und Internetcafé. Nach weiteren 7 km geht es ebenfalls rechts in Richtung Hoekwil (www.hoekwil.co.za) zum **Island Lake Holiday Resort,** einer netten Anlage am Ufer des *Island Lake* im Wilderness Nationalpark. Großes Wassersportangebot und einfache Ferienhäuser. Tel. 044-8771194, www.islandlake.co.za.

Ebb & Flow Restcamp

Einen Kilometer weiter ist rechts die Zufahrt zum Eingang der Wilderness Section des Garden Route National Park am **Ebb & Flow Restcamp.** Der Park beinhaltet Seen, Flussmündungen und Strände vor dem Hintergrund bewaldeter Berge. Hier leben die Vogelarten *Knysna Loerie* und fünf Kingfisher-Arten. Das Restcamp ist Ausgangspunkt vieler Wanderungen und das zu SANParks gehörende Camp hat gute Zelt- und Caravanplätze am Touws River, das South Camp ist das schönere. Außerdem Familien-Cottages mit 2 Schlafzimmern, Blockhäuser für 4 Personen und 2-Bett-Rondavels. Buchung über www.sanparks.org. Parkeintritt ist R88.

Nachfolgende Wanderwege beginnen an der Rezeption des Camps. Der *Half Collared Kingfisher Trail* (3,8 km) führt am westlichen Ufer des Touws River entlang, der *Giant Kingfisher Trail* (7 km) am östlichen Ufer. Der *Pied Kingfisher Trail* (10 km) begleitet den Serpentine River.

Strand und Lagune von Wilderness

5

Der Garden Route Trail, eine begleitete fünftägige Wanderung beginnt ebenfalls hier und endet in Knysna. Man lernt auf der Tour die Wilderness Section, das Goukamma Reserve und die Knysna Lake Area intensiver kennen. Infos und Anmeldung: Cell 082-2135931, www.gardenroutetrail.co.za.

Wer den Adrenalin-Kick sucht, geht zu *Eden Adventures.* Sie haben ihre Niederlassung auch an der Zufahrt zum Restcamp. Die Firma veranstaltet Abseiling in der Kaaimans-River Schlucht neben einem 45 Meter hohen Wasserfall. Auch Kanutouren auf dem Touws River sind möglich, die Boote können entweder an der Rezeption des Camps oder bei Eden Adventures selbst gemietet werden. Infos auf www.eden.co.za.

Auf der ganzen N2-Strecke von Kleinkrantz bis kurz vor der Kaaimans-Schlucht reihen sich Ferienhäuser in ununterbrochener Folge aneinander. Nach dem Abzweig zum Ebb & Flow Restcamp treten die Dünen auf der linken Seite zurück und der Autofahrer hat einen tollen Blick auf den langen Strand und die Brandung. Beim Schwimmen im Meer sollte man sich allerdings nicht zu weit hinauswagen, es lauern stellenweise gefährliche Strömungen!

Rechts der N2 sieht man die kleine Lagune von Wilderness, die sich bis in die Ortsmitte hinzieht. Parallel zur Küste verläuft die Bergkette der Outeniqua Mountains, die fast die ganze Garden Route begleiten.

Wilderness Village

Dazu von der N2 an der Caltex-Tankstelle rechts runter in die George Road abbiegen. Dort befinden sich in und um das linksliegende *Milkwood Village,* dem touristischen Zentrum vom Wilderness Village, Restaurants, Cafés, Shops und ein gutbestücktes Tourist Office mit Wanderkarten der Region (www.milkwoodvillage.co.za). Im Mini-Mart kann man nur die allernötigsten Grundnahrungsmittel kaufen, Großeinkäufe können Sie in der *Garden Route Mall,* 10 km weiter an der N2, noch vor George, erledigen (s.u.).

Reise-Infos Wilderness

Information

Wilderness Tourism Bureau, Wilderness Ecotourism Association, Milkwood Village, Tel. 044-8770045, Mo–Fr 8–17 Uhr, Sa 9–13 Uhr, www.wildernesstourism.co.za, www.wildernessinfo.org

Unterkunft

Die Anzahl der Unterkünfte in diesem Ort, der nur vom Tourismus lebt, ist endlos und in allen Preis- und Qualitätsstufen vorhanden. Im Sommer und auch in der Übergangszeit ist hier viel los, und wer sich auf eine begehrte Unterkunft festgelegt hat, sollte frühzeitig buchen.

Bruni's Guesthouse Deutsches Gästehaus am östlichen Strandabschnitt in den Dünen. 5 Zimmer, Meerblick. 937 8th Ave, Tel. 044-8770551, Cell 082-6593031, www.brunis.co.za. DZ/F R700–1040.

Limberlost Self Catering Einst das erste Anwesen im Ort, heute umgeben von einem herrlichen Grundstück mit Lagunenblick. 2 Gehminuten zum Strand. 2 Chalets und 2 DZ mit Frühstücksmöglichkeit, Grill, dt.-spr. 380 Waterside Rd, Tel. 044-8770838, Cell 079-3915500, www.limberlost-wilderness.com. Preis R400–760.

Haus am Strand Schönes SC-Gästehaus am westlichen Strandabschnitt, 5 Apartments und 3 Zimmer, der Garten grenzt an den Strand. Ortsmitte und

Restaurants in Gehweite, Wi-Fi, dt.-spr. 83 Sands Rd, Tel. 044-8771311, Cell 082-2984613, www.hausamstrand.com. DZ ab R700, Apartment ab R1000, Frühstück a.A.

Wilderness Manor Ein elegantes und mit Antiquitäten ausgestattetes Kolonialstil-Haus mit Lagunenblick. 2 Gehminuten zum Strand, Strandausstattung a.A., 4 geräumige Zimmer, Wi-Fi. 397 Waterside Rd, Tel. 044-8770264, Cell 083-4411099, www.manor.co.za. DZ/F R900–1250.

Mont Fleur Schönes Gästehaus oberhalb der Lagune mit Blick auf Lagune und Meer. Pool, Wi-Fi, Balkon, BBQ. Ortsmitte und Strand in Gehweite. 2 Zimmer, 2 Cottages. 334 Limberlost Lane, Tel. 044-8770750, Cell 082-9774560, www.montfleur-wilderness.co.za. DZ/F R590–1190.

Phoenix Guest House Elegantes Gästehaus mit viel Glas oberhalb der Lagune am Berghang mit einmaliger Aussicht auf Meer, Ort und Umgebung. 3 Zimmer, extravagante Bäder, Wi-Fi, Pool. 2125 Constantia Drive, Constantia Kloof, Tel. 082-3959986, www.phoenixguesthouse.com. DZ/F R1700–2500, Dinner a.A.

Restaurants

Um die Caltex-Tankstelle und im Milkwood/Wilderness Village kann man unter etlichen Restaurants und Cafés passendes auswählen.

Serendipity Restaurant Hervorragende Küche, mehrfach ausgezeichnete Küchenchefin, an der Lagune. Vom Village die Waterside Rd 1,2 km in östl. Richtung, an der Freesia Ave rechts. Tel. 044-8770433, www.serendipitywilderness.com.

The Girls Restaurant Gute Dinner-Küche, vor allem Seafood und deshalb immer gut besucht. Wilderness Village, Caltex-Tankstelle, 1 George Rd, Tel. 044-8771648, Cell 072-8345556, www.thegirls.co.za.

Zucchini @ Timberlake Organic Village 11 km östlich von Wilderness Village an der N2, s.o. Timberlake Organic Village. Dinner-Restaurant mit Fisch, Burger, Fleisch; Vegetarisches aus eigenem Öko-Anbau. Tel. 044-8821240, Cell 082-8111195, www.zucchini.co.za. Tägl. 12–21 Uhr.

Salina's Beach Restaurant Super Lage am Strand mit Außenterrasse, umfangreiche Speisekarte, der beste Tipp für einen Sundowner. Zundorf Lane 458, Tel. 044-8770001.

Weiterfahrt von Wilderness

Die N2 zwischen Wilderness und George schlängelt sich in Serpentinen durch die Kaaimans River Schlucht. Bevor man scharf rechts zur Schlucht hinunterfährt, geht es (erlaubterweise) links in eine Parkbucht, zum **Dolphin Point Lookout.** Die Aussicht auf den langen Strand von Wilderness ist toll! (s. Foto am Beginn von Wilderness). Zur anderen Seite schaut man auf die Mündung des Kaaimans River mit der Eisenbahnbrücke, über die bis vor einigen Jahren noch der legendäre *Outeniqua Choo-tjoe* mit beeindruckendem Dampfausstoß fuhr. Die Strecke musste wegen eines verheerenden Bergrutsches 2006 eingestellt werden.

Drei Kilometer nach dem Verlassen der Kaaimans River Schlucht zeigt ein Wegweiser links nach **Victoria Bay.** Von hier aus weitere drei Kilometer südlich der N2 liegt eine der kleinsten Buchten der Garden Route, die bis vor ein paar Jahren noch ein echter Geheimtipp war. Es gibt dort ein paar Häuser, einen Campingplatz und einen sicheren Badestrand. Den Surfern bieten große Wellen den perfekten Kick und Angler kommen ebenfalls gerne her.

Der *Victoria Bay Caravan Park* hat 27 Plätze und während der Saison kann man Wale vom eigenen Stellplatz aus beobachten (vorher reservieren!). Tel. 044-8890081, Cell 083-5305128, www.victoriabaycaravanpark.co.za. Dieser „Geheimtipp" ist allerdings in der Hauptsaison überfüllt.

Kurze Zeit später kommt auf der N2 rechts ein Sasol-Tankstelle (links eine Engen), und wenn es gerade Samstag ist, könnten Sie am dortigen Kreisverkehr rechts rausfahren zum sehr großen **Outeniqua Farmers Market** (ausgeschildert). Er bietet mit seinen fast 80 Ständen so ziemlich alles, hier örtlich erzeugt wird, von Beeren bis Brot, von Fisch bis Blumen – sehens- und erlebenswert (auch Handwerkliches). 8–14 Uhr, Infos auf www.outeniquafarmersmarket.co.za.

Danach splittet sich die N2, die linke Spur führt nach Mossel Bay/Kapstadt, geradeaus geht es ins Zentrum von George (N9 u. N12). Nehmen Sie diese Straße, wenn Sie zur riesigen **Garden Route Shopping Mall** (www.gardenroutemall.co.za) oder ins Zentrum von George möchten. Sehenswert ist in George vor allem das **Outeniqua Transport Museum,** bleiben Sie auf der N9/N12, die zur Knysna Street wird und zum Transport Museum führt (ausgeschildert). Ansonsten bietet die Großstadt nicht viel.

Der Montagu-Pass (oben), rechts der Eisenbahnpass mit dem Rovos-Rail

George

George ist eine Industriestadt mit rund 200.000 Einwohnern. Als größte Stadt der Garden Route ist sie zugleich das wirtschaftliche Zentrum (Holzindustrie) und besitzt auch einen Flughafen.

Outeniqua Transport Museum

In großen alten Eisenbahnhallen kann man viele historische Lokomotiven, Eisenbahnwaggons, den legendäre Outeniqua Choo-tjoe und vieles andere mehr sehen, was mit Güter- und Personentransport zusammenhängt, z.B. auch Kutschen. Außerdem zahlreiche Kfz-Oldtimer, darunter eine Anzahl sehr gut erhaltener Borgward-, VW- und Daimler-Benz-Modelle. Mit Restaurant und Tourist-Info. Anfahrt beschildert, 2 Mission St, Tel. 044-8018202, www.outeniquachoot-joe.co.za/museum.htm. Eintrittszeiten 1.9.–30.4.: Mo–Sa 8–17 Uhr. 1.5.–31.8.: Mo–Fr 8–16, Sa 8–14. So u. Feiertage geschl., R20 p.P.

Im Outeniqua Transport Museum in George

Vom Museum startet der *Outeniqua Power Van* zu seiner 25 km langen Fahrt durch die Outeniqua Mountains und über den **Montagu Pass.** Dieser ist einer der schönsten Eisenbahnpässe des Landes mit 6 Tunneln, spektakulären Schluchten und Wasserfällen. Die Fahrt dauert 2,5 Std, Voranmeldung im Museum unbedingt nötig, Uhrzeit wird dann bekanntgegeben, Preis R115. Infos auf www.george.co.za/outeniqua-power-van_content_op_view_id_44, 2 Mission St, Tel. 044-8018239, Cell 082-4905627.

Das **George Museum** zeigt Exponate und Dokumente zur Stadtgeschichte, Holzverarbeitung, historische Musikinstrumente, Fotografien u.a. mehr. 9 Courtenay Street, Tel. 044-8735343, www.westerncape.gov.za/eng/your_gov/301/facilities/131/4616. Geöffnet Mo–Fr 8–16.30, Sa 9–12.30.

Information *George Tourism,* 124 York St, Tel. 044-8019295, Mo–Fr 8–17 Uhr, Sa 9–13 Uhr, www.visitgeorge.co.za und www.george.co.za.

Da George nicht zum Verweilen einlädt, listen wir nur ein empfehlenswertes Haus: **French Lodge International,** 18 schöne, riedgedeckte Rondavels/AC sind um einen Pool verteilt. 29 York St, Tel. 044-8740345, www.frenchlodge.co.za. DZ/F 699–799.

N2-Alternativroute nach Knysna

Auf der „Seven Passes Road" – Naturstraße statt Autobahn, s.S. 530. Anfahrt aus dem Zentrum von George s. Hinweis im Stadtplan.

Anschlussfahrt Route 7

In George bietet sich die Möglichkeit, über Oudtshoorn und die Route 62 nach Kapstadt weiterzufahren. Dies ist unsere **Route 7,** s.S. 636, Streckenbeschreibung in umgekehrter Reihenfolge.

Ansonsten bringt Sie die York Street/R102 zurück zur N2.

Westliche Garden Route

Zwischen George und Mossel Bay liegen die ruhigen Ferienorte *Glentana, Great Brak River* und das davon westlich gelegene *Little Brak River.*

Am Strandabschnitt von **Glentana** gibt es einen schönen Campingplatz, den **Glentana Caravan Park** mit 48 Stellplätzen, Restaurant und Laden in der Nähe, Tel. 044-8791536, www.glentanaresort.co.za.

Great Brak River liegt an der Mündung des gleichnamigen Flusses und hat schöne Sandstrände. Im kleinen Museum ist auch die Tourist Info mit Landkarten und lokalen Infos. Mo–Fr 9–16 Uhr, Sa geschl. Amy Searle St, Tel. 044-6203338, www.greatbrakriver.co.za.

Ein besonderer Tipp in Great Brak River ist das *Transkaroo Restaurant* in der alten Bahnstation. Morrison Rd, Tel. 044-6204163. Am Strand gibt es das Seafood-Restaurant De Vette Mossel, tägl. 12–15 Uhr u. 18.30–24 Uhr, Tel. 079-3390170, www.devettemossel.co.za.

Schön übernachten kann man im **Ambience Guesthouse** mit Meerblick oberhalb vom Outeniquastrand mit 3 Suiten und 3 FeWo. Pool, Wi-Fi, Balkon, Grill. 4 Loerie Ave, Tel. 044-8792916, www.ambienceguesthouse.co.za. DZ/F R1900, FeWo R1200.

Die Schlucht des Brak River mit Eisenbahnbrücke

Bei **Little Brak River** liegt das **Botlierskop Private Game Reserve** in reizvoller Umgebung, einige Kilometer zurückgelegen landseitig der N2. Beim *Catwalk* kann man mit jungen Löwen spazieren gehen,

5

MOSSEL BAY
0 250 m
© RKH VERLAG HERMANN
Hotels
1 Santos Express Backpacker
2 Blue Whale Lodge
3 Park House Lodge
4 The Point Hotel
5 Bar-t-nique Guest House
6 Avenues Guest House
1 Classical View
2 Lilies & Leopards
Ausschnitt große Karte
Hartenbos
Riversdale
Dana Bay
Mossel Bay
7 km
Dias Strand Resort / Twee Kuilen
De Bakke / Santos
Mossel Bay Golf Course
Garden Route Casino
Pinnacle Point Beach Golf Resort
Pinnacle Point
Harbour
Boat Trips »Romonza«
z. Dias Beach 2,5 km
The Pavilion
Santos Beach
1 km zu De Bakke Santos Caravan Park und De Bakke Beach
Munro's Bay
histor. Landestelle von Bart. Dias' 1488
Sea Gypsy Café
Craft Art Workshop
Protea Hotel
Café Gannet
Bartolomeu Dias Museum Complex
City Hall / Municipality
Harry Giddey Park / Botancical Gardens
NG-Kirche
Library
FNB
Bayside Centre
Plaza Indoor Flea-Market
Searle's Manor
Café Havana
Elgin House
Point Beach
Point Village
Bland East
Rest. Delfino's und Kingfisher
Point Caravan Park
War Memorial
St Blaize Cave
The Cross
Gezeitenbecken
The Point
Cape St. Blaize
St. Blaize Hiking Trail
Stadion
nach Dana Bay ca. 12 km
R102 n. Swellendam / Dana Bay, Cape Town
R102 George
Louis Fourie
Marsh
George
Santos
Long
6. Ave
Cape
Wassung
High
Church
Grave
Market
Station
Adam
Crook
Cuff
Zeitsman
Bland
Meyer
Riley
Montagu
High (Hoog)
Hill
Bayview
Klipper
Roger
Queen
Michell
Bird
Field
Kloof
Upper Cross
Smalberger
Huckle
Beach
Point Rd
Van Rieneeck
Hofmeyer
Hogarth
Mudie
Bruns
Vincent
Hudson
Dani de Jager
21. Ave.
19. Ave.
18. Ave.
17. Ave.
16. Ave.

ohne Leine, ohne Zwang, aber natürlich nach vorheriger gründlicher Einweisung durch gut ausgebildete Ranger, die auch viel über die Löwen erzählen können. Touren täglich morgens und am späten Nachmittag, Kinder erst ab einer gewissen Größe. Infos auf www.zorgfontein.com, R480 p.P.

Außerdem bietet Botlierskop *Game Drives* an, die dreistündigen Jeep-Safaris beginnen unten im Tal und gehen dann bis hoch in die Berge, mit fantastischem Ausblick aufs Meer und Mossel Bay. Hier gibt es u.a. Hubschrauber-Rundflüge, Elefanten-Reiten, Picknick mit Elefanten, Safaris auf Pferden u.a. mehr. Anfahrt von Little Brak River, Ausschilderung ab N2, Infos auf www.botlierskop.co.za, dreistündige Safari R395.

Hartenbos

Weiter in Richtung Mossel Bay erreicht man erst Hartenbos, einen kleinen Badeort mit zwei Campingplätzen. Der *ATKV Hartenbos* ist eine große Anlage mit Ferienhäusern und 570 schönen Caravan-Rasenstellplätzen direkt am Meer, allerdings ohne Schatten, Tel. 044-6017200, www.hartenbos.co.za. Das *Dibiki Holiday Resort* ist kleiner und liegt näher an Fluss und Lagune, bietet außerdem SC-Chalets (ab R300) und schattenfreie Rasen-Camping-/Caravanplätze (N2-Ausfahrt Hartenbos/Oudtshoorn, Anfahrtskizze s. Webseite), Tel. 044-6951532, Cell 082-7856133, www.dibiki.co.za.

Mossel Bay

5

Statue des Seefahrers Bartolomeu Dias

Mossel Bay am westlichen Ende der Garden Route ist markanter Abschluss oder Beginn für jene die aus Richtung Kapstadt kommen und hier die berühmteste Touristenstrecke Südafrikas beginnen. Die Stadt am Meer ist sehr weitläufig, Südafrikas nationale *Petroleum, Öl- und Gas Corporation* (SOC) hat hier ihre Produktionsstätten, exploriert wird offshore vor Mossel Bay. Die Raffinerie befindet außerhalb der westlichen Stadtgrenze in der Nähe der N2. Bedingt durch diesen großen Arbeitgeber ist die Einwohnerzahl in den Jahren 2000 bis 2010 von 70.000 auf 130.000 Einwohner angestiegen. Mossel Bay ist seitdem weit über ihre ursprünglichen Grenzen hinausgewachsen, touristisches Zentrum jedoch ist nach wie vor der alte Stadtkern auf der Halbinsel *St Blaize*.

Die „Muschelbucht" ist untrennbar mit der Geschichte Südafrikas verbunden: im Februar 1488 landete der portugiesische Seefahrer **Bartolomeu Dias,** der als erster Europäer die Südspitze Afrikas umsegelte, in Mossel Bay. Er war auf der Suche nach einem Seeweg nach Indien und musste seine Wasservorräte auffüllen. Das gefiel den Einheimischen nicht und sie vertrieben die Eindringlinge. Da sich dieser Zwischenfall am Sankt Blasiustag ereignete nannte Diaz die Bucht *Aguada de São Brás,* die Wasserstelle des Heiligen Blasius (engl. *St Blaize*). 1497 folgte ihm *Vasco da Gama,* der auf weniger Widerstand stieß. In den folgenden Jahrhunderten wurde diese Bucht zur ständigen Anlaufstelle für Handelsschiffe auf der Asienroute. 1601 taufte der holländische Kapitän Paulus van Caerden den Ort wegen der vielen Muscheln *Mossel Baai.*

Anfahrt ins Zentrum

Erstes Ziel in der Stadt ist der *Bartolomeu Dias Museum Complex.* Verlassen Sie die N2 an der Ausfahrt „Mossel Bay", biegen an der Ampel rechts in die R102 (Louis Fourie Avenue) und passieren die linker Hand liegende *Langeberg Mall.* Nach ca. 5 km folgt die Abfahrt nach links ins Stadtzentrum und zur Marsh Street. Die Innenstadt liegt um die Straßen Marsh- und Church. Zum Museumskomplex von der Marsh Street nach links in die Church Street abbiegen und ganz runterfahren. Der Museums-Parkplatz liegt linker Hand, Ecke Market Street.

Bartolomeu Dias Museum Complex

Diese Museen sind sehr sehenswert. Veranschlagen Sie eine gute Stunde Besichtigungszeit. Mo–Fr 9–16.45 Uhr, Sa/So 9–15.45 Uhr, Eintritt R10, Tel. 044-6911067, www.diasmuseum.co.za.

Das Gebäude links des Eingangstors ist die ehemalige **Granary,** vormals Lagerstätte für Getreide und Wolle, erbaut 1986 als Rekonstruktion. Der Vorgängerbau wurde 1786 von der VOC erbaut, der niederländischen Ostindien-Kompanie. Heute ist es die Rezeption des Museum-Komplexes. Hinter der Granary liegt der *Ethno-Botanical Garden.* Sie können auch einen Spaziergang durchs Gelände machen.

Maritime Museum

Attraktion ist die nachgebaute Karavelle, mit der Bartolomeu Dias als erster Europäer von Portugal aus die Südspitze Afrikas umrundete (ohne dessen gewahr zu sein, weil das Schiff von Winden weit abgetrieben wurde) und hier am 3. Februar 1488 an Land ging. Anlässlich des 500. Jahrestages von Dias' Landung 1988 segelte diese rekonstruierte, 23,5 m lange und nur 130 t große Nussschale noch einmal von Portugal mit 16 Mann Besatzung nach Mossel Bay. Gegen einen Aufpreis an der Kasse darf man das Boot betreten. Interessant sind überdies die vielen Seekarten mit den Handels- und Seerouten der Portugiesen, nautische Geräte, Diaproamen der ersten Besiedlung durch Khoisan und die Landnahme durch Europäer.

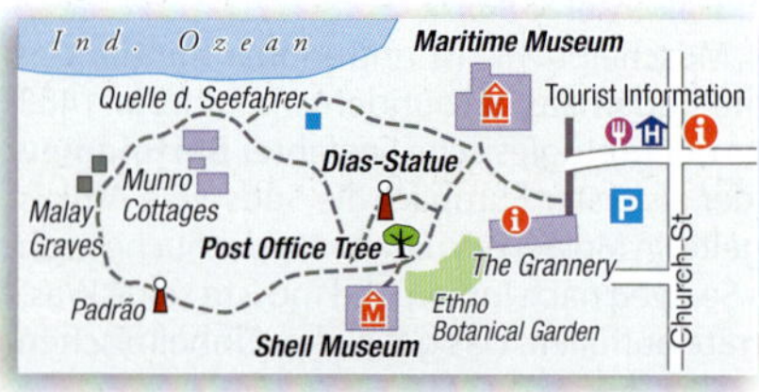

Die nachgebaute Karavelle von Bartolomeo Dias

Wenn Sie hinterher zum Shell Museum gehen, steht rechter Hand zwischen Buschwerk die Statue von **Bartolomeu Dias.**

Post Office Tree

Im Mai 1501 verfasste der portugiesischer Kapitän D'Ataide auf seiner Heimfahrt eine Nachricht und steckte sie nach alter Seemannstradition in einen Stiefel, der an einem Baum gehängt wurde. Tatsächlich wurde der Brief am 7. Juli des gleichen Jahres von einem anderen portugiesischen Schiff, das nach Asien segelte, gefunden. Zur Erinnerung an diese Begebenheit stellte man einen steinernen Stiefel-Postkasten unter diesem nun über 500 Jahre alten Milkwood-Baum auf. Auf der Plakette können Sie die Geschichte nachlesen.

5

Shell Museum

Diese Meeres-Museum zeigt u.a. viele schöne Muschelarten, Schaubilder zur Meeresfauna und -flora, Aquarien, einen Touch-Tank für Kinder und auch einen großen Weißen Hai.

Freizeit & Unterhaltung in und um Mossel Bay

Strände

Beach-Informationen unter Tel. 044-6065000 und auf www.visitmosselbay.co.za/play/beaches. An der östlichen Landspitze:

The Point, Gezeitenbecken, 3 km langer Felsen-Walkway, Kinderspielplatz, etliche Restaurants, Toiletten.

Der **Santos Beach** ist ein sauberer Blue-Flag-Strand mit sanitären Anlagen, Schwimmbereich 1 km.

Der **De Bakke Beach** wird von gerne von lokalen Einheimischen frequentiert und hat gleichfalls Sanitäranlagen.

Der 3 km lange **Dias Beach** im Norden hat zwei Schwimmbereiche, Sanitäranlagen und Grillstelle.

Dana Bay

Dana Bay liegt ca. 12 km südwestlich von Mossel Bay, der kleine und hübsche Badeort besitzt zwei sichere Badestrände und etliche Unterkünfte. Anfahrt: auf der R102 Richtung Swellendam/Kapstadt fahren und an der Ausfahrt nach Dana Bay die R102 verlassen.

Auf und im Meer

Wer eine **Bootsfahrt** machen möchte, kann mit der 16 m langen „Romonza" auf einer einstündigen Tour um Seal Island schippern und 4000 Seehunde besuchen. In der Saison werden Wal-Touren angeboten. Infos Tel. 044-6903101, www.mosselbay.co.za/romonza/. Abfahrten vom Hafen (s. Karte) ganzjährig stündlich zwischen 10 und 16 Uhr.

Wer einen Adrenalinschub benötigt, taucht im Haikäfig ab bei *White Shark Africa,* Prince Vincent Buildung, Shop 22, Ecke Church/Bland Sts, Tel. 044-6913796, Cell 082-4552438, www.whitesharkafrica.com. R1450 p.P.

Kunsthandwerk

Neben der Tourist Info befindet sich der **Craft Art Workshop.** Hier stellen Einheimische aus Mossel Bay Kunsthandwerkliches her, z.B. Schmuck, Holzfiguren, Lederwaren, T-Shirts, Untersetzer, Kissenbezüge und noch viel mehr. Man kann den Leuten zuschauen. Alles handwerkliche Qualitätsprodukte, kein Ramsch aus anderen afrikanischen Ländern oder aus Asien.

Wandern

Der Küstenwanderweg **St Blaize Trail** führt 14 km entlang der Steilküste von Mossel Bay bis Dana Bay mit Blick auf den Ozean. Sehr farbenfroh ist der Weg im Frühling, wenn der Fynbos blüht. Startpunkt ist der Point-Leuchtturm, direkt unterhalb der St Blaize-Höhle. In den Wintermonaten von Juli bis November kann man hier gut Wale beobachten und auf den Felsen tummeln sich das ganze Jahr über Klippschliefer. Man kann den St Blaize Trail auch abkürzen: Nach 2,1 km befindet sich rechts eine hölzerne Bank, davor ein Abzweig nach rechts. Von hier aus kann man durch bebautes Gebiet zum Startpunkt zurückkehren.

Golf

Lage beider Plätze s. kleine Karte in der Mossel-Bay-Karte: *Mossel Bay Golf Course.* Ein schöner 18 Loch-Platz mit Blick aufs Meer mit Clubhaus, Restaurant und Unterkunft. 17th Ave, Tel. 044-6912379, www.mosselbaygolfclub.co.za.

Pinnacle Point Beach & Golf Resort. Gehört zu den schönsten Plätzen im Land mit steilen Felsklippen und Sandstrand. Exklusives Clubhaus mit Restaurant und Unterkunft. 1 Pinnacle Point Dr, Tel. 044-6065300, www.pinnaclepointestate.co.za.

Ausritte

Vleesbaai liegt 35 km südwestlich von Mossel Bay, dort können Pferdeliebhaber durch die Dünen reiten. Pferdenärrin Cornelia von *Sea Horse Eco Safaris* macht verschieden lange Ausritte am Meer mit Gästen und hat für jeden das richtige Pferd. Dazu auf der R102 in Richtung Kapstadt fahren und auf die N2 wechseln. Ab N2 sind es 9 km bis zur Ausfahrt auf die R325 nach Vleesbaai/Gouritsmond, von dort aus weiteren Schildern nach Vleesbaai folgen. Infos auf www.seahorseecosafaris.co.za.

Reise-Infos Mossel Bay

Information

Tourism Information Centre, Ecke Church/Market Streets, Tel. 044-6912202, Mo–Fr 8–18 Uhr, Sa/So 9–13 Uhr, www.visitmosselbay.co.za. Weitere Webseiten: www.mosselbay.co.za • www.mosselbay.gov.za

Unterkunft

De Bakke Santos Caravan Park Städtischer Campingplatz am Santos Beach und in Gehweite zur Altstadt. Tel. 044-6912915

Point Caravan Park Liegt am „The Point" und in der Nähe des Gezeitenpools, s. Karte. Tel. 044-6903501

Santos Express Uriges Backpacker-Hostel in einem ausgedienten Zug am Santos Beach mit Pub und Restaurant, Lage s. Karte. Doppelzimmer, SC und Dorms. Cell 083-9007797, www.santosexpress.co.za. DZ/F R300.

Park House Lodge Netter Backpacker und ruhiges Gästehaus beim Park in schönem Manor-House. Gemütlicher Garten, alle Services, sicheres Parken. 121 High St, Tel. 044-6911937, www.park-house.co.za. Schöne DZ R600, auch Dorm-Zimmer.

Blue Whale Lodge Preiswerte B&B und SC-Unterkunft in der historischen Altstadt in einem Haus von 1860. 5 Zimmer und 2 SC-Apartments, Pool, Grill. 22 Upper Cross St, Tel. 044-691-3147, Cell 082-4451972, www.bluewhale-lodge.co.za. DZ R350–650.

Avenues Guesthouse Deutsches Gästehaus, gut geführt und ruhig gelegen oberhalb der Innenstadt, nahe dem Klippenweg, fünf Zimmer, Pool, Wi-Fi. 23, 21st Ave, Tel. 044-6911097, Cell 076-9082165, www.avenues-guesthouse.com. DZ/F R540–600.

Bar-t-nique Guest House Oberhalb der Innenstadt gelegenes schönes Gästehaus, 11 Zimmer und Pool, Meerblick, Balkon, Wi-Fi. 82 Roger St in Linkside, 044-6904554, Cell 073-6695245, www.bar-t-nique.co.za. DZ/F R695–1100.

The Point Hotel Größeres Hotel auf den Klippen der St Blaize-Halbinsel und oberhalb eines natürlichen Felsenpools. 51 Zimmer, Restaurant, Meerblick, Wi-Fi. Point Rd, Tel. 044-6913512, www.pointhotel.co.za. DZ/F R1430.

In Dana Bay

Lilies & Leopards Schönes und empfehlenswertes B&B in Dana Bay mit Meerblick. 4 Zimmer, 1 SC-Apartment, Balkon, Wi-Fi, dt.-spr. In Dana Bay von der Flora St links in die Malva St, dann rechts in die Nerina und links in die P. Nana Street, Nr. 38. Tel. 044-6981743, Cell 082-4561661, www.lilies-leopards.co.za. DZ/F R700–900.

Classical View Hübsches Gästehaus mit Meerblick in Strandnähe, dt. Besitzer. 5 Zimmer, Balkon, Wi-Fi, Pool. An der Caltex-Tankstelle links in die Malva St, dann rechts in die Protea Rd und links in die P. Mellifera St, Nr. 32. Tel. 044-6982157, www.classicalview.com. DZ/F R740–1200, Dinner a.A.

Restaurants

Einige Restaurants in der Stadt bieten einen kostenlosen Shuttle-Service an.

Café Gannet Vor dem Bartolomeu Dias Museum Complex, Tel. 044-6913738, Karte auf www.oldposttree.co.za/cafe-gannet.

Sea Gypsy Café Eine rustikale, etwas „verwegene" Hafenkneipe guten und günstigen Fischgerichten, gleichfalls Gerichte für Nicht-Fisch-Esser. Tolle Lage am Hafen (s. Mossel Bay-Karte) mit gutem Blick auf die Bucht. Harbour Quay 4, Tel. 044-6905496, www.seagypsy.co.za. Mit Shuttle-Service.

Café Havana Kubanisch-angehauchtes Ambiente mitten in der Stadt. Restaurant mit schönem Ambiente, „gefährlicher" Cocktailbar und Zigarren-Lounge. Mehr für junge Leute, weniger für Gourmets. 38 Marsh St, Tel. 044-6904640, www.cafehavana.co.za. Mit Shuttle-Service.

Kingfisher Größeres Fischrestaurant am Meer, Seafood-Platter empfehlenswert, auch Außenplätze, tägl. Lunch & Dinner. Auch mit Shuttle-Service, dabei aber oft Wartezeiten. Point Rd, Tel. 044-6906390, www.thekingfisher.co.za. Benachbart: **Delfino's.**

5

Cattle Baron Kettenrestaurant, aber sehr empfehlenswert für Steak-Fans. Etwas außerhalb der Innenstadt, aber der Weg lohnt sich. Langeberg Mall, Shop 14b, Tel. 044-6950417, www.cattlebaron.co.za/stores/mossel_bay.htm.

Wahlweise Weiterfahrt

Auf der nachfolgende Route 6 fahren Sie von Mossel Bay in die Region Overberg und an die Walküste, Endziel ist Kapstadt. Alternativ können Sie von Knysna auf der R328 über den Robinson-Pass nach Norden nach Oudtshoorn zu den Straußenfarmen fahren und von dort weiter über die Route 62 durch die Kleine Karoo ins Weinland mit Tourende Kapstadt. Beschrieben ist diese Option, allerdings in umgekehrter Reihenfolge, in der **Route 7 – Wineland und Klein Karoo,** s.S. 636.

Victoria Bay (s.S. 535)

6 Route 6: Walküste und Kapregion

Routenverlauf

Schnellster Weg von Mossel Bay nach Kapstadt ist die durchgehende N2. Die schönere Reisevariante ist aber, von Swellendam zum südlichsten Punkt Afrikas zu fahren, zum **Cape Agulhas,** und dann entlang der R43 der **Overberg Whale Coast** zu folgen, die, fast immer am Meer entlang führt und dann wieder auf die N2 nach Kapstadt stößt. **Nachfolgend ist die Overberg Whale Coast-Strecke unsere Hauptreiseroute.** Von der N2 aus könnten Sie aber auch auf mehreren Abstechern gleichfalls die Küste kennenlernen (s. Karte „Overberg/Wal-Küste"). Der Name der Region südlich der N2 ist **Overberg** („Überm Berg"). Ziel der Route 6 ist Kapstadt.

Highlights der Whale Coast-Route

Das windumtoste *Cape Agulhas* ist nicht nur für Afrikadurchquerer schon immer das große Reisefinale gewesen, sondern auch so ein schönes Reiseziel. *Gansbaai* ist die Heimat des Weißen Hais und *Hermanus* der Ort, wo zwischen Juni und September sehr gut Wale von Land aus beobachtet werden können. In *Betty's Bay* können Sie am Stony Point wunderbar Pinguine beobachten und als Highlight am Schluss befahren Sie dann den *Clarence Drive* zwischen Rooi Els und Gordon's Bay. Er zählt zu den schönsten Küstenstraßen Südafrikas.

Straßen und Entfernungen

Die N2 bis Kapstadt ist bestens ausgebaut und auf der landschaftlich reizvolleren Strecke durch den Südzipfel Afrikas sind die Landstraßen alle gut, bis auf ein mit dem Pkw problemlos zu befahrendes Pistenstück von Elim zur Küstenstraße R43 (siehe Karte „Overberg/Wal-Küste").

Von Mossel Bay bis Kapstadt sind es auf der N2 ohne Umwege ca. 400 km. Die empfohlene Küstenroute über Swellendam – Bredasdorp – Agulhas – Hermanus – Gordon's Bay addiert sich auf knapp 600 km.

Was Sie erwartet

In der Zeit von Juni bis November sind entlang der gesamten Küstenstrecke Wale zu sehen, ansonsten findet man hier einsame Urlaubsorte und Landmarken wie Leuchttürme und Schiffswracks, historische kleine Fischersiedlungen wie Arniston, Museen zur Ortsgeschichte und Wanderpfade durch Dünen und am Meer entlang. Die touristische Infrastruktur ist trotz abgelegener kleiner Ortschaften akzeptabel und man findet fast überall Unterkunft. Die meiste Zeit können Sie entspanntes Fahren genießen mit sehr wenig Verkehr. Tanken Sie aber immer baldmöglichst wieder auf.

Klima

Dezember bis März: warme bis heiße Sommermonate, nicht selten mit Temperaturen um 40 Grad. Beste Reisezeiten sind September bis November und März bis Juni. Im Juli und August kühlen die Temperaturen ab, es wird windig und regnerisch. Aber trotzdem kann man auch in den Wintermonaten in diese Region reisen, Schlechtwettertage halten nicht lange an.

Web-Infos

www.tourismcapetown.co.za/leisure-travel/region/cape-overberg

Overberg / Wal-Küste
0
20 km
© RKH Verlag Hermann
Cape Town
Muizenberg
False Bay
Strand
Somerset West
Stellenbosch
Hottentots Holland Nature Reserve
Franschhoek
Worcester
Villiersdorp
Theewaterskloof
Sir Lowry's Pass
Grabow
Gordon's Bay
Clarence Drive
Kogel Bay
Rooi Els
Kogelberg Biosphere Reserve
Pringle Bay
Cape Hangklip
Stony Point N.R. (Pinguine)
Betty's Bay
Kleinmond
Bot Rivier
Bot River Vlei
Hawston
Harald Porter Nat. Botanical Gardens
Fernkloof Nature Reserve
Hermanus
Kleinriviersvlei
Walker Bay
Shaw's Mountain Pass 366 m
Caledon
Stanford
Die Kelders
Gansbaai
Danger Point
Kleinbaai
Geyser Rock
Dyer Island (Haitauchen)
Pearly Beach
Baardskeerdersbos
Piste
Elim
Genadendal dt. Missionsstation von 1734
Greyton
Worcester
Robertson
McGregor
Ashton
Montagu
Bonnievale
Breede
Stormsvlei
Sonderend
Riversonderend
Napier
Bredasdorp
Shipwreck Museum
Agulhas National Park
Buffeljags
Cape Agulhas
L'Agulhas
Struisbaai
De Mond N.R.
Waenhuiskrans (Arniston)
Cape Agulhas (Nadelkap), der südlichste Punkt Afrikas
Atlantischer Ozean
Indischer Ozean
Swellendam
Buffeljagsrivier
Bontebok National Park
Hauptroute N2 – Agulhas
Sout
Ouplaas/Wydgeleë
De Hoop Vlei
Die Mond
Koppie Alleen
De Hoop Nature-Reserve
Potberg
Malgas
Fähre
Port Beaufort
Infanta
Witsand
Heidelberg
Riversdale / Mossel Bay / Garden Route
Tradouws Pass
Barrydale
zur Route 62
zur Garden Route
Ladismith
LANGEBERG
OVERBERG
orange hinterlegt: 2. Küstenabstecher von der N2 nach Witsand und weiter nach Bredasdorp / Cape Agulhas
gestrichelte rote Linie: Hauptroute von der N2 zur Overberg Whale Coast, R43/44
N1
N2
R310
R44
R43
R45
R321
R320
R406
R316
R326
R317
R319
R60
R62
R324
R322
N

Auf der N2 von Mossel Bay nach Swellendam

Westlich von Mossel Bay beginnt die Region **Overberg** mit der Walküste. Die Gegend ist flach und eintönig, die N2, die „Rennstrecke" zwischen Port Elizabeth und Kapstadt, wird wieder einspurig und wochentags ist zügiges Vorankommen wegen ständiger Lastwagen oft nicht möglich. 35 km hinter Mossel Bay überquert die N2 den Gourits-Fluss auf einer 65 m hohen Brücke. Beim Passieren von **Albertinia** sehen Sie rechter Hand „The House of Aloes" mit angeschlossener *Alcare Aloe Factory*. Diese Firma stellt Kosmetikprodukte wie Hautcremes aus der Sukkulentenpflanze *Aloe Vera* her (der lateinische Zusatz *vera* meint „wahr" oder „echt"). Man kann sich über Aloen und Produktherstellung informieren, den Sukkulentengarten besuchen, Erzeugnisse kaufen oder sich im Café eine Pause gönnen. Weitere Infos www.aloe.co.za.

1. Küstenabstecher von der N2 nach Still Bay

Etwa 1,5 km hinter der Aloe Factory zweigt nach links eine Piste in Richtung Hectorskraal ab, die nach 19 km auf die asphaltierte R305 stößt und nach weiteren 14 km am Meer bei Still Bay endet. Still Bay an der Mündung des Goukou River ist ein beschaulicher Badeort mit kleinem Fischerhafen, in der Spitzensaison im Dezember/Januar sollte man ihn eher meiden. Es erstrecken sich hier endlose weiße Sandstrände, der Lappiesbaai Beach ist ein *Blue Flag Beach* mit sicherem Schwimmstrand. Es werden viele Wassersportarten in Fluss und Meer angeboten, der Fluss ist 15 km landeinwärts mit dem Boot befahrbar und der Golfer findet einen Neun-Loch-Golfplatz mit schönem Blick aufs Meer (Tel. 028-7542625). Außerdem existiert ein ca. 15 km langer Küstenwanderweg zwischen Still Bay und Jongensfontein im Westen.

Während der Walsaison sieht man vom Strand aus Wale blasen und am westlichen Ende der Still Bay gibt es historische Fischreusen, die noch immer genutzt werden und bei Ebbe zu sehen sind. Das sind mehrere runde Becken, die einst von den Khoi und San, den kapländischen Ureinwohnern, durch Anhäufung von Steinen errichtet wurden. Bei Flut laufen die Becken voll, bei Ebbe zieht das Wasser ab, die Fische bleiben zurück und konnten bequem mit Speeren erlegt werden.

Ungefähr 30 km westlich von Still Bay befindet sich die seit 1991 erforschte **Blombos Cave** mit sensationellen Fundstücken aus der Frühgeschichte von Jäger- und Sammlerkulturen zur beginnenden Sesshaftigkeit. In der Höhle wurden neben Werkzeugen und anderen Artefakten zwei Meeresschnecken-Schalen zur Verarbeitung und Aufbewahrung von Ocker gefunden. Diese Funde sind 40.000 Jahre älter, als alle bisherigen dieser Art. Im Tourist Office in Still Bay gibt es dazu eine Ausstellung und man kann dort einen Film über die Ausgabungen ansehen. Die Höhle selbst ist nicht zu besichtigen, Infos dazu findet man reichlich im Internet unter „Blombos Cave".

Stilbaai Tourism: De Palinggat, Langenhoven St, Tel. 028-7542602, www.stilbaaitourism.co.za. „De Palinggat" ist das älteste Gebäude im Ort und hat einen Teich mit Süßwasseraalen, Handfütterung Mo–Sa, 11 Uhr. Eine schöne mit B&B/SC-Unterkunft ist das deutsche Gästehaus **The Anchorage** mit 5 großzügigen Zimmern mit eigenen Terrassen direkt am Fluss. Außerdem Pool und

Restaurant. Ausgeschilderte Zufahrt, ca. 600 m hinter der Brücke an der R305, Main Road, Tel. 028-7543730, www.theanchorage.co.za. DZ/F R740, FeWo R270 p.P.

Auf der R305 geht es zurück zur N2.

Weiter auf der N2 Richtung Swellendam

Nach **Riversdale** erreicht man einen Ort, der einen vertraut klingenden Namen trägt: **Heidelberg.** Es ist eine burische Gründung von 1855, doch es gibt nichts Besonderes zu sehen, kein Heidelberger Schloss, kein Studentenleben, keinen Neckar.

Sehenswert ist vielleicht die *NG Kerk Heidelberg* in Ortsmitte, und sie ist auch des Rätsels Lösung: Der Ort erinnert mit seinem Namen an den „Heidelberger Katechismus", den *Catechesis Palatina* von Johannes Rodolphus. Es ist der am weitesten verbreitete Katechismus der reformierten Kirchen, 1563 in Heidelberg unter dem Titel „Catechismus oder Christlicher Underricht" erschienen, ein Unterweisungs-, Bekenntnis- und Gebetsbuch in den Grundfragen des christlichen Glaubens für Kirche und Schule. Die calvinistischen Buren bezeugten mit dem Ortsnamen ihre Glaubensrichtung.

2. Küstenabstecher von der N2 nach Witsand

Ein paar Kilometer hinter Heidelberg zweigt von der N2 die R322 nach Witsand und Port Beaufort ab. **Witsand,** 35 km von der N2, liegt an der St Sebastian Bay, da wo der Breede River ins Meer mündet. Es ist ein stiller Badeort, aber zwischen Juli und Oktober gibt es hier die höchste Population an Walen in Südafrika. In dieser Bucht gebären viele Riesensäuger ihre Jungen und die Einwohner nennen die Bucht dann respektlos „Whale Soup" – „Walsuppe". 40 bis 50 Kälber werden jährlich in dem flachen Wasser geboren und Bootsbetrieb ist in dieser Zeit nicht erlaubt. Man kann die Tiere aber vom Land aus beobachten, ein Fernglas ist dabei hilfreich. Am Strand gibt es Sitzbänke und ein Restaurant.

Witsand Association for Commerce and Tourism, Tel. 028-5371010, Cell 082-9229905, www.witsand.com.

Übernachten kann man auf einem Community-Campingplatz an der Main Road, Tel. 028-5371627. Etwas Besonderes sind die südafrikanischen Gästefarmen, die ihrem normalen Farmbetrieb ein Gästehaus angeschlossen haben. Der Gast lernt so das Leben auf einem südafrikanischen Landwirtschaftsbetrieb kennen und Mahlzeiten werden im Familienkreis eingenommen. Auf der Rückfahrt zur N2 – möglich nun über die R324 – kommt man an so einer Farm vorbei. Das schöne **Waterkloof Guest House** auf der Waterkloof Farm ist in der 7. Generation im Besitz der Familie Uys, die 1704 von Norddeutschland nach Südafrika ausgewanderte. Schaf-, Rinder- und Straußenzucht, 4 Suiten, Wi-Fi, Pool. Tel. 028 722-1811, Cell 083-2702348, www.waterkloofguesthouse.co.za. DZ/F R900, Dinner a.A.

Zum Cape Agulhas

Der kürzeste Weg von Witsand nach Bredasdorp und von da weiter zum Cape Agulhas führt über die R324 in nördlicher Richtung und nach ca. 18 km links auf eine Piste zum Dorf **Malgas.** Vor Malgas gibt es eine kleine, handbetriebene Autofähre über den Breede River, die von Sonnenauf- bis -untergang in Dienst ist. Wenn die Fähre am anderen Ufer liegt und niemand reagiert, einfach hupen. Von der Fähre bis zur asphaltierten R319 sind es 55 Pistenkilometer und dann noch 5 km nach Bredasdorp (s.S. 556). Von dort sind es 35 km bis zum Cape Agulhas.

Wenn man nach Verlassen von Malgas gegenüber einem einsamen Farmhaus der Ausschilderung nach links folgt und in Richtung Meer fährt, kommt man zu einem Kleinod an der Westseite des Breede River Mouth. Die schöne *Mudlark Riverfront Lodge* bei Cape Infanta befindet sich im Mündungsgebiet des Flusses in solitärer Lage und bietet ausgezeichnete Küche. Die Gäste können Wandern, Angeln, Wasserski fahren, Schnorcheln, Kitesurfen und verschiedene Bootstouren unternehmen. Zur Walsaison ist es einer der besten Plätze, um die Tiere in der St Sebastian Bay zu beobachten. Wer nicht über die Schotterpiste anreisen möchte, kann das Auto im Hafen Witsand stehenlassen und sich vom hauseigenen Boot abholen lassen – Fahrten über den Breede sind immer erlaubt. Breede River Mouth, Cape Infanta, Tel. 028-5421161, Cell 082-7330236, www.mudlark.co.za. GPS S34°24'429" E020°48'423". DZ Dinner+Ü/F ab R1160.

Abstecher von der Cape Agulhas-Strecke zum De Hoop Nature Reserve

Von Malgas in Richtung Bredasdorp fahrend erreichen Sie nach ca. 15 km die Zufahrt zum *De Hoop Nature Reserve.* Dieses Küstenreservat gehört zum *Cape Floral Kingdom* und ist seit 2004 UNESCO Weltnaturerbe. Es wurde 1956 durch den Zusammenschluss einiger Farmen gegründet und 1986 um das 23.000 ha große *De Hoop Marine Reserve* erweitert. Verwaltet wird es von *Cape Nature,* Karte und Anfahrtsskizze als Download auf www.capenature.co.za/reserves.htm?reserve=De+Hoop+Nature+Reserve.

6

Das Gebiet umfasst 45 km Küstenlinie, besitzt Sanddünen und Felsenküste, reicht bis 5 km ins Meer hinaus und umfasst sieben verschiedene Ökozonen. In der Bucht tummeln sich von Ende August bis Oktober Südliche Glattwale. Es ist außerdem Schutzgebiet für viele, zum Teil bedrohte und endemische Fynbosarten. Auch der seltene Kapgeier hat hier Brutgebiete. Im Sommer herrscht mediterranes Klima, die Winter sind mild. Die Trails im Reservat haben eine Länge von 11 km, die je nach Wetterlage mit dem Pkw befahrbar sind.

Übernachten kann man bei *De Hoop Collection,* die Palette reicht vom Campingplatz über Cottages bis zum Herrenhaus, Infos auf www.dehoopcollection.com.

Wanderungen im de Hoop Nature Reserve

Der *De Hoop Coastal Trail* beginnt bei Koppie Alleen an der Küste, es geht wahlweise rechts zum Strandweg oder links zum interessanteren Weg über Holzstege an der Felsenküste und Pools entlang zum Meer. Man sollte bei Ebbe gehen, ein Gezeitenplan ist am Gate erhältlich. Die Felsenpools sind schön zum Schwimmen und Schnorcheln. – Der *De Hoop Klipspringer Trail* (6 km) führt durch die Potberg Mountains in der nordöstlichen Sektion des Reserves und man hat Ausblick auf das Tal des Breede River, sieht die Kapgeier-Kolonie und Berg-Fynbos. Die Geierkolonie umfasst etwa 25 Brutpaare und es ist die einzige Brutkolonie im Winterregen-Gebiet. Startpunkt am Parkplatz des Environmental Education Centre (s. Download-Karte). – Der *De Hoop Vlei Trail* (15 km) ist ein Weg durch das De Hoop Vlei, er kann entweder als Rundweg oder kürzer über zwei

Geländewagen-Trails hin- und zurückgegangen werden. Start am Parkeingang, drei ausgeschilderte Abschnitte: Grebe Trail (3 Std.), Heron Trail (2 Std.) und Coot Trail (1 Std.). In diesem Teil leben sehr viele Vogelarten und es gibt gute Beobachtungsmöglichkeiten.

Weiter mit Bredasdorp, s.S. 556 und von dort zum Cape Agulhas.

Weiter auf der N2 von Heidelberg nach Swellendam

Wer auf der N2 geblieben ist, kann hinter Heidelberg in einem „Geheimtipp" übernachten, nämlich in der *Skeiding Guest Farm* in schöner Landschaft.

Auf der Farm werden Strauße, Schafe und Rinder gezüchtet und abends wird im Familienkreis gegessen. Ausfahrt „Slangrivier", 10 km westlich von Heidelberg, dort den Hinweisen folgen. 8 Zimmer, B&B/SC. Pool, Wi-Fi, barrierefrei. Tel. 028-7221891, Cell 082-4514965, www.skeiding.co.za, GPS S20°48"21.71 E34°4"44.60. DZ/F R820, Dinner a.A.

Bontebok National Park

Kurz vor Swellendam geht es links zum Bontebok National Park. Dieser kleine und zu SANParks gehörende Nationalpark ist nur 20 km^2 groß, wurde 1931 in der Nähe von Bredasdorp zum Schutz der fast ausgestorbenen Buntböcke gegründet und 1961 an den jetzigen Ort verlegt. Das Gebiet ist sehr schön, der Park gehört zur Kleinen Karoo, grenzt an den Breede River und im nördlichen Hintergrund ragt die beeindruckende Kulisse der Langeberg Mountains empor. Nicht nur die Buntböcke sind hier interessant, sondern auch die Landschaft, die Wildblumen im Frühsommer und andere Tiere wie Bergzebras, verschiedene Antilopenarten, Vögel und Reptilien. Im Park kann man Wandern oder im eigenen Auto umherfahren. Unterkunft gibt es einmal auf einem Campingplatz und im Lang Elsie's Kraal Rest Camp mit 10 Chalets und fantastischem Ausblick. Shop, Tankmöglichkeit. Infos auf www.sanparks.org. Parkeintritt R60, Chalet für zwei R840.

Swellendam

Ein Highlight an der N2 ist das historische **Swellendam** mit interessanten Gebäuden aus der Kolonialzeit. Die Stadt am Fuße der Langeberg Mountains hat rund 14.000 Einwohner. Um ins Zentrum zu gelangen, die N2 bei der Ausfahrt Swellendam East verlassen.

Hauptstraße ist die knapp 3 km lange Voortrek Street, die am südlichen Stadtende über die R60 wieder auf die N2 führt. Die historisch interessanten Sehenswürdigkeiten – der *Drostdy Museum Complex* liegt an der Swellengrebel Road, auf der man von der N2 kommend in die Stadt einfährt.

Swellendam verfügt über viele schöne Unterkünfte und Restaurants, die Lage ist ideal, um von hier aus die Umgebung zu entdecken. Man kann den *Bontebok National Park* besuchen, das *Cape Agulhas* und das *De Hoop Nature Reserve*. Auch Ausflüge in nördlicher Richtung, nach Montagu an der Route 62, nach Robertson und ins Weingebiet *Breede River Valley* bieten sich an.

Dutch Reformed Church

Neben Kapstadt und Stellenbosch ist Swellendam die drittälteste Stadt Südafrikas, sie wurde als Standort der Niederländischen Ostindienkompanie gegründet und nach dem Gouverneur Hendrik Swellengrebel benannt. 1745 wurde sie Sitz der Drostdy, des Landgerichts, und hatte 1795 für drei Monate eine eigenständige Regierung, bevor die Briten sie besetzten. Eine Feuersbrunst zerstörte 1865 viele Gebäude.

Sehenswert ist die **Drostdy,** das herrschaftliche Wohnhaus und Amtsgebäude des Landdrosten (Landrat und Richter), heute Museum mit historischem Mobiliar. Die ursprüngliche Drostdy wurde 1747 erbaut und zwischen 1812 und 1825 um das Doppelte vergrößert, das heutige Gebäude entspricht späteren Umbauten von 1844. *Drostdy Museum,* Tel. 028-5141138, www.drostdymuseum.com. Mo–Fr 9–16.45, Sa/So 10–14.45 Uhr, Eintritt R20.

Unterhalb der Drostdy ist ein viktorianischer Rosengarten mit kleiner Infostelle *Bontebok Tourism* und über der Straße befindet sich das ehemalige Gefängnis **Old Gaol.** Dahinter liegt das Freilichtmuseum **The Ambagswerf** mit Nachbauten historischer Häuschen und Werkstätten, wie Schmied, Wagenmacher, Mühle, Bäckerei, Gerberei, Küferei – sehenswert. Die Straßencafés bieten sich für eine Pause an.

Swellendams Wahrzeichen ist die enorm große **Dutch Reformed Church** an der oberen Voortrek Street. Sie wurde in den ersten Jahren des 20. Jahrhunderts in kuriosem Baustil errichtet und ist das beliebteste Fotomotiv des Orts.

Das Drostdy-Museum in Swellendam

Reise-Infos Swellendam

Information *Swellendam Tourism,* The Oefenings Huis (die alte Missionsstation), 36 Voortrek Street, Tel. 028-514 2770, www.swellendamtourism.co.za.

Weitere Webseiten: www.swellendam.net • www.swellendam-info.co.za

Unterkunft Swellendam bietet mit näherem Umkreis an die 100 Unterkünfte. Jene im Ort sind meist restaurierte historische Gebäude. Lage der Unterkünfte in der Stadt s. Stadtplan.

Swellendam Caravan Park Anlage nördlich des Zentrums mit 80 Stellplätzen und einfachen Ferienwohnungen. 34 Glen Barry Rd, Tel. 028-5142705.

Kam'Bati River Resort Hübsche Campinganlage am Ufer des Breede River, gute Angelstellen. 100 Stellplätze, Pool mit langer Rutsche, Shop. Jubileeskraal, auf der N2 ca. 18 km westl. von Swellendam und dann 4 km nördl. der N2, ausgeschildert. Tel. 072-3571131, www.kambati.co.za, GPS S34°04'47.82" E20°17'06.66".

Cypress Cottage Sechs individuell eingerichtete Zimmer in einem 200 Jahre alten Haus in einer Gartenanlage mit Pool. Kurze Wege, da im Zentrum. 3 Voortrek St, Tel. 028-5143296, www.cypresscottage.info. DZ ca. R700.

Swellendam Backpackers Adventure Lodge Das Haus hat Doppelzimmer, Dorms und einen Zeltplatz. 5 Lichtenstein St, Tel. 028-5142648, www.swellendambackpackers.co.za. DZ/Bad R410.

Swellendam Country Lodge Hübsches Gästehaus in schön gestaltetem Garten im südlichen Teil der Stadt. 6 Zimmer, Pool, Wi-Fi, dt.-spr. 237 Voortrek St, Tel. 028-5143629, www.swellendamlodge.com. DZ/F R510–600.

Roosje van de Kaap Gästehaus mit historischem Ambiente. Das Haupthaus war früher ein Teil der Drostdy und von der Terrasse hat man einen guten Blick auf die Gartenanlage. 13 Zimmer, Pool, Wi-Fi, Restaurant. 5 Drostdy St, Tel. 028-5143001, Cell 071-4935733, www.roosjevandekaap.com. DZ/F R680–760.

Old Mill Guest House & Restaurant Nette Cottage-Zimmer im Garten einer ehemaligen Mühle, gutes Restaurant. 241 Voortrek St, Tel. 028-5142790, www.oldmill.co.za, DZ/F ab R850.

Rothman Manor Das historische Herrenhaus in kapholländischem Stil von 1834 ist ein Nationalmonument und liegt in 3,5 ha großer Parkanlage. 6 Zimmer/Suiten/AC, Pool, Wi-Fi. 268 Voortrek St, Tel. 028-5142771, www.rothmanmanor.co.za. DZ/F R1100–2100.

De Kloof Luxury Estate Elegantes, restauriertes kapholländisches Manor House von 1801. 8 großzügige Garten-Suiten/AC, Pool, Fitness-Studio, Golf Driving-Range, Wi-Fi, dt.-spr. Anfahrt über die ansteigende von Manger Street, 8 Weltevrede St, Tel. 028-5141303, www.dekloof.co.za. DZ/F R1690–2190. Dinner a.A.

Restaurant **Old Gaol on Church Square** Unter schattigen Bäumen kann man frühstücken, lunchen oder den Nachmittagskaffee genießen. 8 Voortrek St, gegenüber der Kirche, Tel. 028-5143847, www.oldgaolrestaurant.co.za. 8–17 Uhr.

Old Mill Restaurant Traditionelle und europäische Gerichte, Frühstück, Lunch und Dinner. 241 Voortrek St (s.o.), Tel. 028-5142790, www.oldmill.co.za.

Woodpecker Pizza und italienische Küche. 270 Voortrek St, Tel. 028-5142924. Mo–Sa 10–21 Uhr, So 10–16 Uhr

Koornlands Restaurant Empfehlenswertes Dinner-Restaurant. Fr/Sa/So auch Lunch, Di geschl. 192 Voortrek St bei der Kirche, Tel. 028-5143396, Cell 082-4308188, www.koornlandsrestaurant.co.za.

Field & Fork Das Dinner-Restaurant mit moderner Bistro- und französischer Küche befindet sich beim Drostdy Museum Complex, Swellengrebel St 26, Tel. 028-5143430, Cell 082-0817942, www.swellendamtourism.co.za/eat/field-fork/. Di–Sa ab 17 Uhr mit „Drinks on the stoep".

La Belle Alliance Nett gelegenes Garten-Lunchrestaurant mit einfachen Gerichten, Swellengrebel St, s. Stadtplan. Tel. 028-5142252.

Roosje van de Kaap Renommiertes Restaurant in historischem Ambiente, s. Unterkünfte.

Südliche Umgebungsziele von Swellendam und Weiterfahrt

Nach Kapstadt auf der N2 direkt

Auf der N2 sind es von Swellendam ins Zentrum von Kapstadt rund 250 km. Die nächsten N2-Orte sind *Stormsvlei, Riversonderend* und *Caledon.* 8 km hinter Caledon gib es den Farmstall *Dassiesfontein* mit jeder Menge Trödel und Krimskrams, Antiquitäten und einem Restaurant mit gutem Essen. Tel. 028-2141475, www.dassies.co.za.

Nach Kapstadt über Hermanus

Wer auf der Fahrt nach Kapstadt von der N2 einen Abstecher an die Küste machen möchte, kann dies ab Caledon durchführen: links auf die R316 in Richtung Bredasdorp und nach knapp 2 km rechts auf die R320 nach Hermanus. Von den 38 km der Strecke Caledon – Hermanus sind 18 km Piste, allerdings ist dies eine schöne Strecke über den kleinen Shaw's Mountain Pass mit weitem Blick übers Land und anschließend durch das Weingebiet *Hemel en Aarde Valley.* 2. ans Meer auf sehr guter Straße: rund 30 km weiter zweigt von der N2 bei Bot Rivier die R43 an die Küste ab.

Zum Cape Agulhas

Zum Cape Agulhas von Swellendam auf der N2 13 km nach Westen fahren bis zum Abzweig der R319 nach Bredasdorp/Cape Agulhas. Nach Bredasdorp ist es eine knapp 60 km lange, einsame Strecke. 5 km vor Bredasdorp könnten Sie links zum **De Hoop Nature Reserve** abbiegen (ca. 40 km). Sie könnten aber auch, wenn Sie von Swellendam direkt zum De Hoop Reserve möchten, bereits früher von der N2 abbiegen, und zwar ca. 5 km nach Swellendam, Ausfahrt Malgas/ Infanta. Nach 2 km gabelt sich diese Pistenausfahrt und man nimmt den rechten Arm nach **Ouplaas/Wydgeleé,** Eingang zum *De Hoop Nature Reserve,* s.S. 551.

Bredasdorp

Die Stadt mit ca. 16.000 Einwohnern ist der Knotenpunkt im südlichsten Teil von Südafrika und Verwaltungssitz dieser Region, deren Bewohner von der Landwirtschaft leben. Noch bevor Sie in die Stadt einfahren, geht es gleich nach den Silos links und dann wieder links zu *Kapula Candles.* Kapula ist ein Fair-Trade-Unternehmen, produziert im Monat über 250.000 handverzierte und -bemalte, wunderschöne Kerzen. Man kann bei der Herstellung zusehen, die Fabrik ist nahebei in der Cereal Street, Showroom und Shop haben Mo–Fr 9–17.30 Uhr, Sa 9–15 und im Dez. auch sonntags geöffnet. Tel. 028-4251969, www.kapula.com.

Sehenswert im Ort ist das *Shipwreck Museum,* bestehend aus drei Teilen: einem alten Pfarrhaus, komplett mit Strandgut eingerichtet, das eigentliche Shipwreck Museum mit weiteren Wrackfunden wie Porzellangeschirr, Münzen, Kanonen u.a. mehr und schließlich noch das Kutschenmuseum mit Fahrzeugen früherer Zeiten. Independent St/Ecke Dirkie Uys St, Tel. 028-4241240.

Information *Cape Agulhas Tourism Head Office,* Long Street, Tel. 028-4242584, Mo–Fr 9–17 Uhr, Sa 9–12.30 Uhr, So geschl., www.discovercapeagulhas.co.za. Lunch-Tipp, ebenfalls in der Long Street/Ecke Claredon: *Bredasdorp Square.*

Abstecher nach Arniston/Waenhuiskrans

Von Bredasdorp führt auf 23 km die R316 zum Fischerdorf **Arniston** (oder Waenhuiskrans). Sehenswerte und pittoreske Fotomotive sind in der alten Siedlung *Kassiesbaai* die weißen, riedgedeckten Häuschen der Fischer, das Markenzeichen von Arniston. Der Name kommt von einem 1815 an den Riffen aufgelaufenen englischen Frachter, das Wrack liegt 6 km südlich vom Ort unter Wasser. Namesgeber für *Waenhuiskrans* ist die „Wagenhaushöhle", die nur bei Ebbe zugänglich ist. Heute ist Arniston ein recht beliebter Badeort und man kann den Fischern zusehen, wenn sie mit ihrem Fang hereinkommen.

Zwischen Bredasdorp und Arniston gibt es das *Nacht Wacht Restaurant* (8 km von Bredasdorp), ein schönes Herrenhaus auf der ältesten Farm dieser Gegend. Galerie mit Werken lokaler Künstler und gutes Restaurant. Tel. 082-9279706, Mo–Fr 9–17 Uhr, Sa 9–15 Uhr, So geschl. Dinner nur nach vorheriger Absprache.

Ungefähr an der Stelle des Restaurants zweigt in südlicher Richtung eine Piste ins *De Mond Nature Reserve,* s.u.

Waenhuiskrans Caravan Park & Bungalows, 119 Stellplätze in Meeresnähe, Main Road, Tel. 028-4459620.

Das Arniston Hotel bietet Zimmer und SC-Cottages mit Meerblick, Restaurant. Tel. 028-4459000, www.arnistonseasidecottages.co.za. Hotel DZ/F R1125–2590, Cottages (2–8 Pers.) R300 p.P.

Abstecher zum De Mond Nature Reserve

15 km südlich von Bredasdorp bei Zeekoevlei geht linker Hand ein Abzweig zum De Mond Nature Reserve im Mündungsgebiet des Heuningnes River. Das Reserve liegt in der Mitte zwischen Arniston und Struisbaai, ist 954 ha groß mit traumhaften Dünen, Stränden und reicher Vogelwelt. Es gibt dort den Sterna Trail, einen 7 km langen Wanderweg, auf dem man das Naturschutzgebiet gut kennenlernen kann, tägl. 7–16 Uhr. Eine Angellizenz für den Fluss gibt es bei Cape Nature, für das Mündungsgebiet und das Meer beim Marine and Coastal Management, Tel. 021-4023911. Weitere Infos bei Cape Nature, Tel. 021-4830190, www.capenature.co.za.

Bredasdorp – Struisbaai – L'Agulhas

Noch vor L'Agulhas kommt man durch **Struisbaai,** die größere Schwesterstadt von L'Agulhas, die mit dem kleineren Ort fast eine Einheit bildet. Es ist eine übersichtliche Stadt mit ca. 1000 Einwohnern. Der Sandstrand, der sich nach Norden ausdehnt, ist einer der längsten im Lande mit angenehmen Badetemperaturen und bei jedem Tidenhub zugänglich. Die Lufttemperaturen liegen im Winter bei 17/7 Grad, im Sommer bei 25/15 Grad.

Die R319 wird zur Main Road und auffallend sind am Ortsanfang die links liegenden kleinen, weißen Cottages mit Rieddach, die *Hotagterklip Cottages*. In früheren Zeiten waren es Fischerhütten, heute sind sie ein Nationalmonument und werden z.T. als Ferienhäuser genutzt.

Zum Hafen geht es einen Block hinter der Struisbaai Mall über die Harbour Road in Richtung Meer. Dort kann man Fischern bei ihrer Arbeit oder bei der Heimkehr vom Fischfang zusehen. Ausflugsboote bieten Fahrten auf die – meist bewegte – hohe See hinaus zur Delfinbeobachung, Dauer 1,5 Std. Buchung über Struisbaai Backpackers, Ecke Main Rd/Duiker St, Tel. 082-3723354.

Die Main Road wird zum Marine Drive und hinter den letzten Häusern von Struisbaai führt die Straße am Meer entlang, rechts liegen vereinzelte Wohnhäuser, und nach einem Kilometer ist der Ferienort **L'Agulhas** erreicht. Der kleine Ort mit knapp 500 Einwohnern lebt fast ausschließlich vom Tourismus.

Southernmost Point of Africa

Höhepunkt hier am „Ende der Welt" ist natürlich das **Cape Agulhas,** das „Kap der Stürme" und südlichster Punkt des Kontinents im **Agulhas Nationalpark**. Das Kap wurde 1999 wegen seiner einzigartigen, zum Teil bedrohten Pflanzenwelt zum Nationalpark erklärt,

Der Leuchtturm von L'Agulhas

der Eintritt ist frei. Man verlässt dazu den Ort über die Main Road in Richtung **Leuchtturm,** den man besteigen und sein Museum besichtigen kann. Der Leuchtturm wurde 1848 erbaut, ist ein schönes Fotomotiv und von oben hat man eine tolle Fernsicht. Weiter auf dieser Straße erreicht man nach kurzer Zeit einen ausgeschilderten, meerseitigen Abzweig zum eigentlichen Kap. Auf einem Steinmonument ist die Scheidelinie zwischen Atlantischem und Indischem Ozean eingezeichnet.

Das steinige Kap ist bei Sturm und schlechtem Wetter ungemütlich, wenn allerdings die Sonne scheint, kann man in den Felsen herumklettern und Muscheln sehen. Manchmal sitzen dort Angler und hoffen auf einen Biss. Der *Rasperpunt Hiking Trail* ist ein schöner Rundwanderweg von 5,5 km Länge, er beginnt am Parkplatz am Schiffswrack der „Meisho Maru". Dieses japanische Fischerboot sank am 16.11.1982 mit 240 Tonnen gefrorenem Thunfisch an Bord und liegt nun auf dem Weg zum westlichen Suiderstrand am Ufer (ums ganze Kap herum ereigneten sich unzählige Havarien). Dazu von der Hauptpiste nicht nach links zum Cape abbiegen, sondern weiter geradeaus fahren. Der Küstenwanderweg führt auf der ersten Hälfte durch Fynbos und an historischen Fischfallen und Wasserfällen entlang. Landeinwärts kommt man über einen Hügel mit Ausblick auf die Rasperpunt-Felsformationen und die Küstenlinie. Trailzeiten von 9–17 Uhr, zwischen 13–14 Uhr ist das Gate geschlossen. Außerdem gibt es noch den geführten *Shipwreck Hiking Trail* entlang der Küstenlinie. Kontakt: Louis Willemse, Tel. 083-5404575, louisfieldguide@kingsley.co.za.

Reise-Infos Struisbaai und L'Agulhas

Information Das *Cape Agulhas Tourism Head Office* befindet sich in Bredasdorp, s. dort.

Unterkunft Das Unterkunfts-Angebot ist vielfältig und bietet für jeden Geschmack und Geldbeutel etwas und man kann von allen Häusern zum Meer gehen.

Struisbaai Caravan Park Platz mit 275 Stellplätzen direkt am Strand. Von der Main Road links in die Duiker Street, Tel. 028-4356820.

L'Agulhas Caravan Park Kleiner Campingplatz kurz vor dem Leuchtturm, Ecke Main Rd/Quarry St, Tel. 028-4356539.

Struisbaai Backpackers Dieses zentral in Struisbaai gelegene Unternehmen vermittelt preiswerte Unterkunft im eigenen Haus und in Dependances. Struisbaai, Ecke Main/Duiker St, Tel. 082-3723354, www.struisbaaibackpackers.com.

South Point Self Catering & B&B Vier preiswerte Ferienwohnungen mit Terrasse, nur 100 Meter vom Meer entfernt. L'Agulhas, 190 Main Rd, Tel. 028-4357402, Cell 082-4717094, www.south-point.co.za. FeWo R430–500, Frühstück a.A.

Pebble Beach B&B Sehr schönes B&B westlich von L'Agulhas in Strandnähe. Vom Leuchtturm 5 km nach Westen fahren, links in die Seemans Rd und wieder links. 2 Zimmer, Suiderstrand, Vlei Ave, Tel. 028-4357270, www.pebblebeach.co.za. DZ/F R 860–1230.

Agulhas Rest Camp Zufahrt über Suiderstrand, ca. 5 km westlich vom Leuchtturm. Check-in 7–19 Uhr, Tel. 012-4289111, Cell 082-2339111, www.sanparks.org. 2- bis 4-Bett-SC-Chalets, DZ R910.

Ocean Art House Modernes Gästehaus, Galerie für zeitgenössische Kunst und Art Café, direkt am Indischen Ozean für anspruchsvolle Individualisten und Kunstliebhaber. Die Gästezimmer sind mit Originalgemälden ausgestattet. Zwischen L'Agulhas und Struisbaai, 6 Zimmer, Wi-Fi, dt.-spr. 4 Marine Drive, L'Agulhas, Tel. 028-4357503, Cell 083-3313514, www.capeagulhas-arthouse.com. DZ/F R1100, Dinner a.A.

Restaurants

Bella Luna Einmalige Lage direkt über dem Stand in Struisbaai. Kleines Restaurant für Lunch und Dinner und mit Außentischen. Salat, Pizza. Nostra Complex, Ecke Minatokka St/Protea Rd, Tel. 028-4357240.

Agulhas Country Lodge Normannisch anmutender Natursteinbau oberhalb der Hauptstraße mit Aussicht aufs Meer. Seafood u.a., nur Dinner. Main Rd, Tel. 028-4357650/1/2, www.agulhascountrylodge.com.

Von Bredasdorp zur Küstenstraße R43

Um bei der Rückfahrt vom Cape Agulhas nach Westen zu gelangen, biegt man 4 km vor Bredasdorp nach links ab, Hauptrichtung R43/Elim/Gansbaai. Nach Elim sind es 32 km. Eine (langsamere) Abkürzung nach Elim ist von der R319 schon vorher die Gravelroad durch den Agulhas Nationalpark (s. Karte „Overberg / Wal-Küste").

Für das Ziel N2 von Bredasdorp die R316 nach Caledon nehmen. Um nach Hermanus abzukürzen, gleichfalls die R316 nehmen und nach ca. zwei Dritteln der Strecke auf die R326 nach Stanford abzweigen.

Historisches Elim

Wenn Sie nach Elim einfahren, ist gleich rechts ein Info-Häuschen (Tel. 028-4831806) und links vorne die Kirche der *Moravian Mission Society,* der Mährischen Missionsgesellschaft aus *Genadendal* (Lage s. „Overberg/Wal-Küste"-Karte), 1738 von der Herrnhuter Brüdergemeinde dort als erste Missionsstation im südlichen Afrika gegründet. Gegenüber der Kirche steht ein kleines, eingezäuntes Denkmal, das an die Abschaffung der Sklaverei 1834 erinnert, in Elim ließen sich etliche dann freie Sklaven nieder. Heute sind die Bewohner fast alles Coloureds.

Die Kirche in Elim

Elim – ein Name aus der Bibel, nämlich eine Oase im Sinai – wurde 1824 als Missionsdorf gegründet und es hat sich mit seinen kleinen, riedgedeckten Häuschen, die fast alle im 19. Jahrhundert erbaut wurden, bis heute kaum verändert, und deshalb wurde der Ort zu einer „National Heritage Site" erklärt. Die Kirche, erbaut 1835, hat ein schlichtes Innern. Die Uhr am kapholländischen Kirchengiebel wurde 1764 in Deutschland gefertigt und ist die älteste noch funktionierende Kirchenuhr Südafrikas. Gehen Sie an der Kirche vorbei nach hinten, dort befindet sich rechts das *Elim Heritage Centre* mit Informationen. Linker Hand steht die ehemalige Wassermühle, ihr Wasserrad auf der Rückseite stammt von 1828.

Die Einheimischen betreiben Landwirtschaft und es wird in der Gegend auch Wein angebaut, die Region gehört zu den kühlsten Anbaugebieten Südafrikas. Bekannt ist Elim außerdem für seine seltenen Fynbos-Pflanzen im nahen, 450 ha großen **Geelkop Nature Reserve** („Gelbhügel") mit Fahrstrecke und im Oktober mit zahllosen, gelbblühenen *Leucadendrons*, einer Proteenart. Dazu an der Kirche vorbei einen guten Kilometer weiterfahren, dann rechts.

Essen im *Watermill Restaurant*, übernachten im Elim Guesthouse, Tel. 020-4821715, oder auf dem Weingut *Zoetendal* (Tel. 028-4821717, www.zoetendalwines.co.za) mit SC-Guesthouse, Tel. 028-3819760, 9 km in Richtung R43, s.u. Weitere Weingüter: *Black Oystercatcher*, Cell 082-7795439 (www.blackoystercatcher.co.za), *The Berrio*, Cell 082-5512351 (www.theberrio.co.za), *Strandveld Windes*, Tel. 028-4821902 (www.strandveld.co.za) und *Quoin Rock*, Tel. 028-4821619 (www.quoinrock.com).

Weiterfahrt Auf der leicht abfallenden Straße nach Gansbaai, vorbei an bunten Häuschen links und rechts, fahren Sie nun Richtung Meer zur R43, ab Ortsausgang leider auf belagloser Piste. Nach etwa 16 km geht es links nach Pearly Beach, es sind noch weitere 10 km.

Wenn Sie aber nicht ans Meer möchten und auf einer Farm mit allen Annehmlichkeiten übernachten wollen, hier ein Tipp: am Abzweig geradeaus weiterfahren in Richtung Baardskeerdersbos, dahinter bzw. 9 km vom Abzweig hinter dem braunen Schild „Farm 215" rechts abbiegen und weitere 2 km. Die Farm 215 ist Fair Trade Tourism-zertifiziert und liegt inmitten eines privaten und 800 ha großen Naturreservats mit Weinfeldern, Gärten und Fynbos-Pflanzen. 2 Gästezimmer und eine Homestead-Suite, alles in hochwertiger Ausstattung, Bar und Dining, Reiten u.a. Tel. 028-3880920, Cell 082-0971655, www.farm215.co.za. DZ/F R1700.

Pearly Beach Pearly Beach mit seinen „perlenartig" schimmernden Sandstränden ist ein kleiner Badeort mit Unterkünften. Empfehlenswert ist das *Klein Paradijs Country House* von Susanne und Michael Fuchs mit 5 schönen Zimmern und eigenem Restaurant und Pool. 500 m bevor man auf die R43 stößt nach rechts abbiegen und der Ausschilderung folgen. Tel. 028-3819760, www.klein-paradijs.com. DZ/F R1200.

Kleinbaai Von Pearly Beach nach Kleinbaai sind es auf der R43 etwa 17 km. Der Küste vorgelagert sind die Inseln **Geyser Rock** und **Dyer Island,** das bevorzugte Lebensgebiet des **Großen Weißen Hais,** der sich von den hier lebenden Kap-Pelzrobben ernährt. Auch Wale, Delfine und Pinguine sind mit etwas Glück zu sehen. Biegen Sie von der R43 nach links nach **Kleinbaai** ab, von dessen Hafen aus die Katamarane zu Beobachtungsfahrten nach Dyer Island und Geyser Rock starten. Nähere Infos s. Exkurs „Hai-Käfigtauchen in Gansbaai".

6

Hai-Käfigtauchen in Gansbaai

Das 120 km südöstlich von Kapstadt an der rauhen Südküste gelegene Städtchen **Gansbaai** weltweit der beste Ausgangspunkt für eine unvergessliche Begegnung mit dem Großen Weißen Hai. Das ganze Jahr über werden hier Käfigtauchgänge und Beobachtungsfahrten zu den großen Raubfischen angeboten.

Die artenreichen Gewässer um die vier Kilometer vor der Küste gelegene Insel „Dyer Island" zählen zum bevorzugten Lebensraum der imposanten Meeresjäger und stellen das weltweit zuverlässigste Beobachtungsgebiet dar. Grund hierfür ist die auf dem vorgelagerten Robbenfelsen „Geyser Rock" beheimatete Kolonie von bis zu 65.000 Kap-Pelzrobben, den bevorzugten Beutetieren der Weißen Haie in diesem Gebiet. Acht der insgesamt zwölf in Südafrika lizenzierten Operatoren starten ihre Ausfahrten vom Gezeitenhafen in Kleinbaai, welcher fünf Kilometer südlich von Gansbaai liegt. Von hier aus dauert die Fahrt ins Jagdgebiet der bis zu sieben Meter langen Weißhaie nur etwa 25 Minuten.

Die eigens zum Zweck des Käfigtauchens entwickelten Katamarane bieten 20 bis 40 Passagieren Platz und genügen, wie auch die Stahlkäfige, höchsten Sicherheitsstandards. Die Tauchausrüstung wird von den Anbietern gestellt und es ist kein Brevet nötig, um dem Herrscher des Ozeans direkt ins Auge zu blicken. Frontales Anschwimmen, Vertikalattacken aus der Tiefe und spektakuläre Sprünge zählen zu den typischen Verhaltensweisen der Weißen Haie und können aus dem Schutz des Stahlgehäuses und auch vom Deck aus direkter Nähe beobachtet werden. Die Ausfahrten finden wetterabhängig statt und dauern zwei bis drei Stunden, wobei mitunter mehrere verschiedene Tiere am Boot erscheinen.

Neben den Weißen Haien werden regelmäßig Pelzrobben und gelegentlich Wale, Delfine und Pinguine gesichtet. Ein Transfer von Kapstadt nach „Shark Town" wird auf Anfrage von den Anbietern, die auch in der V&A Waterfront präsent sind, organisiert.

Kontaktinformationen eines empfehlenswerten Anbieters: White Shark Projects, 16 Geelbek Street, Kleinbaai, Tel. 028-3841774, www.whitesharkprojects.co.za.

Jan-Christopher Fischer

Südwestlich von Kleinbaai liegt die felsige Halbinsel **Danger Point,** hier ist am 26.2.1852 der 1400 BRT große britische Truppentransporter „MS Birkenhead" auf einen versteckten Felsen aufgelaufen und gesunken. Von 643 Mann Besatzung und Passagieren überlebten nur 193. Noch viele andere Schiffe kollidierten mit diesen Felsen und sanken. Dass die Gegend hier sehr gefährlich ist, musst bereits Bartolomeu Dias erfahren, als er am 14.5.1488 auf der Rückreise von Mossel Bay bzw. von der östlichen Algoabucht hier landete (er kam damals bis Kenton-on-Sea, wo zur Erinnerung das Dias-Kreuz steht). Mehr als 140 Schiffe sind in der Vergangenheit zwischen Danger Point und Cape Infanta bei Witsand gesunken.

Gansbaai und De Kelders

Nördlich von Danger Point beginnt die für gute Walbeobachtungen bekannte *Walker Bay*. **Gansbaai,** 4 km nördlich vom Abzweig nach Kleinbaai, ist eine kleine Hafenstadt mit ca. 14.000 Einwohnern, die neben dem Fischfang und Fischverarbeitung hauptsächlich vom Wal- und Haitourismus lebt. Der nördliche Vorort **De Kelders** (afrikaans für „The Caves") ist von vielen großen und kleinen Höhlen unterminiert. Eine der Höhlen hat einen natürlichen Süßwasserpool, in dem man schwimmen kann. Die berühmteste Höhle ist die *Klipgat Cave,* nördlich von De Kelders im *Walker Bay Nature Reserve.* Menschliche Funde von dort gehen bis auf 65.000 bis 85.000 Jahre zurück und gehören zu den ältesten Nachweisen des *homo sapiens.*

Die Küste von De Kelders, Geheimtipp für Walbeobachtungen

6

Wenn man in De Kelders übernachtet und Glück hat ein Zimmer am Meer zu bekommen, kann man vom Haus aus Walkühe mit ihren Kälbern spielen sehen. Die *Stanford's Bay* südlich von De Kelders ist ideal zum Schwimmen und ein schöner Spaziergang bietet sich auf dem *Klipgat Trail* an. Er ist 7 km lang und beginnt im Hafen von Gansbaai, führt nördlich entlang der Küste bis zum Walker Bay Nature Reserve, wo sich die oben erwähnte Klipgat Cave befindet. Der Weg schlängelt sich durch Felsen und an etlichen großen und kleinen Höhlen vorbei, kommt auch zu einem kreisförmigen Steinwall, dem „Duiwelsgat" (Teufelsloch). Die Mauer wurde von den ersten Siedlern dieser Gegend gebaut, um ihre Schafe vor dem Fall in eine eingebrochene Höhle zu bewahren. Heute kann man durch das Loch die ein- und auslaufende Brandung unter dem Boden beobachten, ist aber nur etwas für Schwindelfreie. Karten und Infos gibt es im Gansbaai Tourism Bureau oder auf www.capenature.co.za/reserves.htm?reserve=Walker+Bay+Nature+Reserve#reserve_tabs

Reise-Infos Gansbaai / De Kelders

Information *Gansbaai Tourism Bureau,* Gateway Centre, Kapokblom St, Tel. 028-3841439, www.gansbaaiinfo.com

Unterkunft Die schönsten Gästehäuser in Gansbaai liegen im nördlichen Stadtteil De Kelders direkt am Meer. Es sind „Logenplätze" in der Walsaison und im Sommer schöne Unterkünfte am Wasser.

Gansbaai Caravan Park Platz mit 52 Stellplätzen am Hafen. Gansbaai, Kus Rd, Tel. 028-3840872, Cell 072-1007661.

Gansbaai Backpackers Ordentlicher Backpacker im Zentrum von Gansbaai, in der Nähe der Haitouren-Veranstalter und Restaurants. Verschiedene Zimmer von DZ/Bad bis Dormitory. 6 Strand St, Tel. 083-6264150, www.gansbaybackpackers.com. DZ/Bad R400.

Whalesong Lodge Ein schönes *Fair Trade Tourism*-Gästehaus am Meer mit großer Terrasse, weitem Blick über die Bucht und empfehlenswerter Küche. 4 großzügige Zimmer und eine Suite, Pool, Wi-Fi, dt.-spr. Von Gansbaai auf der R43 in Richtung de Kelders fahren, 3. Zufahrt nehmen (Schild „Standford's Cove"), in Richtung Meer steuern und am Ende rechts. 83 Cliff St, Tel. 028-3841865, Cell 082-8835793, www.whalesonglodge.co.za. DZ/F R1400–2000, Dinner a.A.

Crayfish Lodge Deutsches Gästehaus in modernem Ambiente auf den Klippen mit Panoramafenstern und Terrasse. 5 Zimmer/AC, Pool. 1. Zufahrt nach de Kelders nehmen (Schild „Perlemoen Bay"), danach rechts in den Hoofweg/Main Rd und der Ausschilderung folgen. 2 + 4 Killarney St, Tel. 027-3841898, www.crayfishlodge.de. DZ/F R2120–2840, Ermäßigung s. Website.

Restaurants **Benguela Fine Dining** Gehobenes Lunch- und Dinner-Restaurant, Seafood, Fleisch, Vegetarisches. De Kelders, 24 Eiland St, Tel. 028-3842120, Cell 071-3372971, Reservierung erforderlich.

De Seemans Taphuis Bistro-Restaurant auf den Klippen, von der Terrasse guter Ausblick auf den Hafen von Gansbaai. 2 Mark St, Gansbaai, Tel. 028-3841885, Cell 082-8703404.

Thyme at Rosemary Gemütlich-nostalgisch, eingerichtet mit viktorianischem Dekor, Außentische unter Feigenbäumen. Seafood und traditionelle südafrikanische Gerichte, wie z.B. *waterblommetjie*. Gansbaai, 13 Main Rd, Tel. 028-3842076, Mo–So 9.30–15.30 u. 18.30–21.30 Uhr, www.gansbaaiinfo.com /dining/restaurant.html

Lighthouse Tavern Pub mit gemütlichem Kamin und Meerblick an der Straße zum Danger Point-Leuchtturm. 49 Van Bloemenstein St, Birkenhead Village, Tel. 082-3326634, www.lighthousetavern.co.za.

Weiterfahrt

Die R43 wendet sich landeinwärts und führt über Stanford nach Hermanus (ca. 40 km). In **Stanford** (www.stanfordinfo.co.za) lohnt sich der Besuch des **Walker Bay Estates** mit der **Birkenhead Brewery,** einem der ältesten Weingüter des Landes, das auch gleichzeitig Bierbrauerei und Mineralwasser-Abfüllstation ist. Die hier angebauten Weinsorten sind Souvignon Blanc, Chardonnay, Shiraz Rosé, Cabernet Souvignon. Angeschlossen ist ein Restaurant mit Pub (Mi–So 11–16 Uhr) und schönem Blick auf die Klein River Mountains. Wein- und Bierverkostung: Mo–So, 10–17 Uhr. Brauerei-Tour nach Voranmeldung Mi–Fr, 11–15 Uhr. Tel. 028-3410013, www.walker bayestate.com. Dazu von der R43 rechts auf die R326 nach Caledon/Riversonderend, nach 400 Metern ist links die Brauerei.

Wal-Metropole Hermanus

Die R43 nach Hermanus führt an der Lagune *Kleinriviersvlei* entlang. Rechter Hand erheben sich hohe Berge und links liegt am Wasser der Yachtclub von Hermanus, den man von der Straße nicht sehen kann. Wo die Lagune ins Meer mündet, ist eine Sandbank, *Grotto Beach* genannt, der bekannte Sandstrand von Hermanus. Zum Strandparkplatz von der R43 nach links in die 14th Street einbiegen.

Hermanus und seine Umgebung sind sehr reizvoll und nicht nur während der Walsaison zwischen Juli und November ein lohnendes, vielbesuchtes Reiseziel. Die Bucht wird von eindrucksvollen Bergen begrenzt und das von blühender Vegetation gesäumte felsige Ufer bietet gute Fotomotive.

Die Stadt, die heute ca. 40.000 Einwohner zählt und recht wohlhabend ist, hieß früher *Hermanuspietersfontein* und wurde um 1891 als Walfangstation gegründet. Benannt wurde sie nach Hermanus Pieters, der hier Anfang des 19. Jahrhunderts eine Quelle fand und sein Vieh dort weiden ließ. Als der Ort 1904 die Stadtrechte erhielt, wurde der Name auf „Hermanus" gekürzt. Das Stadtzenturm mit den Fußgängerbereichen **Market Square** und **Village Square**, Läden und Restaurants liegt im Karee Main Road/Marine Drive/Old Harbour. Die Stadt lebt heute vom Tourismus, der ganzjährig stark boomt. Achten Sie in der Innenstadt auf Ihre Fahrgeschwindigkeit und Parkverbote, denn „Knöllchen verteilen" scheint ein lohnender Zeitvertreib der hiesigen Polizei zu sein.

Hermanus
0
500 m
© RKH Verlag Hermann
1 The Potting Shed
2 Hermanus Backpackers
3 Avalon Sea
4 La Fontaine
5 Harbour Vue Guest House
außerhalb d. Karte, re. ob.:
Abercron Residence
Selkirk House
rechts unten:
Sandals Beach Villa
Restaurants (u.v.a.)
1 Savannah Café
2 Fabio's Ristorante
3 Bientang's Cave
4 Harbour Rock
Strände:
Langbaai
Voëlklip
Kammabaai
Grotto Beach
Sandals Beach
Unterk. Sandals
Beach Villa
z. Ortsteil Voëlklip
n. Gansbaai
R 43
z. Fernkloof Drive (Abercron Residence)
Selkirk St (Selkirk House) u. Golfplatz
Cape Town / R 320
Fernkloof Nature Reserve
NORTHCLIFF
EAST-CLIFF
WESTCLIFF
Walker Bay
Old Harbour
Market Square mit Whale House Museum
Village Square m. Restaurants
The Marine Hotel Rest. Pavillon
Cliff Path
Whale Watching
New Harbour
Beach Club
Main Rd
Burman Drive
Mountain
Dolphin
Steenbok
Magnolia
Harmony
Mossie
Bird
Disa
Robin
Acacia
Duiker
Albertyn
Impala
Flora
Fourie
De Goede
Industria
Mussel
Mimosa
Arum
Steenbras
Swartdam
Hospital
Ravenscroft
Church
Orothamus
Rochester
Arundel
London
Strand
Canterbury
Arcadia
Rocklands
Westcliff
Cliff
Coronation
Windsor
Springfield
Stil
Armaghs
Smuts
Plein
Marine Drv
Flower
Spence
Patterson
Long
Aberdeen
Royal
Hope
Mitchell
High
College
Dirkie-Uys
Lord-Roberts
Nicholl
Moffat
Musson
Luyt
Mitchel
Stemmet
Hill
Marine
Market
Harbour
Marina
St. Peters Way
Park

Der Village Square mit Restaurants

Einfahrt von Osten/ Parken Zentrumsnahe Parkplätze findet man in der Zufahrt zum Old Harbour, dazu von der Main Road an der Kreuzung mit dem links an der Ecke befindlichen Hotel/Restaurant „The Marine" nach links in den Marine Drive abbiegen und gleich wieder rechts. Dort gibt es bewachte Parkplätze, die in der Hauptsaison natürlich nicht frei bleiben. Von hier sind es nur ein paar Schritte zum Village Square mit Freiluftrestaurants, zum Market Square mit kleinen Shops und mit dem interessanten kleinen **Whale House Museum,** das neben einem Walskelett viel Wissenswertes präsentiert, u.a. mit audiovisueller Technik (Mo–Sa 9–13 Uhr u. 14–17 Uhr, So 12–16 Uhr, Eintritt). Links von ihm ist das Photo Museum mit historischen Dokumenten und Fotos zur Stadtgeschichte.

Wenn Sie vor dem Besuch des Zentrums zuvor zur hilfsbereiten Touristen-Information möchten, um z.B. ihre Unterkunft reservieren zu lassen oder eine Pause einlegen möchten, so biegen Sie bei der „The Marine"-Kreuzung nach rechts ab, Sie fahren dann direkt auf die Information zu. Links davor ist das *Savannah Café* mit vielen Parkplätzen.

Cliff Path Neben seiner hübschen Lage hat Hermanus in der Walsaison den großen Vorteil, dass man vom erhöht liegenden **Cliff Path** aus bequem die Wale in der Bucht beobachten kann. Dieser insgesamt 12 km lange Weg verläuft dicht am Meer und auch am Stadtzentrum entlang. Er beginnt am neuen Hafen am West Cliff und reicht bis zum East Cliff, vorhanden sind etliche Ruhebänke und am Old Harbour steht ein Teleskop. Wer gemächlich dahinschreitet, kann Rock Dassies (Klippschliefer) sehen, die sich links und rechts des Weges aufhalten und nicht besonders scheu sind.

Wale in Südafrika

Southern Right-Wale (Südliche Glattwale, s.o. Abb.) sind vom Aussterben bedroht. Ihr rundlicher Körper hat keine Rückenflosse, daher „Glattwal". Sie kommen nur in den Ozeanen der Südhalbkugel vor und waren früher die bevorzugte Beute von Walfängern, weil sie sehr langsam schwimmen (ca. 8 km/h), nahe ans Ufer kommen, große Mengen Walöl liefern und nach dem Erlegen, im Gegensatz zu anderen Walarten, an der Wasseroberfläche treiben – daher waren sie für die Walfänger die „rechten". Sie wurden bereits 1935 unter Schutz gestellt, doch weiterhin von der internationalen Walfangindustrie signifikant dezimiert. Nach Schätzungen gibt es in den südlichen Meeren noch etwa 5000 Glattwale, davon etwa 500 in südafrikanischen Gewässern.

Glattwale werden bis zu 17 m lang, 80 t schwer und etwa 50 Jahre alt. Ihr Maul ist mit hornigen Seepocken besetzt. Von Juni bis September führt sie ihre Migration aus antarktischen Gewässern an die warmen Küsten des südlichen Afrikas zur Geburt und Aufzucht ihrer Jungen.

Humpback-Wale (Buckelwale) zählen zu den Furchenwalen. Sie werden 12–15 m lang, bis zu 30 t schwer, haben im Vergleich zu anderen Walarten deutlich größere Flossen und einen kleinen Höcker auf der Rückenflosse. Seit 1966 stehen sie unter Artenschutz. Bekannt sind sie wegen des Gesangs der Männchen in der Brutzeit. Auch sie ziehen aus kalten Gewässern an den Küsten Südafrikas vorbei in ihre Kalbgebiete um Mozambique und Madagaskar, alljährlich eine Strecke bis zu 8000 Kilometer.

Das Eintreffen von Walen in der Walker Bay wird in Hermanus traditionsgemäß vom **Whale Crier** verkündet, der mit seiner Tröte aus Kelb (Seetang) durch die Straßen zieht und so auf des Ereignis aufmerksam macht. Man kann auch bei der Touri-Info anrufen. Weitere allgemeine Wal-Infos auf www.whaleroute.com. Alljährlich findet in Hermanus in der letzten Septemberwoche das große **Whale Festival** statt, www.whalefestival.co.za.

Reise-Infos Hermanus

Information *Hermanus Tourism Bureau,* Old Station Building, Ecke Mitchell/Lord Roberts Sts, Tel. 028-3122629, www.hermanustourism.info. Mo–Fr 8–18 Uhr (Sommer), 9–17 Uhr (Winter), Sa 9–17 Uhr, So 11–15 Uhr, mit Internetstelle.

Weitere Webseiten: www.hermanus.com • www.hermanus.co.za www.hermanusthingstodo.com

Unterkunft Alle Gästehäuser bieten einen hohen Komfort. Wi-Fi-Internetanschluss ist überall vorhanden.

Onrus River Holiday Resort Campingplatz 5 km westlich von Hermanus in Onrusrivier. Nette Anlage am Meer mit Felsenküste, Sandstrand in Gehweite. 176 Stellplätze, teilweise zementiert oder mit Gras, teilweise schattig. Onrusrivier, De Villiers St, Tel. 028-3161704.

Hermanus Backpackers Guter Backpacker in der Innenstadt, Dorms und DZ. 26 Flower St, Tel. 028-3124293, Cell 082-8901485, www.hermanusbackpackers.co.za. DZ R360–390, günstiges Frühstück extra.

The Potting Shed Geschmackvoll eingerichtetes Hermanus-Haus, Gastgeber Anna & David Sales, sehr sauber, sicheres Parken im Hof, Pool, gutes Preis-Leistungsverhältnis. 28 Albertyn St, Tel. 028-3121712, www.thepottingshedguesthouse.co.za. DZ/F R700, auch 2 Familienzimmer und 1 SC-Apartment (R995).

Avalon on Sea Deutsches Gästehaus, 6 Zimmer, teilw. mit Meerblick, Pool, Gästeparkplätze. 1 Marine Dr, Tel. 028-3130959, Cell 083-2667452, www.avalononsea.co.za. DZ/F R700–1000.

Von Abercron Residence Deutsches Gästehaus direkt oberhalb des Golfplatzes mit schönem Meerblick. 3 Zimmer, 1 SC-Apartment, behindertengerecht, Pool, BBQ. Hermanus-Heights, 75 Fernkloof Dr, Tel. 028-3121551, Cell 082-6697926, www.abercron-residence-hermanus.co.za. DZ/F R700–1000.

Harbour Vue Guesthouse Westlich in Richtung Neuer Hafen gelegenes Gästehaus mit Meerblick. 5 Zimmer, Pool, Gästeparkplätze. 84 Westcliff Rd, Tel. 028-3124860, Cell 082-4131554, www.harbourvue.co.za. DZ/F R1000–1400.

La Fontaine Gästehaus am Marine Drive, Walbeobachtungen vom Haus aus möglich. 5 Zimmer und Suiten/AC, Pool. 33 Marine Dr, Tel. 028-3124595, Cell 082-4731210, www.lafontaine.co.za. DZ/F R1000–1500.

Selkirk House Schönes Gästehaus in Golfplatznähe. 5 Zimmer/AC mit Terrasse, Pool, BBQ. Hermanus-Heights, 29 Selkirk St, Tel. 028-3124892, Cell 087-5874753, www.selkirkhouse.co.za. DZ/F R1100–2200.

Sandals Beach Villa Schönes Ferienhaus direkt am Grotto Beach, Walbeobachtungen sind von der Terrasse aus möglich. 3 Schlafzimmer/Bad/AC, Pool, BBQ. 3 Sandals 11st St, Tel. 028-3141116 u. 021-8869988, www.sandals beachvilla.co.za. FeWo R1760–2860.

Restaurants Davon gibt es im Zentrum in den Fußgängerbereichen jede Menge, z.B. am Village Square das *Cubaña, Mugg & Bean, Ocean Basket.* Wer etwas Bestimmtes sucht, kann auf www.hermanusrestaurants.com nachsehen. Nachfolgend ein paar Empfehlungen, Lagen s. Hermanus-Stadtplan.

Savannah Café Nettes Café bei der Information mit Außensitz- und Parkplätzen, Frühstück, Lunches, Seafood, Pasta, Salate, Wraps, Mezze, Sandwiches, Patisserie. 25 High St, Tel. 028-3124259, www.savannahcafe.co.za, Mo–Sa 8–21 Uhr, So 8–15 Uhr.

Pavillon at the Marine Erstes Haus am Platz, gut gelegen in den Klippen mit aktueller und mediterraner Küche, gehobene Preise, Ecke Main Rd/Marine Dr, Tel. 028-3131000, www.collectionmcgrath.com/marine/the-pavilion. Di–Sa 19–21.30 Uhr.

Bientang Cave Restaurant Toll gelegenes Lunch-Restaurant unterhalb des Marine Drives, halb in einer Höhle verborgen und direkt am Wasser. Erstklassige Küche und gute Weine. Tel. 028-3123454, www.bientangscave.com. 12–16 Uhr, je nach Wetter, da nur Außensitzplätze.

Harbour Rock Restaurant Seafood-, Thai- und Sushi-Restaurant, etwas erhöht gelegen im neuen Hafen in modernem Ambiente und 280-Grad-Ausblick über die Bucht. Tel. 028-3122920, www.harbourrock.co.za. Lunch 12.30–15.30 Uhr, Dinner 18.30–22 Uhr.

Fabio's Ristorante Italienisches Lunch- und Dinner-Restaurant am St Peters Way im Zentrum, Tel. 028-3130532, www.fabios.co.za. Tägl. ab 11 Uhr.

Zwei Restaurants außerhalb**: La Vierge Restaurant & Champagne Veranda** Inmitten von Weinbergen gelegen hat man Ausblick auf Berge, Reben und Meer. Fusion, African, Continental, Fine Dining. Hemel-en-Aarde Valley Road (R320), Tel. 028-3130130, www.lavierge.co.za. Lunch Di–So 12–16 Uhr, Dinner Fr/Sa 18–22 Uhr.

Heaven Restaurant Brasserie mit Bistro-Küche und weitem Ausblick auf dem Newton Johnson Wine Estate, Hemel-en-Aarde Valley (R320), 9 km ab der R43. Tel. 021-2002148, www.newtonjohnson.com. Restaurant Mi–So 9–15 Uhr, Weinprobe Mo–Sa 10–15 Uhr.

Bootstouren Walbeobachtungen vom Boot aus werden von verschiedenen Unternehmen durchgeführt. Infos und Buchungsmöglichkeit im Touristenbüro im Old Station Building oder in Ihrer Unterkunft.

Webseiten dazu: www.whalecruises.co.za • www.whalewatchingsa.co.za
www.whaleviewing.co.za • www.hermanuswhalewatchers.co.za.
Der Preis liegt bei ca. R600 p.P.

Hermanus Golf Glub Beeindruckender 27 Loch-Platz östlich vom Stadtzentrum und nördlich der R43. Golf Road, Tel. 028-3121954/5, www.hgc.co.za

Strände Die meisten Strände befinden sich an der Nordseite der Walker Bay und sind kleine Buchten, nur Grotto Beach ist ein langer Sandstrand. Vom Stadtzentrum nach Osten erreicht man als ersten *Langbaai*, ideal für diejenigen die es ruhig lieben, mit weißem Sandstrand und Parkplatz. Der nächste ist *Voëlklip*, ein sauberer Strand mit Sand- und Rasenflächen, wird gerne von jungen Leuten besucht, Toiletten, Shops und Parkplatz. Es folgt die durch vorgelagerte Felsen geschützte *Kammabaai*, die gerne von Familien mit Kindern aufgesucht wird. Highlight ist schließlich der 12 km lange *Grotto Beach,* ein Blue Flag Beach weißem Sand, Duschen, Toiletten, Grillstellen, Parkplätzen und Shops.

Unterhalb des Marine Hotels im Stadtzentrum gibt es noch ein geräumiges **Meeresschwimmbecken.** Im westlichen Vorort Onrus ist der *Onrus Beach* beliebt, ein durch eine Lagune geschützter Familienstrand mit Toiletten, Läden und Parkplätzen.

Weiterfahrt von Hermanus

Beim Verlassen der Innenstadt auf der Main Road (R43) in westlicher Richtung kommt man zu einer Ampelkreuzung mit der R320 mit dem *Hemel en Aarde Shopping Village* (www.hemelenaardevillage.co.za). Biegt man nach rechts auf die R320/Caledon ab, gelangt man ins **Hemel-en-Aarde Valley,** wo der bekannte Hermanus-Wein wächst. Weingüter sind z.B. *Bouchard Finlayson, Cape Bay Wineries, Hamilton Russell* und *Sumaridge Wines,* einen Überblick bietet hermanuswineroute.com. Einige der Weingüter betreiben auch ein Restaurant (s.o.).

In den westlichen Außenbereichen von Hermanus wird ständig gebaut, ein neues Wohngebiet schließt sich an das nächste an. Hermanus ist als Wohnstadt sehr begehrt und die meerseitigen Vororte Sandbaai, Onrus und Vermont sind gute Beispiele für wohlhabende Siedlungen. Ganz das Gegenteil davon ist das mit kurzem Abstand folgende *Hawston,* hier verlassen Sie die Hauptstraße besser nicht.

Ein paar Kilometer weiter sieht man links den Bot River Vlei, eine weit ins Land hineinreichende Lagune, und kurz hinter ihrem Ende stößt die R43 auf die R44, hier links abbiegen in Richtung Kleinmond.

Auf der linken Seite befindet sich das *The Western Cape Hotel & Spa* mit Championship-Golfplatz. Dieser 18 Loch-Platz wurde von John Matkovich entworfen und dehnt sich zwischen den Kogelberg Mountains und der Bot River Lagune aus. Der größte Teil des Golfplatzes gehört zum *Kogelberg Biosphere Reserve* und zählt zu den Top 10 des Landes. Das Luxushotel mit drei Restaurants und Bars gehört zu den feudalsten in Südafrika. Um das Hotel herum und am Fairway stehen 250 private Villen, die teilweise als Ferienhäuser zu mieten sind. Angeschlossen ist das *Equestrian Centre Overstrand,* ein großer Reitstall, in dem auch Gäste reiten können.

Infos: www.equestriancentreoverstrand.wozaonline.co.za.

Kleinmond

Acht Kilometer hinter der Western Cape-Hotelanlage beginnt Kleinmond, ein Städtchen mit ca. 4000 Einwohnern und vielen privaten Ferienhäusern, schönem Sandstrand und einer Lagune. Der Ort war früher ein Fischerdorf und liegt im Herzen des *Cape Floral Kingdom,* das zum UNESCO-Weltnaturerbe gehört. Er ist bevorzugtes Reiseziel von Wanderern, Golfern und Familien mit Kindern und es wird hier nur um Weihnachten herum hektisch. Der Ortsteil „Klein Berlin" wurde von früheren deutschen Siedlern gegründet.

Baden im Meer ist, wie an vielen Stellen dieses Küstenabschnitts, wegen der tückischen Strömungen nicht ungefährlich. Hier gibt es jedoch eine geschützte Lagune, in der auch Kleinkinder baden können und der Strand hat *Blue Flag*-Status. Zwischen Juni und November kann man manchmal in der Bucht Wale sehen. Die Lagune gehört zum *Bot Esturary* (s. www.overstrandestuaries.co.za) und der Abfluss ins Meer verschließt sich durch Versandungen meist im November/Dezember und öffnet sich erst wieder im August/September. Da die Lagune zum Naturschutzgebiet gehört, wird in diesen natürlichen Rhythmus nicht eingegriffen.

Kleinmond-Lagune

Das Zentrum des Ortes rund um den SPAR-Laden ist recht provinziell, eine Mini-Touristen-Meile gibt es am Ende der Harbour Road mit kleinen Restaurants, einer Töpferei und Shops. Empfehlenswert ist hier die *Shellfish & Sushi Bar,* eine Fischbude mit Sitzgelegenheit.

Der 18-Loch Kleinmond Golf Club zieht sich bis ins Kogelberg Reserve und ist um etliches günstiger als der Championship-Platz am Western Cape Hotel. Zu erreichen über den Botrivierweg, der von der Main Road abgeht. Tel. 028-2713525, www.kleinmondgolfclub.co.za.

Kogelberg Biosphere Reserve

Etwas ganz Besonderes ist das Kogelberg Biosphären-Reservat, das sich auf 18.000 ha nördlich von Kleinmond bis beinahe Gordon's Bay hinzieht. Es war das erste UNESCO-Weltnaturerbe im südlichen Afrika und ist das Herz des **Cape Floral Kingdom.** Dieses „Pflanzen-Königreich" ist zwar das kleinste der Welt, aber das reichhaltigste von allen, pro 10.000 qkm gibt es 1300 verschiedene Pflanzenarten. Der Amazonas, der in Bezug auf die Artenvielfalt an nächster Stelle steht, kommt bei gleicher Fläche nur auf 420 Arten.

Mit 1880 Pflanzenarten auf seinen 18.000 ha Fläche besitzt das Kogelberg-Biosphärenreservat die *höchste Pflanzendichte der Welt,* 150 Arten davon sind endemisch. Mehr Infos auf www.kogelbergbiospherereserve.co.za.

Durchzogen wird das Gebiet von den durchschnittlich 900 Meter hohen Kogelberg Mountains, deren höchste Erhebung, der Kogelberg, 1269 Meter hoch. Neben vielen kleineren Tieren gibt es hier noch wild lebende Leoparden und kleinere Raubkatzen. Der Eingang zum Reservat ist 8 km westlich von Kleinmond und geht von der R44 rechts ab, danach noch 3 km über eine private Schotterpiste. Im Reserve gibt es verschiedene beschilderte Wanderwege, Infos und Karten dazu im Tourist-Office in Kleinmond.

Wanderwege: Perdeberg Trail (16 km), Palmiet River Walk (10 km), Oudebosch Leopard's George (6 km), Kogelberg Trail (24 km), Three Sisters (8 km). Andere Aktivitäten im Park: Palmiet White Water Rafting (15 km), MTB Palmiet River Valley Mountain Bike Route (25 km).

Reise-Infos Kleinmond

Information *Hangklip-Kleinmond Tourism Bureau*, Harbour Rd 14, Tel. 028-2715657, zuständig für die Gemeinde Hangklip-Kleinmond, also auch für Bettys Bay, Pringle Bay und Rooi Els. Mo–Fr 8.30–17 Uhr, Sa 8.30–13 Uhr, So geschl. Großer Veranstaltungskalender auf www.ecoscape.org.za.

Unterkunft Kleinmond ist in erster Linie ein Urlaubsort der Südafrikaner, die hier ihre Ferienhäuser haben. Gästehäuser gibt es nur wenige.

Palmiet Caravan Park Hübsche Rasenanlage mit 112 Caravan- und Zeltstellplätzen zwischen Lagune und Meer. Ein Gebirgsbach mit fynbosbewachsenem Ufer fließt durch die Anlage. Zufahrt von der R44 am Palmiet River am westlichen Ortsausgang. Tel. 028-2718458, Cell 076-3718938.

Villa Chad Nettes Gästehaus in afrikanisch-indonesischem Ambiente. 8 Zimmer, Pool, Wi-Fi. Anfahrtsbeschreibung s. Website. 63, 6th Street, Tel. 028-2714780, www.villachad.com. DZ/F R800.

Ferienhäuser gibt es auf www.holidayscape.co.za

Betty's Bay und Pinguine Westlich von Kleinmond ziehen sich die grünbewachsenen Kogelberg-Mountains und das Kogelberg Biosphären-Reservat an der R44 entlang. Nach ca. 10 km ist die langgezogene Strandsiedlung **Betty's Bay** erreicht, die in erster Linie aus privaten Ferienhäusern, wenigen Shops und ein paar Restaurants besteht. Empfehlenswert ist das *The Tides, Restaurant, Pub & Deli,* 1539 Clarence Drive (R44), Tel. 028-2729835; unter dt. Leitung mit guter Küche, Außensitzplätze, Meerblick.

Die Pinguinkolonie von Betty's Bay

Danach folgt vor der Brücke über den Dawidskraal rechts der sehenswerte **Harold Porter National Botanical Garden**. In dieser interessanten Anlage bekommt man auf verschiedenen Rundwegen einen umfassenden Überblick über die Kapflora. Hinweisschild, Eingang an der R44, Ecke Clarence/Broadwith Drive, Tel. 028-2729311, www.sanbi.org/gardens/harold-porter. Mo–Fr 8–16.30 Uhr, Sa/So 8–17 Uhr, Eintritt R18.

Noch interessanter ist die Kolonie Afrikanischer Pinguine, die im **Stony Point Nature Reserve** lebt. Stony Point ist eine von ganz wenigen Pinguinkolonien in Südafrika, eine weitere zugängliche und viel besuchte ist *Boulder's Beach* südl. von Simon's Town auf der Kap-Halbinsel. Da außerhalb der weihnachtlichen Hauptsaison nur wenige Leute hier herkommen, hat man manchmal Glück und ist mit den

Tieren fast alleine. Die Zufahrt von der R44 ist 2,5 km hinter dem Botanischen Garten nach links und beschildert. Die Anlage befindet sich auf einer kleinen Landzunge, tägl. 9–19 Uhr, Eintritt R12. Kurz vor dem Eingang ins Reservat gibt es am Strand Toiletten.

Pringle Bay und Cape Hangklip

3 km weiter erreicht man **Pringle Bay,** ebenfalls ein kleiner Ferienort am Meer. Es gibt hier sogar ein Dorfzentrum mit zwei Restaurants und kleinen Shops. Empfehlenswert ist das *@365 Restaurant.* Der deutschsprechende Besitzer bietet abwechslungsreiche Küche und auch auch vegatarische Gerichte. Wenn man von der Dorfmitte weiter durch Pringle Bay hindurch und dann in südlicher Richtung der Straße folgt, kommt man zum *Cape Hangklip,* wo es in den Klippen interessante Spazierwege in gibt.

Übernachten kann man im einfachen *Hangklip Hotel* auf den Klippen von Cape Hangklip. SC-Cottages mit 2 Schlafzimmern/4 Pers., Tel. 082-4445618, www.hangkliphotel.com. Cottage R640. Schöne Unterkunft findet man im *3Flavours Guest House* auf einer Farm. 7 Zimmer, Pool, Wi-Fi, Wanderwege auf dem Gelände. An der Bergseite der R44, ca. 30 Meter hinter dem höchsten Punkt der Straße rechts. DZ/F R750–1150.

Clarence Drive

Hinter Pringle Bay wendet sich die Straße nach Norden, vorbei an der Ortschaft Rooi Els nach Gordon's Bay. Der **Clarence Drive,** die R44, zählt auf diesem kurvigen Abschnitt zu den schönsten Küstenstraße Südafrikas und bei klarem Wetter sieht man über die False Bay hinweg die ganze Kap-Halbinsel bis zum Kap der Guten Hoffnung, ein Traumpanorama für Fotografen. Die Straße ist gut ausgebaut mit vielen Haltebuchten und Picknickstellen.

Farbenfroher Clarence Drive

Gordon's Bay

Viel zu schnell ist der Clarence Drive zu Ende und Gordon's Bay erreicht, ein Badeort mit ca. 3000 Einwohnern zwischen den Hottentots Holland Mountains und dem Meer. Durchgangstraße ist die R44, die Beach Road führt am Meer entlang. Der Ort besteht aus der Altstadt rund um den Old Harbour am Ortsbeginn mit dem Bikini Beach, den mit Villen bebauten Berghängen und den neueren Wohnvierteln am nördlich gelegenen Main Beach. In *Harbour Island,* das Richtung Strand/Somerset West liegt, haben die Wohnhäuser einen eigenen Bootsanleger.

Gordon's Bay ist neben Strand und Somerset West der kleinste Ort der zum Cape Wineland gehörenden Region **Helderberg** und ein guter Ausgangspunkt für Ausflüge nach Kapstadt, ins Weinland und nach Hermanus. Außer der Felsenküste sind zwei Sandstrände vorhanden, der Bikini Beach hat *Blue Flag-Status* und ist meist windgeschützt und relativ badesicher. An der Strandpromenade reihen sich Fischrestaurants, Pubs und Cafés aneinander. Im Old Harbour kann man Bootstouren und Tiefseeangelfahrten buchen.

Reise-Infos Gordon's Bay

Information

Information *Tourist Information Office,* 35 Beach Road, Tel. 021-8564286/7, www.gordonsbay.co.za

Weitere Webseiten: www.gordonsbaytourism.com
www.gordonsbay.com • www.helderberg.de

Unterkünfte Die Unterkünfte in Gordon's Bay sind alle hochwertig, viele liegen an der Beach Road. Eine Backpacker-Unterkunft gibt es nur im benachbarten Ort Strand.

Kogel Bay Resort Camping Sehr schön gelegener Municipal-Strand-Campingplatz, R44 zwischen Rooi Els und Gordon's Bay. Zuvor Erlaubsnis nötig, einzuholen bei der Stadtverwaltung in Somerset West. Schwimmen wegen der Strömungen gefährlich, an Sommer-Wochenenden und Schulferien voll. Clarence Drive (R44), Tel. 024-8561286.

Strand Backpackers Zentral gelegener Backpacker in Strand, DZ und Dorms. 47 Brand St, Tel. 021-8530433, Cell 082-4134362. Von der Beach Rd in Strand rechts in die Da Gama Street, dann rechts in die Brand St. DZ R230, Frühstück u. Dinner a.A.

The Boardwalk SC-Apartmentanlage im Yachthafen mit Balkon und Meerblick. 9 x 1 Schlafzimmer-Apartment/AC, 1 x 3-Schlafzimmer-Apartment/AC, BBQ, Parkplätze. Breakwater Lane, Harbour Island, Tel. 021-8563471, Cell 082-5559318, www.boardwalkaccommodation.co.za. FeWo R550–1450.

Berg en Zee Schönes, zentral und strandnah gelegenes Gästehaus mit Meerblick. 6 Zimmer/AC, Wi-Fi, Parkplatz. 135 Beach Rd, Tel. 021-8563095, Cell 082-8805196, www.bergenzee.co.za. DZ/F R850–1150.

Manor on the Bay Guest House Stilvoll restauriertes und strandnahes Herrenhaus von 1862 mit Meerblick. 10 Zimmer/AC, behindertengerecht,

6

Wi-Fi, Pool, Parkplatz. 117 Beach Rd, Tel. 0218563260, Cell 082-8965790, www.manoronthebay.co.za. DZ/F R1360–1700, Lunch u. Dinner a.A.

Goldwater Apartment Schönes Apartment/AC mit eigenem Strandzugang. 2 Schlafzimmer, 2 Bäder, behindertengerecht, BBQ. 107 Beach Rd, Tel. 021-8563664, Cell 082-5557127, walsan@mweb.co.za. FeWo R950–1500, Winter-Rabatte a.A.

Restaurants

Harbour Lights Seafood Grill Vom Tisch hat man Ausblick auf den Yachthafen und die False Bay. Tägl. Lunch und Dinner, Lot 1 Gordon's Bay Old Harbour, Tel. 021-8561830, Reservierung erforderlich.

Gordon's Bay Yacht Club Restaurant mit schönem Ausblick. Beach Road, Tel. 021-8563263, tägl. 9–22 Uhr.

Ben's on the Beach Empfehlenswertes Strandrestaurant mit Blick auf die False Bay im nordwestlich anschließenden Ort Strand. 142 Beach Rd, Tel. 021-8537977, www.bens.co.za.

Sir Lowry's Pass

Normalerweise fährt man auf der R44 weiter in Richtung Strand und folgt den Hinweisen zur N2 nach Somerset West/Kapstadt. Wer etwas Zeit hat, kann einen kleinen Umweg machen und auf den windumtosten Sir Lowry's Pass fahren. Hierzu von Gordon's Bay über die Sir Lowry's Pass Road zur N2 fahren und anschließend rechts zum Pass und in Richtung George abbiegen. Oben ist ein Parkplatz mit weitem Blick über den Großraum Kapstadt.

Somerset West

Somerset West hat rund 65.000 Einwohner, weit mehr als 10.000 davon sind deutschstämmig oder Deutsche – darunter viele „Winterschwalben –, und sie bilden somit die größte deutsche Kolonie in Südafrika.

Die Stadt zwischen Bergen und Meer ist das wirtschaftliche, kulturelle und touristische Zentrum der Region Helderberg und ideale Ausgangsbasis für Ausflüge nach Kapstadt und zur Kap-Halbinsel, ins Weinland und nach Hermanus. Zum Flughafen von Kapstadt sind es nur 15 Fahrminuten, und wer sich nicht direkt nach der Landung in Kapstadts Großstadtgewühl stürzen möchte, kann hier erst mal „ankommen". Es sind nur gut drei Kilometer bis zum Badestrand im Ort Strand, und von höhergelegenen Straßen kann man weit über die False Bay sehen.

Somerset West macht, außer der Hauptstraße, einen passablen Eindruck mit gepflegten Wohngebieten, vielen guten kulinarischen Treffpunkten und großer Somerset Mall an der N2/R44 mit rund 200 Shops. Lebensmittelläden führen Deutsch-Importiertes wie Weizenbier, Fleischsalat, Spreewald-Gurken u.a. mehr. Der perfekte Ruhestand für Rentner und Ziel vieler Auswanderer.

Das Gebiet gehört zur **Helderberg Wine Route,** die an der False Bay beginnt und bis zur Stadtgrenze von Stellenbosch reicht (s. www.wineroute.co.za/helderberg.aspx und www.helderbergwineroute.co.za. Das berühmteste von ihnen ist das an der nordöstlichen

Stadtgrenze gelegene **Vergelegen Wine Estate** an der Lourensford Road, www.vergelegen.co.za. Der Klassiker ist von mächtigen 300 Jahre alten Kampferbäumen, Eichen und malerischen Parkanlagen umgeben und im Hintergrund ragen die mächtigen Hottentots Holland Mountains empor. Hier werden mehrfach ausgezeichnete Rot- und Weißweine produziert. Das Land auf dem sich das Gut befindet, wurde bereits 1700 von Willem Adriaan van der Stel, dem damalige Kap-Gouverneur, erworben. Erst danach, im Jahre 1817, entstand die Siedlung Somerset West, benannt nach Lord Charles Somerset, dem damaligen Gouverneur der Kapkolonie.

Reise-Infos Somerset West

Information *Somerset West Info Bureau,* 186 Main Road, Tel. 021-8401400, Mo–Fr 8–18 Uhr, Sa/So 9–13 Uhr, www.capetown.travel

Weitere Webseiten: www.swest.info • www.somersetwest.de
www.somersetwest.org • www.somersetwest.com

Märkte

Beliebt sind die im Sommer regelmäßig stattfindenden Märkte, zum einen der *Country Craft Market* und der *Helderberg Veldvinkel Markt.* Beide finden vor der Tourist-Info an der Main Road statt. Handwerker und Künstler präsentieren ihre Produkte meist persönlich.

Weingüter in und um Somerset West (siehe Weinland-Karte S. 640)

(Anfahrt, Kellertouren und Tasting-Zeiten s. Webseiten)

Avontuur Wine Estate, Tel. 021-8553450, www.avontuurestate.co.za

Croydon Vineyard Estate, Tel. 021-8433610, www.croydon-estate.co.za

Eikendal Vineyards, Tel. 021-8551422, www.eikendal.com

Lourensford Winery, Tel. 021-8472200, www.lourensford.co.za

Miravel, Tel. 072-2124668, www.miravel.co.za

Morgenster Wine & Olive Estate, Tel. 021-8521738, www.morgenster.co.za

Mount Rozier Wine Estate, Tel. 021-8581130, www.mountrozier.co.za

Vergelegen Wine Estate, Tel. 021-8471334, www.vergelegen.co.za

Waterkloof Wines, Tel. 021-8581292, www.waterkloofwines.co.za

Yonder Hill, Tel. 021-8551008, www.yonderhill.co.za

Zandberg Wine Estate, Tel. 021-8422945, www.zandberg.co.za

Golf

In Somerset West und Strand gibt es vier Golfplätze, wovon der von Gary Player entworfene 18 Loch-**Erinvale Golf & Country Club** zu den TOP 10 in Südafrika gehört. Er liegt am Fuß des Helderbergs und die Aussicht auf die dahinterliegenden Hottentots Holland Mountains und das Meer sind großartig. Infos unter Tel. 021-8471144, www.erinvalegolfestate.com. Zweitbester Platz ist der sehr abwechslungsreiche 18 Loch-**Strand Golf Club** im Ort Strand in Strandnähe. Er ist wegen der vielen Bunker, Wasserläufe und des stets kräftigen Windes nicht einfach zu spielen. Infos unter Tel. 021-8536268, www.strandgolfclub.co.za. Dritter Platz ist der 18 Loch-**Somerset West Country Club,** der außerdem Tennis und Squash anbietet. Infos unter Tel. 021 852 3625, www.somersetwestgolfclub.co.za. Dann gibt es noch den **Helderberg Village Golf Club** mit 2 x 9 Löchern, der hauptsächlich von den Einwohnern frequentiert wird, Gäste aber willkommen sind. Infos unter Tel. 021-8551200. **The Vodacom Golf Village** hat eine Driving Range mit 50 Tee-Boxen. Hier kann man Golf spielen lernen oder seine Spieltechnik verbessern. 2 De Beers Ave, Tel. 021-8528600, 8–20 Uhr (Sommer), 8–19 Uhr (Winter).

Wandern

Das **Helderberg Nature Reserve** liegt am Helderberg und ist ein privates Naturschutzgebiet, in dem sich Spaziergänge oder längere Wanderungen anbieten. 1964 auf einer ehemaligen Farm gegründet, beherbergt es Fynbos und viele heimische Tier- und Pflanzenarten. Bei Wanderungen dürfen Sonnenschutz und Kopfbedeckung nicht fehlen, ebenso Wasser, Windjacke und Handy, die Notrufnummer ist 021-8523318.

Wanderwege im Reservat: Pink Route (2,6 km) führt auf den westlichen Gipfel des Helderbergs, der außerhalb des Reservats liegt. Die *Green Route* (2,2 km) ist außerhalb des Reservats, die *Brown Route* (2,8 km) ist als einzige kein Rundweg. Die nachfolgend aufgeführten Wege befinden sich alle innerhalb des Naturreservats: *Yellow Route* (3 km), *Black Route* (0,6 km), *Blue Route* (5,3 km), *Red Route* (2,2 km). Die Routen können auch miteinander verbunden werden.

Anfahrt über die Lourensford Road (geht von der Main Road ab), an der 3. Straße der Ausschilderung nach links folgen. Infos unter Tel. 021-8514060, www.helderbergnaturereserve.co.za. Sommer: 7.30–20 Uhr, Winter: 7.30–17.30 Uhr. Eintritt R15 p.P. und R5 fürs Auto.

Unterkunft

Die hier aufgeführten Somerset-West-Gästehäuser bieten alle gehobenen Standard und Wi-Fi-Internetverbindung. Es gibt keine Budget-Unterkünfte und keinen Campingplatz.

Somer Place Alteingesessenes deutsches B&B in einem ruhigen Stadtteil mit schöner Gartenanlage und sieben um den Pool gruppierte Zimmer. BBQ, Buchung von Golfabschlagzeiten und Touren. 14 Freesia Ave, Tel. 021-8517992, www.somerplace.com. DZ/F R680–800.

Blue Crane Das dt. Gästehaus außerhalb des Stadtzentrums in ruhiger Lage bietet 5 großzügige Zimmer/AC mit Kitchenette und ein Zweizimmer-Apartment. Pool, BBQ. 81 Parel Valley Rd, Tel. 021-8524041, Cell 082-9010262, www.capebluecrane.co.za. DZ/F R750–850.

Golden Hill Dt. Gästehaus im Randbereich mit großem Grundstück. 7 Zimmer mit Terrasse, Balkon. Pool, BBQ. 10 Upper Mountain Rd, Tel. 021-8517371, Cell 082-8544211, www.goldenhill.co.za. DZ/F R840–960, kleine Mahlzeiten a.A., Tourangebot s. Website.

Somerset Villa Guest House Dieses schön renovierte kapholländische Haus gehört zu den ersten Adressen der Stadt und befindet sich in einem weitläufigen Garten. 7 Zimmer, Pool, BBQ, Parkplätze, dt.-spr. 136 Helderberg College Rd, Tel. 021-8552167, www.somerset-villa.co.za. DZ/F R990.

Africa Lodge Schweizer Gästehaus in großzügiger Gartenanlage mit riedgedeckten Cottages. 7 Zimmer und Cottages, Pool. 39 Stellenberg Rd, Tel. 021-8554000, www.africa-lodge.com. DZ/F R880–1080

Topsy Turvey Gästehaus im toskanischen Stil im Außenbereich der Stadt mit tollem Pool, großzügiger Gartenanlage und Aussicht auf Berge und Meer, dt.-spr. 5 elegante Zimmer, 68 Silverboomkloof, Tel. 021-8525843, Cell 072-6101980, www.topsyturvyguesthouse.com. DZ/F R1100–1450.

Villa du Sud Dt. Gästehaus in luxuriöser Villa etwas außerhalb des Stadtzentrums in Hanglage. 10 Suiten und Apartments/AC, Pool, Golfplatz-Buchungen. Parel Valley Rd, Tel. 021-8516725, Cell 083-5350707, www.suedafrika-golfen.com. DZ/F R800–2500.

Restaurants

Mangiare at Capelands Estate Weingut mit ausgezeichnetem Restaurant und tollem Ausblick auf Meer und Berge. Italienische Küche, geöffnet Okt.–Dez. Lunch sonntags, Dinner Mi–So. Fahren Sie auf der M9 in Richtung Sir Lowry's Pass und an der Vergelegen Mediclinic vorbei. Capelands Resort, 3 Old Sir Lowry's Pass Road, Tel. 021-8581477, www.capelands.com, S34.1082 E18.8845.

The Restaurant at Waterkloof Empfehlenswertes Restaurant auf dem Weingut Waterkloof mit Ausblick in Richtung Sir Lowry's Pass, Anfahrt wie Mangiare at Capelands, ein paar km hinter der Mediclinic links, ein Glaskasten auf dem Berg. Tel. 021-8581491,

www.waterkloofwines.co.za. Lunch Mo–So 12–14 Uhr, Dinner Mo–Sa 19–21.

The Millhouse Kitchen Exklusive französisch-italienische Küche auf dem Weingut Lourensford. Das Gut liegt in der Nähe des Erinvale Golf Clubs an der Lourensford Road, Tel. 021-8472328, www.lourensford.co.za. Geöffnet Di–So; Frühstück 8.30–10.30 Uhr, Lunch 12–15 Uhr, Dinner 18.30–22 Uhr.

96 Winery Road Gutes Restaurant auf der Zandberg-Weinfarm mit südafrikanischer und internationaler Küche. Auch Picknickkörbe für einen Lunch auf dem schönen Gelände gegen Vorbestellung. Die Winery Road zweigt von der R44 ab. Tel. 021-8422020, www.96wineryroad.co.za. Geöffnet 12–22 Uhr.

Blue Waters Empfehlenswertes Seafood & Sushi Restaurant in der Stadt Ecke Main/Van der Byl Sts, Tel. 021-8528012, tägl. 12–22 Uhr.

Gena Viva Modernes Boutique-Restaurant und Cocktailbar mit Fisch, Fleisch und Sushi. 206 Main Rd, Tel. 021-8518238, www.jennaviva.co.za. Geöffnet tägl. 11.30 bis spät.

The Avontuur Estate Restaurant Liegt auf einem Weingut an der R44 nach Stellenbosch mit Blick auf die Weinberge und den fernen Tafelberg, empfehlenswert. Terrassen-Restaurant für Frühstück und Lunch. Preis-/Leistung in Ordnung, traditionelle und moderne Küche. Mo–Fr 9–17 Uhr, Sa/So 9–16 Uhr, Dinner nur für Gruppen n.V. Tel. 021-8554296, www.avontuurestate.co.za, GPS S34°1'33.2" E018°49'23.8".

Weiterfahrt nach Kapstadt

Die N2 führt direkt ins Zentrum Kapstadts. Wollen Sie sich Kapstadt von Süden nähern oder zuerst das Kap der Guten Hoffnung besuchen, so biegen Sie unterwegs von der N2 (Ausfahrt 33, Macassar) links auf den Baden Powell Drive (R310) nach Muizenberg ab. Hinter den Townships Khayelitsha und Mitchells Plain führt die Straße am Meer entlang und stößt später auf die M4 nach Simon's Town und weiter zum Kap. Für die Westseite der Kap-Halbinsel zuvor in Fish Hoek von der M4 auf die M65 nach Nordhoek/M6 wechseln. Auf dem schönen Chapman's Peak Drive gelangt man nach Hout Bay und vorn über Camps Bay und Clifton ins Zentrum von Kapstadt.

Kapstadt mit Tafelberg und WM-Stadion 2010

Kapstadt

Mutterstadt Südafrikas

Kapstadt ist nach Johannesburg und Durban mit knapp vier Millionen Bewohnern – wovon etwa die Hälfte in der primitiven Urbanität der riesigen Townships in den „Cape Flats" ihr Dasein fristet – die drittgrößte Stadt Südafrikas. Sie ist Sitz des südafrikanischen Parlaments und Hauptstadt der Provinz Western Cape.

Kapstadt am heutigen Kap der Vielfalt war die erste Stadtgründung im südlichen Afrika und wird deshalb auch „Mother City" genannt. Ihr Wahrzeichen, der 1086 Meter hohe **Table Mountain,** gehört zu einer Bergkette, die sich südlich bis zum Kap der Guten Hoffnung fortsetzt. Neben dem berühmten Tafelberg sind weitere Highlights *The Company's Garden,* die *Waterfront* und das *Cape Town Stadium.* Durch verschärfte Sicherheitsmaßnahmen, vor allem in den von Touristen stark frequentierten Stadtbereichen und Aufstockung des Security-Personals, gilt Kapstadt heute als sicherste Großstadt im Land.

Die Anziehungskraft der unafrikanischsten Stadt Südafrikas ist ungebrochen, vielleicht weil sie ein multiethnischer Mikrokosmos ist, kokett und kapriziös, in dem man sich auch als Tourist selten fremd fühlt. Südafrikaner zieht es nicht nach Kapstadt um Geld zu verdienen, sondern um es hier und im wundervollen Umland auszugeben. Die Stadt hat den Charme der „guten" alten Zeit und gilt jetzt in der Post-apartheids-Ära als Erfolgsgeschichte und internationales urbanes Aushängeschild des Landes. Nirgendwo sonst in Afrika – und vielleicht nirgendwo auf der ganzen Welt – kann man derart komprimiert in bestem Klima Naturschönheiten, Sightseeing, bewegende Geschichte, Kunstgalerien und kreatives Design, Museen, internationale Küche, Shoppingparadiese und malerische Weingüter mit noblen Restaurants in nächster Stadtumgebung erleben und genießen. Lauter Annehmlichkeiten also. Für Südafrika-Reisende, die in Johannesburg starteten und nun am Ziel sind, ein abschließender, glanzvoller Reisehöhepunkt.

6

Cape Town
Übersichtskarte
©Rkh Verlag Hermann
0
500 m
Mouille Point Lighthouse
Wafu Rest.
See-Promenade
Beach Rd
Bay Rd
Gr. Pt. Urban Park
Seite 634
Three Anchor Bay
Beach
Three Anchor Bay
High Level
Main Road
High Level
Atlantic Ocean
Boat Bay
Beach
Sea Point
Signal Hill 350 m
Seite 588/89
Regent
Kloof Rd.
Victoria
Lion's Rump
Bantry Bay
See-Promenade
Fresnaye
Tamboerskloof
Kloof Rd.
Lion's Head
Lion's Head 669 m
M 62
Firdale
Clifton
Kloof-Nek Rd
Victoria Rd
Signal Hill Drive
Clifton Bay
Higgovale
Table Mount
See-Promenade
Kloof Rd
Kloof Rd
Kloof Nek
Tafelberg Rd
M 62
Camps Bay
Camps Bay / Hout Bay
Seilbahn zum Tafelberg (Lower Cableway Station)

Victoria & Alfred Waterfront S. 592
Table Bay
Mouille Point
Radisson Htl
Marina
Granger Bay
The Grand Café & Beach Rest.
Cape Town Stadium
Green Point
Green Point Stadium
Victoria Basin
Clock Tower
Nelson Mandela Gateway (Boote nach Robben Island)
Hafen / Duncan Docks
Foreshore
De Waterkant
Aussichtspunkt
Bo-Kaap
Greenmarket Square
Station/Bus-Terminal
City Hall
Castle of Good Hope
Company's Gardens
Stellenbosch
Zonnebloem (ex District Six)
Gardens
Seite 609
Vredehoek
Oranjezicht
Airport
Devil's Peak
ain National Park

6

Klima

Beste Reisezeiten für Kapstadt sind September bis November und März bis Juni. Dezember bis Februar herrschen warme bis oft sehr heiße Temperaturen. In den Wintermonaten Juli und August kühlt es ab, es wird windig bis stürmisch und regnerisch und trotzdem gib es sonnige Tage. Auf der Seite www.weathersa.co.za findet man eine achttägige Vorhersage für Kapstadt, wobei wegen der vielen Bergzüge der Stadt bald hinter jedem Hügel ein anderes Mikroklima herrscht – stürmischen, feuchten Meereswinden ausgesetzt, mild und geschützt oder sandig und trocken.

Geschichte

Die Geschichte Kapstadts ist so verworren wie verwickelt: 1652 bekommt der Niederländer *Jan van Riebeeck* von der *Vereenigde Oostindische Compagnie* (VOC) den Auftrag, für deren Handelsschiffe auf ihrer Route nach Ostasien am Kap einen Versorgungsstützpunkt zu finden. Er wählt die geschützte „Tafel Baai" als Hafengebiet und beginnt 1666 mit dem Bau des *Fort de Goede Hoop,* dem heutigen *Castle of Good Hope.* Wegen Mangel an Arbeitskräften verschleppt man aus Westafrika, Madagaskar, Ceylon, Indonesien und Malaysia Tausende und versklavt sie. Die Ursprungsbevölkerung am Kap, die in Kleingruppen nomadisierenden *San* und *Khoi,* meiden die Weißen und ziehen sich ins Hinterland zurück. Die Nachfahren aus Verbindungen von Weißen und dunkelhäutigen Sklavinnen – es herrschte großer Frauenmangel – und anderer Ethnien bilden den Keim der heutigen braunhäutigen *Coloureds.* Zweitgrößte Gruppe sind die moslemischen *Kap-Malayen.* 1688 flüchten Hugenotten vor religiöser Verfolgung in Frankreich, lassen sich als weitere Fremdsiedler am Kap nieder und bauen in Franschhoek Wein an.

Niederländisches Schiff in der Table Bay

Die alleinige Herrschaft der Niederländer, die den Hafen zu einem führenden Anlaufpunkt asienwärts segelnder Schiffe ausbauen, dauert bis 1795. Ende des 18. Jahrhunderts geht die VOC bankrott und die Briten nutzen die Gelegenheit, ihre kolonialen Ansprüche auf das Land an der Südspitze Afrikas durchzusetzen. Sie schlagen die Niederländer 1806 in der Schlacht von Bloubergstrand, kaufen 1815 das Land endgültig den Niederländern ab, ernennen *Cape Town* zur Hauptstadt ihrer *Cape Colony* und machen Englisch zur Amtssprache. Der Zuzug britischer Neusiedler nimmt drastisch zu. 1834 wird die Sklaverei abgeschafft und ab da beginnt der **„Große Trek“,** der Wegzug der Buren vom Kap mit ihren Ochsenkarren nach Osten und Nordosten (s.S. 74).

Der rasant wachsende Goldbergbau um Johannesburg Ende des 19. Jahrhunderts verändert die wirtschaftliche Position von Kapstadt, sie ist nicht mehr die einzige Großstadt Südafrikas. Ihr Hafen wächst jedoch weiter, bringt Wohlstand und viele neue Betriebe siedeln sich an. Seit 1892 verbindet eine Eisenbahnlinie Kapstadt mit Johannesburg. 1901 bricht die Beulenpest aus und gibt der Kapregierung den Vorwand zur Einführung räumlich getrennter Wohngebiete. 1948 gewinnt in Südafrika die *National Party* die Wahlen, führt das Apartheid-System ein und es entstehen nach Hautfarben getrennte Stadtteile. Bekanntestes Beispiel hierfür ist der *District Six,* s.S. 600.

Bis 2004, dem Jahr des Beginns des demokratischen Südafrikas, tagte das Parlament nur während der Sommermonate in Kapstadt, die andere Jahreshälfte in Pretoria, seitdem aber ganzjährig hier. Von 2006–09 ist die deutschstämmige *Helen Zille* Bürgermeisterin und 2010 finden im neuerbauten Green Point Stadium Spiele der FIFA-WM statt. Das Großereignis macht Kapstadt in aller Welt weiter bekannt, es folgt ein neuer wirtschaftlicher und touristischer Aufschwung, und heute spannt sich der Bogen von Szenevierteln für die junge, vermögende Stadtbevölkerung bis zur Tristesse der Armut der Mehrheit der *Capetonians* in den außerhalb liegenden *Cape Flats* mit den riesigen Townships von *Mitchell's Plain, Guguletu* und *Nynaga.* Khayelitsha als größtes hat etwa 2 Millionen Einwohner.

Orientierung und Topografie

Kapstadts historisch-gewachsenes Stadtgebiet liegt zwischen Tafelberg und Meer, dem Stadtteil Zonnebloem (früher „District Six“) im Osten und dem 350 m hohen Signal Hill im Westen. Der dichtbesiedelte Talkessel unter dem Tafelberg wird „City Bowl“ genannt. Stadtteile sind **Green Point** mit „De Waterkant“, **Foreshore** am Hafen (das Gebiet wurde erst später dem Meer abgerungen) und **Bo-Kaap** („über dem Kap“), das ehemalige „Malay Quarter“.

Wenn man die Kloof Nek Road, die verlängerte Buitengracht (M62), zur Tafelberg-Seilbahnstation hochfährt, liegt auf der linken Straßenseite **Gardens** und auf der rechten Seite **Tamboerskloof,** ein alter und bei deutschen Exilanten beliebter Stadtteil mit schönen Häusern in Hanglage und der Deutschen Schule von Kapstadt.

Südlich von Gardens zieht sich **Oranjezicht** hin, ein hübscher Stadtteil am Fuß des Tafelbergs, in dem bereits früher die ersten holländischen Siedler lebten und wo die heutigen Besucher viele Gästehäuser finden.

Östlich von Oranjezicht liegt **Vredehoek,** direkt unter dem über 1000 m hohen Tafelberg-Teilmassiv *Devil's Peak.* Es ist ebenfalls ein gehobenes Wohngebiet mit etlichen Cafés und Restaurants.

Ab Green Point liegen am Meer entlang und getrennt durch den mächtigen Höhenzug *Lion's Rump* (Löwenrumpf) und *Lion's Head* (Signal Hill) die südlichen Vororte **Sea Point, Bantry Bay** und **Clifton,** gefolgt von **Camp's Bay.** Noch weiter südlich ragen, parallel zur Küstenstraße M6, die Gipfel der *Twelve Apostles* bis zu 850 m in die Höhe.

Organisiertes Sightseeing

Bequem sind die ganztags buchbaren und beliebig zu unterbrechenden **Hop on-/Hop off-Stadtrundfahrten** mit roten „topless"-Doppeldeckerbussen der Firma *City Sightseeing Cape Town.* Die „Red Route" startet alle 15 Minuten am Two Oceans Aquarium an der Waterfront, fährt durch die Innenstadt bis zur Talstation der Tafelbergbahn und anschließend über Camps Bay und Sea Point zurück. Wer mehr von der Kap-Halbinsel sehen möchte, fährt zusätzlich mit der „Blue Line", die alle 25 Minuten am Aquarium abfährt (oder mit einem 2-Tages-Ticket an zwei Tagen hintereinander). Diese Tour führt über Kirstenbosch ins Constantia Valley, dann vorbei am Imizamo Yethu Township und zur Mariner's Wharf nach Hout Bay und von dort zurück über Camps Bay, Sea Point und Green Point. (Im Winter gelten andere Abfahrtzeiten.)

Von Hout Bay aus kann man zwischendurch nach Seal Island übersetzen und von der Victoria & Alfred Waterfront nach Robben Island. An der Tafelberg-Talstation bietet sich eine Fahrt hinauf zum Tafelberg an, am Imizamo Yethu Township bei Hout Bay wird man von einem Guide erwartet und pünktlich

zum nächsten Bus zurückgebracht. Mehr Infos dazu und auch Karten und Fahrpläne auf der Homepage, s.u.

Im Bus gibt es Ohrhörer mit mehrsprachigen Erläuterungen. Fahrpreis für einen Tag R150, mehrere Tage günstiger. Tickets gibt es am Ticketschalter am Aquarium, im Bus, in der deutschen Buchhandlung Naumann, Burgstr. 15–19 oder per Online-Buchung mit R30 Rabatt (auch Kombitickets mit Aquariumbesuch) auf www.citysightseeing.co.za.

Stadtrundgänge und Besichtigungen, auch nach eigenen Wünschen zusammengestellt, bietet Shireen Nakerdien. Themen: Bo-Kaap, The Historical City Centre, District Six. Dauer 1,5–2,5 Std., Tel. 021-4221554, Cell 082-4236932, www.bokaap.co.za/bokaap-guided-tours-walking-tours.

Stadtführung mit Smartphone-App: www.capetown.travel/content/landing/walkingtour.

Coffeebeans Routes hat außergewöhnliche Stadtführungen im Programm. Neben den üblichen Sehenswürdigkeiten gibt es hier noch besondere Angebote wie *Art Route, Township Route, Jazz Safari, Beer Route, Fashion Route* und mehr. Infos auf www.coffeebeansroutes.com.

Adventure Works: Wer Kapstadt und Umgebung auf sportliche Art kennenlernen möchte, kann auf www.adventureworks.co.za eine Auswahl treffen.

Persönliche, kleine Touren bietet Mytours.co.za an, www.mytours.co.za

Kapstadt zu Fuß in deutscher Sprache:
www.bwana.de/kapstadt-zu-fuss.html

Rent-a-Guide auf Deutsch: www.rent-a-guide.net/cats/624-staedtereisen-stadtfuehrungen-kapstadt

Township-Touren

Eine Township-Besichtigung in Eigenregie ist nicht ratsam. Sie kann entweder mit der blauen Hop on-/Hop off-Linie gemacht (s.o.) oder bei einem Veranstalter gebucht werden. Es gibt etliche Organisationen und persönliche geführte Touren, wie sie z.B. der Deutsche Hajo Kowalke von *Hajo's Lodge & Tours* anbietet (www.hajo-sa.com, Tel. 021-5558700, Milnerton). Wahlweise Halb- oder Ganztagstouren mit *Inkululeko Tours,* Tel. 021-5115642, Cell 083-7163800, www.inkululekotours.co.za.

Uthando („Love") **South Africa** ist eine gemeinnützige Organisation und ein Fair Trade Tourism-Unternehmen, das verschiedene und innovative Projekte in den Townships bei Kapstadt unterstützt. Durch Selbsthilfe soll den schlimmen Lebensbedingungen der Kampf angesagt werden. Wer Interesse daran hat, mehr darüber zu erfahren und hautnah zu erleben wie Brücken gebaut werden, kann einen Mitarbeiter von Uthando ein paar Stunden durch die Townships begleiten (Mo–Sa ca. 8.30/9 Uhr bis 13 Uhr, Anfragen Tel. 021-6838523 oder an jamesfernie@uthandosa.org). Zu sehen wie die Menschen ihre Lage meistern, öffnet die Augen und dient besonders der kulturellen Verständigung. Auf dieser Tour sind Sie überall willkommen und gerne gesehen und werden ganz sicher von der afrikanischen Lebensfreude angesteckt werden. Man sollte die Gelegenheit, dieses „besondere Afrika" zu erleben, nicht ungenutzt lassen. Mehr Infos zu den Projekten auf www.uthandosa.org.

Das vielbesuchte Township **Guguletu** (auf isiXhosa, der Hauptumgangssprache der schwarzen Kapstädter: „Unser Stolz") liegt südwestlich vom Airport an der Klipfontein Road und ist mit seinen asphaltieren Straßen, einer Minimalinfrastruktur und trotz über 300.000 Bewohnern kein Elendsabgrund, sondern

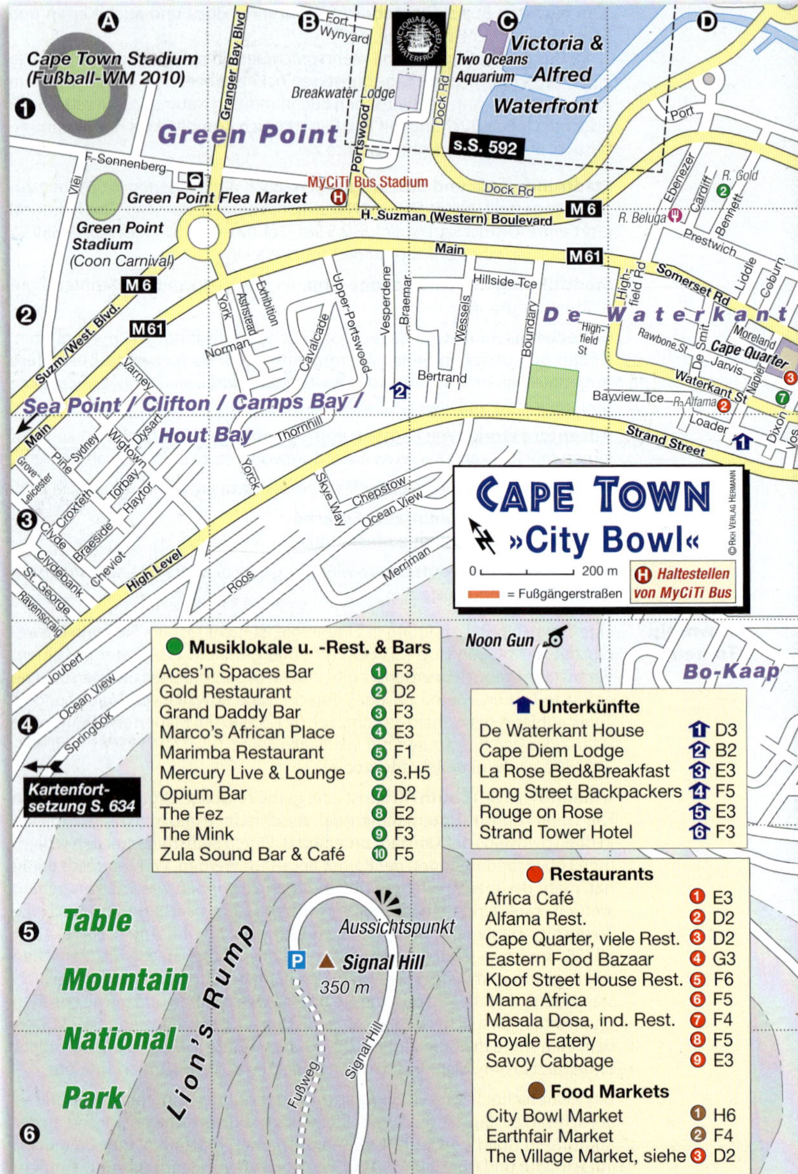
CAPE TOWN
»City Bowl«
0 200 m
= Fußgängerstraßen
Haltestellen von MyCiTi Bus
©RKH VERLAG HERMANN
Cape Town Stadium (Fußball-WM 2010)
Green Point
Green Point Flea Market
Green Point Stadium (Coon Carnival)
MyCiTi Bus Stadium
Victoria & Alfred Waterfront
Two Oceans Aquarium
Breakwater Lodge
s.S. 592
De Waterkant
Cape Quarter
Sea Point / Clifton / Camps Bay / Hout Bay
Noon Gun
Bo-Kaap
Kartenfortsetzung S. 634
Table Mountain National Park
Lion's Rump
Aussichtspunkt
Signal Hill
350 m
Fußweg
Fort Wynyard
Granger Bay Blvd
Portswood
Dock Rd
Port
F. Sonnenberg
Vlei
H. Suzman (Western) Boulevard
M 6
M61
Main
Suzm./West. Blvd.
Hillside Tce
Somerset Rd
Ebenezer
Cardiff
Bennett
Prestwich
Liddle
Coburn
R. Gold
R. Beluga
R. Alfama
High-field Rd
High-field St
Boundary
Wessels
Braemar
Vesperdene
Upper-Portswood
Cavalcade
Exhibition
Ashstead
York
Norman
Bertrand
Rawbone St
De Smit
Jarvis
Moreland
Napier
Waterkant St
Bayview Tce
Loader
Dixon
Vos
Strand Street
Varney
Dysart
Wigtown
Sydney
Pine
Grove
Leicester
Croxteth
Torbay
Haytor
Clyde
Braeside
Cheviot
Clydebank
St. George
Ravenscraig
Thornhill
Yorck
Skye Way
Chepstow
Ocean View
Merriman
Roos
High Level
Joubert
Springbok
Signal Hill
Musiklokale u. -Rest. & Bars
Aces'n Spaces Bar 1 F3
Gold Restaurant 2 D2
Grand Daddy Bar 3 F3
Marco's African Place 4 E3
Marimba Restaurant 5 F1
Mercury Live & Lounge 6 s.H5
Opium Bar 7 D2
The Fez 8 E2
The Mink 9 F3
Zula Sound Bar & Café 10 F5
Unterkünfte
De Waterkant House 1 D3
Cape Diem Lodge 2 B2
La Rose Bed&Breakfast 3 E3
Long Street Backpackers 4 F5
Rouge on Rose 5 E3
Strand Tower Hotel 6 F3
Restaurants
Africa Café 1 E3
Alfama Rest. 2 D2
Cape Quarter, viele Rest. 3 D2
Eastern Food Bazaar 4 G3
Kloof Street House Rest. 5 F6
Mama Africa 6 F5
Masala Dosa, ind. Rest. 7 F4
Royale Eatery 8 F5
Savoy Cabbage 9 E3
Food Markets
City Bowl Market 1 H6
Earthfair Market 2 F4
The Village Market, siehe 3 D2

E
Nelson Mandela Gateway
N2: v./z. Airport
F
International Convention Centre (CTICC)
Arabella Quays
z. N1 / N2
G
H
Waterfront Canal
Dock
N. Mandela Blvd.
Table Bay Blvd.
Alfred
unfertige Überführung
Port
M6
H. Suzman (Western) Blvd.
Napier
Hospital
Alfred
Schiebe
Chiappini
Walter Sisulu
Roggebaai Square
Pier Place
Heerengracht
Tulbagh Square
B. Dias
Bart. Dias Statue
V. da Gama
D.F. Malan
J. Smuts
Hammerschlag
Gradner
Craig
ARTSCAPE (Nico M. Theater)
MyCiTi Bus Main Station
Hertzog Boulevard
Civic Centre (Stadtverwaltung)
Civic
Van Riebeeck u. Frau Statuen
Old Marine Drive
Pirow
Bree
Mechau
Prestwich
Hans Strijdom
Thibault Square
MyCiTi Bus Thibault S.
Airport-Terminal
Waterfront-Busse
Inter City Bus Terminal
Cape Town Railway Station
Mini-Bus Terminal
M61
Somerset Rd
Riebeeck
Lower Long
Lower Burg
St. Andrew Sq.
Hudson
Waterkant
Loop
Adderley
Strand
Origin Coffee / Nigiro Tea
Gold of Africa Museum
Strand
Koopmans de Wet House
Cape Town Tourism
Golden Acre Centre
Bus-Terminal
Castle of Good Hope
Eingang
Marco's African Place
Buitengracht
Castle
St. George's Mall
Namaqua House
Flower Market
Lower Plein
Castle
Grand Parade
Trafalgar Place
Muller & Sons House
R. Savoy Cabbage
R. Africa Café
Rose
Chiappini
Streetwires
Hout
Burg
Western Cape Tousm.
Shortmarket
Darling
Sir Lowry
Mutual Heights B.
City Hall (Rathaus)
Heritage Sq. Complex
Pan African Market
Green Market Square
Longmarket
Longmarket
Longmarket
Eastern Food Bazaar
Longmarket
Bo-Kaap
Riebeeck Squ.
Church
Church
Michaelis House (Old Town House)
Metropol. Meth. Church
Geneva House
Church Square
Corporation
Parade
Caledon
R. Biesmiellah
Hilligers
bunte Hausfassaden
Groote Kerk
Bureau
Spin
Buitenkant
Wale
Old Slave Lodge
Albertus
District Six Museum
Pentz
Bo-Kaap Museum
St. George's Cathedral
Barrack
Dorp
Dorp
R. Masala Dosa
Houses of Parliament
Parliament
Plein
Harrington
Auwal Mosque
Leeuwen
De Tuynhuis (Stadtbüro des Präsidenten)
Commercial
Lion
Keerom
Queen Victoria
Company's Garden
Pepper
R. Mama Africa
Roeland
Mercury Live & Lounge
Bryant
Jordaan
Bloem
Long
Government Avenue
Rhodes Statue
St. Johns
Hope
Buitenkant
Harrington
Canterbury
Buiten
Orphan-Lane
University
Orphan
Orphan
New Church
R. Royal Eatery
Perth
Bree
Watson
Gallery
Glynn
S.A. National Art Gallery
Dean
Vrede
Wesley
Clare
Buitensingle
Grey's Pass
S.A. Jewish Museum
Wembley
Military
Victoria
Jamieson
Cape Town Holocaust Centre
Roodehek
Maynard
Whitford
Kloof
Orange
South African Museum / Planetarium
Paddock
Carisbrook
Carisbrook
Avenue
Hatfield
Barnet
Wandel
Fortsetzung S. 609
Beckham
Dunkley
R. Kloof St House
Bennington
Upper Buitengracht
New Church
z. Tafelberg-Seilbahn / Camps Bay
Dorman
z. Bertram House
Glynville Tce
Hope
Scott
1
2
3
4
5
6

6

ein relativ geordnetes Township. Dort spielt sich das Leben auf der Straße ab und ein beliebter Treffpunkt der Community und außerdem Anlauf für Touristentouren ist „Mzoli's Meat", ein Open-air-Restaurant mit Gerichten à la Township-Style.

Talentierte Keramikkünstler aus den Townships rund um Kapstadt haben sich zu *Isuna* zusammengeschlossen, auf www.isuna.de können sie die farbenfrohen und hochwertigen Produkte in Deutschland kaufen. Damit unterstützen Sie diese Township-Künstler und ihre Familien.

Sehenswertes in Kapstadt

Green Point

Green Point liegt westlich der Waterfront und ist bekannt durch sein futuristisch anmutendes **Cape Town Stadium,** erbaut zur Fußball-WM 2010. Heute finden hier neben Sportveranstaltungen auch große Konzerte statt. Die einstündige Besichtigstour lohnt sich. Start am Visitor Centre des Stadions, Tel. 021-4014701, www.capetown.gov.za/en/FIFA2010/Pages/CapeTownStadium.aspx. Interessant sind dabei die Mannschaftsräume und die Polizeistation – wer während eines Spiels Hooligans randalierten, werden sie sofort eingebuchtet. Sonn- und feiertags findet ein Flohmarkt auf dem Parkplatz vor dem Stadion statt. 9–17 Uhr, www.greenpointfleamarket.co.za.

Die elegante WM-Arena mit Technik vom Feinsten auf der Parkanlage *Green Point Common* war mit umgerechnet 450 Millionen Euro Baukosten die teuerste aller Neubaustadien und ist nach dem Tafelberg heute Kapstadts zweites Wahrzeichen. Das stützenlose Dach mit transparenter Membranhaut in Anmutung einer „verbogenen Fahrradfelge" passt sich mit seiner leicht geschwungenen Dachlinie optimal der horizontalen Silhouette des Tafelbergs an. Von dort oben sieht der Fußballtempel nachts und von innen beleuchtet aus wie ein Papierlampion oder ein gerade gelandetes UFO. Stadionentwurf und Planung lagen bei der deutschen GMP-Architektengruppe.

Doch wie einige andere WM-Großstadien mehr entpuppt sich Kapstadts Fußballtempel heute, weil nur Kosten verursachend, als ein Projekt nutzloser Existenz, als „White Elephant", wie dazu die Südafrikaner sagen. Die meisten der 16 Erstligaklubs Südafrikas kehrten zu ihren Derbys in ihre gewohnt kleineren Stadien zurück. Nun zerbricht sich Kapstadts Magistrat den Kopf, wie man das defizitäre WM-Denkmal profitabel betreiben kann. Neue Nutzungskonzepte mit Gastronomie-Angeboten, Läden, Auftritten internationaler Künstler, Rugbyspielen und andere Großveranstaltungen sollen dazu beitragen. Die ursprünglich 68.000 Sitzplätze wurden bereits um 13.000 reduziert. Und nachdem Südafrika seine Bewerbung für die Olympischen Sommerspiele 2020 in Kapstadt oder Durban bereits still und leise zurückgezogen hat, sprechen nicht wenige schon vom Abriss der „Diva of Cape Town" – was nun wirklich sehr schade wäre.

In **Mouille Point,** dem nördlichsten Teil von Green Point, führt die Beach Road Promenade am Meer entlang, die weiter südwestlich in die Sea Point Promenade übergeht. Der Mouille-Point-Leuchtturm wurde 1824 gebaut und ist heute die älteste noch in Dienst befindliche Schiffswarnanlage Südafrikas.

De Waterkant/ Cape Quarter

Der südwestliche Teil von Green Point zwischen Somerset Road und Strand Street heißt **„De Waterkant"**. Früher ärmlich und herabgekommen, ist es heute mit seinen schön restaurierten viktorianischen und oft bunt bemalten Häusern eines der hübschesten Stadtviertel der Stadt. Mittelpunkt ist **Cape Quarter Lifestyle Village** an der Somerset Road zwischen den Straßen Napier und Dixon (s. City-Bowl-Karte). Zahlreiche Shops und Restaurants sind um eine mediterran anmutende Piazza gruppiert, sonntags ist Markt und manchmal Live-Musik. In den umliegenden Straßen gibt es weitere nette Restaurants und Bed&Breakfast-Unterkünfte. Infos auf www.capequarter.co.za.

Victoria & Alfred Waterfront

Das einst vergammelte Werft- und Hafenviertel wurde Anfang der 1990er Jahre umgestaltet und ist heute die Waterfront die „Herzkammer" des touristischen Kapstadts, aber auch bei den Capetonians beliebt. Eine Mixtur von entspannter Künstlichkeit, Jahrmarktstimmung und hohem Kauf- und Amüsierpotential, an manchen Wochenenden oder um Feiertage herum überfüllt und laut. Es gibt Aberdutzende Restaurants und Bars, ein Amphitheater, unterhaltende Open-air-Musikgruppen und unzählige Shops in den alten Lagerhäusern, die ansprechend vitalisiert wurden. Auch einige der üblichen Kaufhäuser sind hier vertreten. Ein Supermarkt befindet sich z.B. im Erdgeschoss des Hauptgebäudes „Victoria Wharf Centre", Briefmarken

Sonnenuntergang an Kapstadts Waterfront vor der Kulisse des Tafelbergs

gibt es im Postamt im Obergeschoss, Shop 263. Zum Zurechtfinden ist an mehreren Stellen ein dreidimensionaler **Waterfront-Plan** mit allen Attraktionen und Einrichtungen erhältlich und für eine Übersicht können Sie eine der klimatisierten Gondeln des 50 m hohen Riesenrads **„Wheel of Excellence"** besteigen (www.capewheel.co.za).

Geöffnet ist die Waterfront von 9–19 Uhr (Restaurants und Riesenrad bis spät), Parkplätze, z.T. kostenfrei, gibt es reichlich. Aus der Innenstadt ist die Waterfront vom Busterminal an der Adderley Street erreichbar (s. City-Bowl-Karte G2), von dort fahren in kurzen Abständen Busse ab.

Der Name „Victoria & Alfred" sollte die englische Königin Victoria ehren und ihren zweiten Sohn Prinz Alfred, der 1860 den Grundstein gelegt hatte für die Wellenbrecher-Mauer vor dem Hafenbecken.

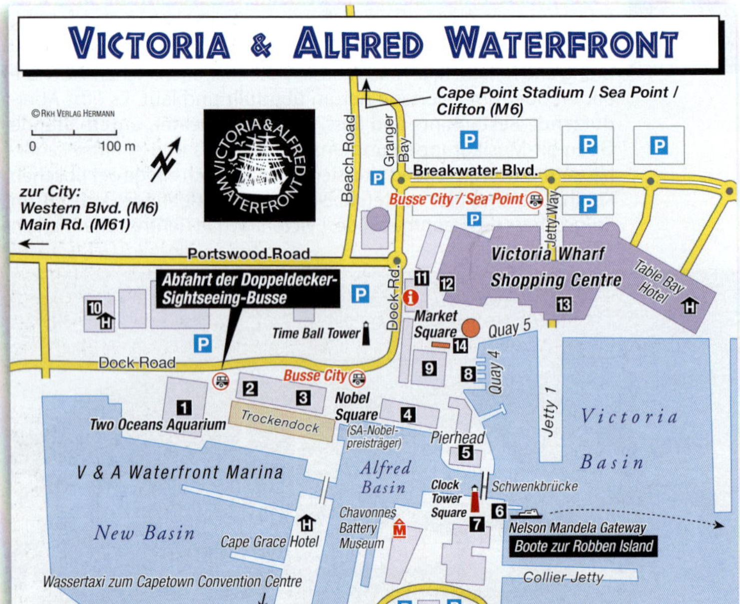

1 **Two Oceans Aquarium**
2 Art & Craft Market
3 Market on the Wharf
4 V&A Hotel und Alfred Shopping Mall
5 Old Port Captain's Building
6 **Nelson Mandela Gateway** (Robben Island Exhibition & Information Centre, Terminal der Fährschiffe nach Robben Island)
7 **Clock Tower**
8 Quay 4 mit Quay 4 Restaurant
9 Iziko Maritime Museum
10 Breakwater Lodge
11 Information Centre
12 Food Court
13 **Victoria Wharf Shopping Centre**
14 **Amphitheatre und Riesenrad**

Clock Tower Square

Das Wahrzeichen der Waterfront ist der dortige viktorianische **Clock Tower,** den man über eine Schwenkbrücke erreicht. Der Turm ist das älteste Bauwerk des Hafens und war früher das Büro des Hafenmeisters. Im ersten Stock befindet sich das **Cape Town Diamond Museum,** tägl. 9–21 Uhr, Eintritt R50, Tel. 021-4212488, www.capetowndiamondmuseum.com. An dem Platz befindet sich eine große Touristen-Information, das **Nelson Mandela Gateway** für Boote nach Robben Island und das **Chavonnes Battery Museum** mit Startpunkt einer Hafenbesichtigung zu Fuß (www.chavonnesmuseum.co.za) und die am Kai 5 endet. Infos auch auf www.waterfront.co.za unter „V&A Waterfront Historical Walking Tours".

Das **Two Oceans Aquarium** sollte man nicht verpassen, in den großen Tanks des unscheinbaren Backsteinbaus schwimmt fast alles, was im Meerwasser lebt, inklusive Haien. Fütterungszeiten: Pinguine tägl. 11.30, 11.45, 14.30 Uhr, Haie sonntags 15 Uhr. Man kann auch mit den Haien im Becken tauchen oder seinen Tauchschein im Aquarium machen. Eintritt R112 (Combiticket mit den Red- und Blue Line-Sightseeing-Bussen möglich), tägl. 9.30–18 Uhr, Tel. 021-4183823, www.aquarium.co.za.

Eine riesige Auswahl an schöner Handwerkskunst bietet gegenüber des Two Oceans Aquariums der **Waterfront Art & Craft Market,** tägl. 9–18 Uhr. Von der Mole des davorliegenden Trockendocks kann man zusehen, wie Schiffe repariert oder ausgeschlachtet werden.

Der angrenzende **Noble Square** am *Alfred Basin* zeigt in gedrungenen Bronzeplastiken mit etwas zu groß geratenen Köpfen vier südafrikanische Friedensnobelpreisträger, nämlich *Albert John Luthuli* (1960), Erzbischof *Desmond Tutu* (1984), Südafrika-Staatspräsident *F.W. de Klerk* und *Nelson Mandela,* erster schwarzer Präsident des Landes 1994–1999 (beide Preisträger 1984). Der verehrte Held aller Südafrikaner zum Anlehnen und Umarmen.

A. Luthuli und D. Tutu, zwei von vier südafrikanischen Nobelpreisträgern

Schiffs- und Hafenfahrten

Schiffsfahrten werden reichlich angeboten, ob Katamaran-Segeln, eine Fahrt auf der „Adventurer", dem schnellsten Schiff im Hafen, eine Tour mit *Cape Charters* zum Hochseeangeln, Wal-, Delfin- und Robbenbeobachtungsfahrten mit dem Jet-Boat oder ein Ausflug mit der *Condor*, einem Schleppnetz-Fischerboot entlang der Küste. Infos wieder auf www.waterfront.co.za.

Hafenrundfahrten gibt es unzählige, alle starten direkt vor dem Hauptgebäude des V&A-Shopping Centre am Quay 4. Infos auf www.waterfront boats.co.za (unter „Experience" und „Top Attractions").

Das **Piratenschiff** *Jolly Roger* bietet Fahrten für Erwachsene und Kinder von 1 bis 4 Stunden, je nach Tour. Tel. 021-4210909, www.pirateboat.co.za.

Hubschrauberflüge finden am *Helipad* an der East Pier Road statt. Es gibt vier Standardflüge, Kapstadt, Atlantikküste, False-Bay-Küste oder von Kapstadt zum Kap der Guten Hoffnung. Auch Flüge nach eigenen Wünschen, die verschiedenen Maschinen fassen 1–6 Passagiere. *Cape Town Helicopters*, Tel. 086-1995551, www.helicopterscapetown.co.za und *NacMakana*, Tel. 021-4253868, www.nacmakana.com.

Robben Island

Weltweite Berühmtheit erlangte die in der Tafelbucht gelegene Gefängnisinsel durch ihren prominentesten Insassen, Nelson Mandela, der hier 18 Jahre seiner Gefangenschaft verbrachte. Seit Mitte des 16. Jahrhunderts wurde das Gebäude als Gefängnis, Irrenhaus, Lepra- und Quarantänestation genutzt, im 2. Weltkrieg war es Trainings- und Verteidigungsstation und seit 1961 ausschließlich Gefängnis. Das 7 Seemeilen von der Waterfront liegende Gruselausflugsziel gesehen zu haben, zählt zum Pflichtprogramm eines Kapstadt-Besuchs, so wie das Apartheid-Museum in Johannesburg. 1997 wurde die Insel Museum und Nationalmonument.

Zelle im Gefängnis von Robben Island

Die Fähren starten am Pier **Nelson Mandela Gateway** beim Clock Tower um 9, 11, 13 und 15 Uhr, im Winter etwas anders. **Beizeiten da sein,** in den Saisonzeiten meist großer Andrang, oder Tickets vorab kaufen! Je nach Wetter kann die Überfahrt (30 Min.) recht stürmisch sein oder abgesagt werden, dann Kartenumtausch möglich. Eintritt R230, Gesamtdauer 3,5 Stunden. Auf der Insel folgt eine 45-minütige Fahrt im Kleinbus mit Guide. Durchs Gefängnis und die Zellen begleiten auch ehemalige Gefangene und erzählen von ihrem schwierigen Leben damals. Die Rückfahrt führt anschließend durch die Table Bay mit schönem Blick auf Kapstadt.

Infos: Tel. 021-4134220/1 (Gateway), Tel. 021-4095169 (Robben Island). Buchungen unter Tel. 021-4134219, online auf www.robben-island.org.za oder über www.webtickets.co.za.

Sehenswürdigkeiten in der Innenstadt

Kapstadts Sehenswürdigkeiten liegen verstreut in der Innenstadt und reflektieren seine bewegte Geschichte. Beginnen Sie eine Fußtour entweder im Osten in Bo-Kaap, im Westen am Castle of Good Hope oder wie nachfolgend beschrieben in der Strand Street nahe von *Cape Town Tourism*. Fußgänger- oder verkehrsberuhigte Straßen sind im Stadtplan orange eingefärbt, zur Lokalisierung der beschriebenen Sehenswürdigkeiten stehen die Kartenplanquadrate in Klammern dahinter. „Iziko" ist die Dachorganisation der staatlichen Museen Kapstadts.

Koopmans de Wet House

Zwischen Bree und Adderley Street steht das neoklassizistische **Koopmans de Wet House** (City-Bowl-Karte F3), ein mit historischem Mobiliar und Antiquitäten eingerichtetes Gebäude, erbaut 1701. Es ist ein typisches Cape-Dutch-Stadtwohnhaus und gehörte der reichen Familie de Wet. 35 Strand St, Tel. 021-4813935, www.iziko.org.za. Di–Fr 10–17 Uhr, Eintritt.

Gold of Africa Museum

Knapp drei Straßenblocks westlich, im Martin Melck House (City-Bowl-Karte E3), einem schönen alten Stadthaus von 1783 mit gutem Restaurant, wird die Geschichte des afrikanischen Goldes eindrucksvoll präsentiert (überwiegend Westafrika). Herrliche Ausstellungsstücke und Vorführung von Goldschmiedekunst, 2 geführte Touren nach Vereinbarung. Mo–Sa 9.30–17 Uhr, Eintritt. 96 Strand St, Tel. 021-4051540, www.goldofafrica.com.

Castle of Good Hope

Wenn man die Strand Street ein paar Hundert Meter weiter östlich geht, kommt man zum **Castle of Good Hope,** dem ältesten Gebäude von Kapstadt (City-Bowl-Karte H3). Die Anlage zur Verteidigung der Stadt mit fünf spitzen, auskragenden Bastionen entstand zwischen 1665 bis 1679 anstelle des ersten primitiven Forts, das Jan van Riebeeck 1652 für die Vereenigde Oostindischen Compagnie zuvor auf der *Grand*

City Hall mit Grand Parade

Parade erbauen ließ. Es lag früher näher am Meer und erhielt seine heutige Binnenlage erst durch Landaufschüttung. Heute dient es als Museum und es ist eine Militäreinheit stationiert. Ein großer Teil der Anlage – beeindruckend dabei ist das Verließ – und das Militärmuseum können besichtigt werden. Die *William Fehr Collection* zeigt Gemälde alter Meister und historische Stilmöbel. Werktags um 10 Uhr findet eine Schlüsselübergabe statt, gefolgt von einem Kanonenschuss.

Ecke Darling/Buitenkant St, Tel. 021-7871260, www.castleofgood hope.co.za. Tägl. 9–16 Uhr, Touren um 11, 12 und 14 Uhr. Eintritt.

City Hall und Grand Parade

Wenn man nach Verlassen des Castles die Buitenkant Street in südlicher Richtung weitergeht, stößt man auf die Darling Street und erreicht die mächtige und prächtige **City Hall** (City-Bowl-Karte G3), das Rathaus von Kapstadt von 1906 in edwardinischem Baustil mit einem Uhrenturm. Vom Balkon hielt Nelson Mandela am 11. Februar 1990 nach 27 Gefängnisjahren seine erste öffentliche Rede und verkündete den Beginn einer neuen politischen Ära, dabei jubelten ihm Zehntausende zu. Auf dem davorliegenden große Platz, der **Grand Parade,** auf dem einst Sklaven verkauft wurden, ist heute mittwochs und samstags Markt.

Greenmarket Square

An der City Hall vorbei und über die Adderley Street hinweg gelangt man auf die Shortmarket Street, die zum **Greenmarket Square** (City-Bowl-Karte F3) führt. Auf diesem alten Stadtplatz, eingerahmt von Hochhäusern mit beachtenswerten Art-decó-Fassaden, findet täglich ein lebendiger afrikanischer Markt mit zahllosen Ständen statt, und vielleicht begegnet Ihnen

Verkaufsstand am Greenmarket Square

die Greenmarket-Kultfigur, der „Eiermann" und singt Ihnen das Lied desselben. Um den Platz herum gibt es zahlreiche Cafés, Bars und Restaurants und an der Ecke Shortmarket/Burg Street ist das Büro von *Western Cape Tourism.*

Ecke Burg/Longmarket Street steht das hübsche **Michaelis House,** früher Old Town House, das erste zweigeschossige Haus und das erste öffentliche Gebäude der Stadt, erbaut 1761. Es diente erst als Gericht, dann als Rathaus. Heute ist dort die *Iziko Michaelis Collection* mit Kunstwerken flämischer Meister untergebracht, u.a. Werke von Rembrandt und Frans Hals (Mo–Fr 10–17 Uhr, Sa 10–16 Uhr; weitere Infos s. www.iziko.org.za/static/page/michaelis-collection-at-old-town-house). Beeindruckend am Greenmarket Square ist noch die **Metropolitan Methodist Church** von 1876.

Slave Lodge

Zurück zur Adderley Street und südwärts gehend erhebt sich links die **Groote Kerk** (City-Bowl-Karte G4), Mutterkirche der *Nederduitse Gereformeerde Kerk* (NG, Dutch Reformed Church). Ihr Vorgängerbau, von der nur Weniges erhalten ist, wurde 1704 erbaut, die jetzige Kirche 1841.

Ein paar Meter weiter liegt, ebenfalls links Ecke Adderley/Wale Street, die **Slave Lodge,** sie ist nach dem Castle of Good Hope das zweitälteste Bauwerk Kapstadts mit bis auf das Jahr 1660 zurückgehender Bausubstanz. In ihm hatte man bis 1811 Sklaven vor ihrer Versteigerung unter elenden Bedingungen einquartiert, später nutzte man das Gebäude zu verschiedenen anderen Zwecken, u.a. auch als erste Poststation Kapstadts, als Gerichtsgebäude und Bordell. Heute ist es ein Museum mit kulturgeschichtlichen Sammlungen und Dokumentationen zur Sklaven- und Stadtgeschichte. Im Innenhof befindet sich der Grabstein von Jan van Riebeek, dessen Gebeine aber in Jakarta/Indonesien liegen, wo er verstarb. Mo–Sa 10–17 Uhr, Eintritt, Tel. 021-4677229, www.iziko.org.za.

Houses of Parliament

Südlich der Slave Lodge liegt das frühere Regierungsviertel mit den **Houses of Parliament** (City-Bowl-Karte G4), eröffnet 1885. Geführte Touren sind möglich, Eintritt frei, zwei Wochen vorbuchen, der Reisepass ist erforderlich. Parliament St, Tel. 021-4032911, www.parliament.gov.za.

Südlich des Parlaments beginnt *Company's Gardens,* s.u. und weiter westlich das *District Six Museum,* s.u.

St. George's Cathedral

An der Wale Street gegenüber der Old Slave Lodge befindet sich die **St. George's Cathedral,** bekannt geworden durch die Reden von Erzbischof Desmond Tutu, die mit zur Aufhebung der Apartheid beigetragen haben. Ab und zu gibt es hier Konzerte.

Long Street

Die **Long Street** ist eine der ältesten, längsten und wohl auch verrücktesten Straßen Kapstadts. Zwischen schön restaurierten viktorianischen Häusern mit schmiedeeisernen Balkonen und Veranda-Restaurants gibt es massenhaft Kneipen, Nachtbars, Handyläden, Boutiquen und etliche Backpacker-Hostels, belegt vom internationalen Reisejungvolk. Nachts ist auf dieser pulsierenden Partymeile der „Bär los", über alle Hautfarben hinweg wird zusammen getrunken, getanzt und gefeiert. Wer hier ein Quartier wählt hat, sollte sich mit Ohrstöpseln eindecken, die Musik schallt die ganze Nacht. Das berühmteste Restaurant der Straße mit ausgefallenem Ambiente und Livebands ist „Mama Africa".

Auf der Long Street ist auch der **Pan African Market** (City-Bowl-Karte F3), ein mehrstöckiges Haus, in dem Händler aus ganz Afrika Kunsthandwerk, ausgefallene Souvenirs und viele andere Dinge und Waren mehr anbieten, echt sehenswert. 76 Long Street, Tel. 021-4264478, Sommer: Mo–Fr 9–17 Uhr, Sa 9–15 Uhr, So 8.30–15.30 Uhr. Winter: Mo–Fr 9–17 Uhr, Sa 9–15 Uhr, So geschl.

Houses of Parliament mit Louis Botha-Statue

Nightlife auf der Long Street

Viertel Bo-Kaap

Über die Wale Street weiter in westlicher Richtung kommt man direkt ins muslimisch geprägte Malaienviertel **Bo-Kaap** mit steil ansteigenden Straßen und eng aneinandergebauten Flachdach-Häuschen. Buntgetüncht sind sie das Markenzeichen des Viertels und oft Hintergrund für Mode-Shootings. Bo-Kaaps Atmosphäre kann man zu Fuß entdecken und sich hinterher im einfachen Restaurant „Biesmiellah" oben am Ende der Wale Street/Ecke Pentz St stärken. Serviert werden hier authentische kapmalaiische Gerichte wie Samosas und Lammragout. Die Kapmalaien wurden im 16. und 17. Jahrhundert durch die Holländer als versklavte Arbeitskräfte von Niederländisch-Indonesien nach Südafrika verschleppt. Die Auwal-Moschee (City-Bowl-Karte E4, 34 Dorp St) ist die älteste Moschee in Südafrika und kann nur im Zusammenhang mit einem Stadtrundgang besucht werden (Tel. 021-4221554, Cell 082-4236932) oder Infos im **Bo-Kaap Museum** (E4), einem historischen kleinen Wohnhaus. 71 Wale St, Tel. 021-4813938, bokaap.co.za/museum. Mo–Sa 10–17 Uhr, Eintritt.

Bunte Häuser im Malaienviertel Bo-Kaap

Company's Garden

Südlich des Parlaments beginnt die etwa 6 ha große und baum- und buschreiche Parkanlage **Company's Gardens,** das grüne Herz der Stadt. Zur Zeit Jan van Riebeecks waren hier Gemüsegärten angelegt worden, die die vor Anker gegangenen Schiffe der VOC-Company versorgten.

Auf der südöstlichen Seite befindet sich ist die **South African National Gallery** (City-Bowl-Karte G5), ein neoklassizistisches Gebäude von 1930 mit erstklassigen und umfangreichen Sammlungen afrikanischer und europäischer Kunst aller Stilrichtungen, ein Himmel für Kunstfreunde. Die Bronze-Skulptur vor dem Eingang heißt „Numinous Beast". Government Ave, Tel. 021-4813970, www.iziko.org.za. Tägl. 10–17 Uhr.

Weiter südlich an der Hatfield Street befindet sich **The South African Jewish Museum** (City-Bowl-Karte G6) mit der Geschichte der jüdischen Einwanderer Südafrikas. 88 Hatfield St, Tel. 021-4651546, www.sajewishmuseum.co.za. So–Do 10–17 u. Fr 10–14 Uhr. Angeschlossen ist das **Cape Town Holocaust Centre,** www.ctholocaust.co.za.

Am oberen Ende von Company's Gardens befindet sich das **South African Museum,** das ehrwürdige Nationalmuseum Südafrikas von 1897. Sie brauchen Tage, wenn Sie auch nur einen Teil der rund anderthalb Millionen Exponate sehen möchten. Schwerpunkte Vor- und Naturgeschichte mit einem riesigem Walskelett. 25 Queen Victoria St, Tel. 021-4813800, www.iziko.org.za. Tägl. 10–17 Uhr, Eintritt.

Angeschlossen ist das **Planetarium,** wo man den Nachthimmel der Südhalbkugel richtig erklärt bekommt. Tel. 021-4813900.

Das sehenswerte **Bertram House Museum** ist das einzige noch bestehende georgianische Haus in Kapstadt mit zeitgenössischer Einrichtung. Hiddingh Campus, Orange St, Tel. 021-4813972, www.iziko.org.za. Tägl. 10–17 Uhr.

District Six Museum

In diesem besucherbewegenden Museum an der Buitenkant Street (City-Bowl-Karte H4) in einer ehemaligen Kirche bekommt man durch Fotos, Dokumenten und Exponaten einen eindrucksvollen Einblick in die Zeit der Anti-Apartheid-Bewegung im District Six, der 1966 ebenplaniert und zum weißen Stadtgebiet erklärt wurde. Die Häuser dieser buntgemischten Gemeinde wurden abgerissen und etwa 50.000 Menschen gewaltsam vertrieben. Das Gebiet ist heute zum Teil immer noch Brachland, aber nach und nach soll ein neuer District Six entstehen. 25a Buitenkant St (und auch 15A), Mo 9–14 Uhr, Di–Sa 9–16 Uhr, Tel. 021-4667200, www.districtsix.co.za. Eintritt Museum R30, mit Führung durch einen Ex-Bewohner R45. Man kann außerdem den Originalschauplatz in Zonnebloem/Walmer besuchen, kostet R120 und muss vorgebucht werden.

Tafelberg – das ist die Höhe

Anfahrt Mit dem eigenen Wagen aus der Innenstadt die *Buitengracht Street* (M62) nehmen, die in Gardens zur *Kloof Nek Road* (mit Seilbahn-Logo beschildert; der „Kloof Nek" ist der „Nacken" bzw. Sattel zwischen Tafelberg und dem Lions Head). Oben am Verkehrskreisel geht es links zur *Lower Cableway Station,* und wenn schönes Wetter oder der Andrang groß ist, kann es sein, dass die Straßenseite vollgeparkt ist und man weit zur Seilbahnstation gehen muss.

Sie können auch mit einem Stadtbus oder dem City Sightseeing-Bus hochfahren (s.o.), ein normales Taxi nehmen (ca. R60 einfach) oder per „Rikki"-Taxi. Weitere Infos, wie aktuelle Wetterlage und Wettervorhersage, Sunset-Specials, Webcams u.a. mehr auf www.tablemountain.net.

Der 1086 m hohe Tafelberg liegt bereits innerhalb des Table Mountain Nationalparks (s.u.) und ist seit 2012 eines der „New 7 Wonders of Nature". Leider hüllt sich der Berg häufig in Nebel, er hat dann das „Tischtuch" aufliegen, dann fährt die Seilbahn nicht. Ihr Betrieb wird gleichfalls eingestellt bei starken oder böigen Winden, von denen ja Kapstadt oft heimgesucht wird. Die Schließung wird morgens ab 7 Uhr unmittelbar auf www.tablemountain.net angezeigt („The Cable Way is: closed"). Bei wechselhaftem Wetter morgens beeilen, denn das „table cloth" zieht dann meist gegen Mittag auf.

Betriebszeit vom 1. Mai bis 15. September 8.30–18 Uhr (= letzter Zeitpunkt Bergabfahrt), übrige Monate Auffahrt ab 8 Uhr und letzte Abfahrt zwischen 19 und 21.30 Uhr (Aushang beachten). Fahrpreis return R205, Kinder und Studenten ermäßigt, Tel. 021-4248181. Wenn man sein Ticket auf www.tablemountain.net per Kreditkarte online kauft und an irgendeinem Computer ausdruckt, ist der Preis günstiger und man vermeidet das lange Anstehen am Ticketschalter. Es ist

Blick vom Tafelberg auf Kapstadt, im Hintergrund Robben Island

14 Tage gültig und der Betrag kann gegen eine geringe Gebühr auf die Kreditkarte zurückgebucht werden.

Die zwei Rundgondeln Schweizer Technik fahren alle 10–15 Minuten ab, fassen je 65 Passagiere und drehen sich während der fünfminütigen Fahrt einmal um die eigene Achse. Auch für Rollstuhlfahrer wird gesorgt. Oben liegt Ihnen eine Millionenstadt zu Füßen, gibt es neben einem 2 km langen Wegenetz durch Fynbos-Vegetation zu Aussichtspunkten mit Ruhebänken und Begegnungen mit Rock-Dassies noch ein Selbstbedienungs-Café und einen Souvenirshop.

Vier Wanderwege führen in ca. 3 Stunden auf den Berg hinauf und wer die Fußbesteigung vorhat, kann sich auf www.tablemountain.net oder bei dem Veranstalter www.abseilafrica.co.za kundig machen. Alljährlich im Juli und August wird die Seilbahn wegen Wartungsarbeiten 4–5 Wochen geschlossen.

Table Mountain National Park

Ein „Stadt- & Land"-Nationalpark, der sich vom Kapstadts Signal Hill bis zum Kap der Guten Hoffnung mit seinem *Cape Floral Kingdom* hinzieht und etwa Dreiviertel der Fläche der Kap-Halbinsel einnimmt. Eingeschlossen sind die Botanischen Gärten von Kirstenbosch, das Silvermine-Naturreservat, der Pinguin-Strand am Boulder's Beach, der Chapman's Peak Drive südlich von Hout Bay und fast alle Küstenbereiche. Allein von den über 2000 Meerestierarten, die an den Küsten des südlichen Afrikas ihr Habitat haben, leben 660 Arten hier am Kap, viele davon sind endemisch.

Der Table Mountain National Park ist so vielfältig wie kein anderer in Südafrika und es gibt nur drei Stellen, an denen man Eintritt bezahlen muss: am Kap der Guten Hoffnung, im Silvermine Nature Reserve und bei den Pinguinen am Boulder's Beach. Der Rest ist für die Öffentlichkeit frei zugänglich.

Signal Hill

Wer mit dem eigenen Wagen zum Tafelberg anfuhr kann hinterher den 669 Meter über Kapstadt gelegenen Aussichtspunkt „Signal Hill" anfahren. Dazu am erwähnten Kreisel der Ausschilderung „Signal Hill" folgen. Vorhanden sind Parkplätze, Grünflächen und Grillstellen. Nach Einbruch der Dunkelheit meiden. Von hier tönt montags bis samstags mit lautem Knall die „Noon Gun".

Shopping in Kapstadt

Kapstadt ist Südafrikas Shopping-Paradies schlechthin. Kleidung ist hier um einiges preiswerter als in Europa und es gibt in allen Stadtteilen Shopping Malls. Leider sind in all diesen Malls fast immer die gleichen Firmen vertreten. Bekannte Filialisten und Marken sind z.B. *Vodacom* (Handys, Telefonkarten), *Checkers* (Drogerieartikel, Air-time), *Pick n' Pay* (Lebensmittel, Air-time), *Mr. Price Home, @Home* (Haushaltswaren, Deko), *Woolworths* (eigene Modemarke, hat nichts mit dem Billig-Kaufhaus aus den USA zu tun), *Cape Union Mart* (Outdoor-Kleidung), *Foschini, Stuttafords, Truworths* (Mode), Edgards, *Mr. Price, Markham* (Modekaufhaus).

Nachstehend einige der schönsten und größten Einkaufszentren der Stadt:

Canal Walk, größtes Einkaufszentrum mit unzähligen Läden, Kaufhäusern, Restaurants und einem Kino in Century City. Hier ist fast alles vertreten, was es an Geschäftsketten in Südafrika gibt, jedoch keine Souvenirläden. Tägl. 9–21 Uhr, Kino und Restaurants länger. Anfahrt über N1 nach Paarl, Ausfahrt Century City Drive, der Ausschilderung folgen. Century City Blvd, Tel. 021-5299699, www.canalwalk.co.za.

Cape Quarter Lifestyle Village, das jüngst erbaute der drei hier genannten, auch zum „Herumhängen" nett, s.S. 591.

Neighbourgoods Market, samstags Markt für Feinschmecker, 373-375 Albert Rd, Woodstock, www.neighbourgoodsmarket.co.za

Victoria & Alfred Waterfront, viele elegante und Upmarket-Läden, schöne Souvenirs und Handwerksartikel, Antiquitäten, s.S. 591

6

Maskenverkäufer am Green Market Square

Reise-Infos Kapstadt

Information

Cape Town Tourism Central, The Pinnacle Building, Ecke Burg/Castle Streets (Lage in der Cape Town-Karte „City Bowl", Planquadrat F3), Tel. 021-4876800, Cell 086-1322223. Offizielle Homepage: www.capetown.travel

Nach dem Einloggen kann man sich den umfangreichen *Official Visitors' Guide* herunterladen: www.capetown.travel/toolkit/entry/visitor-guide-2013

Öffnungszeiten Okt.–März tägl. 9–18 Uhr, April–Sep. Mo–Fr 9–17 Uhr, Sa/So 9–13 Uhr.

Sehr große Einrichtung mit Hilfe zu Unterkünften, Mietwagen, Touren etc., mit Internet, Computicket (Karten für Veranstaltungen), Infos/Reservierungen zu *Cape Nature Conservation Parks* (Tel. 021-4260723) und *National Parks & Reserves*. Eine Zweigstelle von Cape Town Tourism findet man in der Waterfront.

Außerdem gibt es noch zwei Straßen südlich von Cape Town Tourism, Ecke Burg/Shortmarket Sts am Greenmarket Square, das **Western Cape Tourist Office,** zuständig für Tourismus in der ganzen Provinz (Tel. 021-4233266, www.westerncape.gov.za).

Online-Tickets zu Veranstaltungen aller Art, Tafelberg, Robben Island, Kirstenbosch, neue Events, Konzerte etc. in und um Kapstadt: www.webtickets.co.za

Weitere Webseiten: www.tourismcapetown.co.za • www.capetown.gov.za

Touristische Webseiten

Kapstadts Angebot an Sehenswürdigkeiten, Unterhaltung, Sport und Gastronomie ist derart umfangreich, dass dies nicht alles in einem Reiseführer erwähnt werden kann. Zur Vertiefung der Reiseplanung und Stadterkundung können nachstehende Webseiten hilfreich sein:

Deutsche Seiten

www.kapstadt-net.de • www.kapstadt.de • www.kapstadtmagazin.de
www.kapstadt.net • www.kapstadt.com • www.kapstadt.org

Schnelles Finden vielerlei Dinge in Kapstadt: www.mapmyway.co.za

Hilfreiche und interessante Infos, gut gemacht, nicht nur für Kapstadt, ist das Online-Magazin **www.kapexpress.com**

Englische Seiten

www.cape-town.org • www.capetown.travel • www.thewesterncape.co.za
www.westerncape.eu

Offizielle Seite von Kapstadts Museen, Galerien und Bibliotheken: www.iziko.org.za

Verschiedene Landkarten von Kapstadt als Download: www.mapmyway.co.za/printed-maps/

Unterstützung bei der Tagesplanung gibt:
www.capetown.travel/content/page/what-to-do-in-1-2-or-3-days
www.capetown.travel/content/page/a-cultural-day

Veranstaltungen können bequem per Kreditkarte gebucht werden: www.computicket.com

Infos über Märkte: http://capemarkets.co.za

Wichtige Telefonnummern

Ambulanz: 10177
Automobilclub (AA): 0800-010101

Bergrettung (Mountain Rescue): 021-9489900
Notruf (vom Festnetz): 107
Notruf (vom Handy): 112 (kostenlos) oder 021-4807700
Öffentliche Verkehrsmittel: 080-0656463
Polizei: 086-0765423, 10111
Straßenzustand und Sturmwarnung: 086-0103089
Touristenhilfe 0861-874911

Taxis

Es gibt keine einheitlichen Taxi-Vereinigungen, die Fahrer sind fast ausschließlich Einzelunternehmer. Die Autos sehen unterschiedlich aus und haben in der Regel kein Taxameter, der Fahrpreis sollte vor Fahrtantritt ausgehandelt werden, ein Kilometer kostet ca. 10 Rand. Taxistände gibt es nur wenige, meist warten sie vor großen Hotels, in der Nähe der Tourist-Info an der Burg Street und am Grand Parade an der Adderley Street. Fahrende Taxis lassen sich nur selten heranwinken, da fast alle einen Auftrag haben, besser ist es, im Restaurant/Hotel den Angestellten um einen Anruf zu bitten.

Taxi-Rufnummern: *Magicab* 021-7044357, *Unicab* 021-4861600, *Cab-Net* 021-5102211, *Barnes* 021-5439418.

Als bewährtes Touristen-Transportmittel hat sich das gelbe, vom Tourismus-Büro anerkannte *Rikki Taxi* durchgesetzt. Es fährt überall dort, wo Touristen wohnen und sich aufhalten, wie im Zentrum, Kirstenbosch und an der Atlantikküste bis Hout Bay. Nur per Bestell-Anruf, Tel. 021-4234888, Mo–Fr 7–19 Uhr, Sa 8–16 Uhr, sonntags kein Dienst.

Minibus-Taxis werden hauptsächlich von den Bewohnern der Townships genutzt, um in die Stadt zu kommen. Sie sind meist sehr voll und in schlechtem Zustand und haben feste Haltestellen oder man hält den Daumen hoch, wenn eines daherrollt.

Markant auch in der Dämmerung: Tafelberg und Lion's Head

Tuk-Tuks

Um die Mobilität der Capetonians weiter zu verbessern, ließ Kapstadts Verwaltung jetzt auch Tuk-Tuks zu, dreirädrige Autorikschas, die in Asien als „Taxis der armen Leute" gelten. Von Indien importiert, dürfen sie nur in bestimmten Vierteln unterwegs sein und Passagiere nur maximal 3 km weit befördern.

Busse

In der Innenstadt von Kapstadt ist ein neues Busnetz entstanden, das von **MyCiTi.** MyCiTi-Busse sind ganz neue, komfortable Fahrzeuge mit blitzblanken Haltestationen, zuverlässig und sicher. Sie fahren vom Zentrum vom Civic Centre (Main Station) im Stadtzentrum zur V&A Waterfront, entlang der Long Street, zum District Six, nach Gardens und zu weiteren Destinationen. Fahrpläne und alle Infos auf www.capetown.gov.za/en/MyCiti/Pages/default.aspx. Außerdem pendelt ein Airport-Shuttle zwischen dem Civic Centre und Flughafen.

Konsulate

Deutsches Generalkonsulat, 19th Floor Triangle House, 22 Riebeek Street, CBD, Tel. 021-4053000, Pass- und Visaabteilung Tel. 021-4053052, Mo–Do 14–16 Uhr.

Notfallnummer (keine Passangelegenheiten): Tel. 083-3256513 (auch via SMS)

Deutsche Vertretungen: www.southafrica.diplo.de.

Österreichisches Generalkonsulat, 1 Thibault Square, CBD, Tel. 021-42114 40.

Schweizerisches Konsulat, 1 Thibault Square, CBD, Tel. 021-41836 65.

Krankenhäuser

Groote Schuur Hospital, Main Rd, Observatory, Tel. 021-4049111, www.westerncape.gov.za/gsh

Mediclinic Cape Town, 21 Hof St, Gardens, Tel. 021-4645500, Notfall Tel. 021-4645555, http://www.mediclinic.co.za

Flughafen Kapstadt

Der Kapstädter Flughafen heißt *Cape Town International Airport* (CTIA, Tel. 021-9371200), liegt 22 km östlich der Innenstadt an der N2 und ist außerhalb der Hauptverkehrszeiten in etwa 25 Minuten zu erreichen. Seitdem Johannesburg mit dem vergrößerten OR Tambo Airport Südafrikas internationale Flugdrehscheibe ist, gibt es fast keine Direktflüge mehr aus Übersee nach Kapstadt. Lediglich an einigen Tagen in der Hauptsaison könnte man bei South African Airways (SAA, www.flysaa.com), vielleicht Glück haben. Emirates fliegt von Frankfurt via Dubai und Durban nach Kapstadt, www.emirates.com.

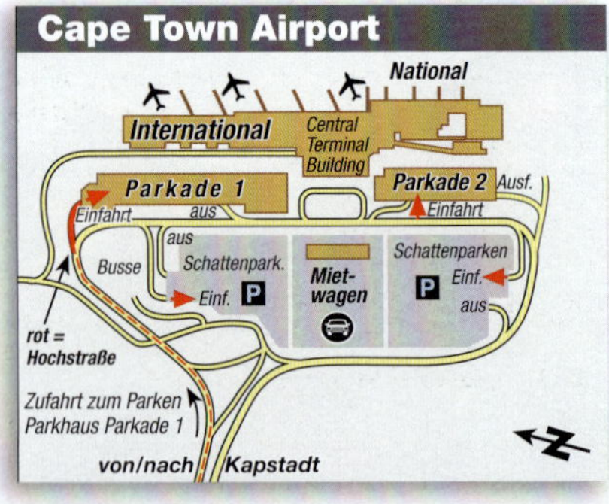

Der Weiterflug von Johannesburg nach Cape Town verläuft problemlos und zügig, man muss allerdings in Joburg nach den Einreiseformalitäten das Gepäck vom Band holen, den Zoll passieren und es anschließend wieder aufgeben. Anschlussflüge nach/von Kapstadt gibt es täglich sehr viele, Flugzeit etwa zwei Stunden (wer es gemütlicher mag, kann mit dem Schlafwagenzug Shosholoza Meyl in 27 Stunden von Johannesburg nach Kapstadt fahren, Infos dazu s.S. 46).

Es gibt in beiden Terminals, International und Domestic, Tourist Informationes. Die Seiten www.capetown-airport.com und www.acsa.co.za stellen den Airport rundum vor. Die acsa-Seite bietet herunterladbare Karten, so dass Sie bereits bei der Ankunft im Bilde sind, auch bezüglich Abholung oder Rückgabe eines Mietwagens. Unmittelbar vor dem Hauptgebäude gibt es in den Parkhäusern *Parkade 1* und *Parkade 2* sowie ebenerdig davor genügend Parkplätze (s. Karte).

Airline-Telefonnummern

- SAA 011-9781000, Lufthansa 086-1842538,
- British Airways 021-9362592, British Airways (Comair) 011-9210111
- Air Berlin 0800-981393,
- KLM 011-9616700,
- Air Namibia 011-3902876
- Emirates 021-4031100.

Die Büros der Fluggesellschaften befinden sich in der 1. Etage des Hauptgebäudes. Alle Airlines auf www.acsa.co.za/home.asp?pid=3444

Transfer Flughafen

Wer nicht sofort am Flughafen einen Mietwagen übernimmt, kann seinen Gastgeber fragen, ob er einen Flughafentransfer anbietet. Manche Vermieter machen das gegen Entgelt. In der Innenstadt gibt es in der Adderley Street einen Airport-Terminal mit 24-Stunden-Service (Planquadrat G2). Preis für die erste Person ca. R150, jede weitere R50.

Airport-Shuttle ist ähnlich wie ein Mietwagen für 1 bis 13 Personen, Preise siehe Webseite www.airportshuttle.co.za. Reservierungen online oder Tel. 0861-7488853.

Centurion Tours ist ein fahrplanmäßiger Shuttledienst, Abfahrten alle 15–20 Minuten zu verschiedenen Zielen im Western Cape. Vorbuchung per Internet oder Infos am Travel Desk in der Haupthalle des Flughafens. Tel. 086-1115388, www.centuriontours.co.za.

City Hopper, Infostände in der Gepäckhalle und in den Domestic- und International-Ankunftshallen, Tel. 021-9363460/1, www.citihopper.co.za.

Randy's Tours, Tel. 021-7060166, Cell 082-6550529, www.randystours.com.

Tax Refund Office

Das Büro befindet sich im Erdgeschoss bei International Departures. Bei Einkäufen ab einem Wert von R250 können ausländische Touristen die Mehrwertsteuer von derzeit 14% zurückbekommen (VAT-Return). Mehr darüber s.S. 41 oder auf www.taxrefunds.co.za.

Autovermieter

Im Flughafengebäude sind alle großen Autovermieter wie Avis, Europcar, Budget vertreten und zusätzliche örtliche Firmen. Firmen, die hier kein Büro haben, bringen ihre Autos zum Flughafen, bei diesen geht es am schnellsten, man muss sich nicht lange anstellen.

Zu den verlässlichen lokalen Vermietern gehören:

AfriCamper (Geländewagen, Camper), Tel. 021-8548167, www.africamper.com

Aroundaboutcars, Tel. 021-4224022 (sprechen Deutsch), www.aroundaboutcars.com

Atlantic Car Hire, Tel. 021-3850178, Cell 082-9004278, www.atlanticcarhire.co.za

Unterkunft

Wo übernachten?

Bevorzugte Gegenden zum Übernachten in Innenstadtnähe sind die guten Viertel *De Waterkant* und *Bo-Kaap* (in der Rose Street gibt es etliche Unterkünfte), in Richtung Tafelberg sind es *Gardens, Vredehoek, Oranjezicht* und *Tamboerskloof.* Obwohl das Angebot riesig ist, ist rechtzeitiges Vorbuchen so gut wie das ganz Jahr hindurch angebracht. Fast alle Internetseiten der Unterkünfte haben moderne Reservierungs- und Buchungssysteme. Prüfen Sie auch, wie es mit einem Parkplatz aussieht. Unterkünfte in *Camps Bay* und *Sea Point* s.S. 632 und S. 635

Unterkünfte im Bereich Kapstadt-Zentral („City Bowl")

Long Street Backpackers Absolut zentral gelegen, aber nichts für Leute, die Ruhe suchen, in der Long Street gibt es zahlreiche Kneipen. Dorms, Doppel- und Einzelzimmer. 209 Long St, CBD, Tel. 021-4230615, www.longstreet backpackers.co.za.

La Rose Bed & Breakfast 6 Zimmer und 2 Suites in einem französisch-, indisch-, afrikanisch- und kapmalaiischem Stilmix im farbenfreudigen Viertel Bo-Kaap. Zentrale Lage, lockere Atmosphäre, Büfett-Frühstück, Wi-Fi und andere Services. 32 Rose St, Tel. 021-4225883, www.larosecapetown.com. DZ/F ab ca. R700.

Strand Tower Hotel Zentral gelegenes Hotel mit gutem Preis-/Leistungsverhältnis. 242 Zimmer/AC, behindertengerecht, Restaurant, Pool, Wellness, Parkplätze. 66 Strand St, CBD, Tel. 021-4317500, www.strandtowerhotel.co.za. DZ/F R899–2000.

Cape Diem Lodge Modernes Ambiente und Extras in einer viktorianischen Villa, ruhige Sackgasse in Fußnähe zur Waterfront. 6 Zimmer/Suiten/AC, Pool, dt.-spr. 11 Vesperdene Rd, Green Point, Tel. 021-4398170, Cell 086-6448272, www.capediemlodge.com. DZ/F R990–2850.

Rouge on Rose Sehr schön eingerichtetes upmarket-Boutique Hotel mit 9 Suiten, darunter auch SC-Apartments. Hauseigenes Bistro und viele Services. 25 Rose St, Bo-Kaap, Tel. 021-4260298, Cell 083-7992357, www. capetown boutiquehotel.co.za. DZ/F ab R1000, je nach Monat.

De Waterkant House Elegante Unterkunft in einem schön restaurierten kapgeorgianischen Haus mit schöner Poolterrasse. 9 Zimmer. 35 Loader St, De Waterkant, Tel. 021-4379706, Cell 082-4546810, www.dewaterkanthouse.co.za. DZ/F R1140–2250.

Unterkünfte in Gardens, Vredehoek, Oranjezicht, Tamboerskloof

Ashanti Lodge Netter Backpacker mit Dorm, Doppel- und Einzelzimmer. 11 Hof St, Gardens, Tel. 021-4238721, www.ashanti.co.za. DZ R350.

Alina's Haus Ebenerdige Ferienwohnung am Tafelberg mit Aussicht auf City und Lion's Head. 1 DZ, Pool, Parken, dt.-spr. 11 Clifford Ave, Vredehoek, Tel. 021-4612418, Cell 083-5063330, ulf@unitemp.com. FeWo R600–1200.

Cape Lofts Ferienwohnungen von deutschem Vermieter im Zentrum und zentrumsnahen Stadtteilen. 16 FeWo, Pool. Büro und einige der Apartments:

GARDENS u.A.
0 200 m
© RKH VERLAG HERMANN
Restaurants & Bars
Die meisten Angebote findet man entlang der Kloof Street und Rest. auch im Gardens Shopping Centre. Tipps:
1 Asoka Bar B2
2 Aubergine Rest. D1
3 Fat Cactus, mexik. Rst., u. Rst. Greens, Takumi Sushi B1
4 Mount Nelson Café/R. C1
5 Peter's House, B1
6 The Happy Wok B2
7 Vida e Caffé B1
8 Melissa's Café B2
Unterkünfte
1 Acorn House E3
2 An African Villa A1
3 Ashanti Lodge C2
4 Alina's House s.re.
5 Cactusberry Lodge D2
6 Lézard Bleu Guest Hs E3
7 Mediterranean Villa A2
8 Tom's Guest House E2
Vredehoek
Gardens
Tamboerskloof
Oranjezicht
Higgovale
De Waal Park
Molteno-Reservoir
Wasser-Reservoirs
Gardens Shopping Centre
Mount Nelson Hotel
Bertram House Museum
z. Alinas House: Deerpark Drive / Clifford Ave
Tafelberg-Seilbahn/Camps Bay

29 Montrose Ave, Oranjezicht, Tel. 021-4650844, Cell 083-3913777, www.capelofts.com. FeWo R655–1515.

Tom's Guest House Gästehaus in ruhiger Lage, nicht weit von der Shopping Mall Gardens Centre entfernt. 7 Zimmer/AC, Pool, Parkplätze, dt.-spr. 44 Breda St, Tel. 021-4653223, www.tom-kapstadt.de. DZ/F R690–1020.

Mediterranean Villa Viktorianische Villa am Tafelberg mit Ausstellungen lokaler Künstler im Hause, deutsche Besitzer. 6 Zimmer, 1 Suite. Pool, eigene Parkplätze, Touren. 21 Brownlow Rd, Tamboerskloof, Tel. 021-4232188, Cell 076-5951753, www.medvilla.co.za. DZ/F R720–1400.

Cactusberry Lodge Ruhig gelegenes Gästehaus in einem hübsch renovierten viktorianischen Haus, deutsche Besitzer. 6 Zimmer, Pool, eigene Parkplätze. 30 Breda St, Oranjezicht, Tel. 021-4619787, www.cactusberrylodge.com. DZ/F R820–1050.

Acorn House Deutsches Gästehaus mit Aussicht und ausgefallenen Frühstücks-Creationen. 9 Zimmer, Pool, Parkplatz. 1 Montrose Ave, Oranjezicht, Tel. 021-4611782, www.acornhouse.co.za. DZ/F R1000–1300.

Lézard Bleu Guest House Deutsches Gästehaus in modernem, geschmackvollem Ambiente. Besonderheiten sind das Frühstück und ein Tree House-Gästezimmer mit Ausblick im Garten. Behindertengerecht, Pool, Parken. 30 Upper Orange St, Oranjezicht, Tel. 021-4614601, Cell 072-2344448, www.lezardbleu.co.za. 7 DZ/F R1060–1540.

An African Villa Renommiertes Gästehaus als Einheit von drei benachbarten und zeitgemäß renovierten viktorianischen Gebäuden. Ruhige, jedoch zentrale Lage. 13 Zimmer/AC, 1 Apartment, Pool, Parken. 19 Carstens St, Tamboerskloof, Tel. 021-4232162, Cell 082-9205508, www.anafricanvilla.co.za. DZ/F R1150–1600.

Unterkünfte außerhalb

Medindi Manor Hübsches viktorianisches Boutique-Hotel auf der Ostseite des Tafelbergs, nur 10 Fahrminuten vom Flughafen entfernt in einem grünen Stadtteil. 12 Zimmer, Pool, Parken, Anfahrt s Website. 4 Thicket Rd, Rosebank, Tel. 021-6863563, www.medindimanor.com. DZ/F R990–1490.

Am Flughafen: Road Lodge Airport Cape Town Preiswertes und funktional ausgestattetes Hotel gegenüber der BP-Tankstelle in Flughafennähe. 90 Zimmer/AC, Wi-Fi, Tel. 021-9347303, www.citylodge.co.za/rl12.php. DZ R505.

Restaurants

Restaurants im Bereich Kapstadt-Zentral

Viele nette Restaurants gibt es in den umliegenden Straßen des *Cape Quarter Village* (s. Kapstadt-Citykarte Planquadrat D2), zahlreiche bewachte Parkplätze. Noch mehr Restaurants als die hier beschriebenen Tipps finden Sie direkt auf den Stadtplänen im Buch. Eine Große Auswahl aller Restaurants und Küchen mitsamt „Fine Dining" findet man auf www.capetownmagazine.com bei „Eating Out".

Africa Café Eine Kapstädter Institution, Gerichte vom gesamten afrikanischen Kontinent zum Festpreis zum kostenlosen Nachbestellen. Attraktives

Dekor, Bedienungen in traditioneller afrikanischer Tracht. Heritage Square – ein alter Lagerhallen-Komplex wurde auf chic gemacht –, 98 Shortmarket St, Tel. 021-4220221, www.africacafe.co.za (City-Bowl-Karte E3).

Alfama Restaurant Portugiesisches Restaurant, nettes Sitzen, Fleisch, Fisch und Huhn mit würzigen Soßen. 45 Waterkant St, Tel. 021-4212233 (City-Bowl-Karte D2).

Eastern Food Bazaar Nomen es omen – Gerichte vom Nahen bis zum Fernen Osten, *schwarmas, roti, currys, falafel, dal, naan, chicken masala, kebabs* etc., etc. Liebhaber orientalischer und indischer Küche finden hier ihren Himmel. Volkstümlich und sehr günstig! 96 Longmarket St, Tel. 021-4612458. (City-Bowl-Karte G3).

Kloof Street House Wer es viktorianisch mag, ist hier richtig. Schönes Dinner-Restaurant im Stil alter Zeiten, auch Außenplätze unter Palmen. 30 Kloof St, Tel. 021-4234413, www.kloofstreethouse.co.za (City-Bowl-Karte F6).

Royale Eatery In-Restaurant für Burger-Fans, die Veggie-Burger sollen die besten von Kapstadt sein. Dichte Bestuhlung, immer voll, Reservierung für abends empfehlenswert. 273 Long St, Tel. 021-4224536, www.royaleeatery.com (City-Bowl-Karte F5).

Savoy Cabbage Ein sehr gutes Restaurant, kreative Küche für Fleischfans, auch vegetarische Gerichte. 101 Hout St, Tel. 021-4242626, www.savoy cabbage.co.za (City-Bowl-Karte E3).

Origin Coffee / Nigiro Tea Ein Himmel für Tee- und Kaffeefreunde (Rösterei), wählen Sie unter fast 300 Teesorten; relaxtes Ambiente, *breakfasts & light meals.* 28 Hudson St (City-Bowl-Karte E3).

Restaurants in Gardens, Vredehoek, Oranjezicht, Tamboerskloof

Aubergine Preisgekröntes Spezialitäten-Restaurant von Harald Bresselschmidt in einem historischen Gebäude. 39 Barnet St, Gardens, Tel. 021-4654909, www.aubergine.co.za.

Melissa's Café Frühstück, Kaffee, Lunch, Salate, Kuchen, Snacks. Verkauf von Naturprodukten mit weiteren Filialen. 94 Kloof St, Gardens, www.melissas.co.za.

Mount Nelson Hotel Eines der ältesten Grand-Hotels in der Stadt mit verschiedenen guten Restaurants. Wer nur mal reinschauen möchte, geht zum altenglischen Afternoon Tea (14.30–17.30 Uhr). 76 Orange St, Tel. 21-4831737, www.mountnelson.co.za.

Peter's House Abendrestaurant mit schmackhaften großen und kleinen Gerichten, auch Vegetarisches. 14 Kloof Nek Rd, Tel. 021-4243451.

Vida e Caffé Eine einfach eingerichtete Café-Kette mit sehr guten Kaffeesorten, Espresso und Cappuccino sowie hervorragenden Muffins mit allen nur erdenklichen Füllungen. 34 Kloof St, www.vidaecaffe.com.

Mouille Point

The Grand Café & Beach Liegt zwischen Waterfront und der Yacht-Marina in Mouille Point. Elegantes Beach-Restaurant mit 15 Meter langer Beach-Bar und guter Küche, Parkplätze vorhanden. Granger Bay Road, westlich der V&A

Waterfront, s. Karte „Kapstadt Überblick" S. 583, www.grandafrica.com. Geöffnet Mo–So 12 Uhr bis spät, 16–18 Uhr Küche geschlossen.

Wafu Bestens für einen Sundowner: Atemberaubender Blick von der Restaurant-Dachterrasse auf den Ozean und Robben Island. Bar, Lunch, Dinner, 12–23.30 Uhr. Mouille Point, Ecke Beach Rd/Surrey Place (s. Karte „Kapstadt Überblick"), Tel. 021-4332377.

Außerhalb

A Touch of Madness Etwas verrücktes viktorianisches Restaurant und Bar für junge Leute und Junggebliebene im Bohème-Viertel Observatory, ca. 5 km östlich außerhalb des Zentrums. Burger, Fish, Steak. Häufig Lesungen oder Musikabende, Infos s. Website. 12 Nuttal Rd, Observatory, Tel. 021-4482266

www.touchofmadness.co.za. Mo–Sa 12.30–22.30 Uhr, So 17–22.30 Uhr, Bar bis 4 Uhr.

Food- & Shopping Märkte

Der Besuch eines Kapstädter *Food Market* ist eine unterhaltsame Sache. Reizvoll und erlebenswert sind jene Märkte, wo man Shoppen mit Köstlichkeiten, Häppchen und Schlemmen an Gourmetständen verbinden kann. „Slow food" und Verkauf von biologisch angebauten oder „Home made"-Produkten gehören meist dazu, wie auch oft Live-Bands, Mode, Kunst oder Weinproben. Datails s. die Homepages der Märkte.

Sonntag und Mittwochs 10–15 Uhr: **The Village Market** im Cape Quarter Shopping Centre (City-Bowl-Karte D2), www.capequarter.co.za/Villagemarket

Donnerstags 11–15 Uhr: **Earthfair Market,** St George's Mall, gegenüber der St George's Cathedral (City-Bowl-Karte F4), www.earthfairmarket.co.za

Donnerstags 16.30–20.30 Uhr: **City Bowl Market,** Hope Street, Gardens (City-Bowl-Karte H6), www.citybowlmarket.co.za

Unterhaltung und Nachtleben

Es gibt zahllose Restaurants, Bars und Musik-Events, denn Kapstadt ist Südafrikas Musikstadt schlechthin. Grundsätzlich ist es ratsam, abends mit dem Auto oder Taxi zum Ziel zu fahren. Wer zu Fuß gehen möchte, sollte vorher den Hotelportier oder Gastgeber um Rat bitten. Meiden sollte man auf jeden Fall leere Fußgängerzonen nach Geschäftsschluss. Die videoüberwachte und belebte Long Street ist nachts sicher, die Nebenstraßen besser meiden.

Kapstadts aktuelles Musikprogramm findet man auf den Seiten www.capetowntoday.co.za, www.capetownlive.com und www.capetownjazz.com.

Coffeebeans Routes besucht Musiker zuhause mit gemeinsamem Abendessen und Musik, Infos auf www.coffeebeansroutes.com/evening-tours/capetown jazzsafari.

Musiklokale und -Restaurants & Bars

Aces'n Spades Bar Rock-Konzerte und Restaurant. 62 Hout St, Tel. 021-4241620, www.acesnspades.com (City-Bowl-Karte F3).

Asoka Dienstags Jazzabend, Restaurant. 68 Kloof St, Tel. 021-4220909, www.asokabar.co.za.

Mama Africa Berühmtes Restaurant mit durch und durch afrikanischem, ausgefallenem Ambiente, Livebands und Tanz. Reservierung erforderlich. 178 Long St, Tel. 021-4248634, www.mamaafricarestaurant.co.za, So geschl. (City-Bowl-Karte F5).

Gold Restaurant Kulinarische Streifzüge durch die Küchen des afrikanischen Kontinents, Cape Malay Kitchen, Set-Menüs (Starters, Mains, Desserts). Afrikanisches Dekor, Musik-Entertainment. 15 Bennet St, Green Point, Tel. 021-4214653, www.goldrestaurant.co.za (City-Bowl-Karte D1).

Marco's African Place Täglich Live-Musik, Restaurant. 15 Rose Lane, Bo-Kaap, Tel. 021-4235412, www.marcosafricanplace.co.za (City-Bowl-Karte E3).

Marimba Restaurant Live-Musik. Convention Centre, Ecke Walter Sisulu Ave/ Heerengracht, Tel. 021-4183366, www.marimbasa.com (City-Bowl-Karte F1).

Mercury Live & Lounge Musikbar mit Live Musik. 43 de Villiers St, Zonnebloem, Tel. 021-4652106, www.mercuryl.co.za.

Zula Sound Bar & Café Live-Musik lt. Programm, Snacks. 98 Long St, Tel. 021-4242442, www.zulabar.co.za (City-Bowl-Karte F5).

Bars

Mink Elegante Cocktailbar am Greenmarket Square. 24 Shortmarket St, Tel. 021-4223262, geöffnet 22–4 Uhr (City-Bowl-Karte F3).

The Fez Marokkanische Atmosphäre und Nachtshows. 11 Mechau St, Tel. 021-4197000, Cell 082-0770315, www.fez.co.za, geöffnet Di–Sa ab 19 Uhr (City-Bowl-Karte E2).

Opium Bar Coole Lounge und Whiskey-Bar, T-Shirts, Turnschuhe und Mädchen unter 21 müssen draußen bleiben. 6 Dixon St, Tel. 021-4254010, geöffnet Di–Sa ab 22 Uhr (City-Bowl-Karte D2).

Grand Daddy Bar Kleine und feine Bar hoch über den Dächern im verrücktesten Hotel der Stadt mit Camping-Atmosphäre. Die Gäste übernachten hier in restaurierten amerikanischen Airstream-Wohnwagen, die per Heli hochgeschleppt wurden. 38 Long St, Tel. 021-4247247, www.granddaddy.co.za (City-Bowl-Karte F3).

Musik- und sonstige Festivals

Kaapse Klopse Carnival oder Coon Carnival Am 2. Januar gibt es farbenfrohe Umzüge von Zonnebloem (District Six) durch die Innenstadt bis zum Greenpoint Stadium, musikalisch begleitet von Blechbläser-Combos, Trommlern, Trillerpfeifen und Gesangsgruppen. Die Teilnehmer tragen buntschillernde Kostüme, farblich passende Regenschirme und bemalen sich ihre Gesichter. Lebensfreude pur und einer der größten Karnevalsumzüge der Welt. Dieses alte Volksfest geht auf das Jahr 1848 zurück, als Ex-Sklaven sich die Gesichter weißten und singend lokale Größen auf die Schippe nahmen. Infos www.happywink.org/kaapse-klopse.html

Cape Town Carnival Nach dem Vorbild des Straßenkarnevals in Rio gibt es hier alljährlich Mitte März Umzüge, viel Rummel und schöne Kostüme. Der Zug findet auf der Somerset- und Main Road in Green Point statt, Start ist an der

Buntbefrackte Coon-Carnivalisten

Ebenezer Street, Ende an der östlich gelegenen York Street. Die Straßen sind ab der Buitengracht gesperrt, ebenso die meisten Parallel- und Nebenstraßen, siehe Webseite www.capetowncarnival.com. Bewachte Parkplätze gibt es am Stadion und an der Waterfront.

Cape Town Jazz Festival Jährlich im April im Cape Town International Convention Centre (CTICC) mit internationalen Entertainern, www.capetownjazzfestival.com.

World Music Festival Alljährlich im November im Viertel The Fringe auf verschiedenen Bühnen mit internationalen Gruppen, www.capetownworldmusicfestival.com.

Kirstenbosch Open Air-Konzerte Kultstatus haben die zwischen November und Anfang April stattfindenden sonntäglichen Konzerte im Botanischen Garten von Kirstenbosch (s. Karte „Cape Town und Cape Peninsula). Von mehr oder weniger bekannten Popgruppen bis zu den Kapstädter Philharmonikern tritt hier alles auf. Sonntags ab 17.30 Uhr, Programm auf der Website. Jeder bringt Decken und Picknickkorb mit. Wegen der großen Nachfrage unbedingt früh kommen und die Eintrittskarten vorher zu reservieren, Tel. 021-7612866, www.webtickets.co.za, jeweils ab Dienstag davor.

Sommerkonzerte im De Waal Park (Gardens) Zwischen November und März finden hier einige Konzerte mit lokalen Musikgrößen statt, Eintritt frei, www.dewaalpark.co.za/events-in-de-waal-park.

Sportliche Events

Two Oceans Marathon Jährlich zu Ostern findet ein Halbmarathon und ein Ultramarathon über den Chapman's Peak Drive statt, www.twooceansmarathon.co.za

Cape Town International Kite Festival Die besten Drachenflieger treffen sich im November in Muizenberg bei Kapstadt zum größten Drachenevent Afrikas, www.capementalhealth.co.za/kite

Cape Argus Pick 'n' Pay Cycle Tour Jährlich Ende Februar oder Anfang März findet dieses 109-km-lange Radrennen rund um die Kap-Halbinsel statt, mit meist weit über 30.000 Teilnehmern, von jung bis alt, für Mann und Frau. Eines der größten Rennen der Welt, und oft sind Prominente von der Partie. Entlang der Strecke sind dann sehr viele Straßen gesperrt. Termine und Infos auf www.cycletour.co.za.

Kenilworth Race Course Jährlich Ende Januar findet hier das traditionelle *J&B Metropolitan Horse Race* statt, ein Pferderennen mit über 50.000 Besuchern. Kenilworth liegt an der M5 zwischen Rondebosch und Wynberg. Infos: www.jbmet.co.za.

Galerien

Die Homepage www.iziko.org.za listet alle staatlichen Museen Kapstadt auf und auch sehr viele Galerien, von denen es mehr als 100 gibt. Einige davon sind nachstehend aufgeführt, weitere auf www.capetown.travel/attractions/entry/art_galleries. Jeden ersten Donnerstag im Monat haben viele Galerien in der Innenstadt bis 21 Uhr geöffnet, s. www.first-thursdays.co.za.

Iziko South African National Gallery Präsenzbestand an Gemälden und ständig wechselnde Ausstellungen zeitgenössischer Kunst. Tägl. 10–17 Uhr. Government Ave, Company Gardens, Tel. 021-4813970, www.iziko.org.za.

Michaelis Collection at the Old Town House Ausstellung weltberühmter flämischer Meister aus dem 17. Jh. und wechselnde zeitgenössische Kunst. Tägl. 10–17 Uhr. Greenmarket Square, Tel. 021-4813933, www.iziko.org.za.

Goodman Gallery Ausstellung von Künstlern aus Afrika und anderen Ländern, deren Werke im Kontext zum afrikanischen Kontinent stehen. Di–Fr 9.30–17.30 Uhr, Sa 10–16 Uhr, So/Mo geschl. 176 Sir Lowry Rd, Woodstock, Tel. 021-4627573, www.goodman-gallery.com.

Michael Stevenson Gallery Die seit 2008 bestehende Galerie zeigt in Einzel- und Gruppenausstellungen zeitgenössische afrikanische Kunstpraxis. Mo–Fr 8–17 Uhr, Sa 10–13 Uhr. Buchanan Building, 160 Sir Lowry Rd, Woodstock, Tel. 021-4621500, www.stevenson.info.

Whatiftheworld Gallery Moderne Malerei, ständig wechselnde Ausstellungen, s. Homepage. Di–Fr 10–17 Uhr, Sa 10–14 Uhr. Ecke Argyle St/Albert Rd, Woodstock, Tel. 021-8023111, www.whatiftheworld.com.

The Cape Gallery Frühe Kap-Gemälde als Zeitzeugen und zeitgenössische Kunst. Mo–Fr 9.30–17, Sa 10–14 Uhr, 60 Church St (nähe Greenmarket), Tel. 021-4235309, www.capegallery.co.za.

Rundfahrt Kap-Halbinsel

Verlauf

Die beliebte Rundtour um die Kap-Halbinsel und durch den Table Mountain National Park beginnt auf der Ostseite des Tafelbergs. Sie führt nach Süden zum *Botanischen Garten von Kirstenbosch* und durch das *Constantia-Weinland* nach *Muizenberg* an der *False Bay*. Ab Muizenberg verläuft die Strecke fast immer malerisch am Meer entlang, durch die Orte *Kalk Bay, Fish Hoek, Simon's Town* mit der Pinguinkolonie bei *Boulder's Beach* und weiter zum Kap der Guten Hoffnung als südlichstem und Wendepunkt. Zurück geht es entlang der Westküste der Kap-Halbinsel, nämlich über *Noordhoek* und die schönste Küstenstraße Südafrikas, den **Chapman's Peak Drive,** nach Hout Bay. Von hier sind es nach Kapstadt, vorbei an der Bergkette der „Twelve Apostles" und an den berühmten Stränden von Clifton, Camps Bay und Sea Point, noch etwa 20 Kilometer. Es ist empfehlenswert, diese Route im Uhrzeigersinn abzufahren, denn so hat man an der Ostküste während der Fahrt die ganze Küstenlinie im Blick und am Chapman's Peak Drive ist man auf der „richtigen" Straßenseite, nämlich mit Haltebuchten für Fotostopps. Alle Orte, die hier besucht werden, gehören heute zum Großraum „City of Cape Town", viele von ihnen waren früher selbständige Gemeinden.

Was Sie erwartet

Die Gesamtstrecke beträgt etwa 180 km und kann an einem Tag zurückgelegt oder nach Belieben unterbrochen werden, auch mit einer evtl. Übernachtung. Sie sehen den schönsten Botanischen Garten von Südafrika in Kirstenbosch, dann das historische Weinland um Constantia, die typische Hafenstädte an der False Bay, bekommen tolle Landschafts-Fotomotive vor die Linse und können Pinguine

Duschen am Camps Bay Beach

CAPE TOWN UND CAPE PENINSULA
0 5 km
©RKH VERLAG HERMANN
1 Tygerberg Nature Reserve
2 Century City / Shopping Centre Canal Walk / Fun Park Ratanga Junction
3 Moster's Mill
4 Groote Schuur Hospital und Observatory
5 Rhodes Memorial und University of Cape Town
6 Irma Stern Museum
7 Rondevlei Nature Reserve (Bird Sanctuary)
Robben Island
Bloubergstrand
Table View
Milnerton
Malmesbury
Paarl
Parow
Bellville
Goodwood
V & A Waterfront
Green Point
Table Bay
Sea Point
Signal Hill 350 m
Lions Head 669 m
Clifton
Camps Bay
Bakoven
Oudekraal
Llandudno
Sandy Bay
Twelve Apostles
Cableway
Tafelberg
Kirstenbosch Botanical Gardens
Rhodes Drive M 63
Rosebank
Rondebosch
Claremont
Kenilworth
Wynberg
Constantia
Constantia Rd M41
Langa
Guguletu
Cape Town International Airport
Crossroads
Somerset West / Strand
Khayelitsha
Groot Constantia
Klein Constantia
Buitenverwachting
Hout Bay
Duiker Island (Robben)
Sentinel
Chapman's Peak Drive
Chapman's Peak 592 m
Chapman's Point
Chapman's Bay
Steenberg
Steenberg Rd
Tokai
Tokai Rd
Spaanschemat River Rd
Rondevlei
Zeekoevlei
Cape Flats
Mitchell's Plain
Strand
Strandfontein
Mnandi Beach
Silvermine Nat. Res.
Noordhoek
Muizenberg
St. James
Kalk Bay
Fish Hoek
Kommetjie
Masiphumelele
Solole GR
Ocean View
Simon's Bay
Simon's Town
Boulders Beach (Pinguine)
Misty Cliffs
Witsandbay
Mosselbay
Scarborough
Table Mountain National Park
Cape of Good Hope Nature Reserve
Swartkopberg
Miller's Point
Straußenfarm
Smitswinkel Bay
Olifantsbos Bay
Olifantsbos Point
Schiffswrack T. T. Tucker (1942)
Schiffswrack Nolloth (1965)
Kanonkop 367 m
Hoek van Bobbejaan
Da Gama Monument
Bordjiesrif
Buffels Bay
Dias Monument
False Bay
Atlantic Ocean
Maclear Beach
Dias Beach
Cape of Good Hope
Cape Point
M 3
M 4
M 5
M 6
M 42
M 63
M 64
M 65
N1
N2
N7
R 300
R 310

6

aus nächster Nähe beobachten. An der Südspitze der Halbinsel sieht man bei schönem Wetter vom Leuchtturm aus ein traumhaftes Panorama und in der Saison kann man von einem Aussichtspunkt Wale beobachten. Auf der Atlantik-Seite geht es über den berühmten Chapman's Peak Drive ins nette Hafenstädtchen Hout Bay, danach können Sie eines der „in"-Lokale von Camps Bay besuchen, im vornehmen Clifton schwimmen oder in Sea Point von der Promenade aus den Sonnenuntergang bewundern. Weitere Infos auf www.capepointroute.co.za.

Startpunkt

Fahren Sie zur Strand Street am Castle of Good Hope, 400 Meter weiter folgt dann die Auffahrt zur **N2** in Richtung Somerset West und Muizenberg, hier auffahren. In Woodstock weist ein braunes Hinweisschild zum **Groote Schuur Hospital.** Hier führte am 3.12.1967 der 45-jährige Christiaan Nethling Barnard in einer fünfstündigen Operation die erste Herztransplantation erfolgreich durch. In diesem Krankenhaus kann man im *Heart of Cape Town Museum* den detailgenau nachgebauten OP-Saal von damals besichtigen und mit ehemaligen Schwestern eine Führung machen. Groote Schuur Hospital, Main Rd, Observatory, Tel. 021-4041967, www.heartofcapetown.co.za. Führungen tägl. 9, 11, 13 u. 15 Uhr, Eintritt R200, Dauer 2 Stunden.

Rhodes Memorial

Nach dem Krankenhaus wechseln Sie von der N2 auf die M3 in Richtung Kirstenbosch/Muizenberg. Die Gegend wird üppig grün und sogar eine echte Windmühle ist zu sehen, die Moster's Mill. Es geht an der Ostseite des Tafelbergs entlang und rechts und links verstecken sich unbezahlbare Villen hinter hohen Mauern.

Auf Höhe der Ausfahrt zur Universität sieht man rechts oben am Berg das **Rhodes Memorial,** eine prunkvolle Denkmal-Anlage für Südafrikas mächtigen Gold- und Diamantenkönig und Politiker *Cecil John Rhodes,* geb.1853. Dort oben auf dem Groote Schuur Estate war sein Landsitz mit gigantischem Ausblick auf die Stadt. Er war von 1890 bis 1896 Premierminister der Kapkolonie und starb 1902 mit nur 49 Jahren. Die Zufahrt zum Memorial folgt am Ende des Universitätsgeländes an der Ausfahrt „Princess Anne Avenue", ab hier ausgeschildert. Web-Infos auf www.rhodesmemorial.co.za.

Nicht nur für Wanderer interessant ist das **Panorama Guest House** mit direktem Zugang zum Table Mountain National Park und den dortigen Spazier- und Wanderwegen. Das Haus verfügt über 4 Zimmer und 2 SC-Apartments, Pool, Wi-Fi, BBQ, toller Ausblick, geführte Wanderungen, dt.-spr. An der 1. Ampel auf der M3 rechts auf die M63 nach Kirstenbosch abbiegen, danach die 1. Straße rechts und die 2. links. 10 Orchard Heights, Newlands, Tel. 021-6834158, www.panoramaguesthouse.com. DZ/F R750–950, Dinner a.A.

Kirstenbosch Botanical Garden

Die ausgedehnten Gartenanlagen am Osthang des Tafelbergs, bereits 1913 begonnen, gehören zum UN-Weltnaturerbe und zählen zu den schönsten Botanischen Gärten der Welt. Von der M3 an einer Ampel auf die M63 abbiegen den Ausschilderungen folgen. Das

Gelbe Proteen

Gelände gehörte ursprünglich Cecil Rhodes, der das Land am Tafelberg vor zerstörerischer Bebauung schützen wollte. Nach seinem Tod ging es an den Staat über und wurde 1903 zum Schutzgebiet erklärt. Heute werden hier 7000 Pflanzenarten von vielen Gärtnern und freiwilligen Helfern gepflegt. Neben den vielen Fynbos-Arten gibt es hier Gärten mit Proteen, Erikas, Cycads, Sukkulenten, Steingartenpflanzen, eine Nutzpflanzenanlage, Süßgräser und einen Duft- und Blindenpfad. Die Wege sind auch für Rollstuhlfahrer geeignet, ein Tea-Room bietet Erfrischungen. Tägl. 8–19 Uhr (Sept.–März), sonst 8–18 Uhr. Rhodes Drive, Newlands, Tel. 021-7998800, www.sanbi.org. Beliebt sind die sonntäglichen Kirstenbosch-Konzerte (s.S. 614) und von hier aus führen zwei Wanderwege auf den Tafelberg hinauf. Infos darüber auf www.tablemountain.net.

Constantia Valley

Die Wiege des südafrikanischen Weines liegt im Constantia-Valley. Dazu kurz bevor die M63 zur Hout Bay Road wird nach links in die *Constantia Main Road* (M41) abbiegen.

Simon van der Stel, einer der ersten Kap-Gouverneure, hatte sich diese Gegend südlich von Kapstadt für seine Farm ausgesucht und nannte sie **„Constantia"**, wo ab 1685 die ersten Reben angebaut wurden. Als die Erträge stiegen, wurden die asienwärts segelnden Schiffe große Abnehmer des Rebensaftes und im 18. Jahrhundert waren Weine aus Südafrika an europäischen Höfen sehr begehrt.

Nach dem Tod van der Stels im Jahre 1712 wurde das Gut aufgeteilt und verkauft. Daraus entstanden neben *Groot Constantia* die heute ebenfalls weltberühmten Weingüter *Klein Constantia*, *Buitenverwachting*, *Constantia Uitsig* und *Steenberg*. Das von kühlenden Ozeanwinden umwehte Anbaugebiet am Fuß der Constantia-Berge verfügt in Verbindung mit warmer Sonne und genügend Niederschlägen über ein spezielles Mikroklima, so dass hier ein besonderer Wein wächst. Angebaut wird heute in erster Linie Sauvignon Blanc, Chardonnay, Semillon, Merlot, Pinot Noir, Cabernet Sauvignon, Cabernet Franc, Shiraz und etwas Nebbiolo und sogar Portwein. Weitere Details s. www.constantiavalley.com.

Constantia-Weingüter

Groot Constantia ist heute eine Stiftung und gehört zu den staatlichen Iziko-Museen von Kapstadt. Neben Kellertouren und Weinverkostung (tägl. 10–16 Uhr, auch deutschsprachig) ist das alte Herrenhaus mit antiken Möbeln, Gemälden, Glas und Porzellan zu besichtigen. Das ursprüngliche Gebäude von 1684 brannte 1925 vollständig aus und wurde danach originalgetreu wieder aufgebaut. Wer sich wirklich für Wein interessiert, sollte lieber eine Kellertour in einem der vielen anderen privaten Weingüter machen. Hier werden, vor allem in der Saison, die Touristen autobusweise durchgeschleust.

Groot Constantia Manor House

Anfahrt: 3,3 km nach Abbiegen von der M63 auf die M41 rechts in die Groot Constantia Road. Tel. 021-7945128, www.grootconstantia.co.za. GPS S34°01'37.03" E18°25'28.84".

Auf Groot Constantia gibt es zwei Restaurants, *Simon's Restaurant,* tägl. ab mittags geöffnet. Tel. 021-7941143, www.thebluebaboon.co.za, und *Jonkershuis Restaurant,* tägl. ab 9 Uhr geöffnet. Tel. 021-7946255, www.jonkershuis constantia.co.za.

Auf dieser Strecke kommt man außerdem an den restlichen vier ehemaligen Constantia-Weingütern vorbei. Dazu 1 km ab dem Groot Constantia-Abzweig rechts in die Ladies Mile Road fahren, es ist die M39 Richtung Bergvliet. Wenn Sie statt in die Ladies Mile Road geradeaus fahren, kommen Sie ins *Constantia Village,* einem beschaulichen, kleinen Ort mit netter Shopping-Mall.

Nach einem Kilometer auf der M39 rechts in die *Spaanschemat River Road* (M42) Richtung Tokai abbiegen. Nach einem weiteren Kilometer ist rechts die Ausschilderung nach **Klein Constantia** und **Buitenverwachting.** Beide Güter sind heute in Privathand, Klein Constantia produziert Spitzenweine, Tel. 021-7945188, www.kleinconstantia.com. Buitenverwachting keltert ebenfalls edle Weine und ist eines der besten Restaurants von Kapstadt mit Außenterrasse, für Lunch und Dinner geöffnet. Tel. 021-7943522, www.buitenverwachting.com.

Die dritte Zufahrt auf das ehemals große Constantia-Weingut folgt auf der Spaanschemat River Road 2 km weiter südlich rechter Hand: Das private **Constantia Uitsig** ist nicht nur ein erstklassiges Hotel in kapholländisch-kolonialem Ambiente, sondern verfügt auch über drei Top-Restaurants. *La Colombe* ist ein preisgekröntes Speiserestaurant, Tel. 021-7942390. Das Restaurant *Constantia Uitsig* befindet sich im alten Herrenhaus mit tollem Ausblick, gehobene mediterrane Küche. Beide tägl. Lunch und Dinner, Tel. 021-7944480. Im *River Café* gibt es Frühstück und kleine Speisen, tägl. 8.30–16.30 Uhr, Tel. 021-7943010, www.constantia-uitsig.com.

Tokai

Bei der Weiterfahrt auf der M42 kommt man durch die **Tokai Plantation,** ein großes Wandergebiet mit Picknickplätzen. Wenn man am danach folgenden Kreisverkehr die Tokai Road überquert, sieht man rechts das berühmte **Steenberg Golf Estate,** www.steenberggolf club.co.za.

Nach einem weiteren halben Kilometer gibt es plötzlich auf der linken Straßenseite keine Wohnhäuser mehr, sondern das riesige *Pollsmoor Prison* taucht auf, ein Hochsicherheitsgefängnis für über 4300 Gefangene. Nelson Mandela war hier ab 1982 acht Jahre lang einer der Insassen, nachdem er zuvor auf Robben Island gefangengehalten war, wie auch sein Weggefährte Walter Sisulu.

Am nächsten Kreisverkehr sieht man links die Tokai Mall und nach einigen hundert Metern ist rechts die Einfahrt nach **Steenberg,** dem ältesten Weingut auf der Kap-Halbinsel. Neben dem Golfplatz gibt es hier ein exklusives Hotel und zwei ausgezeichnete Restaurants. Das *Catharina's* ist ein prämiertes und ganztags geöffnetes, elegantes Restaurant, Tel. 021-7132222. Das *BistroSixteen82* bietet Frühstück, Lunch mit Tapas, Tel. 021-7132211.

Abstecher Silvermine Nature Reserve

Das vom Silvermine River durchzogene Silvermine Nature Reserve gehört zum Table Mountain National Park. Hier wächst Fynbos, es gibt Sandsteinhöhlen, man kann ausgedehnte Wanderungen unternehmen, mountainbiken und picknicken. Hierzu 600 Meter hinter der Zufahrt nach Steenberg rechts auf die M64, den Ou Kaapse Weg, abbiegen. Die Straße führt hoch über den Steenbergkoppie und mitten durch das Reserve hindurch, teilt es in eine nördliche und eine südliche Hälfte. Der Eingang ist an dieser Straße. Geöffnet April–Sept. 7–17 Uhr, sonstige Monate 6–18 Uhr, Eintritt.

Boyes Drive

2,4 km hinter dem Abstecher in das Silvermine Nature Reserve mündet die M42 in die M4 und Sie fahren rechts nach Muizenberg. Ein paar Hundert Meter weiter beginnt rechts der *Boyes Drive,* eine Panoramastraße am Berghang entlang und parallel zur M4 bis Kalk Bay. Der Ausblick auf den langen Strand von Muizenberg und die ganze False Bay ist toll! Wer unterwegs auf dem Boyes Drive anhält, sollte aber die Autotüren schnell wieder schließen, hier sind Affen unterwegs! Wenn man über diese Panoramastraße fährt, verpasst man die Orte Muizenberg und St James.

False Bay

Der Name „Falsche Bucht" entstand, weil frühere Seefahrer diese Bucht oft mit Kapstadts „Table Bay" verwechselten. Das Wasser hier ist etwa sechs Grad wärmer als auf der Atlantikseite der Kap-Halbinsel,

False Bay-Panorama am Boyes Drive

bedingt durch Ausläufer wärmeren Indischen Ozeans. Wer also schwimmen möchte, sollte es hier machen. Infos: www.falsebay.biz.

Muizenberg

Nördlich der Stadt, zwischen M4 und M5, liegt der Yachthafen *Marina da Gama,* wo Südafrikaner ihre Boote quasi im Garten festmachen können. **Muizenberg Beach** ist ein schöner, flacher Strand mit Blue Flag-Status, der auch für Kinder gut geeignet ist. Das *Muizenberg Visitor Information Centre* befindet sich im Pavillon am Main Beach (Muizenberg Web-Infos auf www.capetown.travel/attractions/entry/Muizenberg).

Über einen „Catwalk" an den Klippen entlang kann man in dreißig Minuten von Muizenberg zum kleinen Strand im südlich gelegenen St James spazieren und anschließend mit dem Zug zurückfahren.

Entlang der küstennahen Main Road (M4) gibt es verschiedene historische Sehenswürdigkeiten, so z.B. der noch in Betrieb befindliche **Bahnhof** im edwardianischen Baustil (Nr. 177). Etwas weiter südlich steht rechts das kleine, trutzige und riedgedeckte **Het Posthuys** aus dem 17. Jahrhundert, das älteste Gebäude an der ganzen False Bay-Küste. Zwei Häuser weiter folgt das **S.A.P.S. Museum,** die alte Polizeistation und der frühere Sitz des Richters. Zu sehen sind alte Möbel, Uniformen und andere Polizeiutensilien. 500 Meter weiter folgt das **Rhodes Cottage,** wo Cecil John Rhodes seine letzten Jahre verbrachte und 1902 starb (246 Main Rd, Tel. 021-7881816, 10–16 Uhr, Eintritt frei).

St James

St James ist ein kleiner Küstenort zwischen Muizenberg und Kalk Bay mit schönen Villen aus den zwanziger Jahren am Berghang, umgeben von Palmen und tropischen Gewächsen. Fotos der berühmten bunten Strandbadehäuschen sieht man in fast jedem Reiseführer. Bereits Anfang des 20. Jahrhunderts fuhren die wohlhabenden Kapstädter hierhin ans Meer, um zu baden und an der Strandpromenade zu flanieren. Eine dieser luxuriösen und großen Villen hoch über der Main Road kann man für bis zu 10 Personen mieten, www.villastjames.com. St James-Infos auf www.capetown.travel/attractions/entry/st_james.

Die berühmten bonbonfarbenen Badehäuschen von St James

Kalk Bay

Als nächstes folgt die malerische Hafenstadt Kalk Bay mit Leuchtturm und bunten Fischerbooten, wie man sie heute kaum noch anderswo sieht. Im 19. Jahrhundert war Kalk Bay eine Walfangstation. Heute ist die Bucht beliebt bei Surfern, im Ort leben Künstler und Lebenskünstler. Auf der Main Road reihen sich Antiquitätenläden, Galerien, Goldgeschäfte, Craft Shops, Cafés und Boutiquen. Auch die Wale trauen sich wieder in die Bucht, ab Ende Juni ist es soweit und wenn plötzlich ein Verkehrsstau entsteht, hat jemand Wale entdeckt und bleibt mit seinem Auto einfach mitten auf der Straße stehen. Homepage des Ortes: www.kalkbay.org.

Unterkunft

Wohnen mit Aussicht auf den Hafen kann man im **Chartfield Guest House,** einem schön restaurierten Haus aus den letzten Jahren des 19. Jahrhunderts. 13 Zimmer, Pool, dt.-spr. und ein Fair Trade Tourism-Unternehmen. Am Hafen die Windsor Road hoch und die nächste rechts. 30 Gatesville Rd, Tel. 021-7883793, www.chartfield.co.za. DZ/F R1300–1700.

Wer preiswerter und nicht im touristischen Zentrum direkt am Meer wohnen möchte, findet in *Clovelly,* einem Tal zwischen Table Mountain National Park und Silvermine River, vier hübsche und preiswerte Ferienwohnungen. Dazu südlich von Kalk Bay rechts die Clovelly Road hoch, nach 600 Metern links in die Montrose Ave.

Clovelly Lodge, behindertengerecht, Pool, BBQ. 3 Montrose Ave, Tel. 021-7823000, Cell 082-4524745, www.clovellylodge.com. FeWo R550–750.

Restaurants

The Annex Buchladen und Terrassen-Restaurant mit schönem Innenhof, Ausblick und bodenständiger Küche, tägl. 8–19 Uhr. 124 Main Rd, Tel. 021-7882453, www.theannex.co.za.

Harbour House Eines der besten Fischlokale Kapstadts mit Aussicht auf die False Bay liegt mitten im Hafen von Kalk Bay. Bar und Café gehören ebenfalls zum Komplex. Kalk Bay Harbour, Main Road, Tel. 021-7884133, www.harbourhouse.co.za.

Brass Bell Restaurants & Pubs Verschiedene Lokalitäten direkt am Wasser. Im *Water's Edge Pavillon,* einem Familienrestaurant, schwappt das Wasser auch schon mal über die Tische. Gelegen im Hafen von Kalk Bay, direkt gegenüber des Bahnhofs. Tel. 021-7885455, www.brassbell.co.za.

Der Hafen von Kalk Bay

Blick über Fish Hoek

Cape to Cuba, Main Rd 165 am Hafen, originelles Dekor, Che Guevara lässt grüßen. Fisch und kubanische Gerichte, Daiquiris und Mojitos, So 15–18 Uhr Live-Musik. Tel. 021-7881566, www.capetocuba.com.

Fish Hoek

Das genaue Gegenteil von Kalk Bay ist das größere, nüchterne **Fish Hoek** mit breiteren Straßen, vielen Läden und großem Sandstrand. Eine Kuriosität hier ist, dass es im ganzen Ort keinen Liquor Store gibt – Fish Hoek war früher „Trockengebiet", es durfte kein Alkohol ausgeschenkt werden, das gehörte zur Bedingung eines Farmers, der sein Land zum Verkauf von Baugrundstücken hergab. No worries, das ist heute in den Restaurants nicht mehr so. Stadtinfos: www.fishhoek.com,

Wer zur Westseite der Kap-Halbinsel möchte, fährt am Ende des Strandes rechts auf die M65 nach Noordhoek zur M6. Über den Chapman's Peak Drive gelangt man nach Hout Bay und über Camps Bay und Clifton ins Zentrum von Kapstadt.

Es gibt am Strand einen städtischen Campingplatz mit 30 Camping-/Caravanplätzen in Gehweite zur Stadt. *Fish Hoek Holiday Resort,* Beach Rd, Tel. 021-7825503. Das schöne *Tranquility Guest House* thront in Hanglage über der Stadt. Dazu von der M65, kurz nach Passieren des Kreisverkehrs, die 2. Straße links in die Highway Rd fahren und nach 200 m die 2. rechts in die Berg Rd, danach 400 m hochfahren und die 2. rechts, Peak Rd Nr. 25. 3 Zimmer, 1 FeWo. Tel. 021-7822060, www.tranquil.co.za. DZ/F R900–1300.

Simon's Town

Schön wird es wieder im größeren Simon's Town mit der kleinen Waterfront, vielen Shops, Restaurants und der „Historical Mile", der Hauptstraße St Georges Street mit etlichen restaurierten, viktorianischen Häusern.

Die Stadt, benannt nach dem Kap-Gouverneur Simon van der Stel, ist immer noch Südafrikas wichtigster Marinestützpunkt, den Hafen gibt es seit 1767. Sehenswert ist das *Simon's Town Museum* mit Beiträgen und Exponaten zur Geschichte der Kap-Halbinsel, der Stadt sowie zur Marine und Seefahrt. Mo–Fr 10–16 Uhr, Sa 10–13 Uhr. Lage meerseitig, von der M4 in die Court Road, ausgeschildert. Tel. 021-7863046, www.simonstown.com/museum/stm.htm.

Wenn man das Zentrum erreicht hat, da wo die rechte Straßenseite von der viktorianischen Häuserzeile (Historical Mile) gesäumt wird, geht es nach links in die Wharf Road zum alten Hafen. In diesem Bereich gibt es viele Restaurants. Gut sitzt man in *Bertha's Restaurant* mit Ausblick auf den Hafen, tägl. 10–22 Uhr. 1 Wharf Rd, Tel. 021-7862138, www.berthas.co.za.

Mittelpunkt von Simon's Town ist der anschließende **Jubilee Square,** ein baumbestandener (Park-)Platz am Hafen. Hier befindet sich an der östlichen Ecke eine Filiale von *Cape Town Tourism* (Stadtinfos auf www.simonstown.com und www.simonstown.org). Von diesem Platz aus startet auch der Shuttlebus zum U-Boot „SAS Assegaai", einem schwimmenden Museum im Hafen am Naval Dockyard. Tägl. 10.30–15 Uhr, Eintritt u. Transfer R40. 113 Georges St, Tel. 021-7865243, www.navy.mil.za/museum_submarine/.

Unterkunft

Ebenfalls am Jubilee Square ist das *Simon's Town Quayside Hotel* mit schönem Hafenblick. 26 Zimmer, Tel. 021-7863838, www.quayside.ahagroup.co.za. DZ/F R1700–1920.

Ausblick auf Hafen und False Bay bietet das *Mariner Guest House* oberhalb der Stadt. 8 Zimmer/AC, Parkplätze, GPS S34°11'44.88" E18°26'24.00". Wenn die St Georges Rd zur Queens Rd wird, geht es rechts hoch zum Runciman Drive (Ausschilderung nur von der Gegenseite). Den Berg hoch, nach einer Rechtskurve die 2. Straße links und wieder links. 12 Harbour Heights Close, Tel. 021-7864528, Cell 079-5148978, www.marinerguesthouse.co.za. DZ/F R900–1700, Lunch u. Dinner a.A.

Durch seine Hanglage bietet das *Moonglow Guesthouse* gleichfalls einen Panoramablick auf Meer, Küste und die aufgehende Sonne. 7 schöne Zimmer diverser Einrichtung und Sonnendeck. 7 Bennett Close, Glencairn, Tel. 021-7865902, Cell 082-5656568, www.moonglow.co.za. Auf der Main Rd von Norden kommend nach Dixie's Restaurant nach rechts in den Warnerweg abbiegen, geradeaus in den steilen Whytes Way, an der Gabelung rechts und wiederum rechts. DZ/F R1230.

Boulder's Beach

Zu Simon's Town gehört auch der südlich gelegene **Boulder's (Foxy) Beach,** an dem seit 1985 eine Brillenpinguin-Kolonie lebt. Der Strand gehört zum Table Mountain National Park und der Besucher kann bequem von Holzstegen aus die Tiere aus nächster Nähe beobachten und fotografieren. Ein sehr schönes Fotomotiv ist der Strand selbst

Die Pinguinkolonie am Boulder's Beach

mit seinen runden Granitblöcken. Während der Saison und am Wochenende ist es hier voll, eine ruhigere Alternative ist die Pinguinkolonie von Stony Point bei Betty's Bay auf der anderen Seite der False Bay, s.S. 573.

Anfahrt zum Beach: auf der M4 nach Süden, Ausschilderung hinter Simon's Town. Telefon Visitor Centre 021-7862329, www.sanparks.org. Geöffnet April–Sept. 8–17 Uhr, Dez.–Jan. 7–19.30 Uhr, Febr./März und Okt./Nov. 8–8.30 Uhr. Eintritt R45.

Am südlichsten Teil des Foxy Beach darf man baden, manchmal verirren sich auch Pinguine hierhin. Die Tiere sind nicht besonders scheu, faszinierend finden sie menschlichen Waden und Schnürsenkel.

In Froggy Pond südlich von Boulder's Beach gibt es direkt an der M4 mit Blick auf die False Bay den schönen Campingplatz *Oatlands Holiday Village* mit 58 Caravan-/Zeltplätzen und Chalets. Mit Pool und schnellem Zugang zu Strand und Geschäften in der Nähe. Tel. 021-7861410, www.oatlands.co.za.

Ein paar Meter weiter geht es rechts ins Dorf *Froggy Farm,* hier gibt es mit *Roman Rock* 7 moderne SC-Apartments mit Balkon und Meerblick. Dazu landseitig in die Arun Road abbiegen und ihr immer den Berg hoch folgen, sie wird dann zum Dorries Drive. *Roman Rock,* 21 Dorries Dr, Tel. 021-7863431, Cell 082-4949815, marlene@romanrock.info.

Zum Kap der Guten Hoffnung

Von Boulder's Beach bis zur Smitswinkel Bay, wo die Straße die Küste verlässt, gibt es noch einige kleine Strände und Gezeitenpools. Die M4 führt direkt zum Eingang des gebührenpflichtigen Teils des Table Mountain National Parks und zum Cape Point. Okt.–März 6–18 Uhr, andere Monate 7–17 Uhr, R90.

Cape of Good Hope und Cape Point

Auf der Hauptroute durch den Park kommt man am *Buffelsfontein Visitors Centre* vorbei, dort kann man nach Bedarf Übernachtungen im Park buchen.

Das *Cape of Good Hope* bzw. das *Kap der Guten Hoffnung* bildet zusammen mit *Cape Point* die Spitze der Kap-Halbinsel, s. Karte Kap-Halbinsel. Das Kap teilt nicht, wie viele Leute annehmen, Atlantik und Indischen Ozean und ist auch nicht der südlichste Punkt des Kontinents, dieser liegt am *Cape Agulhas,* 150 km Luftlinie südöstlich von hier (s.S. 558). Das *Cape Point* mit dem Leuchtturm oben auf den Klippen liegt östlich vom Cape of Good Hope. Zum unten am Meer befindlichen **Cape of Good Hope** das Hinweisschild beachten, ca. 10 km ab dem Park-Gate. Die braune Tafel „Cape of Good Hope" ist eines der beliebtesten Fotomotive der Kap-Halbinsel und in der Hauptsaison gibt es hier eine Warteschlange ...

400 Meter weiter geht es nach links zum „Whale-watch Viewpoint".

Cape Point Lighthouse

Bereits auf der Anfahrt zum Endpunkt der Straße am dortigen immer betriebsamen Parkplatz fallen die großen Paviane auf, die an

Menschen derart gewöhnt sind, dass sie keine Scheu haben und durchaus in der Lage sind, Ihnen Dingen aus der Hand oder aus offenen Wagenfenstern zu stehlen. Also Achtung vor diesen aggressiven, marodierenden Tieren, die in Horden am Kap schon immer zur Fauna gehörten wie in anderen südafrikanischen Landesteilen Elefanten oder Giraffen.

Fahren Sie mit der „Flying Dutchman Funicular" (Standseilbahn, ab 9 Uhr, R45,) in drei Minuten zum Leuchtturm auf den *da Gama Peak* hoch oder gehen Sie zu Fuß hinauf, aber es bläst oft ein scharfer, kalter Wind! Der Leuchtturm ist von 1860 und seine Aufstellung 249 Meter über dem Meer war mehr oder weniger für „die Katz", denn sein Leuchtfeuer verschwand so meist in Wolken und Nebel. Seit 1919 gibt es einen neuen, sehr leuchtstarken Turm weiter unten auf dem wie ein Bug ins Meer hinausstoßenden Kapsporn, 87 Meter über Wasserniveau. Wie viele Schiffsrümpfe mögen die tückischen Riffe unter dem tosenden Meer im Lauf der Jahrhunderte aufgeschlitzt und Seeleute versenkt haben?

Von hier oben bietet ein Endlosblick über den kalten Südatlantik – nur Wasser bis zum Südpol. Ein grandioses, dramatisches Ende eines Kontinents.

Der weiße Strand unter dem Cape of Good Hope-Sporn ist der *Dias Beach,* benannt nach jenem portugiesischen Seefahrer, dem es 1488 als erstem unbewusst gelang – weit, weit südlich abgetrieben – um diese wilde und äußerst gefährliche Weltenecke zu biegen und damit die lang gesuchte Seeroute nach Indien und Asien aufgestoßen zu haben. Sollte das Wetter bei Ihrem Besuch jedoch schlecht sein, trösten Sie sich: ungemütlicher kommt's nimmer.

Cape Point Öffnungszeiten: April–Sept. 7–17 Uhr (Standseilbahn 9–16.30 Uhr, einfach R39, hoch und runter R49), Oktober–März 6–18 Uhr (Bahn 9–17.30 Uhr), www.capepoint.co.za. Eine Pause einlegen kann man im *Two Oceans Restaurant* in Parkplatznähe, www.two-oceans.co.za. Außerdem Info-Kiosk und Curio Stores.

Cape Point, Blick auf den Dias Beach mit Kap der Guten Hoffnung

Rückfahrt nach Kapstadt

Fahren Sie zurück zum Nationalpark-Gate und dann links auf die M65 nach Kommetjie/Scarborough. Nach kurzer Zeit breitet links ein kleiner afrikanischen Markt Souvenirs aus. Danach kommt rechts der Weg zur **Cape Point Ostrich Farm** mit Shop und Tea Room. Auf 65 ha Gelände werden seit 1996 Straußen gezüchtet, Führungen tägl. 9.30–17.30 Uhr, auch auf Deutsch. Tel. 021-7809294, www.capepointostrichfarm.com.

Zwischen Scarborough und Noordhoek

Drei Kilometer vor Scarborough, wo die M65 auf die M66 stößt, ist linker Hand ein Verkaufsgelände mit vielen und teils sehr großen Holzfiguren. Direkt dahinter geht es rechts zum *Cape Farmhouse Restaurant* mit umfangreicher Speisekarte, tägl. 9.30–17 Uhr, Tel. 021-7801246, www.capefarmhouse.co.za.

Auf der M65 (Red Hill Road) nach Scarborough folgt bald rechts der nächste African-Art-Verkaufsmarkt. Das kleine Scarborough ist für seine Holz(Strand)häuser bekannt.

Ca. 3 km hinter Scarborough passiert man die **Misty Cliffs,** bei denen selbst im Sommer die Straße nass vor Gischt ist. Vor Kommetjie steht links unten am Wasser das 33 Meter hohe *Slangkoppunt Lighthouse* von 1919, das besichtigt werden kann. **Kommetjie** hat ca. 3000 Einwohner, viele hübsche Häuser und einem 6 km langen Strand. Es gibt hier nur wenige Restaurants und Unterkünfte.

Ein schöner Campingplatz ist der *Imhoff Park,* dazu Ende des Ortes von der M65 links in die Wireless Road abbiegen und bis zum Strand runterfahren. 75 Rasenstellplätze für Camping/Caravan, teils schattig. Auch SC-Chalets. Tel. 021-7831634, www.imhoff.co.za. GPS S34°07'954" E18°20'242". Ein Stückchen weiter auf der M65 ist auf der linken Seite die Zufahrt zur *Imhoff Farm,* eine Art Familien-Funpark mit Shops, Schlangenpark, Kinderreiten, Restaurants und preiswerter Unterkunft.

Die M65 führt nun weit ins Land hinein nach Westen. Ca. 5 km ab der Wireless Road gibt es in Sunnydale den *Sunnyacres Caravan Park,* Ausschilderung nach links. Tel. 021-7851070, sunnyacres@telkomsa.net, GPS S34°7'48.5" E18°23'4.1". Im Nachbarort Sun Valley können Sie im deutsch geführten *2Oceans Apartments* unterkommen, zwei preiswerte Einzimmer-SC-Apartments mit Pool. Dazu die M65 bis zur M6 fahren, hier links nach Noordhoek abbiegen, danach die 2. rechts, die 1. links und die 1. wieder rechts. 11 Dhow St, Cell 082-7848000, www.kapstadt-apartment.de. FeWo R400–500.

Noordhoek

Das kleine **Noordhoek** besitzt an der Chapmans's Bay einen 8 km langen weißen Sandstrand, der hauptsächlich zum Reiten und zu Strandwanderungen einlädt. Wer etwas essen oder shoppen möchte, folgt der M6 bis zum Ortsende, 400 m hinter dem Abzweig zur Silvermine Road nach San Michel/Westlake geht es rechts in die Village Lane zum **Noordhoek Farm Village.** Tel. 021-7892812, www.noordhoekvillage.co.za, tägl. 9–17 Uhr.

Chapman's Peak Drive

Der nun folgende Chapman's Peak Drive von Noordhoek an der felsigen Atlantikküste entlang nach Hout Bay ist eine der schönsten Küstenstraßen der Welt. Auf einer Länge von 9 km rollen Sie um 114 teils enge Kurven und vom View Point kann man hervorragende Fotos von der einzigartigen Landschaft machen, der weiße Strand im Norden ist der von Noordhoek. Die Straße ist gebührenpflichtig, Pkw R33, die Mautstation ist am anderen Ende der Straße, www.chapmanspeakdrive.co.za.

Nauticat Charters – Seal Island Tour

Hout Bay

Die kleine Hafenstadt liegt an einer der meistfotografierten Buchten gleichen Namens und am Ende bzw. am Beginn des Chapman's Peak Drive's. Der Ort zieht sich weit ins hügelige Hinterland hinein und ist bei Südafrikanern und Ausländern als Wohnort gleichermaßen beliebt. Vorhanden ist ein Fischereihafen, die kleine Waterfront *Mariner's Wharf,* eine Shopping Mall, an der halbmondförmigen Bucht ein Sandstrand und ein gutes Gastronomie- und Unterkunftsangebot.

Sehenswert ist **World of Birds,** einer der größten Vogelparks in Südafrika, Hinweisschilder hierzu an der M6. Valley Rd, Tel. 021-7902730, www.worldofbirds.org.za.

„Hout Bay" heißt Holzbucht und geht auf die Anfangszeit der Kolonisation am Kap zurück, als es hier noch große Wälder gab, deren Holz diese frühen Siedler nutzten. Später entwickelte sich Hout Bay Ort zu einem bedeutenden Fischereihafen, wo man heute noch täglich fangfrischen Fisch bekommt.

In der geschützten Bucht kann man gut baden, Parken ist kein Problem und die Restaurants sind schnell erreicht. Im Hafen starten empfehlenswerte Schiffstouren zur Robbenkolonie auf der Insel *Duiker Island* und zu einem 1995 gesunkenen Schiffswrack. Ein Veranstalter ist *Drumbeat Charters,* Tel. 021-7914441, Cell 082-6587055, www.drumbeatcharters.co.za.

Bei den Strandrestaurants von Hout Bay

Feiern und genussvoll essen kann man freitags beim beliebten und großen **Bay Harbour Market** in einer ehemaligen, rustikalen Fischhalle, 31 Harbour Road, 16–21 Uhr, Live-Musik. Auch Sa/So 10–16 Uhr, www.bayharbour.co.za

Reise-Infos Hout Bay

Information *Cape Town Tourism,* 4 Andrews Rd, Tel. 021-7918380, www.houtbayonline.com. Weitere Website: www.houtbay.org.

Im gleichen Gebäude befindet sich außerdem das *Hout Bay Museum* mit Informationen zur Geschichte der Stadt und Umgebung, Tel. 021-7903270

Unterkunft Alle Gästehäuser verfügen über einen Wi-Fi-Internetanschluss.

Hout Bay Backpackers In Strandnähe gelegener Backpacker, 2- bis 6-Bett-Zimmer. Am westlichen Ende des Strandes rechts in die Albert Rd, danach zweimal links abbiegen. 8 Edward Rd, Tel. 021-7900427, www.houtbaybackpackers.co.za. DZ R480.

Uli's Guesthouse Ruhig gelegenes deutsches Gästehaus in Hanglage und Ausblick auf die Berge, Pool, zum Strand 1,5 km, Perrault Rd Nr. 4. Diese ist eine westliche Parallelstraße zur Victoria Rd (M6), die nach Kapstadt führt ist. An einer Ampelkreuzung nach links in die Helgarda Rd abbiegen, dann nochmals links. Tel. 021-7904380, Cell 072-9059828, www.ulisguesthouse.co.za. DZ/F R500–800.

African Family Farm Ideales Ziel für Familien mit Kindern: Ponys, Streichelzoo, Ausstattung für Kleinkinder, Massage und Kosmetik für die Eltern, Pool, dt.-spr. 4 SC-Cottages mit je 2 Schlafzimmern. Die Hout Bay Rd (M63) nördlich fahren und hinter einer rechts befindlichen kleinen weißen Kirche links und nochmal links. Riverside Terrace, Cell 071-5577320, www.african-familyfarm.com. Cottage R1250–1500, mind. 5 Nächte.

Hout Bay Lodge Deutsches Gästehaus in ruhiger Lage mit netten Zimmern am Pool. 7 Zimmer. Gleiche Anfahrt wie Uli's Guesthouse, doch eine Straße weiter nördlich, links in die Bisshop Rd, Nr. 6. Tel. 021-7901158, Cell 082-9244559, www.houtbaylodge.co.za. DZ/F R800–950.

Bayview Lodge Schönes Gästehaus im Grünen mit fantastischem Ausblick vom Zimmerbalkon. Pool, BBQ. Von der M6 oder M63 den Schildern zu *World*

of Birds folgen, von der Victoria Rd nördlich in die Valley Rd, dann gleich in die 1. links (Lentedal Rd) und die nächste rechts, Luisa Way, Nr. 19. Tel. 021-7906868, Cell 073-1163446, www.bvlodge.co.za. DZ/F R790–1200.

Thulani River Lodge Deutsches Gästehaus auf großzügigem Gelände mit guter Küche und schönen Zimmern im Haupthaus. 3 Zimmer, Pool. Die Hout Bay Rd (M63) nördlich fahren und hinter einer rechts stehenden kleinen weißen Kirche links und dann rechts. 14 Riverside Terrace, Tel. 021-7907662, Cell 079-71199331, www.thulani.de. DZ/F R900–1960, Dinner a.A.

Chapman's Peak Hotel Schönes Boutique-Hotel am Beginn des Chapman's Peak Drive Richtung Nordhook mit tollem Blick auf Hout Bay. 22 Zimmer/AC, 2 Suiten/AC, behindertengerecht, Pool, Restaurant. Tel. 021-7901036, www.chapmanspeakhotel.co.za. DZ/F R1380–5180.

Restaurants

Dunes Restaurant & Beach Bar Nettes Strandlokal am Beach von Hout Bay mit Blick auf die Bucht. Man fährt in Richtung Chapman's Peak Drive, am Strandparkplatz rechts rein in Straße, die parallel zum Strand verläuft. 1 Beach Rd, Tel. 021-7901871, www.dunesrestaurant.co.za. Tägl. 9–23 Uhr.

Chapmans Peak Restaurant Schönes Restaurant im Chapman's Peak Hotel mit Blick auf die Bucht. Bekannt für Calamari-Gerichte. Am Wochenende Livemusik ab 21 Uhr. Weitere Infos s. Unterkunft

Trattoria Luigi Empfehlenswerter Italiener, Holzofen-Pizza, Cigar Lounge. Tägl. Lunch u. Dinner, Mo ab 18 Uhr. 35 Main Rd, Tel. 021-7901702, www.trattorialuigi.co.za.

The Lookout Deck Bar, Restaurant mit Seafood und Sushi im Hafen an rustikalen Tischen und Bänken. Mariner's Wharf, Tel. 021-7900900, www.thelookoutdeck.co.za.

The Wharfside Bistro & Grill Angesagtes Fischrestaurant im Hafen mit Blick auf die Bucht und nautischem Ambiente. Frühstück, Lunch und Dinner, Reservierung erforderlich. Mariner's Wharf, Tel. 021-7901100, www.marinerswharf.com.

Zwischen Llandudno und Camps Bay

Von Hout Bay führt die M6 zum Villenort Llandudno mit kleinem und hübschem *Blue Flag Beach* und Parkplatz. Reiche Leute aus aller Welt besitzen hier imposante Villen und möchten unter sich sein, es gibt weder Restaurants noch Shops. An heißen Sommertagen wird die Zufahrt zum Strand gesperrt, damit es nicht zu voll wird. Südlich des Hauptstrandes liegt die zu Fuß erreichbare *Sandy Bay,* ein inoffizieller FKK-Strand.

Ab jetzt führt die M6 immer an der Küste entlang nach Kapstadt. Es geht durch eine traumhafte Landschaftsszenerie, rechts der Straße erhebt sich die imposante Bergkette der **Twelve Apostles,** nach links hat man einen weiten Blick übers Meer, Parkbuchten laden zum Verweilen ein. Auf halber Strecke zwischen Llandudno und Camps Bay taucht eine weiße Hotelanlage am Berghang auf – das Twelve Apostles Hotel. Die zum Haus gehörende Leopard Bar ist ideal für einen Sundowner mit grandiosem Ausblick. Victoria Rd, Tel. 021-4379000, www.12apostleshotel.com.

Bakoven ist ein ruhiger Vorort vom trendigen und lebhaften Camps Bay.

Unterkunft *Ocean View House*, oberhalb der M6, elegant, 17 großzügige Zimmer/AC und Suiten mit Balkon/Terrasse und Meerblick, Pool, dt.-spr. 33 Victoria Rd, Ausschilderung an der Straße, Tel. 021-4381982, www.oceanview-house.de. DZ/F R670–2900.

Camps Bay

Das knapp 4000 Einwohner zählende Camps Bay vor der Kulisse der Twelve Apostles ist das „St. Tropez" von Südafrika, „sehen und gesehen werden" lautet hier die Devise. Am Wochenende ist kein Durchkommen an der Hauptstraße Victoria Road und die Parkplätze am langen Blue Flag Beach sind voll. Kapstädter und Gäste flanieren an der palmengesäumten Promenade oder spielen am Strand Beachvolleyball. Ein Szene-Lokal reiht sich an das nächste, lebhaftes Nachtleben garantiert.

Die meisten Unterkünfte befinden sich im höhergelegenen und ruhigen Teil der Stadt, Surfer zieht es an den nördlich gelegenen *Glen Beach*. Von der Victoria Road führt der Camps Bay Drive (M62) in Serpentinen hoch zum *Kloof Nek,* von dort geht es zur Tafelberg-Seilbahnstation, zum Signal Hill und über die Kloof Nek Road runter nach Gardens/Kapstadt.

Reise-Infos Camps Bay

Information Eine Filiale von Cape Town Tourism gibt es hier nicht. Die nächsten Tourist-Infos sind in Hout Bay und Kapstadt.

Webseiten: www.campsbay.com • www.camps-bay.de
www.campsbayinfo.com • www.campsbaytourism.com

Unterkunft Camps Bay ist ein Luxus-Ferienort und es gibt hier so gut wie keine Budget-Unterkünfte und keinen Campingplatz.

Magic Camps Bay Zwei preiswerte Ferienwohnungen mit je einem Schlafzimmer, Balkon oder Terrasse, Pool. Die M62 nach Kapstadt nehmen und oben am Berg rechts in die Ravensteyn Road einbiegen, danach die 1. wieder rechts. 46 Hely Hutchinson Ave, Tel. 021-4389805, www.magic-camps-bay.com. FeWo 800–980.

Le Gouverneur Gästehaus mit zwei Apartments und drei Suiten mit Aussicht auf Meer und Berge. Von der M6 am südlichen Strandanfang rechts in den Geneva Drive fahren. 27 Geneva Dr, Tel. 021-4378100, www.legouverneur.co.za. DZ/F R1050–1955.

Ambiente Guest House Deutsches Gästehaus oben am Berghang mit großzügigen Suiten und Ausblick aufs Meer, Wanderwege in der Nähe. 3 Suiten und 1 Doppelzimmer, Pool. Anfahrt wie Magic Camps Bay. 58 Hely Hutchinson Ave, Tel. 021-4384060, www.ambiente-guesthouse.com. DZ/F R1240–1980.

Glen Beach Rentals Bungalow, Penthouse und 3 Luxus-Ferienhäuser in allerbester Lage am Strand im nördlichen Bereich von Glen Beach. 5 Wohn-

Der Strand von Camps Bay

einheiten/AC, Pool. 1 Strathmore Rd, Cell 083-6758266 u. 083-6758266, www.glenbeachvillas.co.za. Ferienhaus ab R2500.

Restaurants

Es gibt sehr viele Restaurants, hier nur ein paar Empfehlungen. Auf www.dining-out.co.za finden Sie noch mehr.

Codfather Seafood & Sushi Fischrestaurant und Sushi-Bar mit Blick aufs Meer. Tägl. 12 Uhr bis spät. 37 The Drive, Camps Bay, Tel. 086-6724603, www.codfather.co.za.

Café Caprice Angesagte Location auf der Hauptstraße in Camps Bay mit leichten Gerichten und Cocktails, tägl. 9 Uhr bis spät. 37 Victoria Rd, Camps Bay, Tel. 021-4388315, www.cafecaprice.co.za.

Clifton und Bantry Bay

Beide Orte liegen mit ihren vielen Prunkvillen malerisch und steillagig unterhalb des Lion's Head und haben die höchsten Grundstückspreise im ganzen Kapstädter Raum. Durch die windgeschützte Lage zwischen Lion's Head und Tafelberg sind sie zum einen teurer und durch den völligen Angebotsmangel steigen die Preise noch mehr.

Von den vier Clifton-Stränden ist nur der Fourth Beach relativ einfach zu erreichen, er hat Blue Flag-Status und liegt an einem kleinen Parkplatz. Zu den anderen drei Stränden führen Wege von 60 bis 120 Stufen hinunter. Wenn der Seegang zu stark ist, kann man nicht von einem Strand zum nächsten gelangen. Der Nobelort *Bantry Bay* hat keinen Sandstrand, sondern liegt an einer schönen Felsenküste und die Villen ziehen sich den Berg hinauf.

Sea Point
0 200 m
© Rkh Verlag Hermann
n. Green Point / Waterfront
Three Anchor Bay
Sea Point
Fresnaye
Clifton
Atlantik
See-Promenade
Sea Point Swimming Pool
Rest. Swiss Affair
Rest. Fujiama
Rest. Duchess of Wisbeach
Rest. La Perla
Camps Bay / Hout Bay / Kap d. G. H.
Table Mountain National Park
Aussichtspunkt
Signal Hill
350 m
Lion's Rump
Lion's Head
Lion's Head
669 m
Lion's Head Walk
Fußweg
Signal Hill
M6
M61
Unterkünfte
1 Antrim Villa
2 Verona Lodoge
3 Winchester Mansions
4 Olaf's Guest House
5 Sweet Orange Guest House
6 Maartens Guest House

Sea Point und Three Anchor Bay

Am Ende der Halbinsel-Rundfahrt liegt Sea Point mit dem nördlich anschließenden *Three Anchor Bay*. Der dichtbesiedelte und innenstadtnahe Vorort war zu Apartheid-Zeiten ein bevorzugtes Wohngebiet und verfügt über einige Hochhäuser. An der Promenade gibt es ein schönes und großes Schwimmbad direkt am Meer mit 50-Meter-Bahnen, ist aber an Wochenenden überfüllt. Die lange Promenade ist eine beliebte Flaniermeile, wo sich ganze Familien treffen. Three Anchor Bay ist ein kleiner, gemütlicher Strand zwischen Sea Point und Green Point am Signal Hill und beliebt bei Spaziergängern und Joggern.

Unterkunft

Verona Lodge Preiswertes B&B in einem edwardianischen Haus am Fuß des Signal Hills und an der Grenze zu Green Point. Von der M61 (Main Rd) rechts in die Richmond Road. 5 Zimmer, dt.-spr. 11 Richmond Rd, Sea Point, Tel. 021-4349477, www.veronalodge.co.za. DZ/F R690–790.

Maartens Guest House Gästehaus mit Pool und Aussicht am Fuß des Signal Hills. Zimmer Standard bis Superior. Von der Victoria Rd (M6) von Süden kommend an einer Linkskurve rechts in die Queens Rd, in die 2. Links, Kloof Rd, danach 5. rechts, Normandie Ave, Nr. 39. Tel. 021-4343561, www.maartens.co.za. DZ/F R800–1400.

Sweet Orange Guest House Gästehaus in einem restaurierten viktorianischen Haus mit Pool. 6 Zimmer. Auf der Main Rd (M61) von Süden kommend rechts in die Bellevue Rd, Nr. 1, linke Seite. Tel. 021-4341929, www.sweetest-guesthouses.com. DZ/F R876–1043.

Antrim Villa Stilvoll mit Naturmaterialien und afrikanischem Touch eingerichtetes skandinavisches Gästehaus am Fuße des Signal Hill, nur 10 Fußminuten zur Sea Promenade und zum neuen Stadion, Fair Trade Tourism-Mitglied. Pool, sicheres Parken, Standard- und Luxuszimmer. 12 Antrim Rd, Green Point. Tel. 021-4332132, www.antrimvilla.co.za. DZ/F ab R1050.

Olaf's Guest House Gemütliches Stadthaus in der Nähe der Promenade in einem restaurierten Gebäude von 1937. 8 Zimmer/AC, Pool, Parken. Von der Beach Road rechts in die Hall Road, dann die 1. links. 24 Wisbeach Rd, Tel. 021-4302200, Cell 076-8967020, www.olafs.co.za. DZ/F R1290–1480, Specials a.A.

Restaurants

Duchess of Wisbeach Geheimtipp als Dinner-Destination, auch gut vegetarisch. Klein und fein. The Courtyard Building, 3 Wisbeach Rd, Sea Point, Tel. 021-4341525, geöffnet Mo–Sa 18.30–22.30 Uhr.

La Perla Eines der beliebtesten italienischen Restaurants der Kapstädter. Terrasse mit gemütlichen Sofas und Bar mit Siebziger-Jahre-Ambiente und tiefen Ledercouches. Beach Rd, Sea Point, Tel. 021-4399538, www.laperla.co.za.

Harvey's Restaurant Dies ist das Bistro/Restaurant im Hotel *Winchester Mansion* an der M6 gegenüber der Sea Promenade. Gute Küche, Sonntags Jazz-Brunch. 221 Beach Rd, Tel. 021-4342351, www.winchester.co.za.

Als Anschluss bietet sich nun eine Rundreise durch das berühmte Kap-Weinland an. Diese Route 7 ist nach Belieben auch abkürzbar.

7 Route 7: Weinland und Klein Karoo

Routenverlauf

Von Kapstadt geht es zunächst zur Weinmetropole **Stellenbosch** und danach zum Lieblingsort aller Gourmets, ins idyllisch gelegene **Franschhoek.** Von der nördlich davon gelegenen und weitaus größeren Stadt **Paarl,** dem Zentrum der Weinindustrie Südafrikas, ist es nach **Wellington** nur ein kurzer Hüpfer. Keine Autostunde noch weiter nördlich liegt das beschauliche und historische Städtchen **Tulbagh,** gleichfalls ein Weinort.

Dann geht es wieder südwärts nach **Worcester** an der N2, das ein sehenswertes Open-air-Museum besitzt (von Wellington aus können Sie Worcester auch über den kurvenreichen **Bain's Kloof Pass** erreichen). Von Worcester nach **Robertson,** der bedeutendsten Kellereistadt im östlichen Weinland, sind es gut 50 km und weitere 30 km zum hübschen, historischen **Montagu.** Als „Tor zur Kleinen Karoo" apostrophiert, markiert es den Beginn der **„Route 62",** der langen Straße R62 nach Osten zur Straußenhauptstadt **Oudtshoorn.** Keine halbe Stunde nördlich von Oudtshoorn liegen die **Cango Caves,** diese Tropfsteinhöhlen sollten Sie nicht versäumen. Von Oudtshoorn ergeben sich dann mehrere Weiterfahrt-Optionen, blättern Sie vor auf S. 688.

Palmiet Valley Estate, Paarl

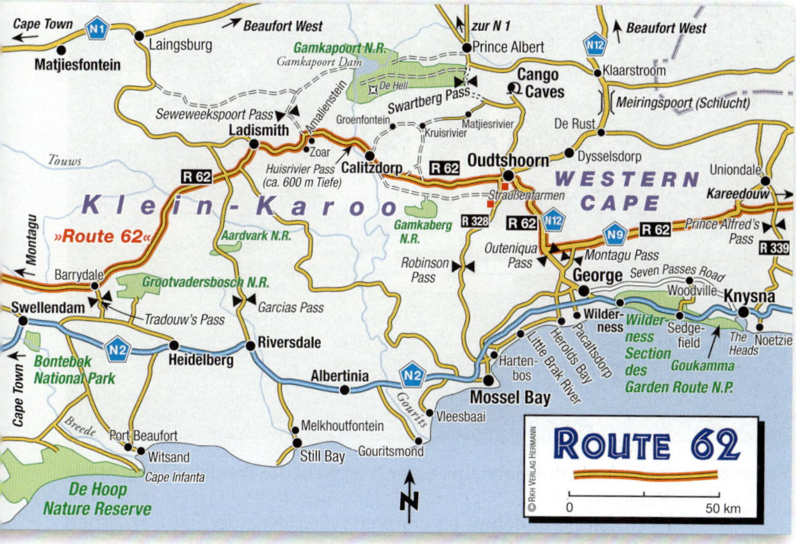

Rundreise Kapstadt – Garden Route – Kapstadt

Wer von Kapstadt zur Garden Route und zurück möchte, kann gleichfalls wie oben beschrieben fahren. Von Oudtshoorn dann auf der R62 bis nach Kareedouw und danach auf der N2, der Garden Route, von Ost nach West. Beschrieben ist diese Strecke in unserer „Route 5". Wenn Sie Ihre Rundreise noch weiter verlängern möchten, so folgen Sie ab Mossel Bay der Route 6 an der Südküste entlang nach Kapstadt.

Cape Winelands und Klein Karoo

Die große Region **Cape Winelands** erstreckt sich von Stellenbosch und Franschhoek bis Tulbagh und Ceres im Norden. Ein östlicher „Außenposten" ist Montagu an der R62. Bekannteste Weinstädte und -orte sind Stellenbosch, Paarl und Franschhoek, deren Weinanbau fast bis in die Anfänge der europäischen Besiedlung zurückreichen. Auch das weitläufige *Breede River Valley,* in dem Worcester liegt, ist ein Wein- und Obstanbaugebiet. Östlich von Montagu schließt sich die aride und sehr spärlich besiedelte **Klein Karoo** mit der „Route 62" an (die *Groot Karoo* liegt nördlich der N1).

Highlights unterwegs

Zu den Attraktionen der Route 7 gehören die *Dorp Street* in Stellenbosch und die *Church Street* in Tulbagh, beide südafrikanische „National Monuments". Die zauberhafte Schönheit der historischen Herrenhäuser auf vielen Weingütern ist einmalig. Gönnen Sie sich ein Menü in einem Sterne-Restaurant in der Gourmet-Hauptstadt Südafrikas, *Franschhoek.* Seele und Herz erfreuen sich an der landschaftlichen

Blaauwklippen Wine Estate

Anmut, und für Liebhaber guter Tropfen ist das Weinland schlicht das Paradies.

Ein Straßenerlebnis ist der *Bain's Kloof Pass* der R301 zwischen Wellington und Worcester. Worcester besitzt mit seinem *Worcester Museum* ein interessantes historisches Freilichtmuseum. Sehenswert sind die Karoo-Orte *Montagu* und *Prince Albert,* letzteres liegt abgelegen nördlich der berühmten *Cango Caves.* Um *Oudtshoorn* gibt es viele Straußenfarmen, bei Vorführungen erfahren Sie alles Wissenswerte über diese Laufvögel. Und wer Bergpässe liebt, kann als krönenden Abschluss den *Prince Alfred's Pass* durch den südafrikanischen Urwald nach Knysna befahren.

Straßen und Entfernungen

Die Gesamtstrecke von Kapstadt bis zur N2 bei George beträgt etwa 670 km, die Abstecher nach Tulbagh, Seweweekspoort und Prince Albert dabei nicht mitgerechnet. Die Straßen sind alle asphaltiert und gut ausgebaut, bis auf einige Passstraßen, worauf aber an den jeweiligen Stellen hingewiesen wird.

Was Sie erwartet

Die Region ist sehr europäisch geprägt, immer wieder erinnern historische Gebäude oder ganze Straßenzüge an die koloniale Besiedlungsgeschichte Südafrikas. Auf gepflegten kapholländischen Herrensitzen kann man Wein verkosten und in feinen oder rustikalen Gutsrestaurants lokale oder internationale Küche genießen. Der Wein zieht sich als roter Faden durch die ganze Route, Weiß- und Rotwein werden ergänzt durch die Portweine der Klein Karoo. Dort erwartet Sie die typische Karoo-Gastfreundschaft in gemütlich-nostalgischen Gästehäusern mit rustikalen Gerichten, wie z.B. Karoo-Lamm.

Klima und Reisezeit

Im Cape Winelands herrscht mediterranes Klima mit heißen, trockenen Sommern zwischen Dezember und Februar und Temperaturen zwischen 30 und 40 Grad und kühlen, feuchten Wintern zwischen Juni und August. In den Wintermonaten können sich die Tagestemperaturen in den niederen Regionen durchaus um 20 Grad bewegen, aber nachts kann es, je nach Höhenlage, empfindlich abkühlen. Frostige Nächte gibt es nur in höheren Gebirgslagen, Regen fällt hauptsächlich im Winter.

Für den Weinanbau ist dieses Klima, zusammen mit den hierzu geeigneten Böden, ideal. Allzu heiße Tage mildern frische Brisen vom Meer, es fallen das Jahr hindurch meistens genügend Niederschläge, für die Trauben besteht im Sommer keine Verbrennungs- und im Winter keine Frostgefahr. „Harvesting time", Traubenlese, ist von **Ende Januar bis Ende März,** je nach Sorten und Lagen. Da sind die Wine Estates voll ausgelastet, jede Hand wird benötigt. Die ideale **Reisezeit** für die Cape Winelands ist von April bis Juni. Eine Bewertung der südafrikanischen Weine liefert übrigens „Platter's South African Wine Guide", alljährlich neu.

Als Halbwüste prägen die Kleine Karoo heiße Sommer mit Temperaturen weit über 40 Grad und nächtliche Wintertemperaturen bis zur Frostgrenze. Der wenige Regen fällt dort in den Wintermonaten zwischen Juni und August.

Weinland-Web-Infos

tourismcapewinelands.co.za
- www.winelands.co.za
- www.sawineevents.co.za
- winerepublicblog.co.za
- www.winedirectory.co.za

Festivals

Januar: *Stellenbosch Wine Festival* Ende Januar/Anfang Februar dreht sich alles noch mehr als sonst um Wein. Es gibt Weinausstellungen, -seminare und -verkostungen und preisgekrönte Köche zeigen ihr Können. Musikveranstaltungen, Modenschauen und Kunstausstellungen ergänzen das Programm. Infos auf www.stellenboschwinefestival.co.za.

März: *Klein Karoo Arts Festival* Ende März/Anfang April wird in Oudtshoorn Afrikas Kultur präsentiert. Musikveranstaltungen, Theater- und Kabarettvorstellungen, Lesungen und Ausstellungen. Infos: www.kknk.co.za.

April: *South African Cheese Festival* Ende des Monats findet in Sandringham zwischen Kapstadt und Paarl das Käsefest statt. Käsefirmen präsentieren ihre Produkte und Köche zaubern Himmlisches – Gelegenheit zum Probieren und Einkaufen. Tickets nur im Vorverkauf, s. www.cheesefestival.co.za.

Juli: *Franschhoek Bastille Festival* Jährlich um den 14. Juli herum findet an einem Wochenende das Festival zum Gedenken an den Sturm auf die Bastille während der Französischen Revolution statt mit Märkten, Wettkämpfen, Weinverkostungen und vielen mehr, Infos auf www.franschhoekbastille.co.za.

Weitere Veranstaltungen
Ganzjährig finden in Paarl Konzerte statt, Programm auf www.cultivaria.com. Veranstaltungsprogramm fürs Weinland auf: www.winelands.co.za/events-and-festivals.

Weinland
Noble Hill dunkles Grün = beschrieben i.Buch
Glen Carlou weitere Weingüter
mit Restaurant / R.
0 10 km
© RKH Verlag Hermann
Malmesbury
Tulbagh
Jacaranda
u. Versailles
Opten-horst
Doolhof
Bain Monument
Ceres / Tulbagh
Bainskloof Pass
Bovlei
Hill Div.
Oude Denneboom
Nelson's Creek
Wellington
Hildenbrand
Windmeul
Veenwouden
Diemersfontein
Ridgeback
Main St
Druk-my-nie Wine Estate
Rhebokskloof
Du Toits Kloof Pass
Paarl Mountain N. R.
Paarl
Nederburg
Drakenstein
Palmiet
Langenhoven
Worcester
Du Toits Kloof Tunnel
Landskroon
KWV
Spice Route
Fairview
Camping Berg River Resort
Klapmuts
Klapmuts Rd
Cape Town
Glen Carlou
Warwick
R. Cosecha
Marianne
Noble Hill
Simondium
Berg River
Delvera
Uitkyk
Freedom Hill
Kanonkop
Simonsberg
Allée Bleue
Happy Valley Lodge
Kaapzicht
Mooiplaas
Simonsig
Delheim
Muratie
Wemmershoek
La Motte
Bottelary Rd
Kromme Rhee
Knorhoek
Beyerskloof
Boschendal
Graham Beck
Môreson
Franschhoek
Morgenhof
Louisenhof
Rickety Bridge
Adam Tas Rd
J.C. Le Roux
Devon Valley Rd
Jonkershoek Valley
Tokara
L'Olivier
Jordan
Stellenbosch
Helshoogte Pass
Franschhoek Pass
Neethlingshof
Stellekaya
Dorp
Lanzerac
Asara
Aan-den-Weg
Kuilsrivier
Polkadraai Rd
Jonkershoek-Rd
Techno Park
Blaauwklippen
De Zalze
Spier
Bein Wine,
Saxenburg,
Zevenwacht,
Allegria
Blaauwklippen
Waterford
Villiersdorp
Stellenrust
Strand
Annandale Rd
Baden Powell
Dornier
Hottentots Holland Nature Reserve
Eikendal
Stellenzicht
Meerlust
Zandberg
Yonder Hill
Avontuur
Helderberg
Winery
Croydon
Helderberg Farm
Helderberg Nature Reserve
Cape Town
Firgrove
Somerset West
Lourensford
Lourensford Rd
Vergelegen
Morgenster
False Bay
Strand
Sir Lowry's Pass
Swellendam
R 45
R 44
R 301
R 101
R 312
N1
R 304
M23
M12
R 310
R 102
N2
R 321

Winelands – von Wein zu Wein

Die erste Station von Kapstadt ist **Stellenbosch** und für die Anreise von Kapstadt gibt es verschiedene Möglichkeiten. Am einfachsten ist es über die Autobahnen N1 und N2, die Entfernungen sind etwa gleich lang und beide Strecken sind gleich eintönig. Hier geht es über die N1, weil sich ab Worcester die Möglichkeit bietet, auf unsere Route 9 nach Johannesburg zu wechseln. Wer direkt vom Flughafen kommt, fährt dort auf die N2 Richtung Somerset West und folgt der Ausschilderung nach Stellenbosch.

Aus Kapstadts Zentrum fahren Sie auf die N1 Richtung Paarl und verlassen diese nach 37 km nach Stellenbosch auf der R304. Schon nach kurzer Zeit tauchen die ersten Weingüter auf. Von der N1-Ausfahrt bis in die Stadt sind es 13 Kilometer. In Stellenbosch stehen die Straßennamen meist am Bordstein, trotz des starken Verkehrs im überwiegenden Einbahnverkehr gibt es genügend Parkplätze, s. „P"-Signets im Stadtplan.

7

Stellenbosch

Stellenbosch ist nach Kapstadt die älteste europäische bzw. niederländische Gründung in Südafrika. 1679 beschloss der Kapgouverneur der niederländischen VOC (Vereenigde Oostindische Compagnie), Simon van der Stel, im östlichen Hinterland am Fluss Eerste eine neue Siedlung zu gründen („Eerste" deshalb, weil es der erste Fluss war, den die Siedler von Kapstadt aus überqueren mussten). Der neue Ort hieß zuerst *Stelenbosch,* dann *Busch van der Stel* und schließlich Stellenbosch. Die Siedler betrieben Landwirtschaft und wandten sich frühzeitig dem Weinanbau zu. Stellenbosch als Vorposten

STELLENBOSCH
0
200 m
© RKH VERLAG HERMANN
Hotels
1 Banghoek Place
2 The Beautiful South
3 De Hoek Manor
4 Stumble Inn Bp Lodge
5 Aan Dorpstraat Guest H.
6 Just Joey
Restaurant
1 Beads
2 Apprentice
3 Wijnhuis
4 Basic Bistro
5 Binnenhof
6 Bukhara
7 De Volkskombuis / Riverside
zur R 310 Ost Paarl / Franschhoek Weingut Boschendal
z. Weingut Lanzerac
Jonkershoek Rd (z. Jonkh. Valley)
Jan Marais N.R.
Marais
Cluver
Van der Stel
Eerste
Noordwal-East
Hospital
Roux
Banghoek
Soetweide
Bosman
Merriman
Hofmeyer
Klaassens
Van Riebeeck
Rattray
Murray
De Beer
Neethling
Botanical Garden
University Campus
Grosvenor House
NG Moederkerk
The Avenue
Joubert
Smuts
Victoria College Building
Sasol Art Museum
Drostdy
Van Ryneveld
Plein
Village Museum
Dorp Street
Helderberg
Noordwal-West
zur R 310
Crozier
Victoria
Pub »Bohemia«
Andringa
Church
Louw
Eikestadt Mall
Beyers
St Mary
Braak
Bird
Mill
Piet Retief
Suidwal
Skol
Cilliers
R304
Drostdy Centre
Du Toit
Rhenish Church
V.O.C. Kruithuis
Rhenish Complex
Toy & Miniature Museum
Landdrostkantoor
Alexander
Market
Herte
Schroder
Pub »De Akker«
Oom Samie se Winkel (Laden)
Hamman
Krige
Molteno
Sports Club
R 44
Herold
Aan de Wagenweg
Brandy Museum
Stasie
Papegaai
Strand
Weidenhof
Adam Tas
G. Blake
Paarl R 44 / Malmesbury R 304 / Oakleaf Lodge
Bergkelder / Wine Tours
R 310
R310 West / M12 / N2 Cape Town
Oude Libertas Centre / L'Olivier Wine & Olive Estate / Allegria Guest House
R 44 Süd: Somerset West / Strand / Golfplätze / Techno Park / Eikendal Lodge / Blaauwklippen Vineyards / Mountain Breeze Camping / Rest. Rust en Vrede

der Kapregion wuchs schnell, jedoch wurde die Entwicklung später durch verschiedene Großbrände und Überschwemmungen durch den Eerste-Fluss wieder zurückgeworfen.

Als die Briten 1795 die Macht am Kap übernahmen, verließen immer mehr Buren, die sich wegen repressiver britischer Gesetze ihrer ökonomischen Basis beraubt sahen, ihre Farmen und Felder, Höfe und Häuser, darunter auch viele Einwohner Stellenboschs (Großer Trek ab 1834). Die Stadt verlor an Bedeutung. Die Gründung der Universität 1881 gab wieder etwas Aufschwung. Als sich Südafrika nach dem 2. Weltkrieg durch seine Apartheidpolitik isolierte, erlitt die Weinbranche starke Rückschläge und blieb in der Entwicklung zurück. Nach dem Ende der Rassentrennung 1994 setzte ein enormer wirtschaftlicher Aufschwung ein, weiter angetrieben durch den ständig steigenden Tourismus. Dank ambitionierter Winzer boomt heute die Branche, die Gütern wetteifern darum, wer die besten Rotweine Südafrikas keltert. Der Weinexport nach Deutschland verzehnfachte sich von 1994–2004. An der altehrwürdigen Universität ist natürlich auch *Önologie,* Weinherstellung, ein Studienfach. Dort entwickelte 1924 Professor Abraham Isak Perold eine rote Neuzüchtung, die Pinotage-Rebe.

Pinotage ist eine Kreuzung aus Cinsault, eine rote Rebsorte aus dem Languedoc in Südfrankreich, und Pinot Noir (Spätburgunder). Pinotage-Weine sind fruchtbetont mit Pflaumen-, Kirsch- und Aromen von roten Fruchtbeeren. Ihre dunkelblauen, leicht ovalen Beeren sind klein, fleischig und reifen früh mit hohem Zuckergehalt. Interessanterweise gedeiht die Rebsorte, die heiße und trockene Lagen wie am Kap bevorzugt, fast ausschließlich in ihrer südafrikanischen Heimat, Anbauversuche großen Stils in anderen Weinanbauländern schlugen fehl. Pinotage passt gut zu Fleisch und Wild. Mehr über andere südafrikanische Weinsorten s.S. 59.

Stellenbosch hat heute 150.000 Einwohner, dazu kommen noch rund 25.000 Studenten. Es ist die schönste und interessanteste der Weinland-Städte, ein Hort aristokratischer Architekturschönheiten in strahlendem Weiß mit Delfter Giebeln, Sprossenfenstern und dunkelgrünen Läden. In kurzer Entfernung voneinander gibt es viele Cafés, Bistros und Restaurants, konzentriert vor allem in der Church Street. Viele Geschäfte, Wochenmärkte und interessante Galerien bieten weitere Abwechslung. Am beeindruckendsten für eine südafrikanische Stadt ist aber das Blätterdach der zahllosen mächtigen Eichen, die fast jede Innenstadtstraße zur beschatteten Allee machen. Die allerältesten dieser nichtafrikanischen Bäume wurden in der „Eichenstadt Südafrikas" von den ersten burischen Siedlern gepflanzt.

Sehenswertes

Der Stadtkern erstreckt sich zwischen Dorp- und Plein Street und von der Market- bis zur Drostdy Street. Die Broschüre „Stellenbosch

Cafés und Geschäfte im historischen Zentrum

on Foot" mit Beschreibung der historischen Gebäude – viele davon sind „National Monuments" – erhalten Sie bei der Tourist Information, es gibt sie auch auf Deutsch.

Der alte zentrale Dorfplatz ist **Die Braak** („Die Brache") mit einigen historische Gebäuden. Wegen seiner Verkehrsinsel-Lage nicht zu übersehen ist das **Kruithuis,** das Pulvermagazin der VOC (Vereenigde Oostindische Compagnie) von 1777, heute ein kleines Militärmuseum mit einer Kanone davor. Die Kirche **St Mary** (1852) steht an der Nord- und die **Rhenish Church** (Rheinische Kirche, 1823) an der Südseite. Am Beginn der Market Street erstreckt sich links der **Rhenish Complex,** der Gebäudekomplex der ehemaligen Rheinischen Mission. Im ehemaligen Pfarrgebäude ist das **Toy & Miniature Museum** untergebracht (Miniaturen von Häusern, Autos, Puppen, Spielzeug und dem berühmten Blue Train im Maßstab 1:12, Mo–Fr 9–16 Uhr, Tel. 021-8879433. Eintritt). Rechts daneben und nicht zu verfehlen die **Stellenbosch Tourist Information.**

Die lange **Dorp Street,** die älteste Straße der Stadt mit 300-jährigen Eichen, steht komplett unter Denkmalschutz, und der dortige Kramladen *Oom Samie Se Winkel* ist angeblich der älteste im Lande. Versäumen Sie nicht **The Village Museum** in der Van Ryneveld Street 37 (Mo–Sa 9–17 Uhr, So 10–13 Uhr, Tel. 021-8872948, Eintritt), ein ganzes Straßenkarree mit vier renovierten historischen Wohnhäusern, jedes von ihnen aus einer anderer Stilepoche zwischen 1709 und 1850. Auch das *Grosvenor House* am Ende der Drostdy Street gehört dazu. Ein religiöses Wahrzeichen der Stadt ist die niederländisch-reformierte **Moederkerk** von 1719 in der Drostdy Street mit schönen Glaskunst-Fenstern.

Nicht versäumen sollen Sie außerdem das **Sasol Art Museum.** Das große, wunderschön und dunkelrot-weiße Gebäude von 1907 zeigt Möbel, wertvolle Gebrauchsgegenstände, Gemälde, Grafiken und anthropologische Exponate der Universität. Mo 10–16.30 Uhr, Di–Sa 9–16 Uhr, 52 Van Ryneveld St, Tel. 021-8083691. Eintritt.

Hinweis: Weitere Informationen die hier erwähnten Museen auf www.stelmus.co.za.

Reise-Infos Stellenbosch

Information *Stellenbosch Tourism,* Tel. 021-8833584, *Wine Route Office,* Tel. 021-8864310, 36 Market Street, Mo–Fr 8–18 Uhr, Sa/So 9–14 Uhr, www.stellenbosch.travel, Stadtplan, Broschüren „Stellenbosch on Foot" und „Stellenbosch and its Wine Routes", Auskünfte für Führungen.

Webseiten www.wineroute.co.za • www.stellenboschdestinations.co.za

Unterkunft Die hier aufgeführten Unterkünfte haben alle, außer dem Mountain Breeze Resort und den Backpackern, gehobenen Standard und Wi-Fi-Internetverbindung.

Hinweis: Wer in den auf dieser Route mehrfach vorgestellten preiswerten Camping-Resorts ein Cottage mietet, sollte sicherheitshalber einen Schlafsack mit sich führen, denn diese werden meist von Südafrikanern frequentiert, die alles mitbringen.

Mountain Breeze Resort Campingplatz und einfache Cottages mit 1–3 Schlafzimmern in schattiger Waldlage. 70 Camping-/Caravanplätze, 25 Cottages, Pool, Gemeinschaftsküche, Farmstall. R44 7 km nach Süden Richtung Somerset West, GPS S33°59'26" E18°49'47". Tel. 021-8800200, Cell 082-6822412, www.mountainbreezeresort.co.za.

Stumble Inn Backpackers Lodge Zentral in der Innenstadt gelegener Backpacker mit Doppelzimmern und Dorms, leider etwas laut. Pool, Bar, Weintouren. 12 Market St, Tel. 021-8874049, www.stumbleinnstellenbosch.hostel.com. DZ R290, Dorm R105 p.P.

Banghoek Place Backpacker im Uni-Viertel mit guten und sauberen Backpacker- und Doppelzimmern, Touren. 193 Banghoek Road, Tel. 021-8870048, www.banghoek.co.za. DZ R450, Dorm R150 p.P.

Just Joey Guest House B&B im historischen Viertel mit Rosengarten und à la carte-Frühstück. 7 Zimmer, 3 davon AC, Pool, eigene Parkplätze. 13 Noordwal-Wes St, Tel. 021-8871799, 021-8862999, www.justjoey.co.za. DZ/F R800–1080.

The Beautiful South Guesthouse Gemütliches Gästehaus im grünen Universitätsviertel, zu Fuß zu den Sehenswürdigkeiten ca. 1 km. 7 Zimmer, 2 Suiten, Pool, BBQ, Gästeparkplätze, dt.-spr. 4 Hospital St, Tel. 021-8838171, www.thebeautifulsouth.de. DZ/F R790–1100, Suite R1260.

De Hoek Manor Elegantes B&B im Zentrum in Sichtweite der „Moederkerk", in Gehweite viele Restaurants. 5 Zimmer/AC, behindertengerecht, Parken, dt.-spr. 9 Drostdy St, Tel. 021-8869988, www.dehoekmanor.co.za. DZ/F R1100–2000.

Aan Dorpstraat Guest House Hübsches kapholländisches Gästehaus westlich des Zentrums. 7 Zimmer/AC, Pool, eigene Parkplätze. 14 Papegaai St, Tel. 021-8864331, Cell 082-6900399, www.aandorpstraat.co.za. DZ/F R1270–1470.

Außerhalb auf Weingütern

Oakleaf Lodge B&B-Zimmer im Haupthaus und eine große, separat gelegene Ferienwohnung auf dem Delvera-Weingut. 5 Zimmer/AC, 1 FeWo/AC, Pool, BBQ, Reiten, eigene Wanderwege, Mountainbike-Verleih. Die R44 nördlich Richtung N1 fahren, Delvera Agri-Tourism Complex, Ecke R44/Mulders Vlei Rd, 6 km vor der N1 westlich, GPS S33°50'97" E18°51'37", Tel. 021-8844352, Cell 082-8099878, www.oakleaflodge.co.za. DZ/F R620–860, FeWo/F R1280.

L'Olivier Wine & Olive Estate Schöne Ferienhäuser auf einer 74 ha großen Wein- und Olivenfarm. Anfahrt R310 West nach Kuilsrivier/Muizenberg, danach M12 nach Kuilsrivier, 1,7 km weiter rechts in die Kloof Pad und dann die 4. Piste rechts. GPS S33°55'37" E18°46'54". 2 Cottages (1 DZ/AC), 1 Haus (4 DZ/AC), Pool, Reiten. Kloof Rd, Tel. 021-8813218, Cell 072-4776803, www.lolivier estate.com. Cottage R700–1150, Frühstück a.A.

Allegria Guest House & Vineyards Schönes, 2 ha großes Wein- und Landgut, Gästehaus im toskanischen Stil und mit geräumigen Zimmern, biologische Bewirtschaftung von Shiraz-Reben, liegt ca. 10 km westlich außerhalb. Die R310 (Adam Tas) nach Westen nehmen, nach ca. 4 km rechts in die M12 Richtung Kuilsrivier, nach 8 km rechts in die Cairngorm Street. 6 Zimmer/AC, Pool, dt.-spr. Tel. 021-8813389, Cell 076-5600356, www.allegria.co.za. DZ/F R1000–1400.

Eikendal Lodge Elegantes Gästehaus auf einer großen Weinfarm mit herrlichem Bergpanorama 9,5 km südlich an der R44 nach Somerset West. 7 Zimmer/AC, 2 Suiten/AC, Pool, Restaurant, gute Wandermöglichkeiten. Tel. 021-8553617, www.eikendallodge.co.za. DZ/F R1130–2240.

Restaurants Vorhanden sind jede Menge Restaurants, Bistros und Cafés, wie z.B. etliche in der Church Street. Hier nur eine kleine Auswahl. Umfassendes Angebot auf www.stellenboschrestaurants.co.za.

Apprentice Schulungsrestaurant des *Institute of Culinary Arts*. Modernes Ambiente, Fine Dining. Mo 7–17 Uhr, Di–Fr 7–21.30 Uhr, Sa 8–21.30, So 9–15 Uhr. Andringa St, Ecke Church St, Tel. 021-8878985.

Binnenhof Im Zentrum gelegenes Restaurant mit schönem Innenhof, Pizza, Pasta, Pfannkuchen und Fleischgerichte. Mo–So 9–22 Uhr. 2 Van Ryneveld St, nahe Ecke Dorp St, Tel. 021-8879560.

Basic Bistro Gemütliches Bistro mit schattigen Außenplätzen, Burger und Bistrogerichte. Mo–Fr 7.30–22 Uhr, Sa/So 9–22 Uhr. 31 Church St, Tel. 021-8833629, www.basicbistro.co.za.

Beads Restaurant Farbenfrohes Restaurant mit Plätzen vor dem Haus und im gemütlichen Innenhof, Bistroküche. Tägl. 8–23 Uhr. Ecke Church/Ryneveld Sts, Tel. 021-8868734, www.beadsrestaurant.co.za.

Wijnhuis Fine Dining, italienische Küche und Seafood mit riesiger Weinauswahl in der 1. Etage des Dorpsmeent Centre, Ecke Andringa/Church Sts. Reservierung erforderlich. Tägl. 8–23 Uhr. Tel. 021-8875844, www.wijnhuis .co.za.

Bukhara Mal wieder gut indisch, gehoben. Dorp Street/Ecke Bird, Tel. 021-8829133, tägl. Lunch und Dinner (außer So).

Volkskombuis Fine Dining-Restaurant mit traditionell südafrikanischer Küche in kapholländischem Ambiente unter schattigen Bäumen. Lunch/Dinner. Aan de Wagenweg, Tel. 0218872121, www.volkskombuis.co.za. Im angeschlossenen **De Oewer Riverside Food-Restaurant,** direkt am Ufer des Eerste, kann man in lauschiger Atmosphäre Lunch und Dinner genießen, Reservierung erforderlich, Tel. 021-8865431.

Rust en Vrede Restaurant Eines der besten Restaurants hier überhaupt mit vielen Auszeichnungen in historischem Ambiente, 4-Gänge-Menü ab R500. Kapholländisches Weingut mit schöner, schattiger Gartenanlage. Di–Sa ab 19 Uhr, vorher reservieren! Auf der R44 nach Süden und links in die Annandale Road, diese bis zum Ende fahren. Tel. 021-8813757, www.rustenvrede.com/restaurant

Unterhaltung und Märkte

Gutbesuchte Studenten- und **Musikkneipen** mit Live-Musik an bestimmten Tagen sind *De Akker* in der 90 Dorp Street, Tel. 021-8833512, und *Bohemia,* Ecke Andringa/Victoria Sts, Tel. 021-8828375).

Stellenbosch Fresh Food Market, jeden Samstag von 9–14 Uhr im westlich außerhalb gelegenen *Oude Libertas Centre,* Anfahrt über die R310 West (Adam Tas Road). Wenn links die lange Einzäunung des Weinguts Distell kommt, vorne an der Ampel rechts in Oude Libertas Road abbiegen, den Papegaaiberg hoch, S33°56'32.29" E18°50'17.22. In netter Atmosphäre Verkauf frischer Bio-Erzeugnisse, Häppchen, Getränke, Verkaufsstände, Wein. Außerdem in der weitläufigen Anlage: *Oude Libertas Art Gallery* (Mo–Fr 9–16 Uhr, Sa 9–13 Uhr), Weinberge, Keller, Piazza, Gartenanlage, Restaurant und Picknicken unter Eichen (Korb vorbestellen). Im Open-air *Libertas Amphitheatre* in den Sommernächten Theater und Musikdarbietungen. Infos und Programm: Tel. 021-8098345, www.oudelibertas.co.za.

Stellenbosch Organic Farmers Market Lokale und internationale Aussteller bieten Bioprodukte. Sa 8–12 Uhr, Waldorf School, R44 Süd nahe Technopark, Tel. 021-8801039.

Shopping

Bezüglich Einkaufen hat keine der nachfolgenden Städte der Route 7 so viele Einkaufsmöglichkeiten zu bieten wie Stellenbosch. In der Andringa Street/Ecke Beyers gibt es die *Eikestad Mall* und darum herum sind viele kleine Shops. Um die Mill/Bird Street, an der sich das Postamt befindet, gibt es viele weitere Geschäfte, wie das *Drostdy Centre.* Eine große Mall ist an der R44 Süd, das *Stellenbosch Square Centre,* Ausfahrt Webervalley Road gegenüber dem Eingang zum De Zalze Golf Estate. An der R44 nördlich des Zentrums gibt es das *Stone Square Shopping Centre,* Ausfahrt Welgevonden Estate.

Weingüter um Stellenbosch

An den Berghängen rings um die Stadt wachsen Südafrikas beste Weine und eine Weinverkostungstour entlang der Stellenbosch Wine Route ist bestimmt nicht der schlechteste Zeitvertreib. Es geht dabei ständig hügelauf und hügelab, immer bieten sich neue und schöne Ausblicke auf die Landschaft mit den Bergen im Hintergrund.

Auf fast allen Weingütern kann man spontan in – teils sehr modernen – Vinotheken, Tasting Rooms oder in Kellergewölben die Gewächse verkosten (ca. R30 p.P.). Etliche Güter verfügen über ein Bistro oder sogar ein gutes Restaurant und man sitzt im Sommer auf einer eleganten Terrasse oder in einem rustikalen Innenhof bei Speis' und Trank und wundert sich, warum das Leben nicht immer so schön sein kann.

Die Stellenbosch Wine Route umfasst etwa 150 kleinere und größere Weingüter, die allermeisten sind nach wie vor in den Händen alter burischer, englischer und französischer Familien. Weinanbau ist nach wie vor eine weiße Domäne, wenngleich es auch einige dunkelhäutige Besitzer und nicht wenige Kellermeister gibt.

Wem die Anzahl der Weingüter nicht reicht, kann Ausflüge in die benachbarten Weinorte unternehmen. Wer lieber chauffiert werden möchte, kann sich einer organisierten Tour anschließen, und wenn Sie nicht wissen, welche Weingütern Sie besuchen sollen, kann sich bei Stellenbosch Tourism beraten lassen.

Geführte Wein- und Stadttouren

Vinehopper Besucht man Weingüter mittels einer „Hop-on, Hop-off"-Tour ohne eigenes Fahrzeug, kann man bei den Weinproben so richtig „zulangen". Wird angeboten von Vinehopper auf einer nördlichen und einer südlichen Route mit je 6 Estate-Besuchen. Tagespass R200 p.P., zwei Tage R360 (auch möglich mit Übernachtung). Tasting fees in Höhe von ca. R100 für 6 Güter nicht eingeschlossen. Wo's gefällt kann man länger bleiben und andere Weingüter auslassen, einige davon haben Restaurants. Northern Route: Bergkelder (großer unterirdischer Keller, www.bergkelder.co.za), Beyerskloof (www.beyerskloof.co.za), Simonsig (www.simonsig.co.za), Delvera (Oliven, www.delvera.co.za), Knorhoek (www.knorhoek.co.za), Delheim (Rest., www.delheim.co.za).

Southern Route: Vredenheim (Rest., www.vredenheim.co.za), Van Ryn Brandy Celler (Kellertour, www.vanryns.co.za), Spier (großes Programmangebot, Restaurant, Picknick, u.a. www.spier.co.za), Alto (www.alto.co.za), Bilton (Chocolate & Tasting, www.biltonwines.co.za), Kleine Zalze (Weißweine, Golf, www.kleinezalze.co.za). Auch Stadtrundgänge durch das historische Zentrum von Stellenbosch, Raino Bolz spricht Deutsch. 36 Market St (= Stellenbosch Tourism), Tel. 021-8828112, www.vinehopper.co.za.

Happyholidays Deutschsprachige Touren durchs Weinland mit Gudrun Grünewald, Cell 082-6993098, www.happyholiday.co.za.

Cape Winelands Leisure Tours Halb- und Ganztagestouren in Gruppen bis 9 Personen durch das Weinland mit Verkostung von Wein und Oliven. Tel. 082-4584718, www.capewineandleisuretours.co.za.

Dirtopia Dirtopia bietet geführte Wanderungen, Mountainbike-Touren, Mountainbike-Verleih, Wanderkarten, Infos, Wanderausrüstung und mehr. Delvera Agri-Tourism Complex, R44 Nord Richtung N1, Tel. 021-8844752, www.dirtopia.co.za.

Weingüter

Blaauwklippen Vineyards Das Gut von 1682 ist eines der ältesten Weingüter Südafrikas und liegt am Fuß der Stellenbosch Mountains. Der Name bedeutet „blaue Felsen", die ersten Reben wurden 1688 gepflanzt und heute bringt das Gut neben der Brandy-Produktion Premium-Weine hervor, Spezialität ist der Zinfandel. Mo. Mo–Sa 10–17 Uhr, So 10–16 Uhr, Kellertouren auf Anfrage. R44 Süd in Richtung Somerset West, GPS S33°58'23.3" E018°50'51,0". Tel. 021-8808655, www.blaauwklippen.com. Jeden Sonntag findet zwischen 10 und 15 Uhr ein *Family Market* statt mit frischen und hausgemachten Produkten, Kunsthandwerk und Pflanzen. Im Restaurant *Barouche* werden auf der Terrasse oder im Restaurant leichte Gerichte aus der südafrikanisch-/europäischen Küche serviert. Man kann außerdem einen Picknickkorb bestellen. Tel. 021-8808222. Mo–Sa 9–16, So 9–15 Uhr. Winter Mo u. Di geschl.

Zevenwacht Das Gut liegt ca. 18 km westlich von Stellenbosch, Anfahrt über die R310 nach Westen. Die Besitzer kauften 1992 die Farm mit 300-jähriger Geschichte und kapholländischem Herrenhaus und 500 ha Land, wo auf 100 ha Wein angebaut wird. Im sorgfältig restaurierten Manor House von 1800 befindet sich das *Zevenwacht Restaurant,* wo die Gäste in kolonialem Ambiente speisen. Auch Picknickkörbe erhältlich. GPS S33°55'47" E18°43'43". Langverwacht Rd, Kuils River, Tel. 021-9005700, Tel. 021-9005800 (Restaurant), www.zevenwacht.co.za.

Saxenburg Anfahrt wie Zevenwacht, ca. 16 km westlich. Das Gut liegt in den Bergen oberhalb des Kuils River und ist 200 ha groß, davon sind 90 ha Rebfläche. Die jetzigen Besitzer kauften 1998 die heruntergewirtschaftete

Farm und restaurierten liebevoll das alte Manor House von 1701. Später wurde das *Guinea Fowl Restaurant* als große Glasveranda angebaut. Serviert werden hier oder auf dem Rasen südafrikanisch-/mediterrane Gerichte. Tägl. 8.30–17 Uhr, www.theguineafowl.co.za. Polkadraai Rd, Tel. 021-9065232, www.saxenburg.co.za.

Weitere Weingüter rund um Stellenbosch

Anfahrt, Kellertouren und Tasting-Zeiten s. Webseiten, Kernöffnungszeiten sind in der Regel Mo–Sa 10–16 Uhr, So auf Anfrage, Tasting-Gebühr R30–40 p.P. Weitere Infos auf www.wineroute.co.za.

Asara (mit Restaurant), Tel. 021-8888000, www.asara.co.za.
Bein, Tel. 021-8813025, www.beinwine.com.
Beyerskloof, Tel. 021-8652135, www.beyerskloof.co.za
Delheim (Restaurant), Tel. 021-8884600, www.delheim.com.
Dornier (Restaurant), Tel. 021-8800557, www.dornier.co.za.
J.C.LeRoux, Tel. 021-8658200, www.jcleroux.co.za.
Jordan, Tel. 021-8813441, www.jordanwines.com.
Kaapzicht, Tel. 021-9061620, www.kaapzicht.co.za.
Kanonkop, Tel. 021-8844656, www.kanonkop.co.za.
Lanzerac (Restaurant), Tel. 021-8871132, www.lanzerac.co.za.
Louisenhof, Tel. 021-8652632, www.louiesenhof.co.za.
Morgenhof, Tel. 021-8895510, www.morgenhof.com.
Muratie (Restaurant), Tel. 021-8652330, www.muratie.co.za.
Meerlust, Tel. 021-8433587, www.meerlust.com.
Mooiplaas, Tel. 021-9036273, www.mooiplaas.co.za.
Neethlingshof (Restaurant), Tel. 021-8838988, www.neethlingshof.co.za
Spier (Restaurant), Tel. 021-8091100, www.spier.co.za.
Stellekaya (Restaurant), Tel. 021-8833873, www.stellekaya.com.
Stellenzicht, Tel. 021-8087000, www.stellenzicht.co.za.
Uitkyk, Tel. 021-8844416, www.uitkyk.co.za.
Warwick, Tel. 021-8844410, www.warwickwine.com.
Marianne (Restaurant), Tel. 021-8755040, www.mariannewinefarm.co.za.
Tokara (Restaurant), Tel. 021-8055900, www.tokara.co.za.
Waterford (Restaurant), Tel. 021- 8800496, www.waterfordwines.co.za.

Golf

Stellenbosch Golf Club Schön gelegener 18-Loch-Golfplatz vor beeindruckender Kulisse an der R44 Süd (ca. 3 km). 021-8800103, www.stellenbosch-golfclub.com.

De Zalze Winelands Golf, 300 ha große Golfanlage von Peter Matkovich, ebenfalls an der R44, aber etwas südlicher, Tel. 021-8807300, www.dezalzegolf.com.

Nach Franschhoek / Weingut Boschendal

Anfahrt aus dem Zentrum Merriman Street – Cluver – R310 (Helshoogte Road). Noch bevor die R310 auf die R45 nach Franschhoek stößt (auf der Sie dann nach rechts abbiegen müssen), liegt rechts das schöne Weingut **Boschendal** von 1685, herrlich gelegen vor der Kulisse mächtiger Berge. Es ist eines der ersten Weingüter im Franschhoek-Tal und das 1855 erbaute Herrenhaus ist ein herausragendes Beispiel kapholländischer Baukunst, ein Teil des Hauses wird als Museum geführt. Im alten Weinkeller des Haupthauses ist heute ein Restaurant untergebracht, täglich ab 12 Uhr gibt es ein feines Lunch-Büfett, Reservierung erforderlich. Bei schönem Wetter bietet sich ein Picknick in der Parkanlage an, einen Picknick-Korb kann nach vorheriger Reservierung vor Ort abgeholt werden, das Café ist von 10–17 geöffnet. Meist gut besucht, touristische Angelegenheit, Tel. 021-8704272, www.boschendal.com.

Franschhoek

Das knapp 4000 Einwohner zählende Franschhoek („Französische Ecke") liegt am Ende eines langen Tals in den Drakensteinbergen. 1688 siedelten sich hier 200 Hugenottenfamilien an, die vor religiöser Verfolgung aus Frankreich geflohen waren und denen von der niederländischen VOC in diesem Tal Land zugesprochen worden war. Die bibelfesten Auswanderer hatten Rebensetzlinge dabei, verfügten über Fachkenntnisse im Weinbau und gründeten die ersten Weingüter. Noch heute tragen viele französische Namen und es wird kolportiert, dass erst die Hugenotten dafür sorgten, dass der Wein am Kap auch trinkbar wurde.

Stellenboschs schüchterne kleine Schwester ist an sich nicht weiter interessant und besteht im Wesentlichen aus der touristisch voll erschlossenen Main-/Huguenot Street mit zahllosen Shops, Galerien, Cafés und Restaurants in teilweise schön restaurierten, historischen Gebäuden. Das riesenhafte **Huguenot Monument** aus drei hochstrebenden Granitsteinbögen wurde 1948 zum Lob der Dreifaltigkeit und zu Ehren des Protestantischen Glaubens der Hugenotten am südlichen Ende der Huguenot-Straße errichtet. Daneben befindet sich das **Huguenot Memorial Museum** mit Ausstellungen in zwei gegenüberliegenden Gebäuden. Dort gibt es Informationen über

Franschhoek Valley

7

FRANSCHHOEK
0
500 m
© RKH VERLAG HERMANN
Stellenbosch / Paarl
R 45 Weingut Boschendal R310
Rickety Bridge Winery (3 km, vor Basse Provence Guest House links)
Restaurant Monneaux • Happy Valley Lodge ca. 5 km • Allée Bleue Estate ca. 9 km
Hotels
1 Dieu Donné Guest Farm
2 Gable Manor
3 Otter's Bend Lodge (Backpacker)
4 Maison Chablis Guest House
Restaurants
1 Roca Restaurant
2 Mon Plaisir de Chamonix
3 Reuben's
4 Tasting u. Common Room im Hotel Quartier Français
5 La Petite Ferme (r. u.)
- weitere Restaurants s.
La Provence
Klein Dassenberg Cottages
Dassenberg
Franschhoek River
Main St
De Villiers
Roux
Malherbe
Uitkyk
De Wet
Huguenot
Dirkie Uys
Akademie
Naude
La Cotte
zu Cape Chamonix Winery & Rest. La Maison de Chamonix
La Cotte Wine Sales
L. Botha
Kruger
Pizzeria Col'Cacchio
Info Centre
Samst. Markt
Delarey
Klein Cabrière
Cabrière
Van Wijk
Daniel Hugo
D.R. Church
Träumerei
Church
Bordeaux
Town Hall
Dutch East Rest.
La Rochelle
French Connection
La Fontaine Guesthouse
Reservoir
Topsi
Kalfi's
Berg
Wilhelmina
Résidence Klein Oliphants Hoek
Union
van Riebeeck
Mont Rochelle
Robertsvlei
Protea
Aalwyn
Erica
Nerina
Heide
Fresia
Huguenot Monument
Huguenot Memorial Museum
Lambrecht
R 45
Verdun
Middagkrans
Excelsior
Haute Cabrière Cellar & Restaurant
Franschhoek Pass Road, R45 Süd
Rest./Hotel La Petite Ferme
Franschhoek-Pass/Villiersdorp

Das Huguenot Monument

die bedeutende Geschichte der Hugenotten und die Entwicklung des Weinbaus im Franschhoek-Tal, Broschüren sind auch in Deutsch erhältlich (Mo–Sa 9–17 Uhr, So 14–17 Uhr, Lambrecht St, Tel. 021-8762532, Eintritt, www.hugenoot.org.za).

Das größte Plus des kleinen Orts ist die hohe Konzentration von Feinschmecker-Restaurants, hier regieren im wahrsten Sinne des Wortes Wein und Sterne. Erstklassige Weingüter bringen Spitzenweine hervor und Sterneköche kreieren dazu höchste Gourmetkunst. Sehr viele in- und ausländische Gäste sorgen für hohe Auslastungsraten, besonders an den Wochenenden.

Reise-Infos Franschhoek

Information *Franschhoek Tourism Bureau,* 62 Huguenot St, Tel. 021-8762861, www.franschhoek.org.za

Auf www.franschhoek.co.za/map.html finden Sie Unterkünfte, Weingüter, Restaurants und Shops sowohl vom Ort als auch im gesamten Franschhoek-Valley.

7

Webseiten www.franschhoek.co.za
www.westerncape.gov.za/eng/directories/facilities/9377/19455

Weingüter Die Franschhoek Wine Route umfasst etwa 50 Weingüter, die im Tal verstreut liegen. Hier stellen wir ein paar besuchenswerte vor, Verkostungsgebühren R30–40 p.P. Weingüter-Infos bei *Vignerons de Franschhoek,* 29A Huguenot Road, Tel. 021-8763062, www.franschhoek.org.za/vignerons-de-franschhoek/

Weintouren Mit der *Franschhoek Wine Tram* lässt sich per „Hop-on Hop-off" bequem das Franschhoek Wine Valley kennenlernen. Das Ticket Office ist neben dem Tourism Bureau, tägl. 10–17 Uhr. 60 Huguenot St, Tel. 021-3000338, www.winetram.co.za.

Rickety Bridge Winery Ein kleines Premium-Weingut mit schönem kapholländischen Herrenhaus, das auf die ersten Hugenotten zurückgeht. Im 17. Jahrhundert gehörte es noch zur Farm La Provence und wurde 1797 selbständig, von den 50 ha Farmfläche sind 15 ha Anbaufläche. Das Restaurant serviert auf der Terrasse oder im Haus moderne, leichte Küche. R45 Nord, Tel. 021-8762129, www.ricketybridgewinery.com.

Allée Bleue Ein deutsches Ehepaar kaufte das alte Estate Meerrust von 1690 mit dem kapholländischen Manor House und reanimierte neben der Olivenölproduktion nach 150 Jahren auch wieder den Weinanbau und brachte den Betrieb mit Premiumweinen zu neuer Blüte. Das Bistro serviert auf der Terrasse täglich moderne südafrikanische Küche von 8–17 Uhr. R45 Nord, am Abzweig der R310 rechter Hand, Tel. 021-8741021, www.alleebleue.de, GPS S33°51'55.22" E18°58'56.22".

Haute Cabrière Dies ist ebenfalls eines der Weingüter der ersten Stunde. 1694 wurde es vom Hugenotten Pierre Jourdan gegründet und blickt auf eine 300-jährige Weintradition zurück. Seit 1982 wird neben den traditionellen Weinen auch Cape Classique gekeltert, Schaumwein nach der Champagner-Methode. Im Cellar Restaurant oder auf der großen Terrasse gibt es Küche vom Feinsten. Reservierung erforderlich, Mo geschlossen, Tel. 021-8763688, GPS S33°54'51.63" E19°8'7.90". R45 Süd, Franschhoek Pass Rd, Tel. 021-8768500, www.cabriere.co.za.

Weitere Weingüter

Verortungen der Güter auf www.franschhoek.co.za/map04.html

- Backsberg Estate Cellars (m. Restaurant), Tel. 021-8755952, www.backsberg.co.za
- Chamonix Wines, Tel. 021-8768400, www.chamonix.co.za
- Colmant Cap Classique, Tel. 021-8764348, www.colmant.co.za
- Dieu Donne Vineyards (Restaurant), Tel. 021-8762493, www.dieudonnevineyards.com
- Graham Beck Wines, Franschhoek, Tel. 021-8741258, www.grahambeckwines.com
- Grande Provence Estate (Restaurant), Tel. 021-8768600; www.grandeprovence.co.za
- Holden Manz Wine Estate (Restaurant), Tel. 021-8763173, www.holdenmanz.com
- La Petite Dauphine (Restaurant), Tel. 021-8763936, www.lapetite.co.za
- La Petite Ferme (Restaurant), Tel. 021-8763016, www.lapetiteferme.co.za
- Le Manoir de Brendel, Tel. 021-8764525, www.le-manoir-de-brendel.com

Weingut Basse Provence bei Franschhoek

Rütteln von Schaumwein

- La Motte (Restaurant), Tel. 021-8768004, www.la-motte.com
- Mont Rochelle (Restaurant), Tel. 021-8762770, www.montrochelle.co.za
- Môreson, Tel. 021-8763055, www.moreson.co.za
- Vrede en Lust, Tel. 021-8741611, www.vnl.co.za

Märkte und Veranstaltungen

Franschhoek Village Market Jeden Samstagvormittag findet auf dem Gelände der Dutch Reformed Church ein bunter Markt mit Snacks, Handwerk und Kunsthandwerk und afrikanischen Mitbringseln statt. 9–14 Uhr, 29 Huguenot Rd, Tel. 021-8762431, www.franschhoekmarket.wozaonline.co.za.

Christmas Craft Market An 10 Tagen im Okt./Nov. stellen lokale Künstler ihre handgefertigten Weihnachtsartikel aus. Tel. 072-2547722.

Franschhoek Bastille Festival Jährlich um den 14. Juli herum findet an einem Wochenende das Festival zum Gedenken an den Sturm auf die Bastille während der Französischen Revolution statt mit Märkten, Wettkämpfen, Weinverkostungen und mehr, s. www.franschhoekbastille.co.za.

Classic Musik Festival Jährlich im Oktober finden an verschiedenen Plätzen in Franschhoek Klassik- und Jazzkonzerte statt. Infos s. www.franschhoek-classic.co.za, Tel. 021-8762861; Karten an der Abendkasse oder auf www.web-tickets.co.za.

Weitere Feste-Infos auf www.franschhoek.co.za/events.html

Unterkunft

Alle Gästehäuser sind qualitativ gut ausgestattet und verfügen über W-Lan-Internetanschluss. Weitere direkt im Stadtplan. Wer das recht preisintensive Angebot Franschhoeks vermeiden will, findet im ländlichen und 30 km entfernten Villiersdorp günstigere Alternativen, s.u.

Otters Bend Lodge Schön gelegener Backpacker mit Zweibett- und Familienzimmer im Blockhaus-Stil an einem Fluss. 5 Zimmer, 3 Zeltplätze. Dassenberg Rd, Tel. 021-8763200, www.ottersbendlodge.co.za. DZ R450–500.

Happy Valley Lodge Schöne und gut ausgestattete SC-Cottages mit Pool auf einer Farm im Estate La Motte, R45 Nord, nach ca. 5 km links in die Happy Valley Rd abbiegen, ausgeschildert, GPS S33°53'128" E19°04'148". 3 Cottages (1 u. 2 Schlafzimmer), Manor House (5 Schlafzimmer). Tel. 021-8762490, Cell 083-4539191, www.suedafrikaperfekt.de (suche: Happy Valley Lodge). Cottage ab R760.

Dieu Donné Guest Farm Gästehaus in schöner Umgebung nordwestlich des Ortes mit B&B-und SC-Unterkunft. 6 DZ/AC, 1 Suite/AC, 1 SC-Cottage, Pool.

7

La Provence Rd (von der R45 ausgeschildert), GPS S33°54'17.16" E19°05'44.14", Tel. 021-8762131, www.dieudonne.co.za. DZ/F R900–1400, SC R700–850.

Maison Chablis Guest House Geschmackvoll restauriertes georgianisches Gebäude mit Standard- und Superiorzimmern in Gehweite zum Zentrum. 7 Zimmer/AC, Pool. 15 Berg St, Tel. 021-8762366, Cell 082-8762936, www.maisonchablis.co.za. DZ/F R950–1400.

Gable Manor Gästehaus mit B&B- und SC-Zimmern am nördlichen Ortsrand mit Swimmingpool. 4 DZ, 2 Suiten, 2 SC-Cottages. 4 Malherbe St, Tel. 021-8763833, www.gablemanor.com. DZ/F ab R1040.

Restaurants Viele Kochtempel im Franschhoek-Tal haben wirklich Weltklasseniveau, eine Reservierung ist in jedem Fall angeraten. Hier sind einige der Besten aufgelistet, auch Sterneküche ist in Südafrika günstiger als in Europa. Viele dieser Häuser haben ein angeschlossenes Hotel. Wer nur „normal" essen möchte, findet entlang der Hauptstraße viele kleine Restaurants und Bistros, einige Vorschläge sind direkt in der Karte vermerkt.

Roca Restaurant Mediterrane Küche in den Dieu Donné Vineyards. Mo–Sa Lunch u. Dinner, So nur Lunch. Uitkyk St, Tel. 021-8763384, www.rocarestaurant.co.za.

Mon Plaisir de Chamonix Kochkunst auf dem Weingut Chamonix, der Schwerpunkt liegt auf feinsten Tapas. Mo–Fr 9-30–17 Uhr. Uitkyk St, Tel. 021-8762393, www.chamonix.co.za/cuisine.

Reuben's Frühstück, Lunch und Dinner, gut und günstig, netter, schattiger Innenhof, 12–15 u. 19–21 Uhr. 19 Huguenot Rd, Tel. 021-8763772, www.reubens.co.za.

The Monneaux Restaurant Mehrfach ausgezeichnete Küche, speisen kann man entweder unter schattigen Bäumen oder im Restaurant. Huguenot Rd, Tel. 021-8763386, www.fch.co.za.

La Petite Ferme Ausgezeichnetes Restaurant auf einem Weingut mit gutem Preis-/Leistungsverhältnis. Tägl. 12–16.30 Uhr, R45, Franschhoek Pass Rd, Tel. 021-8763017, www.lapetiteferme.co.za.

Le Quartier Français Das Allerheiligste im Hause ist *The Tasting Room* mit Chefkoch Margot Janse, das Restaurants wurde über mehrere Jahre hinweg von Jurys zu einem der weltbesten gekürt. Wer nur mal reinschauen möchte, kann ab 7.30 Uhr im *The Common Room* gute Küche zum Frühstück, Lunch und Dinner genießen. 16 Huguenot Rd, Tel. 021-8762151, www.lqf.co.za.

Abkürzung der Weinland-Route / Villiersdorp

Wer diese Tour durchs Weinland abkürzen möchte und auf den nördlichen Teil um Paarl herum verzichtet, fährt auf der R45 Süd über den Franschhoek Pass weiter nach **Villiersdorp** und von dort aus auf der R43 nach Worcester und zur Route 7 (80 km).

Man fährt dabei am Theewaterskloof Dam vorbei, einem großen Stausee mit nettem Campingplatz *Theewater Sports Club* (TSC). Hierzu rechts auf die B43 in Richtung Caledon abbiegen und sofort wieder rechts und der Straße zum Gate folgen. 9 Camping/Caravanplätze (reservieren!) und unmarkierte Zeltplätze, Tel. 028-8401334, Cell 082-4648863, www.theewater.co.za.

Empfehlung im Ort ist das ländliche Vredelust B&B, 2 Van Riebeeck St, Tel. 028-8401735, Cell 082-7794794, www.vredelust.com, GPS S19°17'20.82" E33°59'26.81". Drei schnuckelig im kapholländischen Stil eingerichtete Zimmer mit Terrasse zum Garten, sicheres Parken. Die nette Gastgeberin Paddy Dall betreibt eine Proteen-Farm. DZ/F R750. Auch 4 SC-Units.

Rotweinland Boland

Das Gebiet nördlich und südlich der N1 zwischen Paarl und Worcester heißt Boland („Oberland"). Hier herrschen zwischen Dezember und Februar heiße Sommertage mit Temperaturen über 40 Grad und kalte Winternächte im Juli und August mit Tieftemperaturen bis zu drei Grad. Hier ist es viel heißer als in Stellenbosch, und deshalb wird überwiegend Rotwein angebaut.

Paarl

Nach Stellenbosch und Franschhoek ist Paarl die dritte Weinstadt nördlich der N1. Anfahrt von Franschhoek auf der R45 Nord, ca. 35 km. Die R45 wird hinter der N1 zur Main Street von Paarl. Linker Hand ragt unübersehbar der 56 m hohe und geschwungene Pfeiler des **Afrikaans Language Monument** in den Himmel, auch „Afrikaanse Taalmonument" genannt („taal" = Sprache). Es soll die Bedeutung von Afrikaans symbolisieren und erinnert daran, dass diese Sprache Südafrika mit Europa verbindet. Eingeweiht wurde es 1975, 50 Jahre nach der Bestimmung von Afrikaans als südafrikanische Amtssprache (neben Englisch).

Afrikaans Language Monument

Im Großraum Paarl leben etwa 195.000 Menschen, die auf den großen Weingütern, im Obst- und Gemüseanbau sowie in Konservenfabriken arbeiten. „Paarl" heißt „Perle" und rührt von der Form der Granitdome im *Paarl Mountain Nature Reserve.* Als 1657 die ersten Weißen hier auftauchten, sahen sie diese Felsen, noch feucht vom Tau, wie Perlen in der Morgensonne leuchten.

Von Paarl aus kann man in Tagestouren den Norden um Wellington, Tulbagh und Ceres besuchen. Die bequeme Anbindung an die N1 ist ein weiterer Vorteil, auch Kapstadt ist schnell erreicht.

Paarls Stadtbild ist mit Stellenbosch und Franschhoek nicht vergleichbar, die wenigen historischen Gebäude liegen sehr verstreut und so auch die Weingüter. Die Stadt zieht sich über 14 km entlang der Main Street, was einen Bummel unmöglich macht.

Einen kurzen Blick wert ist die 1805 fertiggestellte *Dutch Reformed Strooidakkerk* („Strohdachkirche“, ursprünglich so gedeckt) in der Main Street, Baumfreunde zieht es vielleicht ins 32 ha große **Aboretum** am Berg River, wo 750 verschiedene Baumspezies aus allen Kontinenten angepflanzt wurden. Eine Einkaufstraße ist die *Lady Grey Street.*

Südlich der Lady Grey Street zeigt das **Paarl Museum** im alten Pfarrhaus von 1714 Objekte und Exponate zur lokalen Stadtentwicklung und zur Geschichte des Kap, mit Dokumenten, Fotografien, Antiquitäten, Stilmöbeln etc. Mo–Fr 9–16 Uhr, Sa bis 13 Uhr, Eintritt. 303 Main Street, Tel. 022-1122651, www.museumsonline.co.za (Paarl).

Wenige Schritte weiter liegt in der Pastorie Street das **Afrikaans Language Museum,** das sich der Entwicklungsgeschichte der relativ jungen und eigenständigen Sprache Afrikaans widmet (s.a. S. 68). Sehr interessant, Infos und Einführung auf www.taalmuseum.co.za. Mo–Fr 9–16 Uhr, Eintritt. Gute Parkmöglichkeiten.

Paarl Mountain Nature Reserve

Eine Aussicht über die Stadt bietet sich vom *Paarl Mountain Nature Reserve,* bereits 1963 ein „National Monument“. Es ist ein mächtiger, bis zu 700 Meter hoher Granitberg mit aufragenden Rundfelsen, die größten dieser Monstermurmeln heißen *Paarl Rock, Gordon's Rock* und *Bretagne Rock.* Sie sind vermutlich vor Millionen von Jahren durch vulkanische Aktivitäten entstanden, man befindet sich also im geologischen Urland. Es gibt zwei Wanderwege durch die unberührte Natur mit Fynbosbewuchs und zwei Seen. Ein Parkplatz befindet sich am Paarl Rock, vorher passiert man einen Picknickplatz mit einer Informationstafel über das Reserve. Tägl. 7–18 Uhr, Tel. 021-8723658. Anfahrt über den Jan Philipps Mountain Drive s. Karte.

Reise-Infos Paarl

Information Paarl Tourism Office, 261 Main St/Ecke Auret St, Tel. 021-8724842, www.paarlonline.com.

Webseiten www.paarl.org • www.tourismcapetown.co.za/leisure-travel/town/paarl www.drakenstein.gov.za

Tipp: Die Paarl Rocks zu Fuß erkunden

PAARL
0
1 km
© RKH Verlag Hermann
z. Main Road
n. Malmesbury u. Rhebokskloof Wine-Estate m. Cape Dutch Rest.) / Boland Cellar
Wellington / Nederburg Wine Estate
Berg River
R 45
R 301
Sanddrift
Main Street
Plein Street
Hospital Street
Huguenot Bypass
Huguenot Train Station
Klein Drakenstein
Du Toitskloof
Fabriek
Verster
Breda
Waterkant
Lady Grey Street
New-Bond
Paarl Museum
van der Lingen
Afrikaans Language Museum
Mill
Pastorie
Bethal- und Nantes Damm / Rundkurs / Taal-Monument
Du Toitskloof
Market
Langenhoven
R 101
zum Palmiet Valley Estate
Paarl Rock 543 m
Gordon's Rock
Aussichts-punkt
Auret
Devine
Pontac
First
Second
Patriot
Berg River Boulevard
Bergsig
Zion
Templier
Rose
Strooidakkerk (Thatch Roofed Church)
Haarlem
Berg
Bretagne Rock
Gladde Rocks
Hotels
1 Cape Valley Manor
2 Grande Roche Hotel u. Restaurant Bosman's
3 Haus Perlenblick
Jan van Riebeeck Drive
Arboretum
Fußgänger-brücke
Hofmann
Sports Ground
Paarl-Mountain Nature Reserve
Bosmann
Elizabeth
Brug
Grand Roche u. Rest. Bosman's
Plantasie
Marc's Rest.
Noop Rest.
Treurnich
de Waal
Queen
Waltham Cross
Constantia
Enslin
Rosendal
Proviant
Worcester über Du Toitskloof Tunnel
Vendôme
Victoria Dam
Jan Phillips Mountain Drive
Cecilia
N1
KWV Cellers
Jan Phillips Str.
Kohler
Paarl Train Station
Arboretum
Laborie u. Restaurant
Taillefer
Amphitheatre
Taal-Monument (Afrikaans Language Monument)
Cape Town
z. Camping Berg River Resort
Franschhoek / Wemmershoek Rd / Paarl Golf Club
7

Unterkunft Die Übernachtungspreise sind in Paarl etwas günstiger als in Stellenbosch und Franschhoek.

Berg River Resort Campingplatz mit 150 Zelt- und Caravanplätzen am Berg River, einfache Chalets mit 2 Schlafzimmern oder Einraum-Chalet, Café auf dem Gelände. Die Main Street nach Süden, unter der N1 hindurch Richtung Franschhoek (R45), nach 1,3 km Zufahrt links. Tel. 021-8631650, www.bergriverresort.co.za. 2-Pers.-FeWo R550–700, 4-Pers.-FeWo R860–1200.

Haus Perlenblick Preiswertes deutsches B&B, zentral nahe der Main Street und in einer ruhigen Seitenstraße gelegen. 3 Zimmer/AC, Pool. 9 Constantia St, Tel. 021-8634473, www.haus-perlenblick.net. DZ/F R640.

Cape Valley Manor Hübsches B&B in einer ruhigen Seitenstraße mit Pool, deutsche Gastgeber. 4 Zimmer/AC, Wi-Fi, Parkplätze. 6 Plein St, Tel. 021-8724545, www.capevalleymanor.co.za. DZ/F R750–900.

Druk-my-niet Wine Estate Geräumige Ferienhäuser auf einer historischen Weinfarm am Fuß der Du Toits Kloof Mountains mit 1 und 2 Schlafzimmern. 3 SC-Cottages, Pool, BBQ, dt.-spr. N1-Ausfahrt Sonstraal Rd (62A), nach 2,6 km rechts, an der T-Junction wieder rechts, die Straße wird zur Piste, noch 1,5 km. Den Schildern zum Augusta Kleinbosch Guest House folgen. Bodal Rd, Tel. 021-8682393, Cell 073-3486440, www.dmnwines.co.za. FeWo ab R1000.

Grande Roche Hotel Elegantes Hotel auf einem historischen, mehrmals als Filmkulisse verwendeten Weingut. Das dazugehörende Restaurant Bosman's ist eines der besten in Südafrika, außerdem gibt es ein Bistro. 18 Zimmer/AC, 10 Suiten/AC, Wi-Fi, Pool, Reiten, Tennis, Wellness, dt.-spr. Plantasie St, Tel. 021-8635100, www.granderoche.com. DZ/F ab R2270.

Palmiet Valley Estate Traumhaftes Ambiente und ein historisches Manor House mit guter Küche auf einem kleinen Weingut, gut 6 km östlich der Main Street, Anfahrt Market Street – Langenhoven – an der Sonstraal Rd links, GPS S33°44'00.01" E19°01'19.64". Alle Zimmer sind mit echten Antiquitäten eingerichtet. 6 verschiedene Zimmer/Suiten/AC, behindertengerecht, Pool, Wi-Fi. Klein Drakenstein, Sonstraal Rd, Tel. 021-8627741, Cell 082-8211558, www.palmietvalleyestate.co.za. DZ/F R976–3800, Dinner a.A.

Restaurants **Proviant – Kaapse Tafel & Spens** Typisch afrikanisch-malaiische Küche in urigem Ambiente, sonntags Büfett, gut und günstig. Di/Mi/So 8–17 Uhr, Do–Sa 8–22 Uhr. 54 Main Rd, Tel. 021-8630949.

Marc's Restaurant Elsässer Spezialitäten und mediterrane Küche in modernem Ambiente. Mo–Sa Lunch u. Dinner. 129 Main St, Tel. 021-8633980, www.marcsrestaurant.co.za.

Noop Restaurant & Wine Bar Feine südafrikanische und internationale Küche. 127 Main St, Tel. 021-8633925, www.noop.co.za.

Harvest Restaurant Auf dem historischen Weingut Laborie (s.o.) lässt es sich sehr schön unter alten Eichen oder im historischen Manor House speisen. Tägl. 12–15 Uhr, Mi–Sa 18.30–21.30 Uhr. Taillefer St, Tel. 021-8073395, www.laboriewines.co.za/restaurant.

Cosecha Restaurant Das Gartenrestaurant auf dem Weingut Noble Hill südlich der N1 bietet u.a. verschiedene Platten mit span./mediterranen Kleinigkeiten, die man sich teilen kann. Tägl. außer Di 10–17 Uhr. R45 nach Franschhoek, rechts in die Klapmuts-Simondium Road, noch 2 km. Tel. 021-8743844, www.noblehill.com/restaurant/

Bosman's Restaurant Das elegante Restaurant im Grande Roche Hotel ist eines der besten in Südafrika. Dez–Mai tägl., April–Nov Do–So zum Dinner. Phantasie St, Tel. 021-8635100, www.granderoche.co.za/de/dining.html

Golf

Paarl Golf Club Aus zwei Golf Clubs zusammengelegte Anlage mit 27 Löchern am Bergrivier und auf dem Gelände von Boschenmeer Estate, Wemmershoek Rd (R301) nach Süden, Tel. 021-8631140, www.paarlgolfclub.co.za.

Events

Ganzjährige Konzertveranstaltungs-Kalender auf www.cultivaria.com

Paarl Wine Route

Infos: **Paarl Vinters,** 216 Main St, Tel. 021-8634886, www.paarlwine.co.za.

Die Kosten für die Touren liegt zwischen 30–40 Rand p.P., die meisten Güter haben ein Bistro oder Restaurant, einige bieten auch Unterkunft, s. Webseite. Dominiert wird die Gegend von zwei Weingiganten: KWV und Nederburg.

KWV (Kooperatieve Wijnbouwers Vereniging) war seit ihrer Gründung 1918 bis 1997 die größte genossenschaftliche Winzervereinigung und gilt immer noch als Synonym für südafrikanischen Rebensaft. Heute ist KWV ein privatwirtschaftlich geführtes Unternehmen, hat aber durch ihre Größe nach wie vor eine Monopolstellung. Es werden verschiedene bekannte Weinlabels vertrieben, wie *Laborie, Roodeberg* und *Golden Kaan,* und aus Überschüssen wird Brandy hergestellt. Mehrere Führungen täglich, um 10.15 Uhr in Deutsch. Kohler St, Tel. 021-8073911, www.kwv.co.za.

Das heute zu KWV gehörende Weingut **Laborie** ist eines der schönsten Güter der Region Paarl. 1691 wurden hier die ersten Reben gepflanzt und der Name stammt vom früheren Gebietsnamen „La Bri". Gekelltert werden Rot- und Weißweine, Kellertouren Mo–Sa 9–17 Uhr, So 11–17 Uhr. Mit Restaurant Harvest, s.u. Lage am südlichen Beginn der Main Street, s. Karte, Taillefer St, Tel. 021-8073390, www.laboriewines.co.za.

Nederburg ist eine riesige Weinfirma im Osten von Paarl – „Weingut" kann man hier nicht mehr sagen – deren Rot- und Weißweine es in vielen Geschäften bei uns zu kaufen gibt. In dem kapholländischen Herrenhaus finden gelegentlich Veranstaltungen statt. Führungen durch den historischen Keller und Weinmuseum Mo–Fr 8–17 Uhr, Sa (Nov–März) 10–16 Uhr, Sa (April–Okt) 10–14 Uhr, So (Nov–März) 11–16. Moderne Kellertouren Mo–Fr. 10.30–15 Uhr, Sa/So 11 Uhr (So nur Nov–März). Bistro-Restaurant. Anfahrt über die N1, Ausfahrt Sonstraal Rd (62A), der Ausschilderung folgen. Tel. 021-8623104, www.nederburg.com/za. In Weinkreisen steht der Name vor allem für die jährlich stattfindende größte Weinmesse von Südafrika, s. www.nederburgauction.co.za.

Boland Cellar Ein Weingut mit vielen Auszeichnungen, einst als Koorperative gegründet, heute eine Privatfirma und im Mehrheitsbesitz der Weingärtner, deren Ernten sortenrein gekeltert werden. Mo–Fr 8–17 Uhr, Sa 9–13. Main Street R45 nach Norden fahren, der Ausschilderung nach Noord Agter Paarl folgen, Ausschilderung nach rechts. Windmeul Rd, Tel. 021-8626190, www.bolandwines.co.za.

Weitere Weingüter

- Glen Carlou (Restaurant), Tel. 021-8755528, www.glencarlou.co.za
- Druk-my-niet Wine Estate, Tel. 021-8682393, www.dmnwines.co.za
- Fairview (Restaurant), Tel. 021-8632450, www.fairview.co.za
- Freedom Hill Wines (Restaurant), Tel. 021-8670085, www.freedomhill.co.za
- Landskron Wines, Tel. 021-8631039, www.landskroonwines.com
- Nelson Wine Estate, Tel. 021-8698453, www.nelsonscreek.co.za

- Noble Hill (Restaurant), Tel. 021-8743844, www.noblehill.com
- Oude Denneboom Wine Estate, Tel. 021-8698072, www.oudedenneboom.co.za
- Ridgeback Wines (Restaurant), Tel. 021-8698068, www.ridgebackwines.co.za
- Rhebokskloof Wine Estate (Restaurant), Tel. 021-8698386, www.rhebokskloof.co.za
- Spice Route (Restaurant), Tel. 021-8635200, www.spicerouterestaurant.co.za
- Veenwouden, Tel. 021-8726806, www.veenwouden.com
- Vendôme Wine Estate, Tel. 021-8633905, www.vendome.co.za
- Windmeul Kelder, Tel. 021-8698043, www.windmeulwinery.co.za

Wellington

Fürs 10 km nördlich von Paarl gelegene Wellington die R301 nehmen. Die Stadt wurde 1688 von Hugenotten gegründet, trägt aber seit 1840 den Namen des Duke of Wellington, britischer Feldmarschall und Sieger über Napoleon bei der Schlacht von Waterloo. Besondere Sehenswürdigkeiten keine, es gibt aber eine Universität. Die etwa 40.000 Einwohner finden überwiegend in der Landwirtschaft und auf Weinfarmen ihr Auskommen.

An der abfallenden Main Street (Piet Retief Street) steht links die mächtige weiße Kirche *NG Kerk Wellington,* hier nach rechts in die Hauptgeschäftsstraße Church Street abbiegen (oder, falls erforderlich, erst die kleine Tourist Information besuchen, gleich nach der Kirche links, z.B. für eine Weingüter-Karte. Mo–Fr 8–17 Uhr, Sa/So 10–13 Uhr, 104 Main Road, Tel. 021-8734604/8; alle weiteren Stadt-Infos auf www.wellington.co.za).

In der Church Street reihen sich Geschäfte, Banken, Restaurants etc. Fast am Ende dieser langen Straße ist links das *Wellington Museum* mit einigen Exponaten der Ortsgeschichte. Schräg gegenüber das nette *Café Antique*. Die Church Street führt als R301 nach Osten weiter über den *Bain's Kloof Pass* (s.u.) nach Worcester (R43) und Ceres (R46)

Wellington Wine Route

Im Gebiet von Wellington wird Wein, Branntwein und Olivenöl hergestellt. Ein für bestes Olivenöl ausgezeichnetes Gut ist das **Hildenbrand Wine & Olive Estate,** 5 km östlich von Wellington. Wie die Oliven so sind auch die guten Weine aus biologischem Anbau. Von der Main Street südlich der Kirche links in die Bloulvlei Street und dann 5 km immer Nase nach. Tägl. 10–16 Uhr, Tel. 021-8734115, www.wine-estate-hildenbrand.co.za. Außerdem einfaches Übernachten.

Außerhalb Wellingtons, in Richtung Ceres, geht es rechts von der R44 zum **Jacaranda Wine Estate** (ausgeschildert) mit zwei hübschen SC-Cottages/AC und Pool bei deutschen Gastgebern. Tel. 021-8641235, www.jacarandawines.co.za. DZ/F R750, SC R600.

Auf dieser Strecke können Sie außerdem ein Relikt aus dem Zweiten Burenkrieg besuchen, das *Anglo-Boer War Block House,* Wehrbestandteil zum Schutz der damaligen britischen Eisenbahnlinie. Dazu von der Main Street nach Norden und rechts in die R44, nach etwa 400 m steht es rechts (Hinweisschild links der Straße). Kurz danach kommt nach rechts die Zufahrt zum Jacaranda Wine Estate.

Weitere Weingüter

- Alkmaar Boutique Winery, Tel. 021-8730191, www.alkmaarwines.co.za
- Andreas Wines, Tel. 021-8732268, www.andreas.co.za
- Bosman Family Vineyards, Tel. 021-8733170, www.bosmanwines.com
- Bovlei Winery, Tel. 021-8731567, www.bovlei.co.za
- De Compagnie, Tel. 021-8641241, www.decompagnie.co.za
- Diemersfontein (Restaurant Tel. 021-8645060), Tel. 021-8645050, www.diemersfontein.co.za
- Doolhof Wine Estate, Tel. 021-8736911, www.doolhof.com
- Douglas Green Bellingham, Tel. 021-8645300, www.douglasgreenwines.com
- Malan de Versailles, Tel. 021-8733618, www.versailles.co.za
- Klein Optenhorst, Cell 083-3246855, www.kleinoptenhorst.com
- Nabygelegen, Tel.021-8737534, www.nabygelegen.co.za

Weiterreise ab Wellington

Von Wellington gibt es mehrere Möglichkeiten der Weiterreise: Man kann über den schönen, als „National Monument" ausgewiesenen Bain's Kloof Pass in Richtung Worcester weiterfahren, oder, ohne Lust auf Gekurve, zurück nach Paarl und von dort über die N1 nach Worcester. Entdeckernaturen fahren von Wellington weiter nach Norden und besuchen Tulbagh und Ceres.

Bain's Kloof Pass

Wer von Wellington nicht den Abstecher über Tulbagh und Ceres machen möchte, kann über den schönen *Bain's Kloof Pass* (R301 und R43) nach Worcester weiterfahren (ca. 100 km). Niemand Geringerer als der berühmte südafrikanische Straßenbauer Andrew Geddes Bain baute 1853 diese Passstraße, die sich auf 30 km Länge in teilweise engen Kehren durch die Berge windet und dabei schöne Aussichten auf Paarl und Wellington bietet. Für hohe Autos (max. Höhe 3,87 m) und große Campmobile ist die Straße nicht geeignet.

Auf dem Weg zum Bain's Kloof Pass liegt knapp 3 km hinter Wellington rechts die *Oude Wellington Lodge*, eine Wein- und Brandyfarm mit Unterkunft (DZ/F ca. R1000) und einem öffentlichen Restaurant mit leichter, mediterraner Küche von 12.30–20.30 Uhr. Tel. 021-8732262, www.kapwein.com.

7

Abstecher nördliches Weinland

21 km hinter Wellington kommt nach links die R46-Abzweigung zum kleinen Ort Hermon, in dem unsere Route 8 (West Coast) endet. Geradeaus weiterfahrend steht an der R44 bald danach ein Hinweis nach rechts nach Bo-Hermon, wo es zum *Bartholomeus Klip Farmhouse* geht.

Hier gibt es außer einem Restaurant und guter Unterkunft noch ein 10.000 ha großes Naturreservat, wo neben dem Getreideanbau noch Merinoschafe und Büffel gezüchtet werden. Interessant ist das Quagga-Projekt, das versucht, Quaggas, eine ausgerottete Unterart des Steppenzebras, zurückzuzüchten. Die Tiere lebten in den trockenen Gebieten im südlichen Afrika, sind etwas brauner als Steppenzebras und haben nur am Kopf und Hals Streifen. Hier sieht man einige der Steppenzebras, die für dieses Projekt ausgewählt wurden, s. www.quaggaproject.org. Gästehaus: 4 B&B-Zimmer, 1 Suite, Pool, schöner Garten, Game Drive, Wanderwege. R44 BO-Hermon, Tel. 022-4481087, Cell 082-8294131, GPS S33.47223 E19.03883, www.bartholomeusklip.com. DZ/F R830–880 p.P. inkl. einem Game Drive. Mahlzeiten s. Website.

Später geht die R44 links ab in Richtung Gouda/Porterville, Sie fahren geradeaus auf die R46 über den Nuwekloof Pass Richtung Tulbagh/Ceres. Tulbagh ist nach 10 km erreicht.

Tulbagh

Tulbagh hat 16.000 Einwohner und es ist wegen seiner Architekturschätze eines der schönsten Reiseziele Südafrikas. Es wurde 1700 im klimatisch begünstigten Tal des Breede gegründet und trägt den Namen des Kapgouverneur Ryk Tulbagh. Wegen der Höhenlage auf 800 Meter kann hier im Winter schon mal Schnee fallen. Eingerahmt wird Tulbagh von den bis zu 2200 Meter hohen Bergen der *Witzenberg Mountains* auf der einen und der *Groot Winterhoek Wilderness* auf der anderen Seite. Egal, von wo man kommt, es geht immer über einen Pass und die Zacken der Bergketten, die anmuten wie ein Krokodilrücken, sind die Begleiter am Horizont.

Webseiten www.tulbagh.net • www.tulbaghwineroute.com

Church Street Hauptattraktion ist die mit vielem Grün gesäumte **Church Street,** die parallel zur Hauptdurchgangsstraße Van der Stel verläuft. Wenn Sie bei der Anfahrt in diese nach links eingebogen sind ist es gleich die erste Straße links rein, s. Schild.

Gleich zu Beginn ist rechter Hand, Church St 4, das **Tulbagh Tourism Bureau,** Mo–Fr 9–17 Uhr, Sa/So 10–15 Uhr, Tel. 023-2301375, www.tulbaghtourism.co.za. Dort erhalten Sie Broschüren und können historische Fotos sehen. Im Hof dahinter weitere dazugehörige Gebäude. Auf der anderen Straßenseite steht die sehenswerte *Oude Kerk* von 1743, erbaut im kreuzförmigen Grundriss, heute das *Oude Kerk Volksmuseum* mit einigen Objekten aus alter Zeit. Dahinter im großen Kirchhof viele Gräber.

Haus im kapholländischem Stil in der Church Street

Die über 500 m lange Church Street wird gesäumt von 32 kapholländischen Häusern aus dem 18. und 19. Jahrhundert, die mit ihren Rieddächern, Sprossenfenstern und Kapgiebeln alle unter Denkmalschutz stehen. Am 29.9.1969 zerstörte ein schweres Erdbeben die Mehrzahl der Gebäude, die dann von Experten in jahrelanger Arbeit rekonstruiert werden mussten.

Touren Jeden Sonntag um 11 Uhr startet die 90-minütige **Historic Tulbagh Walking Tour.** Ebenso gibt es Halb- und Ganztagstouren durch das Tulbagh Wine Valley mit Besuch einiger Weingüter und der Schokoladenfabrik Moniqui Chocolatier mit schönem Ausblick. Start ist das Weingut Twee Jonge Gazellen, Tel. 023-2301171, Cell 079-0512059, www.capedutchquarter.co.za/tulbagh-tours-services.html.

Unterkunft Unter den Namen **Cape Dutch Quarters** vereinigen sich mehrere Häuser in der Church Street (schräg gegenüber des Restaurants Paddagang) und bieten die ganze Palette vom Backpacker über schöne B&B's bis zur Luxuslodge, ebenso werden Ferienhäuser/-wohnungen in allen Größen angeboten. 24 Church St, Tel. 023-2301171, www.capedutchquarter.co.za. DZ/F ab R450, FeWo ab R700, Dormitory-Bett R140.

7

Restaurants Alle nachstehend aufgeführten Restaurants haben Außentische (teils unter Baumschatten) und an kalten Tagen kamingeheizte, gemütliche Innenräume.

Readers Restaurant Gute Küche im ältesten Haus der Church Street, das 1754 als Ärztehaus erbaut wurde. Mi–Mo 9–21.30 Uhr. 12 Church St, Tel. 023-2300087, www.readersrestaurant.co.za.

Paddagang Restaurant Traditionelle südafrikanische Küche in schönem kapholländischem Ambiente. Mo u. Mi–Sa 9–22 Uhr, Di 9–17 Uhr, So 9–16 Uhr. 23 Church St, Tel. 023-230242.

Belgian Kitchen Frischer Fisch, belgischer Muscheltopf und Steaks. Eine bei Gästen und Einheimischen beliebte lukullische Destination. Di–Sa 10–15 u. 18–22 Uhr, So 10–15 Uhr. 29 Church St, Cell 082-9055390.

Winterhoek Valley mit Mont Rouge

The Olive Terrace Tulbagh Schönes Restaurant im Tulbagh Hotel mit traditioneller südafrikanischer Küche zum Frühstück, Lunch und Dinner. 22 Van der Stel St, Tel. 023-2300071, www.tulbaghhotel.co.za.

Tulbagh Wine Route

Es gibt um Tulbagh 15 zum Teil sehr bekannte Weingüter, einige sind nachstehend aufgeführt. Nähere Infos auf www.tulbaghwineroute.com.

Krone – Twee Jonge Gazellen Das schön gelegene Weingut ist seit 1710 im Besitz der Familie Krone und man kann den unterirdischen „Champagnerkeller" besichtigen. Am nördlichen Ende des Ortes von der Van der Stel Street links, dann noch 6 km, ist nicht ausgeschildert, GPS S33°14'18.1" E019°6'51.8". Mo–Fr 9–16 Uhr, Sa 1014 Uhr, Tel. 023-2300680, www.houseofkrone.co.za.

Drostdy Hof Das historische Weingut befindet sich in der alten Drostdy von 1806, die 1822 in Privatbesitz kam, als die Verwaltung nach Worcester verlegt wurde. Weinverkostung bei Kerzenlicht im alten Weinkeller der Oude Drostdy. Mo–Fr 10–17 Uhr, Sa 10–14 Uhr. Ausschilderung von der Van der Stel Street Richtung Winterhoek. Tel. 023-2300203, www.drostdywines.co.za.

Weitere Weingüter

- Blue Crane Vineyards, Tel. 023-2300823, www.bluecrane.co.za
- Lemberg Estate, Cell 072-3754336, www.lemberg.co.za
- Montpellier, Tel. 023-2300656, www.montpellier.co.za
- Rijk's Private Cellar, Tel. 023-2301622, www.rijks.co.za
- Saronsberg, Tel. 023-2300707, www.saronsberg.co.za
- Theuniskraal, Tel. 0232300689, www.theuniskraal.co.za
- Tulbagh Winery, Tel. 023-2301001, www.tulbaghwine.co.za
- Waverley Hills (Restaurant), Tel. 023-2310002, www.waverleyhills.co.za

Ceres

32 km südöstlich von Tulbagh, erreichbar über die R46/R43 und den Mitchell's Pass, liegt Ceres in lieblicher Landschaft und einem der größten Gemüse-, Obst- und Früchteanbaugebiete Südafrikas (was Wunder, dass man zur Ortsnamenstaufe die römische Muttergöttin des

Ackerbaus heranzog). Tulbagh hat knapp 50.000 Einwohner und neben der Fruchtsaftproduktion – Sie können die Säfte in ganz Südafrika kaufen – wird auch Wein gekeltert. Bei dem großen Erdbeben von 1969/70 wurde Ceres stark beschädigt und anschließend wieder aufgebaut. Hauptdurchgangsstraße ist die R46, die Voortrekker Road.

Touristische Attraktion ist die *Ceres Zip Slide Tour,* die einzige am Westkap und die längste Südafrikas. In den Skurweberg Mountains unterhalb des Koekedouw Dams kann man über 1,4 km Länge an 8 Seilrutschen von je 100 bis 290 Metern durch die Luft gleiten. Tägl. 8–16 Uhr, Abfahrt alle 30 Min., R400 p.P. Office: 1 Voortrekker Rd (R46, Ortseingang), Cell 079-2450354, www.ceresadventures.co.za.

Information *Ceres Tourism Bureau,* Mo–Fr 9–17 Uhr. 44 Owen Street, Tel. 023-3161287, www.ceres.org.za. **Essen:** *Eden Restaurant,* 143 Voortrekker Rd, Außenplätze, gute Seafood-Gerichten, Steaks, Schnitzel u.a. Mo ab 19 Uhr, Di–Fr 10–17 Uhr u. ab 19 Uhr, Sa 9–14 Uhr u. ab 19 Uhr. Tel. 023-3162119.

Abstecher Inverdoorn Game Reserve In diesem 10.000 ha großen Safaripark, über die R46 rund 50 km nordöstlich von Ceres, gibt es auf den Game Drives 29 verschiedene Tierarten zu sehen, u.a. Löwe, Gepard, Nilpferd, Nashorn, verschiedene Antilopenarten u.a. mehr. In der angeschlossenen Geparden-Pflege- und Aufzuchtstation kann man diese Tiere aus nächster Nähe kennenlernen. 20 Zimmer/Suiten/Chalets mit AC, Pool, Wi-Fi. 43 km hinter Ceres auf die Piste R355/356 und der Ausschilderung folgen (6 km). GPS S33°8'24.00" E19°49'12.00". R356 Sutherland Rd, Tel. 021-4344639, www.inverdoorn.com. DZ/VP und Safari-Aktivitäten ab R3340.

Von Ceres weiter nach Süden

Zur Weiterfahrt nach Worcester muss man wieder über den Mitchell's Pass zurück und auf die R43 nach Worcester. Direkt am Pass gibt es Die Tolhuis Restaurant mit Bistroküche für Frühstück und Lunch in schöner Umgebung (Mo geschl.)

Zip Sliding

Östliches Weinland

Das östliche Weinland erstreckt sich von Wellington bzw. dem Bain's Kloof Pass bis Worcester und Montagu im Osten und im Süden bis McGregor und Bonnievale. In dieser Region bekommt man als Gast „Value for Money", wie der Südafrikaner sagt. Es wetteifern keine Sterneköche um Ränge und auch die Weingüter sind nicht alle so prächtig herausgeputzt wie im Zentrum des Weinlandes um Stellenbosch. Dafür kann man hier viel preiswerter reisen, die Landschaft ist ebenso schön wie im Westen und die Weinproben auf den vielen Weingütern sind genauso interessant. Aufgrund der günstigen Preise ist übrigens dies *die* Heiratsregion der Südafrikaner. Die Zeremonie findet in romantischer Kulisse auf einem der Weingüter statt und die Verwandtschaft wohnt in den umliegenden Unterkünften.

Das Weinanbaugebiet ist auf drei Weinstraßen verteilt, um Worcester gibt es die **Worcester Wine & Olive Route**, um Robertson das **Robertson Wine Valley** (www.robertsonwinevalley.com) und am nördlichen Breede River liegt das Weingebiet **Breedekloof** (www.breedekloof.com).

Die kühlen Winde vom Meer begünstigen den Weinanbau, trotzdem ist es hier sehr niederschlagsarm und die Felder müssen bewässert werden. Einige Weingüter verfügen über ein Restaurant, wo man günstig lunchen kann, manche bieten außerdem Unterkunft.

Worcester

Worcester mit 90.000 Einwohnern ist das Business-Zentrum des *Breede River Valleys* und Zentrum des *Worcester Wine Valleys*. Der Großteil der Stadtfläche liegt südlich der N1. Sie wird auch „Care

Karoo Desert Botanical Garden

Capital of South Africa" genannt, weil es hier Schulen für Blinde, Taubstumme und Körperbehinderte gibt. Im historischen Stadtkern zwischen der Tulbagh-, Riebeeck-, Durban- und Somerset Street befinden sich etliche sehenswerte Häuser vergangener Stilepochen, das älteste Haus ist die Drostdy von 1825. Interessant ist der 154 ha große **Karoo Desert National Botanical Garden** nördlich der N1, auf verschiedenen Rundwege kann man die Pflanzen der Karoo-Vegetation und Fynbos kennenlernen. Von der N1 die Ausfahrt „Karoo Garden" nehmen, aus dem Zentrum über die Roux Road, am 18-Loch-Golfclub vorbei (Tel. 023-3427482, www.worcestergolfclub.co.za), Tel. 023-3470785, www.sanbi.org.za, GPS S19°27'01.7" E33°37'00.2".

Zur Worcester Municipality gehören auch die nordöstlichen N1-Orte *De Doorns* (Hex River Valley, 30 km) und Touwsriver (75 km) sowie das 15 km westlich von Worcester liegende *Rawsonville* (Weingebiet Breedekloof).

Eine Besuchsempfehlung verdient das **Worcester Museum** (Kleinplasie Farm Museum), gelegen ein wenig südöstlich des Zentrums an der R60 (von ihr nach links in die Leipoldt Ave abbiegen). Montags bis freitags gibt es hier im Freien „Living Museum"-Vorführungen von alten Bauern- und Handwerkstätigkeiten, wie Tabakpressen, Kaffeerösten, Brotbacken, Seifen- und Kerzenherstellung, Metallarbeiten und Fahrten auf einem Eselskarren, wie eben das Leben der Landbevölkerung zwischen 1800 bis Mitte der 1940er ablief. Saisonbedingt sieht man auch Traubenlese, Schnapsbrennen, Schafschur, Milchverarbeitung und Feldbestellung. Neben verschiedenen Farmtieren und alten Lokomotiven ist historisches landwirtschaftliches Gerät ausgestellt. Samstags wird nur Brot gebacken, sonntags ist keine Vorführungen. Mo–Sa 8–16.30, So 10–15 Uhr, geführte Touren a.A. R60, Tel. 023-3422225/6, www.worcestermuseum.org.za.

Brotbacken nach alter Tradition im Worcester Museum

Reise-Infos Worcester

Information Worcester Tourism, 25 Baring St, Tel. 023-3426244, www.worcestertourism.com • www.hexrivervalley.co.za

Unterkunft **The Habit** Dieses gemütliche B&B (auch SC) befindet sich im historischen Zentrum und war im 19. Jahrhundert ein Nonnenkloster. 10 Zimmer, Wi-Fi, Pool, Gästeparkplatz. 6 Porter St (zwischen Church und Tulbagh Sts), Tel. 023-3423537/8, www.thehabit.co.za. DZ/F R780–980, Dinner a.A.

Rawsonville House Das ruhig gelegene und preiswerte B&B befindet sich 17 km westlich von Worcester im Weingebiet Breedekloof und bietet 4 Zimmer und 1 SC-Cottage, Pool, dt.-spr. R101 nach Rawsonville, 1. Stoppstraße rechts in Van Riebeeck St, 2. Stoppstr. rechts. 1 Porter St, Tel. 023-3491793, Cell 084-6284409, www.rawsonvillehouse.co.za. DZ/F R600.

Die Eike Farmunterkunft in einem kapholländischen Landhaus mit B&B-Zimmern und Apartments mit je 2 Schlafzimmern, ebenfalls im Breedekloof Weingebiet. 5 Zimmer, 2 Apartments, Pool, Reiten, BBQ. N1-Ausfahrt Rawsonville, nächste links nach Slanghoek, noch 3,3 km, Einfahrt rechts. Rawsonville, Botha's Farm, Cell 082-4512231, www.dieeike.co.za. DZ/F R600.

Summerhill Farm Auf einer Zitrusfarm im Brandwacht-Tal gibt es B&B-Zimmer und Ferienwohnungen für 2 bis 10 Personen. 6 Zimmer/AC, 2 Cottages, Pool, Wi-Fi. GPS S33°36'2.19 E19°25'22.55". Anfahrt s. Webseite. C6 Barclay Farm Rd, Tel. 023-3473615, www.summerhillfarm.co.za. DZ/F R900.

Restaurants in und um Worcester Neben den hier aufgeführten Adressen gibt es natürlich auch die bekannten Ketten-Restaurants.

Friend's Bistro Die beiden Schweizer Besitzer servieren tagsüber gute deutsch-/schweizerische Küche. Worcester, Quenets Arcade, High St, Cell 076-9551031.

The Tin House Preiswerte, solide südafrikanische Gerichte drinnen und draußen. Nur Dinner, So geschl. Rawsonville, 1 Sutherland St, Tel. 023-3491719.

Opstal Estate & Restaurant Tolles Restaurant auf einem schönen Weingut im Breedekloof Weingebiet mit herrlicher Kulisse. Fine Dining, drinnen und draußen. Di–So 9–17 Uhr, GPS S33°38'210" E019°13'421". Slanghoek Valley, Tel. 023-3443001, www.opstal.co.za.

Dam Fine Cafe@Boshimela Rustikale Familien-Lunch-Destination auf der Farm Die Eike (s. Unterkünfte). Di, Mi, Do, So 8.30–17 Uhr, Fr/Sa ab 9.30 Uhr, So 9–17 Uhr. Tel. 023-3443220, www.boshimela.co.za.

Worcester Wine & Olive Route Diese Weinroute liegt zwischen den Anbaugebieten Breedekloof und Robertson und blickt auf eine 250-jährige Weinbautradition zurück. In diesem Gebiet wird ein Großteil des gesamten südafrikanischen Weines angebaut und Worcester ist auch die Heimat des Brandy, die beiden größten Produzenten Südafrikas befinden sich in dieser Gegend. Informationen Tel. 023-3428710, www.worcesterwineroute.co.za.

Einige Weingüter sind:

- Aan de Doorns Cellar, Tel. 023-3472301, www.aandedoorns.co.za
- Eagles Cliff, Tel. 023-340 4112, www.eaglescliff.co.za
- BC Wines, Tel. 023-3404215, www.bcwines.co.za
- De Doorns Cellar, Tel. 023-3562100, www.dedoornscellar.co.za

- Alvi's Drift, Tel. 023-3404117, www.alvisdrift.co.za
- Nuy Winery, Tel. 023-3470272, www.nuywinery.co.za
- Overhex Cellar, Tel. 023-3476838, www.overhex.com
- Stettyn Cellar, Tel. 023-3404220, www.stettyncellar.co.za
- De Wet Cellar, Tel. 023-3412710, www.dewetcellar.co.za
- Balance (Restaurant), Tel. 023-3475012, www.overhex.com

Olivenfarm Willow Creek Olive Estate (Restaurant), www.willowcreek.co.za

Weingebiet Breedekloof

Westlich von Worcester sowie nördlich und südlich der N1 liegt das Weingebiet Breedekloof mit über 20 Weingütern in schönen Tälern, umgeben von hohen Bergen und begleitet vom Breede River. Nachfolgend eine Auswahl. Informationen Tel. 023-3491791, www.breedekloof.com.

Der **Breede River,** der „Breite Fluss" (afrikaans: Breederivier) ist ein 340 km langer Fluss, der im Norden bei Ceres (Michael's Pass) entspringt und bei Witsands beim De Hoop Nature Reserve ins Meer mündet. Er macht das ausgedehnte Breede River Valley zu einem fruchtbaren Gebiet mit hohem Freizeitwert. An ihm liegen die größeren Orte Worcester, Robertson, Bonnievale und Swellendam.

- Avondroot Wineyards, Tel. 023-3491858, www.avondrood.co.za
- Badsberg Cellar, Tel. 023-3443021, www.badsberg.co.za
- Bergsig Estate (mit Restaurant), Tel. 023-3551603, www.bergsig.co.za
- Botha Wine Cellar, Tel. 023-3551740, www.bothakelder.co.za
- Deetlefs Estate, Tel. 023-3491260, www.deetlefs.com
- Du Toitskloof Cellar (Restaurant), Tel. 023-3491601, www.dutoitskloof.co.za
- Goudini Wines (Restaurant), Tel. 023-3491090, www.goudiniwine.co.za
- Jason's Hill Private Cellar (Restaurant), Tel. 023-3443256, www.jasonshill.com

Weinfelder im Breedekloof

- Kirabo Private Cellar, Tel. 023-3496764, www.kirabocellar.co.za
- Loraine Private Cellar, Tel. 023-3491224, www.lorraine.co.za
- Merwida Winery, Tel. 023-3491144, www.merwida.com
- Mountain Ridge, Tel. 023-2311070, www.mountainridge.co.za
- Opstal Estate (Restaurant), Tel. 023-3443001, www.opstal.co.za
- Rico Suter Wines, Tel. 082-7839157, www.breedekloof.com/ricosuter.html
- Slanghoek Cellar, Tel. 023-3443026, www.slanghoek.co.za
- The Wineyards of Uniwines Tel. 023-3491110, www.uniwines.co.za
- Waboomsrivier Cellar Tel. 023-3551730, www.waboomsrivier.com

Abstecher

Wer sich für Astronomie interessiert, kann über die N1 und R354 nach **Sutherland** fahren, der bedeutendsten Sternwarte von Südafrika (240 km von Worcester; Näheres dazu s. Route 9). Etwa auf halbem Weg dorthin liegt **Matjiesfontein,** eine Museumsstadt an der N1, s. S. 723.

Robertson

Von Worcester sind es auf der R60 zum südöstlich gelegenen Robertson knappe 50 km. Robertson zählt 30.000 Einwohner, liegt im fruchtbaren Robertson Wine Valley vor den Bergzügen der Langeberg Mountains und ist gleichfalls eine bedeutende Weinstadt. Obst- und Olivenplantagen sind gleichfalls vorhanden. Hauptstraßen sind die Paul Kruger Street und die Church Street. Jährlich wiederkehrende Feste sind in Robertson das *Wacky Wine Weekend* (Juni), das *Robertson Slowfood* und Robertson *Wine-on-the-River* (Oktober).

Im *Vrolijkheid Nature Reserve* kann man Wandern und bei **Viljoensdrift Wines,** ca. 11 km südwestlich an der R317-Straße nach Stormsvlei, kann man auf dem Breede-Fluss einen Riverboat Cruise bei Speis und Trank unternehmen (tägl. ab 12 Uhr, abhängig der Buchungen, Dauer ca. eine Stunde, R45 inkl. Wine Tasting, Tel. 023-6151017, www.viljoensdrift.co.za).

Versäumen Sie bei der Weiterfahrt auf der R60 Richtung Asthon nicht den herrlichen **Sheilam Cacti & Succulent Garden** mit zahllosen Kakteen, Sukkulenten und anderen Spezies arider Flora. Ca. 7,5 km hinter Robertson nach links in den Klaas Voogds West abbiegen, noch 1 km, tägl. 8–17 Uhr, Tel. 023-6264133, www.sheilam nursery.com.

Abstecher McGregor

Bei genügend Zeit empfiehlt sich von Robertson ein Ausflug ins 20 km südlich gelegene kleine **McGregor.** Mit seinen riedgedeckten Cottages aus dem 19. Jahrhundert in den ruhigen Straßen gilt der beschauliche Ort, umgeben von Farmen, Bergen und Weinfeldern, als ein dörfliches Juwel. Genügend gute Restaurants und Unterkünfte sind vorhanden, desgleichen einige „alternativ" angehauchte Einrichtungen bzw. „escapes for the mind, body and spirit", wie es in der Eigenwerbung heißt, wozu vielleicht auch die „McGregor Waldorf School" in der Hauptstraße Voortrekker Street zählt. In dieser Straße ist an der Ecke Church Street, diagonal gegenüber der großen weißen Kirche, das Tourism Bureau mit allen Auskünften (9–13 Uhr u. 14–16.30, Sa/So 9–13 Uhr, Tel. 023-6251954, www.mcgregorvillage.co.za). Am Samstagmorgen ist Markt.

Reise-Infos Robertson

Information Robertson Tourism Bureau, Mo–Fr 8–17 Uhr, Sa 9–14 Uhr, So 10–14 Uhr. Voortrekker Ave/Ecke Reitz, Tel. 023-6264437, www.robertsonr62.com.

Robertson Wine Valley Hierzu gehören 50 Weingüter, das Gebiet erstreckt sich von Robertson über Montagu/Ashton bis McGregor und Bonnievale. Das Gebiet liegt zwischen hohen Bergen und wird vom Breede River durchzogen und es gibt hier sowohl kleine Familienbetriebe als auch große und moderne Weingüter. Informationen bei *Robertson Winery,* Constitution St, Robertson, Tel. 023-6263167, www.robertsonwinevalley.com. Einige Güter sind:

- Bon Cap Organic (m. Restaurant), Tel. 023-6261628, www.boncaporganic.co.za
- Bon Courage Wine Estate (Restaurant), Tel. 023-6264178, www.boncourage.co.za
- Klipdrift Brandy Distillery (Restaurant), Tel. 023-6263027, www.klipdrift.co.za; Major's Hill Wine Estate, Tel. 023-6266093, www.majorshill.co.za
- Robertson Winery, Tel. 023-6263059, www.robertsonwinery.co.za
- Rooiberg Winery, (Restaurant), Tel. 023-6261663, www.rooiberg.co.za
- Springfield Estate, Tel. 023-6263661, www.springfieldestate.com
- Wandsbeck Wine Cellar, Tel. 023-6261103, www.wandsbeckwyne.co.za

In Ashton:

- Ashton Kelder, Tel. 023-6151135, www.ashtoncellar.co.za
- Zandvliet Estate, Tel. 0236151146, www.zandvliet.co.za

In McGregor:

- Lord's Winery, Tel. 023-6251265, www.lordswinery.com
- McGregor Winery, Tel. 023-6251741, www.mcgregorwinery.co.za

In Bonnievale:

- Bonnievale Cellar, Tel. 023-6162795, www.bonnievalecellar.co.za
- Goudverwacht Wine Estate, Tel. 023-6163430, www.goedverwacht.co.za
- Jonkheer, Tel. 023-6262137, www.jonkheer.co.za
- Van Loveren (Restaurant), Tel. 023 6151505, www.vanloveren.co.za
- Weltevrede Wine Estate (Restaurant), Tel. 023-6162141, www.weltevrede.com

Unterkunft **Bonnievale River Lodge** Sehr schöner Campingplatz an einem See mit vielen schattigen Bäumen. 20 Caravan-Stellplätze, Angelmöglichkeit, Kanus, Pool. Via R60 im ca. 38 km südöstlich von Robertson gelegenen Bonnievale, dort 1. Stopp-Straße rechts, den Schildern folgen, GPS S33°56'38,3'' E20°04'37,4''. Angora Rd, Cell 083-6551973, www.bonnievaleriverlodge.co.za.

Skurwekop Caravan Park Am Ufer des Breede River. Grasplätze, Pool, BBQ, Angeln, Kanuverleih. Von der R60, 5 km nördlich von Robertson, links nach Goree abbiegen. Goree Valley, Tel. 023-6265588, www.skurwekop.co.za.

Ballinderry, The Robertson Guest House Boutique / Guest House mit großzügigen Zimmern und opulenten Champagner-Frühstücken. Zum Dinner zaubert die belgische Besitzerin innovative Menüs. 7 Zimmer/Suiten/AC, Pool, Wi-Fi, dt.-spr. 8 Le Roux St (Paul Kruger St, dann rechts abbiegen, linke Straßenseite), Tel. 023-6265365, Cell 072-8009306, www.ballinderryguesthouse.com. DZ/F R840–1300, Dinner a.A.

7

Gubas de Hoek Gästehaus mit großzügigen Zimmern, auch SC. Hausherr Gunther serviert schmackhafte Lunches und Dinners. 9 Zimmer/AC, Pool, Wi-Fi. 45 Reitz St (Voortrekker Ave Reitz/Ecke White), Tel. 023-6266218, Cell 076-1800644, www.gubas-dehoek.com. DZ/F R900–1220, Dinner u. Lunch a.A.

Orange Grove Farm Sehr schöne und gut ausgestattete Ferienwohnungen mit 1–3 Schlafzimmern auf einer Wein- und Olivenfarm mit gutem Ausblick. 3 FeWo, Wi-Fi, Pool. Noree, R60 von Worcester nach Robertson, hinter der Rooiberg Winery links, GPS S33°44'30.23" E19°47'34.93", Tel. 023-6266442, Cell 076-7180760, www.orangegrovefarm.co.za. FeWo R980–1400, Frühstück a.A.

Fraai Uitzicht 1798 Im ältesten Weingut dieser Gegend keltert der deutsche Besitzer seinen Merlot mit der originalen Weinkeller-Ausstattung von 1798 her. Das öffentliche Restaurant bietet gute Küche und man sitzt schön unter Sonnenschirmen auf der Terrasse mit Ausblick. Mi–So 12–15 Uhr u. ab 18 Uhr, Juni–August geschl. Das angeschlossene Gästehaus hat 9 Zimmer/AC und einen Pool im parkähnlichen Garten. R60 nach Ashton/Montagu, nach ca. 9 km Ausschilderung nach links „Klaas Vogds East", noch weitere 4 km, Tel. 023-6266156, www.fraaiuitzicht.com. DZ/F R1060–1640, Dinner a.A.

Lord's Lodge Die architektonisch ausgefallene Lodge ist Fair Trade Tourism-Mitglied und liegt rechts der Straße von Robertson nach McGregor, Anfahrt s. Webseite, GPS -S32.31417778 E18.33110556. Schöne Aussicht von der Terrasse des angeschlossenen Restaurant „Lady Grey". 4 Cottages, 4 Luxus-Zimmer, Pool, Wi-Fi. Koningsrivier Rd, Tel. 023-6251881, Cell 082-7842139, www.lordsguestlodge.co.za. DZ/F R1100–1300.

Restaurants

Reuben's at The Robertson Small Hotel Fine Dining-Restaurant und Filiale von Reuben's in Franschhoek. Reservierung ratsam. 58 Van Reenen St (Paul Kruger St, dann links abbiegen), Tel. 023-6267200, www.therobertsonsmall-hotel.com.

Bourbon Street Empfehlenswertes Restaurant mit Steaks, Pizza & Pasta, Seafood. Mo–Sa ab 11 Uhr, So 11–18 Uhr. 22 Voortrekker Rd, Tel. 023-6265934, www.bourbonst.co.za.

Fraai Uitzicht und **Lord's Lodge** s. Unterkünfte.

Route 62

Hinter Ashton, 20 km westlich von Robertson, beginnt die Straße R62. Vor dem Bau der Nationalstraße N2 im Jahr 1958 war die R62 die einzige Direktverbindung von Kapstadt nach Port Elizabeth. Touristisch wird die Strecke heute als „Route 62" vermarktet, ähnlich dem Slogan „Route 66" von Chicago nach Los Angeles. Die Straße ist gut ausgebaut und eine empfehlenswerte Alternative zur „Rennstrecke" N2, um von Kapstadt zur Garden Route zu gelangen.

Das Herzstück liegt zwischen Montagu und Oudtshoorn mit kleinen und einsamen Klein-Karoo-Siedlungen und weit verstreut liegenden Farmen. Schafe finden auf ihren riesigen Weiden nur karges, trockenes Gras – grün ist es nur um die wenigen Flüsschen wie Grootrivier und Huisrivier –, aber dafür ist Karoo-Lamm eine Delikatesse. In der endlosen Ödnis macht nicht einmal die Straße Kurven, hier drängelt kein Geschäfts- oder Berufsverkehr, man reist gemütlicher. Die Versorgung ist gut, aber ohne großartige touristische Highlights, außer den Straußenfarmen in Oudtshoorn und den nördlich davon gelegenen Cango Caves.

Von Ashton nach Oudtshoorn sind es 245 km, bis zum Ende der R62 bei Humansdorp weitere 250 km. Halten Sie Ihren Tank immer gut gefüllt. Informationen auf www.route62.co.za und www.route62-info.co.za. Also: „Kom proe [pru] die Klein Karoo [-uu] – komm' und probier die Klein Karoo"

Nach Montagu

In **Ashton** gibt es an der Hauptstraße stadtauswärts links, da wo die Oldtimer-Lokomotive steht, das nette Tourism Centre *Platform 62* mit Infos, Coffee Shop und Bistro, Arts- und Craftshop sowie Weinverkostung. Mo–Fr 8–18 Uhr, Sa/So 8–15 Uhr, www.platform62.co.za.

Montagu

Hinter der Abzweigung nach Swellendam steigt die R62 an und führt durch den *Cogman's Kloof*, einen Felsendurchbruch. Da es für frühere Ochsengespanne sehr mühsam war, den Cogman's Pass zu überwinden, sprengte Thomas Bain, Sohn von Andrew Geddes Bain und Erbauer des Bain's Kloof Passes bei Wellington, ein ebenfalls bekannter südafrikanischer Straßenbaumeister, 1877 ein Loch durch den Felsen, durch den heute die R62 führt.

Montagu ist der östlichste Ort in der Region Cape Winelands und der Beginn der Kleinen Karoo. Der Ort wurde 1851 als Agter Cogman's Kloof („hinter dem Cogman's Pass") gegründet und später nach John Montagu, Kolonialsekretär der Kapkolonie, umbenannt.

Montagu hat knapp 10.000 Einwohner, liegt flach am Zusammenfluss von Kingna und Keisie River und ist eines der charmantesten Städtchen an der R62. Die R62 wird im Ort – linker Hand liegt der „Kloof Padstal", s.u. – zur Long Street, und in dieser Straße reihen sich zwischen Gärten historische Häuser aus der Mitte des 19. Jahrhunderts, über ein Dutzend wurden allein in dieser Straße zu „National Monuments" erklärt. Im hilfreichen Tourism Office in der links zur Long Street parallel verlaufenden Bath Street bekommen Sie einen Stadtplan mit Erklärung aller architektonischen Kleinode – alles ist bestens beschildert – und auch Hinweise zu den vielen möglichen Freizeitaktivitäten. Besuchenswert sind in der Long Street 41 das **Montagu Museum** in der alten Missionskirche und das **Joubert House** von 1853, No. 25 (Tafel). Bekanntgemacht haben Montagu außerdem seine heiße Badequellen im Norden der Stadt, Avalon Springs Resort, Uitvlucht Street (R318), www.avalonsprings.co.za.

Information Montagu-Ashton Tourism Bureau, 24 Bath St (zw. Church und Barry Sts), Mo–Fr 8–18 Uhr (Mai–Sept. 8.30–17 Uhr), Sa 9–17 Uhr, So 9.30–17 Uhr. Tel. 023-6142471, www.montagu-ashton.info und www.montagu.org.za.

Unterkunft Das Angebot ist in allen Preisklassen sehr gut, in der Church und Bath Street gibt es einige.

Montagu Caravan Park Vorhanden sind 56 Rasenplätze für Camping/Caravan an einem kleinen See mit Grillstellen, auch günstige SC-Cottages für 2–8 Personen und Backpackerzimmer für 2–4 Personen. GPS S33°47'15" E20°06'47". Ausschilderung ab Long Street. Tel. 023-6143034, www.montagucaravanpark.co.za.

Le Domaine SC-Farm Cottages Komplett ausgestattete Ferienwohnungen auf einer Farm an der Route 62, kurz hinter Montagu. 5 FeWo mit 2 Schlafzimmern, Pool, BBQ. GPS S33°47'25.6" E20°08'12.2". Der Ausschilderung ab R62 folgen. Tel. 023-6142559, Cell 082-8298902, www.ledomainefarm.co.za. FeWo R400–600.

Malherbe Guesthouse Das 1859 erbaute und liebevoll restaurierte Gästehaus ist heute als National Monument ausgewiesen. 5 Zimmer/AC, Pool, Wi-Fi, dt.-spr. 17 Long St, Tel. 023-6143617, Cell 072-5545680, www.malherbe-guesthouse.com. DZ/F R720–1080.

Mimosa Lodge Die Eigentümer bieten in einem historischen Haus und in Chalets im wunderschönen Garten elegante Zimmer und führen ein ausgezeichnetes Fine Dining-Restaurant. 23 Zimmer/Suiten, Pool, Wi-Fi, dt.-spr. 19 Church St, Tel. 023-6142351, www.mimosa.co.za. DZ/F R1040–1930, Dinner a.A.

7 Church Street Luxury Guest House Gästehaus im geschmackvoll restaurierten viktorianischen Gebäude, umgeben von einem parkähnlichen Garten. 5 Zimmer/Suiten/AC, Pool, Wi-Fi. 7 Church St, Tel. 023-6141186, Cell 084-5078941, www.7churchstreet.co.za. DZ/F R1100–1300.

Montagu Country Hotel In diesem Hotel im Art Déco-Stil der 1920er Jahre werden abends zu traditionellen Gerichten Golden Oldies auf dem Klavier gespielt. 33 Zimmer/AC, Wi-Fi, behindertengerecht, Wellness. Ecke Bath/Kohler Sts, Tel. 023-6143125/8, www.montagucountryhotel.co.za. DZ/F R660–1280. Lunch/Dinner a.A.

Rietvlei Holiday Farm 12 km östlich von Montagu gibt es auf einer Obstplantage gut ausgestattete Ferienwohnungen mit 2 und 3 Schlafzimmern. 6 FeWo/AC, behindertengerecht, Pool, BBQ. 9 km auf der R62, bei Rietvlei No 1 nach Norden abbiegen, noch 3 km, GPS S33°50'16" E20°13'31". Tel. 023-6141787, Cell 083-5165636, www.rietvlei.co.za. FeWo R400–450, Mahlzeiten a.A.

Montagu Four Seasons Komplett eingerichtete SC-Cottages im Stadtzentrum mit 1 und 2 Schlafzimmern. 3 FeWo, Pool, Wi-Fi, BBQ. 56 Bath St, Tel. 023-6141955, Cell 082-5504177, www.montagu4seasons.co.za. FeWo R850.

White Lion Lodge Private Game Lodge im Big Five Reservat Sanbona, der Heimat weißer Löwen. Vorhanden sind vier riedgedeckte Suiten mit Innen- und Außendusche, privater Terrasse und offenem Kamin. 4 Zimmer/AC, Wi-Fi, Pool. R62 zwischen Montagu und Barrydale, Tel. 021-8471043, Cell 082-5570833, www.whitelionlodge.co.za. DZ/VP und Safari-Aktivitäten R4560–6420.

Restaurants

Die Kloof Padstal Direkt am Ortseingang befindet sich dieses entzückende „Café" mit Krimskrams und kleinen Gerichten. Man sitzt schön im vom Keisie River durchquerten Garten. Tägl. 8–17 Uhr, So 9.30–17 Uhr. 1 Long St, Tel. 023-6142209.

Jessica's Restaurant Hübsches Fine Dining-Restaurant mit Außentischen. Mi–So 11.30–14.30 u. ab 19 Uhr. Reservierung ratsam. Von der Long Street links in die Barry Street, dann rechts in die Bath Street. 47 Bath St, Tel. 023-6141805, www.jessicasrestaurant.co.za.

The Olive House Restaurant Zweitältestes Haus der Stadt und ein National Monument. Südafrikanische und internationale Küche, auch Außentische. 20 Bath St, Tel. 082-3723588, www.theolivehouse.co.za.

Mimosa Lodge Fine Dining-Restaurant mit ausgezeichneten Köchen, s.o.

Auf der Route 62 nach Oudtshoorn

Die Straße führt durch Buschland und Halbwüste, die Vegetation gehört hauptsächlich zur Fynbos-Familie und verwandelt das trockene Land im August und September in ein wahres Blütenmeer aus violetten Heidebüschen und gelben und orangen Blüten der Mittagsblumen. In den einzelnen Ortschaften gibt es kleine Restaurants und Bistros.

Etwa 11 km vor Barrydale steht nach einer Baumgruppe rechts ein weißes Steintor mit der Aufschrift „Joubert-Tradauw", Zufahrt zu einem Weingut mit Weinkeller mit mehrfach prämierten Gewächsen. Das dazu gehörende Bistro *@R62 Alfresco Deli* (Mo–Fr 9–17 Uhr, Sa 10–14 Uhr) bietet mediterrane Köstlichkeiten zum Wein und günstig übernachten kann man im *Lentelus B&B* auf der Farm bei Helena Joubert, Meyer Jouberts Mutter: 3 Zimmer, Pool, BBQ, Dinner a.A. DZ/F R700–900. GPS S33°55'26.4" E020°35'40.6". Unterkunft Tel. 028-5721636, Restaurant Tel. 082-3049000, Wein Tel. 028-5721619, www.joubert-tradauw.com.

Barrydale

60 km hinter Montagu wird Barrydale erreicht, ein verschlafener Ort rechts der Straße mit 2500 Einwohnern, der sich in den letzten Jahren jedoch zur Künstlerkolonie entwickelt hat. Ausgefallen verzierte Hausfassaden lockern das Stadtbild auf, die Dutch Reformed Church ist von 1878. Einfahrt von der R62 rechts in die Van Riebeeck Street, da wo das grüne „i"-Schild ist, das Gebäude rechts ist die Tourist Info.

Schön übernachten kann man im bunten Boutique-Hotel **Barrydale Karoo Hotel,** 30 Van Riebeeck Street, Tel. 028-5721226, www.barrydale-karoo-hotel.co.za. DZ/F ca. R1000. Gutes Restaurant und Pub.

27 km hinter Barrydale sieht man rechts etwas zurückgelegen ein weißes Gebäude mit der Aufschrift **„Ronnies Sex Shop",** hat aber mit Sex nichts zu tun. Nachdem die „Route 62" aus der Taufe gehoben worden war, beklagte sich Ronnie Price, dass alle Touristen an sei-

nem Coffee Shop vorbeifahren und er nichts davon hat. Sein Nachbar ging daraufhin nachts heimlich hin und malte das Wort „Sex" dazwischen. Der Gag zeigte Wirkung, heute hält hier fast jeder an. Außer BHs und Höschen über der Tresendecke bietet Ronnie auch Lunches.

Ladismith

Das Städtchen mit allen Versorgungsmöglichkeiten liegt 78 km hinter Barrydale und wird vom 2200 Meter hohen Towerkop überragt. Es wurde 1852 gegründet und boomte während der Straußenzeit in den 1930er Jahren. Heute werden auf den Farmen hauptsächlich Obst und Früchte angebaut, ein weiterer Erwerbszweig ist die Schafs- und Ziegenzucht. In den Käsereien und Farmstalls kann man die hausgemachten Produkte probieren. Wenn Sie eine Unterkunft suchen, so achten Sie auf die braunen Hinweisschilder, auch auf der folgenden Strecke gibt es immer wieder welche.

20 km hinter Ladismith geht eine Piste links ab durch die Klein Swartberge nach **Seweweekspoort** (Siebenwochenpforte), einer spektakulären, 17 km langen und engen Schlucht mit roten Felswänden. Oben geht es rechts zum Gamkapoort Dam, s. www.seweweekspoort.co.za. Nach 4 km ab Seweweekspoort geht es links zum 14.000 ha großen *Bosch Luys Kloof Private Nature Reserve* mit einer familiengeführten Lodge in einmaliger Landschaft. Neben Wanderungen werden Fahrten mit offenen Land Rovern durch den Busch angeboten. 13 1- und 2-Zimmer-Chalets, gute Küche, Wellnesseinrichtung, Pool, Aktivitätenprogramm. DZ/VP R995 p.P.

Amalienstein

Auf der R62 weiterfahrend folgt etwa 500 Meter hinter dem Seweweekspoort-Abzweig ein Hinweis nach rechts zur nicht langen Zufahrt nach **Amalienstein,** einer Berliner lutherischen Missionssiedlung mit einer sehenswert restaurierten Kirche von 1853. Der Name geht auf Amalie von Stein zurück, die das Missionswerk finanziell unterstütze, damit die Mission 1850 das Gelände kaufen konnte. Die Grundschule von Amalienstein wird heute von einer deutschen Stiftung unterstützt. Benachbart ist die Zoar-Community.

Calitzdorp

Nachfolgend geht es mehrere Male kurvig steil runter und rauf (Huisrivier Pass, 600 m Höhen- bzw. Tiefenunterschied) und nach Überquerung des Flusses Gamka mit nachfolgender langer Auffahrt wird 27 km hinter Amalienstein dann die Portweinstadt Calitzdorp erreicht.

Der Ort mit pittoresken alten Straßen hat knapp 5000 Einwohner, an der Hauptstraße Voortrekker Road gibt es Geschäfte und Restaurants. Am Anfang, gegenüber der Shell-Tankstelle, zweigt die Van Riebeeckstraat ab, eine der ältesten des Ortes. Einen Steinwurf weiter ist rechts „Die Dorpshuis", ein einfaches Restaurant mit B&B. Gegenüber steht die braune Dutch Reformed Church, ein National Monument. Weiter unten an der Straße, nun Queen Street, befinden sich weitere Restaurants, Unterkünfte und ein paar Gebäude aus der Kolonialzeit. Über die Queen Street gelangt man auch zum Booplaas Wine Celler in der Saymann St (ausgeschildert, Tastings Mo–Fr 8–17 Uhr, Sa 9–15 Uhr, www.boplaas.co.za).

Straußenformation in der Kleinen Karoo

Information **Information:** Das Calitzdorp Tourism Bureau befindet sich an der erwähnten Shell-Tankstelle gleich um die der Ecke, www.calitzdorp.co.za.

Weingüter Die trockenen, heißen Sommer und kühlen Winter sind das ideale Klima für den Portweinanbau. Weingüter sind

- *Axehill,* Tel. 011-4473219, www.axehill.co.za
- *Peter Bayly Wines,* Tel. 044-2133702, www.peterbayly.co.za
- *Boplaas Wine Cellar,* Tel. 044-2133326, www.boplaas.co.za
- *Calitzdorp Wine Cellar,* Tel. 044-2133301, www.calitzdorpwine.co.za
- *De Krans Wine Cellar* (m. Restaurant), Tel. 044-2133314, www.dekrans.co.za

Wein-Informationen: www.kleinkaroowines.co.za

Unterkunft **Calitzdorp Spa** Thermalbad und Ferienresort mit preiswerten Chalets für 4–6 Personen und einem schattigen Campingplatz, 25 km hinter Calitzdorp an der R62. Chalet R544–1098.

Port Wine Guest House Von diesem riedgedeckten, viktorianischen Gästehaus hat der Gast Ausblick auf die Portweinfelder und am Abend einen schönen Sonnenuntergang. 9 Zimmer/1 davon rollstuhlgerecht, Pool, dt.-spr. 7 Queen St, Tel. 044-2133131, Cell 082-6808516, www.portwine.net. DZ/F R640–800, Dinner a.A.

Retreat at Groenfontein Ein viktorianisches Farmhaus wurde in ein gemütliches Gästehaus mit altenglischem Flair verwandelt. Es gibt Doppelzimmer im Haupthaus und Suiten auf dem weitläufigen Gelände mit schönem Blick auf die Swartberge. Das Dinner wird stilvoll im Familienkreis eingenommen. 6 Zimmer/Suiten, Pool, eigene Wanderwege, dt.-spr. Von der Voortrekker Rd 200 m hinter der Shell-Tankstelle am Friedhof links in die Calitz Street Richtung Groenfontein abbiegen und den Hinweisen folgen. Groenfontein Road, Tel. 044-2133880, www.groenfontein.com. DZ Dinner+Ü/F R1100–1900, Lunch a.A.

Unterkünfte zwischen Calitzdorp und Oudtshoorn **Red Stone Hill** Hübsch restaurierte SC-Cottages mit 1–3 Schlafzimmer auf einer Farm inmitten von Weinfeldern und roten Felsformationen. 17 km Richtung Oudtshoorn, dann nach Kruisrivier abbiegen, noch 6 km. Tel. 044-2133783, Cell 072-9015654, www.redstone.co.za. Cottage ab R750, Mahlzeiten a.A.

Unterkunft auf einer Straußenfarm: Der **Rietfontein Ostrich Palace** ist in sehr schönes historisches Haus von 1909 (dt.-TV-Location mit Senta Berger), die Farm selbst gilt als älteste Straußenfarm Südafrikas. Wunderbar restaurierte und geschmackvoll eingerichtete Häuschen mit 1, 2 oder 3 Zimmern, tägl. einstündige Straußentour. Liegt 18 km östlich von Calitzdorp bzw. 32 km von Oudtshoorn, Zufahrten sind beschildert, GPS S33°32'46.61" E21°52'26.08". Elmare & Kobus Potgieter, Restaurant geöffnet für Lunch. Tel. 044-2133784, www.rop.co.za. DZ/F R900, Dinner a.A.

Oudtshoorn

Von Calitzdorp nach Oudtshoorn sind es 50 km und zwischen beiden Orten gibt es bereits zahlreiche Straußenfarmen, um die sich dann in Oudtshoorn alles dreht. Oudtshoorn wurde 1847 gegründet und ist umgeben von den Swartbergen im Norden und den Outeniqua Bergen im Süden.

Oudtshoorn hat 86.000 Einwohner, ist die bedeutendste Stadt der Kleinen Karoo und Zentrum der südafrikanischen Straußenzucht, die in den Boomjahren 1880–1920 ihren Höhepunkt erlebte. Damals verdienten sich die Straußenfarmer ein Vermögen mit dem Verkauf der Federn, was man an den sog. *Ostrich Palaces* aus dieser Zeit sehen kann.

Haupt- und Durchgangsstraße ist die Baron van Reede Street, die sich im Zentrum mit der Voortrekker Street kreuzt. Dort steht mit Uhrenturm das markanteste Gebäude der Stadt, das sehenswerte **C.P. Nel Museum.** Es informiert in 12 Räumen über die Stadtgeschichte, Straußenzucht und das Leben in der Karoo, zeigt beachtlich große Sammlungen und Exponate vergangener Zeiten, eine originale Apothekeneinrichtung, einen Krämerladen und vieles mehr. Mo–Fr 8–17 Uhr, Sa 9–13 Uhr. 3 Baron van Reede Street, Tel. 044-2727306, Eintritt, www.cpnelmuseum.co.za.

Das C.P. Nel Museum mit Uhrenturm

Oudtshoorn
0 500 m
© RKH Verlag Hermann
Unterkünfte
1 Oakdene Guest House
2 Bisibee Guest House und La Pension
3 Queen's Hotel
4 Burga's B&B
Cango Wildlife Ranch
Cango Caves (30 km) / Swartberg Pass
R 328 Cango Ostrich Farm
Grobbelaars
Zindago's Rest.
North
Kleinplaas Holiday Resort
Scheepers
Klein Karoo St
Baron van Reede St
Victoria
Swiss Bistro Rest.
Rest. Bello Cibo
Paljas
Hope
Kalinka
Van-de-Riet
Park
Buitekant
Jan van Riebeek
N.A. Smit Camp
Rest. Jemima's
St. Saviour
Le Roux Town House
Church
High-/ Hoogh-
Church / Kerk
Gabby's
Queens Hotel
St. Johns
Queens Mall
C.P. Nel Museum
Adderley
St. Georgs
Oxford
Jubilee
Rand
Voortrekker
R 62: De Hoop / Calitzdorp (50 km) / Cape Town
N12
De Rust / Beaufort West
Buitenkant
Jakaranda
Jan-van-Rieebeck
Vrede
Oranje
Koopë-rasie
Park
Safari Ostrich Farm
Ostrich Boutique
Tuin
Bloem
Mill
R 328
De Zeekoe Guestfarm (2 km)
Airport
Highgate Ostrich Farm (2 km)
Langenhoven
Hof
Simpson
Plein
Rademeyer
R 328
Mossel Bay (77 km, über den Robinson Pass)
George
Cango Caves / Swartberg Pass
De Hoop / Calitzdorp 50 km
Oudtshoorn
De Rust / Beaufort West
R 62
2 km
6 km
Zeekoe
Friesland
Volmoed
Safari Ostrich Farm
7 km
Highgate Ostrich Farm
R 328
Mossel Bay 77 km (via Robinson Pass)
George 62 km

Einkaufen kann man in der *Queens Mall* hinter dem Museum, s. Stadtplan. Weitere Geschäfte konzentrieren sich in der High Street, die östlich der Baron van Reede Street verläuft, und zwar auf dem Teilstück zwischen Voortrekker und Kerk Street. Daran anschließend sieht man schöne historische Kolonialstilhäuser oder Stadt-Residenzen der Straußenbarone, wie z.B. das *Le Roux Town House,* in verschiedenen Stilausprägungen 1909 erbaut und heute ein National Monument (Innenbesichtigung möglich, Mo–Fr 9–13 u. 14–17 Uhr, Eintritt).

Straußenzucht und Straußenfarmen gibt es immer noch reichlich in der Umgebung, jedoch geht es heute nicht mehr um die Federn, die einst zu Federboas und Staubwedel verarbeitet wurden, sondern in erster Linie um das narbige, sehr teure Leder und ums Straußenfleisch.

Langhals-Steaks

Strauße gelten wegen ihrer Mini-Gehirne als die dümmsten Tiere der Karoo – und sind dennoch ihre Könige! Zum Ausgleich hat ein Strauß dafür unheimlich scharfe Augen, und mit seinem extrem dünnen und überdimensionierten langen Hals, den er „knotenfrei" um 360 Grad drehen kann, kann er wie mit einem Periskop die Gegend überwachen und dann bei Gefahr mit bis zu 70 km/h davonlaufen. Wird er dennoch mal angegriffen oder meint sich verteidigen zu müssen, kann er den Feind anspringen und ihm mit seinem kräftigen, scharfen Fußnagel glatt den Bauch aufschlitzen. Auf den Straußenfarmen rund um Oudtshoorn erfährt der Besucher weiter viel Wissenswertes und Interessantes über das Tier.

Ein **Steak** vom Strauß ist wegen der Freilandhaltung der Tiere wohlschmeckend und zudem fett- und cholesterinarm. Und seit sich dies inzwischen weltweit herumgesprochen hat, wird die Nachfrage nach dem Fleisch immer höher. Südafrika ist Welthauptexporteur, allein der deutsche Markt nahm vom südafrikanischen Gesamtexport nach Europa von rund 6000 Tonnen 1500 ab, mehr als jedes andere Land. Als jedoch in Südafrika Fälle von Vogelgrippe auftraten, verhängte die EU im Frühjahr 2011 ein Importverbot, was die Preise bei uns explodieren ließ und im Westkap zahllose Straußenfarmer in den Ruin trieb, innerhalb von 18 Monaten nach Ausbruch der Krise halbierte sich ihre Zahl von 600 auf 300 und mehr als 50.000 Zucht- und Maststrauße mussten gekeult und entsorgt werden. Aber nun endlich fand man einen Ausweg: man erhitzt das Fleisch vor dem Export auf 70 Grad, damit wird das für Menschen harmlose Subtypen-Virus H5N2 zuverlässig abgetötet. Etwa 18 Kilo Steak- und Filetschnitte liefert so ein Langhals, weich und zart. Und weil Straußenfleisch wie alles Wildfleisch sehr wenig Fett hat, sollten Sie Ihr Steak allerhöchstes medium garen lassen. Guten Appetit!

Reise-Infos Oudtshoorn

Information Oudtshoorn Tourism Bureau, 80 Voortrekker Street, neben dem C.P.-Nel Museum, Tel. 044-2792532, www.oudtshoorn.com.

Klein Karoo National Arts Festival Ende März/Anfang April stellen sich südafrikanische Künstler in Oudtshoorn vor, Infos: Tel. 044-2038600, www.kknk.co.za.

Tiershow-Farmen (s. Karte)

Safari Ostrich Show Farm Große Straußenschaufarm mit Restaurant und Shop an der R328, 7 km Richtung Mossel Bay. Touren 8–16 Uhr, Dauer 60 Min., R80 p.P. Tel. 044-2727312, www.safariostrich.co.za.

Highgate Größter Veranstalter mit überwiegend Reisebusgästen, es herrscht immer großer Andrang, auch im angeschlossenen Restaurant und Shop. Führung 8–17 Uhr (auch in Deutsch), Dauer 75 Min., ab R110 p.P. Anfahrt wie Safari, nur ein paar km weiter. Tel. 044-2727115, http://www.highgate.co.za. Bei den beiden obigen Veranstaltern wird am Ende einer jeden Tour ein Wettrennen von zwei bemannten Straußen veranstaltet, was Tierschützern nicht so gefallen wird.

Cango Ostrich Farm Die kleinste und gemütlichste von den drei Showfarmen befindet sich nördlich der Stadt an der Straße zu den Cango Caves rechter Hand. Eine Tour auf Deutsch besser vorbuchen. Bistro mit kleinen Gerichten, Shop mit Wine House zum Probieren von Karoo-Weinen. Führung 8–16 Uhr, Dauer 45 Min., R75 p.P. R328, Tel. 044-2724623, www.cangoostrich.co.za.

Kurz vor der Cango Ostrich Farm ist links die **Cango Wildlife Ranch,** ein Zoo mit Krokodil- und Alligator-Zucht, Löwen, Geparden, Schlangen und anderen Tieren. Gegen zusätzliche Gebühr kann man Großkatzenbabys streicheln oder sich im Käfig in einen Krokodilteich versenken lassen – Konkurrenz zum Haikäfigtauchen. Führung 8.30–16.30 Uhr, R120 p.P. 2 Baron van Reede St, Tel. 044-2725593, www.cango.co.za.

Croc Cage Diving in der Cango Wildlife Ranch

De Zeekoe 2–3-stündige Exkursionen zu wild lebenden Erdmännchen, die von einem bequemen Sitzplatz aus beobachtet werden können. R550, Hausgäste R450. Kontaktdaten s. Unterkunft.

Unterkunft Großes Angebot aller Preisklassen. Die meisten gibt es in der Baron van Reede Street und ihren Nebenstraßen.

De Hoek Mountain Resort Schön gelegener Camping-/Caravanplatz und preiswerte SC-Chalets mit Pool in den Swartberg Mountains, 35 km nördlich von Oudtshoorn an der R328. Tel. 044-2728214.

Kleinplaas Holiday Resort Ferienanlage mit schattigen Rasen-Camping-/Caravanplätzen, einfachen SC-Chalets für 2–6 Personen und Pool, nördliche Baron van Reede Street, No. 171. Tel. 044-2725811, www.kleinplaas.co.za. Chalet (bis 4 Pers.) R777.

Burgas's B&B Deutsch, günstig und herzlich übernachten bei Burga & Louis in ihrem ruhigen Gästehaus mit gepflegtem Garten und kleinem Pool. Infos über die Umgebung, dt. TV. 3 DZ und 1 Suite, reichhaltiges Frühstück. 2 Jakaranda Ave, Tel. 044-2792723. DZ/F R480.

Bisibee Guest House Die „fleißige Biene" ist ein günstiges und empfehlenswertes Gästehaus in ruhiger Lage und in Gehweite zur Stadtmitte. 11 Zimmer, Wi-Fi, BBQ, Pool, sicheres Parken. 171 Church St, Tel. 044-2724784, www.bisibee.co.za. DZ R520–680, Frühstück p.P. R50. Die direkt benachbarte **La Pension** verlangt für ein DZ R840, Frühstück p.P. R50, www.lapension.co.za.

Oakdene Charmantes viktorianisches und schön renoviertes Guest House, erbaut 1853, ein National Monument. Gartenanlage mit schattigen Eichen und Pool, in Gehweite zu Restaurants etc. 6 elegante Zimmer/AC mit allen Annehmlichkeiten, sicheres Parken. 99 Baron van Reede St, Tel. 044-2723018, www.oakdene.co.za DZ/F R1100.

Unterkunft außerhalb **Montana Guest Farm** Schön gelegene deutsche Gästefarm im 14 km nördlich gelegenen Schoemanshoek mit Zimmern, Suiten und 2-Schlafzimmer-Apartments. 12 Zimmer/Suiten/AC, behindertengerecht, Wi-Fi, 2 Pools, Reiten. GPS S33°28'50" E22°14'14". R328. Richtung Cango Caves, in Schoemanshoek Ausschilderung beachten. Tel. 044-2727774, Cell 083-3962596, www.montana guestfarm.co.za. DZ/F R760–1400, Lunch u. Dinner a.A.

De Zeekoe Guest Farm Hübsches Gästehaus mit Standard- und Luxuszimmern im Haupthaus und schönen SC-Cottages an einem 2 km entfernten See. Diese zu Fair Trade Tourism gehörende Unterkunft bietet einzigartige *Meerkat Adventures* (s. oben unter „Tier-Show-Farmen"). 16 Zimmer/AC im Haupthaus, Wi-Fi, behindertengerecht, Pool, Reiten. Die 4 Cottages liegen 4,4 km entfernt an einem See. Die „Seekuh" liegt zwischen den Straußenfarmen Highgate und Safari (s. kleine Karte), R328, Tel. 044-2726721, Cell 082-5849957, www.dezeekoe.co.za, DZ/F R940–1900.

Restaurants Oudtshoorn bietet ein reichhaltiges Angebot an guten bis sehr guten Restaurants, viele in der Baron van Reede Street (zusätzlich zu den hier erwähnten s. Einträge im Stadtplan). Natürlich überall auf den Speisekarten: Straußensteaks.

Bello Cibo Gut und freundlich italienisch, Terrasse, bequemes Parken, Mo–Sa ab 17 Uhr, Tel. 044-2723245, www.bellocibo.co.za.

Kalinka Empfehlenswertes Fine Dining-Restaurant mit Außentischen. Tägl. außer Mo 18–22 Uhr. 93 Baron van Reede St, Tel. 044-2792596, www.kalinka .co.za.

The Colony Fine Dining-Restaurant im Queens Hotel neben dem Tourism Bureau, gute Fleischgerichte. Wenn möglich, Balkon-Sitzplätze im 1. Stock reservieren. 1947 logierte hier die englische Königsfamilie. Baron van Reede St, Tel. 044-2722101, www.queenshotel.co.za.

Jemima's Restaurant Fine Dining mit sehr guter südafrikanischer Küche, delikate Fleischgerichte. Di–Fr 11–14 Uhr, Di–So 18–22 Uhr. 94 van Reede St, Tel. 044-2720808, www.jemimas.com.

Restaurants außerhalb

Buffelsdrift Sundowner-Restaurant in einer Game Lodge an einem See. R328, 7 km Richtung Cango Caves. Tägl. 7–22 Uhr. Tel. 044-272000, www.buffelsdrift.com.

De Zeekoe Schönes Restaurant am Olifants River für Lunch und Dinner, auch Terrassentische. Die meisten Zutaten kommen aus dem eigenen Biogarten. Kontaktdaten s. Unterkunft.

Cango Caves

An der R328 und 28 km nördlich von Oudtshoorn liegen in einem Felsengebiet die Cango Caves. Das ausgedehnte und stark verzweigte Kalkstein-Höhlensystem wurde in den 1770ern entdeckt und gehört mit seinen Dimensionen zu den größten und schönsten der Welt. Es gibt drei Bereiche, die im Laufe der Jahre nacheinander aufgespürt wurden. Cango I ist 775 Meter lang und für Besucher zugänglich, Cango II misst 270 Meter und Cango III hat eine Länge von 1600 Metern.

Es werden zwei Touren angeboten, eine Standard- und eine Adventure-Tour. Letztere ist nur was für Non-Klaustrophobe bzw. Schlanke und Sportliche, denn es geht dabei teils durch enge Spalten und niedrige Durchbrüche. Besichtigung ist nur bei den täglichen Führungen möglich, das Klima in der Höhle ist bei 18 Grad angenehm, Blitzlicht ist beim Fotografieren nicht erlaubt. Täglich rund ums Jahr geöffnet, außer 24.12.

In den gewaltigen Cango Caves

Standard-Tour: jede volle Stunde, von 9 bis 16 Uhr, Dauer 60 Min., R75 p.P. Adventure-Tour ab 9.30 Uhr stündlich bis 15.30 Uhr, R95. Anfahrt über die Baron van Reede Street (R328) in nördlicher Richtung, der Ausschilderung folgen. Das letzte Straßenstück ist eine Stichstraße. Tel. 044-2727410, www.cango-caves.co.za. Mit Shop, Restaurant und Oudtshoorn Tourism-Infostelle.

Abstecher Swartberg und Groot Karoo

Ein lohnenswerter Tagesausflug von Oudtshoorn ist eine Rundfahrt über die Groot Swartberge in die Große Karoo und durch die Schlucht Meiringspoort zurück. Es ist zu empfehlen, die Rundfahrt in der hier vorgeschlagenen Abfolge zu unternehmen, da sie so beeindruckender ist. Gesamtstrecke 175 km.

Von Oudtshoorn geht es auf der Baron van Reede Street bzw. auf der R328 nördlich in Richtung Cango Caves und später zum Swartberg Pass. Unterwegs kann man der Ausschilderung entnehmen, ob die Passstrecke geöffnet ist (für größere Wohnmobile nicht geeignet). An Haltebuchten kann man Fotografieren, dabei Autotüren geschlossen halten, hier leben Affen. Das nichtasphaltierte Teilstück über den 1585 Meter hohen Pass ist ein Erlebnis und belohnt durch schöne Weitblicke. Auch dieser Pass wurde von Thomas Bain gebaut, 1888 eröffnet und ist heute ein „National Monument". Die Bergkette mit dem 2512 Meter hohen Swartberg trennt die Kleine Karoo von der Großen Karoo im Norden.

Prince Albert

Die Abfahrt auf der Nordseite erfolgt in langen Kehren. Ziel ist die hübsche Stadt *Prince Albert* (oder Prins A.) mit etlichen kapholländischen und viktorianischen Häuser, zeitlich ideal für eine Mittagspause. Prince Albert hat etwa 8000 Einwohner, die von Schaf- und Ziegenzucht und von Obst- und Olivenanbau leben. Es haben sich auch viele Künstler und „Aussteiger" niedergelassen.

In der breiten Church Street gibt es mehrere nette Restaurants, empfehlenswert sind *The Coffee Shop* oder *Victoria Room Restaurant*, die zum Swartberg-Hotel gehören (linke Straßenseite). Man sitzt schön auf einer überdachten und von Bougainvilleas berankten Terrasse. 77 Church St, Tel. 023-5411332. Guten Applepie und Backwaren bei *Lazy Lizard*.

Zum Übernachten findet man ebenfalls in der Church Street, diagonal gegenüber vom Swartberg Hotel, in der dt. geführten *Saxe-Coburg Lodge* gute Quartiere: 6 sehr schöne Zimmer/AC und ein SC-Cottage mit 2 Schlafzimmern. Pool im großen Garten. 60 Church St, Tel. 023-5411267, www.saxecoburg.co.za. DZ/F R800–1100.

Am nördlichen Stadtrand, 350 Meter von der Hauptstraße, liegen die *Karoo View Cottages* mit spektakulärem Ausblick auf die umliegende Landschaft. Es gibt vier sehr schön eingerichtete SC-Cottages mit vielen Extras. 2335 Magrieta Prinsloo St, Tel. 023-5411929, Cell 082-8825342, www.karooview.co.za. DZ/F R790–1050.

Information: Prince Albert Tourism Bureau, 42 Church St, Tel. 023-5411366, www.princealbert.org.za.

Meiringspoort Zur Weiterfahrt von Prince Albert auf der R328 zurückfahren und der Beschilderung geradeaus „Oudtshoorn via Meiringspoort" folgen. Hier sieht man auch Ausschilderungen zum *Bushman Valley,* einem Camping-/Caravanplatz mit sauberen und günstigen SC-Chalets (DZ R400) in der Einsamkeit des Swartberg Private Nature Reserve mit schönem Rock Pool. Tel. 021-7621543.

Meiringspoort ist eine 20 km lange Schlucht zwischen Klaarstroom und De Rust, die durch mehrere hundert Meter hohe, vielfarbige Gesteinsschichten hindurchführt. Die Straße ist gut ausgebaut und am Parkplatz kann man zu einem netten Wasserfall hochgehen.

Danach ist das verschlafene Dorf De Rust mit Einkehrmöglichkeit an der Hauptstraße erreicht und nach 35 km ist die Rundfahrt in Oudtshoorn beendet.

Wahlweise Weiterfahrt-Varianten von Oudtshoorn

Variante 1 Wer möglichst schnell und bequem die **Garden Route** erreichen möchte oder keine Rundreise mit Endziel Kapstadt geplant hat, fährt auf der N12 nach George und von dort auf der N2 nach Knysna. Dies ist unsere Route 5, allerdings in Ost-West-Beschreibung.

Variante 2 Wer eine Rundreise mit Start/Endziel Kapstadt macht, kann parallel zur N2 über die N9/R62 weiter nach Osten fahren und über die R339 wahlweise nach Knysna, nach Plettenberg Bay (R340) oder erst ca. 110 km weiter östlich von Kareedow zur N2 wechseln. Dazu 41 km südlich von Oudtshoorn von der N12 auf die N9 Richtung Uniondale wechseln.

Streckenhinweis R62: Die Straße ist wenig befahren, aber gut ausgebaut und führt durch weite Landschaft. Nur in dem kleinen Joubertina auf halber Strecke besteht die Möglichkeit, eine Kleinigkeit zu kaufen oder was zu essen.

Streckenhinweis für Knysna oder Plettenberg Bay: die R339 führt über den **Prince Alfred's Pass.** Die Straße ist schmal und unbefestigt und führt in ununterbrochenen Kehren oben am Berghang entlang und durch tiefen Urwald. 17 km hinter dem Pass kommt eine Gabelung, nach links geht nach Plettenberg Bay, geradeaus nach Knysna. Beide Strecken sind etwa 32 km lang, die Ausschilderung ist sehr sparsam. Außer in Passnähe gibt es keine Ansiedlungen.

Die Straße nach Knysna führt weiter in engen Kehren durch dichten Wald, die nach Plett wird gerader und ist auf den letzten 12 km asphaltiert. Wenn schwere Regenfälle herrschen, sollten Sie die R339 meiden, es passieren häufig Abbrüche und die Piste wird unpassierbar. In den Tagen nach heftigen Niederschlägen sollten Sie sich vorher bei einem Tourism Bureau oder bei der AA-Straßenwacht erkundigen, ob die Passstraße frei ist. Wenn Abbrüche stattgefunden haben, werden sie normalerweise kurzfristig behoben. Es ist auch wichtig, dass Sie nicht bei Dunkelheit durch den Urwald fahren, er ist sehr groß und undurchdringlich. Die Wegweiser sind bei Dunkelheit schwer bis gar nicht zu erkennen und wenn Sie auf Holzfällerwege geraten, können Sie sich böse verfahren. Streckenlänge vom Pistenbeginn bis zur N2 bei Knysna und Plett etwa 75 km, man benötigt dafür zwei bis drei Stunden. Die Strecke kann von normalen Pkw bis VW-Bus-Größe befahren werden, je mehr Bodenfreiheit vorhanden ist, desto besser. Ausführliche Karten vom Pass auf www.t4a .co.za (suche nach „Prince Alfred Pass").

Variante 3 Wer die beschwerliche R339 nicht fahren aber auch nicht gleich auf die langweilige N2 möchte, hat mit der *Seven Passes Road* von George durch schöne Berglandschaft und über leichte Pässe nach Knysna eine dritte Möglichkeit. Sie beginnt in George (Stadtplan S. 537) und beschrieben ist sie von Knysna aus, s.S. 530.

Anschluss an Route 5 In George, Knysna, Plettenberg Bay oder Humansdorp stoßen Sie auf die Route 5, über die Sie an der Garden Route entlang nach Kapstadt zurückfahren können.

8 Route 8: Atlantikküste, Swartland und Cederberge

Routenverlauf

Von Kapstadt geht es in seine nördlichen Atlantikküsten-Vororte *Table View,* beliebt bei Kite- und Windsurfern, und nach *Bloubergstrand,* das den schönsten Tafelbergblick bietet.

Auf der R27, die parallel zur Küste verläuft, dann weiter zum Fischerdorf *Yzerfontein,* zum *West Coast National Park* und nach Langebaan, dem bekanntesten der West Coast-Badeorte. Saldanha, Vredenburg und das malerische Paternoster sind die weiteren Stationen. Ab Velddrif geht es endgültig in den einsamen Norden bis zum nördlichsten „Seebad" im Western Cape, Lambert's Bay, und von dort aus landeinwärts über Clanwilliam in die interessanten Cederberge. Anschließend zurück auf der N7 nach Süden, nach *Citrusdal* und *Malmesbury,* mit einem Abstecher ins östliche Swartland-Weingebiet zwischen Malmesbury und Riebeek Kasteel.

Highlights der West Coast

Da der Atlantik sehr kalt ist, gibt es immense Fischgründe, was viele Wasservögel anzieht. So ist der **West Coast National Park** eines der bedeutendsten Vogelschutzgebiete Südafrikas, dessen Postberg Section sich außerdem im Südfrühling ab August in einen endlosen Blütenteppich verwandelt. Auch die meisten anderen Gebiete der Westküste verwandeln sich um diese Jahreszeit von trockener Halbwüste in ein Blumenmeer.

Man kann verschiedene Vogelinseln besuchen und in Lambert's Bay leben tausende von Kaptölpeln und andere Seevögel direkt im Hafen, wo sie aus nächster Nähe zu beobachten sind. Delfine, Pinguine und in der Saison Wale sind hier ebenfalls keine Seltenheit und können stellenweise gut beobachtet werden.

Die N7 führt bis ins Namaqua-Land (Northern Cape), wo der Frühling mit einem Blumenblüten-Rausch beginnt

West Coast
0 25 km
©RKH Verlag Hermann
Klawer / Vanrhynsdorp
R 363
Pakhuis Pass
R 364
Nieuwoudtville Calvinia
R 355
Calvinia (ca. 100 km)
Northern Cape
Tankwa-Karoo National Park
Lambert's Bay
Bird Island
Rest. Muisbosskerm
R 364
Clanwilliam
Sevilla Trail
Karukareb Wilderness Res.
Clanwilliam Dam
Wupperthal
Eland's Bay
N7
Sneeuberg 1932 m
Cederberge
Nieuwoudt Pass
Algeria Forest Station
Wolfberg Arch
Cederberge S. 708
Matjiesrivier
Cederberg
Citrusdal
Piekenierskloof Pass 519 m
Middelberg Pass
Buffelshoek Pass
Swartruggens
Gansfontein
Kagga Kamma
Dwarskersbos
Britannia Bay
Stompneus Bay
St. Helena Bay
Laaiplek
Paternoster
Velddrif
R 303
Olifants River
Cape Columbine Nature Reserve
R 27
Vredenburg
Piketberg
R 44
R 356
R 355
Great Berg River
Langebaanweg
Porterville
Op-die-Berg
Saldanha
West Coast Fossil Park
N7
Rest. Strandlooper
Saldanha Bay
Langebaan
R 45
R 44
Inverdoorn
Gydo Pass
Postberg Res.
Moorreesburg
R 303
West Coast National Park
Geelbek
West Coast Gate
Tulbagh
R 46
Prince Alfred Hamlet
Swartland
Yzerfontein
Darling
Riebeeck West
Riebeeck Castell
Ceres
Hex Rivier Pass
N1
!Khwa ttu N.R.
Swartland Wine Route
Hermon
Mitchell's Pass
Touwsrivier / Matjiesfontein
R 315
Malmesbury
Bain's Kloof Pass
R 27
R 44
R 43
Karoo Botanic Garden
N7
R 301
Wellington
Goudini Spa
Worcester
Montagu
Philadelphia
Paarl
N1
Rawsonville
Swellendam
Melkbosstrand
R 60
Bloubergstrand
Table View
R 43
Robertson
Robben Island
Milnerton
Franschhoek
N1
Cape Town
Stellenbosch

8

Seine Ursprünglichkeit konnte das Fischerdorf *Paternoster* mit seinen bunten Fischerbooten bewahren und ein Höhepunkt im Inland sind die **Cederberge** mit ihren skurrilen Felsformationen und gut erhaltenen Felsmalereien der Khoisan am Sevilla Trail. Wanderer und Mountainbiker finden in den Cederbergen ihren Himmel. Kulinarisches Highlight der Region ist *Crayfish* (Felslanguste), die das kalte Atlantikwasser liebt und zwischen November und April gefangen werden darf.

Straßen und Entfernungen

Die Entfernung von Kapstadt nach Lambert's Bay beträgt etwa 350 km ohne Abstecher, die Gesamtstrecke über Clanwilliam, Malmesbury und wieder zurück nach Kapstadt addiert sich auf 600 km, Abstecher in die Cederberge sind nicht mitgerechnet. Die Straßen sind alle gut, bis auf einige wenige Teilstücke, die als Pisten erwähnt werden.

Was Sie erwartet

Diese Route ist in erster Linie Urlaubsland der Südafrikaner. Wer zuhause die nordfriesischen Inseln liebt, wird sich hier sehr wohlfühlen – Meer, Dünen, Wind, Fischerdörfer und weiter Himmel. Nur die Vegetation stimmt nicht ganz mit der deutschen Nordsee überein. Neben vielen schönen Kleinigkeiten erwarten Sie das Theater in Darling, den vom Atlantik-Klima beeinflussten Wein, herrliche Fynboslandschaft an der Küste bei Yzerfontein und Elands Bay, malerische Fischerdörfer und nicht zu vergessen Rooibos-Teeanbau in Clanwilliam.

Das Land ist dünn besiedelt und man kann stundenlang am endlosen Strand oder durch die Dünen spazieren, ohne jemanden zu treffen. Im August und September lockt die Blütenpracht die Besucher an, und im anschließenden Südsommer zieht es sie in die „Badeorte", in denen man allerdings seine Aktivitäten aufgrund der kühlen Wassertemperaturen besser auf Sonnenbaden, Strandwanderungen, Angeln und Ballsport verlagert.

Klima

Das Klima entspricht einem Halbwüstenklima mit sehr heißen Sommern zwischen Dezember und März, oben in den Bergen und an der Küste ist es etwas kühler. An den frischen und teils nebligen Wintertagen steigt die Tagestemperatur selten über 20 Grad und die Wassertemperatur an der Küste erreicht keine 10 Grad. Der meiste Regen fällt im Südwinter, was die Blütenpracht im Frühjahr zur Folge hat. Die mildeste Zeit ist der Herbst mit Temperaturen von 14–25 Grad, doch windig und böig ist es an der Küste das ganz Jahr hindurch.

Web-Infos

www.weskuswegbreek.co.za
www.capewestcoast.org
www.westcoastflowers.co.za

Herunterladbare und/oder käufliche Publikationen finden Sie auf der Webseite www.riebeekvalley.info/riebeekvalley-tourism.htm

Festivals

Neben www.whatsonincapetown.com aktueller Event-Kalender fürs Riebeek Valley: http://www.riebeekvalley.info/riebeek-valley-events.htm

März: *Lambert's Bay Crayfish Festival* mit Langusten satt und jeder Menge Verkaufsstände mit Kleidung, Schmuck, Andenken und Speisen, s. www.kreef-fees.com. – *MedFest* im Riebeek Valley. Auf diesem mediterranen Festival dreht sich alles um italienische Kochkunst, s. www.medfest.co.za

April: *The Langebaan Lagoon Celebration* wartet mit vielen sportlichen Veranstaltungen auf, s. www.capewestcoast.org

Mai: Anfang des Monats steigt das *Riebeek Valley Olive Festival,* s. www.riebeekolivefestival.com

Juli: Dreitägiger *Berg River Kanu Marathon* von Paarl nach in Port Owen/Velddrif, s. www.windhoekberg.co.za.

August: *Clanwilliam Wild Flower Show,* Ende des Monats, mit künstlich geschaffener Wildblütenlandschaft in der Kirche, Infos auf www.clanwilliam flowerfestival.co.za

Ende September: *Sandanha Harvest Festival of the Sea* im Hafen von Saldanha mit Bootswettkämpfen, Fischverkauf, Sportveranstaltungen an Land und vielen Verkaufsständen. – *Darling Wild Flower Show* mit Wildblumenausstellung, s. www.darlingwildflowers.co.za und www.westcoastflowers.co.za. – *Shiraz Art Weekend* im Riebeek Valley, hier dreht sich alles um Wein, Live-Events an verschiedenen Orten im Tal, s. www.riebeekvalley.info

Auf der R27 an der Küste entlang

Die Straße von Kapstadt entlang der Atlantikküste nach Norden ist die R27. Aus Kapstadts Zentrum die N1 Richtung Paarl nehmen und dann Abfahrt R27/Marine Drive, Richtung Milnerton und West Coast. Vor Milnerton führt die R27 noch eine ganze Weile durch Hafengelände. Nicht sichtbar sind der Milnerton-Leuchtturm und der Milnerton Golf Club (Tel. 021-5541047, www.milnertongolf.co.za).

Kitesurfen am Atlantik

8

Auf dem 18 Loch-Platz mit Blick auf Tafelberg ist der Wind die größte Herausforderung.

Milnerton ist aufgrund der Nähe zur Innenstadt (11 km) ein beliebtes und gehobenes Wohngebiet, sein Strand ist breit und feinsandig, Infos auf www.capetown.travel/attractions/entry/milnerton. Nach dem Passieren der rechts liegenden Rietvlei-Lagune sieht man links einen großen Hotelkomplex, der fast nur aus Dächern zu bestehen scheint. Wer im nun folgenden Abschnitt durch die am Atlantik liegenden Vororte fahren möchte, biegt gleich nach dem Hotelkomplex links nach *Dolphin Beach* ab. Über dem Meer sieht man den Tafelberg im Ganzen, und dieser Vorort hier heißt passenderweise „Table View". An der langen Strandstraße gibt es immer wieder angelegte Parkplätze, an einem ist ein „Visitor Centre" (braunes Hinweisschild), eine Filiale von Cape Town Tourism, Tel. 021-5211080.

Bloubergstrand

Am folgenden Kreisverkehr weiter am Meer entlang fahren, es ist der Otto du Plessis Drive (M14). Nach etwa 1,5 km erreicht man Bloubergstrand, die Insel links ist Robben Island. Die berühmte Tafelberg-Ansicht kann man hier von der Terrasse des Strandrestaurants *Blue Pieter* genießen. Dazu auf der M14 bleiben und am Kreisverkehr gleich links in den Big Bay Boulevard, am nächsten Kreisel geradeaus, dann die 1. rechts in die De Mist Street und die nächste links. *The Blue Pieter Hotel,* 7 Phophan De Mist Street, Tel. 021-5541956, www.bluepeter.co.za.

Melkbosstrand

Nächster nördlicher Ort an der M14 ist nach ein paar Kilometern der nette Ferienort Melkbosstrand mit angenehmem 18-Loch Atlantic Beach Golf Club, 1 Fairway Drive, Tel. 021-5532223, www.atlanticbeachgolfclub.co.za. Im Zentrum und an der Beach Road sind Läden und Restaurants.

Das *Ou Skip Holiday Resort* verfügt über 206 Camping-/Caravanplätze und 12 Cottages. Pool, Shop, Strand 300 m. Ou Skip St, Tel. 021-5532058, www.ouskip.co.za. Cottage ab R500. Hierzu die Otto du Plessis Road in nördlicher Richtung nach Dynefontein weiterfahren (nicht mehr die M14), die zur Ou Skip Road wird und auf einer unauffälligen Brücke den Soutriver überquert. Danach folgt die Ausschilderung nach rechts. Eine weitere Möglichkeit: 26 km nördlich von dem Kreuzungspunkt M14/R27 steht links der R27 ein Hinweis nach Ganzekraal. Hier gibt es einen Municipal-Camping-/Caravanplatz und einige einfache Chalets am Wasser, Lebensmittel und Schlafsäcke sind mitbringen. *Ganzekraal Holiday Resort,* Tel. 022-4922752.

Weiterreisende folgen der M14, die wieder auf die R27 trifft, dort links abbiegen in Richtung Velddrif. Auf der R27 sieht man nach ein paar Kilometern links die Zufahrt zum Atomkraftwerk *Koeberg*, das das ganze Western Cape mit Strom versorgt.

Swartland

Mit Erreichen des „Schwarzen Landes" endet der Großraum Kapstadt und die Region **West Coast** beginnt, die in sechs Verwaltungsbezirke unterteilt ist. Der erste Bezirk ist **Swartland,** das bis Yzerfontein im Norden und ins Riebeek Valley im Osten reicht, Verwaltungssitz ist Malmesbury. Es ist in Küstennähe eine karge, aber schöne und weite Landschaft mit Dünengebieten und Fynbos-Flora. Wer Meer, Natur und Ruhe liebt, ist hier genau richtig.

Auf den weiten Ebenen um Malmesbury wechseln sich riesige Weizenanbauflächen mit Obst-, Tabak-, Oliven- und Weinfeldern ab. Hier werden hauptsächlich Weiß- und vollmundige Dessertweine gekeltert. Bei den Rotweinen gibt in es dieser Gegend einige ganz hervorragende, sehr bekannte Güter. Wein- und Olivenproben sind im Swartland meist kostenfrei.

Der Name Swartland stammt aus der Zeit der ersten Besiedlung am Kap, als Jan van Riebeeck einen seiner Männer ins Hinterland schickte, um zu erfahren, wie es dort aussah. Der wackere Mann kehrte zurück und berichtete über eine komplett schwarze Landschaft. Das kam von der Verfärbung des weitverbreiteten Renosterbusches, der im Winter nach Regenfällen so dunkelgrün wird, dass er fast schwarz wirkt.

Webseiten Swartland

www.swartland.org.za • www.swartlandtourism.co.za
www.capewestcoast.org • www.weskuswegbreek.co.za

R27-Abstecher Grotto Bay

Noch vor Darling führt von der R27 ein Abzweig links zur Siedlung Grotto Bay. Wer sich die Beine am Strand vertreten möchte, sollte auf diese Piste abbiegen. An ihrem Ende kann man parken, rechts beginnt ein netter Spazierweg unterhalb der Siedlung am felsigen Ufer entlang bis zu einer kleinen Sandbucht und weiter durch die Dünen.

Von der R27 rechtsabbiegend gelangt man zum Weingut und Restaurant Groote Post (Di–So 10–16 Uhr, Tel. 022-4922825, www.grootepost.com) mit guten Atlantik-Weinen und weiter nach Darling (22 km ab R27, davon 12 km Piste). Über die asphaltierte R315 erreicht man hinter Darling wieder die R27.

Typisch: buntes Fischerboot an der West Coast

Darling

Das zwischen Wein- und Weizenfeldern liegende Darling mit 7550 Einwohnern ist nicht nur zur Blütezeit im Südfrühling einen Abstecher wert, denn die Gegend gehört zum *Cape Floral Kingdom*. 1200 Pflanzenarten wurden hier ermittelt, viele davon zu sehen auf der alljährlich im September stattfindenden *Darling Wild Flower Show* (s. www.darlingwildflowers.co.za und www.westcoastflowers.co.za).

In Darling betreibt die berühmteste weiße „Frau" Südafrikas, *Evita Bezuidenhout*, Alter Ego des berühmten Satirikers **Pieter-Dirk Uys,** im stillgelegten Bahnhof eine Kleinkunstbühne, *Evita se Perron* („Evitas Bahnsteig"). Pieter-Dirk Uys wurde 1945 als Sohn eines Buren und einer deutschen Jüdin geboren, steht seit Jahrzehnten auf der Bühne und lästert über Politiker und politische Missstände. Die Figur von „Tannie Evita" entstand während der Apartheid, um die Rassentrennung und die weiße Regierung der Lächerlichkeit preiszugeben. Bei Vorstellungen kommen die Gäste heute selbst aus dem 1400 km entfernten Johannesburg, um sich über Pieters Shows und seinen Humor zu amüsieren. Nachmittags- und Abendveranstaltungen, Termine s. Website www.evita.co.za. Zu finden an der R307 hinter den Bahnschienen links. Old Darling Station, 8 Arcadia St, Tel. 022-4922851, Buchungen Tel. 022-4923930, Restaurant tägl. 10–16 Uhr, Mo geschl.

Sehenswert ist im Ort außerdem das **Darling Museum,** das die Lebensverhältnisse der Stadt seit ihren Anfängen bis heute darstellt. Mo–Do 9–13 u. 14–16 Uhr, Fr 9–13 u. 14–15.30 Uhr, Sa/So 10–15 Uhr. Old Town Hall, Pastorie Street, Tel. 022-4923361, www.darlingtourism.co.za/historydetail.php

Einen Block vor dem Museum befindet sich das *Darling Lodge Guest House,* ein schön restauriertes viktorianisches Landhaus mit Bildergalerie lokaler Künstler. 6 Zimmer, Pool, Wi-Fi, dt.-spr. 22 Pastorie St, Tel. 022-4923062, www.darlinglodge.co.za. DZ/F R800–980, Lunch/Dinner a.A.

Information *Darling Tourist Bureau,* Pastorie Street (beim Museum), Tel. 022-4923361, www.darlingtourism.co.za • www.swartlandtourism.co.za/Darling.htm

Preiswert **übernachten** kann man im *Koekemakranka Backpackers,* alten Eisenbahnerhäuschen mit 2-, 4- und 5-Bett-Zimmern. Dazu zur BP-Tankstelle in der Main Street und dort gegenüber in die Nemesia Street, Nr. 4, Tel. 022-4922413, Cell 082-0488248, www.firecracker.co.za/koekemakranka-backpackers. Ab R120 p.P., Dinner a.A.

An der R315 nach Malmesbury liegen einige Weingüter der **Darling Wine Route,** wie *Cloof Wine Estate* (Tel. 022-4922839, www.cloof.co.za, Lunch Di–Sa) und *Darling Cellars,* Tel. 022-4922276, www.darlingcellars.co.za. Westlich und direkt bei Darling findet man *Ormonde Vineyards*, Tel. 022-4923540, www.ormonde.co.za.

San-Schaudorf !Khwa ttu Das Freilichtmuseum **!Khwa ttu San Culture & Education Centre** befindet sich an der R27, dazu an der Kreuzung der Straßen R315/R27 nach Süden abbiegen und 3,5 km zurückfahren. Wer nicht nach Darling abgebogen ist, kommt automatisch dort vorbei. Es ist ein nachgebautes San-Dorf und Besucher lernen von Nachfahren der ersten

Bewohner des südlichen Afrikas auf einer dreistündigen Tour das traditionelle Leben der San kennen. Ein Fair Trade Tourism-Unternehmen. Touren Di–So 10 u. 14 Uhr, Restaurant, einfache Unterkünfte. Tel. 022-4922998, www.khwattu.org.

Yzerfontein

An der Kreuzung befindet sich das *West Coast Farmstall & Restaurant,* wo es neben Töpferwaren und Farmprodukten auch ein kleines á-la-carte-Restaurant gibt, tägl. 8–17 Uhr.

Die R315 führt zum netten Küstendorf Yzerfontein, gleichzeitig ein bedeutender Fischereihafen an einer kleinen Bucht (der Name kommt von „Yzer" = Eisen und „fontein" = Quelle). Hier werden in erster Linie Snoek („Snuk"), eine Hechtmakrelenart und populärer Speisefisch sowie Crayfish gefangen, ein Großteil des gesamten Westküsten-Fischfangs wird in diesem Hafen angelandet.

Highlight ist jedoch der *Sixteen Mile Beach,* ein durchgehend feinsandiger Strand, der nördlich der Bucht beginnt und sich bis zum West Coast National Park hinzieht. Man kann von verschiedenen Aussichtspunkten am Strand Delfine und in der Saison Wale beobachten, die zum Kalben die Bucht kommen.

Im Ort gibt es etliche Restaurants, besonders zu empfehlen ist das außerhalb am 16 Mile Beach gelegene Seafood-Restaurant *Strandkombuis* für Lunch und Dinner. Dazu von der R315 vor der Stadt nach rechts der Ausschilderung folgen, dann noch 4 km. Tel. 022-4512360, www.strandkombuis.co.za, Reservierung erforderlich, auch B&B. SC-Unterkunft bietet *Gegund,* 18 Luti Katz Rd, Tel. 022-4512633. Dazu die Main Road bis zur T-Junction fahren und hier rechts. DZ R700–800.

Ein empfehlenswerter Campingplatz ist der *Yzerfontein Caravan Park,* geschützt hinter einer Düne am Ende des Main Beach mit Strandzugang. Die 120 Parzellen mit Grillstelle sind alle durch Hecken abgegrenzt, die Windschutz und Privatsphäre bieten. Zufahrt am Anfang des Ortes von der R315 rechts in die Park Street, dann wieder rechts in die Dolphyn Ave, Tel. 022-4512211. In der Saison vorbuchen!

Die 9 km südwestlich vor Yzerfontein liegende **Dassen Island** ist mit nur 2,73 km^2 die größte der atlantischen Inseln vor Südafrikas Küste. Das flache, nur aus Stein und Sand bestehende Eiland ist Vogelschutzgebiet, bevorzugtes Brutgebiet der Afrikanischen Pinguine und für die Öffentlichkeit unzugänglich. Infos auf www.dassenisland.co.za.

Web-Infos Yzerfontein www.tourismcapetown.co.za/leisure-travel/town/yzerfontein
www.yzerfontein.info

8

West Coast Peninsula

Zwischen Yzerfontein und dem West Coast National Park endet der Bezirk Swartland und es beginnt der in dieser Region touristisch am meisten frequentierte Bezirk **West Coast Peninsula,** verwaltungsmäßig als *Saldanha Bay Municipality* geführt, mit Verwaltungssitz Vredenburg. Dazu gehören die Städte Hopefield, Jacobsbaai, Langebaan, Paternoster, Saldanha, St Helena Bay und Vredenburg mit insgesamt ca. 72.000 Einwohnern. Für viele Leute ist diese große Halbinsel der Inbegriff der West Coast mit Fischerdörfern, Feriensiedlungen am Meer, endlosen Sandstränden und der berühmten Lagune von Langebaan.

Webseiten www.capewestcoast.org • www.capewestcoastpeninsula.co.za
www.saldanhabay.co.za • www.bokkom.co.za.

West Coast National Park

10 km hinter der Yzerfontein-Kreuzung (R315) folgt an der R27 das West-Gate des West Coast Nationalparks (das 2. Gate ist bei Langebaan). Zu dem 27.400 ha großen Park gehört auch die 6000 ha große Langebaan Lagune. 1985 wurde das Gebiet zum National Park ernannt, um das wertvolle Ökosystem seiner Lagune zu schützen. 1987 kam im Nordwesten das private *Postberg Nature Reserve* mit 1800 ha hinzu. Dies ist heute immer noch privat, wird aber vom National Parks Board verwaltet. Heimisch sind Elen-Antilope, Kudu, Oryx, Springbok, Kuhantilope, Buntbock, Zebra und Warzenschwein. Von den verschiedenen Wanderwegen und Aussichtspunkten im Park kann man gut Vögel und die anderen Tiere beobachten.

Die nördliche und nur im August und September während der Blütezeit geöffnete Postberg Section mit dem *Postberg Flower Reserve* ist ein Touristenanziehungspunkt. Von Langebaan aus kann man zu dieser Zeit eine Bootsfahrt über die Lagune dorthin machen, inklusive einem Spaziergang durch die blühende Landschaft.

Das **Geelbek Visitor Centre** mit einem Tea Garden ist vom West-Gate aus ausgeschildert. Angeschlossen ist das sehr empfehlenswerte und stilvolle *Geelbek Restaurant* in einem imponierenden kapholländischen Gebäude aus dem Jahr 1744.

Gut übernachten kann man in den nicht weit vom Restaurant entfernten *Duinenpos Chalets* im Park. 11 Chalets mit je 2 Schlafzimmern, einige auch behindertengerecht, sind komplett ausgestattet, ein Pool gehört zur Anlage. Tel. 022-7079900, Cell 083-7047067, www.duinepos.co.za. Chalet R685–845.

Ausgefallener sind zwei Hausboote auf der Lagune für 6 bzw. 22 Personen, s. www.houseboating.co.za.

Nach Norden weiterfahrend kann man den Park durchs Langebaan Gate wieder verlassen. Gate-Öffnungszeiten: April–Aug. 7–18 Uhr, Sept.–März 7–19 Uhr, Parkeintritt R48, August/September R96, Tel. 022-7722144, Buchungen über www.sanparks.org.

Langebaan

Langebaan, der bekannteste Ferienort der West Coast hat ca. 3500 Einwohner und ist ein hübscher, ruhiger Urlaubsort, beliebt bei Wassersportlern, Anglern und Besuchern des West Coast National Parks. Das touristische Zentrum konzentriert sich um die Bree Street in Strandnähe, die man von der R27 über die Oostewal Road erreicht.

Langebaan ist bekannt für seinen guten Crayfish. Vorhanden sind etliche Restaurants, am schönsten sitzt man natürlich in den Strandgaststätten. Die geschützte Lagune mit ihren langen, weißen Sandstränden und klarem Wasser ist nicht so kalt wie der Atlantik und im Sommer könnte man hier sogar schwimmen. Sie reicht bis zu 17 km nach Süden und misst an der breitesten Stelle 4 km. Sie entstand nicht durch Gewässerzuflüsse aus dem Hinterland, sondern durch Gezeitenströmungen und ist deshalb eine reine Salzwasserlagune.

Der *Club Mykonos* ist eine große Ferienanlage im griechischen Baustil mit Yachthafen, Casino, Restaurants, Cafés und Bars im Norden von Langebaan, Anfahrt über Oostewal Rd und Mykonos Access Rd. Leentjiesklip Rd, Tel. 022-7077000, www.clubmykonos.co.za. Es gibt hier oft Künstlerauftritte und Festivals, Infos hierzu s. Website. Externe Gäste dürfen auch rein, dazu am Gate anmelden. Vom Yachthafen starten verschiedene Bootstouren, s.u.

West Coast Fossil Park Der Park liegt etwa 20 km nordöstlich von Langebaan. Dazu zur R27 zurückfahren, diese überqueren und nach 6 km an der R45 links abbiegen, dann noch 3 km. In dieser Gegend wurde während des Phosphatabbaus in den letzten 50 Jahren immer wieder Fossilien gefunden. Das Ungewöhnlichste waren Überreste eines Bären, den niemand zuvor südlich der Sahara vermutet hätte. Nach dem Ende des Phosphatabbaus wurden 14 ha des Gebietes als *National Monument* ausgewiesen und das South African Museum führte die Grabungen weiter. Besucher können in zwei täglichen Führungen alles darüber erfahren und Fossilien besichtigen. Mo–Fr 8–16 Uhr, Eintritt R10, geführte Touren stündlich Mo–Fr 10–15 Uhr, Dauer 45 Min. Am Wochenende nach tel. Anfrage, 022-7661606, www.fossilpark.org.za.

8

Reise-Infos Langebaan

Information Cape Westcoast Peninsula Tourism, Bree Street, Tel. 022-7721515

Webseiten www.langebaanlagoon.co.za • capewestcoastpeninsula.co.za/langebaan www.langebaaninfo.com

Bootstouren *Ska Rumba Langebaan Fishing Charters,* www.fishingtrips.co.za, startet am Club Mykonos und bietet nach Vorbuchung Hochsee-Angeltouren, Tel. 082-7755697. Angeboten werden dort auch „Bird Island Cruises", bei denen man u.a. die in der Lagune liegende Insel *Vondeling* besucht, auf der Pinguine und Robben leben. Bootstouren nur mit kleinen Gruppen bei *Brian's Boat Tours,* 14 Lagoon Crescent, Tel. 022-7722093, Cell 083-2462345, www.brianstours.co.za.

Unterkunft **Leentjiesklip Caravan Park** Municipal-Caravan- und Zeltplatz an der Lagune zwischen der Stadt und Club Mykonos. 147 Rasenplätze, vom Stadtzentrum Ausschilderung, Richtung Club Mykonos und Saldanha. Tel. 022-7722461.

Oostewal Holiday Resort Municipal-Caravan- und Zeltplatz, 66 Rasenplätze, 2 Blocks vom Wasser entfernt. Von der Oostewal Rd Richtung Meer in die Sleigh St, 4. links. Suffren St, Tel. 022-7722442.

Glenfinnan Guest House Gästehaus in der Ortsmitte mit Lagunenblick, der Strand ist in Gehweite. 5 Zimmer, Wi-Fi, dt.-spr. Auf der Bree St vom Zentrum aus über die Oostewal Rd hinweg, die 1. rechts (Wightman), nächste links. 15 Roodevos Cres, Tel. 022-7721341, Cell 072-3865827, www.glenfinnan.co.za. DZ/F R780–900.

Langebaan Beach House 2 Ferienhäuser in unmittelbarer Lagunen-Nähe, Wi-Fi, BBQ. Von der Oostewal Road meerseitig in die Bree St fahren, dann die 2. links. 8 Jacoba St, Tel. 022-7722625, Cell 083-4614408, www.langebaan beachhouse.co.za. FeWo R800–900.

Langebaan Lagoon Lodge Auf einem Hügel gelegenes B&B mit SC-Option und Lagunenblick, 5 Fahrminuten zum Hauptstrand und zur Stadtmitte. Auf der Oostewal Rd von Norden kommend links in die Sleigh St, dann die 5. rechts. 3 Zimmer, BBQ. 130 Sunbird Dr, Myburgh Park, Tel. 022-7720218, Cell 083-2538573, www.langebaanlagoonlodge.co.za. DZ/F R700–800.

Sandra's Guest House Zentral gelegenes, nettes Gästehaus, der Strand ist um die Ecke und die meisten Restaurants in Gehweite. Von der Bree St in die Main St, dann die 2. rechts. 5 Zimmer, Wi-Fi, BBQ. Ecke Main/Cloete St, Cell 083-5835278, www.sandras.co.za. DZ/F R800.

Club Mykonos Diese Anlage bildet einen eigenen Stadtteil im Norden von Langebaan mit verschiedenen SC-Wohneinheiten mit und ohne Meerblick, Restaurants, Bars, zwei Pools, Theater und dem Yachthafen. Leentjiesklip Rd, Tel. 022-7077000, Res. 0800-226770, www.clubmykonos.co.za. FeWo R940–3900.

Restaurants

Die Strandloper Seafood Restaurant Rustikales Zelt-, Open air- und Partyrestaurant direkt am Strand, diverse Seafood-Gänge vom Grill, eine „Session" mit Nachtisch dauert drei bis vier Stunden, Gitarrenunterhaltung. Menü s. Webseite, ca. R240 p.P. Lunch und Dinner, reservieren notwendig. Vom Stadtzentrum Ausschilderung Richtung Club Mykonos und Saldanha nehmen. Tel. 022-7722490, Cell 083-2277195, www.strandloper.com.

Langusten satt im Strandloper Restaurant

Pearly's on the Beach Strandrestaurant mit Seafood, Pizza, Gegrilltes. Zufahrt über die Bree Street, Tel. 022-7722734, www.pearlys.co.za.

Froggy's Einfaches Ambiente, tolles Essen, keine Weinkarte, keine Werbung am Haus, nur ein großer Frosch. Deutscher Besitzer/Koch, tägl. 18.30–22 Uhr, Mo geschl. 29 Main Rd, Tel. 022-7721869.

Saldanha

Von Langebaan aus führt eine Straße am Club Mykonos vorbei nach Saldanha, dem Hauptort des Verwaltungsbezirks West Coast Peninsula mit ca. 22.000 Einwohnern. Saldanha besitzt den tiefsten Naturhafen Südafrikas und kann Meeresgiganten bis zu 200.000 Tonnen abfertigen.

Es ist auch einer der größten Exporthäfen von ganz Afrika und hier wird das Eisenerz aus dem 860 km entfernten Sishen im Northern Cape verschifft, das über die extra dazu gebaute Sishen-Saldanha Railway Line angefahren wird. Auf dieser als „Ore Export Line" bekannten Eisenbahnlinie verkehrt der längste Güterzug der Welt. Acht Loks ziehen 342 Waggons mit je 100 Tonnen Eisenerz, der gesamte Zug ist 3780 Meter lang und wiegt über 40.000 Tonnen. Die Bahnstrecke ist so konstruiert worden, dass der Zug möglichst wenige Steigungen überwinden muss.

Der zweite Wirtschaftszweig ist die Fischindustrie mit Fisch- und Konservenfabriken, der Hafen ist ein bedeutender Fischereihafen, außerdem gibt es im Hinterland noch ein Stahlwerk. Vom Hügel über der Stadt hat man einen schönen Blick auf die Saldanha Bay, die ein beliebtes Ziel der Wassersportler ist. Im August kommen die Südlichen Glattwale in die Bucht und im September findet hier das *Harvest Festival of the Sea* statt mit Bootswettkämpfen, Fischverkauf, Sportveranstaltungen an Land und vielen Verkaufsständen.

Das südwestlich der Stadt gelegene *SAS Saldanha Nature Reserve* befindet sich auf militärischem Gelände, Zugang beim Schlagbaum zur Militärakademie. Es existieren markierte Wanderwege von 4 bis 15 km Länge. Infos Tel. 022-7023999.

Information West Coast Peninsula Tourism, Saldanha Office Ooorlogsvlei, Van Riebeeck St, Tel. 022-7142088, Mo–Fr 9–17 Uhr, www.saldanhabay.com.

Unterkunft **Protea Hotel Saldanha Bay** An der Bucht gelegenes Hotel mit großer Terrasse im Uferbereich an der Main Road (R399) im südlichen Teil der Stadt. 58 Zimmer, Pool, Restaurant, Wi-Fi, behindertengerecht. 51 Main Rd, Tel. 022-7141264, www.proteahotels.com. DZ/F R830.

Das neben dem Hoedjieskop Nature Reserve gelegene **Avondrust Guest House** befindet sich in einem ruhigen Wohngebiet und hat Ausblick auf die Bucht. Restaurants sind in Gehweite. Zufahrt einige Meter südlich vom Protea Hotel die Straße hoch. 10 Zimmer/FeWo, Pool, Wi-Fi. 16 Salamander St, Tel. 022-7142369, www.avondrust.net. DZ/F R600–720.

Restaurant **Saldanha Waterfront SlipWay** Restaurant mit Blick auf den Hafen, einfaches Ambiente, aber sehr gute Fischgerichte, Austern, Muscheln. Der Main

Road (R399) in südlicher Richtung bis zum Hafen folgen. Mo/Di 9–17 Uhr, Mi–So 9–22 Uhr. Saldanha Harbour, Tel. 022-7144235, www.slipway.co.za. An der Main Road gibt es noch mehr Restaurants mit Blick aufs Wasser.

Jacobsbaai

Von der R45, fünf Kilometer nördlich von Saldanha, geht es links ins beschauliche und malerische Jacobsbaai, einem kleinen Fischerort in unberührter Landschaft. Es gibt hier nur ein Café und ein Restaurant und ein paar hübsche Gäste- und Ferienhäuser.

Gut untergebracht ist man im *Klokkiebosch Guest House*, einem traditionellen und gut ausgestatteten Westküstenhaus mit Blick aufs Meer. Auf Wunsch auch schmackhafte Dinner im Hause. Main Rd bis zum Ende, rechts in die Mauritz Rd, 2. rechts Baviaantjie Bend, 2. wieder rechts. 4 Zimmer, Wi-Fi. 14 Korhaan Ave, Tel. 022-7153059, www.klokkiebosch.co.za. DZ/F R800–1200.

Schön ist der Blick vom *Weskusplek Restaurant* auf der anderen Seite der kleinen Bucht am nördlichen Ende des Ortes. 1 Beach Rd, Tel. 022-7153333, www.weskusplek.co.za.

Vredenburg

Zurück auf der R45 erreicht man 6 km weiter nördlich Vredenburg, eine unattraktive Hinterland-Stadt, jedoch das größte Einkaufszentrum der Region. An der R45, etwa 5 km südöstlich der Stadt Richtung Hopefield, gibt es den Vredenburg Golf Club, Tel. 022-7153003, www.vredenburggolfclub.co.za.

Information *Cape West Coast Tourism,* Vredenburg Office 31B Atrium Building, Main Road, Tel. 022- 7151142. Dieses Hauptbüro ist zuständig für die ganze Halbinsel.

Etwa 15 km westlich liegt am Meer Paternoster.

Paternoster

Das 1300 Einwohner zählende „Vater unser" (vielleicht dachten die Namensgeber auch an den alten Umlaufaufzug) gehört zu den bekanntesten Urlaubsorten der West Coast. Der malerische Fischerort, dessen Fotos von bunten Fischerbooten am Strand oft in Reisemagazinen zu finden sind, ist einer der ältesten Küstenorte und

Der lange Strand von Paternoster

Beach Buggy-Fahrt durchs Blumenmeer

konnte seinen typischen Charakter bis heute erhalten. Die kleinen Häuser sind alle in lokaltypischem Baustil errichtet und weiß verputzt, auch die Fischer-Cottages am Strand, die heute größtenteils als Ferienhäuschen genutzt werden. Man kann Delfine, Robben und in der Saison Wale beobachten. Haupterwerbsquelle ist der Fang von Langusten (November bis April) und Seehecht. Diese Westküstenspezialitäten kann man in den meisten Restaurants probieren. Fast alle örtlichen Fischer sind Khoisan, die schon seit Jahrhunderten hier leben. Vorhanden sind etliche Restaurants, Geschäfte, Galerien, *Craft Shops* und reichlich Unterkünfte.

Im südwestlich der Stadt gelegenen 263 ha großen **Cape Columbine Nature Reserve** steht am *Cape Columbine* der letzte bemannte und besteigbare Leuchtturm Südafrikas. In diesem Reservat gibt es Küsten-Fynbos, Sukkulenten und verschiedene Wanderwege.

Information *Cape West Coast Tourism Office,* Seeduiker Street (beim Fischmarkt am Strand), Tel. 022-7522323, paternoster@sbto.co.za.

Webseiten www.paternosterwestcoast.co.za • www.paternoster.co.za.

Aktivitäten **Farr Out on Tour** Der lizenzierte Tourist Guide *Deon van Schalkwijk* kennt Natur und Geschichte der Westküste wie kein Zweiter und spricht etwas Deutsch. Programmangebot: Spazierfahrten mit dem Beach-Buggy am Strand entlang nach St Helena Bay an, mehrstündige Ausflüge mit einem Landcruiser, Tiefsandfahrten für Adrenalinsüchtige sowie maßgeschneiderte Touren. 17 Seemeeusingel, Tel. 022-7522222, Cell 083-4104090, www.farrout.co.za.

Paternoster Kayak Tours bietet Kajaktouren in der Bucht an, Tel. 082-8248917, www.dianneheesomgreen.co.za/kayak-in-paternoster.html.

Fahrradvermietung bei Wendy, Cell 084-5106503 (Smallholdings Pelgrimsrust).

Eine **Angellizenz** oder eine Erlaubnis zum Crayfish-Tauchen bekommt man auf dem Postamt.

Unterkunft

Tietiesbaai Camping Site Einfacher Platz in umwerfender Lage im Cape Columbine Nature Reserve, man kann direkt am Strand in einer der kleinen Buchten zelten. 60 Caravan- und Zeltplätze ohne Schatten. Die St Augustine Road bis zu ihrem westlichen Ende durchfahren und durch das Gate ins Reserve. Vorher anmelden, es werden nur schriftliche Reservierungen oder per Fax akzeptiert: The Municipal Manager, Cape Columbine Nature Reserve, Private Bag X 12, Vredenburg 7380, Fax 022-7522015. Tel. 022-7522718, www.campsa.co.za/tietiesbaai.

The Beach Camp Ein höchst ungewöhnlicher Backpacker für sportliche junge Leute direkt am Strand im Cape Columbine Naturreservat in 11 unterschiedlichen Zelten für 1–3 Personen. Schlafsack mitbringen, keine Elektrizität, Gemeinschaftsküche und -waschräume, BBQ. Angebotene Aktivitäten: Angeln, Wandern/Klettern, Tauchen, Mountainbiken, Kajakfahren und Surfen. Anfahrt wie Tietiesbaai Camping Site, Campgäste kein Reservats-Eintritt. Tel. 082-9262267, www.beachcamp.co.za. Zelt R448–610, Mahlzeiten a.A.

Farr Out Gästehaus im Ortsaußenbereich in Alleinlage mit großem Naturgarten und schönem Ausblick. 4 Zimmer und 1 Wigwam im Garten. Vor Ortsbeginn Paternoster links in das Wohngebiet „Pelgrimsrust" mit weißen Mauern einbiegen, nach 200 m links, der Straße folgen und auf Ausschilderung achten. Touren s.o., Wi-Fi, Außen-Whirlpool, dt.-spr. 17 Seemeeusingel, Tel. 022-7522222, Cell 083-4104090, www.farrout.co.za. DZ/F R720–1000.

Baywatch Villa Collection Hübsche Urlaubsanlage am Strand, 4 B&B-Zimmer und 5 Ferienhäuser mit ein und zwei Schlafzimmern, Wi-Fi, BBQ. Die Mosselbank Street fast bis zum nordöstlichen Ende durchfahren, dann links in die Ambyl Road, Nr. 6. Tel. 022-7522039, Cell 083-6759332, www.baywatch.co.za. DZ/F R620–990.

Restaurants

Skatkis Restaurant Seafood, Grills und Traditionals mit herrlichem Ausblick. Mo–Sa 8–22.30 Uhr, So 8–20 Uhr. Von der Mosselbank Street links in die St Augustine Road, Nr. 64, Tel. 022-7522023.

Voorstrandt Restaurant Urgemütliches und rustikales Fischlokal direkt am Strand. Tägl. 10–22 Uhr, Res. erforderlich. Von der St Augustine Rd links in die Seeduiker St und wieder rechts. Strandloper St, Tel. 022-7522038, www.voorstrandt.com.

Noisy Oyster Empfehlenswertes Restaurant mit Seafood, Sushi und südafrikanischer Küche, Außentische. Mi–Sa 12–15 u. 18–21 Uhr, So 12–15 Uhr, Res. erforderlich. Von der Mosselbank St links in die St Augustine Rd, Nr. 62, Tel. 022-7522196.

Gaaitjie Restaurant Modernes Ambiente und direkt am Strand mit guter Küche. Täglich wechselnde Speisekarte. Do–Mo 12.30–14 Uhr u. 18–20.30 Uhr, Res. erforderlich. Zufahrt über Sampson St, eine Seitenstraße der St Augustine Rd, Tel. 022-7522242.

Oep Ve Koep Souvenirladen mit gemütlichem Teegarten und kleinen Gerichten. Tägl. 9–14.30 Uhr. Von der Mosselbank St links in die St Augustine Rd, Tel. 022-7522105.

Abstecher Britannia Bay bis St Helena Bay

Von Paternoster kann man zum nördlichsten Zipfel der Peninsula fahren. Nach Verlassen Paternosters links auf eine Piste Richtung Stompneus Bay abbiegen. Nach 7 km wieder links und nach weiteren 9 km ist **Shelley Point** erreicht. Hier landete am 4. November 1497 Vasco da Gama, portugiesischer Seefahrer und Entdecker des Seewegs nach Indien. Zu seinem Gedenken steht beim Beginn von Shelly Point ein Denkmal.

Von Shelley Point bietet sich noch ein westlicher Abstecher nach **Britannia Bay** an. Es besteht aus 18 kleinen Buchten, vielen weißen Sandstränden und Fischerdörfern, die die Südafrikaner längst als Standort für ihre Ferienresidenz entdeckt haben. St Helena Bay ist der einzige Punkt der West Coast, wo man die Sonne über dem Meer aufgehen sehen kann.

Von Shelley Point führt nach Osten die Straße am Meer entlang zum Hauptfischereihafen **Sandy Point** und nach St Helena Bay. Zwischen Stompneus Bay und St Helena Bay gibt es elf Fischfabriken, die die Hälfte der südafrikanischen Fischproduktion bewältigen, was man auch riechen kann. Hauptfangfisch ist der *Cape Snoek,* Oktober bis März ist seine Fangzeit. Zu dieser Zeit kommen dann die vollbeladenen Schiffe in den Hafen von Sandy Point, eins nach dem anderen. Frauen machen die Fische im Hafen für den Verkauf sauber und es ist die Hölle los.

Bestes Restaurant am Ort ist mit Meerblick das *Beira Mar Restaurant* an der Durchgangsstraße zwischen St Helena Bay und dem südlich gelegenen Laingville. Di 18–22 Uhr, Mi–Sa 12–15 u. 18–22 Uhr, So 12–15 Uhr. GPS S32°46'807" E18°03'081". Slippers Bay, Tel. 022-7361393, www.beira.co.za.

Von St Helena Bay sind es 10 km bis zur R399, wo man wieder auf unsere Route 8 stößt.

Velddrif

Wer keinen Britannia-/Helena-Bay-Abstecher gemacht hat, fährt von Paternoster zurück nach Vredenburg und von dort auf der R399 nach Velddrif, es sind 23 km.

Velddrif hat 7600 Einwohner, liegt am Great Berg River und ist Hauptort des Verwaltungsbezirks Bergrivier. Der Name „Velddrif" entstand, als ein Bauer früher Vieh auf seinem Land (afr.: veld) beidseits des Flusses weiden ließ und sie durch eine Furt (afr.: drif) hin- und herbrachte. Die Stadt lebt von der Fischerei und es gibt eine Konservenfabrik, Tourismus spielt kaum eine Rolle. Etwa 7 km nördlich der Stadt befindet sich die Saline „Velddrif Salt", wo „Khoisan Natural Salt" gewonnen wird. Dazu wird Wasser aus einem unterirdischen Salzwassersee hochgepumpt und in der Sonne ausgetrocknet.

Biegen Sie nach der Ortseingangsbrücke an der Kreuzung links Richtung Laaiplek ab (R399). Nach gut einem Kilometer ist links ein großes Hinweisschild nach Port Owen. Dies ist der Yachthafen von Velddrif mit vielen hübschen Wohnhäusern. Hier endet jedes Jahr im Juli der dreitägige, 208 km lange *Berg River Kanu Marathon,* der in Paarl beginnt.

Zum Lunch könnte man das *Eigebraai Restaurant* im Laaiplek Hotel am Flussufer im Hafenbereich aufsuchen und bei Seafood und anderen Gerichte den Ausblick genießen. Dazu von der R399 beim braunen Schild „Bergriviermond/Stywelyne/Hotel" nach links in die Jameson Street abbiegen. Man fährt direkt auf das Laaiplek-Hotel am Ende der Straße zu.

Wenn man vor dem Hotel rechts in die De Villiers Street abbiegt und später die nächste rechts nimmt, Garnaal Street, so erreicht man an deren Ende das *Stywelyne Municipal Beach Resort* mit 53 schattigen Zelt-/Caravanplätzen in Meeresnähe. Tel. 022-7830408, BBQ, Pool, Shop, Angeln.

Weiterfahrt Die R399 bzw. die Main Street führt weiter nach Norden nach Dwarskersbos und Elands Bay. Unterwegs sieht man links die Zufahrt zu „Velddrif Salt". Nun wird es richtig einsam, nur noch Meer, Dünen, weite Ebenen und eine gut zu befahrende Asphaltstraße, begleitet von endlosen Strommasten.

Elands Bay

Elands Bay mit ca. 1000 Einwohnern liegt 64 km nördlich von Velddrif und ist beliebt bei Surfern. Wale können von August bis November gesichtet werden und in den Höhlen vom südlich gelegenen Bobbejaansberg gibt es Felsmalereien. Zwischen Elands Bay und Lambert's Bay befindet sich eines der ergiebigsten Fanggebiete für Crayfish in Südafrika.

20 km südlich des Ortes sieht man links die *Draaihoek Lodge & Restaurant,* eine sehr schöne Anlage in den fynbosbewachsenen Dünen mit einem guten und öffentlichen Restaurant. 11 Zimmer/Suiten, behindertengerecht, Pool, Internet. Tel. 022-9521170, Cell 082-9521172, www.draaihoek.com. DZ/F R650–1000. Im Ort gibt es das **Elands Bay Hotel** mit einfachen Hotel- und Backpackerzimmern und einem kleinen Campingplatz mit 5 Stellplätzen, Meerblick. Duine Street (geht von der Main St ab), Tel. 022-9721640, www.elandsbayhotel.co.za. DZ/F R490, Backpacker R100–150 p.P. Webseite: www.south-north.co.za/cray_rt_elands.html

Lambert's Bay

Von Eland's Bay fahren Sie auf der Main Road aus dem Ort raus und nach 3,5 km links nach Leipoldtville und Lambert's Bay. Die Straßen sind hier alle asphaltiert und gut zu befahren. Nach 12 km stößt diese Straße auf die R365, auf der Sie links nach Lambert's Bay abbiegen. Dorthin sind es 28 km.

Lambert's Bay ist der nördlichste Atlantik-Ferienort im Western Cape mit ca. 3600 Einwohnern und es ist trotz seines eher langweiligen Charakters bei den Südafrikanern beliebt. Haupterwerbszweig sind Fischerei und Tourismus, hier werden wieder Crayfish und Snoek gefangen, und Ende November und Mitte März finden das *Lambert's Bay*

Kap-Tölpel-Kolonie in Lambert's Bay

Crayfish Festivals statt, s. www.kreeffees.com. Man kann auch mit einem Langustenkutter rausfahren, Infos dazu im örtlichen Tourism Office.

Ein echtes Highlight ist im Hafen **Bird Island,** das über einen Wellenbrecherdamm zu Fuß erreichbar ist (kleiner Eintritt). Die Insel bietet tausenden von Seevögeln Schutz, neben Kormoranen, Pinguinen, Möwen und anderen Seevögeln lebt hier vor allem die größte Kolonie von Kap-Tölpeln – *Cape Gannets* – der West Coast. Man hat die einmalige Möglichkeit, das beeindruckende Schauspiel wirklich aus nächster Nähe aus einem Beton-„Hide" heraus beobachten und fotografieren zu können.

Information Tourism Office: Main Street (schräg gegenüber BP-Tankstelle), Tel. 027-4321000, www.lambertsbay.co.za, www.lambertsbay.com.

Unterkunft **Lambert's Bay Caravan Park** Municipal-Platz am Strand mit 268 Stellplätzen für Zelte/Caravans am nördlichen Ende der Voortrekker Road, Tel. 027-4322238.

Xamarin Verschiedene Ferienhaustypen für 2–12 Personen, Bushcamp und B&B-Unterkunft am Meer und im Panorama Park Nature Reserve, 4 km westlich an der Straße nach Clanwilliam. Im Panorama Park Weinanbau, Golfplatz, Restaurant und ein Campingplatz mit 18 Stellplätzen. Tel. 027-4321325, Cell 083-2704706, www.xamarin.co.za. DZ/F R600, SC ab R125 p.P.

Raston Guest House In der Nähe der Hauptstraße gelegenes Guest House mit B&B-Zimmern und Ferienwohnungen. 5 Zimmer, 2 FeWo (4 u. 6 Pers.), Pool. Auf der Main Street vom Hafen kommend vor der Kirche links und 2 x rechts. 24 Riedeman St, Tel. 027-4321695, Cell 073-8000300, www.lambertsbayaccommodation.co.za. DZ R560–600.

Restaurants **Muisbosskerm** Bester Tipp für Fischesser, dafür kommen sogar die Capetonians hochgefahren („Muisboss" ist eine Buschart, „kerm" meint Schutz). 5 km südlich des Orts an der Küstenstraße befindet sich dieses ausgefallene Freiluftrestaurant mit riesigen Grills am Strand. Ein Essen dauert mindestens drei Stunden und man kann soviel nehmen wie man möchte. Geöffnet ab 18.30 Uhr an unbestimmten Tagen, deshalb Reservierung nötig, Tel. 027-4321017,

8

über www.muisbosskerm.co.za oder im Tourism Office. Wer danach nur noch schlafen möchte: 200 m weiter bietet die Farm Malkoppan, das dem Restaurant gehört, ein kleines und günstiges B&B, Details s. Webseite.

Bosduifklip Ähnlich ungewöhnlich wie das Muisbosskerm, jedoch als Fleischvariante und südafrikanische Küche. Ebenfalls ein Freiluftrestaurant, Lage unter einem Felsen, 6 km außerhalb an der Straße nach Clanwilliam. Öffnungszeiten entsprechend der Nachfrage, Tel. 027-4322735.

Isabella's Restaurant Direkt im Hafen und nur ein paar Meter vom Wasser entfernt hat man von hier aus einen guten Blick auf Hafen und Bird Island. Tägl. 8–22 Uhr, Tel. 027-4321177.

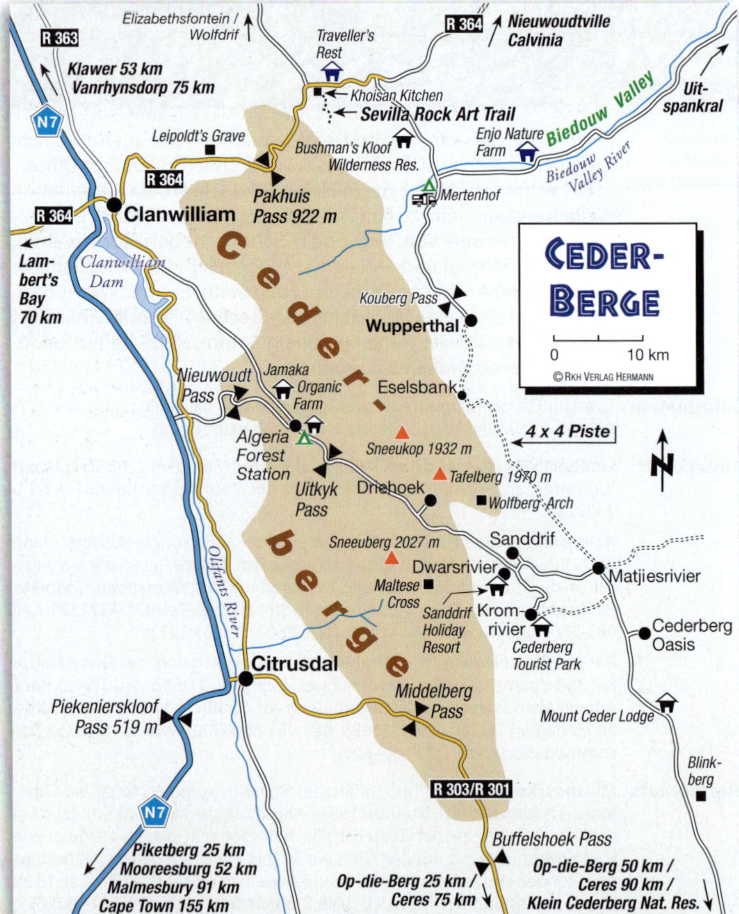

Clanwilliam

Wieder aufwärts: Über die R364 ist nach 63 Kilometern der hübsche, ca. 5000 Einwohner zählende Ort Clanwilliam im Tal des Olifants River erreicht, der bereits Anfang des 18. Jahrhunderts von den ersten Weißen besiedelt wurde. 1901 zerstörte ihn eine gewaltige Feuersbrunst fast vollständig. Heute ist Clanwilliam das Zentrum des Rooibos-Anbaus und Ausgangspunkt für Ausflüge in die nahen Cederberge.

Es herrscht hier ein mediterranes Klima mit heißen Sommertemperaturen um 40 Grad und kühlen Wintern. Alljährlich im August und September breitet sich, abhängig vom vorangegangenen Regenfall, ein riesiger blühender Wildblumenteppich in den weiten Ebenen aus und Touristen strömen von überall hierher. Vom 21. Bis 27. August findet die *Clanwilliam Wild Flower Show* statt und die Old Dutch Reformed Church wird in ein Blumenmeer verwandelt. Festinfos auf www.clanwilliamflowerfestival.co.za.

Nachdem der 24 km nördlich der Stadt gelegene Bulshoekdam die Wasserversorgung der Region nicht mehr schaffte, wurde der Olifants River südlich von Clanwilliam zu einem großen See aufgestaut. Der **Clanwilliam Dam** ist heute ein beliebtes Wochenendausflugsziel, insbesondere für Wassersportler.

Wenn man von der R364 rechtsabbiegend in die Stadt einfährt, befindet man sich auf der Main Road oder Hoof Street. Hier reihen sich die üblichen Geschäfte, Banken und einige historische Häuser in kapholländischer Bauart. Das Gebäude am Ende der Straße inmitten der Straßengabelung – die Main Road heißt ab hier *Ou Kaapse Weg* – ist das *Old Gaol,* das alte Gefängnis und das heutige **Ou Tronk Museum.** Neben wechselnden Ausstellungen kann man sich dort

Rooibos-Ernte

über die Stadtgeschichte informieren und einige Voortrekker-Wagen besichtigen. Auch der Rooibosanbau ist ein großes Thema. Mo–Fr 8–12.30 Uhr, Tel. 027-4822024.

Gegenüber vom alten Gefängnis befindet sich das **Tourism Bureau** und rechts daneben erhebt sich die weiße **Old Dutch Reformed Church** von 1864, heutzutage mehr als „Flower Church" bekannt ist. Hier findet Ende August die jährliche Blumenschau statt, zu deren Zweck sämtliche Kirchenbänke abmontiert werden.

Neben Zitrusfrüchten und Wein wird der mittlerweile in Deutschland auch sehr bekannte **Rooibos Tea** (Rotbuschtee, ohne Teein) angebaut, ein zwei Meter hoher, ginsterartiger Strauch, der seltsamerweise nur auf den sandigen Böden dieser Region gedeiht, Anbauversuche anderswo und außerhalb Südafrikas schlugen fehl. Der typisch erdig-nussige Geschmack und die rostrote Farbe entstehen durch Fermentierung der nadelförmigen Blätter und die Herstellung kann bei *Rooibos Ltd.* an der Rooibos Avenue besichtigt werden. In dieser Fabrik wird der größte Teil der gesamten Rotbuschernte der Umgebung – etwa 400 Farmer leben davon – verarbeitet und vermarktet. Die Straße dorthin geht neben dem Postamt vom Ou Kaapse Weg ab, Ausschilderung beachten. Mo–Fr 10, 11.30, 14 und 15.30 Uhr, Rooibos Avenue, Tel. 027-4822155, www.rooibos ltd.co.za.

Für Naturliebhaber und Fotografen ist vor allem im August und September das **Ramskop Nature Reserve** ein lohnendes Ziel. In diesem botanischen Garten kann man 350 verschiedene Wildblumenarten bewundern und von dort aus zum Clanwilliam Dam wandern. Wer diese Wildblumen zeitsparender betrachten möchte, findet sie auch auf in der „Flower Church" bzw. in der Old Dutch Reformed Church in Clanwilliam.

Information Tourism Bureau, Main Road, Tel. 027-4822024, Mo–Fr 8.30–17 Uhr, Sa 8.30–12.30 Uhr, So 8.30–12.30 Uhr.

Webseiten: www.clanwilliam.info • www.clanwilliam.org.za
www.clanwilliamflowerfestival.co.za

Touren Historische Spaziergänge durch die Stadt mit Stephanie Murray, Tel. 027-4822303.

Unterkunft **Bulshoek Dam Holiday Resort & Camping** Camping-/Caravanplatz und Chalets am Ufer des alten Stausees nördlich von Clanwilliam. Nach 2,5 km auf der R364 Richtung Calvinia links auf die R363 nach Klawer. Nach 11 km führt eine beschilderte Piste zum Resort.

Clanwilliam Dam Municipal Caravan Park & Chalets Städtischer Campingplatz am Westufer des Damms mit Rasenplätzen und einfachen Chalets. Ausschilderung beachten, Tel. 027-4828012.

The Long House Guest House Dieses schöne Gästehaus ist eines der beiden Häuser, die die Feuersbrunst von 1901 überlebt haben. Das kapholländische, riedgedeckte Haus ist geschmackvoll restauriert worden und liegt ruhig, jedoch nur ein paar Meter von der Main Road entfernt. Dazu am Old Goal in die Park Street fahren. 5 Zimmer/AC, Pool, Wi-Fi, BBQ. 3 Park St, Tel. 027-4821240, Cell 076-6874360, www.thelonghouse.co.za. DZ/F R830, Dinner a.A

Clanwilliam Hotel Zentral gelegenes Hotel mit einfachen Zimmern im Haupthaus und besseren Garden Rooms. 38 Zimmer/AC. Main Road, Tel. 027-4822888, www.clanwilliamhotel.co.za. DZ R400–800.

Restaurants **Reinholds Restaurant** In einem viktorianischen Haus gegenüber vom Clanwilliam Hotel. Gute Küche, wenige Tische. Di–Sa 19–21 Uhr, zwischen Mitte August und Mitte September täglich, Reservierung erforderlich. Main Rd, Tel. 027-4822163, Cell 083-3893040.

Yellow Aloe Café mit verwunschenem Garten in einer Gärtnerei. 1 Park St, Tel. 027-4822018.

Abstecher in die Cederberg Wilderness Area

Ziele dieses Abstechers sind der *Sevilla Rock Art Trail* und die historische Missionssiedlung *Wupperthal* im Osten der Cederberge. Von Clanwilliam sind es auf der asphaltierten R364 bis zum Beginn des Sevilla Trails 32 km. Die Gesamtstrecke bis Wupperthal beträgt 73 km, davon die letzten 33 km Piste. Man muss am Ende die gleiche Strecke wieder nach Clanwilliam zurück. Nur Leute mit gutem Geländewagen und Zelt können auf verschiedenen 4x4-Trails weiterfahren und unterwegs in Camps übernachten. Wer das vorhat, sollte sich vorher im Clanwilliam Tourism Bureau eine Cederberg Conservancy Map besorgen, hier sind alle Straßen bis Citrusdal eingezeichnet.

In den Cederbergen

8

Web-Infos www.cederberg.com • www.capenature.org.za
www.cederbergoasis.co.za

Into the Wild Die R364 in Richtung Calvinia führt direkt in die rotbraunen und stark zerklüfteten Cederberge, einer der schönsten Landschaften Südafrikas. In diesem in erster Linie aus Sandstein bestehenden Gebirge gibt es Wasserfälle, interessante Sandsteinformationen und in einigen Höhlen kann man gut erhaltene Felszeichnungen der San sehen. Norden und Westen der Berglandschaft gehören zur 71.000 ha großen *Cederberg Wilderness Area,* die im Norden am östlich von Clanwilliam gelegenen *Pakhuis Pass* beginnt und bis zum *Middelberg Pass* bei Citrusdal reicht und etwa 70 km Luftlinie misst. Das Gebiet wurde 1973 als Naturschutzgebiet proklamiert und wird von Cape Nature verwaltet (www.capenature.org.za).

Bemerkenswert ist die nur hier vorkommende und zur Familie der Zypressen gehörende *Clanwilliam-Zeder,* die zwischen 1000 und 1400 Höhenmetern wächst und deren Bestand in der Vergangenheit durch Verwendung als Strommasten stark dezimiert worden ist. Höchste Berge sind der *Tafelberg* mit 1970 Metern und der *Sneeuberg* mit 2027 Metern, beide nordöstlich von Citrusdal und im Südwinter oft schneebedeckt.

Auf der landschaftlich reizvollen R364 kommt man zunächst zu *Leipoldt's Grave,* wo man anhalten und die Gegend auf sich wirken lassen sollte. Diesen Punkt hat sich *Louis Leipoldt,* Arzt und Dichter aus Clanwilliam, am Anfang des 20. Jahrhunderts ausgesucht, um seine Asche verstreuen zu lassen.

Vom darauf folgenden 922 Meter hohen Pakhuis Pass bietet sich ein toller Blick ins Tal des Olifants River. Die ursprüngliche Passstraße wurde übrigens vom berühmten südafrikanischen Straßenbauer *Thomas Bain* gebaut.

Fundorte von Felsmalereien der San – in Kolonialzeiten „Bushmen" genannt – findet man in Südafrika überall dort, wo es Berge mit Klippen, Felsvorsprüngen und -überhänge gibt, in hoher Konzentration in den Drakensbergen und hier in den Cederbergen. Durch diese Regionen zogen einst kleine San-Gruppen, nomadisierende Sammler und Jäger, und hinterließen Felsmalereien und Gravierungen. Die ältesten sind etwa 27.000 Jahre alt. Die ockerfarbenen Malereien zeigen Menschen, Tänze, Antilopen, Pflanzen, Jagdszenen und Geistwesen aus der schamanistischen Welt der San. Mit dem Vorrücken der Europäer begann die Verdrängung und Vernichtung dieses Urvolks, ihre Nachfahren fristen heute in Südafrika (ca. 7500 San), Namibia (ca. 38.000), Botswana (ca. 49.000) und Angola (ca. 6000), meist abgedrängt in wüstenhafte Gegenden, ein kärgliches Dasein. Das neue Staatswappen Südafrikas zeigt Felsmalereien der San, damit soll ihrer Kultur und ihrem Erbe Referenz erwiesen werden. Infos über die San: www.sanorigins.com.

Sevilla Rock Art Trail

Der Sevilla Rock Art Trail beginnt etwa einen Kilometer hinter der von der R364 nördlich abgehenden Straße nach Elizabethsfontein/Wolfdrif rechts der Straße (leicht zu übersehen). Kurz zuvor, noch vor der Furtbrücke, ist rechts das Restaurant „Khoisan Kitchen" mit Parkplatz (s. Cederberge-Karte). Der 4 km lange Sevilla Trail führt an neun guterhaltenen Fundstellen von San-Felsmalereien vorbei. Man benötigt dafür zwei bis drei Stunden, vorher am „Khoisan Kitchen" ein Ticket und Infos zum Trail kaufen. Es gibt hier einen Farmstall und während der Saison bietet Khoisan Kitchen traditionelle südafrikanische Küche an, doch lieber vorher reservieren, Tel. 027-4821824.

Für die Wanderung unbedingt Wasser und Sonnenschutz mitführen und vor allem zwischen Dezember und März früh starten, die Temperatur kann mittags die 45-Grad-Marke überschreiten. Der Weg führt am Brandewyn River entlang mit Abkühlung in den River Pools. Unterwegs trifft man zahllose Rock Dassies und ab und zu kleine Antilopen und Paviane. Hier leben auch ein paar scheue Leoparden, die sich aber nicht blicken lassen. 500 Meter weiter an der R364 ist auf der linken Seite das *Traveller's Rest* mit preiswerter Unterkunft in SC-Chalets. Tel. 027-4821824, www.travellersrest.co.za. DZ R400.

Etwa 2 km weiter kommt rechts das Bushmans Kloof Game Reserve & Wellness Retreat, ein weitläufiges, privates Terrain mit einer sehr teuren Luxuslodge, www.bushmanskloof.co.za.

Wupperthal

Ungefähr 6 km hinter Khoisan Kitchen zweigt rechts die Piste nach Wupperthal und ins Biedouw Valley ab. Dieses Tal, dazu 14 km später links abbiegen, verwandelt sich im August/September in ein unbeschreibliches Blütenmeer.

Auf der R364, ungefähr 6 km hinter dem Khoisan Kitchen fahren rechts Sie auf eine Piste nach Wupperthal. Diese Straße führt auch zum *Biedouw Valley,* das sich im August/September in ein unbeschreibliches Blütenmeer verwandelt, dazu 14 km hinter dem R364-Abbieger links fahren.

Nach der Einfahrt ins Biedouw Valley weist nach 11 km ein Schild nach rechts zur **Enjo Nature Farm,** einer 200-jährigen Schaffarm mit ein Meter dicken Wänden im Haupthaus, das für die Ewigkeit gebaut ist. Das deutsche Paar, das die Farm gekauft hat, züchtet die alte Damara-Schafrasse und bietet B&B im Haupthaus, in verschiedenen SC-Cottages für 2–4 Personen, als Backpacker und auf einem Campingplatz an. Ein weiteres Cottage befindet sich einsam in den Bergen ohne Elektrizität. Pool, BBQ. Tel. 027-4822869, www.soulcountry.info. Cottage R350–690. Frühstück u. Dinner a.A. Die Farm ist ein Fair Trade Tourism-Unternehmen.

Vom Bidouw Valley-Abzweig kurz weiter südlich liegt rechter Hand der noch zum Biedouw Valley gehörende Campingplatz *Mertenhof* mit einem 4x4-Spaßgelände und 15 Rasenstellplätzen für Caravan und Zelt. Bademöglichkeit im nahen Fluss, Anfahrt mit normalem Auto möglich. Tel. 027-4822845, www.campsa.co.za/mertenhof. Neben dem „braaien" hat der Südafrikaner noch ein zweites großes Hobby, nämlich Geländewagenfahren, und in den Cederbergen gibt es etliche ausgewiesene 4x4-Trails, die ganze Gegend ist ein wahres Eldorado dafür.

Cottage auf der Enjo Nature Farm

Bis Wupperthal sind es noch 17 km, die Straße steigt nun an. Links ragen die 800 bis 1000 Meter hohen *Tra-Tra Mountains* empor und hinter dem *Kouberg Pass* geht es in steilen Kurven hinunter nach Wupperthal im Tra-Tra Valley. Die weiß gestrichenen Häuser und die Kirche stehen in krassem Gegensatz zu den dunklen Bergen ringsherum und befinden sich quasi mitten im Nichts.

Der Ort entstand 1830 als erste Station der Rheinischen Missionsgesellschaft, gegründet 1828 in Mettmann, in Südafrika. Die beiden ersten Missionare Theobald von Wurmb und Johann Gottlieb Leipoldt gaben der Siedlung den Namen ihrer Heimatstadt Wuppertal. Von hier aus wurden noch weitere Missionsstationen gegründet. 1965 wurde Wupperthal von der Herrnhuter Brüdergemeinde übernommen.

Von den ca. 4000 Einwohnern sind die meisten Coloureds und Nachfahren von malaiischer Sklaven, San und Seeleuten, die hier einst hängenblieben. Auskommen bieten Rooibos-Anbau und die Arbeit in der kleinen Rooibos-Fabrik, die man besichtigen kann, ebenso eine Schuh- und Handschuhfabrik, in der die traditionellen *Veldskoene* (Feldschuhe) hergestellt werden. Außerdem gibt eine Post, eine Schule und ein paar Geschäfte.

Web-Infos Tourism Bureau Wupperthal, Church Square, Tel. 02-4923410, www.tourismwupperthal.co.za.

Abstecher südliche Cederberge

Von Clanwilliam führt die Route nun über die N7 in südlicher Richtung nach Citrusdal. Wer mehr Zeit investieren und den südlichen Teil der Cederberg Wilderness Area kennenlernen möchte, kann am Ostufer des Clanwilliam Damms entlang nach Süden fahren, nach 28 km links abbiegen und über den Niewoudt Pass zur Algeria Forest Station gelangen. Man kann natürlich auch das erste Stück auf der N7 zurücklegen, dazu am Ende des Clanwilliam Damms links in Richtung

Algeria/Cederberge abbiegen (im Südwinter und nach stärkeren Regenfällen vorher an der Station anrufen, ob diese niedrige Brücke frei ist).

In den mittleren und südlichen Cederbergen gibt es die meisten und schönsten Gesteinsformationen, die Parkverwaltung befindet sich in der **Algeria Forest Station.** Vorhanden ist ein Campingplatz mit 46 idyllischen Stellplätzen für Zelt/Caravan in Waldlage am Ufer des Rondegat River. Keine Elektrizität, auch SC-Chalets, Tel. 021-4830190. Von hier beginnen viele Wander- und Mountainbike-Trails, im Rondegat River kann man schwimmen und auf Tagesbesucher wartet ein schattiger Picknickplatz.

Von hier aus kann man weiterfahren zur *Dwarsrivier Farm*, Ausgangspunkt für Wanderungen zu den Sandsteinformationen *Maltese Cross* westlich von Dwarsrivier und zum *Wolfberg Arch* nördlich davon. Auf der Dwarsrivier Farm befinden sich drei SC-Cottages, Tel. 027-4822507, www.krakadouw.co.za, GPS S32°13'15" E18°59'23".

Südlich des Dorfes Dwarsrivier ist *Sanddrif Wines,* ein Cederberg-Weingut. Die Chalets und Camping-/Caravanplätze liegen abseits vom eigentlichen Gut nordöstlich von Dwarsrivier. Tel. 027-4822825, www.cederbergwine.com.

Permits für Wanderungen kann man in *Algeria* und *Dwarsrivier* bekommen. Es ist jedoch angeraten, sich für die Zeit der Schulferien und langer Wochenenden vorab um eines zu bemühen, es wird nur eine begrenzte Anzahl von Wanderern zugelassen. Cape Nature, Tel. 0861-2273628873, www.capenature.co.za/contact.htm?sm[p1][category]=607. *Algeria Forest Station,* Tel. 021-4830190, Infos auch auf www.cederbergoasis.co.za/Hikingtrails.html

Citrusdal

Über die N7 sind es von Clanwilliam etwa 60 km bis Citrusdal, einer Kleinstadt mit 5200 Einwohnern im Tal des Olifants River und vor der Kulisse der Cederberge mit dem oft schneebedeckten Sneeuberg im Hintergrund. Während der Blütezeit im August/September ist das ganze Tal des Olifants River mit bunten Blütenteppichen überzogen.

Auf Höhe von Citrusdal muss man von der N7 auf die R303 in Richtung Citrusdal und Ceres abbiegen. Bevor der Ort erreicht ist, führt nach rechts eine Ausschilderung zu **The Baths** mit 43 Grad heißen Mineralquellen. Von hier aus sind es noch 16 km Piste bis zum Resort. Es gibt hier heiße und kalte Swimmingpools, Felsen- und Whirlpools, Dampfbäder, Tennisplatz, Wanderwege, Shop, McGregor's Restaurant und Übernachtungsmöglichkeiten in Häusern verschiedener Epochen. Die Anlage befindet sich auf einer Zitrusfarm und die Lage im Olifants Valley ist sehr schön. 15 Chalets, 18 Apartments, 20 schattige Camping-/Caravanplätze. Tel. 022-921-8026/7, www.thebaths.co.za. DZ ab R600, Tagesbesucher R10. GPS S32°44.159' E019°02.436'.

Citrusdals Namen sagt alles: es ist das Zentrum des Zitronen- und Orangenanbaus in dieser Region, jährlich werden 100.000 Tonnen Früchte geerntet und als Saft oder unverarbeitet in fast die ganze

Welt exportiert, Infos auf www.ghcitrus.com. Einen 250 Jahre alten Orangenbaum auf der Farm Hexrivier, alljährlich noch Früchte tragend, erhob man zum *National Monument.*

Information CITOUR (Citrusdal Tourism), 39 Voortrekker St, Mo–Fr 8.30–17 Uhr, Sa 9–12 Uhr, Tel. 022-9213210, www.citrusdal.info. Infos zur Stadtgeschichte, zum örtlichen Museum, der Pionierzeit und zu den Khoisan.

Unterkunft **Citrusdal Creek Chalets & Camping** Stellplätze für Zelt/Caravan und SC-Chalets am Ufer des Olifants River, direkt neben dem Golfplatz und in Gehweite zu Läden und Restaurants, mit Pool. Oewer St, Tel. 022-9213145, www.citrus creek.co.za.

Wolfkop Nature Reserve SC-Unterkunft in einem 450 ha großen Naturreservat, 5 km östlich von Citrusdal mit schönem Ausblick. Aktivitäten sind Rad- und Kanufahren, Angeln, Wandern und Reiten. 4 Cottages, Fahrradverleih. GPS S32°45'33.38" E19°04'10.09. N7-Ausfahrt Citrusdal, in Citrusdal an der 1. Stopp-Straße rechts und 6 km geradeaus, Zufahrt links. Tel. 083-2605071, www.wolfkopnaturereserve.co.za. Weitere Unterkünfte auf www.ceder berg.com.

Piketberg

Die N7 ist für die problemlose Weiterfahrt nach Malmesbury empfehlenswert, Parallelstraßen sind beschwerlich zu befahren. 50 km südlich von Citrusdal erreicht man das 1836 gegründete Piketberg, Verwaltungszentrum des West Coast-Bezirks Bergrivier mit 7500 Einwohnern. Piketberg bedeutet „Vorpostenberg", also ein Vorposten, der die Bewohner mittels eines Kanonenschusses vor Angreifern warnte. Die Kanone kann man in der High School besichtigen. Die Stadt liegt am Fuß der Piketberg Mountains, deren höchster Berg Zebrakopf 1459 m hoch ist. Sehenswert ist die freistehende neugotische Kirche in der Church Street.

Information Piketberg Tourism Office, Church St, Tel. 022-9132063, www.piketbergtourism.co.za.

Unterkunft **Bella Vista** Camping- und Caravanplatz für Naturliebhaber ohne Elektrizität. Wandern, Radfahren, Mountainbiken. GPS S32°48'1.16" E18°38'11.19", Langeberg Rd, Piket-Bo-Berg, Cell 083-2367556 u. 084-4664269, www.bellavistafarm.webs.com.

Kardoesie N7 Camping- und Caravanplätze, Ferienhäuser und -wohnungen, Padstall, Restaurant. N7, Piekenierskloof Pass, GPS S32°37'48.77" E18°56'50.59". Tel. 022-9212382, www.kardoesie-n7.co.za.

Vue de Montagne Kleines B&B mit Balkon und Ausblick im Nordwesten der Stadt. 3 DZ, Parken. GPS S32°53'58.76" E18°45'28.37". Tel. 022-9132742, 10 North St (zweigt von der R366 ab), www.vuedemontagne.co.za. DZ/F R420, Dinner a.A.

Weingüter In der Umgebung gibt es einige **Weingüter:** *Nieuwedrift Vineyards,* Tel. 022-9131966, GPS S32°58'48.12" E18°45'1.83"; *Org de Rac Wine Estate,* Tel. 022-9132397, www.orgderac.co.za, GPS S32°57'43.6" E18°45'0.2"; *Winkelshoek Wine Cellar,* Tel. 022-9131092, www.winkelshoek.co.za, GPS S32°54'24.81" E18°45'59.84".

Abstecher Tulbagh und Ceres

Wer die Route noch ausbauen möchte, kann von Piketberg über die R44 via Porterville nach Tulbagh und Ceres fahren, es sind 73 km. Mehr dazu ab S. 664.

Moorreesburg 31 km hinter Piketberg folgt die 7000-Seelen-Stadt Moorreesburg, Zentrum des Weizenanbaus. Die Moorreesburg Cooperative produziert mit 380 Farmen 140.000 Tonnen Weizen pro Jahr. Auch ein Weizenindustrie-Museum gibt es hier, das die Geschichte des weltweiten Weizenanbaus dokumentiert. Main Rd, Tel. 022-4331093, Mo–Do 8–17 Uhr, Fr 8–16 Uhr. Information: www.moorreesburg.net.

Malmesbury

Die Stadt mit etwa 21.000 Einwohnern ist Verwaltungssitz des Bezirks Swartland und wirtschaftliches Zentrum der umliegenden Weizen- und Weinproduktion, Schaf- und Geflügelzucht. An heißen Sommertagen erwischen manche günstig gelegenen Farmen und Weinfelder noch eine kühlende Meeresbrise und haben so ein etwas kühleres Klima als die Umgebung. Erwähnenswert ist das *Malmesbury Museum,* einst eine jüdische Synagoge, die später, als sie für die gewachsene Gemeinde zu klein geworden war, an die Stadt verkauft wurde. Sie beherbergt eine Fotosammlung, die den Werdegang der Stadt und der jüdischen Gemeinde dokumentiert. Geöffnet Mo 8–13 Uhr, Di–Do 8–13 u. 14–16 Uhr, Wochenenden a.A. 1 Prospect St, Tel. 022-4822332.

Information *Malmesbury Tourism,* Ecke Church St/Voortrekker Rd, Mo–Fr 9–17 Uhr, Sa 8.30–12 Uhr, Tel. 022-4871133, www.malmesburytourism.co.za.

Swartland Wine Route Malmesbury liegt im Herzen der ausgedehnten Swartland Wine Route, deren Bereich sich von Piketberg und Porterville im Norden bis Riebeek Kasteel im Süden erstreckt. Infos gibt es im *Santam Swartland Wine & Olive Route Office,* das sich im Büro von Malmesbury Tourism befindet. Mo–Fr 8–17 Uhr, Sa/So 8.30–12 Uhr. Tel. 022-4872063, www.swartlandwineroute.co.za.

Um Malmesbury gibt es sowohl große Produktionsbetriebe als auch kleine, private Keller. Auf 3600 ha werden 23.000 t Trauben produziert. Die einzelnen Weingüter sind:

Abbots Hill Winery auf der Hillcrest Farm südlich von Malmesbury an der N7 bei Abbotsdale, Tel. 082-4920692.

Annex Kloof Wines an der R45 zwischen Malmesbury und Paarl, Tel. 082-3079644, www.annexkloofwines.co.za

Franki's Vineyards an der R45 zwischen Malmesbury und Hopefield, Tel. 022-4822837, www.frankisvineyards.co.za

Nassau Winery an der R302 südlich von Malmesbury in Richtung Kapstadt, Tel. 022-4822145.

Swartland Winery an der R45 nach Paarl, Tel. 022-4821134, www.swwines.co.za

Ende unserer Route 8 Wer auf den nachstehenden Abstecher ins Riebeek Valley verzichtet, kann auf der N7 weiter nach Kapstadt fahren (68 km). Mit Abstecher gelangt man über Wellington und Paarl zur N1 und weiter nach Kapstadt.

Abstecher Riebeek Valley

Die R46 führt von Malmesbury ins Herz der Swartland Wine Route, ins gern- und vielbesuchte *Riebeek Valley,* bekannt für Wein, Oliven und Weizen. Das Valley umfasst die Orte *Riebeek West, Riebeek Kasteel, Riebeekrivier* und *Hermon* im Süden. Das Tal ist umgeben von den Groot Winterhoek Mountains und dem *Kasteelberg,* von dem man einen weiten Blick zum Atlantik und bis nach Kapstadt hat.

Information Riebeek Valley Tourism Office, Ecke Van Rieebeek/Rose Sts, Mo–Sa 9–14 Uhr, So 10–14 Uhr, Tel. 022-4481545.

Webseiten
www.swartlandwineroute.co.za
www.riebeekvalley.info
www.riebeek.co.za
www.swartlandwineroute.co.za/swartland-riebeek-valley.htm

Festivals Drei große **Festivals** im Jahr sorgen dafür, dass Gäste die Produkte Riebeek Valley kennenlernen: Im **März** startet das *MedFest* im Tal. Auf diesem mediterranen Festival dreht sich alles um italienische Kochkunst, s. www.medfest.co.za. Anfang **Mai** findet das *Riebeek Valley Olive Festival* statt, s. www.riebeekolivefestival.com. Probieren kann man Oliven, Öl und lokalen Wein in Riebeek Kasteel in der *Riebeeck Olive Boutique,* 49 Church Street, Tel. 022-4481368, www.olive-boutique.co.za. Das *Shiraz Art Weekend* findet Ende

September im Riebeek Valley statt, hier dreht sich alles um Wein und Live-Events an verschiedenen Orten im Tal, s. www.riebeekvalley.info.

Wein

An Wein wird Riebeek Valley hier in erster Linie der fruchtschwere Shiraz angebaut, der bekannteste unter ihnen stammt vom Weingut **Allesverloren,** das auf das Jahr 1704 zurückgeht. Es liegt an der R311 zwischen Riebeek West und Riebeek Kasteel, Tel. 022-4612320, www.allesverloren.co.za.

Weitere Wein- und Olivengüter sind: **Kloovenburg Wine & Olive Estate** an der R46 westlich von Riebeek Kasteel, Tel. 022-4481635, www.kloovenburg.com. **Meerhof Cellar** an der R46 zwischen Malmesburg und Riebeek Kasteel, Cell 087-2307224. **Mullineux Family Wines** in Riebeek Kasteel, Main Road, gegenüber dem Royal Hotel, Tel. 022-4481183, www.mullineux wines.com. **Pulpit Rock Winery** an der R311, 1,5 km nördlich von Riebeek West, Tel. 022-4612025, www.pulpitrock.co.za. **Riebeek Cellars** hat ein Geschäft auf der Van Riebeek Street in Riebeek Kasteel, das Weingut befindet sich östlich der Stadt, Tel. 022-4481213, www.riebeekcellars.com. Infos zu Weingütern ohne eigene Webseite finden Sie auf www.swartlandwineroute.co.za unter „Riebeek Valley".

Unterkunft

Im Riebeek Valley gibt es keinen Campingplatz.

Goedgedacht Farm Große, schön gelegene und sozial engagierte Farm, die Oliven u.a. produziert und mit den Erlösen eine Kindereinrichtung unterstützt (spezielle Infos darüber s. Homepage). In Riebeek West auf der Church St (R311) zur R46 fahren, rechts Richtung Malmesbury, nach 5,4 km rechts auf eine Piste Richtung Riebeeksrivier, nach 2,2 km folgt die Ausschilderung nach rechts. 8 Zimmer im Haupthaus, 6 SC-Cottages mit 2–4 Schlafzimmern, 2 Dorms, Shop. Tel. 022-4824369, www.goedgedacht.org. DZ R400–500, Dorm R100 p.P. Mahlzeiten a.A.

Shiraz Estate Guest House Ein norwegisches Architektenpaar hat sich hier einen Traum verwirklicht und eine Tabakfarm von 1881 restauriert und in ein schönes Gästehaus verwandelt. Von der R46 auf der Hermon Street nach Riebeek Kasteel einfahren, die 1. rechts in die Kloof St. Tel. 022-4481170, www.shirazestate.co.za. DZ/F R850.

The Kloovenburg Pastorie Edles Gästehaus auf dem Wein- und Olivengut an der R46 westlich von Riebeek Kasteel. 6 Zimmer/AC, Pool. GPS S33°23.646', E18°53.413', Tel. 022-4481635, www.kloovenburg.com. DZ R1100–1300, Mahlzeiten a.A.

Restaurants

Café Felix Gemütliches Restaurant in Riebeek Kasteel mit wärmendem Kamin im Winter und luftigem Garten im Sommer. Französischer Küche, Frühstück, Lunch und Dinner. 7 Church St, Tel. 022-4481170, www.cafefelix.co.za.

Royal Hotel Erstes Haus im Valley in Riebeek Kasteel mit 7 verschiedenen Restaurant-Räumen, Terrassen und einer 150-jährigen Bar. Fine Dining, geöffnet ab 7 Uhr morgens, samstags um 15.30 Uhr gibt es einen „High Tea". 33 Main St, Tel. 022-4481378, www.royalinriebeek.com.

Allesverloren Familienrestaurant und Pub auf dem ältesten Swartland-Weingut mit Blick auf Weinberge und Tal. Di 11–15 Uhr, Mi–Fr 11–15 u. 18–22 Uhr, Sa 9–22 Uhr, So 9–15 Uhr. R311 zwischen Riebeek Kasteel und Riebeek West, Tel. 022-4612170.

9 Route 9: Von Kapstadt nach Johannesburg

Routenverlauf

Von Kapstadt geht es diagonal und fast in direkter Linie über die „Rennstrecke“ **N1** nach Johannesburg. Unterwegs können Sie einige kurze Abstecher zu interessanten Zielen machen. Nach etwa einem Drittel der Strecke zweigt an der Gabelung „Three Sisters“ die **N12** ab und verläuft als unsere Route **9A via Kimberley** nach Johannesburg, während die **N1** und als unsere Route **9B** über Bloemfontein führt.

Highlights der Strecken

Zu den Highlights gehört das kleine nostalgisch-historische **Matjiesfontein,** einst Kurort von Winston Churchill. Von dort führt die R354 auf 110 km nach Norden zur einsamen **Sternwarte Sutherland,** die besichtigt werden kann. **Beaufort West,** Hauptstadt der Karoo, ist Ausgangspunkt zum gleich hinter der Stadt gelegenen **Karoo National Park.** Die Diamantenstadt **Kimberley** wartet mit einem sehenswerten Museumsstädtchen aus der Zeit des Diamantenfiebers auf und besitzt das tiefste von Menschenhand gegrabene Loch. Kurz vor Johannesburg können Sie südöstlich von Potchefstroom den sog. **Vredefort Dome** besuchen, Zentrum eines ehemaligen Asteroideneinschlags vor über 2 Milliarden Jahren.

Auf der 9b-Strecke erwartet Sie vor noch vor **Bloemfontein,** das mit Prachtbauten aus der Kolonialzeit aufwartet, der **Gariep Dam,** der größte Stausee Südafrikas.

Straßen und Entfernungen

Ohne Abstecher beläuft sich die **Strecke** nach **Johannesburg** auf **etwa 1400 km,** Entfernungen zu den Abstecher-Zielen werden bei der Beschreibung genannt. Die N1 ist leider nur in den Bereichen Kapstadt bis Paarl, Bloemfontein und vor Johannesburg vierspurig ausgebaut und dort auch teilweise mautpflichtig, ansonsten ist es eine gute Straße, wie die gesamte N12. Lastwagen und Gegenverkehr

können an Werktagen ein zügiges Vorankommen erschweren. Eine Übernachtung sollte man auf dieser Strecke einplanen.

Was Sie erwartet

Die allermeiste Zeit fahren Sie durch Karoo-Ödnis. Oft sind die Picknickplätze am Straßenrand die einzige Unterbrechung in der gleichförmigen und mit dürrer Vegetation überzogenen Landschaft, aus der ab und zu oder auch mal gehäuft flachkappige Zeugenberge herausragen, *Koppies*. Im Norden geht der freie Blick bis zur Horizontlinie, die oben aufgeführten Highlights werden willkommene Unterbrechungen sein. Weitere touristische Web-Infos u.a. auf www.karoo space.co.za und www.thegreatkaroo.com.

Klima

Das Klima in der Karoo ist sehr extrem. Sehr heiße, trockene Sommer von Dezember bis Februar und Temperaturen über 40 Grad glühen das Land aus, während die Wintermonate zwischen Juni und August mit Minustemperaturen bis zu 7 Grad daherkommen. Schneefälle in höheren Lagen sind keine Seltenheit. Tagsüber können die Temperaturen durch die Sonneneinwirkung allerdings auf 18 bis 20 Grad ansteigen. Jährliche Niederschläge belaufen sich im Süden auf etwa 400 mm/Jahr, nach Nordwesten hin sind es unter 200 mm, die im Sommer fallen. Die beste **Reisezeit** ist zwischen Mai und September.

Zwischen Kapstadt und Worcester

Aus Kapstadts Zentrum nehmen Sie die N1 Richtung Paarl. Hinter Paarl unterquert der für den Durchgangsverkehr in den Nordwesten wichtige **Huguenot Tunnel** die *Du Toitskloof Mountains.* Man kann alternativ auch über den landschaftlich beeindruckenden **Du Toits Kloof Pass** fahren, das kostet jedoch etwas mehr Zeit. Die Streckenlänge über den Pass beträgt 23 km, der 3,9 km lange Tunnel reduziert sie auf 12 km. Er wurde den 1988 eröffnet und ist mautpflichtig.

Die asphaltierte Passstraße ist zweispurig ausgebaut, es gibt mehrere Picknickplätze und Haltepunkte mit weitem Blick über das Land. Hierzu in Paarl an der Ausfahrt Nr. 62A „Sonstraal Road/R101 Worcester" abfahren und der R101 über den Pass folgen. In Worcester könnten sie das *Worcester Museum* und/oder den *Karoo Desert National Botanical Garden* besuchen, Beschreibung s.S. 669.

Touws River

73 km hinter Worcester erreicht die N1 Touws River, ein verschlafenes Städtchen mit 6800 Einwohnern, das von Farmen und Game Reserves umgeben ist. Ende des 19. Jahrhunderts entwickelte sich der Ort um einen Bahnhof, denn es war ein wichtiger Eisenbahnknotenpunkt auf der Bahnstrecke zwischen dem Hafen in Kapstadt und den Goldfeldern von Kimberley sowie nach Ladismith an der R62. Auf dem Teilstück zwischen Worcester und Matjiesfontein mussten der *Hex River Pass* überwunden werden und in Touws River wurden die Lokomotiven nach der Passfahrt gewechselt. Der Bau des *Hex River Tunnels* 1989 ließ die Bedeutung von Touws River verblassen.

Die Karoo und ihre Regionen

In der Sprache der Urbewohner der Karoo, nomadisierender Khiosan, heißt Karoo „Platz des Durstes", und das gilt damals wie heute. Die riesige und besonders aride **Groot Karoo** (Große Karoo) erstreckt sich von Calvinia im Westen über 600 km nach Cradock im Osten und von Oudtshoorn im Süden bis etwa Upington 500 km im Nordwesten. Erweiterte Rand- und Subregionen sind die *Bo-Karoo* (Obere Karoo) im Norden, die *False Karoo* im südlichen Free State und die *Sukkulenten-Karoo* im Westen (letztere reicht bis an den Atlantik) und im Süden die **Klein Karoo.** Diese verläuft nördlich der Garden Route zwischen zwei in Ost-West-Richtung parallel verlaufenden Gebirgsketten bis zu den Swartberg Mountains, und während dieser etwa 100 km breite und touristisch nicht ganz unbedeutende Streifen das Bild einer flachen Trockensenke mit sehr spärlichem Wasserangebot bietet, ist die **Große Karoo** (oder Nama Karoo) nördlich der Swartberg Mountains und nördlich der „Großen Randstufe" eine fast wasserlose Halbwüste oder Wüste auf 600 bis 1300 m Höhe. Zusammengenommen nehmen alle Karoo-Gebiete eine Fläche von ein paar Hunderttausend Quadratkilometer ein die sich über vier südafrikanische Provinzen erstrecken. Ursache für die Trockenheit sind die südlichen Bergketten, die als Barrieren wirken und feuchte Seewinde abhalten, und als Folge dieser klimatischen Verhältnisse entstand eine karoospezifische Tier- und Pflanzenwelt, die z.B. im *Karoo National Park* geschützt wird.

Die Karoo ist überdies eine der am dünnsten besiedelten Regionen der Erde mit nur einer oder zwei Personen auf einen Quadratkilometer. Fast alleiniges wirtschaftliches Rückgrat ist traditionell die Schaf- und Ziegenzucht, die Karoo produziert einen erheblichen Teil des südafrikaweit konsumierten Fleisches. Entlang der wenigen Flüssen (Orange River) wird Bewässerungslandwirtschaft betrieben.

Wirtschaftlich setzt man neuerdings auf riesige **Gasvorkommen,** auf denen die Karoo sitzen soll. Dieses Gas steckt tief im Gestein in bis zu 5 km Tiefe und kann nur mit der umstrittenen Fracking-Methode gewonnen und hochgeleitet werden. Dazu werden Chemikalien und riesige Mengen an Wasser benötigt, das danach hochkontaminiert ist. Aber gerade Wasser ist das kostbarste Gut der Karoo und knappe Lebensgrundlage von Mensch und Tier. Erste Widerstände von Karoo-Bewohnern gegen die Pläne von Shell und der südafrikanischen Sasol haben sich bereits formiert.

Groot Karoo-Landschaft

Matjiesfontein

Ein Highlight nostalgischer Art erreicht man nach weiteren 57 km, nämlich das unter Denkmalschutz stehende kleine Dörfchen Matjiesfontein. 500 Meter nach Verlassen der N1 erreicht man die einzige Hauptstraße mit viktorianischen Häusern, dem *Lord Milner Hotel* mit benachbartem Pub und dem Bahnhof.

Der Ort verdankt seine Entstehung ebenfalls den Cape Government Railways, 1876 ließ sich der Schotte James Douglas Logan hier nieder und eröffnete am Bahnhof einen Erfrischungsstand für die Reisenden. Nachdem die trockene Karooluft seine Lungenkrankheit geheilt hatte und sein Verkaufsstand florierte, baute er 1899 das Lord Milner Hotel und ein kleiner Luftkurort entstand. Prominente Gäste waren *Winston Churchill, Cecil Rhodes, Edgar Wallace, Rudyard Kipling* und die Schriftstellerin *Olive Schreiner,* die zwei Jahre hier lebte.

Im Zweiten Burenkrieg 1899–1902 (s.S. 154) waren hier 12.000 Soldaten stationiert und das Hotel wurde zum Lazarett umfunktioniert. Nach drastischer Reduzierung der Diamantenförderung in Kimberley im ersten Viertel des 20. Jahrhunderts ging der Eisenbahnverkehr zurück und Matjiesfontein fiel in einen Dornröschenschlaf. David Rawdon, ein erfolgreicher Hotelier, kaufte 1968 das ganze Dorf, renovierte alles und eröffnete 1970 das Lord Milner Hotel in altem Glanz.

Heute legen am Bahnhof die privat betriebenen touristischen Luxuszüge *Rovos Rail* und *Blue Train* einen Stopp ein, die Passagiere unternehmen eine vierminütige „Stadtrundfahrt" mit einem englischen Doppeldeckerbus und erfrischen sich im *Laird's Arms Pub.* Übernachten kann man einmal im Lord Milner Hotel in Zimmern/Suiten mit Bad sowie in verschiedenen Cottages im Dorf, zum Beispiel im Museums-Cottage in der Villa von Jimmy Logans Sohn oder im Olive Schreiner Cottage. In den Unterkünften ist alles viktorianisch, das Personal trägt authentische Kostüme, das Essen ist englisch. Mahlzeiten gibt es im Hotel, Snacks auch im Pub. SC-Cottage R470–770, Hotel-DZ R990–1390.

Information Tel. 023-5613011, www.matjiesfontein.com. Von Matjiesfontein nach Beaufort West sind es knapp 230 km.

Tankstelle in Matjiesfontein

Blick ins Universum: Sutherland

An der Kreuzung, an der Sie nach Matjiesfontein rechts abgebogen sind, geht es links über die asphaltierte R354 nach Sutherland, einem Wüstennest mit knapp 3000 Einwohnern in einem gottverlassenen Landstrich (die Winternächte sind hier klirrend kalt), aber mit einem der bedeutendsten Observatorien der Welt und mit dem größten Teleskop Südafrikas. Von der N1 sind es 110 km bis Sutherland und von dort weitere gute 13 km bis zum Eingangstor zum Observatorium. In Ortsmitte von Sutherland am Schild „SAAO/Fraserburg" rechts abbiegen. Sutherland gehört bereits zum Northern Cape, die Provinzgrenze verläuft etwa 40 km nördlich von Matjiesfontein.

Das *South African Astronomical Observatory* (SAAO) besitzt neben kleineren Sternwarten, die neben Südafrika auch von Deutschland, England, Polen, Japan, Korea und den USA betrieben werden, ein großes Kuppelgebäude mit einem sehr leistungsfähigen 11-Meter-Teleskop. Das SALT (Southern Africa Large Telescope), erbaut 2004–2005 könnte flackerndes Kerzenlicht auf dem Mond entdecken. Der Standort in der Karoo fernab jeglicher zivilisatorischen Lichtverschmutzung, die Höhenlage von 1550 Metern ü.d.M., die sehr trockene Luft und 300 wolkenlose Tage und Nächte bieten die besten Voraussetzungen für den Blick ins Weltall. Die Anlage besteht seit 1974, Tagsüber-Besichtigungstouren starten am Visitor Centre am Haupteingang. Es gibt eine *Fully Guided Tour,* bei der die Ausstellung im Visitor Centre erklärt wird und einige Teleskope besucht werden (Mo–Sa 10.30 u.14.30 Uhr, R40 p.P.). Bei der *Basic Tour* schaut man sich das Visitor Centre auf eigene Faust an und bekommt eine kurze begleitete Tour zu einigen Teleskopen (Sa 8–16 Uhr, stündlich, R30). Bei nächtlichen Touren wird der Sternenhimmel betrachtet (90 Min., kann aber kürzer sein, wenn doch mal atmosphärische Störungen oder starker Wind aufkommen; Mo, Mi, Fr, Sa, 18–20 Uhr, je nach Jahreszeit, R60). Alle Touren müssen unter Tel. 023-5712436, Mo–Fr 8–13 u. 14–16 Uhr, vorgebucht werden, www.saao.ac.za.

Information *Sutherland Tourism Bureau,* Piet Retief Street, Tel. 023-5711020.
Karoo Hoogland Tourism Office, Tel. 023-5711265, www.karoohoogland.co.za.

Es existieren in und um Sutherland einige einfache Unterkünfte und an der Hauptstraße ein paar Restaurants. **Sterland Caravan Park** 7 Stellplätze für Zelt und Caravan auf einer Farm 1 km vor Sutherland, von Matjiesfontein aus rechter Hand, Reservierung notwendig. Straße R354, Tel. 023-5711405, Cell 082-5569589, www.sutherlandinfo.co.za. – **Jupiter Guest House** Drei einfache Zimmer im Ort mit zum Haus gehörendem Bistro. 21 Jubilee St, Tel. 023-5711340. DZ R500. – **Kambro Kind B&B** Nettes B&B an der Hauptstraße. 14 Zimmer und 1 FeWo in verschiedenen Häusern, ein Restaurant gehört dazu. 19 Piet Retief St, Tel. 023-5711405, www.sutherlandinfo.co.za. DZ/F R700.

Karoo National Park

Gleich nordwestlich von Beaufort West liegt der etwa 800 km^2 große Karoo-Nationalpark, den eine große Varietät der Sukkulenten-Flora auszeichnet, Zufahrt zum Gate einige Kilometer südlich von Beaufort West an der N1. Heimisch sind u.a. Bergzebra, Rhino, braune Hyäne,

Löwe, Büffel, Gnu sowie schwarzer Adler und Kleinreptilien. Bekannt ist der Park vor allem auch für seine Fossilienfunde, ein *Fossil Trail* gibt Einblick in die Geologie und Paläontologie der Großen Karoo. Neben Wanderwegen können sich Off-Road-Fahrer auf vier 4x4-Strecken durch die Berge „austoben". Übernachtung ist möglich im Main Rest Camp in schönen Kapstil-Cottages und Chalets für 2–4 Personen (37 verschiedene Cottages/Chalets, auch behindertengerecht) oder auf Camping- und Caravan Sites. Office-Zeiten 7–19 Uhr. DZ/F R945–1045. Parkeintritt R120 p.P., www.sanparks.org.

Beaufort West

Beaufort West ist mit 50.000 Einwohnern städtisches Zentrum in der Karoo und bietet als größte Stadt der Region eine gute touristische Infrastruktur. Hauptstraße ist die N1, die in der Stadt zur *Donkin Street* wird.

Berühmtester Sohn war *Professor Christiaan Barnard,* der 1967 in Kapstadt die erste Herzverpflanzung der Welt durchführte. Sein Elternhaus rechts der Straße im Zentrum ist noch wie zu seiner Kinderzeit eingerichtet und kann besichtigt werden, im Garten ist seine Asche beigesetzt. Nebenan befindet sich die kleine *Dutch Reformed Mission Church* von 1871, in der sein Vater Adam als Pastor predigte. Beide Gebäude gehören zum Museum-Complex, wo auch Informationen zur Stadtgeschichte zu erhalten sind. Mo–Fr 7.45–16.45 Uhr, Sa 9–12 Uhr, Eintritt. 87 Donkin Street, Tel. 023-4152308.

Information Beaufort West Tourism, 25 Donkin St (Clyde House), Tel. 023-4151488.

Webseiten www.beaufortwest.net • www.beaufortwest.com
www.beaufortwestsa.co.za • www.centralkaroo.co.za

Unterkunft **Karoo Backpackers** Hübscher Backpacker unter deutscher Leitung mit großzügigen, sauberen und gut eingerichteten Zimmern in einem unter Denkmalschutz stehenden viktorianischen Haus. Doppel- und Mehrbettzimmer, Selbstversorgerküche, Grill und Grillgut sowie hausgekochte Mahlzeiten. 25 Donkin St, Tel. 023-4153226, www.karoobackpackers.co.za. DZ R400, Dorm R150 p.P. Frühstück u. Dinner a.A.

Suretta's B&B Gemütliches kleines B&B in einem kapholländischen Haus, 4 Zimmer. 15 Donkin St, Tel. 023-4143086, www.surettas.co.za. DZ R560, Frühstück u. Dinner a.A.

The Vale Karoo Farm Gepflegte Anlage auf einer aktiven Schaffarm mit Doppelzimmern, SC-Cottages und 4 Luxus-Caravan-Stellplätzen mit eigener Küche und Grill. Pool, Reiten, Quadbiken, Wandern, Klettern, Mountainbiken, BBQ. 28 km nordöstlich von Beaufort West an der N1, Einfahrt links. DZ R400–680, SC-Cottage R480, Caravanplatz R200 p.P. Frühstück u. Dinner a.A.

Ye Olde Thatch Alteingesessenes Gästehaus mit Restaurant, Pub und Gastzimmern im Garten. 4 Zimmer/AC, Pool. 155 Donkin St, Tel. 023-4142209, www.yeoldethatch.co.za. DZ/F R650–850. Dinner a.A.

75 km hinter Beaufort West zweigt von der N1 die N12 nach Kimberley ab und kurz danach heißt Sie eine Tafel im Northern Cape willkommen.

Province Northern Cape

Northern Cape ist die größte Provinz Südafrikas, mit 361.800 km² knapp größer als Deutschland. Sie hat Grenzen mit den Provinzen *North West, Free State, Eastern Cape* und *Western Cape.* Eine sehr trockene und wüstenhafte Provinz und deshalb spärlich besiedelt. Lebensader ist der *Oranje* bzw. der Orange River, der quer von Ost nach West fließt und auch Grenzfluss zu Namibia ist, mit dem *Ai-Ais/Richtersveld Transfrontier Park.* Ein weiterer Nationalpark am Oranje ist der *Augrabies Falls National Park.* Entlang der Flüsse Orange und Vaal gibt es prähistorische San-Felsmalereien.

Ganz im Norden grenzt die Northern Cape Province an Botswana mit dem länderübergreifenden und 38.000 km² großen *Kgalagadi Transfrontier Park* (Löwen, Oryxantilopen, Springböcke). Besuchens-

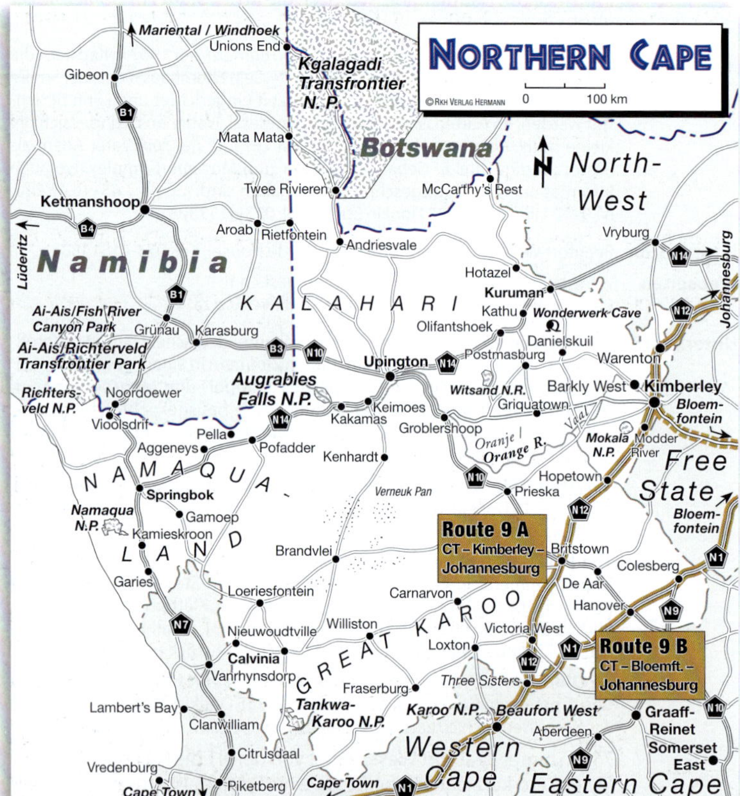

wert im August ist das westliche *Namaqualand,* das sich alljährlich nach Regenfällen in einen großen Teppich voller bunter Wildblumen verwandelt. Im Süden an der Grenze zum Western Cape ist der *Tankwa Karoo National Park* und bei Sutherland befindet sich der Standort des riesigen *South African Astronomical Observatory* (s.o.).

Daten & Fakten Northern Cape

Information	www.northerncape.org.za u.a. www.edtea.fs.gov.za
Provinz-Hauptstadt	Kimberley Andere größere Städte: Upington, De Aar
Fläche	800 km^2
Einwohner	gut eine Million
Sprachen	Meistgesprochen ist Afrikaans (68%), Setswana (21%), isiXhosa, Englisch
Flughäfen	Kimberley, Upington
Klima	Extrem trocken und sommerheiß, Rekord-Sonnenstunden mit sehr kalten Nächten
Wirtschaft	Karakul-Schafzucht, Landwirtschaft entlang des Oranje, Bergbau (Eisen), Diamanten
Touristische Highlights	Kimberley Mine Museum mit Big Hole, die Augrabies-Fälle und die oben aufgeführten Nationalparks
Reiserouten	Hauptdurchgangsstraßen sind die N7 von Kapstadt nach Namibia und die N12 Kapstadt – Kimberley – Johannesburg

Augrabies-Fälle

Route 9a: Nach Johannesburg auf der N12 via Kimberley

Wechseln Sie 75 km hinter Beaufort von der N1 nach links auf die N12, s. Hinweistafel „Johannesburg via Kimberley". Bis Kimberley sind es 414 km, bis Johannesburg 960 km. Über die N1 via Bloemfontein sind es bis Johannesburg gleichfalls 960 km. Das auf Landkarten vermerkte „Three Sisters" ist kein Ort, sondern so heißt neben dem Straßendreieck auch die kurz zuvor passierte Ultra City-Raststätte, eine Lodge 1 km weiter Richtung Bloemfontein sowie ein Trio rondavelförmiger Bergkegel im Osten.

SKA – „Square Kilometre Array"

63 km nördlich von „Three Sisters" wird das Städtchen Victoria West erreicht. Von hier zweigt in Ortsmitte die R63 links ab, über Loxton geht es nach Carnavon und von dort führt die R361 etwa 90 km weiter nach Nordwesten zum „Square Kilometre Array", wo seit 2012 Südafrikas modernste Radioteleskope aus dem Boden wachsen. Es ist Teil eines internationalen und milliardenschweren Astronomieprojekts, das die Geschichte des Weltalls mit Vorstoß per Radiowellen in vorher nie gekannte Alltiefen enträtseln soll. „Trick" sind dabei 3000 Radioteleskope von 12 Metern Durchmesser in weiteren acht afrikanischen Staaten sowie in Australien und Neuseeland, die dann nach ihrer Zusammenschaltung eine Gesamtsammelfläche von rund einem Quadratkilometer haben. Sieben Karoo-Parabolantennen von später dann insgesamt 64 beim Testprojekt „MeerKAT" stehen hier bereits, volle Betriebsbereitschaft des Gesamtplans wird erst für 2025 erwartet.

Britstown

Britstown, ein Farmstädtchen mit etwa 3500 Einwohnern, wird 167 km hinter „Three Sisters" erreicht. Hier ist ziemlich genau die Mitte zwischen Kapstadt und Johannesburg, beide Städte sind etwa 700 km entfernt. Britstown entstand im Sog des Diamantenfiebers von Kimberley und Hopetown. Diamantensucher pausierten hier,

Genügsame Karoo-Schafe an einer Tränke

erhielten neue Pferde, Futter und konnten übernachten, Später wurden auch in dieser Gegend Diamanten gefunden. Infos zu Britstown und Umgebung: deaarenvirons.co.za.

Zum Übernachten bietet sich die **Transkaroo Country Lodge** in der Stadtmitte (N12) an. Ihr à-la-carte-Restaurant hat einen gemütlichen Innenhof. 16 Zimmer/AC und 9 Backpacker-Rooms, Pool, BBQ. GPS S30°35'16.68" E23°30'18.88". 13 Market St, Tel. 053-6720027, www.transkaroocountry lodge.co.za. DZ/F R640–660, Backpacker R200 p.P., Dinner a.A.

Abstecher De Aar

Abstecher De Aar

An der N10 und 52 km östlich von Britstown liegt mit 6500 Einwohnern eine der „größten" Städte im Northern Cape und ein wichtiger Eisenbahnknotenpunkt. Hier kreuzen sich die Linien von Kapstadt über Kimberley nach Johannesburg und von Windhoek via Upington nach Port Elizabeth and East London. Im Zweiten Burenkrieg spielte De Aar eine bedeutende Rolle, heute ist sie Bischofssitz und wirtschaftliches Zentrum für ein großes Einzugsgebiet der Karoo, gehandelt wird mit Wolle und Vieh und die Gegend ist auch bekannt als Jagdgebiet. Die Schriftstellerin Olive Schreiner lebte von 1907 bis 1913 in De Aar, ihr Haus ist heute ein Restaurant.

Hopetown

Die Kleinstadt inmitten vieler Farmen erlangte Mitte des 19. Jahrhunderts an Bedeutung, als ein 15-jähriger Farmerjunge 1866 zufällig am Ufer des Orange River einen der ersten Diamanten Südafrikas fand, später „Eureka" getauft. Er ist heute als geschliffener Brillant mit 10,73 Karat im Mine Museum in Kimberley zu sehen. Danach fand ein Schäfer 1869 auf der nördlich gelegenen Zandfontein-Farm den 83,5-karätigen „Star of South Africa", den größten bis dato in Südafrika gefundenen Diamanten. Durch diese beiden Funde wurde das Diamantenfieber um und in Kimberley ausgelöst.

Die **Tourist Information** ist in der Church Street, Tel. 053-2030008.

Mokala N.P.

Zwischen Hopetown und Kimberley liegt der gut 190 km² große Mokala Park, der jüngste Nationalpark Südafrikas. Er befindet sich westlich der N12 einsam in aridem Gebiet in hügeliger Landschaft mit vielen Kameldorn-Bäumen. Spitz- und Breitmaulnashorn, Büffel, Antilope, Reedbuck, Wildebeest, Zebra, Kudu, Ostrich, Duiker, Springbok, Geier und andere Arten haben hier ein Rückzugsgebiet. Vom früheren Vaalbos National Park wurden 863 Tiere umgesiedelt. Nach Regenfällen sind die Parkpisten nicht mehr Pkw-tauglich.

Parkzufahrt 65 km nördlich von Hopetown, Ausschilderung nach links, von dort noch 21 km zum Gate. Vorhanden sind verschiedene hübsche Unterkünfte und zwei Campingplätze, s. www.sanparks.org. DZ ab R540, Parkeintritt R96 p.P.

Modder River

Bevor Kimberley erreicht ist, geht es rechts nach Modder River (Ausschilderung nach Jacobsdal), wo britische Truppen am 28. November 1899 im Zweiten Burenkrieg unter Lord Methuen in der

Schlacht von Modder River unter hohen Verlusten einen Angriff der Buren zurückschlugen.

Kimberley

Der Name „Kimberley“ ist heute immer noch untrennbar mit Diamanten verbunden, obwohl die Förderung fast komplett eingestellt wurde. Die Stadt mit 185.000 Einwohnern ist Haupt- und größte Stadt der Province Northern Cape, jedoch ohne Großstadtcharakter. Hauptattraktion ist das „Big Hole“, das angeblich tiefste von Menschenhand gegrabene Minenloch der Welt.

1871 gab es auf der Farm Voorbruitzicht, die den De Beers-Brüdern gehörte, einen der größten Diamantenfunde der Welt. Die Kunde zog Glücksritter aus der ganzen Welt an und Laufe der Zeit wurden hier 2722 kg Diamanten aus dem Boden geholt. In Boomzeiten durchbuddelten bis zu 50.000 Schürfer die Erde und gruben so ein riesiges Loch von 240 Meter Tiefe. Wellblechhütten, Zelt- und Barackenunterkünfte, Kneipen, Bordelle, Läden mit Werkzeug und Ausrüstung für die Digger und auch erste *mansions* entstanden – die Zustände in den ersten Jahren konnten nur als chaotisch bezeichnet werden.

Markante Persönlichkeiten waren seinerzeit der 19-jährige *Cecil Rhodes* aus England und spätere Premierminister von Südafrika und *Barney Barnato,* ein jüdischer Boxer aus London. Beide kauften Claim um Claim auf und machten sich gegenseitig Konkurrenz. In kluger

Das Big Hole von Kimberley

KIMBERLEY
0 500 m
©RKH Verlag Hermann
1 Australian Arms Guest House
2 Edgerton House
De Beers Mine
Queens Park
BELGRAVIA
»Big Hole«
Aussichts-plattform
Mine Museum (Minen-Museumsdorf)
Pub & Rest. »Star of the West«
historische Straßenbahn/ Tramway
Big Hole Caravan Park
Kimberlite Hotel
Showgrounds Caravan Park / Gum Tree Lodge (Youth Hostel)
Old McGregor Museum
Market Square
City Hall
Safari Steakhouse
De Beers Head Office
AA
Harry Oppenheimer Building
W. Humphreys Art Gallery
Civic Centre
Barnato's
Rudd Hs.
Dunluce House
Duggan-Cronin Gallery
McGregor Museum
Half Way House (Drive-in Pub)
300 m z. Aletheim Guest House
Cape Town
Barkly West
Bloemfontein
Johannesburg
Schmidtsdrif
R 64
R 31
R 29
N12
Hull
Aristotle
Regiment
Du Toitspan
Bultfontein
Lennox
Long
Pniel
Transvaal
Station
Old De Beers
Quinn
Bean
Chapel
Jones
York
Sidney
Eureka
Smuts
Cullinan Cr.
Hospital
Lyndhurst
Dalham
Bishops
Memorial
Main St.
Edgerton
Lodge
Rendlesham
Elsmere
Salisbury
Loch
Hemming
Spencer
Todd
Harley
Park
Woodley
Dunell
Knight
Ward
Roper
Godwin
Tyburn
Stockdale
Duncan
Compound
Thompson
Southey
Old Main
New Main
Eliott
Sussman
North Circular
South Circular
West Circular
Tucker
Graham
Georg

9

Vorahnung kaufte Rhodes auch die ausgeplünderten Felder der De-Beers-Brüder, die nicht ahnten, dass in tieferen Gesteinsschichten die größten Diamantenlager der Welt schlummerten. Er übernahm für seine Firma deren Namen und gründete die De Beers Consolidated Mines Ltd., Barnato verkaufte ihm 1888 seine Anteile.

Die Zustände verbesserten sich, und durch den Diamantenreichtum konnte sich die Stadt sogar elektrische Straßenlaternen und eine der ersten Straßenbahnen Südafrikas leisten. Diese fährt noch heute ab und zu zwischen dem Pub „Star of the West" am Mine Museum bis zur anderen Seite des Big Hole und zurück. Abfahrt jeweils zur vollen Stunde, es müssen aber mindestens 4 Personen an der Haltestelle hinter dem Pub warten. Am Wendepunkt der Strecke steigen die Passagiere nicht aus, sondern fahren direkt wieder zurück.

Während des Zweiten Burenkriegs war Kimberley ein militärisches Ziel der Engländer, die die Stadt vom 15.10.1899–15.2.1900 belagerten, eine Zeit, in der die eingekesselte Bevölkerung stark litt und viele starben. Mit dem Ausbruch des Ersten Weltkriegs und dem Sinken des Diamantenpreises wurde der Schacht unter dem Big Hole geschlossen, die Arbeiten in der De Beers Mine endeten 1995. Diese Mine wurde 2007 an „Petra Diamonds" verkauft, die heute dort in geringerem Umfang noch Diamanten fördert.

Innenstadt

Im Zentrum an der Old De Beers Road (Old Main Road) befindet sich der *Market Square* mit der eindrucksvollen *City Hall*. Bevor die Diamantengeschäfte von der De Beers Consolidated Mines Ltd. übernommen wurden, fand auf diesem Marktplatz der Diamantenhandel statt. Heute ist hier ein riesiger Parkplatz und Minibus-Bahnhof.

In der Stockdale Street Nr. 36, einem nicht für die Öffentlichkeit zugänglichen viktorianischen Gebäude, befand sich die Zentrale von De Beers. Später zog die Firma in das größere *Harry Oppenheimer Building*.

Harry Frederick Oppenheimer, 1908 in Kimberley geboren und 2000 in Johannesburg gestorben war einer der reichsten Männer der Welt. Es war der Sohn des deutsch-jüdischen Minenmoguls Ernst Oppenheimer aus Hessen, der in Johannesburg den weltgrößten Bergbaukonzern Anglo-American gründete und später bei De Beers groß einstieg. Die Familiendynastie Oppenheimer beherrschte fast 100 Jahre lang den globalen Handel mit Rohdiamanten. Nicholas Oppenheimer verkaufte 2011 seine De-Beers-Beteiligungen für 5,1 Milliarden Dollar an die Anglo-American.

Die *Duggan Cronin Gallery* zeigt umfassend das Leben der schwarzen Land- und Stadtbevölkerung zwischen 1919 und 1980 in Fotografien, Drucken, Kleidung, Handwerks- und Gebrauchsgegenständen. Geöffnet Mo–Fr 9–17 Uhr, Eintritt. Tel. 053-8392722, www.museumsnc.co.za.

In der North Circular Road gegenüber dem Mine Museum steht der älteste Pub von Kimberley, das *Star of the West* von 1870, wo sich heute anstelle von Minenarbeitern durstige Touristen erfrischen können.

McGregor Museum Das Gebäude wurde 1897 von Cecil Rhodes als luxuriöses Hotel und Sanatorium gebaut und während der burischen Belagerung wohnte er selbst dort. Heute sind dort Ausstellungen zur Geschichte und Ökologie des Northern Capes sowie zur Stadt- und Religionsgeschichte. Hier im Museum gibt es eine Broschüre zum „Belgravia Historical Walk", Belgravia war Kimberleys gehobenes Viertel zur Diamantenzeit und die Broschüre beschreibt zu diesem Spaziergang die noch bestehenden historischen Häuser. Mo–Sa 9–17 Uhr, So 14–17 Uhr, Eintritt. 5 Atlas St, Tel. 053-8392700, Tour-Buchung 053-8392717, www.museumsnc.co.za.

Kimberley Mine Museum und Big Hole Um die historischen Gebäude aus der Zeit des Diamantenfiebers zu erhalten, wurden sie in einem Freilichtmuseum neben dem Big Hole wieder aufgebaut („Big Hole Mining Town") und bilden heute, zusammen mit einigen Replikaten, eine sehr sehenswerte, originalgetreue Goldgräberstadt mit Shops, Bank, Wohnhäusern, Pubs, Büros, Barney Barnatos Boxing Academy, dem Farmhaus der de Beers-Brüder, deutsch-lutherischer Kirche, einem Gästehaus für Besucher und dem Pullman-Eisenbahnwagen von Cecil Rhodes, mit dem er zwischen Kapstadt und Kimberley pendelte. Start ist der Eingang des Visitor Centres.

Außerhalb dieses Museumsdorfes kann man die Unterkünfte der damaligen Minenarbeiter besichtigen und Arbeitsgerät sowie Maschinen, die damals zum Abbau verwendet wurden.

Weiterhin gibt es einige Shops, Café und Restaurant.

Das **Big Hole** hatte ursprünglich eine Tiefe von 240 Metern, einen Umfang von 1600 Metern und eine Fläche von 17 Hektar. Heute ist das Loch nur noch 214 Meter tief, wovon 40 Meter mit Grundwasser gefüllt sind. 2006 investierte die Firma De Beers 50 Millionen Rand für die Instandsetzung und Modernisierung der Anlagen um das Big Hole. Das Museum wurde modernisiert, bekam ein Kino und über dem Loch wurde eine neue Plattform installiert, von wo aus Besucher nun senkrecht in die Tiefe schauen können.

Mine Museum mit Big Hole sind Mo–Sa 8–17 Uhr geöffnet. Touren (auch „Underground Experience") Mo–Sa ab 9 Uhr stündlich, letzte 16 Uhr. Sa/So ab 9 Uhr alle 2 Stunden, letzte 15 Uhr, R75 p.P. Tucker St, Tel. 053-8304423. Alle weiteren Infos mit einer interaktiven Karte des Mine Museums mit allen Sehenswürdigkeiten auf www.thebighole.co.za.

Reise-Infos Kimberley

Information Diamond Visitor Centre, 121 Bultfontein Road, Tel. 053-8327298.

Webseiten www.kimberley.co.za • www.northerncape.org.za/diamond_route
www.thebighole.co.za • www.centralsouthafrica.com

Tour-anbieter Möglich sind verschiedene Touren in und um Kimberley. Die beliebte abendliche „Ghost Trail-Tour" mit Gruselgeschichten (18–22 Uhr) und „Goldwaschen" bietet *Diamond Tours Unlimited* an, Hadison Park, Cell 084-6457754, www.diamondtours.co.za.

Stadtführungen mit Veronica Bruce, Tel. 083-6116497, oder Frank Dippenaar, Tel. 082-7410134. Touren zum Thema „Burenkrieg" mit Frank Higgo, Tel. 082-9636657, oder Steve Lunderstedt, Tel. 083-7323189.

Unterkunft

Riverside Resort Camping-/Caravanplatz am Ufer des Riet River, 35 km südlich von Kimberley bei Modder River, an der N12-Ausfahrt „Ritchie" 3 km der Ausschilderung folgen. 35 Stellplätze, Pool, Angeln, Bootsvermietung, BBQ, Pub/Restaurant, Shop.

Gumtree Lodge Große Anlage auf 10 ha großem Grundstück mit Mehrbettzimmern, einfachen Doppel- und Familienzimmern und Ferienwohnungen. 5 km östlich über die R64 Richtung Bloemfontein. 200 Betten, Pool, BBQ, Wi-Fi, Gemeinschaftsküche, Restaurant. Ecke Hull St/Old Bloemfontein Rd, Tel. 053-8328577, www.gumtreelodge.com. Dorm R160 p.P., SC R100–250 p.P., DZ R600.

Aletheim Collection Verschiedene Ferienwohnungen in der Innenstadt für 2 bis 12 Personen. Haupthaus und Garden Cottages an der Milner Street ist am elegantesten. 13 Zimmer, teilw. AC, Wi-Fi, BBQ, Pool. 59 Milner St, Tel. 053-8321907, www.aletheim.co.za. FeWo R495–700, Dinner a.A.

Australian Arms Guest House Nostalgisch übernachten im Big Hole Mining Village, wie eine Zeitreise. Tel. 053-8321526. DZ ca. R850.

Edgerton House Elegantes Gästehaus in kolonialem Ambiente in Belgravia, dem besten Viertel von Kimberley. 11 Zimmer/AC, Pool. 5 Egerton Rd, Tel. 053-8311150, www.edgertonhouse.co.za. DZ/F ab R950.

Restaurants

Alle Restaurants befinden sich im historischen Stadtteil Belgravia.

Butlers Restaurant Fine Dining-Restaurant im eleganten The Estate Private Hotel. Mo–Sa 18.30–22 Uhr. 7 Lodge St, Tel. 053-8322668, Cell 082-8248710, www.theestate.co.za/butlers.php.

Mario's Restaurant Bester Italiener am Ort und eigentümergeführtes Terrassenrestaurant. 159 Du Toitspan Rd, Tel. 053-8311738, www.marios-kimberley.co.za.

Annabelle's Restaurant Fine Dining-Restaurant im vornehmen Halfway House Hotel von 1872 mit nostalgischem Ambiente. 229 Du Toitspan Rd, Tel. 053-8316324, www.halfwayhousehotel.co.za/restaurant.php.

Wahlweise Weiterfahrt

Weiterfahrt nach Bloemfontein und danach Johannesburg: Wer zusätzlich noch Bloemfontein besuchen möchte, kann von Kimberley über die N8 nach Bloemfontein fahren (165 km) und folgt anschließend unserer Route 9b.

Province North West

Die überwiegend ländlich geprägte und semiaride *Province North West* ist die Grenzprovinz zu Botswana und die Erholungsregion der Bewohner des Großraums Johannesburg und Pretoria. Dazu zählt in erster Linie das Freizeitparadies Magaliesberg mit Hartbeespoort Dam, idealer Ort für Wassersport- und Outdoor-Aktivitäten. Die Reißbrettstädte Sun City und Lost City sind beliebte Unterhaltungs- und Glücksspielzentren. Ein Ausflugsziel von Johannesburg ist auch *Maropeng* mit Fossilienfunden von Urmenschen (Sterkfontein Caves). Es gibt zwei malariafreie Wildparks, beide mit „Big Five"-Besatz, das *Madikwe Game Reserve* und *Pilanesberg Game Reserve,* letzteres in direkter Nachbarschaft zu Sun City. Größte Städte sind Potchefstroom und Klerksdorp (Matlosana), andere Brits und Rustenburg.

Daten & Fakten North West

Information	www.tourismnorthwest.co.za • www.parksnorthwest.co.za • u.a.
Provinz-Hauptstadt	Mahikeng (früher Mafikeng) nahe de Botswana-Grenze, zusammengewachsen mit der Nachbarstadt Mmbatho.
Fläche	116.300 km². Benachbarte Provinzen: Gauteng, Mpumalanga, KwaZulu-Natal, Eastern Cape, Northern Cape und North West.
Einwohner	3,2 Mio.
Sprachen	Setswana (65,4%), Afrikaans (7,5%), isiXhosa (5,8%)
Wirtschaft	Platin- und Goldminen, Landwirtschaft (Mais, Sonnenblumen) und Viehzucht (Stella bei Vryburg). Wirtschaftliche Zentren sind Potchefstroom, Klerksdorp und Rustenburg.
Touristische Highlights	s.o.

NORTH WEST
© RKH Verlag Hermann
0
100 km
N
Route 1a (Nordroute)
Route 1b (Ostroute)
Route 3 Durban – Johannesburg
Route 9 A CT – Kimberley – Johannesburg
Route 9 B CT – Bloemft. – Johannesburg
Limpopo Province
Gauteng
Free State
Northern Cape
Botswana
Polokwane (Pietersburg)
Bela-Bela
Borakalalo N.P.
Thabazimbi
Pretoria/ Tshwane
Ermelo
Johannesburg
Soweto
Brits
Hartbeespoort Dam
Magaliesberg
Magliesburg
Krugersdorp
Mogwase Gate
Pilanesberg G.R.
Sun City
Lost City
Boshoek
Rustenburg
Madikwe Game Reserve
Straatsdrif
Groot Marico
Koster
Marico Bosveld N.R.
Zeerust
Schlacht von Mosega
Bakerville
Lichtenburg
Ventersdorp
Potchefstroom
Vredefort Dome
Parys
Vredefort
Sasolburg
Vaal River
Vaal Dam N.R.
Durban
Heilbron
Frankfort
Reitz
Lindley
Bloemfontein
Kroonstad
Viljoenskroon
Klerksdorp
Orkney
Hartbeesfontein
Bothaville
Leeudoringstad
Makwassie
Wolmaranstad
Ventersburg
Welkom
Wesselsbron
Hoopstad
Bloemhof
Christiana
Kimberley
Warrenton
Valspan
Gaborone
Lobatse
Kanye
Ramatlabana
Mmabatho
Mahikeng
Sannieshof
Barberspan
Barberspan N.R.
Delareyville
Schweizer-Reneke
Aalia
Taung
Stella
Tlhakgameng
Vryburg
Ganyesa
Tosca
Cassel
Lykso
Revilo
Bray
Pomfret
Khakhea
Werda
Vorstershoop
Severn
Kuruman
Maleshe
Sonstraal
Olifantshoek
Upington
N1
N3
N4
N12
N14
R 27
R 378
R 510
R 511
R 556
R 565

Weiterfahrt Vor Warrenton, etwa 70 km nördlich von Kimberley, zweigt von der N12 die N18 nach Vryburg und Mahikeng (Mafikeng) ab. Hinter Warrenton beginnt die North West Province.

40 km weiter erreicht man die Kleinstadt **Christiana** am Vaal River, der die Grenze zur Provinz Free State bildet. Der Ort entstand um 1870, als dort Diamanten gefunden wurden. Namensgeberin war die Tochter von Marthinus Wessel Pretorius, von 1857–1863 erster Präsident der Südafrikanischen Republik, die damals das Gebiet des späteren Transvaal umfasste.

Bloemhof Dam Nature Reserve An der N12, östlich des Ortes Bloemhof und 170 km nördlich von Kimberley, wird der Fluss Vaal durch den Bloemhof Dam aufgestaut und ist mit seinen 25.000 ha Wasserfläche einer der größten Stauseen Südafrikas. Am nördlichen Ufer befindet sich das 7800 ha große *Bloemhof Dam Nature Reserve,* in dem verschiedene Säugetiere leben, wie Breit- und Spitzmaulnashorn, Wildkatze, Erdwolf, Schakal, Hyäne, Dachs, Fuchs, verschiedene Antilopenarten und mehr. Unterkunft findet man in einfachen Chalets und auf einem Campingplatz. Gäste können angeln, Boote mieten und verschiedene Wassersportarten betreiben. Tel. 053-4331706, www.parksnorthwest.co.za/bloemhof_dam.

Klerksdorp/ Matlosana Die unattraktive Minenstadt ist mit etwa 120.000 Einwohnern eine der größten Städte der Provinz North West. Einige der Gold-, Uran- und Platinminen können auf Anfrage besichtigt werden. Außerdem ist Klerksdorp das Zentrum der umliegenden Agrarindustrie. Information: www.klerksdorp.co.za.

Von der Stadt aus 5 km nördlich an der R30 befindet sich das *Klerksdorp Dam Holiday Resort* an einem Stausee, von der N12 ausgeschildert. Dort sind Caravan-/Campingplätze und 10 einfache SC-Chalets, Pool und ein Restaurant. Tel. 018-4069830 u. 018-4627210.

Potchefstroom

Die Universitätsstadt mit 130.000 Einwohnern gehört zur Tlokwe Municipality und liegt 145 km südöstlich vom Johannesburger OR Tambo International Airport, bis in die Innenstadt von Johannesburg sind es noch 120 km.

Potchefstroom wurde 1838 als erste europäische Transvaal-Siedlung vom Voortrekker-Führer Andries Potgieter aus Mooiriviersburg gegründet und bildete zusammen mit dem südlich davon gelegenen Winburg ab 1844 die Burenrepublik Winburg-Potchefstroom. Nach vier Jahren ging sie in der Südafrikanischen Republik auf. Im Ersten Burenkrieg 1880–1881 fiel hier der erste Schuss zwischen Briten und Buren im Dezember 1880.

Der örtliche Museums-Complex befindet sich an drei Standorten, Hauptthemen sind der *Große Trek*, die *Südafrikanische Republik* und die beiden Burenkriege. Das *Main Museum* besteht aus drei Kunsthallen. Das *Totius House* Ecke Van der Hoff-/Esselen Streets ist im edwardianischen Stil erbaut, hier wohnte der Bibelübersetzer und Dichter Totius. Im *President Pretorius Museum* am Van der Hoff Way lebte der erste Präsident der Südafrikanischen Republik, sein Grab befindet sich ebenfalls in Potchefstroom. Main Museum, Ecke Wolmarans Street/Sol Plaatjie Avenue, Tel. 018-2995021, www.potch-museum.wozaonline.co.za/About+Potch+Museum. Mo–Fr 8–13 u. 14–16 Uhr, Sa 9–13 Uhr, So 14.30–16.30 Uhr, Eintritt.

Information Tourism Information Centre, N12, Ecke Nelson Mandela Drive, Ecke Walter Sisulu Ave, Tel. 018-2931611/3, www.potchefstroom.info. Mo–Fr 7.45–16.30 Uhr.

Webseiten www.potch.co.za • www.tourismnorthwest.co.za

Unterkunft **Lakeview Holiday Resort** Netter Camping-/Caravanplatz in Seenähe mit Pool und Shop. 46 Stellplätze. Ausschilderung 25 km nördlich von Potchefstroom, von der N12 nach rechts. Tel. 018-2901104, www.lakeviewresort.co.za.

A Leopard Lily B&B Günstiges B&B, auch Selbstverpflegung möglich. 4 Zimmer, Pool, Wi-Fi. Von der N12 vor der Mooi River Mall links in die Govan Mbeki Ave (R53), links in die Chief Albert Luthuli St (R53), hinterm Bahnübergang 2. Straße rechts in die Wilgen Street und die 1. links in die Rissik Street. 117 Rissik St, Kannonierspark, Tel. 018-2933315, Cell 082-4329585, potchefstroom.co.za/leopardlily. DZ/F R400-700, Dinner a.A.

Road Lodge Preiswertes Kettenhotel hinter der Mooi River Mall mit kleinen, aber sauberen Zimmern. Govan Mbeki Dr, Ecke James Moroka Ave, Tel. 018-2939300, www.citylodge.co.za. DZ R494.

Willows Garden Hotel Nahe Mooi River Mall und Golfplatz gelegenes Upperclass-Hotel mit Restaurant und Pool. 41 Zimmer, 2 Suiten. Von der N12 vor der Mooi River Mall rechts in die Govan Mbeki Ave (R53). 82 Govan Mbeki Ave, Tel. 013-2976285, www.willowsgardenhotel.co.za. DZ/F R800–1000.

Abstecher Vredefort Dome

Der Vredefort Dome ist das Zentrum eines gewaltig großen Einschlagkraters eines riesigen Asteroiden, der mit geschätzten 10 km Durchmesser vor mehr als 2 Milliarden Jahren auf die Erde einschlug. Der Krater maß rund 300 km im Durchmesser. Es ist der größte Asteroid der Erdgeschichte, fast doppelt so groß wie jener, der vor 65 Millionen Jahren die Saurier zum Aussterben brachte. „Dome" deshalb, weil die Felsschichtungen im Zentrum des Aufschlag sich kuppelartig aufhäuften. Der Vredefort Dome zählt zum UN-Welterbe. Anfahrt: von der N12 in Potchefstroom (Mooi River Mall) aus über die R53 (Parys Ave) in östlicher Richtung. Nach etwa 36 km zweigt nach rechts eine Piste Richtung Ventenskroon ab, von hier noch 15 km (ausgeschildert), Tel. 018-2932818, www.vredefortdome.org.

Ende der Route 9a Kapstadt – Kimberley – Johannesburg

Zum Flughafen kann den Stadtmoloch Johannesburg südlich großzügig umfahren werden. Dazu immer auf der N12 nach eMmalahleni/Witbank bleiben, der Flughafen ist von dieser Autobahn aus ausgeschildert.

Route 9b: Nach Johannesburg auf der N1 via Bloemfontein

Wer am Straßendreieck „Three Sisters" (s.o) nicht auf die N12 nach Kimberley abgebogen ist, bleibt weiter auf der N1 nach Bloemfontein (465 km). 170 km weiter passiert die N1 das dörfliche **Hanover,** das von deutschen Einwanderern Mitte des 19. Jahrhunderts gegründet wurde. Hier ist auch etwa die Hälfte der Strecke zwischen Kapstadt und Johannesburg geschafft. Die umliegenden Farmen leben von der Merinoschafzucht. Zum „Hanover Information Centre" von der N1 dem braunen Hinweisschild folgen, Ecke Market/Queen Street.

Colesberg

Nach weiteren 75 km nähert man sich Colesberg, dessen unübersehbare Landmarke der 364 m über das Land hochragende *Coles Kop* ist, einer der typischen Kegelstumpf-„Koppies" der Karoo. Colesberg ist ein nett-beschauliches Städtchen, das über historische Bausubstanz verfügt und als Übernachtungsort empfehlenswert ist. 1830 gegründet, hat es heute knapp 18.000 Einwohner und gehört zur Umsobumvu Municipality. Es ist ein Zentrum der Merino-Schafzucht und es gibt außerdem viele Pferdegestüte.

Von der N1 zweigt nach rechts die N9 nach Port Elizabeth ab, fürs Ortszentrum danach nach rechts in die Sluiters Street abbiegen und hinter der Caltex-Tankstelle links. Bei der großen *Dutch Reformed Church* mit einem Uhrenturm geht es an der dortigen Stoppstelle nach links in die Cilliers Street zu einem der *Toverberg Guest Houses* (s.u.) und geradeaus und um ein paar Ecken zum *Information Office* in der Murray Street, das u.a. dreistündige Stadtrundgänge anbietet. Tel. 051-7530678, www.colesberginfo.co.za.

In Colesberg gibt es einige *National Monuments,* wie z.B. das **Kemper Museum** in der Murray Street von 1862, in den Ortsgründungsjahren eine Bank und ein hervorragendes Beispiel des Karoo-Baustils. Zu sehen sind hier Fotografien und Objekte aus dem Ersten Burenkrieg (Colesberg war eine der ersten englischen Städte der Karoo, die von den Buren angegriffen wurden), eine Spielzeugsammlung des 19. Jahrhunderts, eine Ausstellung über nomadisierende Bewohner der Karoo, Fossilien der ersten Reptilien und eine Nachstellung des ersten Diamantenfundes von Hopetown, als Erasmus Jacobs den „Eureka" fand.

In der Innenstadt gibt es neben der Kirche von 1863 noch etliche interessante Häuser im kapholländischen und georgianischen Stil mit Dächern aus verschiedenen Naturmaterialien, wie Gras, Lehm und Holz. In der Bell Street 5 befindet sich die **The Horse and Mill,** die letzte pferdebetriebene Mühle des Landes, heute ein Pub-Restaurant für Lunch und Dinner. Traditionelle Karoo-Kost serviert das **Plattelander Restaurant** in der Church Street, in der gleichen Straße gibt es auch noch den **Ketelfontein Tea Garden** und den **Bordeaux Coffee Shop.**

Unterkunft Vorhanden sind über ein Dutzend Unterkünfte in diversen Preisklassen in der Stadt und außerhalb auf Farmen.

Toverberg Guest Houses An verschiedenen Standorten im historischen Stadtkern wird in restaurierten viktorianischen Häusern Guest House-, FeWo- und Backpacker-Unterkunft mit Familienzimmer angeboten. Haupthaus: 4 Charl Cilliers St (vormals Dwars St), Tel. 051-7530422, Cell 072-4272934, www.toverberg.co.za. FeWo R300 p.P., Backpacker R160 p.P., Frühstück a.A.

Kuilfontein Stable Cottages Die alten Pferdeställe auf einem Rennpferdegestüt wurden in elegante Zimmer umgewandelt. 8 Standard-, Familien- und Luxuscottages, Pool, Wi-Fi. GPS S30°47'59.2" E024°59'20.3". N1, 12 km südlich von Colesberg, Tel. 051-7531364, www.kuilfontein.co.za. DZ/F R405–495, Dinner a.A.

Gariep Dam

Mit 374 qkm Wasserfläche wird hier der Oranje River zum größten Stausee Südafrikas aufgestaut. Gebaut wurde er in den Jahren 1962–1971, die Staumauer ist 88 m hoch und 914 m lang. Der See, durch dessen Mitte die Grenze zwischen Northern Cape und Free State verläuft, bietet viele Freizeitmöglichkeiten wie Wasser- und Luftsportarten. Infos und Unterkünfte auf www.gariepdam.com.

Am See gibt es im *Forever Resort Gariep* Camping-/Caravanplätze und SC-Chalets. Dazu 42 km nach Colesberg und hinter der Orange-Bücke und der Grenze zum Free State von der N1 auf die R701 zum Gariep Dam abbiegen („Lake Gariep Route") und dem späteren Hinweis zum Forever Resort folgen (Tel. 051-7540045, www.forever gariep.co.za. DZ R1030). Zur Dammkrone geht es in die gleiche Richtung links ab („Gariep Dam/R58 Venterstad"). Hinter der Shell-Tankstelle stehen Info-Tafeln mit Hinweisen auf Unterkünfte und Restaurants, danach zweigt links die Zufahrt zum Forever Resort ab. An der Staumauer gibt es Parkplätze und Toiletten, man kann zur anderen Seite rüberfahren oder zu Fuß gehen. Wenn Sie die Staudammmauer samt hydroelektrischer Anlagen von unten sehen möchten kurz weiterfahren und links die Straße runter zu einer Brücke, die den abfließenden Oranje überquert.

Province Free State

Die in ihrem Umriss bohnenförmige Provinz Free State liegt westlich und nördlich von Lesotho. Free State hat die meisten Grenzen zu anderen Provinzen Südafrikas, nämlich zu Gauteng, Mpumalanga, KwaZulu-Natal, Eastern Cape, Northern Cape und North West. Der „Freistaat" wurde 1854 als unabhängige Buren-Republik *Oranje Vrystaat* gegründet, als direkte Folge des „Großen Treks". Im Zweiten Burenkrieg 1899–1902 verloren der Vrystaat und Transvaal gegen die Engländer. Das burische Erbe ist vor allem auf den Farmen draußen auf dem weiten Land noch überall spürbar. Entlang der Haupt- und Grenzflüsse *Orange River* und *Vaal River* liegen attraktive Ferienorte. Der Free State ist wie geschaffen für Freunde des Outdoor-Lebens, es gibt viele Wild- und Naturparks mit Wanderwegen, an Bergbächen kann man Angeln und an den Staudämmen von Vaal und Sterkfontein Wassersport treiben. Bekanntester Park ist der **Golden Gate**

Highlands National Park nahe der Nordspitze Lesothos am Fuß der Maluti-Berge, ein reizvolles, tierreiches Hochlandgebiet (s.S. 433). Verkehrshauptschlagader ist die N1, die die Provinz in Süd-Nordrichtung durchschneidet.

Daten & Fakten Free State

Information	www.edtea.fs.gov.za
Provinz-Hauptstadt	Bloemfontein bzw. Mangaung (die Metropolitan Municipality inkorporiert Bloemfontein, Botshabelo u. Thaba Nchu)
Fläche	knapp 130.000 km^2
Einwohner	2,8 Mio.
Sprachen	Sesotho (65%), Afrikaans (12%), isiXhosa (9%)
Klima	Free State ist eine Sommerregen-Region mit sehr kalten Wintern im östlichen Berggebiet. Die westlichen und südlichen Gebiete sind Halbwüsten.
Wirtschaft	Überwiegend Landwirtschaft mit Weizen-, Mais- und Sonnenblumenanbau; viele Kirschbaumplantagen in der Region Ficksburg. Wirtschaftszentren sind Bloemfontein, Welkom (Goldbergbau), Sasolburg (Kohlechemie) und Diamantenminen.
Touristische Highlights	*Golden Gate Highlands National Park* und *Vredefort Dome,* Zentrum eines ehemaligen Asteroiden-Einschlagkraters.
Alljährlich große Feste	*Mangaung African Cultural Festival* (Macufe), *Cherry Festival* in Ficksburg, www.cherryfestival.co.za/
Reiserouten	die Provinzseite www.edtea.fs.gov.za stellt bei „Tourism" knapp ein Dutzend Touristenrouten durch den Free State vor.

Bloemfontein (Mangaung)

Vom Abzweig Gariep Dam an der N1 sind es bis zur Free-State-Hauptstadt Bloemfontein noch 180 km. Der Voortrekker Johannes Nicolaas Brits baute 1840 seine Farm an einer blumenbewachsenen Quelle und nannte sie „Bloemfontein" – Blumenquelle. Heute sind Blumen immer noch ein großes Thema in der „Stadt der Rosen", hier findet alljährlich Ende Oktober das Rosen-Festival statt, und im Kings Park (s. Stadtplan) sind 4000 Rosenbüsche zu bewundern. Bloemfontein liegt klimatisch günstig auf 1400 m Höhe, bietet aber außer ihren zahlreichen historischen Zeugnissen aus der Anglo-Burenzeit keine weiteren Gründe hier länger zu verweilen.

Ab 1846 wuchs der Ort kräftig an 1854 riefen die burischen Voortrekker ihre unabhängige Republik *Oranje Vrystaat* mit der Hauptstadt Bloemfontein aus. Während des Zweiten Burenkriegs 1899–1902 geriet die Stadt am 13. März 1900 in die Hand britischer Truppen, Aufzeichnungen darüber befinden sich im Anglo-Boer War Museum (s.u.). Als Folge dieses Krieges verlor Vrystaat mit

Bloemfontein/ Mangaung
0 500 m
©RKH Verlag Hermann
Botanical Gardens
Soutpan u. N1 z. Primavera Guest House in Waverly
R 700
Oliewenhuis
Franklin Game Reserve
Naval Hill
Orchid House
Naval Hill
Rest. New-York
Mimosa Shopping Mall
zur N1 u. R64
z. N8 n. Kimberley
King's Park
Rose Garden
Zoo
Loch Logan Waterfront
Freshford-House-Museum
Rest. Seven on Kellner
National Museum
Supreme Court of Appeal
City Hall
Sand du Plessis Theatre Complex
Stadium
Nat. Afrikaans Literary Museum
Fourth Raadsaal
Twin Spired Church
Bloemfontein (»Blumenquelle«)
Old Presidency
Hoffman Square
Station
zur N8 u. Airport
First Raadsaal
Herzog House Museum
Queen's Fort
Military Museum
Aliwal North / Buffalo City (East London)
Ca. 2 km: National Women's Memorial u. War Museum of the Boer Republic
Stadthotels
1 City Lodge
2 Urban Hotel
3 President Hotel
4 Florentia Guest House
Thomson
Nettleton
Parfitt Ave
Proctor
Third
Reid
President Steyn
President Reitz
Brill
Connor
Brebner
Happy Valley
Deane
Harry Smith
Louis Botha
Aliwal
Union
Delville
8th
7th
6th
5th
Fourth
Third
Second
First
Collins
Fawkes
Fairview
Brompton
Cromwell
Andr. Pietorius
Lombard
Glen
Long
Zastron
Nelson Mandela
Henry
Second Ave
Kellner
Barnes
Kloof
Short Str.
Cricket Str.
West Burger
East Burger
Alexandra
Kingsway
First
Markgraaf
Elizabeth
Charles
Maitland
St. Andrews
Fountain
Selbournein
Douglas
Fraser
Fichardt
Hanger
At Horak
Betoger
Park
Ella
King Edward
Bloemspruit-Canal
Pres. Brand
Green
Gordon
Pres. Boshof
St. Georges
Park
Peet
Saltzman
Goddard
T. Kazerne Str.
Bastion
Victoria
Hugenot
Roth
Church
Ford
Harvey
Krause
President Rhodes
Pienaarl
Watkey
Kotze
Kolbe

9

Transvaal ihre Unabhängigkeit und wurden am 31.5.1910 mit den britischen Territorien Cape Colony und Natal zur Südafrikanischen Union vereint. 1910 wurde Bloemfontein Gerichtshauptstadt mit Sitz des *Supreme Court of Appeal* und 1912 gründete sich hier der ANC bzw. seine Vorläuferorganisation (s.S. 77). Heute ist Bloemfontein mit über 400.000 Einwohnern die sechstgrößte Stadt Südafrikas und Bestandteil der *Mangaung Municipality* mit insgesamt etwa 800.000 Menschen. Sie ist auch Heimat der 1904 gegründeten *University of the Free State* mit über 30.000 Studenten (www.ufs.ac.za).

Stadtbesichtigung

Hinweis: Sammelwebseite für Bloemfonteins Museen und historische Gebäude ist www.nasmus.co.za. Nördlich der Innenstadt liegen (s. Stadtplan):

Vom **Naval Hill** hat man einen schönen Blick auf die Stadt. Das dortige *Franklin Game Reserve* ist ein 192 ha großes Naturereservat mit Giraffen, Straußen und verschiedenen Antilopen. In der Nähe ist das sehenswerte **Orchid House** mit einer umfangreichen Varietät derselben und anderer Flora-Vertreter unter einem Glaskuppeldach.

Das **Oliewenhuis Art Museum** befindet sich in einem sehr schönen kapholländischen Gebäude, in dem früher die südafrikanischen Staatspräsidenten residierten, wenn sie sich in Bloemfontein aufhielten.

Die edle Kunstgalerie zeigt zeitgenössische Werke südafrikanischer Künstler. Mo–Fr 8–17 Uhr, Sa 9–17 Uhr, So 9–16 Uhr, Eintritt. 16 Harry Smith St, Tel. 051-4479609, www.nasmus.co.za.

Das **Freshford Museum** in der 31 Kellner St dokumentiert das Leben einer wohlhabenden Familie um 1900. Mo–Fr 10–13 Uhr, Sa/So 14–17 Uhr, Eintritt. Tel. 051-4479609, www.nasmus.co.za.

Im und um das Zentrum: Bloemfonteins **National Museum** zeigt Ausstellungen zur Gründung und Entwicklung der Stadt und des Free State, zur Architektur der damaligen Zeit sowie als interessantestes Thema den Nachbau einer historischen Straße. Außerdem gibt es jeweils eine Halle über Geologie, Archäologie, Paläontologie und Astronomie. Mo–Fr 8–17 Uhr, Sa 10–17 Uhr, So 12–17.30, Eintritt. 36 Aliwal St, Tel. 051-4479609, www.nasmus.co.za.

Auf der President Brand Street steht die doppeltürmige und imposante **City Hall** mit ihrer hellen Sandsteinfassade von 1935. An der Ecke Brand/Charles Street befindet sich das **Supreme Court of Appeal,** das höchste Berufungsgericht in Sachen Zivil- und Strafrecht, www.justice.gov.za. Gegenüber sieht man den **4th Raadsaal,** eines der schönsten Gebäude von Bloemfontein. Das Gebäude im Renaissance-Stil mit Ionischen Säulen, Giebeldreieck und Kuppel wurde 1893 erbaut, heute gehört es zum Gerichtskomplex. Die Reiterstatue vor dem Gebäude zeigt Christiaan de Wet, Politiker und General im Zweiten Burenkrieg.

In der Markgraaf Street befindet sich der **Sand du Plessis Theatre Complex,** ein 1985 erbautes, damals ultramodernes Gebäude für

Theater, Opern, Musicals, Konzerte und andere Aufführungen. Anmeldung für Besichtigungen Tel. 051-4477771, Spielplan und Buchungen auf www.pacofs.co.za oder im Pacofs-Ticket Office links neben dem Theater, Ecke St Andrews Street. Mo–Fr 8.30–17 Uhr, Sa 8–12 Uhr, Tel. 051-4477772.

In der President Brand Street zwischen Elizabeth und St Andrews Streets steht, Identifizierbar an seinem Uhrenturm, das **National African Literary Museum** und Werken afrikaanser Autoren.

Gleichfalls in der Brand Street, über den Bloemspruit Canal hinweg auf der rechten Seite, steht die **Old Presicency** mit Visitor Centre. In diesem 1861 fertiggestellten Gebäude mit Ecktürmen lebten die drei Vrystaat-Präsidenten Brand (1864–1888), Reitz (1888–1895) und Steyn (1896–1900). Heute gibt es hier einen Konzertsaal und ein Museum mit Dokumentationen zum Leben dieser Präsidenten. Die ehemaligen Ställe hinter dem Gebäude beherbergen einen Coffee Shop, auf dem Hof sind alte landwirtschaftliche Geräte zu sehen. Di–Fr 10–12 u. 13–16 Uhr, Sa/So 13–17 Uhr. 17 President Brand Street, Tel. 051-4480949.

Der zum National Museum gehörende **First Raadsaal** ist das älteste und noch im Originalzustand erhaltene Gebäude der Stadt. Der britische Major H.D. Warden ließ es 1849 als erste Schule nördlich des Orange River erbauen. Ab 1854 wurde es als Sitzungssaal der Vrystaat-Regierung genutzt, und als diese 1856 in größere Räumlichkeiten umzog, wurde es wieder eine Schuleinrichtung bis 1877. Von da an war es das erste National Museum in Bloemfontein. Mo–Fr 10–13, Sa/So 14–17 Uhr. 95 St Georges St, Tel. 051-4479609, www.nasmus.co.za.

Das 4th Raadsaal-Gebäude

Das südlich gelegene **Military Museum** im **Queens Fort** (vorm. Old Fort) von 1849 widmet sich der Militärgeschichte des Oranje Freistaats, den beiden südafrikanischen Kriegen und anderen Kämpfen; mit umfangreicher Waffensammlung. Mo–Fr 10–16 Uhr, So 14–16 Uhr, Sa geschl., Eintritt. 116 Church St, Tel. 051-4475478.

Über die Church Street nach Süden erreicht man das **Anglo-Boer War Museum** an der Memorial Road mit umfassenden Informationen über die Burenkriege. Mo–Fr 8–16.30 Uhr, Sa 10–17 Uhr, So 11–17 Uhr. Tel. 051-4473447, www.anglo-boer.co.za. Davor steht das beeindruckende **National Woman's Memorial** zum Gedenken an die über 26.000 Frauen und Kinder, die während des Zweiten Burenkrieges in Konzentrationslagern qualvoll starben.

Reise-Infos Bloemfontein

Information Tourism Centre, 60 Park Rd, Willows, Tel. 051-4058489/90, www.bloemfontein.co.za

Weitere Webseiten: www.bloemfonteintourism.co.za • www.mangaung.co.za

Unterkunft **Reyneke Park** Anlage mit Camping-/Caravanplatz und einfachen Zimmern und Chalets, jeweils für 4 Personen. N8, 2 km in Richtung Kimberley. Brendar Rd, Kwaggafontein, Tel. 051-5233888, www.reynekepark.co.za. DZ/Chalet R350–750.

Primavera Guest House Kleines B&B im Vorort Waverley und von der N1 gut zu erreichen. 3 Zimmer, Wi-Fi. N1-Ausfahrt Nr. 198 „R700 Eufees Road", nach 6 km rechts in die Waverley Rd. 34a Waverley Rd, Tel. 051-4332956, www.primavera.co.za. DZ/F ab R680, Dinner a.A.

Florentia Guest House Ebenfalls in Waverley gelegenes, etwas gehobenes Gästehaus. 3 Zimmer/AC. 2c Louis Botha St, Cell 082-8537472, www.florentia.co.za. DZ/F ab R760.

City Lodge Westlich des Zentrums gelegenes Hotel mit Pool und Restaurant, von der N1 gut zu erreichen. 151 Zimmer/AC. Ecke Nelson Mandela Dr/Parfitt Ave, gegenüber der Mimosa Mall, Tel. 051-4442974, www.citylodge.co.za. DZ R870, Frühstück a.A. – Um die Ecke das **Urban Hotel** in modernem Design und mit allem Komfort, Tel. 051-4443142, www.urbanhotel.co.za. DZ ab R760.

President Hotel 7-stöckiges Hotel mit Standard- und Luxuszimmern am Naval Hill. 145 Zimmer/AC, Wi-Fi, behindertengerecht, Restaurant, Bar. 1 Union Ave, Tel. 051-4301111, www.hotelpresident.co.za. DZ/F ab R900.

Restaurants **Loch Logan Waterfront Centre** Dieses Einkaufszentrum mit Geschäften und etlichen Restaurants liegt am See Loch Logan. Henry Street, Tel. 041-4483607, www.lochlogan.co.za.

Margaritas Seafood & Steaks Angesagtes Steakrestaurant nördlich der Innenstadt. Die Milder Road ist die nördliche Fortsetzung der Aliwal Street. 59 Milner Rd, Tel. 051-4363729.

New York Restaurant Empfehlenswert für Steaks, Seafood und internationale Küche. Mo–Sa 11.30–15 Uhr u. 17.30–23 Uhr, So 11.30–15 Uhr. 2nd Avenue zwischen President Steyn Ave und Brill Street. Tel. 51-4477279.

Seven on Kellner Hübsches Restaurant mit Pizza, Pasta und Salaten. Mo–Fr Lunch u. Dinner, Sa nur Dinner. Ecke Kloof/Kellner Sts, gutes Parken. 7 Keller St, Tel. 051-4477928, www.sevenonkellner.co.za.

Weiterfahrt

Rund 110 km nördlich von Bloemfontein zweigt hinter Winburg von der N2 die N5 nach Osten nach Senekal, Bethlehem und Harrismith an der N3 (Durban) ab. Bethlehem ist Ausgangspunkt für den Golden Gate Highlands National Park.

Abstecher Welkom

Etwa 8 km nördlich von Winburg zweigt von der N1 die R73 nach Virginia ab (40 km), einer netten Minenstadt mit gut 20.000 Einwohnern und anschließend weiter nach **Welkom**. Diese beiden Städte liegen inmitten sehr großer Goldfelder und leben vom Goldabbau und der Goldextraktion. Bis 1945 gab es hier nur eine Farm namens „Welkom" und etwa 500 Arbeiter in einem nahegelegenen Camp, die nach Gold suchten. 1946 fand dann tatsächlich der Goldfund statt und die auf dem Reißbrett geplante neue Stadt „Welkom" wuchs gigantisch. Heute gehört sie zur Matjabeng Municipality mit knapp 650.000 Einwohnern. Es gibt in Welkom keine Ampeln oder Stoppstraßen, alles wird fließend durch Verteilerkreise geleitet. Diese reiche, 1384 ü.d.M. liegende Stadt hat viele Parks, schöne Gebäude und alle gesellschaftlichen Annehmlichkeiten. Einige Minen können besichtigt werden, Infos bei der Welkom Publicity Association, The Clock Tower, Stateway, Tel. 057-3529244, www.welkompublicity.co.za.

Kroonstad

Kroonstadt an der N1 wurde 1855 von Voortrekkern gegründet und gehört heute zur Moqhaka Local Municipality mit etwa 170.000 Einwohnern. Sie ist eine der schönsten Städte im Free State, liegt am Vals River und verfügt über viele historische Gebäude und Statuen. Während des Zweiten Burenkrieges 1899–1902 befand sich hier ein *Concentration Camp* der Briten, wo Frauen und Kinder der Buren gefangengehalten wurden, von denen bis zum Ende des Krieges etwa 26.000 an Hunger und Krankheiten und starben. Heute ist Kroonstadt Zentrum der landwirtschaftlichen Betriebe des nördlichen Free State, Hauptgeschäftsstraße ist die Reitz Street.

Am Vals River gibt es das große *Kroonpark Holiday Resort* mit 163 Camping-/Caravanplätzen, Chalets, Hallen- und Freibad, Restaurant, Shop und Tourist-Info. Die Reitz Street durchfahren bis zur R76 (Cross St), links Richtung Bloemfontein (ab hier ist das Resort ausgeschildert), über die Brücke und 2x links. Border St, Tel. 056-2131942. DZ-Chalet R465. Weitere Unterkünfte auf www.kroonstadtourism.co.za, ein weitere Webseite ist www.moqhaka.gov.za.

Übernachten vor Johannesburg können Sie im netten **B&B Ikhamanzi.** Dazu von der N1 etwa 100 km nördlich von Kroonstadt rechts auf die R59 nach Sasolburg und Vereeniging fahren, weitere Anfahrtsbeschreibung s. Homepage. Die deutsche Gastgeberin Almut bietet auf ihrem großen Grundstück 5 Chalets-Doppelzimmer und – was Besonderes im Raum Johannesburg – Unterkunft in zwei hochwertigen, komplett eingerichteten Safarizelten mit Bad, Kühlschrank,

TV und eigener Terrasse. Außerdem Pool, Aufenthaltsraum, Jacuzzi, sicheres Innenparken, hervorragendes Frühstücksbüfett, Restaurantempfehlungen in der Umgebung und persönliche Gästebetreuung. Wer einen späteren Heimflug hat, kann die Zeit auch hier am Pool überbrücken. Ikhamanzi, Almut Sibthorpe, Tel. 016-4244606, Cell 072-4885204, www.ikhamanzi.co.za, GPS S26°38'15.80" E28°04'02.06". DZ/F ab R550, Caprivi- oder Kalaharizelt für je 2 Personen R500 mit Frühstück.

Ende der Route 9

Wer zum Flughafen möchte, folgt der N1 bis Johannesburg und wechselt dort auf die N12 Richtung eMmalahleni/Witbank. Nun immer auf der N12 bleiben, bis der Flughafen ausgeschildert ist. Von Vereeniging folgen Sie der R59 bis zur N12.

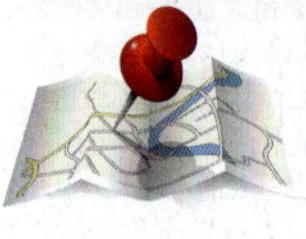

Bitte schreiben oder mailen Sie (verlag@rkh-reisefuehrer.de), wenn sich in Südafrika Dinge verändert haben oder Sie Neues wissen. Wir beantworten jede Zuschrift. Danke!

ANHANG

Autoren

Helmut Hermann

Meine erste Begegnung mit Südafrika hatte ich bereits 1973/74, als ich den gesamten „Schwarzen Kontinent" vom schwäbischen Markgröningen bis zum Kap der Guten Hoffnung mit einem einfachen Fahrrad durchquerte (man sagt uns Schwaben Sparsamkeit nach). Südafrika ist heute neben Namibia mein afrikanisches Lieblingsland. Als Reisebuchautor und einer der Verleger von Reise Know-How zieht es mich aber auch immer wieder nach Lateinamerika.

Bettina Romanjuk

Nach zahlreichen internationalen Fernreisen kam ich 1998 zum ersten Mal nach Südafrika und war sofort von diesem wunderschönen Land mit seiner einzigartigen Vielfalt an Fauna, Flora und Landschaften fasziniert. Bei vielen Anschlussreisen lernte ich Südafrika intensiv kennen und veröffentlichte einen Übernachtungsführer, der heute bei Reise Know-How regelmäßig erscheint. Außerdem arbeite ich als Redakteurin für die Reisewebseite www.suedafrikaperfekt.de.

Assistenz

Astrid Därr, Diplom Geografin und Afrika-Kennerin, www.daerr.net

Martina Hölzl, Garten Route-Spezialistin (Wanderkapitel Knysna u.a. Beiträge), www.littlewoodgarden.com

Andrea Münster, südafrikanisch-deutsche Touristik-Expertin (Johannesburg, Durban, Chintsa, Unterkünfte südafrikaweit u.a.m.).

Wir bedanken uns für Unterstützung bei:

Andreas & Wimpie, Gaby Drews, Ute & Felix Dürrmüller, Jan-Christopher Fischer, Martina Heinz, Roland Hoede, Martina Hölzl, Stephen Jacobs, Dagmar Krause, Michelle Müllejans, Lutz Pinkepank, Meike Prenzel, Almut Sibthorpe, Annette Thorne, Thea Wieser, Niel & Sandra Jacobs, Barbara Zieme Akomasa.com, u.a. mehr.

Bildnachweise

Fotos:

Blaauwklippen Wine Estate: S. 638

Cango Wildlife Ranch: S. 684

Cape Town Tourism: S. 38, 51 u, 63, 591, 599 o, 601 (Titel)

Ceres Zipslide Adventures: S. 667

Cleopatra Mountain Farmhouse: S. 98, 412

Därr, Astrid: S. 201, 219, 404

Enjo Nature Farm: S. 711

Fischer, Jan-Christopher Fischer: S. 562

Fotolia.de (Bildnr./Urheber): Titelbild, Cover Beilegerkarte + S. 14 [Nr. 1] (38542989 / michaeljung), Cover + Cover Beilegerkarte + 44 + 97 + 748 (Illustration Landkarte, 33870438 / graphit),14 [Nr. 5] + 533 (23799892 / Volker Haak), S. 14 [Nr. 12] + 711 (33110708 / davis), 87 (52210958 / v.poth), 489 (51196487 / bluefern), 490 (11393846 / wiw), 648 (2390134 / piccaya), 657 (18225316 / Forgiss), 716 (41134896 / Fotolyse)

Grande Roche Hotel: S. 47

Hermann, Helmut: S. 5, 7, 8 o, 14/15 (Highlights Bildnr. 3, 7, 8, 9, 11), 17, 27, 28, 30 (2x), 31 o, 33, 38, 42, 43, 45, 46, 48, 51, 53, 54 (2x), 55 (2x), 57, 59, 61, 62, 64, 66 u, 67 o, 68 u, 69, 72 u, 74 u, 75, 77, 78, 80, 81, 83, 84, 88 (2x), 89, 90, 101 (o/u), 102 o, 103 (o/u.r), 104, 105 (2x), 106 (4x), 107, 108 u, 109 o, 111 o, 112, 113, 116, 117, 120, 126, 128, 130, 131, 133, 135, 136, 137 (2x), 138, 139 (2x), 145, 147, 152, 155, 159, 160 o, 165, 167, 168, 171, 175, 180, 182, 187, 193, 197, 204, 205, 209, 220, 224, 230, 243, 246, 258, 268, 269, 271, 273, 276, 277, 279, 280, 283, 285, 287, 294, 298, 299, 301, 313, 317, 321, 326, 329, 330, 332, 333, 336, 338, 341, 343, 350, 351 (2x), 352, 353, 356, 360, 365, 367, 373, 376, 377, 378, 379, 381 (2x), 387, 392, 406, 413, 416, 418, 423, 426, 427, 432, 435, 439, 443, 444, 446, 449, 450, 451, 453, 457 (2x o), 471, 480, 483, 493, 494, 496, 505, 508 (3x), 509, 515, 516, 523, 525, 538, 541, 543, 553, 554, 560, 563, 567, 568 (2x), 572, 573, 584, 586, 593, 596 (2x), 597, 598, 599 u, 620, 624, 630, 633, 675, 676, 678, 680, 681, 683, 686, 728, 748

Hölzl, Martina: S. 91, 172, 477, 503, 521, 531, 658

iStockphoto.de (Bildnr./Urheber): S. 15 [Nr. 10] + 166 (20747880 / stillwords), 31 (18361363 / Ljupco), 132 (16730906 / THEGIFT777), 466 (18828937 / michaeljung), 500 (12193091 / Jacynthroode), 625 (22731343 / Mienny), 627 (19011526 / michaeljung), 644 (19497573 / funky-data), 653 (8315463 / forgiss), 666 (9609220 / RosetteJordaan), 707 (21096009 / skilpad), 745 (11885882 / THEGIFT777)

Karoo Desert Botanical Garden: S. 668

Karoo Images: S. 108

Kugel, Manfred: S. 15 (Highlights Bildnr. 2), 60, 92, 100, 102 u., 103 u.l., 111 u., 114, 115, 211, 222, 223, 229, 236, 249, 519, 558, 574, 629, 671, 693, 697, 720, 722

KwaUulu-Natal Tourism: S. 315

Losskarn, Elke: S. 2, 8 u, 9 (2x), 14/15 (Highlights Bildnr. 4, 6), 19, 50, 65, 67 u, 68 o, 74 o, 110, 119, 141, 160 u, 248, 455, 457 u, 460, 488, 546, 594, 600, 603, 605, 614, 616, 636, 641, 654, 655, 665, 695, 700, 709, 712, 723, 749

Lubitz, Marion: S. 109 u., 702, 703

Mpumalanga Tourism: S. 101 m, 235, 253, 292

Opstal Wine Estate: S. 512/13

Rovos Rail: S. 536, 539, 619, 621, 622, 623, 735

www.SouthAfricatourism.net: S. 13 o.l., 13 o.r., 14 (2. v.o.), 37, 121, 197, 252, 254, 430, 690, 730

Satour: S. 150, 161, 727, 479

Sturmlechner, Andreas: S. 320, 454, 651

Worcester Museum: S. 669

Südafrika-Glossar

Afrikaaner	(Afrikaners, Afrikanders), weiße Südafrikaner, Nachfahren erster holländischer, französischer und deutscher Kolonisten. Sprache: Afrikaans.
Assegai	traditioneller Wurfspeer
Bakkie	hinten offener Lieferwagen, Pick-up
Berg	afrikaans für die Drakensberge
Biltong	Trockenfleisch, meist vom Rind, Springbok, Kudu u.a.
Blue Flag Beach	Gütesiegel einer internationalen Umweltinstitution für erstklassige Badestrände mit allen Voraussetzungen für sicheren und guten Badebetrieb, wie Duschen und Rettungsposten.
Boerewors	afrikaans für „Bauernwurst", herzhaft gewürzte, lange Grillwurst
Boma	Swahili-Wort, Viehkral. In Südafrika ist eine Boma zum einen bei Lodges der Platz fürs abendliche Lagerfeuer mit Dinner unter freiem Himmel und zum anderen ein eingezäuntes Areal in Wildschutzgebieten.
Braai	afrikaans für Grillen überm offenen Feuer (Barbecue, BBQ), Grillparty mit Freunden
Bushveld/Bosveld	Baum- und Grassavanne
Café	Nicht nur ein Café, sondern auch kleiner „Tante-Emma-Laden" an der Ecke
CBD	Central Business District, Innenstadt/Geschäftsviertel
Cell phone	„Handy", Mobil-Telefon
Drankwinkel	(afrikaans) Laden mit alkoholischen Getränken
DSTV	Satelliten-Fernsehen, zahlreiche Kanäle
Drostdy	Landgerichtssitz
en suite	Zimmer mit eigenem, angeschlossenem Bad
Escarpment	Randschwellengebirge („Great Escarpment") bzw. „Steilabfall" oder „Abrisskante" des innersüdafrikanischen Hochplateaus
Game Drive	Tierbeobachtungsfahrt/Pirschfahrt
Game Farm	Wildfarm, Farm mit wilden Tieren im Gelände
Garage	Tankstelle, fast immer mit Reparaturwerkstatt
Highveld	Hochland Innersüdafrikas, Gegenpart: Lowveld
Indaba	(isiZulu) Besprechungsrunde, Männerpalaver
Indlu	(isiZulu) oder iqhugwane – igluförmige Zulu-Hütte
Induna	(isiZulu) eine Art Zulu-Gebietsherrscher mit einen Sitz im königlichen Parlament
Inhloko	(isiZulu) oder *isicoco* – Hut in Konusform der verheirateten Zulu-Frauen
Inkatha	(isiZulu), festgeflochtener Kopfring aus Stroh oder Gras zum Tragen schwerer Lasten. Zulu-Partei
Inkosi	(isiZulu) traditioneller Führer, Häuptling, Dorfältester, chief. Plural *amakosi*
Inyanga	(isiZulu) „Kräuterdoktor", Heilpraktiker, Kenner der Medizinalpflanzen

Isagila	(isiZulu) oder *iwisa* – Holzknüppel bzw. Schlagstock mit faustgroßem Knuppelgriff
King-/Queen size bed	Doppelbett, 183 cm breit; Queen size = 152 cm breit
knobkerrie	afrikaans für „Holzknüppel", s. *isagila*
Kloof	(afrikaans), Schlucht, Kluft (engl.: Gorge)
Kop	(afrikaans), Anhöhe, Berg, Hügel
Kral	(afrikaans: Kraal). Der von einer Dornenhecke umgebene und kreisförmige innere Viehpferch einer Zulu-Rundplatzsiedlung. Ableitungen zu portug. *curral,* Viehpferch, und englisch *corral.*
Kwa	Bantu-Vorsilbe für „Wohnsitz/Heimat/Platz der ..." (KwaZulu, u.a.)
Landdrost	Landrat und Richter
Lapa	bei Unterkünften überdachte Open-air-Terrasse/Freisitz. Afrikanisches Versammlungshaus.
Lekker	afrikaans für „gut", „lecker" und „schön": „That meal was lekker"
Liquor Store	hier gibt es Alkoholisches zu kaufen
Lounge	Aufenthaltsraum der Gäste in einer Unterkunft
Lowveld	Tiefland, Gegenpart: Highveld
Lughawe	Flughafen
Mielie	Mais, Maiskolben; mielie pap = Maisbrei
Off ramp	Ausfahrt von (National-)Straßen bzw. Autobahnen
Pad	afrikaans für Piste, Weg
Padstal	Bauernladen/Früchtestand am Straßenrand
Pan	Pfanne, saisonal überflutete Senke
Pap en sous	Maisbrei mit Tomaten-Zwiebel-Soße
Province	in Südafrika analog einem Bundesland in Deutschland
Queen size bed	schmäler als ein „King Size"-Bett (s.o.)
Rivier	(afrikaans) periodisch wasserführendes Flussbett, Trockenfluss
Robot	Verkehrsampel
Rondavel	traditionelle einräumige Rundhütte mit Kegeldach
Rooibos	populärer südafrikanischer Tee aus den Blattspitzen des Rotbusches
Ruskamp	afrikaans für Rastlager
Sangoma	„Seelendoktor", Wahrsager in problematischen Zeiten, Geistheiler, Schamane
SANParks	South African National Parks, www.sanparks.org.za
SAP	South African Police
SATOUR	South African Tourism (staatl. Tourismusbehörde)
Self Catering	Unterkunft zur Selbstversorgung/für Selbstversorger. Im Buch als „SC" abgekürzt
Shebeen	typischer, einfacher Trinkraum oder Hauskneipe schwarzer Südafrikaner

Spoornet	südafrikanische Eisenbahn, heute *Transnet Freigth Rail*
Staff	Bedienstete in einem Camp
Stasie	afrikaans für Bahnhof
Stoep	Afrikaans für Terrasse, Veranda
Sundowner	tagesabschließender Drink („Dämmerschoppen"), wird in privaten Parks und Lodges zum Abschluss eines nachmittäglichen Game drives gereicht
TGCSA	*Tourism Grading Council of South Africa,* regierungsamtliche Stelle, die die Qualität einer Unterkunft durch die Vergabe von 1 bis 5 Sternen indiziert.
Tidal pool	Gezeitenbecken
T-Junction	aufeinander treffende Straßen in Form eines „T"; Straßengabelung/Abzweig
Township	Wohnsiedlungen für Schwarze und Farbige in der Apartheid-Zeit
Tracker / Spotter	Spurenleser, der bei offenen Safari-Wagen auf einem Sitz an der Stoßstange sitzt und bei einer Fuß-Safari vorangeht
Twin beds	zwei Einzelbetten
Umuzi	Zulu-Dorfgehöft (Plural imizi) mit Rundhütten oder die Siedlung eines Familien-Clans
Utshwala	selbstgebrautes Zulu-„Bier" aus Mais oder Hirse und Wasser, kaum alkoholhaltig
Veld	afrikaans für diverse Formen und Landschaftstypen, z.B. *Bushveld.* Topografische Definition von Höhenlagen: *Highveld, Middleveld, Lowveld.*
Vlakte	afrikaans für Ebene
Wildtuin	afrikaans für „Wildgarten", Wildschutzgebiet bzw. Game Reserve
Winkel	afrikaans für Laden, Geschäft
Xawula	Zulu-Begrüßungshandschlag mit gegenseitigem Umfassen der Daumen

Bettina Romanjuk

Übernachtungsführer Südafrika

Der einzige Übernachtungsführer für Südafrika in deutscher Sprache

NEU: Mit Weingut-Vorstellungen und Restaurant-Empfehlungen

- Dieser Übernachtungsführer ist die ideale Ergänzung zu herkömmlichen Südafrika-Reiseführern. Alle Unterkünfte sind mit Beschreibung, einem oder mehreren Fotos und Kontaktdaten aufgeführt.
- Vorgestellt werden Bed & Breakfasts, Gästehäuser, Lodges, Hotels und Ferienhäuser oder -wohnungen. Auf deutsche oder kinderfreundliche Häuser wird ebenso hingwiesen wie auf das Vorhandensein von Pool, Gästerestaurant oder W-Lan bzw. Internetanschluss.
- Neu ist ein ergänzendes Kapitel, das **Weingüter am Kap** vorstellt – mit Kontaktdaten, Weinanbau-Schwerpunkten, Öffnungszeiten und Informationen zur Kellerbesichtigung, Tastings oder Restaurant, falls vorhanden.
- Des weiteren **Restaurant-Empfehlungen** für viele der im Buch aufgeführten Orte.
- Alle Unterkünfte und Weingüter mit **QR-Code** für die Website.

Übernachtungsführer Südafrika
3. Auflage 2014
286 Seiten • € 14,90 [D]
ISBN 978-3-89662-503-8

- Über 300 Unterkünfte mit Farbfotos und Beschreibungen
- Übersichtskarten der Weingebiete am Kap
- Zahlreiche Übersichts- und Detailkarten

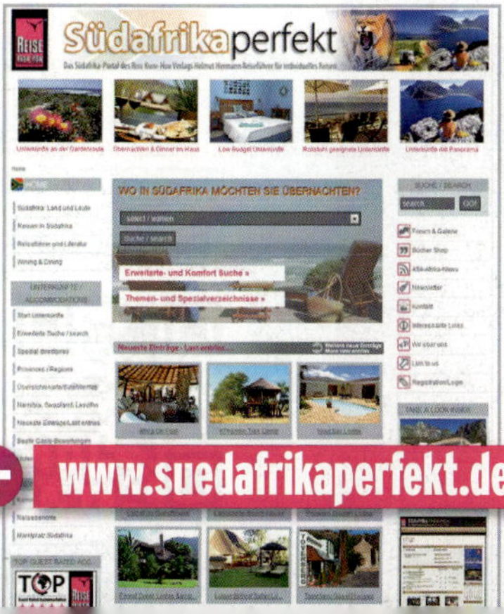

www.suedafrikaperfekt.de

Die Südafrika-Homepage von Reise Know-How mit Informationen zu Unterkünften und mehr …

Rad- und andere Abenteuer aus aller Welt

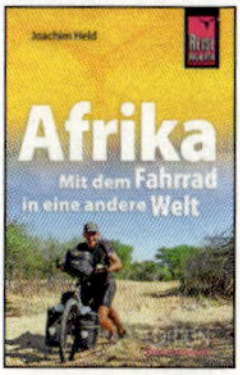

Edition Reise Know-How

In der Edition Reise Know-How erscheinen außergewöhnliche Reiseberichte, Reportagen und Abenteuerberichte, landeskundliche Essays und Geschichten. Gemeinsam ist allen Titeln dieser Reihe: Sie unterhalten, sei es unterwegs oder zu Hause – auch als ideale Ergänzung zum jeweiligen Reiseführer.

Abenteuer Anden – Eine Reise durch das Inka-Reich · ISBN 3-89662-307-9 · € 17,50
Afrika – Mit dem Fahrrad in eine andere Welt
ISBN 978-3-89662-522-9 · € 19,90
Auf Heiligen Spuren – 1700 km zu Fuß durch Indien
ISBN 3-89662-387-7· € 17,50
Auf und davon – Auf Motorrädern durch Europa, Asien und Afrika
ISBN 978-3-89662-521-2 · € 19,50
Die Salzkarawane – Mit den Tuareg durch die Ténéré
ISBN 3-89662-380-X · € 17,50
Durchgedreht – Sieben Jahre im Sattel
ISBN 3-89662-383-4 · € 17,50
Myanmar/Burma – Reisen im Land der Pagoden
ISBN 3-89662-196-3 · € 17,50
Odyssee ins Glück – Als Rad-Nomaden um die Welt 10 Jahre, 160.000 km und 5 Kontinente · ISBN 978-3-89662-520-5 · € 19,90
Please wait to be seated – Bizzares und Erheiterndes von Reisen in Amerika.
ISBN 3-89662-198-X · € 12,50
Rad ab – 71.000 km mit dem Fahrrad um die Welt.
ISBN 3-89662-383-4 · € 17,50
Südwärts – von San Francisco nach Santiago de Chile.
ISBN 3-89662-308-7 · € 17,50
Suerte – 8 Monate auf Motorrädern durch Südamerika.
ISBN 978-3-89662-366-9 · € 17,50
Taiga Tour – 40.000 km allein mit dem Motorrad von München durch Russland nach Korea und Japan · ISBN 3-89662-308-7 · € 17,50
USA Unlimited Mileage – Abgefahrene Episoden einer Reise durch Amerika · ISBN 3-89662-189-0 · € 14,90
Völlig losgelöst – Panamericana Mexiko–Feuerland in zwei Jahren
ISBN 978-89662-365-2 · € 14,90
Die goldene Insel – Geschichten aus Mallorca
ISBN 3-89662-308-7 · € 10,50
Eine Finca auf Mallorca oder Geckos im Gästebett
ISBN 3-89662-176-9 · € 10,50
Eine mallorquinische Reise – Mallorca 1929
ISBN 3-89662-308-7 · € 10,50
Geschichten aus dem anderen Mallorca – Robert Graves
ISBN 978-3-89662-269-3 · € 12,50

„Rad & Bike"

Fahrrad Weltführer – Das Standardwerk für Fernreiseradler, 3. Aufl., 768 Seiten. ISBN 978-3-89662-527-4 · € 25,00
BikeBuch USA/Canada – 624 S., über 170 Fotos und 45 Karten
ISBN 3-89662-389-3 · € 23,50
Fahrrad Europaführer – 4. Auflage, 768 S., über 50 Karten und 280 Fotos und Abb. · ISBN 978-3-89662-527-4 · € 25,00
Das Lateinamerika BikeBuch 696 S., 92 SW- und 32 Farbfotos, 27 Karten · ISBN 978-3-89662-388-1 · € 25,00

Selbstfahrerreisen Kleingruppenreisen Familienreisen
TerraVista Erlebnisreisen
AFRIKA
SONDERKATALOG
Selbstfahrerreisen Kleingruppenreisen Familienreisen Sondergruppen
WWW.EXPERTENREISEN.DE
TerraVista
Südafrika-Spezialist
Kostenlos bestellbar!
DVD
AFRIKA
WWW.EXPERTENREISEN.DE
Reise-DVD
www.expertenreisen.de
Persönliche Beratung: 04203-4370880
TerraVista
Namibia-Spezialist
NAMIBIA
SONDERKATALOG
www.namibia-reise.de
NAMIBIA
Kostenlos bestellbar!
Reise-DVD
www.namibia-reise.de

GRANDE ROCHE
HOTEL

AfriCamper.com
4x4 CAMPER RENTALS
4x4
Camper Rental
Southern Africa
WINDHOEK • CAPE TOWN • JOHANNESBURG • DURBAN
For enquiries and bookings: +27 21 8545627
www.africamper.com

Welcome to the
World of Rooibos
We invite all visitors to Clanwilliam to a free audio visual presentation and a delicious cup of Rooibos.
Visiting times:
Monday to Friday 10:00, 11:30, 14:00 and 15:30
For group bookings contact: 027 482 2155
Address: Rooibos Avenue, Clanwilliam
A range of Rooibos tea and Rooibos products will be for sale at our factory shop (open between 08:00 - 12:30 and 13:30 - 16:30)
For more information visit our website: www.rooibosltd.co.za
ROOIBOS
LIMITED

Register A–Z

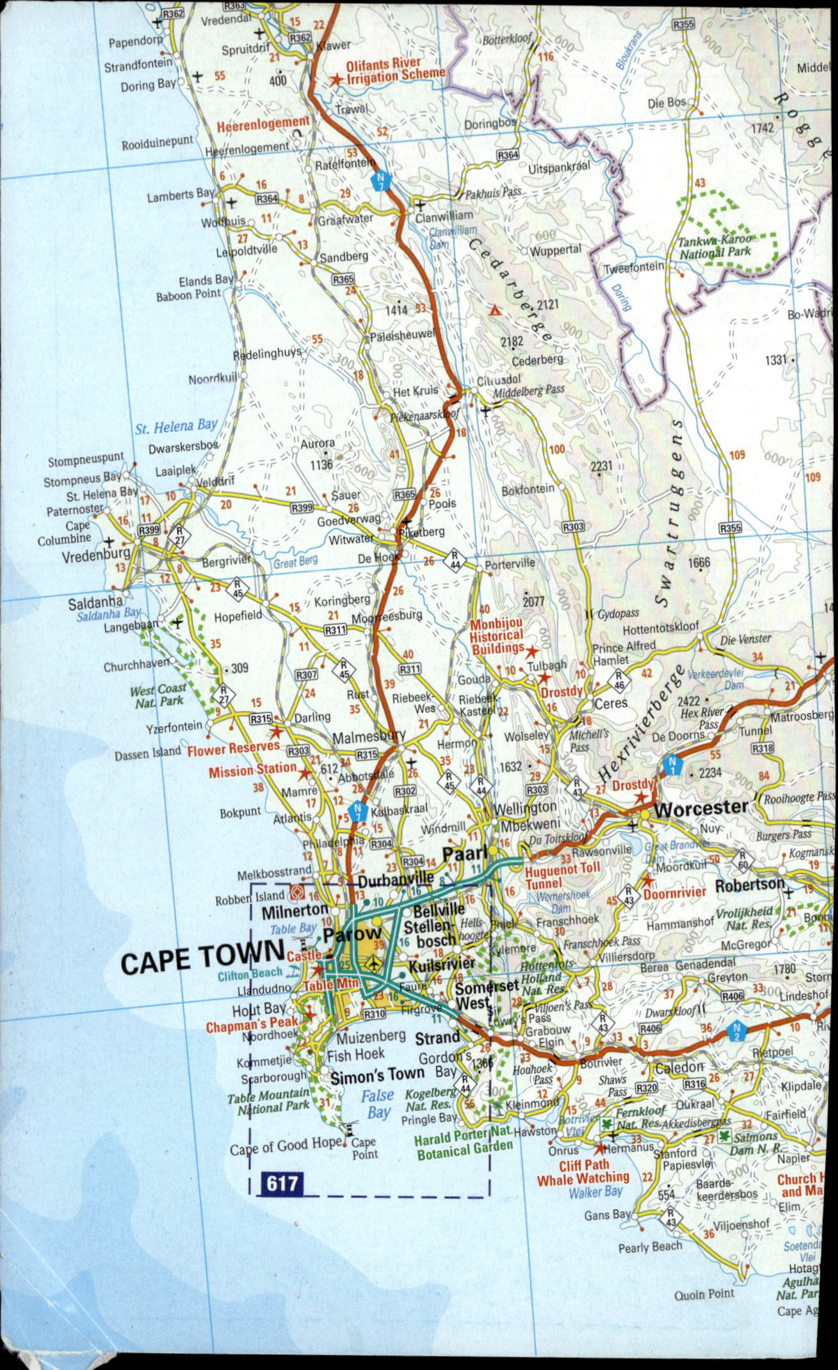

Papendorp
Strandfontein
Doring Bay
Vredendal
Spruitdrif
Klawer
Olifants River Irrigation Scheme
Botterkloof
Trawal
Heerenlogement
Rooiduinepunt
Doringbos
Die Bos
Middel
Rogge
Ratelfontein
Uitspankraal
Lamberts Bay
Pakhuis Pass
Wolfhuis
Graafwater
Clanwilliam
Clanwilliam Dam
Leipoldtville
Sandberg
Wuppertal
Cedarberge
Tankwa-Karoo National Park
Tweefontein
Doring
Elands Bay
Baboon Point
Bo-Wadrif
Paleisheuwel
Cederberg
Redelinghuys
Noordkuil
Het Kruis
Citrusdal
Middelberg Pass
Piekenaarskloof
St. Helena Bay
Dwarskersbos
Aurora
Stompneuspunt
Stompneus Bay
Laaiplek
Velddrif
St. Helena Bay
Paternoster
Cape Columbine
Vredenburg
Sauer
Goedverwag
Pools
Bokfontein
Swartruggens
Witwater
Piketberg
Bergrivier
Great Berg
De Hoek
Porterville
Saldanha
Saldanha Bay
Langebaan
Hopefield
Koringberg
Moorreesburg
Gydopass
Hottentotskloof
Die Venster
Monbijou Historical Buildings
Tulbagh
Prince Alfred Hamlet
Churchhaven
West Coast Nat. Park
Drostdy
Ceres
Verkeerdevlei Dam
Gouda
Riebeek-Wes
Riebeek-Kasteel
Hex River Pass
Matroosberg
Darling
Rust
Yzerfontein
Wolseley
Michell's Pass
De Doorns
Tunnel
Dassen Island
Flower Reserves
Malmesbury
Hermon
Hexrivierberge
Mission Station
Abbotsdale
Mamre
Kalbaskraal
Drostdy
Worcester
Rooihoogte Pass
Bokpunt
Atlantis
Wellington
Mbekweni
Nuy
Burgers Pass
Windmill
Du Toitskloof
Rawsonville
Philadelphia
Great Brandvlei Dam
Kogmanskloof
Paarl
Moordkuil
Robertson
Melkbosstrand
Durbanville
Huguenot Toll Tunnel
Doornrivier
Robben Island
Wemmershoek Dam
Vrolijkheid Nat. Res.
Milnerton
Bellville
Franschhoek
Hammanshof
Table Bay
Parow
Stellenbosch
Helshoogte
Franschhoek Pass
McGregor
CAPE TOWN
Castle
Kylemore
Villiersdorp
Clifton Beach
Kuilsrivier
Hottentots-Holland Nat. Res.
Berea
Genadendal
Greyton
Llandudno
Table Mtn.
Faure
Somerset West
Lindeshof
Hout Bay
Viljoen's Pass
Dwarskloof
Chapman's Peak
Firgrove
Sir Lowry's Pass
Noordhoek
Muizenberg
Strand
Grabouw
Elgin
Fish Hoek
Gordon's Bay
Botrivier
Caledon
Rietpoel
Kommetjie
Houhoek Pass
Shaws Pass
Scarborough
Simon's Town
False Bay
Klipdale
Kogelberg Nat. Res.
Kleinmond
Oukraal
Table Mountain National Park
Pringle Bay
Fernkloof Nat. Res.
Akkedisbergpas
Fairfield
Harald Porter Nat. Botanical Garden
Hawston
Botrivier Vlei
Salmons Dam N. R.
Cape of Good Hope
Cape Point
Onrus
Hermanus
Stanford
Napier
Papiesvlei
Cliff Path Whale Watching
Walker Bay
Baardskeerdersbos
Church Haven and Ma
Elim
Gans Bay
Viljoenshof
Pearly Beach
Soetendal Vlei
Hotagt
Agulhas Nat. Park
Quoin Point
Cape Ag
617

1
2
3
4
5
6
7
8
9